ammann

Ulrich Holbein

NARRATORIUM

Abenteurer · Blödelbarden · Clowns

Diven · Einsiedler · Fischprediger · Gottessöhne

Huren · Ikonen · Joker · Kratzbürsten · Lustmolche

Menschenfischer · Nobody · Oberbonzen · Psychonauten

Querulanten · Rattenfänger · Scharlatane

Theosophinnen · Urmütter · Verlierer · Wortführer

Yogis · Zuchthäusler

255 LEBENSBILDER

Ammann Verlag

Erste Auflage

www.ammann.ch

Satz: Gaby Michel, Hamburg
Druck und Bindung: Druckerei Uhl, Radolfzell
ISBN 978-3-250-10523-7

Heilige und unheilige Narren im Anmarsch und Abflug

Kleine Narrenkunde für Anfänger: Die Welt wimmelt von Normalnarren und Extremnarren, und zwar jede Welt. Hinzu kommen Scheiche, Spinner und Schelme, und nicht zuletzt Oberspinner und – viele andere Sorten und Typen. Öffnest du einem die Tür, kommen 333 herein! Paradebeispiele wälzen sich vorbei. Viele schaufeln sich vorwärts – durch Watte. Einige schweben – auf Stelzen. Wer sich nicht schieflacht, weint sich krumm. Falls das nicht Tausende sind, dann sind's mindestens Dutzende. Wie die alle aussehn! Bist du so sicher, daß du anders aussiehst? Jede Gestalt ein überschmückter Weihnachtsbaum, eine Welt für sich! Und jedesmal eine Vita dahinter, und jede Teilansicht ein Hexenkessel – Vorsicht: Hautkontakt! Die halbe Stadt abgesperrt, wie neulich beim »Karneval der Kulturen«, und beim Vagabundenkongreß, beim Ostermarsch, beim Marathonlauf, der ganze Stadtverkehr außenrum geleitet. Da vorn, all die aufgeklappten Visagen, halb Lachkrampf, halb Tollwut, und Turmfrisuren obendrauf, Kubikmeter Glitzerschmuck – aber warum sehn die alle so glücklich aus? Weil sie rosarote Brillen aufhaben, Flöhe im Ohr, Rosinen im Kopf und verblüffend wenig Tassen im Schrank. Sie strampeln sich aus Zwangsjacken frei. Diese glühenden Augen! Wofür demonstrieren die alle?

»Nieder mit der Schwerkraft, es lebe der Leichtsinn!«

»Ein Königreich für eine Windmühle, gegen die wir kämpfen könnten!«

Alle 11 Sekunden eine noch verrücktere Fresse! Erst übertreiben, dann langsam steigern! Sie kämpfen gegen Riesen und andere Atomkraftwerke, als Ökonarren, gegen Abholzfirmen, als Baumfrauen; gegen Hühner-KZs. Nirgendwo eine Wand, gegen die kein Kopf rennt. Wer hierbei nicht an Grenzen stößt, paddelt im fettesten aller Näpfchen. Pro Flügelroß ein Ikarus! Pro Luftschloß ein Sandsack! Aber nicht wegen der vielen Trittbrettfahrer und falschen Fuffziger. Nichts gegen Halbnarren und Pseudonarren – aber Millionen ernstzunehmender Päpste, VIPs, Jahrtausendgestalten und Dichterfürsten können sich nicht irren! »Zu Lebzeiten sah ich aber völlig anders aus!« Menschen können sich ändern, je nach Sehstärke. Kontaktlinsen putzen – guck in diesen unbestechlichen Zerrspiegel! Trotzdem fehlen welche! Hauptsache – mehr als genug! Statt Tanzbein und Fliegenklatsche schwingen sie Moralkeule und Weihrauchfaß! Obergurus, göttliche Greise, Hausgötzen und Halbgötter, Rauschebart an Prophetenbart, da baumelt die Rübe der Erleuchtung im Neonlicht, direkt vor speziell deiner Nase – Vorsicht vor Religion und Humor! Weltweit im Vormarsch: Gottesstaaten und Fungesellschaften! Gegengift, steh uns bei! Sind das alles Scharlatane oder religiöse Genies? Fragt mich was Schwereres.

»Lebewesen aller Welten, vereinigt euch!«

Narrologie für Fortgeschrittene: Expertinnen differenzieren Sacred Clowns, Holy Fools, Whimsical People & Merry Pranksters. Närrinnen unterscheiden Kratzbürsten, Naschkatzen, Heulsusen, Vollweiber, Backfische, Klatschbasen, Wuchtbrummen. Manche beten immer, aber zaubern nie. Deshalb teilen komische Derwische sich ein in Vorwärtsschreitende und Hinangezogene, also Muggels und Magier, Hyliker und Pneumatiker. Nachbeter, die sich zu Vorbetern mausern, kreisen uneinweihbar um unorthodox Emporschwebende, von Dschinnen Besessene, also von pfingstlichem Paraklet Angehauchte. Doch ach, Vorwärtshumpelnde stolpern, und Hinaufgeschubste rutschen ab. Das kostet im Einzelfall mehrere Zähne, später noch mehr, dann alle. Erst meschugge, dann angeknackst, dann am Abgrund, dann tot. Dann wieder voll präsent, dann wieder neben der Spur, dann wieder krank. Ich aber rufe: »Jetzt erst recht!«

»Make Love, not Babies! Save the Planet, kill yourself!«

»Lieber 1 x mit Schneewittchen als 8 x mit den 7 Zwergen!«

»Nie wieder Krieg!«

»Sei still, üb dein Idyll!«

»O Mensch, werde wesentlich!«

Aber gern doch – nur um wieviel Uhr? Gibt's hier keine Seitennischen? Rückzugsorte, wo seid ihr? Da vorn lichtet sich was. Die dritte Einbiegung links ... da verschönert sich der Massenauflauf zu fröhlichem Volksgetümmel. Hereinspaziert – tauchen Sie ein in barocke Triumphzüge! Und schon zappelst du erneut mitten im Mittelalter, alles voll Zeremonienmeister und Roßtäuscher, eingehüllt in Drommetenschall. Statt Umzugswägen und LKWs – ein Elefant, folglich wären wir hier eher in Kalkutta, oder? Bengalische Festumzüge! Stilechte Flagellanten, durchgeknallte Untergangssekten! Durch Swinger-Clubs und Darkroom-Partys schimmern antike Bacchantenorgien durch, und althebräischer Bauchtanz und Rauschtanz um goldene Stuten, Bullen und Kälber!

Und drum herum – ganz normale Leute, Mamas und Onkels, zentnerweise Verantwortungsträger und Steuerzahler, erkrankt am »Wahnsinn der Gewöhnlichkeit«! Nirgendwo ein Fließband, von dem sie nicht kommen! Seriös bebrillt, zwischen PC und WC, neutralgrau und dunkelweiß, Millionen ADAC- und CDU-Mitglieder, im Vorfeld betongrauer Rentnerberge – Asche zu Asche, Staub zu Staub, dieseits von Herzschmerz und Aprilscherz.

Im Namen des Volkes: traut euch! Einfach nur mitzucken im Wimmelbild! Das wär mir viel zu anstrengend auf Dauer! Die Normalität des Menschen ist unantastbar!

»Wir fordern: Minderheitenschutz für Normale!«

»Lieber lebendig als normal!«

Wenn die alle normal sind – warum sehn die dann alle so absurd aus? Weil Aschermittwoch erst übermorgen naht! Ein Narrenjumbo, der durchs Tollhaus des Weltalls fliegt! Flaschenpost für Unmusikalische! Aslyrecht! Mehr Irrlicht!

Jetzt aber bitte eintauchen in Waldwege im Sonnenlicht – da möcht ich jetzt mal ein wenig zu mir selbst finden... eine kleine friedliche Nabelschau... abtropfende Scheinprobleme... Lieber am Busen der Natur als am Gesäß der Welt! Die Konfettiwolken aus Zuckerherzchen und Bundeswehr-Kondomen verwandeln sich zurück in Blütenmeere und Samenflug. Jetzt... ach ja... ein wenig Unendlichkeit spüren, jede Armbanduhr abstreifen... endlich Poesie:

»Engel wärmen sich an meinen Versen...«

»Esel scheuern sich an deinem Output!«

Endlich in Ruhe meditieren über das Mantra:

»Narratoren sind Erzähler, und die Zahl der Narren ist unzählig.«

Eine Oase tut sich auf... und noch eine Oase, und noch eine Lagune... und auf der Flußbiegung – ein weiteres Schiff voller Clowns, Chefs, Freaks, Snobs, Stars, Tramps, Wracks und Zappelfuzzis, und bis zum Sinken überladen entfernt sich dieser letzte Kahn, in wohldosierter Überfrachtung. Und alle platzenden Sterne winken dir zu und haben was erlebt (sogar ich). Dann fällt der Vorhang... und noch ein Schleier... und noch eine Gardine.

Doch die Musik spielt auch bei Mondfinsternis weiter... noch ein Weilchen lang.

A

DENNIS ABNER, PC-Experte, Katzenmensch, Dschungelmann (geb. 1957): Der Katzenfreund aus San Diego, angestellt in uninteressanter Computerfirma, wollte 1982 für seine damalige Freundin, die Disneys Dschungelbuch sehr liebte, zum Tiger Shirkan werden. Er unterzog sich zu diesem Zweck 2000 Tattoo-Stunden und 6 chirurgischen Eingriffen. Er ließ sich nach und nach – im Lauf von 22 Jahren – Tigerstreifen überall hintätowieren, das Gesicht verbreitern und die Stirn katzenartig verengen. Für Kameras posierte er gern fauchend mit spitzgeschliffenen Zähnen, implantierten Reißzähnen und Schnurrborsten. Geschärfte Krallen fuhr er aus, oder hielt sie bedrohlich in die Luft. Eine künstliche Hasenscharte ließ er sich formen und nahm dafür in Kauf, nicht mehr gut verstehbar reden zu können. Ein entschlossenes Herrchen verwandelte sich in sein eigenes schnurrendes Haustier. Im Gegensatz zu neolithischen Schamanen, die wieder Mensch wurden, sobald sie außerhalb ihrer Rituale ihre Tiermasken absetzen, legte Dennis Abner auch nachts seine Schnurrhaare und Fangzähne nicht ab, zugunsten seines Progresses oder Regresses weit über Tier und Mensch hinaus oder zurück. Genau wie Eidechsenmann → Sprague, bewerkstelligte er eine mystische Hochzeit zwischen Tierreich und Menschheit. Vielleicht wurde er nicht mal vom Zauberwort »Mutabor« (aus dem »Märchen vom Kalif Storch«) gesteuert; aber geistesgeschichtlich schwebte über seinem Tun die abgrundtiefe Weisheitsformel »Tat twam asi« aus den Upanishaden: Das bist du! Du bist diese Katze, also werde Katze!

Dennis Abner benutzte als Mensch sein Leben, um sich in eine Katze zu verwandeln

ABRAHAM A SANCTA CLARA (geb. Hans Johann Ulrich Megerle), Donnerwortschleuderer, Barfußprediger, Narrengeißler (1644–1709): Nach Besuch der Lateinschule in Mösskirch, des Jesuitengymnasiums in Ingolstadt, des Benediktinergymnasiums in Salzburg trat der Gastwirtssohn im Kloster Mariabrunn bei Wien in den Augustinerbarfüßerorden ein und wurde 1666 zum Priester geweiht. Der Subprior, Definitor secundus, Provinz-Hofprädikat und Vorsteher deutschböhmischer Ordensprovinz, der 3x dienstlich nach Rom reiste, drehte mit staunenswürdiger Red=Art als Sonntagsprediger auf, gern unter freiem Himmel, vor volkreichem Auditorio, und bekam 1677 von Kaiser Leopold I. den Ehrentitel »Kaiserlicher Hofprediger«. Beredter als Geiler von Kaisersberg und Thomas Murner, focht er gegen die seelische Verwilderung, die nach dem Dreißigjährigen Krieg lang nicht in gesittete Bahnen zurückfand, spendete Trost und Beistand bei schlimmer Umzingelung ab 1679 von Pest und Türken, hochbegehrt der Wallfahrtprediger auch als Beistand für Sterbende. Wortreich sprühte er Donnerworte, Wortspiele, redliche Reden, possierliche Predigtmärlein, Traktätlein, Erbauliches, Huldigungsschriften, Fabeln, alles bestens vollmundig und volkstümlich, wunderbarliche Adjektive wie geistreiche Tränen, unangenehmen »Morgen=Thau« (so nannte er, was ein Ständchen=Musikant, der nasse Hund, über dem ein Nachttopf ausgeleert worden war, zu erdulden hatte). Jonas' Walfisch nannte er »schwimmende Herberg«. Die zergängliche Welt nannte er gern einen Topf mit abbrechlichem Klang, und Allapatrida (spanisch: Mischmasch). Der Schwabe rechnete sich gern den Wienern zu. Oft sah er sich in eine Choleram und Zorn versetzt; dann wetterte er recht polterig über Huren=Jäger, Mode=Narren, Teller=Lecker, Maulchristen, Ehrabschneider, Kotkäfer, versoffne Lumpenhunde, Naßküttel und Oktoberlümmel, Zechbrüder. Über jüdische Mauschel mokierte er sich. Auch zänkische Weiber schonte er nicht und titulierte sie stete Maultrommeln, immerwährende, schnurrende, pfnurrnde, reißende, beißende, saufende, raufende Beißzangen und Kleppermühlen, unerträgliche Hausübel und Hauswürm, garstige Wau=Waus. Weiber überhaupt nannte er mannssüchtig, heiklich und wankelmütig. Als er in Wien aufgefordert wurde, seine These zurückzunehmen, die Jungfrauen der ganzen Stadt könne er auf einer einzigen Schubkarre rausfahren, antwortete er: »Zurücknehmen kann ich nichts und brauch ich nichts. Denn schließlich hab ich nicht gesagt, wie oft ich fahren müßte.« Selbst Schönheit machte er mies. Ins Feld zog er gegen Hurerey und Buhlerey, als wär's bloß Sauferey und Rauferey. Über die aufkommende Mode der Reifröcke nörgelte er. Alles mußte er abwerten: Aus Schnee ward Schnöde, das Alabaster junger Nasen zum Tuffstein alter Nasen. Zähn im Maul würden, dräute er, eine öde Patrontasche zurücklassen. Mund und Feder stimmten gut überein bei ihm: Der zuhöchst mundfertige Mahn- und Erweckungsprediger verfaßte 1663 »Auff / auff ihr Christen«, 1684 das Opus »Gack, gack, gack, gack a ga einer wunderseltsamen Hennen in dem Herzogtum Bayern«, 1686 das 4teilige Großwerk »Judas der

Erzschelm«, 1704 den »Wunderlichen Traum von einem grossen Narren=Nest«, 1704 den »Karn Voller Narrn«, in denen er Sebastian Brandts berühmtes Narrenschiff bestens überbot. Einerseits verdarb er den unchristlichen Weltmenschen, Schlemmern und Triebgepeitschten den Appetit und nannte alles Mögliche Todsünde, wie Hardliner Thomas von Aquin, dies aber formal dergestalt ulkig, daß er, statt mittelalterliche Zerknirschung zu erzielen, Lachsalven erntete, deftig, kräftig, saftig, schnoddrig, flapsig und peppig wie Grimmelshausen und Fischart, kulturgesättigt wie → Kuhlmannus und Harsdörffer. Frühere Titanen kämpften gegen Gog und Magog, Abraham Megerle nur noch gegen Lug und Trug. Ferner schrieb er: »Heilsames Gemisch=Gemasch«, 1706: »Abrahamisches Gehab dich wohl!«, und donnerte weiter in: »Huy! und Pfuy! Der Welt«. An den »Lefzen«, die Luther zu »Lippen« verfeinert hatte, hielt Abraham fest. Nebukadnezar schrieb sich bei ihm »Nabuchodonosor«. Augustinuszitate fuhr er auf, gegen schöne Unsitten wie angestrichene Gesichter und »goldgewolktes Haar«, damals noch nicht Make-up und »blondoxydierte Dauerwelle« genannt. Daß er vom Paradiesapfel als von »verbotenem Konfekt« sprach, klang im nachhinein schier feuilletonistisch. Humor und Christenheit, die seit → Neri selten zueinanderfanden, feierten im Hirn und Mund dieses konzilianten Savonarola rauschhaft Hochzeit; solches Christentum konnt' man sich wiehernd gefallen lassen. Oft ahnte er die Nutzlosigkeit alles Besserns und Predigens und verglich seine uneffektive Tätigkeit dem Mohren=Waschen. ∾ Alle einigten sich: der gewaltigste Kanzelredner des 17. Jhdts. Sein rabelaisch-barocker Rededurchfall und Wortschwall wies auf Hippel und → Jean Paul voraus. Seine Redeweise stand Modell für die Kapuzinerpredigt in Schillers »Wallensteins Lager«; seine Fischpredigt des heiligen → Antonius zu Padua fand den Weg in die romantische Volksliedsammlung »Des Knaben Wunderhorn«. Auch in seinem Casus vergaßen die Karpfen – zum Maßhalten aufgefordert – sofort die Fastenpredigt und fraßen ungestört weiter. 1835ff. erschienen seine Werke zu Passau in 21 Bänden. Seine Spezifica, Neologismen und Rarissima versorgten Grimms Wörterbuch reichlich. Indem er Venus etymologisch mit »Weh=Nuß« assoziierte, betätigte er sich einerseits als Etymbold à la → Schmidt, andererseits inhaltlich als asketisch frauenfeindlicher Buddhist und halt Christ. In Literaturlexika landete er stets recht weit vorn, nach Johannes Aal, Emil Aarestrup und allerlei Abdülhals und Abdullahs.

Moralkeulen können Vergnügen bereiten

Worte von Abraham a Santa Clara: Ei was für Torten für ein einziges Maul! O Maul, o Maul, was kostest du für Geld! ◆ Wer die Welt nennt ein Narren=Häusel, der nennt sie recht. ◆ Die Schönheit ist wie eine Blum, heut vor dem Busen, morgen vor dem Besen. ◆ Die Welt ist ein Gras und ein Glas. Ein Glas wird bald zu Scherben, ein Gras tut bald verwelken. ◆ Es ist weitaus ergötzlicher eine wohl proportionierte Nase einer herzenden Rosimundä, als ein triefender Destillierkolben einer garstigen Schmutzibundä. ◆ Wie oft tun wir Menschen den Leib als eine unsaubere Madenflasche reiben und waschen, schmutzen und putzen, zieren und schmieren, anstreichen und bleichen, schminken und tünchen, nur daß er zart und weiß erscheine; aber wie liegt unsere Seele darinnen! ach, wenn man sie könnte sehen, würde sie viel schwärzer seyn als eine Fliege in der Milch. ◆ Schön sind die Haare auf dem Kopf, aber wart, es wird ein Zeit kommen, daß es mehrer mausen wird als ein Bruthenn! ◆ Im Fall aber Ein oder Andere den Ehestand antreten, und sich eine schöne Kreatur erwählen, damit sie ihren schändlichen Begierden und unersättlichen Geilheit desto freier abwarten, und in der ehelichen Pflicht verbotene Unordnung halten; diese Begier ist ohne Zweifel nicht nur ein geringes Verbrechen, sondern eine schwere Todsünd. ◆ Auf ein Suppen machen versteht sich ein Weib, aber auf ein Supplication machen versteht sich ein Mann. ◆ Es stinkt der stoltze Prinz so kräftig als des schlechtesten Mistbauers neugeborener Hansel. Warum? Sie sind aus einem Teig gebacken.

Andere über Abraham a Santa Clara: Dieser Pater Abraham ist ein prächtiges Original, vor dem man Respekt bekommen muß, und es ist eine interessante und keine leichte Aufgabe, es ihm in der Tollheit und in der Geschmeidigkeit nach oder gar zuvor zu tun. *(Friedrich Schiller)* ◆ Es ist ein so reicher Schatz, der die höchste Stimmung mit sich führt. *(J. W. v. Goethe)* ◆ Der Volksprediger, der aus Bayern kam, war das beste Theater in Wien, mit seinen Histörchen und Schwänken, mit seiner klatschenden Geißelung aller Stände, Moden, Verkehrtheiten, unterhaltender, kühner, kitzelnder als das der Prehauser und Stranitzky, die für ihre Hanswurstiaden die Vorstadt- und Dialektbühne bauten, die auf sehr weite Sicht das volkstümliche Theater der Raimund und Nestroy vorbildeten. *(Arthur Eloesser, 1930)* ◆ Das 19. Jhdt. betrachtete Abraham zwar schulterklopfend liebevoll, vorneweg seinen »Humor«, aber mit schulmeisterlichen Seitenblicken auf seine »Auswüchse« und seine »mangelhafte Subtilität«. *(Walter Höllerer, 1959)* ◆ Eine Fülle von Parabeln und Gleichnissen aus der Heils-, Kirchen- und Profangeschichte, von Sprichwörtern, Anspielungen, eingestreuten Versen und Zitaten, die des Verfassers Belesenheit gerade auch in der Pestliteratur und seine Vertrautheit mit allen Schattierungen des Aberglaubens seiner Zeit verraten, läßt den seelsorgerischen Zweck des Buches streckenweise fast völlig vergessen. *(Kindler Literaturlexikon, 1988)*

Herbert Achternbusch, Filmer, Slangautor, Bayer, Tibetneger (geb. 1938): Das unehelich in München geborene Großmutterkind (wie → Rumpf) machte seinen Mathelehrer verrückt, indem es Geometrie einfärbte. Bereits in der Schulzeit zeugte Herbert ein Mädchen. Mit Onkel Herbert, der vor seiner Geburt an Diphterie starb, trieb er Wortspiele: Hinundherbert. Seine späteren Stücke, 60 % Bayern, 25 % Exotik, 15 % Sonstiges, changierten titelmäßig zwischen »Servus Bayern« und dem »Neger Erwin«. Im Film »Das Andechser Gefühl« saufte er den ganzen Tag beim Bierbichler umeinander, damit ihm was einfiel zum Dichten, ganz in Weiß, einen Gletscherhut auf, weiß wie ein Papsthut mit Sommerresidenz, neben der Schreibmaschine ein Weißbier. In seinen über 22 Filmen und Textbüchern (Kamera: Wer grad eine Hand frei hatte) ließ er Frauen in weißen Nachthemden auf echten Nilpferden reiten. Viele fanden ihn als Filmer schwerverständlich, obwohl viel Trachtenhüte und Kruzifixe bei ihm vorkamen. In Sri Lanka lief er mit den Knien im Wasser zwischen badenden Elefanten herum, faßte jeden an den Rüssel und fragte: »Bist du meine Frau?« Er tat sich nicht schwer, daß er eine kennenlernte. Loverinnen sagten zu ihm: »Ach Herbert, so schnell geht es mit uns. Mach schneller, schneller! Herbert, bei dir geht mir was auf. Du liebst so kräftig, wie du schreibst.« Mit Frau Gerda zeugte er Andi, Rut, Judit und Rita. Veröffentlichungen von ihm hießen auch mal »Es ist ein leichtes beim Gehen den Boden zu berühren«. Er erzog sich die Sprache zum Bösewicht. Experten wollten ihm »bavaro-anarchistischen Erzählstil«, »a-logische Struktur«, »absurde Komik«, »radikal subjektive

Exzentrik« und »Beckettschen Erzähl- und Sprachzweifel« anmerken. Als Ahnherrn schrieb man ihm zu: Sterne, Proust, Joyce, Leiris, Cendrars, Miller, Roth. Zu Tibet fühlte er sich hingezogen, wie Ivan Rebroff nach Rußland, → Eberhardt in den Orient, und → Sprague zur Eidechse. Weil Blödelbarde Otto seinen Spruch »Du hast keine Chance, aber nutze sie« übernahm, prozessierte er gegen ihn. Eine Ansichtskarte von → Beuys, der ihm Bewunderung aussprach, gab ihm ungeheuren Auftrieb, so daß → Geerken nicht zu beichten wagte, sich einen Scherz erlaubt zu haben. Trotz Suhrkamp, Bundesfilmpreis und großem Namen im Literaturbetrieb wurde es, wie um Franz Xaver Kroetz, im Gegensatz zu Grass-Walser-Handke, extrem still um ihn, falls es vorher laut war, dann noch stiller, weg vom Fenster, ein lebender Toter, der den Verdacht nährte, burned out zu sein, obwohl er fleißig weitermachte, hauptsächlich als Maler. Als Opa machte er sich zum Doby (Daddy old, Baby young), zeugte im Schoß einer 19jährigen Naomi.

Mitten in Bayern fand Neger Erwin ein passendes Tibet

Worte von Herbert Achternbusch: Wer dieses Leben als Hölle empfindet, braucht sich vor einer weiteren Hölle nicht zu ängstigen. ◆ Aber nur die verkommenste aller Künste, der Film, darf den Versuch wagen, unseren Nachkommen zu sagen, daß auch wir Menschen gewesen sind. ◆ Seit Jahrhunderten hält sich die Wirtschaft Neger, seit dem letzten Krieg nur noch weiße Neger. ◆ Sterbenskrank schiebt sich der Kranführer in die Nacht.

Herbert Achternbusch über sich: Ich habe meine Bücher in den Schnee geschissen, von Haufen zu Haufen könnt ihr mich verfolgen, der letzte Haufen bin ich selber. ◆ Ich fürchte, Walser könnte mir jetzt schreiben, daß doch alles blöde ist, was und wie ich schreibe. ◆ Ich sags ja, in den Menschen steckt ja doch oft mehr drin, als der Staat aus ihnen macht. ◆ Ich habe 3 japanische Teekannen, 3 tibetanische Teetassen und chinesischen Tee. Da soll noch mal einer kommen und sagen, daß an mir was Bayrisches ist. ◆ In Bayern mag ich nicht einmal mehr gestorben sein. ◆ Als ich vor 700 Jahren in Tibet war, träumte ich, daß die Leute von Lhasa kommen und meinen Sohn zum Dalai Lama machen, er hat doch immer so vor sich hingeblickt, als be-

reite er sich auf diese Göttlichkeit vor. ◆ Diese Gegend hat mich kaputtgemacht, und ich bleibe so lange, bis man ihr das anmerkt. ◆ Wie schrecklich ist das immer, sobald mir jemand seine Wohnung zeigt oder seine künstlerischen Produkte, und ich soll wissen, ob sie schön seien. ◆ Das Geplärr um die Freiheit der Kunst interessiert mich nicht. ◆ Industrie interessiert mich nicht. Selten male ich Bäume, die pflanze ich lieber.
Andere über Herbert Achternbusch: Achternbusch spinnt immer noch; erstens sagt er es selber, und zweitens kann man's seinen Texten entnehmen. Er spinnt, er mault, er quasselt so sympathisch herum, er verbohrt sich in die Idee, ein Tibetaner oder ein Chinese zu sein, er redet fast ohne Absätze von seinen spinnösen Einfällen und seinem tristen Alltag. *(Jörg Drews, 1970)* ◆ Jetzt hat ihm das ganze Leben niemand beim Scheißen zugeschaut, und wir zwei sehen, wie er verreckt. *(Sepp, 1978)* ◆ Alles ist ihm Anregung und jedes Detail kann, wenn er gut drauf ist, zum Kunstwerk umgearbeitet werden. *(Luisa Francia, vor 1992)* ◆ Achternbuschs komplizierte Naivität – kompliziert deshalb, weil sie sich auch ihre Beschränktheiten, ihre Grenzen nicht abschwätzen läßt, führt auf paradoxe Weise ins Freie. *(Lexikon der deutschsprachigen Gegenwartsliteratur seit 1945, 1997)*

Willy Sophus Ackermann, Schriftätzer, Schildermaler, Prolet, Bürgerschreck, Vagabund, Naturapostel, Webstuhl-Revoluzzer, Wendepunkt-Prophet, Imker, Waldbauer (ca. 1903–1985): Der Sohn eines jähzornigen Setzers und Saufkopps verlor beim Betriebsunfall 5 Finger. Erst Hinterhaus-Laufbursche für Drecksarbeiten, rohrstockgeschädigt, Groschensammler zwischen Kohlensäcken, und Klinkenputzer, dann Lehrling beim Glasmaler, der was gegen seinen dröhnenden Arbeitsplatz hatte. Dukker, Stutzer und Arschlecker verachtete er sehr. Als ihm einer eine reinsemmeln wollte, schubste er ihn in einen Pott mit Säure. Stark beeindruckt durch seinen Guru → Haeusser, sympathisierte er mit anarchistischer Arbeiterbewegung. Er malte auf Schilder: »Mittags geschlossen« oder »Hier werden Bubiköpfe geschnitten«. Großstadt nannte er »Gefängnis«. Vor dem Hamburger Dom trat der Willy als »Arabas, der Viehmensch« auf, in rotem Russenkittel, wild frisiert, äste brüllend aus einer Futterkrippe, also praktisch als Fellinis Zampanò. Zeitzeugen berichteten, wenn man es von ihm verlange, würde der Willy einem mit dem nackten Arsch ins Gesicht springen. Jahrelang ging er als Treppenhausübernachter um, mit der Devise: »Etwas durchdrücken und dabei lachen!« Er marschierte ganz gern freiwillig im Wald herum: »Menschenskind, das ist doch was ganz anderes als diese blöde Stadt!« Von Tippelbrüdern unterschied ihn die Philosophie der Landstraße. Er plädierte vor Leuten für frischfröhlich singende Laien, zuungunsten untätig zuhörender Radiohörer. Für Selbstversorger und Kleinstbauern focht er vor allem auch deshalb, weil eine »brüderliche Volks=Gemeinschafft« von keiner Ausbeuterklaue ergriffen werden konnte. 1923 lernte er auf dem Jugendbewegungstreffen auf dem Hohen Meißner die Frieda Pohl kennen; 1925 tauchte er bei ihr daheim in Breslau barfuß, ausgefranst und zerstrubbelt auf; der entsetzte Brautvater holte einen Schupo; das Paar entfloh, sie im Sonntagskleid aus weißer Seide. Man wanderte los, mit Fiedel und Holzwagen, mit Druckerpresse und Kameraden, 1929 zum Vagabundenkongreß nach Stuttgart. Dort traf er → Gräser, und schon ging der Rüpel selber in einen Zivilisationskritiker und Apostel über. Im Willen zur Einfachheit schrieben sich Gusto und Willy den Gandhi auf die Fahne, als berühmtes Zugpferd. Er gab dann mit seinen Wendepunkt-Leuten die Flugschrift »Revolution mit Webstuhl und Spaten« raus. Die sollten Fabrikschlot und Stempelamt ersetzen. Frieda und er bauten sich auf'm Schrebergartengelände bei Hummelsbüttel aus Sperrmüll eine bunte Hütte. Die Firma »Reklame-Ackermann« brachte es sogar zum eigenen Telephon. In der Flugschrift »Menschen auf der Landstraße, erlebt, geschrieben u. gedruckt auf der Landstrasse«, 14 Kleinseiten, verkündete der Gandhi-Willy seine Ideen. Das ging einige Jahre. Neue Barbaren, die es trieb, Technik und Hochkultur auszutreiben, ließen nicht lang auf sich warten und polterten genauso rum wie er. Dann ließen sich Willy und Frieda im Walde bei Wolfsburg nieder, in Tiddische bei Gifhorn, erwarben 8 Morgen unwirtlichen Ackers, bauten Haus und Möbel aus Schrott und ackerten Acker, pflanzten Korn, Brunnen und ein Holztor aus den Buchstaben TAT, alles natürlich selbergebaut. Die Dörfler drumrum hegten Argwohn – ein bolschewistischer Agent? Sie redeten von ihm als Langobarden, wegen dem langen Bart. Von Braunhemden, die 1933 seinen Webstuhl zerstörten, wurd er halb totgeprügelt, Vorwand: Kommunistenverdacht, wohl wegen seines kragenlosen Russenkittels. Mangels Radio, Zeitungen und Briefverkehr bekamen die Eheleut politische Desaster wie die Teilung Deutschlands stets erst hinterher mit. Strenge Winter (1949) und Hitzewellen (1959) brachten sie fast um. Wenn seine Frieda klagte: »Ich kann nicht mehr«, sagte er: »›Kann-nicht-mehr‹ liegt auf dem Friedhof, ›Mag-nicht-mehr‹ daneben.« 20 km entfernt mutierte das VW-Werk Wolfsburg zu Landpest und Moloch; beim Willy wurden aus 5 Schafen 150, aus einem Bienenschwarm 70 Völker, plus 4 Kinder: Balduin, Hildegard, Heike und Harte, die es später aber alle in die Welt der VWs und ins Ausland zog. Journalisten ließen ihn 1979 bei Petroleumlicht eine ganze Nacht schwadronieren, poltern und qualmen, machten einen STERN-Artikel draus: »Vor 50 Jahren ausgestiegen«. Alternativlinge entdeckten ihn, aber einfaches Leben auf dem Lande – mit Kaninchen, Hühnern, Katzen – war allen viel zu karg und hart. Die Öko-Freaks, die zwischen Stadt- und Landflucht schwankten, nannte der polterige Kettenraucher Willy »Schlaraffenbrüder« und »Speckjäger«. Ehe die Landkommunenbewegung sich konsolidierte, dünnte sie aus und verebbte, wie vorher Flowerpower, Romantik u. a. Aufbruchsbewegungen, stets einige wackere Fähnchenhalter wie Ackermanns abgerechnet. Auch → Pieper kam, bot ihm ein Forum in seinem KOMPOST. Dann starben die Alten im Walde, erst er, dann sie. ~ Es blieb in stillem Gedenken sehr zählbarer Seelen das Bild des knorrigen Alten vom Weißen Berg und seiner rundlichen Frieda. 4 Kisten Nachlaß gammelten ungesichtet in Worms herum. 2006 tauchte im Internet ein Foto mit den Trümmern der eingestürzten Waldklause auf.

Nicht »Zurück zur Natur«, sondern »Vorwärts zur Kultur!«

Worte von Willy Ackermann: Es ist so, daß man ein Original sein muß – die meisten sterben als Kopie. ◆ Wo hat der Baum seine Geldbörse, wo das Kaninchen? ◆ Die ganze Klassik, na, wie heißen sie doch, diese Kerle, Beethoven und Bach – alles heute veraltet – bürgerliche Musik – nichts mehr für unsere Zeit – wir sind viel zu überkandidelt – unsere ganze Kultur ist Scheiße ◆ ja wir haben eben doch den höchsten Berg erreicht – nun geht es abwärts ◆ da krepieren die Menschen wie Fliegen ◆ was wir brauchen, Kinder: neue Barbaren müssen kommen, Menschen, die sich alles selber machen, urwüchsige Kerle brauchen wir, keinen Staat, keine Kirchen, keine Beamten und keine Maschinen. Die Maschinen powern uns aus, an der Technik krepiert die Menschheit noch! ◆ Volk ist nichts, was ohne weiteres vorhanden wäre. Es muß erst entstehen. Nichts hat es zu tun mit Pöbel, Masse und Organisation. Es blüht nur zwischen freien, bewußten Menschen, deren es heute noch blutwenige gibt. ◆ Unsere Heimat ist die Zukunft. ◆ Schande, daß nach zwanzig Jahren Jugendbewegung die Jugend noch immer ohne Eigenmacht ist und brotabhängig von der alten Welt, deren Bankrott sie längst erkannt hat.

Willy Ackermann über sich: Ich bin jeden Augenblick glücklich gewesen – und wenn ich am Kompost gearbeitet habe, da habe ich mich gefreut und mir gesagt, wenn ich die Regenwürmer gesehen habe: Ihr seid wenigstens meine tüchtigsten Mitarbeiter! Ich habe eine Freude mit euch! Ich habe manchesmal mit den Tieren und Pflanzen geredet, als wenn sie meinesgleichen, als wenn sie das verstehen. Darauf kommt es nämlich an, dass man sich verbunden fühlt mit dem, was man tut! Und zwar das jeden Tag. ◆ Was geht mich das nächste Jahr an? Ich will hier, jetzt, im Augenblick leben. Und das ist keine Ich-Sucht, das ist ein ganz normales Leben wie jedes Tier und jede Pflanze.

Andere über Willy Ackermann: So erkoren Gusto Gräser und Willy Ackermann in bewußter antiindustrieller Tempoverlangsamung (so hatte ja auch Hesse die »Morgenlandfahrer« gesehen) den Zigeunerkarren zum Reisegefährt. *(Ulrich Linse, 1983)* ◆ Er hatte schielende Augen und sah wie Rasputin aus. *(Werner Einecke, 1984)*

ADHAM, **Gottesdiener, Rechtsperson, Apfelesser, Scheich, Bräutigam (7. Jhdt. n. Chr.):** Im alten Arabien lebte ein armer Mann, fromm, zurückgezogen. Übergroße Gewissenhaftigkeit wohnte in ihm. Eines Tages ging er durch die Gärten von Buchara und vollzog an einem der Stadtgräben die rituelle Waschung. Von einem angeschwemmten Apfel biß er ab, aß ihn auf, da aber kamen ihm Bedenken, und er beschloß, das Einverständnis des Gartenbesitzers nachträglich einzuholen, klopfte gegenüber an, fragte sich bei der Dienstmagd nach der Besitzerin durch, die ihn vom Apfelverzehr freundlich entlastete, also ihm nachträglich den Apfel schenkte, genauer: die eine Apfelhälfte; denn die andere Gartenhälfte gehörte dem Landesherrn, der in Balch wohnte, 10 Tagesreisen von Buchara entfernt, die Adham umgehend zurücklegte, um sich die Erlaubnis zum Verzehr der andern Apfelhälfte nachträglich einzuholen. Adham bekam eine Audienz und trug sein Problem vor. Der Fürst trug ihm auf, am nächsten Tag wiederzukommen, und eilte zu seiner wunderschönen Tochter, die bereits mehrere märchenhaft anreisende Königssöhne abgewiesen hatte, weil sie sich einen Gemahl wünschte, der gewissenhaft auf das Diesseits verzichtete, und berichtete ihr: »Ich habe noch keinen Gewissenhafteren gesehn als diesen Mann! Er kommt von Buchara nach Balch – wegen eines halben Apfels!« Da bat die Tochter ihren Vater, diesen Mann heiraten zu dürfen. Nächstentags sprach Adham, wie vereinbart, noch mal in dieser Sache vor und bekam gesagt: »Ich entlaste dich nur von deinem unerlaubten Apfelverzehr, wenn du meine Tochter heiratest.« Adham zog ein leidendes Gesicht, sträubte sich, litt sehr, wollte keinesfalls heiraten, weinte, wehrte sich, ließ sich irgendwann überreden, heiratete todernsten Angesichts, betrat das mit Teppichen, Ampeln und bunten Dingen geschmückte Brautgemach, zog sich in die letzte Nische zurück und verbrachte ohne Seitenblick auf seine Braut die ganze Hochzeitsnacht im Ritualgebet. So verbrachte er 7 Nächte. Doch der Landesfürst entlastete ihn nicht von seinem Apfelverzehr: »Ich entlaste dich erst, wenn du mit deiner Gattin ehelich verkehrt hast.« In dieser Nacht schlief Adham mit ihr, vollzog sofort danach die rituelle Waschung, versank im Gebet, stieß plötzlich einen Schrei aus – man fand ihn tot auf dem Gebetsteppich. Seine Gattin aber war schwanger von ihm und gebar Ibrahim ibn Adham, den nachmals dann viel berühmteren Scheich. Diese Geschichte überlieferte Abu Abdallah Schamsuddin Muhammad ibn Abdallah ibn Muhammad ibn Ibrahim al-Lawati ibn Battuta, in: »Tuhfat an nuzzar fi garaib al amsar wa adschaib al asfar«. Adhams übertriebener Gerechtigkeitssinn paraphrasierte eine Geschichte über Muhammad, der sich einer Dattel wegen Gewissensskrupel schuf.

JOHANNES ELIAS ALDER, Dorfdepp, Erleuchtungsmonster, Mannkind (1803–1825): Rheintalisch großgezogen mit wäßrigem Griesmus, zwischen Wasserköpfigen, Inzüchtigen, Blatterngesichtern, in den dampfenden Kuhställen von Eschberg, alpin isoliertem Krähwinkel, riefen ihn schon im Vorschulalter unbekannte Mächte, zwischen Abendmelken und Stephanustag. Jedes Schneegestöber wurde ihm zum Konzert. Schlamm, Kiesel, Käfer, Salamander, Gräser, faulendes Laub und den Schweiß- und Stallhut seines Vaters beroch und belauschte er. Bei Tarzan hieß es: »Der Dschungel rief«; bei Anachoreten rief die Wüste; beim Elias hieß es: »Der Stein rief. Elias mußte hinunter.« 1808 umkletterte der Bub 2 Wasserfälle und legte sich, unbeobachtet von Aufsichtspersonen, auf den wasserverschliffenen Stein der zugefrorenen Emmer, und kraft extraordinär vervielfachten Gehörs öffneten sich seine Ohren wundersam übersteuerten Naturgeräuschen, weit entfernten Klangsensationen, dem Summen des Blutes aller Wesen, Geschrei, Gekeuch, Geschluchz, Tierschnaufen, dem »dumpfen Schaben von Textilien auf Menschenhäuten«, schwarzem Donner, dem Gebrüll der ganzen Welt, tönendem Kosmos, tellurischer Sphärenmusik, welch Hörwunder, aufgefächert, bis hin zum Herzklopfen ungeborener Dualseelen, mitten im kalten Winter, in nebelverfrorener Landschaft, ein Jahr eher als Ramakrishna bei dessen kindlicher Kranich-Sonnenwolken-Erleuchtung, frühreifer als Mozart, naturmystischer als Gustav Anias Horn. Ultimative Erleuchtung, die für Herrn Klein, in Hermann Hesses Novelle »Klein und Wagner«, 1919, beim Ertrinken am Lebensende stattfand, erfolgte beim kleinen Elias völlig verfrüht am Anbeginn. Begleitsymptome früherer Vollblutekstatiker verzwergten zu harmlosen Präludien: Wie Muhammad, der in einer Sekunde durch alle 7 Himmel Allahs ritt, durchlebte Elias in einer einzigen Nacht monströse Transformatio, eine Pubertas präcox, eine endokrine Störung, die eigentlich nie vor dem 8. Lebensjahr erfolgen kann. Neben dem psychischen Symptomkatalog – Derealisationserlebnis, Hyperakusis, synästhetisches Empfinden – hagelten derb somatische Sensationen: kompletter Milchzahnausfall, hervorquellende Augen, Urin- und Kotabgang, erste Stämmigwerdung seines Gliedes und Samenaustreibung, Nabelblutabgang (wie es eigentlich nur bei Leberzirrhose vorkommen kann), zudem epileptische Symptome in irrealer Abfolge, Rauschfokus und Spasmen simultan, dies aber unrealistisch fern des typischen Erschöpfungsschlafs, wobei der Patient in dieser Jahreszeit erfroren wäre. Folge des abnormen Initiationserlebnisses: Baßstimme bereits mit 5, während in unschuldigeren Zeiten Sängerknabe Haydn noch mit 16 glockenhell sang. Das versteckt leidende Kind, das mit 10 Jahren Bartstoppeln und Glatzenansatz bekam, wurde wortkarg, um seinem Baß auszuweichen, und entdeckte seine Kopfstimme, mit der er Jungfüchse und Feuersalamander verwirrte, ließ Fledermäuse aus Versehn abstürzen, entfesselte Kläfforgien, hatte wohl deren Frequenzen getroffen. Die Orgel von Eschberg wurde ihm – zwischen Adventsonntag und Jännerschnee – ein beseeltes, kälteempfindliches, krankheitsanfälliges Wesen, mit 5 Registern. Aber statt nun als Spielmann Gottes Chorfugen und Streichquartette zu komponieren, hielt er Zwiesprache mit Hirschkuh Resi, wie sich's für einen heiligen Narren geziemt, mit Dachs Wunibald, Rotfüchschen Lips, Iltis Sebald, einem Dompfaff, dem mongoloiden Philipp, dem Blasebalgtreter Warmund Lamparter, und mußte erst mal entdecken, daß man Stimmen auf der Orgel imitieren kann, indem man den Doppelflug von 2 Zitronenfaltern als Vorbild nahm. Auch Polyphonie leitete er sich selbständig ab aus den weitgriffigen Akkorden seiner Umwelt. Um nicht so bäuerlich wie seine Artgenossen zu wirken, trug er schwarze Gehröcke, wodurch er aber wie ein Pfaffenheuchler aussah. Mit 19 sah er aus wie 40, über und über sommersprossig, wettergegerbt und langhaarig. Auch als Stimmenimitator leistete er Merkwürdiges. Aus einer Feuersbrunst rettete er das 7jährige, zierliche, knollennäsige Mädel Elsbeth, in die er sich dann sehr innerlich verguckte. Um den geomantischen Ort seiner akustischen Initiation wob er ein Mythologem, hielt den lebendigen Stein für einen Fußtritt Gottes für eine Startrampe zwecks Himmelfahrt. Vom Orgelist stieg er auf zum herzensguten Schulleiter. Das Leiden Christi war ihm stets ein musikalisches Anliegen. Er brach auch mal mitten im überlauten Orgeln ab, um schockhaft den jähen Eingriff des Todes darzustellen. Im Gebet fragte er Gott, wieso Er sich weide »an der Mißgeburt meiner Augen, am Kummer meiner Liebe«. Nach einem Traumgesicht vom Jesuskind (→ Matzerath hatte auch mal so was), wobei in Elias' Fall Jesus mit blutender Kopfwunde an der Orgel saß, erlitt seine absolute Liebe zu Elsbeth Einbußen. Statt fürderhin seinen mit ihrem Herzschlag parallel zu hören, spielte er sogar auf ihrer Hochzeit mit Lukas als Organist auf und stellte sich als Taufpate zur Verfügung. Auf dem Feldberger Orgelfest trat er in Orgelimprovisation gegen 5 Musikstudenten an und spielte alldort dergestalt gewaltig, daß alle Anwesenden den Heiland den Himmel aufreißen sahen. Ab da schlief er nicht mehr, hielt sich mit Stechapfel und Narrenschwämmen tagelang wach, bis sein Gehirn an Visionen, Krämpfen und Verfolgungswahn zu leiden anhub und er nach 8 Tagen und Nächten – um die Zeit des vormittäglichen Angelusläutens – durch Atemlähmung aufgrund von Tollkirschenverzehr von uns ging, wodurch die Welt eine unausgenützte, extrem singuläre Musikbegabung verlor. ~ 167 Jahre nach diesen Vorkommnissen dachte ein Newcomer namens Robert Schneider, geb. 1962, sie sich aus, verwechselte bei der Schilderung von Elias' Irisverfärbung Retina und Cornea und bot das altertümelnde Wurzelstrunk-Manuskript 26 Verlagen an, vergebens. Dann wurde es doch noch ein Vielverkäufling. Die Klangsensation auf dem Einweihstein schrie nach Vertontwerdung und wurde in der Tat verfilmt, von Joseph Vilsmaier, kam 1995 in die Kinos, lag auch bald auf DVD vor. Das Erleuchtungsmonster im Vorschulalter wurde kongenial gespielt vom Kaspar-Hauser-Darsteller André Eisermann, geb. 1968, und bald darauf wurde »Schlafes Bruder« auch noch kongenial veropert von Tonsetzer Herbert Willi.

Vom Balgtreter zum Orgelgenie

Worte von Elias Alder: Es ist alles eine Sache des Hörens. ◆ Wie gut ein kaltes Wasser ist! Erschöpft taucht der Mensch hinein, und wie von selbst weicht der Schlaf aus seinen Gliedern. ◆ Ich glaube, daß ein Augenblick Ewigkeit sieben bis neun Vormittage unserer Erdenzeit ausmacht. Vielleicht auch mehr. Vielleicht auch weniger.
Elias Alder über sich: Ich habe gehorcht, bin von der Bettstatt aufgestanden und hierhergekommen. Ich weiß es ganz gewiß, daß der Stein lebt. Und immer, wenn ich traurig war, hat er mich getröstet. ◆ Ich bin oft auf den Petrifelsen gewandert, auch zur Nachtzeit, aber eine Hexe ist mir nicht begegnet. ◆ Du Schöpfer aller Menschen, der Tiere, der Welt und aller Sterne. Warum hast Du mich, den Johannes Elias Alder, geschaffen?
Andere über Elias Alder: Gottverreckt, mit dem Bub ist etwas falsch! *(Seff Alder, 1808)* ◆ Er ist schon ein kurioser Mensch, wenn man ihn so anschaut. *(Elsbeth, 1825)* ◆ Elias schämte sich ob des unzüchtig entglittenen Blicks, wollte die Augen niederschlagen, aber sie gehorchten ihm nicht. *(Robert Schneider, 1992)*

MOHAMMED ALI **(alias Cassius Marcellus Clay), Weltmeister, Star-Boxer, Sportlegende, Kultfigur (geb. 1942):** Der baptistisch getaufte Sohn eines Schildermalers und einer Putzfrau in Kentucky boxte sich mit 18 rauf, als Amateur, bis zu olympischer Goldmedaille und Profiboxerkarriere, gesteuert von einem Syndikat aus 11 (Narrenzahl!) weißen Geschäftsleuten aus Louisville. Selten ließ ein Schwergewichtler andere so langsam aussehn. Gegner ließ er sich müde hauen, ehe er zurückgab und loskeilte. Statt von Runde zu Runde zu ermüden, bot er noch in der 15. Runde immer rasantere Aufwärtshaken und Schlagkombinationen. Seine gefürchtete linke Führhand wuchs nach wie Hydrafäuste. Unnötige Beinarbeit perfektionierte er als reine Showeinlage; der tanzende Boxer – 95 kg schwer – mutierte zum boxenden Tänzer. Viele glaubten sich umzingelt. Zudem zermürbte er seine Gegner vorm ersten Gongschlag durch Verbalattacken: den bullenstarken Wildling George Foreman nannte er »Schlappschwanz«; Weltmeister Sonny Liston »großen häßlichen Bären«; Strong boy Floyd Patterson zittere als Kaninchen vorm eigenen Schatten, rief er und brachte ihm Mohrrüben ins Trainingscamp. Auf Gegner, die er verdrosch, redete er ein: »Schlag härter!« Kritiker monierten, seinen Weltmeister habe sich das Großmaul, statt erboxt, erquatscht. Er ließ sich keinen Maulhalter vorlegen. Einem Sportreporter-Promi bot er 1 Mill. Dollar für dessen Toupet: »Stopfen Sie mit Ihren Haaren auch Ihr Gehör?« Zu den Beatles sagte er beim Promi-Treff: »Ihr seid gar nicht so dumm, wie ihr ausseht!« Dasselbe über Breschnew. Bereits sein Sandsackboxen klang seiner Umwelt wie Musik. Kuba sah er als Synonym für Fidel Castro, Afrika als Synonym für Lumumba, sich selbst als ein anderes Wort für Amerika. Was Sportlegende Max Schmeling für Deutschland war, das war Cassius Clay für die Welt. 1960 trug er sogar nachts auf dem Nachthemd die Goldmedaille, die er, als ein weißer Caféhausbesitzer ihn anmotzte »Verpiß dich, du Nigger!«, in den Ohio schmiß. 1962 trat er, geistlich bearbeitet von entsprechenden Reverends, zu den Black Muslims über, und in die Liga der damals bloß 700000 Moslems (statt 1,3 Mrd. Muslime 2008), und schon betrieb »Mohammed Ali« Gebetsniederwerfungen selbst im Boxring; einen Namen, vererbt von einem Sklavenhalter, wollte er nicht behalten. Wer ihn weiterhin »Cassius Clay« nannte, den nannte er zur Strafe »Uncle Tom«. »There is no god but Allah, Mohammed is his apostle«, sagte er demonstrativ auf Pressekonferenzen auf. Schikanen folgten. Er aber meinte es ernst. Der Islamische Rat von Ägypten überreichte ihm eine pokalartige Kitsch-Moschee zum Aufstellen, kiloschwer aus purem Gold. Der gnadenlosen, von ihm zerwalkten Kampfmaschine Joe Frazier rief er mitten im Ali-Shuffle und Showdown zu: »Weißt du nicht, daß du gegen Gott kämpfst?« Nie um flotte Sprüche verlegen. Seine Kundgaben, er hätte keine Angst vor Waffen, denn er sei zu schnell, um getroffen zu werden, Gott sei sein Bodyguard, oder er könne durch einen Hurrikan laufen, ohne daß er naß würde, variierten schamanistische Allmachts- und Unverletzlichkeitsphantasien wie in Nibelungenlied oder Daoismus. Behörden schickten Steuerbescheide und Wahlunterlagen weiterhin hartnäckig an »Mr. Cassius Clay«. Weiße hielten Mohammed Alis großgeschriebene Religion für Showeinlage, Publicitygag, für eine neue Marotte, unnötige Arabeske seiner Body-Religion. Im Londoner Isow's Restaurant fuhr er gern simultan 2 übergroße rohe Steaks ein, sprang dann auf, rannte raus, um zu kämpfen. 1964 besuchte er erstmals Afrika; schwarz und horizontfüllend quoll's ihm von überall entgegen. 1966 kämpfte er in Frankfurt, unter landenden und startenden Aeroplanes, erledigte den unkaputtbaren Europameister in der 12. Runde, gab hinterher zu: »Mit eurem Mildenberger hatte ich die meiste Arbeit.« Von Nachtclubsängerin Sonji Roi, 23, der er 5 Minuten nach der Erstbegegnung einen Heiratsantrag machte, den sie mit »Why not?« quittierte, ließ er sich nach 1 ½ Jahren scheiden, praktisch wegen nichts. Sie war halt nur 99- statt 100%ig gewillt, sich der Kontrolle seiner geistigen Führung auszusetzen, trug ganz gern mal Make-up und Schmuck, dadurch als aufsässig/nicht-islamisch eingestuft und ausgespien. Als sie fragte, ob sie's nicht doch noch versuchen sollten, sagte ihr Gatte: »Wir sehn uns vor Gericht, Darling.« Morddrohungen führten derart zu FBI-Paranoia, daß Ali Betreuer und Gegner öfters in einen Topf warf. Gattin Nr. 2, eine strenge Muslima: Belinda Boyd. Sein »I'm the greatest« posaunte er hinaus in alle Welt, ohne hinzuzufügen: »größter Boxer«. Der beste Schwergewichtler aller Zeiten – da mischten sich Behauptung und Faktum; x Boxexperten hielten andere Boxpäpste, Weltrang-Bullen, Hexenkessel-Bomber, Sexmaniacs, Lederfäuste für zeitweise besser. Mohammed Ali aber konnte als erster am TV als Einzelperson 1 Mrd. Zugucker gleichschalten (später nur noch toppbar von Lady-Di- und Papst-Beisetzungen). Im Ring kassierte er pro Fight 8 Mill. Dollar, zusammen Bruttogagen von 67 Mill. Dollar. Viel verlor er an Moslembrüder, Mitläufer, Ex-Frauen und Hofstaat, kaufte Immobilien in Chicago, Los Angeles, Michigan, Pennsylvania. Zubrot kam durch TV-Spots rein, und sei's Reklame für Ungeziefervertilgung. Einem Trainer verkaufte er seinen Gürtel für 500 Dollar. Den Kriegsdienst in Vietnam verweigerte er, weil er nicht den Dog spielen wollte, auf Befehl des Herrchens (Ami) sympathische Völker zu beißen. Sein Feind waren, statt die Gelben, weißhäutige, blauäugige Teufel, die wegen seiner unpatriotischen Äußerung (»Mich hat noch nie ein Vietnamese »Nigger« genannt!«) ihm den Titel aberkannten. Urteil: 5 Jahre Staatsgefängnis plus Geldbuße: 10 000 Dollar. Kautionsfreiheit. Bald nach dem Putsch in Libyen besuchte er → Gaddafi. Gemeinsames Thema: Mißachtung schwarzer durch arabische Moslems. 1970 trat Ali wieder als Boxer an. Reflexe hatte er noch, aber keine Beine mehr. Verwaschene Suada, bis hin zum Nuscheln, ging auf Kinn- und Kiefertreffer zurück. Trommelfeuer-Wirkung, bei der Sportler Goofy stets Sternchen und Engelchen um die Kopfbirne sausten, beschrieb the Greatest in seinen Memorien wunderbar surreal: trompetende Fledermäuse, Alligatoren mit Posaunen. 1971 verlor er gegen Joe Frazier, verglich ihn trotzdem bloß dem Mond, der in geborgtem Licht glänze. 1975 hatte die Sonne Urin im Blut. Leibärzte, die auf Knien zum Rücktritt rieten, flogen raus. Bei Liebeskummer hieß es von ihm, er könnte jetzt nicht mal 'ne Schüssel Sahne schlagen. 1977 Ehe Nr. 3 mit Fotomodell Veronica Porche. 1978 erklärte er seinen Rücktritt vom Boxsport. 1981 versuchte er ein Comeback, umsonst. 9 Kinder zeugte er. Parkinson wie beim Papst hängte ihm die Boxhandschuhe an den Nagel. Er zog sich zurück auf seine Farm in Michigan (30 Hektar), nach 21 Jahren im Ring und 60 Profikämpfen. 1987 Ehe Nr. 4 mit Lonnie. 1999 wurde das zitternde Wrack, stammhirngeschädigt lallend, d. h. der »bekannteste Mensch auf Erden« (Thor Heyerdahl), berühmter als Martin Luther King oder Bill Cosby, in Wien zum »Kampfsportler des Jahrhunderts« gewählt (nur getoppt von → Jacksons Wahl zum »Musiker des Jahrtausends«). Nach dem Afghanistankrieg 2002 weihte Mohammed Ali in Kabul eine Mädchenschule ein. In Dublin eröffnete er mit seinem Freund Nelson Mandela die Behinderten-Olympiade. 2003 kam ein Ali-Bildband heraus, 39 kg, 3000 Fotos, 3000 €. Jetzt trug der Graukopf, 61, einen schwarzen Schnurrbart. Seine Frau, die drauf achtete, daß er seine Pillen regelmäßig einnahm, schlief nachts anderswo, da er im Traum oft um sich schlug. Ab 2006 litt er sehr dran, daß Sohn Sadi (geb. '91) mehr als er wog: 92 kg. Der Vater kämpfte verstärkt gegen die Fettsucht der 60 Mill. Amis, d. h. 30% aller Amis, kraft seiner Diätkost-Creation »GOAT-Food« (Greatest of all Times), auch »Ali-Futter« genannt.

Die »Lippe von Louisville«, der lauteste Mann seit Hitler, boxte oft mit dem Mundwerk

Worte von Mohammed Ali: Gott hat keine Hautfarbe, er hat keine Haut. Gott ißt nicht, und er geht nicht aufs Klo. Gott hat die Erde gemacht und die Sonne, alle Planeten. Es gibt kein Wort, das groß genug ist, Gott zu beschreiben. Aber Gott weiß alles, über jeden von uns. Deshalb müssen wir Gutes tun. ◆ Floyd Patterson hat so die Hosen voll, daß er kaum laufen kann. ◆ Der ist so häßlich, daß sein Stirnschweiß rückwärts läuft, um nicht übers Gesicht zu müssen. ◆ Wenn ich dich fertigmache – wirst du durch den Ring kriechen und mir die Füße küssen?

Mohammed Ali über sich: Ich bin schwarz und ich bin wunderbar. ◆ Ich habe die Welt erschüttert. ◆ Ich habe über 100 Amateurkämpfe

und 19 Profikämpfe hinter mir und bin noch immer bildhübsch, so hübsch, daß ich in Gold gemeißelt werden müßte. ◆ Ich bin kein Farbiger mehr, ich bin olympischer Champion. ◆ Es ist nur ein Job. Das Gras wächst, die Vögel fliegen, die Wellen rauschen an den Strand, ich schlage Leute zusammen. ◆ Wer auch nur davon träumt, mich k.o. zu hauen, sollte aufwachen und sich bei mir entschuldigen. ◆ Meine Devise: Flattern wie ein Schmetterling und stechen wie eine Biene! ◆ Warum ich so brülle? Wer flüstert, den hört man nicht. ◆ Frazier, daß ich nicht lache, ist doch nicht populär; mich kennt man in Peking und Bombay, in Durban und Damaskus, Berlin und Bangkok; das ist eine Frage der Persönlichkeit. Frazier ist keine Persönlichkeit. ◆ Chrysler ist pleite, New York ist pleite, ganze Staaten sind pleite, und alles geht weiter. Ich selber bin nicht pleite. Ich will einen Rekord aufstellen für die Ewigkeit. ◆ Wenn ich weg bin, wird das Boxen wieder gar nichts sein. ◆ Allah hat mich oft getestet in meinem Leben. Parkinson ist der letzte Test.
Andere über Mohammed Ali: Dieser Mann schlägt in alle Richtungen. *(Yellow Press)* ◆ Einen wie Ali wird es nie mehr geben. Holyfield? Ryson? Er hätte beide in einer Nacht geschlagen. *(Angelo Dundee)* ◆ Seine Anmut war geradezu furchterregend. *(Toni Morrison)*

Woody Allen **(geb. Allen Stewart Konigsberg), Filmemacher, Szenarist, Regisseur, Komiker, Leinwandheld (geb. 1935):** Arm aufgewachsen; zeitweise Taxifahrer. 1950 schrieb er Zeitungsglossen. Dann: Komiker in einem Nachtclub. 1954 Heirat. Beim Filmlehrgang versagte er. Alsbald hielten viele ihn für identisch mit dem von ihm verfilmten Stadtneurotiker und lagen damit nicht vollkommen restlos daneben. Nicht nur mimisch und gestisch führte er sich vor als Karikatur seiner selbst, auch physiognomisch und anatomisch: Das Schädelmassiv teilte ihr wasserköpfiges Übergewicht über das Anhangsgebilde eines Restkörperchens, plus Hornbrille und Riechkolben, mit manch einer Cartoonfigur. Als personifiziertes Spermium, im Film »Was Sie schon immer über Sex wissen wollten«, legte Woody die Brille nicht ab. Trotzdem hätten befragte Frauen lieber mit ihm als mit Silvester Stallone eine Nacht verbracht, und eine Runde vorher lieber mit → Chaplin als mit Cary Grant. Als eine Gräfin Woody mal rühmte, er sei der größte Liebhaber, den sie je hatte, sagte er bescheiden: »Ich übe auch fleißig, wenn ich allein bin.« Bisweilen massierte er sich im Bett neben einer Frau den gelähmten Unterkiefer, und jeder konnte errötend erraten, wovon ausgerenkt. Andere Frauen hatte auch er nicht bekommen. Clowneskes Stolpern verfeinerte Woody unendlich auf höherer Ebene: Was viele Dialog-Writer und Romanciers, außer William Gaddis, nie hinbekamen, angefangene, mißratende Sätze, vom Leben geschriebene Ungestelztheit, Gestammel, Ins-Wort-Gefalle, kleine blöde Redundanzen, Verbalchaos: das Fliegengewicht mit Denkerstirn perfektionierte leichtfüßig den Charme des Unperfekten. Andere Komiker garnierten den Alltag bloß mit Humor, ganz anders Woody: Über den Tellerrand von Alltag und Humor guckte und flog er weit hinaus, bis hin zum Leiden der Welt. Seine scheiternden Verhältnisse und Ehen wurden von der Presse genüßlich ausgeschlachtet. Er floh den Ruhm, indem er sich nicht allein auf die Straße traute, aus Schiß, gemeuchelt oder um ein Autogramm gebeten zu werden. Aus Angst vor Paparazzi sagte er sogar eine Hochzeit ab. Eher als Platzhirsch zu sein, neigte der menschenscheue Menschenfreund dazu, Platzangst zu haben. 1997 heiratete er seine 35 Jahre jüngere Stieftochter Soon Yi. Nach einem seiner Auftritte als Klarinettist in einer Dixielandformation sagte er: »Wir haben geklungen, als wüßten wir, was wir tun.« Endlich Synthesen zwischen Selbstironie und Agnostizismus! Bei späten Interviews hing er als ein gebeuteltes, verrunzeltes Häufchen Unglück herum, unsäglich kläglich und mickrig. Viele ahnten, daß er privat nicht ganz so unterhaltsam brillierte wie auf der Leinwand. Seinen deutschen Synchronsprecher beneidete er um dessen Stimme. Als Pädagoge verabreichte er Kultur, damit sich die Zöglinge nicht mit Fahrradketten kaputtschlügen. Psychoanalyse verkackeierte er in seinen Filmen dezent, aber so raffitückisch wie → Kraus und Nabokov. Altern war auch für ihn, wie z. B. für Herbert Müller (siehe Frühwerk von → Unwiederholbein), die Hölle. Woody betrachtete sein Gesicht im Alter und stellte fest, daß etwas fehlte. Dann wurde ihm klar, daß es seine Zukunft war. An seinem 30. Birthday war er traumatisiert, an seinem 40. auch, nur noch vom 50. übertroffen. Der 60. war ein Albtraum, und dann wurde er 70. Nun sah der 7fache Stiefvater auf ein Lebenswerk von 51 Filmrollen, 48 Drehbüchern, 34 Inszenierungen, x Theaterstücken, Shortstorys, Werbespots und 3 Heiraten zurück. Andere Leute, die an Todesangst litten, tröstete er: »Das ist nun mal so bei Lebewesen.« Aber selber litt er auch ganz erheblich an Todesangst. Für den Fall, daß die ganze Welt nur Illusion wäre, befand Woody: »Dann hätt ich für meinen Teppich definitiv zu viel bezahlt.«

Frauenliebling contra Männergesellschaft

Worte von Woody Allen: Man kann das Leben nicht kontrollieren, nur die Kunst und die Onanie. ◆ Die Frau steht für das Leben; weiß Gott, wofür der Mann steht. ◆ Was du nicht weißt, macht dich nicht heiß – es bringt dich um! ◆ Wenn sich herausstellt, daß es einen Gott gibt, glaube ich nicht, daß er böse ist. Aber das Schlimmste, was man über Gott sagen kann, ist, daß er so wenig aus seinem Talent gemacht hat. ◆ Die, die immer blödeln, vor denen flieht man. ◆ Irren ist menschlich, schweben göttlich.

Woody Allen über sich: Ich hatte immer mehr Erfolg, als mir zustand. ◆ Ich hatte das Glück, mit vielen schlechten Filmen davonzukommen, weil die Leute dachten, sie wären gut. ◆ Ich möcht Ihnen eine tolle Geschichte über orale Verhütung erzählen. Ich habe dieses Mädchen gefragt, ob sie mit mir schlafen will, und sie sagte: »Nein!« ◆ Ich könnte natürlich immer komisch sein, aber ich bin es nicht. ◆ Ich hasse die Wirklichkeit, aber sie ist der einzige Ort, wo man ein anständiges Steak bekommt. ◆ Ich wurde als Jude geboren. Im Alter konvertierte ich dann zum Narzißmus. ◆ Ich habe keine Angst vor dem Sterben, ich möchte nur nicht dabei sein, wenn es geschieht. ◆ Wenn ich krank bin, halt ich es für schlimmer, als es ist. ◆ Es wär nett gewesen, ein begabter Athlet zu sein.

Andere über Woody Allen: Der kolportierte Versuch des schmächtigen Regisseurs, den durchtrainierten Rivalen mit einem tätlichen Angriff aus dem Feld zu schlagen, scheitert. Diane ist verloren, zumindest für Tisch und Bett, befreundet bleibt das Ex-Paar jedoch weiterhin. *(Katja Doubek, 1999)* ◆ Allens Phantasie ist ein Wirbelsturm, der die ganze Welt in sich hineinsaugt und wieder ausspuckt: als groteske Schaubude, als Slapstick und Farce. *(Kein & Aber, 2007)* ◆ Am besten ist Allen, wenn er das macht, was nur er kann – die gleichen Witze darüber erzählen, dass wir alle Nullen sind, die aufhören sollten, das Drama »Leben« so ernst zu nehmen. *(Maxim Biller, 2007)*

PETER ALTENBERG (vorher: Richard Engländer), Kaffeehausliterat, Lebenskünstler, Frauenfreund, Zwangsplatoniker, Quasilüstling, Stegreif-Schnorrer, Hypochonder, »Diogenes von Wien« (1859–1919): Schon auf dem Gymnasium hielt er alles für Chinesisch, für überflüssig und verzwickt. Mal studierte der Kaufmannssohn in Wien Jura, mal Medizin. Bewunderung für Pflanzen und Tulpen scheiterte am mumienhaften Herbariumswissen bei Prüfungen. Er fühlte sich von innen sensibler an, als er äußerlich aussah, und kleidete sich schon als Niemand exzentrisch. Ein Arzt fand ihn ungeeignet, einen Beruf zu ergreifen; das kam ihm wohltuend entgegen. Sprunghaftes Denken und Nichtdenken trieb ihn gemächlich vorwärts. Er liebte und sah. Tagsüber schlief er ungeweckt mit Ohrstöpseln gegen Einspännerlärm, nachts saß er in der Zigeunermusik der Vergnügungslokale, mit Champagner, Nierenbraten, Fasan, Rebhuhn, Spargel. In winziger vollgestopfter Spitzweg-Dachkammer sortierte er seine Ansichtskartensammlung von Kinderbildnissen und Frauenakten. Oft hing ein Schild davor: »Ich bin heute ausnahmslos für niemand zu sprechen.« Trotz mannhaftem Schnauzer produzierte er feminine Handschrift. Jedes Wiener Madl ward ihm zum geliebten Geschöpf. Noch in Vorstadtnymphen und Dirnen, die ihm Adolf Loos vor der Nase fortschnappte, sah er ätherische Seelen. Eine angezogene Frau war ihm zu kompliziert, und eine ausgezogene zu primitiv. Gestikulierend zauberte er Huris Arabiens, Geishas Japans und Favoritinnen aus Tausendundeiner Nacht ins prismatische Ampellicht einer Kaffeehausecke, umhüllt von öder, glitzernder Winternacht. Doch auch Seelöwen im Tiergarten vermochte der Mann mit dem Walroßbart recht innig zu lieben. Erst mit 36, so spät wie Adalbert Stifter, begann er Stegreifstücke zu verfassen. Mit Operngucker, opulent umgehängt, übte er sich als Theaterkritiker. Seine verehrten Kollegen Egon Friedell, Hugo von Hofmannsthal, Robert Musil kreisten um Riesenprojekte; er schien nur so für sich hin zu trällern, im Blitzlicht- und Telegrammstil der Seele, als Mixtur aus Müßiggänger und Flaneur, ein geiziger Verschwender. Seinen Café-Griensteidl-, Stammtisch-Löwenbräu- und Cabaret-Nachtlicht-Freunden, die ihn aushielten, warf er vor, sie ließen ihn verhungern. »Stock-Narr« hieß er seines animistischen Fanatismus' für aparte Spazierstöcke wegen. Der Dandy sympathisierte mit Frischluft- und Reformideen. Mitten in der Steinwüste Wien polterte er gegen Automobile, und gegen nachgestellte Schützengrabenballerei als Volksbelustigung. Nörgler nörgelten: »Lassen Sie diese gewaltsamen Anstrengungen, sich lächerlich zu machen. Es geht auch von selbst.« Es ging auch von selbst. Luther: »Wes das Herz voll ist, dem geht der Mund über.« Altenberg sagte, Dichten sei die natürliche organische Entlastung eines übervollen Menschen. Weltweisheit raunte: »Gott schläft im Stein, träumt in den Tieren und erwacht im Menschen.« Altenberg raunte: »Gott denkt in den Genies, träumt in den Dichtern und schläft in den übrigen Menschen.« Plötzlich tauchte er im vornehmen Zentralcafé mit 2 Ashantee-Mädchen auf, glasperlenvernarrte Mohrinnen namens Akolé oder Monomba, und bestellte für sie Bier und Apfelstrudel, und ging selber mit afrikanischem Überwurf um. Alban Berg orchestrierte seine Postkartentexte. → Kraus, den er durch Vorsingen für sich gewann und der ihn an Wiener Rundschau und S. Fischer vermittelte, nannte ihn den »Freund der Kreatur« und enthüllte seine Narrenkappe als Tarnkappe. Die »Fackel« nannte der Peter einen Besen, der ihn noch nicht hinweggefegt habe, da er als ungefährlicher Narr gelte. Während ein Fackelopfer den Fackelkraus verprügelte, irrte Altenberg verzweifelt zwischen derangierten Tischen herum und trank von Freund und Feind die Sektreste aus. Zeitweise trank er täglich 18 Flaschen. Andere nannten ihn Ringstraßenverlaine, das wandelnde Wahrzeichen Wiens, letzten Troubadour, Apostel einer lyrischen Verkündigung, hinreißenden Propheten, Afrikaforscher der Alltäglichkeit, Wiener Würstl, verwöhnten Spätling, labberig witzelnden Geistreichler, krankhaft geltungssüchtig, gescheites Kind, geschlechtlich infantil. Mit Abführmitteln und Flugversuchen strebte der Zwergobst-Feuilletonist hinan in miasmenfreie Lüfte. Wachmänner, die für Ruhe zu sorgen hatten, erteilten dem Unruhestifter, der dann doch noch volltrunken – oder beschwipst – in die Knie ging und unter Gaslaternen aufs Kopfsteinpflaster stürzte, Fluggenehmigung. Nervenüberreizung führte zu Symptomen, die man von Alkoholproblemen abzuleiten versuchte. Er landete in der Heilanstalt, ohne daß gewichtige Diagnosen vorlagen, genau wie bei → Walser; allenfalls leichter Verfolgungswahn und Vergiftungsideen mischten sich mit äußerst vorübergehender Geistestrübung. Irrenwärter quasselten als Bauchredner, um ihm Schwarze Peter schizophrenen Stimmenhörens zuzuschieben. Auf den Schluß zu ernährte er sich mit Schlafmitteln. Weil er in verschütteter Weinpfütze einschlief, bei offnem Fenster, holte er sich eine tödliche Lungenentzündung, mit gebrochnem Arm zu hilflos, um zum Arzt zu gehn. Nach 1960 entdeckte man seine impressionistische Kleinkunst wieder. Nachwelt nannte ihn ästhetischen Rebell, größten Dichter der Wiener Boheme, Chronisten der Belle Epoque, Hippie des Fin de siècle. Auswahlausgaben liefen gesammelten Werken voraus. Eine Verfilmung »Der Narr von Wien« sah ihm ähnlich, zauberhaft dekadent unterlegt mit Maurice Ravels »La Valse«.

Sein Leben widmete er Gottes Kunstwerk »Frauenleib«

Worte von Peter Altenberg: Jeder torkelt in seinen eigenen Abgrund. ◆ Der Nebenmensch ist ein Gegenmensch. ◆ Mit einem Wort: mens sana in corpore sano. Nein, eben nicht mit einem Wort. Sondern mit Millionen Wörtern, mit Wort-Schrapnells, mit einem Regen von Wort-Ekrasitbomben in diesen Feind Stupidität hineinkartätscht! ◆ Alles ist heilbar vom Geiste aus! ◆ Ästhetik ist Diätetik. Schön ist, was gesund ist. ◆ Wer den Leib der Frau mit allen seinen minutiösesten Einzelheiten nicht als »Märchen des Lebens«, als Grimms »Tausend und eine Nacht«, als Wunder und Merkwürdigkeit, ununterbrochen an derselben Frau erleben kann, der muß jede Geliebte tief enttäuschen. ◆ Die männliche Eitelkeit, der männliche Wollust-Egoismus siegten über diese mysteriösen und märchenhaften Welten und schaffen diese Dichtung »Weib« zu einer Kloake um für ihre überschüssigen Säfte. ◆ Aber »Vögeln« ist eine »Pissoir-Angelegenheit«, künstlerisch wertlos, der Mann will sich auspissen!?! Mir aber ist der »Kitzler« heilig –. Heil dem Kitzler!!! Die »Geschleckte« will es spüren, daß es den Schlecker selig macht! ◆ Sorge Tag und Nacht für die Edelfunktion des Darmes! ◆ Das »Bauchherz« ist wichtiger als das, was wir verhältnismäßig unnötigerweise unter der linken Brustwarze tragen.

Peter Altenberg über sich: Ich kann leider dem Wunsch meiner Freunde nicht willfahren, sogleich zu verhungern. ◆ Ich gewann alle Sympathien durch meine Spatenbräu-Verehrung. ◆ Ich lag wieder einmal im Sterben. ◆ Meine Sachen haben das Malheur, daß sie immer für kleine Proben betrachtet werden, während sie leider bereits das sind, was ich überhaupt zu leisten imstande bin. ◆ Man sollte Ehrfurcht haben vor meiner Organisation, die die Tyrannei des ekelhaften Schwanzes besiegt hat und dem Altruismus der sanften Liebenswürdigkeit der nie ermattenden Zunge zum Siege verholfen hat! ◆ Lieber Georg, schicke mir hundert Kronen, habe mein ganzes Geld auf die Postsparkasse getragen und starre nun dem Hungertod entgegen.

Andere über Peter Altenberg: Diese Überempfindlichkeit konnten seine Ärzte nicht begreifen. *(Helga Malmberg)* ◆ Er sah wie ein Greis aus und sprach wie ein gekränktes Kind. *(Maurice Hirschmann)* ◆ Peter Altenberg ist ein Genie der Nichtigkeiten, ein seltsamer Idealist, der die Schönheiten der Welt wie Zigarettenstummel in den Aschenbechern der Kaffeehäuser findet. *(Franz Kafka)* ◆ Seine Geschichten sind wie ganz kleine Teiche, über die man sich beugt, um Goldfische und bunte Steine zu sehen, und plötzlich undeutlich ein menschliches Gesicht aussteigen sieht. *(Hugo von Hofmannsthal)* ◆ Er ist ein Seher, wenn er sieht, aber er ist bloß ein Rufer, wenn er ein Seher ist. *(Karl Kraus)* ◆ Zum Glück war er bei all seiner unvergleichlichen Genialität auch ein gewaltiger Narr, voll Marotten, Kinkerlitzchen, wüster Absonderlichkeiten. *(Alfred Polgar, 1919)* ◆ Mit wenigen Ausnahmen standen sie um ihn herum und bewunderten seine Geistesgaben, weil sie ein so putziger Kerl kundgab. *(Erich Mühsam, 1921)* ◆ Wörtlich und tätlich war er der letzte Ritter, der Minnesänger unter Maschinen. *(Anni Mewes)* ◆ Die an Altenberg entdeckten, daß er die Dinge beseelte, schienen von dem unverwechselbaren Ton seiner Skizzen selbst beseelt zu sein. *(Hans Christian Kosler, 1981)*

IDI AMIN **(geb. Idi Awo-Ongo Angoo), Berufsmilitär, Blutsäufer, Massenmörder (1928–2003):** Der Soldatensohn aus dem Kriegerstamm der Kakwa, der vom Blut erlegter Feinde zu trinken pflegte, kam aus tiefster Provinz, Koboko bei Arua/Nordwestuganda, schlug sich als Straßenjunge in Kampala durch. 1943 trat er als Soldat bei den »King's African Rifles«, einer schwarzen Elitetruppe, in Birma in die britische Kolonialarmee ein, 9 Jahre lang Boxchampion im Halbschwergewicht. Viehdiebstahl der Turkana-Nomaden unterband er durch Drohungen, alle Viehdiebe zu kastrieren. 1958 Hauptfeldwebel; 1962 Bataillonskommandeur. Je höher sein Rang, desto dunklere Seiten kehrte er hervor. Beim Verhör Aufständischer schlug er mit Machete eigenhändig Penisse ab. 1966 half er Milton Obote putschen, beschoß den Königspalast, vertrieb Kabaka Mutesa II., genannt König Freddie, ins britische Exil, wo der Monarch an Alkoholvergiftung starb, wofür Obote Idi Amin zum Militärchef ernannte, eine Schlange am Busen nährte, die dann wiederum Obote fortputschte (zufällig unblutig). Amin ließ sich zum Marschall auf Lebenszeit ausrufen, gab vor, im Namen Allahs über Uganda zu herrschen. Feldmarschall Al Hadsch Doktor Idi Amin Dada,

»Herr der Tiere des Erdkreises und der Fische im Meer«, Eroberer des britischen Empire in Afrika, ließ seine Uniformjacke verlängern, um Platz zu schaffen für den Orden »Victorious Cross«, den er bei einem Londoner Juwelier anfertigen ließ und sich selbst ans Revers heftete. Intellektuelle, hohe Offiziere und Richter verschwanden sofort mysteriös. Obotetreue Orte wurden entvölkert und eingeebnet. Anfangs hofiert von England, Israel, USA, UdSSR, Kuba, Nordkorea, von der DDR mit Know-how versorgt, perfektionierte er seine SS oder Stasi »State Research Bureau«. Im Ministerrat rief er allen Ministern seine Privattelefonnummer zu, stets erreichbar für Palaver, sympathisches Hordendenken. PR-süchtig schwadronierte er stundenlang vor der Weltpresse. Gern kündigte er an, Kapstadt zu bombardieren oder die portugiesischen Afrikakolonien zu befreien. Er behauptete, seine Todesstunde schon zu kennen. Schuldsprüche über Angeklagte ergingen je nach den Auskünften seiner unfehlbaren Nachtträume, die ihm Allah eingab. Wen er zum Wettschwimmen nötigte, ließ ihn sicherheitshalber gewinnen. 50 000 asiatische Händler mit britischen Pässen, die dünne Mittelschicht, das Rückgrat des Landes, enteignete er, jagte sie über Nacht aus dumpfem schwarzafrikanischem Nationalismus heraus aus dem Land, ohne sich um britische und sowjetische Proteste zu scheren. Der Westen ließ keine Sanktionen los; die SU lieferte weiterhin Waffen; er blieb an der Macht. Armee und Regierung säuberte er von Angehörigen des Langi- und Acholi-Volks. Israelis wies er aus, um Rüstungsgeld von Libyen zu bekommen. Seine Truppen ließ er fiktiv die Golanhöhen wiedererobern und alles mitfilmen, um Palästina zu zeigen, wie so was zu laufen habe. Er hatte die Leichen, die er aufhäufte, statt nur im Keller in allen Etagen. Die Minister Ofumbi und Oryema, sowie der anglikanische Erzbischof Janani Lunum, starben bei eingefädelten Verkehrsunfällen. Zwischen 1971 und 1973 ließ er 80 000–90 000 Menschen hinrichten, laut Internationaler Juristenvereinigung. Der Victoriasee wurde Auffangbecken für Leichen, die sogar die Turbinen des Owen-Damms am See-Abfluß blockierten; übersättigte Nilkrokodile begannen, das Futter zu verschmähen. In 8 Jahren Schreckensherrschaft wuchs die Zahl auf ½ Mill. Verurteilte zwang man, sich gegenseitig umzubringen, durch Hammerschläge. Publikum, um bei Hinrichtungen neuer Verschwörer Staffage zu bilden, brauchte nicht genötigt zu werden. Prinzessin und Topmodel Bagaya beschuldigte er öffentlich, im WC des Pariser Airports Liebe gemacht zu haben. 3 seiner 4 verstoßenen Frauen, Kay, Norah und Maliam, verschwanden bzw. entgingen nur knapp Unfällen. 1975 wählte ihn die OUU (Organization for African Unity) turnusgemäß zu ihrem Präsidenten. 1978 bot er Tansanias Präsident Nyerere an, die Konflikte beider Staaten im Boxring zu lösen; er mit einem Arm, hinterm Rücken festgebunden (was selbst → Ali nie vorgeschlagen hatte) – verrückter Vorschlag, doch wer ihm nachkäme, könnte den Ausgang sämtlicher künftiger Weltkriege in kleinem Kreis regeln. Präsident Nixon lud er nach Kampala ein, zwecks »guter Genesung von der Watergate-Affäre«. Margaret Thatcher beglückwünschte er, sie mache »einen so charmanten, frischen und aufgeweckten Eindruck« auf ihn. Von 4 britischen Diplomaten ließ er sich in der Sänfte tragen und, in seiner Affenliebe zu Schottland, zum »König der Schotten« ausrufen. Zu opulent begangenen Putsch-Jubiläen spielten jedesmal Dudelsackbläser im Kilt auf. Sein Lieblingsprojekt, ein Denkmal für Hitler, kam wegen sowjetischer Intervention auf die Wartebank. 1979 gelang's der Nationalen Befreiungsfront Ugandas, unterstützt von Tansania, ihn zu vertreiben. Zuflucht fand er erst in Libyen, dann in Dschidda/Saudi-Arabien. Dort lamentierte er ständig, zu eng zu wohnen und nicht genug Geld zu kriegen für seine rund 25 Kinder. Er starb an Bluthochdruck und Nierenversagen. ⁓ Neben Idi Amin sah → Gaddafi blaß aus. Er glich eher Abdul-Hamid II. oder Hakim bi Amrillah. Der kaltblütige Hitzkopf gehört in seiner Hightech-Archaik zu den schlimmsten Megatötern des 20. Jhdts., rangiert aber statistisch hinter Mao-Hitler-Stalin, mangels geographischer Reichweite. Etliche afrikanische Diktatoren funktionierten weltweit wenig anders als er.

Zwischen Verharmlosung (Politclown) und Dämonisierung (Schlächter von Afrika)

Worte von Idi Amin: Keiner läuft so schnell, um einer Gewehrkugel zu entgehen. • Hitler hatte recht mit den Juden. Sie arbeiten nicht im Interesse der Völker der Welt. Deshalb wurden sie auf deutschem Boden bei lebendigem Leib mit Gas verbrannt.

Idi Amin über sich: Als General ist man einsam, und deshalb sind für mich Frauen wichtiger als Soldaten.

Andere über Idi Amin: Idi Amin hat mehr Menschen ermordet als Smith in Rhodesien und Vorster in Südafrika. Wäre Amin weiß gewesen, hätte Afrika unzählige Resolutionen verabschiedet und sein Tun verdammt. *(Julius Nyerere, 1979)*

Amlethus, Simulant, Teilzeit-Narr, Racheengel, Hamlet-Vorläufer (5. Jhdt. n. Chr.): Er wuchs mit seiner Sandkastenliebe auf, damals eher »Ziehschwester« genannt, ehe dann sein tückischer Oheim Fengo seinen tatenfroh siegreichen Vater Örwendel (Horvendilus/Horwendill) meuchlings ermordete, dann sofort die Witwe seines Opfers, Amlethus' Mutter Gertrud (Gerutha/Geirthrud) heiratete und die Rache des (zunächst verschonten) Amleth fürchtete, der sich sofort blödsinnig stellte, um die Gefahr zu verkleinern, auch noch dranzukommen. Die Gemächer seiner Mutter – und sich – beschmierte er mit Kot – Kot oder Staub? – (wie später dann → Eulenspiegel und → Dalí als Kind in Schubladen zu notdürfteln pflegten), und wälzte sich besinnungslos und anstößig am Boden, zum Entsetzen des Personals, wühlte in der Asche der Küche, brüllte »Kikeriki!«, schlug mit gestutzten Armen, brabbelte zwischen nonverbalen Aktionen hanebüchenen Nonsense, der damals eher »törichte Rede« hieß, eine Mixtur aus Pantomime, Happening und Gequassel. Man mokierte sich pikiert über seine komisch rätselhaften, doppelbödigen Antworten. Höflinge lauschten ihn aus, interviewten ihn im Auftrag Fengos, applaudierten, höhnten, provozierten ihn und amüsierten sich. Sein Pferd bestieg Amleth ungeschickt a tergo und hielt (wie später dann → Nasruddin) den Schweif als Zügel. Um zu ergründen, ob sein Wahn auf Liebesverstrickung mit seiner Quasischwester zurückgehe (die damals noch nicht Ophelia hieß), führte man beide im Wald zusammen, doch ein Milchbruder (der damals noch nicht Horatio hieß) konnte ihn warnen: Amleth hängte die Lauscher ab, beschlief auf einer Waldlichtung im Moor das namenlose Urmodell für Ophelia, zwischen Wiesenblumen namens Rinderzunge und Hahnenkamm, Ried, wie man es für Rieddächer nahm (wie später Walther von der Vogelweide solche Schäferstündchen in Moosbettchen pflog, tandaradei). Amleth ließ seine Gespielin schwören, nichts zu verraten, und als ihn die Höflinge fanden und ausfragten, prahlte er, er sei mit ihr auf ein Strohdach gestiegen, habe dabei einem Rindvieh aus Versehen auf die Zunge getreten, und einem Gockel auf den Hahnenkamm. Das Mädchen aber beteuerte, es sei nicht das geringste passiert. Einen Höfling, der ihn im Schlafgemach seiner Mutter belauschte, zog er hinterm Bettstroh hervor, tötete ihn umstandslos per Schwert, zerstückelte ihn, warf die Leichenteile in den Abtritt, scherzte auf alle Fragen, wo der Ratgeber geblieben sei: »Vielleicht ist er ins Klo gefallen«, wo kopfschüttelnd keiner nachguckte. Seiner Mutter warf er deren Heirat mit Mörder-Onkel Fengo vor. Der beschloß nun, Amleths Wahnsinn nicht weiter zu verifizieren, sondern den suspekten, hochgefährlichen Neffen so oder so zu beseitigen, entsandte ihn zu seinem

Blutsbruder, dem König von Engelland, mit dem Auftrag, ihn alldort umgehend zu töten, geritzt in einen Runenstab. Amleth durchschaute den Plan, schabte – während seine beiden instruierten Trabanten schliefen – die tödlichen Runen ab und ritzte neue, anderslautende Runen hinein in den Stab. Und schon wurden die Ausführorgane selber gehängt. Amleth, dem – gemäß ausgetauschter Inschrift – sofort die Tochter des Königs gegeben ward, entrüstete sich gar sehr über den Doppelmord, klagte über gebrochenes Gastrecht, woraufhin ihn der König mit ziemlich viel Sühne-Gold entschädigte, was Amleth schmolz und in hohle Stöcke goß. Wieder zurück in dänischer Heimat, platzte er effektvoll in die Trauerfeier zu seinen Ehren. Nach seinen Begleitern befragt, zeigte er auf die beiden Stöcke und löste Lachsalven angetrunkener Zecher aus. Amleth (als heimkehrender Odysseus) feuerte zu weiterführendem Besäufnis an. Weil er mit dem Schwert herumfuchtelte und sich in die Finger schnitt, schlugen die Zecher Nägel durch Scheide und Schwert, blockierten weitere Benutzung. Amleth, noch lange nicht von des nachgeborenen Hamlets Gedankenblässe und Zauderei angekränkelt, vollzog Sohnespflicht, nahm erschröcklich Blutrache, zündete einen Vorhang an, worauf sämtliche Zecher, von denen sicher nicht alle Schuld trugen, übel verbrannten, eilte zum schlafenden Fengo, nahm dessen Schwert, das über der Bettstatt hing, hängte ihm die eigene vernagelte Waffe übers Lager, rüttelte den Mörder wach, der das Schwert rausziehn wollte, an der Blockade ruckelte und hierbei von Amleth niedergestochen ward. Alsbald öffnete Amleth den Jüten die Augen über seines Oheims Schandtaten; Happy-End nahte; Amleth bekleidete hohe Positionen, ohne jeden Anflug weiteren Wahn- oder Blödsinns, verrichtete in kühnen Kriegszügen viele äußerst tapfere Mannestaten, heiratete Hermuthruda und fiel in der Vollkraft seiner Jahre im ehrenvollen Kampfe gegen den militärisch haushoch überlegenen Nachfolger von König Rörik (Hrörek, Roricus): König Vigleik, der Amleth beschuldigt hatte, er hätte sich Herrschaft über Jütland angemaßt, dem Historiker Saxo Grammaticus zufolge. ~ In x Hamletdramen, 1000 Jahre später nachgeschoben, um 1600, verbesserte, vereinseitigte, verfeinerte sich Amleth zugunsten gesprochenen Wortes, fern aller kikerikischreienden Kotschmiererei, gleichwie mittelalterliche Pferdefußteufel zeitgleich sich zum voltaireförmigen Freigeist Mephisto verharmlosten. Aus Statthalter wurde König, aus Bettstroh Tapete, aus der Ziehschwester Ophelia, aus einem Haudegen und deftigen Narren ein Verbal-Zyniker und Schwätzer. Amlethus nahm mindestens 3 Frauen; Hamlet wurde zu einem Schüchterling: Hamlet und Kierkegaard (närrische Dänen wie → Andersen und Lars von Trier) redeten ständig davon, ohne je reell zuzugreifen. Amleths Historizität wurde später angezweifelt. Wissenschaft behauptete teilweise, der auch in der Lausavisa und Lieder-Edda erwähnte Amlethus ginge entweder auf Mythisches zurück (Aml-Odi: der Gott Odr) oder auf die Brutus-Sage (Amlodi = Brutus = der Blödsinnige), nicht ohne Kalevala-Infiltration, was den Inzest mit Ophelia betraf. So oder so, zusammen mit Kaikhoshraw (aus Firdausi), → Schibli, → Schreber oder dem Kuckucksnest-McMurphy u.v.a. bewegten Amlethus und Hamlet sich in der schwummrigen Sphäre derer, die imposant zwischen Zurechnungsfähig und Krank changierten.

GÜNTHER ANDERS (geb. Günther Stern), Technikkritiker, Diskrepanzdenker, Profi-Atheist, Atomkraftgegner (1902–1992): Schon das Vorschulkind irritierte seine Mutter mit der Frage: »Und wer hat den lieben Gott gemacht?« Sein Doktorvater – Edmund Husserl – mahnte den jungen Doktoranden, nachdem dieser eine Faschingsnacht durchtanzt hatte: »Ein Phänomenologe tanzt nicht und zu allerletzt kostümiert!« Stern wollte anders heißen und nannte sich dann einfach – Anders. 1927 wollte er seiner Braut – Hannah Arendt – im Berliner Zoo Murmeltiere zeigen, sie aber ging nicht mit, Begründung: Sie interessiere sich ausschließlich für Menschen. Anders fand das inhuman. Die Nazis hielten sein Manuskript »Molussische Katakombe«, 1930–1932 verfaßt, Nachrichten aus Nazideutschland, für indonesische Märchen, die Frau Hannah in einem Rauchfang baumelnder Schinken versteckte; später im Pariser Exil verlieh Anders seinen ärmlichen Baguettes mit dem geretteten, duftenden, molussischen Manuskript ein wenig Schinkenduft. Als Philosoph entlarvte die scharfe Zunge scharfsinnig alles: Unterhaltung als Terror, Monotheismus als Telefonreligion, Chormusik als verlogen, Mystik als Mittelstandsphänomen, Transzendenz als Defizienz, Spermien als Viren, Astronauten als pseudo-transzendierende Philister, als Hinterwäldler auf Cartoon-Niveau – ein Riesenpanorama industrieller Notausgangslosigkeiten: Menschheit, ärschlings einmontiert in ihre Apparatur, glotzte in die Röhre, blind und stumm, pro Leben lebenslang, Fertigware, inklusive Plattenspieler und Getränkebar, und als drittes Möbelstück – das Universum. Erst Gerätewelt, dann dranhängendes Rest-Ich: Zauberlehrlinge ver-x-facht, Angestellte der Technokratie, von noch größerer Gerätezahl alias Besenstielzahl genötigt, sie zu bedienen, und nirgendwo ein überregionaler Meister, der die von Anders sog. »Totalmaschine« anhalten gekonnt hätte. Sogar das menschliche Gesicht nannte er »Stigma der Ichheit als Zwangs-Mitgift«, »dessen nacktes und unkontrolliertes Aussehen das von Schulter oder Gesäß an Ebenbildlichkeit um nichts mehr übertrifft« und das man vor Ritualbeginn leider nicht an der Garderobe abgeben kann – hier blitzte eine neo-manichäische, jedenfalls dämonische Löwenpranke quer durch den offiziellen Anthropologen, der Kafka als Gnostiker darstellte. Seine Religionskritik erfrischte und erhob. Als Atheist wußte er mehr über Gott als alle Theologen (inklusive → Ratzinger). Er sympathisierte mit einem Gastgeber, der zu Reinlichkeit neigte und einen Gast, der zum Tischgebet neigte, vor die Tür verwies und ihm ein Handtuch mitgab: »Wenn Sie vorher noch ein religiöses Bedürfnis verrichten wollen, dann bitte draußen, zweite Tür rechts.« Einerseits ließ er einen Freund, den er in flagranti beim Beten erwischte, sofort fallen, hätte lieber mit Marsmenschen geplaudert als mit Christen, andererseits wollte er nicht aus der Bekämpfung eines Begriffs, dem nichts entspricht (Gott), einen Full-time-Job machen. Niegefragte Fragen stellte er: Warum mißgönnt sich Gott den Tieren? In Warteschlangen, statt sich wie alle zu ärgern, reflektierte er über Warteschlangen. Vor einem Pornokino verteidigte er Cunnilingus nicht als Kunst, weil er Wichtigeres zu attackieren habe. → Bloch verübelte er »ewiges Gehoffe«. Benjamins Aura, die er »sentimentalen Schmus« nannte, solle man endlich ihrer Aura entkleiden. Am Ferienort vermißte er Insekten, sofort verglich er das Ideal Hitlers, nur Arier übrigzulassen, mit dem Ideal der Technokraten, nur Menschen übrigzulassen. Hohe Tannen in Bad Ischl sah er als Protest gegen Gravitation und definierte sofort Leben als Nonkonformismus. Vor Frauen, die naturverbunden schwärmten, warf er als Mephisto der Blutbuche im Abendlicht augenloses Unwissen über ihr Rotsein vor, oder einer Pendeluhr im Schaufenster, daß sie beim Zeitmessen nichts vom Begriff »Zeit« ahnte, und daß die ganze Welt eine ungeheure Blindenanstalt sei. Endlich mal ein Denker, der sich nicht wie Heidegger am Scheinbegriff »Sein« aufgeilte, aus dem er den Stöpsel zog, sondern zu den Dingen ging, wie Georg Simmel zum Henkel. Bergziegen im Zoo lösten bei Anders eine Seelentheorie aus. Aber deshalb degradierten ihn manche zum Gelegenheitsdenker, als wär er Sonntagsmaler. Schulphilosophie, die bei Sartre kaum ins Schleudern kam, bekam bei Anders Einsortierprobleme. Von Lexikonredaktionen befragt, ob er eher Phänomenologie, Existenzialismus, Marxismus oder kritischer Theorie zuzurechnen sei, kreierte er für seine Tätigkeit das Wort »Diskrepanzphilosophie«. Seine Denkwerke, voll von fremden Worten à la Kontingenz, Ätiologie, Placebo-Sein, Kollektivmonolog, Globozid, Chaplinitis, kaufte dann doch keiner, aber seine »Kosmologische Humoreske«, die er in einem Gasthausgarten in Schneedörfel zwischen Hühnern und Hunden schrieb, den Parabel-Kampf zwischen Schöpfergott Bamba und Frau Nichts, subtiler und tiefer als Voltaires »Micromégas« und Stanislaw Lems »Robotermärchen«, kaufte erst recht keiner. In Denkfabeln ließ er den toten Parmenides, der unwiderleglich die Nichtexistenz des Nichtseienden bewiesen hatte, im Nichts ankommen, dort aber hatte man das Wort »Seiendes« noch nie gehört. Im Fabelbuch »Der Blick vom Turm« – voll doppelbödiger Bodenlosigkeit – warf er einen »angewiderten Blick auf den vergeudeten Sternenhimmel«. Die Existenz der Welt nannte er »das unüberbietbare Happening«. Aber als Warner, Mahner und Künder wurde er bei Pazifisten, Apokalyptikern, Technikkritikern und Kernkraftgegnern zu Leitfigur, Eidhelfer und Argumentequelle für Thesenpapers. Briefwechsel mit Hiroshimabomber Claude Eatherly verkaufte sich 22 000 x, zwischen 1961 und 1962. Sein Ritt gegen atomare Windmühlen, hochengagiert, notwendig uneffektiv verpuffend – denn wozu sollten Politiker, Physiker, Systemrädchen und Macher je Theorie lesen? –, machte ihn zum Kentaur aus Humanist und Pessimist, zur musengeküßten Moralkeule, zum Narren. Zugbekanntschaften, Frisöre, unbedacht Formulierende, Theologen, Agnostiker, jüdisch-christlich-muslimische Studenten, die für Religionsfreiheit und Toleranz votierten, wurden vom greisen Atheisten rhetorisch ausgehebelt, sokratisch reingelegt, durch Repliken und Pointen. 1976 konnte er, wegen Gicht, nur noch mit 2 Fingern tippen. Später drückte er schmerzgebeutelt die Tasten mit Bleistift. Seit er nicht mehr reiste, kam die Welt nur noch aus dem Radio. Er hielt alle Nachrichten für manipuliert, zog aus jedem Satz Verschwörungstheorie, hielt Gorbatschow für einen CIA-Agenten. Als er den Adornopreis bekam, redete er als TV-Bild zum Publikum. Er starb schmachvoll in einem Altersheim. ~ Trotz aller Nachweise der historischen Begrenztheit seiner Philosophie nach '89 trafen seine düstersten Theoreme auch förderhin ins Schwarze: Postum paßte seine Jazz-Definition als Wiederholungsfuror und ekstatischer Verpuffungsvorgang industriellen Dionysos-Kults, Opfertanz vor hämmerndem Maschinengott, viel besser zu Metallica & Techno als zu retrospektiv fast gemüthaft wirkender Dixieland-music, und seine Spielhöllen-Erkenntnisse, sein Terminus »Ikonomanie«, besser auf spätere Gameboy- und Videomanie, SAT- und Kabel-Non-stop-TV als auf brave Sendeschlüsse von 1956. Seit wir Eichmannsöhne in Eichmannurenkel übergingen, eskalierte alles vergröbert weiter. Die akustische Leine wurde zum digitalen Network. Pisa-Studien postludierten illustrativ Anders' »post-literarisches Analphabetentum«.

Mausklicks und Tamagotchis fügten Anders' Verbiederungs- und Nippifizierungsthese neue Beispiele an. Kein CD-Player vermochte Anders' Plattenspieler zu antiquarisieren. Molussische Aristokraten verkehrten nicht mehr mit jenen ihrer Kassandras, die recht behielten; denn laut Anders treffen vor allem inferiore, science-fiction-förmige Prognosen ein. Gedanken, die ursprünglich von Anders stammten, wie daß das Medium die Botschaft sei, oder die Relation zwischen Sein und Haben, gelangten auf Umwegen in flachere Köpfe: Marshall McLuhan, Erich Fromm, Arnold Gehlen, Elias Canetti, Konrad Lorenz, Vance Packard, Frederic Vester, Neil Postman, die Jahrzehnte später jeweils mit diesen Messages Weltbestseller landeten. Auch was Jean Baudrillard u. a. verkündeten, steht praktisch alles längst vorher bei Günther Anders.

Sobald er übertrieb, behielt er recht

Worte von Günther Anders: Der Betrüger ist der Wahrheit näher als der Betrogene. ◆ Jeder Clown weiß, daß es nichts Komischeres gibt als die sture Investierung endlicher Kräfte in ein unendliches, also von vornherein als vergeblich erkennbares, Unternehmen. Diese Komik kommt auch dem Philosophieren zu. Denker, die sich dieser unvermeidlichen Komik nicht bewußt sind, also die tierisch-ernsten, sind die komischsten. ◆ Einmal dazusein, nein: dagewesen zu sein, und das ausgerechnet als Mensch und ausgerechnet hier und heute und ausgerechnet als ich – und sich bei dieser Häufung von Kontingenz als Mittel- und Höchstpunkt der Welt zu benehmen, das ist einfach läppisch. ◆ Kein kosmischer Hahn würde, wenn wir verschwänden, nach uns krähen. ◆ Nichts ist entsetzlicher, als recht zu behalten.

Günther Anders über sich: Ich erwachte heute früh – oder weckte *ich* mich? – aus dem euphorischsten Schlaf und hörte mich gerade noch ausrufen: »Nun bin ich nicht mehr *in der Welt*, sondern *selbst Welt!*« So süß muß Sterben sein. Noch jetzt, nach zwölf Stunden, ist die Leuchtkraft dieser plotinischen Seligkeit nicht ganz vergangen. ◆ Wenn ich verzweifelt bin,

was geht's mich an? ◆ Für mein sogenanntes »Innenleben« habe ich keine Zeit. – Der Feuerwehrmann ist der Zwilling des Pyromanen. Während meines Kampfes gegen die Atomgefahr habe ich mich zwar immer als Feuerwehrmann gefühlt. Dagegen zähle ich, wenn ich philosophiere, zu den Brandstiftern. ◆ Wenn mich der Gedanke an den Tod ängstigt, so allein deshalb, weil ich fürchte, morgen nicht mehr dasselbe mitteilen zu können, was ich heute, gestern und vorgestern mitgeteilt habe.
Andere über Günther Anders: Seine »krankhafte Phantasie«, die sich seit über 40 Jahren – seit Auschwitz und Hiroshima – einen Globus ausmalt, der so unbewohnbar ist wie der Mond, hat ihn dazu getrieben, sein bedingungsloses Nein zu den Mord- und Selbstmordmaschinen auszusprechen. *(Hans-Martin Lohmann, 1987)* ◆ Als Philosoph im traditionellen Sinn läßt sich der als Günther Stern geborene A. schwerlich klassifizieren, obwohl er seine Lehrjahre in den Seminaren Martin Heideggers und Edmund Husserls erlebte und von letzterem promoviert wurde. *(Metzler Philosophen Lexikon, 1995)* ◆ Aber das Etikett des »Atomphilosophen«, der »atomaren Kassandra«, war im Blick auf das riesige, außerordentlich vielfältige Lebenswerk von Günther Anders immer schon eine krasse Reduktion. *(Ludker Lütkehaus, 2002)*

Hans Christian Andersen, Kunstmärchendichter, Hagestolz, Nervensäge (1805–1875): Mühselig hervorgestiegen aus nachträglich verschönerbaren Familienverhältnissen, schnitt der vielfältig benachteiligte, auf Tagträume angewiesene Knabe, ein Flickschusterssohn, redende Papierfiguren aus, als Scherenschneider. Seine verschwommene Idee, berühmt zu werden, verfolgte er schon mit 14 hartnäckig, wurde in Kopenhagen auf einer Tanz- und Singschule angenommen, fiel als Schauspielschüler, Balletttänzer und Sänger durch, so daß bloß noch Lustspieldichter, Bühnenautor, Librettist übrigblieb, als der er eifrig Stücke hinwarf, Digte (Gedichte), die ihm nur Undank einbrachten, Romane, die ihn nicht bekannt machten, u. a. auch gefällige Mixturen aus Kunst- und Volksmärchen, allegorischer Klimbim mit redefreudigen Wesenheiten, Genrestücke, die er »Belanglosigkeiten« nannte und die ihm viel Kritik und unaushaltbaren Spott eintrugen. Gönner versuchten ihm sein Dichten auszureden. Dann aber verkauften seine Märchen vom standhaftigen Tinsoldat (Zinnsoldat) und der lille Havfrue (Meerjungfrau) sich immer besser, vor allem außerhalb Dänemarks. Kindermärchen vom fliegenden Koffer, Tölpel-Hans, Fliedermütterchen, Holunderweiblein, Fettkrämer und Schweinehirten, die auch Große mitlasen, gingen in Erwachsenenmärchen über, die auch Kinder mitverfolgen konnten. Meerwalzen und Knurrhähne philosophierten über das Telegraphenkabel, quer durchs Meer gezogen. Daß in seinem Kosmos Teekessel, Geldschweine und Stehkrägen redeten, verleitete seine Exegeten, ihm Animismus zuzuerkennen. In Visionen sah er das künftige Amerika, für 8 Tage per Luftkarawane touristisch übers versunkene Europa, das herrliche Land der Denkmäler, herfallen. Üppige Honorare ermöglichten dem Märchenerzähler weitführende Wunscherfüllungen, strapaziöse, so wehleidig wie zäh durchgestandene Bildungs-, Postkutschen-, Europareisen, über 31 Stück, insgesamt 9 Jahre lang, in den Spuren Heines zum Harz, bis hin nach Athen, Afrika, Balkan und Konstantinopel. Die vielen Eventyr und nye Eventyr (neue Abenteuer) setzte er gleich wieder in Literatur um. Eine erste Dampfeisenbahnfahrt assoziierte er romantisch mit magischem Roß und Mephistos Zaubermantel, die Signalpfeife mit dem Schwanengesang eines abgestochnen Schweins. Außerhalb des Zugs hatte er Angst, den Zug zu verpassen, innerhalb glaubte er im verkehrten Zug zu sitzen. Die Reisen des selbstlosen Egozentrikers und Zugvogels gingen in Triumphzüge über. Seine Märchen machten ihn – bis auf weiteres – unsterblich, und Andersen erinnerte Europa daran, daß es irgendwo ein kleines Dänemark gab. Die Genugtuung, verehrt und reich zu sein, wurde nachhaltig entsüßt von ausbleibender Liebe und Freundschaft. In seine Tagebücher trug er mit Tinte Geheimchiffren für einsame Unkeuschheiten ein. Ein angepeilter adliger, recht trockner Herzensfreund, Edvard Collin, den er in seelenhaft hingegossenen Briefschaften um ein Du flehentlich anging, verabreichte dem einsamen Sensibelchen einen schweren Stoß durch kalte Verweigerung des Dusagens. Der Verfasser des Lykke-Peer (Glückspeter) lebte, bei allem Erfolg, im Grundgefühl, immer aufs neue Schwarze Peter zu ziehn, statt Lykkens Kalosker (Glücksgaloschen). Die Wermutstropfen, die sich in die sonnigen Nachmittage seiner Märchen einschlichen, glommen immer leidgesättigter und lebensmüder. Chamisso nannte ihn »baumlangen Dänen«, Hebbel »lemurenhaft-geknickt«, Gutzkow »eine Art Halbmann«. Er selber definierte sich beim Photographen als »abgeblätterten Nußknacker«. Leute sahen sich nach ihm hämisch um, die selber, laut Andersen, wie gekochte Kartoffeln aussahn. Södsuppe (Obstsuppe) mochte er nicht. Feine Damen erröteten vor ihm und drechselten Komplimente, aber keine wollte ihn. Beim Tanzen trat er ihnen auf die Füße. Eine Comtesse, die die Gefühle des gestelzten Märchenonkels zu erwidern schien, starb, bevor sich Genaueres ergab. Die Sängerin Jenny Lind, die schwedische Nachtigall, die er von der abonnierten Loge aus tränenreich anbetete, empfand ihn eher als Bruder und großes Kind. Einer zudringlichen Verehrerin, die er für verrückt hielt, wich er schreckhaft aus. Klägliche Versuche, per Bordellbesuch in Paris doch noch auf den letzten Drücker irgendwas zu erleben, verliefen schief – der alte gute liebe Herr saß nur da, im Frack, guckte schüchtern hingegeben und wagte nicht zuzugreifen. So sehr sein Leib der fehlenden Attraktivität des Märchenopas im Weg stand, so sehr schreckte er vor Anzeichen scheinbaren Zipperleins zurück, das diesen Leib fortzuräumen drohte. In seiner bodenlosen, großnasigen Einsamkeit, einsamer als Kierkegaard, der ihn »Jammerlappen« schalt, und → Kafka, zählte Andersen zu den wenigen Prominenten, die lebenslang keinerlei Koitus übten, wie → Bruckner, wie vielleicht Beau → Brummell oder Jorge Luis Borges; wie beinahe Nietzsche. Sowohl im häßlichen Entlein, das er auch im berühmten Schwan nicht abzustreifen vermochte, wie in Ahasver, in der Prinzessin auf der Erbse lieferte er schnurrig und konziliant verbrämte Selbstporträts, wobei die Erbsen seines Lebens ihn immer hypochondrischer zu piesacken anhuben: Kein Pickel und Fleck blieb unbeachtet und unverdächtig, auf Rückenmarkschwindsucht oder Wundrose hinzuweisen. Von seiner Angst, sich Gelenkwassersucht zugezogen zu haben, lenkte ihn ein Spazierstock ab, der ihn leicht in die Magengegend stieß und Angst vor einem Bruch erzeugte, die er mit der Angst überdeckte, aus einer Pustel an der Augenbraue könne ein großer Auswuchs werden, wovon ihn erst wieder die Evidenz ablenkte, bei einem Gastmahl eine Nadel verschluckt zu haben. Wegen Platzangst vermochte er Plätze nur untergehakt zu überqueren. In unbekanntem Besuch vermutete er Mörder. Auf seinem Nachttisch lag für alle Fälle stets ein Zettel: »Ich bin scheintot.« Sygelig afficeret (krankhaft erregt) wartete er drauf, daß aus ihm die Geisteskrankheit seiner Vorväter hervorbrechen würde. Schinkenverzehr mied er aus Trichinienfurcht. 1867 wurde der ordenbehängte Titularprofessor Ehrenbürger von Odense. Jeder Jubeltag – mit Bad in der Menge – bescherte ihm dann nur wieder Tante Zahnweh. Denn große Dichter bekamen großes, kleine Dichter kleines Zahnweh. Seine Werke erschienen 1853–1862 auf dänisch in 23 Bänden, auf deutsch 1847–1862 in 50 Bänden. Im »Märchen seines Lebens« schimmerten heimlich – durch x Retuschen – x unbeschönigte Wahrheiten durch. Noch auf dem Sterbebett sorgte der wunderliche Heilige sich, daß seine Pflegerin ihn satt haben könne. ⁓ 1880 bekam er ein Gigantdenkmal in Kopenhagen. Aus dem Kinderzimmer, worin er mit Swift und Defoe landete, holte man ihn bisweilen wieder heraus. Nachträglich erhob man ihn zu einem Vorläufer der Surrealisten. Zwischen 1918 und 1956 wurde Andersen in 32 Sprachen gedruckt, Aufl. 7 Mill. Zu seinem 200. Geburtstag geschah viel. Odense gab im 20. Jhdt. allen Ampelmännchen die Silhouette vom Ortsheiligen Hans Christian Andersen. Der Geräuschekomponist Helmut Lachenmann veroperte 1996 abendfüllend das Mädchen mit den Schwefelhölzchen.

Seine Berühmtheit nützte ihm oft wenig

Worte von Hans Christian Andersen: Nun wollten sie auch zum Himmel selbst auffliegen, um sich über die Engel und den lieben Gott lustig zu machen. ◆ Die herrlichsten Landschaften sahen in diesem Spiegel wie gekochter Spinat aus, und die besten Menschen wurden widerlich oder standen auf dem Kopf ohne Rumpf; die Gesichter wurden so verdreht, daß sie nicht zu erkennen waren, und hatte man eine Sommersprosse, so konnte man überzeugt sein, daß sie sich über Nase und Mund ausbreitete. ◆ In den heißen Ländern brennt die Sonne sehr stark; dort werden die Leute mahagonibraun: ja in den heißesten Ländern werden sie sogar zu Negern gebrannt. ◆ Sinnlichkeit ist ein seliges Prickeln durch die Nerven, während man einen Tropfen von seinem Lebenssaft abläßt. ◆ Man macht zunächst schrecklich viel Böses durch – und dann wird man berühmt.
Hans Christian Andersen über sich: Ich fühle, daß eine unsichtbare, liebevolle Hand das Ganze lenkt, daß es kein blinder Zufall war, was mich vorwärtsbrachte, nein, im Verborgenen hat ein Vaterherz für mich geschlagen. ◆ Ich starrte sie an, ich wollte mich so gern verlieben und konnte doch nicht. ◆ Ja, ich bin ein seltsames Wesen: mein Herz ist ein Tagebuch, in dem einzelne Blätter zusammengeklebt sind, doch das Buch selbst kann jeder besichtigen. ◆ Häßliche Lust, die rast in meiner Brust, Gottesblitz ist nicht geblieben, weil ich Sünde hab getrieben; unrein war, was da entbrannt, und der lichte Engel schwand.
Andere über Hans Christian Andersen: An Orpheus hat er uns erinnert, die-

ser Poet, der in Prosa so schön zu singen wußte, daß nicht nur Tiere, Pflanzen und Steine ergriffen lauschten, sondern auch Spielzeug lebendig wurde, Kobold und Elfen wirklich bestanden und all die gräßlichen Schulbücher plötzlich poetisch erschienen. *(August Strindberg)* ◆ Eine Prinzessin gewann er niemals, wohl aber das halbe Königreich – er hat nämlich den ganzen Erdball mit Sören Kierkegaard teilen müssen. *(Erling Nielsen, 1958)* ◆ Enorme Füße, eine riesige Adlernase, Schweinsäuglein und überlang herabschlackernde Arme, eine dürr hochragende Gestalt, so daß er außer Orang-Utan auch Kranich genannt werden konnte, des Zappelns und Schwänzelns wegen aber auch Eidechse – so das Äußere des großen Dänen. *(Michael Maar, 1996)* ◆ Wieviel Mut brauchte es wohl, um sich mit einer so großen Zahl von Ängsten, wie sie Andersen zeitlebens mit sich herumschleppte – Geldangst, Paßangst, Angst vor Licht und Feuer, vor Überfällen, Hunden, Unglücksfällen aller Art, Seereisen, Eisenbahnfahrten, Tunneln, Ansteckung und Krankheit, vor dem Wahnsinnigwerden und vor dem Sterben, dazu die Angst vor dem eigenen Versagen und ihm selbst unerklärliche Angstgefühle –, dennoch immer wieder hinaus in die Welt zu wagen? *(Gisela Perlet, 2000)* ◆ Andersen poetisiert das Leben, ohne ihm seine Realität zu nehmen. *(Klappentext, 2003)*

Andreas, Jurist, Gassenheiliger, Narr Christi (881–947): Geboren als Skythe, kam er nach Byzanz als Sklave des Theognost, der unter Leo Philosophus (886–911) das angesehene Amt eines Protospatharius bekleidete und den klugen Andreas in Griechisch und Literatur ausbilden ließ, und als Notar. Andreas wurde Leiter und Verwalter seines Hauses und Vermögens. Nebenbei studierte er Heiligenviten, befreundet mit Nikephoras, einem Presbyter der Sophienkirche, was zu seiner Bekehrung führte und zum Entschluß, ab sofort den Narren um Christi willen zu spielen. Seit 917 verbrachte er den Rest seines Lebens auf den Gassen und Straßen Konstantinopels, lief auch in weniger warmen Jahreszeiten fast nackt herum, allenfalls mit Lumpen bedeckt, schlief auf Reisigbündeln in lehmverschmierter, fensterloser Flechtwerkhütte, ohne Möbel, ohne Bücher, in Gesellschaft von Hunden, als kynischer Christianer. Tags trieb er sog. Paismata (Narrenspiele), hüpfte, hinkte, hopste herum, lallte, faselte, sprudelte betrunken herum, ohne es zu sein, rannte im Kreis, rempelte rülpsend Leute an, stellte ihnen Beine, wurde geohrfeigt, angespuckt, vollgerotzt, warf Steine, frotzelte und hänselte seine Spötter; abends legte er sich auf den Rücken und strampelte mit den Beinen gegen den aufgehenden Mond; nachts verbarg er sich in den Vorhallen der Kirchen. Sobald er auch mal mitten auf den Marktplatz notdürftelte, wurde er besonders hart vertrimmt. Eine mitleidige Frau herrschte seine Prügler an: »Das wird euch in der Todesstunde heimgezahlt, daß ihr einen Auserwählten Gottes verprügelt habt!« Andreas aber ergriff die Partei seiner Peiniger und schrie die Frau an: »Was geht dich das an? Ich hab Gott gebeten, daß er ihnen das nicht als Sünde anrechnet.« Kamen seine engsten und einzigen Freunde Nikephoras und Epiphanius zu ihm, redete er ganz normal mit ihnen. Sie wußten um sein Geheimnis, nicht wirklich wahnsinnig zu sein, nur offiziell und tagsüber. In einer besonders eisigen Nacht fand er nirgendwo Aufnahme, versuchte sich wenigstens an einen Hund zu kuscheln und zu wärmen, aber selbst der Köter rannte unerfreut davon. In dieser Kälte und Verlassenheit schien dann visionär die himmlische Welt zu ihm herein. Ein Diener seines Freundes Epiphanius wollte es ihm gleichtun, doch Andreas wehrte dieses Ansinnen ab: »Du wirst nicht imstande sein, den Schweiß und die Mühsal solchen Heldentums auf dich zu nehmen, denn der Weg ist schmal. Bleibe lieber bei der bisherigen Form deiner Frömmigkeit.« ~ Epiphanius wurde später Patriarch von Konstantinopel. Die literarische Wirksamkeit der Andreas-Legende blühte enorm. Zwischen dem 16. und 18. Jhdt. wurde sie auf dem Athos immer wieder abgeschrieben. Gebets- und Erbauungsstücke seiner Vita liefen durch die Florilegiensammlungen. Die Bollandisten gedachten seiner Vita am 28. Mai; die russische, serbische und ukrainische Kirche feierte sein Fest am 2. Oktober.

Worte von Andreas zu sich selbst: Sieh, du elender Narr, Andreas, wie ein Hund hast du die Nacht mit Hunden zugebracht. Auf ans Werk; der Tod naht. Lauf schnell, du Nichtsnutz unter den Menschen, um Lob und Preis beim himmlischen König zu ernten. ◆ Die Menschen wenden sich von dir ab wie von einem Dämon, die Hunde verabscheuen dich, die Armen deinesgleichen fliehen dich.

Angelus Silesius **(geb. Johannes Scheffler), Mystiker, Gottestrunkener, Gottheiterkenner, Urgrunddichter, Spruchreimer, Konvertit, Katholik, Jesusminner, Polemicus, Dogmenknecht, Fanaticus, Kampf=Engel, Haßspucker, Scheuklappen-Hardliner** (1624–1677)**:** In Breslau geboren im 7. Jahr des 30jährigen Kriegs, lutheranisch erzogen; 1639 Vollwaise. Medizinstudium in Straßburg, Leiden, Padua; dann tätig als Leibarzt. Seine Augenöffner Abraham von Franckenberg (dessen Credo: »Ich bin das Herz, das religiöse Zentrum der katholischen, orthodoxen und kalvinistischen Religion«) und der Kabbalist Daniel Czepko empfahlen ihm 300 Jahre alte Mystiker zu lesen: Weigel, Ruesbroeck, Ludovico Blosio, Dionysio Chartusiano, Harphio, Tauler, die ihm den Geist tatsächlich ungeheuer weiteten, und in dieser Weite leitete auch er – nach 4tägigem poetisch-mystischen Rausch – zur GOttesbetrachtung an. Spätgotisch »fließende Gottheit«, die der frischgebackene Mysticus in handliche zweipaarige Merk-, Sinn- und Schlußreime umgoß, ging nahtlos in pyknisches Barock über. Den Terminus »Menschheit«, der noch voll nach »GOttheit« klang und den Scheffler als »Über=Engelheit« definierte, nahm er von Meister Eckhart. Dessen Diktum, Leiden sei das schnellste Tier, das dich zur Vollkommenheit trägt, formte Scheffler um zum Spruch, Liebe sei das schnellste Ding, das dich zum höchsten Himmel trage. »Seltzame paradoxa« und »widersinnische Reden« spendete er delikat aus: GOtt zog einen nur dann in den Himmel, wenn man nicht selber hinwallte. Je mehr er nach GOtt griff, desto mehr entwurde ihm GOtt. GOtt fand er nur durch Nichtsuchen. Das Wesen GOttes mußte auch in den Teufeln sein. Aber in der Herleitung des Bösen, das nicht aus GOtt, nur dem Menschen kommen könne, verhedderte er sich. GOtt, den er reimend mal als »lauter Nichts«, mal »Wunderding« nannte, »kein Ding, kein Unding auch«, residierte derart hoch, daß Er ewiglich nicht an Seine eigene Grenze stieß. Einerseits sah Scheffler seine Eingebungen als Geschenke des »Wahren Urhebers«, andererseits wurde in ihnen, vom Mensch her gesehn, überirdisches Vergnügen fühlbar: Das dichtende Stüpffchin, das sich demutvoll darstellte als ein gnädiglich aus großem Meer herbeigeronnenes Tröpfflein, hub tatsächlich an, mehr als göttlich zu seyn, bis hin zur mystisch naheliegenden Hyperbel-Hybris, daß der Abgrund seines Geistes immer mit Geschrey den Abgrund GOttes anrief: »Sag, welcher tiefer sei!« Ohne GOtt verkleinern zu wollen, schwoll der gotterfüllte Scheffler auf GOttgröße an, via schmelzfreudiger GOtteseinverleibung, genannt »Vergöttung in GOtt«. Mystischer Wettstreit, statt zwischen Mystikern, hochexklusiv speziell zwischen Geschöpf und Schöpfer, Topf und Töpfer, Ei und Huhn, das alte Lied, ob GOtt die Leut nach seinem Bilde schuf? Für solch Tauziehen zwischen Ich und GOtt, vielleicht gar vice versa, wie vor 700 Jahren im Vergleichsfall gottestrunkener Derwische, hätt in strengeren Zeiten noch der Scheiterhaufen gewunken. Die tiefsinnige Verlegung GOttes ganz nach innen spielte sich an genau jenem Glutpunkt ab, auf der der subtil verinnerlichte GOtt als leider arg unsubtil, d. h. profan sich verkrümelnder GOtt vaporisierte. Schefflers an subjektiven Atheismus grenzendster Spruch: daß GOtt ohne ihn kein Nu lang leben könne und der Himmel einstürze, den der Dichter bevorzugt aufs Getümmel unterm Himmel reimte. Nicht jedes Gretchen befand, daß das der Herr Pfarrer auch sage, nur mit ein bißchen anderen Worten. Kleine Herzen, engherzige Seelchen, arme Sterbliche, Kirchgänger, Kinder, Bettler, hoffnungsvolle Toren, die – statt den gewohnten lieben GOtt nach Hausmacher Art – nun welt- und himmelsprengende Gottheit aufgetischt bekamen, fühlten durchaus, daß an feinen Reimlein, die sie schwindelfrei nachsagen konnten, etwas Tiefernstes dran sei, ohne der bodenlosen Eingeweihtheit, die draus hervorzüngelte, gewachsen zu sein, ohne mitwachsen zu können, obwohl der Dichter sie aufforderte, aus dem Tier, »altem Balg« und »Erdklotz«, worin sie steckten, hervorzukriechen, da sie sonst nicht zu GOtt kommen könnten. Hochfahrend gnostische Speculatio verquickte sich in ihm mit Drolligkeiten auf Esel- und Öchslein-Ebene: Wer GOtt beschaue, der schmecke, fühle, rieche und höre Ihn auch. Gegen die unspendable Unwahrheit normaler Geistlicher, nur Menschen, nie aber Tiere, kämen in den Himmel, fuhr der Doppelvers »Im Himmel sind auch Tiere« ein herrliches Argument auf: wieso denn dann die 4 apokalyptischen Tiere so nah an den Thron herangekommen wären? Hier laborierte der Mysticus am selben Paradox wie vordem → Franziskus: zu Tieren extrem liebreich, zum eigenen inneren Hund extrem hart sein. Seraphim, falls sie ihn – englisch lispelnd – bedrängten, scheuchte er fort; GOtt allein genügte ihm. Brunnen hieß bei ihm noch »Bronnen« und Quelle – »Qualle«, also nach → Böhme, und Quaken – »Kwacken«. Wenn er GOtt auf Kot und Tod reimte, klang entweder »Todd« recht bäuerlich dialektal, oder GOtt sehr streng und gotisch. Ohne Ideen in Asien abstauben zu können, gelangte Schefflers pikant galante Ketzerei durch ein geistliches Wurmloch in den Königsschatz überregional grenzen- und zeitloser Wahr- und Weisheit. Daß Ruhe das höchste Gut sei – reiner Stoizismus. Sein Kernsprüchlein »Du mußt nichts sein, nichts wollen« koinzidierte gar sehr mit → Bayazids »Uridu an la urid« (Ich will nicht wollen). Zugunsten ew'gen Lebens ließ er nicht nur die Welt, auch sich selbst links liegen – klassischer Sufismus. Daß man, solange man liebe und hasse, seiner Last noch nicht ledig sei – lupenreiner Buddhismus. Daß GOtt keinen Willen habe, sondern Stille sei, sublimierte den Machtgott zu einer Art Nirwana namens weiterhin GOtt. »Mundus pulcherrimum nihil!« – also ein lateinischer Buddha! »Wann steigt die Erd' empor und wird zum Himmel werden?« wanderte späterer Romantik entgegen: »Es war, als hätt der Himmel die Erde still geküßt.« Sein berühmtes »Mensch, werde wesentlich!« und »Blüh auf, gefror'ner Christ« kämpften bereits gegen die später im globalen Profanien sog. »verkrusteten Strukturen«. In Eisen geschmiedet sich ungefesselt fühlen koinzidierte mit dem Volkslied: »Die Gedanken sind frei«. Dann trat er in den Schoß römisch-katholischer Kirche ein. Er hieß nun »Johannes Angelus«. Auf einer Fronleichnamsprozession trug er das Tabernakulum, glitt aus und fiel in den Matsch. Protestantische Häme verkniff sich keiner. Der Mann mutierte zum Theologen, verfaßte Tiraden gegen »schmähende Feinde«, die ihn wiederum »Schneffler« schalten, in Schmäh- und Hetzschriften, bald 55 Stück an der Zahl, streitbar, eifernd, geifernd, auffallend unweise, Federkrieg über Jahre (spätere Genrebezeichnung: konfessionspolemische Traktate). Sprachmächtig focht er gegens Drückeberger-Bonmot »lieber türkisch als papistisch« (später zu »lieber rot als tot« profanisiert). Türkische Invasion sah er als GOttes Strafe für die Reformation. Luther zum »Luzifer« verteufelnd, ward er zum Verteufler des Papstverteuflers, also wider Willen ein Luther. Der Prediger, die die Argumente seiner Gegner »Schmirament« schalt, verriet seinen eigenen Jugend-Tiefsinn. Die Kluft zwischen Ich und GOtt hatte er damals köstlich verkleinert und geschlossen; jetzt bohrte er in der Kluft zwischen Katholiken und Protestanten. Der Katholik wurde taub gegen die Appelle seines eigenen »Cherubinischen Wandersmannes«, nicht im falschen Wahn zu stecken: »Freund, streiten ist nicht g'nug, du mußt auch überwinden«. Auf Sperlinge schoß er mit Donnerkeilen und blieb dadurch Rohrspatz, jetzt nur noch fromm. Der Metaphysicus, der zeitlos und turmhoch über allen Kirchturmspitzen schwebte, diminuierte zum Betbruder. Statt Sphärenmusik – Kantaten. Normalhimmel, so tief er hing, hatte ihn wieder. Ans Kosmische fügte er Päpstliches. Erst Erdgeist, der am sausenden Webstuhl der Zeit die ganze Welt umschweifte, jetzt Pfaffe. Einst badete er – vom fließenden Licht der GOttheit angeweht – die ird'sche Brust im Morgenrot; jetzt verfaßte er Buchtitel wie »Gerechtfertigter Gewissenszwang oder Beweis, daß man die Ketzer zum wahren Glauben zwingen könne und solle«. Seine Priesterweihe empfing Johannis Angeli Silesij 1661. Einst Pansoph, jetzt Parteireklametexter. Parallel zu Gezänk und allerley Giftspritzerey, brachte er seine immer selteneren lichten Momente in weiteren Reim-Opera unter, die nun aber »Heilige Seelenlust oder Geistliche Hirtenlieder der in ihrem Jesum verliebten Psyche« hießen, Barockgetändel, artig flötend, trällernd, harpfend (spätere Genrebezeichnung: konfessionell befangene Tendenzkunst), Kinderey ihrer Zeit.

Vorm blutenden Lamm und allerhuldseligsten Herzjesulein, seinem bukolischen Seelenbräutigam, den er dem Zucker=Röselein verglich, ging er singend in die Knie: »Dein Geruch ist gänzlich gleich / GOtt und seinem Himmelreich«. Die gotischen Engel, die Angelus Silesius monotheistisch verscheucht hatte, pfiff der ausgelaugte Kränkelgreis zurück, und siehe, inzwischen waren's Putten: »Jesu, ew'ge Sonne, / Aller Engel Wonne, / Was vor Freude muß es sein, / Wenn du kommst ins Herz hinein.« Im selben Aufwasch sank sein Über=Nichts herab zum lieben Kalendergott von ew'ger Lieb' und Güte, zum süßen GOtt, voll Huld und Zier, aufbereitet für liebhabende Seelen. Einst Verschmelzung, jetzt Schmalz. Einst Erkenntnismystiker im Böhme-Weltall, jetzt Versifex auf dem Zunftdichtungs-Menuettschritt-Niveau von → Spee und arg geeignet, → Zinzendorff und Tersteegen seraphische Flöhe ins Ohr zu setzen. Als Medicus arbeitete der fürstbischöfliche Marschall, Obersthofmeister und Minoritenordensmitglied ehrenamtlich. 1675, kurz vorm Tod, pinselte er die Qualen der Verdammten aus, und die Freuden der Seligen. ~ Sein Frühwerk und sein Name »Schlesischer Engel« trugen ihn unverwelklich weiter. Spätere Christen machten Bögen um den silesischen Wendehals, trotzdem wanderten manche seiner Lieder (»Mir nach, spricht Jesus, unser Held«) in Gesangbücher ein. Leibniz wunderte sich, wieso Scheffler trotz seines hohen Gottlosigkeitsanteils dennoch klerikal gelobt werde. Ein späterer Forscher hielt die 2–3 unvereinbaren Seelen in seiner Brust – 1.) den dunkel- und tiefgründigen Großmystiker, 2.) den Kampfhahn mit Schaum vorm verzerrten Mund, und 3.) den lächerlich lallenden Panegyriker Christi – für 2 verschiedene Männer. Schlegel, Hegel und Schopenhauer (der den Quasi-Pantheisten als eingeweihten subjektiven Idealisten bzw. philosophischen Egoisten, d. h. Solipsisten, sprich: überpünktlichen Schopenhauerianer vorführte), Antipoden wie Katholiken und Lutheraner, schaukelten Angelus Silesius einvernehmlich hoch. Romantiker verglichen ihn mit Herakleitos. Silesische Spruchweisheit vermischte sich schnellöslich im Ozean polyglotter Weltmystik mit gutem alten Neoplatonismus, Dionysios Aeropagita, Hindu-philosophy, Upanishaden. Daß der seraphische Awantar und numinöse Bodhisattva dubiös vorm Kruzifix zusammenbrach, verziehen ihm bloß unorthodoxe und freigeistige Katholiken. Seine Konversion blieb ähnlich verkehrt wie das Halleluja aller Kirchenbank-Romantiker. Einigung, ob seine Mystik nur Kompilation älterer Mystiker biete oder er selber geistliche Erleuchtung erfahren habe, wurde nicht erzielt. Er wurde berühmter als seine Ideenlieferanten. Da Angelus Silesius unwichtige Kirchenmänner genauso imitierte, wie er vorher echte Mystiker imitiert hatte, hat es eigentlich keinen Bruch im Leben des Schriftstellers gegeben. Barockanthologien, in die immer dieselben alexandrinischen Monodisticha einwanderten, schrieben voneinander ab, Angelus Silesius sei der wichtigste Vertreter der deutschen Barockmystik. Nachdem Mystiker zu Esoterikern verblaßten, bekam der Mystikverwurster und Kleinteilschmied Konjunktur und Aufwind wie Haiku-Dichter; denn leichter als Endlos-Traktate ließen sich vorgeschnittene Wurstscheiben konsumieren, faßlich kantable Portionen, Appetithäppchen von der geistlichen Stange. Noch → Oshos »Be now here« basierte auf Schefflers: »Du bleibest ewig tot, blühstu nicht jetzt und hier.« Die Programme aller nachbetenden und nachwehenden Innerlichkeitsapostel von → Novalis bis Hermann Hesse und Khalil Gibran »Nach innen geht der geheimnisvolle Weg« klangen weniger frisch als der Sinnvers: »Halt an, wo läufst du hin? Der Himmel istin dir«.

Erst Engel im gotischen Abgrund – dann katholische Barockputten

Worte von Angelus Silesius: Hab keinen Unterscheid: heißt GOtt den Mist verführen, / Der Engel tut's so gern, als ruhn und musizieren. ◆ GOtt mag nicht ohne mich ein einzigs Würmlein machen: / Erhalt ichs nicht mit ihm, so muß es straks zerkrachen. ◆ Mensch, nichts ist unvollkommn: der Kies gleicht dem Rubin; / Der Frosch ist ja so schön als Engel Seraphim. ◆ Wie allgemein ist GOtt! Er hat der Bauernmagd / die Kunst, wie man ihn küßt, sowohl als dir gesagt. ◆ Nichts ist der beste Trost. Entzeucht GOtt seinen Schein, / So muß das bloße Nichts dein Trost im Untrost sein. ◆ Du selber machst die Zeit, das Uhrwerk sind die Sinnen; / Hemmst du die Unruh' nur, so ist die Zeit von hinnen. ◆ Die Seele, welche hier noch kleiner ist als klein, / Wird in dem Himmelreich die schönste Göttin sein. ◆ Du reisest, vielerlei zu sehn'n und auszuspäh'n. / Hast du nicht GOtt erblickt, so hast du nichts gesehn. ◆ Ach, Sünder, trotze nicht, daß du getaufet bist: / Die schönste Lilie wird im Kot zu Kot und Mist. ◆ Denn obwohl GOtt allmächtig ist, so kann er doch dieses nicht machen (und wann er's könnte, wäre er nicht GOtt), daß eine Kreatur natürlich und wesentlich GOtt sei. ◆ O ihr Poeten, wie seid ihr solche Toren, daß ihr eure Herzen und Sinne euren Dorinden, Falvien, Purpurillen, und wie sie weiter heißen, ergebet, welche doch entweder nichtige Undinger und Schatten in der Luft oder ja wahrhaftige Sirenen und Verführerinnen eurer Seelen sein. ◆ Was verdorben war im Fluch, gibet himmlischen Geruch.

Angelus Silesius über sich: Ich bin so groß wie GOtt, er ist als ich so klein. Er kann nicht über mich, ich unter ihm nicht sein. ◆ Ich muß ein Schein im Schein, ich muß ein Wort im Wort, ein GOtt im GOtte seyn. ◆ Wenn das Vollkommne kömmt, fällt's Unvollkommne hin: Das Menschliche vergeht, wenn ich vergöttet bin. ◆ Wo ist mein treuer Pelikan, / Der mich lebendig machen kann? ◆ Ich will dich lieben, GOttes Lamm, / Als meinen Bräutigam. ◆ Deines Angesichtes Schweiß / mache mich zum Paradeis.

Andere über Angelus Silesius: Er schwebt wie ein Geistwesen über allem irdischen Dasein; und, was er spricht, ist wie der Hauch aus einer anderen Welt, von vornherein befreit aus allem Groben und Unreinen, aus dem sich sonst menschliche Weisheit nur mühsam herausarbeitet. *(Rudolf Steiner, 1901)* ◆ Für den Unterschied zwischen dem 14. Jahrhundert Eckharts und dem 17. Schefflers ist es bemerkenswert, daß Eckhart sich vor der Inquisition seines Pantheismus wegen zu verantworten hatte, und da wirklich seine Lehre von einer unerschaffenen Seele verleugnete, daß dagegen Scheffler durch seine pantheistische Ketzerei in den Schoß der katholischen Kirche zurückgeführt wurde. *(Fritz Mauthner, 1920)* ◆ Wer so das Opfermesser in der Hand hielt, wer die schwerste Brunst der mystischen Erotik mit solcher Geisteshärte spiritualisiert hat, der mußte um die Zeit des Dreißigjährigen Krieges wohl in die Knechtschaft des Dogmas und der Tradition kriechen, wenn er nicht Priester der schwarzen Messe werden sollte. *(Arthur Eloesser, 1929)* ◆ Dem Dichter Angelus Silesius war es nicht vergönnt, aus seiner mystischen Erleuchtung als ein wahrhaft Weiser hervorzugehen. *(Julius Schwabe, 1955)* ◆ Je weiter sich sein Lebensrad abrollte, um so unharmonischer wurde die Entfaltung seiner Persönlichkeit; seine Daseinsführung nahm allgemach Formen an, die zu der Befürchtung Anlaß gaben, er verfehle den Himmel. *(Walter Nigg, 1959)* ◆ Seine Niederschriften sind aber nicht nur fromm anmutende Sprachspiele. Hinter ihnen steckt eine meditative Erfahrung, die Mitchristen beschenken und zur Begegnung mit Gott anleiten will. *(Alfred Läpple, 1988)*

ANSELMUS, Studiosus, Tollpatsch, Pechvogel, Aushilfskopist, Phantast, Weisheits-Adept (18./19. Jhdt.): Er studierte zwischen 1759, dem Todesjahr von Carl Heinrich Graun (1703–1759), und 1820, dem Abriß des Halleschen Stadttors, in Dresden. Oft wurde er von der Tücke des Objekts eingeholt, geritten vom Dämon des Ungeschicks, der ihn ständig sein Brot auf die fette Seite fallen und ihn nie Bohnenkönig werden ließ. Wenn Anselmus (Nachname nicht überliefert) ein Pfeifchen mit Sanitätsknaster schmauchte und Kaffee mit Rum oder einer Bouteille Doppelbier zusprach und tolles Zeug schwatzte, hielten ihn ehrbare Bürgersfrauen für nicht recht bei Troste. Betont prosaische Realisten, 2 an der Zahl, Konrektor Paulmann und Registrator Heerbrandt, bei denen er ab und zu als Gast ein und aus ging, setzten Sandsäcke und Bodenhaftung mit verdoppelter Erdenschwere den anselmischen Höhenflügen entgegen, den »neckhaften Träumen«, die ihn umzingelten, den lyrischen Alfanzereien und Gaukeleien, in denen der Student höhere Wahrheiten nahen spürte. Paulmanns höhere Gesangsstunden-Tochter Mamsell Veronika, 16, in deren braver Gegenwart seine Ungeschicklichkeit kleiner wurde, neigte sich dem adretten jungen Mann sehr zu; er aber warf ein Auge woandershin, auf Serpentina, die Tochter des mysteriösen Archivarius Lindhorst, für den er aushilfsweise arabische und koptische Manuskripte kleckerfrei abschrieb, für ein paar Speziestaler. Da ging's wesentlich exotischer zu als im übersichtlichen Hause Paulmann. Anselmus begnügte sich nicht mit biederem Rosenblüthchen; er driftete in Richtung Isis ab, übersetzte sich die blaue Blume der Frühromantik inmitten altdeutscher Gemütlichkeit in einen Holunderbaum, mit genauer Ortsangabe, am Elbufer, in Sichtweite offizieller Spaziergänger, und sah – wie → Novalis ein zartes Gesicht mit unnennbarer Zärtlichkeit aus seiner Blume gucken sah – im Blättergewuschel gleichfalls weibliche Wesenheiten, pflanzlich aufgelöst, feminine Schlänglein – und schon schimmerte durch die Biedermeier-Folie des romantischen Kunstmärchens von E.T.A. Hoffmann nicht nur mehr pure Romantik durch, sondern schönes altes Indien: Ein schlichter Holunder in Dresden wurde dem Anselmus zum biblischen Sündenapfelbaum, aber eher der schlangenförmig sumerisch-mesopotamischen Urmutter, wenn nicht gar zum Erleuchtungsbaum, die Elbe aufgewertet zur Heiligen Ganga, Anselm selber zum eingeweihten Schamanen, der eine stilechte buddhistische Erleuchtung erlebte, mit allen Zutaten: Grüngolden tuschelnde, holde Schlangengeschwister schlängelten sich als Ausläufer hindustanischer Kobra, des Schlangenkönigs Mukalinda, der dem Adepten Gautamo die Frucht der Erkenntnis herunterreichte. Anselmus ward hineingezogen in allerlei gnostische Kabalen zwischen bronziertem Äpfelweib und Geisterfürst Lindhorst, bekam als Mitgift einen goldenen Topf in Aussicht gestellt, d. h., die Fantasmata, in die er sich verstrickte, statt sich auszulösen, zogen schier die nüchternen Gegenfiguren hinein, indem diese dem Punsch zusprachen, und immer farbenfroh umflorter ausschauten, und gefühlstrunkener, wie Anselmus selber einen Hang zu den Poeticis verspürten. Dann, von den Sachbearbeitern und Büroleitern des 20. Jhdts. her gesehn, sah retrospektiv alles doch recht besorgniserregend aus, unromantischer gesprochen bzw. psychologischer gesagt: Die Wahnarbeit des Klienten A. progredierte eklatant; seine akuten schizophrenen Schübe blieben unbehandelt; die Rückführung in die desolate, dafür symptomfreie, sprich: klinisch unauffällige, d. h. gesunde, allgemein übliche Konstitution und Realität gelang nicht, fand nicht statt, wurde gar nicht angestrebt, sondern: Die ganze Märchen-Vita schwoll auf zur Absage an Karrieredenken und Hofratwerdung, zur verrückten Hymne auf feeisches Unwesen, tollen Spuk, Allotria, Dauer-Halluzinose, süchtige Fixiertheit auf wollüstige Wahnidee und psychedelische Atlantis-Getümmel-Apotheose voll bunter, in Luftwirbeln tanzender Insekten, respektive religiösen Wahnwitz und Wahnsinn, den der Studiosus Anselmus psychisch instabil, ja: höchst labil in Kauf nahm, um sich von einer chimärischen, mit Schlangenmetaphern verbrämten Sexualpartnerin umgarnen zu lassen, deren Name immerhin »Weisheit« lautete.

Worte von Anselmus: Das ist doch nur der Abendwind, der heute mit ordentlich verständlichen Worten flüstert. ◆ Höhne und spotte nur, du verdammtes Hexenweib, du bist schuld an allem, aber der Salamander wird dich treffen, du schnöde Runkelrübe.
Anselmus über sich: Nur noch einmal blicket mich an, ihr holdseligen blauen Augen, nur noch einmal, ich muß ja sonst vergehen in Schmerz und heißer Sehnsucht! ◆ Es kann aber auch sein, daß der superfeine starke Magenlikör, den ich bei dem Monsieur Conradi etwas begierig genossen, alle die tollen Fantasma geschaffen, die mich vor der Haustür des Archivarius Lindhorst ängsteten. ◆ O du holde, liebe Serpentina, wenn ich nur dich habe, was kümmert mich sonst alles Übrige; wenn du nur mein bist, so will ich gern untergehen in all dem Wunderbaren und Seltsamen, was mich befängt seit dem Augenblick, als ich dich sah.
Andere über Anselmus: Mit dem Anselmus ist nun einmal in der Welt nichts anzufangen. *(Konrektor Paulmann)* ◆ Ist denn überhaupt des Anselmus' Seligkeit etwas anderes als das Leben in der Poesie, der sich der heilige Ein-

klang aller Wesen als tiefstes Geheimnis der Natur offenbaret? *(Archivarius Lindhorst)* ◆ Alles das Seltsame und Wundervolle, welches dem Studenten Anselmus täglich begegnet war, hatte ihn ganz dem gewöhnlichen Leben entrückt. *(E.T.A. Hoffmann, 1813)*

ANTISTHENES, **Sokratiker, Stammvater der Kyniker (455 bis ca. 368 v. Chr.):** Als Gorgiasschüler durchlief er – Sohn eines Atheners und einer thrakischen Sklavin – rhetorische und sophistische Phasen. Befreundet mit Xenophon, hielt er den Platon, den er »Sathon« taufte, für eingebildet. Aber täglich legte er 40 Stadien zurück, nur um Sokrates reden zu hören. Als dieser ihn »Hurenwirt« nannte, freute ihn das wenig, bis Sokrates es positiv umformulierte: »Gespür für Wortkunst, die Verliebtheit auslösen kann«. Antisthenes, 15 Jahre jünger als Sokrates und 41 Jahre älter als → Diogenes, warf Sokrates vor, dessen Daimonion als Vorwand zu benutzen, um sich nicht mit ihm zu unterhalten; Sokrates warf Antisthenes vor, er liebe nicht seine Seele, sondern nur sein schönes Äußeres (über dessen Unattraktivität sich alle einig waren). Gegen Verheiratung mit schönen Frauen sprach, daß man sie nicht ungeteilt habe; Heirat häßlicher Frauen kam aber auch nicht in Frage. Wenn sein Körper Geschlechtsverkehr brauchte, nahm er aus philosophischen Gründen stets nur die Erstbeste, die sich sehr gern darauf einließ, weil sie sonst keiner wollte. Millionäre wie Kallias verachtete er und kam sich reicher vor. Statt Hausbesitz lobte er sich inneren Reichtum, was ihm viele arme Schlucker nachmachten. Die Wände seiner kargen Behausung betrachtete er als erweiterten Umhang. Sein Beiname: »Haplokyon« (Schlechtweg Hund). Ein Fest definierte er als »Anlaß, sich zu überfressen«. Sein Lebensziel: frei sein von Illusionen. Einem orphischen Priester, der die Seligkeit der Eingeweihten über alles pries, rief er zu: »Warum stirbst du dann nicht jetzt schon?« Sehr prangerte er, vor 2400 Jahren, lauter neuzeitliche Symptome an: Streß, fremdbestimmten, ferngesteuerten Leerlauf, Profitdenken: »Alle sind voller Unrast, herumgetrieben, ohne von der Stelle zu kommen, und es geht eigentlich immer um dasselbe: Geld, Ansehen, Lust.« Menschen sah er in einem Strudel kreisen. Als er hustend im Sterben lag, reichte Diogenes ihm einen Dolch, Antisthenes aber wollte nur die Schmerzen loswerden, nicht gleich das Leben. Obwohl er als Kyniker sich von allem unschwer trennte, vom Leben dann doch nicht so leicht. Er starb an Kräfteverfall oder Schwindsucht. ⁓ Sein riesiges literarisches Werk – über

60 Titel – ging dann doch noch verloren. Bereits im späteren Altertum erhoben sich Stimmen, die bestritten, daß Antisthenes der früheste Erfinder des Kynismus sei, der erste, der sich den Bart lang wachsen ließ, Stock und Quersack trug und den Mantel sich verdoppelte, oder ob Diodoros ihm darin zuvorkam. Sein Schüler Diogenes, der ohne ihn vielleicht gar nicht Diogenes geworden wäre, wurde berühmter als er, genau wie → Angelus Silesius und → Fidus ungerechterweise berühmter wurden als ihre Ideengeber Harphio und → Diefenbach. Daß er absichtlich seine Textillöcher weder nähte noch verbarg, wiederholte sich Jahrtausende später in der Punkermode, wo fabrikneue Jeans a priori schadhaft gehalten wurden.

Ein Hund, der lieber unter Geier geriet als unter Lobredner

Worte von Antisthenes: Einen Verrückten heilst du nicht, indem du selber verrückt wirst. ✦ Macht durch Volksbeschluß die Esel zu Pferden. ✦ Nichts ist von vornehmerer Geburt als Schnecken und Heuschrecken. ✦ Mein lieber Platon, ich seh zwar ein Pferd, aber deine Pferdheit, die seh ich nicht. ✦ Unsinnig, zwar Unkraut und Weizen zu trennen, und im Krieg die Untauglichen auszusortieren, aber in der Politik die Bösen einfach nicht fortzujagen. ✦ Gefährlich, einem Irren ein Messer und einem Bösen Macht zu geben. ✦ Der Henker hat mehr Ehrfurcht vor den Göttern als der Tyrann; denn der Henker bringt Schuldige um, aber der Tyrann Unschuldige. ✦ Die Lust, die nicht zur Tür hereinkommt, kann auch nicht zur Tür hinausgehn. Man muß sie also herausoperieren oder mit Nieswurz behandeln. ✦ Wünsch den Feinden alles Gute, nur keine Tapferkeit. ✦ Beuge dem Verlernen vor. ✦ Ein vernünftiger Mensch sollte nicht lesen lernen, sonst wird er nur durch Überflüssiges verwirrt.

Antisthenes über sich: Lieber will ich verrückt sein als der Lust erliegen!

Andere über Antisthenes: Er war der angenehmste Unterhalter, im übrigen außerordentlich enthaltsam. *(Xenophon, 430–354 v. Chr.)* ✦ Er war ein geschwätziger Tausendkünstler. *(Timon)* ✦ Er schien wirklich am Leben zu hängen und war deshalb etwas zu wehleidig als Patient. *(Diogenes Laertius, 220 n. Chr.)*

ANTONIUS VON ÄGYPTEN, Christianer, Gottesknecht, Pionier-Eremit, Ratgeber, Dämonenopfer, Dämonenbändiger, Exorzist, Pilotmönch, Pachomius (Mönchsvater) (251–356): Bereits als Knabe, geboren in Koma im Ägypterland, lernte er im zerklüfteten Wüstenhochland über der Nilebene Einsiedler kennen, die ihm Wahrheiten raunten. Nach dem frühen Tod seiner Eltern, unkundig in Güterverwaltung, nahm er das Matthäuswort, man solle seinen Besitz verkaufen, plötzlich wörtlich, gab seine Schwester in ein Waisenhaus und das ansehnliche Erbe an Notleidende. Unter Lebensgefahr half er Gefangenen der diokletianischen Christianerverfolgung unter Kaiser Maximinus Daza. Schnöder Welt überdrüssig, wurde er 271 Einsiedler am Rand seines Heimatdorfs, dann weiter weg, in Felsengrabkammern am Wüstensaum, ab 285 noch abgelegener, in einer Festungsruine. Psalmengebet half oft gegen Fleischeskitzel. Goldklumpen, die er in der Wüste fand, floh er wie den altbösen Feind. Heilsbegierige, Ratbedürftige, Schaulustige suchten ihn auf, so daß sich der überlastete Lehrer ab 311 auf Nomadenpfaden, in steter Anachorese (Hinaufgehn), noch weiter zurückzog, nach Kolzim, wodurch er aber seine Fama noch mal vergrößerte und den Zulauf von Bewunderern weiter anheizte. Wer nicht Koptisch konnte, brachte Dolmetscher mit oder verstand nichts. Lernwillige Gottsucher siedelten sich rundum an. Im betont unbewohnten Berg ließ er Höhlen ausheben. Lokale Wüstendämonen ließen ihn in Ruhe, aber alle Laster, die er im Gewimmel zurückgelassen hatte, fanden ihn in der Öde wieder, als Nachhall, als Geisterbild, drangen ohne eigenen Leib durch Ritzen und Mauern, und verstärkten längst besiegte Triebe, seine Ruhmsucht, er aber verzichtete auf weltlichen Ruhm und wurde für seinen Ruhmverzicht berühmt. Nachts boten sich gottlose Geister an, ihm zu leuchten. Sobald er stärker betete, erlosch ihr Licht, und sie weinten gar jämmerlich. Oft äfften sie von ihm gesungene Psalmen und Bibelworte echoartig nach. Manche lachten oder pfiffen wie draußen die Wüstenhyänen. Da sie das Gute nicht liebten, besserten sie sich nicht. Jesus wandelte auf Wasser; Antonius konnte kein Wasser überqueren, ohne daß darin nicht Krokodile dräuten. Nachts verwandelte der Versucher sich tükkisch in ein Weib und strebte ihn, statt ihm in die Binse zu diktieren, zu irgendwas zu verführen; Antonius aber versteifte sich ganz auf christusbezogene Gedankentorpedos. Auf einen Dämon, der sich als Gott ausgab, hieb er ein, bis er als Rauch abzog. Anderen Dämonen, die wiederum ihn schlugen (wer fing damit an?), schleuderte er das Wort »Christus« entgegen, und schon trimmten sie, statt ihn, sich gegenseitig. Offiziere brachten ihm dämonenversuchte Töchter, und er heilte sie. Da Gott nichts Schlechtes erschaffen konnte, also eigentlich keine Dämonen, erklärte sich Antonius deren Herkunft so, sie seien einst gut gewesen, dann aber herausgestürzt aus dem Reich himmlischer Weisheit. Auf erhöhtes Trugbildaufkommen reagierte Antonius mit noch härterer Selbstzucht. Kausalität zwischen Askese und Visionen durchschaute er nicht. Falls alle Anfechtungen bloß als Hirngespinste sich austobten, blieb unerklärlich, wie nach solchen Kämpfen sein Diener ihn in lädiertem Zustand, d. h. mit objektiven Biß- und Kratzwunden, und scheintot auffinden konnte. Als Jesus ihm einmal, nach langer dämonischer Zerzerrung, Befreiung und Waffenstillstand sandte, und ein Licht, fragte der schwer Geprüfte und Zerzauste seinen Herrn anschließend, wenn er die ganze Zeit beim Kampf zugegen gewesen sei, wieso er nicht eher eingegriffen habe, die ewige berechtigte Frage aller Gläubigen, woraufhin Jesus ausweichend antwortete und sprach: »Darum, daß du so männlich gestritten hast, will ich, daß dein Name geehrt werde in der ganzen Welt.« Aber Ruhmsucht hatte Antonius doch längst abgelegt!?! Jesus legte also dieselben uneffektiven Köder aus wie die Dämonen. Engel gewährten ihm Auffahrt nach sehr weit oben; doch von unten hängten sich bündelweise Teufel an ihn, bremsten, zerrten, ein schamanistischer Seelenflug mit Hindernissen, elendes Gezerre. Fiese Vision: Seelen stiegen massenhaft zum Himmel auf und wurden von einem Riesen, dessen Haupt an die Wolken rührte, als Insekten behandelt, alle Seelen zurückgepatscht und fortgewedelt; nur einige wenige, leuchtende mußte er durchlassen. Antonius sah eine wild schnaubende Tierherde den Altar Gottes mit ihren Hufen entehren, so als säh' er Atheismusstreits und Gottesnekrologe des 18. Jhdts. voraus, aber seine Prophetie griff so weit nun doch nicht voraus und meinte bloß 2 Jahre später die Übergriffe des arianischen Herzogs Ballachius. Die arianische Irrlehre, so minimal sie abwich vom christianischen Mainstream, mutierte ihm zum Balken im Auge, zum Dorn im Fleische; er nannte ihre Reden »schlimmer als Schlangengift«, verjagte sie, sobald sie friedlich und diskussionsbereit nahten, aus seinem Revier – seine letzte Versuchung. Als die Arianer mal in aller Unschuld darauf hinwiesen, er denke ebenso wie sie, schäumte er erst recht auf, schalt sie Vorboten des Antichrist und »die Allergottlosesten von allen«, fast schlimmer als Heiden, und das nur, weil sie behaupteten, Jesus sei ein Geschöpf und nicht von Anbeginn der Welt dagewesen. Nie verlor der Hochbetagte seine Seelenruhe, außer wenn Abgesandte des alexandrinischen Priesters Arius aus Baukalis nahten. Die vernunftbestimmten Schriften antiker Philosophen tat er ab als »heidnische Vernünfteleien« und »sophistische Wortklauberei«, stolz auf seine Ungebildetheit. 2 Philosophen, rhetorisch geschult, glaubten leichtes Spiel mit ihm zu haben, wurden von ihm empfangen mit den Worten: »Was sucht ihr einen so dummen Mann wie mich auf?« Sie beteuerten, nein, er sei klug. Er: »Wenn ihr zu einem Dummen kamt, kamt ihr vergeblich; wenn ihr aber glaubt, ich sei klug, nun, so werdet so klug wie ich, nämlich ein Christianer!« Ausgehebelt zogen sie sich zurück. Neuplatoniker, die unter den Heiden als Weise galten, mokierten sich über die christianische Kreuzesverehrung; Antonius aber wußte den Spieß umzudrehn und über den hinkenden Hephaistos zu spotten, und hatte sogar Artemis, Apollo und Poseidon am Schnürchen, und warf den Griechen vor, sie dichteten ihren Göttern Ehebruch und Knabenschändung an. Und dem christuskritischen Vorwurf der Blutmystik, des Kannibalismus bzw. des Gottesverzehrs im Abendmahl samt Opferlammkult begegnete er argumentativ mit dem Hinweis auf die abscheulichen Fabeln des zerstückelten Osiris und Kronos, der seine Kinder fraß. Andere Gottsucher, Wahrheitspächter, chismatische Meletianer, Manichäer, Häretiker (später sog. Andersdenkende) haßte er glutvoll, schalt er pauschal »schlecht«und »gottlos«. Auf Antonius' Formulierung »Krieg wider das eigene Herz« fußte genetisch der später entstandene und mißbrauchte Dschihad-Begriff. Ansonsten aber funktionierte Antonius gut neutestamentlich, ermahnte auch stets alle Brüder und Jünger, die andere Wange hinzuhalten, und wenn die sich außerstande erklärten, ermahnte er sie, wenn schon nicht beide Wangen, so doch wenigstens eine. Doch auch dies wollten die Brüder nicht mit sich machen lassen, sondern naturgemäß zurückhauen, Auge um Auge, Zahn um Zahn, und mit Kanonen auf Spatzen schießen, wie das überall jederzeit geschah, außer punktuell in Märtyrerkreisen. Sein Allheilmittel: Demut. Die Mitarbeit des Organisationstalents Pachomius kam ihm zugute: Bald bildete das ganze thebanische Terrain einen kahlen kollektiv vernetzten Termitenstock oder Mietsblock isolierter troglodytischer Gottesfinder, Eremitenkolonien, Vorformen späterer Mönchsorden. Lobsüchtige Mönche prüfte er, indem er sie demütigte; hielten sie die Kränkung nicht gleichgültig durch, verglich er sie Dörfern mit geschmückter Vorderfront und zerplünderter Hinterseite. Einem Weltflüchter, der noch ein wenig Besitz in Reserve behielt, trug er auf, Fleisch zu kaufen, und schon wurde dieser deswegen von streunenden Hunden gebissen. Falls sein Begleittier, sein Schwein, nicht als legendäre Zutat grunzte – wieso lebte er lieber mit einer Sau zusammen als mit seiner abgeschobenen Schwester? Ratsuchende Händler, Krieger, Verwalter, Verehrer entschuldigten sich für ihre unzumutbare Kopfzahl, da sagte er: »Ihr seid auch nicht zahlreicher als die Dämonen, gegen die wir hier auf dem Berg kämpfen.« Sobald ihn sowohl seine folternden Dämonen wie seine menschlichen Bewunderer in Ruhe ließen oder vergaßen, verspürte er Langeweile. Der ehrwürdige Greis korrespondierte mit Kaiser Konstantin. Er entwarf auch Reformkleidung, als Vater der Angelica, die nachmals überall obligatorische Mönchskutte. Seine Klausur verließ er nur, um andere Eremiten zu besuchen oder dem Märtyrertod des Bischofs Peter in Alexandria beizuwohnen. Keiner sah ihn je nackt. Er starb mit 106 in Tabenisi. Noch auf dem Sterbebett spulte er Haß auf Arianer ab. Letzte Worte: »Und nun lebt wohl, Kinder; denn Antonius geht hinüber und ist nicht mehr mit euch.« ~ Erzbischof Athanasios aus Alexandreia verfaßte 365 des Antonius' Vita, angelehnt an antike, panegyrische Romanform, und schuf damit das neue Genre der Hagiographie. Pachomianisches Schrifttum und die »Apophthegmata Patrum« (Vätersprüche) tradierten Verlautbarungen. Bald »der Große« genannt, stand Antonius als Pionier des Einsiedelns, immer sichtbarer als Auslöser, Vorkämpfer und Vordenker eremitischer monastischer Bewegung am Keim- und Quellpunkt morgenländischer Frühkirche und gesamteuropäischen Mönchstums. Schweinepest nannte sich Antonius-Seuche. Verankert in der »Legenda aurea«, entzog er sich von Stund an keiner späteren Legendensammlung. »Die Versuchungen des Heiligen Antonius« wurden sprichwörtlich. Seit 1491 schlummerten seine Reliquien in der Pfarrkirche Saint-Didier-de-la-Mothe in Arras, was die Antoniusverehrung bis ins 18. Jhdt. stark anheizte. Zeitweise brachte es Antonius bis zu einem der 14 Nothelfer. 1200 Jahre nach seinem Tod wurden seine Leiden von malenden Dämonologen (Bosch, Breughel, Schongauer, Grünewald, Callot) noch mal neu durchformuliert und zugespitzt, seine Abgabedaten verlängert. In säkularisierten Zeiten kamen des Antonius' Dämonen verkleidet wieder und plagten einen, der auszog, das Fürchten zu lernen, als profane Poltergeister, fern aller dämonisierbaren Primärtriebe. Gottesliebe, gut und schön, aber im Gedächtnis von Christenheit und Menschheit verankerte sich Antonius eher durch seine Dämonen, seine Verdienste als deren Bezwinger, sprich: als Schamane mitten im angeblichen Christentum. Das 19. Jhdt. verkleinerte Antonius den Großen zur Posse: Der volkstümliche Schutzpatron des Hausviehs, der Metzger, Sauhirten, Schweinehändler, Fleischselcher, Wurstmacher, Totengräber, Korbmacher, der Kämpfer wider Viehseuchen, Furunkel, Skorbut, Ergotismus (Antoniusfeuer), Fegefeuerqualen, inklusive Normalfeuer, figurierte nun im Rheinland als Schwinnetünnes, als Fackentoni in Tirol, als Antonio del porco in Italien; in Estland gar als Schweinegott. Wilhelm Busch, als er in seinem Comic den Wüstenvater mit dem 1000 Jahre späteren → Antonius von Padua problemlos verschmolz, hielt sich an ikonographische Vorgaben wie Schwein und vollbusig wohlgerundete Versuchung in Gestalt einer poussierenden Ballerina, aus der plötzlich der Leibhaftige schwefelqualmend ausfuhr. Dem 20. Jhdt. erschien Antonius alsbald, kraft Wissenschaft, als schizophren; seine Dämonen hielten terminlich exakt sich an natürliche Intervalle zwischen psychotischen Schüben. Die charakteristisch horizontfüllende Überdehnung seiner imaginierten Teufel glich frappant den Charakteristika drogeninduzierter Horrortrips. Verdrängte Primärtriebe manifestierten sich als imaginierte Phänomena. Was jahrtausendelang »Ödnis« und »Schaugeschehnis« (Vision) genannt wurde, hieß jetzt »Reizarmut«, »Projektionsfläche« und »Wahnarbeit«. Psychoanalytisch inspirierte Theologie erkannte Antonius' Sau als Symbol, als 4beinige Untugend, als personifizierten Satan. Aber holoistische Esoterik verbuchte Antonius' Wohngemeinschaft mit einem Schwein als Huldigung an die göttliche Schöpfung. Zoologisch und buddhistisch inspirierte Hagiologie sah in Antonius' Tendenz zum Schwein die karmische Wiedergutmachung der Schuld des Schweinehassers → Franziskus von Assisi, um 870 Jahre vorverlegt. Sein Geburtsort Kome (Koma) hieß mittlerweile Keman, bei Heraclea.

Seine Dämonen machten ihn berühmt

Worte des Antonius: Fürchtet euch einzig vor Gott, aber ängstigt euch nicht vor Dämonen! ◆ Aber die Dämonen scherzen in ihrer Ohnmacht wie auf der Bühne, sie wechseln ihre Gestalten und machen die Kinder fürchten durch ihre massenhafte Erscheinung und ihre Verwandlungen. ◆ Lebt, als wenn ihr jeden Tag sterben könntet. ◆ Vertrau nicht deiner Gerechtigkeit, sorge dich nicht um Vergangenes, streng dich an, Zunge und Bauch in Zaum zu halten. ◆ Wie die Fische sterben, wenn sie aufs trockne Land kommen, also verlieren die Mönche ihre Ruhe, wenn sie aus ihrer Zelle kommen und mit den Weltmenschen leben. ◆ Denn das ganze menschliche Leben ist überaus kurz, wenn man es an den künftigen Ewigkeiten mißt. ◆ Wann wurde jemals der

Tod so verachtet als seit der Zeit, wo das Kreuz Christi erschien? ◆ Wollten wir uns anspannen über unser Maß, so wären wir bald zerbrochen. Darum geziemt es sich, daß wir zwischendurch von unserer Sittenstrenge ablassen. ◆ So frohlockte Abraham, als er den Herrn sah, und Johannes hüpfte vor Freude, als die Stimme der Gottesgebärerin Maria ertönte. ◆ Gehorsam und Enthaltsamkeit unterwerfen die wilden Tiere. ◆ Und endlich, wenn wir unseren vergänglichen Leib ablegen, werden wir ihn unsterblich zurückerhalten.

Antonius über sich: Ich sah einst den Teufel in Riesengestalt, der vermaß sich und sprach: »Antoni, sieh, ich bin die Kraft und Weisheit Gottes, was willst du, das ich dir gebe?« Da spie ich ihm ins Angesicht und setzte mich kräftig wider ihn, und wappnete mich mit dem Namen Christi: Alsbald war er verschwunden. ◆ Herr, ich möchte gern selig werden, aber meine Gedanken lassen mich nicht. ◆ Es wird Zeit, daß ich aus dem Leben scheide, ich bin schon fast 105 Jahre alt.

Andere über Antonius: Antonius war auch sehr klug; und das Wunderbare dabei war, obwohl er keine Bildung genossen hatte, doch genug Scharfsinn besaß und ein verständiger Mensch war *(Athanasius, um 365 n. Chr.)* ◆ Und ging allen Einsiedeln voran in Ehre / Würdigkeit und Heiligkeit / und sie hatten ihn alle lieb. *(Lübecker niederdeutsches Passional, 1492)* ◆ Namentlich nützt er seinen Hang zur Eitelkeit, Ehr- und Herrschsucht, um sein Leben wie eine fortgesetzte Schlacht und sich wie ein Schlachtfeld ansehen zu dürfen, auf dem gute und böse Geister mit wechselndem Erfolge ringen. *(Friedrich Nietzsche, 1886)* ◆ Das Mönchtum, wie Antonius es auffaßte, war kein weiches Dulden, kein leeres Grübeln, keine romantische Schwärmerei und Weltflucht, sondern harte und ununterbrochene Arbeit im Sand der Wüste und an sich selbst, war Kampf nach innen und Buße für fremde Schuld. *(Hans Hümmler, 1954)* ◆ Als Bauernpatron könnte Antonius auch ein unersetzlicher Inspirator sein – für die Rettung der Schöpfung und für die Bewahrung der Umwelt vor zerstörerischen Eingriffen. *(Alfred Läpple, 2000)*

Antonius von Padua (vorher: Fernando Martin de Bulhom), Wandermönch, Rednertalent, Theologielehrer, »Hammer der Ketzer«, Fischprediger (1195–1231): Aus dem königlichen Lissabonner Geschlecht des Gottfried von Bouillon, der 1099 Jerusalem erobert hatte, verließ er 1210 sein reiches Elternhaus, gleichwie → Franziskus, begann als Novize bei den Augustinerchorherren, vergrub sich in Coimbra in Büchern, wollte ein zweiter Augustinus und Hieronymus werden, träumte von Waffen des Geistes und weltweiter Wirksamkeit seines Wortes. Sein Aufrüttelerlebnis: 5 seiner missionierenden Weggefährten wurden von Sarazenen massakriert. Er sprang in die Lücke und machte sich auf nach Marokko, erkrankte dort, mußte umkehren. Nach einem Schiffbruch an Siziliens Gestade schlug er sich als franziskanischer Bettler und Tagelöhner durch, gelangte 1221 nach Umbrien, blieb beim berühmten Pfingsttreffen in Assisi zwischen 1000 Minderbrüdern rund um Franziskus unbeachtet. Bei einer unvorbereiteten Ansprache fielen sein Redetalent und Buchwissen – jahrelang verborgen gehalten – sehr auf. Zum Volksprediger in Italien und Frankenland stieg er auf. Um Zulauf und Ansturm zu bewältigen, mußte seine Kanzel oft im Freien aufgestellt werden. Schon in der Nacht vorher formierten sich Warteschlangen und Platzfreihalter (wie 1000 Jahre später bei Popkonzerten). Aus der ganzen Lombardei reiste man an, diesen Mund zu hören. Entzweite verbrüderten sich umgehend; Dirnen, Diebe, Übeltäter taten prompt Buße. Energisch flammend predigte er in Toulouse, Puy, Bourges, Limoges, Montpellier gegen Wucher, Ausbeutung und Pseudodoxia (Irrlehren). Wie Irenäus wider die Gnostiker gefochten hatte, und → Antonius von Ägypten gegen die Arianer, so Antonius gegen die Katharer, der einzige unter oft einfältigen und unberedten Franziskanern, der der brillanten katharischen Argumentation Stichhaltiges entgegenzusetzen vermochte, und das war neu: Denn oft disputierten Ketzer intelligenter und eloquenter als Kirchenvertreter. Durch Antonius bekamen sie endlich selber eins drauf. Manche Ketzer bewunderten ihn. 1228 avancierte er zum Superior bzw. Provinzialoberen der Romagna. Wasserleidend wagte er sich in die Höhle des Löwen, des wilden Ezzelin von Verona, um Freilassung zahlungsunfähig einsitzender Schuldner zu erwirken. Er veranlaßte sogar Änderungen im Schuldnergesetzt. Er verausgabte sich derart im Predigen, daß er wegen Erschöpfung erkrankte. In der Krone eines alten Nußbaums auf einem Landgut bei Padova ließ er sich einen Freisitz zimmern, arbeitete dort Predigten aus und starb beim Transport zu Sankt Marien, dem Hauptkloster der Franziskaner in Padova. ~ Seine druckreife Rhetorik muß enorm gewesen sein (wie nur noch bei Korax, Teisias, Gorgias, Demosthenes, Gaius Gracchus, → Origines, Bernhard von Clairvaux, Savonarola, Talleyrand, Adorno, → Drewermann, Bazon Brock, Roger Willemsen, → Remann, Michel Friedman u.v.a.). Papst Gregor IX., der ihn »Schrein der Heiligen Schrift« nannte, sprach ihn schon 1232 heilig (was im 20. Jhdt. »spiritueller Rekord« genannt wurde). 1263 bei einer Umbettung fand man seinen Leichnam vermodert, aber seine Zunge noch ganz frisch: eins der herandrängenden Wunder. Antonius hatte (unvermeidlicherweise) mehrere Tote zum Leben erweckt, ein im Sumpf versunkenes Mädchen, ein Mordopfer; sogar ein abgehacktes Bein ließ er wieder anwachsen. Maler stellten ihn gern mit Lilie und/oder Jesuskind auf aufgeschlagenem Evangelium dar; einer malte vom anderen ab, so daß Antonius ikonographisch vom Jesuskind dann nie mehr abgekoppelt wurde. Ein Esel, der beim Anblick von Antonius' Hostien sein Futter vergaß und niederkniete, gesellte sich hinzu. So verwandelte sich der Redner, Pragmatiker, Kämpfer und Massenführer in einen mild lächelnden Kinderfreund, gütigen Geber, liebreichen Sympathicus, heiligen Narren. Selten klaffte die Kluft zwischen historischem Ausgangsmodell und legendärem Endprodukt größer: Ein gestreßter Paulus, von Apostolatseifer umgetrieben, wurde dem stillen, demütigen, ungelehrten, jesuanischen Franziskus angeglichen. Weil der heilige Franz den Vögeln gepredigt hatte, predigte der heilige Antonius den Fischen (was beide vielleicht nie erfahren werden). Auf Gemälden stand Antonius in Rimeno (heute: Rimini), dort, wo die Marecchia ins Adriatische Meer mündet, auf daß nämlich sowohl Süßwasser- wie Salzwasserfische zuhören mochten (nennt sich heut PR-Trick oder Zielgruppenerweiterung), und tatsächlich, 2–3 Dutzend Fischgesichter brav aufgereiht, mit Hechtschnauzen, die schier in lustige Nasen übergehn, und zwischen den Fischen auch mehrere Krabben, im Hintergrund Architektur, Zaungäste und Schiffsverkehr, bis heut noch in der Basilika S. Antonio zu Padova zu besichtigen. Sogar Inhalte der Fischpredigt wurden nach und nach bekannt: Antonius rief den Fischen ins Gedächtnis, daß das durchsichtige Element eine wunderbare Zufluchtsstätte vor Gewitter sei, und daß ihnen der Herr Flossen gegeben habe, damit sie schwimmen können, wohin sie wollen, und daß ihnen die Ehre zuteil wurde, Jonas zu retten; denn damals waren Walfische noch keine Säugetiere; und daß Gott sie vor der Sintflut bewahrt habe; denn damals hatte man noch kein altjüdisches Schrifttum außerhalb der Bibel ausgegraben, worin Jahwe die Meere aufheizte, damit auch die Fische zum Untergang allen Fleisches beitrügen. Antonius rühmte ihre auserwählte Rolle bei der Fischvermehrung und als Zukost des Königs der Ewigkeit vor und nach dessen Auferstehung. Das Wunderhornlied bot sowohl einzelne Fischarten wie Predigtinhalte: Den Hechten predigte der Heilige: »Du sollst nicht stehlen!«, den liebestollen Aalen Keuschheit, den Stockfischen und Karpfen Abkehr von der Völlerei. Auch Krebse strebte er auf den rechten Pfad zu leiten, will sagen: ihnen ihr Rückwärtskrabbeln auszureden. Nur daß die Fische den gesegneten

Mann des Wortes halt zum Narren machten, indem sie herbeieilten, sich die Predigt gefallen ließen, als wären Fische mehr als Fische, dann aber sofort alles vergaßen, so als könnten Fische je Gelegenheit erhalten, etwas zu vergessen – die kurios erschütterndste Parabel auf Weltlauf, Naturkreislauf und zurücksinkende Religion und Sittlichkeit in Barbarei und Zoologie, von Gustav Mahler 1889 vertont, bis zu letzten aufblinkenden Schuppen und aufsteigenden Aalen aus Ufersand und Gründelschlick. Auf einem Ölgemälde Arnold Böcklins lauschte dem heiligen Antonius sogar ein fett sich herbeiwälzender Wels. Wilhelm Busch hingegen, in dieselbe nüchterne Zeit der Näh- und Mäh- und Waschmaschinen, Kursberichte und Trichinen eingesenkt (plus Malzextrakt und Klauenseuche), ließ die Fischpredigt unverzeihlich beiseite, bot aber Ersatz, indem er seinen frei nachgedichteten Antonius, nach allerlei weiblich-teuflischen Anfechtungen, am Lebensende Klausner werden ließ, der seinen Heiligenschein nachts als Leselampe benutzte, bis ihm wildes Kraut aus Nase und aus Ohren schaute, und ihm eine Wildsau zugesellte, die eher wie ein Hausschwein ausschaute. So metamorphisierten sich die Fische, romantisch nachgeschobener Tierliebe entsprossen, herzrührend zum grunzenden Mitgeschöpf: »Du gutes Schwein, du sollst nun ewig bei mir sein!« Motivgeschichtlich kam es eher beim ägyptischen Wüstenvater Antonius vor, tausend Jahre vorher; dort aber stand es für die Versuchungen des dämonischen Schweinehunds; erst Wilhelm Busch versöhnte Hochreligion und Landwirtschaft, indem er Christ und Sau jahrelang friedlich zusammenleben und – simultan sterben ließ. Beide stiegen zum Himmelreich auf, von Juden und Türken verflucht, aber von unserer lieben Frau im blauen Mantel, Regina coelestis, huldreich empfangen, glanzumwoben – wobei die Flügel, die am Schwein hervorbrachen, eher Pegasus gehörten als Halleluja-Engeln, so oder so: In jener Himmelsvision flossen elysische und katholische Assoziationen zu einer kusanischen Coincidentia Oppositorum friedlich zusammen, wahrlich eine Jesaja–11,6-8-Apotheose und Apokatastasis panton der besonderen Art. Wie bei Franziskus kam ein Hauch indische heilige Kuh herein ins opferfreudig fleischeslüsterne, tierbeherrschende Christentum – karmische Wiedergutmachung am von Franz verfluchten Schwein? So gelangte die Antoniuskarikatur – ironiegeschädigt, lachlustlösend, klerikal kaum akzeptabel – in höchste Ränge und Zirkel hinein, global-synoptisch und weltliterarisch, hinauf und hinein ins urewige Mahabharata, allwo Yudhisthira einen Hund unbedingt mit in den Himmel nehmen wollte. Auf Umwegen, Irrwegen und Wegen wurde Antonius, statt zum Patron der Angler, zum Patron der Bäcker, und derer, die verlorenen

Kleinkram wiederfinden wollen, zudem Patron von Lissabon, Paderborn und Hildesheim. Papst Pius XII. nahm 1946 den historischen Antonius (statt den Fischprediger und Nußbaumheiligen) in den Kreis der Kirchenlehrer Origines, Augustinus, Thomas von Aquin, Justin etc. auf. Eine schöne Variante auf Antonius' leider apokryphes Leben mit einem Schwein ergab sich dann offiziell noch mal bei Wavy Gravy, sowie bei der tiernärrischen Tochter von Willy Millowitsch. In Bayern redete man vom beliebten italienischen Volksheiligen bis etwa 1999 als vom »Schlamperltoni«.

Worte von Antonius von Padua: Der Prediger muß zu den Menschen herabsteigen und dann wieder emporsteigen, um die daniederliegenden Menschen aufrichten zu können.
Andere über Antonius von Padua: Selbst Krebse, Schildkroten, / sonst langsame Boten, / steigen eilig vom Grund, / zu hören diesen Mund. Kein Predigt niemalen / den Stockfisch so g'fallen! *(Des Knaben Wunderhorn, 1806)* ◆ In alle Kirchen, nah und fern, / Ging er zur Beichte oft und gern. *(Wilhelm Busch, 1870)* ◆ Antonius fiel nicht im offenen Kampf und starb doch als Kämpfer, im blühenden Mannesalter gebrochen durch den Einsatz aller Kräfte bis zum letzten Hauch. *(Hans Hümmler, 1954)*

APEMANTUS, Kyniker, Hofdenker, Misanthropus, Parasit, Fiesling (17. Jhdt. bzw. ca. 415 v. Chr.): Herkunft unbekannt, bzw. kann sie sich Shakespeares Timon von Athen nur so erklären, daß ein Lumpenhund in einem Anstoß von Brunst irgendeine Bettlerin überfallen und ihn zusammengeflickt habe; karamasowisch gesagt: Er entsprang der Nässe der Badstube; deftiger Volksmund nannte so einen gern »Hurensohn«. Demgemäß lautete eins von Apemantus' späteren Lieblingsschimpfworten: »Bastard«, zu deutsch: Wechselbalg (seit entthrontem Adel und Rassenkunde kein Thema mehr, zeitweise). Schwere Kindheit gehabt zu haben umschrieb sich bei Shakespeare etwas poetischer: Nie umschlang ihn der weiche Arm des Glücks. Keiner schmeichelte ihm je; keiner brauchte ihn je. Ihn härtete die Zeit. Alles verwarf er; nichts fand er seines Denkens wert. Das Bett der Wollust winkte selten oder nie. Er hatte bestenfalls nur die Wahl, Schmeichler oder Schurke zu werden. Und neigte bald der kynischen Philosophie zu, als Churlish philosopher. Doch seine Mittel reichten kaum hin, sich einen Hund zu halten. So lief er selber als Hund herum und umarmte kranken Wohlgeruch. Seine fiese Eloquenz öffnete ihm dann den Zugang oder sogar Sympathien zu privaten Festivitäten des freigebigen Gastgebers Timon. Begrüßte dieser ihn in guten Zeiten mit »mein art'ger Apemantus«, replizierte dieser schlagfertig: »Spar, bis ich artig werde, deinen Gruß!« Der philosophische Grobian begab sich immer wieder dorthin, weniger um zu schmausen, laut Selbstaussage, als sich dran zu weiden, wie Speise Schurken mästet und der Wein den Narren zu Kopf steigt: Alles nur hohler Pomp und Pasteten bloß – Fraß. Weder einem Schwur glaubte er noch der Träne einer Dirne, noch einem scheinbar schlummernden Hund. Im geselligen Prosit witterte er bereits Verrat. Im getrunkenen Wein sah er die zu trinkenden Tränen, und im Freudentanz das Herumtrampeln auf z. B. ihm. Hofetikette durchschaute er als lieblose Schleimerei – plädierte er etwa indirekt für Liebe und Ehrlichkeit? Eleganten Feldherren wie Alcibiades wünschte Apemantus (der Schmerzfreie) die Gicht an den Hals. Lords, die ihn nach der Zeit fragten und damit Uhrzeit meinten, antwortete er auf anderer Zeitebene: »Zeit ist's zur Ehrlichkeit.« Auch Leute, die er nicht kannte, nannte er Schufte, nur allein weil es sich um Athener handelte. Einmal kokettierte er damit, einem solchen das Gehirn einschlagen zu gehn; als man ihn erinnerte, daß darauf Todesstrafe steht, sagte er: »Ja, wenn auf Nichtstun Todesstrafe steht.« Wären Menschen Hunde gewesen, hätte er sie etwas weniger gehaßt. Verglich man den Kyniker und Parasiten mit Hunden, antwortete er: »Der Hund entfernt sich, wenn der Esel ausschlägt.« Er war sogar stolz drauf, nicht Timon zu sein, so als wenn dies eine Lösung gewesen wär. Andere Eigenschaften, als pausenlos absolut alles absolut madig zu machen, schien er nicht zu haben. Saß jemand im Elend, tröstete er ihn nicht, sondern riet ihm, endlich zu sterben. Gefragt »Wie gefällt dir dieses Gemälde, Apemantus?« antwortete er: »Gut, weil es nichts Böses tut«, nicht nur ein süperber Binnenreim, auch der raffinierteste, rahmensprengendste Trick, ästhetischen Small talk innerhalb einer Sekunde aufs moralische Feld umzuleiten. Zum Frieden, Freude, Eierkuchen bzw. Wein, Weib und Gesang bzw. Jubel-Trubel-Heiterkeit einer gutsituierten Gesellschaft von Speichelleckern und Hedonisten bildete Apemantus das nötige oder unerläßliche Gegenthema, als Galletropfen, Schmutzfleck, Spielverderber, mit bösem Blick und schwarzer Sicht; als einzige Stimme jener bitteren Wahrheit, daß alle Nutznießer, Schmarotzer und echten Freunde von vornherein falsche Fuffziger seien, sang er praktisch bereits das Eichendorfflied von Schumann: »Hast du einen Freund hienieden, trau ihm nicht zu dieser Stunde.« Timon mahnte ihn mal zu besserer Laune, so als handele es sich bei Apemantus' dauerhaft unabänderlicher

Konstitution nur um seine Tagesform. Indem Timon durch veränderte Umstände zum notorischen Menschenhasser wurde, bediente er sich stilistisch exakt des vorher oft eingeübten Apemantus-Tons, benutzte dessen Schimpfwörter à la »Planetenpest«, wurde also quasi zum verlängerten Arm des Apemantus, falls nicht selber zu einem Apemantus oder gar gesteigerten Apemantus. Und Apemantus avancierte zum potenzierten Hamlet. Hamlet und Timon brauchten äußerliche Anlässe, um Zyniker zu werden; Apemantus konnte sowieso in keiner Situation anders – der Unterschied zwischen umweltbedingten und konstitutionellen Zynikern. Indem Timon die Kurtisanen Phrynia und Tamandra »Huren« schimpfte, outete er sich als vorchristlicher Spießbürger. Und schon fand Apemantus seinen derangierten Gönner wesentlich aushaltbarer als früher, was dieser sogar zugab; also konnte Apemantus auch loben. Beide warfen sich nun aphoristischen Unflat an den Kopf, schimpften den andern »der Menschheit Wegwurf«. Indem Apemantus zugab, daß er quälen wolle, gab er zu, auch nicht besser zu sein als die Welt, bzw. mindestens genauso übel zu sein wie die von ihm als äußerst übel verketzerte Welt, die er, um die Menschen loszuwerden, gern ans Vieh verfüttert hätte. Ständig wich er Menschen aus, um sich bei ihnen nichts Infektiöses zu fangen, und genauso oft sahen diese Leute ihn in Gespräche verwickelt. Seine scharfe Zunge geißelte dergestalt hämisch, extrem und nie anders als so negativ wie möglich, daß ihm das zum Reflex und Automatismus wurde, vorhersehbar, nervend, auf Dauer unoriginell. Er wurde zur Funktion seiner selbst, ein Kampfhund, der seinem permanenten Zuschnappen nie ausweichen konnte, ganz im Sinne des Buchtitels »Die Selbstverwirklichung des Hundes durch Beißen«. ⁓ Da in der Antike viele Kyniker, aber kaum Zyniker herumliefen, konnte Apemantus, vorchristlich noch lang nicht in Sicht, erst im Barock die zeitlose Scharfzüngigkeit entwickelter Menschheit auf höchste eloquente Spitzen treiben. Seine ausweglose Weltsicht ließ sich am ehesten in des Predigers Salomos Weisheit, daß alles eitel sei, zusammenfassen. Buddha, Gnostiker, Mani, Katharer wollten aus dem schwarzen Knast wenigstens noch metaphysisch hinausgelangen oder hinausführen; Apemantus und Konsorten kannten keinen Notausgang mehr und stocherten bloß mit Witz und Geist in der Scheiße, aus der auch sie nie und nirgendwo herausguckten. Neben Timon stellte Apemantus sich glossierend auf wie Mephisto neben Faust. Selbst Panurgos, Swift, Voltaire, Roquairol, Leopardi, Talleyrand, → Cioran und Harald Schmidt sahen neben Apemantus mehr oder minder konziliant aus. Kein Wunder, daß → Kraus dieses Menschenhaßdrama mit Lust Wort für Wort bearbeitete. Kindlers

Literaturlexikon wandte 1988 das Wort »sauertöpfisch« auf Apemantus an, was viel zu behaglich, mild und romantisch klang, »beißender Spott« viel zu schematisch und präformiert. Daß Apemantus das Vieh besser fand als Menschen, teilte er sowohl mit Schopenhauer wie mit biosophischen Sekten, die den Planeten von den Menschen reinigen wollen, um ihn Tieren und Pflanzen zurückzugeben.

Ein Hund, der kranken Wohlgeruch umarmte (2 x links im Bild, hier zusammen mit Timon von Athen)

Worte von Apemantus: Die Menschenbrut renkt sich in Pavian und Affe noch hinein. ◆ Die Herrlichkeit des Lebens – alles Wahnsinn! ◆ Wer lebt, der nicht gekränkt ward oder selber kränkte? Wer stirbt, der keinen Kratzer mit ins Grab nähm, gezielt von Freundeshand? ◆ Von Liebe nichts in all den süßen Schurken und nichts als Höflichkeit! ◆ Welch Lärm ist das! Grins-Gesicht, den Steiß herausgekehrt! Sind denn die Stelzen jene Summen wert, die sie gekostet haben?

Apemantus über sich: Ich will nicht, daß du mich willkommen heißt. Ich kam, damit du mich hinauswirfst. ◆ Ich kam als Aufpasser mit Luchsaugen; sei gewarnt. ◆ Mich peinigt, daß so viele ihre Fleischklumpen eintunken in eines Mannes Blut. ◆ Reiche Gecken schlemmen; ich freß Wurzeln.

Andere über Apemantus: Er ist ein Widerspiel der Menschheit. *(Erster Lord, in Shakespeares »Timon von Athen«)* ◆ Der nichts so liebt, als er sich selber haßt. *(damals zeitgenössischer Dichter)* ◆ Ich möchte lieber eines Bettlers Hund als Apemantus sein. *(Timon von Athen)* ◆ Einer jener wunderbar destruktiven Typen, die es braucht, damit man vernünftig wird; lebte man wie er, dann würde man zweifellos alles dennoch Schöne vernichten, bloß unachtsam vielleicht, oder unfreundlich: wollte man aber alles für unwahr halten, was er sagt, dann würde man in eine geträumte Welt geflüchtet sein;

Apemantus müßte sich nicht allen so unsympathisch machen, um recht zu haben: aber es wäre ihm wohl nicht möglich, alle Tabus zu durchschauen, wenn er dabei sympathisch bleiben wollte, etwa wie ein bloßer Skeptiker, der ohne allzu hindernde Moralität zu leben versteht, weil auch er das meiste durchschaut; nun muß aber ja auch niemand mit Apemantus leben, denn er ist eine Figur in einem Stück; und es wäre jetzt schade, wenn sein Witz weniger Galle hätte. *(Rolf Vollmann, 1997)*

JOHNNY APPLESEED (geb. John Chapman), Naturbursche, Waldkenner, Wurmverschoner, Erweckungsprediger, Apfelbaumgärtner, Kräuterhändler, Pionier (1774–1845): Er kam – evangelisch getauft – aus den Alleghenies in West-Pennsylvania. Am liebsten übernachtete er im Freien, gern in Hängematten. Am wohlsten fühlte er sich in Gesellschaft von Kindern, mit denen er Hoppereiter spielte; und Indianern, die ihn als Medizinmann schätzten; und Bären. Eines Winters, bei Defiance in Ohio, wo er 2 Baumschulen unterhielt, ließ er sich in einem hohlen Platanenstumpf häuslich nieder. Er gab ihn auf, als Bärenjunge ihn bezogen, und übernachtete ab da im Schnee. Lebenslang strebte er keinen festen Wohnsitz an. Ein Pferd zu reiten, hielt er für Tierquälerei, genauso: Bäume fällen lehnte er ab, inmitten der Holzfällerwut rundum grassierender Besiedlungsaktivität. Sehr im Gegensatz zu allen anderen aß er kein Fleisch, und trug nie eine Silberbüchse oder Liddy bei sich, und dies im Hallraum von Old Shatterhand und Winnetou. Eine Siedlerfamilie versprach ihm ihre 10jährige Tochter als Braut. Oft kam er vorbei, trug zu ihrem Unterhalt bei; als er seine Kindsbraut aber mal mit Gleichaltrigen flirten sah, zog er gebrochenen Herzens weiter. Einen Winter lang ernährte er sich nur von Walnüssen. Mit warmen Füßen verwandelte er Schnee in Trinkwasser. Einmal schlief er auf einer Eisscholle ein und trieb 100 Meilen den Allegheny runter. Als er versehentlich einen Wurm zertrat, bestrafte er seinen Fuß, indem er seinen Schuh fortwarf. Bisweilen löschte er sein Lagerfeuer – nicht daß sich die Stechmücken die zarten Flügelchen versengten! Sein Lieblingsbuch: the Holy Bible. Wer ihn einlud und beherbergte, mußte sich feurigen Erweckungssermon über »sweetness« und »light« anhören. Seine Heilslehre schwankte irgendwo zwischen Mormonentum, pantheistisch angehaucht, und Swedenborg-Verballhornungen. Als Prediger in der Wüste blies er die Posaune in der Wildnis. 1797 zog er aus Longmeadow in Massachusetts westwärts, zeitweise von einem zahmen

Wolf begleitet, den er aus einer Schlinge befreit hatte und mit dem er zusammen in einem Laubbett schlief. Angetan meist mit seinem bald legendären Sackleinenhemd, Rupfenkittel, ja Kaffeesack, zog er den Siedlern voraus, stets in Richtung einer Wildnis, die sicher bald urbar gemacht werden würde. An den Hintertüren der Mostkeltereien versorgte er sich mit Apfelkernen, zentnerweise, und fuhr sie auf Katamaranen (Doppelrumpf-Kanus) flußabwärts, legte in der totalen Prärie als Sämlingsschützer und Bäumchenfreund Apfelbaumplantagen an, allerdings unveredelte Sorten, gallbittere Holzäpfel (er war gegen Pfropfung), und wenn die Siedler dann über die Frontier näherrückten, konnte er ihnen bereits 2–3jährige Obstbäume verkaufen, 6½ Cent das Stück, oder gegen Naturalien, wie gebrauchte Wäsche. Sein körperliches Unterformat machte beim Kleidertausch Probleme. Die Siedler stellten sich dann mit Mostpressen Apfelmost und Applejack (Apfelschnaps) her, nebenbei auch Apfelessig als Konservierungsmittel. Schubweise arbeitete der Apfelbauer, der bald allgemein »Appleseed« hieß, sich auf diese Weise in die weißen Flecken des Northwest Territory vor (der späteren Bundesstaaten Ohio, Illinois, Michigan, Wisconsin, Ost-Minnesota), mit einem Riecher dafür, wo in Bälde die nächste Besiedelungswelle hinschwappen würde. Ständig dachte er an Äpfel. Er fing an, die Welt pomozentrisch zu sehen. Er führte auch Heilpflanzensamen bei sich: Königskerze, Hundskamille, Beifuß, Löwenzahn, Wintergrün. Er verbreitete auch die Kassie, ein hartnäckiges Unkraut, im Glauben, daß es gegen Malaria helfe. Statt zu helfen, breitete das Kraut sich unmäßig aus und wurde sogar nach seinem Einschlepper »Johnnyweed« genannt. Ständig reparierte er Zäune, bekannter als ein bunter Hund, vermehrte stufenweise sein Land, verlagerte sich später mehr nach Indiana und besaß irgendwann 1200 Morgen Apfelbaumschulen. Grundstücke, die ihm wieder entwendet wurden, eroberte er nicht zurück, sondern sah nur nach, ob es den Apfelbäumen weiterhin gutging. Wettergegerbte Bärenhäuter und Trappernaturen à la Sam Hawkins mokierten sich männlich – über Appleseeds weiche und zarte Hände. Die Hornhaut des Schuhverschmähers hingegen war so dick, daß eine Klapperschlange ihre Zähne nicht hineinbekam. Zum Gaudi junger Burschen traktierte er seine Füße mit Nadeln und glühenden Kohlen. Gefragt, wann er heirate, antwortete er, Gott habe ihm nur unter der Bedingung, daß er auf Erden nicht heirate, ein rechtes Weib im Himmelreich versprochen. Wer sich über ihn den Mund zerriß, er sei nicht ganz bei Trost, mußte zugucken, wie der sanfte Spinner zum steinreichen Mann aufstieg, gern auch mit guten Gaben um sich streute. Von seinen Erträgen kaufte er lahme Gäule, um sie vorm Pferdemetzger zu retten. In Mansfield lümmelte er mal auf einem Baumstamm, im Publikum eines Wanderpredigers, der von einer Baumstumpfkanzel zum x-ten Mal herabdonnerte: »Wo ist heut ein Mann, der wie die Urchristen barfuß und im härenen Gewand ins Himmelreich eingeht!?!« Da pflanzte Appleseed seinen nackten Schmutzfuß dem Prediger auf den Holzklotz: »Da hast du deinen Urchristen!« ~ Auf frühen Stichen trug das hagere Männlein mit Ziegenbart einen Blechnapf bzw. Zinntopf, den er auch zum Kochen nahm, auf dem Kopf, und in der Hand einen Apfeltrieb wie ein Szepter, ja wie mittelalterliche Heilige ihr Symbolum oder Marterwerkzeug, was ihn schier zu Sankt Appleseed machte. Seine Würmchen-Anekdote paßte bestens, indeed, zu des heiligen → Franziskus' Würmleinliebe und machte den guten Mann – überregional religionshistorisch – zu einem Dschaina-Mönch auf fremdem Boden, also von indischem Geist geschwängert, daher seine Indianerliebe. Typische Immobilienmakler sahen ihn als betont atypischen Grundstückshändler, Pfadfinder als Mother Nature's Son. Sein Biograph Robert Price beteuerte, Chapman sei kein totaler Spinner gewesen. Ökologen feierten Appleseed als Amerikas ersten Umweltschützer. Menschen sahen vor allem den Philantropen in ihm. Mitten im Wilden Westen lief Johnny als Softie herum, mitten zwischen waffenfetischistischen Fallenstellern als Tiernarr. Mythologisch vorbelasteten Betrachtern erschien er als Waldgottheit, kaum angechristelt, eher panisch-heidnisch, ein Satyr (auch Dionysios, der Schutzpatron kultivierter Bäume, hatte den Menschen gezeigt, wie man Traubensaft gären läßt), als Mittler, Bote und Schwellenwesen, between & betwixt, das ständig kreuz und quer die Frontlinien zwischen Roten und Bleichgesichtern, Zivilisation und Urwald, Diesseits und Jenseits kreuzte. In den States ehrte man sein Andenken mit zahllosen Gedenktafeln, erst aus Messing, dann aus Aluminium. Legendenwildwuchs keimte weiter, Comic-, Kinderbuch- und Film-Adaptationen. Eine ganze Appleseed-Merchandising-Industry boomte profitabel vor sich hin. Eine Manga-Serie nahm sich diesen Namen und überdeckte im Google unschön den Ausgangsnamen.

Worte von Johnny Appleseed: Wollt ihr die himmlische Botschaft hören, frisch aus dem Aether? ◆ Es ist frevelhaft, Bäume so zu verschneiden. Das rechte Verfahren ist vielmehr, gute Kerne auszusuchen und sie in gute Erde zu setzen. Das mit dem Veredeln besorgt dann schon der liebe Gott.
Andere über Johnny Appleseed: Er hatte die dicke Schale der Wunderlichkeit um sich. *(Robert Price, 1954)* ◆ Ehemals Kinder einer rauhen Wildnis,

Johnny Appleseed – ein tierlieber Softie im Wilden Westen

wurden beide gründlich domestiziert: Chapman wurde in einen heiligen Franziskus an der amerikanischen Pionierfront verwandelt, der Apfel in eine druckstellenfreie, künstlich rote Süßstoffkugel. Chapman verband das beinharte Draufgängertum eines Frontier-Helden wie Daniel Boone mit der Sanftmut eines Hindus. *(Michael Pollan, 2001)* ◆ John war ein Freund zu jener, das er traf. Dort errichtete er seine Apfelsamen und Bürstenzaun um den Bereich, um Weglauftiere zu halten. Dieses war sein Service zur Menschheit. *(Google, Automatik-Übersetzung, 2004)*

ARCHILOCHOS VON PAROS, Abenteurer, Jambendichter, Kampfbolzen, Haßspötter (um 680–640 v. Chr.): Er kam aus demetergeweihtem Priestergeschlecht, von der Kykladeninsel Paros, betätigte sich als Seefahrer und Kriegsheld. Er steckte im rauhen Umgangston einer Schutztruppe für Kolonisten. In Zeiten, in denen Geist und Macht noch Leier und Schwert hieß, verfluchte er Wort- und Eidbrüchige, schätzte Kriegsmut am höchsten und tat Trauer um Freunde, die im Schiffbruch verunglückten, als weibisch ab. Seinen Versen wohnte eine magische Kraft inne, die genetisch aus archaischem Abwehrzauber hervorwuchs und die man sowohl beim Zaubern wie beim Lyrikmachen die »Macht des Wortes« nannte. Als Lykambos sein Versprechen, ihm seine Tochter Neobule zum Weib zu geben, zurücknahm, schrieb der verschmähte Archilochos Gedichte, nach dessen Lektüre sich Braut, Vater und noch 2 Schwestern erhängten – Querbezug zu all jenen Derwischen, die durch bloße Koranlektüre ihre Seelen aushauchten. Ein Bildhauer, der Archilochos etwas zu ähnlich darstellte, d. h. nicht sehr schön, bekam ein paar so schreckliche Verse zur Antwort, daß auch er sich umbrachte. Archilochos starb heldenhaft im Kampf zwischen Paros und Naxos. ⁓ Auf Paros wurde früh ein Archolocheion errichtet, eine Kult- und Musenstätte zu seinem Andenken. Frühe Bildwerke gingen, wie immer, verloren. Ab 550 v. Chr. entstanden steinerne Darstellungen seines Gesichts, die seinen ungebärdigen Versen wenig entsprachen, klassisch edelglatte Idealporträts. Dank lückenhafter Überlieferung installierte er sich als einer der frühesten Dichter, die Ansätze von Humor und Spottlust zeigen, und drastische Subjektivität. Man fing an, ihn als Erfinder der Satire zu feiern und ihm die Erfindung des jambischen Versmaßes beizulegen, nur weil er es bevorzugte. Im Gesamtrückblick erschien er als jener deftige Ritter-Typus, der Kriegskunst und Dichtkunst kraftvoll zu verbinden weiß, überregional verschwägert mit singenden, meist arg trinkfesten Recken, Haudegen, Stiernacken à la → Li Bo, Oswald von Wolkenstein, Cyrano de Bergerac, Lord Byron, Rimbaud, Hemingway.

Worte von Archilochos: Zapfe den rötlichen Wein von der Hefe. Nicht nämlich nüchtern / können wir diese Nacht solch eine Wache bestehn.
Archilochos über sich: Bin zwar Diener des Ares, des kriegerisch mordenden Herrschers, kenn aber trotzdem zugleich lieblicher Musen Geschenk.
Andere über Archilochos: Homer, der in sich versunkene greise Träumer, der Typus des apollinischen, naiven Künstlers, sieht nun staunend den leidenschaftlichen Kopf des wild durchs Dasein getriebenen kriegerischen Musendieners Archilochus: und die neuere Ästhetik wußte nur deutend hinzuzufügen, daß hier dem »objektiven« Künstler der erste »subjektive« entgegengestellt sei. *(Friedrich Nietzsche, 1871)*

Aschoka, Feldherr, Mönchskaiser, Buddhist, Dharma-Denker, Dharma-Regent, Säulenedikt-Errichter, Friedensengel (um 272 bis ca. 231 v. Chr.): Er wuchs in der Maurya-Dynastie auf am Hof seines Vaters Bindusara, in Hindustan, zwischen gelehrten Wortgefechten, importierten hellenistischen Sophisten, einheimischen Logikern und Metaphysikern. Als sein Vater als Staatsmann vorzeitig abdankte, in einen weißgekleideten Mönchsorden eintrat und eine schlimme Kriegswaffe, die sein Söhnchen Aschoka, der Enkel des Candragupta, gern besessen hätte, trotzdem in den Fluß warf, angelte das Kind die kostbar gefertigte Armbrust wieder aus den Stromschnellen, setzte sie in Gang und traf aus Versehen ein Vogelnest, gemäß der Vorwarnung Bindusaras vom Dämon, der in jeder Waffe wohnt. Aschoka übernahm mit 4 ein Riesenreich, das er mit 8 durch Eroberungen vergrößerte, bis es vom bengalischen Meerbusen bis Arachosien und Afghanistan alles umfaßte, außer den indischen Südzipfel. 260 stürzte ihn der verlustreiche Feldzug und die Eroberung von Kalinga (später: Orissa), genauer: der Anblick von

150000 Versklavten und Hunderttausenden Gefallenen, in emphatische und sogar dauerhafte Katharsis. Ein Dhammapadazitat seines Beichtvaters Upagupta – »Ernst in sich Einkehrende werden unsterblich; Oberflächliche sind nicht nur sterblich, sondern jetzt schon so gut wie tot« – schockierte ihn positiv, im elften Jahr seiner Regierung, 254 v. Chr. Ein Jahr lang ließ er sich stellvertreten und mönchisch einweihen, wurde ein Upasaka, aber statt in die Hauslosigkeit ging er zurück in die Regierungsgeschäfte. Als buddhistisch gewordener Laienanhänger riß er das staatspolitische Steuer völlig herum und errichtete eine sog. »Regierung des Dharma«. Grenznachbarn beteuerte er, sie möchten unverstört jetzt nur noch Wohlergehn statt Übeltun erwarten (in späterer Sprache: Er beendete internationales Mißtrauen). Aufgeschreckt durch den Tod eines Mönchs, dem Arzenei gefehlt hatte, sandte der Kaiser Sanitätskolonnen aus Pataliputra in alle Himmelsrichtungen, auch über die Landesgrenzen hinaus, bis Pamdiya, Satiyaputta, Kelaputta, Ceylon. Innenpolitisch sponserte er öffentliche Wohlfahrt durch Investitionen in medizinische Pilotinstitutionen, Brunnenbau, Rasthäuser, Heilkräuteranpflanzung, Baumaufforstung. Tieropfer schaffte er in der Hauptstadt ab und schränkte Fleischverzehr bei Hof ein. Landeshauptleute, Stadtmagistrate, Finanz- und Grenzbeamte, Provinzpräsidenten, Vizekönige bekamen Anweisung, sich im Nichttöten zu üben, zwecks Dharmapflege. Er strukturierte seinen Machtstaat in einen Sozialstaat um, errichtete Sozialfall-Asyle (sozusagen Bahnhofsmissionen und Rote-Kreuz-Filialen), sowie Hospitäler, Altersheime und Hospize für heilige Kühe (von G. F. W. Hegel erwähnt). Daß auch Sklaven und Parias ins Nirwana würden gelangen können, begeisterte ihn besonders. Obwohl er Geisterglaube kritisch gegenüberstand, verbot er ihn nicht und erlaubte auch andere Sekten und Religionen. Weder von Buddha noch von sich selbst ließ er Abbilder anfertigen, weshalb sein Äußeres unbekannt blieb. Viele Zwangsvegetarier an seiner Tafel sehnten sich nach den unbuddhistischen Fest- und Schlemmgelagen zurück. Vor den Palästen gingen arbeitslos leidende Metzgerfamilien schlachtbeilschwenkend auf die Barrikaden. Kollektive Vergnügungssucht, die sich an abgeschafften Kampfspielen und Tierkämpfen ergötzte, mußte in neue Bahnen gelenkt werden. Statt Jagden und Vergnügungsfahrten durchzuziehn, wurden jetzt Dharmafahrten organisiert; das Reiseziel hieß: Vollkommene Einsicht, und unterwegs besuchte und beschenkte man betagte Brahmanas und Schramanas und philosophierte mit ihnen über das Dharma. Bald wurde er »Dharmaschoka« genannt, der Rechtschaffenheits-Aschoka, der für die Freiwerdung von der Einsperrung focht. Trotzdem wurde ihm übelgenommen, daß er

Lumbini (später: Rummindei), den Geburtsort Buddhas, den er mit Denksäulen ausstattete, nicht von Grundsteuer befreite. Vitaschoka, ein Bruder des Kaisers, sollte oder wollte Einsiedler werden, bekam mitten im Schloßpark eine Eremitage angelegt und patrouillierte täglich mit Bettelnapf durch die Damengemächer. In seinen letzten Lebensjahren betätigte Aschoka sich ruinös als seniler Verschwender. Seine letzte Hauptfrau – Tisyaraksita – unternahm aus Eifersucht, daß Aschoka den Bodhibaum Buddhas mehr verehrte als sie, einen Anschlag auf diesen Baum. Sein Sohn Mahinda wurde Ceylonmissionar; sein Enkel Samprati versuchte den bankrotten Staatshaushalt zu sanieren, indem er seinen freigebigen Großvater entmündigte. ⁓ Spätere Legende malte den unbekehrten Aschoka als besonders schlimm und gewalttätig aus, als halbverrückten Wilden, um die Kippe und Kehrtwendung noch frappanter herauszuarbeiten. Im historischen Gesamtrückblick kam er neben großen Gesetzgebern wie Moses, Manu, Hammurabi, Solon zu stehen. Neben ihm erschien manch Vordenker des Toleranzgedankens im 18. Jhdt. inkonsequent, schier intolerant im Vergleich zu den sehr weitgehenden Edikten des Aschoka, der zu den wenigen erfreulich unzwielichtigen, unkorrumpierbaren Monarchen und Politikern zählte, die als weise Herrscher exemplarisch die Gratwanderung hinbekamen, Machtinteressen und Moral sich nicht ausschließen zu lassen, wie Saladin, Friedrich der Große, → Ludwig II. von Bayern, Nehru, Theodor Heuss, Michael Gorbatschow, Prinz → Charles. Genau umgekehrt als Könige und Völker, die fast namenlos blieben, weil sie keine Kriege führten, und Eroberer, die berühmt wurden für ihre Eroberungen, wurde ein geborener Eroberer dadurch berühmt, daß er plötzlich radikal zu erobern aufhörte. Er wurde und blieb Pazifist. Gleichwohl ergab sich eine denkwürdige Parallele zu Hitler, der nach seinem Endsieg das Problem deutschen Fleischessens angehn und lösen wollte, nämlich Zwangsvegetarismus einzuführen plante, also alsbald KZs für arische Wurstesser. Obwohl es vielfach hieß, Aschoka habe die Todesstrafe abgeschafft, fand sich im Wortlaut seiner Fels-Edikte nichts darüber. Manche Forscher behaupteten, er als Friedenskaiser sei nur Legende, in Wirklichkeit Despot geblieben wie alle damaligen Herrscher und habe die Todesstrafe keineswegs abgeschafft. Und 18 000 Nicht-Buddhisten habe er umgebracht, vermutlich Dschainas, weil einer von ihnen den Buddhismus beleidigt habe, laut dem Sanskritwerk »Aschokavandana«. Entweder war er geborener Krieger, der sich dann als Buddhist sehr verbiegen muß, um friedlich zu sein, oder geborener Buddhist, der das lange nicht erkannte. In opulenter Verfilmung kreiste man ausdauernd um seine unerleuchteten, blutig kampfverstrickten Stadien und Thronfolgeprobleme, und ließ den Film exakt ab da aufhören, wo die Kämpfe aufhörten und es eigentlich interessant zu werden anfing.

Worte von Aschoka: Früher wurden in des göttergeliebten, freundlichblikkenden Herrschers Palästen viele 100000 Tiere täglich für das Mischgericht geschlachtet. Aber jetzt, da diese Dharma-Schrift geschrieben wird, werden nur 3 Tiere zum Mischgericht geschlachtet, 2 Pfauen und ein Schwarzbock, und dieser Schwarzbock dazu nicht regelmäßig. Künftig sollen auch diese 3 Tiere nicht mehr geschlachtet werden.
Aschoka über sich: Alle Menschen sind meine Kinder.
Andere über Aschoka: Der Herrscher, der voll Seelenadel sich als Menschenfreund betätigt, obdachlosen Menschen und siechen Tieren Heim- und Pflegstätten errichtet, religiöse Duldsamkeit empfohlen und geübt und auch als bedeutender Bauherr gewirkt hat, dieser Nachfahr echt-arischen Herrschertums zieht sich am Schlusse seines Lebens weltflüchtig von den Regierungsgeschäften zurück – wie weiland Kaiser Karl V. – und überläßt das Reich untauglichen Nachfolgern. *(Walther Wüst, 1937)* ◆ Asoka wird herkömmlicherweise mit Kaiser Konstantin, Ferdinand von Kastilien und Ludwig IX. von Frankreich, Mu'awya und Umar, Karl dem Großen und Alfred dem Großen, dem Apostel Paulus, Mark Aurel, Salomo, Darius, Cromwell, Akbar, König Arthus verglichen. *(Fritz Kern, 1956)*

ATA AS-SALIMI, Derwisch, Gottesknecht, Weiner, Stöhner, Trauerkloß, Friedhofseule (um 690 bis ca. 757 n. Chr.): Als junger Mensch fing er die Taube eines Nachbarn, ein Unrecht, das ihm jahrelang nachging. Wenn Ata morgens erwachte, murmelte er: »Wehe dir, Ata, wehe dir!« Oft sprach er von sich in der dritten Person, um sich von sich fernzuhalten. Das Auf und Ab des Lebens bescherte ihm nie ein Auf. Polarität ging an ihm so vorbei wie Verbesserungen. Pausenloser Albtraum überlagerte ausbleibende Glücksträume. Einerlei, ob er sich in Mahnpredigten angesprochen fühlte oder selber mahnte, Mahnworte setzten ihm zu. Wenn ferner Donner grollte, ergriff Ata Unruhe (in späteren Termini: unterlag er Panikattacken). Er faßte sich am Bauch, wie eine Frau in den Geburtswehen, und rief, er habe gehofft zu sterben, bevor der Regen losgeht. Vor lauter Gottesfurcht vergaß er zeitweise sogar den Koran. Von Allah erwartete er keine Liebe und betete nicht ums Paradies, sondern – genügsam – nur für Schutz vor Höllenpein. Sah er seine Magd Feuer anmachen oder hörte lediglich Feuer irgendwo prasseln, oder sah beim Schröpfer, mit dem Schröpfkopf am Hals, einen Knaben mit Fackel vorbeikommen, wurde Ata bewußtlos, aus Angst, daß Allah ihn hassen könnte, oder vor der Hölle. Geschilderte Paradieseswonnen steigerten seine unaufhellbare Traurigkeit. Oft weinte er in seinen Einsamkeiten und entsprach so seinem Ehrentitel Bakka (der Weiner). Bisweilen war's in Atas Behausung so naß, daß Besucher glaubten, er hätte bei der rituellen Waschung Wasser verschüttet. Ata weinte, bis er triefäugig, und betete, bis er rückenkrank wurde. Er fastete, bis er entkräftet dalag. Tränenkrüglein um Tränenkrug goß er in den buddhistischen Ozean, den alle Lebewesen kollektiv zusammenweinen. Atas Frau Umma Dschaffar wandte sich verzweifelt an Abu Ubayda Sawwar, bat ihn, Ata wegen dessen vielen Weinens zu tadeln. Gefragt, ob ihm jene Schwuchteln, die auf seinem Anwesen Reinigungswasser für ihn schöpften, nicht zuwider seien, antwortete er: »In meinen Augen sind sie besser als ich.« Angesichts seiner Selbstkasteiung riefen Leute: »Was tust du dir an!?! Hast du jemanden umgebracht!?« Oft auf Friedhöfen frönte er haltlosem Memento mori: »Ihr Grabbewohner! Ihr seid gestorben! O das Sterben!« Unangenehm oft, unnatürlich oft, niederdrükkend oft, dauerhaft verbissen in die letzten Dinge, dachte Ata an Tod, Grab und Gruft (wie Andreas Gryphius, → Cioran, schwarze Romantik, Gothic style). Todesfurcht und Todesverlangen lieferten sich tödliche Gefechte in ihm. Anders als der Bariton der Bachkantate in der Arie »Ich freue mich auf meinen Tod, ach, hätt er sich schon eingefunden!« vermochte Ata Vorfreude so wenig aufzubringen wie Bittgebete. Bei einem einzigen Leichenbegängnis verlor Ata 4 x das Bewußtsein. Als einer in Atas Gegenwart sagte: »Wie lang noch scherzen und spielen wir, während der Todesengel hinter uns her ist?«, fiel Ata sofort ohnmächtig zu Boden und zog sich eine Kopfwunde zu. Schawa (Triebhaftigkeit) und Hawa (Lustverlangen) hielt er für stärker als Wissen, Verstand und Einsicht (was dann erst wieder irrationalistische Denker wie Schopenhauer und Freud so sahen). 40 Jahre verbrachte er, aus Gottesfurcht und sonstiger Furcht – Lebensangst? –, auf seinem Lager (also länger als Oblomow), und erhob das Haupt nicht zum Himmel und lachte nicht. Einmal hob er den Kopf, erschrak und stürzte hin, und sein Bauch bekam einen Riß. Vorgeschriebene Waschungen verrichtete er liegend. Nach 40 Jahren ging die einst entwendete Taube ihm immer noch nach – welch Reuetalent, Überreaktion. Er verblutete gewaltig an winzigstem Mückenstich, so als habe er unrechtmäßig eine halbe Dattel gegessen oder eine Butterblume ermordet. Nachts betastete er seinen Leib, aus Angst, er könne in ein niedriges Geschöpf verwandelt werden (was er wohl mit kaum einem teilt außer Gregor Samsa). Vorbild: der biblisch weinende David, der 7 aschegefüllte härene Polster mit Tränen durchtränkte und nie etwas trank, das nicht eigene Tränen enthielt. Abu Bischr Salih al-Murri hielt den Anblick nicht mehr aus, kaufte Sawiq (Grütze) und Butter und überredete Ata, die Speise anzunehmen. Doch nächstentags wies Ata eine weitere Speisung ab, wegen dem Vers aus Sure 14,17, daß einer schluckte, aber nichts runterbekam, was sofort Atas Schluckbeschwerden steigerte. Eine seiner häufigsten Prognosen – »Ata wird morgen um diese Stunde im Grab sein« – traf erst ganz am Schluß zu. Über sein Sterben liegen 2 Berichte vor – Version Nr. 1: In geselliger Runde sagte einer: »Ali tötete 400 Damaszener für das vergossene Blut eines einzigen.« Da seufzte Ata auf und brach, statt wie immer halbtot oder bewußtlos, tot zusammen. Version Nr. 2: Ata sagte auf dem Sterbebett einem seufzenden Besucher: »Bei Allah! Ich wünschte, meine Seele würde sich bis zum Tag der Auferstehung dauernd zwischen Gaumenzäpfchen und Kehlkopf hin- und herbewegen, damit sie nicht hinausgeht ins Höllenfeuer.« ⁓ Salih al-Murri sah Ata nach dessen Ableben im Traum und fragte ihn, ob er nun in der Schar der Toten sei und erinnerte ihn an dessen Dauertrauer in der diesseitigen Behausung, da sah er Ata zum ersten Mal lächeln und hörte ihn sagen: »Bei Allah, Abu Bischr, diese Furcht hat für mich wahrlich lange Ruhe und immerwährende Freude zur Folge.« Das befürchete Höllenfeuer blieb wunderbar aus.

Worte von Ata as-Salimi: O Allah, hasse uns nicht! Und wenn Du uns gehaßt hast, dann vergib uns!
Ata as-Salimi über sich: Ich wünsche, Asche zu werden, von der niemals mehr ein bißchen zusammengebracht wird, weder im Diesseits noch im Jenseits. ◆ Ich bin 60 x schlechter als Abu Muslim. ◆ Ich will eine gewaltige Sache unternehmen. Ich will vor Gott stehen. ◆ Der Tod steht mir im Nacken, das Grab ist mein Haus, in der Auferstehung ist mein Halteplatz, und über die Höllenbrücke führt mein Weg. ◆ Abu Bischr, ich verlange nach dem Tod, obwohl ich nicht glaube, in ihm Ruhe zu finden. ◆ Die Furcht vor der Hölle hat in meinem Herzen keinen Platz für die Begierde gelassen. ◆ Wenn ich ins Paradies käme, würde ich vor Freude sterben, bevor es in Sicht käme. ◆ Wenn ich die Wahl hätte, ich würde mich lieber ins Feuer stürzen, als aufzuerstehen.
Andere über Ata as-Salimi: Er erwies Gott Gehorsamstaten in so vielen Jah-

ren, wie er Haare auf dem Kopf und am Körper hat. Wenn Ata weinte, weinte er 3 Tage und 3 Nächte. *(Abu Nuyam)* ◆ Ata's religiöse Gedankenwelt konnte nur zu einer tief wurzelnden Daseinsverdrossenheit führen. *(Richard Gramlich, 1995)*

Atischa Dipamkara, **Buddhist, Erleuchtungsgeist-Erzeuger, Hunde-Erlöser (982–1055):** Er kam aus Bengalen. Wann immer Meister Atischa einen Hund traf, streichelte er ihn liebevoll und flüsterte ihm ins Ohr: »Aufgrund deiner früheren schlechten Taten bist du zur Zeit leider unfähig, die Heilige Lehre auszuüben.« Atischa strebte an, im Geist bzw. Kopf eines jeden Hundes eine Art Vorgeschmack auf seine tiefsinnigen Lehren zu hinterlassen, wie er sie in seinem Hauptwerk niederlegte: »Bodhipathapradipa« (Lampe des Pfads zur Erleuchtung). Seine letzten Jahre, ab 1043, verbrachte der Patriarch von Magadha, Beiname »Halter des Schatzes der Anweisungen«, in Tibet, 20 km südwestlich von Lhasa. In Tibet erhielt er den Ehrentitel »Jobo« (Edler Herr).

Fariduddin 'Attar von Nischapur, **Drogist, Duftstoffhändler, Ankläger, Vergeblichkeitsmystiker, Mathnawi-Dichter (um 1145 bis ca. 1220):** Nach Wanderjahren in Tus, Mesched und Schaddach kehrte Fariduddin zurück ins volkreiche Nischapur in Ostpersien, wo er die Spezereien- und Gewürzhandlung seines Vaters betrieb, einen Treffpunkt, Durchgangsbahnhof und Umschlagplatz erzählfreudiger Wanderderwische. Dieser berauschbare Apotheker (persisch: 'Attar) arbeitete Leidensgeschichten, Gerüchte, Erzählstoff, Anekdoten, Aussprüche, Legenden, Lesefrüchte aus 400 Werken in seine 97 Sufiviten ein, ferner 202060 Verse in 40 Schriften. Er sei weder Musulmane noch Zindiq (Ketzer), sagte er. Ohne Sufikutte und Magiergürtel keuchte er auf mystischem Pfad selbstquälerisch vorwärts. Unendlich litt er – obwohl Allah laut Sure 50 jedem näher ist als die Halsschlagader – an der unendlichen Kluft zwischen dem unendlichen Lichtglanz Gottes und der eigenen eingepferchten Fortpustbarkeit. Im »Mantiq ut-tair« (Vogelgespräche) amplifizierte er → Halladschs Gleichnis vom Nachtfalter, der in die Flamme stürzt, zu 30köpfiger Vogelschar, von der Ente bis zum Wiedehopf, die unwillig bis sehnsüchtig auf einen vogelförmigen Gott zupilgerten, auf den nebulös transzendenten Übervogel Simurg. Im »Musibatname« (Buch der Leiden) fragte sich die weinend wandernde Seele nach höheren Stufen durch, stieg durch alle Skalen und Regionen, konferierte mit personifizierten Fußgestellen und Schreibrohren, wandelnden Abstrakta, Allegorien à la Vernunft und Vorstellungsgabe, und fand die eigene düstere Grundstimmung und Erleuchtungssuche bei Mineralien und Dschinnen wieder, Wind, Kräutern und überall. Das Meer, um einen Schluck Wasser gebeten, jammerte, es sei selber durstig und bestehe aus Angstschweiß: »Fische weinen über meinen Zustand. Wie kann ich, dessen trockne Lippe nach einem Tropfen aus Allahs Ozean lechzt, anderen den Durst stillen?« 'Attars Himmel legte aus Trauer darüber, daß seine Suche so ins Leere lief, blaue Trauerfarbe an; 'Attars Sonne sank allabendlich, aus Schmerz, Allah nicht gefunden zu haben, ohnmächtig blutend zur Erde nieder, die ihrerseits an der ständigen Leichenzufuhr litt. Berge standen verwirrt, herzlos und reglos im Schlamm, streuten sich Staub übers Haupt, klagten herzergreifend über ihr rätselhaftes Dasein, bis hin zum Mond, der monatlich seinen Schild fortwarf, zwischen herumirrenden Sternen. Engel Ibrail (Gabriel) wollte die Klagen nicht hören; ihm sei der eigene Schmerz genug. Alle Seelen, die als törichte Köter zwischen mondförmigen Kuchen und kuchenförmigem Mond hin und her rannten, verpaßten vor lauter Halbheit und Torheit Diesseits wie Jenseits. Armselig versanken alle in Nichtigkeiten. Mitmusulmanen ließen sich abspeisen mit Gebet und Ritual, 'Attar hatte weder Lust auf Lekkerbissen des Sultans noch Kraft, Nackenstreiche des Hadschib (Türhüters) zu ertragen, und resümierte im »Asrarname« (Buch der Geheimnisse), alle säßen für immer draußen vor der Tür, wie alle Morgenlandfahrer, die in äonenlanger Hinwärtsbewegung chimärische Paläste anstrebten, quer durch die Wüste angeblichen Lebens, und die alle nie ankamen. 'Attar – ein Psalmist, der Gott anklagt, Er verstopfe seine Ohren vor seinen Klagen; 'Attar – ein Zen-Adept, der unselig im Niwa-Zume zu verharren hat. 600 Jahre nach Muhammad; 800 Jahre vor → Kafka, stets gefoppt vom »Stirb und werde!«, wartete er weiterhin, draußen vor der Tür, auf Godot. 'Attar – ein einsamer Neuzeitgeschädigter, 1001 Jahre vor Lonely Crowd und Strangers in the Night. Er verstrickte sich im Grundparadox sämtlicher Mystiker, die das nie durchschauten: Als Hindernis auf dem Weg zur ersehnten Einheit mit Allah stand er sich selbst im Weg herum, mit sich selbst. Seine Apotheke konnte sein Leid nicht mildern. Aus überregionaler Perspektive gesagt: Gott ließ sich nicht herab, seiner anklopfenden Kreatur faktisch zu erscheinen. Spätzeitpsychologisch gesagt: 'Attar war psychisch zu stabil, um innerhalb schizophrener Halluzination eine reelle Gottesbegegnung zustande zu bringen. Sosehr 'Attar, statt als heiliger Narr, als ehrbarer Kaufmann auftrat: Frustrierte, anonyme Möchtegern-Mönche, Spaßvögel, Narren, die mit Allah haderten, dessen Lohn- und Strafsystem kritisierten, Minarette mit Bäumen verwechselten und brave Beter beim Gottesdienst durch »Muh!«-Rufe störten, trieb er als Sprachrohre vor sich her und bekam im Gottesstaat keine Probleme. Aber seine Wollust totaler Zerknirschung hellte er auf mit Goldtropfen des Größenwahns. Sämtliche Themata glaubte er mustergültig ausgeschöpft zu haben, Delta und Endpunkt überreicher Überlieferung. Trotz seiner unüblichen Lebensspanne (nie wieder wurde nach und vor ihm ein Dichter 106, Ernst Jünger und Saadi beide nur 102 Jahre alt) und trotz seines Riesenwerks klagte 'Attar, er hätte sein Leben vertan, nicht mal im Leben einen seelenverwandten Freund gefunden. Der Hochbetagte – Zeitgenosse des Dschingis Khan und der Stauferkönige – kam im Mongolensturm um. Kurz nach seinem Tod wußte man über ihn viel weniger als über jeden der 97 oft unwichtigen Sufis, deren Viten er gesammelt hatte. Seine Epen führten ein Schattendasein durch 800 Jahre. Im 16. Jhdt. ließ Ali Schir Nawai in Nischapur ein Mausoleum für 'Attar errichten. Seine Prognose, nach ihm werde keiner der Dichtkunst etwas hinzufügen können, traf nicht ein. 'Attar rangierte nur als einer der 8 Goethes persischer Dichtkunst, neben Firdausi, Nizami, → Hafiz u. a. Neben weltberühmten Zentralsonnen wie Dante und → Rumi, der sich zeitlebens 'Attar unterlegen fühlte, stand 'Attar als unbekanntes Nachtgestirn: Vieles, wofür man dionysische Tänzer à la Rumi und Nietzsche rühmte, stand längst bei Pessimisten à la Schopenhauer und 'Attar. 'Attars poetisches Wiederkäuen seiner chimärischen Leiden schwang sich auf zu einem Gesamtgesang, der später dann, in gottferner oder gottloser Welt, retrospektiv aufglühte als ein einziger gottvernarrter, gottestrunkener, gotthaltiger, göttlicher Lichtglanz. Sein Weltschmerz im Jammertal leuchtete schwärzer und unlösbarer als der von Hiob, Sophokles (dessen »O wär ich nie geboren!« wörtlich 'Attars Credo bildete), Gryphius, Hofmannswaldau, Lord Byron, → Pessoa und → Cioran. Othellos »I'm not, what I am!« lautete bei 'Attar: »Mich gibt es nicht, o meine Freunde, jenes ›ich‹ bin ich nicht.« Gotthold Ephraim Lessings Ringparabel in »Nathan, der Weise« kam auf Umwegen aus 'Attars »Ilahiname« (Königsbuch). Viele sagten, 'Attar habe 114 Werke verfaßt, wie Muhammad Koransuren (Honoré de Balzac schaffte nur 97, Wolfgang Hohlbein bloß 150 Bücher.).

Worte von Fariduddin 'Attar: Wenn unser Sein nicht wär, wir hätten Ruh vor soviel Nichts. ◆ Wer nichts, von Anfang an, als trüben Sumpf bekommt, der schlage sich die Hoffnung auf ein Anderes beizeiten aus dem Kopf! ◆ Doch auch die Jugend bringt fast nichts als Wirrwarr, Traurigkeit und Fremdheit, schon schrumpft vor Alter der Verstand – erwarte keine Weisheit, wenn du Greise humpeln siehst! Sink ratlos in den Kot, in Blut, in Brühe, in die Erde, und schluck es runter, daß all die Jahre keine Spur von Seele glühte. ◆ Was willst du, lahme Ameise, auf einem Haar zum Vollmond klettern? Was rühmst du dich, du Blindmull, dies Haar im Brunnenschacht zu spalten? Du bist vorhanden, oder täuscht das? Weder bist du nichts, noch bist du etwas außerhalb des Nichts! Bläh dich erfolgreich auf, breit wie ein Stuhl im Himmel – Allah verbucht das alles als ein Nichts! Verkleiner dich, schrumpf zum Atom – für Allahs Auge gehst du nicht verloren. Was willst du hier, was redest du, wer bist du denn? Bauer, rede von Sauermilch! ◆ Wer nur die Sonne sieht, bleibt blind. Kaum erhaschst du einen Schimmer aus dem Hause Allahs, verlierst du den Verstand. Und schaust du Allah, schon verlierst du – dich. ◆ Kommst du heraus aus diesen 5 Stationen, so siehst du dich für immer ohne dich. Du siehst die Welt mit Augen eines andern, hörst alles und bist selber taub. Du redest Worte, doch es ist nicht deine Zunge. Du bleibst am Leben, doch das Leben ist nimmermehr das deinige.
Fariduddin 'Attar über sich: Ich komm mir vor wie eine Scheinfigur, auf Lehm gemalt, und kann nur noch den Rücken meiner Faust zerbeißen. Wie soll ein Narr wie ich ein Stück vom Anhauch je ergattern können? ◆ Ich habe so viel Gram, als ob auf meine Seele 100 Berge drückten. Wenn ich dem Berg mein Leid erzählte, er zerflösse zweifellos zu Tränen. Mir bleibt nur noch das Sterben. ◆ Der Kot, der mich verschluckt, erstickt mein schwaches Licht. ◆ In diesem Spiel verlor ich und gewann ich und verlor ich alles, und warf zuletzt die Welt ins schwarze Wasser. Ich rollte als verlorner Tropfen und finde jetzt selbst diesen Tropfen nicht mehr wieder. ◆ Und wenn ich alles wüßte, wüßt ich noch immer nichts. ◆ So heftig ich ans Tor des Herzens poche, so wenig guckst Du nach, wer da wohl pocht. Falls Dir an 'Attars Leben liegt, so schenkt er's Dir dahin. Doch läßt Du Dich so weit wohl kaum herab zu mir. ◆ Weiß ward mein Haar wie Milch, und immer noch bin ich so gierig wie ein Löwe. ◆ Wer mich nicht rühmt als Sultan aller Worte, den nenn ich Bettler. Ein Schreibstil, der das Herz betrunken macht vor Sehnsucht – wem ist der je gelungen außer mir? Da ich wohl sämtliche Gedanken mustergültig aussprach, was bleibt den andern noch? Wo immer ein Geheimnis steckt, im Diesseits oder Jenseits, es ist in diesem Diwan voll

und ganz enthalten. Kein Mensch wird bis zum Jüngsten Tag noch einmal so das Schreibrohr aufs Papier ergießen, wie einzig ich.

Andere über Fariduddin 'Attar: 'Attar hat die 7 Städte der Liebe durchforscht – wir sind erst bei einer einzigen Straße angekommen. *(Rumi)* ◆ In 100 Jahrtausenden wird keiner mehr kommen wie er. *(Mahmud Schabestari, 1320)* ◆ Wie 'Attar stamm ich aus dem Garten Nischapur; aber wenn ich Nischapurs Dorn bin, dann war er die Rose. *(Katibi, 1435)* ◆ Die Vollkommenheit, der Rumi adlergleich in einem Augenblick entgegenflog, erlangte 'Attar wie eine Ameise erst nach mühsamer Wanderung. *(Amir Dewatschah)* ◆ Mit der höchsten Stätigkeit zeichnet 'Attar, als Sofi und Dichter, auf dem dunklen Grunde übersinnlicher Anschauung die Gränzlinie aller menschlichen Erkenntnis des höchsten Wesens mit den hellsten Farben der Poesie, und mit so festen Umrissen, als der schwebende Wolkengrund zwischen Himmel und Erde immer nur gestatten will. *(Joseph von Hammer-Purgstall, 1818)* ◆ Wer, wie ich, vom Werke Dschalaleddin Rumis kommt, wird 'Attar zunächst von Ferne bewundern, weil er statt der blendenden rubinroten Sonne, die Rumis Lyrik und große Passagen seines »Mathnawi« durchstrahlt, eine scheinbar kühlere, manchmal wie von amethystenen Nebeln der Melancholie überschattete Welt findet, aus der sich wunderbare Passagen hervorheben und in der der Leser zwischen herber Weltverachtung und hymnischem Entzücken hin- und hergerissen wird. *(Annemarie Schimmel, 1999)* ◆ Nicht nur sein Werk ist von Verrückten, Ausgeflippten, Spinnern bevölkert – die Gesellschaft, in der er lebte, muß es gewesen sein. *(Navid Kermani, 2005)*

B

Johannes Baader, Kosmos-Architekt, Dada-Zentralamtsleiter, Oberdada, Dadamonomane, Weltdada, Erdball-Präsident, »Schussenrieder Himmelsbote« (1875–1955): Der Steinmetzlehrling spezialisierte sich zunächst auf Mausoleumsbau. 1899 hing er seinen Architekturberuf an den Nagel, reiste im Liebeswahn seiner Cousine hinterher und handelte sich in Schussenried, wohin ihn sein Vater brachte, die Diagnose »Manie« ein, 1908 in Jena – als Schriftleiter der »Bremer Nachrichten« – die Diagnose »erblich degeneratives Irresein«, 1910 in Dresden, wo er wegen »kosmischen Zwangs im Unterbewußten« vorstellig wurde, die Diagnose »hysterische Geistesstörung«. 1913 suchte ihn beim Nachtgang über Felder bei Berlin unterm gestirnten Himmel – einem für Erweckungszwecke wenig originellen, immer naheliegenden Ort – ein Initiationserlebnis heim: Angesichts einer Triangel aus Sternen, wobei die Milchstraße optisch besonders hervortrat, mitbedingt von damalig geringerer Smogdichte, erkannte Baader sich als der Fuß eines kosmischen Friedensdenkmals, und schon schwoll der Adept voluminös auf: Andere schulterten die ganze Welt der Schmerzen, zuzüglich allerlei Zwerge, er aber wollte die ganze Welt aus den Angeln heben, samt Zwergengeschlecht, als napoleonisch selbstgekrönter »Präsident des Erdballes« und Dada-Club-Gründer, den er zeitweise in »Club zur blauen Milchstraße« umzutaufen gedachte, das einzige Institut für Humor in jener traurigen Zeit. Der Vorstand des Dada-Zentralamts, der umtriebig großangelegte Dada-Soireen & Dada-Tourneen organisierte, kündigte auf Dada-Plakaten Dada-Aktionen an (»Logenbestellungen rechtzeitig an den Zoo richten«), schrieb in Dada-Druckwerken über Dada, nicht zuletzt im Dada-Almanach. Natürliche Irrealität umhüllte sanft den bärbeißigen Mann. Als Künstlerpriester, mit Hordenclown-Einschlag, hielt er mit Donnerstimme, die straßenweit trug, flammende Predigten vor angelockten Glotzmeuten. Typographisch verrückte Litfaßsäulenplakate reichten nicht hin, Wandervogeljugend wirklich aufzurütteln. Wer seine urkräftige Politikerschelte ernstnahm, gebar Zweifel an seinem Geisteszustand. Wer in seinen Tiraden bloß Gaudi, Jux und Tingeltangel sah, halt Dada, beließ es bei banausisch geschüttelten Köpfen. Zugunsten nebulöser Religiosität dachte, visierte, steuerte er entsprechend wuchtige Tempelarchitektur an, einen Monumentalbau à la Babelturm, 1500 m hoch, Sockelbreite 1000 m, also 10 x größer als Meister → Diefenbachs Waisentempel-Utopicum in Sphinxgestalt, mit weniger Querbezug zu Antoni Gaudi, Dr. → Steiner oder Hundertwasser als zu Albert Speer, und verständigte von diesem Marstheater-Wunscharchitekturprojekt, vorauseilend betitelt: »Das neue Jerusalem«, 1500 europäische, 240 amerikanische, 75 afrikanische und 25 australische Zeitungen, angeblich. Über profane Sensationshascherei ging er oft hinaus. Ab 1914 gab er sich in 14 Briefen als Christus zu erkennen, da ging's ihm wie Sabatai Zwi und → Jesus. Als »Medium der Alleinheit« gewährte er in Friedenau, Schmargendorfer Str. 17, gebührenpflichtige Audienzen, montags 20 Pfennig, dienstags 50, mittwochs 2 Mark, donnerstags 10. Zahlungswillige Fragensteller (3 Fragen pro Sitzung) empfing er vornehm geschmückt, d. h. »vollständig hüllenlos und nackt«. 1916, einberufen, erklärte er vor seiner Landsturm-Kompanie, als Herr im Reiche des Geistes könne er sich nicht unter den Befehl eines geringeren Herrn stellen, und rief nach Kaiser Wilhelm, um ihm Gottes Befehl, sofort Frieden zu schließen, zu überbringen. Für 8 Aphorismen (à la »Die Menschen sind Engel und leben im Himmel«) beanspruchte er alle 5 Nobelpreise. Alles mußte er selber machen, denn kein Schwein wollte am 9. 11. 1918 vernünftig werden, und der Leiter des Weltgerichts, laut Visitenkarte »Wirkliche Geheime Vorsitzende des Oberdadaistischen interreligiösen Völkerbundes«, wurde nicht mal zum »Direktor des Proletariats« gekürt. Daß er sich auch mal als tot ausgab, trieb angestrebte Weltberühmtheit nicht entscheidend voran. Als Einzelmensch und geistiger Mittelpunkt seiner Zeit sah er sich mit der gesamten Menschheit ringen, die nicht mitbekam, daß sie ihm nicht an die Schultern reichte. Ob er seinen gepflegten, rückfallfreien Größenwahn nur spielte oder bloß so tat, als ob er ihn spiele, sah von außen – in den Augen kleiner Leute – egal aus. Ob er klinisch ein Nervenleiden hatte oder nur mit entsprechenden Symptomen spielte – Betrachtungssache. Dem spießigen Vorurteil, er sei nur ein Spinner, kam er spinnend entgegen, indem er alle Leute, die noch ohne den Oberdada zu Bett gingen, »Narren« schimpfte. Weitere Diagnosen umkreisten ihn fachkundig: 1914 in Berlin Nikolassee ein »degenerativer manischer Zustand«, 1927 in München ein »schizophrener Defekt«, Apathie und autistische Syndromatik, was sich fast mit Hitlers Beschimpfung von Kubisten und Dadaisten als »krankhafte Auswüchse irrsinniger und verkommener Menschen« deckte. Immerhin bescherten die psychiatrischen Stippvisiten des Oberdada, anhand derer er sich blähsüchtig mit Hölderlin verglich, sog. Jagdscheine, d. h. Gutachten, die ihm Narrenfreiheit attestierten, was er für weitere tolerable Dadaismen zu nutzen wußte. Wären seine Kulturzertrümmerungsattitüden äußerst ernst gemeint gewesen, hätte sich der, den keiner ernst nahm, lächerlich gemacht, wie Haudegen, die mit dem Hammer philosophierten. Nicht hindern lassen wollte er sich, als Nietzsches Pressesprecher bzw. als dessen wandelnder Übermensch tote, reanimierbare Götter vom Himmel zu holen. In elektrischen Trambahnen von Berlin-Steglitz, wo er Passagiere an Pelzkrägen und Mantelknöpfen zupfte und auf sie einredete, sie könnten ihre Seele retten und Schadensersatz einklagen bei Verkehrs- und Weltunfällen, durch Beitritt zum Dadaismus, keilte er mit Gefolgschaft den Reichstagsabgeordneten Philipp Scheidemann auf der Plattform ein und ernannte ihn zum »Ehren-Dada«. Die unbefleckte Empfängnis der Jungfrau Maria enthüllte sich ihm als das Grund-Dogma der SPD, die er dem Schoß der katholischen Kirche zurückzuerstatten gedachte – verulkte er hierbei eher Klerus oder SPD? Da Gott bloß als dadaistische Fiktion erkennbar wurde, tat man insgesamt besser, sich gleich an ihn, den Oberdada, zu halten. Sein Stegreif-Clou mitten im Gottesdienst im Berliner Dom »Christus ist mir Wurscht!« trug ihm eine Anzeige wegen Gotteslästerung ein. Man fand, daß er die Kunst öffentlicher Provocatio, inzwischen mit pastoralem Prophetenbart, ziemlich weit trieb, weit über Vorgänger und Mittäter hinaus. Andere standen bloß kopf; er aber stand auf dem Bauch. Unterdessen entsprang seiner Ehe ein Söhnchen – Fritz. 1918 n. Chr. schaffte er die alte Zeitrechnung ab, aber 1919 n. Chr. griff das keiner auf. In der Weimarer Nationalversammlung zur Gründungsfeier der ersten Deutschen Republik, eingeschmuggelt unter die Emporengäste, schmiß er mit dem Flugblatt »Die grüne Leiche« um sich, forderte die Regierung auf, sich durch die Gruppe DADA ablösen zu lassen, zwecks Errichtung einer intertellurischen Diktatur. Seine 5stöckige Dada-Assemblage nannte sich »Das große Plasto-Dio-Dada-Drama«, voll quadratischer Dreiecke; ein grüner Lappen unter einer Mausefalle symbolisierte die freie Natur. Der Werbechef, voll extraordinär administrativem Bewußtsein, umschwirrt von Adjektiva à la »pathologische Mentalität«, »tellurisches Zickzack«, »illusionäre Pathologie«. Stand 1921, getragen von Dadalogos, wegen Beleidigung der Reichswehr vor Gericht, mit Dadasoph Raoul Hausmann & Dadamarschall George Grosz. Dada lud sich, über manch Diesseits & Dasein hinaus, mega- und turbodadaförmig auf. Der Oberdada schwoll imperatoriös zum Weltdada auf und lallte als Dideldumdada weiter. Sein gigantförmiges collagiertes Kleb- und Handbuch, seine fremdwortgespickte Vita, die er für Unsummen an den Ehren-Dada Ben Hecht zu verkaufen strebte, und seine 373 Dada-Geheimakten ließ er in einer Trambahn aus Versehn liegen, in Begleitung zweier Engel, und annoncierte Finderlohn. Seine These, der Weltkrieg sei vor Jahrmillionen im Rat der Ewigkeit festgelegt worden und nur ausgelöst worden, weil man nicht auf seine Worte hörte, revidierte er mit der These, der Weltkrieg habe als Zeitungsphänomen nie existiert, was sich mit späteren Auschwitzlügen inhaltlich deckte. Eine Prise → Kraus, dem ein Schuß Baader nicht geschadet hätte, hätte Baader über sich hinauswachsen lassen. Neben Walter Serners artifiziellem Dada-Manifest kam Baader zu kraftmeierisch, mäßig elegant, grobklotzig raus (sein Erdball eierte bei Serner als Kotkugel herbei), aber wenigstens → Haeusser, dem anderen makromanen Großkotz, fühlte er sich turmhoch überlegen: »Kann Häusser die Plattform, die ich baute, besteigen?« Normaldadaist Hugo Ball sah neben Sektenhäuptling Baader arg manierlich aus, geradezu vordadaistisch. Bisweilen schrieb Baader die Gründung des »Blocksbergs Dada« auch Lenin und Trotzki zu. Um seine Anmaßung, Präsident der Welt und Dadadionysos zu sein, gebührend abzustrafen, berief er ein Weltgericht »im Bauch von Leipzig« ein. Aus seinem Credo, daß der Tod ein Märchen für Kinder sei, stieg seine tiefste, tränenlösendste Verkündigung hervor und lautete: »Nur der Humor kann die Welt erlösen.« Kann – aber warum tat und tut er's dann nicht? Trotzdem: Selten traf eine Wahrheit voller ins Bunte, Edle, Hilfreiche und Wahre, und zugleich alles andere als daneben. Baader variierte die alte Institution Fatutorum papam, halt diesmal für Gebildete, also für fast keinen. Er schwallte von Millionenauflagen in allen Kultursprachen, aber seine Broschüre »Der Stern Erde und das Atomzeitalter«, 1947, hatte eine Auflage von 40 Stück. Die homöopathische Keimzelle gönnte sich großspurige wishful-thinking-Explosion: Gotama kam im Nirwana an und merkte nachträglich, daß er statt dessen im Dada stand – wo sonst!?! Im Totenbuch der Ägypter wurden die Toten mit Dada gefüttert, Dada als Manna und Panacea, und als Gott über den Wassern schwebte, da ward, statt Licht, Dada. Der Dadaputschist stellte sein närrisches Arkanum »dada« weit über »tao« & »brama«. Doch Dada schlug, statt richtig flächendeckend und global nach oben zu schießen, im Zeitalter der Dollarstürze leider nur punktuell ein und sank auch noch im Kurs. Dada, millionenmal ephemerer als Chow-Chow, Tsetsefliege, Krimskrams & Helterscelter, blühte in einer Zeit der Halbwertszeiten schnell ab, als Zeitphänomen, ruck, zuck etikettierbar wie vorher Expressionismus & Romantik. Zeitungen fragten an offenen Gräbern und Wunden: »Did Dada die?« Aus der kunsthistorischen Schublade, auf der in heterodoxer Typographie »Dadaismus« stand, guckte in immer unfrischerem Inflagranti – Dada raus. Seit Gott tot ist (war), vermehrten sich karnickelartig Meldungen: »Jesus lebt!«, aber weder Jesus noch Humor erlösten die Welt. Zum Ausgleich, daß Dada da war, bevor Dada da war, war Dada, sobald Dada tot war, immer noch voll da, denn Dada war und ist mehr als Dada. Baader hingegen wär in der Nachkriegszeit beinahe Flüchtlingsbeauftragter im Kreis

Landau am Inn geworden. In ewig durchgeknallter Welt, deren dadaförmigen Irrsinn die ephemere Kunstrichtung anzudeuten versucht hatte, wurde es immer stiller um den Ex-Oberdada. Abseits aller Hähne, die nicht mehr nach ihm krähten, fand er sich immer noch so gigantisch wie Mikromegas. Sein Lebensabend versank in mytho-kosmologischer Spintisiererei unterm Zeichen Mittgart, und bezog Atome, Ätherleiber und Positrone ein. Der Greis zehrte von besseren Phasen, graste Zeitungen nach marginal nachhumpelnden Dada-Erwähnungen ab, als sein eigener Ausschneidedienst – und starb in einem Altenheim in Bayern. ~ Der Nachlaß des Jahrgangsgenossen von → Crowley und → Rilke landete im Literaturarchiv Marbach, unausgelotet, stückelweise publiziert. Publikumsbeschimpfungen in Mühls und Bhagwans (→ Oshos) Encounter-Gruppen (spirituell verbrämten Schauprozessen und Urschrei-Therapien) knüpften unbewußt an Baaders eintrittsgeldklimpernde Meetings an. Weitere letzte Lockerung: Dada & Gaga, Arm in Arm, beide inkognito, flossen geistesgeschichtlich hinein in profan gewordene, pausenlos aktive Fungesellschaft. Gaga, breitgetretenes Ex-Dada, hatte bei Blödelbarden, Ulknudeln, SAT1- & RTL-Entertainern, die von Dada nie was husten gehört hatten, um Unterschlupf, Metamorphose und Schwund-Variante zu betteln; trieben – spontan oder mit Ghost- und Gagwritern im Backstage – ihr Wesen, röhrten, quäkten, nervten, pupten, rammelten schrill & schräg über elitäre LiteratInnen hinweg, die über Dadaismus promovierten und auch 70 years after Dadatreue produzierten und unterbezahlte Dadaaktionen sich einfallen ließen, à la Ernst Jandl, → Steinwachs, → Geerken u. a. In Literaturlexika krallte sich eher Franz von Baader fest, und Terroristen, die Baader hießen, wurden berühmter als Johannes Baader. Dessen Spruch, daß wir im Himmel seien, übernahmen ohne Absenderangabe → Wense und → Remann als eigene Erkenntnisse.

Worte von Johannes Baader: Trinken Sie die Milch der Milchstraße, auf daß Sie weise werden! ◆ Oberammergau wartet auf Bartwuchs. ◆ Was Dada ist, wissen nicht einmal die Dadaisten. Das weiß nur der Oberdada, und der sagts niemand. ◆ Dada ist das Chaos, aus dem sich tausend Ordnungen erheben, die sich wieder zum Chaos Dada verschlingen. ◆ dada ist die einzige Sparkasse, die in der Ewigkeit Zins zahlt. dada ist der geheime Schleichhandel und schützt gegen Geldentwertung und Unterernährung. dada ist die Kriegsanleihe des ewigen Lebens. dada ist der Trost im Sterben. ◆ Nicht die Weltrevolution, sondern nur der liebe Gott kann uns retten. ◆ Auch die Gottesleugner sind von Gott befohlen und haben ihre wichtige

Der Oberdada stellte sein Dada höher als Tao und Gott (hier mit seinen Weltgericht-Beisitzern: Graf Hermann Keyserling, Rabindranath Tagore, Haeusser, Dr. → Steiner, Richard Huelsenbeck, Laotse (→ Laozi), dem Papst und Hugo Stinnes)

Rolle in dem großen irdischen Weltspiel, dessen Dichter weit davon entfernt ist, Mitspieler zu strafen, die ihre Rolle gut spielen. ◆ Durch die Einreihung unseres Wohngestirns in die Planetenschar eines irgendwo fliegenden Sonnensterns ist mitnichten über die Stellung der Erde in der Ewigkeit Leben entschieden worden. ◆ Die Tiefbaugenossenschaft und die Deutsche Bank gehen zugrunde, holen die Feststellung des 2. August 1914 aus den Tiefen des Muttermundes der Vagina sanguinalis prostata und so entsteht organisch aus der embryonalen Konception des »W« (Krönung und Fundament des Kosmos; Kassiopeia; Kaiser; Flugzeug; Straßenbahnlinie; Summe alles Wehs (Offenbarung Johannis 19, Vers 17 und folgende)) die Abteilung vier, *Der Weltkrieg.* ◆ Hitlers Rolle in der Ewigkeit Spiel war die Rolle eines Zerstörers, der sich einbildete, zerstören zu müssen, um neu bauen zu können. Genau das Gleiche bildeten sich die Dadaisten ein, die Hitler zum Vorbild dienten, worauf er sie nachher bekämpfte. ◆ Dresden war vom 8. April 1910 bis zum 20. April 1910 verzaubert. ◆ Kabinettsbeschluß: Es bedarf keiner Flügel, damit der Mensch eine Gestalt sei größer denn alle Engel, die jemals seine Phantasie erschuf.

Johannes Baader über sich: Ich habe seit jeher Politik gemacht, ich und das Weltall. ◆ Ich bin Präsident seit jeher und habe die Geschichte der Erde vorausgeschrieben von der Entbindung der Sonne an bis zur Konstitution und Erweckung des Klub Dada. Ja, als die Sonne noch ein kleines Wurm war in den Eierstöcken ihrer uranischen Großmutter, die ich befruchtet habe. Den Beweis werde ich Ihnen liefern. Er ist kongruent dem Parallelogramm der Ereignisse, dividiert durch die Wurzel des Weltalls in ideeller Konkurrenz mit der Popularität der astronomischen Leitlinie aus dem Gegensatz des Eigen und Fremd, dessen Dissonanz aufgelöst wird in der Aggregationskomponente des Dada. ◆ Ich habe sie aus ihrem Bett gehoben, / Die alte Welt, das abgebrauchte Menschenstück. / Das Stück ist aus, das Stäubchen Erde ist zerstoben / Und nur der große Himmel blieb zurück. ◆ Hindendorf, Ludenburg sind keine historischen Namen. Es gibt nur einen historischen Namen: Baader. Diese Herren, die an den Marionetten der Ewigkeit baumeln, die ich lenke, vergessen, daß der Krieg verloren ging, weil sie in Deutschland klüger sein wollten als der Präsident des Erdballes. ◆ Der Oberdada verträgt jede Opposition. ◆ Die Geometrie der Wurzel ist ein gleichschenkliges Dreieck, dessen Kongruenz ich beschlossen habe.

Andere über Johannes Baader: Er war leicht religiös wahnsinnig und vollkommen größenwahnsinnig – ein richtiger Verrückter. *(George Grosz)* ◆ Sein Wesen strahlte jenes radioaktive Fluidum aus, das von Derwischen, afrikanischen Marabuhs, russischen Staretzin, polnischen Wunderrabbis emaniert, und von den Jeremiaspropheten, die in härenen Büßerhemden, auf ausgelatschten Sandalen durch die Korruptionssümpfe und über die Pflaster des New Yorker Broadway und Columbus-Circle wandeln, mit einem Pappkarton-Menetekel in den Fäusten: »Der Jüngste Tag ist morgen – gehen Sie heute noch in sich!« *(Walter Mehring)* ◆ Was den »Oberdada« J. A. Baader betrifft, so liebäugelte er gern mit den Sternen und träumte davon, das »närrische Schloß Dada in das Heiligtum der geheimen Gralsburg des Himmels« zu verwandeln. *(Hans Harbeck, Hamburger Abendblatt, 1955)* ◆ Anspielend auf die mystische Vermählung Baaders mit dem Himmel und der Erde, die ihn zum Erfinder eines großen – imaginierten – Friedensdenkmals machte, das von seinen Fußspitzen bis in den Sternenhimmel hinauf reichte, kommt George Grosz auf den religiös inspirierten Wahnsinn Baaders, der ihn denn auch mehrfach in psychiatrische Behandlung brachte, und seinen vollkommenen Größenwahnsinn zu sprechen, trifft aber bezeichnenderweise folgende Einschränkung: »In jener sonderbaren Zeit unterschied er sich kaum von uns anderen Dadaisten, vielleicht nicht einmal von mir.« *(Karl Riha, 1990)* ◆ Während Hausmann und Baader nie auf eine hanebüchene Witzigkeit verzichten, was ihren dadaistischen Manifesten trotz aller antibürgerlichen »Wurschtigkeit« letztlich einen Stich ins Ästhetisierende gibt, bevorzugte Grosz stets den »blutigen Ernst«. *(Jost Hermand, 2006)*

Baal, Lyriker, Wüstling, Bürgerschreck, Berserker, Expressionist (ca. 1898 bis ca. 1920): Baal reimte das Wort Baal auf aprikosenfahl, Abendmahl und Aal, und Aas auf Gras, und aß auch ständig Aal, angekurbelt und eingebrockt von Villon, Büchner, Rimbaud. Baal verhielt sich programmatisch asozial, sogar gegen seine potentiellen Verleger, deren Gattinnen er vernaschte. Einerseits hieß er wie ein atavistischer Götze, andererseits sprachen Leute ihn mit »Herr Baal« an (Vorname unbekannt). Viele fanden ihn dämonisch. Primärkontakte drohte er an die Wand zu schmeißen – puh, wie gefährlich. Er wohnte zeitweise in der Klauckestr. 64, in Augsburg. Obwohl er garantiert wie Brecht aussah, fanden manche ihn physiognomisch Paul Verlaine ähnlich. Sein Herz schlug wie ein Pferdefuß. Seine Farben – bleich, scharlach und violett – hätten von Kirchner gemalt sein können. Baal stellte sich gern tot, um Geier des Sternenhimmels anzulocken, die er dann packte und zum Abendmahl speiste, als Poet. Die Metaphern des Genies bestanden zeitgemäß aus schwangerem Himmel, nicht ganz untalentiert. In seine rüden kruden Worte flocht er auch versteckte Bildungs- und Bibelzitate ein: »Der weiße Schnaps ist mein Stecken und Stab.« Mehr als sich vollzusaufen fiel ihm auch nicht ein, in einem schweinischen Nachtcafé, das hieß wie von Baal getauft: »Zur Wolke in der Nacht«. Dorfschenke hörte sich schön vorindustriell an. Oft langte er, genau wie Brecht, nach der Gitarre, und das hörte sich dann halt nach Gitarre an, vorauseilendem Protestsong und Liedermacher. Über E-Guitar verfügte der zornige junge Mann halt noch nicht. Seine Lyrik wuchs, so sehr sie's versuchte, über Lyrik kaum hinaus. Immerhin sagte er noch nicht »ficken«, sondern »beschlafen«, und statt »Körper« »weißer Leib«, expressionistischerweise. Junge Damen zwitscherten vom baalischen Weltgefühl. Oft holte er sich eine Frau, irgendeine, mit einem Gesicht wie eine Frau. Kaum hatte er eine Frau am Hals, hatte er sie satt. Seine Loverin trieb er verbal in den Selbstmord und vernaschte als Nachtisch 2 Bräute, nur klang »Braut« und »Jungfrau« noch ziemlich gemäßigt, bei aller Aufmüpfigkeit und Schockierabsicht. Sein Frauenbild: Je lauter sie »Nein!« riefen, desto mehr wollten sie flachgelegt werden, und bevorzugt von ihm. Jammerten beschlafene Frauen direkt danach reuevoll los, sagte er nur: »Wasch dich lieber!« Zum Scheißhaus und WC sagte er noch ganz unanstößig »Abort«, reimbar auf jenen Ort, über dem Sterne sind und drunter erträglicher »Mist«, statt dampfende Kacke. Statt mit Bildungshubern umgab er sich mit Fuhrknechten und sog. »einfachen Leuten«. Freund Ekart, der seinen Bruder Baal als »julitollen Burschen mit unsterblichem Gedärm« definierte, sich also um nichts weniger genialisch ausdrückte, lockte Baal mit

»Flüssen im Frühlicht« und »Gottesäckern im Wind« – ah, Wandervögel auf der Walz; auf »weißer Landstraße«. Im Geruch der Felder, oder zwischen Weiden, saßen sie wie in weitergedrehtem Wozzeck und lallten enigmatisches Stakkato. Mit seinem Appell für anstößiges Verhalten in der Öffentlichkeit: »Ans Tageslicht mit der Liebe! Nackt in der Sonne unter dem Himmel!« antizipierte er 40 Jahre vor Geburt der Beatles deren Song: »Why Don't We Do It in the Road?« Aber in einer Wirtshausrauferei erstach er seinen Ekart einfach so und starb ihm sofort nach, präcox wie ein leidender Werther; o welch ein Junggenie war hier zerstört. Das lag bei Holzfällern in deren Hütte und starb so vor sich hin. Und beging eine letzte Fiesheit, fraß ihnen den Eierproviant weg, um noch als Leiche besonders unzumutbar die Überlebenden vollzustinken. Doch als allerletztes erwies er sich als echter Dichter, genau wie von Klabund oder Paul Zech nachgedichtete chinesische Lyriker der Tang-Dynastie: Er lauschte dem Regen. ~ Sein Autor Bert Brecht, der ihn einen »Sichausleber« nannte, ließ verlauten, als Vorbild für Baal habe ihm ein Joseph K. aus A. gedient, das ledige Kind einer Waschfrau, gelernter Monteur. Spätere Wissenschaft nannte Baal ein »anarchisches Subjekt«, auf dem ein »antibürgerlicher Akzent« liege. In Baal-Inszenierungen und -Verfilmungen kam Baal selten so richtig dämonisch rüber.

Worte von Baal: Wenn man nachts im Gras liegt, ausgebreitet, merkt man mit den Knochen, daß die Erde eine Kugel ist und daß wir fliegen und daß es auf dem Stern Tiere gibt, die seine Pflanzen auffressen. ◆ Der Himmel ist violett, besonders wenn man besoffen ist. Betten hingegen sind weiß. Vorher. ◆ Warum kann man nicht mit den Pflanzen schlafen?
Baal über sich: Ich schwelge in weißen Leibern. ◆ Ich kümmere mich nie um Leichname. ◆ O Johanna, eine Nacht mehr in deinem Aquarium, und ich wäre verfault zwischen den Fischen! ◆ Bei dem Wind braucht man keinen Schnaps und ist so besoffen. Ich sehe die Welt in mildem Licht: Sie ist das Exkrement des lieben Gottes.
Andere über Baal: Herr Baal nimmt immer noch einem Fabrikanten die Frau, einem Freunde die Braut weg, rafft (in Leipzig) zwei junge Schwestern gemeinsam übers Lager (in Berlin fallen die gleichzeitigen Schwestern fort), hält sich hernach an einen männlichen Begleiter, lebt mit ihm und einer geschwängerten Sophie, verläßt diese samt ihrem Kind im Leib auf der Landstraße, mordet jenen Genossen, stiehlt zwischendurch einem Toten den Branntwein – und stirbt in einem Bretterbau. Sobald man sich damit einverstanden erklärt hat, fragt man: »Und –?« Keine Antwort. *(Alfred Kerr, 1926)*

BAALSCHEM (geb. Israel ben Elieser), Lehmstecher, Schächter, Fuhrknecht, Schankwirt, Synagogenwächter, Lehrer, Eingeweihter, Chassidismusbegründer, Wundertäter (um 1698–1760): Als Sohn eines Rabbis in Okop bei Kamenez-Podolsk geboren, in Wolhynien, in den Wäldern an podolisch-walachischer Grenze, bald verwaist, aufgewachsen auf Gemeindekosten, lief er – statt in die Schule – in den Wald. Zeitweise Gehilfe eines Kleinkinderlehrers, dann eines Schulhelfers, dann eines Lehrhausdieners, dann Pächter eines Grundstücks am Fluß Prut in Galizien, heiratete Israel um 1720 die Schwester des Rabbis Abraham Gerson Kutower aus Brody, der sich seines ärmlichen Schwiegersohns so schämte, daß er das Paar in ein fernes Karpatendorf verbannte. Bis 1734 rackerte Israel sich mühselig im Gebirge ab. Da kam himmlischer Fingerzeig zu ihm, die Zeit seiner Verborgenheit sei nun vorbei. Das Gewand bäuerlicher Einfalt warf er ab. Eine Fahrt von Stambul nach Palästina, in Begleitung seiner Tochter Odel und des Schreibers Zwi, wurde durch Stürme oder geistige Verwirrung vereitelt. Bald kam's ihm so vor, als sei er auf die Welt gekommen, um 3 Dinge vorwärtszutreiben: Liebe zu Gott, zu Israel und zur Lehre. Die Pfeife im Mund, erging er sich kundig über die Schechina, den weiblichen Anteil Gottes, also dessen Anima (oder Shakti oder Dakini, wörtlich: göttliche Einwohnung, pers. »hulul«). Leuten, die in ihrem Gottglauben verwirrt wurden, gab er den Rat, Gott zu bitten, ihren Glauben an Gott zu stärken. Vielen, die subtile Lehrinhalte von ihm erwarteten, erzählte er bloß, wie er mal unterwegs kein Heu für sein Pferd gehabt habe. Einem Grübler gegenüber, der sich verbohrte in die (derzeit in diesem Milieu unlösbare) Frage, ob ein Gott sei, definierte er sich selber als ein Narr, der sich solche Fragen einfach nicht stellt. Tauchbäder fand er wichtiger als Selbstpeinigungen, in diesem Punkt also eher hygienischer Musulmane denn asketischer Brahmane. Aber Kasteiung fand er traurig, lieber tanzte er in himmlischem Jubelreigen. Einem Schüler, der nicht singen konnte, gab er den Berufstip Kantor und band ihn so an die Welt der Musik, daß ein Baßsänger ohnegleichen aus ihm wurde. Über einen, der sich kasteite, sagte er, in der Welt der Wandlungen lache man über ihn und narre ihn damit, ihm scheinbar immer höhere Stufen zu übergeben. Einem Chassid, der nachts im Freien betete, versicherte Israel, dessen Beten habe alle Gebete, die auf dem Feld lagerten, mit nach oben gezogen. Vor der Schwelle eines Bethauses, das er eigentlich betreten wollte, schauderte er zurück, weil das hervorbrabbelnde Kollektivgebet, statt aufsteigend das Firmament zu durchbohren, einfach drinblieb wie verbrauchte Luft im gestrichen vollen, fast aus Nähten und Fugen platzenden Bethaus und keinen

Platz mehr für ihn selber ließ. Einem Gast, der vor göttlichem Licht in Ohnmacht fiel, sagte er hinterher: »Guck nicht auf das, was dir nicht gewährt ist.« Im Wald, wohin er mit Gefährten zum Minchabeten ging, schlug er plötzlich mit Aufschrei den Kopf an einen Baum, aber nicht aus Versehen – und warum? Visionär sah er, daß kurz vor der Ankunft des Messias die Rabbis der Chassidim sich wie Heuschrecken vermehren würden, wodurch aber wegen religiösem Streit die Erlösung verzögert werden würde. Ohne einen Heller pochte er freitags bei einem Wohlhabenden: »Es gibt einen, der hat nichts für den Sabbat«, lief aber gleich weiter, ohne auf die milde Gabe zu warten, und warum? Sündenlast lag heut morgen so leicht auf ihm, daß der Drang zur Versorgung ihm nur leicht auflag. Aus dem Talmud wußte er: Mensch und Grundversorgung gehören zusammen; sie müssen nur zueinanderfinden bzw. der Reiche ihm hinterherlaufen. Sobald er Geld im Haus hatte, fühlte er beim Beten einen Hemmklotz. Auch sonst hielt er oft mittendrin inne, beim Reden, beim Beten. Er wollte das erklären und hielt in der Erklärung inne. Oder es verfinsterte oder erkältete sich etwas in ihm, brach ab, oder schwächelte. Diese Abrisse des religiösen Kraftstroms auch in unmittelbarer Gottesnähe (bei Sufis als »gafla« wohlbekannt) verglich Israel zwecks Erklärung mit laufenlernenden Kleinkindern, den offnen Armen des Vaters entgegen, der dann aber einen Schritt zurückgeht, ohne sich abzuwenden. Er redete auch mal seinen Leib an: »Ich wunder mich, du Leib, daß du noch nicht zerbröckelt bist vor lauter Gottesfurcht!« Oft riß er die Augen im Leben so weit auf wie ein Sterbender. Wenn er seinen Sinn an Gott heftete, ließ er seinen Mund reden, was dieser wollte (wie christliche Zungenreder und theopathisch lallende Sufis). Oft betete Israel so laut, daß man's Lärm nennen konnte und der siechende Maggid von Mesritsch hinwegfloh, und bebte so übergewaltig (wie → Schibli oder → Neri), daß das Wasser im Trog Wellen warf und das Getreide in den Fässern mitzitterte. Die Zizit seines Tallit (die Schaufäden seines Gebetsmantels), selbst wenn er stillhielt, bewegten sich selbständig, wie die Quasten und Troddelbehänge von Sufis und Muftis. Haushaltsgegenständen spürte er intuitiv bis mystisch ab, wer sie geformt hatte: einem Bierkrug, daß ein fußloser Mann ihn gemacht hatte. Eine frühe Stufe beim Tanzen: mit Schriftrolle im Arm tanzen; eine fortgeschrittenere: ohne Schriftrolle tanzen. Als er mal überlang betete, alle Mitbeter schon heimgingen, später wiederkamen, erzählte er ihnen das vorwurfsvolle Gleichnis von der Leiter aus Menschenleibern, die durch zu früh ausscherende Leiber zusammenstürzte. Bisweilen merkten seine Schüler an seinem Gesicht, daß einer der Sieben Hirten (Adam, Seth, Methusala,

Abraham, Jakob, Moses oder David) bei ihm weilte, konnten aber von außen nicht sehen, welcher dieser Sieben, und fragten das anschließend. Er erwartete ernsthaft, demnächst im Sturm wie Elija zum Himmel aufzufahren; dann aber starb seine Frau, da gab er kleinlaut zu: nun könne er, wegen halbierter Kraft, den Himmel nicht mehr erreichen, und sprach damit eine absolut unhalbierte Wahrheit aus, jedenfalls x-mal wahrer als seine superstitionsgeschwängerten Wahrheiten, daß der Satan Gebete flächendeckend abfange, auf Wilhelm-Busch-Ebene, um die Ankunft des Messias immer weiter nach hinten zu schieben. Seit Israel dann aber trotzdem göttlich hinaufgerissen wurde durch seinen göttlich erweiterten, amulettös wirkmächtigen Ehrennamen »Baalschemtow«, begannen auch solche ihm innig anzuhängen, die ihn vorher kritisch sahen. Das Volk, das auf seinem Weg zum Paradies mitlief, blieb nach und nach zurück, und als er zum Baum des Lebens kam, war keiner mehr dabei. In einem Brief schilderte er die visionäre Auffahrt von 1746 in höhere Welten (wie → Bayazid), wo er in eine Riesenfreude eintauchte, die er sich damit erklärte, daß er gestorben sei. Erst später, nach einer Unterredung mit dem Messias und der Erfahrung von Geheimnissen, die er nicht mitteilen durfte, erfuhr er, daß er noch lebe. Im Gegensatz zu Jakob Josef von Polonnoje, dem ersten Schriftsteller des Chassidismus, gab der Baalschem seine Lehren nur oral weiter (wie Sokrates, Jesus, Ammonius Sakkas), samt allem Mutationsrisiko. Jemand schrieb heimlich die Lehrreden mit; der Baalschem überprüfte den Text und meinte, kein einziges Wort, was da stehe, habe er gesagt; denn weil der Schüler nicht aus himmlischen Gründen zuhörte, sondern für menschliche Zwecke mitschrieb, schlich sich ein Dämon in den Wortlaut ein. An seinem Todestag ließ er seine verstreuten Schüler uninformiert, damit sie sich nicht sammeln und durch Kollektivgebet sein Ableben rauszögern konnten. Manche Anwesende sandte er eigens fort, um die Macht ihrer Gebete aufzusplitten, also um sich seinem Ableben nicht entgegenzustellen. Seinen Vertrauten führte er vor, wie aus jedem seiner Glieder stückweis das Leben entwich. Worte seines letzten Tages: »Ich will mich noch ein wenig mit Gott abgeben.« Und: »Ich komme gewiß noch wieder, aber nicht, wie ich jetzt bin.« Genau: Absolut jeder kommt wieder, aber als ein relativ anderer! Sein späterer Wohnort Miedzyboz wurde durch den Besht (Abkürzung des Ehrennamens Baalschemtow) zu einer Keimzelle, dann einer Metropole des Chassidismus. Bereits seine Bestatter wollten seine Seele als blaue Flamme aufsteigen gesehn haben. Sein Sohn, Rabbi Zwi, sah ihn post mortem als funkenstäubenden Feuerberg. Seine Gelegenheitsaussprüche wurden erst 2 Generationen später, um 1810, schriftlich fixiert, Zwischenraum genug, um häufchenweise Verschlimmbesserungen sich einschleichen zu lassen. Tatsächlich Gesagtes lag eingelegt in hemmungslos drübergelegtem Legendenschaum. Bald hieß es von ihm, er sei um die Erbsünde herumgekommen, indem er damals, als er mit den Keimzellen aller späteren Menschen noch innen im Adam wohnte, sich beim Obstessen im Paradies enthalten habe. Via Namensmagie wandelte er über Wasser, allerdings nur, indem er einen Gürtel unterlegte, und tat hinterher Buße, weil er dieses Wunder wohl als Anmaßung empfand. Im Winter nahm er Eiszapfen als anzündbare Fackeln. Wenn er betete, richteten anwesende Schafe sich halb auf, als Zweibeiner, bis zum Gebetsschluß. Baalschem, bloß 25 Jahre älter als Immanuel Kant und 4 Jahre jünger als Voltaire, der Zeitgenosse so kühler Köpfe wie Sir Isaac Newton, Antoni van Leeuwenhoek, Edmund Hally, Daniel Fahrenheit, Benjamin Franklin, hatte dann sogar als Dämonenbezwinger zu agieren, angemotzt von Dämonenkönig Sammael, der bis dato bloß 3 x angerufen wurde, in der Stunde am Baum, in der Stunde am Kalb und in der Stunde der Tempelzerstörung. Sabatai Zwi, obgleich 22 Jahre vor Baalschems Geburt gestorben, machte sich postum bzw. apokryph an Baalschem heran, um ihn zu verleiten, zumindest innerhalb eines Traums, ebenfalls zum falschen Messias abzusinken, doch Baalschem schleuderte ihn kampfsportartig in die Unterwelt, wie Gott den Luzifer. Im Rückblick traf sein prophetisches Wort, Juden würden bald extrem reich werden, was dann durch Rockefeller etc. erfüllt wurde, voll ins Schwarze; aber zum Ausgleich ging seine Voraussage, dieser Reichtum markiere die Preßwehen der messianischen Wiederkunft, völlig daneben. Sobald er über gottferne Streßzeiten sprach – »Seht euch einen Mann an, der tagsüber von seinen Geschäften durch Markt und Gassen gehetzt wird – fast vergißt er, daß es einen Schöpfer der Welt gibt« –, schien er spätere Neuzeit zu meinen, obwohl gewiß auch vorindustrielle Zeiten ähnlich funktionierten.

Worte des Baalschem: Wehe, die Welt ist voll gewaltiger Lichter und Geheimnisse, und der Mensch verstellt sie sich mit seiner kleinen Hand. ◆ Es ist ein wichtiger Grundsatz, daß in allem, was es in der Welt gibt, heilige Funken enthalten sind, sogar in Holz und Stein, und auch in allen menschlichen Handlungen, sogar in der Sünde. ◆ Es gibt keinen Platz für Gott in jemandem, der von sich selbst erfüllt ist. ◆ Wenn du lange zu leben wünschst, dann werde nicht berühmt. ◆ Wenn du einem Freund aus dem Schlamm helfen willst, hab keine Angst davor, etwas schmutzig zu werden.

Der Baalschem über sich: Vieles habe ich erkannt, vieles hab' ich vermocht, und da ist keiner, dem ich's eröffnen könnte. ◆ Den Geringsten der Geringen, der dir in den Sinn kommen mag, lieb ich mehr als du deinen einzigen Sohn. ◆ Schrecken ergriff mich, und ich gab wirklich meine Seele hin, denn es ist sehr gefährlich, in die oberen Welten aufzusteigen; seit ich denken kann, hatte ich solch hohen Aufstieg nicht mehr gemacht. ◆ Wenn ich Gott liebe, was brauch ich da eine kommende Welt? ◆ Wenn ich sterbe, werde ich aus einer Tür herausgehen und dann durch eine andere.
Andere über den Baalschem: Daß ich zum Baalschem fuhr, war nicht, um seine Lehre von ihm zu hören: nur um zu sehen, wie er die Filzschuhe aufmacht und wie er sie schnürt. – Ich sage euch, hätte Rabbi Israel ben Elieser im Zeitalter der Propheten gelebt, er wär ein Prophet geworden. *(Rabbi Löw)* ◆ Es war der heilige Brauch des Baalschem, sich mit den Tieren zu unterreden. *(Rabbi von Polnoe)* ◆ So ist auch hier der den Neubeginn erregende und anführende Mensch nicht eigentlich ein Mann des Geistes im üblichen Sinn, sondern er zieht seine Kraft aus einem ungewöhnlichen Bund zwischen spiritualen und tellurischen Mächten, Himmelslicht und Erdfeuer, nur daß das Obere es ist, das die von unten her gespeiste persönliche Gestalt bestimmt: das Leben dieses Menschen ist eine stete Aufnahme und Einwandlung des Feuers ins Licht. *(Martin Buber, 1949)* ◆ Ein stetiger Genuß, liebte der Baalschem zu sagen, ist keiner und eine ständige Entrückung gibt es nicht. *(Gershom Scholem, 1962)* ◆ So wirkte B. als »Baal-Schem« nicht nur durch Kräuterkuren, sondern auch durch religiösen Zuspruch. *(Friedrich Wilhelm Bautz, 2001).*

BABION, Frühreifling, Milchkind, Wunderkind, Neuplatoniker (5. Jhdt. n. Chr.): Hermeias, ein vielwissender, einfältiger, von Syrianos beeinflußter Philosoph aus Alexandria, und Aidesia, die schöne, gute, gerechte, keusche, wohltätige, beliebte Tochter des Syrianos, zeugten einen Sohn, dem Aidesia, syrischem Brauch gemäß sowie den Sitten von Damaskos, Kosenamen zuwarf wie »Söhnchen« und »Babion«, eingedenk der Kindergöttin Babia. Doch das Baby düsterte sich ab dem siebenten Monat ein, wollte nicht Babion genannt werden, verwies mit ernsten Worten, die sehr erwachsen klangen, seiner Mutter deren kindgemäßes Gekose. Babion, dessen eigentlicher Name nicht überliefert wurde, jedenfalls ein Cousin des verschrobenen, quirligen Gregorius, dachte von frühauf derart neuplatonisch, daß er's bereits mit 7, ganz im Sinne des → Plotinos, ganz unangemessen fand, ja: unerträglich, so etwas Geringfügiges und Störendes wie einen Leib mit sich herumschleppen zu sollen und zu müssen, was Babion so ausdrückte: »Denn für meine Seele ist auf dieser Erdenwelt kein Raum« (ganz wie Jahrtausende später Heinrich von Kleist: »– daß mir auf Erden nicht zu helfen war«). Babion zog daraus ernste Konsequenzen und trat von der Bühne des allzu leiblich betonten Lebens ab; ob durch Krankheit oder Selbstentleibung, wurde leider gleichfalls nicht überliefert. ~ Hermeias und Aidesia zeugten dann noch etliche Söhne, die später allesamt Philosophen wurden, vor allem Heliodoros und der geometrisch und astronomisch beschlagene Ammonios, die beide Schüler des Proklos wurden und die Schulden ihrer allzu freigebigen Mutter erbten.

BAHA'UDDIN WALAD, **Jurist, Theologe, Wollustdenker, Durchflutungs-Mystiker, Teilchenverehrer, Atomanbeter, Beseeler** (1150–1231): Er lebte unter goridischem König, bei Wahsch am Oxus (später: Amu Darja), reiste ab 1211 als Dauerflüchtling mit Familie wegen Mongolengefahr langjährig durch Persien, Mesopotamien, Arabien, Syrien, Kleinasien. Befragt, von wo nach wo, erwiderte er: »Von Allah nach Allah.« Am Schluß wurde er in Konya ansässig und hatte Mühe, seine mystischen Tendenzen in seinen 3 Söhnen anzufachen. Selbstdenker Baha biß sich am Wörtchen »Teilchen« bzw. »Atom« fest und baute es in seine seltsame Gedankenflora und Hausmachermystik ein. Er entwickelte eine Lehre von der Beseeltheit aller Dinge und Atome, wenig korantreu. Sobald er Lust verspürte, fühlte er alle seine Atome aufleuchten. Sobald er, als Wirt seiner Teilchen, an Allah dachte, spürte er alle seine voll und ganz und durch und durch beteiligten, hocheffektiv mitschwingenden Teilchen ebenfalls Allah verehren, sich Allah zuwenden, Allah sich huldvoll nähern. Als er wissen wollte, wieso das Herz rot sei, schloß er die Augen und sah, wie jedes Farbteilchen sich an Allah festkrallte und seine rote Nahrung von dort bezog. Die Summe aller Teilchen, aus denen er bestand, ergab punktgenau genau – ihn. Atome sah er als Ameisen wimmeln, als Mücken, Sperlinge und Dschanwar (Tierchen), trotz ihrer vorsokratischen Physikhaftigkeit, als innigen Verein aus Brüderchen, denen er sogar Geistesgaben zusprach. Von der erfreulichen Beseeltheit seelenloser Steine und Staubkörner schloß er logisch auf belebte Luft. Feuer, das nur aufgeregt herumzappelte, war folglich ein weniger religiöses Element denn Wasser, das fromm nach unten floß und also in Demut einen Fußfall vor Allah vollzog. Trauben hatten nur deshalb Haut und Kerne, damit man nicht hier schon glaube, man wär im Paradies. Munadschat (Zwiegesang) besang er, Hususiyyat (Verbundenheit), Tarab (freudige Erregung), Tadschalle (Selbstenthüllung), berauschte sich beglückbar und glückstrahlend an Musahabat (liebender Beigesellung), sprach von herabgemolkenem Wudschud (Dasein), Muanaqa aste (Umarmung), Hulul (Einwohnung), und nicht zuletzt von Ittihad (Vereinigung). Der religiöse Lustpfleger schwelgte in paradiesischen Gedanken, Vorwegnahmen und Auspinseleien, träumte – wie Assassinen im Haschrausch – von 3 Schönäugigen, simultan an ihn angeschmiegt, deren Verkehr mit Allah sie »so schön und fett« machte, von schönen Knaben, traubenweise Kindern, Tauben und gefütterten Sperlingen. Auch wenn Baha'uddin in irdischen Zusammenhängen Wollust spürte und trieb, mit der Tochter des Richters Scharaf, deren Lippen er kaute, bis sie mehrmals ausrief: »Ah, wie schön!«, und die unter ihm zitterte und Ischqnamaha guftan (Liebesgeächz) hören ließ, bis sein Geist heiter wurde, seine Glieder in Funktion setzte und alle seine Teilchen (welche sonst?), von denen er gleichfalls verlangte, sie mögen fett sein, in Bewegung gerieten, spürte er – gemäß frei ausgelegter Sure 57,4: »Und Er ist mit euch, wo immer ihr seid« – Allah vollkommen als anwesend, nicht voyeuristisch oder triolistisch, sondern konstitutionell, als Durchflutungsgeist, ohne den die Menschen nur unbelebt herumliegen müßten. Sobald seine Verzückungen abschwollen, litt er an religiöser Gleichgültigkeit und schrie seine faulen Teilchen an, sich doch etwas lebendiger zu benehmen. So monotheistisch erhaben sich Baha fühlte über Feueranbeter und Götzendiener, er trieb's als Teilchenanbeter und Teilchendiener noch viel bunter und krasser. Nach außenhin trat er als seriöser, renommierter Theologe auf, als Auskunftserteiler, Rechtsberater, Gutachter, Seelsorger, Wohltäter. Er kannte sich im Ackerbau aus. Bisweilen verfaßte er Bittschriften an Regierungsbeamte, zwecks Freilassung zu Unrecht inhaftierter Zeitgenossen. Nachts stand er in bitterer Kälte auf, zückte seinen Dolch und rief: »Triebseele, ich hab keine schlimmere Feindin auf der Welt als dich! Wenn du den Kopf aus Ichheit und Neid hervorstreckst, hau ich dir den Kopf ab!« Nach seinem Ableben landete Baha'uddin Walad, mangels politischer Aktivität, nicht in den Annalen und Chroniken seiner Zeit. Sein Sohn mauserte sich zu einem mystischen Spätzünder, der später unter dem Namen → Rumi weltberühmt wurde und dadurch dann auch Vater Baha der Vergessenheit entriß. Im atomtheoretischen Rückblick korrespondierten seine Teilchen mit okzidentalen Sonnenstäubchen, Apex mentis, Scintilla synderisis und animae (Seelenfünklein), mit Leibniz-Monaden, Omnia animata, Urlebensfunken, Nullitronen, Pionen, unpersonifizierten Thrombozyten, Spermien, Infusorien, Streptokokken, Organellen, Mikrosomen, Mikroben, Viren, Ionen, Licht-Photonen, Fermionen, Gluonen, Neutrinos, Sigma-, Lambda- und Antiteilchen, top-Quarks, Superstrings, Nano-Daktylen.

Worte von Baha'uddin Walad: Jedes Gulhan (Heizhaus) hat ein Gulschan (Rosengärtchen). ◆ Arzt und Theologe unterscheiden sich wie Urin und Wort. ◆ Leute, die Lustgefühle jenseits des Leibes leugnen, befinden sich schon zu Lebzeiten in einer Hölle. ◆ Durch Wissen erlangen die toten Krümchen Kräfte. ◆ Stell alle deine Teilchen jedem einzelnen der Namen Allahs gegenüber und erkenne, daß jedes Teilchen die Eigenschaften Allahs teilt. ◆ Bei jeder Wunderbarkeit, wie Liebe, liebendes Beisammensein, gegenseitige Liebe, bei Spielen, Nettigkeiten, angesichts von Blüten und Wassern, Wunderdingen, Zierden und Prächtigkeiten sag: »O Allah, bring aller Arten Wunderbarkeiten, Wunder und Rauschzustände in meinen Teilchen hervor und auch die Zustände der Furcht!«
Baha'uddin Walad über sich: Ich bin an Allah angeklebt. Immer wenn Allah kommt, bringt er mich mit. Immer wenn Allah geht, nimmt er mich mit. Beim Tod geht Allah ganz von mir fort. ◆ Ich sah alle meine Teilchen und die Teilchen der Welt mit Verehrung vor Allah stehen, bis das Blut ihrer Leber durch ihr Äußeres herausfloß. ◆ Es kam mir in den Sinn: Versammle die Herzen der Menschen allesamt um mich. Alsbald trat mir in die Vorstellung dies: Alle sind schon versammelt. Ich dachte weiter: Mir wird unter ihnen zu eng. Ich will mitten unter ihnen pissen und kacken, ich schäme mich: auch Huftan u Hastan (Beischlaf üben) und dergleichen. Die Antwort lautete: Tu alles, was du willst: furzen, kacken usw. Wer bei dir bleiben will, bleibt trotz deiner Unanständigkeit. Wer das Weite suchen will, soll es suchen. ◆ Allah zerbricht mir Kopf und Gesicht. So guck ich denn, wenn Allah all meine Teilchen in Gang hält und dreht, auf die Tätigkeit meiner Teilchen, fühle plötzlich Angst, dann wieder Ehrfurcht davor, daß solch ein göttliches Tun meine Teilchen durchpulst. ◆ Um ein Brotkrümchen sammeln sich soundso viele Ameisen. Bist du etwa weniger als ein Brosämchen, daß die Dämonen nicht wie Ameisen sich um dich sammeln sollten? ◆ Notwendigerweise werden in der Liebe zu Allah alle Teilchen meiner Teilchen trunken und fröhlich, gleich wie beim Wollusttreiben alle Teilchen fröhlich werden. ◆ Solange die Lustgefühle und die Schönäugigen mich nicht berühren

und nicht bei mir sind, wie soll ich da das Lob Allahs sagen? ◆ So weiß ich denn jedes Mal, wenn ich »Allah« flüstere, daß Allah mich streichelt, und schon fehlt nicht viel, daß mir vor Wonne Milch aus der Brust fließt und aus jedem meiner Teilchen Wonnetröpfchen und Freuden austreten, heißt es doch: »Die Heiligen sind die Bräute Allahs.« ◆ Und jedes meiner Teilchen wurde wie eine Frau, die ihrem Mann im trauten Alleinsein Verehrung erweist. ◆ In den Lustgefühlen, Freuden und Wohligkeiten, die ich an Allah empfinde, winde und dreh ich mich, zittere, gerate drunter und drüber und versinke. ◆ Als ich mein Ich zerschlug, zerfiel es in mehr als ein Guzw i la yatagazza (Atom). Jedes davon wurde ein Ich, und der Ichanspruch eines jeden davon fiel durch den Widerstand der anderen Iche in sich zusammen. ◆ Wenn du das Glucksen der Vulva der Tarkan siehst, 1000 Jahre immer dasselbe, sprich: »O Allah, ich bin Dein nichtswürdiger Beischläfer. Wenn du darauf hinblickst, daß Allah in deinen Teilchen Verkehr und Mudschamaat (Beischlaf) hat, sättigen sich alle deine Teilchen mit Allahs maza. ◆ Ist man ein Mann des Paradieses, so sagt man: »Lustgefühle und Lichter finden kein Ende, nur ich, weil meine Kraft am Ende ist, bin ausgesperrt von dieser Zuteilung.«

Andere über Baha'uddin Walad: Wie er war keiner in den Rechtsgutachten, er übertraf an Gottesfurcht die Engel. *(Sultan Walad, 1291)* ◆ Dort wirkte Dschelaleddins Vater, Baha'eddin Walad, als angesehener Theologe; er hat rätselhafte, faszinierende Aufzeichnungen über seine überwältigenden, oft schockierenden und in der Geschichte der islamischen Mystik wohl einzig dastehenden Visionen und Erlebnisse hinterlassen. *(Annemarie Schimmel, 1978)* ◆ Hätte er es nicht bei fragmentarischen bemerkungen bewenden lassen, sondern seine weltanschauung in eine durchdachte ordnung gebracht und gegen antiatomisten wie etwa Avicenna verteidigt, so wäre er vielleicht als begründer einer mystischen atomenlehre ein berühmter mann der islamischen geistesgeschichte geworden. *(Fritz Meier, 1989)*

Julius Bahnsen, **Pechvogel, Oberlehrer, Pantragiker, Schopenhauerianer, Nihilist, Miserabilist** (1830–1881)**:** Gebürtig aus Tondern/Schleswig-Holstein, träumte die Halbwaise schon mit 8 davon, sich auszulöschen. Unerwiderte Jugendliebe stieß ihn auf dieser schwarzen Schiene vorwärts. Mit 16 verwandelte sich der Grübler, als ihm im düsteren Stübchen am Ofen – in plötzlicher Intuition – der nihilistische, allesbestimmende Kerngedanke seines Lebens aufging, in einen Freigeist und theoretischen Allesverneiner, der Schopenhauers diffuse und spärliche Notausgänge zuschloß, alle Türklinken abbrach, ohne den Themenradius Schopenhauers zu überschreiten. Er promovierte über Ästhetik bei Fr. Th. Vischer, schlug sich kümmerlich als Hauslehrer durch, verlor Frau Nr. 1 durch frühen Kindsbettod und Nr. 2 in langwierigem Scheidungsprozeß, derweilen sein Freund Eduard von Hartmann zum Feind mutierte, der Bahnsens pessimistisches System als »Ergebnis einer pathologischen Verbitterung« bezeichnete. Er litt daran, statt Professor zu werden, Arschpauker zu bleiben, verfaßte weitere unbeachtete Bücher über Realdialektik, oder auch den Humor als ästhetische Gestalt des Metaphysischen, warf mit Termini um sich wie Nihilenz, gab 1878 anonym ein Pessimistenbrevier heraus, und starb verarmt, verkannt, isoliert, verbittert an Diphterie, die er sich einfing bei einem seiner Schüler. ~ Andere Philosophen, statt ihn wachzuhalten oder auszugraben, hackten postum nur auf dem Lehrer herum, Wilhelm Windelband auf Bahnsens »Miserabilismus«, Fritz Mauthner auf des »kleinen Bahnsens« »eitlem Schwulst«. Bahnsens karges Positivum: Schopenhauer in natura besucht zu haben, und von Nietzsche »alter Brummkreisel« genannt worden zu sein, »der sich mit Wollust sein Leben lang um sein realdialektisches Elend gedreht« habe. Wer im 20. Jhdt. noch mal kurz auf ihn zurückblickte, befand, daß der tragische Voluntarist, einer der 3 »wilden Söhne« Schopenhauers (Hartmann, Ph. Mainländer und er), den Ekel Sartres, Camus' und → Ciorans antizipiert habe, sowie Positionen von G. Vattimo, J.-F. Lyotard, G. Deleuze und M. Foucault.

Worte von Julius Bahnsen: Es gibt keine Hilfe, nicht einmal vom Nichts. ◆ Der Mensch ist nur ein sich selbst bewußtes Nichts. ◆ Wohl ist es ein süßer Trost, an Gott zu glauben und Unsterblichkeit, aber größer ist es, ihn entbehren zu können. ◆ Weil der Umsturz dem Aufbau voraufgeht, darum ist der Schmerz endlos und die Welt unrettbar. ◆ Es geht mit dem ersten Ich-Sagen ein tiefer Riß durch die Welt.

Julius Bahnsen über sich: Ich teile den Glauben nicht, daß die Welt zu nichts werden könne, aber sozusagen nur deshalb nicht, weil man nicht zu dem erst wird, was man, und obendrein in mehr als einem Wortverstande, bereits ist. ◆ Mir ist die Kindheit ihr Paradies schuldig geblieben.

Andere über Julius Bahnsen: Mit entwaffnender, ahnungsloser Bescheidenheit ist er stolz darauf, nach dem Tode Frauenstädts für den nächsten Geisteserben des Meisters zu gelten; er hatte sich ebenfalls ein Gesamtregister aus Schopenhauers Werken angelegt: die wortabergläubige Urlüge des Meisters, die Welt als Wille, hatte er unbesehen zur Grundlage seines ganzen Philosophierens gemacht. *(Fritz Mauthner, 1923)*

Josephine Baker (geb. Josephine Freda MacDonald), Revuegöttin, Bananengürtel-Nackttänzerin, Chansonette, Weltstar (1906–1975): Die ungewollte, herumgereichte Tochter eines spanischen Landarbeiters/Drummers und einer schwarzen Waschfrau arbeitete ab 1913 als Zimmermädchen weißer Reicher, mit Schlafplatz im Keller. Als sie aus Versehen Porzellan zerschmiß, wurde ihr zur Strafe die Hand verbrüht. Nonsens, Fratzen und Faxen halfen ihr, sich beliebt zu machen. Sie begann – einzige Abwechslung – in Hinterhöfen zu tanzen, um nicht länger zu frieren, um sich warmzutanzen im kalten Winter von St. Louis, zu mager, zu häßlich für Höheres, keine Figur. Nach einem Crash mit Mutter zog sie zu 45 Jahre älterem Eissalon-Besitzer – Skandal! Notlösungsehe abrupt beendet, als sich die Chance bot, mit mittelmäßiger Truppe rampenlicht- und applaussüchtig durch allerlei Südstaaten zu touren. Dort türmte sie aber wieder, sobald sie sich in Eisenbahnschaffner Willie Baker verknallte. Den ließ sie dann auch wieder fahren, um mit anderer Tanztruppe weiterzumachen. Zwischen 2 Tänzen reichte sie ihrer Ziege die Saugflasche, wobei Selbstaussage und Legende sich nie im Weg standen. Denn sie liebte und hatte Katzen, Hunde, Affen, Papageien und Kälber, mit denen sie ihr Brot teilte. Sie liebte sogar Schlangen. Beim Musical »Shuffle Along« tanzte sie derart aus der Reihe, daß Mißliebigkeiten anwuchsen, bis Produzent Eubie Blake ihr eine Rolle woanders anbot: Auftritte im legendären Cotton Club, als New Yorker Lokalmatadorin. Sogar im glamourösen Ballett »Ziegfeld Follies« tanzte sie im »Ornament der Masse« mit, als eine von vielen, die simultan Beine hochwarfen. Weitere Karriereleitersprosse: überm Ozean, im Good Old Europe, in der zweitklassigen Show »La Revue Nègre«, Premiere in Paris; sie mit Flamingo-Feder als einzigem Feigenblatt. Jeder erkannte in den Bananen, die ihr Röckchen bildeten, instinktiv Phallussymbole. Erst lag der Charleston- und Shimmy-Tänzerin halb Paris zu Füßen, dann die ganze oder halbe Welt. Luxusschlitten warf man ihr nach, eine Spezialanfertigung mit Schlangenhautüberzug. Diskussionsstoff schwoll; denn viele, für die Jazz noch »Negermusik« hieß, nannten den erfrischenden Einbruch ungebändigten Lebens in abgezirkelte, eng definierte Hochkulturpflege »schwarze Kulturschande«. Das ließ sie durch Heirat mit jüdischem Makler (Jean Lion) noch hochkochen. Auch in Europa und Lateinamerika bekam sie Rassendiskriminierung zu spüren. Als Urlauberin in St. Moritz wurde ihr nahegelegt, den Dienstboteneingang zu benutzen. In Wien demonstrierten Sondergottesdienste gegen Bakers Moralverstöße. Sie aber tanzte weiter im Schulterschluß mit Kolonialmuseen, Weltausstellungen, Afrikasehnsucht, Timbuktufieber und Heia-Safari-Kult. Zunächst versuchte die Mulattin noch, heller zu werden und ihr Kraushaar zu glätten, mit Zitronensaft und selbsterfundenen Mixturen, ehe ihr gesagt wurde oder sie von selbst begriff, daß sie als Exotikum ihr eigenes Markenzeichen – schwarze Perle, braune Venus – nicht abschwächen durfte. Bereits 1928 lockte Marcel Sauvage der neckisch augenverdrehenden Zahnpastagreenerin und Grimassenschneiderin, hinaufkatapultiert zu schwarzer Diva in weißer Welt, Inbegriff des Flappers (Terminus der 20er Jahre für Emanze), eine hingeplauderte Nähkästchen-Autobiographie ab. 1934 Hauptrolle in »Zouzou«, 1935 Hauptrolle in »Princesse Tam-Tam«. In Deutschland wurden Auftritte der »Halbäffin« verboten. Engagement für Résistance und Frankreichs Geheimdienst: Die Rosette der Légion d'honneur (Kommandeurskreuz französischer Ehrenlegion) trug sie auf schimmerndem Hermelin. 1963 war sie neben Martin Luther King Hauptredner beim »Marsch auf Washington«. Als alternder Weltstar – leider nur halb so exzentrisch wie → Bernhardt – gründete sie ab 1954 mit Ehemann Jo Bouillon, Orchesterleiter, in der Dordogne ein Weltdorf, ließ viele Kindlein zu sich kommen, adoptierte 12 »Regenbogenkinder« aus betont konträren Kontexten und Kontinenten, jeglichste Hautfarbe, um die One World herauszustreichen und ein Zeichen gegen Rassismus zu setzen, nicht weniger berühmt als Blueslegende Jerry Roll Morton, Fats Waller, Ray Charles, fast so weltberühmt wie Uncle Tom und → Ali. Geldnot zwang sie 1975 noch mal kurz auf die Bühne zurück. 2 Tage nach 50jährigem Bühnenjubiläum streckte ein Schlaganfall sie nieder. Als erstes farbiges Sex-Symbol ebnete sie den Weg für Roberto Blanco, Whitney Houston & → Jackson, dessen Kinderliebe sie ungestraft teilte, ohne daß das damals immer gleich als Pädophilie ausgelegt wurde. Nach vielen absichtlich mimiklosen Stars (Buster Keaton, → Chaplin) kam Bakers Visagenklamauk 80 Jahre später wieder hoch in Kurs, bei Hella von Sinnen, Harald Schmidt, Maddin Schneider u. a.

Josephine Baker über sich: Ich bin nicht Tänzerin, nicht Schauspielerin, nicht mal schwarz: Josephine Baker, das bin ich! • Ich bin geboren, um zu tanzen. Nur dafür. Tanzen ist leben. Ich möchte einmal sterben, atemlos,

Weltstädtische Dschungelsehnsucht in Bewegung

völlig erschöpft, am Ende eines Tanzes, aber nicht auf der Bühne. ◆ Ich tat, was ich konnte, um Hitler zu besiegen. ◆ Ich habe dieses künstliche Leben satt. All die Intrigen um einen Star ekeln mich an. ◆ Puppen und Tiere sind meine liebsten Vorbilder. ◆ Paris ist Tanz, und ich bin Tänzerin. ◆ Berlin, das ist schon toll! Ein Triumphzug. Man trägt mich auf Händen. ◆ Man hat mich für schwärzer ausgeben wollen, als ich bin, aber ich möchte weder weißer noch schwärzer sein.

Andere über Josephine Baker: Josephine verkörpert für uns die fremdartige Poesie aller Abenteuerromane, die wir seit 20 Jahren lesen. *(Marcel Sauvage, 1928)* ◆ Im Alter von 13 Jahren hatte sie bereits ein enormes Repertoire an Schritten. Sie beherrschte sie so gut, daß es aussah, als wär alles improvisiert. *(Phyllis Rose, Biographin)* ◆ Aber selbst dies erfüllt Erwartungen, bestätigt Klichees: wenn sie weniger tanzt und mehr singt, so ist das nicht ein notwendiger Entschluß, weil sie mit jungen, kaum bekleideten oder nackten Tänzerinnen nicht mehr konkurrieren kann, sondern: weil sie künstlerisch und menschlich gereift ist. *(Dieter Kühn, 1980)*

Bankei Eitaku, Zazen-Eremit, Satori-Erzwinger, Buddhageist-Proklamateur, Fusho-Lehrer, »Klausner des Eigentlichen« (1622–1695): Als Schulkind in Hamada, zielsicher geboren an Buddhas Geburtstag, weigerte der konfuzianische Samuraisohn sich, dieselben Schriftzeichen zu pinseln wie die andern, und kehrte oft vorzeitig aus der Schule heim, weshalb sein Bruder dem Fährmann auftrug, ihn nicht vorzeitig zurückzurudern. Sobald einer vom Tod redete, begann das Kind zu zittern und löcherte alle mit bohrenden Sinnfragen, weil aber kaum einer zu antworten wußte – auch um seine Familie von ihm, dem Störenfried, zu befreien –, versteckte er sich mit 11 in einem Gebetsschrein, stopfte sich Giftspinnen in den Mund und wartete auf den Tod, der aber nicht eintrat. Das Wort »leuchtende Tugend«, aufgeschnappt aus alten Schriften, trieb ihn vorwärts. Verwaist und wegen Schulabbruch vom Bruder verstoßen, wanderte er durch Japan, lauschte gierig in bunter Reihe Gelehrten, Priestern und Sektenführern. Beim Rinzaimönch Umpo lernte er Zazen. Resultat: Konfuzi ließ ihn immer kälter, Buddha sog ihn immer magischer an. 2 Jahre lebte er in harter Selbstzucht als Eremit, saß unter Papierunterständen, kleinen Pultdächern aus Karton, im Finsteren, ohne Kontakt, verstrich die Tür mit Schlamm, kämpfte gegen den Dämon Schlaf, vernachlässigte in 3 m großer Zelle, mit Eßloch und Kotloch, seine Gesundheit, vergaß reingereichte Eßschalen, starb mit blutig nässendem Gesäß beinahe an Schwindsucht, wartete umsonst auf Erleuchtung, wollte notfalls sein Zazen bis zum Tod weitertreiben und erfuhr, als er einen Blutklumpen ausspie und ihn an der gegenüberliegenden Wand als Laufnase runterrinnen sah, bei diesem Ekel-Anblick Erleuchtung – Nachschlag: ein hinterherkleckerndes Zusatz-Satori aus Pflaumenblütenduft. Von seinem chinesischen Lehrmeister Dai Dschi Xao Yüan (jap. Dosha Chogen) in Nagasaki bekam er als einziger das Erleuchtungszertifikat und entzog sich dem Neid anderer Adepten durch Flucht.1672 wurde er vom Kaiserhof zum Abt des Klosters Myoshin Dschi in Kyoto berufen. Ein Shinsuh-Priester, der Bankei um dessen große Hörerschaft beneidete, drang geräuschvoll in den Vortrag ein und prahlte, er könne Pinselschrift durch die Luft auf ein Papier auf der anderen Seite des Flusses schreiben, woraufhin Bankei erwiderte, das sei nicht Zen; er selber könne etwas viel Erstaunlicheres: wenn er durstig sei, trinke er, und wenn er hungrig sei, esse er, und hatte die Lacher auf seiner Seite. Den erstarrten Rinzai-Zen durchpulste er mit neuer Lebendigkeit. Einer seiner Lieblingsbegriffe: Fusho (Ungeborenheit). Mit dem jonglierte er so oft herum wie Laozi mit »Dao« und Dr. → Steiner mit »Astralleib«. Von der Zenpraxis, einschlafende Mönche wachzuschlagen, kam er ab, fand Unterschiede zwischen Schlaf und Nichtschlaf nicht wesentlich, und tadelte keinen, der schlief, und keinen, der Schlafende schlug. Frauen kamen leidvoll zu ihm, wegen dem Dogma früherer Zen-Meister, daß Frauen keine Erleuchtung erlangen könnten; er beruhigte sie; er fand plausiblerweise keinerlei Unterschiede zwischen Mann und Frau, allenfalls auf völlig nebengeordneter Ebene, auf körperlicher – ein Affront gegen konfuzianische Grundlehren. Seine Lehre nannte er »Schule des klaren Auges«. Wenn er redete, verwies er – um von seiner Rede abzulenken – auf zwitschernde, bellende, läutende, hustende Nebengeräusche. Nachtigallengesang nannte er das höchste Zen.

Dem obligatorischen Brauch, auf dem Sterbebett ein Todesgedicht zu schreiben, widersetzte er sich: Alles, was er in seinen 72 Lebensjahren und 45 Lehrjahren gesagt habe, sei sein Todesgedicht. ~ Seine Asche ward aufgeteilt zwischen dem Tempel in Ryomon Dschi und seiner »Klause des Eigentlichen«. Obwohl Bankei keine Schriften hinterließ und seinen vielen Schülern verbot, seine Lehren zu fixieren, erhielt sich einiges. 1732 erwies ihm die Regierung die höchstmögliche Ehrung für einen Zen-Mönch, den Ehrentitel »Kokoshi«, Lehrer der Nation.

Worte von Bankei Eitaku: Versuch 30 Tage im Fusho zu verweilen. Anschließend wirst du es schwierig finden, dich vom Fusho zu trennen. ◆ Erwacht bei Fusho mitten im alltäglichen Leben. ◆ Fusho ist die Basis aller Buddhas. ◆ Es kann keinen Tod für die geben, die nicht geboren sind. ◆ Du machst dich selbst innerlich zu einem erstklassigen Tier. ◆ Sobald du dich erzürnst und wichtig findest, verwandelst du deinen Fusho-Buddhageist in Kampfgeist und fällst in eine verblendete Existenz, die du selbst erst geschaffen hast.
Bankei Eitaku über sich: Ich hab 72 Jahre gelebt und 45 Jahre gelehrt. ◆ Sobald ich hörte, daß irgendwo ein Lehrer lebte, von dem ich mir Rat erhoffte, stattete ich ihm sofort Besuch ab. So lebte ich etliche Jahre, und es gibt wenige Orte im Land, wohin ich meinen Fuß nicht setzte. ◆ Wie könnt ihr erwarten, mich zu sehen, wenn ihr mit den Begriffen von Geburt und Tod im Kopf auf mich blickt? ◆ Meine eigenen Kämpfe hab ich voll Irrtum ausgefochten, weil ich zufällig keinen klarsichtigen Meister gefunden hatte. Schließlich aber entdeckte ich doch noch den Buddhageist für mich.
Andere über Bankei Eitaku: Durch Bankei erlebte die daniederliegende Zen-Schule eine wunderbare Wiederbelebung in ihrer ursprünglichen Form. *(Bessermann/Steger, 1991/99)*

BASHÔ (geb. Matsuo Munefusa), Haiku-Dichter, Bananenstaudenhüttenbewohner, Wabisabi-Verfeinerer (1644–1694): Er stammte aus einem Samuraigeschlecht aus Ueno in der Provinz Iga. Aber er neigte, statt zu Fechtkunst, zu Dichtkunst. Ab 1666 studierte er Zenbuddhismus bei einem Meister in Kyoto. Gegen allerlei Unbill nahm er Gegenmittel namens → Laozi, → Zhuangzi und Zen. Die Neigung seiner Lieblinge Sogi und Saigyo teilte er sehr: Natur, Landleben einfacher Leute und Einsamkeit. Kleine

Dinge entzückten ihn mehr als große Dinge. Aus winzigen Anlässen formte er Bonsai-Gedichte. Davon paßten mehrere in eine Westentasche. Auf Reisen führte er ein Zuihitsu mit (Sudelheft). Notizen aus dem Tragkorb betitelte er: »Auf verwachsenen Pfaden«. Er notierte Momente, Eindrücke, Überbleibsel. Der Huschhusch-Pinseler, Tautropfenpfleger und Zwischenraumkultivierer sammelte Brosamen, Allusionen und Minuskel. Die 5zeilige Dichtform des großmolekularen Haikai formte er um zum kleinmolekularen 3zeiler bzw. 17silber. Aus Rohmaterial, das wenig wog, baute er schwerelose Haiku. Heliumportionen füllte der Stegreifzauberer in Gasballons. Seine Träne ließ Rauhreif schmelzen. Schaumperlen, lautlos platzend, mußten hinterher nicht futsch sein. Kaum-Abdrücke ihrer selbst wanderten in Herbarien ein. Perlen zitterten – kurz festhaltbar – auf zerfasernder Papierunterlage. Rabe auf dürrem Ast – 1-2-3: fertig ein kompletter Spätherbst. 3 hingehuschte Zeilen teilten weiter nichts mit als eben dies. Die ganze Nacht wandelte Bashô im Mond um einen Teich. Und goß die Ellipse in 3 Sekunden. Beglückt wandelte er – in 2 Zeilen – durch Schneelandschaft; in Zeile Nr. 3 stolperte er. Am Wegrand dufteten – in 2 anderen Zeilen – Eibischblüten, die ein Pferd – in Zeile Nr. 3 – abfraß. Stellte er Klebreiskuchen auf die Veranda, kam eine Nachtigall – zack, fiel ein Klecks drauf. Kompaktsekunden purzelten aufsteigend hervor. Sein Strohhut drückte sie nicht nieder. Mikrokosmos im Blumentopf, umgetopft von Umtopfer Bashô. Luftgefäße in Standardgröße und Einheitsformat. Im Tautropfenfall spülte die leichte Hand den Staub der Welt hinweg. Pro Tropfen reiste ein Ozean mit. Nichts platzte aus den Nähten. Federleichtes Reisegepäck ächzte nicht. Tragriemen rissen nie. Kein Destillat zog schwergewichtig Seifenblasen herunter. Bodensatz wurde nicht als Sandsack abgeworfen. Bodensatz half aufsteigen. Ingredienzien, die Schatten warfen, beschwerten kein Hingetupftes. Dem Nachklang ließ Bashô sanfte Pflege angedeihen. Ausgespartes schimmerte durch, minimalistisch. Corona, Halos klangen weisheitsvoll an an Laozis Leere zwischen Radspeichen. Jedes Haiku führte mehr Aura mit sich, als es de facto mitführte. Jedes Haiku – hielt die Luft an. Weitere Haikus traten hinzu. Seine erste Publikation: »Kai'oi« (Muschelwettstreit), eine Anthologie. Matsuo Munefusa als selbstgekrönter Schiedsrichter (um nicht zu sagen: Literaturpapst) teilte diverse Haiku-Dichter ein, in Schafe und Böcke. Seine Jüngergemeinde wuchs. Sein Mäzen: Sugiyama Sampu, ein betuchter Fischhändler. Seit 1672 lebte Matsuo Munefusa dann in Edo (später: Tokyo). 1680 bezog er eine fächerblattüberschattete Bashôan, im Fukagawa-Viertel, eine Bananenstaudenklause, davon hergeleitet sein Pinsel- und Dichtername

Bashô, nicht verwechselbar mit → Bassui, der 300 Jahre zuvor auf Bäumen meditierte, asketisch in Mönchsdisziplin; Bashô aber ließ sich von Kiefern deren Wesen zuraunen – naturmystischer Zwiegesang mit anderem Lebewesen. In der nächsten Inkarnation wünschte Bashô ein Kirschblütenbaum zu sein. Eins von Bashôs Lieblingsworten: »sabi« ... wundersam unübersetzbar. Sabi säuselte überall durch die Zeilen, unausgesprochen ... hingehaucht ... noch durchtränkter als damals, in schönen alten Muromachi-Zeiten, patinahafter als damals. 1690 wohnte Bashô unweit des Biwa-Sees, südlich von Ötsu bei Kokubu, im Gendschuan. Seine Berghütte bei Kyoto nannte er »Klause des Wahns«. Kein Haiku wirkte unspontan, gequält, verschwitzt, übergewichtig. Lang feilte er, bis Kalkuliertes hingeträllert wirkte. Ausgedehnte Dichterfahrten kontrastierten Haikukürze. In Kettengedichten verfeinerte er den assoziativen Nioizuke (Duftanschluß). Sporaden, Quisquilien und Ephemeriden flossen zusammen in Haibun (Prosa). In Bashôs berühmtestem Haiku sprang einfach nur ein Frosch in einen uralten Waldteich. Das »Plopp!« warf – im Nabel des Haiku – Wasserringe über das Froschgedicht hinaus. Turbulenz versus Filigran: Schwertkampf-Zeiten – Aufstände, Portugiesenvertreibung, Christenverfolgung, Landvermessung, Industrialisierungsvorboten, Lehenssystemverschärfung, Bürokratiezuspitzungen – regierten nicht hinein, in Meister Bashôs Weglassungen. Der Zarte ließ sich nicht stören von Territorialherren, Samurais und Warlords. Der Dao-Weichling saß in rauher Speckwulst-Catcher-Welt, wie Sufi-Softies im Hardliner-Islam. Der Diminuendo-Barde huldigte con sordino dem Spruchwort: »Im Herzen des Taifuns könnte ein Kind schlafen.« Bashô starb bei Freunden in Osaka. ~ 300 Jahre vor der Ruckzuck-Beschleunigung von Fast food und »Fasse dich kurz!« saß Bashô vergeistigt im Elfenbeinturm überfeinerter Betrachtung. Naturbelassene Wegesrand-Natur, fernab von Technologie. 200 Jahre vor Erfindung steifer Belichtungs-Photographie lieferte ein Kontemplativling weltfern Momentaufnahmen im Blitzlicht. Aufblitzendes Satori veräußerlichte sich noch nicht im Atomblitz manch einer Neuzeit. Die lange Vorgeschichte des Haiku, der nachmals weltberühmten kleinen Form, kulminierte in Bashô, der dann als Stammvater gefeiert wurde. Das »Plopp!« – im Nabel von Bashôs Gesamtwerk – wurde zum nachzitternden Nabel der ganzen Welt – plopp!

Worte von Bashô: Im Mondsichellicht / Am Boden halbwegs unscharf – / Buchweizenblüten. ◆ Grünweidenzweige / auf Schlamm herniederhängend – / Ebbe im Kanal. ◆ Altweibersommer! Leg dich um meine Schultern / als Kleid

Das »Plopp!« eines Froschs im Teich – der Nabel der Welt

aus Papier! ◆ Vom Wandern müde / auf verdorrten Feldern / huscht mein Traum umher.«

Bashô über sich: Ich werde – seit wieviel Jahren schon – den Gedanken nicht los – verführt vom Wind, der die Wolken zerstreut –, mich mittreiben zu lassen. ◆ Ein Verlangen nach den verwehenden Wolken und Winden erfaßte mein Herz, und das Wesen der Blumen und Vögel wollte ich erfühlen; so blieb ich schließlich – ohne dazu fähig zu sein – an diesem einen Faden hängen. ◆ Zu Ende das Jahr. / Schirmhut und Strohsandalen / trag ich noch immer.

Andere über Bashô: Daß seine Worte nicht die Üppigkeit von Päonien haben, liegt daran, daß es Haikus eines Weltabgewandten sind. *(Yamaguchi Nobuaki, 1642–1716)* ◆ Meister Bashô ist in seiner Prosa aufrichtig und verliert auch im Gewöhnlichen das Feine nicht. *(Yokoi Yayu, 1702–1783)* ◆ Letztes Motiv seiner Dichtung ist daher das Erschauern der einsamen Seele im süßen Gefühl der unaussprechlichen Stille, die den Lärm der vergänglichen Welt unhörbar und doch vernehmbar übertönt. Alles zieht er in seinen Bereich vom Größten zum Kleinsten, Natur und Menschliches, Rapsblüte, Katzenjunge, Heringsfang, Wanzen, Götterfeste, Kuchenbacken – nihil alienum. *(Wilhelm Gundert, 1929)* ◆ Bashôs haikai kennt keine Themenbegrenzung, fordert aber eine Aussage, die neben ungewöhnlicher Prägnanz Geschlossenheit besitzt, ohne abschließend zu sein (Nachhall, yoin), deren Gehalt bei sich wandelnder Form (ryoku) das für alle Zeit Unwandelbare (fueki) kundtut, also Wahrhaftigkeit (makoto) besitzt. *(Gero von Wilpert, 1963)* ◆ Hin und wieder öffnete er die Augen und schrieb auf, was er sah. Diese Haikus sind keine Produkte des Denkens. *(Bhagwan Shree Rajneesh)*

Bassui Tokusho, **Grübel-Buddhist, Zazen-Rebell, Satori-Lehrer (1327–1387):** Ausgesetzt, weil seine Mutter von ihm träumte, er würde als Unhold seine Eltern erschlagen, zog ein Diener ihn auf. Mit 7 brachen religiöse Fragen in ihm auf, über denen er marastisch brütete – wieso wurden reelle Opfergaben für körperlose Seelen dargebracht, während der Dorfpriester nur herumstammelte? Geträumte Höllenstrafen und Hungergeister plagten ihn. Mit 10 sah er nachts ein aufflammendes, erlöschendes, rätselhaftes Licht. Als grübelnder Jüngling brach er, als er erkannte, daß er und alles andere nur ein dünner begrenzter Überzug über dem grenzenlosen Nichts sei, in Lachen aus. Mönche, die Rituale runterleierten, verglich er Hungrigen, die bloß Speisekarten betrachten; den Sutrenspruch, die Lehren der Sutren seien ein Finger, der auf den Mond zeigt, kommentierte er: »Kann Buddha gewollt haben, daß man den Finger erkennt und den Mond übersieht?« Er lobte sich informellen, fluiden, transportablen Zen. Lang weigerte er sich, als Novize sich den Kopf scheren zu lassen, und ließ es dann doch über sich ergehn, 1356. Statt im Tempel nächtigte er in abgelegenen kargen Hütten. Um sich Schlaf abzugewöhnen, meditierte er auf Bäumen, zunehmend unempfindlich gegen Unbequemlichkeit und Unwetter. Daß begrenzte Zen-Gurus wie Tokukei und die enttäuschende Berühmtheit Fukuan Soko, um den sich 2000 Schüler scharten, ihm sofort Erleuchtung zugestanden, nur weil ihn Wassergurgeln beeindruckte, genügte ihm nicht; er suchte sich einen noch höher stehenden Meister, Koho Zendschi, der Erleuchtungszertifikate nicht so leicht herausrückte. Auf sein Epigramm »Berg und Fluß, Gras und Baum offenbaren gleichermaßen Mu (Leere)« antwortete Koho: »Ohne deinen Geist!« bzw. »Dieser Vers zeigt Spuren von Selbstbewußtsein«, da spürte der Zen-Adept, daß seinem Weltbild der Boden ausgeschlagen wurde. Mit Schweißausbruch mußte er sich an Wänden abstützen, stieß – als er aus dem Tempel lief – mehrfach an Mauern an, weinte stundenlang und bekam daraufhin von Koho das Erleuchtungszertifikat. Die Augen aller Himmel machte er sich zu Freunden. Er polierte seine Erkenntnis, bis sie schier das ganze Universum erhellte. Möchtegernadepten, die herandrängten, entzog er sich, fühlte sich nicht reif, in anderen Leuten Satori wachzukitzeln. Später wurde er strenger Zuchtmeister, der 23–33 Regeln aufstellte und Schüler ausbildete, denen er versicherte, die Stimmen von Frosch, Wurm, Wind und Regen sprächen eher die Sprache des Dharma als betende Mönche und fanatische Moralisten. Sein Kloster nannte er – statt »Kloster« – »Einsiedelei«. In Briefen, Übungsanleitungen, Dharmaworten und im »Wadeigassui« (Sammlung von Schlamm und Wasser) nannte er den Leib Wahngebilde, Wasserblase, Schatten und verglich das Leben einem Albtraum, aus dem sich keiner selber wecken kann. Unerleuchtete nannte er »lebende Leichname«. Falsche Erleuchtung sah er dort, wo Goldsucher sich mit Kupfer begnügten. Viele hielten Fischaugen für Perlen. Im Zazen lösten sich auch Gut und Böse auf, und sonstige Randphänomene. Erleuchtung hieß – Wolken fortschieben, Blume sein, die aus totem Holzstrunk bricht. Sein Generalschlüssel: »Frag dich: ›Was ist dein eigener Geist?‹« Der erste Buddha (Shakyamuni) sei verschwunden, meinte er, und der letzte Buddha (Miroku) noch nicht gekommen. Dem Laien Ho, der ihn fragte, was es sei, das alles im Weltall übersteige, antwortete Bassui: »Das sag ich dir, sobald du den West-Fluß in einem Zug austrinkst«, worauf Ho spontan Satori erlangte. Eines Tages setzte er sich im Lotussitz zwischen seine Schüler und forderte sie auf: »Hier, schaut mal, was ich jetzt mache – schaut genau hin«, und sie guckten genau hin – und in exakt diesem Augenblick starb er.

Weder Wein trinken noch sich vom Nirwana betrunken machen lassen

Worte von Bassui Tokusho: Im Leib der Geschöpfe gibt es 3 Sinneswurzeln, und in jeder sitzt ein Dieb. ✦ Wenn ihr in diesem Leben kein Satori findet, wann denn dann? Seid ihr erst gestorben, werdet ihr einer langen Leidenszeit auf den 3 bösen Pfaden nicht entrinnen können. ✦ Da sich die Geschöpfe in ihrem Stumpfsinn an oberflächliche Gebilde klammern, können sie nicht an den wahren reinen Buddha glauben. ✦ Karge mit der Zeit, die nicht auf dich wartet. ✦ Es gibt keinen Buddha außerhalb deines Geistes und keinen Geist außerhalb Buddhas. ✦ Falls mich einer fragt: »Wie sieht unser Buddha-Geist aus?«, würde ich sagen: »In den Bäumen schwimmen Fische, im Wasser fliegen Vögel.« ✦ Buddhas und Geschöpfe sind nur Spiegelbilder. ✦ Was immer du auch sagst, ist falsch. Und wenn du nichts sagst, so ist das auch falsch. Auf der Spitze einer Fahnenstange gebiert eine Kuh ein Kalb.

Bassui Tokusho über sich: Als ich noch klein war, beunruhigte mich eine Frage vor allem: »Was denn antwortet, abgesehn von diesem Leib, auf die Frage ›Wer bist du?‹ mit ›Ich bin der und der‹?« ✦ Solang ich in der Menschenwelt lebe, werde ich nirgends als bei großen Zen-Meistern und in den Bergen weilen.

Andere über Bassui Tokusho: Obwohl er sein ganzes Leben hindurch nichts anderes hörte als die Schlachtrufe des Bürgerkriegs, fand Bassui die große Erleuchtung in den Geräuschen dieser Welt. *(Perle Besserman/Manfred Steger, 1991)*

BAYAZID AL-BASTAMI, Scheich, Himmelsfahrer, »König der Verzückten« (794–877): Der Enkel eines Zoroastriers, der zum Islam fand, wagte sich als Kind in einer Mondnacht vor die Stadttore von Bastam/Nordostpersien, unbeaufsichtigt, geriet im Silberlicht der stillen nächtlichen Gefilde in Verzückung und rief: »O Allah, deine Königshalle, so herrlich, so groß ... aber warum so menschenleer!?« Und hörte eine Antwort: »Nicht jedes ungewaschene Gesicht vermag Meinen Palast zu betreten.« 30 Jahre lang zog er durch x Länder, lernte bei 113 Lehrern und schwebte alsbald sehr über den Dingen. Mitmenschen zu missionieren verspürte er wenig Drang. So wortkarg wie schlagfertig, sagte er einem, der ihn suchte: »Ich such selber Bayazid ... wo er hinkam, ich weiß es nicht ...« Andere wollten dies und das von Allah; Bayazid aber wollte (genau wie → Rabia) Allah, nichts als Allah. Alle Mittel, die hilfreich zu Allah führen sollten, erkannte Bayazid nach und nach als Trennwände. Sogar gute Taten schoben sich zwischen Allah und ihn, sogar Korankenntnis. Wenn Derwische mit ihren mystischen Meriten protzten, setzte Bayazid stets noch eins drauf. Einer, der ihn schlafend vorfand statt betend, stichelte: »Weil du nachts in der Wüste schläfst, ist die Karawane an dir vorbeigezogen!« Er aber erwiderte: »Meister ist der, der die ganze Nacht schläft und trotzdem eher als die Karawane in der Stadt ankommt.« Auf dem Judenfriedhof sagte er: »Hier liegen Entschuldigte«, und auf dem der Musulmanen: »Hier liegen Verblendete.« Um den Ruf, er sei verrückt, zu befestigen, aß er zum Ramadan Brot. Anders als Muhammad, der vor Ort wenig von seiner erst später ausgemalten Himmelsreise wußte, flog Bayazid tatsächlich durch alle Himmel, sei es im Traum oder außerhalb, dehnte sich kosmisch aus, in überkochender Sprache, blühender Genitivmetaphern voll, durchquerte als Überflieger das Nichts der Entziehung, das Nichts der Ermangelung und anderes Nichts, flog 30000 Jahre quer durch seine Vereinigung mit Allah, weitere 300000 Jahre durch Allahs Göttlichkeit, jonglierte als spiritueller Prahlhans mit Nullen, wie ein Gnostiker oder Hindu, um am Schluß der bombastischen Hyperbelflut plötzlich, hinterm letzten Vorhang, der ihn von Allah trennte, ameisenklein hervorzuspazieren... in eigener Person, die er eigentlich längst abgestreift hatte, immer noch des Namens Bayazid (arab.: Abu Yazid). Gefragt, warum er nie verreise, sagte er: »Allah verreist nicht, und ich bleibe bei Ihm.« Also ließ Musulmane Bayazid bisweilen, mitten im strengsten Monotheismus, pantheistische Pointen los. Ein Besucher erläuterte sein vieles Reisen mit dem Gleichnis, ein Wasser, das an einem Ort stillstehe, werde faulig; Bayazid sagte: »Sei ein Meer, dann wirst du nicht faulig!« Also ließ Pantheist Bayazid bisweilen daoistische Klöpse los. Ein Trunkenbold zerschlug die Laute auf dem Kopf des Bayazid, der ihm Geld für eine neue Laute gab. Also ließ Daoist Bayazid bisweilen neutestamentliche Töne hören. Turmhoch stand er vorauseilend über allen späteren Vergeltungswünschen Arabiens, der USA, Israels, Palästinas, Pakistans, Indiens. Als Allah anbot: »Wünsch dir etwas, Ich erfüll es dir«, antwortete Bayazid: »Ich wünsche, nichts zu wünschen.« Also ließ der Christ Bayazid bisweilen buddhistisches Gedankengut einfließen. Als Allah ihn fragte: »Von wem hast du all das gelernt?«, erwiderte Bayazid demütig: »Der diese Frage stellt, weiß es besser als der, der dies gefragt wird. Er ist der Befragte und auch der Antwortende.« Also belehrte ein Geschöpf seinen Schöpfer über dessen Drüberstehn, so als wisse Allah so was nicht von selber. Foppte Bayazid seinen Gott – wuchs er über Ihn hinaus (wie Hiob oder → Franziskus von Assisi). Weder fürchtete er das Höllenfeuer, über das er die Nase rümpfte: »Bei Allah, wenn es mich erfaßt, ich tupf es auf mit dem Zipfel meiner Kutte!«; noch freute er sich – anders als spätere Gotteskrieger – aufs Paradies: »Dorthin müßtet ihr mich in Ketten schleifen!« Auch Allahs Lohn- und Strafsystem verwarf er: »Lohnt es sich wirklich, diese Handvoll Staub mit ewiger Strafe zu quälen?« Allah aber, solchen Argumenten nicht gewachsen, traktierte sein Geschöpf nur mit Abfragespielchen: »Wessen ist das Königreich?« Worauf Bayazid dann brav ein »Dein« abspulte. »Wessen ist der Befehl?« »Dein.« Oft murmelte er vor sich hin: »Ich bin der Heilige dieses Jahrhunderts...«, und erschrak über seine Hybris. Doch in der nächsten Verzückung ächzte er erneut: »Keiner hat je Höheres erreicht als ich.« Beim Gebetsruf »Allah ist groß« entfuhr ihm ein »Ich bin größer!«. Keine Fatwa erging. Nur wurde er zeitweise aus Bastam ausgewiesen. Dann wieder outete sich Bayazid als Agnostiker fast modernen Gepräges. Sein Satz »Der steht Allah am nächsten, der den größten Spielraum gewährt« ließ sich aus keiner Koransure ableiten. Also ließ der Agnostiker Bayazid bisweilen liberal-demokratische Pointen los. Auf dem Sterbebett legte er sich einen Magiergürtel um und zerriß ihn. ~ Bayazid schwamm in einer Sufi-Tradition, deren Niveau er hochzog oder hochschob und der er auch dann entragte, wenn er auf das von ihm erhöhte Niveau herabsank. Legenden brachten Bayazids kosmische Höhenflüge wieder auf sozialverträgliche Augenhöhe. Er, der sich so deutlich wie Buddha gegen rituelles Brimborium aussprach, wurde postum selber zum Wundermann. Allah gewährte ihm Zeichen und Wunder, die Bayazid aber allesamt ignorierte. Als Allah für seinen Liebling die Ufer des Oxus auseinanderrückte, auf daß der Scheich trocken rüberkönne, reagierte Bayazid, statt geschmeichelt, unwirsch: »Bei Deiner Majestät, o Herr. Nicht um solcher Mätzchen willen habe ich Dir gedient!« Bayazids Nimbus wuchs ins Ungeheure. Man pilgerte zum Grab Bayazids, als wenn's Mekka wäre. → 'Attar pumpte, als Bayazids Evangelist Lukas, das ungenügende Ausgangsmaterial unverläßlich auf, per tiefsinniger Nachdichtung, 300 Jahre nach Bayazid. »Trunkene Schulen« und Bruderschaften (à la Nakschbandiya, Khalwatiya, Yasawiya, Bektashiye) beriefen sich auf Bayazid als auf ihren Stammvater.

Worte von Bayazid al-Bastami: Manche haben in einer Nacht 7 Ozeane ausgetrunken. Und fragen dann, ausgehöhlt und ausgetrocknet: »Sind noch mehr da?« ◆ Je weiter einer von Allah entfernt ist, desto mehr weist er auf Ihn hin. ◆ Der Fromme verstößt die Welt 3 x 3fach, so daß das Gesetz keinen Weg mehr offen läßt, sich mit ihr wieder zu vermählen. ◆ Der gute Seufzer sollte gar keinen Schleier zu durchbrechen haben. ◆ Welch Wunder, daß einer nicht stirbt, wenn er den Gebetsruf ausspricht. ◆ Wenn das Herz hungert, regnet es Weisheit.
Bayazid al-Bastami über sich: Ich hab den Gottesdienst der Himmelsbewohner zusammengerollt, in ein Kissen gestopft, samt 7 Erdkugeln, und das Kissen unter meine Wange gelegt. ◆ Ich hab wenig Zeit zum Beten ... weil ich so oft im Himmel bin. ◆ Ich schaukelte schon auf dem Ozean, als frühere Propheten noch am Ufer Ausschau hielten. ◆ Ich hab mit Allah geredet, und Allah versprach, mir alles zu geben, worum ich Ihn bitten würde. Ich aber schlug das Angebot aus, weil ... nichts erschien mir begehrenswert. ◆ Ich wurde, als Allah sich mir enthüllte, hierbei von meinem eigenen Vorhandensein nicht bedrängt. Ich ließ das Ohr des Strebens verstummen. Ich ließ die Zunge der Sehnsucht in den Hals der Enttäuschung rutschen. ◆ Ich rief meine Seele zu Allah, aber sie wollte nicht folgen. Da ließ ich sie stehn und ging ohne sie zu Allah. ◆ Ich verlor mich vor 30 Jahren, und fand mich nicht wieder. Und ich bitte Allah, daß Er mir mich nicht zurückbringt. ◆ Ich habe mich aus meinem Ich geschält wie die Schlange aus ihrer Haut, da sah ich in mich hinein und – oh! Ich war Allah. ◆ Ich schaute auf alle

Geschöpfe und sah, daß sie tot waren. Als ich von ihrer Beerdigung zurückkam, ohne von ihnen belästigt zu werden, erreichte ich mit Allahs Hilfe Allah. ◆ Wozu soll ich Allah in Bastam verlassen, um Allah in Mekka zu suchen? ◆ All meine Verehrung für Allah stammte in Wirklichkeit von Allah, sie entsprang nicht mir, ich aber hatte vermutet, daß ich es gewesen sei, der Allah verehrte. ◆ Wie lang noch wird es zwischen Dir und mir das Ich und das Du geben? Hebe zwischen uns mein Ich auf. Mach, daß ich ganz in Dich eingehe. Daß ich nichts werde. O Allah, wenn ich bei Dir bin, taug ich mehr als alle; aber wenn ich bei mir selbst bin, taug ich weniger als jeder. ◆ Am ersten Tage entsagte ich der Welt, am zweiten Tag dem Jenseits, am dritten Tag allem, außer Gott. Am vierten Tag war ich mit der Entsagung fertig. ◆ Das erste Mal, als ich den Himmel betrat, schaute ich den Himmel. Beim zweiten Mal, als ich den Himmel betrat, schaute ich Allah. Beim dritten Mal schaute ich weder Himmel noch Allah.

Andere über Bayazid al-Bastami: Als er die Hände zum »Allahu akbar« erheben wollte, vermochte er's nicht, aus Ehrfurcht vor Allahs Namen. Seine Brust bebte, so daß ich seine Knochen krachen hörte und ich mich entsetzte. *(Anonymer Zeitgenosse)* ◆ Er möchte gern in die Hölle kommen, weil er auch dort der Güte und Zuneigung Allahs sicher ist. *(Ibn al-Dschauzi)* ◆ Bayazid ist lediglich an der Schwelle des göttlichen Wortes angekommen. *(Mansur al-Halladsch)* ◆ Manches von dem, was Bayazid gesagt hat, ist in seiner Kraft und Tiefe aus einem Meer geschöpft, das nur ihm allein gegeben war. *(Dschunaid)* ◆ Sein metaphysischer Durst ist niemals gelöscht worden. *(Annemarie Schimmel, 1975)* ◆ Aber seine introspektiven Übungen führten ihn über diese personalisierte Auffassung von Gott hinaus. *(Karen Armstrong, 1993)*

Howard Beale, TV-Moderator, Fernsehkönig, Zornprophet (ca. 1913 bis ca. 1974): Frühverheiratet, machte er bei UBS eine stetige, gemäßigte, brachenübliche, unspektakuläre Fernsehkarriere als Chefredakteur, saß in diversen Chefsesseln, fiel psychisch durch nichts auf, wirkte als Routinier, Macher, ruhender Pol und tragende Säule und lief nach 3 Jahrzehnten als geschätzter Kollege und Urgestein auf den Lebensabend zu, auf 67 landesweit angeschlossenen Sendern, als 7-Uhr-Nachrichtensprecher, als ein Karl-Heinz Köpcke oder Ulrich Wickert der USA, für 40 Mill. Zuschauer ein kantiges, aber gütiges, kurz: urvertrautes Fernsehgesicht. Im unterhaltsamen

Vox-populi-Medienmixpaket aus Sex & Crime sank dann aber die Quote seines klassischen Journalismus. Als er gefeuert wurde, drehte bei ihm eine Sicherung durch, und live – nicht herausschneidbar – kündigte er an, in der nächsten Sendung öffentlich Selbstmord zu begehen (→ Peregrinus-Proteus-Syndrom!?), wodurch seine Quote plötzlich ungeahnt hochschnellte. In den Kulissen der Chefetagen entbrannten Diskussionen, ob man ihn definitiv aus dem Verkehr ziehn oder aber ihm Narrenfreiheit gewähren solle, zwecks Quote. Innerhalb eines Pakets aus einer UBS-Hellseherin, einem »Das-ist-die-Wahrheit«-Magazin, einer Mata-Hari-Einlage verkündete der bis dato so seriöse Mr. Tagesschau der Nation, in seiner Show »Howard Beale, der zornige Prophet des Fernsehns«, daß er alles beschissen fände, wetterte im Stammtischentrüstungston gegen »die Verlogenheit unserer Zeit« und sprach damit 40 Mill. Amis aus dem Herzen. Er forderte sie auf – ungekämmt und derangiert in die Kamera schreiend und fuchtelnd –, sofort zum Fenster zu eilen, ein jeder zu seinem, und hinauszuschrein: »Ihr könnt mich alle am Arsch lecken, ich laß mir das nicht länger gefallen!«, was auch tendenziell alle befolgten und taten. Resultat: Kollektiv-Gaudi-Happening. Sofort erntete Howard Beale Leitartikel-Schlagzeilen in der Times. 2000 Telefonate und 14 000 Telegramme überschwemmten den Sender. Seine Quote schoß in Rekordhöhen, und psychotische Euphorie überschwemmte – Howard. Ihm stieg was zu Kopfe. Nachts hörte der pensionsreife Graukopf eine Stimme ihn mit irgendwas beauftragen. Er aber stellte sich, genau wie Moses, Jeremia und Muhammad, ungläubig und renitent: »Ich bin doch kein Dornbusch!?! Warum ich?« Die Stimme: »Weil du beim Fernsehn bist, du Dummkopf!« Da sagte halt der frischgebackene Prophet: »Okay.« Konservative Kräfte, die den alten Weggefährten davor schützen wollten, daß er sich zum Narren machte, und die die Nachrichten vom Entertainment freihalten wollten, wurden gefeuert; Abteilungsleiterin Diana Christensen begrüßte Beale als messianische Gestalt, als »Super-8-Savonarola«. Befragt, ob er verrückt sei, scherzte er: »Nur gelegentlich.« Was Außenstehende für eine psychotische Episode und einen Zusammenbruch hielten, durchströmte ihn subjektiv als reinigende Serie aus Momenten höchster Klarheit, als schockhafte Eruption starker elektrischer Energie. Nie fühlte er sich vorher glücklicher, ausgeglichener. Er forderte nun über 200 Mill. US-Bürger auf, die er als eine Nation transistorisierter, deodorierter, weißer als weißer, stahlgürtelbehafteter Leiber beschimpfte, total überflüssig als menschliche Wesen und austauschbar wie 'ne Batterie vom Auto, sofort das Fernsehn auszumachen, ihn mitten im Satz zu stoppen – und wie tot ließ er sich hinfallen.

Ohne Regenschirm ging er in den Sender und mit nassem Haar in die Sendung. Er polemisierte gegen einen CCA-Deal mit den Saudis; sofort watete man im Weißen Haus in 6 Mill. Telegrammen, und Beale ward von einem Background-Drahtzieher, Megaboß und Konzern-Kosmologen mit einer anderslautenden Wahrheit ausgestattet, frontenaufhebend, nationenübergreifend, die er baff übernahm und seinen Fans genauso lauthals mitteilte wie vorher seine begrenzte Meinung. Er wurde zum Schützling dieses Chefs, so daß das TV ihn trotz sinkender Quote nicht absägen konnte und man sich gezwungen sah, ihn von einer ultralinken, exzentrischen Terroristensekte namens »Ökumenische Befreiungsarmee« vor laufender Kamera mit MGs erschießen zu lassen. Er ging in die Annalen der Fernsehgeschichte ein als erster Fall, der wegen schlechter Einschaltquote ermordet wurde. In der Verfilmung »Network« wurde er 1976 gespielt von Peter Finch.

Worte von Howard Beale: Das Fernsehn ist nicht die Wahrheit, sondern ein gottverdammter Rummelplatz. ◆ Ihr denkt wie die Röhre. ◆ Die Geschöpfe sehen wie Menschen aus, sind aber keine. ◆ In der raumlosen Zeit werden diese Idioten schon aufwachen!
Howard Beale über sich: Ich möchte nicht wie ein Clown abtreten. ◆ Ich war 33 Jahre verheiratet, und es war ein einziger Albtraum. Aber plötzlich fand ich alles beschissen. ◆ Ich kann nur sagen: Das ist mehr als beschissen. Und das ist geradezu tröstlich. ◆ Nur ein einziges Mal wollt ich sagen, was ich wirklich fühle. ◆ Ich habe die erschütternde Fulguration endgültiger Klarheit gesehn. Die Erleuchtung kam über mich. Ich bin jetzt im Besitz einer großen, letzten Wahrheit. Ich werde Zeugnis ablegen vom Ewigen Licht. ◆ Ich fühle mich als ein Teil alles Lebendigen, der Blumen, der Vögel, aller Geschöpfe dieser Welt, und vielleicht auch als Teil einer großen, lebendigen Macht – die Hindus nennen sie Prahna. ◆ Ich geh jetzt und werd Zeugnis ablegen, die werden sich noch wundern – die werden sich noch ganz gewaltig über Howard Beale wundern!
Andere über Howard Beale: Der Hampelmann ist ein Hit. *(Frank Hackett)* ◆ Howard Beale verkörpert so etwas wie einen Gott aus der Büchse. (*Diana Christensen)*

Julius Benedict, Unschuldslamm, Naivling, Muskelmann, Allroundgelehrter, Bruder (geb. 1953): Seine Mutter, US-Schönheit Mary Anne Benedict, die Mrs. Perfect des Jahres 1952, wurde im Rahmen eines staatlichen, weitgehend illegalen Geheimprojekts befruchtet mit dem handverlesenen, 6köpfigen Sperma-Cocktail von 6 Vätern, darunter ein Fußball-Promi und ein Nobelpreisträger in Physik. Der Fötus teilte sich und wurde zu Julius, in dem stattliche Vorzugs-DNS kulminierte, und zu Vincent, eher einem genetischen Abfallprodukt, also zum Soziogramm von Herrenmensch & Outcast, bzw. mythisch-archetypischen Modellfall: Erstgeburt Isaak & Garnitur Nr. 2 und Nachgeburt Esau. Der Kindsmutter wurde mitgeteilt, ihr Sohn sei bei der Geburt verstorben, dem umgekehrt gesagt wurde, seine Mutter sei bei der Geburt verstorben; Sohn Nr. 2 wurde ihr verheimlicht. Julius wuchs mutterlos behütet im tropischen Paradies einer Pazifikinsel auf, 300 Seemeilen südlich der Fidschis, und war noch mit 29 und 35 sowohl Jungfrau wie ohne Führerschein; Vincent hingegen wurde in ein katholisches Waisenhaus in Los Angeles gesteckt, wo er bereits mit 12 eine Ordensschwester vernaschte und alsbald sich verstrickte und austobte, als kleinkrimineller Giftzwerg, der auch mal eine Sport-Agentur gründete. Julius hatte es nicht nur hier (im Bizeps), sondern auch hier (in der Birne), nämlich auch Köpfchen. Er wuchs, im Gegensatz zu Conan, dem Barbaren, ausgewogen auf zwischen guten Büchern und Hanteln. In einem gesunden Körper sollte ein gesunder Geist wohnen, und das tat er. Julius erlernte 12 Fremdsprachen, wurde Experte für Geschichte, ein As in Naturwissenschaften, Mathematik, Literatur, und verinnerlichte 3 anwendbare Regeln für Krisensituationen. Erst 1988 wurde dem unbeschriebenen Blatt mitgeteilt, er habe draußen in der Welt, die er nur aus Büchern kannte, einen Bruder. Das ließ ihm keine Ruhe mehr. Familiensinn glomm auf. Prompt verließ Julius seine Südseeinsel, ruderte 27 Seemeilen zum nächsten Airport, gen Alter ego. Er wär für einen Bruder um die halbe Welt geschifft. Mit Hartschalenkoffer, Jackett, Shorts und optimal durchtrainierten, sonnengebräunten Waden kam Julius in der Modern World an, als keuscher Joseph, ein reiner, tumber, hochgebildeter Tor, bärenstark, ein ganz Lieber. Rockmusik war total neu für Julius. Seine muskuläre Hypertrophie verglich Vincent mit den Rocky Mountains. Sensibelchen Julius aber nahm alles Mögliche so richtig mit. Julius war zu gut für diese Welt. Mitbürger merkten sofort, daß er von einem anderen Stern kam: »Sie sind wohl nicht von hier?« Er: »O doch.« Leute, die ihn auf offner Straße beklauen wollten, durchschaute er nicht. Seine größte Sehnsucht: mit seinem unbekannten Zwillingsbruder, bei dem er Interesse an Poesie vermutete, in Museen zu gehen, über Philosophie zu reden und Schach zu spielen. Der hyperoptimal durchtrainierte Simplex und Kaspar Hauser, ein Lämmchen mit dem Body eines Bodyguards, der lammfromme Mr. Universe, Phänotypus: Gladiator, die pervertierte, persiflierte Myschkinfigur von 230 Pfund, war so stark und gut wie Lennie Small aus John Steinbecks »Of Mice and Men«. Und sah hierbei aus wie ein Twin des Terminators Arnold Schwarzenegger, 1:1, bis aufs Haar, und wurde später von ebendiesem in der Verfilmung »Twins« kongenial gespielt. Die Heldenlegende aus Graz in Kärnten, Mr. Olympia, brachte es nur zum vermutlich stärksten Mann des Weltalls, zum bestbezahlten Schauspieler der Welt, sowie zum Gouverneur von Kalifornien; Julius aber war, wie Prinzensohn Tamino, mehr als Politiker; er war – humanerweise – Mensch. Doch mußte er erst mal Vincent aus dem Knast holen und sich von ihm in allerlei Keilerei mit Gläubigern verwickeln lassen. Gewaltverächter Julius haute Vincent aus allen Schwulitäten heraus und war insgesamt so unendlich happy über diese ungleiche Bruderschaft, daß die beiden im Partnerlook sich beim Essen und Pinkeln synchron bewegten, wie a priori gut aufnander eingespielt, eineiige Twins. Der grundgütige Julius kooperierte mit dem ausgekochten Vincent wie Yin mit Yang. Auftau-Fast-food aus Tiefkühltruhe und Mikrowelle kommentierte er: »Bestrahltes Essen schmeckt gut.« Bald bekam der miese, kaum sozial konditionierte Vincent mit, daß sein gutaussehender großer Bruder sexuell noch Jungfrau sei; Julius antwortete gesenkten Blickes: »Das geht nur mich was an.« Die unschuldige Entjungferung des liebenswerten Powerbolzens durch Marnie folgte auf dem Fuß, die bildschöne Freundin einer von Vincents nicht so schönen, warmgehaltenen Ex-Loverinnen: Mit verklärt leuchtenden Augen lag Julius postkoital im Ehebett. Zu viert reiste man los, um die geheimnisvolle Herkunft der beiden Twins auszuforschen. Julius trieb einen der 6 Väter auf, dem er sich emotional hochaffizierbar an die Gorillabrust warf – und dann auch, in New Mexico, den damaligen wissenschaftlichen Leiter des dubiösen Experiments, Mitchel Traivan, dem er die Adresse der Mutter abluchste, die 200 Meilen nördlich von Santa Fé eine Künstlerkolonie, die Benedict-Stiftung, finanzierte und leitete, allwo man die ungleichen Zwillinge, die dort mit Blumensträußchen auftauchten, abblitzen ließ, weil man sie für Immobilienhaie hielt. Obwohl Julius zeitweise ein T-Shirt trug »Born to be bad!«, veranlaßte er Vincent, einen unrechtmäßig ergatterten Koffer mit 4 Mill. Dollar zurückzugeben. Durch diese gute Tat öffneten sich dann doch die zugefallnen Türen der Benedict-Stiftung, wo die beiden Zwillingsbrüder sofort gedeihlichem Familienanschluß sich hingaben; denn

Julius hatte im mißratenen Brüderchen eine aristotelische Katharsis in Gang gebracht und aus Vincents rauher Schale einen weichen Kern hervorgeschält. In Schlips und Schale stiegen sie in die Chefetage auf, ehelichten überglücklich ihre lieben Damen Linda und Marnie und zeugten jeweils – Twins. Man jubelte einer noch schöneren Zukunft entgegen. Welch bravouröser Sieg des Guten, Gutgebauten und Schönen über das Asoziale, Kriminelle und Kleinwüchsige! Und wenn Julius und Vincent nicht starben, könnten sie heute noch unter uns leben, und wie.

Nicht jedes Alter ego sieht einem ähnlich

Worte von Julius Bendict: Ist doch 'n tolles Gefühl, ein guter Mensch zu sein. ◆ Frauen sind meist so fremd und sensibel. ◆ Ich sag dir, mehr kann man vom Leben nicht erwarten. ◆ Nein, ich versteh nicht, aber irgendwann kapier ich's. ◆ Du bist einer meiner Väter. Du weißt gar nicht, was das für mich bedeutet.

Julius Benedict über sich: Ich hatte keine Vorstellung, daß es Zeitungen gibt, in denen so viele nackte Frauenpopos sind. ◆ Ich würde niemals rauchen, Kumpel. ◆ Ich wollte doch nur eine Familie aus uns machen. ◆ Ich spüre deinen Schmerz. ◆ Ich bin ja so stolz auf dich. Ich liebe es, wenn du Leute vermöbelst. ◆ Das freut mich für ihn, daß er so viele Kinder zum Spielen hatte. ◆ Seh ich wie ein Mensch aus? ◆ Zum ersten Mal in meinem Leben bin ich schweinesauer.

Andere über Julius Benedict: Er weiß 'ne Menge über alles. *(Linda)*

BENEDIKT XVI., **Oberhirte, Pontifex, Menschenfischer (geb. 1927):** Als Kardinal → Ratzinger inneward, daß die Papstwahl auf speziell ihn zulief, tat er so, als hätt er nicht 40 Jahre zielbewußt draufzugearbeitet, und wandte sich im Gebet nach bewährtem Schema (Moses, Jeremia, Muhammad, → Beale) an Gott, er sei für dieses Amt zu schwach, es gebe doch Jüngere und Stärkere; und scherzte dann, daß Gott ihm in diesem Punkt nicht zugehört habe. Der erste Bayer auf dem Stuhl Petri, seit Damasus II., alias Poppo von Brixen, 1048 n. Chr.! Nahtlos klappte seine Transformatio vom ungelesenen Gelehrten zum vielzitierten Medien- und Anfaßpapst, nur mußte er erst mal winken und 2.) lachen lernen, und 3.) sein Niveau als Theologe 3 x verleugnen: Im spezifischen Profil kirchlicher Liebestätigkeit koinzidierte 1:1, ja: koitierte jahrzehntelanges Nachbeten mit plötzlichem Vorbeten. Obwohl der IQ des vom SPIEGEL sog. Philosophen-Papstes, dessen Liliputanerstimme aus der Augsburger Puppenkiste kam, höher raufkam als der mancher Vorgänger, fast so hoch wie der von → Drewermann, durfte-konnte-wollte seine Formulatio über den Tellerrand seiner Dogmatica nicht hinaus. Kiloschwere Goldkluft machte sein Köpfchen noch kleiner, den Leib arg breit. Zerebrales Volumen verhedderte sich mit der Simplizität der »message«. Ihm ging's darum, »Botschaften auszurichten«. Tief rutschte er, wie alle Päpste, unters Niveau von Geisteskultur und Kirchengeschichte, fast aller Mystiker, selbst flacher Gurus. Erste Amtstat: Nicht nur Schwule als Priester verbieten, auch solche, die Homophilie tolerieren. Wer ihm nicht unterwürfig und papakomplexbeladen zujubelte, jaulte auf, im Angesicht dieses »bigotten, lustfeindlichen Greises« (konkret). Seine Formulierung »Die Liebesgeschichte zwischen Gott und dem Menschen« – Humorversuch? Der zum Sex degradierte Eros werde zur Ware, warnte der Papst, zur bloßen »Sache«, wodurch sogar der Mensch zur Ware werde – wo hatte er so was her? Auf Reporterfragen, wieso die Kirche Frauen vom Priesteramt ausschließe, antwortete er, wir fühlten uns nicht ermächtigt – wer aber dann? Gott selbst? –, wir müßten aber den richtigen Ort für Frauen in der Kirche suchen. In seiner Enzyklika exkommunizierte, exorzierte, kastrierte und relativierte er Eros kompensatorisch mit Agape. Daß der Zölibateur vom beglückenden, nein: »beglückten Ineinander von Mann und Frau« sprach, hörte sich fast süffisant an, frivol, verständnisvoll, so als wisse er, wovon er redete, erfahrungsgesättigt, koituserfahren, aber mit wem? (Hierzu → Zhuangzi: »Man befragt ja einen Blinden nicht über ein Gemälde und lädt einen Tauben nicht zum Singfest ein.«) Schauriges Schauspiel, den Unterversorgten obsessiv um Homosex, Jesus und Abtreibung kreisen zu sehn. Einerseits darf »praktizierte Nächstenliebe«, was hinreichend sexuell klang, nicht Mittel für Proselytismus sein, andererseits zeigt uns Maria, die Jungfrau, die Mutter, in ihrer Güte und Schönheit, was Liebe ist. Obwohl er »die inspirierende Kraft der klassischen Musik« lobte, probierte er Alphorngeschenke oral nicht aus, anders als sein volkstümlicher Vorgänger.

Keusche Hemmung hingegen, abgelutschte Termini à la »jungfräuliche Reinheit« in den asymmetrischen Mund zu nehmen, verspürte er nie. In seiner Enzyklika, auf die man – laut Kardinal Lehmann – ein halbes Jahrhundert lang wartete, schrieb er sogar von der »Endphase ihrer Schwangerschaft«. Daß sein mitgefilmtes Gebet von sensiblem Publikum als obszön empfunden wurde, hinderte den Papst nicht, das stille Kämmerlein auf allen Monitoren zur Peep-Show zu machen und hierbei, bei intimer Verrichtung metaphysischer Bedürfnisse – gynäkologisch ausgeleuchtet – auch gehörig verinnerlicht auszuschaun. Seiner glücklichen Liebe zu modischen Unworten à la Solidargemeinschaft, »konkrete Nöte«, »liberales Fortschrittsdogma« legte er keinerlei Keuschheitsgürtel um. Mit marxistischem Jargon (»Vergesellschaftung der Produktionsmittel«) redete er gegen Marxismus. Obwohl er gegen materialistischen Zeitgeist focht, gab er sich kapitalistischem Zins- und Aktionärsdenken hin: »Christus nimmt nichts und gibt alles. Wer sich ihm gibt, der erhält alles hundertfach zurück.« Tolerant kämpfte Benedikt XVI. gegen die von ihm sog. »Diktatur des Relativismus«, taub für den Balken im Auge, sobald er andere Religionen im Dialog mit ihnen relativierte: »Zu viele andere Frequenzen haben wir im Ohr«. Mahnende Appelle richtete er »an unsere ethische Verantwortung« – Vorsicht: Polit-Jargon! Anders als Spätgotik – »O Heiland, reiß den Himmel auf!« – salbaderte Benedikt XVI. um Drinbleibendürfen im Netz des Menschenfischers: »Gedenke Deiner Zusage, laß Dein Netz nicht zerreißen.« Eine Bitte, die nie ungehört verhallte. Aber seit wann mußte Gott an seine Zusagen erinnert werden? Beim Versuch, auf dem Weltjugendtag in Köln 2005 in die Kondombenutzung der Menschheit machtlos hineinzuregieren, verkündete er, die Kirche sei »ein Netz mit guten und schlechten Fischen« (so als hätte Gott je »schlechte Fische« geschaffen!), ein Acker mit Weizen und Unkraut (von profanen Behörden längst human in »Wildkraut« umgetauft); hier schlug zoroastrisch-altiranischer Dualismus durch. Vor Milliarden Ohren ließ er müffelnde Metaphorik raushängen, nannte seine Herde gern »Herde«, ohne Feeling, daß sich im Jahrhundert der Massentierhaltung Vernunftmenschen und falsche Messiasse (echte sowieso) hierbei in Grab und Himmel umdrehn könnten: »Betet für mich, daß ich meine Herde, jeden einzelnen, immer mehr lieben lerne«, so als verstünde sich's im Zeitalter sozialer Überangebote nicht von selbst, im Millionengetümmel pro Arschgesicht das Bild Gottes freudig herauszulesen. 2000 Jahre Kreuzzüge, Liturgie des Folterns, Mittelalterverdunklung, Inquisition, Holocaust, Heuchelei, Abschlachtung Denkender, Waffensegnen, fette Mönche, geile Militärpfarrer, zum Hakenkreuz pervertiertes Kreuz, resümierte der Papst so: »Menschen der Kirche haben im Namen des Glaubens und der Moral auf Methoden zurückgegriffen, die dem Evangelium nicht entsprechen.« Sein Papamobil karikierte den Esel Christi, den Büffel → Laozis, meilenfern der Vehikellosigkeit Buddhas, und wahrlich nicht himmelwärts wie der Buraq Muhammads, sondern gradaus durch menschliche Massen. Er sprach gern von »kostbaren menschlichen Begegnungen« und fuhr die Quote der Privataudienzen drastisch herunter. Sein Leibgericht: Schweinesteak in Estragonsenf, ohne Feeling, daß man weder Schweine noch Lämmer schlachten sollte, noch ständig den Leib des Herrn. In Köln fraß er Steak mit 6 Bischöfen – Abgrenzungsdemonstration für muslimische/jüdische Brüder? Tierschutzverbände protestierten, weil er für original-mittelalterliche Kleidung – unbeleckt von Albert Schweitzers Ehrfurcht vor dem Leben – kostspielig und massenhaft naturgeschützte Hermeline/Zobel verarbeiten ließ. Ein kannibalistischer Sünder maßte sich an, Sündenablaß zu gewähren. In Kindergottesdiensten mahnte er unschuldige Kinder, auch beim Essen und Schlafengehn zu beten. Daß er, wie alle kurzsichtigen Theologen, gern den leidgepeitscht augenleidenden Nietzsche betastete, ja, sich vergriff, roch aus solchem Mund nach Blasphemie plus Kernseife. Beim Wunschkonzert zum 80. Geburtstag – Dvořák, Mozart, Gabrieli – verhinderte Goldring am Finger sowohl Applaus wie Gebet – welch Menschheitsgleichnis wider Willen! Benedikt liebte Muftis nicht so sehr wie sich selbst. Im urbayrischen Regensburg löste er via Anti-Mohammed-Zitat, scheinheilig mit diabolischer Unschuldsmiene vorgetragen, einen Aufschrei aus, Anschläge auf Kirchen, Nonnenmord, fast Weltenbrand, von Islamabad bis Jakarta. Nicht nur Fundamentalisten, auch Politiker und Gelehrte verglichen ihn mit Kreuzfahrern, Mussolini, Hitler. Er entschuldigte sich bei den Muslimen, gab also zu, fehlbar zu sein. Neben dem freischultrigen Buddhistenpapst Nr. 14, den der Vatikan-Lama sehr tolerierte, wirkte »Papa Ratzeputz« (Kosename), bei vergleichbar parkettsicherem Kostümfilm, verkniffen bis verbissen. Selbst beim Kauleistefreilegen und hitlergrußartigen Winkewinke für die Kameras vermochte er seinen konstitutionellen Schleichmarder- und Scheelblick nicht wegzufiltern. Obwohl Christentum wie Humanwissenschaften, seit → Origines, erfolgreich dran gearbeitet hatten, den Teufel zum Symbol runterzurelativieren, wurde des Heiligen Vaters vielzitiertes, von Satanisten jeglicher Couleur gerngesehenes Diktum, daß der Teufel nicht symbolisch sei, sondern real, zum Motto des ersten Exorzistenkongresses in Polen. Voltaireleser Mephisto hatte verfrüht konstatiert: »Den Bösen sind sie los, die Bösen sind geblieben!« Sogar Intellektualitäten (Henryk M. Broder) begrüßten es nun, daß der Papst »das Böse« dem Diskurs zurückgab. Lebensleistung in summa: Als wandelnde Funktion seiner Ämter verrührte der nette Hardliner aus Altötting (stern, 2007) Psycho-, Spirit-, Eso-Jargon, Pfaffendünnbier und Lutherdeutsch unfreiwillig komisch zu einem Gesamtjargon. Gutgemeinte Gebete wurden mystisch eins mit hirnrissigen Leerformeln. Die mehrbändige Quintessenz seines langen Lebens: Selbst apokryph eingeschobene Fälschungen stammen direkt von Jesus, und vor allem: Jesus ist Gottes Sohn. Viele glaubten es und wurden trotzdem nicht selig. Sicht auf die Dinge von höchster Warte: Milliarden konnten sich nicht irren und schlugen die Augen auf zu tiefgehängtem Schwundgott und begrenztem Vizechef.

Nicht nur zu Petrus sagte Christus: »Weide meine Schafe«

Worte von Benedikt XVI.: Seligsprechungen sprechen viele Menschen an. ◆ Das Gebet, das ihr mir schenkt, ist ein ganz großes Geschenk. ◆ Das Gefühl, den Glauben zu stärken, wird gestärkt. ◆ Europa sollte ganz bewußt wieder seine Seele suchen. ◆ Jeder von uns ist Frucht eines Gedankens Gottes, jeder ist gewollt. ◆ Im Grunde ist es doch tröstlich, daß es Unkraut in der Kirche gibt. ◆ Die Kirche ist Gottes Familie in der Welt. ◆ Die Welt wird durch den Gekreuzigten erlöst, nicht durch die Kreuziger. ◆ Hier in der heiligen Hostie ist er vor uns und unter uns. Wie damals verhüllt er sich geheimnisvoll in heiligem Schweigen. ◆ Christsein heißt auf dem Weg sein, und Christus ist immer mit dabei. ◆ Ermutigung ist der Sinn dieser Reise. ◆ Jesus lädt uns ein zu jener inneren Wanderschaft, die Anbetung heißt. ◆ Die Eucharistie zieht uns in den Hingabeakt Jesu hinein. ◆ Der Gewalt dieser Welt

stellt Gott ein Kind entgegen und fordert uns auf, ihm zu folgen. ◆ Gott ist so groß, daß er sich klein machen kann. ◆ Er hat ein Kind in der Krippe zu Seinem Zeichen gemacht. So ist Er. So lernen wir Ihn kennen. ◆ In der Tat: Niemand hat Gott gesehen, so wie er in sich ist. Und trotzdem ist Gott uns nicht gänzlich unsichtbar, nicht einfach unzugänglich geblieben. ◆ Wer die Liebe abschaffen will, ist dabei, den Menschen als Menschen abzuschaffen. ◆ Deshalb ist der trunkene, zuchtlose Eros nicht Aufstieg, »Ekstase« zum Göttlichen hin, sondern Absturz des Menschen. ◆ Es ist schön, dabei zu sein, und Gott ist da, um den Schwung zu finden, den Alltag zu meistern. ◆ Der fleischgewordene Gott zieht uns alle an sich.
Benedikt XVI. über sich: Ich bin nicht der Mensch, dem dauernd viele Witze einfallen, aber die fröhliche Seite des Lebens, alles nicht so schwer zu nehmen, das ist schon sehr schön. ◆ Weide meine Schafe, sagte Christus zu Petrus, und er sagt es nun zu mir. ◆ Mein Herz schlägt bayrisch.
Andere über Benedikt XVI.: Er ist ein intelligenter, wacher, analytischer Geist. *(Hans Küng, 2005)* ◆ Zur Person des Gewählten läßt sich sagen, daß keiner so ausgeprägt wie dieser Ratzinger besitzt, was man in protestantischen Kreisen den »katholischen Blick« nennt, in dem sich Selbstgerechtigkeit, Perfidie und Triebstau aufs Unnachahmlichste mischen. *(M. Schilling, 2005)* ◆ Der Papst muß sagen dürfen, was er will – auch wenn es das Falsche ist. *(Thomas Assheuer, 2006)* ◆ Papst Benedikt XVI. hat zu einem Ende des Blutvergießens im Gazastreifen aufgerufen. Er forderte die sofortige »Wiederaufnahme von direkten, ernsthaften und konkreten Verhandlungen«. *(BILD, 6. 11. 2006)* ◆ In stiller Verehrung verharrte Papst Benedikt mit dem Mufti von Istanbul vor dem gemeinsamen Gott. *(ARD, 30. 11. 2006)* ◆ Mit der Einladung zur Liebe trifft der Papst ins Schwarze. *(Hans-Jochen Jaschke, Weihbischof, 2007)*

Sarah Bernhardt (geb. Henriette-Rosine Bernardt), Kameliendame, Götterstimme, Diva, Exzentrikerin, Femme fatale, Theaterleiterin (1844–1923): Als uneheliche Tochter einer jüdisch-niederländischen Kurtisane ungeliebt hin und her geschoben, beinahe an TB verstorben. Kindliche Wutanfälle grenzten an Wahnsinn. 1859 Schauspielschule. 1863 Debüt an der Comédie Française. Im Krieg mit Deutschland 1870/71 pflegte sie Verwundete. 1879 erste Welttournee. Man sah an ihr eine nie gesehene Lebendigkeit. Sie konnte erröten, weinen und sterben wie keine andere. Sie überzeugte nicht nur als Phädra, Kleopatra, Theodora, La Dame aux camélias, die sie 3000 x spielte, als byzantinische Kaiserin, auch in Hosenrollen à la Hamlet. Rivalisierende Hosenrollen kommentierte sie: »Das arme Ding ist nicht genug Mann, um die Frau in ihren Männerkleidern vergessen zu lassen, und nicht genug Frau, um die Hosenrolle verführerisch zu machen.« Trat sie von der Bühne ab, legte sie die Schauspielerin nie beiseite. Ihre Ausstrahlung, Anmut, Temperament riß derart hypnotisch hin, daß keiner sagen konnte, ob sie eigentlich äußerst schön oder irgendwie gut aussah, vor allem für ihre unzählbaren Liebhaber (Modelle von Proust-Romanfiguren à la Charles Haas, oder Mounet-Sully, oder Gustave Doré) blieb das nebensächlich, Hauptsache, es war – sie (die bei Proust als die Schauspielerin La Berma reüssierte). Einen Galan schubste sie aus dem 2. Stock, einen anderen züchtigte sie mit Reitpeitsche. Gerüchte über ihre Affären heizte sie noch an. Der Erzbischof von Chicago verfluchte sie derart gründlich, daß ihr Manager sich bei ihm für die kostenlose Reklame mit Geldspende bedankte. Böse Zungen verstummten oder wußten allenfalls auf ihre twiggy-antizipierende Schlankheit anzuspielen, nannten sie ein »hübsch aufpoliertes Skelett«. Was ihr Eleonore Duse an unpathetischer Sensibilität und vielleicht Schönheit voraushatte, machte sie mit Exaltiertheit und Stories wett. Eine sittenstrenge Dame ermahnte die ausschweifende Tragödin: »Gehen Sie in sich!« Sie stets schlagfertig: »Das ist leider unmöglich. Es ist kein Platz da!« Weil ihre Voix d'or, die selbst strengste Theaterkritiker losschwärmen ließ, im Stummfilm zu entfallen hatte, votierte sie nach flüchtiger Stummfilmberührung gegen Stummfilme. Queen Victoria und Zar Alexander bewunderten sie. Ihre Drehbühne – alle 5 Erdteile, inklusive Australien. → Wilde nannte sie »die Unvergleichliche«. Viele hielten sie für die energischste Französin seit Jeanne d'Arc, die sie oft spielte; alle – außer G. B. Shaw – hielten sie für die größte Tragödin der Welt. Sie erhielt bis dahin nie erzielte Spitzengagen, die sie doppelt und dreifach ausgab. Dem Prinz von Wales, der sie mit Hut in ihrer Garderobe besuchte, sagte sie: »Königliche Hoheit, die Krone behält man auf dem Kopf, aber den Hut nimmt man ab!« Als die Primadonna in den USA stürmischer empfangen wurde als Dom Pedro in Brasilien, kommentierte sie: »Er war ja auch bloß ein Kaiser.« Obschon bloß Künstlerin, lebte sie königlich auf höchstem Fuß, verschoß Unsummen für Häuser, Dienstboten, Interieurs, fast täglich Abendgesellschaften. Geiz war unter ihrer Würde. Andere Talente bejubelte man höchstenfalls so: »Sarah Bernhardt hätte nicht besser sein können!« Sie wurde, statt bloß Schauspielerin zu sein, eine mythische Figur. In roter Montgolfière stieg sie zum Himmel über Paris auf, oder posierte – kalkweiß geschminkt – in ihrem Kindersarg aus Rosenholz, der seit ihrer TBC bereitstand, jetzt im Fauteuil aufgestellt, für Photographen. Abgöttisch liebte sie Tiere, vor allem ihre Ozelots. Ihren schwarzen Panther führte sie im Bois de Boulogne aus. Bei einem Gartenfest in London ließ sie Gepard und Wolfshund frei herumlaufen, um sich am hysterischen Aufruhr und Chaos zu ergötzen, gefundenes Fressen für die Presse. Alexandre Dumas in Paris kam mit Strohhut zur Audienz und ging ohne; denn ihr Puma hatte ihn zerfleddert. Einen fingerzahmen Löwen schaffte sie wegen dessen Ausdünstung bald wieder ab. Sie liebte sogar Reptilien – 12 Chamäleons. In ihrem Salon schlief eine Boa, als aber ihr Alligator All-Gaga ihren Lieblingshund schnappte, ließ sie ihn erschießen. Ihre Chinchillas ließ sie zu ihren Pelzmänteln verarbeiten. Sowohl in ihre Kleider wie in den Panzer ihrer Lieblingsschildkröte ließ sie Edelsteine einlegen. Und sie ließ sich's nicht nehmen, die berüchtigten Schlachthöfe von Chicago zu besichtigen. Vehement trat sie gegen Todesstrafe ein, verschaffte sich aber 4 x heimlich Zugang zu Hinrichtungen. Ihr stets verschuldeter Sohn machte Probleme. Als sie die Knieschmerzen, Spätfolgen eines Bühnenunfalls, nicht mehr aushielt, überredete sie den Chirurgen Samuel Pozzi, das Bein zu amputieren, und ließ sich, endlich schmerzbefreit, statt als Krüppelin herumzuhumpeln, in weißgoldenen Sänften tragen. Noch mit 70 spielte sie – mit Beinprothese oder auch liegend – glaubhaft die 17jährige heilige Johanna. Hätte es damals schon Kameras gegeben, wär sie entweder entzaubert oder noch 120 x berühmter. Mit 79 erhielt sie ihre erste Filmrolle; im Glutlicht der Jupiterlampen brach die göttliche Greisin zusammen und war 11 (!) Tage später tot. ~ Spätere, glanzlosere, unanmutigere Terminologie nannte die Fin-de-siècle-Ikone »wichtige Impulsgeberin«, »Reklamegenie« und »Naturtalent für Public Relations«. Als erster Weltstar wurde sie zum Ausgangsmodell vieler späterer Weltkarrieren, → Baker, Marlene Dietrich, Madonna. Ihre Exzentrik sicherte ihr stets einen Platz in Publikationen über Sexbomben, Bad Girls & Wild Women, als Nymphe, als Vamp, als Top-Frau.

Worte von Sarah Bernhardt: Männer verlangen von den Frauen immer das gleiche. Frauen verlangen von den Männern etwas Besonderes. ◆ Das Lampenfieber kommt mit dem Talent. ◆ Diese selbstsüchtige Dummheit der menschlichen Rasse bringt mich zur Verzweiflung. ◆ Man darf nicht aufhören, sonst stirbt man.

Diesseits von Tonaufzeichnung und Fernsehn

Sarah Bernhardt über sich: Ich brauche keinen Regenschirm. Ich bin so schlank, daß ich zwischen den Tropfen hindurchlaufen kann. ◆ Ich jagte allen mit meiner Nervosität Schrecken ein. ◆ Ich hatte Lampenfieber, aber nicht das, das einen lähmt, sondern das, bei dem man durchdreht. ◆ Ich kann Sie beruhigen, ich habe noch nie einen Hund bei lebendigem Leib abgezogen oder Katzen verbrannt. ◆ Da ich nicht sterben konnte, wie ich wollte, drehte ich den Spieß um und beschloß, stark, zäh, lebhaft und lebendig zu sein, sehr zum Ärger meiner Zeitgenossen. ◆ Meine Schlankheit wird als Exzentrik verstanden. Mir wär eine üppige, ausladende Figur viel lieber.

Andere über Sarah Bernhardt: Wenn etwas noch bemerkenswerter ist als Sarah auf der Bühne, dann Sarah im Leben. *(Victorien Sardou, Impresario)* ◆ Gestern stand ich vor der Comédie, als eine leere Equipage vorfuhr. Und wer stieg aus: Sarah Bernhardt! *(ein Figaro-Kritiker)* ◆ Sie ist kein Individuum, sondern ein ganzes Personenbündel. *(Jules Lemaitre)* ◆ Dann ihr Schmeicheln und Flehen und Umarmen, es ist unglaublich, was sie für Haltungen einnehmen kann und wie sie mit ihren Gliedern und Gelenken spielt. *(Sigmund Freud)* ◆ Obwohl Sarah entschlossen war, auf der Bühne tot umzufallen, starb sie nicht. *(Arthur Gold/Robert Fizdale, 1992)* ◆ Sie schritt mit der Haltung einer Königin, schwebte wie eine Wolke oder schlich geschmeidig wie eine Katze. *(Luise F. Pusch/Susanne Gretter, 1999)*

ULLA PIA VON BERNUS, **Schwarzmagierin, Satanspriesterin, Ferntöterin, Gedankenlyrikerin** (1913–1999): Die Tochter des Alchimisten Alexander von Bernus – verbürgter Taufpate: Dr. → Steiner (auch wenn sie's später bestritt) – ging auf die erste Waldorfschule, in Stuttgart-Uhlandshöhe. Seit frühester Jugend spürte sie die Toten, was ihr Vater ihr nicht ausredete. Klaus Mann berichtete in »Wendepunkt« über die quirlige 11jährige, die mit

Übersinnlichem nichts zu tun haben wollte. Dann aber, in aufgeklärterem Alter, versank sie doch noch im Okkulten. Mit 17 ließ sie sich in London von Grünkappen-Mönchen 3 Wochen in eine Isolationsdunkelkammer stecken. Seit sie ihre Vorinkarnationen wahrnahm, entschied sie sich für schwarze Magie, um weiße Magie besser zu verstehn; ihr Vater nahm's erschrocken hin. In Seminaren bot die standesgemäß Rothaarige – stets in Witwentracht, nein: schwarzgekleidet – Talismanherstellung an, Vollmondfeiern, Festivitäten zu Luzifers Ehren. Jedem ihrer Schüler und Kunden gab sie zuerst Dr. Steiners »Wie erlangt man Erkenntnisse der höheren Welten?« zu lesen. Seine Elementarwesen und Wesensglieder übernahm sie in fast allen Punkten. Die übliche gestümperte Ritualpraxis Schwarzer Magie buchte sie verächtlich ab unter »grauer Magie« (ohne zu ahnen, daß ein Romantitel von → Mynona »Graue Magie« heißt). Selbst Stammvater → Crowley warf sie vor, er sei kein echter Schwarzmagier gewesen, sondern habe voll Todesangst zwischen Schwarz und Mausgrau geschwankt; Kröten kreuzigen sei Unsinn. Sie sah dem Tod angstfrei entgegen, zumal man sowieso gleich danach wiederkommt. Mit niedrigen Geistwesen, die auf der Ebene des Tischerückens blieben, sowie Eso-Rivalinnen, die sie »mediale Tanten« nannte, hatte sie nichts gemein. Statt von Gut & Böse – also Begriffen aus der Vorstellungswelt von Lieschen Müller – sprach sie (im Gegensatz zu uneingeweihten Terroristen, Präsidenten & Päpsten) von Positiv & Negativ, also wertfreien Polaritäten des Universums. Wieso hingen dann bei ihr im Kundenempfangsraum und privat dieselben Totenkopf-Accessoires herum wie bei anderen satanistischen Tanten? Ging sie in den Zoo, streichelte sie stets zuerst die Raubtiere. Partnerschaft stellte sie höher als Liebe. »Liebeszauber«, den sie auch im Angebot hatte und für den sie Venuskräfte mobilisieren mußte, nannte sie lieber Sexzauber. An Erzengel Michael wandte sie sich nie, hatte keine berechtigten Fragen an ihn, weil die höchsten Engel die schädlichsten Begleitwesen mitbrachten. Auch daß man für Todesrituale Haare vom Opfer brauche, denunzierte sie als Ammenmärchen; sie brauchte bloß Foto und Namen des zu Tötenden. Todesrituale leistete sie nur für 30 000,– DM pro Casus, da das Risiko bei Dämonenbeschwörung, »Arbeit« mit Saturnkräften, Anrufung des Todesengels Osrael, selber dabei umzukommen, groß blieb, weshalb nach wie vor, wie zu Nostradamus' Zeiten, ein magischer Kreis gezogen werden mußte. Weil sie für Todesstrafe eintrat (wozu Hexen sonst eher nicht neigen, andererseits sah sie sich nicht als Hexe), hatte sie Sexualstraftäter, die sie »Sexualverbrecher« nannte, gegen sich. Plötzlich wurde sie schlagartig berühmt, weil sie 1984 in der ZDF-Sendung »Ich töte, wenn Satan es befiehlt« ein Todesritual demonstrierte. Fernsehpastor Sommerauer forderte sie auf, ihre Behauptungen zu beweisen, und zeigte sie an. Aber es handelte sich juristisch bloß um ein »straffreies Wahndelikt«, während sie den Anzeiger anzeigte, wegen reeller Anstiftung zum Mord. Der Publicity-Rummel spülte ihr – neben Drohungen – viele Neukunden zu, die dringend was von ihr wollten. Sie ließ Osrael nur in Notlagen zuschlagen bzw. die physische Schwachstelle des Todgeweihten nutzen, bzw. betonte dann immer öfter, daß sie keinerlei Aufträge mehr annehme. Ein Großteil der Arbeit bestand darin, zu Satan zu beten, daß er ihr Karma nicht belasten möge mit von ihr durchgeführten Ferntötungen. Wesentlich kostengünstiger kam es, wenn man Dritten bloß Kräfte absaugen lassen wollte, bis die dann schlapp in der Ecke hingen. Rundum wurden Elementargeister immer aggressiver und Zukunftsprognosen immer unzutreffender. Heilungen überließ sie den weißen Heilerinnen. Die vielen Wasserschäden ihres Appartement-Hotels in Bad Harzburg, worin sie wohnte und das sie selber »Zementklotz« nannte, führte sie auf Undinen zurück. Atlantis ging unter, weil man schon damals mit Atomkraft »arbeitete«. Im Zeitalter der wärmeisolierten Doppelverglasung beschwor sie den »Nachtvogel«, zum Fenster hereinzuhuschen. Ihre Tendenzlyrik klang entsprechend undämonisch, undiabolisch, formal ganz auf der Talenthöhe konfessionell gebundener Glaubensschwestern, inhaltlich halt ausgestattet mit den höllischen Requisiten derer, die sie als mausgraue Magier verachtete. Dann kam sie ins Altersheim und näherte sich sogar – von Nonnen verpflegt – Jesus deutlich an, vielleicht nur nach außen. Denn obwohl sie wiederholt sich von ihren Ferntötungen verabschiedet oder distanziert hatte, geht die Insiderkunde, sie habe versucht, ihre Stiefmutter aus der Ferne zu töten, und sei dann selber durch die Geister, die sie rief, zum Selbstmord getrieben worden.

Worte von Ulla Pia von Bernus: Der schwarze Magier könnte nicht mit Luzifer arbeiten, wenn Luzifer eine positive Wesenheit wäre. ◆ Wenn der Dämonen wildes Lachen erklingt, / und sie mit feurigen Händen nach den Menschen greifen werden, / dann bist Du Herr über die Erde, Satanas. ◆ Und wenn das Jahr 2000 kommt, / werden Deine Tempel wieder dort stehen, / wo sie gestanden haben. / Und Deine Diener werden wieder dort für Dich wirken, / Denn dann bist Du Herr über die Erde, Satanas. ◆ Wir hielten uns an den Händen, als Atlantis versank, / der Gott führte uns hinüber in ein fremdes Land.

Ulla Pia von Bernus über sich: Ich war noch nie Asiatin und bin in diesem

Professionelle Mörderin, die sich absolut nicht straffällig machte

Leben zum ersten Mal mit Asiaten zusammengetroffen. ◆ In den meisten Inkarnationen war ich eine Frau, allerdings nicht in allen. ◆ Hellsehen kann ich allerdings nicht; ich sehe nicht hell, sondern nur dunkel für die Zukunft des Planeten. ◆ Vor allem die Erd- und Wasserwesen sind dem Menschen keineswegs mehr freundlich gesinnt, bei den Luftwesen habe ich dieses aggressive Verhalten allerdings noch nicht beobachtet. ◆ Wenn die Hexen echte Hexen wären, gleich ob es schwarze oder weiße sind, dann würden sie sich nicht gegen mich richten. ◆ Eine Freundin von mir litt z. B. sehr stark unter Heuschnupfen, und der Außerirdische riet ihr, mit einem Tuch über dem Kopf die Dämpfe von heißem Bohnenkaffee einzuatmen. Der Heuschnupfen verschwand sofort. Später las ich, daß Koffein gegen Heuschnupfen gut sei.

Andere über Ulla Pia von Bernus: Sie geht konsequent den schwarzen Weg, akzeptiert aber ohne jede Hemmung genauso den weißen Weg. *(Wolfgang Weirauch, 1992)*

Joseph Beuys, **Avantgardist, Inszenator, Fett- und Filzkünstler, Baumförderer (1921–1986):** Er kam aus Krefeld und Kleve. In Posen erlernte er das Funken. Befreundet mit Tierfreund Heinz Sielmann; verwundet als Sturzkampfbomber, daher die Silberplatte, die ihm später in den Schädel eingesetzt und mit Hut bedeckt werden mußte. Tataren retteten ihm das Leben, hieß es, indem sie ihn mit Talg einrieben und in Filz hüllten. Verlobung mit Düsseldorfer Postangestellter platzte; er kroch deprimiert in eine teerbestrichne Kiste. Der Meisterschüler von Ewald Mataré heiratete die Kunsterzieherin Eva Wurmbach. Sein absichtlich farbenblindes oder farbloses Frühwerk zeigte verwischten Bleistift auf beflecktem Pergament. 1962 kreierte er das »Erdklavier«, 1963 den »Fettstuhl«. Konzerte mit Tonbändern, Klavier, Geigen, Nasentropfen, Gummibällen. Bald hieß es, er würde den Plastikbegriff erweitern, dann den Kunst- und gar Wissenschaftsbegriff. Nach vielen

Demos und Aktionen kündigte Ministerpräsident Johannes Rau, SPD, Beuys fristlos die Stelle als Hochschullehrer. Böll & Beuys gründeten eine FIU (Freie Internationale Universität). Auf Fett & Filz griff Beuys oft zurück, zumal Fett Wärmeenergie und Freisetzung von Gedanken symbolisierte, und Filz Wärmespeicherung und Ansammlung von Kreativität. Taschenlampen und Filzrollen, auf x Schlitten geschnallt, die einem VW-Bus entströmten, betitelt »Rudel«, sollten beim Betrachter Urängste vor Hetzmeuten wecken, vor allem auch bei Spießbürgern, deren Wut ihn ernährte und wellenweise aufwärtstrieb. Medienschelte machte ihn größer als andere Entitäten, genauso groß, wie er dann tatsächlich erschien. An seinen Werken, umschreibbar als »Sinn-Generatoren«, rühmte man, sie würden sich nicht in plakativen Aussagen erschöpfen. Wer nicht in den Chorus derer einstimmte, die vor ihm auf den Bauch fielen, outete sich als Kunstbanause. Uneinweihbare erkannten nicht das fulminante Novum innerhalb der abendländischen Kunstgeschichte, und die Epheben, Adoranten, Insider, Galeristen, Experten, Fans und Käufer blieben genauso blind gegen die medial angedrehte Chimäre dieses Novums. Die Gesellschaft, die größtenteils gern andere Künstler gehabt hätte, als sie verdiente, bekam hauptsächlich Beuys. Er arbeitete auch viel mit Wachs. Auf der documenta '77 führte er seine »Honigpumpe« vor, votierte wortreich für Hausfrauenbezahlung und stand in Jeans – eingesperrt in ein Inclusum – mittelmäßigen Fragen zur Verfügung. Seine theoretisierenden Äußerungen glichen dem Verbaloutput vergleichbarer Kunstszene-Galionsfiguren. Zeitgeist veranlaßte ihn und alle anderen, gegen Profitgier, brutale Ausbeutung u. ä. zu polemisieren. Beuys wurde bei allen, die sich nur teilweise besser verbalisieren konnten, »ein führender Künstler« der Fluxus-Bewegung. Andere Werktitel: »Eurasia-Stab«, »Die andere Energierichtung«. Sein Buchtitel: »Zeige deine Wunde«. Sein mutmachendes Votum, daß jeder Mensch ein Künstler sei, wurde viel zitiert und wenig befolgt. Geistig beschäftigte er sich mit Dr. → Steiner, was sichtlich in den besten Familien vorkam, bei Morgenstern & Quadflieg. Sein oller Hut wurde zum Markenzeichen (später ohne Mehrwert, d. h. einfallslos, imitiert vom genauso hageren Leichenperpetuator Gunther von Hagens). In der Dauerausstellung im Landesmuseum Darmstadt roch die ganze Abteilung streng, schwül und dumpfig nach eingemummelten Würsten und Vogelleichen. Eine Putze reinigte aus Versehn eine seiner verdreckten Badewannen, die für ihn eher ein Argonautenschiff symbolisierte – alle Medien unkten: »Millionenschaden!« Eine Zarenkrone schmolz er ein und formte »symbolisch« einen Friedenshasen draus. 1982 auf der documenta 7 ließ er künstlerisches Happening und umweltschützerische Aktivität koinzidieren, im Projekt »7000 Eichen«, statt Stadtverwaltung – löblichste Stadtverwaldung. Kassels OB Hans Eichel ließ sich charmant übertölpeln, bis zum Jawort. 1984: ökologisches Gesamtkunstwerk. Dann versagte das Herz. Die Asche kam ins Meer bei Helgoland. ~ Zum 70. Geb. streute herman de vries, auf einer Muschel tutend, eine »Rosenspur der Erinnerung« von der Kunstakademie Düsseldorf zum »Ohme Jupp«, spontan sekundiert von kuhhorntrötenden Zufallsfreaks.

Allen Kunstbanausen hatte er einiges mitzuteilen (hier zusammen mit Ewald → Rumpf, auf der documenta 1977 fotografiert von Heinz-Otto → Bohnlich)

Worte von Joseph Beuys: Dieser Spinatökologismus, der interessiert ja nicht. Die Welt kann zu Bruche gehen. Aber wenn die Erde in dem Zustand zu Bruch geht, wie sie jetzt ist, dann ist die menschliche Seele in Gefahr. Das einzige, was sich lohnt aufzurichten, ist die menschliche Seele. ◆ Diese Menschen sind nicht genügend vorbereitet für das moderne Geistesleben. Sie hatten eine schlechte Schulbildung. ◆ Ohne die Rose geht es nicht.

Joseph Beuys über sich: Ich ernähre mich durch Kraftvergeudung. ◆ Ich habe mich herausgestellt, um ein Zeichen zu setzen, damit warne ich auf meine Weise vor dem Abgrund, in den die ganze Menschheit abstürzen wird, wenn wir die Umkehr zum heilenden ökologischen System nicht schaffen. ◆ Ich möchte diese Bäume und diese Tiere rechtfähig machen. Das ist die selbstverständliche Pflicht des Menschen. ◆ Ich bin ja kein Gärtner, der Bäume pflanzt, weil Bäume schön sind. Nein, ich sage, die Bäume sind viel intelligenter als die Menschen. Wenn der Wind durch die Kronen geht, dann geht zu gleicher Zeit durch die Kronen, was die leidenden Menschen an Substanz auf die Erde gebracht haben. ◆ Wenn er seine Aufgaben hier auf dieser Welt im Sinne des wirklichen Christentums, der wirklichen christlichen Substanz, also des Sakraments, das durch die Baumwipfel weht, wahrnimmt, dann muß er sich entsprechend verhalten.

Andere über Joseph Beuys: Das Mischen, Sudeln und Manschen ist dem Menschen angeboren. Schwankendes Tasten und Versuchen ist seine Lust. Alle Arten von Infusionen gehen in Gärung oder in Fäulnis über. *(Goethe)* ◆ So entsteht der Eindruck, als könne BEUYS jedes beliebige gefundene Material in seine Bildwelt einbeziehen. *(Bazon Brock, 1977)* ◆ Er repräsentiert als derzeit anerkannter Weltmeister des Kunstmarkts die nicht ganz neue Möglichkeit, x-beliebigem Zeug einen nahezu sakralen Überbau zu verpassen. *(Armin Eichholz, ca. 1980)* ◆ Er sieht sich und sein Werk als »soziale Skulptur«. Plastisches Handeln wird bei ihm immer zum Sinnbild für Energie, Strahlung, Wärme und Geborgenheit im Natürlichen.« *(Peter M. Bode, um 1980)* ◆ Hinzu kam sein spezifisches Verständnis von den fundamentalen Gegensätzen alles Existierenden, das sich in der Verwendung entsprechender Materialien manifestierte. *(Harenberg Personenlexikon, 2000)* ◆ Er tat in Wahrheit immer das andere, immer das, was scheinbar abwegig war – 100 Tage auf der documenta reden, sich in Filz einwickeln, stundenlang auf einem Fleck stehen, mit einem Kojoten zusammenleben, Leuten die Füße waschen, Gelatine von der Wand nehmen, den Wald fegen, dem toten Hasen die Bilder erklären, eine Partei der Tiere gründen und das Messer verbinden, als er sich in den Finger geschnitten hatte. *(Heiner Stachelhaus)* ◆ Kunst war für Beuys das Zaubermittel, die Isolation des Menschen, »dem alle spirituellen Nabelschnüre abgeschnitten sind«, zu durchbrechen und »die Wahrheit des Gesamtzusammenhanges« zwischen Mensch, Natur und Kosmos zu finden. *(Waldgong Rübelbauer, 2006)* ◆ Für die einen ein Messias, für die anderen Scharlatan und Haßobjekt: Beuys revolutionierte alles, was man sich bis dahin unter Kunst vorstellte. *(3SAT, 2006)* ◆ Die Kritiker sprachen despektierlich von einem Scharlatan oder Schamanen, begeisterte Anhänger hielten ihn für einen Leonardo da Vinci der Gegenwart *(Wikipedia, 2008)*

William Blake, Mystiker, Buchillustrator, Visionär, Poet, Prophet (1757–1827): Bereits das Kind sah zwischen heumachenden Bauern leuchtende Personen umhergehen, und riskierte eine Tracht Prügel, indem er seinem Vater beteuerte, eine Linde voller Engel gesehn zu haben. Frühe Swedenborglektüre setzte ihm Flöhe ins Ohr. Die Katastrophe, daß eine Seuche sein Brüderchen fortriß, deutete er religiös positiv: Die Seele seines Bruders fuhr »mit freudig schlagenden Händen zum Himmel auf« und meldete sich bald darauf immer wieder zurück beim überlebenden Bruder. Wie die Honigbiene von Blüte zu Blüte, so flog William von Stern zu Stern. Der Strumpfwarenhändlerssohn, dessen okkulte Geschlechtsmystik aus dem Phalloskult alter Völker hervorerigierte, heiratete die Gärtnerstochter Catherine Boucher, der er Lesen und Schreiben beibrachte. Freunden, die ihn in einer Laube nackt mit seiner Frau erwischten, zusammen »Paradise Lost« lesend, erklärte er: »Wir sind Adam und Eva«. Worte, die ihm Geister diktierten, sah er im Raum schwarmhaft in alle Richtungen herumzwirbeln, wodurch sie im Geisterreich als veröffentlicht galten. Sie noch hienieden aufzuschreiben dünkte ihn ein unnötiger, hinderlicher Prozeß. Sobald er Manuskripte verbrennen wollte, hinderte ihn aber sein Eheweib, das die Stiche des ausgebildeten Kupferstechers kolorierte und in Pappe band. Schöne Text-Bild-Bücher entstanden: »The Marriage of Heaven and Hell«. Um sein Leben Abrahams Leben anzugleichen, erwog er eine Kebse (Nebenfrau) hinzuzunehmen; aber seine Frau war dagegen. Die rote Jakobinermütze, die er trug, hinderte ihn nicht, Kunst als göttlichen Ausfluß zu betrachten, nicht wie andere Kunstschaffende als Ästheticum. In seinen Liebesüberschwang baute er nur selten Haß-Arabesken ein. Mit malenden Bundesgenossen wie John Varley und John Lenney hielt Blake Séancen ab, zwischen 9 Uhr abends und 5 Uhr morgens, 1819–1821. Geister, die ihm erschienen, befragte er und malte sie ab. Ihm erschien sogar der Geist eines verstorbenen Flohs und vertraute ihm an, Flohgeister würden bewohnt von besonders blutrünstigen Menschen, weshalb sie Gott, damit sie keine Landstriche ruinierten, weise auf Insektengröße begrenzt habe. Kein Wunder, daß alle ihn als »balderdash« sahen. Seine Kunden verstanden ihn nicht, und seine Freunde versuchten ihn von seinem Pfad abzubringen. Einzig sein kinderloses Eheweib stand helfend zu ihm. Beglückende Zwiegespräche führte er zudem mit »spiritual friends« wie Jeremias, Sokrates, Christus, Milton, Voltaire – aber auf welcher Sprache? Seiner Vermutung nach auf französisch, was er nicht verstanden hätte; aber für sein Gefühl war's auf englisch. Auch der Geist von Richard Löwenherz saß ihm Modell, und der Geist des Königs Saul sogar zu einer zweiten Sitzung, weil er sich das erste Mal etwas zu undeutlich manifestiert hatte. Blake sah sich als Sprachrohr oder Sekretär von Autoren, die die Ewigkeit bewohnten und die ihm freundlicherweise allerlei Einsichten in himmlische Wissenschaften schon zu seinen Lebzeiten visionär vermittelten. Seine Maxime hierbei: Hingeschriebenes nie ändern; höhere Wesen brauchten sich nie zu korrigieren. So kam er als Autor sehr rasant voran, zumal keinerlei Zeiten für Reisen abgezogen werden mußten: 7 Jahrzehnte lang verließ er London fast überhaupt nicht. Krause Mythologeme, die keiner durchstieg und ausbreiten half, quollen als Privatreligion vor sich hin, gespeist von verballhornt genmanipulierten Wahnsystemen à la Gnosisqualm und Manichäismusrauch, und entzogen sich ihrer Illustration durch ihren Schöpfer selten: gefallene Seelen, Ideenfiguren, Hirngeburten und Kopfgespinste flogen gedankenlyrisch auf verzwackte Erlösungen zu; ein Rattenkönig aus Oothoon, der sanften Seele Amerikas, Beulah (Todesschlaf), Urizen, Luvah, Tharmas (das Wachsen), Urthona (der Instinkt), Enitharmon (Inspiration), Ulro (Irrtum), Rahab (geschlechtliche Ausschweifung), Tiurzah (geschlechtliche Unterdrükkung), gigantisch wolkenverquollnes Symbolkuddelfuddel, vorhandenen Religionen und Künsten schlecht adaptierbar, aber in Wortwahl und Gestus durchaus dergestalt künstlerisch und biblisch, daß es irgendwie an Kunst und Prophetie erinnerte und dann auch als solche gelten mußte. Sein wildverfilztes Weltenpanorama reichte in »America: a Prophecy«, 1793, vom frühen Ägypten bis zur Boston Tea Party 1773. Den krausen Wunderbau des Tigers fragte er als Poet: »Schuf, der das Lamm erschaffen, dich?« Er starb ohne Krankheit. Noch auf dem Sterbebett sang er eigene Lieder. ~ Präraffaeliten und Symbolisten bauten auf ihm auf. Swinburne und Yeats schrieben Bücher über ihn. Mythenchaos gebar Deutungsprobleme. Man einigte sich: Goya habe dämonischere Bilder geliefert als der Allegoriker Blake. Etablierte Hochkulturträger sahen auf Blake herab wie später auf die Produkte von Subkultur, Esoterik, Sektenwahn, Comics, psychedelischer Kunst; er aber wanderte in Weltliteraturlexika ein, im Gegensatz zu vergleichbaren halbseidenen Mytho-Weltenbauern wie Joseph Smith, → Blawatzky, Jakob Lorber, Dr. → Steiner, → Schreber, Tolkien, Herbert Franke, Terry Pratchett.

Worte von William Blake: Christus ist der wahre Künstler. ◆ Die kleinste Blume zu schaffen, ist das Werk von Äonen. ◆ Woher wißt ihr, ob nicht ein jeder Vogel, der im Flug die Luft durchschneidet, eine unermeßliche Welt des Entzückens ist, euch aber mit euren 5 Sinnen verschlossen? ◆ Jeder Christ soll, soweit es seinen Fähigkeiten entspricht, sich selbst offen und öffentlich vor aller Welt im geistigen Streben nach der Erbauung Jerusalems einsetzen.
William Blake über sich: Ich hab mehr als Voltaire und Rousseau geschrieben. 6 oder 7 epische Gedichte so lang wie Homer und 20 Tragödien so lang wie Macbeth. ◆ Laß, ach laß mich meiner Trübsal, / laß mich liegen, bis ich schwinde, / bis ich wie ein luft'ger Geist mich / dieser Erdenform entwinde.

Abgemalte höhere Wahrheiten

◆ Tränen und Seufzer fleh ich an / o wann hebt der Tag sich, wann? **Andere über William Blake:** Er ist ein unglücklicher Irrsinniger, den nur seine persönliche Harmlosigkeit vor der Zelle schützt. *(ein Zeitgenosse)* ◆ Man nehme etwas von der schwermüthigen Wuth Michel Angelo's und etwas von der frohen Engelschwärmerei eines kölnischen Meisters, man paare der blinden Begeisterung an unendlichen Räumen und unmeßbaren Flammenmeeren, vor denen Milton's Satan seine Dimensionen und seinen Muth fand, dem kindlichen Naturidealismus eines Jakob Böhme oder Otto Philipp Runge, man halte neben die Hingebung eines Prophetengeistes, der mit Zorn den harten Dingen seine Erlösungsgedanken entbinden will, die kluge Sicherheit und heitere Borniertheit eines Altengländers, der in Shakespeare's Dramen Prosa spricht, man denke sich einen Mann, der die Geschichte der biblischen Patriarchen wirklich wie die Memorien seiner Vorfahren liest, mit jener preisenden Freiheitsliebe Walt Whitman's, die alles mit der Schärfe eines Vogelauges sieht und gerade darum keine Musik ist, man denke sich den christlichsten Mann, der die Kirchen verabscheute, einen Visionär mit der entschlossenen Muskelkraft eines Boxers – so wird man in weitesten Umrissen ein Bild von William Blake haben. *(Rudolf Kassner, 1900)*

AGNES BLANNBEKIN, Beginenmystikerin, Heilandsminnerin, Lammgeküßte († 1315): Sie kam aus Niederösterreich, kam früh nach Wien, im selben Beginenorden wie Maria von Oignies, Ida von Nivelles, Beatrijs von Nazaret, Douceline von Digne, → Christina von Stommeln, Delphina von Sabran, Gertrud van Oosten, Mira von Oisterwijk. Auf offener Straße verneigte sie sich bisweilen vor einem bestimmten Kellereingang und wußte überhaupt nicht, warum. Als sich eine Prozession dorthin begab, erfuhr sie, daß eine Hexe in einem Weingefäß eine konsekrierte Hostie versteckt hatte, die nun in die Kirche zurückgeholt wurde; sie aber hatte durch die Wände das Sanctissimum gespürt. In ihrer Betkammer erschien ihr ein Agnus Dei, groß wie ein Kalb und mit menschlichem Angesicht, das nach einigen Wiederholungen dann sogar in der Kirche auftrat und sie auf die Wange küßte, dergestalt, daß die vom Unschuldslamm Geküßte süß entflammte, dies sogar sehr körperlich. Sie glaubte, das Präputium des Heilands auf der Zunge zu spüren. Sie schluckte es hinunter, und die Süßigkeit, die sie dabei empfand, war so groß, »daß sie in allen Gliedern und in allen Muskeln eine süße Umwandlung fühlte«.

Helena Petrowna Blawatsky (geb. Helena Hahn von Rottenstein bzw. Andreyewna), Okkultistin, Theosophin, Mythopoetin, Weltlehrerin (1831–1891): Geboren in Dnepropetrowsk (Ekaterinoslaw, heut ukrainisch), vom Kulissenzauberer Potemkin entworfen, halbfertig gelassene Sommerresidenz für Katharina die Große, als Offizierstochter im Adelsgeschlecht der Dolgorukows, ein kränkliches, pummeliges Kind, Made im Speck, verfressener Balg, aufbrausendes Temperament, eiserner Wille, maskuline Ausstrahlung, manipulativer Charakter, gepaart mit himmelblauem Augenaufschlag und hypersensibler Nervosität betreffs Schutzgeister und Klopfzeichen. Infiziert vom Aberglauben der Dienerschaft, drehte sie dämonisch besetzte Spieße um, jagte dienstunwilligem Personal Koboldangst ein. Ein Leibeigener, dem sie eine Rusálka einredete, ertrank. Besorgte Eltern prügelten, exorzierten, ertränkten das Enfant terrible schier in Weihwasser; nichts half. Mit 8 Halbwaise, kam sie ins Naturalienkabinett ihres (als Alchimist gescheiterten) Großvaters, wo okkulte Bibliothek, Paracelsus, Agrippa, Albertus Magnus weitere Grundsteine legten, zeitweise in Saratow, Odessa und St. Petersburg. Eine Gouvernante spottete, sie sei zu häßlich, um je einen Mann zu finden, da heiratete sie 1848 prompt den erstbesten glatzköpfigen Langeweiler, Vizegouverneur Nikifor V. Blawatsky, 43 Jahre älter, ließ ein störrisch abgewandeltes Jawort hören, verweigerte eheliche Pflichten, floh als Jelena P. Blawazkaja aus Eriwan zurück ins unerfreute Elternhaus, dann über Odessa in Matrosenkleidern unter englischer Flagge nach Konstantinopel. Wanderjahre durch Europa und Afrika folgten. Zwischen 1848 und 1858 wirkte sie als Zureiterin, Klavierlehrerin, Kunstblumenfabrikantin, Assistentin des Mediums Daniel Dunglas Home, kam als Begleitdame reisender, esoterisch ausgehungerter Gräfinnen und Luxusaristokratinnen nach Ägypten und London und studierte – angeblich – bei Kopten, Drusen, Mystikern, steigerte ihre Kapriziösitäten, hielt jederzeit Zigaretten oder orientalische Haschischpfeifen – täglich 200 Stück – zwischen dickberingten Wurstfingern, lebenslang. Mit ihren Data und Personalia ging sie dichterisch frei, schöpferisch und durchschaubar um (wie → Lasker-Schüler, → Osho, → Wense), nahm sogar an der Schlacht von Mentana unter Garibaldi teil. Um 1860 gebar sie den schwerstbehinderten Jurij, der mit 5 starb. Enttäuschungen über Magier und verliebte Zufallsbekanntschaften überwand sie mit ihrem inneren Auftrag, die Menschheit zu befreien aus geistiger Versklavung. Von Gurdjieff übernahm sie den starr durchdringenden Blick als strategische Waffe. Gern bezeichnete sie ihre Gesichtszüge als »kalmückisch-buddhistisch-tatarisch«. Daß 1875 ihr »Miracle Club«, um anrüchigen Geisterglauben und Budenzauber abzustreifen, sich hochtrabend aufwertete zur seriösen »Theosophical Society« (Wahlspruch: »Keine Religion ist höher als die Wahrheit«), wiederholte oder persiflierte den religionshistorischen Übergang von Magie zu Hochreligion, wie im Casus → Milarepa. In Indien stießen ihre mystischen Taschenspielertricks auf wenig Gegenliebe; eingeweihte Gurus winkten müde ab. Der britischen Kolonialregierung machte »HBP« sich als russische Spionin verdächtig, und christliche Missionare verübelten ihr, daß sie und ihr prophetenbärtiger Bewunderer, Mitstreiter und Mann Henry Steel Olcott auf Ceylon zum Buddhismus übertraten. Ihr ausuferndes Körperformat – 245 Pfund Lebendgewicht bei möglichst wenig Bewegung – korrespondierte stimmig mit ihren noch umfänglicheren Werken, 1877 »Isis Unveiled«, deren Wildwuchs inhaltlich sich aus Gnostizis-, Hermetis-, Neoplatonismus, Kabbala speiste, Steinbruchmasse, die sie in ein Gigantgebräu und Gesamtsystem zusammenquirlte. Trotz Spätfolgen eines Reitunfalls, Genesungen, Herz- und Nierenleiden, Rheuma und Gicht, pausenlos unverwüstlich vital, gargantuesk urkräftig, verfaßte sie 1888 ein Mythopoem, sehr mehrbändig: »The Secret Doctrine«, worin sie östliche Weisheit und westlichen Monismus synthetisierte; dann 1889: »The Key Theosophie«, wissenschaftlich unabgesichert, dafür um so lebendiger und einfallsreicher, alle 3 Werke: 13 000 Seiten. Materialismus definierte sie sinnreich als Bastardgeburt der Französischen Revolution und hielt es für möglich, daß er die ganze Welt würde dominieren können. Was die okkulte Wuchtbrumme über Atome sagte, stand kraß im Widerspruch zu damaligen Atomtheorien, näherte sich statt dessen späteren Atom-, ja, Stringtheorien. Ihren Kontrollgeist »John King« wechselte sie aus gegen »Meister Morya«. Ein Wissenschaftler, der sie als Scharlatanin entlarven wollte, erschrak bei der Audienz, als sich in den Wänden dämonischer Aufruhr erhob, als kauten Ratten im Stein, was sie zurückpfiff: »Pfui Teufel, ich brauch euch doch nicht!«, und wurde prompt Theosoph. Sie starb an Grippe. Ihre letzten Worte: »Keep the line unbroken!« ⁓ Superlative, in denen viele von ihr redeten, steigerten sich postum: Ihre Adepten und Schüler feierten sie als die »Sphinx des 19. Jahrhunderts«, als Universalgelehrte, Magna Mater, Menschheitsführerin, ersten und einzigen weiblichen Awantar, als Materialismusvernichterin; Gegner nannten sie Betrügerin. Beide Übertreibungsparteien, autoritätssüchtige Adoranten wie chimärisch verstrickte Vom-Sockel-Reißer, verausgabten sich irreal: Wer nachträglich von HPBs »beispielloser Gelehrsamkeit« schwelgte, ahnte nichts von Leibniz, Schelling, Sir James Frazer, Sir → Galton, Fritz Mauthner, Spengler, → Bloch. Und wer die Blawatsky des Humbugs überführte, blickte genauso auf ernsthafte Grenzwissenschaften als auf Nonsens herab. 100 Jahre nach ihrem Tod zählte die Theosophische Gesellschaft 30000 Mitglieder in 55 Ländern, in Deutschland bloß Hunderte. Vor dem theosophischen Mutterhaus in Madras steht ein Banjanbaum, dessen Luftwurzeln die überquellenden Einweihungen der HPB bestens ins Pflanzliche übersetzen.

Worte von Helena Petrowna Blawatsky: Glücklich sind die Menschen, die die Sprache der Elemente verstehen. ◆ Der kalte und künstliche Schein des modernen Materialismus wird aus Mangel an Brennstoff verschwinden. ◆ Im Okkultismus wird alles Endliche (wie das Weltall und alles in ihm Befindliche) als »Illusion« oder »maya« bezeichnet. ◆ Wer hingegen nach etwas verlangt, das mehr ist als das Leben des Eichhörnchens; wer nicht zufrieden ist mit einem Sturm im Wasserglas, dessen Unruhe zu nichts führt; wer die tauben Echos der toten Vergangenheit nicht für die spirituell-göttliche Stimme der Wahrheit hält, der bereite sich auf die Zukunft vor, von der er kaum zu träumen wagt, wenn er nicht zumindest die ersten wenigen Schritte auf dem Weg getan hat. ◆ Theosophie ist der uferlose Ozean universaler Wahrheit, Liebe und Weisheit, deren Strahlen sich auf der Erde widerspiegeln, während die Theosophische Gesellschaft nur eine sichtbare Blase auf dieser Widerspiegelung ist. ◆ Die übersinnlichen Erscheinungen sind nicht abzulehnen, ausgenommen in den Fällen des beabsichtigten Betruges. ◆ Wird einmal der ungeheure Vogel der Arabischen Nächte oder »Arabischen Mythologie«, den Webster den Vogel Ruc (oder Roc) nennt, identifiziert worden sein, so wird die nächste Aufgabe darin bestehen, zu

Esoteriker aller Länder zehren heut noch von ihr (hier abgebildet mit Henry Steel Olcott)

entdecken und zu erfahren, daß Aladins magische Lampe auch gewisse Ansprüche auf Realität erheben darf. ◆ Zum Teufel mit dieser geschlechtlichen Liebe! Es ist ein bestialischer Appetit, der durch Unterdrückung ausgehungert werden sollte.

Helena Petrowna Blawatsky über sich: Ich lebe ein künstliches Leben; ich bin ein Automat, der mit Volldampf läuft, bis die Kraft, den Dampf zu erzeugen, anhält, und dann – auf Wiedersehen! ◆ Ich bin durch die strengsten Regeln und Gesetze des Okkultismus zu einem Verzicht auf selbstsüchtige Erwägungen verpflichtet. ◆ Seit jener Zeit habe ich stets ein Doppelleben geführt, geheimnisvoll und sogar mir unverständlich, bis ich zum zweiten Mal meinem immer geheimnisvollen Inder begegnete. ◆ Drei gewöhnliche gesunde Personen könnten kaum das tun, was ich tun muß.

Andere über Helena Petrowna Blawatsky: Erfüllt von ihrer eigenen Aufgeblasenheit, verkündeten sie, H. P. Blawatsky sei »die größte Betrügerin des Jahrhunderts«, weil engstirnige Gemüter sich nicht zum Verstehen der Großartigkeit ihres Geistes erheben konnten. *(Dr. Franz Hartmann, 1838–1912)* ◆ Die abstrusesten Glaubensvorstellungen der Buddhisten werden herübergenommen, halbverstandene Bezeichnungen aus Indien werden wie bare Münze dem ungeduldigen Schüler auf den Tisch gezählt, aber der Buddhismus als Lehre wird doch (wieder mit einer esoterischen Etymologie) ein wenig beiseite geschoben, damit Frau Blawatsky als Religionsstifterin nicht im Schatten stehe. *(Fritz Mauthner, 1913)* ◆ Wie die meisten theosophischen Schriftsteller, behauptet auch Frau Blawatsky, sie hätte das Werk im Transzustand geschrieben. Wir müssen zugeben, daß dieses Dekorum für theosophische Schriften oft sehr nötig ist; aber ein solch merkwürdiger Mensch, wie es Frau Blawatsky war, hätte es doch nicht nötig gehabt, sich mit einer solchen Banalität zu schmücken. *(Emil Szittya, 1923)* ◆ Ihre Wahrheitssuche und ihr Bemühen um Weltverbrüderung brachten H. P. Blawatsky viel Ablehnung und damit auch viele Feinde ein. *(Dr. Paul Weinzweig, 1978)* • Sie konnte nicht anders, als mit jeder Geste, mit jedem Wort ein vernichtendes kritisches Feuer zu entfachen, besonders dann, wenn sie sich sozusagen erdreistete, die damaligen orthodoxen intellektuellen Bastionen aufs Korn zu nehmen. *(Theodore Roszak, 1982)* • Eine Frau, die nach 54 aufregenden Lebensjahren, zwei Ehemännern, einer unbestimmbaren Zahl von Liebhabern und einem unehelichen Sohn feierlich beteuert, sie sei noch immer Jungfrau, kann keine gewöhnliche Lügnerin sein. *(Gregor Eisenhauer, 1994)*

Ernst Bloch, Wortschaum-Prophet, Dichterphilosoph, Spurenleser, Quasi-Marxist (1885–1977): Über seine Kindheit, eingezwängt in desolates Milieu zwischen Nach-Barock und BASF, Ludwigshafen und Mannheim, legte Bloch nachträglich ein magisches Licht, worin er am Mainufer Baumseelen wahrnahm und den Briefträger fragte, ob oben hinterm roten Fenster der kleine Muck wohne. Holländischen Schiffern lauschte er, die Unförmliches erzählten, tauchte in Jahrmarkt ein. Sätze aus Hauffmärchen wie »Mein Vater hatte einen Laden in Basra« oder »Zaleukes, so empfängst du deinen Gastfreund?« baggerten eine Metaphysikerseele aus ihm hervor. Nachdem er Sherlock Holmes und Karl May intus hatte, versank er 1901 in Hegels »Phänomenologie des Geistes«, rauschhaft infiziert, verstand es falsch und richtig durcheinander, notierte Gärendes über Materialismus und Atheismus. 1905 in seinen »Gedanken über religiöse Dinge« schrieb er noch ganz unauffällig, unblochisch, akademisch. 1917 schlug deftig knorriger, eigener Ton durch. Dr. Bloch schäumte so expressionistisch wie prophetisch auf. Die dunkelbraune Erstausgabe von »Geist der Utopie«, worin er dunkelhell von Seelenwanderung, Hellsehen, Astralmythos, Farbenaura, Devachanisch-Luziferischem raunte, als verbesserter Dr. → Steiner, erschien dem altklugen Abiturienten Teddie Wiesengrund wie ein Buch von Nostradamus' eigener Hand, worin sich laut Bloch der jüdische Geist, der durch Moses, die Propheten, Jesus, Spinoza und die Chassidim hindurchgegangen sei, neu inkarniert habe. In Elsa von → Stritzky fand er eine krebskranke Jüngerin und Frau, die fast mehr als an Gott an ihren Ehemann glaubte. → Mynona warf ihm Priesterei und Jenseiterei vor, Bußkrampf, Erlösungshysterie, absurd sich gebärdenden Most, mangelnden Shandyismus, nannte ihn »sublime Mißgeburt«, »Dionysos mit allzu christlichem Heiligenschein«; Kurt Hiller schimpfte Bloch hysterischen Vielwisser, irisierendes Quallgehirn, geltungsgierig Impotenten, seriös-unklar, polyhistorisch-paradox, arrogant-ekstatisch, virtuosen Blender, facettenreichen Simili, (begriffs-)kunstgewerbliche Angelegenheit 2. bis 3. Ranges, Would-be-Utopist, Glaubensmöchtegern, »Tiefe«-Drechsler, eine vor unheiligem Geist platzende Kröte, Vomitiv. Die Erlöser- und Parakletengebärde des wilden jungen Mannes tropfte bald ab. Der Hohepriester diminuierte zum Systemdenker. Das schräge Unikum ließ sich merkwürdig runterziehn von profanem Marxismus, worin normalisierter, eingemeindeter Bloch 60 weitere Jahre verharrte. Doch zwischen Normalformaten und Schulphilosophen stand er weiterhin als Mondkalb da. Bildloseren Kollegen schien der Denker ein Dichter zu sein. Selbst geneigten Freunden trieb er's zu kunterbunt. Goethe produzierte »ernste Scherze«, Bloch produzierte »bunten Ernst«. Auch als gereifter Autor beschrieb er Zustände, die oft nicht einmal Mystiker beschrieben, Déjà-vus, oder den von ihm sog. »unerträglichen Augenblick«, oder ein unorthodoxes mystisches Erlebnis früh um 4 im Juni an süditalienischer Küste. Mit Walter Benjamin und Fränkel experimentierte er mit Haschisch. Jahrelang im Exil trug er kofferweise eine »Enzyklopädie der Hoffnungen« zusammen und taufte sie später um. Sein Basis-Theorem vom Prinzipium Hoffnung sah dünn aus neben dem Ozean seiner Materialien und Wortfluten, und vice versa: Seine Sprache ließ seine Lehre turmhoch hinter sich. Hegel kreiste, laut Bloch, um Glimmerschiefer, Parthenon, Kepler, Vitruv, Delphi, chinesisches Reichsadreßbuch, Affen, Polizei; Bloch kreiste mit vergrößerter Palette um Alchimie, Taoismus, Rembrandt, Isola Bella, Duns Scotus. Die Dauer-Vehemenz seiner Formulierwut haute ganz nebenbei x Hauptberufs-Poeten in die Pfanne. Zwar sagte er vom DDR-Marxismus-Leninismus, man solle die Neunte nicht auf einem Kamm blasen, gab sich gleichwohl jahrelang als verdächtig ostblockkompatibel, was keiner ihm dankte; nach anfänglicher Lobhudelei warf die DDR ihm vor, er doziere unterm Marxmäntelchen nicht-marxistische Lehren, und hatte ausnahmsweise sogar recht. Daß der expressionistische Christ zum Marxisten mutierte oder reifte, roch dubiös nach Kentaur, Mimikry, Pseudomorphose, Melange, ja Muckefuck. Sintemalen, seine »Geschichte des Materialismus« klang so begeisternd und beseelend, als wär's eher eine »Geschichte des Idealismus«. Noch in seiner stalinkompatibelsten Phase fragte er marxistische Studentinnen in Leipzig, ob sie an Engel glaubten, und verkündete wiederholt, und mit Tränen in den Augen, daß seine erste Frau im Jenseits auf ihn warte. Man munkelte, er wäre, wenn seine Elsa nicht so früh gestorben wäre, auf religiöser Schiene weitergefahren. Bloch übte Salto mortale, mitten in weltgeschichtlicher Hölle optimistisch – und zugleich tiefsinnig zu bleiben. Jahrhundertkatastrophen rollten ab, Bloch aber hielt unbeirrt sein Hoffnungsfähnchen hoch und warf die polychromen Augengläser, die fast zur rosaroten Brille wurden, nicht ab. Stalin, Hitler, Notstandsgesetze, Vietnam, Prag '68, nichts konnte Blochs »ewige Hofferei« aufhalten. Auch Einspruch der Schwarzseher → Anders & Adorno ließ ihn nicht stolpern. Bloch feierte friedliche Atomkraft als alchimistische Panazee und stand der Drogen- und Hippiebewegung, so utopisch infiziert sie erschien, mit Spießbürgerargument ablehnend gegenüber. Umweltverschmutzung hielt er für eine Finte des Kapitalismus, dessen Opfer abzulenken. Als Günter Grass mit Anhang den besuchte, der die Welt, statt verändert oder interpretiert, neu durchformuliert hatte, fragte dieser die 4jährigen Söhnlein, ob sie Karl May läsen. ⁓ Sein Credo auf dem Tübinger Grabstein: »Denken heißt überschreiten«. Leserzahlen gingen nach '89 rapide zurück. Wer ihn weiterhin für einen (atypischen) Linken hielt, hatte verschlafen, daß Wissenschaft und Nachwelt ihn alsbald für einen (atypischen) Mystiker hielten. Mit dem Marxisten schüttete man den Erzähler, das Formuliermonstrum und den Denker aus.

Ein Paraklet und Prophet, der zu Marx runterstieg (hier mit seinem Freund Adorno zu sehn, neben seinem Lieblingsgemälde »Abfahrt nach Cythera«)

Worte von Ernst Bloch: Aber wenigstens Katzen, Dächer, Rauch, Mond leben noch oft zusammen. • Wer also nichts ist, der höre endlich auf zu reden. Wer aber nichts hat als seine Nase, sollte diese wenigstens recht gebrauchen. • Der Mensch nimmt sich mit, wenn er wandert. • Nur ein Atheist kann ein guter Christ sein, nur ein Christ kann ein guter Atheist sein. • Ist das Gesicht hinter dem Schleier der Isis nicht selber ein Schleier? Gewiß, ein gemauerter Rumpf trägt es, disjecta membra liegen zahllos darum herum. • Eine Auflösung in höhere Komplexe, bei denen ich sozusagen in den Schoß des pantheistischen

Abraham aufgenommen werde. Das ist Verschießen im All, das ist auch dieses großartige Gefühl: »Landschaft, nimm mich auf«, das doch junge Menschen viel mehr sogar haben können als etwa alte, im Anblick einer schönen Landschaft, auch des Sternenhimmels und des Universums, das sie nicht totschlägt durch seine ungeheure Kolossalität und Ausdehnung.

Ernst Bloch über sich: Ich werde nicht mit jeder Pfütze grau und nicht von jeder Schiene mitgebogen, um die Ecke gebogen. ✦ Ich bin der Paraklet und die Menschen, denen ich gesandt bin, werden in sich den heimkehrenden Gott erleben und verstehen. ✦ Ich bin nicht Martin Buber. ✦ Wer mich ablehnt, der ist von der Geschichte gerichtet. ✦ Ich freue mich schon sehr auf den furchtbaren Schneesturm in der Wüste Gobi. ✦ Alle Dinge legen sich für den Philosophen hin; ich bin die fruchtbare Gewitterwolke, und der Blitz und alle singen ihre dunkelträchtige Melodie, während ich die Symphonik leite. ✦ Gestern aber habe ich in unsere zwei Zimmer eine Schildkröte gekauft, ein äußerst beruhigendes Lebewesen, sozusagen.

Andere über Ernst Bloch: Gerade war ein neuer jüdischer Philosoph da – ein Jüngling mit enormer schwarzer Haartolle und ebenso enormem Selbstbewußtsein, er hielt sich offenbar für den Vorläufer eines neuen Messias und wünschte, daß man ihn als solchen erkannte. *(Max Weber, um 1912)* ✦ Wer sind die vier Evangelisten? Matthäus, Markus, Lukács und Bloch. *(Emil Lask, um 1912)* ✦ Anstelle der wirklichen Anstrengung und Arbeit des Begriffs, die ein alter Hegelianer wie Bloch doch weiß Gott schwer zu nehmen hätte, ist das Buch wie ein reißendes Gewässer, in dem alles mögliche Zeug, vor allem Konservenbüchsen, herumschwimmt, überreich an einem teilweise übrigens etwas apokryphen Stoff, aber arm einfach an geistigem Gehalt. *(Theodor W. Adorno an Siegfried Unseld, 1956)* ✦ Bloch stand am Gartentor meines provencalischen Häuschens, um mich zum Spaziergang abzuholen; und schnippte mir, noch ehe ich bei ihm war, etwas zu, was aus Hegel und Wilhelm Busch und einem jüdischen Witz gewoben war, lachte enorm robust, auch warf er sich ausladend in der Gegend herum, nicht ganz ohne Fachworte auszustoßen. In seinem Mund waren sie so munter und wohlgemut und locker wie die kleinen Spritzer in der Badebucht. *(Ludwig Marcuse, 1960)* ✦ Empfand sich dieser jüdische Pfälzer als Jude? Wohl kaum. *(Hans Mayer, 1977)* ✦ Man konnte hören, daß er ein Pfälzer war. Oder man hätte es hören können, wäre nicht die Aufmerksamkeit des Zuhörers so sehr von den Bildern und Begriffen, von dem Sturzbach der Metaphern und der selbsterdachten Kategorien, der Anekdoten und der Märchenmotive, der Zitate und Bonmots beansprucht worden, wenn er sprach.

(Dolf Sternberger, 1979) ◆ Wie Janssen im Hause von Gustav Seitz (vor vielen Jahren) den armen Bloch »fertig machte«, den er einen Gauner, einen Hochstapler, einen miesen Propheten und Verführer schimpfte, bis der sich einem Herzanfall nahe in das Bett des Hausherrn legte, während Janssen die Treppe hinaufbrüllte (natürlich total besoffen), er sei vermutlich »nicht einmal Jude«. Man mußte den alten Märchenonkel mit duftender Narde salben, bis Janssen, inzwischen noch betrunkener, am Bett erschien, ihm Schuhe und Strümpfe auszog, sie unter Tränen küßte und ihn den Größten aller lebenden Philosophen nannte. *(Fritz J. Raddatz, 2003)*

Dieter Bohlen, Musik- & Kohlemacher, Erfolgskanone, Frauenheld, Schlager-Millionär, Pop-Titan (Baujahr 1954): Tag und Nacht hämmerte er auf seiner »Philicorda« (Keyboard). Seine jugendliche Garantie-Methode, Mädels weichzuklopfen: auf Tanzflächen beckenrotationsmäßig auf Elvis zu machen. Er sandte von frühauf viele Demo-Kassetten ein. Er schrieb und sang viel. Er verstand selber nicht, wieso viel davon zum Hit wurde. Er kam groß raus. Er kaufte in Tötensen ein 13 000-qm-Landgut. Er hatte viel Ärger mit Alarmanlagen, Versicherungen, aufgeknackten Superschlitten, falschen Freunden. Ihm schwoll auch mal der Kamm. Er schnackselte auch mal auf'm WC. Mit Roy Black fühlte er sich »seelenverwandt«. Selbst für seine Lebensmaxime »Haste Kohle, haste Autos, haste Frauen« brauchte er einen Ghostwriter. Er lebte mit Naddel & Verona & Estefania, z. T. sukzessiv. Er wurde mit seinen Memorien sogar Bestsellerautor. Dank Ghostwriterin Katja Kessler, Deutschlands Gesellschafts-Kolumnistin Nr. 1, drückte er sich peppiger aus als → Kinski und lebendiger, also auch spiritueller als → Ratzinger. Seine Blendax-Nußknacker-Lache (schwedische Zollbeamte nannte er Knäckebrotgesichter) warb auf S. 1 von BILD für Müllermilch: »Ich will euch alle bechern sehn!« Er redete ganz Deutschland ein, daß es den Superstar suche. Talente ließ er rudelweise nicht rein und nahm dann selber die letzte Hürde nicht. In → Kafkas Schloß & Debussys Pavillon zog es ihn nie. Er machte 1001 grottenschlechte Nachwuchstalente teils fix & alle, teils superberühmt. Er ahnte nicht, daß auch er megadringend reinwollte ins (un)heilige Narratorium, kam bereits beim Casting auf Capri ins Eiern, und prallte an der einköpfigen Jury unrühmlich ab, sorry, Dieter. Mit dieser Kurzeintragung hier kam er irgendwie doch noch rein.

Auch Bengel können auf Engel machen

Worte von Dieter Bohlen: Als Künstler brauchst du einen Mitstreiter, einen Buddy, einen Weggefährten, der dich versteht. ◆ Karrieren vom Millionär zum Tellerwäscher sind an der Tagesordnung. ◆ Du piepst da rum wie'n schwangerer Wellensittich.
Dieter Bohlen über sich: Ich war ein Volltreffer. ◆ Ich suchte mein Heil auf der Piste. ◆ Ich lasse gern mal einen Testballon los, um auszuloten, wie die Lady drauf ist, mit der ich unterwegs bin. ◆ Unsere Blicke trafen sich an einem Wochenende in der Disko, während ihr Verlobter neben ihr saß und nicht mitkriegte, daß sein letztes Stündlein geschlagen hatte. ◆ Ich war davon überzeugt, daß ich der erste Mann auf diesem Planeten war, der so was Tolles hingekriegt hatte. ◆ Aber ich bin wie eine Wühlmaus: Wenn ich nicht oben über den Zaun komme, grabe ich mich halt drunter durch. ◆ Eine Frau, die mit mir zusammen ist, muß damit rechnen, plötzlich Schlagzeile zu sein. ◆ Grundsätzlich stört mich mein schlechter Ruf in Bezug auf Frauen null, niente, nada. ◆ Außerdem wartete meine Musik auf mich. ◆ Wenn ich 'n Elefant wär, würd ich jetzt durch 'n Rüssel kotzen. ◆ Hier bin ich, leckt mich alle! Euer Dieter.
Andere über Dieter Bohlen: Blutiges Drama im Bad – Dieter Bohlen fast entmannt! Weiter auf S. 17! *(BILD, 1990)*

JAKOB BÖHME, **Schuhmacher, Quellgrundmystiker, Drauflostheosoph** (1575–1624): Kind Nr. 4 begüterter Bauersleut in Altseidenberg bei Görlitz/Oberlausitz. Im Berg entdeckte er als Kind einen Schatz, den er unberührt ließ; später fand er den Eingang nicht wieder. Ein geheimnisvoller Fremdling sagte ihm voraus, die Welt werde über ihn später sich noch wundern. Wegen Schwächlichkeit reichte es, statt zum Landmann, nur zum Schusterbuben. Bürgerrechtserwerb, Ankauf einer Schuhbank auf dem Untermarkt, Aufnahme in die Schusterinnung; Eheschließung mit Fleischhauerstochter Katharina Kunschmann; Hausstandsgründung, Hauserwerb vor dem Neißtor auf dem Töpferberg. Im Nachklang mittelalterlichen Zunftwesens regten sich Keime heimelig-biedermeierlicher Vorboten. Das vergrübelte Schuhmacherlein ging stufenlos in einen schusternden Grübler und Denker über. Paracelsisches Gewimmel, Gewese, Gewürge verquickte er inhaltlich mit brodelnd umlaufendem Treibgut, Volksmund, Aberglauben, amalgamierte gnostische Schockiertheit über die arge Welt mit Oberströmen von Renaissancemotiven in alchymistischer Sudelküchenkunst. Als ihn anno 1600 der mystische Glanz eines Zinngefäßes in der Stube einsog und mystisch ins innerste Centro der geheimen Natur führte, versuchte er das Schaugeschehnis zu verdünnen, lief ins Grüne, wo sich aber nichts verdünnte und auflöste. In den »angebildeten Signaturen oder Figuren, Lineamenten und Farben«, also doch wohl Kratzern und Unregelmäßigkeiten im Zinn, hatte er allen Kreaturen ins Herz geschaut. In einer Viertelstunde sah und schaute er mehr, als wenn er Jahre in Lehrstuben und Auditorien gesessen hätte. Sein geistliches Feuer, einmal ausgebrochen, vermochte weder er noch die pfäffische Umgebung zu löschen oder einzugrenzen. Erst 1610 kam dann noch mal so eine Erleuchtungssituation, ohne Bekanntgabe von Anlaß oder Ambiente: überschattet vom Heiligen Geist, glühte der Schuster auf. Selbst die Vernunft urständete bei ihm und quoll aus Abgrund, Urgrund und Quellgrund. Gott, dessen Tiefe keine Kreatur ermessen kann, dachte er sich nicht nur als allwissend, auch als »allsehend, allhörend, allrüchend, allschmeckend«! Wenn er – und dies recht oft – heidnische Anwandlungen verspürte, deren Inhalt er sich verkniff mitzuteilen, hielt er das für Einblasung des Teufels; so blieb alles innerhalb seines christlichen Käfigs. Sein unelegant haperndes Latein reute ihn gar sehr; so sah er sich genötigt, mit knorrigem Deutsch zu schalten, wie ihm sein Schnabel wuchs, wie Dante zur Volkssprache zu greifen, was die geschlossene Gesellschaft lateinischer Gelehrsamkeit nicht nur irritierte – schier aufknackte: Türen sprangen auf: Zugluft strömte ein; frischer Wind schüttelte silberne Betten volkstümlich auf. Für viele Begriffe, wie »ideas«, standen zunächst gar keine altdeutschen Synonyma so recht zur Verfügung. Daß er bloß als Schustermeister herumklopfte und mit seinem Weib Garnhandel betrieb, gehüllt in Leder- und Pechgeruch, mochte dazu passen, daß Jesus bloß »arme verachtete Fischerknechte und Leutlein« um sich hatte, gehüllt in Fischgeruch. Oberpfarrer Gregorio Richter, »der Treibhammer Gottes« (Böhme), kanzelte mit unförmlichem Eifer das Gemeindemitglied als Ketzer ab; der demütige Mann ward vor den Magistrat zitiert. Man fühlte ihm auf den Zahn, warnte ihn, solche Bücher zu schreiben, sondern er solle sich mehr aufs Schuhebesohlen wenden; daher der nachmals so berühmte Spruch: »Schuster, bleib bei deinen Leisten!« Linientreuer Widerstand stachelte ihn eher zu genauerer, weiterführender Ausformulierung. Gönner und Freunde bewogen ihn, das Schreibverbot zu übertreten. Geister wurden mit dem Hohen Lichte infizieret oder umbfangen, da wurden sie also hoch erfreuet, daß sie sich in ihrem Leibe wider Naturrecht erhoben, und fingen gleich eine höhere, stolzere, prächtigere Qualifizierung an als Gott selber, und Geister erhuben sich, triumphierten also heftig ineinander, so zündeten sich die Quellgeister zu hoch an, daß das süße Wasser vertrocknete. Seltsamliche, ezechilförmige Schaugeschehnisse suchten ihn heim wie einen neuen → Ezechil: 7 Räder in ihrer Umwendung, quericht, und ginge, wohin es der Wind hintriebe, die 7 Geister Gottes, und es war, wie man ein Rad umwendet, in jedem Rad eine Nabe, 7 ineinander aufsteigende Geister, durchlichtet, die sich in dem Lichte erfreuten und in denen ein wunderliches Gebären weste und wallte und waltete. Vor seinem Fall hatte der Erdenkloß viehische Glieder zu seiner Fortpflanzung gehabt. Sein pfäffischer Widersacher Richter ließ lateinische Schmähverse, Pamphlete, Hetzschriften auf ihn los und starb nur 3 Monate vor dem umsonst bekämpften Ketzer. Noch auf dem Sterbebett wurde Böhme mit Glaubensverhör übel traktiert; er aber hörte Engelsgesang, sagte »nun fahr ich ab ins Paradies« und bat seine Verwandten, die Tür zu öffnen, um die Himmelsmusik besser zu hören. ~ Die ihm bei Lebzeiten die Butzenscheiben einwarfen, besudelten nun sein gestiftetes Grabkreuz. Obwohl Abraham von Franckenberg Böhme eine »niedrige Stirn« zugeschrieben hatte, zeigten die Böhme-Bildnisse, die nach seiner Zeit entstanden, eine zum Ausgleich hohe Stirn. Des Meisters 4, aus 30 Jahren Ehe entsprungenen Söhne – statt seinen Grübelfunken weiterzutragen – pochten als Handwerker weiter; Böhmes Ausscherbewegung, denkfreudig heraus aus schuftender Zunft, wurde familiär auf Linie gebracht, korrigiert. Vielen galt er als dunkel, wie »Heraklit, der Dunkle«, 3 x unklarer und verquerer als Paracelsus, genauso holprig, aber 100 x rätselhafter als Hans Sachs. Die Constellatio zwischen Pfarrer Richter und Jakob Böhme reinkarnierte sich später in Pfarrer Götze und Gotthold Lessing. Als hochkompliziertes Volkslied stand Böhme mitten im hochkomplizierten Scholastiker- und Scholarenjargon, eingezwängt in Holzschnittwelten, Dürers Melancholia, aber in Farbe, statt Agfacolor in Brauntönen, Braungold, Bräunlich, Goldocker und Altgold, in das Morgenrot einbrach, auf durchschimmerndem Goldgrund, hinauftönend bis → Bruckner. Allein vom Titel »Morgenröte im Aufgange« ging grummelig-knorzelige Aura, Untiefe und Tiefe aus (wogegen Nietzsches spätgeborene »Morgenröte« fast verdünnt aussah). Noch der (später vordatierte) Urfaust ging quer durch Böhme durch, sobald ein staubschleudernder Baccalaureus die ird'sche Brust im Morgenrot badete. »O gäb es Geister in der Luft« – damit waren natürlich Böhme'sche Quellgeister gemeint (mit Quälgeistern nicht zu verwechseln). Die Beschlagnahme des Wortes »theosophisch« durch spätere Theosophen überlagerte mit falschen Assoziationen und Zuweisungen das Faktum, daß sie das Fundstück bei Jakob Böhme klauten oder entgegennahmen. Die »Lilienzeit«, die Böhme ankündigte, lag geistesgeschichtlich eingebettet zwischen → Zhuangzis 2000 Jahre vorher spruchreifem »südlichen Blumenland« und dann den 200 Jahre späteren frühromantischen Blaugeblümtheiten (sowohl der geheimnisvolle Fremdling wie die Neigung, in den Chiffren der Natur zu lesen, tauchte im »Heinrich von Ofterdingen« wie in den »Lehrlingen von Sais« wieder auf), die sich genau wie dann noch mal 100 Jahre später das Flowerpower-Movement auf keine bestimmte Blumenspecies festlegte, sondern es bei allgemeinen »Blumen« beließ, nicht ohne Querbeet-Bezüge zu Marx' Reich der Freiheit, x späteren Eldorados, glücklichen Inseln, Dritten und Tausendjährigen Reichen, → Gräsers »Gartenzeit«, New Age, Aquarius, Ökotopia. Böhmes quellende Begrifflichkeiten und etymologisches Drauflos im bunten Ernst kramten verquer in Worten und fast schon Kalauern wie dann Heidegger. Im Rückblick nannte man Böhme mit späteren Worten Naturphilosoph, Dualist, Dialektiker. Böhmes Schreibverbotübertretung bot Querbezüge zu Emil Noldes ungemalten Aquarellen. Böhmes ergreifende Luziferpassagen trieben Querbezüge zum sufischen Luzifer, zu Iblispassagen bei → Halladsch. Anton Webern setzte das Böhmezitat vom Triumphieren im Geiste, samt Kraut und Gras, über ein überaus mystisches Streichquartett. Das erleuchtungslösende Zinngefäß der Urquelle wurde in späteren Resümees überall als Zinnteller weitergegeben, obwohl rundes Zinn doch sicher mystischer glimmt und schimmert als flaches Zinn. Neuzeitliche Nüchternheit interpretierte seine Zinntellereinweihung (die bis in Jorge Luis Borges' Aleph hineinspielte) als spontane Endorphinausschüttung beim Anblick von Haushaltsobjekten. Im ausgenüchterten Wortgebrauch von »qualitativ« und »quantitativ« schimmerten Böhmes Qualitates kaum noch durch. »Wir sind allzumal mit allen Wesen nur ein Leib« wurde dann kaum wiedererkennbar nachgeplappert von x Esoterikergenerationen, die von Einswerdung schwärmten. 1975 verteilte die Abordnung einer amerikanischen Böhme-Sekte an die bedürftigen Kinder von Görlitz kostenlos Schuhe. Die telegene Altstadt von Görlitz konnte noch zu DDR-Zeiten einen altertümlichen Hauch aus Nostradamus-, Urfaust- und Zwerg-Nase-Ingredienzien bewahren.

Der Philosophus teutonicus begegnete als Knabe einem geheimnisvollen Fremden

Worte von Jakob Böhme: Es ist in der Tiefe über dem Monde keine Nacht, auch weder Morgen noch Abend; sondern ein immerwährender Tag von Anfang der äußern Welt bis ans Ende derselben. ◆ Sie wußten wohl, daß sie nicht der ganze Gott wären, sondern nur ein Teil davon. ◆ Es gibt ein Böses, ein Teuflisches in Gott selber. ◆ O du blinde und törichte Welt. Wenn alle Bäume Schreiber wären, und alle Äste Schreibfedern, und alle Berge Bücher, und alle Wasser Tinten, so könnten sie den Jammer und Elend nicht genugsam beschreiben, den Luzifer mit seinen Engeln in seinen Locum bracht hat. Denn er hat aus dem Haus des Lichts ein Haus der Finsternis gemacht, und aus dem Haus der Freuden und Erquickung ein Haus der ewigen Feindschaft, ein ewig Pochen, Donnern und Blitzen, aus dem Haus des Friedens ein Heule=Haus. ◆ Denn der Mensch ist das größeste Geheimnis, das Gott gewürcket hat.

Jakob Böhme über sich: Ich weiß wohl, was Melancholie ist, weiß auch wohl, was von Gott ist. Ich kenne sie beide. ◆ Als ich aber in meinem angesetzten Eifer also hart wider Gott und aller Höllen Porten stürmete, als wären meiner Kräften noch mehr vorhanden, in willens, das Leben daran zu setzen – welches freilich nicht mein Vermögen wäre gewesen ohne des Geistes Gottes beistand – alsbald nach etlichen harten Stürmen ist mein Geist durch der Höllen Porten durchgebrochen bis in die innerste Geburt der Gottheit und allda mit Liebe umfangen worden, wie ein Bräutigam seine liebe Braut umfähet. ◆ Was aber für ein Triumphieren im Geiste gewesen, kann ich nicht schreiben oder reden.

Andere über Jakob Böhme: Jakob Böhmes Name ist bekannter als sein Werk, es gibt nicht viele, die sich mit diesem Jean Paul der Theosophie in dem Urwald seines Denkens, in seinen Schnörkeln und Verstecken zurechtfinden; außerdem hat er die Länge, die tötet, wie ein kundiger Engländer gesagt hat. Neben diesem religiösen Genie wird auch ein Pascal zum Vernunfttheologen. *(Arthur Eloesser, 1929)* ◆ Selbst in den vollkommensten philosophischen Antipoden Montaignes, dem schwerblütigen und eigensinnigen, dumpfen und dunklen Jakob Böhme, liegt etwas von Montaigneschem Geiste. *(Egon Friedell)*

BLANCHE DUBOIS, Englischlehrerin, Romantikerin, Rollenspielerin, Torschlußpanikerin, Dame, Seele, Neurasthenikerin, Manikerin, Kultur-Sensibelchen (geb. um 1910; † unbekannt): Die höheren Töchter Blanche und Stella wuchsen auf dem Landgut »Belle Rêve« auf, altem Familienbesitz französischer Hugenotten, mit 20 Ackern Land, bereits als Mädchen – Tierkreiszeichen: Jungfrau – umschwärmt von Verehrern, von denen einer Blanche eine Fuchsboa schenkte. Mit 16 verlor sie sich – verliebt aufleuchtend – an einen überzarten, meerblauäugigen Problemjüngling, himmelte ihn an, Allan, hielt ihn für übermenschlich, verfiel ihm bis zur Unaushaltbarkeit, erwischte ihn mit dessen älterem Lover, ging mit beiden beschwipst in ein Tanzlokal, wo sie zur Polka »Varsouviana« Allan ihren Ekel vor dem, was sie gesehen hatte, nicht verhehlte, worauf Allan das Lokal verließ und sich draußen in den Mund schoß. Sie kam nie darüber hinweg. Zugleich zerrann das verschuldete »Belle Rêve« finanziell ihr unter den Fingern. Sie zog in ein Hotel, Flamingo oder Tarantel, wo sie sich in 2–3 überstürzte Affären warf, verzweifelt lebensgierig, sich abzulenken, die letzte Polka, die in ihr drehwurmartig weiterspielte, zu übertönen, und wurde stadtbekannt als leicht verführbare Dame. Ein Kaufmann Kifaber, den sie abwies, verbreitete Gerüchte über sie, mit Spätfolgen. Als sie dann etwas mit einem 17jährigen hatte, als alternde Lehrerin, flog sie von der Mittelschule in Laurel. Vom Bürgermeister schier der Stadt verwiesen, suchte sie Zuflucht bei Stella in New Orleans, fuhr in einer Straßenbahn, des symbolüberladenen Namens »Desire« (»Endstation Sehnsucht«/»Endstation Begierde«), kam an im französischen Arbeiterviertel, wo Stella inzwischen arg unstandesgemäß eingeheiratet hatte: den gut durchtrainierten Techniker Stanley Kowalski, in beengten Verhältnissen. Blanche, eine schöne Seele (zeitgemäßer gesagt: labile Persönlichkeit), nicht ohne allerlei Rest-Attribute einstiger begüterter Lebensart, Herzensgüte, Geisteskultur, guter Erziehung, wurde nun als Gast notdürftig untergebracht in hellhörig straßenlärmdurchtönter Armeleute-Zweizimmerwohnung. Neben grölender Pokerrunde whiskeysaufender Machogesellschaft aus Ranchern, Cowboys, Spaniern in Monteurskluft oder

Kegelclub-Uniform, texanisch potentiellen Dabbelju-Bush-Wählern, zwischen Flaschenöffnern, Gasolin-Atmosphäre und Pik As, baute Blanche ihr Toilettentischchen auf, wo sie sich frisch-, schön-, jüngermachte, ihr Eau de Cologne erneuerte, ihre Silberfuchsschwänze und Négligés ausbreitete, herzförmige Schmuckkästchen aufstellte, haltgebende Ruheinseln seelischer Kultivierung. Sie brachte ein wenig Lebensart und Kultur in die Baracke; sie umhüllte die kahle desolate Glühbirne mit einem chinesischen Papierschirm; sie bevorzugte Kerzenlicht, ging nie vor 18 Uhr aus, nur in Lokale mit nicht zu starker Beleuchtung, kokettierte affektiert, fischte for Compliments, mit Gebärden einer Grande Dame à la Colette oder Bubulina, einer kaum angewelkten Filmdiva, die ihr parkettsicher melancholisches Verwelken aufzuhalten versuchte, grenzenlos deplaziert, wohl nicht nur in dieser Welt. Oft stundenlang, oft mehrmals täglich nahm sie Schaum- und Dampfbäder, blockierte den Bath Room, bis Stanley schier die Blase platzte. Die Kluft zwischen Bourgeoisie und fast asozialem Milieu verschärfte sich zum Weltgegensatz von Pierrot lunaire oder Hungerkünstlerin und muskulös blühendem Panther, kurz: Madonna & Gorilla. Prinzessin auf der Erbse went to Conan, dem Barbaren. Altes abendländisch sublimiertes Europa meets unbelecktes Amerika. Der Prol Stanley, klebrig von Wagenschmiere oder vom Fett abgeleckter Kotelettknochen, fühlte sich kannibalisch wohl als wie 500 Säue, nannte sie, die ihn als »gesunden Polacken« sah, »Ihro Majestät« und »Kanarienvogel«, mokierte sich über ihre »lilienweißen Finger«, tat ihre damenhaften Allüren ab als »Hollywood-Getue« und »Affenkomödie«, und ihr angeknautschtes Abendkleid aus weißem Satin als »Aschermittwochskostüm«. Indeed, ihre Markennamen, Vornehmheiten, Kostbarkeiten, ihr Bouquet aus künstlichen Veilchen, stammten aus Tiffany-Flohmarkt und Sommerschlußverkauf. Des grobstofflichen Grobians 40er-Jahre-Radiojazz prallte auf Blanches »La Valse«, auf alle subtilen Schauder von Long ago & Too late. In Blanches Plauderton, hautnah ans Wasser gebaut, zitterte Urangst vor Unkultur. Geringste Aufregungen führten zu Beinahe-Ohnmachten, eine ideale Hysterie-Patientin Prof. Freuds, auch Likör-Angeboten nicht abhold. Die Törin des Verblühens klammerte sich an vorrevolutionäre Umgangsformen, Konversations- und Höflichkeitsrituale. Bezauberbar durch jede Art kulturgesättigte Verfeinerung, und sei's nur auf naßrasiertem Kavaliersniveau, versuchte sie sogar im gedrungenen Arbeits- und Pokerkollegen Mitch (104 kg schwer) was Positiveres zu erblicken als den vulgären Stanley. Die federleichte Kameliendame nannte den tumben Mitch »Armand«, imaginierte sich und ihn in ein kleines Künstlercafé am linken

Seineufer, bat ihn französisch zu parlieren. Mitch ahnte dumpf, daß er ihr nichts zu bieten hatte und sie 2 Nummern zu zerbrechlich war für ihn, schämte sich im schweißverklebten Hemd seiner Kumpel. Sie aber rühmte den korpulenten Trottel, er sei ein echter Gentleman, »einer der wenigen, die es heute noch in der Welt gibt«. Er aber nahm, wegen der Gerüchte über ihr Vorleben, Abstand. Blanche stürzte sich auf einen beliebigen Beitragseinkassierer wie auf die entschwindende Jugend, hielt ihn an der Tür auf, bat ihn um Feuer und Uhrzeit, flehte den morgenländischen Prinzen, den sie im Laufburschen sah, an, ihm einen Kuß geben zu dürfen, rief sich dann zur Raison und verabschiedete ihn mondän mit einem »Adios!«. Als Stella mit Baby niederkam, machte sich Blanches Schwager Stanley situativ an seine aufgekratzte, manisch lebhafte Schwägerin heran, trug sie aufs Bett; bald darauf rief man hinter ihrem Rücken die Nervenheilanstalt herbei. Während Blanche sich zurechtmachte für Shep Huntleigh, einen kultivierten Petro-Millionär aus alten Zeiten, aus Dallas, den sie angeblich in Miami wiedergetroffen hatte, wurde sie statt dessen vom Arzt in Zivil abgeholt; die Krankenschwester ging sogleich mit Polizeigriff an den Fall heran; der Arzt aber bot ihr nur in aller Höflichkeit elegant und gentlemanlike den Arm, und schon kam sie freiwillig mit wie mit einem neuen Verehrer. Laut Stanley, einem Überlebenden der Steinzeit, hinterließ sie nichts als verstreutes Puder und leere Parfümflakons. Hinter der abgeholten einzigen fühlenden Brust unter Hartschädeln und Brachialos schlug die Woge grölenden Pokerns zusammen – o welch eine zarte Seele wurde hier zerstört. Mit Federboa schritt sie aufrechten Gangs in die Klapsmühle. Vorhang. Dann verlor sich ihre Spur. ~ Bei der Verfilmung von »A Streetcar Named Desire« eignete sich Marlon Brando sofort bestens für die Rolle des Stanley im Unterhemd; bei Blanche DuBois aber, die Tennessee Williams mit »tragischem Leuchten« umkleidete, wurde es schwierig: Die zunächst anvisierte Margaret Sullavan kam viel zu bodenständig und sportlich rüber; sie spielte schier mit Tennisschläger in der Hand, viel zu stanley-kompatibel. Jessica Tandy und Vivien Leigh, 1951, kamen der wirklichen Blanche DuBois erheblich näher.

Blanche DuBois über sich: Ich mag keinen Realismus. Was ich will, ist – Magie! Deshalb stell ich die Dinge anders dar, als sie sind. • Ich flunkere gern ein wenig, ich weiß das. Schließlich besteht der Charme einer Frau aus 50% Illusion, aus Spiel. Aber wenn es sich um eine wichtige Sache handelt, pflege ich klipp und klar die Wahrheit zu sagen. • Ich kann nicht einmal multiplizieren! Nein, ich habe das Mißgeschick, eine Lehrerin in englischer

Literatur zu sein. Ich versuche einer Horde von Backfischen und Drugstore-Romeos Hochachtung für Hawthorne und Whitman und Poe beizubringen. ◆ Ich muß zugeben, daß ich es liebe, bedient zu werden. ◆ Ich danke Ihnen, daß Sie so gut zu mir sind! Ich brauche das jetzt... Güte. ◆ Würden Sie es für möglich halten, daß ich – früher einmal – für attraktiv gehalten wurde? ◆ Eine nackte elektrische Birne kann ich ebensowenig ertragen wie eine unfeine Bemerkung oder eine rohe Behandlung. ◆ Manches Mal – kommt Gott uns nahe – so schnell! Mit einem Male! ◆ Den Rest meines Lebens werde ich an der See verbringen, und wenn ich sterbe, will ich auf offener See sterben. Weißt du, woran ich sterben werde? Am Essen von ungewaschenen Trauben werde ich sterben!

HEINZ-OTTO BOHNLICH, Drechsler, Leseratte, Kranführer, Fleischwolfkonstrukteur, Dispätscher, Dampfkesselbauingenieur, Abteilungsleiter, Heimwerker, ADAC-Mitglied, Realist (geb. 1928): Hineingeboren als Zangengeburt in den 7köpfigen Wurf einer strengkatholischen Telegraphenarbeiter-, Briefträger- und Kaninchenzüchterfamilie im Eichsfeld/Thüringen, zwischen dicke Tanten, früh eingeführt in Schweinestall und Schützenfest, bekam er Schlachtreste nur dann zu naschen, wenn er sich mit Schweineblut einen Kreis ins Gesicht schreiben ließ. Fürs wöchentliche Karnickelschlachten nicht kaltblütig genug, übernahm er wenigstens das Kastrieren, dies dann fürs ganze Kaff. Der Eierdieb hielt kundige Vorträge über Zuchtrammler, Deckgebühren, Kastrierbesteck und bohnengroße Hoden, auf die sich sofort die Hühner stürzten. Technisch interessiert, praktisch begabt machte sich »Popel-Heinzi« – kaum den Ordensschwestern der Kinderverwahranstalt entwachsen – überall bastelnd bekannt und beliebt. 1938 Pimpf im Jungvolk mit dem Tagtraum, im Fanfarenzug mitzulaufen; 1939 Kinderlandverschickung nach Ostpreußen. 1944 entkam der dickliche Dreher- und Schlosserlehrling – und Meisterschütze! – knapp der Einberufung ins kämpfende Heer. Metall bevorzugte er vor Holz, Bier vor Wein. Die Besichtigung einer Dampfmaschine bescherte ihm erleuchtungsartige Wollust. Seither spürte er, sobald er Maschinen sah, den unabweislichen Drang, sie näher kennenzulernen und zu reparieren. Als er Mädels nachjagte, prallte er mit dem Schlitten gegen einen Baum und pißte Blut – lebenslang nur eine intakte Niere. Weil er arglos ein Haus abmalte, zog er Spionageverdacht auf sich und wurde vom Iwan verhört. Heinz galt im Dorf als helles Köpfchen und Alleswisser, stets kontaktfreudig, der sich als Außenseiter aus dem Klüngel gern mit Buch oder Bastelei abseilte: »Tarzan bei den Affen«, »Du und die Elektrizität«, Goethe, Balzac, alles. Von Dr. phil. Steige, einem blinden Breslauflüchtling und Regimegegner, bekam Heinz Klavierstunden und Schopenhauer empfohlen, dessen »Aphorismen zur Lebensweisheit« der aufgeweckte Scherzkeks auch wacker sich anzueignen versuchte. Mit geweitetem Horizont begann der leidenschaftliche Tänzer und Zerrwanst-, d. h. Knopfharmonikaspieler ein Ingenieursstudium in der Goethestadt Ilmenau, ließ seine deftige, an Schopenhauer wenig interessierte Marlis in Dingelstädt zurück, die prompt mit einem Horst durchbrannte, lernte aber im Wonnemonat 1950 statt dessen ein blasses Kätchen kennen, hochsensibel, evangelisch, äußerst unschuldig, zögerlich, kompliziert, eine angehende Säuglingsschwester aus wenig bäuerlichen Kreisen, die Tochter Ewald Dörings, seines Dozenten für Gußtechnik, um die Heinz-Otto ausdauernd warb, die sogar Opern hörte, Theodor Storm las und die er durch strammen Frohsinn, Gedichte, in denen er »Mädchen« auf »Kätchen« reimte, Heiratsschwüre und Aussicht auf »einen strammen Stammhalter« rumzukriegen vermochte. Der SED trat er mutig nicht bei. Bald zeugte er 2 Söhne, um alsdann, nach riskanter Republikflucht 1956, bei Kaiserslautern und später Kassel-Bettenhausen zwischen Kriegsruinen ansässig und als grad. Maschinenbauingenieur Monteure anzulernen. Funktionslust trug ihn durchs Leben. Nirgendwo ein Knopf, auf den er nicht drückte. Langeweile verspürte er nie. Immer gab's was zu tun. Do-it-yourself-Hobbys: Basteln, Werkeln, Elektriklegen. Fotos entwickelte er eigenhändig im Bastelkeller. In jedem Zimmer installierte er Doppel- und Dreifachsteckdosen, abgezweigte Lautsprecher, um Radio und Fernsehn auf'm Lokus mitzuhörn, oder beim Baden, um alsdann streng zu überwachen, daß nicht zu viele Lichter brannten. Was Hausmeister vermasselten, bügelte er hyperoptimal aus. Fabrikation geschnitzten Spielzeugs und Kasperletheaters für den Nachwuchs – 1960: Tochter Antje. Ihre täglichen kg und cm und Zähnchenzahl trug er genauso in Tabellen ein wie die Daten seiner Dampferzeugung. Er erstellte beschriftete Fotoalben. Alle 3 Kinder – übersensibel, bläßlich, musisch – schlugen dem stämmigen Philatelisten, Bierdeckelsammler, Numismatiker, Pykniker und sanguinischen Choleriker kaum nach. Besonders sein Erstgeborener, ein Totalversager, gehandicapt, einseitig, bloß theoretisch interessiert, der von frühauf nicht basteln, hämmern, sägen mochte, brachte den verzweifelten Vater ständig in Rage. Ging Heinz was gegen den Strich, brüllte er los wie am Spieß. Selbst auf 60 m hohen Schiffswerften blieb er auf glitschigen Eisenträgern im Sturm balancierend schwindelfrei, stieg auch gern, oft und exzessiv – obgleich oft genug vom Apfelbaum oder beim Videofilmen vom Felsen gefallen – auf Ausziehleitern, Balkongeländern im 5. Stock und Dachfirsten herum (Dachrinnenreinigung, Antennenreparatur). Schweben wollt er nie, sondern mit beiden Beinen fest auf der Erde stehn und hierbei was Ordentliches essen (Gehacktes, Blutwurst, Kalbsleber). Je stinkender ein Käse, desto lieber aß er ihn. Favoriten: Stangenkäse, Harzer Roller. Essensreste aß er komplett fort: »Damit's wegkommt.« Kaum was haßte er so wie Obst: Je exotischer und exklusiver eine Frucht, desto verzerrter seine Aversionsbekundung. Tomaten und Pfirsiche aß er nur geschält. Knoblauch haßte er »wie die Pest«. Bei Erdbeeren, Melonen, Gurken bekam er Ausschlag. Fisch schmeckte zuwenig nach Fleisch. Pilze aß er gern, weil sie ihn an Organe erinnerten. Wachsblumen fand er besser als Blumen. Befragt, ob er Bäume liebe: »Ja sicher, besonders kleingehackt und ofenfertig aufgestapelt.« Plastiktüten, grünweißlichen Tupperdosen, graublaßgrünlichen Windjoppen, Schleiflackmöbeln, Sesselschonern, BASF-Weichplastik, Resopal, Eternit und Igelit bezeugte er lebenslang Treue. Kirchenaustritt & CDU-Wahl verschwieg Heinz; nur in lockeren Stunden definierte er Religion als Humbug. Er ließ Gott einen guten Mann sein. Hobbys: Schlager, Schnulzen, Evergreens, Mainz bleibt Mainz, Heinz Rühmann, → Erhardt, Blauer Bock, Wanninger. Auf Fremde ging er herzlich zu, ohne Berührungsangst und Lampenfieber. Mit werktätigen Gestalten war Heinz sofort auf Duzfuß und handelseinig, nannte alle auch gern beim Namen. In geselliger Runde rauchte er Zigärrchen, trank Schnäpschen. Am lautesten prustete er über Fäkalscherze. Mentor und Übervater Dr. Steige mahnte ihn schriftlich: »Aber was tun Sie für Ihren Geist?« Statt Balzac wußte er jetzt aber nur noch Reader's Digest zu nennen. Hinzu kamen ADAC-Pannenhelfer; praktischer Antennenbau; Fernseh-Service leichtgemacht, Peter Moosleitner's interessantes Magazin. Autotüren knallte er so unleise wie möglich. Lichtschalter wurden gehackt, Marmelade ins Joghurt, statt gerührt, hineingestößelt. Wer vor Hammerschlägen zurückzuckte, wurde »Sensibelchen« gescholten. Auf Jubiläen und Familienfesten trug die Stimmungskanone launige Reimgedichte vor, oder führte vertonte Filme vorjähriger Klassentreffen vor; akribisch verharrte die Handkamera bei jeder damals besichtigten Porzellanvase. Trotz Bierbauch (95 kg) fror er ständig wie ein Schneider. Höchster Greuel: geklappte Fenster. Jahrelang hatte er als einziges Familienmitglied kein eigenes Zimmer, erledigte Arbeitsberichte, Geburtstagsgedichte und Steuererklärungen an einer runterklappbaren Klappe des Wohnzimmerschranks. Trat er aus Versehen auf rumliegenden Krempel seiner unstrammen Stammhalter, schrie er: »Kannste das nicht wegräumen!!!« Traten seine Kinder aus Versehen auf seinen rumliegenden Krempel, schrie er: »Kannste nicht hingucken!!!« Objekte, die er auf der Straße fand, legte er nie zurück. Brachte er schweren Herzens, auf höheren Befehl, Dinge zum Sperrmüll, kam der Pantoffelheld mit noch mehr Dingen zurück. Alles strotzte von Verwendungszwecken. Angeheiratete promovierte DDR-Akademiker – ein Marxist und ein Christ –, die auf ihren grobgeschnitzten BRD-Schwager hochnäsig herabsahen, wirkten neben seiner volkstümlichen Schnauze steif, unberedt, blaß. Kindern brachte er stets Bollchen, Nachbarinnen Fotoabzüge, Hunden stets Pansen mit. Tote Mäuse in Schlagfallen streichelte er, als wolle er sie wiederbeleben. Nachbarn, die mit ihren defekten Geräten Schlange standen, vermochte er keinen Stundenlohn zu berechnen. Aber auf Flohmärkten, wenn er olle Kabel und Videobänder erwarb, feilschte er pfiffig. Frisöre und Zahnärzte, die ihm ins Ohr schnitten oder in die Lippe bohrten, suchte er trotzdem wieder auf. Um künftigem Zahnweh auszuweichen, ließ er sich unnötig alle Zähne ziehn. Nörgeleien seiner Ehehälfte ließ er sich gefallen. Obwohl er vom Typ her pausenlos mit der Faust auf den Tisch schlug, kniff er hier das Schwänzchen ein. Zum 50. Geburtstag wünschte sich der Ehemann eine neue Gummischürze. Seine Untergebenen im Kesselhaus spürten die Schwäche ihres Chefs, tanzten ihm auf Glatze und Kopfhelm herum. Auf Wanderungen ging er nur dann mit, wenn er seine Fotoapparate mitnehmen durfte, in Oboenkonzerte, wohin seine Familie strebte, nur ungern. Mozart hielt er grad noch durch; alles Spätere machte nur Mißtöne. Schlag- und Preßluftbohrer hingegen waren Musik in seinen Ohren. Nie ging er ohne Taschenmesser, Phasenprüfer, Belichtungsmesser, Wurststullen außer Haus. Dafür, daß er als technisches As herumhämmerte, rief er verdächtig oft: »Scheiße!« Dienstreisen führten nach Waldau, Unna, Hamm, Hamburg, Dänemark, Piräus, Ungarn, Odessa, Teheran, Dubai, beinahe auch China und Kenia. An dienstfreien Tagen im Iran fuhr er solo mit Staubwolke hinterm Jeep in Trockenwüste und Hochland hinein, tauchte ungeschützt bei wilden Völkern auf, schenkte ihnen lachend Pipifax, klickte alle Gestalten eifrig ein, inklusive Kamele. Selbst verschleierte Muslima brachte er durch volkstümliche Gags zur Schleierlüpfung. Aber die Flüchtlings- und Arme-Leute-Spar-Mentalität behielt er auch im Wirtschaftswunder bei. Während alle Nachbarn schon VW fuhren, radelte er immer noch auf gebrauchtem, hellgraugestrichenem Stahlroß zur Arbeit, später im Dienstwagen. Im Verkehr ertönte alle Minute ein »Idiot!«. Lieblingsfluch: Himmelkrüzitürken! Lieblingsinstrument: Hammond-Orgel. Jähzorn ergänzte er mit Weichheit. Ein Topos zu Weihnachten: glänzende Kinderaugen. An Dingelstädt bewahrte er Anhänglichkeit. Als seine Tochter Verbrennungen erlitt, saß er nachts in der Küche an der Wachstuchdecke und heulte wie ein Schloßhund. Großtante Lotte, angeheiratet, Schlaganfall, besuchte er täglich im Pflegeheim, spielte dort jahrelang ehrenamtlich, ohne Katholik zu sein, den Weihnachtsmann, für Schwerhörige extralaut, freundete sich mit x Greisinnen an, kaufte eigens für eine steinalt moribunde Ungarin ein Ungarisch-Deutsch-Lexikon, um ihr nette Brocken zuwerfen zu können. In riesiger Altbauwohnung standen, nach dem Auszug der Kinder, großräumige Zimmer leer; Bohnlich, 1982 frühpensioniert, bewohnte das kleinste, bastelkellerartig vollgestopfte Zimmerchen, durfte aber wachsende Sammelmassen nicht in die kahlen Hallen der Restwohnung auslagern. Wegen Schnarchens aus ehelichem Schlafzimmer ausquartiert, baute er abends in seiner aus allen Nähten platzenden Höhle sich eine Matratzengruft, wo er nachts, während seitlich seine Schwiegermutter reinschnarchte, unter der Decke anstehende Arbeitsvorhaben seinem Diktiergerät anvertraute. An Träume erinnerte er sich nie. Da er nix wegschmeißen konnte, stapelten sich bei ihm im Keller x Generationen ausgeschlachteter Geräteparks. War etwas herabgesetzt zu haben oder winkte Mengenrabatt, wurde der Messie als Kunde auch dann schwach, wenn er das Zeug nicht brauchte. Zeitschriftenabos sparte er sich, via Mülleimer-Durchforschung. Trophäen aus Gebrauchtwarenhandlungen und Sperrmüll, 12 Skierpaare, 30 Lampenschirme, schmuggelte er heimlich ins Haus. Gesammelte Schlüssel, Dietriche, Rohlinge, Bedienungsanleitungen, Kasselprospekte gingen in die Tausende. Er bekam absolut jede Tür auf. Von psychischen Problemen lenkte er ab mit Parkuhrproblemen. Alles, was nach Realitätsabweichung roch, bekämpfte er heftig, als ein Sancho Pansa, der pausenlos – wie Don Quijote gegen Windmühlen – gegen jede Art von Don Quijote anlief. Romantische Beleuchtung sah er nur unterm Aspekt der Stromersparnis. Heilige Narren blieben ihm ein Greuel; aber seinen Stammplatz am Wursteller hielt er heilig. Erzrealismus ging in Irrealität über. Buchtitel wie »Vom Wahnsinn der Normalität« versuchten auf ihn zuzutreffen. In seinen akribisch durchdachten Ordnungssystemen, was nach außen wie Chaos aussah, fand aber auch er selber nur selten was wieder. Seine TV-Mitschnitte teilte er in Themen ein; »Musik« & »Medizin« kamen sich beim doppelt belegten »M« quer. X Sendungen schnitt er simultan mit (Bilderbogen Hessen), bis zu 9 Sendungen pro Tag, auch nachts. Bei jeder Autofahrt notierte er km-Stand, Benzinverbrauch, Uhrzeit, Abfahrt, Ankunft penibelst auf gelbe, exakt vorgeschnittne Pappen, auf Schnapszahlen lauernd. Selbst Verletzungen, Narben pflegte er filmisch in allen Vorher-/Nachher-Stadien zu dokumentieren. Preisvergleiche von Sonderangeboten absorbierten Unmengen nicht berechneter Zeit. War Aufschnitt im DEZ 7 Pfennige günstiger als bei Rheika, fuhr er 9 km Umweg. Knete nannte er gern »Rubel«. Frisuren, die von Nazi-, Fasson- und Meckischnitt abwichen, fand er »ungekämmt«. Als 1989 die Mauer fiel, rief er: »Wahnsinn!« Weltliterarisch kam er am deutlichsten bei Hermann Hesse vor, als Joseph Giebenrath. Doch lief Heinz-Otto Bohnlich viel sympathischer herum als Heinrich Manns Untertan Diederich Heßling. Soziologen hätten Bohnlich dem »Harmoniemilieu« zugeordnet.

Auf Dienstfahrt, zusammen mit einigen Arbeitskollegen

Worte von Heinz-Otto Bohnlich: Die meisten Menschen gehn mit großem Appetit an das Fleischessen heran. ◆ Ein Mensch wird immer danach beurteilt, wie er aussieht. ◆ Das Wichtigste ist natürlich hier meine Energieversorgungsstation, d. h. ein Schaltschrank, mit Steckdosen, Schaltern, hier kann ich 12 Volt Gleichspannung abnehmen, verschiedene Unterspannungen, Glühbirnen, Zwergfassungen, E–16, E–27, Stecksockelfassungen, so daß ich hier alle Lampen prüfen kann, kann Akkus laden – das Ganze ist über eine Zentralsicherung abgesichert. ◆ Wenn man damals schon hätte per Flugzeug reisen können, hätte Goethe unter keinen Umständen eine Kutsche benutzt. ◆ Wenn das Telefon bis heute nicht erfunden wär, dann hätt ich's erfunden. ◆ Thomas Mann ist kein Dichter, sondern ein Bandwurmproduzent! ◆ Nicht Lärm entsteht für sich als Lärm, sondern wird bloß als Lärm gedeutet. ◆ Der Mensch strebt nach dem Höheren, ist aber im Grunde nur ein Wesen, ein Säugetier mit raubtierähnlichen Eigenschaften, ein Herdentier, das von einem Führer geführt oder: verführt wird! ◆ Die Wohnung ist noch ungekehrt / was sich von Rechts wegen nicht gehört. ◆ Ein jeder

Techniker, groß oder klein – / sollte menschenfreundlicher Techniker sein! ◆ Als uns jedoch die Speisekarte vorgelegt wurde, schauten wir uns verdutzt an, denn unsere Barschaft reichte gerade für eine bescheidene Nudel-Vorsuppe!

Heinz-Otto Bohnlich über sich: Ich fahr nicht gern Auto, sondern ich nutze es als Fortbewegungsmittel. ◆ Davon versteh ich soviel wie ein Sägefisch vom Hobeln! ◆ Wenn ich einmal zu niesen anfange, dann quillt's aus allen Knopflöchern. ◆ In den ersten Jahren hier in Kassel besuchten Käte und ich in der Stadthalle einmal ein Sinfoniekonzert des Staatstheaters. Wir saßen auf der Empore und konnten direkt in das Orchester schauen. Was gespielt wurde, weiß ich nicht mehr, doch die Tränen traten mir in die Augen, und ich dachte und wünschte, das müßten unsere Jungen hören, nein erleben. Ich glaube, meine Wünsche haben sich erfüllt. ◆ Ich hab keinen Krebs, ich fahre vorsichtig, begebe mich nicht leichtfertig in Gefahr durch waghalsiges Überholen. Also werde ich, wenn alles gutgeht, mal im Bett sterben. Wahrscheinlich durch Darmverschluß. ◆ Es ist ein herrliches Erlebnis, wenn man sieht, wie alles funktioniert. ◆ Ein Lokal, das keine Leber hat, ist für mich unten durch.

Andere über Heinz-Otto Bohnlich: Obrigkeit und blinde Unterwürfigkeit gegen die ehernen Gebote der bürgerlichen Wohlanständigkeit. Er unternahm nebenher manche nicht einwandfreie Geschäfte, aber er führte sie nie über die Grenzen des formell Erlaubten hinaus. Er trank manchen Schoppen, war aber niemals betrunken. Er war Mitglied des Bürgervereins und beteiligte sich jeden Freitag am Kegelschieben im »Adler«, ferner an jedem Backtag, sowie an den Voressen und Metzelsuppen. *(Hermann Hesse, 1906)* ◆ Der Vater war durch die lange Arbeitslosigkeit sehr deprimiert und hatte wenig Selbstvertrauen. Er beschäftigte sich zwar mit den Kindern, hatte aber wenig Autorität. Als in Westdeutschland eine Arbeit und Wohnung gefunden war, hatte sich der Vater daran gewöhnt, jede Initiative seiner Frau zu überlassen, die den doppelten Anstrengungen des Haushaltes und der Familienführung nach innen und nach außen nicht gewachsen war. *(Gundula Reichelt, 1963)* ◆ Der Opa redet immer nur vom Essen. *(Enkelin Maria Bohnlich)*

General William Booth, Erweckungsprediger, Methodist, Heilsarmeegründer, Generalsuperintendent (1829–1912): Als Lehrling eines Pfandleihers lernte Booth (zu deutsch: Bude) aus Nottingham Frau Armut hautnah kennen. 1865 gründete der alsbald hauptamtlich übergemeindlich tätige Laienprediger und Zeltmissionar mit seiner ebenso einsatzbereiten Gattin Catherine geb. Mumford seine »Christliche Mission«. Zügig rettete er Trunkenbolde, Langfinger, die ihm seine erwecklichen Verlautbarungen komischerweise abkauften, bis sein Tun und Wirken immer breitere Kreise schlug. Wer ihn nicht kopfschüttelnd belächelte und auslachte, ließ sich bekehren. Er straffte seine Organisation gut durch, steckte alle Erwecker in quasi militärische Patrouillenjacken mit Armbinden, Blechschildern, Zylindern, Armeewappen, was zwischen den scharlachroten Gehröcken der Briefträger und dunkelblauen Uniformen der Bobbys nicht unpassend wirkte. Breitkrempige Strohschuten und Kinnbänder schützten vor Steinwürfen. Ab 1878 schritt er in eiserner und blecherner Disziplin seiner »Salvation Army« voran, verfaßte zugleich die Doctrine mit 11 (!) Glaubensartikeln. An Orten, die man »Zitadelle« nannte, trafen sich für Christus gewonnene Seelen. Seine Zeitschriften »Salvationist« und »Kriegsruf« changierten zwischen Rot und Blau, also Feuertaufe, Christusblut und Himmelblau. Je erfolgreicher sein massiv umtriebiges Christentum trompetend aufmarschierte, desto mehr Gelder stellten Staat und einzelne zur Verfügung und desto mehr Gegenwehr fand statt: Gemüsehändler in Hastings hielten kostenlos faule Eier bereit; Pöpel johlte; Booth, wenn man ihn anspie, wischte die glitschige Tapferkeitsmedaille nicht ab. Allem »Buh!« setzten sie nur ein »God bless you!« entgegen. 1882 wurden 669 Heilssoldaten zusammengehauen. Der General nahm auch 3 Wochen Seekrankheit in Kauf, um auch in der Neuen Welt die Army auszubreiten. Die Belagerung von New York lief an (damals noch ohne Skyline; Brooklyn größtenteils Ackerland, Bronx Gartenkolonie). 1890 erregte Booths Buch »In Darkest England and the Way Out« Aufsehn. Von der Physiognomie her hätt er ein milderer Mann sein können. Als spartanischer Sauberkeitsapostel nahm er täglich ein kaltes und 1 x die Woche ein warmes Bad. Einen Gattinnenmörder erklärte er so: Seine Mutter hätte nicht für ihn gebetet. Sendboten gingen hin in alle Welt. Booths Sohn Bramwell wurde zweiter General. Seit 1880 breitete sich seine Salvation Army noch turboepidemischer, d. h. weltweit aus, sekundiert von den »Volunteers of America«, 1896 gegründet von Booths Sohn Ballington Booth, imitiert von der Church-Army. ~ Das Schönste, was ihm passieren konnte: Der seltsame amerikanische Composer Charles Ives, der so gern wie Gustav Mahler Militärmärsche kompositorisch verfremdete, schrieb eine Chorhymne: »General Booth enters into heaven«. Eine Booth-Biographie 1935 hieß passenderweise: »God's Soldier«. Der Siegeszug und die Verbreitung in 108 Ländern konnte das Heilsarmeeverbot in der DDR – 1953–1990 – nicht weiter aufhalten. Eigene Blätter hießen »Kriegsruf« und »Salutist«. Keiner, der im weltlichen Getümmel von Einkaufsstraßen und Ballungsräumen die harmlos rührende, akkordeonziehende Happening-Kapelle nicht verlachte und belächelte. 1980 gab's in GB 75 000 Mitglieder (100 in der BRD): 48 Korps, 7 Vorposten, 49 Sozialinstitutionen, 1600 Salutisten, 100 aktive Offiziere, in der Schweiz: 300, weltweit: 17 400 Offiziere!

Gottes General marschierte über die ganze Welt

Worte von General William Booth: Gott wischt eure Tränen mit Fünfpfundnoten ab! ◆ Gerettetsein gibt Rettersinn. ◆ Rettet Seelen, geht den Schlimmsten nach! ◆ Das genügt, aber es kann noch besser werden! ◆ Schieß, auch wenn die Flinte nicht geladen ist! ◆ Schlag eine Fliege tot, und 2 werden zu ihrem Begräbnis kommen! ◆ Wenn der Himmel einfällt, werden wir Lerchen fangen. ◆ Die Heilsarmee kann ebensowenig ohne System funktionieren wie etwa die Eisenbahn. Malt das Wort »Salvation Army« mit großen Buchstaben auf die Dächer eurer Häuser, so daß es jeder schon von weitem lesen kann! ◆ Denn jedes Land ist meines Vaters Land.

General William Booth über sich: Liebling, ich habe meine Bestimmung gefunden! ◆ Die besten Soldaten in meiner Armee sind die Frauen.

Andere über General William Booth: Die militärische Einkleidung der gläubigen Massen schien anfangs nur ein Spiel zu sein; es könnte aber einmal mehr als ein Spiel werden, wenn die Allmacht, die dem General Booth oder seinem Nachfolger über das Geld und über die Offiziere der Armee zu Gebote steht, ernsthaft an die Eroberung der Welt gehen wollte. Ungefähr so war es ja bei der Stiftung des Islam zugegangen, lärmend und rücksichtslos, wenn auch natürlich noch ohne die amerikanischen Erfindungen der Zeitungsreklame und der bewußten Massenhypnose. *(Fritz Mauthner, 1923)*

DSCHAGADIS TSCHANDRA BOSE, Erfinder, Mimosenforscher, Pflanzenschriftoffenbarer (1858–1937): Geboren als Sohn eines Magistrats/Ortsrichters in Faridpur/Bengalen – Schulbesuch in Kolkata –, studierte er (auch Jagadis Chunder geschrieben) am Jesuitenkolleg in Kalkutta, finanziell unterstützt von Rabindranath Tagore, ab 1880 in Cambridge Physik, Biologie, Naturwissenschaften, verlegte sich auf Pflanzenphysiologie, kreiste um steigende Säfte und Saftumläufe, untersuchte das Gedächtnis der Pflanzen, entwickelte Methoden, die Schlaftiefe bei Pflanzen zu messen. Er löste künstliche Krankheiten in Pflanzen aus, wies Fieber bei Pflanzen nach und Aufbäumung im Todeskampf – sterbende Erbsenblüten erzeugten 1 Volt. Der Vegetarier G. Bernard Shaw wurde ganz unglücklich, als er vorgeführt bekam, wie ein Kohl in heißem Wasser in tödliche Zuckungen verfiel. Pflanzen brauchten kein motorisches Herz, weil die Gefäße ihrer inneren Rinde als ein einziges langgezogenes Herz fungierten. Bose experimentierte mit Photographie ohne Licht, mit künstlicher Netzhaut. Er verglich Reizreaktion anorganischer Materie mit lebendem Gewebe, entwickelte neuartige Höchstleistungsregistrierapparate: Resonanz-Rekorder, den Auxanographen, technische Vehikel, die die Wahrnehmungsschwelle des Menschen sublim hinauftrieben wie Rauschdrogen. Er stellte Schneckenbewegungen als Expreßzugtempo dar. Naturgemäß untersuchte er besonders gern die hochnervöse *Mimose pudica*, zum Vergleich die *Neptuna*, wegen ihrer geringeren Kontraktionskraft, und die Bohne, wegen ihrer schwergängigen Kontraktionskraft. Bäume, die nach ihrer Umpflanzung normalerweise nicht angingen, konnte Bose erfolgreich umpflanzen, indem er sie zuvor chloroformierte. Aus Experimenten mit Materialermüdung extrahierte Bose eine Theorie der Molekularspannung bei zarten Metallhäuten. Bose konstatierte Kontinuität zwischen Extremen wie Metallen und Tieren. Es gelang ihm, Pflanzen und Tiere gefühlstot zu machen (anästhetisieren) und Metalle zu lähmen (tetanisieren), in summa: Im Entseelungszeitalter machte er Eisen und Seelen zu Geschwistern, löste fächerübergreifend Scheingrenzen zwischen Physik und Physiologie auf, schloß Kreise zu den All-Einheitsleeren aus vedischen und upanischadischen Zeiten. In strenge Wissenschaft wanderten phantastische Themata und Termini ein, wie später in Benoît Mandelbrots fraktale Geometrie. 1916 wurde Sir Bose, verheiratet mit der Sozialreformerin Abala Bose, zum Ritter geschlagen, 1920 Fellow der Royal Society, als erster Inder. 1925 erschien seine »Physiologie des Saftsteigens«. Luigi Galvani glaubte am Froschschenkel tierische Elektrizität zu entdecken (wodurch er sich von der Froschwelt her gesehen karmisch übel belastete);

Bose bot die vegetarische Parallele: untersuchte (im Lauf von 20 Jahren) an der Mimose die Gesetze des elektrischen Kreislaufs. Leonardo da Vinci entdeckte den Kreislauf des Menschen, Bose den der Pflanzen. Europäische Kollegen, die im Gefolge Hegels Indien bloß als träumendes Blumenland sahen, standen Bose so skeptisch gegenüber wie dem indischen Mathematiker und Nullbetoner Sriniwasa Ramanudschan. Im Arbeitsbereich immer exakterer Wissenschaft stand Bose so suspekt und deplaziert da wie der indisch wuchernde Wildwuchsvertoner Charles Ives zwischen akademischen Chambermusic Composers.

Allbeseelung mit Gerätepark

Worte von Dschagadis Tschandra Bose: Hat sich der indische Geist jemals mit irgendwelchen Nichtigkeiten oder Begrenzungen zufriedengegeben?
Dschagadis Tschandra Bose über sich: Ich weihe dieses Institut heute nicht nur als ein Laboratorium, sondern auch als einen Tempel ein.
Andere über Dschagadis Tschandra Bose: Boses Ansprache an diesem großen Tag hätte ebensogut von einem erleuchteten Rischi des Altertums stammen können. *(Paramahansa Yogananda)* ◆ Bose war seiner Zeit um 60 Jahre voraus. *(Nevill F. Mott)* ◆ Wir halten im Rückblick fest, daß Bose noch ein recht normaler Exzentriker der Pflanzenseele war. *(Hans Werner Ingensiep, 2001)*

ELZÉARD BOUFFIER, **Bauer, Schäfer, Baumpflanzer, Ödlandverwandler (1858–1947):** In einer fruchtbaren Ebene Frankreichs führte er einen Bauernhof und zog sich um 1910, als er seinen einzigen Sohn und dann auch seine Frau verlor, mit 50 Schafen in die Einsamkeit der Cevennen zurück, in 1200–1300 Meter Höhe, wo karge, eintönige Heideflächen kaum wilden Lavendel und frisches Gras boten und wo baumlose, trostlose Gebirgsabhänge mit Geisterdörfern, gebaut auf Resten gallo-römischer Siedlungen, weiterer Verkarstung entgegensahen, südlich begrenzt durch den Mittellauf der Durance zwischen Sisteron und Mirabeau, nördlich durch den Oberlauf der Drôme von der Quelle bis Die, im Westen durch die Ebenen der Grafschaft Venaissin und das Vorgebirge des Mont Ventoux, in den Départements Basses-Alpes, Drôme und Vaucluse. Schneidender Wind zog über das Ödland hin, bewohnt von abgehärmten, zerstrittenen Restbauern. Bouffier sammelte Eicheln, tat mickrige Exemplare beiseite, ließ rißlose Früchte im Wassereimer vorkeimen, zog mit daumendicker Bohrstange, 1½ m lang, und Eichelsack durch die Landschaft, bohrte, steckte, bohrte, steckte, machte immer so weiter, bohrte, steckte, bis er nach 3 Jahren 100000 Eichen gesetzt hatte, von denen 20000 trieben und 1000 hochkamen, auf dem erodierten Gelände, von dem er nicht mal wußte, wem's gehörte. Diese 10000 verglich er mit einem Tropfen im Meer. Ein zartes Wäldchen wuchs zu einer Waldzunge aus, 11 km lang, 3 km breit. Der Mann machte weiter, befaßte sich nun mit Buchenaufzucht, wanderte mit Bohrstange und Bucheckern herum, bohrte, steckte; in weniger trockenen Gebieten setzte er Birken. Wasser, herbeigesogen von den Wurzeln, floß wieder durch die ausgemergelten Flußbetten. Da seine eigenen Schafe die Bäumchen gefährdeten, reduzierte er seine Herde von 50 auf 4 Schafe. Der Schäfer wurde zum Imker mit 100 Völkern. Vom Ersten Weltkrieg bekam er fast nichts mit. Während der Schlacht von Verdun reichten ihm seine Birkenhaine bis an die Schultern. Wildschweinjäger hielten die aufsprießenden Wälder, statt für widerrechtliche Aufforstung, für eine Laune der Natur. Also verbot dem Mann keiner, weiteren Segen zu stiften. Nach 1920 pflanzte er in einem Jahr 10000 Ahorne, die allesamt eingingen. Da kehrte er zum Buchenpflanzen zurück. Einen verirrten Wanderer, mit dem er seine Suppe teilte und der ihm beim Eichelsortieren und Ankeimen Hilfe anbot, ließ er nicht mitmachen. Da rund um ihn schon alles grünte, mußte er immer weiter fort, um noch Brachland zu finden, und plante oder baute 12 km weiter eine einfache Zwischenstation. 1933 forderte ein ahnungsloser Forstaufseher den wortkargen Greis auf, die umliegenden, inzwischen 6–7 m hohen Wälder nicht zu gefährden, also kein Feuer zu machen. 1935 kam eine Delegation und besichtigte den »natürlichen Wald«, ein hoher Beamter des Wasser- und Forstwesens, ein Abgeordneter, etliche Techniker. Man beriet hin und her und stellte ihn unter Staatsschutz. Ein sympathisierender Forstmeister schärfte 3 Aufsehern ein, allen Bestechungsversuchen holzbedürftiger Köhler zu widerstehn. 1939 kam die größte Gefahr auf die Wälder zu. Autos fuhren zum neuen Kriegsbeginn, von dem Bouffier wieder nichts mitbekam, bevorzugt mit Holzgas, und man schlug hierfür sogar Eichen von 1910 um. Aber Vergons lag zu weit weg vom Straßennetz, als daß Kahlschlag rentabel gewesen wäre. Der einsam schweigende, inzwischen ganz verstummte Greis machte auch mit Ende 80 noch weiter, bohren, stecken, bohren, stecken. Vergons entwickelte sich zu einer baumreich blühenden Metropole, alles auf der summierten Grundlage des jahrzehntelangen heimlichen Baumpflanzens. Elzéard Bouffier starb friedlich im Altenheim von Banon.

LENNY BRUCE **(geb. Leonard Alfred Schneider), Stand-up-Comedian, Provokateur, Skandal-Entertainer, Einzelkämpfer, Giftspritze (1925–1966):** Seine ersten Auftritte als Entertainer rissen keinen vom Sockel, aber er verbesserte sich sehr. Er nahm sogar Worte wie Tripper in den Mund. Kennedy, Eisenhower, sich selbst, alle sah er auf der Suche nach einer Mieze. Bald fand er seine liebe Honey und bekam mit ihr Kitty. Nie verwendete er Idioms wie, daß etwas unter die Haut gehe, ohne daß er sich's verkneifen konnte, eine Vorhaut draus zu machen. Genötigt, sich vor beleidigtem Publikum zu entschuldigen, tat er dies winselnd und mit den üblichen Floskeln, fügte auf einmal unentschuldbarerweise hinzu, im Grunde könnten sie ihn alle am Arsch lecken. Um den Hals trug er einen nippifizierten elektrischen Stuhl. Playboys glaubten »in« zu sein, wenn sie ihn gut fanden. Plötzlich zählte er in seinem Publikum die anwesenden Ethnien durch und erging sich in scheinbar antisemitischen Tiraden über Nigger, Polacken, Spaghettifresser, Juden, Japsen und schmalzlockige Kameltreiber, ehe alle merkten, daß er bloß die üblichen Rassenprobleme durchnudelte. Als seinem Obszönitätenzirkus ein Gericht vorwarf, er hätte unanständige Worte benutzt, wußte er nicht, welche gemeint sind, und bat um die Nennung dieser Worte, um auch den Gerichtssaal zur Bühne zu machen. Als man ihn anklagte, er hätte »ficken« gesagt, behauptete er, das habe man jetzt aus dem Zusammenhang gerissen. Dann aber setzte er den Anklagen eine Krone auf und benutzte den sexologisch kaum umgehbaren Terminus »Schwanzlutschen«. Nach Verwarnung und Abbüßung umging er mit höchster Sorgfalt genau dieses Wort und baute eine ganze abendfüllende Nummer auf der prononcierten, kunstvollen Aussparung dieses Wortes auf, wodurch er gewaltigere Lachsalven erntete als durch die Nennung der Sache, und richtete Scheinwerfer auf die Orgelpfeifen aufgestellter Ordnungshüter, die er in die Performance einbezog, dem Gelächter aussetzte, ohne dadurch neu straffällig zu werden. Wenn Bullen ihn an die Wand stellten und nach Waffen absuchten, durchschauten sie nicht, daß seine Waffe Zunge hieß und er also keine weitere Knarre brauchte. Bei brutaler Leibesvisitation hauchte er: »I love you ...« Weil er die Staatsanwälte und Richter – Formalien umgehend – von Mensch zu

Mensch ansprach, machte er sich der »Mißachtung des Gerichts« schuldig. Aus dem Wortlaut von Protokollen und Schriftsätzen, die ihm nie das Wasser reichten, formte der salopp gewordene → Kraus den Stoff neuer Auftritte. Nachtclubbesitzer, die ihn engagierten, gingen das Risiko der Lizenzentziehung ein. Wofür er früher rausgeschmissen wurde, verschaffte ihm jetzt vermehrten Zulauf. Selbst seinen Durchhängern molk er neue Pointen ab. Bisweilen trat er hustend im Bademantel auf, sichtlich desorientiert und unvorbereitet, und keiner wußte: Stand er jetzt tatsächlich unter Drogen, oder tat er nur so? Spontan, mit dem Rücken zum Publikum, schrie er: »Haut doch alle ab!« TB und Rippenfellentzündung liefen mit hohen Anwaltskosten um die Wette. Lenny Bruce starb in Hollywood Hills, mit der Nadel im Arm, an überdosiertem Heroin. Lenny Bruce variierte den Archetypus »Guter Mensch muß in den Knast«, also am ehesten den Fall → Wilde. Ihre Sünden sahen wenig später vollkommen harmlos aus. Lenny lag in der uralten Traditionslinie derer, die seit → Diogenes kein Blatt vor den Mund nahmen und dafür zu büßen hatten, wenn auch weniger spektakulär als → Halladsch. Kaum ein Späterer reichte Lenny rhetorisch an die Schnürsenkel. Gegen ihn wirkte → Kinski plump, ja, unelegant, total auf den Mund gefallen. Bei → Handkes Publikumsbeschimpfung konnte man sich zurücklehnen und lachen; bei Lenny – Jahre vorher – ging das nicht. Alan Berg und → Champlain starben zwar noch tragischer und unnötiger, brachten aber weder neue Eloquenz- noch Schlagfertigkeitsrekorde ein. Harald Schmidt, Stefan Raab, Joachim Steinhöfel u.ä. Vorzeigezyniker boten alle nur Limonade, auf dem breiten Sattel riesengroßen Gagschreiberverschleißes. Ein bundesdeutscher Lenny Bruce hieß alsbald – Fritz Teufel. Im Film »Lenny«, 1974, spielte Dustin Hoffman Lenny Bruce.

Kein Tabu ließ der Tabuverletzer unzerfetzt

Worte von Lenny Bruce: Wir sind allesamt beknackt. ◆ Das ökumenische Konzil hat dem Papst erlaubt, Nonne zu werden. ◆ Man muß aus der Kirche austreten, um sich wieder Gott zuzuwenden. ◆ Wenn Sie etwas am menschlichen Körper anekelt, beschweren Sie sich beim Hersteller! ◆ Verheiratete wichsen mehr als Unverheiratete.

Lenny Bruce über sich: Ich habe oft Schuldgefühle, weil ich nicht genug für die Aufhebung der Rassentrennung getan habe. ◆ Ich habe keine Moral, sonst würde ich meine ganzen Einnahmen an arme Leute verschenken. ◆ Je weniger ihr zuhört, desto mehr braucht ihr Narren wie mich. ◆ Sorry, ich bin nicht komisch. Ich hab meinen Beruf verfehlt. ◆ Ich muß mir erst mal einen runterholen.
Andere über Lenny Bruce: Im Oktober 2003 wurde er vom New Yorker Gouverneur George Pataki nachträglich für seine Obszönitätsverurteilungen begnadigt. *(Wikipedia, 2008)*

Anton Bruckner, **Orgelspieler, Tonsetzer, Christ, Gottesfreund** (1824–1896): Familiär eingebettet in 11(!)köpfigen Geschwisterwurf, übte der Schulmeistersohn oft und gern Kindergeige und Spinett. Singknabe und Generalbaß-Schüler Tonerl stieg dann auf zum Schulgehilfen im schönen Böhmerland, und dann zum Unterlehrer, und dann zum hauptamtlichen Stiftsorganisten, und dann zum Chormeister der Liedertafel »Frohsinn« in Linz, Stufe um Stufe. Und stieg dann noch weiter hinauf, zum Schulgehilfen in Windhaag im schönen Böhmerland. Theaterkapellmeister Otto Kitzler lehrte ihn liturgisches Komponieren. Dann komponierte der junge, nein angejahrte Organist eine riesige Symphonie, seine Nullte. Franz Schubert hatte als Endzwanziger 9 Symphonien fertig; Kontrapunkt-Meister Bruckner, ein Spätzünder vor dem Herrn, ging an seine Erste erst mit über 40, noch später als der Bruckner der Literatur, Adalbert Stifter, der erst mit 36 anfing. Nach seiner Ersten schrieb Bruckner noch eine, dann noch eine, dann noch eine und immer so weiter, Symphonie um Symphonie. Andere Tonsetzer komponierten bloß so wie alle Kollegen, als Kinder ihrer Zeit, Bruckner aber klang hierbei sehr nach Bruckner, so vom Stil her, und das von Anfang an. Bruckner klang penetrant unverkennbar, bevor er zu Bruckner wurde, völlig wie Bruckner, und noch mal wie Bruckner: Brucknersche Spannungsfelder summierten sich kraft Bruckner-Rhythmus und Bruckner-Sound zu Brucknerscher Monumentalität. Jede neue Symphonie variierte die vorhergehende kaum. Nicht nur die Fünfte hätte »Die Romantische« heißen können; nicht nur die Neunte widmete er »dem lieben Gott«. Vom Orchester her knüpfte er an Wagner an, aber vom Geist her eher, unter frommer Umgehung Haydns, Mozarts, Beethovens, an J. S. Bach, so vom Ansatz her. Alles voll und zuspachtelnd, verkroch er sich kleinlaut, gedrückt buckelnd hinter Anton Bruckners alsbald gigantischem Werk, einem Stephansdom aus Klang und noch mal Klang. Als Mensch erging sich der schwerblütige Hagestolz, der gesellschaftliche Konventionen über Gebühr einhielt, im Leben in Ergebenheitsfloskeln. Grinsende Leut fragten ihn, bei welchem Tischler er seine Anzüge hobeln ließe. Also waren auch seine Werke eine Nummer zu groß. Überforderte Mitwelt schüttelte romantische Häupter über die angebliche Formlosig-, Brockenhaftig-, Uferlosig- und Unförmigkeit des rückständigen Vorreiters. Den Zungenbrecher »transzendental« hätt man ihm erst vorbuchstabieren müssen, aber als Tonsetzer hievte und stemmte er Klangmassen und Chöre. Brucknersymphonien ließen Brucknermessen hinter sich. Andere machten Karriere, Bruckner ging auf Himmelfahrt: Sein Omnibus, überbelegt mit Sequenzen, 32stel-Bewegungen, Misterioso-Tremoli, Schnaderhüpfl-Motiven und Schusterflecken, kutschte schnurstracks ins Ewige und produzierte hierbei Raumestiefen, bei denen kluge Köpfe und kulturtragende Großstädter wie Johannes Brahms nicht mehr mitkamen, absprangen, gar nicht erst aufsprangen. Kritikerpapst Hanslick focht wider ihn. Man maß alles mit derselben unangemessenen Elle. Einzig Richard Wagner, der am 22. 4. 1881 von einem Papst träumte, der wie Bruckner aussah, schien seinen seltsamen Ableger zu schätzen, worüber der Bruckner sich gutgläubig freute. Als Komponist wurde er, wie man dann doch noch merkte, ein Welteroberer innerster Seele. Dschingis Khan eroberte nur horizontal-flächendeckend neuen Lebensraum im Westen; der Bruckner aber, der als Mensch zurücktrat, zurückkippte, schwängerte vom Notenblatt aus, als Schreibpulttäter, als Neulandbetreter (Novalis) und Neutöner, unspielbar, ferne Gestirne; förmlich ein → Stockhausen des 19. Jhdts. Über sich hinaus wuchs er, kraft Religion und Musik, die ihn mitrissen und die ohne ihn nur halb so schön gedröhnt hätten. Beinah wär er nicht mitgekommen, wenn nicht er selber der Tonsetzer gewesen wär. Wegen seiner Rückwärtsgewandtheit schwoll er tönend auf – und blieb sich hierin treu – zum Ludwig → Richter der Musik. Bei Richter und Stifter blieben Leben und Werk einander sehr in Sichtweite; beim Bruckner klaffte was auseinander: Nie hat ein bauernförmig dialektverhaftetes, in Frömmigkeit eingepferchtes, auf massigem Leib sitzendes Geierköpfchen, ein sowohl optisch wie im Umgang scheinbar geistlich Armer, a Krügl Bier in den Wurstfingern, sich selbst, in aller Bescheidenheit und Demut, so überhoben wie dieser schlichte Musiklehrer aus Sankt Florian. Der Schritt vom Erdenkloß zum Genius – und vom Trottel zum Gott (und zwischendurch oft zurück) – sah nirgendwo so odemstockend spagathaft aus wie beim Bruckner, obwohl keinesfalls 2 Seelen in seiner dicken Brust wohnten. Einerseits kam Bruckner als Scherenschnitt zeitgemäß biedermeierlich im Elysium an, wo Liszt, Wagner, Schubert, Schumann, Weber, Mozart, Beethoven ihn freudig begrüßten; Putten mit Baßgeigen schwebten allerliebst seinem Niveau entgegen – ob das wohl ihn trösten konnte? Andererseits klopfte und pochte die Musik des Klangmagiers, der geistig null Zentimeter hinauswuchs aus ungelüftetem Christentum, noch ganz anders am »ganz Anderen« an, rang heftiglich Hände, gewaltig statt putzig; weinend statt augenzwinkernd. Lebendiger Strom sprach für sich selber und bedurfte nicht länger der Setzkästen, Aufhänger, Krücken, kein totes Latein. Seine Musica – wortloses Gebet – rannte tönend an, stürmte, goß himmlische Überlängen aus, göttliches Dröhnen, in kosmische Weiten, konfessionell ungebunden, grenzenlos, Sphärenharmonie, weiter über sich hinaus, als der Bruckner so was je gewagt hätte; und fuhr mit allen Registern herrlicher Ankunft entgegen... bis nicht nur die Kirche, die zu der Zeit sehr im Dorf blieb und sich mit Orgelspiel begnügte, arg regional und zeitgebunden aussah neben Bruckners enormer Klangentfaltung; sogar Religion und Kunst wurden fortgespült, und Bruckner rollte über den bloß dämonisch, individualistisch, anthropozentrisch agierenden, heiligen Beethoven transpersonal, kosmozentrisch hinweg – und kam sogar reell an: in einem durchaus durch und durch Besseren und Höheren als bloß so was Zeitgebundenem wie dem von unten ans Firmament geworfenen Himmel, und siehe, Kathedralen stiegen aus solcher Musik hervor, Spätgotik pur – neuartig klanggeworden – schoß auf, ja, Bruckners lieber Gott sah neben solch vehementer Gottessehnsucht vergleichsweise alt und begrenzt aus, aussageschwach ... passagenweise ... momentweise, und bisherige, selbst spätgotische, manichäische, gnostische Himmelskonzepte hörten sich auf einmal arg wenigdimensional an... so monochrom... flächig... Kirchensprengung ging in Weltenexplosion über – Tränenströme, weinende Klarinetten – weiterhin alles irrtümlich und irreal abgebucht unter Katholizismus. Neben solchem Gotteslob verzwergte schier – Gott. Quer und verspätet stand und sang Bruckner im Gedröhn industrieller Revolution. Sein Weg zu Gott führte – während nebenan, in New Orleans, bereits Ragtime & Dixieland stampften – an keinem Ehehimmel vorbei. Als Privatmann steckte er Körbe und Frust ein. Einer Angebeteten schenkte er Schnupftabak, oder ein Gebetbuch, ungeschickt, kontraproduktiv. Meilenfern jeden Casanovatums, lebte Bruckner mönchischer als manch Pater Möppel, noch päpstlicher, asexueller, koitusloser als manch Papst, als → Kierkegaard, → Andersen, Jorge Luis Borges, → Wense. Unterdessen litt er an Zählzwang, Insuffizienzgefühl,

Zwangssymptomen, an Schwermut, und auf den Schluß zu an Wassersucht. Sich an Neufassungen gültiger Fassungen verzettelnd, am Adagio seiner Neunten, starb Anton Bruckner unvermählt im Kustodenstöckl an der Ostseite des Oberen Belvedere zu Wien. ~ Saubuam aus Österreich feierten ihren Toni Bruckner als Bischof der Orgel, und Sohn der Mutterscholle. Dem wunderlichen Heiligen Bruckner heftete sich ein Anekdotenreigen an die Fersen, wie den Heiligen der Kirche legendäre Wundermär. Der Herr Tonsetzer aß bei fehlendem Besteck sein Sauerkraut mit der Stimmgabel, trug Schlapphut, transpirierte stark, und die Haare wuchsen ihm aus den Ohren. Anton Bruckner brachte unbewußt das seltene Kunststück fertig, in aufgeklärten Zeiten, nach Voltaire und trotz Goethe, die 2 zerstrittenen Schwestern – Christentum und Kunst – noch mal, vor deren motorisierter Trennung, kurz zusammenzuführen. Spätere religiös engagierte Künstler – Marc Chagall, Krzysztof Penderecki, Jochen Klepper – versöhnten so was nur halb so plausibel. Nicht nur die Adagios von Gustav Mahlers Fünfter und Neunter, selbst noch der Anfang des späten Mahlers zehnter Symphonie, 14 Jahre nach Bruckners Tod, klangen immer noch wie Bruckner. Filmmusiken – Gott der Herr hat sie gezählet – holten sich den sahnigen Sound beim Bruckner. Der Rest der Welt ließ sich abspeisen mit Wildecker Herzbuam, Ruckizucki, höchstenfalls Pavarotti. Statistisch sah Bruckner bald genauso alt aus, wie er sich für voll coole Nachwuchsmajoritäten tatsächlich anhörte. Nur wenige ließ Petrus durch in Richtung Brucknerhimmel. Im Wechsel mit Highlights und Knallern von Rachmaninow und Mozart fanden Brocken und Schinken von Anton Bruckner Zuflucht im übertönten ARD-Nachtkonzert, wo sein Werk – zwischen gestrichnen Kulturetats und Subventionen, zwischen GEMA und Sony – noch ab und zu erklang. Das Ausgesterbe diverser Fossilien zog sich über Jahrhunderte abendfüllend hin. 1988 fand Brucknerforschung heraus, Wagner hätte Bruckner nirgendwo glaubhaft gelobt.

Worte von Anton Bruckner: Dös is halt Musik aus der Heimat. • Der Herr Doktor Brahms – alle Achtung! Ich aber bin der Bruckner... meine Sachen sind mir lieber. • Was meine Heirat betrifft, so hab i bis dato noch keine Braut; könnt i doch eine recht passende liebe Flamme finden!
Anton Bruckner über sich: I trag mi einfach, aber elegant. Zum Orgelspül'n müassn d'Hosen fuassfrei sein. • I hab' in mein ganzen Leben ka ernstes Verhältnis g'habt, aber es freut mi immer, wenn i so a saubers G'sichtl seh. • I kann jetzt nicht heiraten, i muß meine Vierte schreiben. • Wenn's nach

Im symphonischen Omnibus zum lieben Gott

dem Hanslick gangat, dann derfat i überhaupt net mehr komponier'n. Aber i derwisch' mi halt immer wieder dabei. ◆ Darf ich auf Sie hoffen und bei Ihren lieben Eltern um Ihre Hand werben? Oder ist es Ihnen nicht möglich, aus Mangel an persönlicher Zuneigung, mit mir den ehelichen Schritt zu tun? ◆ Wenn mi der Herrgott zu sich ruaft und mi fragt: »Was hast du mit dem Talent ang'fangen, mit dem ich di beschenkt hab?«, dann werd i Ihme mein Te Deum zu Füßen legen, und Er wird mir ein gütiger Richter sein.

Andere über Anton Bruckner: Das Zum-Genie-ausposaunt-Werden macht ihn zum Einfaltspinsel. *(Cosima Wagner an Richard Strauss, 26. 3. 1890)* ◆ Grob war er, aber guat. *(K. Kachelmeyer, Bruckners Haushälterin, 1896)* ◆ Es ist nicht unmöglich, daß diesem traumverwirrten Katzenjammerstil die Zukunft gehört – eine Zukunft, die wir nicht darum beneiden. *(Eduard Hanslick, 1892)* ◆ Bruckner war aber nicht nur Verkünder der Natur, er war auch ein Prophet der Volksseele wie in den Scherzi. Da stimmt Bruckner ein Dialektsingen an. *(Franz Gräflinger, 1909)* ◆ Hei, wie das in seinen Scherzis sich dreht und trampelt und schuhplattelt. Stämmige Bauernburschen mit genagelten Stiefeln und kurzen Lederhosen, Dirndln in ländlicher Tracht drehen sich am Sonntag nachmittag zur verstimmten oberösterreichischen Heimat, denen der Meister bei einem guten Schoppen Weines seine kernigen und behäbigen Rhythmen abgelauscht hat. *(Max Springer, Reichspost, 11. 10. 1921)* ◆ Und der Organist von St. Florian wandert auf vertretenen Schuhen, den Stock in der Hand, durch den Wald seiner Heimat, halb studiert er mit schulmeisterlicher Genauigkeit das winzige Leben auf Gras und Moos, bald hebt sich sein Blick, weit geöffnet zu den besonnten Gipfeln, und sein Ohr lauscht in ihrem Rauschen dem Harfenton der Ewigkeit. *(Reichspost, 4. 9. 1924)* ◆ Er lebte sein Leben an der Welt vorbei, die er nicht verstand und die ihn nicht verstehen wollte. Es war das Leben eines Heiligen. *(Oskar Lang, 1942)* ◆ Brahms war von der Judenschaft in den Himmel gehoben, eine

Salongröße, theatralisch mit dem wallenden Bart und Haar und mit emporgeworfenen Händen am Klavier. Bruckner dagegen ein eingeschrumpftes Männchen, das in solcher Gesellschaft aus Befangenheit vielleicht gar nicht hätte spielen können. *(Hitler, 1942)* ✦ Was immer Bruckners walddunkle Unberührtheit vor Mahlers Gebrochenheit vorauszuhaben scheint – diese ist dem Klobigen an Bruckner überlegen, jener ein wenig verstockten Statik, die kein festeres Fundament hat, als daß in St. Florian Nietzsche noch nicht sich herumsprach. *(Theodor W. Adorno, 1960)* ✦ Wie vieles in den Sätzen seiner Symphonien ist den Kräften des Eros und des Sexus entstiegen: die Gewalt der wilden Aufschreie, die Längen des Ausströmens, das dunkle Verweilen in den Füllseln – hier offenbart sich das Triebhafte unverstellt für den, der nicht gewillt ist, einer frömmelnden Schönfärberei zu erliegen. *(J. Laßl, 1965)* ✦ Da hat sich im Jahre 1892 aus patriotischer Beglücktheit darüber, daß Helgoland deutsch wurde, richtiger: daß England die ihm gleichgültige Felseninsel gegen Barzahlung an Wilhelm II. zedierte, der Oberösterreicher Bruckner – was ging ihn das an? – und warum brachte dieser Handel sein unmaritimes Herz in solches Wallen? – da hat sich also Anton Bruckner, an der Donau sitzend, veranlaßt gefühlt, dieses politische Nordseegeschäft in einer hochkomplizierten Kantate zu glorifizieren. Für wessen Ohren hat er das eigentlich getan? Wen hat er mit dieser raffinierten Polyphonie beeindrucken wollen? Die »blauen Jungs« aus Cuxhaven? Oder den Prinzen Heinrich, den Oberkommandierenden der deutschen Flotte? *(Günther Anders, 1982)*

George Beau Brummell, Ehrenkavalier, Hyper-Dandy, Krawattenfetischist (1778–1840): Passenderweise in Westminster auf die Welt gekommen, mit silbernem Löffel im Mund, ironischerweise Enkel eines Dieners, Sohn einer reichen Erbin, besuchte er die großen Elite-Schulen (Eton, Cambridge) nur desinteressiert und betont, nein: unbetont vorübergehend. Im 10. Husarenregiment hielt er als Fahnenjunker seine Uniform in tadellosem Zustand, via Nichtberührung mit soldatischem Tun. Er litt dort sehr an den viel zu entfernten Modemetropolen London & Brighton, lernte immerhin den gleichfalls sehr auf gutes Aussehn und formvollendete Manieren bedachten Prince of Wales kennen. Der nicht völlig schöne Ex-Fähnrich strebte an, der Schönste der Schönen zu werden. Unperfekte Physiognomie hüllte er in perfektionierbare Textilien, mit ausdruckslosem Gesichtsausdruck, passend zu angehendem Standbild und Stahlstich. Kostspieliger Tagesinhalt und Lebensaufgabe: sich ankleiden, in Pastelltönen, Butter- und Trockenlaubfarben. Nach 2 Stunden morgendlicher Leibpflege folgte eine knappe Stunde Krawattenbindung. Gelang der Knoten nicht perfekt, startete er keinen neuen Anlauf, sondern griff zu neuem Schlips, den er beim geringsten Hauch eines Flecks von sich tat. Sein geplagter Diener polierte seine Schuhe, inklusive Sohlen, mit Champagner. Unsummen gab er aus für die Accessoires seiner Schale. Statt sich wie alle Mitbewerber zu parfümieren, wechselte er 3 x pro Tag die Hemden und gab sie zur Reinigung aufs Land, auf daß sommerlicher Heuduft sie frischgesenst tingiere. Für die Daumen seiner Handschuhe beschäftigte er einen Extraschneider, und 3 andere Schneider für das andere an ihm. Andere zogen sich nur an und aus; er kleidete sich. Mitbewerber einigten sich, daß er nur zwecks Imagepflege auf die Welt gekommen sei. Vor Damen zog er deshalb keinen Hut, weil er es dann vielleicht nicht mehr hinbekam, ihn im Ideal-Winkel aufzusetzen. Tafelnd drehte er sich nach nichts um, um keine Falte verrutschen zu lassen. Er wandelte durch die Chesterfield Street, als der ruhende Pol im Reklameaufwand überbunt polyglotter Bucks und Macaronis, den Vorläufern der Dandys. Im Lärmpegel der Salons fiel er durch – garantiert bedeutsames – Schweigen aus dem Passepartout. High Society & Highlife fanden nur dort statt, wo er sich einfand. Wo er zusagte, atmete alles auf; wo er ausblieb, blieb der Abend ungewürzt. Auf der Bond Street fiel mal auf, daß er ein Bein nachzog, und er erläuterte: »Ja, ich hab es mir angeschlagen – und noch dazu mein Lieblingsbein.« Frauen lagen ihm zu den gepflegten Füßen; der scheinbare Lebemann aber griff nie zu, in keine Richtung. Nichts ging ihm über seine Verachtung. Die Bekanntschaft mit Lady Mary kündigte er fristlos auf, weil sie trotz seiner Gemüse-Idiosynkrasie Kohl zu speisen wagte. Über Hoch- und Schöngeistiges sprach er nie, um nicht tief zu sinken. Wer seine Oberfläche für nicht tiefgründig genug befand, hatte nicht tief genug hingeschaut. Über elegante Rivalen mokierte er sich gar sehr: »Der und elegant? Seine Anzüge sehn aus, als ob sie direkt vom Schneider kämen.« Die seinigen rauhte er, um ihnen den Glanz fabrikneuer Ware zu nehmen, mit aufgerauhtem Papier behutsam auf, nicht zu sehr, gleichwie Sabiwabi-Zen-Meister auf den Wandelpfad – frisch vom Laub übergründlich freigefegt – wieder 2–3 Laubblätter behutsam draufzustreuen pflegen. Beau Brummell: Im Säkulum der Aufklärung ein in sich ruhender Noli-me-tangere-Buddha, ohne alle Religion; nicht ohne unschätzbare Tabakdosencollection; im Ambiente der Schöngeister, poetisch Wollenden & Werkschaffenden ein Künstler ohne Œuvre, seine einzige Composition: er selbst; raffinierte Stilkunst, die ihm zur zweiten, nein: ersten Natur wurde, in späterem Jargon: selbstreferentiell. Sein & Design rangierten bei ihm nicht als zweierlei Stiefeletten, umdröhnt von bluttriefender History, Nachwehen französischer Revolution; er aber glättete eine winzige Knautschfalte am süperben Halstuch. Unsägliches litt er allenfalls beim bloßen Gedanken an Orte wie Manchester, und außer Façon geriet er, sobald er bei einer Stippvisite aufs grüne Land im Nachtgeschirr ein Spinnennetz vorfand. Schrieb man seine Ironismen mit, die er, statt sie effektvoll hervorzuschleudern, fast unmerklich fallenließ, oder schrieb er selber Verse in ein Album, verflüchtigte sich jede Dignität, inklusive Goldrand; plötzlich erschien nichts mehr geistreich. 18 Jahre Freundschaftspflege mit dem Prinzen von Wales, garniert mit weitgehender Narrenfreiheit, verscherzte der Understatement-Verfechter sich leichtfertig und unnötig, indem er so dezent wie maliziös auf den Leibesumfang seines Gönners anspielte. Zugleich schmolzen Brummells Rücklagen rapide von hinnen, und der vor kurzem noch tonangebend Umschwärmte setzte sich nach Calais ab, 1816, weiterhin schön umweht von Fama, Aura und Nimbus. Trotz dürftiger Logis und Verelendung bestrebt, den Dandy nicht fahrenzulassen, ging der Schuldenmacher weiterhin blaublütig gekleidet aus. Barmherzig schuf man ihm einen Konsulposten auf den Leib, den er schlecht versah, bis man ihn ihm entzog. Ein herzrührendes Versöhnungsangebot des Königs war der Verelendete sich zu fein zu beantworten. Im Café nahm er Kaffee und Reims-Biscuits zu sich, und versprach, wenn er gemahnt wurde, die vergangenen Biscuits noch nicht gezahlt zu haben: »A la pleine lune, Madame, à la pleine lune.« Lord Byron verglich Brummells schmachvolles Abstellgleis in Calais Napoleons St. Helena. Dann verdünnte sich sein Realitätsbezug: In jedem Windhauch hörte er das Kleiderrascheln der Herzogin von Devonchire. Beau Brummell steigerte seinen Dandyism beim Absturz, von Klippe zu Klippe geworfen, hinauf in eine dezente Tollwut der Eleganz, gab freitags Diners, Soirées, Soupers, für Phantomgäste seiner besten Zeit, personifiziert wandelnde Reminiszenzen im leeren Salon. Mittendrin kehrte inmitten der Celebration-Revelge seine Vernunft noch mal kurz zurück, dann sank er weinend in den Armchair und mußte alsbald in die Irrenanstalt »Zum Erlöser«, in Caen, wo er keinerlei Eleganz mehr aufrechterhalten konnte, hatte geflicktes Zeug an, starb alt, kaputt und verwirrt dahin. ~ Sein Ruf als König und Prototyp aller Dandys schwoll und blühte einschüchternd für alle Nachfolgedandys, unentzauberbar vom heranrollenden Photographie-Säkulum. Spätere Dandys, die es versäumten, an

George Brummell Maß zu nehmen, mußten sich begnügen, bloß als Snobs einherzuflanieren. → Wilde, der ihn aphoristisch und literarisch um Längen und Lichtjahre überbot, beherzigte leider nicht Brummells Hauptmaxime, etwelche Emotions um keinen Preis irgendwelchen Kontakten, Neidern, Häschern auszusetzen, und ging dann ähnlich tragisch zugrunde wie Brummell, dem seine eigene vorbildliche Maximenbefolgung dann doch nicht mehr half, letzte Schmach zu minimieren. Im 20. Jhdt. dachten sowohl Franz Blei wie Ernst Penzoldt am Brummellthema weiter. In der Verfilmung von 1954 sah der »Beau Brummell – Rebell und Verführer«, gespielt von Stewart Granger, viel zu breitbrüstig aus, maskulin, hollywoodesk, ein Kriegsheros und Frauenheld, statt ein Dandy, alles andere als ein heiliger Narr, als der im Film eher der Prince, herzrührend gespielt von Peter Ustinov, herauskam. Spätere Modezaren à la Karl Lagerfeld, bei allem Etepetete und abgespreiztem Fingerchen, wirkten nach Brummell arg vernuschelt, gehetzt, quasi-elegant. Intellektuelle Digitalzeitalter-Dandys à la Fritz J. Raddatz wirkten viel zu nett, interessiert, engagiert, belesen, human, um wirklich Dandy zu sein.

Wandelndes Kunstwerk, ohne viel Worte

Worte von George Beau Brummell: Gut gekleidet sein heißt: nicht auffallen. ◆ Verweilen Sie, solange Sie noch keinen Effekt erzielt haben; ist der Effekt erreicht, sollten Sie gehn.

Andere über George Beau Brummell: Die Welt gehört den kalten Geistern. *(Macchiavelli)* ◆ Wozu eine kostbare Hülle für ein wertloses Ding? *(Baruch Spinoza)* ◆ Das Genie der Ironie hat Brummell zum größten Mystificator gemacht, den England jemals besaß. *(Jules-Amédée Barbey d'Aurevilly, 1861)* ◆ Sein Stil war tänzerisch, schnodderig, immer knapp am Rande der Anmaßung vorbei, am Unsinn streifend, aber stets geladen mit einer seltsamen Bedeutsamkeit, so daß man die falsche Brummell-Geschichte von der echten an ihrer Übertreibung unterscheiden konnte. *(Virginia Woolf)* ◆ Hier nun erscheint eine elegant gekleidete, törichte Gestalt, von deren Rock Lord Byron einmal bemerkte: »Man hätte fast meinen können, daß der Körper dachte.« *(Edith Sitwell, 1933)*

Bu Dai (geb. Qi Ci), Wandermönch, Dickmops, Sonderling, Hanfsackträger (gestorben 917 n. Chr.): Erst seit Qi Ci stets einen Hanfsack auf dem Rücken trug, hieß er ab irgendwann Bu Dai (jap.: Hotei; deutsch: geschulterter Beutel, Bettelsack). Später oder bereits bei Lebzeiten machte er sich dadurch beliebt, daß er das Wetter – manchmal auch anderes – voraussagte. Schlief er auf Brücken, Wegen und Straßen, war Sonne zu erwarten; trug er Strohsandalen und suchte keinen Unterschlupf, stand Regen bevor. Schlief er bei Schneefall im Freien, umflogen ihn die Schneeflocken, um ihn vor Nässe zu bewahren. Wenn die Sonne brannte, zog er dicke Holzschuhe an und setzte sich auf heißen Sand. Seinen langen Stecken benutzte er, um Flüsse zu überqueren, seinen Beutel auch als Schlafsack, Lappen oder scheinbare Mönchskutte. Nichts konnte ihn aus seinem unverwüstlichen Gleichmut bringen. Ratsuchende beglückte er mit Ratschlägen. Gefragt, wie alt er sei, sagte er: »So alt wie der Raum.« Sicher nicht die verkehrteste Antwort. Gefragt, was er hier auf dem Marktplatz täte, sagte er: »Ich suche Menschen«, was ihn später zum chinesischen Diogenes machte. Seine Kinderliebe machte ihn zum chinesischen → Neri oder → Myschkin. Bisweilen führte er, hieß es, den jauchzenden Reigen von 16 Kindern im Schlepptau mit sich, natürlich ganz ohne Querbezug zum unschuldigen → Jackson oder gar zum Rattenfänger von Hameln. Öfters imitierte und verspöttelte er den mürrischen asketischen Daruma (Abkürzung von Bodaidaruma, den japanischen Bodhidharma), obwohl dieser 200 Jahre vor ihm lebte. In seiner Todesstunde gab Bu Dai ein Geheimnis bekannt: er sei die Inkarnation des zukünftigen Buddhas Maitreya (jap. – Miroku, chines. – Mi Lo Fo), aus dem sich ikonographisch das beliebte Bildmotiv des lachenden Dickbauch-Buddhas entwickelte, eine – mit indischen Augen gesehen – perverse Deformation ohnegleichen. Nach seinem Ableben wandelte im Land eine ähnliche Gestalt umher, in der viele seine Wiederkehr erblickten und ihm deshalb göttliche Natur zusprachen. Geschichten und Anekdoten häuften sich. Je länger er alsbald zurücklag, desto mehr glaubte man ihm in Kreisen, die sich vergrößerten, den Buddha. Auf den Bildern er-

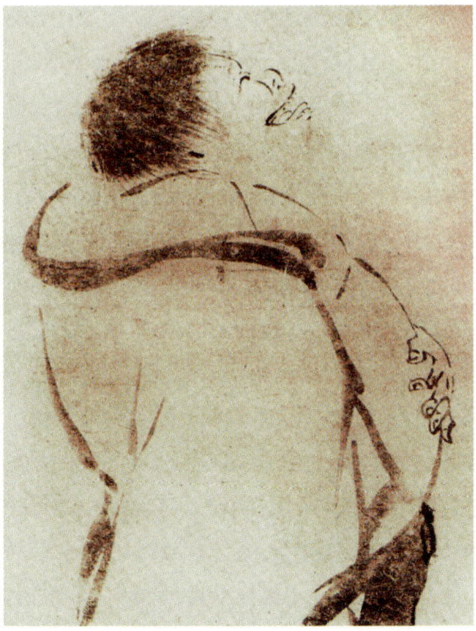
Auch er suchte Menschen

schien er nie ohne Hanfsack und stets lachend. Dargestellt wurde er gern mit 5, statt 16, Kindern auf dem Buckel, entsprechend den 5 Sinnen des Menschen. Das wandelnde Urbild uneigennützig lächelnder Zufriedenheit stieg auf zum Glücksgott, zum Talisman, zum Maskottchen, beliebt wie in Indien der elefantenköpfige Glücksgott Ganesha. Dank seinem Hanfsack müßte Hanfsack (Bu Dai) durchaus zum Schutzpatron aller Hanffreunde, Hanfhäuser und Haschfans aufgestiegen sein, was die Hanfszene sinnreich zu installieren irgendwie verabsäumte.

Buhlul, Tagedieb, weiser Idiot, Stadtnarr, Quasiverrückter (ca. 740–805): Er verbrachte sein Leben in seinem Geburtsort Kufa, Abstecher nach Basra, al-Hira und Tarsus abgerechnet. Vielleicht nicht so extrem wie Äsop oder Quasimodo, aber Buhlul war bucklig. 600 Dirham, die er von seinem Vater erbte, verschleuderte er umgehend. Wer Buhlul singen hören wollte, mußte einen Groschen zahlen; wem Buhluls Gesang zuviel wurde, hatte für sein Verstummen einen Doppelgroschen hinzulegen. Mit Steinen beworfen, reichte er bösen Buben kleinere Steine und bat, nicht so große Formate zu wählen, da er sonst am Beten gehindert würde. Passanten, die den Verrückten von Kufa en passant schlugen, rief Buhlul hinterher: »He, Bube, riech doch mal an deiner Hand!« Zeitweise bestrich er nämlich seinen Nacken mit Kot, um Spottvögeln die Handgreiflichkeit abzugewöhnen. Mal beklagte er sich nicht über Lausbuben, da sie sich später vielleicht mal seiner erbarmen würden; dann wieder kniff, watschte und biß er vaterlose Lümmel zur Strafe, daß sie ihn Jahre später vielleicht mal schlagen würden. Befragt, warum er auf dem Friedhof lungere, erklärte er: »Ich sitz gern bei Leuten, die mich nicht quälen und die mir, wenn ich fortgehe, nichts Übles nachsagen.« Und warum ließ er ein Bein in die Gruft baumeln? Um sich am Höllenfeuer, worin die Seele des toten Sünders schmorte, ein wenig aufzuwärmen, weshalb er selbst im Winter barfuß durch Pfützen lief und sich an weit entfernten Kerzen wärmte. Gern teilte er das Erbteil von mittellos Sterbenden. Dann wieder schlug er auf Gräber ein, weil die Toten vor kurzem noch gelogen hatten. In der Öffentlichkeit zu essen, schämte Mundräuber Buhlul sich nicht: »Allah schämte sich nicht, mich hungrig zu machen auf der Straße; soll ich mich schämen, auf ihr zu essen?« Sich nie von seinem Stock trennend, tat er 3 Dinge oft gleichzeitig: kacken, essen und sich hierbei noch lausen. Bald erhielt er den Zusatznamen al-Madschnun al-Kufi, der Verrückte von Kufa. Mit Mit-Narren wie Ulaijan oder Sa'id verkehrte Buhlul gern auch persönlich. Aufgefordert, alle Verrückten aufzulisten, entgegnete Buhlul: »Das dauert zu lang. Zähl ich lieber die Vernünftigen auf.« Bisweilen prahlte er, Pionier im Verrücktsein zu sein, verrückter als Normalverrückte, eher verrückt als andere stadtbekannt streunende, nicht wirklich Verrückte (siehe den thebanischen Prioritätsstreit um Paulus und Antonius, wer der erste Eremit auf europäischem Boden gewesen sei). Bisweilen schmiß er mit Koranzitaten um sich oder rezitierte zarte Selfmade-Dichtungen. Schöner Beitrag zur Kulturgeschichte musulmanischer Blasphemie: Einer forderte den Schiiten Buhlul auf: »Schmähe Fatima, und ich geb dir einen ganzen Dirham!« Buhlul: »Laß mich Aischa schmähen, und gib mir einen halben Dirham.« Als Abu Hanifa mit der These, daß Unsichtbares auch nicht vorhanden sei, arg in die Nähe von Gotteskritik geriet, warf Buhlul ihm einen Ziegel an die Stirn, um ihm zu beweisen, daß Schmerz vorhanden und trotzdem unsichtbar sein könne. Seltsame kosmologische Vorstellungen: Menschengewimmel erklärte er als Vorbedingung der gleichmäßigen Auslastung der Erdscheibe, die kippen würde, wenn alle gleichzeitig auf einer Seite gehen würden. Einmal, tagelang ausgehungert, brach er nachts bei seinem Nachbarn ein, am Tatort aber, unverrichteter Dinge, packte ihn Reue und er sich am Bart, und weckte alle: »Packt den Dieb!« Unbedingt wollte er zum Kadi geführt werden, da ging der Nachbar in sich und wies ihm eine Rente an. Einer Braut lief er davon, weil er aus ihrem Bauch Stimmen gehört hatte, die irgendwas von ihm verlangten. Beim Beischlaf stellte er sich absichtlich dumm, führte die Tips seiner Schwiegermutter allzu wörtlich aus; und die Verführungsversuche einer Vettel, die ihn in einer Ruine nackt beim Kleiderflicken überraschte, schmetterte er einfallsreich ab, mit Gegenfragen: »Wieviel wiegen meine Hände?«, »– meine Füße?« Usw. »Denn welcher Verständige würde, um das Vergnügen eines kleinen Gliedes willen, all diese Körperteile im Höllenfeuer schmoren lassen!?« Den Statthalter von Kufa, der an der Geburt einer Tochter litt, spendete Buhlul bestmöglichen Trost: »Warum bist du eines gesunden Geschöpfes wegen niedergeschlagen? Wär dir ein Sohn lieber, der so verrückt wär wie ich?« Dann wieder schimpfte er auf Gönner, die ihm, statt leckeren Fettschwanz, nur gehackte Rüben gönnten. ~ Buhluls Aussprüche und Anekdoten wurden überliefert von Gahiz, Ibn abi-d-Dunja, Ahmad ibn Luqman und Abu Ali Sahl ibn Ali aus Bagdad und zusammengefaßt von Abul-Kasim al-Hasan ibn Muhammad ibn Habib an-Naisaburi (gestorben 1015), an den Sarradsch, Watwat und Kutubi anknüpften. Der historische Buhlul, erst an Kufa gebunden, wo er als einer von vielen Narren umging, ragte alsbald aus der Narrenschwemme von Bagdad, wo er immer öfter auftauchte, deutlich hervor, ließ sogar Abu Ali, Abu Dik, Abu Nasr, Abu Sa'id ad-Dubai, Alkama, Aschat, Asidscha, Bakara, Buhha, Dakkar, Dschifar aus Jaman, Fulait, Guaifaran, Habannaka, Hadschdschuna, Halid, den Schreiber, Kudais, Hammam ibn abi Hammam, Imrulkais, den Beduinen; Juhanna, → Muzabbid, Raihana, Salama, Sabik, Sakar, Uschra, Tauban; den Irren vom Kloster Zakka und andere Stadtnarren hinter sich. Er traf auch Mystiker wie Dschunaid und → Schibli, die erst Jahrzehnte nach Buhluls Tod geboren wurden, und wie → Diogenes mit Alexander, kam der orientalische Diogenes sogar – wenn auch durch 200 Jahre von ihm getrennt – mit Kalif Harun al-Raschid zusammen: Weil Buhlul sich kurz auf dessen Thron setzte, wurde er vertrimmt und rief: »Um wieviel ausdauernder wird man erst den Kalifen verprügeln, der doch schon seit Jahren draufsitzt!« Als der Kalif den Buhlul zum »König der Schweine« krönte, betrachtete König Buhlul ab sofort den Großwesir als seinen Untertan. Kalif für Menschen wollte er nicht werden, da er bereits 3 Kalife kommen und gehn gesehn hatte, die alle 3 noch keinen einzigen Buhlul sterben sahen. Als Kalif Harun sich erbot, Buhluls Schulden zu zahlen, wehrte Buhlul ab: »Willst du Schulden mit Schulden begleichen? Du hast ja an eigenem Besitz keinen Heller. Geh und gib das Geld der Musulmanen zurück!« Als Kalif Harun ihm andere Wohltaten erwies, entfloh er mit den Worten: »Allah wird dir dafür nicht danken... und sogar mich vergessen...« Betrübt über den Weltzustand oder über Kalif Haruns Missetaten, verkniff Buhlul jahrelang sich jedes Gelächter. Aus Bagdad durch steineschmeißende Kinder vertrieben, nachts in Basra nicht mehr am Stadttor reingelassen, legte er sich neben einen Schlafenden, erwachte neben einem Ermordeten, wurde als Mörder angeklagt, unter den Galgen geführt, als plötzlich sich im Publikum der wirkliche Mörder stellte, für den Buhlul dann erfolgreich Fürsprache einlegte. Buhlul ritt per Steckenpferd in die Steppe hinaus, zur Truppenschau Allahs, gesichtet hierbei von Schibli, kam verweint und zerbrochenen Steckens zurück; denn Allah hatte Buhluls Bewerbung um den Job eines Troßknechts barsch zurückgewiesen: »Als er mich erkannte, jagte er mich davon«: eine womöglich vordatierte Variante auf → Luqman as-Sarashis vielleicht hinterherhinkenden Steckenpferdausritt zwecks Gottbekämpfung. Buhluls im Jahr 1108 errichteter Grabstein stand, statt in Kufa, in Bagdad. Ibn al-Arabi bezeichnete – frei nach Buhlul – ekstatische Abwesen- und Versunkenheiten, in denen man Gebete und Rituale mechanisch weiterführt, ohne hinterher davon zu wissen, als »buhlala«, was in Guttural-Galimathias, Ballaballa, Dada, Gaga überging. → Rumi nannte irgendwelche Dorfirre »den Buhlul ihres Dorfes«. Buhluls galgenhumorigen Vergänglichkeitsschauder und Aphorismen produzierten Querbezüge zu Hamlet, christlichem Memento mori, zu Andreas Gryphius' Gedanken auf dem Kirchhof.

Absichtlich noch verrückter als normale Verrückte

Worte von Buhlul: Wie wär's, wenn dich Allah vor sich stellte und dich nach den Grübchen, Häutchen und Fädchen eines abgelutschten Dattelkerns befragte? ◆ Mein Brief an Dich wird geschrieben in der Nacht des Geburtstags, 3 Stunden nach Tagesanbruch, während der Tigris vor Wasser überströmt hier in Mossul, wo die Steine nicht anwachsen, es sei denn an Menge, und die Kinder – Allah möge sie vernichten – sich nicht mehren, es sei denn an Angriffslust und Garstigkeit. ◆ Siehst du nicht diese fragenden Augen, die verwesten Reize, die ausgerupften Haare, die zerrissenen Häute, die leeren Schädel: diese verfaulten Edlen, die ihren Nachkommen nicht mehr nahe sind, und die untereinander nicht mehr freund sind? Wie auch, da sie zermalmt sind von den Gebresten des Unheils, deren Fleisch die Steine in der Erde gefressen haben, und deren Häuser leer sind! Die Dörfer sind dunkel geworden, nachdem sie früher im Mittelpunkt standen; schöne Dinge sind verfault, nachdem sie einst strotzten. Jetzt ziehen die Winde mit ihrem Anhang über sie her, und der Himmel hat sich gegen sie verschworen, mit seinen Sturzbächen.

Buhlul über sich: Ich bin zu den Gräbern gegangen, da ich unter den Lebenden keinen Einsichtigen fand. Die Toten sind zwar äußerlich tot, innerlich aber leben sie und sind sich aller Dinge bewußt.

Andere über Buhlul: Ich kam an Buhlul vorbei, als er Naschwerk aß. Als ich ihn bat, mir etwas abzugeben, sagte er: »Das Süßzeug gehört mir nicht. Sondern Atika, die Tochter des Kalifen, sandte es mir, damit ich es für sie esse.« *(Ibrahim as-Saibani, gestorben 911)* ◆ Buhlul wird hier im Laufe der Jahrhunderte von einem ursprünglich recht derben Narren, der primär durch seine furchtlose und krasse Art der Belehrung hervortritt, in der (nicht nur populären) schiitischen Literatur jüngerer und jüngster Zeit zu einem Vorbild an Gottesfurcht und mystisch orientierter Anklage der Weltlichkeit. *(Ulrich Marzolph, 1983)*

EVA VON BUTTLAR, **Sektiererin, Urmutter, heilige Hure (1670–1721):** 1687 heiratete sie den Eisenacher Hofmeister Jean de Vésias, von dem sie sich, nach ihrer geistlichen Bekehrung 1697, trennte. Um 1702 gründete sie im Württembergischen eine philadelphische Gemeinschaft, die »Christliche und Philadelphische Societät«, weniger hochgestochen: die »Buttlarsche Rotte«, die später auf rund 70 Mitglieder kam, welthistorisch angesiedelt zwischen der Institution antiker Tempelhuren bzw. der berüchtigten Kommune 1, dem ganzen alternativen Wohngemeinschaftswesen um 1970f., und speziell Otto Mühls AAO-Community in Wien. Näher verbandelt mit mindestens 2 Gruppenmitgliedern, wurde sie von ihren Anhängern verehrt als Mutter Eva, Heerführerin des Volkes Gottes, Herrscherin der Erde und Mutter aller Kreaturen. Von außen sahen deren Wirken, Umtriebe und Treiben aber nach Gotteslästerung in Tateinheit mit schändlicher Hurerey aus, sachlicher gesagt: sexuell-libertinäre Dreieinigkeiten leistete man sich da, neuzeitlicher gesagt: flotte Dreier, Triolismus, den man damals aber »Abbild der Trinität« nannte und den man im Hindu-Tantra Trimurti nennen könnte.

C

Barry Champlain (geb. Barry Golden), Radiomoderator, Nighttalker, Quasselvirtuose (ca. 1944–1984): Er fing an als Anzugverkäufer mit Langhaarmatte und großer Klappe – und träumte nebenbei davon, auf Nachtclubbesitzer umzusatteln. Kaum kam mal der prominente Talk-Radiomacher Jeff Fisher in seine Boutique, dem er als eloquent auffiel, wurde er als Gast in Jeff's Show geladen und machte da eine derart respektlos gaudimachende Figur, wesentlich wagemutiger und witziger als der berühmte Jeff Fisher himself, der letzten Endes Schiß hatte, durch die freiwillige Funkkontrolle seine Lizenz zu verlieren, daß Barry vom Sender in Dallas/Texas eine eigene Night-Show eingeräumt bekam, die er dann jahrelang als Markenzeichen »Barry Champlain« mit Bravour schaukelte, eingebaut in einen Serien-Mix aus Nachrichten, Lebensberatung, Wetterbericht – Barry als Joker in diesem Glückskleeblatt. Seine Hörerschaft forderte er auf, ihm die heißesten Themen um die Ohren zu knallen. Sein Erfolgsrezept: keinerlei Blatt vor den Mund nehmen, jederzeit die dickstmögliche Lippe riskieren. Er beschnackte mit den Anrufern Baseballresultate, Drogenprobleme, Korruption, Haustiere, Orgasmen. Gern baute er Statistik ein, wie in Debatten zur Rassenfrage die Info, daß die US-Bürger pro Jahr 165 Mill. $ für Sonnenöl ausgäben, um braun wie Farbige zu werden, oder daß es in Arizona verboten sei, mit Erektion in der Hose herumzulaufen. Sein Publikum polarisierte sich schnell in Fangemeinde und wachsende Dunkelziffer, die ihn kritisierte, anpöbelte, sich mit Haß auf ihn einschoß, weil er Taxifahrer, die ihre Kleinkinder prügelten, frei Schnauze »geisteskrank« nannte. Nicht nur die, die ihn »Judenlümmel« schalten, nannte er »schwachsinnige, rechtsradikale Bierärsche«. Machos nannten ihn »schwule Fresse«. Kids namens Debby, die apathisch im Hotel Mama rumgammelten, titulierte er »Blutsauger« und »Zombiekönigin«. Autogrammjäger, die ihn außerhalb des Senders aufspürten, verabschiedete er mit: »Geh wieder in deinen Käfig.« Denen, die ihn bespieen, wies er unwiderleglich nach, daß sie ihn in Wirklichkeit lieben würden, und vice versa: Unkorrumpierbar von zweischneidigem Lob à la »Ich mag euch Juden«, prüfte und vergrätzte er alle, die ihm den Bauch pinselten, derart unverhohlen und raffiniert, daß sie sich oft unversehens binnen Sekunden in Feinde verwandelten. Nieten und Menschen ohne Humor haßte er. Der Abschaum von Dallas, ihm allnächtlich ins Studio gespült, zerfiel in x verlorene Seelen, die ihn volltexteten und dann wieder in die lichtdurchblinkte Millionenstadt abtauchten. Täglich moserte er seine Crew an, sie würden ihm nur die kaputtesten Typen reinstellen. Gab's etwa nur solche? Sie sollten ihm doch mal die Baseballtypen und Transvestiten rauslassen und

Leute geben, mit denen er »arbeiten« könne. Er legte sich mit seinem Boß an, ließ sich konzeptionell in seine Show absolut nicht reinreden. Running Gags am Wegesrand – à la »Ich muß jetzt heim, den Goldfisch füttern« – hatte er sich teilweise bei Jeff Fisher abgeguckt. Privat ging seine Ehe mit Ellen bald in die Brüche, weil er rauchend, trinkend, streitsüchtig, strapaziös mit Ego-Karneval herumnervte und viel nebenbei laufen hatte. Er fuhr auch mal nach Deutschland, um Hitlers Vaterland zu sehen, besichtigte Dachau, hob dort einen Davidsstern auf; jedenfalls erzählte er das einem anrufenden Neonazi, behauptete sogar, den Judenstern soeben in der Hand zu halten, wo er aber nur einen Trinkpott hielt. Anonyme drohten ihm seinen »Judenarsch« zu rösten, sandten Pakete mit toten Ratten an den Sender, oder auch Zettel: »Ich weiß, wo du wohnst und wie du aussiehst. Träum was Schönes!« »Only a dead jew is a good jew!« Zeitungsenten quakten, er suche einen Leibwächter. Er ließ auch mal einen abgehalfterten Freak im Studio antanzen, namens Kent, der ihm dort das Kontrollpult vollsabberte, und führte ihn angewidert als Amerikas Zukunftshoffnung vor. In den Pinkelpausen seiner Show verabreichte er zur Strafe gern Bee Gees oder knutschte auf dem WC herum. Nur selten fand er einen seelsorgerisch, verständnisvoll kumpelhaften Ton seiner Klientel gegenüber wie WDR-Kummerkasten Jürgen Domian; er haute drauf wie Michel Friedman; eine freche Zunge wie → Bruce, eine schnellere, spontanere, schlagfertigere als Howard Stern (Intim parts, dirty Radio), David Letterman, Oprah Winfrey. Seine Show machte solche Quoten, der Rummel um ihn solche Schlagzeilen, daß der Sponsoren-Konzern Metrowave Fühler ausstreckte, um die Dallas-Lokal-Show aufzukaufen und landesweit auszustrahlen, auf 357 angeschlossenen Sendern. Barrys Boß arbeitete hart am Vorvertrag, mahnte beim Talker Mäßigung an, drohte Barry fallenzulassen, zurück in seinen Anzugverkäufer-Job, redete von Richtlinien, Barry aber zeigte sich weder kooperativ noch konzessionsbereit. Zur Feier dieser landesweiten Pilotsendung, die dann terminlich verschoben wurde, kam sogar seine Ex Ellen angereist, die inzwischen mit einem vergleichsweise langweiligen H-Milch-Mann lebte und sich neu in Barry verliebte, der sie aber, weil sie zwischen Ex und Mann kompromißlerisch lavierte, brutal abblitzen ließ. In dieser seiner letzten Sendung, in der alles eskalierte, saß er als vereinsamter Weltenrichter über dem süchtig verrotteten, aggressiven, pervertierten Dallas. Aus dem penetrant summierten Stimmengewirr eitler, verletzlicher Dumm- und Haßbeutel, Wahnpatienten, Rassisten, semitophilen Schwarzen, überkandidelten Plappertanten und Hyänen hoben sich alttestamentarische und kassandrahafte Anklägerstimmen, die es

Energieverschwendung nannten, anderen so weh zu tun, und die ihn theatralisch der Gewissensfrage aussetzten: »Warum bist du so zornig?« Ein junger Guy, der ihn unkompliziert und lieb einlud auf seine Bude, zu einem Bier, und der mit dieser Schlichtheit Barrys Redefluß beschämte, wurde ihm zu jenem nächtlichen Fensterchen, hinter dem eine letzte Seele wohnte und das Josef K. in Kafkas »Prozeß« kurz vor seiner Hinrichtung am schwarzen Horizont aufleuchten sah. Als er nachts das Rundfunkgebäude verließ, wurde er von einem der vielen Champlainhasser erschossen. ❧ Barry Champlains Leben und Sterben kam als Bühnenstück in 3 Akten heraus, von Eric Bogosian, der in der Verfilmung von Oliver Stone die Hauptrolle selber spielte; welch Doppelbegabung; 1988. Sein Leben wurde dem wahren Fall Alan Berg nachgebildet, ermordet 1984. Betont wurde, man hätte sich bei Skript & Screenplay abweichende Freiheiten genommen.

Worte von Barry Champlain: Über Stock und Stein bricht sich jeder das Bein, aber nur Worte können euch endgültig fertigmachen. ◆ Verplemper nicht deine Zeit mit der Mieze, such dir 'ne richtige Muschi.
Barry Champlain über sich: Ich verlange Aufrichtigkeit, obwohl ich ein Lügner bin. ◆ Wir sind der einzige Nachbar, den ihr noch habt. ◆ Nichts ist langweiliger als Leute, die mich lieben.
Andere über Barry Champlain: Er hatte einen ziemlich kleinen Schwanz, aber er zeigte ihn gern. *(Anonymus)*

Philipp Lord Chandos, Herzogssohn, Übersensibelchen, Naturmystiker (1577 bis mindestens 1603): Der jüngere Sohn des Earl of Bath verfaßte als Treibhauspflanze, 1596, den »jungen Paris«, träumte dichtend den »Traum der Daphne«, frühreif wie später Arthur Rimbaud, → Novalis, Georg Büchner, vor allem Loris, der junge Hugo von Hofmannsthal, der zufällig ebenfalls mit exakt 19 »Der Tor und der Tod« schrieb, wodurch das französelnde Jahr 1902 und das lateinisch schreibende Jahr 1602 so in eins zusammenflossen wie edelblütige Ziergewächse dekadenter Crème de la crème: Hofmannsthal produzierte verspätete Rokoko-Schäferspiele; der von Hofmannsthal rückversetzt vordatierte Hofmannsthal, genannt Lord Chandos, produzierte zeittypisch vorauseilenden Jugendstil. 1599 bekam Lord Chandos eine Tochter – Katharina Pompilia. Bald aber kamen ihm seine gefühlslyrischen Jugendsünden und hochmögenden Dichtungsprojekte fremd und peinlich vor. In Gesellschaft schauderte er – plötzlich wortkarg – vor abstrakten Termini zurück, wie »Geist« und »Seele«. Worte zerfielen ihm im Mund wie modrige Pilze (obwohl Pilzkenner Modriges nie in den Mund stecken). Er aktualisierte das philosophiegeschichtlich uralte, bereits in Platons »Kratylos« angeschnittene Nominalismusproblem: Inwiefern decken sich Worte mit ihren Dingen? Lord Chandos verstummte insgesamt als Literat, Hofmannsthal bloß als Lyriker. Selbst einen Brief von Francis Bacon beantwortete Chandos erst 2 Jahre später. In einem briefförmigen Traktat begründete Lord Chandos hochberedt, wortreich, kunstvoll, ausführlich, zusammenhängend, eleganter denn je, statt anakoluthisch stammelnd, warum er nicht mehr zusammenhängend denken und reden könne. Er stellte sich dar als überflutet von unbeschreiblichen inneren Erlebnissen, neben denen alles andere verblaßte. Er vertiefte sich in klassische Dichter und Denker, warf sie in die Waagschale, als Gegengewicht, zwecks Erdung, fehlender Bodenhaftung zuliebe. Er labte sich zeitgemäß an Sallust, Seneca, Livius, Cicero (statt wie Hofmannsthal an Francis Bacon, Goethe, Novalis), die ihn nun aber unbefriedigt ließen, nämlich herumstanden als augenlose Statuen in lebendigem Garten. Irritiert, kaum noch zu normaler Lebensbewältigung imstande, nannte er diesen Zustand eine »Krankheit seines Geistes«. In Beratungen mit seinen Architekten, mit denen er den Umbau eines seiner Hausflügel plante, mit Pächtern, Beamten und Gärtnern seines Anwesens, unter denen er als gütiger Herr galt, ließ er sich von seinen spirituell bedingten Abwesenheiten und zunehmender Schweigsamkeit nichts anmerken. Sein dumpfer Gärtnerbursche vergaß die Gießkanne unter dem Nußbaum; der Gutsbesitzer aber blieb gedankenverloren neben dieser Gießkanne stehen und versank in Muße und exclusiver Contemplatio, rauschhaft affiziert vom Anblick eines Schwimmkäfers in dieser Kanne. Gegen seinen Willen überströmte ihn grenzenloses Glück anläßlich unscheinbarer Beobachtungsobjekte unter freiem Himmel, was seit der Muromachi-Periode in Japan unter begüterten, jedenfalls nicht entfremdet werktätigen, von Lebensnotdurft rundum befreiten, existentiell unausgelasteten, möglichst hochadligen Sensorien häufig vorkam, von → Rilke bis Marcel Proust, die sich als mindestens ebenso hypersensitiv, überzärtelt aufhorchsam erzeigten denn Lord Chandos: lauter mentale Prinzen auf der sensiblen Erbse schwacher Gesundheit und Naturfrömmigkeit, die sich bei unsensibleren Spätzeitlern zur Naturverbundenheit profanisierte, bis hinauf zu Nutzholzbestand, Waldparkplatz und Trimm-dich-Pfad. Lord Chandos: »Fällt aber diese sonderbare Bezauberung von mir ab, so weiß ich darüber nichts auszusagen; ich könnte dann ebensowenig in vernünftigen Worten darstellen, worin diese mich und die ganze Welt durchschwebende Harmonie bestanden und wie sie sich mir fühlbar gemacht habe, als ich ein Genaueres über die inneren Bewegungen meiner Eingeweide oder die Stauungen meines Blutes anzugeben vermöchte.« 500 Jahre vorher hörten sich Rauscherfahrungsberichte ähnlich an, bei Heinrich Seuse: »Diese über alles hinwegschwingende Verzückung währte wohl eine Stunde, vielleicht auch nur eine halbe; ob die Seele dabei in dem Leibe blieb oder von dem Leibe geschieden war, wußte er nicht. Als er wieder zu sich selber kam, da war ihm ganz zumute wie einem Menschen, der von einer andern Welt gekommen ist«; mit dem Unterschied: Seuse bezog seine mystische Entrückung auf himmlische Unendlichkeit, der Ästhet Lord Chandos aber glaubte nicht an herkömmliche Cherubim und kanalisierte seine erhöhte Impressionabilität, will sagen: sein mystisches Vermögen und Überfließungs-Potential auf schier beliebige Sinnesreize, auf jene kleinen irdischen Unspektakularitäten am Wegesrand, mit denen sich dann später Farbfoto-Erbauungskalender-Naturfreunde wie Heinrich Waggerl und Margot Bickel begnügten, stets im Sinne von: »Auch kleine Dinge können uns entzücken«. Nachdem der Lord seinen Erläuterungsbrief an Francis Bacon abgesandt hatte, verlor sich seine Spur im Unbekannten. Ob sich seine mystischen Anwandlungen fortsetzten, häuften oder nachließen, ob sie weiterhin seiner schriftlichen Artikulation in die Quere kamen oder er beides zu synthetisieren lernte, wie sein Alter ego Hugo von Hofmannsthal, dies alles blieb so unbekannt wie sein Sterbedatum. ~ Bei Chandos-Hofmannsthal kamen sich Ästhetik und Mystik in die Quere und gebaren die üblichen Symptome eines jeden Naturmystikers, wie er sich in den letzten Grünanlagen der Überindustrialisierung versprengt wiederfand und pausenlos aufs neue beteuerte, daß Unbeschreibliches überaus unbeschreiblich sei. 50 Jahre nach Hofmannsthal produzierten 10 000 Hippies & Neurotheologen – auf LSD-Trips – mystiktypische Einswerdungen à la Lord Chandos, mit und ohne Nußbaum, aber halt 20mal unberedter als Lord Chandos.

Philipp Lord Chandos über sich: Denn was hätte es mit Mitleid zu tun, was mit begreiflicher menschlicher Gedankenverknüpfung, wenn ich an einem anderen Abend unter einem Nußbaum eine halbvolle Gießkanne finde, die ein Gärtnerbursche dort vergessen hat, und wenn mich diese Gießkanne und das Wasser in ihr, das vom Schatten des Baumes finster ist, und ein Schwimmkäfer, der auf dem Spiegel dieses Wassers von einem dunklen Ufer zum andern rudert, wenn diese Zusammenstellung von Nichtigkeiten mich mit einer solchen Gegenwart des Unendlichen durchschauert, von den Wurzeln der Haare bis ins Mark der Fersen mich durchschauert, daß ich in Worte ausbrechen möchte, von denen ich weiß, fände ich sie, so würden sie jene Cherubim, an die ich nicht glaube, niederzwingen, und daß ich dann von jener Stelle schweigend mich wegkehre und nach Wochen, wenn ich dieses Nußbaums ansichtig werde, mit scheuem seitlichen Blick daran vorübergehe, weil ich das Nachgefühl des Wundervollen, das dort um den Stamm weht, nicht verscheuchen will, nicht vertreiben die mehr als irdischen Schauer, die um das Buschwerk in jener Nähe immer noch nachwogen. ◆ Mein Geist zwang mich, alle Dinge, die in einem solchen Gespräch vorkamen, in einer unheimlichen Nähe zu sehen: so wie ich einmal in einem Vergrößerungsglas ein Stück von der Haut meines kleinen Fingers gesehen hatte, das einem Brachfeld mit Furchen und Höhlen glich, so ging es mir nun mit den Menschen und ihren Handlungen. ◆ Denn mein unbenanntes seliges Gefühl wird eher aus einem fernen, einsamen Hirtenfeuer mir hervorbrechen als aus dem Anblick des gestirnten Himmels; eher aus dem Zirpen einer letzten, dem Tode nahen Grille, wenn schon der Herbstwind winterliche Wolken über die öden Felder hintreibt, als aus dem majestätischen Dröhnen der Orgel.

Charlie Chaplin, Slapstickkomödiant, Situationskomiker, Stummfilmheld, Quasi-Tramp, Starletvernascher, Filmlegende (1889–1977): Vater Alkohol, Mutter Irrenhaus, Kleinkind Armenhaus – und dann diese Weltkarriere: erst runtergekurbelte Kurzfilme, dann eigene Studios. Konkurrenz erschöpfte sich in sinnfernen Tortenschlachten und Verfolgungsjagden; Chaplin aber feilte an den Gags. Die Arm-Reich-Schere ging auseinander: Als Filmheld bekam er Spitzengagen als verklemmter, verschmähter Underdog und Vagabund mit verbeulten Hosen, festgeklebter Melone, Bürstenbärtchen und Spazierstock, als watschelgängiger Schmuddeldandy, außerhalb seiner Filme wurde er Screenplaywriter, Regisseur, Hauptperson, Produzent, United-Artist-Mitbegründer und Composer in Personalunion. Als Dagobert Duck in Millionen schwimmend, steigerte der Selfmademan und Shooting Star den Goldregen, indem er im Film »Goldrausch« vor Hunger eine Schuhsohle kochte und verspeiste, gefeiert als Anwalt der Unterdrückten, der Kühe direkt in Kaffeetassen molk, Hühner Rührei in Pfannen legen ließ und mitten im Elfentanz in Kakteen geriet. Workaholismus rannte und flitzte mit Sexsucht um die Wette. Als Hänfterling und Pimpf verwies der Extremcasanova Vorzeige- und Vollmänner à la Cary Grant, Gregory Peck, Tarzan, Lex Barker in den Schatten. Sein Leporello trat in Konkurrenz mit → Bernhardt & Georges Simenon. 1914 entstanden 35 Filme. Mit 29 heiratete bzw. schwängerte er eine 16-, mit 35 erneut eine 16-, mit 54 eine 18jährige. Frauenwelt, der reflexbewegtes, tourettismushaft stressiges Herumzucken nicht genügt hätte, wurde mit Sentimentalität geködert, herzrührend überreichten Blumen an blinde Mädchen, schmachtenden Blicken, plötzlicher, überhaupt nicht unglaubhafter Melancholie, ausgestreckten Ärmchen entzückender Kleinkinder. 1929 sah er auf 69 Filme zurück. Rundum stürzten alle Stummfilmstars in die Pleite; einzig Superman Charlie konnte sich erlauben, Film um Film sich dem Tonfilm zu verweigern. Technisch und zeitbedingte Zeitraffertechnik brachte zeitsparende Ruck- und Insektenhaftigkeit in die Filme, die oft schon die Hälfte des Humors einbrachte und ausmachte. Sobald er auf Rolltreppen sich trippelnd verausgabte, sah das nach Hamsterrad und Weltgleichnis aus. Die Schrecknisse of Modern Times in Zukunftsmetropolen verhalfen inhumaner Fließbandproduktion zu humanem Lacheffekt, so daß quasilebendige Lacher das Wort »Ventilfunktion« verwenden konnten, ohne sich als Maschine vorzukommen. Zahnräder und Rolltreppen erschienen, trotz beschleunigbarer Entsetzlichkeit, als neue Humorquellen, also lustspendend, also sinnvoll. Ungewöhnliche Aufnahmewinkel lehnte Chaplin ab, da er selber ungewöhnlich sei. Als er privat mal eine italienische Arie vortrug und sein Singen gelobt wurde, sagte er: »Ich kann überhaupt nicht singen. Ich habe nur Caruso imitiert.« Einstein lobte seine Kunst genialer Einfachheit; jedes Kind verstehe ihn. Er drehte den Bauchpinsel um: »Ihre Leistung ist noch viel genialer. Jeder bewundert Sie, und kein Mensch versteht Sie.« Dumm gelaufene Liebschaften, die nicht abtreiben, ihn nicht fellieren oder sich nicht trennen mochten, versuchte er auch mal mit 20000 Dollar zur Trennung zu bewegen. Auch außerhalb des Films richtete er mal eine Pistole auf eine Gattin. Die Nazipersiflage des Jahrgangsgenossen von ausgerechnet Hitler vermochte den Weltkrieg um keine Sekunde abzukürzen und transportierte – für eingeweihte Kinogänger – sogar die bodenlos tiefe Tat-twam-asi- und Coincidentia-Oppositorum-Weisheit, daß Nazi und Jude – vom selben Schauspieler gespielt – metaphysisch so eins wurden wie Pingpong und Zickzack. Gipfelpunkt seiner Ballettkunst: anmutiger Tanz mit dem Globus als Luftballon. Seine Jacht hieß »Panacea«. Nach all den Meilensteinen und Bombenerfolgen konnte die insgesamte Berggipfelbesteigung nur noch runterführen, garniert und umschwirrt von Ehescheidungen, privaten Schlammschlachten, sexuellem Outing – Resultat: 11 (!) Kinder –, Vaterschaftsklagen, die mit problematischen Filmideen kaum noch um die Wette rannten und flitzten. Unamerikanischer Aktivitäten verdächtigt, drehte er den USA den Rücken und gelobte, nie wieder zurückzukommen, selbst wenn → Jesus Christus Präsident wär, und kam tatsächlich 20 Jahre lang nicht zurück. Filme, in denen er ernsthaft als Frauenmörder auftauchte, sprangen seiner frühen Legende kaum noch bei. Viele erkannten ihn im dicklichen Greisen nur schwerlich oder ungern wieder. Senile Eintrübung hinderte den Ehrendoktor, zu einer Doku über ihn ein paar vertretbare Sätze beizusteuern. Der Ritterschlag verdeckte den Dauersturz nicht. Noch mit über 73 zeugte er Kind Nr. 8 seiner Ehe Nr. 4, was Anthony Quinn auch so machte.

Die Welt, ohne so zu sein wie er, erkannte sich in ihm wieder

Worte von Charlie Chaplin: Ein Tag ohne Lächeln ist ein verlorener Tag. ◆ Tonfilme kommen und zerstören die älteste Kunst der Welt, die Kunst der Pantomime. Sie zerstören das schöne große Schweigen. ◆ Die schönste Form menschlichen Lebens ist das ganz junge Mädchen, das gerade zu erblühen beginnt. ◆ Keine Kunst kann mit einemmal gelernt werden. Und der Liebesakt ist eine subtile Kunst, die Übung erfordert, wenn er wahr und bedeutsam sein soll.

Charlie Chaplin über sich: Ich hab gehungert, gekämpft und um mich geschlagen, bis mein Schmerz sich in Gelächter entlud. Nun lacht alle Welt über mich als Clown. Gut, daß so viele nicht ahnen, welch schlimme Erkenntnis dies Lachen formte. ◆ Ich sagte mir unablässig: Der nächste Film muß ein Epos werden. Das größte! ◆ Ich bin kein Kommunist. Ich bin Friedenshetzer. ◆ Wenn ich Oona oder ein Mädchen wie sie früher gekannt hätte, hätt ich nie irgendwelche Probleme mit Frauen gehabt. Mein ganzes Leben hab ich auf sie gewartet, ohne es überhaupt zu wissen.

Andere über Charlie Chaplin: Wie ein Zahntechniker falsche Gebisse, so erzeugt er Phantasieprothesen. *(Franz Kafka)* ◆ Er ist ein heiliger Franziskus vom Broadway, ein homerischer Held des 20. Jhdts. Cervantes und Shakespeare haben ihn geboren. Er ist ein Don Quijote, ein ewiger Narr in Christo. Wenn Jesus und Mohammed noch einmal diese ach so friedliche Erde besuchten, sie würden vielleicht in Charlies Gestalt auf dem Pazifistenkongreß erscheinen. *(Walter Hasenclever, um 1925)* ◆ Er ist das einzige Genie, das der Film hervorgebracht hat. *(G. B. Shaw)* ◆ Er ist ein lieb- und arglos blickender Lausbub, ein Freche-Streiche-Spieler, ein mit allen Salben geschmierter Quälgeist der Nicht-Geschmierten, ein schonungsloser Ausnützer fremder Schwäche, Ungeschicklichkeit und Schwere. *(Alfred Polgar, 1929)* ◆ Nur zwei Männer in der Geschichte sind ihm gleich: Christus und Napoleon. *(Carlo Rihm, 1958)*

PRINZ CHARLES (genauer: Charles Mountbatten-Windsor), Thronfolger, Monarch, Sohn, »Prince of Wales« (geb. 1948): Von frühauf litt die empfindsame Kinderseele an gefühllosem Vater, der ihn als Weichling verachtete, ihn in Gegenwart anderer hänselte, und kalter Mutter. Böses Omen seines Lieblingsoheims, der ihn neckte: »Mit deinen großen Ohren wirst du nie König!« 1969 erlebte Charles Mountbatten-Windsor die Investitur zum Prinzen of Wales, und sah hier, als Architekturstudent, bereits aus, als ducke er sich unter der Krone weg. Egal, wie der polospielende, frischgebackene Kronprinz aussah und sich bewegte, er fühlte auf Schritt und Tritt: »Mr. Kilroy is watching you!« Wer ihn sah, mußte mitleidig lächeln oder gequält fortgucken, oder ihn tief verehren, oder schadenfroh titeln: »Stur, steif, standesbewußt«. Die Aufgabe seines Lebens: sein Gesicht, wie seine nachweislich königliche DNS es ihm aufsetzte, hinzuhalten für die Weltöffentlichkeit. Die Würde, die seine Paradierrolle von ihm forderte, vermochte er nicht auszustrahlen. Die Rolle, die er nicht ausfüllte, wuchs ihm über den dünnen Kopf, der Millionen Karikaturen speiste. Der Präsentierteller, auf dem er im Frack steckte, war ihm x Nummern zu groß. Der erhebliche Hauch Beklemmung und Verklemmtheit, der auf ihm wie Mehltau lag, ließ sich nicht abstreifen. Seiner Gangart fehlte Selbstbewußtheit. Tadellose Garderobe half über das Goofyhafte von Physiognomie & Körperhaltung nicht hinweg. Kein Imageberater konnte hier Schadensbegrenzung anbringen. Der traditionsgesättigte Kilt (Schottenrock) paßte ganz besonders gut zu Prinz Charles. In fotografielosen Zeitaltern hätte er sich besser durchschlängeln können, wie 200 Erbprinzen vor ihm. 1972 verlor er seine Unschuld, samt Herz, an die forsche Herzogin von Cornwall und Miß Wales Camilla Parker-Bowles, medial verspottet als »Landpomeranze«. Man teilte dieselben Wertvorstellungen und lachte über dieselben Witze. Gazetten sprachen von »animalischer Anziehungskraft«. Reden, die er hielt, las sie vorher durch. 1980 betätigte Prinz Charles sich erfolgreich als Märchenbuchautor: »Der alte Mann von Lochnagar«. Auch nach der Märchentraumhochzeit des Jahrhunderts 1981 – aber nicht mit der Jugendgeliebten, sondern mit Lady Diana Spencer – klang eine dauerhaft konstitutionelle Schamröte beim Gemahl nicht ab. Lady Diana, die – laut Öffentlichkeit – schöner ausschaute als Camilla, avancierte zur »Königin der Herzen«. Nicht leicht für ihn, mit der weltweit wachsenden Popularität seiner Frau zurechtzukommen und fertigzuwerden. Neben seinen 500 Verpflichtungen pro Jahr verbrachte er viel Zeit im Clubhaus, in seinen ökologisch bewußten Gärten in Highgrow, wo er schottische Rinder züchten ließ, und wenig Zeit mit Prinzessin Diana, die schier zur alleinerziehenden Mutter wurde. Alles, was ihm unangenehm war, mied er, einschließlich seiner Frau. Ein Geburtstagsgeschenk von ihr, ein Video, wo sie eine Nummer ihres Lieblingsmusicals »Phantom der Oper« für ihn tanzte, sah er gar nicht erst an. 1983 entfuhr ihm – als er in West-Australien vor 13 500 Schulkindern eine Rede über Umgangsformen hielt, und daß man nie fluchen solle, und ihm ein Windstoß die Zettel fortblies – ein spontanes »Gottverdammte Scheiße!«. In der Psychiatrie von Broadmoor erfuhr er, daß 9 Insassen sich für ihn hielten; er kommentierte: »Ich fühle mit ihnen. Ich weiß manchmal selbst nicht, wer ich bin.« Bestens abgeschottet, wurde er von vorn und hinten bedient und von Hofberichterstatterinnen und House-Windsor-Kennern belauscht. 1992 genehmigte er seiner bulimistischen Gattin, die ihm oft Szenen machte, kurz vor ihrer Trennung, Taschengelderhöhung auf umgerechnet 4632850.– DM pro Jahr, also 12692.– DM pro Tag, und begnügte sich selbst, zum Ausgleich, mit bloß noch 1,5 Millionen DM im Jahr (für 3 Privatsekretäre, 3 Sekretärinnen, 2 Pressesprecher, 2 Bürohilfen, 2 Köche, x Garderobieren, Haushofmeister, Höflinge, 2 Chauffeure für 5 Autos etc.). Jahrzehnt um Jahrzehnt kam der »Spitzenjob« (wie Lady Di es nannte) nicht in Sicht: König sein. Der ewige Thronerbe – auf Abruf und ohne Gewähr im Startloch – ergraute im Windschatten vergreisender Eltern. Weil er zugab, Depressionen beim Gedanken zu bekommen, regieren zu müssen, nannte man ihn Prinz Hamlet. Weil er, der sich beim Polospiel einen Arm brach, nicht seinen Sohn, Prinz William, besuchte, als der sich beim Golf einen Schädelbruch holte, schalt die Presse ihn herzlos: »What sort of dad are you?« Daily Mirror, Sunday Times u. a. lauerten und stocherten dicht am schönen Schein dieser Ehe, mit Artikeln wie »A Prince and His Problems« oder »Charles: His True Story«, oder »Agonie im Hause Windsor«. Loyale Mitarbeiter, Biographen, Insider, Beobachter, Freunde ließen nichts durchsickern. Infame und peinliche Gerüchte, und Gegengerüchte, wurden gestreut oder gestoppt, sie sei labil, schwierig, bis hin zur Borderline-Persönlichkeit. »Bye bye, big ears!« lauteten die Schlagzeilen zur Scheidung. Höchstpreise wurden gezahlt für möglichst ungünstige Fotos seiner Herzdame Camilla, die ihm half, in seiner traumatischen Ehe bei Verstand zu bleiben. Man mokierte sich über »die königliche Seifenoper«. Frühere Prinzen durften x Loverinnen halten; ihm aber verübelte man Ehebruch. Die Liebenden beteuerten, nur gute Freunde zu sein. Er war der erste und einzige, der ein Tausendjähriges Reich – neben dem Vatikan die einzige so lang intakte Großmacht, die britische Monarchie – in Mißkredit brachte. Selbst treueste Royalisten hielten den einzigen Sohn der britischen Herrscherin Elisabeth II. für eine Fehlbesetzung. Medien nannten ihn zunehmend »traurige Gestalt« und »Trauerkloß«. Alle nannten seine Karriere mokant die »längste Abdankungsstory der Weltgeschichte«. Für einen Politiker pflegte er viel zuviel Selbstzweifel, in seiner autorisierten Biographie und außerhalb. Nicht wenige aber hielten den aquarellierenden Jäger weiterhin für einen würdigen Nachfolgekönig. Er setzte sich für Innenstadtsanierung und Umweltschutz ein. Auch seine Söhne gerieten oft in die Schlagzeilen, vor allem Harry, der sein Image als saufender und prügelfreudiger Prolo-Prinz auch nicht durch demonstrative Hilfe beim Paketpakken für Tsunami-Flutopfer aufbessern konnte und der sich zum Karneval 2005 als Nazi verkleidete, wofür ihn sein Vater hart bestrafte: in die Armee schickte. Kurz vor seiner Heirat mit Camilla, der alle Auftakelung nicht half, im April 2005 (»Turteltauben kurz vor dem Pensionszeitalter«, ZDF), besuchte Charles eine australische Hummerzuchtanlage. Journalistenfragen »Sind Sie glücklich, Sir?« beantwortete er mit: »Yes.«

Worte von Prinz Charles: Meine Damen und Herren, ich leide unter einem Geburtsfehler: Ich kann meine Klappe nicht halten. ◆ Nur brauch ich dich leider mehrmals in der Woche.
Andere über Prinz Charles: Er lebte, als wenn er gar nicht verheiratet wäre. *(Lady Di)* ◆ Die Königin ist so hausbacken. Ich will nicht sagen häßlich, das wäre unhöflich. Und Prinz Charles ist alles andere als ein Prinz. Seht

Ohne die schwebende Königskrone wär er nicht so aufgefallen

euch nur sein Gesicht an! Nennt ihr das ein prinzliches Gesicht? Vielleicht für Engländer. *(Bhagwan Shree Rajneesh)* ◆ Wenn er durch eine Revolution brotlos würde, als Komiker käme er immer unter. *(John Cleese)* ◆ Er fühle sich im Mittelpunkt einer »griechischen Tragödie, ohne Ausweg und Hoffnung«, offenbarte Charles vergangene Woche einer fassungslosen Öffentlichkeit seine düstere Seelenverfassung. *(DER SPIEGEL, 24. 10. 1994)* ◆ Aber mittlerweile zollen ihm auch Spötter Respekt. *(Die Gärten des Prinz Charles. Eine königliche Leidenschaft, Film-Doku, ARD 2003)* ◆ Polo ist eine besonders schwierige Sportart. Prinz Charles hat sich dabei schon so manchen Arm gebrochen. *(Manuela Lundgren, Hamburg Journal Nr. 3)* ◆ Nachts schnarchte er immer lauter, dann wieder setzte sein Atem aus. *(»Drama um Prince Charles (58): Heimtückisches Leiden bringt sein Leben in Gefahr«, Echo der Frau, 22. 11. 2006)*

EMILE M. CIORAN, **Schwarzdenker, Aphoristiker, Verzweiflungsspezialist (1911–1995):** Ein Totengräber in Siebenbürgen gab dem Sohn eines griechisch-orthodoxen Priesters der Donaumonarchie zum Fußballkicken Schädel; sobald er um 1930 nachts stundenlang ins Dunkel stierte, die Stirn an die Scheibe gepreßt, und der Tod zur Obsession aufstieg, hielt er das für die Rache jener Toten. Macbeth und Hamlet fühlte er sich derart verwandt, daß er einen Turnlehrer am Essenstisch abservierte, weil dieser nicht Shakespeare hieß. Als ewiger Student, Radfahrer und Puffgänger lebte er in Hermannstadt, Bukarest, Berlin, München. Allergien züchtete er via Nietzsche-Lektüre hoch zu Idiosynkrasien. Freuds Unbehagen an der Kultur dehnte er aus zum Ekel an der Existenz. Seine Mutter: »Wenn ich deine innere Qual vorausgesehen hätte – ich hätte dich abtreiben lassen.« Elegisch begab er sich auf von ihm sog. »Gipfel der Verzweiflung«. Ein Jahr Studienrat (für Philosophie in Kronstadt) – 58 restliche Jahre lebte er berufslos, in bescheidenen Verhältnissen, und dachte weniger pausenlos an den Tod als früher. 100%ig staatenlos, geographisch und geistig, fand er in Paris eine Heimat. Andere schufteten; er litt. Andere hatten Probleme; er machte sich welche, gestürzt ins Unglück, bevor es eintrat. Er gab sich der von ihm sog. »Wollust des Nein« hin. Zum Schreiben war ihm, wie J.-P. Sartre, unentbehrlich der unübersetzbare Cafard (Despair, Katzenjammer), der sich immerhin allnächtlich einstellte. Einsam durchschritt er die »gehudelte Schöpfung«, das »Martyrium der Luzidität«. Seit dem Einmarsch der Deutschen leistete er sich feste Freundinnen und litt ab da an Abhängigkeitsverhältnissen. Die Gnosis-Doktrin vom schlechten Gott lag ihm näher als andere Religionen, die er als »Kreuzzüge gegen den Humor« definierte; Gesellschaft als Hölle voller Erlöser; Schreiben als Giftbad einer elegischen Viper; Leben als ephemere Narretei und Marotte der Materie, Natur als genialen Folterer, Weltgeschichte als Mischung aus Walzer und Schlachthaus. Einem Verzweifelten empfahl er, sich erst umzubringen, sobald er nicht mehr lachen könne. Die Möglichkeit Suizid ließ ihn überleben. Seine Arznei kompaktierte mit seinem Übel. Neben seinem Radikalpessimismus sahn klassische Schwarzseher à la Yang Dschu, → Ata as-Salimi, → 'Attar, Leopardi, Schopenhauer, Grillparzer, Byron, Baudelaire, Flaubert, Celine moderat aus. Anders als → Kraus, dessen Verdammungsfuror sich bloß gegen Journalisten richtete, oder als → Anders, Max Horkheimer, Hans Jonas, die am »Prinzip Verantwortung« festhielten, exponierte und zelebrierte Cioran sich als Allesverneiner. Mit Knopflochblume schritt er zum Jüngsten Gericht. Der Dekonstruktivist, Quietist und Mystiker pränatalen Lebens, selbstlose Revanchist, Hüter auserwählter Wut, Hiob ohne Adressat, wie Kritiker ihn titulierten, nannte sich selber Spezialist des Todes, Antäus der Verzweiflung, Skeptiker vom Dienst einer untergehenden Welt, religiösen Geist ohne Religion, Parasit der Erbsünde. Zwar dachte Cioran beim Schreiben nicht an Leser – wozu dann aber ein leserfreundliches »Basilides, der Gnostiker«? Sein Wir-Ton boykottierte seinen Monolog-Gestus. Sogar für ein »wir alle« war sich der »metaphysische Gratwanderer« in einsamsten Nachtgedanken nicht zu schade. Dem »Müllkutscher und Zuchtmeister der Geschichte« quoll aus allen Poren – Anbiederei. Pauschal und radikal – und telefonisch erreichbar! – wetterte der »Seismograph des Verfalls« gegen Fortschritt, saß aber als Privatmensch dann doch, wie alle, in Zug und Flugzeug und begab sich zur Röntgendiagnostik, zwecks Lebensverlängerung. Die gehaßte Welt hätte er, wenn er technisch gekonnt hätte, in toto ausgelöscht, aber Schickimicki-Buffet-Einladungen schlug er nie aus. Speichelleckern zeigte sich ein umgänglicher Mensch. Bei sich daheim, Mansardenwohnung, Rue de l'Odéon, zwischen Bücherchaos und oller Wäsche, lebte der Homme de lettres, statt stilvoll zwischen Zimmerpalmen-Salonbuddhismus-Interieur, mit Resopalmöbeln; statt im Grandhotel Abgrund im Reihenhaus Abgrund, nicht ohne Lebensgefährtin Simone Boué: Den Genuß wechselseitig genossener Geschlechtseigentümlichkeiten, den der »Prediger der Irratio« nicht ablegte, verunglimpfte er als »geräuschvolle Schwitzkur« und »alberne Turnübung mit Grunzen«. Seit seiner Jugend blieben mystische Erlebnisse unerfreulich aus. 1961 kam aber noch mal eins, eine ekstatische Koinzidenz von Gegenwart, Vergangenheit, Zukunft, derart umwerfend, hochkompakt, überprall, daß der Träger dieser Erfahrung sich, wie er dann in Interviews und auf Partys berichtete, eine Faust in den Mund schieben mußte, um nicht loszubrüllen – Schicksal aller Mystiker in Ballungsräumen und hellhörigen Mansarden. So abnorm lang, wie der »judäochristliche Theologe des Unheils« schlaflos zu sein behauptete, womit er jede Kreuzigung überboten wissen wollte, kann laut Arzt keiner wach bleiben. Asymmetrische Wahnverwandtschaft mit Nietzsche nannte er »Komplizenschaft«. Fern von Thomas Manns tückischem Understatement, nie sei er über Schopenhauer und Nietzsche hinausgekommen, kam Cioran tatsächlich nicht drüber hinaus. Nietzsches Aperçu »Wer gegen Drachen kämpft, wird selber Drache« rollte der »ästhetische Anarchist« besinnlich aus: »Ich habe beschlossen, mit niemandem mehr einen Streit auszutragen, seit ich bemerkt habe, daß ich schließlich immer meinem neuesten Feind ähnlich werde.« Nietzsche 1873: »Was könnten zehn neue Jahre lehren, was die vergangenen zehn zu lehren nicht vermochten!« Cioran 1973 (!): »Was ich mit sechzig weiß, wußte ich ebensogut mit zwanzig. Vierzig Jahre einer langen, entbehrlichen Überprüfung...« 1973 nannte er Nietzsche »zu naiv«, wie undankbar, und fühlte sich lieber Mark Aurel wesensverwandt. Gegen Leidenspathos, Genitivmetaphern, Kursivschrift entwickelte der Meisterstilist null Idiosynkrasien. Sein Immunsystem und Stilbewußtsein ließ »unerträgliche Wahrheit«, »tödliches Geheimnis«, »jeder echte Schriftsteller« ungeschoren passieren, »Kühnheit des Gedankens«, »im Innersten«. FAZ-Fragebogen: »Was möchten Sie sein?« »Nicht der ich bin und auch kein anderer.« »Ihr Lieblingsromanheld?« »Stawrogin.« »Ihr Motto?« »Vergiß nie dein Brechmittel!« Andere verneinten bloß vieles, der »konsequente Anti-Aufklärer« aber möglichst alles, vor allem Gott & Welt, abgerechnet Franz von Assisi und Mozart. Sartre, bevor er ans Schreiben ging, legte sich ungarische Zigeunermusik auf; Cioran machte es nicht unter Bach. Das Leben definierte der

»Lehrer des Rückzugs« sinnreich als »Kitsch der Materie«, doch in atonalen Zeiten vergrub er sich in Goldbergvariationen. Der Musikkonsument geriet peinlich ins Bejahen. Er konsumierte nicht, er lauschte. Bei Mozart, notierte der Marxgegner, wüchsen ihm Engelsflügel. Ausgerechnet solche. Für eine Kantatenlänge spürte er den toten Gott noch mal kurz auferstehn. Ausgerechnet den. Als er die Kunst der Fuge hörte, bearbeitet für ausgerechnet Orgel, spürte er all seine Verfluchungen widerlegt. Er nannte Bachs Werk »gottgebärend«. Jünger als Adorno, schrieb Cioran wie Adornos Opa: In den »Typen musikalischen Verhaltens« wär Cioran, statt bei »Experte«, bei »emotionaler Hörer« gelandet. Bisweilen ging sein nachtschwarzer Niveauschund in Schönwetterkitsch über, im »Erwachen der Tränen«, auch inhaltlich: Cioran hütete – mitten in Paris durchaus hinterm Mond – die Sehnsucht, unter Hirten und auch von ihm sog. »einfachen Menschen« zu leben, begeisterte sich an einer Bäuerin, die nur bei Zahnweh an Gott glaubte; steckte – fernab reeller Landwirtschaft – im Käfig kulturell vermittelter Öldruckbilder, auf denen rousseaulastige Naturfreunde im Gras auf Halm und Schalmei pfeifen, gemalt von Hans Thoma. Cioran kam aus seiner steppenwölfischen Dauerkrisis ab ovo nie heraus, ein vorexpressionistisches Ereignis. Maschinentechnik dröhnte nicht hinein in die Hinterwäldler-Leiden des unausgeglichenen Pariser Privatiers, der Termini wie Durchlauferhitzer, PC, PKW, wenigstens Automobil, umging. »Hermeneutik«, obwohl er lieber mit Huren als Dozenten konversierte, umging er nie. Keiner wisse, wie die Welt mal zusammenkrachen werde, dekretierte er im Zeitalter schwarzer Löcher und des Big Crunch. Er las halt, statt Heisenberg, Planck, Hawking, lieber → Plotin. Nachdem Diagoras, Bhrapati, Buddha alle Götter vorbildlich entthront und Nietzsche postum nachgestochert hatte, wurde Cioran nicht müde, erneut an der ausgelutschten Pelle zu doktern, was keinen mehr schockierte. Theologischer Erbauungssermon schlich sich ins kaum noch freidenkerische Hirn ein, plus Psycho-Jargon à la »positive Aspekte«, »vitale Projektionen«, »Wertsystem«, »man selber sein«, »der wahre Kontakt zwischen zwei Menschen«, »durch jenen geheimnisvollen wortlosen Austausch, der dem inneren Gebet entspricht«. Cioran klang plötzlich wie Dorothee Sölle, Hans Küng, Franz Alt, Margot Bickel, Andacht, Sinnsuche, -gebung und -stiftung. Sein Bonmot »Nur Engel können mich noch trösten« nahte sich esotera-Titeln: »Mit Engeln beten«, Pater → Grüns »Ein Engel für jeden Tag«. Ciorans ernstgemeinter »Fürst der Finsternis« roch bald nach Mystery-Thrillern, Gothic Cult, Splatterpunk & Wolfgang Hohlbein. Seine Handschrift zeigte ihn bürgerlich, halb hart-, halb weichgekocht, nicht ohne

Sinn für alles Schöne, labil, normal, altbacken, null Dämonie. Ruhm wuchs in Maßen. Jahrzehntelang wuchs Schadenfreude über E. M. Ciorans immer längeres Ausharren auf dieser Welt, auf der er es keinen weiteren Augenblick aushalten zu können jahrzehntelang behauptete. Betreffs qualitativ hochwertiger Hoffnungslosigkeit von Samuel Beckett überschattet, der ihm weltweit die Show stahl, begann der a-prioro-verbitterte Griesgram anzuöden. Seiner Verzweiflung blieb er trotzdem treu. Die Überdrußschiene ließ nicht viel Wahl. Seine Genrewahl – Aphorismus, Essay – erweiterte er nie. Weitere Aveux et Anathèmes, Geständnisse, Verwünschungen, zersplitterte Flüche erschienen. Neuauflagen wurden Gebetsmühlen. Ausweglosigkeit fand Anklang und Zuspruch. Im Œevre fand und suchte man Affinität zum rumänischen Faschismus. Fern von Paul Valéry, blieb er auf Michaux-, Ionesco- oder Canetti-Niveau. Gremien riefen ihn an, weil sie auf Symposien einen namhaften Alibi-Skeptiker brauchten. Immerhin lehnte er 1988 den Grand Prix Paul Morand der Académie Française ab, 300 000 Franc, Grund: seinen Gedanken könne man nicht applaudieren. 1987 hörte Cioran zu schreiben auf. Sein Buch »Vom Nachteil, geboren zu sein« verkaufte sich 23 000 mal, zwischen 1979 und 1996. E. M. Cioran starb als Alzheimerpatient im Pflegeheim Broca. ~ Experten, Franzosen, Rumänen einigten sich selten, ob Cioran »Siorahn« bzw. »ßiorahn« auszusprechen sei, oder richtiger »Tschuran«. Unflatspucker Thomas Bernhard nörgelte bloß als Stammtischler herum, konstitutionell mißlaunig, ohne wirksames Gift, arg diesseits von Ciorans metaphysischem Goldgrund. Spenglernachahmer → Sloterdijk lobte am Nietzschenachahmer Cioran dessen Unnachahmlichkeit, Singularität, Insomie-Apriori. Untier- und Untergangsenthusiast Ulrich Horstmann kürzte die infektiöse Nietzscheritis (his masters aktualisierbare voice) ab und präsentierte sich schnurstracks – directement – als Cioranerl. Peinlich allüberall, daß sich der Aufblasbarkeitsquotient präsentabler Denkniveaus (Dompfaff-Effekt) nie verbergen ließ.

Worte von Emile M. Cioran: Manchmal überkommt mich eine Art Erstarrung beim Gedanken an die »Narren Gottes«, die ihm alles geopfert haben, an erster Stelle ihren Verstand. ◆ Lieber in der Gosse als auf einem Podest. ◆ Mit Dasein geschlagen, trägt jeder wie ein Tier die Folgen, die sich daraus ergeben. ◆ Die Sonne hätte der Entstehung des ersten Insekts zürnen und beim Auftreten des Schimpansen abwandern sollen. ◆ In jeder Sekunde erschrickt und erschreckt alles, was lebt. ◆ Das Recht, alle, die uns lästig werden, auszumerzen, sollte in der Verfassung eines idealen Staates

Schwarze Betthupferl zum Champagnerparty-Dessert

stehen. ◆ Es gibt Adagios, nach denen man nicht mehr verwesen kann. ◆ Ein Besuch im Krankenhaus, und nach 5 Minuten wird man Buddhist. **Emile M. Cioran über sich:** Ich möchte eine Wahrheit verkünden, die mich für immer aus dem Bereich der Lebenden vertreibt. ◆ Ich glaube, keine Gelegenheit verpaßt zu haben, traurig zu sein (meine Berufung als Mensch). ◆ Ich habe ein intensives Mitleid für alle Wesen, sogar für den Menschen, und ich finde, daß es höchste Zeit ist, daß er verschwindet, damit wir ihm nachtrauern können. ◆ Ich träume von einer goldenen Minute außerhalb des Werdens, von einem sonnenbeschienenen Augenblick, der hinausreicht über die Qual der Organe und die Melodie ihres Zerfalls. ◆ Ich habe einmal zu Octavio Paz gesagt, daß, nachdem ich einige Zeilen geschrieben habe, ich immer Lust zu pfeifen habe. ◆ Ich hätte gewünscht, Sohn eines Henkers zu sein. ◆ Ich und Gott und alles ist nix. Ich selbst ein Nix und Gott auch nix. ◆ Der Unterschied zwischen mir und den anderen Menschen: Ich bin unzählige Male gestorben, sie hingegen nie. ◆ Zugegeben, ich tue nichts. Aber ich sehe die Stunden verstreichen – was besser ist, als versuchte ich sie auszufüllen. ◆ Werde ich der Erde jemals verzeihen, daß sie mich nur als Eindringling zu den ihrigen gezählt hat? ◆ Als ich ununterbrochen rauchte, hatte die Zigarette nach einer schlaflosen Nacht einen Trauergeschmack, der mich über alles hinwegtröstete.

Andere über Emile M. Cioran: Der Mensch wandelt am Abgrund, aber die Putzfrau kommt 2 x die Woche. *(Volksmund)* ◆ Man ist dafür, daß es nicht auszuhalten ist, und lebt davon (nicht unbedingt in Villen). Man behandele doch seine Exzessemente als Auswurf! Gebrochene Galle!! O ihr verfluchten Spiegel!!!... Wenn man schon seinen eigenen Gestank als Duft empfindet, so erspare man ihn wenigstens anderen. *(Walter Serner, 1918)* ◆ Wer so etwas geschrieben hat, der ist verdammt. Ich werde einen Arzt rufen. *(Cioran's Mutter Elvira um 1934)* ◆ Montesquieu, Madame de Staël oder Saint-

Simon zitiert er ebenso gern wie Claudel, Saint-Beuve, Mallarmé, Proust, Goethe oder Meister Eckhart. *(St. Galler Tagblatt, 25. 5. 1987)* ◆ Der Geistesmensch wird rabiat. Der Dichter als Mann am Zerstäuber, als einer, der Menschen wie Fliegen per Insektizid pulverisieren würde, wenn er dürfte. Cioran, der zum Aphoristiker gewordene Todestrieb unserer Zivilisation. *(Neue AZ / Wiener Tagblatt, 25. 2. 1988)* ◆ Cioran ist der zeitgenössische Reaktionär mit der größten Ausstrahlung. *(José Javier Esparza, 1988)* ◆ Cioran, erst recht seine Epigonen, die sich aufführen wie die Sattelburschen der apokalyptischen Reiter, inflationieren die Verfallsrhetorik zum Anstieg in die negative Belletristik. *(Thomas Assheuer, FR, 22. 7. 1988)* ◆ Er war ein genießerischer Pessimist, der zwar »wußte«, daß Notre Dame bald eine Moschee sein wird, aber dennoch gerne in Paris flanierte, und der zwar den Untergang der Welt prophezeite, um nicht zu sagen, herbeisehnte – der aber, als ich ihn mal besuchte und er sich über Krankheit und Fast-Gestorbensein beklagte, auf meinen Einwand »Aber das wollen Sie doch – selber untergehen und mit Ihnen die ganze Welt« leicht lächelnd rezipierte: »Aber doch nicht so rasch, mein Lieber.« *(Fritz J. Raddatz, 20. 6. 1995)*

Camille Claudel, **Ateliersgehilfin, Rodinmuse, Rodinadeptin, Rodinschülerin, Bildhauerin, Zwangsinternierte** (1864–1943): Ihr Combray hieß Villeneuve-sur-Fère. 1888 schuf die Finanzbeamtentochter im Stil Auguste Rodins eine Rodinbüste, also ein delegiertes Selbstporträt Rodins. Ihre Mutter, die herausbekam, daß sie eine Liebschaft mit dem anderweitig verbandelten Rodin hatte, sah sie nur noch als liederlichen Schandfleck. Neben den tonnenschweren Rohlingen und Gigantgebilden ihres Meisters entschwebte das feinmotorische Ensemble ihrer Fortuna, Aurora, Klotho, Flötenspielerin beseelt flehend ... hochdiffizil ... um nichts unbegabter, aber halt kleiner und bloß von ihr. Als sie sich nach 13 Lehrjahren und Teamwork von Rodin abseilte, um nicht ständig nur als Helferin ausgenutzt und wahrgenommen zu werden, half das wenig. Kritiker nannten sie weiterhin Schülerin und lobten höchstenfalls, daß sie die Ideen des Maestros mit Grazie, tiefer Poesie und viel Sinn für das Dekorative ergänze. Für gleiche Arbeit bekam sie als freie Bildhauerin 10 x weniger Honorar als ihr Lehrer und mußte es noch 4 Jahre lang anmahnen. Die schon als Jugendliche verblüffend eigenständig modelliert hatte, lehnte nun Ausstellungsbeteiligung in Prag ab, um nicht aufs neue als rodinabhängig zu gelten. Je weiter sie aus dem Schatten Rodins heraustrat, desto blendender überstrahlte sein wachsender Weltruhm sie. Ungenau gesagt: Seine Höllentore und Monumentalzyklen wurden immer größer, ihre immer kleiner. Bekleidete Schwätzerinnen steckten lebendig und witzig die Köpfe zusammen, im mitabgebildeten Raum. Was bei Rodin rückhaltlos bewundert wurde, »die absolute Nacktheit der menschlichen Details«, wurde bei ihr moniert. Ergangene Aufträge wurden storniert. Um überhaupt etwas zu verdienen, ließ sie sich auf Konzessionen an unguten Publikumsgeschmack ein. Um mehr von Rodin abzuweichen, griff sie auf vorimpressionistische Gestik und Darstellung zurück. Die einzige Einzelausstellung erhielt begeisterte Kritiken; Aufträge kamen keine. Wer sie nicht »große Künstlerin« nannte, nannte sie wenigstens »Künstlerin«. Wer ihr Genie absprach, rühmte ihr Talent. Wer sie voll Mitleid als notleidend verkannte Künstlerin darstellte, veranlaßte keinen, aus Mitleid eine Skulptur bei ihr kaufen. Sie überwarf sich mit Kunden, schrieb unflätige Briefe an Kulturbehörden, vernachlässigte leidend ihre Kleidung. Opuskula von ihr, bei Rodin abgestellt, verschwanden. Die Reich-Arm-Schere ging auseinander. Rodin schwoll in ihren Augen zum Monster und Schuft. In 2 Italienern, die in ihre verbarrikadierte Wohnung einzubrechen versuchten, erkannte sie Aktmodelle Rodins wieder. Daß es bei ihr im Atelier ziemlich chaotisch aussah, nahm man als Indiz, daß mit ihr was nicht stimmte. Man drehte ihr sogar einen Strick draus, daß sie ihr Leben mit Katzen zubrachte, daß sie den kollektiven Waschzwang nicht in erwünschtem Maß mitmachte und schon als Kind einen zu starken Eigenwillen besessen und schlimmerweise »aufbrausend« gewesen wäre – wer war das je nicht? Selbst ihr Vater bezeichnete sie als »wütende Verrückte«. Ab 1904 zerstörte sie, passend zu dieser spießigen Ansicht, ihre Entwürfe und Produkte mit Hammerschlägen und ließ Trümmerschrott von Fuhrknechten vergraben. Seinen Tod verheimlichte man ihr, um sie bei der Beisetzung nicht dabeizuhaben. Zeitungskampagnen protestierten beredt und erfolglos gegen ihre unfreiwillige, gewaltsame, unnötige, angeblich juristisch legale Einweisung und Zwangsverwahrung – ohne untersuchungsrichterliche Vollmacht. Ihre Mutter setzte, um die brieflichen Hilferufe ihrer Tochter uneffektiv bleiben zu lassen, Kontaktsperre durch. Ungereimtheiten blühten, um ihre Einkerkerung zu verlängern. Ihr ständiges »Holt mich hier raus!« verklang ungehört. Die Ärzte behielten sie schulterzuckend im Bau, ausgelegt für 600, vollgestopft mit 2000 Leidenden. Sie wurde nicht beschäftigt und behandelt, nur verwahrt. Gedunsen welkte, krebste und litt sie vor sich hin. Im einzig geheizten Saal, wo sie hätte Klagebriefe schreiben können, war's zu laut, um

Briefe zu schreiben. Um zwischen wortkargen Aufsichtsschwestern und tobenden Mitpatienten ein wenig humane Gesellschaft zu haben, flehte sie ihren Bruder Paul um ein Foto ihrer geliebten, toten Tante an. Ihr Bruder, der ihre Werke kunstkritisch höherstellte als Rodins Werke, unternahm nichts, sie der Schmach zu entreißen. Ihre mäßigen Verfolgungsphantasien klangen ab, aber die betagte Mutter, aus Panik, sich neuen Streits und Problemen auszusetzen, behauptete, ihre Ideen seien noch genauso gefährlich. Man ließ sie nicht mal probeweise frei. Daß Figuren von ihr auf einer Lokalmatadorinnen-Exhibition zwischen hausfraulichen Dilettantenramsch gestellt wurden, bekam hoffentlich keiner mit. Rehabilitierung oder Comeback kam nicht in Sicht. Immer seltener behauptete einer, es wär falsch zu behaupten, sie wär unbekannt geblieben, im Gegenteil. Sie sehnte sich nach einem zurückgezogenen Leben in Villeneuve, nicht aber danach, an ihr Œuvre anzuknüpfen. Tonerde, die man ihr hinlegte, ließ sie unberührt. Statt Bildhauerei wurde ihr Rodins angebliche Böswilligkeit zur Obsession. Obwohl ihre Erinnerungsfälschungen sich in normalen Bahnen bewegten, also ihre pathologische Deformation zu klein blieb, als daß Camille als heilige Närrin überhaupt in Frage kam, installierte sich in den Akten »paranoider Verfolgungswahn«. Selbst die wenigen, die noch an sie dachten, munkelten unkundig von Umnachtung. Wer in Paris drauf zurückkam, sprach vom »Glanz und Elend eines Schicksals«. Wer wohlmeinend hochgriff, verglich ihre Fluchbeladenheit mit der von van Gogh oder Rimbaud. Man spekulierte über Zusammenhänge zwischen Genie und Wahnsinn, als hätt beides in unabgeschwächter, höchstmöglicher Gestalt unbremsbar vorgelegen. Trotz Überbelegung und schwacher Symptomatik ließ man sie nicht raus. Man behandelte eine leichte als schwere Paranoia. Sie fror 7 Monate im Jahr, schlotterte im Eisenbett, schlürfte widerliche Fleischpampe, Kaffee aus Kichererbsenabsud, und beteuerte ihrer harten Mutter, schon viel zu kaputt zu sein, um bei Freilassung Probleme zu machen. Selbst 3 Jahre Zwangshaft, statt 30, wären zuviel gewesen. ~ Ohne ihre Einkerkerung wär das Leben der Jahrgangsgenossin → Rasputins nicht verfilmt worden. Selbst Rodins Leben wurde nicht verfilmt; was hätte man schon zeigen können, außer Aktmodelle und jahrzehntelanges undramatisches Schuften im Atelier!? Klappentexte und Frauenbewegung stürzten sich auf Camille Claudels beeindruckende Persönlichkeit und ihr erschütterndes Schicksal. Entgegen den vielen Thesen, daß sie nicht wahnsinnig gewesen sei, bewiesen ein Professor für Neuropsychologie und ein Arzt anhand der Krankenakte, daß die Patientin die klassischen Wahndefinitionen der Richtmaß-Autorität Kraeplin exemplarisch erfülle, also an mentalen Störungen gelitten habe, Fabulationstätigkeit, Deutungswahn, psychopathischen Zuständen, »Ausgeburten einer krankhaften Phantasie«, also zu Recht weggesperrt gewesen sei.

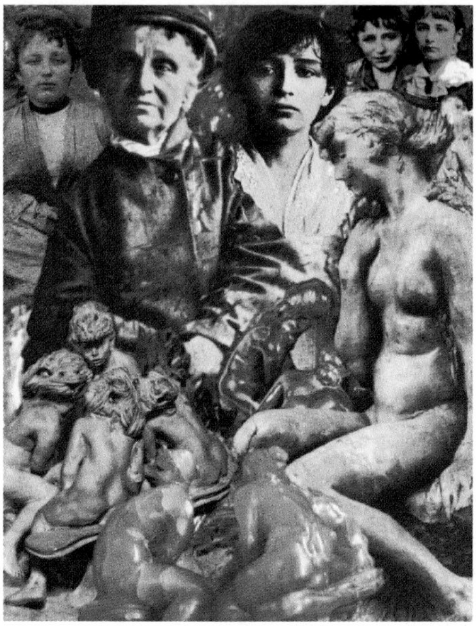

Versuche, aus dem Schatten herauszutreten

Camille Claudel über sich: Ich bin wie ein Kohlkopf, von Raupen zerfressen, sobald ich ein Blatt austreibe, fressen sie es auf. ◆ Ich mußte so hastig wie möglich beiseitegeschafft werden, und obgleich ich mich völlig im Hintergrund halte, in meinem Schlupfwinkel, bin ich immer noch zu lästig. ◆ Ich würde mich sogar lieber mit einem Platz als Dienstmagd begnügen, als so weiterleben zu müssen. ◆ Ich hätte besser daran getan, mir schöne Kleider und schöne Hüte zu kaufen, die meine natürlichen Vorzüge zur Geltung bringen, als mich meiner Leidenschaft für zweifelhafte Kunstwerke und mehr oder minder abstoßende Gruppen hinzugeben. ◆ Diese unselige Kunst ist eher für die großen Bärte und gräßlichen Dummköpfe gemacht als für eine Frau, die von der Natur relativ gut ausgestattet wurde. ◆ Aber ich bin nicht geneigt, mich von diesem durchtriebenen und verschlagenen Individuum (unser aller Meister, wie er betont) noch länger zum Narren halten zu lassen, macht es ihm doch ein diebisches Vergnügen, alle Welt an der Nase herumzuführen. ◆ Die Ovationen für diesen berühmten Mann haben mich Unsummen gekostet, und für mich nichts, rein gar nichts.

Andere über Camille Claudel: Wir befinden uns hier im Angesicht von etwas Einmaligem, einer Revolte der Natur, einer genialen Frau. *(Octave Mirbeau, 1895)* ◆ In ihrer Wohnung hat sie gehaust wie eine Elendskreatur, seit 10 Jahren keine Menschenseele mehr sehen wollen und sich von jedem, der ihr was zu essen verkaufte, ausnehmen lassen. Türen und Fenster waren mit Ketten und Vorhängeschlössern verrammelt, und das Essen stellte man ihr in einer Kiste auf die Fensterbank. Sie selbst und ihre Wohnung waren in grauenerregendem Zustand. Sie tat überhaupt nichts anderes mehr, als

Briefe an Taugenichtse und Denunziationen zu schreiben. *(Claudels Mutter Louise Claudel 1915 an den Direktor der Anstalt Montdevergues)* ◆ Sie besaß nur wenige Freunde, und nur selten offenbarte sie sich ihnen, was schon als Symptom gewertet werden kann für ihre Abkapselung, die in Menschenscheu, ja in Verwilderung ausartete und in völliger Erschöpfung endete. *(Reine-Marie Paris, 1984)* ◆ Auch mit dieser Erfahrung, als Frau in ihrem Beruf nicht wirklich ernstgenommen zu werden, muß sich Claudel sehr allein gefühlt haben. *(Andrea Schweers, 1992)*

Aleister Crowley **(geb. Edward Alexander), Kult-Magier, Okkultist, Mystagoge, Antichrist, Ritualkünstler, Sexualdenker, Großmeister, Gottmensch, Bohemien, »König der Verruchtheit«** (1875–1947)**:** Der Sohn eines zeitweise wandernden, predigenden Bierbrauers und einer »hirnlosen Bigotten« (Crowley über seine Mutter) übernahm nach optimaler Ausbildung am Trinity College/Cambridge ein elterliches Vermögen, um es jahrzehntelang zu verprassen. Ein Grundbuch seiner Prägephase: Johannes-Apokalypse. Identifikationsfigur: Bestie 666. Alle Liebhaberinnen maß er an der Großen Hure Babylon. Bald sah er sich als die Reinkarnation von Eliphas Lévi, davor Graf Cagliostro – und Shakespeare und sich als die 2 größten Dichter Englands, und W. B. Yeats weit unter sich. Seine weitschweifigen, talentvollen, kaum erstrangigen Poems und Erotica, die er auf eigene Rechnung in Prachtausgaben herausbrachte, konnten sich immerhin rühmen, von Swineburne und Robert Browning beeinflußt zu sein. Seine okkulten Affinitäten nahm er teils wörtlich, bis ins Pentagrammritual hinein, wie den Hokuspokus aus Fausts Sudelküche, teils würzte er seine Ritualmagie mit einem Schuß Skeptizismus. Der rosenkreuzeroide Geheimbund »Golden Dawn« – Crowley trat 1898 bei – wurde zum Sprungbrett zu einer eigenen pythagoräisch-alchimistisch-zahlenmystisch-tantrischen Ordensgründung, gleichwie relativ simultan die Theosophical Society zu Dr. Steiners Sprungbrett wurde. Noch reisefreudiger als Madame → Blawatsky, übte sich Perdurabu (alias: Crowley), nach der Besteigung von Popocatepetl und Ixtaccihuatl, in Japan, Indonesien, Indien, auf Hawaii und Ceylon in Yoga und Großwildjagd. In Mexiko studierte er – zwischen x Gipfelbesteigungen – präkolumbianische Religionen. Bei Loch Ness betrieb er pharmazeutische Geisterbeschwörung. Schwerpunkt allüberall: Bergsport und Mysterien. Lieblingsfarben: Scharlach und Purpur. Manisch arbeitete er auf den Status eines Ipsissimus zu. Erreichte Samadhis und buddhistische Phasen überflog er gleich wieder. Polizei verfolgte ihn wegen Beischlafdiebstahl. Er bevorzugte syphilitische Mätressen, um via Virus den Genius besser hochzukochen. In 67 Stunden Inspirationssturm verfaßte er ein hyperpompöses Tannhäuserdrama. Seine Experimente, unsichtbar zu werden, gelangen am besten in flimmernder mexikanischer Mittagshitze. Weil sein hiervon unbeeindruckter Orden ihm den Status des Magus verweigerte, gründete er einen eigenen Geheimorden: »Astrum Argentinum«. Sein Buch »Liber Al« verfaßte – nein: empfing er 1904 in Kairo. Am Kangchendzönga scheiterte er wegen Schneeblindheit und Lawinen. Aus Calcutta, wo er im Slum aus Notwehr 2 Straßenräuber erschoß, floh er nach China. 1908 brach er in die Sahara auf, um die mohammedanische Sekte der Aissaoua erforschen. Sobald er sich zwischenzeitlich als Gott sah, wodurch sich seine Finanzprobleme nie verkleinerten, erschienen ihm andere Menschen als Exkremente, die er auch so behandelte. Um seine Ekelschwelle zu erforschen, aß Crowley Kot (1 x). Zur heiligen Messe wurden Lichtkuchen gereicht, gebacken aus Ziegenscheiße. Lebenselixierpillen, die er verkaufte, enthielten sein Sperma. Daß W. Somerset Maugham ihn zur Romanfigur Oliver Haddo in »The Magician« erhob, erhob ihn. Bei Ausbruch des Ersten Weltkriegs meldete er sich sofort voll Gier freiwillig und wurde abgewiesen, wegen schlechter Fama. Stark sein, Barmherzige und Schwache zertreten, Fallende zusätzlich stoßen: wovon Nietzsches Zarathustra nur geträumt hatte: To Mega Therion (das Große Tier) zog alles relativ reell durch. Auf die Frage, welche Stadt die Metropole der Magie sein solle, sagte das I-Ging: Cefalù auf Sizilien, wo er umgehend, 1920, als »Alaster de Kerval«, gemeinsam mit seiner US-Mätresse Leah Hirsig, die »Abtei von Thelema« gründete, einen Magietempel, ehe Mussolini die Schließung der Kommune befahl. Jeder Adept hatte sich mit Rasiermesser zu schneiden, wenn er versehentlich »ich« sagte. Sämtliche Drogen und Sexexzesse wurden unstillbar durchgezogen, die Grenzen zwischen Satanismus und einem, der satanistische Zeremonien nur parodiert, fließender. Huren verwandelten sich in Adeptinnen, die ihm von selbst kostenlos zuliefen und deren Weh und Ach Crowley stets aus einem Punkt kurierte. Kaum ödete sein ausschweifender Alltagstrott ihn an, fiel erneut irgendein Feuerball in seinen linken Mittelfinger. Anschließend: Tunis. Per Annonce suchte er betont bucklige, einäugige, lahme Frauen, um sie via Sexualmagie in Schönheiten zu transformieren. Es kam sogar zum Kuß mit seinem Lieblingsgott Hermes, dessen Zunge er einer Schlangen- oder Ameisenbärenzunge verglich. Geistliche sah er als Dämonen. Gäste wie Ron Hubbard, den Scientology-Stifter, verabschiedete er mit Gesäßtritt. Seine Tochter Nut Ma Ahathoor Hecate Sappho Jezebel Lilith starb 2 Tage nach seinem 45. Geburtstag. Um dem Aberglauben, daß eine Katze 9 Leben habe, auf die Spur zu kommen, tötete er eine Katze auf 9 konträre Arten. Daß er einen Frosch auf den Namen »Jesus Christus« taufte und kreuzigte, erzeugte kollektiv Ekel und Haß; aber daß man im Christentum denselben Kokolores Menschen antat, bildete die angebetete Essenz einer Weltreligion. Einem Skelett strebte er Leben einzuhauchen – umsonst. Seine Trinkfestigkeit bezüglich harter Drogen und Gifte teilte er mit → Rasputin, → Rätsch u. a. Berserkern. Angst vor Wahnsinn kannte er nicht. Dem rabenschwarzen Nimbus, die die Yellow Press dem teuflischen Crowley verlieh, kam die empirische Persönlichkeit kaum hinterher. Es hieß sogar, er wolle ein geschändetes Mädchen häuten und opfern, oder habe es schon getan. Schockierend eher, daß Crowley bei aller initiationsgeschwängerten Sexual-Magie seinen Koitus nicht über 15 Minuten auszudehnen verstand, immerhin länger als Bert Brecht, → Osho und Millionen andere, im Gegensatz zu Giacomo Casanova, Arthur Schnitzler, Felix Krull, neben denen Crowley arg unelegant aussah. Crowley hoffte, auf ein neues Aion zuzusteuern (mit späterem New Age nicht ganz unidentisch), sprich: mit Crowleyismus leidiges Christentum verdrängen zu können, genau wie → Kuhlmannus, der 250 Jahre zuvor mit seinem Kuhlmannismus dieselbe Christenheit abzulösen hoffte. Charisma und Ego rannten in Crowley hektisch um die Wette. Sein ausuferndes Stufensystem, worin jedes vorhandene Mystiksystem seinen Standort fand, funktionierte wie alle synkretistischen Stufensysteme, die mystisch ambitionierte, trotzdem intelligente Köpfe zwischen → Mani, → Blake und Ken Wilber entwarfen. Sein Diktum »Im neuen Aion wird jeder Mensch ein König sein« antizipierte → Beuys' Bonmot, daß jeder Mensch ein Künstler sei. Crowleys Hauptgesetz »Tu was du willst, sei dein einziges Gesetz« roch eher nach Raskolnikoff als daß es auf Moses, Bergpredigt oder Goldene Regel zurückging. Um die schmerzhafte Erfahrung aller Magier, von Simon Magus über → Milarepa bis Hanussen (Ausnahmen: Harry Potter, Disneys Merlin u. ä.), daß beschworener Erdgeist allzuoft auszubleiben pflegt, kam auch Crowley nicht umhin. Daß er sowohl dichtete wie malte, nahm man als Arabeske seiner Exzesse und Schlagzeilen halt mit. Trotz steigenden Heroin-, Kokainkonsums wurden seine Visionen, Orgasmen, Erektionen seltener und flacher, seine fallengelassenen Loverinnen immer hysterischer, trunk- und rachsüchtiger, seine Kinder noch verwahrloster, seine Lethargie größer. Als Entzugskuren nicht halfen, flehte er Götter an. Mittags kombinierte er weiterhin ein gekochtes Ei mit einer Prise Heroin. Im Alter ließ er sich, Ambra, Moschus und Zibet ausströmend, als Fettbauchbuddha photographieren; die ausgesparte Strähne seines späteren Hindu-Kahlschädels wies eher auf einfallsreiche Punker voraus, gewährte weniger das Bildnis des Großen Pan oder Priapos, als das Paßbild eines geilen alten Fettsacks, nicht ohne Querbezug zum gleichfalls heroinabhängigen William Burroughs. Aleister Crowley starb an Herzversagen. ❧ Kleinere Okkultisten einigten sich, er habe den höchsten Durchbruch nicht geschafft. Zwar sei er kühn und verzweifelt wie Dr. Faust gewesen, aber es fehlte halt am Bodhisattva-Impuls. Die einen rühmten Crowleys Doppelbegabungen, die andern fühlten sich seinem verdoppelten Untalent überlegen. Als Missing Link kam er zu stehn zwischen Charles Baudelaires »Blumen des Bösen« und Brechts »asozialem Baal«. Kollektives Gesamtresümee: Er focht gegen Viktorianismus, mit guten Argumenten gegen Sexusunterdrückung, nur halt viel unseriöser als Freud, Reich, Borneman, leider bloß → Osho übel antizipierend, und Otto Mühls dauergeile Jede-mit-jedem-AAO-Kommune, die neben Crowleys und → Diefenbachs ästhetischer Draperie sonderbar kahl und desolat ausschaute, eher Metzgerladen (à la Wiener Aktionismus) als heilige Orgie. Das kostümhafte Element seiner Orgien koinzidierte mit deren Essenz. Sein Ex-Sekretär Israel Regardie nannte ihn »einen viktorianischen Hippie«. Die sich an Gruppensex und gekreuzigtem Frosch festbissen, übersahen, daß Crowley auch Termini wie Athanasius, Shelley, Walküren, Euripides, Kimono und Debussy draufhatte. Der »gottloseste Mensch des Jahrhunderts« war er nur für solche, die nicht ahnten, daß es noch gottlosere gab: Das 20. Jhdt. wimmelte von gemäßigten Enkeln des Marquis de Sade, Quasi-Unholden außerhalb politischer Machtsphäre, die es schick fanden, fast so schockierend zu wirken wie Staatschefs, nicht ohne kulturellen Background: Marinetti, → Kinski, Genet, → Dalí, x Sektenchefs. Vorkehrungen, um es Abkömmlingen wie der »Church of Satan« zu erschweren, sich auf ihn zu berufen, konnte er nicht vorbeugend verhindern. Seine Vita und Lehre schrie nach Mißbrauch und Verflachung aller unerreichten Untiefen: Die Tiere, die man in seinem Orden auf neolithischer Abraham- und Islamebene opferte, deuteten bereits schaurig in die Richtung, die 30 Jahre später dann ein geist- und humorlos gewordener Pseudo-Crowley (Charles Manson) pervertierte. Gottlos zu sein gelang Crowley schon deshalb nicht, weil er ganz im Bannkreis von Gottes handelsüblichem Zubehör verharrte, so ausgelutschten Antiquitäten wie Apokalypse, Satan, schwarze Messe. Stilistisch kam er über das Niveau dubiöser Flachschocker und Kunstwerke wie »Das große Fressen« oder Pasolinis »Sodom« nicht äußerst hinaus, Nachwehen britischer Schauer-Romantik. Nach 1967, nach Oswalt Kolle, Beate Uhse, Alfred Kinsey, Hite-Report, Ernest Borneman, x Aufklärern und Exorzisten, im Domina-Zeitalter von Dolly Buster und Lilo Wanders, wo MS, statt Manuskript, Maso-Sado heißt, assoziierte Crowley alsdann eher die mit Fug belächelten Normalverbraucher, die in Leder und Latex sich wechselseitig am Bett festschnallten und hierbei schwäbisch schwätzten. Millionen Ravern diverser Love Parades lief er voraus, speziell: weißgeschminkt schwarzbefrackter Gothic-Scene, visuell weitgehend unterboten von allen späteren Nekromantikern, Satanisten, Black-Sabbath-Hörern, Ku-Klux-Clan-Fans, Opferpriestern, Blutschamanen, die mit Sound-Check und PR heilige Messen und Halloween abhielten. Wirklich neu: Crowleys literarisches Genre: die Autohagiographie. Sein diktierendes Daimonion, altsumerisch oder auch althebräisch »Aiwas« benamst, ausgesandt von Seth, bestens einreihbar in die lange Entitätenkette von Tauma (bei → Mani), Bath-Kol (bei Nicolas Flamel), über den sog. »Tibeter« (bei Annie Besant), Moroni (bei Joseph Smith) oder auch Hieroglühfix (bei → Remann), dachte originellerweise darüber nach, ob es noch Verwendung für ihn, Crowley, habe und ob seine Ideen nicht schneller vorankämen, wenn er andere Leiber bewohne.

Vorkämpfer trunkener Unschuld – halb so schlimm

Worte von Aleister Crowley: Jeder Mann und jede Frau ist ein Stern. ◆ Suche die Ewigkeit nicht an der falschen Stelle! ◆ Die Gäste mögen bitte nicht die Geister verärgern. ◆ Ist der Sexualinstinkt von seinen Fesseln befreit, so wird er nie mehr monströse Formen annehmen. Perversionen werden so selten werden wie die Freaks auf dem Jahrmarkt. ◆ Die Fetzen unserer Seelen wurden von schmutzigen Angelhaken zerrissen, und ihre Schreie lagen außerhalb der Tonleiter von nur menschlicher Qual. Hatten wir auf ewig unser Erbe verwirkt für einen Teller viehischerer Suppe, als Esau je gesoffen?

Aleister Crowley über sich: Ich will Blasphemie, Mord, Vergewaltigung, Revolution, irgend etwas, egal, ob gut oder schlecht, nur stark! ◆ Ich bereite mich vor, das Große Tier der Apokalypse zu werden, und wenn Crowley stirbt, werde ich die ganze Welt kaputtreißen. ◆ Es ist meine ewige Mission, das Universum zu erlösen, in den Zustand trunkener Unschuld und spiritueller Sinnlichkeit zu versetzen. ◆ Wenn ich Frauen verließ, hatte ich stets das Gefühl, wie auf Wolken zu gehn, wobei meine Seele die Freiheit hatte, die unendlichen Weiten des Himmels zu durchschweifen und ihre Gottheit in uneingeschränktem Nachsinnen über transzendente Erhabenheit zum Ausdruck zu bringen, ausgedrückt in einer Sprache, die die reinsten Bestrebungen mit den majestätischsten Melodien vereinte. ◆ Bitte sofort 25 $ senden. Mutter Gottes und ich verhungern! ◆ Mein Fleisch überließ ich der Fäulnis, mein Blut dem Gift, meine Nerven den Qualen der Hölle, meine Gedanken den Hexen.

Andere über Aleister Crowley: Er war ein Lügner und taktloser Angeber, aber das Merkwürdige war: Manches von dem, womit er prahlte, hatte er wirklich geleistet. *(W. Somerset Maugham, 1908)* ◆ Manchmal sah er aus wie ein 70jähriger Greis, dann wieder schien er gerade wie 25. Eben erscheint er einem als ein alter Priester und im nächsten Moment als offensichtlich leicht effeminierter junger Mann mit weichen, plumpen Händen und einem schweren Gesicht mit fraulichen Zügen. *(Harry Kempf, 1914)* ◆ Crowley war die schändlichste und perverseste Person im ganzen Vereinigten Königreich. *(britischer Justizminister)* – Der spezielle Auftrag Crowleys bestand darin, die Weisheit des Orients nach Europa zu bringen und das Heidentum in reinerer Form wiederherzustellen. Ob ihm dieser Auftrag im 6. Jhdt. n. Chr. (Mohammed wurde um 570 geboren) oder von irgendeiner späteren Inkarnation erteilt wurde, läßt er dahingestellt. *(John Symonds, 1971)* ◆ Sex und Macht erwiesen sich für ihn als die großen Stolpersteine, was übrigens in der Geschichte der Adepten des Ostens wie des Westens des öfteren vorgekommen ist. Crowley lebte am Rand des Wahnsinns, und er wagte sich in Bereiche vor, vor denen sich sogar die Engel fürchten. *(Georg Feuerstein, 1991/96)* ◆ Er praktizierte auch weiterhin mit magischer Ausdauer seine Sexualriten, ohne daß mehr als eine gelegentliche Schwangerschaft das Wirken übernatürlicher Kräfte bezeugte, denn in der Regel bevorzugte er bei Frauen den nämlichen Zugang wie bei Männern. *(Gregor Eisenhauer, 1994)* ◆ Gleich, wieviel Masken Symonds dem kosmischen Clown Crowley auch abnimmt oder ihm neu wieder aufsetzt, Crowleys wahres Wesen scheint hinter Kaskaden von Gelächter verborgen zu bleiben. *(Wolfgang Bauer, 1996)*

D

Erich von Däniken, Hobbyforscher, Ufofan, Thesenpaketmissionar (geb. 1935): Der Sohn eines Kleiderfabrikanten in Zofingen/Schweiz (und Jahrgangsgenosse des Dalai Lama Nr. 14) ging 6 Jahre auf eine katholische Jesuitenschule und stieß bereits hier auf jene Bibelstellen, in denen himmlische Fortbewegungsvisionen mit Felgen und Metallrädern wimmeln. Gern spintisierte er vor sich hin, baute verträumte Bruchstücke in seine spätere Thesenbildung ein, kaum unterbrochen vom Intermezzo Wintersaison-Hotelierskarriere, Veruntreuung, Urkundenfälschung, Zuchthaus. Bereits 1954 suchte er in Ägypten Keilschrifttexte. 1966/67 legte er 100 000 Flugkilometer zurück, um die Frage »Hatten unsere Vorfahren Besuch aus dem Weltall?« zu verifizieren. Gilgamesch, AT, Mahabharata, alles vermochte der reisefreudige Archäologielaie mit angemessenen Weltraumaugen zu lesen. »Erinnerungen an die Zukunft«, von 25 Verlagen abgelehnt, wurde 1968, ein Jahr vor der Mondbetretung, Weltbestseller, in 28 Sprachen, gefolgt von über 21 weiteren Büchern zum selben Thema. Er wurde berühmter als seine unterbotenen Ideenspender Robert Charroux, Louis Pauwels und Jacques Bergier. Die Sintflut erklärte er als vorausgeplant, Sodom und Gomorra als archaisches Hiroshima; Hauptzeuge und Gewährsmann: → Ezechiel, statt schizophrenen Visionen zu unterliegen, schilderte eine allzu reelle Ufolandung. Feuerspeiende Drachen aller Mythologien führte Däniken – nicht gänzlich unplausibel – auf fleißig qualmende Zubringerraumschiffe zurück. Himmlische Heerscharen sind eigentlich Astronauten gewesen. Schamanische Seelenflüge hatten objektiv und faktisch stattgefunden. Däniken glaubte an »Wesen in Form von Flugzeugen«. Jeden Kopfputz identifizierte der Erfolgsautor berauscht als Raumfahrerhelm. Daß alle Völker dringend auf die Rückkehr ihrer Götter warteten, bis hin zum Messias, kam ihm ungeheuer gelegen. Alles wimmelte für den Globetrotter und »Tramp zwischen den Wissenschaften«, sowie den »Propheten der Vergangenheit«, wie er sich selber nannte, von Beweisen. An seinen Mysterien zu zweifeln, überließ er anderen. Auch im Privatbereich glaubte er dringend an seine Konstrukte. Auf die Fachwissenschaft, die den Kopf über Dänikens abenteuerliches Thesenpaket schüttelte und auf ihn herabsah, sah er erst recht hinab. Mit seiner einzigen Grundthese, die seine armen Widerleger zu widerlegen nicht müde wurden, wurde er reich. Von Atahualpa bis Zarathustra, und von Zeta Reticuli bis Assurbanipal spannte er alle als Eidhelfer ein, von Padmasambhava bis Pizarro, selbst noch Dostojewskij- und Oscar-Wilde-Aphorismen, nichts sei unglaubwürdiger als die Wirklichkeit, und jeder Fortschritt sei nur Verwirklichung von Utopien. Einzelne unwiderlegte Beweise widerlegten sich selbst:

Eine indische Stele, der er wegen unerklärlicher Rostfreiheit eine außerirdische Legierung zusprach, rostete auf einmal dann doch, weshalb er sie »Miststück« nannte. Immer wieder betonte er: »Verehrte Gäste, glauben Sie mir kein Wort!« Indem seine elektrische Bundeslade eher an vorsintflutliches Funkgerät von 1957 erinnerte denn an Handys von 2008, holten Zeit und Realität ihn ein. Auch sprach er in Talk-Shows, bei aller Intergalaktophilie, die Mayas vom Tonfall her arg unexotisch aus, eher so wie man »Frau Mayer« prononcieren würde, und diese dialektale Hausbackenheit holte ihn auch noch in Hinterindien und anderen Galaxien hinterrücks ein. Aber die Universidad Boliviana verlieh ihm die Ehrendoktorwürde. Nazca und Ica/Peru trugen ihm Ehrenbürgerschaften an. Die AAS (Ancient Astronaut Society), 12 000 Mitglieder, leistete Kärrnerarbeit, weitere Beweise zusammenzuklauben. In Interlaken baute er einen Mysterypark mit Sternwarte, Rundgang, prähistorisch nachgebauten Monumentalbauwerken in ansehnlichem Pocketformat. Seine Heimat stiftete einen Erich-von-Däniken-Weg. Weltweite Vortragstätigkeit. Ein Rabbi informierte ihn, wenn man die apokalyptische 666 in Originalschrift niederschreibe, sehe sie optisch wie www aus. Däniken, ein heiliger Narr, der überhaupt nicht so aussah, sondern unauffällig normal: vital, viril, Bauch, quasi-seriös, Standardformat. Sein Büro arbeitete täglich 300 E-Mails ab. Bis 2005 hatte er 63 Mill. seiner Buchtitel verkauft. Jahrzehnte wartete er auf den definitiven unumstößlichen wissenschaftlichen Beweis, der dauerhaft ausblieb. Immerhin mußten die Götter, laut Maya-Kalender, im Jahre 2012 zurückkommen. Däniken hatte fit zu bleiben, um mit 77 der Realbegegnung standzuhalten. Ohnedies rechnete er für diesen Fall mit einem von ihm sog. »Götterschock«. Ehrlicherweise – und glaubwürdigerweise – hatte er mit eigenen Augen nie ein Ufo gesehn, ebensowenig wie Gott je die Tendenz verspüren würde, subtilste Mystiker zwar bloß mit Bildmaterial und Lichteffekten abzuspeisen, dann aber ausgerechnet einem Papst sich 1:1 zu offenbaren. Die Erklärung, wieso die Außerirdischen just solch großkotzig grobklotzige Bauwerke hinstellten, von der Kulturstufe her, wie es damalige Menschheit ohnedies hinbekam, blieb Däniken schuldig. Ein Hauptkritikpunkt: daß er der Menschheit die Religions- und Kulturgenese äußerlich eingießen mußte, statt sie ihrem Ingenium zuzutrauen oder wenigstens auf körpereigene Drogen zu vertrauen; in dieser Unterschätzung menschlicher Phantasietätigkeit glich er all jenen Drogenpäpsten (→ Leary, Terence McKenna, → Rätsch), die Religionsgenese auf den Input von Magic Mushrooms, Soma, Fliegenpilzen ursächlich zurückführten, als wär die Seele nicht fähig, von selbst draufzukommen.

Worte von Erich von Däniken: Machen wir uns mit dem Gedanken vertraut, daß die Vorstellungswelt, die in Jahrtausenden wuchs, zusammenbrechen wird. ◆ Der Wald der Fragezeichen wächst. ◆ Pendelt dort draußen im Asteroidengürtel, irgendwo zwischen Mars und Jupiter, ein riesiges Mutterraumschiff? Ist das Menschengeschlecht mit Blindheit geschlagen? Wollen wir nicht sehen, was um uns herum geschieht? ◆ Wenn die heutigen Schilderungen von Sperma-Entnahmen und künstlichen Schwangerschaften wahr sind, müssen wir uns bohrenden, neuen Fragen stellen. Was wollen diese Außerirdischen eigentlich? Welches Spiel treiben sie mit uns? ◆ Vor Jahrtausenden wirkten die Außerirdischen für unsere Vorfahren wie Dämonen und Gottheiten aus übernatürlichen Religionen. Es fehlte am technischen Verständnis. Und heute? ◆ Vielleicht gibt es im Universum so etwas wie eine »galaktische Religion«, und irgendwelche ETs sind zuständig für die Ausbreitung dieses religiösen Gedankens. ◆ Die ganze Cowboymentalität der Erde möcht ich nicht auf den Kosmos übertragen.

Erich von Däniken über sich: Ich liebe die Berge, und ich bete sogar mit den Bergen. ◆ Ich werde nicht ruhen, bis ich Beweise aus dem utopischen Altertum vorlegen kann. ◆ Ich vergleiche mich keiner historischen Persönlichkeit. Aber ich halte mir zugute, daß ich das Denken in eine bestimmte Richtung geleitet habe. ◆ In der Tat säge ich unverdrossen an den Grundpfeilern des traditionellen Denkgebäudes.

Andere über Erich von Däniken: Narren denken sich nicht nur auf anderen Sternen »Leben«, sondern dieselben Formen des Lebens wie hier, also den Typus Mensch und nicht nur ihn, sondern sogar seine moderne, abendländische Form mit den gleichen albernen Arten des Vorstellens und Fühlens. *(Oswald Spengler, 1927)* ◆ Dänikens Spekulationen sind nichts anderes als eine Science-fiction-Version euhemeristischen Denkens. *(Theodore Roszak, 1975)* ◆ Immer, wenn er etwas sieht, das er nicht verstehen kann, schreibt er es extraterrestrischen Wesen zu, und da er fast überhaupt nichts versteht, sieht er überall auf diesem Planten den Beweis extraterrestrischen Lebens. *(Carl Sagan, Astronom)* ◆ Wo er auch hinkommt, da waren sie schon. Zwar haben sie, die uns vor zehntausend Jahren besuchten, nicht einen Hosenknopf zurückgelassen; spurlos verschwunden sind sie aber keineswegs. Zeugnisse ihrer Visite findet Erich von Däniken zuhauf. *(Peter Haffner, 1996/99)*

Dalai Lama Nr. 6 (alias: Jamyang Gyatso), Gottkönig, Genießer, Dichtertalent, Liebesdichter, Dirnenprinz, Orgiast, Tantriker (1683–1706): Bei den strengen Auswahlkriterien zur unfehlbaren Erkennung der nächsten Inkarnation stimmte alles, vor allem auch das Begleitwunder: Der neue Dalai Lama drückte als Kleinkind Fußspuren im Stein ab. Dann aber schlug die strenge Erziehung überhaupt nicht an. Den berechtigten Erwartungen seiner monastischen, konservativen, hochseriösen Tutoren, Mentoren, Zeremonienmeister, Hauslehrer und Kammerherren kam er nicht entgegen. Für Staatsgeschäfte, religiöse Pflichten und Tugenden, Kalligraphie, Textrezitation, Ritualpflege interessierte er sich nicht die Bohne. Beim komplexen Lehrstoff (Dharma, Mahamudra, Einweihungsstufen, Inkarnationslinien) stellte der Zögling auf Durchzug. Daß der Dalai Lama Nr. 5, der ungeheuer schwergewichtige hochgelehrte Gigantgeist, Medizinexperte, Rechtsgelehrte, Architekt, Tibet-Chronist, Multitalent, der ein Vakuum hinterließ und den ohnedies keiner ersetzen konnte, sich ausgerechnet in einem restlos artfremden Luftikus reinkarnierte – ein schwerer Schlag! Welch nie vorgekommene Fehlbesetzung, dieser Überraschungs-Lama! Bäuchlings – ohne dumm zu sein – fiel er durch sämtliche Gelugpa-Prüfungen. Sein Novizengelübde trat er lebenslustig mit Füßen. Statt allgemeine göttliche Menschenliebe zu verströmen, gab er sich lieber ganz speziellen personengebundenen Liebesdiensten hin. Seiner halbchimärischen Jugendliebe in ferner Heimat gedenkend, dichtete er zarte, auch derbe Verse, von erotischer Metaphorik triefend, alles voller Frühling, Kuckuck und Antlitz des Mondes! Statt Pferde und Diener herumzukommandieren, ging er lieber zu Fuß und bereitete sich seinen Tee selbst. Er ließ sich die Haare – ohne sich zur Tonsur zu bequemen – ungebührlich lang wachsen und zum Knoten binden, lustwandelte in hellblauer Seide durch Parkanlagen, mit auffälligen Fingerringen, musizierte, ritt, frönte der Kunst des Bogenschießens, trank und sang, ja: soff und grölte skandalös in den verrufensten Schenken von Lhasa. Munter auf Trab hielt der die Gelug-Oberhäupter, die an seiner Amtsenthebung laborierten, was aber organisatorisch-technisch nicht ging. Denn fehlender Erleuchtungsgeist – Synodenbeschlüssen zufolge – tangierte nicht die Gültigkeit ordnungsgemäßer Wiedergeburt. 4 Regierungsminister fädelten ein Attentat ein, erst mal auf seinen besten Freund, der ihm den Mätressenverschleiß organisierte. Aber genau an diesem Abend hatte die lustige Ausschweifungs-Klicke spaßeshalber die Gewänder vertauscht, und so wurde, statt des Freundes, dessen Diener gemeuchelt. Oben im Kloster nannte man ihn reinkarnierten Chenresig, unten in der Gastronomie von Lhasa und Shöl nannte man ihn

»Chelpo Dangzang Wangpo« – Wüstling. Das Volk nahm wenig Anstoß an seinem irritierenden Lebenswandel, sondern sympathisierte mehrheitlich mit ihm. Halbgötter durften sich vieles erlauben. Dem Reinen ward alles rein, dergestalt, daß seine Zechkumpane und Verehrer sogar die Tavernen, die er frequentiert hatte, ihm zu Ehren im Knallgelb des Gelbmützenordens anstrichen – Ausweitung göttlicher Bezirke in untengelegene Bereiche. Endlich mal ging ein Fastgott um als Mensch wie du und ich. Er verfaßte eine Schrift über die Schreckensgottheit Hayagriva; er verschönerte Norbulinka, seine Sommerresidenz, richtete im Potala ein prachtvolles Schlangenhaus ein. Viele hofierten ihn, riefen ihn aus als Rebellen gegen verknöcherte Mönchsregeln, oder deutelten in seine Sündenpfuhle und Lustorgien rühmliche Tantra-Mystik hinein. Latsang Khan, der qoshot-mongolische König von Tibet, ließ den rechtmäßigen Regenten köpfen, setzte auch den untugendhaften Dalai Lama ab und überführte ihn auf Befehl des Mandschu-Kaisers nach China. Volksmassen befreiten ihn aus der Eskorte der Qoshot-Mongolen. Sein Kloster wurde belagert und geschändet, er aufs neue nach China geführt. Bei Passierung der Provinz Amdo, unweit vom Ufer des Gunganor, südlich des Kukunor, verschwand er unter mysteriös ungeklärten Umständen (wie Schamsuddin, wie Al-Hakim bi Amrillah), was Raum schuf für unvereinbare Gerüchte: 1.) er sei erkrankt (an Wassersucht) und verstorben, 2.) laut einiger Kapuzinermönche: von seinen mongolischen Bewachern ermordet worden, 3.) er habe inkognito weitergelebt, seinem Lotterleben reuevoll abgeschworen, doch noch viel Gutes für den Buddhismus getan, Klöster geweiht, Indien, Kham, Peking und die Mongolei bereist, gestorben dann erst 1746. ~ Sein Extrem-Defizit an metaphysischem Bedürfnis wär ohne seine hohe offizielle Funktion nirgendwo unangenehm aufgefallen. Tibetanische Religionsgeschichte blickte zwiespältig auf den interessanten Schandfleck zurück. Tibetanische Literaturgeschichte verglich seine angeblich unsterblichen Gedichte mit → Milarepa, recht abwegig, so als wenn man Italo Calvino rühmen würde, er erinnere sehr an Dante. Dieser Hedonist saß als innerster Kern im innersten Mysterium, als wär → Hafiz ein Ayatollah geworden, oder Oswald von Wolkenstein auf den Stuhl Petri gelangt. In ihm und seinem Gottesstaat kamen sich die üblichen Eckpfeiler in die Quere: Indem er als Pseudomorphose, statt imposant übers Nirwana zu philosophieren, nicht untalentiert übers Apfelpflücken im Frühling dichtete, outete er sich als gefühlvoll naturverbundener Tang- und Dao-Dichter mitten im buddhokratischen Vatikan und Gottesstaat, also quasi als inkognito eingeschlichener Chinese, nicht aber als Usurpator, sondern auf ganzer Linie unfreiwillig, ein profanes irdisches Einsprengsel im überirdischen Himmel auf Erden, Vorbote und Nachfahr all jener erbadeligen, aber mißratenen Söhne, die partout die väterliche Firma nicht übernehmen wollen. Gleichwie kein Messianismus sich von all den falschen und ausbleibenden Messiassen stören ließ, hätte das Inkarnationsliniendogma sich auch dann nicht untergraben lassen, wenn nicht nur dieser Dalai Lama, sondern auch etliche frühere und spätere, sich ähnlich unanpaßbar benommen hätten.

Worte des Dalai Lama Nr. 6: Rosafarbene Wolken verdecken Himmel und Hagel. Ein halber Mönch ist ein heimlicher Feind des Dharma. ◆ Laß die Dakini der Weisheit das Likörmädchen sein.
Dalai Lama Nr. 6 über sich: Ich müh mich ab, den Belehrungen des Lama zu lauschen, / Aber die Lehre entgleitet mir / mein Herz bricht insgeheim aus / ich zähl die Stunden, bis wir uns wieder umschlingen. ◆ Der Kuckuck kehrt zurück aus dem Land Möun, / mit ihm der Regen für die ausgedörrte Erde. / Ich hab mich mit meiner Geliebten getroffen. / Sanft laß ich mich gleiten ins Glück. ◆ Wohn ich auch jeder Nacht einer Frau bei, so verlier ich doch nie einen Samentropfen. ◆ Solang der bleiche Mond über dem Ostberg wohnt, zieh ich Kraft und Seligkeit aus dem Leib der Mädchen. ◆ Mir haben die Kriecher und Intriganten unaufhörlich zugesetzt.
Andere über Dalai Lama Nr. 6: Tsangyang Gyatso ist anscheinend in Methoden eingeweiht worden, die für unsere Begriffe ein Leben in Wollust gestatten oder sogar dazu ermutigen und die auch wirklich für einen in diese wunderliche Schulung nicht Eingeweihten Ausschweifungen bedeuten. *(Alexandra David-Néel)* ◆ Den einen, die ihm mit Sympathie begegnen, gilt er als ein Rebell, ein Volksheld, ein poète maudit, ein Bohemien, ein Romantiker auf dem Göttersitz, ein liebevoller Erotiker, als schön und klug. Die anderen, die ihn mit Abscheu betrachten, halten ihn für einen Häretiker und Beschmutzer des Löwenthrons. *(Victor und Victoria Trimondi, 1999)* ◆ Im konventionellen Sinne benahm sich der Sechste Dalai Lama nicht sehr gut. *(Dalai Lama Nr. 14)*

DALAI LAMA NR. 14 (geb. Lhamo Thöndup; Mönchsname: Gjalwa Tenzin Gyatso), Gottkönig, Religionsführer, Gutmensch, Sympathie- und Hoffnungsträger, Kultfigur, »Ozean der Weisheit« (geb. 1935): Der Kleinbauernsohn (von 16 Kindern Nr. 9) aus Taktser (Leuchtender Tiger) im abgeschotteten Osttibet wurde 1935 von hochkompetenter Findungskommission als Wiedergeburt seines Vorgängers entdeckt, erkennbar an Tigerhaut am Schenkel, langen Wimpern, kleinen Begleitwundern, und 1939 inthronisiert. Einen seiner Brüder, als der mit Badmintonschläger einen Goldfisch an Land holte, ohrfeigte er, obwohl geohrfeigte Brüder sicher mehr leiden als zappelnde Fische. Sein Europabild, und erste Englischkenntnisse, bekam er minderjährig von Heinrich Harrer vermittelt. 1950 floh der Priesterkönig, für volljährig erklärt, aus Lhasa ins Dungkhar-Kloster nach Yatung an indischer Grenze. Sein Hündlein mußte er zurücklassen. 1954 Wahl zum Ratsmitglied der Chinesisch-Sowjetischen Freundschaftsgesellschaft: Mesalliance zwischen reinkarniertem Gott und atheistischen Machtblöcken. 1955 stand die Avalokitesvara-Emanation dem Vorsitzenden Mao diplomatisch gegenüber, welthistorisch und brisant symbolisch wie Jesus dem Politiker Pilatus. Friedliche Koexistenz scheiterte. Ab 1958 stand er auf der Pay List der CIA. 1959: Aufstand (200000 Tote). Rote Garden zerstörten 3000 Klöster. Bis 1962 folgten ihm 70000 Flüchtlinge ins Exil. Ein japanisches Architekturbüro errichtete seine Exil-Residenz bei Dharamsala, am Südhang des Himalaya, 1800 m über dem Ozean, Little Lhasa auf erdbebensicherer Stahlkonstruktion, sein Home-Castle in der Beton-Kolonie der Exiltibeter, überladen mit Geschenken aus aller Welt, von Duftschalen bis Kuckucksuhren. Seine Dauer-Tournee machte den »Thronerben ohne Land« zum ewigen ungequält lächelnden Ahasverus. Er avancierte, in seiner zugemuteten Rolle, zum bekanntesten aller politischen Flüchtlinge, berühmter als chinesische Betonköpfe und bebrillte Machtschranzen in Schale und Schlips. Weltweit schätzte man des Lamas Gelehrsamkeit, Weisheit, Herzenswärme, von Mitgefühl getragene Energie, seine tiefe Einsicht in die Natur der menschlichen Existenz. Daß die Verlautbarungen dessen, der näher dran sein mußte am buddhistischen Mysterium als jeder andere, oft weniger buddhistisch als sozialdemokratisch klangen, schadete keinem. Statt für Askese votierte er, die Lebensqualität zu verbessern und den Lebensstandard anzuheben. Vom Nirwana redete er seltener als von Treibhauseffekt, Wasserknappheit, Artensterben. Trotzdem kam er spirituellen Bedürfnissen entgegen. Millionen atmeten dem flachen Stausee seiner verdünnten Platitüden entgegen, als ob's höchster, tiefster, subtilster Weisheitsozean wäre, daß dieser Planet dringend Frieden, Liebe und Verständnis bräuchte: daß der Westen ein großes Interesse am Buddhismus zeige, daß wir alle dieselben Probleme und Bedürfnisse hätten, daß es theistische und nichttheistische Religionen und 2 Arten interreligiösen Dialogs gebe und alles positive und negative Aspekte habe. Er sprach von unseren Hoffnungen. Selbstüberschätzung sei durch bessere Einsicht abzulegen. Sein Psycho-Jargon entfernte ihn von früheren Dalai Lamas, → Drugpa Künleg, → Milarepa und machte ihn zum Synchronsprecher von Prof. → Kübler-Ross, → Kelly, Dorothee Sölle, Franz Alt, mit dem er 19 x auf Sendung ging. Im Interview befragt, wie er Georg Friedrich Händel finde, hatte er sich zwar, weil seine Mönchsgelübde Musik verbieten, nie damit befaßt, fand aber Musik trotzdem sehr wichtig, da sie eine äußerst effiziente Methode sei, dem menschlichen Geist auf emotionaler Ebene Botschaften zukommen zu lassen. Termini, Sprachstil, Designerbrille, 4 Oberarm-Impfnarben: 100%ig westlich, und vice versa: Physiognomie, Schulterfrei-Gewandung 100%ig exotisch, Mittelalter pur, gleichwie Saudischeiche und → Gaddafi ein Patchwork aus Folklore & Lifestyle, stilecht kostümiert. Everybody's herumgereichter Darling; reisefreudiger Stargast internationaler Kongreßzentren, auf Symposien in Sporthallen, Kirchen- und Menschenrechtstagungen mit Großbildleinwänden und Overhead-Projektoren, Pressekonferenzen in National Trade Centers, Europaparlament-Plenarsälen, anheimelnd eingebaut in profane Messegelände, Stelzenautobahnen vor Hochhauskulissen und über Tiefgaragen: ein Friedensfürst der Sondersendungen, Salzburger Festspiele und Frankfurter Buchmessen, wandelndes Prinzip Hoffnung auf Goodwill-Mission, zuzüglich Verantwortung, von Audimax zu Kapitol, vom Weißen Haus zum Playboy-Interview, teilnehmend ohne Ende an Feierstunden und Ehrendoktorhutverleihungen, gebunden an vollbeschäftigte 12köpfige Trupps und Crews aus Sekretären, Dolmetschern, Ärzten, Hoffotografen (Manuel Bauer knipste in 4 Jahren 75 000 Dalai-Lama-Profi-Fotos, auf denen er zwecks Fitneß morgens 15 Minuten auf seinem Laufband joggt, den Gebetskranz immer griffbereit, oder auf denen er demütig Václav Havel Tee (mit ihm verband ihn der Spagat zwischen Politik und Philosophie) eingoß. Genau wie der Papst ließ er sich in seinen intimsten Momenten voll ausgeleuchtet für die Weltpresse filmen, wie er früh 3 Uhr 33 diszipliniert aufstand, um stundenlang für alle fühlenden Wesen zu beten – oder für die Erhaltung der taz. Spannbar vor jedes Pferd, hatte er schnell 60 Länder auf dem Buckel, wie alle aktiven Umweltschützer einer der effektivsten Ozonlochvergrößerer. Kaum vom Jetlag gezeichnet, zeigte er jederzeit seine berühmte Herzlichkeit und Zugewandtheit: Reinigungspersonal begegnete er nicht minder überfreundlich als Angela Merkel. Ein Odeur von Air Condition, Kühlschrank- und Waschmaschinensummen, Salonbuddhismus, wie er 1920 parkettsicher Europa vergoldete, vermochte »His Holyness« nie abzustreifen. Seine Faltenwurf-Roben gemahnten an

Weihfestspiele in Bayreuth, nie ans Loch in kynischen Schmuddelkutten. Immerhin ließ er sich nicht wie Papst → Benedikt von dessen Vatikan-Schneiderei echte Nerze und Ozelote auf seine Mittelalterkluft nähen. Die heimatlose Galionsfigur im Fahrzeugtroß mit Jubelspalier aus alsbald 140 000 Exiltibetern, viele in Baseball- statt Gelbmützen – also auch eine Art Papamobil! Selbst im Herz-Sutra-Yogasitz konnte er nicht – genau wie George Harrison – auf Bodygards verzichten. Die Gemeinsamkeit zwischen Jesus & Buddha sah er darin, daß beide Toleranz & Mitgefühl stärken wollen. Päpste benutzten zwar »Toleranz« genauso inflationär; doch sah's beim Dalai Lama weniger nach Kreidefressen aus. Ihm als Philosophen stand im Weg, daß er, um Amt und Funktion auszufüllen, keine Spielräume in der eigenen Gedankenwelt ausschreiten durfte: Brav ruminierte der bessere Gegenpapst alles, was 2500 Jahre Buddhismusgeschichte bereithielten: Sonderangebote und Schlußverkäufe. Nur wenige verübelten dem Megaprominenten, daß er trotz demokratischer Humanismen-Suada am Alleinvertretungsanspruch festhalte, in antisemitischen Druckwerken publiziere und die tibetische klösterliche Feudaldiktatur positiver sehe als die chinesische Militärdiktatur. Angesprochen auf seine absolutistische Machtposition, beteuerte er, es sei ihm seine Regentschaft auf Lebenszeit vom Volk gegen seinen Willen aufgedrängt worden. Feministinnen schimpften ihn »His Phoniness« (Seine Scheinheiligkeit); er wiederum bezeichnete die Göttin Tara schmunzelnd als »die erste Feministin des Buddhismus«. Wegen konservativer Umwelt konnte er die Gleichheit der Geschlechter im Mahayana, die er betonte, nicht eigenhändig durchsetzen, also Frauen nicht erlauben, Bhiksuni (Nonnen) zu werden, und glich darin dem Papst, der sich rausredete, er sei nicht ermächtigt, Frauen zur Priesterweihe zuzulassen; in toto kam der Dalai Lama viel moderater, unverkniffner, unverlogner, ehrlicher raus als alle Päpste, weniger moralinsaure Doppelmoral im Handschuhfach, auch telegener, attraktiver, schöner, repräsentativer, zudem näher dran an Truth & Knowledge, spiritueller als Nelson Mandela und Kofi Annan, intellektueller als Mutter Teresa, weniger tragikumflort als → Gandhi. 1989 konnte China den Friedensnobelpreis nicht verhindern. Während er Gebetsmühlen in der Schweiz weihte, fällte China 50 Mill. Bäume und funktionierte weitere 3000 Klöster in Lagerhallen, Fabriken, Ställe um. Haß auf China erlaubte er sich nicht, um nicht als Chinese wiedergeboren zu werden – hatte er also doch was gegen China? Nein, keinesfalls, er betete auch für sie wie für alle Kreaturen: »Denn gerade sie benötigen unser Mitgefühl.« Wie David & Gandhi kämpfte er gegen einen leider unbesiegbaren Goliath. In Engpässen und Streßzeiten zog das Oberhaupt des Gelupga-(Gelbmützen-)Ordens schelmisch seine Zahnbürste hervor, um Gelassenheit zu vermitteln. Der gewaltlose Freiheitskämpfer, der recht häufig ein »Okay« verwendete, sah sich auch als Humanist. Als die Mongolei ihn bat, den größten Feldherrn aller Zeiten als Bodhisattva anzuerkennen, zog sich der Kundun (lebender Buddha) hinter sein Lächeln zurück und erfüllte die Bitte nicht, lang nicht so geheimnislos lächelnd wie Egon Krenz und Thommy Gottschalk. Obwohl Präsident Bill Clinton und die ganze Welt gegen die indische Atombombe protestierten: Der Dalai Lama billigte sie lächelnd. Der alte Spruch »Maria weint, Buddha lächelt« mutierte zu: »Ralph Giordano und → Drewermann weinen; der Dalai Lama lächelt.« Mona Lisa & Dalai Lama – delphinische Dauerlächler vom Dienst. Er beteuerte, sein Lachen, das Medien als »entwaffnend« charakterisierten, weder zu kalkulieren noch zu benutzen. Ohne humorlos zu sein, wäre »Humorist« das noch weniger zutreffende Worte gewesen. Seine Lachbereitschaft überflügelte seinen Humor. Vielen Erleuchtungssuchenden versprach er Erleuchtung, spätestens 16 Leben später. Obwohl er 1995 lachend mutmaßte, daß er jetzt wohl schon zu alt sei, um echte Buddhaschaft zu erreichen, sahen vorher und hinterher ihn seine Fans längst als Kundun. In knapper Freizeit reparierte er Uhren (wie → Krishnamurti Autos). Hobby: Window Shopping, ohne tatsächlich einzukaufen. Er gärtnerte oder ballerte mit Luftpistole auf Zielscheiben. Obwohl Schopenhauer und Fritz Mauthner Palingenese & Metempsychose kompetent widerlegt hatten, konsultierte er mehrmals pro Jahr das Staatsorakel. Bei sich daheim lebte er streng vegetarisch, auf Reisen aber aß er Fleisch, und er reiste halt fast immer. Andere verdammte der passionierte Fleischesser zum Vegetarismus. »Ihre Lieblingsbeschäftigung?« »Mönch sein.« Buddhismus kam rüber als Wellness-Übung. Lebensfroher Optimismus fand kaum Gründe, aus Buddhas Leidensrad auszusteigen. Buddha kreiste um ultimative Erlösung, der Kundun um optimierbare Ethik, zum 70. Geburtstag staatenlos seit 45 Jahren. Schlaue Journalisten fragten, was sein Volk in früheren Leben begangen haben könne, daß es jetzt so leiden müsse. Neben den zahllosen Doktorhüten, Dhyani-Buddha-Kronen, der Kippa und dem Tirolerhut trug er auf der Natur-Tonsur die Narrenkappe: Falls es Aufgabe und Funktion der Narren wäre, verlogener Welt Spiegel vorzuhalten, also Schleier runterzureißen, so fungierte der Dalai Lama als Narr am Hof der Machtpokerei eher als traditionsreicher Maha Siddha, im 20. Jhdt. übersetzbar als Illusionskünstler, doppelbödig, zwielichtig, eventuell hintertriebener als jeder Grömaz (Größter Magier aller Zeiten), Samsaraproduzent, Mayavergrößerer. Trefflich gelang's ihm, selbst Narren an den Nasen herumzuführen und durch humoreske Abweichungen das Scheinbild souveräner Weisheit noch souveräner erscheinen zu lassen. Welch Dalai Maya (Ozean der Illusionen)! In der Talk-Show mit Beckmann 2005 erwog er, wegen seiner Gier nach Honig, als Biene wiedergeboren zu werden. BRD-Graffiti: »Im Namen Dalai Lamas: Karstadt-Reisen + Zölibat für Alle!« In der globalen, bald abebbenden Sympathie, worin der Sympathicus schwamm, wehte auch schwarzer Gegenwind; paranoische Akribie witterte hinterm Dauerlächeln fieses buddhokratisches Streben nach Weltherrschaft. Zeitweise schien er zu hoffen, seinen Lamaismus ins spirituelle und moralische Vakuum, das China nach ’89 zunehmend aufwies, sanft hineinpumpen zu können, so daß also nach der chinesischen Überfremdung Tibets eine Buddhaisierung Chinas folgen könne. Tony Blair und Jacques Chirac empfingen den Dalai Lama nicht mehr, um Handelspartner China nicht zu vergrätzen. Linke bzw. kirchliche Kreise sahen es ungern, daß der Populist seine Beliebtheit nutzte, um Opium unters Volk zu streuen bzw. Christen für Buddha abzuwerben. Radikale Tibeter spuckten auf seinen Pazifismus. Viele verübelten dem Schmunzelmonster (Titanic) Buddhismusbanalisierung und Medienpräsenz. Zur Olympiade 2008 in China wurde er noch berühmter, und die Betonköpfe in Peking und KP-Chefs, die im Zeitalter vertrauensbildender Maßnahmen den friedlichen Friedensengel weiterhin »gefährlichen Separatisten«, »Vaterlandsverräter«, »Verbrecher«, »Bestie« nannten, immer noch austauschbarer. Er überlebte neben etlichen Päpsten auch x Staatsmänner, Mao, Deng, Hu, Wen, erwies sich sogar langlebiger als ganze Staaten, DDR & Sowjetunion (inklusive Erzengel, Eintagsfliege und Sekundenkleber Gorbi).

Worte des Dalai Lama Nr. 14: In unserem Menschsein sind wir alle gleich. ◆ Wir alle auf diesem Planeten gehören zusammen. ◆ Vom Augenblick unserer Geburt an rücken wir mit jedem vergehenden Moment dem Ende näher, unserem Tod. ◆ Das Besondere, was wir Menschen besitzen, ist unser Gehirn. ◆ Unsere gemeinsame Mutter Natur zeigt ihren Kindern immer deutlicher, daß ihr der Geduldsfaden gerissen ist. ◆ Ohne Menschen ginge es der Erde besser. Aber noch haben wir eine Chance, uns zu ändern. ◆ Wenn man so darüber nachdenkt, hat der Verzehr von Fleisch etwas sehr Erschreckendes an sich. ◆ Visualisieren Sie, daß sich die Linien-Gurus im Wurzel-Guru auflösen, die Gurus der Überlieferungslinien der ausgedehnten und tiefgründigen Schulungen in Maitreya und Manjushri und die der erfahrungsgemäßen Überlieferungslinie in Vajradhara, so daß wir am Ende

Zwischen China und Nirwana – Weisheitsspender oder Hampelmann?

fünf Gurus haben. ◆ Jeder Tag ist ein Geburtstag. ◆ Es gibt ein grundsätzliches Mißtrauen der chinesischen Besatzung gegenüber Tibetern, weil wir Tibeter sind. ◆ Fundamentalismus und Fanatismus sind ungesund. ◆ Seid nicht traurig, daß ich im Moment nicht zurückkommen kann nach Tibet. ◆ Der nächste Dalai Lama könnte auch ein Mädchen sein. ◆ Der Buddha erstrebte den Fortschritt im spirituellen Bereich und Marx im materiellen Bereich; welche Verbindung könnte denn fruchtbarer sein? ◆ Wenn wir ein Teil Chinas bleiben, profitieren wir auch materiell vom ernormen Aufschwung des Landes. ◆ So – eines Tages – wenn der Dalai Lama zum Massenmörder wird, wird er der mörderischste aller Massenmörder sein. ◆ Bei meinem letzten Treffen mit Papst Benedikt habe ich ihm gesagt, daß der Geist von Assisi unbedingt erhalten bleiben muß.

Dalai Lama Nr. 14 über sich: Ich bin für Sie, was Sie wollen, das ich für Sie bin. ◆ Ich werde nur reinkarnieren, wenn das tibetische Volk dies wünscht. ◆ Ich werde mich auf keinen Fall auf chinesischem Herrschaftsgebiet wiederverkörpern. ◆ Ich bin ein besserer Kommunist als die Chinesen. ◆ Ich denke, daß zumindest die Exiltibeter die Idee der Demokratie schätzen. ◆ Als praktizierender Mönch bin ich ein zufriedener Mensch und ein glücklicher Mensch. ◆ Als Mensch setze ich mich für einen echten und dauerhaften Weltfrieden durch inneren Frieden ein. ◆ Die nicht an der Macht sind, schmücken sich in der Regel gern mit mir. ◆ Ob mein Name größer wird oder meine Anhänger zahlreicher werden, darüber habe ich nie nachgedacht. ◆ Solange der Kosmos besteht, solang es empfängliche Wesen gibt, so lange hoff ich hier anwesend zu sein, um das Leid der Welt zu vertreiben. ◆ Vielleicht war ich ein wenig nützlich.

Andere über Dalai Lama Nr. 14: Möge Tenzin Gyatso, Beschützer des Schneelandes, hundert Äonen leben. *(Homepage der Exilregierung)* ◆ Der Dalai Lama hat seine Friedensphilosophie mit großem Respekt für alle lebenden Kreaturen und vor dem Hintergrund einer universellen Verantwortung für die gesamte Menschheit wie für die Natur entwickelt. *(Nobelkomitee Oslo, 1989)* ✦ Der ständig grinsende, ach so gewaltlose Gelbmützen-Häuptling, der es schafft, seinen deutschen Fans mehrstündige Vorträge über Nichts zu halten, ohne daß sie eine Leere im Kopf spüren, ist der Führer einer repressiven, äußerst gewaltvoll herrschenden Clique. *(Jutta Ditfurth, 1996)* ✦ Wenn ein Friedensmann wie der Dalai Lama Indiens atomare Position rechtfertigt, dann würde auch Gandhi nicht gezögert haben, sie zu rechtfertigen. *(Mamata Sha, 1998)* ✦ Der 14. Dalai Lama ist eine Inkarnation von Kulika Pundfarika, dem 8. Shambhala-König. *(Khamtrul Rinpoche, Dharmameister)* ✦ Wie ein Jongleur versteht er es, blitzartig die verschiedenen Realitätsebenen zu wechseln, und steigert damit noch das okkulte Ambiente, welches den Shambhala-Mythos eh schon umgibt. *(Viktor und Victoria Trimondi, 1999)* ✦ Der BILD-Zeitungsautor Lhamo Thöndup, Kampfname: Dalai Lama, nervt zur Zeit an jeder zweiten Plakatwand. *(Junge Welt)* ✦ Zuallererst möchte ich meiner tiefen Bewunderung für Seine Heiligkeit den Dalai Lama Ausdruck geben, dafür, daß er stets ein so großartiges Beispiel für die Essenz buddhistischer Lehre bietet. *(Thupten Jinpa, Montreal 2002)* ✦ Umfragen zufolge gilt er als weisester Mensch der Erde, Feinde verschiedenen Hintergrundes schimpfen ihn Seelenfänger, Fundamentalist und Dämon. *(Franz Binder, 2005)* ✦ Ohne seinen übermächtigen Gegner wäre er womöglich nur ein lokaler Heiliger am Rand der Welt, erst in der Opposition zu Peking konnte er seine Botschaft vom gewaltlosen Widerstand schärfen. Er ist auch deshalb so begehrt, beliebt und mächtig, weil er ohnmächtig ist. *(Erich Follath, DER SPIEGEL, 16. 7. 2007)* ✦ Und das Hamburger Publikum fragt sich »verblüfft, ob es nun eigentlich einen weisen Narren oder nur einen närrischen Weisen vor sich hat«. Aber nein: da saß bloß ein abergläubischer alter Mann, der sich für erleuchtet und auserwählt hält, weil ihm das seit seinem vierten Lebensjahr von einer Horde anderer abergläubischer alter Männer eingeredet worden ist; ein, hielte er nur mal den Rand, durchaus bemitleidenswerter, beschädigter Mensch, ein tibetischer Gebetsnebbich, dem erst die Kindheit, dann die Macht und peu à peu auch der Verstand genommen worden ist. *(Kay Sokolowsky, 2008)*

Salvador Dalí, Genie, Mal-Clown, Surrealisten-Joker, Extremexzentriker (1904–1989): Aufgewachsen in Figueras/Katalonien. Mit 5 biß er einer Fledermaus den Kopf ab; jedenfalls war's ihm später wichtig, dies zu beichten bzw. zu beteuern. Mit 6 wollte er Koch, mit 7 Napoleon werden. Zwischen einer Igelleiche im Hühnerstall und dem Lindenblütenduft draußen pendelte er eifrig hin und her, zwecks Kontrastausschöpfung von Grufthorror und reiner Wonne. Von Kindheit an unterzog er sich der nützlichen Übung, seine eigene Verwesung detailliert zu imaginieren, das infernalische Gewimmel im Fleisch schwelgender Maden, bis hin zum letzten nachtodlichen Furz, der wie ein alter Vulkan Leichenteile zerreißt (womit er Gryphius' »Gedanken auf einem Kirchhof« durchaus überbot). Bereits als Knabe pflegte Dalí extraordinäre Ablageorte für seine Notdurft zu suchen, z. B. Schubladen – vollbürtig wesensverwandt mit Fäkalschelm → Eulenspiegel. Zur Anpassung an akademischen Kunstbetrieb und andere Normalwelten neigte er weniger als zu Provokatio und möglichst pausenloser Genialität. Mit Luis Buñuel drehte er Kurzfilme, die wegen eines auslaufenden Auges als schockierend galten. Max Ernst u. a. Surrealisten erschienen neben Dalí arg unexzentrisch, und vice versa: Dalí saß als Pfau, Fasan, Kakadu und Paradiesvogel zwischen Federvieh, Bieder- und Alphamännchen, Realisten, Realos und Normalos, die auf Surrealismus machten, Dalí als einzige menschförmige Surrealität; kein Wunder, daß der farblos pedantische Langeweiler André Breton seine beste Karte, den Joker Dalí, rausmobbte. Daß Dalí in Bissigkeiten schwelgte, verband ihn leider mit dem Typus Bürgerschreck, von Marquis de Sade bis → Kinski. Picasso, den an Weltberühmtheit praktisch keiner einholte, gehörte nur in die Endlosreihe unvermeidlicher Machos und Casanovas, von Don Juan, Don Giovanni, Prinz Kuckuck, Brechts → Baal, → Chaplin bis George Simenon, die berühmt wurden für die Quoten und Frequenzen hohen Partnerverschleißes; einzig und allein Dalí protzte, und dies als weltweit Einziger (→ Madschnun abgerechnet), mit total übertriebenem Monogamismus – endlich wirklich mal ein Einfall! Lediglich beim Brauterwerb mußte Dalí x Vergleichsfälle in Kauf nehmen, nämlich Gala (Helena Dimitrijevna Diakonova) erst Paul Élouard so ausspannen (wie Don Giovanni Zerline dem Matteo, Kierkegaard Elise einem Erik, Richard Wagner Cosima ihrem Hans von Bülow). Laila & Madschnun, Julia & Romeo, Dulcinea & Don Quijote hätten sich, wenn sie sich bekommen hätten, bald zerstritten; Xanthippe & Sokrates hätten, ohne Ehetrott, ein Traumpaar sein können; einzig Minnebraut, Galionsfigur und Dauer-Ikone Gala depravierte nicht zum Ehegespons, sondern Jahr um Jahrzehnt zelebrierten Dalí & Gala sich vor der Weltöffentlichkeit als Hohes Paar. Majorität wider Willen monogamer Ehemänner aller Länder litt an ihren alternden, allzu treuen Ehehälften; Dalí hielt die Apotheose der Flitterwochen und Regina Coelesti dauerhaft aufrecht, nach außen hin. Gelebtes Ideal und Ehekräche schlossen sich hier nicht aus. Wie Rilkes Uhren mit kleinen Schritten neben unserem eigentlichen Tag tickten, so wurden Dalís gemalte Gala-Monumental-Verherrlichungsbeschwörungen kleckerweise sekundiert von Fotografien, die Gala auch wieder auf die Erde holten, rückübersetzten, menschlicher machten, ungünstiger zeigten, gemaltes Facelifting runterrechneten. Dalís Gala-Porträts zerkugelten in wasserblaue Moleküle. Atelierlicht fiel mit Halbschatten und Gegenlicht in fotogen ausgeleuchtete babyzarte Riesengesäße, die plein-air und freihändig über spanischer Goldocker- und Zimtocker-Erosion schwebten. Camembertweich durchhängende Uhren, brennende Giraffen, abgestützte Auswüchse, aus Leibern rausrutschende Schubladen nannte er »handgemalte Traumfotografien«. Bei aller altmeisterlichen Grundier- und Maltechnik: Im Zeitalter der sportsmen, showmen & businessmen sah Dalí – statt Rembrandt – eher Zirkusdirektor Disney ähnlich, diesem für Jugend bearbeiteten Dalí. Dalí – ein Disney, dessen Snow White Gala hieß und der die Sau rausließ, d. h. dessen Dwarfs nach Herzenslust onanieren durften. Disney warf 3 kleine Schweinchen vor die Säue; Dalí warf Perlen vor Juweliere. Beide pflogen als Publikumsmagneten Mythostrivialisierung. Alle Menschen fanden Fliegen jederzeit lästig, unangenehm, scheußlich; einzig Dalí bewunderte Fliegen derart, daß er sich Honig ins Gesicht schmierte, um Fliegen krabbeln zu spüren oder sie wenigstens aufs Foto zu kriegen. Alle haßten Hitler, Dalí lobte Hitler. Aber Dalí votierte stimmig gegen Todesstrafe, weil noch im größten Verbrecher etwas von einem Engel steckte. Aber Salat aß er ungern, weil Salat kein Gesicht hatte. Auf seinem Rücken richtete Dalí mit Rasierklingen ein Blutbad an, weil er eine Warze für eine Wanze hielt. Gefragt, was er aus dem brennenden Prado retten würde, antwortete er, statt Velázquez zu nennen, Bosch, Murillo oder Goya: »Das Feuer.« Seinen hochgezwirbelten Schnurrbart benutzte er als Antenne für göttliche Botschaften – Inspirationsversäkkelung oder einfach nur Tatsache? War er wirklich so extrem ego- und exzentrisch oder tat er nur so? Die alte Hamletfrage ließ grüßen: Kann ein Normaler Wahnsinn spielen? Sigmund Freud, vor dem er als Weltklasse-Dandy auftrat, diagnostizierte an Dalí »treuherzig fanatische Augen«. Auf den Schluß zu glich Dalí sich Picassos schlauem Produktionstempo an; statt Monate an einem Bild zu werken, nur noch Stunden, dann Minuten. Für bloßes Signum wurden Hunderte Peseten, dann Tausende gezahlt. Ein Industriezweig entstand: signierte Blankoblätter, noch leichter fälschbar als seine Bilder. Als er wegen Parkinson nicht mehr malen konnte, signierte er fast nur noch, Stunde um Stunde, täglich. Als er nicht mehr signieren konnte, ersetzte ein Stempel seines (fälschungssicheren) Fingerabdrucks sein Signum. Dalí wurde zum ersten Raubkopierer seines eigenen Werks (Gewinn: 625 Mill. Dollar). Die enorme Zahl der Fälschungen machte zeitweise die trotzdem steigenden Preise kaputt. Als Greis warf er auf Orgien, sobald Gäste auf Knopfdruck ihm was voronanierten, mit Dollarnoten um sich. Am jahrelangen Siechbett vermehrten sich Geldgeier, die sich wechselseitig bezichtigten, Geldgeier zu sein. Sekretäre, Assistenten und Agenten wurden binnen je eines Jahrzehnts Multimillionäre. Gemälde verschwanden serienweise. Diverse Testamente mit abgerungenen oder imitierten, restlos verzitterten Unterschriften kamen sich quer. Einfrierpläne, um körperlicher Unsterblichkeit nahzurücken, kamen nicht zustande, trotz gesammelter Goldbarren hierfür. Das altersfleckig zitternde Häufchen Elend, im höchsten Alter, auf hochgestellter Sterbebahre, ein Greis mit Nasenschlauch als Albtraum und himmelschreiendes Jammerbild, ächzte im Blitzlicht der Weltpresse das Diktum hin, Genies dürften nicht sterben. ~ Das Teatro-Museo Dalí in Figueras ward zum Wallfahrtsort wie Santiago de Compostela. Dalís Weltberühmtheit gebar tägliche Autobusse, die Amis und Japaner auswarfen. Selbst Cadaqués, Dalís Sommersitz, touristisch überlaufen. Dalí wurde lukrativ zum Stammvater aller Selbstinszenierer und schrillen Typen, die heut aus RTL und SAT hervorquäken, extrovertierte Endlosflut aus Entertainern, Late-Night-Showmastern, Ulknudeln, Ulkschwuchteln, Blödelbarden, Nina Hagen, Helga von Sinnen, Lilo Wanders, Dolly Buster, Jux und Dallerei, Raab. Auf Schwulendemos und Love Parades sah tendenziell jeder so aufgestylt aus, sexueller Karneval, Ventil- und Alibifunktion, bunte, tolerierbare Gegenmelodie zu den gleichzeitig überall gedrillt aufmarschierenden Elitetruppen und desolat helmtragenden Kumpel-Streikern und Metalltarif-Demonstranten, diesseits jeden stillen Kämmerleins, null antiquierte Innerlichkeit. Biologisch gesehn subsumierbar unter Imponiergehabe, Signalfarben, Schockfarben, knallrote Fregattvögelsäcke, Schmuckfedern im Grau in Grau der Welt.

Salvador Dalí über sich: Der einzige Unterschied zwischen Dalí und einem Verrückten ist, daß Dalí nicht verrückt ist! • Mein Leben lang gewöhnte ich mich nur schwer an die verwirrende, verblüffende »Normalität« der Men-

Selten ließ er seine intakte Exzentrik daheim

schen in meiner Umwelt. ◆ Ich verstehe nicht, daß man mir, wenn ich im Restaurant einen gegrillten Hummer verlange, nie ein gekochtes Telefon serviert. ◆ Der obere gegabelte Teil der Krücke, der für die Achsel vorgesehen war, war mit einer Art Filz überzogen, welcher äußerst dünn, abgenutzt und braun gefleckt war und in dessen sanfte Biegung ich abwechselnd meine zärtliche Wange und die sinnende Stirn legte. ◆ Und manchmal quoll mir eine Träne in die Augen, die genau die richtige Mischung aus Kosmogonie und Knoblauch besaß. ◆ Den Himmel hab ich die ganze Zeit durch die Dichte des verwirrten und dämonischen Fleisches meines Lebens hindurch gesucht – den Himmel! Beklagenswert, wer dies noch nicht verstanden hat! ◆ Es müßte die größte Wollust sein, meinen sterbenden Vater zu mißbrauchen. ◆ Nach und nach gingen die Lichter in der Stadt an, und für jeden neuen Stern wurde eine kleine Flöte geboren. Das plötzliche Erscheinen des Mondes verschärfte meine Ekstase nur noch bis zum Paroxysmus, und der Aufruhr des Größenwahns erreichte dann eine solche Höhe deliriöser Egozentrik, daß ich mich zum Gipfel der unerreichbarsten Sterne emporsteigen fühlte und der Strudel meines Narzißmus das Ausmaß kosmischer Träumerei erreichte; in diesem Moment lief ein ruhiger, intelligenter Tränenstrom über das ebenmäßige Gesicht und beschwichtigte meine Seele. Eine Weile schon hatte ich in meiner liebkosenden Hand etwas Kleines, Feuchtes, Bizarres gespürt. Überrascht sah ich hin: Es war mein Penis. ◆ Jeder, der Meisterwerke schaffen will, muß vor allem meine Frau heiraten. ◆ Wenn Gala sterben und so klein würde wie eine Olive, würd ich sie essen. ◆ Ich denke auch nicht daran, Kinder zu haben. Ich finde diese Embryos abscheulich. Ihr fötales Aussehen bereitet mir ein Unbehagen, das sich bis zur Angst steigert. Außerdem könnt ich, wie alle Genies, allenfalls einen Kretin zeugen. ◆ Das größte Übel der heutigen Jugend besteht darin, daß man nicht mehr dazugehört.

Andere über Salvador Dalí: Die Bilder Dalís, zuweilen selbst Max Ernsts bewegen sich in einer ähnlichen Mischluft aus Spaß und Tiefe, ja Gemütlichkeit und Grauen; das Modell zu alledem gibt die gleichzeitige humoristisch bewegte und medusisch starrende Wachsfigur. *(Ernst Bloch, 1947)* ✦ Hätte Nietzsche Dalí gekannt, er müßte das Gefühl gehabt haben, in ihm seinem Übermenschen (seinem Zarathustra) zu begegnen: in seinem Willen zur Macht nämlich, in seinem ständigen Hinauswachsen über sich selbst, seinem überwachen Verstand, der Herausforderung, die er fortwährend dem Tod, der Moral, dem Establishment, den Menschen entgegenschleudert. *(André Parinaud, 1973)* ✦ Genüßlich baut Dalí an den Triumphbögen seiner Überlegenheit. *(Ralf Schiebler, 1984)* ✦ Seine Mystik, die nukleare und die sonstige, war nichts weiter als Hochstapelei. *(Ian Gibson, 1997)*

Georg Friedrich Daumer, Pietist, Philanthrop, Rousseauist, Magnetiseur, Homöopath, Konvertit, Religionsphilosoph (1800–1875): Pelztierhändler- bzw. Kürschnermeistersohn; von 6 Kindern Nr. 3; dann aber verarmten die Eltern. Sein Direktor im Ägidiengymnasium: Hegel. In Erlangen als Studiosus, erst Theologie, dann Philosophie, hörte Daumer Schelling, dann Leipzig und München. Schwankte zwischen Pietismus, Antihegelianismus und Gebrauchsphilosophie. 1823 Gymnasialprofessor in Nürnberg. Nachdem er dem heiß und fundiert bekämpften Christentum nachgewiesen hatte, daß es nur verlängerter Molochdienst der alten Hebräer sei, mit anthrophagischem Zentrum, weshalb selbst das Jesuswort »Lasset die Kindlein zu mir kommen« als Kinderfresserei zu deuten sei, und Bücher über Hafiz und Mohammed verfaßt hatte, wollte er eine neue zeitgemäßere Religion gründen und wurde dann doch wieder (ein ultramondäner) Katholik. Als erster Vormund und Ziehvater des Findlings → Hauser verfaßte er 150 Seiten Protokoll über seinen Schützling, von 1828–1830, eine der grundlegenden Hauserquellen. Sobald er als Lyriker dichtete, wehten Lenzdüfte wonnevoll durch sein Gemüte. Der Dichter Daumer, relativ unsterblich von Johannes Brahms vertont, gründete ferner den ersten deutschen Tierschutzverein. ⁓ Sekundärliteratur einigte sich darauf – und einer schrieb's vom andern ab –, Daumer sei sicher keiner der großen Pfadfinder im Reich der Gedanken gewesen. Erst half Daumer Hauser, ein Mensch zu werden, dann half Hauser Daumer, als Fußnote zum Casus Hauser ein beachtliches homöopathisches Quantum Unsterblichkeit postum zu erringen. In einer Kaspar-Hauser-Verfilmung wurde Daumer von Udo Samel gespielt.

Worte von Georg Friedrich Daumer: Jehova und Moloch waren ursprünglich ganz ein und derselbe Gott. ◆ Leise mit dem Ätherfuß säume nicht, daherzuschweben / Komm, o komm, damit wir uns himmlisches Genüge geben!
Georg Friedrich Daumer über sich: Ich bin zuweilen geneigt, mich als den verunglückten Vorläufer eines anderen zu halten, dem ein besserer Stern leuchten wird. ◆ Ich möchte nicht mehr leben, / Möcht augenblicks verderben, / Und möchte doch auch leben / Für dich, mit dir, und nimmer nimmer sterben.
Andere über Georg Friedrich Daumer: Er tummelte sich weidlich auf den uferlosen Gefilden aller Gedankengebiete, die man mit dem Sammelnamen Philosophie umschreibt, und meist suchte er seine Freude in den Bezirken, wo die Grenzen zwischen Wissen und Glauben am buntesten durcheinandergehen. Jung, elastisch und begeisterungsfähig bis ins Alter, scheute er sich nicht, heute zu verbrennen, was er gestern angebetet. *(Hermann Pies, 1925)* ◆ Als theologische und philosophische Geistesgröße immerhin dritten Grades gilt er denen, die seine absurden Denkgebilde und Rösselsprünge verzeihen. *(Hans Scholz, 1964)*

JEAN-BAPTISTE GASPARD DEBURAU (geb. Jan Kašpar Dvořák), Spaßmacher, Pierrot, Gebärdenspieler, Pantomime, »Mimus albus«, Weißclown, Mondnarr (1796–1846): Er wuchs in einer Seiltänzerfamilie in Böhmen auf. Alle Geschwister fanden geschmeidig in trickreiche und raffinierte Rollen hinein, einzig Kašpar brachte nur Purzelbäume und Überschläge fertig und diente als Watschenfänger mit eingemehltem Gesicht, der vorm Spiegel uneffektive Grimassen schnitt, oder als Bauglied einstürzender Menschenpyramiden. Klarinette blasen lernte er und sich hinzuschmeißen, ohne daß es weh tat. Die Artistenfamilie trat sogar in Konstantinopel vor dem Sultan auf, wo ihm ein Blick auf nackte Schultern von Haremsdamen nachging, und siedelte sich 1811 in Paris an. Saß er in Tragödien, störte ihn der viele Text. Dichterzitate von Racine oder Molière sagten ihm auch nicht mehr als das Gewäsch der Quasselstrippen seiner Umgebung. Das waren alles nur, um mit Hamlet zu reden: »Worte, Worte, Worte«. Auswendig konnte er fast nichts, Suada improvisieren auch nicht, obwohl er ziemlich viel fühlte, manchmal sogar ungeheuer viel. Aber aufgefordert zu reden, fiel ihm nicht viel ein, oft sogar noch weniger. Bei Frauen, denen er nachlief, dachte er sich deren männliche Begleitung einfach weg. Modistinnen, die er sehnsüchtig anschaute, mit Blicken, die »Wollen Sie mich nicht haben? Nehmen Sie mich!« lauten mochten, beschenkten ihn selten mit Lächeln. Grisetten sprachen ihn an; der Bühnenarbeiter und Komparse hatte weder Geld noch Kühnheit. Nicht mal so ein Getöne, wie Musikanten es hören ließen, bekam er hin. Sein erster offizieller Bühnenauftritt im Théâtre des Funambules: auf Händen laufen. Dann eine Nebenrolle als Räuber, als der er aber so harmlos aussah, daß ihm das keiner abkaufte und alle nur lachten. Manchmal durfte er als letzter der letzten für erkrankte, verspätete, schwänzende Schausteller einspringen. An den Pierrot, den er gern gespielt hätte, kam er qualvoll lange nicht heran. Als er für den erkankten Harlekin Felix einsprang, merkte keiner Unterschiede und bejubelte ihn als Felix, der sich selber übertraf. Als er dann doch noch mal Pierrot sein durfte, führte er Änderungen ein: Statt des herkömmlich karierten Zuknöpfrocks, Halskrause und Hutkrempe nahm er weißfließende Gewänder. Andere deklamierten und witzelten, alle brüllten vor Lachen; er aber sagte als stilles Wasser durch sein Schweigen viel Vielsagenderes als alle Lautstarken. Weißgeschminkt wuchs er aus dem »Pedrolino« der Commedia dell'arte hervor, entgröberte ihn zeitgemäß und ortsgebunden, subtilisierte ihn, französisierte ihn, mit dezenter Betonung melancholischer und weltferner, sprich: lunatischer Nuancen. Im Stimmengewirr von Theater und Weltstadt entwickelte er eine eingesprengte Klein- und Gegenwelt, die Oase absolut wortloser Kunst, genannt Pantomime. Rotbäckig grölendes Publikum, Wortkunstverehrer, kurz: ganz Paris scharte sich ums kalkweiße Gesicht dieser Kreuzung aus traurigem Witzbold und lächelndem Trauerkloß, von dem es hieß, er sei der Ableger einer zu lang vom Mond beschienenen Pflanze, bzw. selber vom Mond gefallen, wie Cyrano de Bergerac. Sogar Grobianen molk er Lachtränen ab. Nur selten zeigte er statt Melancholie – Wut, die er auch mal an einem Blumenstrauß ausließ. Seine größten Erfolgsstücke: »Der goldene Traum«, »Kleine Schelmin«, »Schmucke Soldaten«, »Verzauberte Pagode«, »Der Salatverkäufer«. Seine prominentesten Zuschauer: Victor Hugo, Gérard de Nerval, Alexandre Dumas, Theophile Gautier, George Sand, Charles Nodier und alle anderen. Seine Neider schoben die vielen Standing ovations auf Claqueure und verbreiteten die Fama, er sei Analphabet. Er heiratete die Modistin Désirée. Als er aufs Gericht mußte, weil er in Notwehr einen Angreifer erschlagen hatte, potenzierte sich der Andrang; denn man wollte ja auch mal die Stimme des großen Pantomimen hören. Wegen Schwermut ging er zum angesehenen Nervenarzt Ricod, der ihm als Therapeutikum einfach empfahl, sich im Theater Deburau anzuschauen, ohne zu ahnen, daß der vor ihm saß. Dann trat Asthma hinzu. Nach einem Bühnenunfall versuchte er weiterzuspielen. Nach einer längeren Rekonvaleszenz trat er noch mal opulent auf, bejubelt wie nie, merkte aber mittendrin, daß er nicht mehr Herr seiner Bewegungen blieb und daß er vor Kraftlosigkeit die Tanznummer nicht mehr grazil hinkriegen würde, mußte vortreten, um eine Ohnmachtserklärung abzugeben, und teilte dem Publikum in herzzerreißender Pantomime den jammervollen Sachverhalt mit. Sein redseliger Grabspruch lautete: »Hier ruht, der alles gesagt hat und der doch niemals sprach«. ~ Nach seinem Tod trat sein Sohn Charles in seine Fußstapfen, als Pierrot, der seine Sache nicht schlechter machte als »Der Größte aller Pierrots«. Spätere Romane und Verfilmungen machten mit Deburau senior, was sie wollten. Gustaf Gründgens nahm 1938 im »Tanz auf dem Vulkan« weniger seine Vita als hauptsächlich sein kalkweißes Gesicht, das er bis zum Mephisto beibehielt. Der Roman von František Kožík 1939 ließ Deburau sogar mit Napoleon parlieren. Der unsagbar beliebte Spielfilm »Kinder des Olymp« von 1945 überlagerte das wahre, d. h. historische Gesicht Deburaus mit einem fast noch wahreren Gesicht, das das Ausgangsmodell weltweit übermalte mit der Physiognomie des gar nicht unpassenden Jean-Louis Barrault. Ausgerechnet sein Rendezvous mit Garance vermasselte dort der Pantomime, mit viel zu vielen Worten.

Seine bleiche Traurigkeit durchblutete die Pausbacken seiner Zuschauer

Jean-Baptiste Gaspard Deburau über sich: Ich wollte mich den Menschen schenken – und sie haben mir geglaubt. • Ich bin schwermütig. Ich leide und weiß nicht, warum. Ich quäle mich, das Herz tut mir weh. Ich fürchte mich vor den Menschen und vor mir selbst. Und ich kann nicht schlafen.

Andere über Jean-Baptiste Gaspard Deburau: Nicht jeder kann ein Deburau sein. *(Alfred Musset, ca. 1830)* • Wo findet man einen Menschen mit mehr heiterer Verve, mehr Originalität und größerer Begabung, auch wenn er sich dabei entzückend dumm verhält? Pochen Sie bei allen Theatern an und holen Sie einen Schauspieler heraus, der sensibler ist, der ebenso lächerlich gleichgültig wie beseelt einfältig sein kann, finden Sie einen solchen Komödianten. *(Figaro, ca. 1840)* ◆ Gaspard schenkte seine Freundschaft allen Menschen *(František Kožík, 1936)*

DEMOKRITOS, Naturforscher, Kausaldenker, Atomtheoretiker, Kosmologe, Universalgelehrter (um 460–370 v. Chr.): Weil er von Anaxagoras als Schüler abgewiesen wurde, sah er ihn ab da feindselig an. Viele grinsten, weil er, falls nicht aus Milet, aus Abdera kam, dem antiken Schilda. Er aber studierte in Ägypten Geometrie, bei persischen Chaldäern, bei Gymnosophisten, kam bis Babylon, ans Rote Meer, bis nach Äthiopien. Der Jahrgangsgenosse von Hippokrates tat nichts, um bekannt zu werden, aus Ruhmverachtung heraus. Aber der Erkenntnistheoretiker, Physiker, Ethiker drang in jegliches Thema ein, schrieb über Planeten, Farbenlehre, irrationale Linien, Mathematik, Magnetismus, Seelenheiterkeit, Husten, Fieber, Waffenkunde, Taktik, Malerei. Vom Weltall wußte er zu melden, daß keiner es geschaffen hat, und von der Seele, daß sie mit dem Körper zugrunde gehe, und vom Menschen, daß er aus Schlamm und Wasser entstanden sei, und von den Dingen, daß sie in Wirklichkeit farblos seien. Den Menschen definierte er als einen Kosmos im kleinen. In seine nüchterne, kalte Weltsicht schlichen sich kaum archaische Mythologeme ein. Die christliche Ansicht, die Welt sei aus dem Nichts entstanden, widerlegte er 400 Jahre vor Entstehung des Christentums. Um das Spiel seiner Vorstellungen zu erforschen, begab er sich in die Einsamkeit, sogar zwischen Gräber. Seine Angst, vor Tyrannen sich freimütig zu äußern, zeigte er nicht. Viele lachten, daß der Frauenverächter und Fortpflanzungsverweigerer eine auffallend kleinwüchsige Frau heiratete. Seine Begründung: »Von 2 Übeln wählt der Weise stets das kleinere.« Platon, um seinen größten, erschreckend ebenbürtigen Rivalen kleinzuhalten, schwieg ihn so tot wie möglich und kaufte alle erreichbaren Schriften Demokrits auf, zwecks Vernichtung. Fama berichtete, Demokrit hätte sich selbst geblendet, um nur noch in der Welt des Geistes zu leben. Als er im Sterben lag, kam das seiner Schwester ungelegen, weil sie nun ein Fest verpaßte, und bat den Greisen, ob er nicht sein Sterben verschieben könne. Mit Inhalation von frischem Brotduft verlängerte er seine Erdentage um die gewünschte Zahl von Tagen. ⁓ Wären seine Werke erhalten geblieben, wär er mindestens ein so gewaltiger Geist wie Platon und Aristoteles. Trümmer und Krümel seines atomistisch zersplitterten Riesenwerks wanderten durch die Jahrtausende. Seneca brachte dann das Bonmot in Umlauf, Heraklit weine, Demokrit lache, und ab da installierte sich der ursprünglich humorfreie, recht kalte, nicht unbedingt sympathische Demokrit als lachender Philosoph und Weisheitsverwalter. Karl Julius Weber (1767–1832) schuf ein Riesenwerk, »Demokritos, der lachende Philosoph«, 3000 Seiten, worin er sich seiner Kunstfigur wahlverwandt fühlte. Dem »Quod erat demonstrandum« des Spinoza frönte bereits Demokritos im Übermaß. »Maria weint, Buddha lächelt«, variierte weiterhin Heraklit & Demokrit. Lexika der Antike bedauerten, das Bild vom lachenden Demokrit habe den historischen Denker zu dessen Ungunsten verformt. Marxismus, inklusive DDR, feierten Demokrit als Frühmaterialisten. Nach 2400 Jahren wurden Leukipp und Demokrit via Kernspaltung aktueller denn je. Daß man im Zeitalter Stephen Hawkings an x koexistenten Universen, einem Multiversum, theoretisch laborierte – oder auch Richard Dawkins Theorie vom blinden Uhrmacher –, stand alles bereits bei Demokrit.

Je postumer, desto lachfreudiger (hier auf einem Kupferstich von F. Boullats, 18. Jhdt.)

Worte von Demokritos: Es hat sich ein Wirbel mannigfaltiger Gestalten vom All abgesondert. ◆ Schlaf ist Mangel an eingeatmeter Luft. ◆ Narr, wer sich den Sachzwängen nicht fügt. ◆ Das Tier weiß, wieviel es braucht, der Mensch nicht. ◆ Eine gute Figur haben, ohne Verstand dabei, ist etwas Animalisches. ◆ Das Weib soll sich nicht im Reden üben. Denn das wär arg. ◆ Leute, die Kinder zeugen, meinen, es müsse da irgendein Vorteil dabei sein.

Demokritos über sich: Ich bin unter meinen Zeitgenossen am weitesten herumgekommen, ich habe meine Forschung weiter ausgedehnt, mehr Länder und Himmelstriche gesehen und mehr Reden gelehrter Männer vernommen; in der von Beweis begleiteten Zusammensetzung von Linien hat mich noch keiner übertroffen, selbst nicht die ägyptischen Seilknüpfer (Feldmesser). ◆ Lieber will ich eine neue Beweisführung finden, als König von Persien werden.

Andere über Demokritos: Anaxagoras, Demokrit und Empedokles lehren, daß die Pflanzen Denkvermögen und Verstand hätten. *(Pseudoaristoteles)* ◆ Hat eine Sekte das Verdienst, daß sie des Geistes Ruhe gründet, so ist's die Schule Demokrits, weil sie die Menschen – komisch findet. *(Seneca)* ◆ Demokrit aber, der Repräsentant des Lachens, sagt: »Ein Leben ohne Freuden ist eine weite Reise ohne Gasthaus«, wovon selbst der stoische Seneca überzeugt war, da er den lachenden Demokrit für klüger erklärte als den stets weinenden Heraklit. *(Karl Julius Weber, 1832)*

DHAMMARUI, Dschaina-Mönch, Bettler, Ameisenretter, Tier-Märtyrer (um 400 n. Chr. oder früher): Er lebte als Anhänger von Dhammaghosa in Rohidaka, ein einfacher Mönch, stets mildtätig und aufopferungsvoll unterwegs mit Gesichtstuch, um keine Kleinstlebewesen einzuatmen. Eines Tages kam für ihn, nach 4wöchiger Fastenzeit, der Tag des Fastenbrechens heran. Um etwas in die Bettelschale zu bekommen, begab er sich in die Stadt. Im relativ freigebigen Vergnügungslokal, wo er öfters Küchenabfälle bekam, hatte die alternde Ex-Hetäre Rohini, die dort als Köchin arbeitete, eine Gurke zubereitet, die sie sofort wieder ausspie, also für Stammgäste unverwendbar, aber gut genug für Essensrestverwerter wie Dhammarui. Der nahm das bittere Gurkengericht dankbar entgegen, trug die milde Gabe in sein Kloster zurück, wo aber sein Vorgesetzter sogleich die Nase rümpfte und Dhammarui auftrug, die suspekte Feldfrucht, aus Angst vor Lebensmittelvergiftung (Buddhas Todesursache!), draußen in der Wildnis zu entsorgen. Dhammarui trug die verdorbene Speise im Topf weit hinaus, bespritzte versehentlich, als er das Tuch vom Topf zog, seine Hand mit Gurkensoße, wischte sich am Tuch ab und sah, daß herbeigekrabbelte Kerbtierlein und Frühlingswürmchen, die an den Klecksen der Soße rüsselten, tot liegenblieben. Dhammarui erschrak zu Tode und weinte Tränen um die toten Tierchen. Er ahnte, daß viele beseelte Wesen, wenn er die Gurke hierließ, grausam sich vergiften würden, rezitierte dschainistische Bekenntnis- und Reueformeln, und aß dann, auf daß kein einziges weiteres Insekt sterben müsse, wacker die fiese Gurke auf... hustete, würgte, aß weiter, spie, hinderte herbeieilende Insekten am Mitessen, tupfte sorgfältig – schon setzten Leibkrämpfe ein – alle Reste und Pfützchen und ausgespieenen Tropfen wieder auf, und verreckte elendiglich in der Wüste. Man fand seinen verklärt lächelnden Leichnam im Paryanka-Sitz; offensichtlich hatte er im Tod Erleuchtung erlangt, das Gesicht gen Osten. ⁓ Dhammaghosa nahm Dhammaruis karge Hinterlassenschaft an sich, berichtete vom Vorkommnis vor der Gemeinde und verkündete, Dhammarui werde als Gott wiedergeboren und danach dann nicht mehr. Rohini aber wurde von Brahmanen gescholten, geächtet, ausgewiesen, irrte zerlumpt, zerstrubbelt und von unzähligen Fliegen und 16 Krankheiten gepeinigt durch ihre Restexistenz und alsbald durch x niedere Existenzen. Der herzrührende, spektakuläre Anlaß von Dhammaruis plötzlichem unnötigen Tod ließ es nicht zu, ihn zu vergessen. Um ein Haar hätte er keinerlei Wagenspur hinterlassen, als einer der unzähligen unauffälligen Mönche, die im Lauf der Jahrtausende brav und fromm ihr Leben abspulten, sang- und klanglos starben, lebten, starben, trotz gelegentlichen Aufgehns im dschainistischen Nirwana dann doch wieder weiterlebten, weiterstarben und immer so weiter, trotz rückläufiger Zahlen und steigender Nachwuchsprobleme in asketischen Klöstern. Ob Dhammarui als Greis oder Jüngling starb, hielt keiner für nötig weiterzusagen und festzuhalten, genausowenig wie andere Lebensdaten. Erstaunliche Verzichtsleistungen wurden in den Kommentaren des Avasyakasutra, im 7. Jhdt., immer wieder an Dhammarui demonstriert. Als ihm nach langer Fastenzeit eine erlaubte Speise angeboten wurde, entdeckte er bei genauerer Prüfung, daß der Anbietende ein Gott war, der es gut mit ihm gemeint hatte. Also lehnte er die Speise ab, denn als Mönch durfte er nur nehmen, was nicht für ihn zubereitet war, und hungerte weiter. Zum Schutzpatron weltweit all derer, die sich für Tiere opfern, wurde er deshalb nicht, weil keine Weltreligion ihn trug. Im europäischen Mittelalter wurden öfters Klosterbrüder von Schlangen, deren Leben sie retteten, anschließend gebissen, bis zur TV-Familienserie »Lindenstraße«, worin eine militante Tierschützerin, die eine Katze aus dem Tierheim befreite, alsdann, von der geretteten Katze gekratzt, an Tollwut verstarb, oder bis zu jenen Unfällen, wo ein vollbesetzter PKW einem Hund ausweichen will und dadurch frontal mit einem anderen Auto zusammenkracht – 8 Tote, ein überlebender Hund.

Karl Wilhelm Diefenbach, Lebensreformator, Naturprophet, Donnerwortschleuderer, Kunstmaler, Weltretter (1851–1913): Geboren in Hadamar/Hessen, schon als Kind mit Grübel- und Freiheitshang begabt, nannte er sich als Kunststudent in Schwabing zunächst Charles Diefenbach, gepflegt, bartfrei, zigarillorauchend, dandyhaft, ehe ein 6monatiges Typhus-Fieberdelirium ihn niederwarf, ihm einen gelähmten Arm bescherte, ihn zu frugaler Lebensweise und Reformideen führte. Nach einem »gottbefreiten« Erleuchtungserlebnis in den Alpen stieg er von seinem bajuwarischen Sinai herab, in die Münchener Niederungen und hielt, im Land von Schweinshaxe und Bierkessel, allsonntäglich kühne, bald polizeilich unterbundene Vorträge über die »Quellen des menschlichen Elends« und »Rückgewinnung des verlorenen Paradieses«. Äußerst konsequent, kompromißlos, rigoros focht er gegen Krieg, gegen Dogmen, Pfaffenlehre, Priesterwahn, »christlichen Pöbel«, Unnatur, Entartung, Schulpflicht, Nationalismus, Fürstenhabgier, Medizinertreiben, Todesstrafe, Rauchen, Alkohol, »äffische Modekleidung«, gegen den Verzehr »mit Salz und Pfeffer einbalsamirter Thierleichname«. Rauchende Christen nannte er wortmächtig »tabakstinkende Zölibateriche«. Vom Tierbändiger Hagenbeck versuchte er ein Löwenpaar zu erlangen, um darzutun, daß wilden Tieren »die Bestialität des Fleischgenusses« leichter abzugewöhnen sei als den Menschen. Statt wimmelnden Großstadtlebens – grünes naturgemäßes Landleben, Menschlichkeit, Gleichheit, Brüderlichkeit, Gewaltfreiheit! Statt kirchlicher Sündenlehre – göttliche Naturgesetze, Wahres, Gutes, Rechtes. Göttlichkeit von Mensch und Natur! Er gründete in einer Waldschlucht bei Höllriegelskreuth bei München »Humanitas, Werkstätte für Religion, Kunst & Wissenschaft«, einen mehrköpfigen Kometenschweif aus Kunststudenten, Epheben, Oranten, Adeptinnen, Gehilfinnen, Pflegerinnen, um sich, eine Künstlerfamilie und Landkommune, deren patriarchalisches Haupt er bildete und die in naturfarbener Reformkleidung herumlief, angesichts derer die bäuerliche Öffentlichkeit ausrief: »Jesses, a Diefenbacher!« Seine Kinder taufte er Kurt-Helios, Stella und Lucidus. Der prometheische Empörer, der Straf- und Mahnpredigten hielt, durchzuckt vom Blitzlicht heiliger Zornader, dieser wehr- und streithafte Friedensapostel war der Vorsitzenden Bertha von Suttner, auf dem Friedenskongreß in Wien 1891, viel zu extrem und suspekt. Seine Reformideen, die er in einem Zukunftstheater umzusetzen plante, setzte er zumindest in seiner Malerei um. Bildtitel: »Du sollst nicht töten!« »Vater, verzeihe ihnen, denn sie wissen nicht, was sie tun!« Ein Schattenriß-Fries entstand, »Per Aspera ad astra«, 2 m x 68 m, aus 34 Einzeltafeln. Seine Lieblingsjünger → Fidus und → Gräser seilten sich bald ab. Inzwischen imposant prophetenbärtig, in provokanter Kuttenkluft, sah und malte er sich selber als Märtyrer, eine von aller Welt verstoßene Christusgestalt. Erst hatte er Pinakothekverbot zu erdulden, dann konnte er, nach Gemäldeausstellungen in München und Wien, seinen Durchbruch als Maler erleben. Man feierte und entlarvte ihn als Bahnbrecher und symbolistischen Epigonen. Er, schwelgend in pompösen Pädagogik-, d. h. Edelmenschenzüchtungs- und Architekturträumen, verstrickt in viel Widerstand unerleuchteter Mitwelt, inklusive Ehehölle und Behördenkämpfe, wurde auf- und abgewertet als Charismatiker, gemeingefährlicher Humanitätsapostel, christusartiger Antichrist, ein Satyr in Messiasgewandung, ein Asket mit einem Harem aus Dreiecksbeziehungen. Er wiederum, ein »selbstsüchtiger, über den Herdencharakter hinausragender Mann« (in späterem Vokabular: dominante Persönlichkeit, egomanes Unikum, Hardliner, Workaholiker, Alpha-Männchen), teilte Außenstehende ein in Rivalen, in »Feinde meiner Prinzipien« und »entmenschtes Wurmgesindel«. Umlauert von Gerichtsvollziehern, wurde er in x Verhandlungen, oft Sorgerechtsprozessen, in denen der leidende Künstlerphilosoph von der Tragbahre aus sich selbst verteidigte, mit erstaunlicher Geistesschärfe, oft freigesprochen. Schlachtergesellen pöbelten ihn an; Mäzeninnen ergötzten sich an seinem rasputinösen Dämonismus; Gerhart Hauptmann nannte ihn in seinen Werken; Zeitungen verglichen ihn mit Graf Tolstoi. Mit Anhang überquerte er zu Fuß die Alpen, versuchte in Ägypten, wo er als »Derwisch des Westens« bejubelt wurde, ein Waisenhaus in Sphinxform zu gründen, Basishalle 150 x 250 m, mit Bildhauerwerkstätte, Familiengruft, Fahrstuhl, 3stöckigen Ausstellungssälen, und kehrte nach 2 Jahren nach Europa zurück. Im Zeitalter von Jazz, Comics, drahtloser Telegraphie, Technikeuphorie, zwischen Wolkenkratzern, Im- und Expressionismus lief Meister Diefenbach als zunehmend tragikumwittertes Kuriosum und Fossilium herum. Sein Lebenswerk sah er als gescheitert; seine Malschüler Fidus und František Kupka wurden berühmter als er. Letzte Lebensjahre verbrachte er auf Capri, malte und litt rastlos, rang mit Unbill, klagte, kränkelte, erkrankte, siechte darmkrebskrank dahin, warf mit Heiratsanträgen um sich, zunehmend verbittert. ~ Meister Diefenbach vereinigte 2 konträre Spezies in einer Person: Künder und Künstler, wie → Beuys, → Blake, → Stockhausen. Immerhin gelangte er bis in die Weihen des Künstlerlexikons Thieme-Becker – und, seines Idealismus und Missionseifers wegen, zugleich in pathographische Standardwerke von Lange-Eichbaum, C. Lombroso und Karl Birnbaum, wo der Bürgerschreck hilfloserweise als psychopathologisch verbucht wurde. Diefenbach wurde zum Stammvater aller barfüßigen Erlöser und Kohlrabi-Apostel der 1920er Jahre, wie → Nagel oder → Muck-Lamberty. Als Pionier grüner Utopien wanderte er in Bücher über die Großväter der Grünen ein, und in Vegetarismusbücher. Erhalten blieben etwa 250 verstreute Gemälde.

Satyr im Christusgewand – wider Leichenfresser, tabakstinkende Zölibateriche und entmenschtes Wurmgesindel

Worte von Karl Wilhelm Diefenbach: Arme, verblendete Menschen! Was ausserhalb ihres beschränkten Gesichtskreises liegt, ist ihnen »Schwindel«, »Verrücktheit«, »Grössenwahn und Selbstüberschätzung«. ◆ Zu toten Götzen flehst Du um Erlösung, / indes Du Dich vom Gott des Lebens und des Heils hast abgewendet, sein Gebot / missachtest und dawiderhandelst, der Erde lachend / Eden in ein Jammertal, / in eine Mördergrube wandelst! ◆ Das Morden der Tiere und das Verzehren von deren Leichen stumpft alle feineren Gefühle und Sinne ab, erzeugt unbezähmbare Leidenschaften, Einzelreichtum und Massenelend und allgemeine Verrohung, und ist vom Kannibalismus nur dem Grade nach verschieden.

Karl Wilhelm Diefenbach über sich: Ich erklärte ihm, dass ich das Schattenbild, die Silhouette, zu diesem Werke vor allen Dingen in dem Gedanken gewählt habe, dass wir, durch raffinirte Aftercultur und Uncultur geistig, seelisch und leiblich verkrüppelte Menschen der Jetztzeit, den in weiter Ferne in paradiesischer Lebenslust und Lebenskraft und höchstem Lebensglück vorüberziehenden Zug göttlicher Naturmenschen einstweilen nur im Schattenbilde zu ahnen vermögen. ◆ Jedes meiner Bilder ist eine Predigt. ◆ Zur Schlange ward mir seither noch jeder Wurm, des Elends ich mich erbarmte. ◆ Hat Christus die Welt erlöst? Ich merke nichts davon.

Andere über Karl Wilhelm Diefenbach: Einem solchen Menschen gehören keine Kinder! *(Polizeipräsident von München, 1888)* ◆ Schon an die 40 Schüler und Schülerinnen saßen zu des Lehrers Füßen und suchten Erleuchtung bei dem Meister, aber Keiner hielt es lange aus. *(Berliner Tageblatt, 1891)* ◆ Wetterhart mag man wohl die Gesichtszüge nennen, ernst, ohne finster zu sein, vom Schicksal gerunzelt und doch in ihrer Art anziehend, Theilnahme erweckend. *(Kölnische Zeitung, 1891)* ◆ Wo viele Menschen beisammen sind, erscheint auch er mit seinem Gefolge. Er liebt es dabei, noch besonderes Aufsehen zu erregen. So, wenn er, der Prophet, ich bitte, Caroussel fährt oder im Hippodrom reitet. *(Otto Julius Bierbaum, 1892)* ◆ Was mir vor allem psychologisch auffällt, ist, daß erstens die hohe wirkliche Vornehmheit der Gesinnung und zweitens die milde, reine, vergebende Menschlichkeit nicht zu ihrem Rechte kommt bei einem Manne, der sich mir gegenüber wiederholt mit Jesus Christus verglichen hat, nur mit dem Unterschiede, daß Christus nicht im Entferntesten die Leiden zu erdulden gehabt habe wie er, Diefenbach. *(Wilhelm Schölermann, 1899)* ◆ Für viele war er ein gefährlicher Ketzer, ein Verrückter, ein Scharlatan, Volksverhetzer, Verführer der Jugend, unverschämter Faulenzer, Meister des Nichtstuns und des Lebens im Augenblick, psychisch etwas außerhalb der Normalität, ein Exzentriker, Halluzinierender, ein etwas seltsames Individuum, ein Messiastyp, zumindest ein Psychopath von übersteigerter, krankhafter Egozentrik. Lediglich für die tieferblickenden – und ungern gesehenen – Sachkundigen war Karl Wilhelm Diefenbach ein Künstler und Reformer, der die asketische Einsamkeit eines verlassenen Steinbruchs höher schätzte als den Glanz der Münchner Jugend-Szene. *(Michele Bonuomo, 1989)* ◆ Aber es scheint Nietzsches Schicksal zu sein, daß seine Gedanken heruntertransformiert zu Karikaturen ihrer selbst werden: der Naturapostel Karl Diefenbach als Nietzsche in der Gartenkolonie oder (heute noch) der Transzendentalbelletrist Odo Marquard als Nietzsche im Reihenhaus. *(Ferdinand Fellmann, 2001)*

Diogenes von Sinope, **Kyniker, Provokateur, Parasit, »Sokrates mainomenos« (414–323 v. Chr.):** Der Bankierssohn vom Schwarzen Meer drängte sich zeitweise dem kynischen Urvater → Antisthenes als Schüler auf. Von Piraten als Sklave nach Korinth verkauft, ging er abgehalfert auf einen Transvestiten oder Hermaphroditen zu: »Kauf du mich. Du scheinst mir einen Mann nötig zu haben«, gelangte in ein vornehmes Haus, wo er als Erzieher die Kinder seines Herrn, den er indirekt lenkte, lehrplangemäß reiten lehrte, Speere werfen, Schleuder schießen, Dichtung, Historie, eigene Schriften auswendig lernen ließ. Freigelassen, pendelte er zwischen Athen und Korinth. Sein ganzer Besitz paßte in einen Ranzen, eine Art antiken Picknickkorb. Milde Gaben, die er annahm, nannte er »Rückerstattung«. Wenn alle sich sorgten, grämten und lamentierten, lachte er betont unbesorgt. Sommers wälzte er sich in glühendem Sand, zwecks Abhärtung, und umarmte winters eingeschneite Bildsäulen, die er anbettelte, um sich zu üben, nichts zu bekommen. Knochen, die man ihm hinwarf wie einem Hund, bepißte er wie ein Hund. Lausbuben, die Angst zeigten, er könne sie beißen, rief er zu: »Keine Angst, Kinder, ein Hund frißt kein Grünzeug.« Pythagoräer frönten ethischem Vegetarismus; Diogenes fraß oder aß, was er bekam und in Neumondnächten von Hekates Opfertisch wegnahm: rohe Eier und Tintenfische. Er versuchte auch Fleisch roh zu essen, bekam's aber nicht klein. Genügsamkeit trieb er unstillbar voran und hatte dann gut schimpfen auf »unmännlichen, kotbefleckten Überfluß«. Als er ein Kind aus hohler Hand trinken (bzw. Straßenköter schlabbern) sah, warf er seinen Becher (Kürbisschale) fort; als er einen Knaben Linsenbrei in ausgehöhltem Brot unterbringen sah, entsorgte er seinen Eßnapf. Gefragt, wo er wohne, deutete er auf Zeus' Säulenhalle und Pompeion (Zeughaus): »Das hat Athen zu meinen Ehren gebaut!« Seinen Mantel machte er, indem er ihn wie Antisthenes zweilagig übereinanderschlug, zum Nachtlager-Ersatz. Oft übernachtete er ohne Dach überm Kopf; später nächtigte er im Pithos, einem großen Tongefäß, im Metroon (Staatsarchiv und Tempel der Göttermutter Kybele), programmatisch als freiwilliger Slumbewohner und Stadtstreicher. Sehr lobte er Heiratswillige, die ledig, Absegelbereite, die zu Haus blieben, Dienstantrittlinge, die davon absahen. Indem er zum Zeigen nie Zeigefinger, immer Mittelfinger nahm, schlug er sich selber dem Lager der Verrückten zu. Einem, der ihn zum Meister haben wollte, drückte er einen Hering in die Hand und foppte ihn später mit dem Wort: »Unsere Freundschaft hat ein Hering zerstört«. Bei Veranstaltungen zog er plötzlich Lupinen aus dem Mantelbausch und aß sie wortlos auf. Als ihm mal keiner zuhörte, begann er zu zwitschern, sofort sammelten sich Zuhörer. Ins Theater begab er sich stets erst dann, wenn ihm alle draus entgegenströmten. Einem Vaterbeschimpfer sagte er: »Schäm dich, einen zu verachten, von dem dein Hochmut doch herstammt.« Einem stattlichen Jüngling, der unstatthaft daherredete, sagte er: »Schäm dich, aus elfenbeinerner Scheide ein Bleischwert zu ziehn!« Einem schwuchtelkulturell aufgeputzten Gecken, der ihn was fragte, erwiderte er: »Heb erst dein Gewand hoch, damit ich seh, ob du Männlein oder Weibchen bist.« Zu überschmückten Jünglingen: »Falls du dich für Männer hübsch machst, ist's ein Schlag in die Luft; falls für Weiber, machst du dich zum Schuft.« Einem Scherzkeks, der als Herakles umlief, mit Löwenfell als Überwurf, rief er zu: »Hör auf, die Hülle des Mutes zu schänden!« Einem angebettelten, zögernden Geizhals sagte er: »Mann, bedenke, es gilt mich zu laben, nicht mich zu begraben.« Platons Belehrung nannte er »Verkehrung«, Lorbeerkränze »Ruhmgeschwüre« und »Schmuckhüllen der Verworfenheit«, dionysische Wettkämpfe »Wunderwerke für Narren«. Bestimmte Steuermänner, Ärzte und Philosophen erschienen ihm verständig; Propheten, Traumdeuter, Nachbeter und Neureiche kamen ihm erbärmlich vor. Zwar hob er die unselige antike Zweiteilung in Griechen und Barbaren auf, teilte sie aber in Weise und Narren ein, trommelte Menschen zusammen, aber als sie herbeieilten, knüppelte er auf sie los: »Menschen hab ich gerufen, nicht Unflat!« Mit einer Funzel suchte er, den viele als Abschaum verachteten, im Sonnenlicht Menschen und fand nur Geldprotze, die er »Schafe in Goldwolle« nannte, Redner, die er »dreifach Elende«, und Demagogen, die er »Knechte des Abschaums« nannte. Sophistische Beweisführung, daß es keine Bewegung gäbe, widerlegte er eifrig hin und her spazierend und hatte die Lacher auf seiner Seite. Als einer vom Himmel schwadronierte, fragte Diogenes, seit wann er von dort zurück sei. Als ein überlanger Gelehrtenvortrag endlich zu Ende zu gehn schien, rief Diogenes: »Mut Männer, Land in Sicht!« Als ein betfreudiges Weib sich vor ihren Göttern in den Staub warf und hierbei a tergo ihr aufgewölbtes Gesäß freilegte, erinnerte Diogenes sie dran, daß allgegenwärtige Götter ihr nun hinten reingucken könnten. Bekam er Kuchen, warf er seine Oliven fort. Miserable Lautenschläger (à la Troubadourix) lobte er, weil sie, statt zu stehlen, es vorzogen, sich klampfend lächerlich zu machen. Errötende Jünglinge tröstete er: »Mut, mein Sohn, das ist die Farbe der Tugend.« Wer ihm drohte, den Schädel zu spalten, drohte er zurück, er werde ihn mit einem Nieser fortpusten. Als Gefangener nach der Schlacht von Charoneia ward er Philipp vorgeführt, der ihn fragte, wer er sei. Er: »Ein Erforscher deiner Unersättlichkeit«, was dem Machtprotz imponierte. Als Mäuse ihn plagten, rief er: »Sieh an, auch Diogenes füttert Schmarotzer.« Ein Weib in einer Sänfte kommentierte er: »Der Käfig paßt nicht zum Tier.« Als er Weiber an einem Ölbaum erhängt sah, sagte er: »Wenn doch nur alle Bäume solche Früchte trügen!« Derart genügsam lebte er, daß er sogar ohne Frau auskam. Ob Asketen und Onanisten sich hundertprozentig ausschlossen, blieb unerforscht; Diogenes verrichtete hemmungslos vor aller Augen, was andere sonst nicht mal im Verborgnen taten, und erläuterte seine öffentliche Onanie auf dem Markt: »Könnt man doch den Bauch ebenso reiben, um den Hunger loszuwerden.« Dem beleibten Rhetor Anaximenes sagte er ins Gesicht: »Gebt uns Bettlern von deiner Wampe was ab; das wird dich erleichtern und uns nutzen.« Den Platon, der ihn gern »Hund« nannte und ihm Ruhmsucht vorwarf, nannte er »Wortverschwender«, warf ihm »hohle Anmaßung« vor, mokierte sich übers hochtrabende Gefasel vom Begriff der Becherheit und der Tischheit. Barfuß, struppig, schmutzig lief er über Platons teure Teppiche (wie Rasputin, der im Prunk des Zarenhofs relativ zerlumpt umging). Platon: »Hättest du dir den Dionysios warmgehalten, bräuchtest du jetzt keinen Kohl abspülen.«

Diogenes: »Und hättest du dich zum Kohlwaschen herabgelassen, bräuchtest du jetzt nicht dem Dionysios den Bauch zu pinseln.« Angesichts von Spuckverbot in exklusivem Privathaus rotzte er dem Gastgeber ins Gesicht: »Ich suchte umsonst einen schlechteren Ort dafür.« – »Wieso betrittst du schmutzige Orte?« »Auch die Sonne beleuchtet Aborte, ohne sich zu besudeln.« Seine Schlagfertigkeit sprach sich herum: »Warum sind die Athleten so stumpfsinnig?« – »Weil sie aus Schweine- und Ochsenfleisch aufgebaut sind.« – »Die aus Sinope haben die Verbannung über dich verhängt.« »Und ich hab über sie verhängt, dort zu bleiben.« – »Wieso heißt du Hund?« »Die mir was geben, umwedle ich; die nichts rausrücken, bell' ich an, und Schurken beiß' ich.« – »Welcher Hunderasse gehörst du an?« »Hungrig bin ich Malteser, satt ein Molosser.« – »Wen soll man eigentlich heiraten?« »Jünglinge noch nicht, und Alte nicht mehr.« – »Laß auch du dich in Eleusis einweihen, dann hast du im Hades besondere Vorrechte!« »Wär doch lächerlich, wenn Agesilaos und Epaminondas sich im Schlammpfuhl wälzen müßten, während irgendwelches Gesindel, nur weil es eingeweiht wurde, auf den Inseln der Seligen weilt.« – Arzneihändler Lysias: »Glaubst du an Götter?« Diogenes: »Schon deshalb, weil ich hoffe, daß sie dich hassen!« – Perdikkas: »Wenn du nicht kommst, werd ich dich töten.« Diogenes: »Das wär keine Heldentat, das können Käfer und Spinnen auch vollbringen.« Albträumern sagte er: »Was ihr im Wachen tut, läßt euch kalt, aber was euch im Schlaf erschreckt, macht euch viel zu schaffen.« Als Rowdies sein Haus zertrümmerten, verehrten ihm Sympathisanten ein neues Faß. Als er mal Schulterweh litt und ihm ein Spaßvogel nahelegte, er brauche doch, um sich vom Leiden zu befreien, bloß zu sterben, sagte er, es zieme sich, daß die, welche wüßten, wie man leben müsse, am Leben bleiben würden. Seine eigentliche Lehre, leider viel weniger närrisch und geistvoll als seine spontanen Repliken, beinhaltete bloß, ohne Staatsverfassung gebe es keinen Nutzen städtischer Gemeinschaft. Musik, Geometrie, Astronomie hielt der Früh-Anarchist für nutzlos, Tempelraub, Tierverzehr, ja sogar Anthropophagie (Kannibalismus) für legal. Da er Inzest als nicht naturwidrig und sträflich ansah, sprach er Ödipus jede Tragik ab. Gegen Ehe und für Kindergemeinschaft sprach er sich aus, als Urkommunist. Seine innere Freiheit ließ er sich weder durch Krankheit, Exil noch Tod verkleinern, als vorauseilender Zen-Meister und verspäteter Brahmane; obwohl – er trug Kurzhaarfrisur und relativ kurzen Bart. Er wurde auch mal verprügelt, weil er nur halb geschoren auf einem Gelage auftauchte. Standesschranken übersprang er rüpelhaft, kämpfte also gegen Kastensysteme, als französisch-russischer Revolutionär und Proll. Seine Besitzverachtung machte ihn zum frühen Alternativdenker und Energiesparer, zudem Stammvater des Pleinairismus und der Rohköstler (statt aus Gesundheitsgründen, weil er den Aufwand des Kochens nicht leisten wollte). Er wollte mit dem Gesicht nach unten begraben werden, weil das Zuunterste bald nach oben gekehrt werden würde. Er starb erst mit 90, am Ochsenfuß nagend, an Cholera, bzw. er stoppte nach Brahmanenart absichtlich seinen Atem, wurde reglos im Mantel eingehüllt im Kraneion (Gymnasium vor Korinth) gefunden, bzw. an Fleischvergiftung (wie Buddha) oder an Salmonellen, weil er Hekate mal wieder ungekochte Kraken und olle Eier wegaß; bzw. er verteilte einen Polypen an Hunde, wurde im Gezerre in die Fußsehne gebissen und starb dran (an Sepsis?), ein symbolischer, unwahrscheinlicher, konstruierter Tod (Hund beißt Hund), zugleich der komischste, passendste, wahrheitstriefendste. Sterbend verlangte er, unbeerdigt hingeworfen zu werden als Fraß für Tiere (wie → Zhuangzi). ~ Die Echtheit seiner verlorenen Tragödien und Dialoge wurde bereits im Altertum bestritten. Man erhob ihn zum »Hund des Himmels« und errichtete ihm eine Säule, auf der ein Hund aus parischem Marmor stand. Sein Pithos wurde später als Holzfaß dargestellt. Isa (Jesus) im Islam warf seinen Krug fort, als er Sufis aus hohler Hand trinken sah, und entsorgte den Kamm, als er Sufis die Bärte mit den Fingern kämmen sah. Epikurs Sentenz, wenn der Tod da sei, seien wir nicht mehr da, stand bereits bei Diogenes. Über 2000 Jahre vor Rousseau wollte Diogenes, wie Laozi die Kultur, die sie beide umgab, von sich werfen, kaum von ihr beleckt, frecher Neandertaler mitten in der Großstadt, die er haßte und aus der er nie auch nur 1 m hinaustrat. Bei Nietzsche bat der Schatten den Wanderer: »Geh mir aus der Sonne«. X Einzelpersönlichkeiten liefen in x Tonarten als variierte Diogenesse durch konträre Zeiten und Zonen. Diogenes-Syndromatik ergriff ganze Bevölkerungskreise: Sadhus, Minderbrüder, Qalandare, Vagabunden (à la der Vetter von Dingsda), Wandervögel, Rucksacktouristen, Road-Movie-Gammler, Obdachlose, Penner, Punker, Stadtindianer mit absichtlich zerfetzten Jeans. Das 20. Jhdt. nannte Diogenes mit seriöser Miene »Protokyniker mit unkonventioneller Lebensführung«. In DDR-Philosophenlexika, wo D. zwischen G. Dimitroff und N. A. Dobroljubow hingehört hätte, übersprang man ihn.

Worte des Diogenes: Die einzig wahre Staatsordnung findet sich nur im Weltall. • Eigentlich wird euch das Leben von den Göttern nicht schwergemacht, aber über dem Haschen nach Leckerbissen, Wohlgerüchen und derlei Klim-

Als Hundekönig im Unflat auf Menschensuche

bim habt ihr das halt vergessen. ◆ Streck nie die Hand mit eingebogenen Fingern nach Freunden aus. Habsucht ist die Mutterstadt alles Übels. ◆ Grammatiker spüren zwar die Fehler des Odysseus auf, nicht aber ihre eigenen. ◆ Man muß sich zum Leben entweder mit Verstand ausrüsten oder mit einer Schlinge. ◆ Der Reiche frühstückt, wenn er Lust hat; der Arme, wenn er Brot hat. ◆ Ihr armen Beter, ihr betet immer nur um das, was euch gut scheint, aber nie um tatsächlich Gutes!

Diogenes über sich: Es gab eine Zeit, da pißte ich unbeherrscht die Leute an, jetzt aber nicht mehr. ◆ Andere Hunde beißen ihre Feinde, ich aber beiß meine Freunde – um sie zu retten. Lieber leck ich in Athen Salz, als beim Krateros an prunkvollster Tafel zu schlemmen.

Andere über Diogenes: Darum sprach der, der nackt in der Tonne saß, zum großen Alexander, der die ganze Welt unter sich hatte: »Ich bin ein viel größerer Herr, als du bist; denn ich habe mehr verschmäht, als du in Besitz genommen hast.« *(Meister Eckhart)* ◆ Bevor man den Menschen sucht, muß man die Laterne gefunden haben. *(Nietzsche)* ◆ Diogenes ist einer der großen Sufis. Er lebte nackt, gerade so wie die Tiere. Alexander fragte ihn: »Wie kann ich so werden wie du? – so unschuldig, so schön?« Diogenes sagte lachend: »Da gibt es kein Wie!« – und legte sich in den Sand am Ufer des Flusses. Er wollte sich nicht die Liebkosungen entgehen lassen, die heimlichen Botschaften, die der Sand seinem nackten Körper zuflüsterte, und die warmen Sonnenstrahlen, die auf ihn fielen. *(Rajneesh, 1975)* ◆ Seht her, wie dieser weise Mann, vor dem Alexander der Große bewundernd stand, es sich mit seinem eigenen Glied gut gehen läßt! Und scheißen tut er vor aller Augen. Also kann das so übel nicht sein. *(Peter Sloterdijk, 1981)* ◆ Der kynische Philosoph Diogenes machte sich selbst zum Wachhund vor dem Eingang zum Tempel der Großen Mutter. Dort lebte er in einem »großen tönernen Gefäß«, das den Schoß der Mutter Erde darstellte. *(Barbara G. Walker, 1983/93)*

Dionysios von Syrakus der Ältere, Feldherr, Tyrann, Blutsäufer (um 432–367 v. Chr.): Mit 25 riß er die Macht an sich. 2 x stürzte man ihn, 2 x kam er wieder hoch. Er betrieb Festungsbau, kämpfte gegen Etrusker und Karthago, gründete Kolonien an der Adria. Obwohl Boten und Gäste nackt antreten mußten, um keinesfalls versteckte Dolche mitführen zu können, trug er unterm Gewand stets einen Brustpanzer. Barbiere durften nicht an seine Gurgel. Er ließ sich von Töchtern schaben, statt mit Klingen mit heißen Nußschalen. Nie nahm er Bäder in der Menge, wandte sich nur von Türmen herab ans Volk. Diener mußten lang nach ihm suchen, da er stets anderswo schlief. Zum Schlafgemach führte eine einziehbare Brücke. Er entwickelte Systeme, um Verschwörer und Mörder in die Irre zu führen. Extra hellhörige Gewölbearchitektur ermöglichte ihm vorchristliche und vorindustrielle Lauschangriffe. Als Steuererhöhungen nichts mehr brachten, ersetzte er, um an zusätzliche Gelder zu gelangen, den Goldumhang der Jupiterstatue mit Wolle, argumentierend, Gold sei im Winter zu kalt, im Sommer zu heiß. Zugleich brillierte er – wie später als Dichter, bestach Jurys und ließ miese Verse bejubeln. Der Dichter Philoxenus, weil er sie nicht lobte, wurde in die Latomien geworfen (ein vorchristlicher Archipel Gulag), später auf vielfache Fürbitte begnadigt, wieder zur Tafel zugelassen, wieder mit Dichtung erfreut und um sein Urteil angegangen, da sagte er: »Schicke mich wieder in die Steinbrüche.« Obwohl Dionysios pausenlos angebliche Verschwörer hinrichtete – die schwarze spartanische Blutsuppe schmeckte ihm nicht. Einen lasterhaften, unbeliebten Mann überschüttete er mit Auszeichnungen, aber nur, damit das Volk noch einen anderen mehr hasse als ihn. Eine Greisin, die um sein Leben betete, aus Angst, nach ihm könne ein noch schlimmerer Tyrann kommen, rührte ihn. Ein Damokles nannte den Tyrannen »den glücklichsten aller Menschen«, der ihm daraufhin dieses Glück demonstrierte: Der Schmeichler durfte parfümiert in Delikatessen schwelgen, aber über ihm hing am Faden ein Schwert – da nahm er Abstand von seiner Meinung, zog sich für immer zurück; aber sein Name blieb bekannter als der des Tyrannen. Berühmt blieb Dionysios für ein Bonmot, das ihm 2100 Jahre später ein deutscher Dichter in den Mund legte: »Ich sei, gewährt mir die Bitte, in eurem Bunde der Dritte.« Ansonsten reinkarnierte er sich in jedem Diktator, der an Attentatsparanoia litt, von Stalin bis Saddam Hussein.

Betty Dodson, Bodysexworkerin, Tabubrecherin, Genießerin, Dildoexpertin, Vibrator-Priesterin, Vorkämpferin, Masturbationspäpstin (geb. 1930): Geboren im frommen Kansas, umzingelt von konservativen Moralisten und prüden Eheratgebern. Bereits als Kind, während sie von Märchenprinzen, feuchten Küssen, romantischen Umarmungen und Hochzeitsnächten à la Hollywood träumte, masturbierte sie so regelmäßig wie unmäßig, mit eingestreuten schamhaften Kunstpausen. Etliche Affären gebaren fürchterlichen Beziehungsstreß und Trennungsschmerzen nach jeweils 2 Jahren. Heirat auf den letzten Drücker 1959: wirtschaftlich abhängig, Missionarsstellung, Präcoxprobleme, schnarchender Gatte, und solch frustrierenden Kinsey-Durchschnitt von 2 ½ Minuten bloß 1 x im Monat. Scheidung 1964. Dann eine erste nacheheliche experimentierfreudige Beziehungskiste mit einem Guy namens Blake, kombiniert mit steigerbaren Masturbationsspielchen. Betty experimentierte und orgasmierte mit klassischen Duschstrahlen, probierte x Vibrator-Generationen durch, kombiniert mit eingeölten Silikonpenissen, Teddybären, elektrischen Kopfmassagegeräten. Bis in die 70er Jahre hinein gab sie sich, oft täglich, Zweistundenritualen hin, eingebettet in stimmungsvolles Ambiente, umstellt von hübsch dekorierten Obstschalen mit Mangos, Kiwis oder Papayascheiben, Champagner, bei Räucherkerzen und Duftölen. Nach 2–3 Orgasmen kam sie erst so richtig in Fahrt. Wenn sie das Telefon nicht auf Beantworter stellte, ließ sie das Onanieren beim Telefonieren fließend übergehn in Small talk beim Onanieren. Und wurde dabei so high, daß sie nach mehr als 3 Orgasmen wie von kosmischen Flügen zurückkam. Statt kosmische Flüge auszumalen, beschrieb sie Orgasmen. Sobald sie spürte, daß sie sich in einen bestimmten Vibrator verliebte, wirkte sie solcher Monogamie entgegen, indem sie andere Modelle kaufte, die sie auch gern Freundinnen auslieh. Batteriebetriebenen Geräten verübelte sie, daß oft im ungeeignetsten Moment kein Saft mehr drauf war. Besonders schätzte sie am Modell »Pandora«, daß es nie müde wurde, nie Kopfweh vorschützte, auch nie – selbst bei Überstrapazierung nicht – heißlief, und nie sich beklagte, wenn sie mit Menschen fremdging, was auch vorkam, als Notlösung. Bei steigenden Ansprüchen und progredierender Unersättlichkeit legte sie sich furchtlos weitere Geräte zu, die ihren Privatbereich zur Großbaustelle mit Zementmixern machten, mit chromverzierten, zylindrischen Monstren, die wie LKWs im ersten Gang dröhnten und beängstigend mit Saugnäpfen und Gumminoppen aufwarteten. High-Tech kontrastierte sie mit Natur pur: An den Gemüsetheken der Supermärkte suchte sie sich schälbare Liebhaber für den Abend aus: Schlangengurken oder Zucchini.

Schuldgefühle und Einmischung von Kirche & Staat ließ sie hierbei gar nicht erst aufkommen. Praktisch wie theoretisch versteifte sie sich auf ausschließlich ihr Zentralthema, machte ihr saugeiles Hobby zum Beruf und ihren Beruf zu ihrem Alpha & Omega und Ein und Alles. Jahrzehntelang diskutierte sie leidenschaftlich mit Grant Taylor über die »political dimensions of masturbation«. Ihren Buchtitel »Sex for One«, 1974, gut vermarktet von ihrem Agenten Frank Taylor, widmete sie im Vorspann sich selbst; denn ohne die Erfahrungen ihrer Selbstliebe hätte es niemals geschrieben werden können. In x Auflagen wurde der Ratgeber zur Bibel aller sich selbst Liebenden. Ihre Klappentexte gaben die exzessive und obsessive Hedonistin als betont tabulose Sexualwissenschaftlerin aus. Dankbriefe aus aller Welt trafen wannenweise ein. Verließ sie das Haus, wartete ihr Vibrator geduldig auf ihre Heimkehr. Sobald sie sich als Malerin betätigte, malte sie auseinandergezogene Vulven und masturbierende People. Sie bot Bodysex-Workshops für frustrierte Haus- und Ehefrauen an, empfing die eintreffenden Teilnehmerinnen bereits an der Haustür nackt, ganz ohne Idealfigur, nicht ganz unbeleibt, maximal 15 pro Gruppe, und dann erforschte und erfuhr man sich, indem man Nackttanz und Hüftstöße übte, mit Diaprojektionen die 15 anwesenden Vulven an die Wand warf, in liebevoller Kreisform sich grenzenloser Kollektivmasturbation hingab, nach und nach mit über 5000 Frauen. Selbst den verschossensten Gestalten empfahl und spendierte sie ein umfassendes »Yes« und nannte jeden Schwabbelwanst ein »göttliches Kunstwerk«. Frauen, die nach 10jähriger Ehe, 3 Kindern und keinem Orgasmus verzweifelt sich wundrieben, konnte geholfen werden auf dem Weg zu ihrem ersten Orgasmus. Betty machte mit einem Orgasmus pro Tag den Arzt überflüssig. »Liebe deinen Nächsten wie dich selbst« wurde bei ihr zu »Wenn ich mich selbst liebe, kann ich dich lieben, wenn du dich liebst«. Hippies erweiterten ihr Bewußtsein; Dodson arbeitete an der Erweiterung des sexuellen Bewußtseins, ohne daß sie irgendwo aus dem Sex heraustrat. Der ZEIT-Schmecker Wolfram Siebeck kam auf diese Welt, um Sokrates' »Wir leben nicht, um zu essen« lebenslang zu widerlegen; Betty Dodson's Daseinszweck: mit ihrem Oberkörper, samt Kopf, um ihren Unterkörper kreisen. Andere Onanie-Autoren schrieben auch über anderes, Volker Elis Pilgrim über Vegetarismus, Ludger Lütkehaus über Heidegger und das Nichts; Betty schrieb über nichts anderes. Andere Promis erzählten alles über sich und nichts über ihre Onanie; einzig Betty Dodson kein Sterbenswörtchen über außersexuelle Hobbys (leckere Rezepte ausprobieren, Kakteenzucht, Orgelkunst?). Normale Sexmolche erschienen neben ihr »vielseitig interessiert«. Kein Dagobert Duck konnte so um Knete kreisen, kein Dadaist um Dada, kein Sufi um Gott, wie Betty Dodson um ihr Thema. Ihre selbstbewußt lachende Homepage bot eine lebensvolle Gegenmelodie zur trockensehnigen Hilfsmittelvertreiberin Beate Uhse. Beide, die gelblich abgezehrte Sterbepäpstin Prof. → Kübler-Ross, die den Leuten die Angst vorm Sterben nahm, und Betty, die den Leuten die Scham vorm Wichsen nahm, machten Mut zum richtigen Umgang mit dem eigenen Body, dem röchelnd von uns gehenden wie dem aufgepeitscht ächzenden: Dodson & Kübler-Ross – Leben & Tod. Sexbomben à la Dolly Buster & Annie Sprinkle zehrten von ihr. Einzig die Erfüllung der Dodsonschen Lieblingsphantasie künftiger tatsächlicher sexueller Befreiung, daß die Gruppe und sie als ein Geheimbund von Vibrator-Priesterinnen für eine Uraufführung in der Carnegie-Hall übten, oder einen ihrer Orgasmen landesweit im TV zu übertragen, oder gar eine Simultan-Masturbier-Orgie der gesamten Nation für den Weltfrieden, und dies am Silvesterabend 1999, mit exaktem Timing und zielsicherer Hinzielung millionenköpfigen Total-Orgasmusses auf 0 Uhr, ließ im 21. Jhdt. weiterhin grausam auf sich warten.

Ihre außersexuellen Hobbys hielt sie geheim

Worte von Betty Dodson: Halleluja, jetzt wollen alle meditieren! ◆ Untersuchen Sie Ihre Genitalien mit dem gleichen Interesse, das Sie immer schon Ihrem Gesicht gewidmet haben. Ziehen Sie die äußeren Schamlippen auseinander, und streichen Sie die Schamhaare zurück. ◆ Bewundern Sie Ihre Klitoris! ◆ Größe und Form haben keinen Einfluß auf die Lust, daher lieben Sie Ihren Schwanz, wie immer er auch aussieht. ◆ Benutzen Sie einen Vibrator nicht im Anus und anschließend in der Vagina. ◆ Es gibt viele Neuheiten, die man ausprobieren kann: Vibrierende Ersatzpenisse mit einem besonderen Klitoriskitzler, vibrierende Eier an einem Band und andere Spielzeuge. ◆ In vielen Anzeigen werden allerdings schäbige und schlechte Geräte angeboten, weil man damit rechnet, daß sich keiner beschwert.

Betty Dodson über sich: Ich mag die kleinen Orgasmen, die ich in meinen viertelstündigen Sexpausen bekomme. ◆ Ich verbesserte meinen Stil, beobachtete, wie meine Schamlippen tiefrot wurden und meine Klitoris anschwoll, je erregter ich wurde. Vor dem Liebesakt stecke ich immer einen Finger hinein, um zu riechen und zu schmecken, damit ich mich sicherer fühle. Nachdem ich Vegetarierin geworden war, schmeckte ich süßer, was auch auf meine vegetarischen Liebhaber zutraf. ◆ Die Ekstase kam, wenn ich mich im Kreis masturbierender Frauen umschaute und fast ohnmächtig wurde vor Erotik. ◆ Eine meiner neuesten Ideen ist, am Samstagabend ein paar Freunde zum Masturbieren einzuladen und dabei einen Pornofilm über eine Mädchenbande anzusehen, die einen Lastwagenfahrer vergewaltigt. ◆ Die meisten Amerikanerinnen stehen auf große Penisse, ich eingeschlossen. Mein erster Plastikpenis hatte ungeheure 25 cm, aber ich habe nie mehr als die ersten 14 gebraucht. ◆ Alle meine Liebhaber konnten zu guten Freunden werden, und alle meine Freunde konnten zu Liebhabern werden. ◆ Das Altern ist unvermeidlich, aber ich kann den Prozeß verlangsamen, indem ich mich gesund ernähre, Sport treibe und Orgasmen habe.

Donovan (komplett: Donovan Philip Leitch), Poppoet, Folkballadensänger, Rockbarde, Windcatcher, Pastellträumer, »Fool on the Hill« (geb. 1946): Der Arbeitersohn aus Glasgow/Schottland wanderte 1956 in die Vorstadt Londons aus. Ab 1964 wollte er, wie er erklärte, mit seinen Songs the World verändern. 1965 stürmte sein militärkritischer Song »Universal Soldier« tatsächlich die Charts. Neben und gegen die Sandpapierstimme Bob Dylans setzte Donovan die zittrige, absichtlich zitternde, d. h. kunstbewußt tremolierende Stimme von Everybody's Darling, blaß, mit Unterbiß und Schlafzimmeraugen; endlich Sensibilität im rauhen Alltag des Pop-Business, ein überweicher Kern in ebenso butterweicher Schale – im knallharten Gestampf der Discohöllen das lyrische Seitenthema, eine Blumenoase, einsamer, ganz ohne Bandmitglieder, weniger aufwendig und sahnig als die Bee Gees, fast so traurig und lang nicht so väterlich baßstimmig und maskulin wie Leonard Cohen. Getragen wurde der singende Supersoftie auf dem Riesenpolster gefühlvoller weiblicher Fans und netter, kriegsuntauglicher Memmen & Muttersöhnchen. Gleichwohl stand auf seiner Gitarre schier stonesförmig aufmüpferisch: »This machine kills«. Er sang an gegen Korruption, Unmenschlichkeit und ähnlich Schlimmes. Donovan variierte → Laozi: Weiches wollte Hartes besiegen. Man glaubte es ihm, und auch er, der kindlichste Romantiker des Rock, hörte nicht auf, dran zu glauben. Mit »Sunshine Superman« schuf er einen der ersten psychedelischen Songs überhaupt. Er kaufte sich eine schottische Insel mit Schloß und heiratete eine Prinzessin namens Linda Lawrence, eine ehemalige Freundin des Rolling-Stones-Gitarristen Brian Jones. Sein weichgespültester tränenlösendster Song: »Lalena«. Sein Melodram vom Lost Paradise: »Atlantis«. Frühe Resignation und Vorwegnahme einer neuen Innerlichkeit? Schon nach ganz kurzer Laufzeit, mitten in seinen »Hoch-Zeiten«, wurde der gute Mensch aus den schottischen Bergen zum ewiggestrigen Märchenerzähler und lebenden Anachronismus, tragikomischer Narr, Hurdy Gurdy Man. »The well known has been«: so umschrieb er sich selber 1974 auf seiner LP »Slow Down World«. Er verstummte nicht. Er sang weiter. Der Pop-Parsifal, der Minnesänger im Kimono, die liebenswerteste Figur im Popzirkus blieb sich treu, nur war sein romantischer Schmelz, den wachsende Antipathie als Kitsch verbuchte, dann nicht mehr ganz zeitgemäß. Melodien späterer Songs blieben einfach nicht mehr im Kollektiv-Ohr hängen, und die Titel nicht im Gedächtnis. Bei Konzerten zählten immer nur die alten frühesten Hits; alles Spätwerk für die Katz. Frühverstorbene Romantiker wie → Novalis, → Joplin, Jim Morrison, Jimi Hendrix, Wackenroder, James Dean wurden konterkariert von länger lebenden, dicker werdenden Grand Old Men wie Ludwig Tieck, Paul McCartney, Donovan. In späteren TV-Sendungen zeigte Donovan – erst 49, dann 59 – ein Gesicht, das vom Namen her noch Donovan zu gehören schien, aber wenig zitable, kaum zum heiligen Narren prädestinierende Redefloskeln sich entlocken ließ, ab und zu hervorgezogen, in medialen Erinnerungsanfällen.

Worte von Donovan: Herr, küß mich noch einmal, fülle mich mit Liedern. Allah, küß mich noch einmal, damit ich meine Liebe wie ein himmlisches Gewand um mich hüllen kann.
Donovan über sich: Ich will nicht mehr gegen das singen, was ich hasse, sondern für das, was ich liebe.
Andere über Donovan: Tage und Tag', allein auf dem Hügel, / der Mann mit dem dümmlichen Grinsen / schweigt wie ein Siegel, / doch niemand möcht ihn kennen. / Sie sehn ja, er ist nur ein Narr, / und er schweigt stets, wenn man ihn fragt. / Doch der Narr auf den Hügeln sieht die Sonne niedergehn, / und die Augen in seinem Kopf sehn die Welt sich drehn. *(The Beatles, 1968)* ◆ Er liebt Kinder und alte Sagen, Flora und Fauna, Magisches und Mystisches, Sonne, Mond und Sterne. *(Graves/Schmidt-Joos, 1973)* ◆ Er be-

The Fool on the Hill, sanfter als manch ein Softie

hauptete von sich standhaft, »ein Verkäufer von Hoffnungen« zu sein, und lebte auch entsprechend: ein Schloß auf einer Insel vor Schottland, wallende weiße Gewänder oder bunte Kaftans, massig Halskettchen und Schmuck – nur der Heiligenschein blieb ihm sichtbar versagt. Mit dem Niedergang der Weltverbesserungsideologie nahm auch das Interesse an Donovan ab – in den 70ern veröffentlichte er zwar noch jede Menge Alben, traf aber den Ton und den Zeitgeist der Jugend kaum noch – man könnte auch sagen, er verfehlte ihn in seiner selbstverliebten Versponnenheit kilometerweit. *(Michael G. Symolka, 1999)*

DOSITHEOS, **Samaritaner, Gnosis-Guru, Messias (um 100 v. Chr.):** Der Schüler von Johannes dem Täufer, bei dessen Tod Meisterschüler Simon Magus just in Ägypten weilte, sprang in die Lücke, in Samaria, übernahm den 30köpfigen Schülerkreis – nein: 29½, zwecks exakter Zahlenentsprechung zum Mondumlauf! Die halbe Person erzielte man, indem eine betont lunatische/selenische Frau beitreten durfte: Helena, entweder mitgebracht vom zurückkehrenden Simon Magus, oder dieser fand sie bei seiner Rückkunft in Dositheos' Gemeinde oder Sekte bereits vor und machte sie Meister Dositheos, den er alsbald überragte oder unterbutterte, irgendwann abspenstig. Die frugale Lebensführung, samt Taufdrang, Taufriten und Täufergebaren, falls nicht bei Essenern und Therapeuten abgeguckt, wich von deren Praktiken kaum ab. Im Verkehrsaufkommen und Getümmel getaufter und ungetaufter, selbsternannter und graduierter, nichtinitiierter und voll eingeweihter Messiasanwärter und religiöser Genies, falscher und noch falscherer Möchtegernmessiasse, echte eingerechnet, litt ab irgendeinem Zeitpunkt auch Dositheos an der epidemischen Zeitkrankheit – nein, zog sich rauf am hybrid leuchtenden Wahn –, in eigener Person und Gestalt sich als Christos – seit alters angekündigt – auszugeben und zu fühlen, umweht von eventuell teilweise durchaus stilechter und vollbürtiger Messianität. In diesem Vollgefühl und sicher nicht ganz ohne Fug und Wahrheitsgehalt nannte

Dositheos sich ab da auch »Hestos« (späterer Lieblingsterminus von Philo), also: »der Stillgestellte / Feststehende / Fixstern«, der nicht mehr im Unabsoluten Steckende; der nicht mehr Relativierbare; der nie mehr Umhergetriebene; buddhistisch gesprochen: der dem Geburtenkreislauf triumphal Entronnene; christlich gesprochen: der wie Gott Unveränderliche und Unfehlbare. Dann aber mußte er hautnah miterleben, daß viel unwürdigere, simplere Gestalten von viel mehr als ca. 27½ Verehrern (2–3 Petrusse und Judasse abgerechnet), Multiplikatoren, Image- und Karriereberatern, Fusionsmanagern und Evangelisten eine vergleichsweise partiell unverdiente Gottgleichheit zuerkannt, angetragen und hinterhergeschmissen bekamen. ~ Umfangreiche Geheimliteratur, die nur jene Adepten – gemäß Dositheos' Befehl – lesen durften, die vor der Lektüre in einer bestimmten Quelle sich gereinigt hatten, ging später verloren. Zitate erhielten sich nirgendwo, auch nicht in antipodischem Schrifttum. Weder Kleingedrucktes noch Details der Lehre, auch nicht die Guru-Duelle, die zweifelsohne stattgefunden haben müssen, schimmerten durch spätere Zeilen. Helena bzw. Selene wurde später immer regelmäßiger mit Luna weiterübersetzt, um die umstößlichen Trennungslinien zwischen Sektenmitglied und Mondgöttin osmotisch zu halten. Pseudoclementinische Recognitionen und Homilien erwähnten Dositheos (auch: Dousis, Dusis, Dosthai, Dositheus), vermutlich einen Araber, so beiläufig und flüchtig wie heräsiologische Register und samaritische Chroniken, ohne seine historische Verschwommenheit zu verkleinern. Eine zufällig übriggebliebene Legende hielt Dositheos für den Stifter der Sadduzäersekte. Epiphanius stellte ihn als gelehrten Juden und Neotroglodyten dar, der an freiwillig herbeigeführtem Starrkrampf gestorben sei – unzuverlässige Angleichung an Zoroaster- und Manilegenden!? Origenes tradierte die Sage, Dositheos sei gar nicht gestorben (habe den Tod nicht geschmeckt), sondern lebe noch irgendwo (spätere Parallelbeispiele: der nach Hindustan ausgewanderte → Jesus, Drusenidol Al-Hakim, → Hitler). Möglicherweise wurde Dositheos vom samaritanischen Chronisten Abul Fatah (14. Jhdt.) irrtümlich oder absichtlich vordatiert und lebte eigentlich über 100 Jahre später als 100 v. Chr. Denn vor Christus gab es eigentlich keine Gnostiker, und außerdem hätte Dositheos dann, aus Zeitgründen, schwerlich mit Simon Magus und Johannes dem Täufer Umgang haben können. Seine Dositheersekte bestand bis ins 5., vielleicht 14. Jhdt. Wichtige geistige Führer seiner Zeit, also Rivalen oder Mitstreiter, hießen – laut Hegesippus (wie Eusebius berichtet) – Clobius, Chortäus und Masbothus, über die noch weniger bekannt blieb als über Dositheos und Simon.

EUGEN DREWERMANN, Ex-Priester, Seelsorger, Märchendeuter, Umdeuter, Umstürzler, Kirchenrebell, Märtyrer, Gegenpapst, Sinnstifter, Weisheitsspender, »Jesus von Paderborn« (geb. 1940): Der als atypischer Bergarbeitersohn das Licht dieser Welt erblickte, begeisterte sich 1950 an Felix Dahns unpazifistischem »Kampf um Rom«, wobei ihn bereits »Götter, Gräber und Gelehrte« auf bibelkritische Gedanken brachte, bis er sich dann 1954 stark mit den metaphysischen Fragen Kierkegaards und Dostojewskijs befaßte. Nietzsche erlebte am Lebensende, der kleine Eugen als Kind eine Gaulmißhandlung mit: »Warum war der Mann zu dem Pferd so böse?« Er litt an weihnachtlich aufgehängten, blutigen Hasen, an Biafra, an Wiederbewaffnung, und an Leuten, die nicht an solchen Dingen litten. Bereits blutjung als Wehrpflichtiger dachte er anders als der bundeswehrbejahende Papst. 1959–1965 Studium katholischer Theologie und Philosophie; dann eheloser Kaplan und Kurseelsorger in Bad Driburg. Schon früh las er unterm Tisch des AT-Hauptseminars »Schneeweißchen und Rosenrot«. 1550 Seiten schrieb er über Strukturen des Bösen. In Albert Schweitzer, dann Arthur Schopenhauer, die dem Privatdozenten zu Wegweisern und »Wegbegleitern« wurden (seit wann ließ Schopenhauer sich zum Begleiter herab?), fand er mehr Ethik als im Weltkatechismus und in den Reden der blutwurstessenden Vikare seines Umfelds. Menschen sah er leiden, aber nicht schuldig sein. Straftäter sah er, statt als Hinzurichtende, als Aufzurichtende. Sein tiefer Ernst sah todernst aus. Unaufgeregter als → Kelly, aber ebenfalls ein wandelnder Inbegriff von Wut und Betroffenheit, redete, nein: sprach Drewermann (im ABC dicht bei Jürgen und Jörg Drews) über die schreienden Mißstände in diesem unseren Lande und auf der Welt. Seine sonore Stimme zitterte, im gleichmäßigen Sprachabfluß, an der Tränengrenze. In seiner Innerlichkeits-Ideologie stilisierte er (wie Oswald Spengler) Angst zur menschlichen Grundbefindlichkeit hoch, im Gegensatz zu → Bloch, der eher die Kategorie des Hungers betonte, anders als Pater → Grün, der eher Sex & Aggression als unsere Haupttriebfedern erkannte. Rhetorisch und inhaltlich hatte Drewermann deutlich mehr drauf als alle Päpste, Bischöfe, Mönche, Gottesmänner zusammengenommen, auch mehr als christliche Denker wie Robert Spaemann. Von der Notwendigkeit einer typologischen Geschichtshermeneutik zeigte er sich beeindruckenderweise genauso überzeugt wie vom Unterschied der finalen und subjektalen Methode der komplexen Psychologie. Humor & Elastizität zeigte er allerdings so wenig wie die von ihm bekämpften Kleriker. Doch wer ihn humorlos schalt, hatte nicht gut genug gesucht: Als er mal die Erbfeinde Katze und Maus koexistent beisammenleben sah, schrieb er, man hätte sie »als Vorbild jeglicher Staatengemeinschaft allgemein empfehlen können« – also doch Humor! Die Psychoanalyse, ausgerechnet diese reduktionistische, amusische, frigide, refraktäre, tunnelblickgeschädigte, monophone, die Entzauberung der Welt vorantreibende Weltdeutung, ja: Geisteskrankheit, von → Kraus, Vladimir Nabokov, Dieter E. Zimmer als unzulänglich diagnostiziert und tiefer durchschaut, als Sigmund Freud die Welt durchschaute, wurde Drewermann zu »einem geistigen Abenteuer allerersten Ranges«. Der eiskalte Freud bedeutete ihm fast soviel wie der warmherzige → Jesus von Nazaret, deren Synthese – zuzüglich Schweitzer und → Gandhi – der renommierte Synoptiker von Tiefenpsychologie, Theo- und Mythologie, Märchenforschung zu erstellen und zu sein wünschte und versuchte. Die »Humanität religiösen Ursprungs« strebte er in seiner therapeutischen Arbeit wieder lebendig und erfahrbar zu machen. Indem er den archaischen Wunderheiler Jesus zeitgemäß in einen Psychotherapeuten und Seelsorger umdeutete, schuf er ihn nach seinem Bilde. Verehrerinnen spendete er Zuspruch, Trost und geistliche Erbauung. Jungfernzeugung definierte er als Hirngespinst verklemmter Kirchenväter, Kirche als machtfixiertes, militärisch, ja: faschistisch strukturiertes Horrorinstitut mit abgelaufener Existenzberechtigung. Ihr warf er vor, sie fröne altägyptischen Gottkönigsideen, und daß sie Sexus und Denken unterdrücke. Als echter Urchrist verschmähte er nicht, in Bierzelten und als BILD-Kolumnist aufzutreten; lediglich Zeitschriften mit geringer Auflage gab er Absagen. 1991: neuzeitlicher Scheiterhaufen, d. h. Entzug der Lehrbefugnis; dann Predigtverbot. Obwohl er rechtzeitig die Kirche durchschaute, verblieb er verdächtig ausdauernd im schädlichen Dunstkreis. Er verstand sich als Widerstandskämpfer von innen heraus, ohne seine kritischen Talente auch auf Jesus und Gottes Existenz loszulassen. Sonst wär er bloß einer von 1,8 Mill. Freidenkern gewesen, statt der prominenteste Ketzer. Frankreichs Kirche rühmte ihn als neuen Luther. Seine Klerikerkritik verdrängte den katholischen Weltkatechismus von den Bestsellerlisten. Je mehr er sich vom Christentum fortbewegte, desto mehr himmelten Christen, die Christen blieben, ihn an. Spirituelle Zwickmühle: als Christ fast alle christlichen Dogmen unter der Hand abgetauscht zu haben gegen wahrere Weisheiten, trotzdem dauernd mit Jesus weiterzusalbadern, als wenn Jesus in jedem Punkt weniger dubiöse bis fatale Sachen von sich gegeben hätte als die üblichen Päpste. In Talk-Shows legte Drewermann stringent dar, daß Papst → Benedikt XVI. Millionen Aidstoter in Kauf nehme, nur um nicht eigene frühere Positionen zu korrigieren und damit zuzugeben, fehlbar zu sein. In den Päpsten sah er nur »Vergreisung und Vereisung«. Drewermann aber griff als Metaphoriker zu lebendigen, springenden Lachsen, die zwischen Staumauer und Untiefe gegen Stromschnellen schwimmen und Aussaat hochzeitlich verströmen, und »in Auskehr und Heimkehr« richtig gelebt haben – ein singender indianischer Dionysios und Dithyrambiker, zwischen Pathos und Tiefsinns-Simulation, der sich in kosmische Ekstase hinaufbetete, neben der der Sonnengesang des heiligen → Franziskus mit Watte im Mund auftrat: »Du regst Dich in den Gliederfüßchen einer Krabbe, Du schaust uns an im neugierigen Blick des Rhesusäffchens, Du bist die Zärtlichkeit, mit der ein Kätzchen seine Jungen leckt«, lauter süße Äffchen, Füßchen und Kätzchen, doch plötzlich: »Du bist die Kraft, mit der die Löwin ihre Beute reißt.« Da pulsierte Erdgeist; da gelangte dichterisches Wollen auf die poetische Höhe von Khalil Gibran, Yogananda, ja: Hermann Hesse (»Schreckliche Urmutter der Nacht, Todeswollust ist's, dich zu umarmen!«). Statt Ufer wählte er gern »Gestade«, und schon schmeckte dünne Suppe ganz anders. Sein Geist schützte ihn nicht davor, als Botschafter »gelebter Menschlichkeit«, der therapeutisch für »begleitendes Verstehen« votierte, im Psycho- und Eso-Jargon konventionell mitzuschwimmen und vor Pathos und religiösem Schmus nicht zurückzuzucken. Doch ästhetische Einwände perlten als Pipifax an seiner imposanten Gesamterscheinung untriftig ab; denn inhaltlich und moralisch hatte keiner so durch und durch recht als er. Unwiderlegliche Wahrheit spendete er aus wie → Diefenbach und → Osho, 10 x mehr als die 9 letzten Päpste in toto, obwohl er gar nicht 11 x intelligenter zu formulieren verstand als → Ratzinger – wieso stattete Gott seine Stellvertreter stets weniger sprachmächtig aus als seine Leugner und Ketzer? Weil Drewermann sich mit Giordano Bruno identifizierte, ward ihm Selbstinszenierung verübelt. Der antiklerikale Medienstar zahlte einem System Steuern, das seine Bücher druckte und unterdrückte. Drewermann-Exegeten fanden heraus, daß er sich in einem Suchprozeß befinde und in der Kirche Geborgenheit zu finden hoffe. In Sätzen à la »Wer an die Stärke weichen Wassers glaubt, der wird gefährlich allen Steinen« machte er ganz auf → Laozi, statt Jesus. Der Öko-Denker, der für Biodiversität (Artenvielfalt) votierte, schöpfte aus dem Überangebot und Selbstbedienungsladen aller vorhandenen Religionen den Rahm ab und wurde zu einem → Mani, contra verknöcherten Dogmatismus und militarisierte Paranoia. Die Weite seines Blicks ließ sich nur noch mit der von Hans Küng, Jean Gebser, Teilhard de Chardin, Ken Wilber & Willigis Jäger vergleichen. Wem Dalai Lama Nr. 14 zu relaxt und unseriös erschien, fand in Drewermann einen unterkühlteren, nie herumfeixenden, aber ebenso wahrheitsgesättigten Guru. Sein hypnotischer Blick in transzendente Fernen sprach Bände. Kritiker entlarvten den Theologen, heidnische Gedankenkonstrukte für ein materiell sattes, psychisch ausgehungertes Mittelstandspublikum zu liefern. Seine Fangemeinde sehnsüchtiger Hausfrauen, frustrierter Theologiestudenten, katholischer Stadtpriester, ökologischer Basischristen, esoterischer Sinnsucherinnen stellte seine 212 Bücher gleich neben Dorothee Sölle, Laotse, Verena Kast, Ingrid Riedl u. ä. Brüderchen, Schwesterchen und Märchendeuterinnen. Auf Kirchentagen und Hesse-Kongressen, wo er wie ein Buch 2 Stunden am Stück sprach – ohne Konzeptpapier –, von keinem Zögern geplagt, sammelte er am Schluß 8 Publikumsfragen ein und beantwortete sie dann genauso fließend, ohne jedes »Äh«, akkurat der Reihe nach und exakt nach jedem der 8 Fragesteller ausgerichtet. Obwohl er wie ein Papst pausenlos von Dialog und Kommunikation monologisierte, brachte er via perfektem, beneidenswert druckreifem Nonstop-Redestrom ungeübte und versierte InterviewerInnen, indem er ihnen weder Atem noch Chance ließ, mal einzuhaken oder weitere Fragen anzubringen, so sichtbar wie fühllos bis an den Rand der Tränengrenze. Nonverbale Weisheit, die allerdings wenig zu ihm gepaßt hätte, vermißten manche trotzdem an ihm. Seine gedruckten Druckwerke klangen dann aber oft doch nicht äußerst perfekt und druckreif.

Der intelligentere Gegenpapst im Ozean humorfreier Wahrheit

Worte von Eugen Drewermann: Man muß evangelisch werden, um katholisch zu bleiben. Man muß Buddhist werden, um Christ zu bleiben. ◆ Es gibt keine glücklich verheiratete Frau unter 1000 Heiligsprechungen in der katholischen Kirche. ◆ Einfach ist der Weg Jesu nicht. Doch er ist spannungsreicher, phantasievoller, ehrlicher, weitherziger, menschlicher – also auch »göttlicher« als jede Alternative. ◆ Mitleid, ins Universelle gedehnt, ist wichtiger als die Schmalspurigkeit kirchlichen Machterhalts und fiktiver Unfehlbarkeit. ◆ Kein Machterhalt ohne Volksverdummung, kein Geldgewinn ohne Machtvermehrung. ◆ Jesus wollte diese Kirche nicht. ◆ Nichts ver-

geht wirklich in den Stunden des Todes. ◆ Wer im Raum der Religion auf Veränderung sinnt, wird sich sehr bald zwischen den Mühlsteinen von Thron und Altar befinden. ◆ Doch besser ist es, Unrecht zu leiden, als Unrecht zu tun. ◆ Was ist das Leben anderes als ein ewiger, gigantischer, nicht endender Austausch, als ein Kommen und Gehen von Ebbe und Flut, als ein Aufwirbeln manchmal von schimmerndem Schaum, bestehend aus myriadenfachen kleinen Luftbläschen? ◆ Unsere Hoffnung in dem schwarzen Meer der Vergänglichkeit besteht in der Erwartung eines ewigen Lebens.
Eugen Drewermann über sich: Ich bejahe den Menschen. Also verneine ich den Krieg. ◆ Ich beobachte mit Schrecken, wie der Herbst die Blätter verfärbt, mich schaudert vor dem immer früheren Anbruch der Dunkelheit am Abend. Unaufhaltsam naht jetzt der Winter und mit ihm die Gewißheit, daß bald schon Kälte und Schnee in Bosnien-Herzegowina Tausende von Menschen das Leben kosten wird. ◆ Der liebe Gott, wußte ich, wohnte irgendwie im Kopfkissen. ◆ Nein, ich habe keinen Spaß an Streitereien. Im Gegenteil, ich habe eine große Sehnsucht nach Harmonie, Verständigung und Einklang. ◆ Während ich diese Zeilen schreibe, sitze ich in der Fähre von Amrum nach Dagebüll.
Andere über Eugen Drewermann: Und wann zieht er endlich die Konsequenz aus seinem verhinderten Klerikerleben, wird Bäcker, Märchenerzähler, Trauerredner, was auch immer, aber trauert nicht mehr mit masochistischer Miene, seiner Kirche, seiner Lehrbefugnis, seinem Priesteramt hinterher? *(Uwe Birnstein/Klaus-Peter Lehmann, 1994)* ◆ Unerträglich ist seine sanft sprechende Prophetengabe. Er beansprucht eine lästige Unfehlbarkeit. Sein »Ich aber sage euch«-Stil ist Anmaßung. Es darf keine andere Kirche geben als die von Drewermann verkündigte. Und seine Verkündigung ist nicht reine Liebe, sondern mit Wut und Haß untermischt. Der Kritiker darf nicht kritisiert werden. Seine Mixtur aus Christentum und Tiefenpsychologie setzt er absolut und ultimativ. *(Günther Nenning, 1999)*

Drugpa Künleg, Wanderheiliger, Tantra-Scherzbold, Sexmolch, Zauberbuddha, Kulturheros (1455–1570): Aufgerüttelt durch den Mord an seinem Vater, streifte er Familie und Welt ab wie Kot vom Fuß und wurde Novize und Mönch, drang ein in die Mysterien der Übertragungslinien, bestand 4 Einweihungen und Kraftübertragungen. 1500 beherrschte Drugpa Künleg (vollkommen guter Drache) aus Ralung x weltliche und x überirdische Wissenschaften; nur seine Mutter, die ihm das Niveau nicht anmerkte, behandelte ihn weiterhin als Zögling. Sie trug ihm auf, eine Schwiegertochter zu finden, auch als Haushaltshilfe, da schleppte er vom Markt eine 100jährige Zahnlose herbei, angesichts derer die Mutter rief, da würde lieber sie selber die Pflichten einer Schwiegertochter übernehmen. Der Sohn trug die Uralte wieder fort, kam zurück und schlüpfte zur Mutter ins Bett, berief sich auf ihre Zusage, Tochterpflichten zu übernehmen; sie verwies ihn des Bettes; er aber blieb drin und überredete sie zum Beischlaf, bis sie sich halt bereiterklärte; da sprang er hinweg und verkündete auf dem Markt: »Hört ihr Leute! Jeder kann, wenn er will, seine eigene Mutter verführen!« Alsdann machte Drugpa Künga Legpa (Kun dga' legs pa) sich auf, als Näldschorpa Bhutan zu durchwandern (Künleg: Abkürzung von Künga + Legpa). In Lhasa traf er Bauern, Nomaden, Händler, Pilger, Lamas, Newaris, Ladakhis, Inder, Hochlandtibeter, Chinesen, Mongolen, Näldschorpas, Leute aus Khams, Dakpo, Kongpo und Tsang. Seine jeweilige Herberge betrachtete er als sein Zuhause. Bekam er Schmuck geschenkt, legte er ihn dem Schenker zuliebe einen Augenblick lang an und gab ihn dann zurück, wohl weil das »für immer« sowieso nur einen Augenblick lang währte. Den Glauben seiner Glaubensbrüder, daß er, wenn er bei einer Zeremonie einschlafe, als Tier reinkarnieren müsse, teilte er sehr. Er sei auch in der Hölle gewesen, behauptete er, bzw. auf dem Weg dorthin, aber der Weg sei verstopft gewesen von Mönchen des ehrwürdigen Klosters Sera, gegründet 1417. Sobald er Tonsur-Mönche »faule Glatzköpfe« nannte, fiel ihm auf, daß er für die vielen vorgeschriebenen Verbeugungen seinerseits viel zu faul war. Er betete zu Buddha, der möge die Gedankenlyrik aller Lebewesen auflösen. Seine Gebete und Lieder klangen wie Gebete, aber selbst noch der dumpfeste Zuhörer und Mitbeter merkte bald, daß da unübliche Passagen mitliefen, plötzlich mitten im Psalm Schamhügel an schlenkernden Baumeleiern gerieben wurden und Gliedköpfe sich aus den Versen erhoben; dann grinsten, meckerten oder wetterten manche: »Das sind aber komische Gebete!?« Mönche guckten böse oder drohten Prügel an; Mädchen kicherten. Seine Darmwinde, statt sie wie alle Menschen sich zu verkneifen, wedelte er absichtlich an Mönchsnasen vorbei, um zu prüfen, wie weit sie als gute Buddhisten über den Dingen stünden. Die religiöse Potenz einer Frau, d. h. ihre schlummernde Fähigkeit, eine Dakini zu werden und zu sein, las er am Hinterbackenumfang ab. Nächtliches Babygeschrei signalisiere, seiner Ansicht zufolge, das eindringende Vaterglied in die Mutter. Die minderjährige Nonne Tsewang Pälzom, der er sofort zurief, er müsse sie nehmen, und die erklärte, sie wisse nicht, wie das ginge, vernaschte er gleich 3 x hintereinander im Straßengraben. Sein Privileg als verrückter Heiliger, also als sakraler Casanova und Vagabund, erlaubte ihm, straflos Nonnen beizuliegen. Unkeusche Nonnen, von anderen Leuten als ihm geschwängert, gaben ihre Babys als welche von ihm aus (wie in Buddhas Vita). Er warf sich nicht nur nieder vor dem ungeborenen, unsterblichen Buddhakörper der Letzten Wirklichkeit; er warf sich auch nieder vor den Vulven oller Vetteln, die nicht dran dachten, sterben zu müssen. Greisinnen, die von seiner Heiligkeit was abkriegen wollten, drangen auf körperliche Vereinigung und begnügten sich, sobald er keine Versteifung bekam, mit geistiger Vereinigung durch gemeinsames Sprüchemurmeln. Einem stummen trotteligen Gastgeber, während der Feuerholz holte, nahm er einfach die dralle Ehefrau weg, deren vermutlich enge Scheide er besang, bevor er sie weitete. Gastgebende Eltern boten ihm stets sofort ihre Tochter an. Einem Baby, das er retten und segnen sollte, rief er zu: »Wenn du nicht sofort meinen Dödel lutschst, heiß ich nicht mehr Drugpa Künleg!« Sein sinntriefendes Credo, daß er alle Daseinsformen bereits durchlaufen habe, lautete fast wörtlich wie die entsprechenden Worte bei → Empedokles, → Merlin und → Rumi, sehr im Gegensatz zu Dr. → Steiner und → Crowley, die bei ihren Inkarnationen stets nur prominente Gestalten der Weltgeschichte gewesen zu sein behaupteten. Wenn er aber nicht nur seine Liebe zum Dschang, gärendem Reis- und Getreidebier, so erklärte, er müsse mal Biene gewesen sein, und seine Faulheit aus früherer Schweinexistenz, seinen Manierenmangel aus früherer Affenexistenz ableitete, und von fehlendem Schamgefühl auf früheren Verrücktenstatus schloß, sondern vor allem, wenn er seinen engen Schließmuskel darauf zurückführte, daß er mal Nonne gewesen sein müsse, dann klang die karmische Weisheit eher wie Spott auf karmische Weisheit. Zugleich zeigte er sich im Gesang glücklich, weder Normal-Lama noch Mönch, noch Schwarzmagier, noch Schamane, noch Ehegatte zu sein. Aber bei Dämonenbehandlungsprozessionen ging er schwarzbemützt, das Gesicht schwarzgestrichen mit Kräutersud, ausgestattet mit Phurba (Ritualdolch), Schädeldecke für Dämonenblut, Hüftknochentrompete, so als wär er doch noch Schamane. Öfter träumte er von Düsöl Lhamo, der Rauchgöttin. Ochsen- und Ziegenfleisch aß er – als Buddhist – nur dann, wenn er dem zerkauten Tier sofort danach das Leben wiedergeben konnte, und das konnte er, folglich blieb oder wurde er postum Magier, aber mit immerhin buddhistischer Motivation. Bei Pälnashog traf er den Tattergreis Sumdar, der ein Rollbild, dem noch ein Goldrand fehlte, zur Weihung trug und es Drugpa zeigte, der aber nur quer drüberpinkelte, zum Entsetzen des alten Mannes, doch später zeigte sich: Das Bild war nicht verdorben, sondern hatte vom Lama-Urin den Goldrand erhalten; leider klang die zweite Hälfte der Geschichte nach Märchen, und die erste nach Wahrheitskern. Die Leiche einer Witwe prügelte er rhythmisch, bis die Gestorbene den Schlamm des Samsara hinter sich ließ. Lokalkönige versuchten ihn zu vergiften und mit Pfeilen zu treffen; er aber erwies sich als immun und resistent. Daß er einen Speer verknotete, sprach sich sehr herum. Für seinen Knotenspeer wurde er berühmter als für spirituell gewichtigere Dinge. Selber ein Lama, rief er: »Lama, bleibe mir weiterhin sichtbar!« Im Alter von 115 Jahren – und der Beschlafung von 5000 Frauen – kam er zur Erkenntnis, daß er genug Erdgeister gezähmt, Ziellosen den Weg gezeigt, Verblendete belehrt, Wüsten bewässert, kinderlosen Frauen Söhne geschenkt hatte, und legte sich eine tödliche Krankheit zu. ~ Vordatierte Nachfügsel und lüsterne bzw. heilige Übertreibungen schlichen sich in seine bunte, spritzige Vita. Seine Mutter wurde 130 Jahre alt, obwohl sie vielleicht nicht mal 89 wurde. Bereits mit 3 beschämte das Kind – fließend lesend – sämtliche Schriftgelehrte, und als Jüngling beherrschte er die Märchenkunst, exakte Prognosen auszuspenden und verschiedene Gestalt anzunehmen. Dämonen – via Religion eigentlich besiegt – kamen ständig wieder vollzählig zurück, genau wie damals bei → Milarepa, → Antonius und allen anderen. Einem Dämon aus Wodö, der sich nachts übermächtig an ihn heranmachte, führte er seinen stahlhart strotzenden Pimmel vor und rammte diesen »flammenden Donnerkeil der Weisheit« dem Angreifer ins Maul, der 8 Zähne verlor und zahnlos zum Buddhismus übertrat. Auch wenn Schlangendämonen sich in menschenfressende Vulven verwandelten – überall setzte der Lama als Generalschlüssel und Zauberwaffe jenen weisen Donnerkeil ein. Eine Dämonin, die Menschen aß und sich in deren Haut kleidete, wickelte er in seine Vorhaut. Als er mal 1000 Feuergeister auf einmal sah, gehüllt in den Geruch verbrannten Fleischs, betonte er in einem Lied, daß es ihm nicht wichtig sei, diese Geister zu vernichten. Überliefert wurde Drugpa Künlegs Briefwechsel mit dem Todesgott Yama. Die Warnung vor 2 Hunden, einer weißen und einer schwarzen Dogge, schlug er in den Wind, um beide Hunde zu zweiteilen und sie nahtlos übers Kreuz neu zusammenzufügen, einer vorn weiß und hinten schwarz und vice versa, was er bei Lebzeit auch gern gekonnt hätte, postum aber auf jeden Fall nachweislich problemlos hinbekam, zum staunenden Aufschrei aller, die das 1.) glaubten und 2.) dabei gewesen. Das 20. Jhdt. sah Drugpa Künleg als Spiegelbild der lamaistischen Mönchsdiktatur, verglich ihn als Tabubrecher und Konventionenkritiker, Orthodoxiebekämpfer mit Rabelais, nannte ihn Sacred Clown, interpretierte seine promiskuitive als initiatorische Aktivität und die Dämonen als latente Symbole ökologischen Ungleichgewichts zwischen Erde und Wasser. Man feierte ihn als Vorläufer sexueller Befreier.

Er würde heut noch ganz Tibet und China mit Schamröte überziehen

Worte von Drugpa Künleg: Auch wenn der Grund des Ozeans tief ist, müssen sich selbst die Fische im Schwimmen üben. ◆ Der Markt ist voll von Mädchen, trotzdem gibt es kaum eine begehrenswerte Möse. ◆ Die Lehre hat sich im ganzen Land verbreitet, trotzdem sind Buddhas Weisheit und Erkenntnis selten. ◆ Kalter Tee und saurer Dschang befriedigen die ungebetenen Geister. Ungekochter, ungesalzner Rettich befriedigt Weberinnen, die nicht arbeiten können. Ein Krug, mit Lackschicht überzogen, befriedigt den Töpfer, der undichte Krüge dreht. Rotz, Spucke und Schleim befriedigt den, der Spucknäpfe herstellt. ◆ Für jeden Becher Dschang muß man pinkeln gehn; hält man's zurück, tropft's auf die Türschwelle; verkneift man sich's, fängt die Nase zu laufen an; man ist voll bis zum Rand, hustet und spuckt, bis der Spucknapf voll ist. ◆ Stibitz was aus der Gemeinschaftsküche, und du inkarnierst in der Hölle! ◆ Mutters lange Fingernägel bringen Unbill über Vaters Eier – schneidet ihr die Nägel ab. ◆ Das dicke Schamglied des Lama gereicht zur Qual der Nonnen – entgeht ihm, indem ihr die Nachbarn aufweckt! ◆ Auch wenn die Klitoris eine dreieckige Form besitzt, eignet sie sich nicht, als Dämonenfraß den Lokalgottheiten geopfert zu werden. Auch wenn der Liebessaft nicht in der Sonne trocknet, ist er ungeeignet, als Teewasser den Durst zu stillen. Auch wenn der Hodenbeutel tief runterhängt, eignet er sich nicht als Proviantsack für die Einsiedelei.

Drugpa Künleg über sich: Ich bin der, für den ihr mich haltet. Für mich macht das keinen Unterschied. ◆ Ich werf mich nieder vor diesen 13 Rädern, die in den 13 Welten ihresgleichen suchen; ich werf mich nieder vor diesem

Hintern des Mädchens aus Gyantse, den man bei der Darstellung der Befreierin außer acht läßt. ◆ Ich such ein 15jähriges Mädchen. Sie hat eine zarte Haut, weiches, seidiges, warmes Fleisch, eine enge, fuchsige und anschmiegsame Möse und ein rundes lachendes Gesicht; sie ist schön anzuschaun, duftet süß und zeichnet sich durch scharfen Verstand aus. ◆ Du liebst die Religion und ich die Möse. Mögen wir beide glücklich sein.

Andere über Drugpa Künleg: Dieser Verrückte behauptet, er komme hierher zum Wohle aller Lebewesen, und dann fragt er nur nach Dschang und Frauen. Sicher ist er einer von den frommen Männern, die eher Mädchen als Dämonen ans Rad der Lehre binden. *(Zeitgenössische Einwohner von Lhasa)* ◆ Er ist weder ein Verrückter noch ein Schwätzer. *(Gampo Tridzin Dschänga Rinpoche)* ◆ Seine Lebensart, sein Humor, seine Erdhaftigkeit, sein Mitgefühl sowie seine Art und Weise, mit den Menschen umzugehen, haben ihm einen Platz in den Herzen aller Völker des Himalaya erobert – der Sikkimesen, der Assamesen, der Ladhakis, der Nepalis, der Kunnupas und der Lahaulis. *(Dugu Chögyal Gyatso (Tulku), Vollmond des 2. Monats im Erde-Schaf-Jahr)* ◆ Was seine therapeutische Kunst auszeichnet, ist die natürliche Sprache und das ungezwungene Handeln, die die Erkenntnis einer echten existentiellen Wirklichkeit fördern. *(Keith Dowman, 1980)* ◆ Die Existenz eines Drukpa Künley war also offenbar seinen tibetischen Landsleuten peinlich. Trotzdem hatten und haben sie auch heut noch größten Respekt vor diesem exzentrischen Adepten, wohl weil sie seine spirituelle Authentizität spüren. *(Georg Feuerstein, 1990)*

ABU DSCHAHL (geb. Amr ibn Hischam), Koreischitenfürst, Widersacher, Frevler, Erzschurke (gestorben 624 n. Chr.): Der Koreischite aus dem Stamm Lachsum gehörte im Vorfeld gewaltsamer Islamisierung zu jener Überzahl, die Muhammads monotheistische Offenbarungen nicht annahm. Die Botschaft hörte er wohl, allein ihm fehlte der Glaube. Ein einziger Gott war ihm zuwenig, und ein unsichtbarer Gott war ihm suspekt. Er verübelte Muhammad den Einbruch in die Ka'ba und die Zertrümmerung der alten Götter, vor allem der Göttinnen Lat und Manat. Er forderte, »wie ein siegreicher Guzz-Turkmene«, ein Wunder von Muhammad, was dieser vor Ort nicht bieten mochte, obwohl er es gekonnt hätte. Abu Lahab, der erste Cousin von Muhammads Großvater, das einzige widersetzliche Mitglied des Muhammad-Clans, wurde der Berater dessen, der den Spott- und Beinamen

»Abu Dschahl« (Vater der Unwissenheit/Torheit/Narrheit) angehängt bekam. Mit Abu Sufyan und al Ahnas ibn Schariq, mit denen Amr ibn Hischam kooperierte und agierte, bildete Abu Dschahl ein Trio und galt bald als der schlimmste dieser 3 vornehmen Koreischiten, die mit ihren Gefolgsleuten die Anhänger Muhammads mit Spott, Drohungen, Flüchen überzogen. Sie unterbrachen selbdritt Koranrezitation, störten handgreiflich Gebete, ja: schmissen mit Kot. Abu Dschahl prügelte eigenhändig Muhammad, zerrte ihn am Bart, schlich sich in der Ka'ba von hinten an den betenden Propheten heran und warf ihm den Mutterkuchen einer Schäfin über den Kopf. Ein andermal schleppte er einen Felsbrocken herbei, doch ein dazwischentretendes dämonisches Kamel verhinderte den Anschlag. Allah hatte Abu Dschahls Ohr und Herz gar nicht einmal religiös verstockt, sondern: Nachts lauschte Abu Dschahl hingegeben bis verzückt – hieß es später – des Propheten unsagbar ergreifenden Koranversen und konnte sich diesen Sog nur als Zauber erklären, und Zauberei galt es sich mannhaft entgegenzustemmen, und kaum sank der Mond hinter den Wüstenhorizont, kam Abu Dschahl zu sich und stemmte sich dem abklingenden Zauber entgegen und bekämpfte den Verkünder solcher Verse. Lebten 2 Seelen in Abu Dschahl? Der Koran, ohne Abu Dschahl zu nennen, spielte in Sure 22,4 auf ihn an, beschimpfte ihn als aufrührerischen Satan. Eine andere verlorene Seele, Nodar ibn Haret, folgte Abu Dschahl nach und behauptete, die Engel seien Töchter Allahs; der Koran enthalte nur alte Märchen und Fabeln; vor allem die Auferstehung leugnete er frevelhaft. Abu Dschahls Sohn Ikrima hingegen machte die Gegnerschaft seines Vaters nicht mit; er reagierte zum Ausgleich besonders positiv auf den Propheten. Jedesmal, wenn er den Mushaf (den geschriebenen Koran) zur Hand nahm, rief er »Dies ist das Wort meines Herrn!« und fiel in Ohmacht. Abu Dschahl starb – 8 Jahre vor Muhammads Tod – in der Schlacht von Bedr. ~ Jeder hatte seinen Gegenspieler: Moses seinen Pharao, Buddha seinen (mythisch nachgeschobenen) Mara; → Mahavira seinen → Mankaliputta Goschala, → Jesus seinen Judas, Petrus seinen Simon Magus, Christus seinen Antichrist und Satan, Gnostiker ihren Irenäus, Aladin seinen Dschaffar, Faust seinen Mephisto, Dagobert Duck seine Panzerknacker-AG, Batman seinen Joker – Abu Dschahl Tragik: daß er ausschließlich, von seiner dramaturgischen Funktion her, in der undankbaren Funktion des Widersachers im Gedächtnis der Menschheit auszuharren hatte, stilisiert oder verhext zum Judas des Propheten, zum Buhmann, zum althebräischen Sündenbock. Der Spagat zwischen Daumen hoch und Daumen runter riß 2 Menschen unendlich weit auseinander – wie Sonnenpriester Sarastro (der italienisierte Zarathustra) und Mohr Monostatos. Abu Dschahls gute Seiten, um die kein Mensch umhinkommt, wurden beiseite gekehrt. Bald fand keiner mehr ein gutes Haar an ihm. Keine einzige positive Eigenschaft durfte er behalten. Bald hieß es, er sei zügellos streitsüchtig gewesen. Bald ließ sich das nicht mehr nachkontrollieren. Den Schwarzen Peter, den er auf ganzer Linie zog, wurde er nie mehr los. Dabei hatte er nur eine andere weltanschauliche Meinung. 600 Jahre später berichtete → Rumi, Abu Dschahl hätte den Propheten prüfen wollen, ihm geschlossene Hände hingehalten, ihn raten lassen, was darin sei, da aber hätten die Kieselsteine in seiner Hand zu rezitieren begonnen »Es gibt keinen Gott außer Gott« – da warf Abu Dschahl die frommen Steine wütend von sich (Mathnawi 1,2154). Die Antipoden betraten gleichzeitig einen Götzentempel; Abu Dschahl verbeugte sich vor den Götzen, die aber ihrerseits ihre Köpfe Muhammad zu Füßen legten (Mathnawi 4,816). Ab und zu standen Historiker auf und bewiesen, Herodes, Nero, Caligula, Richard III., alle seien teilweise nur halb so schlimm und monströs gewesen. Für Abu Dschahl trat keiner an. Falls man ihn rehabilitierte, sprach es sich nicht herum. Später wurde Abu Dschahls Haß psychologisch analysiert. Er funktionierte bloß so wie Chapman, der Mörder John Lennons; anfänglicher Enthusiasmus und Identifizierung schlugen ins Gegenteil um, wie bei Potiphars Weib, nach dem unerfreulichen, von Sigmund Freud konstruierten Vatermord-Schema.

Worte von Abu Dschahl: Falsch, auf Unsichtbares zu schauen! Wo wäre etwas, das der Blick nicht sieht! Vorm Unsichtbaren sich zu beugen, das ist Blindheit! Gekrümmt vor einen Unsichtbaren treten: Was für Genuß schenkt solches Beten!?

Dschamaluddin as-Sawi, schöner Scheich, Qalandar-Ordensgründer (12./13. Jhdt. n. Chr.): 1233 gründete der Zeitgenosse des Abu Hafs Umar as-Suhrawardi (1153–1234) in Damaskus einen Sufikonvent oder ein Kloster in Dimyat, wurde ein Qudwa (Vorbild) vieler – und einmal wegen seines auffallend schönen Äußeren von einem Weib aus Sawa verfolgt, deren Annäherungsversuche an der Standhaftigkeit des Scheichs nutzlos abprallten. Da sandte sie eine Greisin aus, die ihn wegen einer vorgeschützten Briefübersetzung in einen Hauseingang lockte, allwo er von der Dienerschaft dieser lüsternen Suleika überrumpelt und verschleppt wurde. Ausweglos der Dame vorgeführt, erklärte er sich nun bereit, ihrem Drängen stattzugeben, schützte aber ein dringendes Bedürfnis vor und ließ sich zuvor schnell noch zum Abtritt führen. Dort rasierte er sich den Kopf und schabte auch den Vollbart radikal ab, und sogar die Augenbrauen. Als restlos gerupftes Huhn kehrte der Unverführbare zu seiner Entführerin zurück, die aufschrie und ihn entsetzt aus dem Haus jagen ließ. Aus Dankbarkeit gegen Allah blieb Dschamaluddin auch fürderhin so rasiert, und alle, die auf seinem geistlichen Pfad schritten, taten es ihm nach. Vor allem die entfernten Augenbrauen wurden zum Markenzeichen des von ihm gegründeten Qalandar-Ordens. Ohnedies trugen heruntergekommene Wanderderwische zum Zeichen ihrer Weltentsagung und Selbsterniedrigung oft ungepflegt zerstrubbelte oder gar keine Bärte. Fariduddin 'Attar von Nischapur sagte zu diesem Thema: »Nur ein frommer Narr kann sich erlauben, den Schnitt des winddurchpflügten Barts als fromme Pflicht zu fordern.« (Musibatname, 321–2) Diese Geschichte des schönen Scheichs Dschamaluddin as-Sawi wurde überliefert von Ibn Battuta (1304–1377), dem größten Reiseschriftsteller des arabischen Mittelalters.

Max Duffek, Artist, Fratzenschneider, Schlangenmensch, Welt-Original (1877–1949): Er kam aus Abensberg bei Kehlheim. 1907 wettete er, daß er in 1 Mill. Fortbewegungsarten um die Welt reisen könne, und tat das dann: hüpfte im Sack durch die Straßen, ritt auf Ziegen, Pferden, Kamelen, Elefanten, ging auf Händen, marschierte flöteblasend rückwärts, ließ sich in einer Bratpfanne ziehen, überquerte die Themse auf einem Drahtseil, ließ sich in der Türkei im Bett fahren, flog in Japan per Drachen. In Honolulu war er als Wellenreiter tätig und verdiente sich in Afrika sein Brot durch mimische Darbietungen, d. h. er zog gern seine Lippen nach oben über die Nase. Bürgermeister, Fakire, Matrosen, Professoren schrieben ihm ins Reisebuch. Nach Hause sandte er Souvenirs: Schlangenhaut, Wurfspeere, Gebetsmäntel, Versteinerungen, die später den Grundstock seines Weltreisemuseums bildeten, das noch später aber zerbombt wurde.

Anatoli Durow, Zirkusartist, Dressur-, Stegreif- und Sprechclown, Spottzunge, Tiernarr (1864–1916): Moskauer Adelsfamilie. Mit 5 Halb-, mit 6 Vollwaise, weil der Vater im Säuferwahnsinn der Mutter nachstarb. Sein Bruder Wladimir und er wuchsen dann beim Paten auf. Mit 15 konnte er mit Berufsakrobaten wetteifern, dressierte Hofhunde, baute Trapeze und Stelzen, ließ Brotkugeln verschwinden, übte Sketche ein. Auf dem Kieker hatte er hohe Tiere, Affären und Amouren von Staatsbeamten, Mißwirtschaft von Gouverneuren, Zarenwirtschaft, Despotismus. Hieß ein Stadthauptmann, der ihm Probleme machte, Seljony (grün), malte er sein Vorführschwein grün an; hieß ein fieses Spottopfer Kissel (Mehlbrei), stellte Durow seinem Schwein x Teller mit Futter hin; es fraß alle auf, außer den Kisselteller. Rissen Geduldsfäden und bekam er im Pingpong mit Zensurbehörden Sprechverbot, marschierte er, wie Papageno, mit Schloß vorm Mund, im Schlepptau alle seine Tiere, die von selber nichts sagten, durch die Manege und zog stumme, wundersam wortfreie, hochberedte Gänsemarsch-Runden. Das Publikum aber verlangte für den Eintrittspreis auch Sprechnummern, da hielt Durow ein Schild hoch: »Meine Stimme sitzt in Arrest. Ich bin nur befugt, meine Tiere vorzuführen. Weitere Erklärung gibt die Polizei ab.« Der König der Narren ließ sich nicht zum Narren der Könige machen. Hotelsuche verlief stets schwierig, weil er meist über 10 Tiere bei sich hatte und die unbedingt mit aufs Zimmer nehmen wollte. Seine Kinder entriegelten in öffentlichem Wartesaal den Tierkäfig, 300 Ratten brachen aus, die Rattenfänger Durow mit Flötenspiel wieder zusammenlockte – was jede Menge Schlagzeilen auslöste. Als sein kleiner Sohn im Sterben lag, aber der gnadenlose Direktor auf Vertragseinhaltung pochte, auf den vollen Saal hinwies, ihn per Polizei dem Kind entriß und in die Manege schleppen ließ, absolvierte er weinend seine Purzelbäume und Faxen mit Riesenapplaus, stürzte ab, stauchte sich die Hand, rannte ans Bett, wo er nur noch eine kleine Leiche vorfand. Obwohl ihn fast keiner von seinem Bruder Wladimir unterscheiden konnte, überwarfen sich die Brüder und pflegten groteske Feindschaftsaktivität. Er starb an Bauchtyphus.

Anatoli Durow über sich: Eine Liebkosung trägt meistens den Sieg davon, und das Tier arbeitet herrlich. ◆ Mein Dressurverfahren kannte keiner, und meine Konkurrenten vermochten die Aufmerksamkeit des Publikums infolgedessen nicht in dem Grade zu fesseln, wie ich es tat. ◆ Ich trotze Verboten und Gendarmen; selbst Kittchen schreckt mich nicht; Wahrheit schleuder ich erbarmungslos euch, ihr Herren, ins Gesicht!

Liebenswerter Tiernarr

Andere über Anatoli Durow: Durow war ein Anhänger der Bildung und brachte sogar den Schweinen Wissenschaft bei! *(Zeitungsnekrolog bei Lebzeiten, 1890)* ◆ Radunski, der mehrfach mit ihm zusammen auftrat, bezeichnet ihn als »unübertroffenen Satiriker, vielseitig befähigten Artisten, geborenen Spaßvogel und Stegreifkomödianten. Seine Monologe, Späße, Reprisen und Szenen mit dressierten Tieren zeichneten sich stets durch Geist und Witz aus, seine Darbietungen waren fast immer satirisch und ein unmißverständlicher Ausdruck seiner Opposition gegen die zaristische Regierung.« *(Helga Bemmann, 1972)*

E

Isabelle Eberhardt, Abenteurerin, Freiheitssucherin, Wüstentochter, Muslima (1877–1904): Schon als Kind in Genf weigerte sich die Emigrantentochter eines zaristischen Generals, Mädchenkleider zu tragen (im Gegensatz zu Hemingway und → Rilke) und mauserte sich mit 12 zur russisch, französisch, deutsch und arabisch sprechenden Kettenraucherin. Die Seele eines sehr männlichen Mannes – maskuliner als George Sand – wohnte in der zarten Frau, die lieber den Matrosenanzug mit Donald Duck und Popeye, dem Seemann, teilte. Freiheitsdurst und Orientsehnsucht trieben sie in ihr Eldorado: Nordafrika, wo sie unterm Nachthimmel der Wüste dem herben Genuß frönte, daß absolut nirgendwo eine Menschenseele an sie dachte oder auf sie wartete. Als Araber vermummt, in Burnus und Reitstiefeln, streifte sie durch Spelunken voller Dirnen und Legionäre, rauchte Kif und trank betont hartgesotten Absinth. Körperlichen Einweihungen durch Archivir, den Anhänger einer türkischen Jugendbewegung, folgte eine Liebschaft mit dem Lastenträger Slimène Ehnni, einem algerischen Legionär in französischen Diensten, wodurch sich dann doch Unfreiheiten einschlichen, Warten, Leiden, Streß, Streits, inklusive Konversion zum Islam und Nothochzeit in Marseille, der einzige Tag ihres Lebens, an dem sie sich Frauenkleidung antat. Mit ihrem Araberhengst ritt sie auf Streif- und Raubzügen von Nomaden mit, unterm Namen »Si Mahmoud«. 1900 in Algier trat sie der Sekte der Kadryas bei, jenseits alteuropäischer Pflicht- und Zeitbegriffe, und entging knapp dem Mordanschlag einer rivalisierenden Sekte. 7 Jahre reiste sie – malariabefallen, als Spionin verdächtigt – durch Algerien, Tunesien, Marokko. Die Lehmhütte im Wadi des Qued, am Saum der Sahara, die sie mietete, wurde bei einem Wolkenbruch von Wassermassen mitgerissen – unter Geröll und Schutt fand man ihren Leichnam. ~ Werner Herzog erwog zeitweise, ihr Leben zu verfilmen.

Lieber Matrose sein als Frau sein

Worte von Isabelle Eberhardt: Unwürdig und dumm bindet man das Leben eines jungen Mädchens an einen Ehemann, eine im Grunde lächerliche Person.

Isabelle Eberhardt über sich: Mein Körper ist im Okzident, aber meine Seele im Orient. ◆ Welch glückseliges Gefühl, eines Tages mutig alle Fesseln abzuschütteln, welche das moderne Leben und die Schwäche unseres Herzens uns unter dem Vorwand der Freiheit angelegt haben; sich symbolisch mit Stab und Bettelsack zu rüsten und fortzugehen! ◆ Ohne Schrei-

ben gibt es keine Hoffnung für mich in diesem verfluchten Leben in ewiger Finsternis. ◆ Mittlerweile suchen mich die köstlichsten Träume heim, von Keuschheit keine Spur.
Andere über Isabelle Eberhardt: Wenn die Sonne sinkt und die Steine zu flüstern beginnen, weiß ich, daß die Wüste Isabelle nicht vergessen hat. Sie hat in diesem Land keine flüchtigen Berührungen gesucht, ihre Seele ist im Sandmeer ertrunken. *(Luisa Francia)*

ANNA KATHARINA EMMERICH, Wandernäherin, Augustinerschwester, Gottesdienerin, Dulderin, Schmerzensfrau, Leidensbraut, Stigmaträgerin, »Seherin von Dülmen« (1774–1824): Von 9 Kindern Nr. 5, vor der ersten Beichte mit 7 so zerknirscht und erwartungsbang, daß sie unterwegs zusammenbrach. Oft betete sie mit ausgebreiteten Armen in der Natur, um Gott näher zu sein. Ging sie mit ihren Eltern aufs Feld, so war sie gar nicht richtig auf Erden, ging in dumpfem, wirrem Traum, zu dem sie sich aus Klarheit und himmlischer Wahrheit erst runterbeugen mußte. Oft fühlte sie sich vor Tagesanbruch von Irrlichtern begleitet, die sie paarweise bis zur Brust begleiteten und die so hell schienen, daß sie, laut Selbstaussage, alle Sterne unterscheiden konnte. Selbst beim Essen unterhielt sie sich ganz vertraut, ja dreist mit Gott. Sie zankte sich sogar mit Gott, warf ihm vor, daß er seine Verheißungen nicht einhalte, und wieso er dann von seinen Geschöpfen verlange, daß sie alles einhalten. Geschlechtlichkeit fand sie widerlich und klagte Gott, das habe er doch anders einrichten können. Bibelgeschichten sah sie plastisch vor sich, oft etwas anders, als geschrieben stand, und wunderte sich, daß das nicht jeder so sah. Als Dienstmädchen ging sie nie zur Lustbarkeit, immer nur zur Kirche. Die Näherin wurde dann Novizin. Fiel im Nonnenkloster Agnetenberg in Dülmen ihr Blick auf neugiererweckende Weltdinge, schlug sie sofort züchtig die Augen nieder. Besonders wohlschmeckende Dinge aß sie nicht. Ihren Leib peinigte sie freiwillig mit Nesseln, Stricken, Bußgürteln, Drahtzilizium und Bußkapulier aus Roßhaar. Ihre Mitschwestern, die sie bei leisem Gebet durch lautes Beten nervte, wurden ihr unfreiwillig zu Plagegeistern. Einmal wurde ihr Drang nach Eucharistie so stark, daß sie nachts im Winter einen betagten Priester aufweckte und bedrängte. Ihre Nächsten liebte sie mehr als sich selbst, und haßte nie, und hätte für jeden ihr Blut hingegeben. Sie betete zum Heiland, er möge sein unnennbares Leid sie empfinden lassen, und dies gewährte er reichlich. Die

Gnade, leiden zu dürfen, brannte als schwarzes Feuer in ihr. Sie betete des weiteren, keiner Stigmata gewürdigt zu werden, doch dies Gebet wurde nicht erhört. 1812 empfing sie Stigmata, 2 davon bluteten nur an 2 Wochentagen, ein drittes blutete unregelmäßig. Ständig mußte sie eine Kopfbinde tragen, unter der das reelle Blut ihrer imaginären Dornenkrone, die Jesus selbst ihr visionär aufgesetzt hatte, hervorsickerte. Als amtliche Untersuchung angekündigt wurde, verschwanden die Wunderzeichen. Jede Bibelzeile setzte sich der bitter leidenden, dauerhaft bettlägrigen Visionärin sofort in einen inneren Film um, um vieles detailreicher als die Evangelien, bis hin zu den Schwielen an den Füßen Jesu, vom Barfußgehn, dicken Wadenmuskeln, und dem roten Brustfell von Johannes dem Täufer, das das NT verschwieg, und daß man für den Garten Gethsemane einen Schlüssel brauchte, oder daß auf dem Passionsweg ein Engel den kreuztragenden Erlöser mit einem leuchtenden Bissen gefüttert habe. Sie sah auch die einzelnen Verbrechen des Barnabas, vergaß sie aber gleich wieder und konnte sie nicht bekanntgeben, dafür aber den Namen der Gattin des Pontius Pilatus: Claudia Procle. 4 Elohim hießen bei ihr Raphiel, Etophiel, Selathiel, Emanaelu. Von stürzenden Engeln stürzten die reuigen weniger schlimm, und bekamen einen gemäßigten Aufenthalt am Schwarzen Meer. Ihre Visionen formte sie nicht nach Lukas; denn ihr Petrus brauste zwar auf, schlug aber kein Ohr ab. Ab 1818 kam Clemens Brentano, kurz vorher äußerst katholisch geworden, an ihr Krankenlager, 5 Jahre lang täglich, hatte anfangs Probleme mit ihrem Münsterland-Dialekt, aber zeichnete ihre Jesusgesichte treulich auf, auf 16000 Folioseiten, oft ohne Rücksicht auf ihre Erschöpfung, und dergestalt aufdringlich, daß ihm auf den Schluß zu der Besuch verboten wurde. Daß er etliche Passagen ausschmückte, versuchte sie zu verhindern mit dem Argument, sie könne das nicht sagen, wenn sie das nicht gesehen habe. Seine aufgebesserten, d. h. wohlmeinend manipulierten Mitschriften verkauften sich besser als seine eigenen Bücher. Auf der Basis ihrer Gebrechen – Pyknolepsie, Rheumatismen, Bauchweh, Pleuritis, Hepatitis, Dekubitus, Gicht, Augenentzündungen, konvulsivisches Husten und Erbrechen, hartnäckige Katarrhe, Wechselfieber, Wassersucht – stiegen himmlische Visionen auf. Gegenmittel: Opium- und Moschustinktur. Trotz Aufklärung und mitten in der Romantik funktionierte die Jesusbraut Emmerich, deren Namen Brentano »Emmerick« schrieb, ungestört vollkommen spätgotisch – Mittelalter allüberall! ~ Die Stigmatisierte von Konnersreuth las fleißig alle Schriften über die westfälische Nonne Katharina Emmerich, ahmte alles bis in Details nach und wurde damit berühmter als das Ausgangsmodell. Nicht nur die

Naturgesetzbrecherin wurde gern mal entlarvt und die Entlarvungen vom Vatikan unter Verschluß gehalten; auch Emmerick-Evangelist Brentano wurde als notorischer Interpolateur enthüllt. Katharina Emmerichs Seligsprechungsprozeß haperte im 19. Jhdt. vor sich hin, schlief ad acta ein, bis dann doch noch der freigebige Papst → Johannes Paul II. sich zwar vom Wahrheitsgehalt ihrer Visionen distanzierte, sie aber dennoch 2004 seligsprach. Im Emmerichfilm »Das Gelübde«, 2007, nach dem Roman von Kai Meyers von 1998, sah sich die Nonne viel ähnlicher als Brentano dem historischen Brentano.

Höchstes Leid gebiert höchste Lust

Worte von Anna Katharina Emmerich: Die Kometen sind voll Gift. Sie sind wie Zugvögel. Wenn nicht so große Stürme und andere Geisterwirkungen dazwischen wären, würden sie die Erde leicht verletzen. Es wohnen wunderbare Zorngeister drin. Sie haben so abgerissene Lappen drin. Es sind keine Menschen. Es sind auch keine Affen. ◆ Die Mondgeschöpfe mit den Haaren um den Unterleib sind geschickt. Sie bauen ihre Häuser so schön in den Reihen. Sie haben kleine Türen und sind wie offen. Es sind auch viele Obstbäume in Reihen und ordentlich da. Getreide habe ich nicht gesehen und kein Kreuz noch ander Bild. Die Seelen, welche ich sich immer in den Schatten verbergen sehe, scheinen leid- und freudlos, als an einem Strafort hier, bis zum Gericht. ◆ Es ist, als liege ein finsterer Himmel voll blutroter Wolken, feuriger Strafruten und Schwerter über dem rasenden Volke. Es ist, als wenn ich die Strahlen dieses Fluches all ihr Mark und Bein und bis auf die Kinder im Mutterleibe durchdringen sähe. ◆ Jesus aber sprach etwa Worte wie: »O wohl besser wäre es dir, nicht geboren zu sein.« Doch erinnere ich mich dieser Worte nicht mehr ganz bestimmt.

Anna Katharina Emmerich über sich: Ich hatte mich meinem himmlischen Bräutigam ganz hingegeben, und er tat mit mir, was er wollte. ◆ Ich sah nach keinem Fremden, keinem Putz, ich sagte zu mir: Schau nicht hin! Das könnte dich stören, du könntest zu viel Gefallen daran kriegen! Was kann dies helfen, wenn du es siehst? Sieh es Gott zuliebe nicht! ◆ Ich habe mich immer, wo eine Gefahr drohte, dazwischen gestürzt. ◆ Ich flehte auch immer zu Gott, er möge mich doch von dieser Schmach befreien, und wenn ich manchmal ängstlich fürchtete, ich möge dazu bestimmt sein wie andere meines Geschlechts, tröstete mich die Erfahrung, daß ich doch die Neigung zur Ehe und zu Männern in anderen Mägden gar nicht verstehen konnte und nie eine Empfindung hatte, welche sich auf dergleichen beziehen konnte. ◆ Als Kind und auch später habe ich oft in großer Vertraulichkeit mit Gott gezankt, daß er dieses und jenes so gemacht. ◆ Besonders unzufrieden war ich mit der Fortpflanzung der Menschen, von deren traurigem und erniedrigendem Geheimnis ich durch Gottes Gnade auf eine übernatürliche, geheimnisvolle und unverletzende Weise unterrichtet wurde, nicht von Menschen, nicht durch Neugier, sondern durch die Belehrung Gottes, und zwar so, daß ich es nicht weiß, wie. Diese Sache kannte ich längst, als ich noch gar keinen Begriff von der Fortpflanzung der Tiere hatte, und ich lebte doch unter den Tieren, in ihrer Nähe, in ihrem Stall. ◆ Ach, möchte ich doch gleich tot vor der Türe niederfallen, damit ich Gott nie beleidigte! ◆ Ein Gedanke an Gott ist mir mehr als die ganze Welt. ◆ Ruhig leiden zu können hat mir immer der beneidenswerteste Zustand auf Erden erschienen. ◆ Bald muß ich verschmachten, bald stürzen alle Mittel auf mich ein. Aber auch dies muß ertragen werden. ◆ Da mich die Eltern oft tadelten, aber niemals lobten, ich aber doch andere Kinder von ihren Eltern loben hörte, so hielt ich mich für das schlechteste Kind in der Welt, und mir war oft sehr bange, als möchte ich übel bei Gott stehen.

Andere über Anna Katharina Emmerich: Das ganze Leben dieses rührenden Wesens ist durch die unendlichen körperlichen und geistigen Leiden eine ununterbrochene Marter und durch unverständige, zudringliche Besucher zerrissen und gestört. *(Clemens Brentano, 1825)* ◆ Auffallend ist, wie oft Katharina Emmericks Urteile über Mitschwestern keineswegs von besonderer Nächstenliebe geprägt zu sein scheinen, – was man sicherlich als Folge ihres gestörten Verhältnisses zu der Wirklichkeit bezeichnen kann. So fällt auf, daß sie gerne Menschen ihrer Umgebung des Diebstahls verdächtigt hat. *(Josef Hanauer, 1979)*

Empedokles von Akragas, Volksfreund, Demokrat, Naturphilosoph, Kosmologe, Astronom, Physiologe, Physiker, Priester, Kolysanemas (Windebändiger), Wetterzauberer, Selbstvergotter (495–435 v. Chr.): Der Enkel eines Rennstallbesitzers legte Sümpfe auf eigene Rechnung trocken, installierte Kanalisation, zwecks Infektionsprophylaxe, bewahrte so die Stadt Selinontes vor einer Malariaepidemie. Derselbe Mann lehrte, als kosmo- und zoogonischer Denker, bei aufgehobenem Zusammenspiel von Liebe und Streit würde alles in den kugelförmigen Sphairos zusammenfließen; der Mensch denke mit dem Blut; die Vernunft wohne in des Blutes Zusammensetzung; und es gäbe 2 Sonnen, die eine von beiden sei die übliche und allgemein anerkannte, die andere eine Scheinsonne aus Widerschein, der er ein furchtloses Antlitz zuschrieb, mit welchem sie dem Olympos entgegenstrahle, weswegen manche Empedokles auslachten. Präplatonisch sah er die Natur die schönsten stofflosesten Seelen mit einem fremdartigen Gewand aus Fleisch bekleiden. Aber neben gemeinnützigem Engagement, Ingenieurswesen, Realitätsbezogenheit, tagheller Rhetorik und Denkkraft setzte dieser Pragmatiker, Organisator, Administrator archaische Wunderheilkräfte ein, ließ Esel schlachten und Schläuche anfertigen, um Winde aufzufangen. Königswürde schlug er aus, um sich als raunender Weihepriester feiern zu lassen. Bei Pythagoras guckte er sich eine ehrwürdige Feierlichkeit der Lebensführung ab, ging todernsten Angesichts als langhaariger Halbgott im Purpurgewand um, mit goldener Kopfbinde und delphischem Kranz. In seiner Großsprecherei schillerte er zwischen Gott und gestürztem Gott. Daß er auf den Ätna stieg und nie zurückkam, ein mysteriös Verschwundener, bzw. daß man die eisernen Sandalen des Wohltäters und Philosophen fand, ausgespuckt vom Vulkan, er sich also absichtlich hineingestürzt hatte, um beim zurückbleibenden tumben Volk als ein auserwählt von Göttern metaphysisch Hinweggenommener zu gelten, wie Henoch u. a. Himmelsfahrer, hat der historische Vorsokratiker Empedokles, der vermutlich im peloponnesischen Exil starb, womöglich nie erfahren. ~ Die wahnwitzige Legende heizte das Interesse der Nachwelt an diesem widersprüchlichen Denker an. Aristoteles bezeichnete ihn als Erfinder der Rhetorik, mit homerischer Ader. Vorläufer, die bereits vor ihm über Magnetismus nachdachten, gingen verloren, und beinahe selbst er. Kurz nach ihm verlor sich von seinen 43 Tragödien jede Spur, genauso wie seine Persika, ein Xerxesgedicht, und sein Apollohymnos. Von den 6000 Hexametern seiner Lehrepen »Über die Natur« und »Entsühnungen« überlebten 450 Hexameter brockenweise in Zitaten der späteren Autoren Aristoteles, Pseudoplutarch, Theophrast, Aetius.

Im geistesgeschichtlichen Gesamtrückblick schimmerte – wie 100 Jahre vorher beim hindustanischen Philosophen Uddalaka – durch einen antizipierten Morphologen, Hylozoisten, Pan- und Biopsychisten ein verspäteter Schamane und Wundermann, ein Kentauer aus kühlem Wissenschaftler à la → Demokritos und mythenlösendem Magier à la Simon Magus, oder neuzeitlicher gesagt: ein Amalgam aus Newton und Cagliostro. Ob im Sühnepriester eher der Politiker vorwaltete, oder im Evolutionstheoretiker und Anthropologen der Zauberer, oder umgekehrt – alles Betrachtungssache. Hölderlin machte ihn im Lesedrama »Empedokles« zum romantischen Pantheisten, unter dessen Schritt die Pflanzen liebevoll auflauschten. In Philosophenlexika landete Empedokles von Agrigent deplaziert zwischen Norbert Elias und Friedrich Engels, in der Kulturgeschichte des Vegetarismus stets in bunter Reihe mit Pythagoras, Buddha, Manu, → Mani, → Mahavira, Leonardo da Vinci, Richard Wagner, G. B. Shaw.

Worte von Empedokles: Köpfe in Menge entsproßten der Erde, des Halses entbehrend; einzelne Arme auch irrten herum, der Schultern ermangelnd; Augen schweiften allein umher, die Stirnen vermissend. ◆ Wehe dir, du elendes Geschlecht der Sterblichen, du unseliges! Aus solchem Hader, solchem Seufzen seid ihr entsprossen! ◆ Ist Gott doch nicht mit menschlichem Haupt an seinen Gliedern versehen, und es erheben sich nicht 2 Arme von seinem Rücken; er hat auch keine Füße oder schnelles Knie oder zottiges Schamglied. Nein! Da ist nur ein heiliger unaussprechlicher Geist, der mit seinen schnellen Gedanken die ganze Welt durchflügelt.
Empedokles über sich: Ich war ja einst schon Knabe, Mädchen, Strauch, Vogel und aus dem Meer emportauchender stummer Fisch. ◆ Ich aber wandle vor euch als unsterblicher Gott, erhaben über Sterbliches, werd ich von allen geehrt, mit Binden geschmückt, mit blühenden Kränzen empfangen, komm ich, begleitet von Männern und Frauen, in blühende Städte, und Tausende folgen mir. ◆ Aus welch seliger Fülle stürzt' ich so auf die Erde hinunter und schweife nun unter den Menschen. Als ich den Ort, mir so ungewohnt, erblickte, da weint' ich und klagte, dieses Höhlengewölbe nun war's, wohin wir gelangten. Auch ich irre jetzt schuldig umher, hab mich in rasenden Haß verstrickt, von Gott verbannt und verworfen. Weh mir, daß nicht vorher ein schlimmer Tag mich hinwegraffen konnte, eh ich drauf sann, an gräßlichem Fraß meine Lefzen zu weiden.
Andere über Empedokles: Die berühmten Dichter, Künstler und Staatsmänner leiden oft an Melancholie oder Wahnsinn, so wie etwa Ajax; aber auch

neuerdings finden wir eine solche Anlage bei Sokrates, Empedokles, Plato und vielen anderen, namentlich unter Dichtern. *(Aristoteles)* ◆ »Ich war einmal ein Strauch und ein Fisch.« Warum nicht noch lieber eine Melone, da er so geschmacklos, und ein Chamäleon, da er so aufgeblasen war? Allerdings wollte er lieber wie ein Fisch gebraten werden, indem er sich in den Ätna stürzte, als in einem Grab zu vermodern. Und da hat die Wiederverkörperung bei ihm wohl ihr Ende gefunden, wie eine Mahlzeit im Sommer mit dem Braten. Auf gleiche Weise müssen wir also auch hier einen noch ungeheuerlichen Wahn bekämpfen, der abwechselnd Menschen aus Tieren und Tiere aus Menschen entstehen läßt. Die Sträucher lasse ich dahingestellt; mit dem Sauerampfer werde ich wohl dasselbe tun dürfen, damit wir nicht gezwungen sind, mehr zu lachen, als zu belehren. *(Quintus Septimius Florens Tertullian, 200 n. Chr.)* ◆ Noch befremdlicher glaubte Empedokles, daß alle Wesen vernunftbegabt wären, nicht nur die Tiere, sondern auch die Pflanzen. *(Sixtus Empiricus)* ◆ Vor Allem aber ist, unter den Lehren des Empedokles, sein entschiedener Pessimismus beachtenswerth. Er hat das Elend unseres Daseins vollkommen erkannt und die Welt ist ihm, so gut wie dem wahren Christen, ein Jammerthal. *(Arthur Schopenhauer)* ◆ Empedokles' Tod ist ein Tod aus Götterstolz, aus Menschenverachtung, aus Erdensattheit und Pantheismus. *(Friedrich Nietzsche, 1861)* ◆ Seine Seele kann nicht glauben, daß dies das wahre Wesen der Natur ist, was der Gedanke aus ihr machen will. *(Rudolf Steiner, 1914)* ◆ Ja, man könnte versucht sein, in seiner Persönlichkeit einige wahrhaft »faustische« Gegensätze zu finden: als Forscher voll heißen Drangs nach Ergründung der letzten Ursachen der Natur, und doch dabei der ausgesprochenste Supernaturalist, im engsten Verkehr mit den Mächten des Jenseits, ja, mit Faust zu reden, »der Magie ergeben«. *(Wilhelm Capelle, 1935)* ◆ Hölderlins Empedokles, dem es unerträglich war, als Einzelner dazu verurteilt zu bleiben, immer nur mit Einzelnem sich abzugeben; der, aus Passion für das Ganze, jedes Besonderes *als* Besonderes am liebsten vernichtet gesehen hätte, und der schließlich keinen anderen Ausweg wußte als den der Selbstvernichtung, war ein schwärmerischer Nachbar des Nihilisten. *(Günther Anders)*

August Engelhardt, Auswanderer, Sonnenanbeter, Gemüseverneiner, Extrem-Vegetarier, Kokosnußprediger, Kokovorist, Welterlöser (1877–1919): Der communistische Apotheker, Lebensreformsympathisant und Theosoph aus Nürnberg ging als Vegetabilier noch weiter als alle Lakto-Vegetabilisten, Veganer und Frugivoren: Er erklärte Kohlköpfe als das Sperma des geschlechtlichen Verkehrs zwischen Teufeln und Erde, also als sündige Nahrung, weil viel zu nah an der Erde wachsend. Nur eine einzige heilige Nahrung ließ er gelten: die Kokosnuß, für ihn Panazee und Lapis philosophorum, und wanderte dementsprechend – im Verein mit 4 europäischen Mitstreitern – 1902 in die Südsee aus, lange vor Paul Gauguin, genauer: auf das Eiland Kaabakon (Kabacum), 85 Hektar groß, im Bismarck-Archipel von Oberneuguinea. Als einziger Weißer begann er zwischen 40 Melanesiern sein neues Leben im Exil, das er nicht als Flucht sah, sondern als Weg zu Gott. Der Aussteiger, der alle Welt- und Hochreligionen als späte Verirrungen ablehnte, ließ nur eine urtümliche naturnahe Religion gelten, heiligen Sonnenkult, zeithistorisch nicht ohne Querbezug zu Sonnenschirmmode, Pleinair-Malerei und → Fidus' Sonnengrüßen. Sonnenhüte lehnte er ab, um die Hirntätigkeit direkt von der Sonne bebrüten und heizen zu lassen. Die extremen Ideen seiner »Tief- und Weitblicke für die Auslese der Menschheit« vertrat Dr. Engelhardt in Broschüren wie »Eine sorgenfreie Zukunft«. In seiner Zeitschrift »Für Sonne, Tropen und Kokosnuß« legte er Köder aus für romantisches Südseeleben. Da ihm die Lektüre seiner philosophischen Bibliothek auf Dauer nicht genügte, sandte er Lockschreiben nach Europa, half anreisenden Adepten sogar die Schiffsreise zu finanzieren. Aber Kompagnon und Sonnenbruder August Bethmann aus Alsleben starb bereits ein Jahr nach Gründung der gemeinsamen Kokosnußplantage an tropischen Viren; Dr. Engelhardt schob's darauf, daß er seine Braut Anna Schwab nachkommen ließ und sich, statt Gott, dem Weibe gewidmet habe. Max Lützow starb an Malariafieber und dem Streß, panisch per Segelboot der Insel entfliehen zu wollen; Dr. Engelhardt schob's darauf, daß er Mehlstoffe, Hülsenfrüchte und Eier gegessen habe. Willy Bradtke sparte für seine baldige Rückfahrt. Lang versuchte Dr. Engelhardt, seine eigene Erkrankung zu überspielen. Gewaltig litt er an Krätze. Auszehrung half ihm, sich dem ätherischen Idealzustand anzunähern. Abgemagert auf 39 kg, auf der zivilisierteren Nachbarinsel halbwegs rekonstruiert und hochgepäppelt, kehrte er sofort auf seine Kokosinsel zurück und wich kein Jota von seiner Idee ab, »große, edle, gute, urgesunde Menschen« zu züchten und mit seinem Kokosevangelium ein engmaschiges Netzwerk und internationales tropisches Kolonialreich des Fruktivorismus zu gründen, ausgehend vom Bismarck-Archipel und ganz Südamerika, Asien und äquatoriales Afrika erfassend. Die tolerante Kolonialverwaltung wurde zunehmend mißtrauisch und verlangte Kautionen. Von allen Gesinnungsgenossen verlassen, hielt er, abgemagert zum dunkelbraun gebrannten Skelett, weiterhin als Sonnenmensch (mit Hautgeschwüren) die Stellung und ließ sich als Kuriosum von vorbeischiffenden Zaungästen photographieren. Kurz nach Weltkriegsende starb er dann selber an Malaria. Sein Pächter kippte seine Bibliothek einfach ins Meer. Grab unbekannt. Selbst inhaltlich halbwegs sympathisierende, selber ziemlich extreme Gestalten wie → Guttzeit bescheinigten diesem Prediger eine krankhafte Gehirntätigkeit.

Kokovorismus als Generalschlüssel zur Weltrettung (Dr. Engelhardt hier ganz rechts neben Anna Schwab und August Bethmann)

Worte von August Engelhardt: Nackter Kokovorismus ist Gottes Wille. Die reine Kokosdiät macht unsterblich und vereinigt mit Gott. ◆ Der kokovore Sonnenmensch ist der Mensch, wie er sein soll. ◆ Die Annahme der Kleidung ist ein Abfall von der Natur und von Gott; dadurch kam ein Mißklang in unser Wesen und wir wurden zur Bestie. Kehren wir zur Natur, zur Sonne und der uns von ihr unmittelbar gebotenen Speise, den rohen Früchten zurück, dann wird das Tier, der alte Adam in uns sterben und mit ihm die falsche Scham, das Bedürfnis, die »Blößen« zu decken. ◆ Mögen 1000 weitere Versuche fehlschlagen – sie alle sind kein Beweis gegen die Tropen.

Andere über August Engelhardt: Herr Engelhardt ist sehr tolerant gegen Andersdenkende, Zwang zu körperlicher Arbeit besteht überhaupt nicht. *(Max Lützow, 1904)* ◆ Der Herr Prediger hatte auf irgendeiner Insel eine Statistik über die Kokosnußbäume gemacht und behauptete, Gott habe nur so viel Menschen zum Weiterleben auserwählt, als es Kokosnußbäume auf der Insel gäbe, die überzähligen Menschen würden auf eine gräßliche Weise umkommen. *(Emil Szittya, 1923)* ◆ Is it Engelhardt who is mad, or is it we? *(James Lyng, Sydney, 1925)*

Heinz Erhardt, Komiker, Schauspieler, Ulknudel (1909–1979): Nachts, bevor er sich Morpheus aus den Augen rieb, ließ er die Brille auf, um seine Träume besser zu sehen. Öfters begab er sich an die frische Luft, um sie zu schnappen. Bisweilen spielte er eine Portion Schach. In Berlin lautete seine Anrede ans Publikum: »Liebe Ber und liebe Liner!«, ansonsten auch mal: »Meine lieben Damen – und die, die Ihnen nachlaufen!« Viele seiner Lacheffekte basierten auf kleinen Verschiebungen, gefletschter Stirn und gerunzelten Zähnen. Kulturgeschichte nippifizierte er zu Willi Tell und Fritz Nietzsche: »Na also, spricht Zahnarzt Tustra.« Oft fuhr er als der alte Lord fort und gab der guten Missis ein paar Kissis. Andere wurden bloß schamrot, er aber schamviolett. Andere sprachen bloß von Windbeuteln, er aber von Sturmsäcken. Betont wurde ständig, daß das gutmütige Nilpferd privat ein humorloser Haustyrann sei; genau wie all die traurigen Clowns, die nur im Rampenlicht plötzlich ihre abgrundtiefe Melancholie wegsteckten oder kunstreich durchschimmern ließen.

Worte von Heinz Erhardt: Das macht so gut wie fast gar nichts. ◆ Ein Naßhorn und ein Trockenhorn / spazierten durch die Wüste. / Da stolperte das Trockenhorn, / und's Naßhorn sagte: »Siehste!« ◆ Die neuen Zähne wurden schlecht, grad gut genug, um sie auszureißen, die neuen kamen grade recht, um mit ihnen ins Gras zu beißen.
Heinz Erhardt über sich: Ich bin wieder ein Schelm heute. ◆ Ich wollt eigentlich persönlich hier erscheinen, aber dann kam ich doch selbst. ◆ Ich hab'n Antlitz, und was haben Sie?
Andere über Heinz Erhardt: Der nach dem Krieg das Lachen wieder möglich gemacht hat. *(Peter Hahne, 2006)*

Till Eulenspiegel, Handwerksbursche, Landfahrer, Roßtäuscher, Possenreißer, Fäkalscherzbold, Schalksnarr, Erzschelm (14. Jhdt.): Eines Bauren Sohn gewest, namens Klaus Eulenspiegel, bei dem es sich aber eher, da er bald Landflucht einleitete, um einen landlosen Kecht handelte, jedenfalls im Braunschweig'schen, in Kneitlingen bei Schöppenstedt. Daß Tillens Amme nach der Taufe mit ihm in den Matsch fiel, er noch mal naß wurde und gereinigt werden mußte, führte zur Fama, er sei 3 x getauft worden. Bereits als Kind heckte er Streiche aus. Ihm wurde jeder Tag zum 1. April. Ihm, der es faustdick hinter den Ohren hatte, saß der Schalk grundsätzlich im

Nacken, und er saß seinerseits seinen Foppopfern im Genick. Aber wenn andere petzten, er veräpple, ja: verarsche sie, verstand er's geschickt, mit weißer Weste dazustehn. Mit Eulen und Meerkatzen verdiente er mehr als sein Bäckermeister mit Semmeln und Wecken. Hemmungslos notdürftelte er öffentlich überall hin und baute dampfende Haufen in seine Scherze ein. Gefrorenen Kot verkaufte er fässerweise als Schmalz, für 200 Gulden. Feste, auf die er nicht eingeladen wurde, verpestete er mit rübergeblasenem Scheißhausgestank. Ein Kind, das an Verstopfung litt, heilte er den besorgten Eltern gegenüber, indem er selber im Kackstuhl was ablegte und das weiterhin verstopfte Baby als geheilt ausgab, Belohnung ablehnte und üppigstes Trinkgeld hinterhergeschmissen bekam. Um sein Essen nicht teilen zu müssen, ließ er Nasenrotz in sein Mus tropfen. Durch verbale Schlagfertigkeit hingegen fiel der grinsende Aggressivling leider gar nicht auf. Lachen konnten über seine derben Possen lediglich derbe Gesellen. Er vervollkommnete sich in Zechprellerei und Abzockerei, wofür er sogar 2 x gehenkt werden sollte und unplausibel davonkam, durch Hinternausleck-Klauseln. In Geldkisten fanden sich dann immer nur Steine. Selbst blinde Bettler, statt ihnen was zu geben, nahm er erbarmungslos aus, ohne jede Robin-Hood-Ambition. Einzig als Beischlafdieb machte er komischerweise überhaupt nicht von sich reden – warum eigentlich nicht? Nahten Strauchdiebe, blies er als Turmwart nicht ins Horn; kamen keine, blies er »Feindio!«. Seinen Sadismus fand man traurigerweise humorvoll. In Magdeburg behauptete er, vom Rathausdach herabfliegen zu können, machte sich aber nicht zum Narren wie der Schneider von Ulm, sondern hielt an den vollen Marktplatz eine Spottrede an die zahlreich erschienenen Narren, die offenbar glaubten, ein Mensch, der keine Gans sei, würde ohne Flügel oder Federn fliegen können. In Nürnberg verlangte er 200 Gulden für die Kunst, die Krüppel eines überfüllten Spitals zu heilen. Er drohte den Patienten dergestalt erschröcklich, daß plötzlich alle rausrennen konnten – persiflierte er Jesus' »Steh auf, nimm dein Bett und wandle!«? In der Kirche stand er mit dem Rücken zum Altar, aber warum? Er erachte sich der Sakramente nicht würdig. Plätze, wo Kinder wimmelten, mied er, weil man dann nicht sehr auf ihn achtete. Ging er bergab, seufzte er in der Voraussicht, bald wieder kraxeln zu müssen; stieg er mühsam bergan, lachte er voll Vorfreude auf baldiges Bergab. Noch auf dem Sterbebett beichtete er lauter Streiche, die er nicht verübt hatte, und bereute aufrichtig, sie unterlassen zu haben, und legte den beichtgeldgierigen Pfaffen rein, überdeckte seine letzte Arbeit mit etwas Geld, im Nachttopf, und mahnte den Beichtvater, nicht zu tief reinzufassen, der sofort voll reinlangte und das Geld sehr weich fand. Da bei der Beisetzung ein Seil riß und der Sarg sich hochkant verkeilte, mußte der 3 x Getaufte kurzerhand stehend begraben werden – welch Schlußscherz! ⁓ Seine Taten und Leidverursachungen – und Schandtaten – nannte man bald »Eulenspiegeleien«. Volksbücher über seine »lustigen Streiche« erschienen ab 1510, also zu einer Zeit, als seine historische Faßbarkeit bereits gelitten hatte, genau wie die des Rattenfängers von Hameln. Über seine knüppeldicke Böswilligkeit und Schadenfreude schlug man sich die Schenkel. Grobianismus arbeitete seiner Sublimierung durch folgende Generationen kaum entgegen. Crazy Wisdom hatte Mühe, dem Eulenspiegel postum abgemolken zu werden. Sein ulkiger Name trug ihn vorwärts in Richtung Unsterblichkeit. Schwankgut früherer Schelme wurde aufgesogen, Eulenspiegel zugeschrieben; Pfaffe Amis, der Pfarrer von Kalenberg und Markolf hatten umsonst gescherzt, im wachsenden Schatten Eulenspiegels. Kölnische, flämische, französische, englische Varianten folgten. Hans Sachs bearbeitete 40 Volksbuchepisoden in Schwänken, Meisterliedern und Fastnachtsspielen weiter. Auf 350 Auflagen und Übersetzungen in 280 Sprachen folgten 500 Neubearbeitungen des Stoffs. Eulenspiegel wurde perverserweise so berühmt wie Don Quijote, oder nebenan Eulenspiegels Zeitgenosse → Nasruddin, den man eurozentrisch »orientalischen Eulenspiegel« nannte, obwohl der grobstoffliche Eulenspiegel als europäischer Nasruddin dem richtigen Nasruddin kaum an die Schulter reichte. Max und Moritz beerbten Eulenspiegel gar sehr. Nietzsches Zarathustra beerbte und variierte Eulenspiegels Seiltänzerei. Nach Kürzung und Amputation der vielen kotstrotzenden Passagen kam Eulenspiegel auch in Kinderzimmern an. Sein Name wurde derart zum Begriff, daß Schalk auf französisch alsbald »espiègle« hieß. → Wense akzeptierte als einzigen Dadaisten – Till Eulenspiegel.

Worte von Till Eulenspiegel: Machen die Doktoren Bücher, oder machen die Bücher Doktoren?
Till Eulenspiegel über sich: Ich bin kein Handwerksgesell, sondern pflege die Wahrheit zu sagen. ◆ Ich glaubte, es wäre kein größerer Narr in der Welt als ich; nun sehe ich wohl, daß hier beinahe die ganze Stadt voller Narren ist.
Andere über Till Eulenspiegel: Ob drollige Kinderfigur oder revolutionärer Volksheld, ob Karnevalsjeck oder Werbeträger – die neuen Kleider haben dem Ur-Till aus dem Schwankbuch von 1515 nicht immer gestanden. *(Bettina Mosler, 1991)* ◆ Das schon Eulenspiegels Vorgängern anhaftende lehr-

Hier schob Till Eulenspiegel einem verstopften Kind die eigene Kacke unter

haft-satirische Element, das durch Lachen die Wahrheit lehren, Mängeln der Zeit den Spiegel vorhalten, die Widersacher nasführen und in ihrer Beschränktheit – auch durch Wörtlichnehmen ihrer Redeweise – dekuvrieren will, steht im Gegensatz zu einer naiven, schadenfrohen Lust am Übertölpeln, die Menschen aller Stände trifft, keine Pietät kennt und der Selbstbehauptung des Schelms dient. *(Elisabeth Frenzel, 1992)*

Eva & Adele, **Kunstpärchen, Doppelkopfmutantinnen, Wandel-Exponate, Lächelfeen, Glatzkopfdiven, Flaneusen (Oberweite: Eva 101, Adele 86):** Nachnamen, Lebensdaten und Viten hielten sie geheim, gaben dafür exakte Körpermaße bekannt. Statt Werke zu schaffen und Arbeiten auszustellen, stellten sie einfach die Optik ihrer gemeinsamen Auftritte als Live-Performance aus, tauchten auf Vernissagen auf, Social Events, Rundgängen in Kunsthallen, Galerien, Kunstvereinen, auf documenta und Biennale. Wer sie anstarrte, hatte zu gucken. »Bitte recht freundlich!« mußte ihnen beim Fotoshooting und drumrum nie gesagt werden. Sie ließen sich von und mit allen fotografieren und dann die Fotos zusenden. Häufige Frage an sie: »Was für ein Film wird hier gedreht?« In Griechenland wurden sie sowohl bejubelt wie mit Konservendosen beworfen. Eine Publikation über sie basierte genauso auf der Farbe Rosa wie vielfach ihr Design und Make-up. KritikerInnen rühmten die Epik der Selbsterfindung der beiden androgynen Schizosubjekte Eva & Adele, ihre lebensnahe Hyperinszenierung, ihre angewandte Lebenskunst, ihre Authentizität, ihre Verkehrung gängiger Denkmodelle und Standard-Dispositive, ihren erweiterten Kunstbegriff im Sinne von → Beuys, ihre synchrone Anachronie und nicht zuletzt ihren anachronistischen Kampf gegen die Einsamkeit in der postmodernen Gesellschaft. Sie zeigten sich mindestens so unzertrennlich wie Dick & Doof, Rosenkranz & Güldenstern, Mickey & Mallory → Nox, Kastor & Pollux, die Gebrüder Grimm, Edmond & Jules de Goncourt, Arthur & Jeremias, Tünnes &

Scheel. Ob sie sich jemals abschminkten, blieb für viele unerforschlich. Manche meinten, daß die eine von ihnen insgeheim ein Mann sei. Als sie in die USA einreisten, setzten sie ein Kreuzchen sowohl bei männlich wie bei weiblich.

Lächelnde Unzertrennlichkeit zelebrieren

Eva & Adele über sich: Unser Lächeln ist ein Werk, eine Botschaft. ◆ Wo immer wir sind, ist Museum. ◆ Wenn wir uns herzen, sterben wir nicht. ◆ Unsere große Chance als 2 liebende Menschen entdeckten wir, als wir erkannten, daß Adele sich nicht eindeutig weiblich und Eva sich nicht eindeutig männlich definieren wollte. ◆ Wir danken allen, die unser Lächeln erwidert haben.

Andere über Eva & Adele: Eva & Adele sind hinausgegangen, um die Kunstwelt zu infiltrieren, um die Medienwelt wie auch die reale Welt zu infiltrieren und um ihr Image hermaphroditischer Zwillinge zu normalisieren, indem sie dafür werben. *(Kim Levin, New York)* ◆ Die Unzertrennlichkeit der beiden Glatzköpfe, hübsch rasiert und fein gepudert, erschien mir bei der ersten Begegnung wie eine himmlische Auflösung der Gewaltglatzen der Skinheads in eine gewaltlose, perfekt gestylte, artifizielle Paraphrase, wie die gelungene Verbindung von Marilyn Monroe und Cyborg, Kunstwesen und Echtzeitfreaks, Ballerinas und Robocops. *(Ulrich Krempel, 1997)* ◆ Eva und Adele haben sich zum Ziel gesetzt, anderen Menschen vermehrt die Gelegenheit zu bieten, sich intensiv mit ihnen auseinanderzusetzen – als Werk und als Lebensmodell. *(Paolo Bianchi, 1997)*

EZECHIEL, Prophet, Visionär, Drohpriester, Strafprediger (um 620 bis ca. 575 v. Chr.): Der Sohn des Priesters Busi wurde selber Priester, 597 v. Chr., unter Nebukadnezar II., und mit vielen vornehmen Judäern nach Babylonien deportiert. Seinen Mitgefangenen stand er tröstend, vor allem mahnend, zur Seite. 592 fühlte Ezechiel sich zum Propheten berufen, von einem Gott, den er »Jahwe« nannte und auf den sich seit längerem etliche ernste Mienen festlegten, und lebte und wirkte dann in der Stadt Tel Abib nahe bei Nippur. Nicht genug, daß sein auserwählter Gott von ihm verlangte, ungenießbare Dinge hineinzuessen in seinen Leib, einen zusammengelegten Brief: der Gott gebot ihm sogar, den zu essenden Gerstenkuchen (voll Weizen, Gerste, Bohnen, Linsen, Hirse, Spelzen) mit Scheiße zu verbacken (was Luther 2000 Jahre später mit »Menschenmist« übersetzte). Hier zauderte Ezechiel doch sehr, beteuerte, seine Seele sei noch nie unrein geworden, er habe noch nie Aas zerrissen und unreines Fleisch verzehrt, woraufhin sein machtvoller Gott sich erweichen ließ und sich mäßigte: der Prophet brauchte jetzt nur Kuhdung zu essen statt Menschenkacke. Von einem solchen Gott hätte man sich schikaniert vorkommen können. Kaum hielt Ezechiel sich im Zelt auf, befahl Jahwes Stimme, hinaus aufs Feld zu gehen, um dort mit ihm zu reden; dort aber befahl Jahwes Stimme, kehrt marsch, nach Hause gehn und sich im Haus verschließen – ja, was denn nun? Weitere göttliche Rätselspielchen folgten: Plötzlich hatte Ezechiel seinen Bart abzuschneiden und in 3 Teile zu teilen, alles arg unkoordiniert, nicht zweckdienlich, irrationalenigmatisch unerfreulicher Metaphorik zuliebe, Hauptsache: er ließ sich herumkommandieren, gehorchte voll Demut, brachte Brandopfer dar, schlachtete Ziegenböcke, täglich einen Bock, 7 Tage lang, und streute Salz drauf. Ezechiels Gott erging sich zu 85 % in Gewaltphantasien, unschön garniert mit 5 % Sexualschmäh, der den prophetischen Vorgänger Hosea drastisch überbot: »Die trieben Hurerei in Ägypten in ihrer Jugend. Daselbst ließen sie ihre Brüste begrabschen und die Zitzen ihrer Jungfräulichkeit befummeln.« Stets folgte auf die angeprangerten Buhlschaften sogleich der Schrei nach dringender Todesstrafe: »Und sollen Leute über dich bringen, die dich steinigen und mit ihren Schwertern zerhauen, und deine Häuser abfackeln und dir dein Recht tun vor den Augen vieler Weiber, also will ich deiner Hurerei ein Ende machen!« Pausenlos wollte Gott seinen Grimm über sein lustsuchendes Geschöpf bringen und redete diesem ein, drastische Strafe verdient zu haben. Weitere Gottesworte: »So wird der Gottlose um seiner Sünde willen sterben. Aber sein Blut will ich von deiner Hand fordern. Wo du aber den Gottlosen warnst und er sich nicht bekehrt von seinem gottlosen Wesen und Weg, so wird er um seiner Sünde willen sterben. Du aber hast deine Seele errettet.« Mordanstiftung! Eigene Mordgelüste mit dem höheren Befehl und Siegel Jahwes versehen (Vorläufer profanisierter Pflichterfüllung und Kadavergehorsams)! Haß und Grimm auf Thammuz (Adonis) loderte bei Ezechiel sehr. Drohsprüche hagelte es gegen die Nachbarstaaten Ammon, Moab, Edom, Sidon und alle anderen. Gegen die prunkvolle, sonnenübergossene, sehenswerte, multikulturell quirlende Hafenstadt und Handelsmetropole Tyros (Elfenbein, Ebenholz, Metalle, Sklaven) polemisierte Ezechiel besonders hart, vor allem gegen persische, lydische und libysche Söldnerheere, und zählte in seinem Eifer akribisch alle Spezerei, Holzsorten, Luxusgüter auf, um dann haßglühend den Untergang der ganzen Herrlichkeit auszupinseln, und wie sich die betroffnen Seeleute in Säcke gürten und Asche aufs Haupt streuen würden. Tyros fungierte als austauschbares Haßobjekt auf dem langen Weg von Sodom-Gomorra bis zur großen Hure Babylon und über sie hinaus bis später dann New York. Schlimme Saat, die dann eigentlich erst über den Umweg Islam durch Jahrtausende weiterwirkte: via Mord schnurstracks ins Paradies. Ohne massivstes Feindbild und Schwarzweißdenken hätte diese Art Prophet nichts zu melden gehabt. Der monothematische Mordgott und Plagensender baute in seine umfassend flächendeckenden Genozid- und Landverödungsphantasien ein winziges Hintertürchen für Noah, Daniel und Hiob ein; diese 3 als einzige durften entrinnen, aber ihre Söhne und Töchter nicht. ~ 587 v. Chr. fiel Jerusalem, folglich war Ezechiel ein echter Prophet. Daß seine Prophetie, Tyros und Ägypten würden fallen und durch die Babylonier verwüstet, sich nicht erfüllte, schadete seinem Prophetenstatus nicht. Seine visionären Ideen holte der apokalyptische Johannes alle bei Ezechiel: die 4 Tiere, Fittiche mit glühenden Augen, sich umwälzende Räder (mesopotamische Technologie!), alles prägnostische Albträume, und alle beteiligten Visionäre nach der Schablone verzückt. Goethes Vers »Wer nie sein Brot mit Tränen aß« ging zurück auf Hesekiel (Ezechiel) VI., Vers 16, allwo man das Brot mit Kummer aß. Theologen bissen sich die Zähne aus an Fragen, wieso Gott seinem Knecht so paradoxe Aufträge erteilt haben könnte. Spätere Pathographen und Psychologen, mit aller diagnostischen Behutsamkeit, wiesen Ezechiel Schizophrenie nach, mit parallelem Symptomkatalog bei Emanuel Swedenborg und August Strindberg. Hesekiel 16,5 »Sondern du wurdest aufs Feld geworfen, / Also verachtet war deine Seele / da du geboren warst« präludierte bereits die 2500 Jahre später akute existentialistische Geworfenheit.

Worte von Ezechiel (bzw. seinem Gott): Wind, komm herzu aus den 4 Winden, und blase diese Getöteten an, damit sie wieder lebendig werden! ◆ Und die Heiden sollen erfahren, daß ich der Herr sei, wenn ich mich vor ihnen an euch erzeige, daß ich heilig sei. ◆ Es soll kein Fremder eines unbeschnittnen Herzens und unbeschnittnen Fleischs in mein Heiligtum kommen, aus allen Fremdlingen, so unter den Kindern Israels sind.

Der vorchristliche Hardliner wußte stets genau, wo die Achse des Bösen verläuft

Ezechiel über sich: Und des Herren Hand kam über mich und führte mich hinaus im Geist des Herrn und stellte mich auf ein weites Feld, das voller Beine lag, und er führte mich da quer durch, und siehe, da lag sehr viel auf dem Feld, und siehe, sie waren sehr verdorrt.

Andere über Ezechiel: Es ist bei ihm in aller Leidenschaft oft eine Kälte, eine unmenschliche Fremdheit spürbar. Aber wie in schizophrener Kunst kommen eigentümliche, unvergeßliche, großartig-grausige Bilder vor. *(Karl Jaspers, 1947)* ◆ Vor allem die Propheten Hosea und Ezechiel haben diese Leidenschaft Gottes für sein Volk mit kühnen erotischen Bildern beschrieben. *(Papst Benedikt XVI., 2005)*

F

Gustav Theodor Fechner, Ex-Physiker, Pflanzennarr, Naturphilosoph, Weltbeseeler, Jenseitsdenker (1801–1887): Nach erlangter Doktorwürde in Medizin wandte der Pfarrerssohn aus Groß Särchen bei Muskau/Niederlausitz sich naturwissenschaftlicher Forschung zu. Als ordentlicher Physikprofessor arbeitete er in Leipzig über Galvanismus und subjektive Farberscheinungen. Bei optischen Experimenten überanstrengte er sich bis zur Erblindung, saß ab 1840 Jahr um Jahr in einer Finsternis, aus der er 1843 physiologisch rätselhaft wieder auftauchte – trat in den Garten und sah alle Pflanzen glänzen wie nie zuvor, überirdisch verklärt, inwendig leuchten, jedes Pflänzchen bedeutsamer als Novalis' blaue Blume. Verzückt taumelte er zurück ins dämmrige Haus und hängte alsbald seine Physik an den Nagel, als frischgeborener Grübler, erfüllt von sich anbahnenden prophetischen Einsichten und Ideen. Im Revolutionsjahr 1848 kreiste er in seinem Opus »Nanna oder über das Seelenleben der Pflanzen« ausführlicher und inniger um die Pflanzenseele als je ein Botaniker oder Pflanzenphilosoph vor oder nach ihm. Pflanzen seien nur deshalb so stumm für uns, weil wir so taub seien für sie. Ohne sich blindzustellen für das kalte Weltall dahinter, das tatsächlich blind, dunkel, leer, schwarz durch jede grüne Folie schimmerte und um das keiner (von → Demokritos über Pascal bis → Jean Paul) umhinkam, und ohne das Faktum des 19. Jhdts. zu ignorieren, daß Pflanzen und Dinge ihre köstlichen Farben dem Auge nur vorlügen, lieferte Fechner ein zutraulich beseeltes, sprachlich gewitzt blühendes Rückzugsgefecht im Zaubergärtchen grüner Beseelung, worin er die Pflanzenseele, für die er ein letztes Fähnchen hochhielt, um nicht als schrumpfende Seelenoase im Eishauch zu erfrieren, wundersam ausdehnte in Richtung Weltseele: Um's auf der toten Materiekugel auszuhalten, infizierte Blumengöttin Nanna als gutgemeintes, gutdurchdachtes Präludium und Auftakt – über seelenleuchtende Blümlein weit hinaus – die ganzen Erdball, der unter Fechners beredtem Zauberwort und Anhauch beseelter denn je zu atmen anhub, samt Tag- und Nachtseite, bevor kalte Seelen, damalige Positivisten, dem Ex-Physiker Mystizismus vorwarfen, Romantizismus, Sophistik und Humbug, im kalt, nackt, kahl heranrollenden Materialismus-Abendhauch des 20. Jhdts., worin Denkroboter Esoterikern Esoterik vorwarfen. Die Welt versuchte Fechner in seinem Hauptwerk »Zend-Avesta« als riesige Symphonie zu hören, mit weitaus schlimmeren Dissonanzen als jede Symphonie, die aber alle im Jenseits sich dann doch noch glätten und auflösen würden. In der Welt seines Gehirns, die Geister mitumfaßte, kaprizierte er sich auf jene Welt, die ihn mitumfaßte. Er verfaßte ein »Büchlein vom Leben nach dem Tode«. Daß das Jenseits nicht anderswo liegen würde, sondern hier, mitten im Diesseits, nur daß man dann nicht darin mühselig herumstapfen, sondern mühelos schweben werde, drückte er 11 x schöner aus als frühere Wunschdenker und 1001 x schöner als alle späteren Zeugen Jehovas. Er lag deshalb auch näher an schönstmöglicher Wahrheit, auch wenn diese fieserweise nicht zutraf – lieber mit Fechner und Jean Paul irren als mit Materialisten und Steuerzahlern recht haben! Fechner, der auch sehr an der Menschen- und Affenabstammung laborierte, verurteilte seinen Zeitgenossen Darwin, vergleichsweise mechanisch, sprich: seelenlos auszusehn, und äußerst vice versa: Neben Darwin wirkt Fechners Beweisführung in seiner »Vergleichenden Anatomie der Engel«, daß Engel, im Gegensatz zu Tausendfüßlern, keine Beine haben können, sondern Kugeln sein müssen, geradezu mittelalterlich. In schönen klassischen Satzperioden und mit wunderbar ulkigen Argumenten bewies Fechner, daß Hexen auf Besen zu reiten vermochten, führte sogar die Worte »Besen«, »bessern« und »bekehren« etymologisch zueinander. In seiner Beweisführung, daß der Mond aus Jodine bestehe, sprach er so instruktiv vom Gelenkwasser zwischen 2 Weltkörpern, von den »Knochen des Weltalls«, vom käseartigen Gerinnsel des Aethers, von elektrisch und galvanisch zusammenschlickernder Milch, wie spätere Wissenschaftler von Doppel-Helix, DNS und Strings. ⁓ Fechnerleser Gustav Mahler vertonte Fechner ohne Worte 1896 im 2. Satz seiner Kosmischen Symphonie: »Was mir die Blumen erzählten«. Sprachlich stand Fechner da als ein Vorläufer, nein: Meilenstein jener Spezies, die Wissenschaft und schöne Sprache noch zusammenbog, wie es dann nur noch Wilhelm Bölsche und Carl Ludwig Schleich zustandebekamen, 5 Min. vor 12, bevor wissenschaftliche Autoren zu tiefgefrorenen Automaten ihres Fachgebiets wurden. Im 20. Jhdt. knüpfte Maximilian Dauthendey an Fechner an. James Lovelook & Co. wurden mit ihrer Gaia-Hypothese berühmter als Fechner, teilten aber das mickrige Schicksal aller gutmeinenden postromantischen Wiederverzauberer der Welt, mit Wortschatzdefizit und vergleichsweise unlebendigem, ja: seelenlosem Jargon ihren Thesen zum angeblich lebendigen Globus wider Willen in Gegensatz zu geraten. Fast alle Leser vermißten nichts. Alle Wiederverzauberung half wenig. Doch auch Fechner war der erste nicht. Bereits Johannes Kepler hatte geschrieben: »Die Erdkugel ist ein Leib, der einem Lebewesen zugehört.« 1922 wurde Fechner, der Vater der Psychophysik, von Max Fischer in den Bücherkanon deutscher Mystiker aufgenommen. Aber in Klaus Günzels Personenlexikon, 125 Viten deutscher Romantiker, 1995, gelang es Fechner leider nicht einzuwandern.

So schön besang noch nie ein Mann die Blumen

Worte von Gustav Theodor Fechner: Ja könnten die Pflanzen laufen und schreien wie wir, niemand spräche ihnen Seele ab. ✦ Eine Orange findet man schöner als eine entsprechend bemalte Holzkugel. ✦ Sollte die Natur so viele Geschöpfe mit Empfindung begabt haben, um alle einen grausamen Tod sterben zu lassen? – Ist es nicht schöner, größer und herrlicher zu denken, daß die lebendigen Bäume des Waldes selber wie Seelenfackeln gegen den Himmel leuchten, als daß sie bloß im Tode in unseren Öfen Helle geben? – Das Sonnenlicht ist daher nur die Hochzeitsfackel der Engel. ✦ Zuvörderst haben offenbar die Prinzipien der neuern Philosophie einerseits und die Luftballons andererseits dem Kredit der Besen sehr geschadet; denn da man gesehen hat, daß man mit großen, hohlen, leeren Blasen in kurzer Zeit die größten Höhen erreichen kann, so hat man den solideren Besen dies Vermögen nicht mehr zugetraut, ohne zu bedenken, daß es verschiedene Mittel in der Natur gibt, eine Sache in die Höhe zu treiben, wovon die Leere und Leichtigkeit nur eins sind. Sollte man auch wirklich mit den Besen nicht ganz so hoch kommen als mit den Luftballons aus Taffet oder Philosophie, so beabsichtigt man ja damit auch nur, bis auf die Spitze des Blocksbergs zu kommen, der noch auf der Erde steht und eine gute Aussicht darüber gestattet, nicht bis in die höhern Luftschlösser, wo man von der Erde so viel wie nichts und von Sonne, Mond und Sternen auch nicht mehr als jetzt sieht. ✦ Soweit war ich in Auftischung meiner Gründe für den elliptischen Durchschnitt an bloßen Phantasiewürsten gekommen, und wer weiß, wie weit ich noch damit gekommen sein würde; da traf sich's, daß mir von einer Hausfrau eine wirkliche Wurst aus der Küche aufgetischt und vorgeschnitten ward, wobei ich genau achtgab, wie sie's machte, indes ich denken mochte, ich sähe nur auf ihre hübschen Hände, was ich freilich auch tat, und dabei auf den Gedanken kam, daß ich darin einen besseren Gegenstand für meine ästhetischen Betrachtungen gehabt als den Wurstschnitt.

Gustav Theodor Fechner über sich: Damals zweifelte ich nicht, daß ich das eigene Seelenleuchten der Blumen sähe, und dachte in wunderlich verzückter Stimmung: so sieht es in dem Garten aus, der hinter den Brettern dieser Welt liegt, und alle Erde und aller Leib der Erde ist nur der abschließende Zaun um diesen Garten für die noch Draußenstehenden. ◆ Da nun also meine Geschöpfe, nachdem sie Engel, Augen, Planeten gewesen sind, zuletzt sich in Dunstblasen verwandelt haben, die, wie ich jetzt bemerke, bloß durch die Anstrengung meines Auges beim Sehen in die Sonne in der wäßrigen Feuchtigkeit meiner eigenen Augenkammer entstanden, und mir nur den optischen Schein erregten, ich sehe sie objektiv, und da dieselben soeben zerplatzt sind, so sehe ich hiermit den Faden meiner Beobachtungen plötzlich abgerissen.
Andere über Gustav Theodor Fechner: Merkwürdig, wie Fechner rückertisch empfindet und schaut; es sind 2 sehr verwandte Menschen und – eine Seite meines Wesens ist der 3. im Bunde. *(Gustav an Alma Mahler)* ◆ Fechner hat für die Bekämpfung des dogmatischen Materialismus mehr getan als irgendein frommer oder idealistischer Philosoph. An Gaben von Kopf und Herz reich und fein, unbestechlich frei, wie einst Lichtenberg, ein Humorist ersten Ranges (er schrieb solche Dinge unter dem Namen Mises), ein Pantheist ohne Kirchenglauben, immer bestrebt, »die große Höhlung des Wortes Gott mit Inhalt auszufüllen«, wurde er von den mechanistischen Vertretern der Natur- und Geisteswissenschaft beiseite geschoben und vom Laienpublikum wie ein kurioser Kauz behandelt. Als ob er ein verunglückter Dichter gewesen wäre. *(Fritz Mauthner, 1923)* ◆ Fechner ist eine ähnlich ambivalente Persönlichkeit wie der antike Philosoph Empedokles. Wie letzterer sich am Anfang der Ideengeschichte der Pflanzenseele gegen eine allzu glatte Vereinheitlichung seines Naturbildes sperrt – einerseits Seelenwanderung, andererseits Materialkreislauf –, so entzieht sich auch Fechners Ansatz auf dem Höhepunkt dieser Geschichte einer vorschnellen Harmonisierung. *(Werner Ingensiep, 2001)*

FIDUS **(geb. Hugo Höppener), Jugendstilist, Tempelträumer, Lichtbeter, Leibverherrlicher, Deutschtümler, Druckgraphiker, Kunstmaler (1868–1948):** Als Jüngling trat der Lübecker Zuckerbäckerssohn und Kunststudent dem vegetarisch-pazifistischen Einödshof Meister → Diefenbachs bei, von dem er den suggestiven Kunstnamen »Fidus« (Der Getreue) bekam, übernahm den dortigen Malstil, samt aller elfenbeinhaften Nacktkinder und Motive, plus Weltbild. Meister und Schüler wurden denunziert, im Adamskostüm, »paradiesisch unbehost und unbetuniket« (Otto Julius Bierbaum), sonnengebadet zu haben auf abgelegenem Waldgrundstück. Statt daß Gendarmen, die sich aufs Gelände schlichen, um Nacktheit anzeigen zu können, wegen Hausfriedensbruch belangt wurden, kamen die beiden Naturisten, wegen öffentlichen Unfugs, vors Schöffengericht Wolfrathshausen und vollbrachten die Pionierleistung, als erste deutsche Landkommune den ersten Nudistenprozeß der Geschichte veranlaßt zu haben, verurteilt zu 6 bzw. 3 Wochen Haft und 50 Mark, zuzüglich 20 Mark, weil Fidus barfuß vor Gericht erschien (vorauseilender Querbezug zu Fritz Teufels konträrfarbigen Socken 1968 vor Gericht). Bald aber wurde Lieblingsschüler Fidus ungetreu bzw. vom Meister zum Infidus (Ungläubigen) degradiert und wechselte zu einem anderen, eher theosophisch-okkult gearteten Zeitgeist-Guru über, Dr. Wilhelm Hübbe-Schleiden. Als Fidus sich einer Ungarin körperlich näherte, erlitt er Hautreizungen, die er später als naturhafte Ablehnung fremder Rasse deutete. Als Maler bald geschäftstüchtiger als Diefenbach, publizierte er in »Sphinx«, »Jugend«, »Pan« und »Vorwärts«, in »Frigga, Blättern für deutsches Frauentum«, in »Lichtpfad, der geistigen Monatsschrift«; er illustrierte alles, von Tolstois »Auferstehung« bis → Scheerbarts »Barmekiden«; er malte – zwischen Abendwinken, Gnadennacht und Morgenwundern – Heliante und Luzifer, Elfenwanderer und Tempel der weißen Bruderschaft. Statt südlicher Üppigkeit, draller Putten und herkulischer Männer präferierte und zelebrierte Fidus jugendliche und nordische Nacktheit: Nach vollmenschlicher Lebenserfüllung strebend, warf der romantische Wanderer überm Nebelmeer den Gehrock von sich – und sich ins Firmament hinein und hinan, in Luft und Licht, und Fidus' Lichtgebet stieg auf zu seinem Albumblatt für Elise, seinem Bolero und Superhit, trotz gekniffener Pobacken vor meteorologisch unhaltbarer Zirrusbildung und ausgeblendetem Alpentourismus. Sein Parsifal bekam ein 12jähriges Knabenantlitz auf einen schwerbewaffneten Bodybuildingleib gepfropft. Ein Nackedei lief zutraulich auf ein Raubtier zu: »Lieber Löwe, lauf nicht davon – hab keine Angst vor Klein-Marion!« Urgesunde Quasi-Idealgestalten (Krankheit ist Irrtum!), schönheitlich, märchenfeierlich, weniger kleinwüchsig gewachsen als ihr schönheitstrunkner Schöpfer, pflogen vernünftige Leibeszucht, schufen lichtvoll überbelichtet raumschaffende Werte, deren druckliche Verbreitung der eigenrassige Gipfelmensch – in zukunftsfroh aufwärtsgläubig hochfahrenden, weiterhin diefenbachgeschwängerten Tempelgedanken und Tempelträumen schwelgend – fleißig vorantrieb, hinarbeitend auf die Stunde der Volkwerdung Deutschlands, kulturmenschlich und volkserhebend tätig, mit Helferkreis und Preisliste. Denn Lichtkünder, Buchschmuck- und Exlibris-Künstler Fidus streute die im Fidushaus und Fidus-Verlag entstandene Gebrauchsgraphik und dekorative Fiduskunst 100 000fach hinaus, meist als Fidusdrucke, selbstkolorierte Lichtbilder, voll männlicher Menschlichkeit. Er wuchs zum Jugendstil-Inbegriff heran, landesweit bekannt. Mit 38 starb seine Frau, ein Jahr später, mit 18, seine Tochter Drude. Fidus, Mitglied der Theosophen, der Deutschen Illustratoren, der Deutschen Volkserzieher, des Giordano-Bruno-Bundes, der Germanischen Glaubensgemeinschaft, eines Bodenreformbundes, der Gartenstadt- und Richard-Wagner-Gesellschaft u.v.a. wurde Anlaufpunkt für Kunst-, Heimat- und Naturfreunde, Verehrerscharen, denen er mit Fidus-Atelier, Liederabenden und Lesungen entgegenkam, Magnet für Wandervögel, Bundgründer, Germanenträumer, Dürerbundgruppen, religiöse und politische Spinner, inklusive (von Fidus sog.) »murksrassiger Lümmel«, und manch einen Perfidus, der sich über Fidus' Gottsucherei mokierte, sein deutschgläubiges Kunstpfaffentum, die Heiligenscheinumflossenheit hüllenlosen Herumgehopses in zeitloser Landschaft, die zuckersüßen und lübeckermarzipanblassen Erbteile und Zutaten in Fidus' Werkschaffen, und daß Fidus den Klassenkampf durch Nacktbaden ersetzen wolle. Aber Fidusfreund Wilhelm Spohr stellte Fidus betreffs »Tiefe des Empfindungsausdrucks« über Michelangelo. Fidus' zarte Gestalten schlichen sich sogar in die schlaflosen Nächte beliebter Dichter, mit süßem Duft »mich zu liebkosen«; denn er hatte sie sehr lieb (Hermann Hesse an Fidus). So oder so: Rauchschlote und Bahnhöfe der Impressionisten und Fabrikhallen Adolph von Menzels bekamen Aufenthaltsverbot in den herrlichen Gefilden von Fidus' plakativen Brautinseln, bevölkert mit Allvaters Kindern. Im Zeitalter der Dollarstürze und Pleitegeier zeichnete Fidus aufsteigende Zarathustra-Adler. Jedes neue Ufer ward dem vielgefragten Werbedesigner zum alten Gestade, nie ohne Goldrand. Schattenlos geistbewußte Lebensbejahung, plus Lichtkraftspiel, wurde auf ihrem Gang in bessere Sphären, gleichwie Theosophie, seltsam flächenhaft. Sein lichtgläubiger Hang & Drang zu märchenschöner Mystik scheute auch die Fettnäpfchen okkulter Flachmeier nicht. Sein Sonnenlicht sah arg nach Studiobeleuchtung aus, und Adam und Eva vermochten zwar die Feigenblätter abzustreifen, nicht aber ihren Status als Aktmodelle, deren Anmut oft etwas hölzern posierte. Badehandtücher spielten fallengelassene Tunika. Fidus nannte sich auch mal »Offenbarungsmensch«, der das moderne Weltanschauen und Daseinsbewerten ablehnte. Aufgeklärtheit und Wissenschaft nannte er »borniert«. Statt März & Juli versuchte er Hornung & Heuert durchzusetzen. Die buddhistische Swastika zeichnete er bereits 1902 (da war Hitler erst 13). Statt über Kriegsfolgen klagte er über Auftragsmangel und Geldnöte. Nach 1918 stand er im Aufwind Neuer Sachlichkeit – sowie Dada & Expressionismus – arg unsachlich da, arg süßlich, kaum noch zeitgemäß, außer im Strom rechtskonservativ völkischer Ästhetik. Bei allen treudeutschen und lichtdeutschen Grüßen betonte er bereits 1928, sich nie antisemitisch benommen zu haben. An Goebbels schrieb er 1930: »Hochwerter Mitstreiter!« Doch seine Tempelpläne erhielten null Unterstützung, sein gutgemeinter Postkartenhitler wurde verboten; seine absolut unentartete Kunst dünkte den Nazis zuwenig monumental, muskelbepackt und kampfbereit, zuviel Blümchen und Ornamente, zu verweichlicht, zu sanft, zu soft, zu smart. 1937 wurden Mappen beschlagnahmt, Fidusdrucke verboten. Zum 75. Geburtstag Prof. h. c. Nach 1945 schwenkte er noch um auf CDU-Wähler. Mit späterem Vokabular erschien der jahrzehntelang vielfach verpönte Fidus ab 1972 als Ökosoph & Popkünstler der industriellen Revolution, ein Hippie des Fin de siècle und Wilhelminismus, mit eigener kommerzieller Werbeagentur, Leitfigur alternativer Subkultur. Rückwirkend ließ sich in seine pitschenackten Kinderreigen schier ein kinderpornographisches Element hineinassoziieren, obwohl er eher an den klassizistischen Reigen seliger Genien von 1820 anknüpfte; und in seine »Spatenwacht« von 1930 – KZ-Fotos. Unstilisierte FKK sah sich zeitlebens verdammt, mit schweinchenfarben wulstigen Speckwampen Wasserbälle zu werfen und nie einen rechten ätherischen, voyeurfernen Lichtgruß hinzukriegen. Der Preis für überwundenen Kitsch – Unästhetik und Rettungsringe. Andererseits wurde Fiduskitsch beredter als manch eine Niveaukunst.

Worte von Fidus: Seit über hundert Jahren sind Idealisten am Werke, die Kultur des »persönlichen Lebens«, die Schönheit der aus dem Ich wiedergeborenen Nächstenliebe, die Kraft der lebenserlösenden, selbständigen Natürlichkeit in Denken und Dichten, in tönenden und sichtbaren Gestalten der Menschheit zu Gemüte zu führen. ◆ Über den bebenden Nabelkelch, die bleibende Spur der kosmischen Allverwurzelung hinwegkosend, bleibt unser Auge an den rosig-zarten Zwillingsblüten hängen, die mehr oder weniger erschlossen auf den wogenden Brüsten hängen, lockende Zeichen der schenkenden Liebe, und jetzt ganz freigegeben von entbreitenden Armen und wehrenden Händen, die in denen der Schwestern verkettet sind. ◆ Jedes

Lieber Kitsch als gar keine Schönheit

Kind fühlt übrigens besser als Schopenhauer, daß der wallende Bart vielmehr ein Abzeichen väterlicher Würde und Reife ist.

Fidus über sich: Denn meine Bedürfnisse laufen ja auch selbst viel weniger auf behagliche Einzel-Stimmungsbilder hinaus als auf Sammelteile und Pläne einer großen Tempelkunst. Für deren letzte Ausreifung aber ist wiederum auch die Zeit noch nicht gekommen; denn sie liegt nicht in dem Willen eines Künstlers allein, sondern in einer mitfordernden und mitschaffenden Gemeinde – wie in allen Zeiten großer Tempelkünste. Vielleicht, daß der Krieg diese Reife bringt und der Friede ihre Auswirkung! ◆ Auch ich negiere ja nichts; ich empfinde nur Langeweile am heutigen Formulieren.

Andere über Fidus: Er sah aus wie ein nach eigenem Entwurf gearbeiteter Faun. Ging es feierlich zu, dann war er der Feierlichste, ganz ergriffen, ganz hingegeben. Im Moment aber, wo die Feierlichkeit vorbei war, riß er Kalauer, die einen Hund zum Heulen gebracht hätten. *(Erich Mühsam)* ◆ Auch wo er sich monistischen Anschauungen nähert, zieht ihn mehr dessen naturreligiöse, allumarmende Seite als die freigeistig-antiklerikale an. *(Frecot/Geist/Kerbs, 1972/97)* ◆ Schon 1896 hatte ihn die 6 Jahre ältere Kunstschnitzerin Amalie Reich (1862–1946) um ein Kind gebeten. »Fidus« gewährte ihr zwar diesen »Wunsch«, lehnte aber die Verantwortung für die uneheliche Tochter Elsa ab: er übergab sie Magnus Hirschfeld, der für sie in dem Altersheimbewohner Altmann einen gesetzlichen Vater fand. *(Bernd-Ulrich Hergemöller, 2001)*

FINESSENSEPPERL **(geb. Josef Huber), Liebesbote, Stadtnarr, Lokalheiliger (1763–1829):** Der Kutschersohn normalwüchsiger Eltern in München, geboren im Haus Petersplatz 8, angeblich, das bis 1807 zum Dechanthof der St.-Peter-Pfarrkirche gehörte, wurde (aus damals unerfindlichen Gründen) nur 1,50 m groß, Durchschnittsgröße derzeit: 1,66 m, also bei weitem kein Zwerg, allenfalls minderwüchsig, eine bloß leicht maßstabsverkleinerte Figur, deren Kosenamen sich herumsprach. Der oder das »Finessensepperl« verdiente als erwachsenes Männlein seinen Lebensunterhalt als Briefträger, spezialisiert vor allem auf die Überbringung guter Nachrichten, ja: froher Botschaften, statt religiösen – amourösen Inhalts. In allen Stadtteilen als Postillon d'amour unterwegs, ein Körbchen mit doppeltem Boden am linken Arm, die Liebesbillette ganz unten und obendrauf seine Wegzehrung, rief er jedem, der vorüberging, mit verschmitzter Miene leise ein »Grüaß di Good« zu. Im Korb trug er ferner ein Suppenhaferl, womit er sich allmittaglich im Heiliggeistspital zur Klostersuppe einfand. In allen Häusern, zumeist denen oberer Schichten, hatte er Zutritt. Bei schwierigen Adressen, verzwackten Hinterhoflabyrinthen fand schlaue List stets heraus, wo ein Brief abzugeben sei. Nicht als unpfiffig galt er, ja: schlau, schien aber zunächst das Gegenteil zu sein. Nicht lesen konnt' er und nicht schreiben, und verstand sich irgendwie trotzdem darin, wenigstens im Portozählen. Mindestporto: 6 Kreuzer. Nie pflegte der Finessensepperl zu betteln; doch seine Miene drückte hinlänglich aus, was er nicht sagte, und reichlich flossen ihm, besonders bei günstigen Antworten, von den beglückten Auftraggeberinnen freundliche Gaben zu, oft das Zehnfache, nebst Trinkgeld und leckeren Naturalien. Auf neugierige Fragen antwortete er meist: »Nix G'wiß woas ma ned«, was Heiterkeit erregte, bald ein Lieblingssprichwort der Münchner. Ertappte man ihn, einen Liebesbrief zu übergeben, tat er so, als bringe er nur Rettiche: »Koan Liebesbrief hab i, san grod Radi, da muß i schon bitten sehr um Gnadi, do kinna S' no den Kreuzer sehn. Mehr bring i net mit Radi z'weg'n!« Gefragt, wo er wohne, sagte er: »Drei Stiagn obern Kamin«; was nicht ganz stimmte, da er in einer Auer Herberge hauste, die seinem Onkel (namens Zahnweh) gehörte. Alle liebten seine »drolligen Einfälle«. Er seinerseits liebte die »rote Nanni«, eine vergleichbare Törin, der oft schreiende Buben nachliefen. Zu ihren Namenstagen gingen die Nanni und Sepperl stolz in allen Straßen umher, mit Blumen geschmückt, und ließen sich gratulieren. Jeder kannte sie, vom König bis zum Bettler. Sie wurden zu Eckpfeilern der Stadtpost, zu Grundheiligen der Isarstadt. Die Münchner ließen nichts kommen auf ihren Finessensepperl; lediglich ein Norddeutscher namens F. Gelting verunglimpfte das herrliche Kerlchen naserümpfend als »besonders merkwürdiges Schaustück aus dem Thierreiche«. Bald hatte sich der Zwerg ein Kapital von 200 Gulden erspart. Und ward am hellen Tage in seiner Kammer, als es seine Tageseinnahmen zählte, von einem überfallen, der ihn erdrosseln und berauben wollte, doch kraft wackerer Gegenwehr konnte das schmächtige Opfer den Angreifling in die Flucht schlagen. Der Schreck warf ihn aufs Krankenlager, 8 Tage lang, so daß unter Münchens frisch Verliebten Jammer ausbrach, weil nun ihre Liebesschwüre dem unfreiwilligen Poststreik zum Opfer fielen. In späteren Jahren litt der Postillion an schwerer einseitiger Arthrose und dem Ausfall aller Zähne, außer einem einzigen. ~ Bei seinem Ableben – manche sagen, mit 53, andere, mit 66, jedenfalls an einem 26. April – bestand des Finessensepperls Hinterlassenschaft aus 60 Kronenthalern. Als Lindenholzfigur (65 cm hoch) landete er im Stüberl des Valentin-Musäums in München, als Steinstatuette (maschendrahtgeschützt) sah und sieht er unter dem Torbogen des Karlstors am Stachus auf hochguckende Touristen herunter, zusammen mit 3 anderen merkwürdigen Münchner Stadtteil-Originalen, mit Hofnarr Prangerl, Kapellmeister Sulzbeck und Franz Xaver Krenkl, eine schutzpatronförmige Viererkonstellation, ein Gegenquartett zu Matthäus, Markus, Lukas und Johannes, eingereiht in eine lange Stadtmuseum-Ahnengalerie-Reihe mit trinkfesten Kapellmeistern, Sprücheklopfern, Hofbräuhaus-Gestalten, G'schaftlhubern, Lohnkutschern, Hausiererinnen, Reklamegenies, Lokalmatadoren à la Ratzenklauber von 1480, Peter Fleckerl von 1580, dem Flinserlschlager, der Fuchsbarbl, dem Quastlmeier, der Nußkathl, dem Pfarrer von Feldmoching, dem Trambahnpfeiferl bis hin zum 110jährigen Väterchen Timofej vom Olympiastadion. Rechnete man im bajuwarischen Biotop das Lokalkolorit runter, spielte das Finessensepperl eine mythisch-archetypische Rolle als Bote, wie im Orient Hudhud, der Wiedehopf, der sowohl im Koran wie in Goethes Westöstlichem Divan klein und flink zwischen verliebten Häusern verkehrte und bereits damals, zwischen Bathseba und König David, den Kuppler machte. Manche sahen den Liebesboten als Engel der Frohbotschaften, stets auf glücklicher Sonnenseite, im grünen Bereich, nie mit Trauerrand als Todesbote und Hermes psychopompus. Sein Skelett, ausgestellt in der Anatomie, wurde ins Pathologische Institut der Universität überführt und 1991 radiologisch untersucht: die Ursachen des Minderwuchses ließen sich nicht mehr verifizieren (dafür wurde eine überzählige Rippe entdeckt). Diagnostisch ausgeschlossen wurden: primordialer Zwergenwuchs, Osteochondrodysplasie, Speicherkrankheit, Kretinismus, Rachitis, Mangelernährung; vermutlich: gestörte Wachstumshormonproduktion. Eine Klavikulafraktur wies auf den Überfall oder Mordanschlag hin. Jedenfalls sah er größer als Vergleichszwerge wie die Maler Adolph von Menzel und Toulouse-Lautrec, wie Blechtrommler → Matzerath oder der weltberühmt contergangeschädigte Baßbariton Thomas Quasthoff, oder die beiden altägyptischen zwergwüchsigen Kleinmänner an des Wedelträger Potiphars Hof, Kleiderwart und Vorsteher Dudu und Se'ench-Wen-nofre-Neteruhotpe-emper-Amun, aus Thomas Manns »Joseph und seine Brüder«.

Der oder das Finessensepperl sagte meist nur: »Nix G'wiß woas ma ned.«

Andere über den Finessensepperl: Er war ein kleines schmächtiges Männchen, war stets mit einem schwarzen ledernen Käppchen und kurz geschnittenen Spenzer bekleidet, gewöhnlich trug er einen kleinen Armkorb und einen Hafen mit sich. *(Münchener Stadtchronik, 1829)* ◆ Mischung aus Schalk und Narren, im Gewande eines Pulcinets mit grauen Haaren, oder vielmehr ohne Haare, mit etwas Diebsgelüst versetzt. *(Ch. Müller, 1816)* ◆ Ein Beispiel dafür, wie selbst ein schwaches Gemüt in die Originalität hineinwachsen und zur Ehre kommen kann, durch die Kunst verewigt zu werden, denn der berühmte Johann Georg von Dillis hat diesen krischperldürren Untertreiber gemalt. *(Karl Spengler, 1974)* ◆ Unzählig sind die Anekdoten, die man sich von ihm erzählt. *(Elisabeth und Erwin Münz, 1977)*

FITZCARRALDO, **Abenteurer, Gummiplantagenbesitzer, Caruso-Enthusiast (19./20. Jhdt.):** Er betätigte sich als Kulturbringer auf abgelegenen Kontinenten, fern jeder Urbarmachung; null Infrastruktur; fehlende Zufahrtswege; unvorbereitete Ureinwohner; störrische Bürokratie im Vorfeld. Erst legte der energiegeladene Projekteschmied in rastloser Fehleinschätzung als Eisenbahnunternehmer Schienen für eine Lokomotive ins Unterholz, kam im Dschungel keine 300 m weit, alles ohne Rostschutzmittel, blies das Projekt ab und plante dann eine Eisfabrik in den Tropen. Bald darauf reiste er durch die Wildnis ans Ende der Welt, als Trommler für Verdi, Rossini und die Tenorlegende Enrico Caruso, weil sie unsre größten Gefühle ausdrücken.

Pragmatische Beobachter nannten ihn »Eroberer des Nutzlosen«. Der Hitzkopf, getragen von übergroßer Euphorie für seine Ideen, reiste auch mal 1000 km, um im Marmor-Opernhaus der Gummikonjunktur-Stadt Manaus im brasilianischen Dschungel ohne Eintrittskarten sich in eine Caruso-Aufführung hineinzubetteln, oder läutete auf höchstem Turm Leute zusammen und wanderte für den groben Unfug 2 Tage in den Knast. Fitzcarraldos törichter Traum: im Regenwald ein Opernhaus hochzuziehn. Spezieller liebenswerter Nebeneffekt: für sein bevorzugtes Rüsselschwein reservierte er einen Ehrenplatz in goldener Privatloge – mit rotem Samtsessel! Mit Orinoco-Paul, einem bärbeißigen holländischen Steuermann, startete er einen fahrtüchtigen Dampfer in unerschlossenes Terrain, umweht von Matrosenrekrutierung wie bei Schatzinsel oder Moby Dick. Ein goldenes Grammophon, aufgestellt auf dem Oberdeck, umspült von den Stromschnellen des Ucayali, dröhnte verknisterte Verdi-Arien rüber zu neolithischen Campa-Indianern mit Pfeil und Bogen. Doch die Versöhnung von Kunst und Natur fiel ins Wasser und ging in die Binsen. Der verdrehte Idealist warf keine Flinte ins Korn. Er zeigte, wie man Berge versetzt, und ließ einen Dampfer übermenschlich über einen Berg wuchten. Caruso hatte nicht viel davon, aber Don Quijote war aufs neue gegen Windmühlen angerannt. Kultregisseur Werner Herzog verfilmte die Story. Fitzcarraldo mit heinofrisurfarbenem Schopf blickte finster wie → Kinski, schrie herum, mogelte sich ohne Eintrittskarten ins Opernhaus. Das empirische Ausgangsmodell – allerdings leider ganz ohne Caruso-Ambitionen – hieß entweder Brian Sweeney Fitzgerald oder Carlos Fermín Fitzcarrald López (1862–1897).

Worte von Fitzcarraldo: Das wird die größte Oper, die der Dschungel je gesehen hat.
Fitzcarraldo über sich: Ich will einen Berg versetzen. • Ich bin in der Überzahl. Ich bin der Erfinder des Kautschuks. Durch mich wird Kautschuk erst zum Wort. • Eins von diesen wolligen Sumpfschweinen liebt mich.

FRANCESCA ROMANA, Mystikerin, Höllen-Visionärin, Klostervorsteherin (1384–1440): Herkunft aus stadtrömischen Adelskreisen. Um 1396 wurde sie zwangsverheiratet mit Lorenzo de' Ponziani, worauf sie mit einjähriger Krankheit reagierte. Um beim Geschlechtsakt keinesfalls Lust zu empfinden, fügte sie sich Fastenübungen, Schlafentzug, Selbstverwundungen zu und gebar 4 Kinder. 1425 wurde sie Oblatin (Tertiarin) der Olivetaner (Benediktinerkongregation). Ihre Armen- und Krankenfürsorge litt nicht unter ihren mystischen Schauungen, Heiligenwundern, Christusbegegnungen. In ihren niedergeschriebenen Höllenvisionen kamen Geister zu Wort, die im Pech, Schwefel und Eisen eines erschröcklichen Drachenschwanzes lebten und wirkten und besonders schlecht auf exkommunizierte Mitbrüder zu sprechen waren, deren Todsünde darin bestand, Exkommunikation nicht gefürchtet zu haben. 1433 gründete sie in Rom das Kloster Tor de' Specchi, in das sie 1436 als Witwe eintrat und worin sie als Oberin wirkte. Ihre antoniusförmigen, dantesk weitergedachten Anfechtungen durch tiergestaltige Dämonen wurden nur zeitweise von ihren Schutzengeln gemildert. Bekannt blieb sie durch die umfangreichste Höllenauspinselung des Spätmittelalters, 50 Seiten lang.

Worte von Francesca Romana: Und wie diese Selige von der so grausligen Vision erschrocken dastand, immer vom Engel Raphael gestärkt, sah sie die schmerzensreichen Seelen der exkommunizierten Männer und Frauen, die am Anfang in das Maul des Drachen geworfen wurden, wie oben gesagt, aber nicht wie die andern Seelen aus dem Bauch des Drachen herauskamen, sondern im Schwanz des Drachen verblieben.

LUISA FRANCIA, Geisterfühlerin, Weisheitshexe, Esotainerin, Workshopperin (geb. 1949): Beinah wär sie in einer Trambahn geboren worden. Die blauen Wunder, die ihre Großmutter ihr androhte, wurden dem Aupairmädchen zum orphischen Urwort. Die Praktikantin beim Manchester Evening Star, die in Clubs und in »Hair« sang, machte Revolution, bewegte die Frauenbewegung mit. Sie schrieb 4 Filme, Drehbücher mit Margarethe von Trotta. Sie träumte, →Achternbusch würde in New York als Maler ausstellen, und drangsalierte dann den (derzeit nie malenden) Dichter: »Wenn du schon in New York ausstellst, dann würd ich doch endlich mal anfangen zu malen.« Fast wunderte sie sich, als sie zwischen all den Scharlatanen, Nieten und weisen Frauen, die sie so traf, sogar insgesamt 2 weise Männer traf. Die Tanzlehrerin, die mit afrikanischen Elementen, Meditationstechniken, Visualisierung und Imagination arbeitete, tanzte am liebsten für Steine und Kreuzspinnen, gelegentlich auch mit Menschen. Sie rasselte mit wechselnden Rasseln – »schhtschhtchhtschht« –, räucherte, entzündete Teelichter, sang den Mond an und berichtete davon. Auf einer Buchmesse machte sie aus einem 10-Mark-Schein ein Ritualfeuerchen, vor entrüstetem Publikum. Dem Land der Kulturbeutel hielt sie Worte wie »Spielraum«, »Freudentaumel«, »verjubeln«, »Zaubergarn« entgegen. Das Yoruba-Spruchwort »Steine und Menschen sind verwandt« hielt sie erst für Quatsch, ehe es sich als Weisheit enthüllte. Sie profitierte vom Gros ihrer Wochenend-SeminarteilnehmerInnen, bis jetzt recht unsensitiv durch die Welt gestiefelt zu sein und also leider nicht zaubern zu können. Magie üben hieß nicht, mit Simsalabim und Abrakadabra Leute versteinern lassen, Geldregen auslösen und Würste an Nasen praktizieren, sondern Zombies verlebendigen und erkennen, was die Welt im Innersten zusammenhält. Besenflüge auf Harry-Potter-Ebene galt es sublim umzuformatieren in schamanische Seelenflüge. Sie unterschied zwischen Desillusionierung und Entzauberung. Astrologie wertete sie auf zur »Himmelsphilosophie«. Ihr schönstes Lebensziel: die Welt umzuträumen. Ihre Lieblingsgöttinnen: Albruna, germanische Seherin, und Chomolungma, erhabene Berggöttin. Daß Venus der einzig weibliche Planet sei, stank ihr. Dem 21. Jhdt. sah sie als einem Jahrhundert of Woman Power entgegen. In feministischem Ansatz taufte sie Uranus in Urania um, Jupiter in Hera-Jupiter, Neptun in Tiamat-Neptun und betätigte sich seit 1974 als Alleinerziehende einer vergleichsweise ganz normalen Tochter – Walli. Nach 2 Wohnungseinbrüchen hängte sie ein Schild an die Tür: »Bitte nicht aufbrechen, Schlüssel liegt unter der Matte!« Zack, wurden alle Wohnungstüren aufgeknackt, außer ihre. Wallfahrten und Zeitreisen führten nach Tanger, New York und zu den Songlines, Traumpfaden und Energieliniennetzen der Aborigines. Dialoge mit Frauen in Mali, Niger, Elfenbeinküste, Ghana, Benin, Nigeria, Gabun schnitt sie mit. Von einem Marabut in Timbuktu kaufte sie einen Grigri, das Lederamulett eines getöteten Tuaregs, und beruhigte sofort dessen Geister. Kakerlaken tötete sie nie, aus Respekt: Ein unabschließbares Hotelzimmer in Algier, Wand an Wand mit Saisonarbeitern, verrammelten die daumenlutschende Walli und sie mit Möbeln; sie bat telepathisch die Kakerlakentraube überm Bett, nicht runterzufallen, worauf die Traube ½ m weiterrückte. Bisweilen beugte sich ein Stern zu ihr herunter und riß sie ein Stück mit. Dann wieder geriet sie in allzu irdische Paßkontrolle. Die Zahl ihrer Steine überwog stets die Zahl ihrer Slips. So bewußt leicht sie ihr irdisches Gepäck hielt: Vor Grenzposten, die die Grenzüberschreiterin als kostümierte Hüter der Schwelle sah, mußte sie am Zoll den tückischen Schwellengeistern ihre Habseligkeiten ausbreiten: heilige Muscheln, magische Hühnerkrallen, Tampons und Tarotkarten. Über eventuellen Männerverschleiß gab sie wenig bekannt. Brutalos, die sie in Kneipen anmachten, fuhr sie an: »Bei Männern wie dir warten wir vergeblich auf den evolutionären Sprung vom Affen zum Menschen!« Blieb sie mit dem Ärmel an der Türklinke hängen, spürte sie foppende Geister. Zwar hatte man als Schamanin in die Unterwelt zu steigen, zu den DämonInnen, aber Luisas Geisterhängematten und Teppiche aus Schmusegeistern sahen stets recht umgänglich und kuschelig aus, wie Maskottchen und Hauskatzen, für die sie Nistkästen aufstellte, mit Geisterfutter. Schauderhaft atavistische Blutopferrituale auf Abraham-, Maya- und → Rätsch-Ebene ermäßigte sie dahingehend, daß sie Göttern nicht opferte, sondern sie beschenkte. Sie streute Ritualkreise aus Mehl oder magischem Getreide auf vielbefahrene Autokreuzungen und ließ sich vom Hupkonzert nicht stören. An der B 12 schenkte sie Münzen einer angeblich »schlafenden Drachin«, goß Wacholderschnaps aus, um Unfallgeister günstig zu stimmen, und ließ Verkehrspolizisten staunen, daß dort ab sofort viel weniger Unfälle stattfanden. Sie fand ein nettes Quasi-Jenseits im Nahbereich; Neuzeit & High-Tech kein Hindernis für voll intakten Animismus. Bei abstürzenden Börsenspekulanten diagnostizierte sie: Geisterrutschbahn. Geld beschrieb sie als beliebte Aufenthaltssubstanz für Geistwesen, und Flüche als ideales Reisemittel. Sogar das Münchner Oktoberfest sah sie als Geistertummelplatz und den 11. 9. 2001 als Produkt von Geistereinfluß. Mitten in der East 10th Street Bath in New York saß sie in indianischer Schwitzhütte, und in finnischer Sauna wie in schamanischer Einweihung. Den Broadway sah sie als alten Geisterpfad der Algonkin, selbst die Wallstreet-Börsianer als Marionetten an überirdischen Fäden. Fußball definierte sie als Männerreligion ohne Erlösung oder Erleuchtung, also als Sisyphosfluch, das Antäuschen als alten magischen Trick, die Anreise der Fanmassen als Massenpilgerfahrt, den Schiedsrichter als Zeremonienmeister, das Trikot als schamanische Bärenzähne, das Merchandising als Devotionalienhandel; 11 Spieler – heilige Narrenzahl 11. Als sie ihr Buch »Eine Göttin für jeden Tag« (siehe Pater → Grüns »Ein Engel für jeden Tag«) abschließen wollte, legte sich eine Wildkatze auf ihre Bücher; eine Marderin tauchte auf, bis die Atmosphäre zu dicht wurde und ihr PC abstürzte. Ihre Geister wuchsen technisch voll mit, musikalisch aber ließen sie sich weiterhin bevorzugt von neolithischen Schamanenrasseln locken. Walli nahm ihre singende und rasselnde Mutter gelassen hin. Im Andrang blauer Wunder wurde Luisa zur Goldmarie. In einem Steinkreis in Cornwall lag sie eine Nacht lang fühlsam im feuchten Gras, falls weniger (ein Viertelstündchen) nicht mehr gewesen wäre. Im Flugzeug nach Nepal fand sie die tantrische Knochenperle eines lebenden Buddhas, die keinem gehörte und also zu ihr wollte. Heinrich Schliemann brauchte ein Leben, um Troja zu finden; Mystiker litten lebenslang an ausbleibendem Gott; sie hingegen ward von keinem Traum heimgesucht, der nicht prompt als Wahrtraum einschlug: Auf Sahara-Tour träumte sie von blauem Steinkrug und daß sie in früherem Leben erschlagen worden sei, und grub prompt am Folgetag eigenhändig, fast ohne Klappspaten, blaue Scherben sowie ihr früheres Skelett aus, spielfilmreif mit Schädelverletzung, und baute ein Fragment ihres eigenen Schädels in ihre schamanische Schildkrötenrassel ein; was ihre LeserInnen vermutlich glaubten. Daß Kontrollposten und Bakschischgeier hinter ihrem Jeep herballerten und Autoscheiben zerscherbten, klang eher nach TV-Räuberpistolen als nach Asienurlaub. Viel netter, närrischer, glaubhafter: Da sie im Bahnhof Kassel-Wilhelmshöhe, der sie ankotzte, auf der Zugfahrt von Hannover nach München nicht 4 Std. Aufenthalt haben wollte, fuhr sie aus geomantischen Gründen extra einen Umweg über Bebra (für 52.– DM Zusatzkosten). Ihre launigen Erlebnisbücher und poetischen Formulierungen, daß leuchtende Fäden aus ihrem Hirn aufstiegen, ins All, sich mit Sternen verbanden und sie schaukelten, durchsetzte sie mit Ballaststoffen à la daß auf Reisen der banale Alltag mehr und mehr zurücktrete und wir uns dann neuen Erfahrungen öffnen würden, und daß die Wissenschaft im Grunde nur Zerstörung produziert habe, und daß man im Einklang mit existierenden Kräften leben solle, und daß uns irgendeine Landschaft düster und bedrohlich erscheinen würde, und daß Sonnenuntergänge wundervoll seien und wir sie intensiv erleben sollten. Auf ihrem Starfoto, mit auf die Stirn geschobener Sonnenbrille und in Flipflops (Gummisandalen), saß dann doch wieder eine Pauschaltouristin, von Tibet fasziniert wie → Schimmel von Pakistan »bezaubert«. Wenn sie aufbrauste, fühlte sie sich wie ein AKW vor dem Super-GAU. Oft erkannte sie sich als eine von jenen G'schaftlhuberInnen wieder, die sie verachtete: Schritte in Richtung Weisheit. Gorgonen seien von »atemberaubender Schönheit«. Den Output üblicher EsoterikerInnen und energetischer EnergiearbeiterInnen, und daß es keine Zufälle gebe und daß du nicht mehr verwurzelt bist und daß du nicht denken, sondern einfach nur dasein sollst, im Be now here, formulierte die im Fahrwasser von Ayurveda-, Kundalini-Meditation mitschwimmende Hexe viel registerreicher durch und schaute also über den Tellerrand ihres Esotops hinaus ins oft sog. Universum. Daß aber Luisa mit dem Stern Aldebaran intensive Freundschaft pflog, entschuldigte vieles und entschädigte für alles. Schwarzmagierinnen wie → Bernus wirkten neben Luisa Francia düster, berühmte Hexen wie Starhawk vergleichsweise unberedt, unoriginell, humorarm. Andere Hexen erlabten sich nie an Witzen wie »Männer sind wie Klos, entweder besetzt oder beschissen«. Bis 2008 schrieb die Opferpriesterin rund 29 Bücher, sowohl broschierte auf Hanfpapier in → Piepers legendären Medienexperimenten wie parkettsicher im Hardcover-Verlag Nymphenburger zu München. Schöne Titel: »In der Fremde ist der Fremde fremd«, »Fischmaul«. In »Menschen bei Maischberger«, ZDF, saß sie auf den Studiosesseln immerhin im Yogasitz, wurde aber beim Stichwort »Menstruationsblutrituale« rhetorisch in die Enge getrieben. Selbst ihren Krebs bekam sie magisch in den Griff.

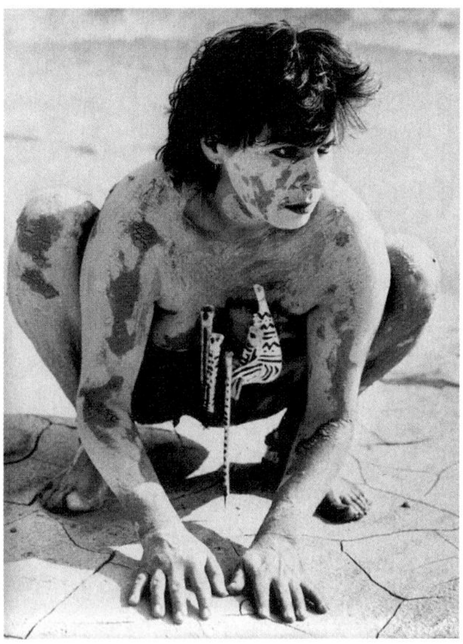

Bayrische Hexe im Ritualkreis aus Mehl, zwischen Cornwall und Nepal

Worte von Luisa Francia: Die Realität dehnt sich dahin aus, wo sie gebraucht wird. ✦ Frau Nachbar, Blasphemie ist machbar! ✦ Grenzerfahrungen müssen sich nicht unbedingt an den Landesgrenzen abspielen. ✦ Das kosmische Gelächter kommt bei uns manchmal als Meteoritenschauer oder als Sonnenwind an. ✦ So viel Viagra kann ein alternder Mann gar nicht schlucken, wie sein erloschener Kamin verfeuern müßte, um die nie endende Phantasie zu befriedigen.

Luisa Francia über sich: Ich bin so alt wie die BRD, ja, leider auch so alt wie die Nato, so alt wie die Abschaffung der Todesstrafe in der BRD. Als ich geboren wurde, lachte ich, weil ich schon wußte, was hier läuft. ✦ Ich machte mich auf die Findung, denn Sucherin bin ich keine. ✦ Ich habe angefangen, mich mit Elfen über die Heilwirkung von Düften auszutauschen, und dabei einige wertvolle Informationen erhalten. ✦ Natürlich war ich in der Sponti-Linken ab 68 heftig aktiv. Was mich überhaupt nicht antörnte, war die Tatsache, daß wir Frauen den Genossen nachts um 3 Kaffee kochen sollten, damit sie Flugblätter formulieren konnten, die dann sowieso wir schrieben. ✦ Während ich barfuß laufe, erzählen mir meine Füße etwas. ✦ Dann fuhr ich sieben Jahre lang nur nach Indien, Nepal und Tibet, ich zog allein barfuß durch das Himalayagebirge, schlief bei Bergbewohnern auf dem Hausdach oder bei Berggöttinnen auf dem Schoß. ◆ Der Teil meines Gehirns, der die Vernunft beherbergt, suggerierte mir, wie lächerlich es sei, daß so eine Sonne, Milliarden Lichtjahre von mir entfernt, Kommunikation mit mir suchen könnte oder wollte. ◆ Ich kann in einer Vollmondnacht zwar mein Auto zu Schrott fahren, ich kann aber auch etwas Konstruktives tun, mir die Energien dieser Nacht bewußt machen und damit arbeiten. ◆ Oft, wenn ich lange Autoreisen unternehme, weiß ich nach ein paar Stunden nicht mehr, was ich mit meinem Auto reden soll.

Andere über Luisa Francia: Luisa ist eine echte Schamanin, jemand, der in seiner ganzen Totalität von Moment zu Moment an sich und in ihren Gruppen mit anderen arbeitet. *(Gayan S. Winter, 1989)*

Franziskus von Assisi (geb. Giovanni Bernardone), Minderbruder, Ordensstifter, Regelüberwacher, Vogelprediger, »Spielmann Gottes« (1182–1226): Von seiner französischen Mutter auch Francesco (Französlein) genannt, hineingeboren ins frühkapitalistische Fluidum eines prosperierenden Textil-Imperiums, sprengte er schon als Kind – freigebig gegen Bedürftige – artfremderweise jedes merkantile Denken: Obdachlosen, die Kleingeld erbaten und denen er ein Almosen verweigerte, rannte er nach, um es doch noch zu geben. Elle und Maß abgeneigt, weltlichem Genuß zugetan, Wein, Weib, Völlerei, emphatisch erfüllt von agonal militanten Troubadour-Idealen, drängte es ihn als verfrühter Don Quijote im Krieg gegen Apulien nach dem Ritterschlag irdischen Ruhms, ehe nach Kerkerhaft in Perugia und Krankheit ihn eine ganz andere Vision aus dem Startloch riß und den neuen Saulus in einen Paulus umgoß, der nun väterliche Gelder für Restaurierungsarbeit zweckentfremdete, im baufälligen Klösterlein Sankt Damian und an der Feldkapelle »Maria von den Engeln«, die er Portiunkula nannte (Eigentümlein). Franz legte sein Weltkleid ab, begann Jesus in Armut und Selbstverleugnung nachzufolgen, dergestalt konsequent, daß ihn sein aufbrausender Vater enterbte und verstieß; bzw. der gutsituiert mißratene Sohn verschmähte seine Tuchhändler-Herkunft derart konsequent, daß er bei einem Krach mit dem Padrone sogar die Wäsche aus dessen Firma sich vom Leibe riß, auf offenem Marktplatz im Angesicht bischöflicher Gerichtsbarkeit, und nackt von hinnen eilte. Viele wunderten sich, daß einige diesem weder gelehrten noch adligen Luftikus nachliefen. Er sah auch nicht gut aus. Wenn er segelohrig daherkam, jesuanisch als Poverello, Ärmster der

Armen, also (nach Lukas 9,3-5) äußerst taschenlos, ohne Zweitrock, Wanderstab, Brot und Geld, barfuß, dafür aber inniglich verheiratet, statt mit Frau Prunksucht und Frau Welt mit Frau Armut, deren erster Gatte Christus gewesen war und um die seit 1100 Jahren keiner mehr geworben hatte (laut Dante Alighieri), applaudierten manche, spürten religiösen Ernst ausstrahlen, jauchzten, winkten, läuteten. Er schwankte zwischen Missionar und Mystiker. Gott aber gab durch: Missionar. Von Umbrien aus ging er hin in alle Welt und predigte das Evangelium. »Juculatores Domini« nannte er sich und seine ersten Jünger: »Spielleute Gottes«. Eigentum lehnte er auch deshalb ab, weil er dann, um seinen Besitz zu verteidigen, jene Waffen gebraucht hätte, die er als junger Mann zunächst so herrlich gefunden hatte. Als der frischgebackene Laienprediger einen noch ärmeren Bettler traf, schämte er sich (eigentlich eine Diogenes-Anekdote!). Beim Betteln nahm Franziskus nie Geld an, nur Naturalien. Kaum aß er bei einem Kardinal, der ihn einlud, etwas üppiger als üblich, durchkreuzten Nachtgespenster seine Andacht. Er rief ihnen dann zu: »Wisset, ihr Geister, tut meinem Körper an, was euch erlaubt ist, ich hab keinen stärkeren Feind als meinen Leib, drum rächt euch an ihm und straft ihn; dann brauch ich das nicht zu tun!« Arbeitsteilung! Wenn nachts Sehnsucht aufkam, wenn nicht gar geschlechtliches Gelüst, wälzte er sich, als nähm er kalte viktorianische Wasserabspritzung vorweg, im Pappschnee, formte Klumpen draus und rief sich selber zu: »Sieh, Franz, das sind deine Frau und deine Kinder! Wie sie frieren und hungern, kleide und sättige sie!« Caritas contra Priapos! Wenn hingegen Mitbrüder unter vergleichbaren Anfechtungen litten, schrieb er ihnen ein paar Bannworte auf ein Papier, die trugen sie dann am Leib, schon zerfloß alle Geilheit zu nichts – Vorsicht: atavistischer Amulettzauber! Franz überwand seinen Ekel vor Aussatz und küßte infektiöse Wunden: Statt sich zu infizieren, schmolz die Lepra hinweg vorm Angesicht Christi. Um möglichst viel göttlichen Trost zu erlangen, weinte Franz oft, fast bis er das Augenlicht verlor. Auf seinem Sinai und Tabor, dem Berg Alverna, fastete er 40 Tage zu Ehren des Erzengels Michael. Sein Fratello, der ihn in einer Kirche bibbernd beten sah, spottete: »Verkauf mir einen Schweißtropfen!« Papst Innozenz III. sagte bei einer Audienz dem Hungerleider ins Gesicht: »Sicher findest du ein paar Schweine, die dich in ihrem Stall aufnehmen. Ihnen sollst du predigen. Schweinen gleichst du jedenfalls mehr als Menschen.« Grobian Dr. Martin Luther nannte den Franz »einen groben Gesellen«. Bald folgten 5000 Brüder und sogar Schwestern dem franziskanischen Regelwerk. Sendboten missionierten in Europa und bei den Sarazenen in Nordafrika. Franz selbst begleitete ein Kreuzfahrerheer nach Palästina, wo er mit dem dortigen Sultan religiös fachsimpelte. Mit Ungewalt strebte er die naturwidrige Jesaja-Vision durchzusetzen, daß Wölfe bei Lämmern wohnen, und Pardel bei Böcken. Bienen stellte er besten Wein auf. Bei Rom erwischte sein Geselle ihn, wie er unbeobachtet den Vögeln predigte. Bei der Burg Alvianum forderte er sogar Schwalben, die eine Predigt für Menschen übertönten, erfolgreich zum Schweigen auf, bis er selber würde ausgepredigt und Würmer zum Singen gebracht haben. Er predigte Blumen, als hätten sie Vernunft. Wenn Franziskus zu den Wandelsternen aufblickte, sah er sie glitzernd ihren Schöpfer ehren. Bei Vollmond läutete er im Kirchlein Sturm, bis alle Bauern aus ihren Hütten gekrochen kamen, schlafverrunzelt, gähnend, sauer, zumal Franziskus nichts weiter mitzuteilen hatte, als daß Schwester Mond sehr schön sei und wie man das nur verschlafen könne. Und die Sonne sprach er mit »Bruder Sonne« an (der in Deutschland aus sprachlichen Gründen »Schwester Sonne« gewesen wäre). Nicht nur Lebewesen, die da kreuchten und fleuchten, auch anorganische Wesenheiten und Phänomene nahm er in den Bund auf, lieblich personifizierte Abstrakta, von Schwester Demut bis Bruder Gehorsam. Mit Frau Solitude ließ sich selbst hartnäckige Einsamkeit vertreiben. Augenleiden, Malaria, mitgebracht aus Ägypten, Wassersucht, Milz-, Magen-, Leberprobleme begrüßte er als Schwestern. Als seine Hütte abbrannte und er sein Bettzeug aus den Flammen zog, packte ihn Reue, und er entschuldigte sich bei Bruder Feuer, daß er ihn bloß die Hütte fressen ließ und nicht auch sein Bett, schlechten Gewissens voll; denn Bruder Feuer, weil er das Bett nicht bekam, würde nun um so eher wieder hungrig werden und andern Leuten etwas fortessen. Fasane rettete Franz vom Bratspieß; Tauben und Fische fütterte er und ließ er frei; aber dem Tier im Menschen gönnte er nichts, machte seine arme Physis alttestamentarisch zum Sündenbock, sperrte ihn ein, schimpfte ihn »Bruder Esel«, knechtete sich, überstreute karge Speise mit Asche, obwohl der letzte Zipfel Wohlgeschmack doch auch als Werk Gottes zu preisen gewesen wäre. Einsam, mit Scheelblick, stand der Asket im hochgejubelten Chorus seiner Geschwister – und sprach nie von »Bruder Schwein«. Aus seinem Laudes creaturarum nahm er Schweine stillschweigend aus. Eine bestimmte Sau, weil sie ein Lamm totgebissen hatte, verfluchte er, und siehe, o Wunder, das Schwein starb (atheistisch gesagt: Zufällig starb das Schwein 3 Tage nach dem Fluch). Er hatte auch viel gegen Ungläubige. Albert Schweitzers »Ehrfurcht vor dem Leben«, von Franziskus bereits praktiziert, zeigte Risse. Auch mit seinem Vater versöhnte der angehende Heilige sich nicht. Nicht einmal die Legende holte das nach.

Franzens Jesus-Nachfolge verlief, auf den Schluß zu, weniger als halb so dramatisch. Zwar zeigte er beglaubigte Stigmata, die ihm ein Seraph zufügte oder gönnte, und zwar als erster auf diesem Gebiet; doch kein Märtyrertod, sosehr er ihn herbeibetete, kam in Sicht. Nur das ruhmlose Faktum nahte, daß der Mensch siecht und serbelt und daß es ihm wie dem Vieh geht: wie dies stirbt, so stirbt auch er, und haben alle einerlei Odem: Mit Erblindungsanfällen lag er klaglos in einer Mäuseplage. Einem Mitbruder, der ihm Besserung seiner Leiden wünschte, drohte er mit Kontaktabbruch, weil dieser es wagte, durch Besserungswünsche Gottes Fügungen indirekt zu tadeln. Auf seinem Sterbelager – statt Bett nackter Boden – tat er auch noch seine Kutte von sich, um nackt zu sterben. Der Arzt gab ihm nur noch wenig Lebenszeit, da rief er freudig aus: »Sei willkommen, Bruder Tod!« Franz fühlte sich weder von Gott noch von der Schwesternschar seiner Todesqualen im Stich gelassen. Bis zuletzt blieb er familiär behütet und wohlgebettet in einem durchseelten Naturkosmos aus Geschwistern, meilenfern von Blaise Pascals modernem Schauder vor dem ewigen Schweigen unendlicher Räume.

Obwohl er auf den 7–8 Porträtbildern, die bald nach seinem Tod entstanden, Bart trug, ging Franz bartlos (Forschungen zufolge). Obwohl Franz sich selber als »unnützen Menschen und unwürdiges Geschöpf Gottes« definiert hatte, rühmten seine ersten Hagiographen: »Wir wissen, daß unsere Worte deinen ausgezeichneten Tugenden viel von ihrem Glanz nehmen, da sie unzureichend sind, die Großtaten einer solchen Vollkommenheit zu schildern.« Dann setzte eine ungeheure Karriere ein: Ein tiefgläubiger, strenger, herber, harscher Hausverwalter, Regelwerkaufsteller und -durchdrücker, Vorschriftenüberwacher, Kontrolltyp, Pedant, der über frömmelnde Formeln nie hinaussah, masochistisch ganz in Sünde, Schuld, Sühne, Buße, Kreuz, Jesus, Pflicht, Gnade watete, ritueller Gehorsamsethik verpflichtet, Beteuerungsjargon nachbetend, alles andere als ein heiliger Narr, vor Ort durchaus unsympathisch, eng katholisch, verdächtig christlich und leider nichts als ebendies, wurde unter günstigen Sternen von goldenen Legendenkränzen und Fioretti, die sich an seine farbschwache Erdenspur hefteten, von höherer Wahrheit umspült, nachgerüstet, zur Nachreife und eigentlicher Blüte gebracht, von hilfreich durchseelendem Kometenschweif vordatierbarer Rührstücke wundersam hinaufgeschaukelt zum immer sanftmütiger wandelnden seraphischen Lamm Gottes, heiliggesprochen bereits 1228, als Minderbruder Immerfroh, Stifter der Franziskaner, alsbald Schutzpatron der Klarissen, Terziaren, Armen, Blinden, Lahmen, Kaufleute, Weber, Posamentierer, Tapetenhändler, Tuchhändler, Schutzgeist ganz Italiens, Sozialarbeiter, Umweltschützer, Urbild aller Memmen, Idol aller späteren Pazifisten und Softies, in summa: Franziskus von Assisi stieg auf zum prominentesten, geliebtesten aller Heiligen im Großraum und Ballungsgebiet okzidentalen Christentums, zum christlichsten aller Christen, und zwar ausgerechnet wegen seiner auffallend vorchristlichen, außerchristlichen, heidnischen Aspekte, seiner buddhistisch-pantheistischen Tierliebe: Ohne seine wunderbare Vogelpredigt bot er weniger als die halbe Miete: Vögel und Elefanten sicherten Franziskus und Hannibal deren Ewigkeit. Der Schritt von Giovanni Bernardone zu Sankt Franziskus variierte den Schritt von Siddhartha Gotama zu Buddha. Seine Frau Armut variierte buddhistische Hauslosigkeit bzw. die Lilien auf dem Felde. Eurozentrische Spätsynoptiker drehten den Spieß um und fanden den franziskanischen Archetypus bereits im alten Indien wieder. Franz' archaisch hölzerner Sonnengesang klang um nichts neuzeitlicher oder poetischer als Echnatons Sonnengesang 3000 Jahre vorher, aber fiel im desolat naturwidrigen Christentum als Lichtblick auf und wurde entsprechend bejubelt. 700 Jahre vor Franz bändigte Sankt Blasius via Gebet einen Wolf, 1000 Jahre vor ihm zähmten die Wüstenväter Löwen, aber für die imitierte Bändigung des Wolfes von Agobio wurde Franz, der ihm furchtlos kreuzeschlagend entgegenschritt, berühmter als Stofflieferant Sankt Blasius. Tierfreund Franziskus – residierend in der leuchtenden Serie tiernärrischer Geister à la Yudhisthira, Hieronymus, Ägidius, Korbinian, → Kukkuripa, Genoveva, Eustachios, Sankt Hubertus – schwoll an zum Meilenstein im heimlichen Siegeszug des unauslöschlichen Paganismus mitten im umsonst flächendeckend durchmissionierten Mittelalter, 1000 Jahre bevor das Wort »Animismus« aufkam. Würmchenbeiseitekehrer wie → Dhammarui schonten Tiere, um nicht eigene Voreltern zu essen; Franziskus liebte die Symbole zähmbarer Triebe, weil sie zur Schöpfung Gottes gehörten; man hatte jeweils seine Gründe. Je zartbesaiteter die Jahrhunderte sich verbiedermeierten, um so liebreich erquickender, herzinniglicher, tränenlösender sublimierte sich Herzblatt- und Herzblut-Franziskus' zärtlich bräutliche Affinität zur kreatürlichen Schöpfung, Imitatio der historischen Domesticatio des eifernden Gottes zum lieben Gott, als obligates Wunsch- und Gegenbild pausenlos unaufhaltsam weiter kriegführender, tierquälender, fleischfressender Gesellschaften. In einem Land, allwo damals schon massenhaft Vogeljagd als Volkssport grassierte, wurde Franz zum Patron katholischer Ornithologen. Everybody's Darling half bei Kopfweh und Pest. Seine Berühmtheit wurde nachträglich in religiöses Talent umgedeutet. Der heilige Franz wandelte dann bereits Hand in Hand mit dem Heiland selber, unserem lieben Herrn

Jesus, auf ewig den lieben drolligen Vögelein und Blümlein predigend, unbehindert und unbesudelbar vom begrenzten Ausgangsmaterial aus dem Hause Bernardone. Doch selbst der legendäre Franziskus blieb 300 x unberedter, engbrüstiger, hölzerner als nebenan der jubelfähige → Rumi, ebenfalls Ordensstifter, 19 Jahre alt in Franz' Todesjahr. Barthold Heinrich Brockes' naturseliges »Irdisches Vergnügen in Gott«, Friedrich Gottlieb Klopstocks grüngolden spielende Frühlingswürmchen, Wilhelm Bölsches »Sonnen und Sonnenstäubchen«, → Wagners Naturevangelium, Gusto → Gräsers Vogelverse, Tiervater Brehm, Prof. Bernhard Grzimek, Konrad Lorenz, Heinz Sielmann holten nach, was Franz fehlte. Das Standardwerk »Genie, Irrsinn und Ruhm« diagnostizierte Zyklothymie, schizoaffektive Psychose, akustische Halluzinationen, Geltungsdrang, und gestand ein, seine Intelligenz sei eher durchschnittlich, und von Genie könne bei ihm nicht die Rede sein. Dann wurde Francesco als Frühökologe entdeckt und gefeiert (seit L. White: »The Historical Roots of Our Ecologic Crisis, Science«, Band 155, 1967, S. 1203). Dekane und Didakten à la Prof. Alfred Läpple nannten Franziskus von Assisi »Impulsgeber«, für alle, die nach alternativen Wegen suchen. Und schon gab der Prototyp Denkanstöße. Alle Päpste und Pfarrer wurden dann aber, sobald sie von Armutsbekämpfung redeten, wie der wohlgenährte Bischof Karl Lehmann in seiner Weihnachtsansprache 2005, Frau Armut grundsätzlich untreu, und damit auch dem heiligen Franz.

Worte von Franziskus von Assisi: Sollten einzelne Brüder auf Anreiz des Bösen Feindes tödlich gesündigt haben, dann sollen diese Brüder sich möglichst bald und ohne zu warten an die Provinzialminister wenden, sofern es sich um solche Sünden handelt, für welche unter den Brüdern die Verordnung erlassen ist, daß man sich ausschließlich an die Provinzialminister wenden soll. ◆ Nachdrücklich verbiete ich den Brüdern insgesamt, Verdacht erregende Beziehungen oder Beratungen mit Frauen zu unterhalten und die Klöster der Nonnen zu betreten, jene Brüder ausgenommen, denen vom Apostolischen Stuhle eine besondere Erlaubnis gegeben worden ist. ◆ Und der Kustos soll streng im Gehorsam verpflichtet sein, ihn wie einen Gefangenen bei Tag und Nacht scharf zu bewachen, so daß er seinen Händen nicht entrissen werden kann, bis er ihn in eigener Person den Händen seines Ministers übergibt. ◆ Weil Gott ein Geist ist / so kann er nur durch den Geist gesehen werden. ◆ Die bösen Geister ebenfalls haben ihn nicht gekreuzigt, aber du hast ihn mit ihnen gekreuzigt, und du kreuzigst ihn immer noch,

Kraft buddhistischer Tierliebe aufgestiegen zum berühmtesten Heiligen der Christenheit

indem du den Lastern und den Sünden frönst. ◆ Gelobt seist Du, Herr, mit allen Deinen Geschöpfen, / besonders dem Herrn Bruder Sonne, / welcher der Tag ist, und durch den Du uns leuchtest. / Und er ist schön und strahlend mit großem Glanze, / von Dir, Höchster, trägt er den Sinn. Wir sollten aus Liebe zu dem irdischen Licht, das wir nun mit den Mücken gemein haben, nicht vom Schauen des ewigen Lichtes lassen.

Franziskus von Assisi über sich: Ich dünke mich den größten aller Sünder. ◆ Ich danke, mein Herr und Gott, für all diese meine Qualen und bitte Dich, mir noch hundertmal schlimmere zu schikken, wenn es Dir gefällt. Denn das ist mir das Liebste, wenn Du mich schonungslos heimsuchst. Das Bewußtsein, Deinen Willen zu erfüllen, ist mein übergroßer Trost. ◆ Sodann gab mir der Herr und gibt mir einen so großen Glauben zu den Priestern, die nach der Vorschrift der heiligen Römischen Kirche leben, um ihrer Weihe willen, daß auch, wenn sie mir Verfolgung antäten, ich zu ihnen Zuflucht nehmen will. ◆ Ihr sollt wissen, daß ich fröhlich sein muß; denn ich soll vor meinem Tode noch so heilig werden, daß man mich durch alle Welt wird anbeten.

Andere über Franziskus von Assisi: Selbst zu den Würmern entbrannte er in alles übersteigender Liebe / weil er von dem Heiland das Wort gelesen hatte: »Ich bin ein Wurm und kein Mensch.« Und darum sammelte er sie vom Wege auf und barg sie an einer sicheren Stelle / damit sie nicht von den Vorübergehenden zertreten würden. *(Thomas von Celano, 1228)* ◆ Sanct Franciscus schonete die Laternen und Lampen und Kerzen, denn er wollte mit seiner Hand das Licht nicht verunreinigen. *(Jacobus de Voragine, 1273)* ◆ Da kamen viele andere Vögel hinzu / und ihr Gesang war mancherlei / und reckten ihre Flügel gegen den heiligen Mann und saßen auf seinem Rock und auf seinem Gürtel. Da er ausgepredigt hatte / da gab er ihnen Urlaub / und sie flogen davon. *(Lübecker niederdeutsches Passional 1492)* ◆ Das dankbar freudige Lebensgefühl, mit dem er alle Kräfte und Geschöpfe der sichtbaren Welt als verbrüdert und ihm verwandte Wesen begrüßt und liebt, ist frei von jeder kirchlich gefärbten Symbolik und gehört in seiner zeitlosen Menschlichkeit und Schönheit zu den merkwürdigsten und edelsten Erscheinungen jener ganzen spätmittelalterlichen Welt. *(Hermann Hesse, 1905)* ◆ In einem gewissen Sinne ist Franz von Assisi Humorist und Don Quijote ein Heiliger. *(Egon Friedell, 1936)* ◆ Der Mann von Assisi fühlte sich berufen, ein neuer Narr in der Welt zu sein, und deswegen kann man von ihm nur in närrischer Liebe zeugen, will man ihm nicht untreu werden. *(Walter Nigg, 1947)* ◆ Heutzutage säße der heilige Franziskus sicherlich im Irrenhaus. Wenn er zu den Bäumen spräche, etwa zum Mandelbaum sagte: »Wie geht es dir, Schwester?« – wir würden ihn einliefern. »Was macht er da? Redet mit einem Mandelbaum: »Sing mir von Gott«, und nicht nur das, er hört sogar das Lied, das der Mandelbaum singt. Nicht ganz bei Trost! Er muß in Behandlung! *(Osho)* ◆ Und er war wohl auch so, ein göttlicher Fou, wie manche Narren an den Höfen von England. Oder wie die Fous in Indien heute noch, die splitternackt über die Straße laufen dürfen, ohne daß jemand Anstoß daran nimmt, weil sie einfach »jeck« sind – verrückt. *(Karlheinz Stockhausen, 1984)* ◆ Ich entdecke bei ihm keinen schwachen Punkt, der es mir erlauben würde, mich ihm zu nähern und ihn zu verstehen. *(E.M. Cioran, 1986)* ◆ Sein Mangel an theologischer Bildung und eloquenter Predigergabe wurde jedoch mehr als ausgeglichen durch die Strahlkraft seiner ungeschminkten, mitten in der Welt und ihren Kreaturen vollzogenen Christus-Nachfolge. *(Gerhard Wehr)* ◆ Franziskus würde sich in Indien heimatlich fühlen – er, für den Landschaft, Natur so viel bedeutete, würde die indischen Landschaften für sich entdecken. *(Martin Kämpchen, 2002)* ◆ Wer den Vögeln eine Predigt hält, träumt wohl davon, sogar noch diese Kreaturen zum Christentum zu bekehren. Jedenfalls spricht diese Attitüde kaum dafür, daß dieser Prediger ernstlich in der Lage wäre, die Tiere als eigenständige nicht-menschliche Wesen ernst zu nehmen und gelten zu lassen – denn daraus würde die Einsicht folgen, daß sie eines solchen Zuspruchs gewiß nicht bedürfen. Und wer sich nackt in einen Rosenstock wirft, bezeugt damit vor allem einen masochistischen Wunsch nach Selbstbestrafung, weit weniger eine respektvolle Verbundenheit mit seiner natürlichen Umwelt. *(Till Bastian, 2003)*

G

Muammar al-Gaddafi, Fernmeldetechniker, Offizier, Revolutionsführer, Staatschef, Exzentriker (geb. 1942): Er kam aus wildem Nomadistan und Tripolitanien, gezeugt von sunnitischen Gaddafa-Berbern und Gerstebauern, gesäugt mit der Muttermilch ritueller Waschungen und heißblütigen Kolonisatorenhasses, im Derwischreich des Idris al-Senussi, den der zielstrebige Militärakademieabsolvent Gaddafi (Kathafi), in europäisch geschneiderter Uniform, 1969 unblutig hinweg- und sich an die Macht putschte, eingedenk seiner frühen Idole: mystisch-fanatische Krieger des 11.–13. Jhdts.; deren »Gesellschaft der Mörder«; Gamal Abd el-Nasser. Sein Ziegenlederzelt erweiterte er zur nordostafrikanischen, aus Kamelmist aufsteigenden Erdölnation und damit zur Weltbühne. Erst nannte er seine Bewegung und Ziele »arabischen Sozialismus«, ließ Ölgeld auch Armen zufließen, setzte als ein neuer Atatürk auf Grundschulpflicht, machte Bauern zu Agraringenieuren, hievte sein Mittelalter im Schnelldurchlauf ins 20. Jhdt., dann aber verschwanden die zunächst überbetonten Unterschiede zwischen ihm und Idris al-Senussi immer mehr, der im Rückblick plötzlich gemäßigt erschien, fast tolerant. Mittelalter kam zurück oder war nie fortgewesen, per Kulturrevolution: Unter Gaddafi wurden ab '71/72 plötzlich wieder Alkoholsünder, Freier, Freigeister (d. h. Gotteslästerer) und Seitenspringer (d. h. Ehebrecher) mit Körper- und Todesstrafen bekämpft (100 via TV übertragene Peitschenhiebe), Dieben Hände abgeschlagen (bei 2. Diebstahl die 2. Hand), lateinische Schrift ausgemerzt, Bücher verbrannt, um Ansteckung durch fremde Denkweisen zu verhindern; Berufsverbot erging für Damenfriseure. '73 propagierte er den weltweit 1. Ölboykott als Rache an den USA wegen deren Parteinahme für Israel im Jom-Kippur-Krieg. '76 annektierte er den Awzu-Streifen im Nord-Tschad, wo er Uranium vermutete. Gescheitertem Kapitalismus und Kommunismus stellte er als 3. und bessere Macht den Islam gegenüber, führte Gesundheitsreformen durch, rief Kongresse für Islamverbreitung ins Leben, betätigte sich als panarabischer Bannerträger und Visionär, hinsichtlich Syriens/Ägyptens, später auch als panafrikanischer Wortführer (OAU – Organization for African Unity), besonders hinsichtlich Sahel-Zone, Tibesti-Wüste, Tuareg (United States of Africa = gleichfalls USA!). Der Westen belächelte die Aktivitäten Gaddafis, der sich aus DDR und Sowjetblock 3000 Kommunisten als Armeeausbilder und Geheimdienstberater holte, als »überkandidelte Herrschaftsansprüche«. Seine Finger spielten mit bei den moslemischen Moros von Mindanao, der palästinensischen »Front der Verweigerung«, der »Irisch-Republikanischen Armee«, Belfast, der »Befreiungsfront von Korsika«, bei RAF (BRD) und ETA (baskische Unabhängigkeitsfront), bei bretonischen Autonomisten und Aufständischen der Philippinen. Von der BRD ließ sich der »Staatsterrorist« (wie ihn die BRD nannte) eine Giftgasfabrik schlüsselfertig liefern, ein »Auschwitz in the Sand« (Times), in Rabita. Putschversuche überlebte er, um '86 die Disco »La Belle« in Berlin in die Luft zu jagen, woraufhin die USA zum 1. Mal seit Vietnam wieder so richtig großformatig losbombardierten (Tripolis/Bengasi), wobei Gaddafis Adoptivtochter Hana ums Leben kam. Gaddafis Vietnam hieß Tschad. '88 holte er einen Pan-Am-Jumbo über dem schottischen Lokkerbie vom Himmel. Der als Kind miterlebt hatte, wie ein Freund, gebissen von einem Wüstenfuchs, an Tollwut starb, ward nun selber »tollwütig« genannt, wegen Mitschuld bei Gewalteskalation. Politische Gegner im Exil wurden mit giftigen Erdnüssen getötet. Eine christlich-muslimische Konferenz zwischen Vatikan und Gaddafi, von Rom als diskretes theologisches Gremium angedacht, mutierte '76, dank Gaddafis Spektakel-Faible, zum desaströsen Folklorekarneval im Betonklotz-Theater El Massara/Tripolis, wo Delegationen, Journalisten, Kleriker und konträrste Gruppierungen, ein Schüttelmix aus Koryphäen, Oberbonzen, Muftis, Mullahs, Ulama, Korangelehrten, Areligiösen, Black Panthern bis Jesuiten, Orientalisten, KGB-Beauftragten, Katholiken, ungeschützt und mit open end aufeinanderprallten, Kardinal Pignedoli kümmerlich abschnitt und alles nur auf Propaganda-PR für Gaddafis rechthaberische Missions-Suada hinauslief, nur noch überbietbar vom Gipfeltreffen blockfreier Staaten, '89 in Belgrad, allwo der »inspirierte Querulant« (Peter Scholl-Latour), der auch gern mal burschikose Pullis trug, unter den grauen Eminenzen und genormten Modern-dressing-Staatschefs als farbenfroh beturbanter Pascha vorritt, noch pompöser und großmäuliger als kurz vorher in Harare/Simbabwe, in goldbestickter Seidentunika, mit Araberschimmel-, Kamel-, demonstrativ kugelsicherer Cadillac-Karawane, 50köpfigem Leibwächtergefolge, waffenstarrender weiblicher Prätorianergarde, ansonsten barfuß, Sektempfang schmähend, zugunsten extra mitgeführter Kamelstutenmilch. In zeitlich und inhaltlich überzogener Rede schlug Gaddafi vor, »die Juden« nach Elsaß-Lothringen oder Alaska auszusiedeln – ein militarisierter → Dalí, ein Hofnarr als König, Mittelalter-Zitat unter neuzeitlich seriösen Diplomaten und Normpolitikern. Der härene Wüstensohn-Look korrespondierte effektvoll mit jedem ähnlich wie er tickenden Nachwuchs, mit talibanischem Verzicht auf Fax und Handy, zugunsten mündlichem Marathon-Kurier, wobei die Coladosen und Waterclosets (die man 2001 im Privatbereich des afghanischen Talibanchefs Mullah Omar fand) stilbruch-stilistisch exakt jenen Empirestil-Ledersesseln,

Seidenpyjamas, Schellack-Couchtischen, Stereo-MCs und Zigaretten glichen, die Journalisten im traditionellen Flickwerk-Zelt Gaddafis zwischen Fellvorlegern sahen und von denen einige Artikel laut Scharia unzulässig sind. Gaddafi stand im Joker/Batman-Zeitalter närrischer da als der eher humorfrei-tragisch-melancholisch getönte Mittelalter-Narr → Osama bin Laden. »Bruder Gaddafi« nannte er sich Brüdern gegenüber, um andere Brüder um so kontrastreicher als Feinde pflegen zu können. Sein Auslandsgeheimdienstchef hieß Mussa Kussa. Wie 20 Jahre später die Ähnlichkeit von Bushs und Osamas Schwarzweißdenken konstatiert wurde (von Arundhati Roy und Ulrich Wickert), so '86 die Ähnlichkeit von Gaddafis und Reagans Schwarzweißdenken. Oberst Gaddafi, dessen gewagte Staatenbundpläne ständig scheiterten, hetzte gegen alle, die nichts gegen Israel hatten (Ägypten, Jordanien, Kamerun, Zaire, Elfenbeinküste). Um mit Maltesern als Brüdern Schulterschlüsse und Seilschaften bilden zu können, griff er auf phönizische Vorfahren zurück, gleichwie er in gewagter Anthropologie Amerikas Indianern libysche Herkunft zusprach und umgekehrt arglose Boy Scouts bezichtigte, zur CIA zu gehören. Das Jahr 1995 ernannte er plötzlich zum »Jahr des Friedens«, strich den libyschen Verteidigungsetat, beendete sogar die C-Waffen-Produktion und sagte: »Selbst wenn uns jemand attackiert, werden wir dies nicht beachten.« Zugleich brachte er 12 Selfmade-Novellen heraus, des denkwürdigen Titels: »Das Dorf, das Dorf, die Erde, die Erde und der Selbstmord der Astronauten«. Bei einem Anschlag auf ihn '98 starben 16 Leibwächter. Zeitgleich bot er 8 Mrd. Dollar für Infos über Nuklearwaffen. Ständig spuckte der Wolf die Kreide, die er fraß, wieder aus. Seit er dann aber seine Sehnsucht nach uranangereicherten Massenvernichtungsmitteln tatsächlich deutlich zu drosseln schien, also manierlich dran arbeitete, sich weniger unbeliebt zu machen als andernorts schlimmere Sündenböcke und Schurkenstaaten, nämlich sich staatsmännisch entschied, die Reichweite seiner Raketen auf schlappe 300 km zu limitieren, sich mit veraltetem Senfgas zu begnügen, und tatsächlich den Atomwaffensperrvertrag 2004 unterzeichnete, also eifrig die Hand leckte, die ihn biß, wurde der reuevoll abschwörwillige Oberst als verlorener Sohn wieder in die internationale Staatengemeinschaft aufgenommen. Alle, die den Unruhestifter als größenwahnsinnig & gefährlich erkannt hatten, nannten ihn jetzt handzahm & zahnlos – halt einer der vielen dauerhaft gedemütigten Nuklear-Möchtegerne! Für den Westen stand er nun als geknebelter Mosaikstein da; in Asien mochte man auf einen Drückeberger herabsehen, der es langfristig kaum schaffte, in der Bush-Achse des Bösen mitgezählt zu werden, obwohl Gaddafi im eigenen Stall noch ’96 Devisenhändlern mit Hand- und Beinamputationen drohte. In summa: Obwohl Gaddafi zeitweise effektvoller und telegener ins Spotlight der Weltöffentlichkeit einritt als viele oder alle anderen, stahlen ihm im Lauf der Jahre Kim Jong Il, Saddam Hussein, Osama bin Laden, wie vormals Ayatollah Chomeini und Ceauşescu, die Show – auch eine Art Tragik.

Bereits Abraham und Jesus sind Moslems gewesen!

Worte von Muammar al-Gaddafi: Seit den allerersten Offenbarungen der Menschheitsgeschichte sind die Menschen dazu aufgerufen, sich zum Islam zu bekennen. ◆ Wir Moslems wollen New York haben. Wir mögen New York. Warum nicht? Die Juden mögen Palästina und sind dort eingedrungen, ich mag New York. Jawohl, eine Milliarde Moslems werden dort hingehen und die Stadt einnehmen. Die Vereinten Nationen sollten uns dabei unterstützen. ◆ Wenn die Christenheit Millionen ausgeben kann, um den Versuch der Christianisierung des Nahen Ostens zu machen, dann sollten wir mindestens gleich viel ausgeben, um den Amerikanern den Islam zu bringen. ◆ Libyen ist mit einem Kulturzentrum auf Malta vertreten, die Briten mit einer Truppenbasis. ◆ Die Frau ist weiblichen Geschlechts, der Mann männlichen. Von der gynäkologischen Betrachtungsweise aus menstruiert die Frau in jedem Monat, während der Mann nicht durch die monatliche Regelblutung gekennzeichnet ist. Wenn eine Frau nicht menstruiert, ist sie schwanger. Wenn sie schwanger ist, stellt sich infolge der Schwangerschaft eine körperliche Schwächung ein, die etwa ein Jahr dauert. ◆ Ihr verdient dieses Leben nicht, ihr werdet wie Möbelstücke behandelt.

Andere über Muammar al-Gaddafi: Mein Sohn besitzt eine ungewöhnliche Intelligenz. *(Muammars Vater)* ◆ Ein paar italienische und französische Journalistinnen gerieten beim Anblick dieses schönen Mannes mit dem ausdrucksvollen Beduinenkopf in Verzückung. Kadhafi wirkte in der Tat wie ein Filmschauspieler. Eine sympathische Jungenhaftigkeit ging von ihm aus, und nur aus der Nähe fiel die brennende Starrheit seines Blickes auf, die gelegentlich sogar etwas Gehetztes hatte. *(Peter Scholl-Latour, 1976)* ◆ Letzten Endes bleibt auch Gaddafi ein engstirniger Provinzler mit versteckten Unterlegenheitsgefühlen, trotz allem lautstarken Bekenntnis zu »Revolution« und »Fortschritt«. Gaddafis Waffe gegen die »ungläubigen« Industriestaaten Europas und die USA bleibt die Ölpreiserhöhung, sonst besitzt er keine. *(Gerhard Schweizer, 1980)* ◆ Gründer des Uran beruhigt die Nerven von Bruder Oberst. *(Libyscher Volksmund)* ◆ Hundertprozentig krank und vom Teufel besessen – *(Präsident Anwar as-Sadat)* ◆ Der tollwütige Hund des Nahen Ostens *(Präsident Ronald Reagan, 1986)* ◆ Gaddafi ist ein Narr, sagen viele; ein gefährlicher Narr, fügten die Vernünftigeren hinzu; trotzdem freuten sich die Afrikaner, Asiaten, auch viele Lateinamerikaner, daß einer es wagte, den übermächtigen Herren in Washington die Meinung zu sagen. *(Hans Jakob Ginsburg, DIE ZEIT, 1986)* ◆ Über ihren Erzfeind und Lieblingsschurken redeten die Amerikaner nur noch wie von einem geprügelten Hund. *(DER SPIEGEL, 1986)* ◆ Er nennt sich »Bruder Führer«, und seine Neigung, Besucher nächtens in seinem Zelt mit langen, auch wirren Monologen zu beglücken, ist legendär. *(DER SPIEGEL, 29. 12. 2003)*

SIR FRANCIS GALTON, Experimentator, Patent-Genius, Erfinder, Forensiker, Statistiker (1822–1911): Als Kind – 1835 – konstruierte der Bankierssohn aus einem Birminghamer Quäkergeschlecht einen dampfbetriebenen Flugapparat, einen Sanduhr-Tachometer für Fahrräder, später ein Periskop, um auch Kleinwüchsigen in Menschenmassen Überblick zu ermöglichen. Statt in x Gebieten herumzudilettieren, wurde der lebenslang gutausgestattete Medizin- und Mathematikstudent ein Mehrfach-Experte für Meteorologie, Navigation, Vermessungskunde, Archäologie, Malerei. In Fachzeitschriften schrieb er über Ultraschallpfeifen, Bluttransfusion, Diätmoden, Taucherbrillen, Währungsreform, Visionen, Prügelstrafe, geisteskranke Katzen. In einem Krankenhauslabor tätig, konnte der geborene Experimentalphysiker sich nicht enthalten, alphabetisch jedes Medikament an sich selber auszuprobieren, brach aber bereits bei C – bei Castor Oil (Rizinusöl) – das Experiment ab. Bei Selbstversuchen mit bewußter Atmung und Spontanatmung verstrickte er sich bis in Erstickungsanfälle hinein. Um die Unterschiede zwischen christlicher und afrikanischer Religiosität zu ergründen, betätigte er sich als Holzklotz- bzw. Fetischanbeter, indem er sich überirdische Ehrfurcht vor einem betont geringen Objekt, vor der Witzfigur Mr. Punch, antrainierte. Um Beziehungs- und Verfolgungswahn zu verstehen, redete er sich selber ein, überall heimlich beobachtet zu werden, und wurde das hypothetische Gefühl dann wieder kaum noch los, bis hin zur

Panik angesichts von Droschkengäulen, die die Ohren aufstellten, um sich ihm gegenüber an der universalen Spionage zu beteiligen. Wo er selber als Versuchskaninchen für statistische Ermittlungen nicht ausreichte, suchte er sich in unermüdlicher Arbeitswut für jede neue Forschungsidee nichtsahnende Leute auf der Straße zusammen. Als Anthropologe erfand er die Komposiphotographie, Ineinanderblendung konträrer Gesichter, zwecks Typusermittlung, Präludium späteren sog. »Morphings«. Hierbei das idealtypische Verbrechergesicht zu ermitteln gelang nicht; es kam bloß die allgemein übliche Allerweltsvisage dabei heraus. Geisteskranke hatten derart konträre Gesichtszüge, daß keine brauchbare Montage herauskam. Als Kreator einer Schönheitstabelle (attraktiv/neutral/abstoßend) ermittelte er in Feldforschungen, daß die attraktivsten Mädchen in London und die abstoßendsten in Aberdeen zu finden seien. Er ermittelte, durch Prozeßaktenstudium, die ehrlichste Nation (Briten) und die lügenhafteste (Saloniki). Und entwarf eine Langweiligkeitsskala, indem er Zuhörer unterschiedlich spannender Vorträge nach nervösen Bewegungen ausforschte. Kriminologisch interessiert und engagiert galt er alsbald als einer der Väter oder gar als der Vater der Fingerabdruckmethode, räsonierte zudem über die ideale Länge des Henkerstricks, strebte die Strafgefangenenbehandlung zu reformieren, votierte gegen schematisch festgelegte Strafen für jedermann, entwickelte eine Methode zu absolut individuell dosiertem Strafmaß je nach Sensibilitätsgrad des Täters. Auch als unerschrockener Forschungsreisender 1850 in Südwestafrika machte sich der passionierte Jäger einen Namen. Widerspenstige Eingeborene wußte er wacker mit Verträgen und Gesetzen einzuschüchtern. Mit analytischem Verstand und Zollstock rückte er den Kurven vermeßbarer Hottentottenweiber zuleibe. Am Omanbodesee wurde er versehentlich mit der Häuptlingstochter Chipanga verheiratet, deren festliche Ocker- und Butterbeschichtung er mit einer gut eingestrichenen Druckerwalze zu vergleichen wußte. Zurück kam er als Afrikanologe und als erster und einziger Europäer, der Damara sprach, inklusive die 1000 Worte, die man dort hatte, um die Hautzeichnung von Kühen übergenau zu beschreiben. Für überhitzte Schädel und »verstauchte Gehirne« entwickelte er einen Belüftungshut, und eine Brille, um unter Wasser Zeitung lesen zu können. Sein Hang und Drang zu Datenauswertung und Meßlattenersinnung machte vor nichts halt, grenzte extrem an Zählzwang. Er betete für zufällig ausgewählte Grundstücke, um zu eruieren, ob daraufhin dort die Pflanzen besser wüchsen. 1872 publizierte er eine »Statistische Prüfung der Effektivität von Gebeten«. Er bewies darin die völlige Ineffektivität von Gebeten sämtlicher

Bevölkerungsschichten, irritierte und ärgerte hierbei nicht nur den Klerus, sondern auch Versicherungsgesellschaften, da diese durch Falscheinschätzung von Gefährdungen mit ganz inadäquaten Beitrags- und Prämienabstufungen operierten. Desgleichen entlarvte er Spiritisten und galt bald als vehementer Atheist. 1884 publizierte er »Arithmetic by Smell«. Er zählte sogar Pinselstriche auf Gemälden und lancierte mit solcher Wissenschaft Artikelabdrucke in der unerschwinglich renommierten Wissenschaftszeitschrift »Nature«. Er verfaßte Abhandlungen über das »Gewicht britischer Adliger während der letzten 3 Generationen«. Auf Abendgesellschaften fiel er als unkommunikativ auf, brachte aber unter den Stühlen Drucksensoren an, um Körperbewegungen seiner Gäste zu registrieren. Auch installierte er im Eßzimmer ein Warnsystem, das allen Anwesenden praktischerweise mitteilte, wann die Toilette besetzt sei. Angeregt von der Zuchtwahl Charles Darwins, übrigens seines leiblichen Onkels, fühlte er vor der Perspektive, demnächst Menschen zu züchten, keinerlei Schauder. Er eröffnete ein anthropometrisches Laboratory. Die von ihm neu kreierte Wissenschaft »Verhaltensgenetik« trieb praktisch bereits Verhaltensforschung. Seine vielseitigen Erfindungen und Themata machten ihn zu einem Manfred von Ardenne des 19. Jhdts. Indem Sir Galton auch sexuelle Attraktion in Daten und Zahlen zu fassen versuchte, wurde er zum Präludium von Masters & Johnson. Sein Traktat »Intelligible Signals Between Neighbouring Stars«, worin er die Sendung von Lichtstrahlen zum Mars erwog, präludierte beinahe bereits → Däniken. Sein Traktat »Cutting a Round Cake in Scientific Principes«, 1906, variierte → Fechners närrische Untersuchung »Warum wird die Wurst schief durchschnitten?«. Mit seinem Bestseller »The Art of Travel«, womit er der Britischen Armee deren Lieblingsbuch schuf, schrieb er bereits ein Survival-Lexikon 100 Jahre vor → Nehberg. Eine seiner 300 Publikationen: »Hereditary Genius«, eine bahnbrechende Genetik-Studie. Er prägte Termini wie »Antizyklon« und »Eugenik«. Viktorianische Wissenschaftsbegeisterung zog mit. Das Spitzengremiumsmitglied der Royal Geographic Society erntete deren Goldmedaille u. a. akademische Preise. Der vielfache Ehrendoktor wurde in den Adelsstand erhoben. Sein Biograph Karl Pearson stellte ihn über Charles Darwin. Auf seinem Sterbelager, als er wegen Asthma Sauerstoff verabreicht bekam, rang der Greis qualvoll nach ausbleibenden Worten, um dem behandelnden Arzt irgendwie mitzuteilen, daß er früher selber grundlegende Experimente mit Sauerstoff durchgeführt habe. ~ Postum sah man den viktorianischen Gelehrten, den Vater der Statistik, der forensischen Wissenschaft und der Fingerabdruckmethode deutlich kritischer.

Leider hatte er weiße Völker und Männer – allzu zeitgeistverhaftet – höher gestellt als dunkle Leute und Frauen, durch Schädelmesserei und Fleischbeschau dem Zeitalter des vermessenen Menschen vorgearbeitet, also sich im Rückblick als Vorläufer der Rassenhygiene anrüchig betätigt.

Endlich wissenschaftlich bewiesen, daß Beten nichts hilft

Worte von Sir Francis Galton: Wenn Geistliche wirklich glaubten, was sie predigen, würden sie keine Blitzableiter auf Kirchendächer setzen. ◆ Es liegt in der Natur der Frauen, daß sie gern Lasten tragen.
Andere über Sir Francis Galton: Nach 1846 gibt es keinen Anhaltspunkt für heterosexuelles Interesse, abgesehen von seiner Heirat im Jahr 1853, und für den Rest seines Lebens begegnet er Frauen mit freundlicher Gleichgültigkeit. *(D. W. Forrest)* ◆ Natürlich entwickelte er auch eine komplizierte Formel für die ideal aufgebrühte Tasse Tee. *(Karl Shaw, 2000)*

MAHATMA GANDHI (geb. Mohandas Karamchand Gandhi), Jurist, Ahimsa-Asket, Freiheitsheld (1869–1948): Hineingeboren als Vaishnava, d. h. Haveli-Tempelbesucher, in eine Familie der Bania-Kaste, mit Krämervorfahren, in Probandar. Seine Schwächlichkeit, Feigheit, Gespensterfurcht führte er irrig auf seinen Vegetarismus zurück und ließ sich überreden, heimlich – entgegen den religiösen Vorschriften – Ziegenfleisch zu essen, um stark und fähig zu werden, die Briten zu besiegen – nachts hörte der dürre Jüngling die verzehrte Ziege im eigenen Inneren meckern; Reue überwältigte ihn. Aus einem Bordell, in das ihn einer mitnahm, floh der schamhafte Freier unverrichteter Dinge. Ein Verwandter verleitete ihn, Zigarettenstummel aufzurauchen. Weil er über Fleisch auf Kindertellern spaßte und den Apfel auf seinem Teller pries, verstörte er Mütter. 1884 bereute er, ein Stück aus dem Armband seines fleischessenden Bruders gestohlen zu haben, und überreichte den Beichtzettel, auf den er seine Sünde schrieb, seinem Vater, der fistelkrank auf einem Holzbrett daniederlag, sah ihn das lesen und weinend den Zettel zerreißen, und tauchte selber weinend und gereinigt aus dieser Szene hervor.

Als er seinem bettlägrigen Vater abendlich die Beine massierte, zog's ihn nach nebenan, um dringend seiner mit 13 jungvermählt angetrauten schwangeren Gattin Kasturbai Nakanji fleischlich beizuwohnen, und als er verrichteter Dinge zum todkranken Vater zurückkehrte, war dieser simultan entschlafen. Der Konnex zwischen Wollust und Tod schockierte und peinigte ihn tief und langfristig und wurde zum Katalysator weiterführender asketischer Ideen und Ideale. Der Reiz, animalische Lüste zu stillen, bekam Konkurrenz vom Reiz, auf diese Lüste zu verzichten. Der Vater von 4 Kindern gelobte, fortan, ab 1901, noch strenger ab 1906, nur noch der Brahmarcharya (Keuschheit) zu huldigen. Kasturbai hatte nichts dagegen. Beim Jurastudium in London ging er in neuester Londoner Mode (Bond Street), lange Zeit jedoch zu schüchtern-verklemmt, um vor Gericht Reden zu schwingen. In Südafrika bekam er Diskriminierung zu spüren. Seine Lieblingsliteratur – die Bhagavat-Gita – lernte er beim Zähneputzen auswendig. Weltlicher Himsa (Gewalt) setzte der Brahmachari pausenlos überirdische Ahimsa (Gewaltlosigkeit) entgegen. Ab 1914 kämpfte er waffenlos gegen die britische Herrschaft. Inhaftierungen bestärkten ihn. Zum Boykott britischer Produkte rief er auf mit: »Be Indian – buy Indian!« Aus Protest gegen die britische Salzsteuer begab er sich auf den Salzmarsch. Das Spinnrad erhob er gegen das britische Textilmonopol, wie Don Quijote die winzige, handgeführte Lanze gegen übermächtiges, windmühlenförmiges Energiemonopol. Gandhis Mahnbrief an Hitler verpuffte so ungehört wie jegliche Papstrede. Maschinentechnik, Fließband, Krankenhäuser, alles bekämpfte Gandhi sehr und punktuell erfolgreich, aber die ebenso westliche Schubertbrille legte er nicht ab. Seine spirituelle Überwindung des Feindbilddenkens bescherte ihm viele Feinde: Fanatiker trugen sein Konterfei in der Sohle ihrer Sandalen. Moslems verübelten ihm seinen Hinduismus, Hindus seine Argumente gegen das Kastensystem. Beide zu mäßigen gelang ihm so wenig wie → Kabir. Sein Größenwahnmangel, auch als Demut bekannt, verkleinerte den Haß nicht. Sehr pochte er auf seine Fehler, die der Antiheld in umgekehrter Protzerei »groß wie der Himalaya« nannte. Pausenlos bestand seine masochistische Wahrheitssuche darin, sich selbst schlechtzumachen. Oft erhaschte er schwache Schimmer der Wahrheit, für die er alles mögliche hingab. Seine weltpolitische Riesenbedeutung, die sich abzeichnete, hinderte ihn nicht, lebhaft seine Grenzen zu empfinden. Neben dem repräsentativ thronenden Rabindranath Tagore, der ihm den Ehrentitel »Große Seele« gab, saß er als mickriger Jammerlappen. Einerseits strebte er Moksha zu erlangen, wie es sich für traditionelle Inder gehört, andererseits strebte er Gott von An- zu Angesicht zu schauen, als wär er verkappter Christ. Ein schlagendes Argument brachte er gegen biblisches Aug um Aug, Zahn um Zahn: »Wenn das so weitergeht, wird es bald nur noch Blinde und Zahnlose geben.« Er experimentierte mit »Wahrheit«, als wär er Philosoph. Als ein solcher ließ er verlauten, daß das Wesen der Religion Moralität sei, wodurch er auf dem arg unmetaphysischen Level von Albert Schweitzer und Mutter Teresa verharrte. Ein Hindu (Nathuram Godse) erschoß den zahnlosen Greis. ~ Den ungeheuren Ruf, als Einzelperson und Getrieberädchen – bloß via gewaltlosem Widerstand – eine Weltmacht in die Knie gezwungen zu haben, wuchs an, wurde partiell bestritten und zurechtgerückt und wuchs weiter. Das bei Gandhi hocheffektive Wunderrezept und Zauberwort »Gewaltlosigkeit« funktionierte in Vergleichsfällen à la → Dalai Lama Nr. 14 überhaupt nie. Insofern rangierte Gandhi tatsächlich als der einzige nachweisliche Wundertäter. Unzählige Kriegsdienstverweigerer, zivil Ungehorsame, unschuldig Eingesperrte und friedlich Demonstrierende zogen sich an ihm hoch. Fiese Pathologen ließen kein gutes Haar an Gandhi als Mensch: Vegetarisch lebte er aus psychoanalytischer Sicht, um ursprünglich kannibalistische Tendenzen zu verdrängen, und die Abgeklärtheit und Milde des alten Gandhi basierte bloß auf seinem Blutdrucksenker »Rauwolfia serpina«. In der grandiosen Breitwandverfilmung sah er sich sehr ähnlich, bis auf die Muskulosität und Breitschultrigkeit.

Klein und schwach, aber die Welt bewegen

Worte von Mahatma Gandhi: Mögen Hunderte wie ich umkommen, doch die Wahrheit laßt siegen! Laßt uns das Niveau der Wahrheit auch nicht um Haaresbreite senken, weil Sterbliche wie ich falsch darüber urteilen mögen. ◆ Wer seine Ernährung auf Tiermord aufbaut, hat Mangel in der Feinfühligkeit des Gewissens und verbaut sich die höchsten Möglichkeiten innerer Entfaltung.

Mahatma Gandhi über sich: Ich bin durch tiefe Selbstbeobachtung gegangen, habe mich selbst immer wieder zu durchschauen gesucht und jede psychische Situation geprüft und analysiert. ◆ Ich möchte den Leser vollständig mit allen meinen Fehlern und Irrtümern bekannt machen. ◆ Ich kann nur ein mittelmäßiger Schüler gewesen sein. ◆

Ich habe Gott noch nicht gefunden, aber ich suche ihn. Ich bin bereit, das mir Teuerste diesem Suchen aufzuopfern. Selbst wenn das Opfer mein Leben fordern sollte, hoffe ich, zu seiner Hingabe bereit zu sein. ◆ Meine stets gleichbleibende Erfahrung hat mich überzeugt, daß es keinen anderen Gott als die Wahrheit gibt. ◆ Meine Bücher und meine Lektionen waren meine einzigen Gefährten. ◆ Es war für mich fast unmöglich, im Dunkeln zu schlafen, weil ich mir vorstellte, wie Geister aus der einen Richtung kamen, Diebe aus einer anderen und Schlangen aus der dritten. ◆ Da mein Geist eine andere Richtung angenommen hatte, schwand die Vorliebe für Zutaten, und ich gewann nun Geschmack an dem gekochten Spinat, der mir in Richmond so fad geschmeckt hatte, da er ohne Zutaten angerichtet war. ◆ Solange ich Sklave der Wollust war, taugte meine Treue nichts. ◆ Wenn ich durch die Kugel eines Verrückten sterben sollte, so muß ich es lächelnd tun.
Andere über Mahatma Gandhi: Es kostet das Land ein Vermögen, Gandhi ein Leben in Armut zu ermöglichen. *(Sarojini Naidu, dichtende Präsidentin im Indischen Kongreß)* ◆ Sein Leben war eine Kette von Experimenten mit der Wahrheit. *(Rolf Hinder, 1977)* ◆ Ja, ich würde sagen, er war häßlich sondergleichen, aber seine Schönheit lag in seinem Lächeln. Er wußte zu lächeln. Was das betrifft, kann ich nicht gegen ihn sein. Was alles andere betrifft, bin ich gegen ihn. Denn bis auf sein Lächeln war alles an ihm reiner Mist und Müll! *(Bhagwan Shree Rajneesh)* ◆ Gandhi sah sich vor allem als Diener Gottes und damit als Diener der Menschheit. *(Ignatius Jesudasan, 1987)* ◆ Das Dumme am idealisierten Gandhi ist, daß er so verdammt langweilt und nicht viel mehr hergibt als ein Sprachrohr für Moralpredigten und Haussprüche. *(Salman Rushdie)*

HARTMUT GEERKEN, Forscher, Autor, Filmer, Mykologe, Freejazzmensch, Radiokünstler (geb. 1939): Einer seiner Vorfahren erfand die Turmuhr, weshalb er noch als Kind (eines Postbeamten) Uhren aufziehen half. Sein Uronkel baute die Golden Gate Bridge in San Francisco. Seine Tante bekochte als Haushälterin den jungen Einstein mit Spinat. Sein Leben verdankte er Hitler, dem seine Mutter unbedingt ein Kind schenken wollte, und Theodore Roosevelt, der Winston Churchill davon abbringen konnte, das letzte Häuflein überlebender Frauen und Kinder, z. B. das Kind Hartmut, im Stuttgarter Talkessel via Giftgasangriff auszulöschen. 1957 versenkte er nach der Musterung seinen nagelneuen Wehrpaß im Tübinger Neckar. Von konkreter Poesie nicht unbeeinflußt, lernte er Türkisch, Persisch, Arabisch, studierte Orientalistik beim 'Attar-Forscher Hellmut Ritter in Istanbul und beim Koran-Übersetzer Rudi Paret, Neue Musik bei → Stockhausen & Ligeti, Germanistik und Religionswissenschaft in Tübingen und anderswo, Philosophie bei → Bloch – Blochbegeisterung balancierte er mit Adornohaß aus. Er komponierte Tentette, Schreistücke mit anschließendem Pilzessen, nie aufgeführte Orchesterwerke, drehte Filme wie »DIE WEISSE LEINWAND IST EIN ROTES TUCH«, spielte im abgefahrenen »Art Ensemble of Chicago« mit, worin er die Stelle, die man freihielt für sein Solo, zweckentfremdete oder nutzte, auf einer Spielzeugspieluhr die Internationale zu drehen. 1966–1972 lebte er als Goethe-Institutler in Kairo, 1979–1983 in Athen, seit 1984 in Wartaweil am Ammersee, legte jahrelang eine Riesenkartei als Dissertation an, die ihm in der Türkei gestohlen wurde, weshalb er keinen Doktor bekam. Die legendäre Dhrupad-Gesangskunst der nordindischen Dagar-Brothers erlebte er hautnah mit, verfaßte ein Kultbuch über Sun Ra. Als in Gambia sich nymphomanische Kenyeleng (die Frauenkaste, die wegen Kinderlosigkeit Narrenfreiheit genießt und ausnutzt), auf ihn anzüglich stürzten, drehte er den Spieß um und lief – scheinbar gierig – hinter seinen aufkreischenden Verfolgerinnen her. Streichelte er Katzen, bekam er Erektionen. Nahm er teil an tagelangen esoterisch reflexzonenbetonten Sexorgien im Haus von Jazzpapst Joachim Ernst Berendt, floh er von dort vor der seichten meditation-music. Kaum ließ seine Gattin Sigi Hauff, mit der er ganz normal Kinder aufzog, namens Olaf u. ä., kurz aus den Augen und kam ihm ca. 1978 in die (derzeit noch unzerbombte) Hippiemetropole Kabul nachgereist, wartete er auf sie am Flugplatz mit geschwängerter Afghanin an seiner Seite. Dort aß er allzugern die Leibspeise des Königs: Spatzenkopfsuppe. Er schlachtete auch mal eigenhändig einen Karpfen (zwecks Verzehr). James Bond konnte lediglich beteuern, er habe noch nie einen Zwerg getötet; Geerken aber konnte behaupten (obwohl Botho Strauß moralisch etwas gegen den Sport »Zwergenwerfen« hatte), bereits einen Zwerg geworfen zu haben: Peter Luppa in Richtung Sepp Bierbichler, im Stück »weg« von → Achternbusch. In 6 solchen Filmen spielte er mit. Als Vorsitzender des Internationalen Stirnerbundes, als unverfilmter Drehbuchautor, → Mynona-Nachlaßverwalter und somit Besitzer einer beglaubigten Haarlocke Goethes, die er ständig zu verbrennen erwog oder damit drohte, profilierte er sich, der zeitweise auf den selbstgewählten Spitznamen »Hudhud« (Wiedehopf) hörte, ferner als Poetik-Prof. an der Folkwang-Hochschule, als Experte für muslimische Heilige, als Herausgeber expressionistischer Märchen und Sexlyrik

(»Dich süße Sau nenn ich die Pest von Schmargendorf«), Dadaismus u. ä. Auf Großfotos zeigte er sich nackt schreiend aus der Teichfroschperspektive, im Vollzoom auf Skrotum, Damm und aufgerissenes Maul. Ohr und Mikrophon hängte er in die Staaten selbstgezüchteter Hummeln, brachte von dort sausende Hörspiele mit, die Normal-Avantgarde klanglich hinter sich ließen. Mit Bruder Horst verzehrte er Hülsenfrüchte, um aus mitgeschnittenen Nonstop-Furz-Serien Hörspiele zu backen. Aus behämmerten Baumstämmen klopfte er Shitake-Pilze hervor. Eiergroße Hagelkörner vernichteten seinen Garten. Der Verzehr von 3 Fliegenpilzen bescherte ihm Herzprobleme, Alpdruck und Paniklauf quer durch Gebirgsnatur. Bei örtlicher Betäubung erzählte er seinen Chirurgen Witze. Bei einem konfliktuös anberaumten Krisengipfel im Goetheinstitut ließ Hudhud einen Hemdzipfel auffällig aus dem Latz hängen, zwecks Klimaverbesserung. Seine rigoros schwerstverkäuflichen Broschurbücher, interpunktionslos in Kleinschrift – Gehirnprotokolle, halbchaotische Environments voller Neologismen wie schnarchlappen, spechtstab & dämmerkopf (Nymphen schrieb er »nümfe«) –, las nicht mal er selber. Sympathisanten wie Fliegenpilz-Mythologe Waldgong Rübelbauer behängten ihn mit dem Spitznamen »Schnipselschnapsel«. Worte wie »hirnscheitel« hatte er vermutlich von Gryphius. 8 Jahre schrieb er an einer 1000-Seiten-Schwarte, »kant«, ein schwarzer Backstein von Buch mit Gigant-Index. Für sein Buch »phos« entwickelte, vergaß und modifizierte er Regeln, schrieb an allen 53 Kapiteln gleichzeitig, hatte hierbei weiterwachsende Knotenschriften vor Augen, hätte eigentlich 53 Schreibmaschinen gebraucht und begnügte sich mit 10. Seine exotische Gongsammlung, samt Mynonanachlaß, brachte er in einem Haus mit Moosdach unter, auf das er Schuhe stellte, um dann in grasbewachsenen Schuhen zu Dichterlesungen zu gehen, auf denen er auch mal den Veranstalter verärgerte, indem er sich einen Telefonapparat ausbedang, auf dem dann x Leute Sturm klingelten und ihn vom Vorlesen abhielten. Beim Bielefelder Colloquium bot er eine Dichterlesung in der Herrentoilette und projizierte 16-mm-Filme auf die Pißbecken. Falls Veranstalter ihn vergaßen und keinerlei Publikum auftauchte, ließ er sich vom Hausmeister seine Anreise quittieren und trieb das Lesehonorar gerichtlich ein. Falls ein Buchverlag vertragswidrig ein bereits angenommenes Geerkenmanuskript aus Geldmangel dann doch nicht drucken wollte, prozessierte er so lange, bis der arme Verlag Geerkens Aufenthalte in Kalau (der schiffe turm von pissa) dann doch noch druckte. Selten meldete er sich am Telefon mit unverstellter Stimme. Für Midlife-Krisen hatte er keine Zeit. Bisweilen seilte er sich ab, 4 Wochen Klausur im Bunker des Max-Planck-

Instituts in Andechs, wochenlang auf Frachtschiffen gen Südsee, lebte mit open end auf Mini-Inseln, die mehr Schafe als Ureinwohner hatten und wo er dann nächtelang mit sowjetischen Atomphysikern disputierte. Mit spezieller Antenne empfing er in Südbayern 16 arabische Sender. Aus undurchsichtigen Gründen trug oder besaß er Osama-bin-Laden-T-Shirts.

Keine Probleme, unverständlich zu bleiben

Worte von Hartmut Geerken: göte trat einmal in mein zimmer ein aber er stank wie die pest & als er wieder weg war trauten sich auch die schmetterlinge wieder näher heran es wurde frühling & kant begann unter seinem apfelbaum der sorte cellini zu rezitieren o brust so weiß wie ei & kreide o pralle brust so blank wie seide ◆ der werther? ein jämmerliches groschenheft. der faust? prall von deutschem seelenschmalz der unangenehmsten art. die wahlverwandtschaften? unlesbar für intelligentes publikum. die reisebeschreibungen? kaum jemand ist so kaltherzig & stumpf nach arkadien gereist.

Hartmut Geerken über sich: aber solange ich morgens aufwache bin ich nicht tot! ◆ bei meinem buch mappa hab ich einfach gesagt, ich schreib so lange weiter, bis sich ein verleger findet. deshalb ist es relativ dick geworden. ◆ kaum ist mein geist entwichen schon sitze ich allein am tisch bukowski tut so als kenne er mich nicht poe fährt grusslos vorüber picasso machte sich schon vor einer woche aus dem staub – das was ich nicht kann interessiert mich viel mehr als das was ich kann jeder fehler ist für mich eine offenbarung.

Andere über Hartmut Geerken: Hartmut spielt oft den Hauskasper und muß oft gewarnt werden. *(Volksschulzeugnis, Schwäbisch Gmünd, ca. 1949)* ◆ Er braucht auch gar nicht lange auf nuancierte Regungen in sich zu lauschen, Erlebnisse subtil zu zergliedern; vielmehr scheint er nur in sich hinzulangen brauchen, und schon bordet alles über von Begeisterung und Irresein, von Verzückung und Staunen und Gelächter, und manchmal läuft auch ein bißchen Bramarbasieren mit unter, aber was macht's. *(Jörg Drews, 1976)*

Gelsomina Di Constanzo, Schaustellerin, Bubikopf, Unschuldslamm, Herumreisende (vor 1950): Sie wuchs auf in einer Bretterhütte, italienisch beengt, von 5 Schwestern Nr. 1, unitalienisch strohblond, freundlich, gutwillig, beglückbar, vielleicht nicht die Allerhellste im Kopf. Weinen und Lächeln lagen bei ihr im Gesicht nah beieinander. Aus Not gab ihre Mutter sie weinend weiter an den durchreisenden Gelegenheits-Jahrmarktskünstler Zampanò, für 10 000 Lire. Ausgeliefert diesem Rohling und Rauhbein, der sich anpries als »der Mann mit den Lungen aus Stahl, stählernen Muskeln, eiserner Kraft« und der in speckig abgeschabter Lederjoppe und motorisiertem Wohn-Vehikel durch die Lande knatterte. Leider nicht so sympathisch, lebenslustig und lebensweise wie → Sorbas, Anthony Quinns besseres Selbst, sondern wortkarg, nie lachend, brutal, eine harte Schale ohne jeden weichen Kern, mit dem Motto: »Augen zu und Schnauze halten«. Er sah Gelsomina, statt als Pflegetochter oder Frau, nur als billige Zureicherin, Sklavin oder Maulesel. Zampanò hatte, wie Shakespeares Caliban, nichts als Schimpfwörter drauf: »Hundesohn«, bisweilen auch Zweiwortsätze: »Feige Schweine!« Ein wenig beredt wurde er bloß vor Publikum, bei Darbietung seiner Kunst, mit dem Brustkorb Ketten zu sprengen. Als merkwürdiges Duo, als die nicht völlig Schöne und das Biest, als herumgeschubste liebe Seele und halbkrimineller Unhold und Mann, zogen sie über endlose Landstraßen, archaisch mit Schafherden, durch Zirkuswelt und Landschaft, modernerweise bereits mit Wohnsilos. Es gelang Gelsomina nicht, vom Brutalo gemocht zu werden. Abgeschreckt versuchte sie, praktisch eine von Kultur unbeleckte Blanche → DuBois im asozialen Milieu, wiederholt vor der ungehobelten Naturgewalt Zampanò zu fliehen, »Lieber tot als bei dem da«, ward erneut eingefangen, geschlagen und gewöhnte sich zeitweise an ihn. Die sich kindlich freuen konnte, kleine Steinchen zu betrachten, erwog aus Verzweiflung Giftmischerin zu werden. Der Seiltänzer, Halbzigeuner und Stegreif-Clown Matto betrug sich freundlich und sanft zu ihr, nannte sie zwar »Rettich«, spielte ihr aber auf einer Bonsai-Geige Liedchen vor, erhob also die Stimme der Musik, der Kunst, des Gefühls, eine schöne Gegenmelodie zum amusischen Klotz Zampanò. Softie Matto bot ihr an, mit ihm zu ziehen, das Seiltänzerhandwerk bei ihm zu lernen, und prompt trat in Gelsominas putziges Gesicht ein utopisches Leuchten, beim Luftschloß auspinselbarer Luftkunst und bei der Aussicht, behaarte Muskelkunst zurückzulassen. Charmeur Matto umspielte mit seinem Humor auch Zampanò. Der reagierte aber allergisch und aggressiv, bis hin zu Handgreiflichkeiten. Die brachten ihn kurz hinter Gitter. Statt mit Matto zu entfliehn, verharrte Gelsomina ambivalent in der Schicksalsgemeinschaft und Versklavung. Über Mattos Unfalltod, veranlaßt von Zampanò, kam sie nicht hinweg. Es graute ihr vor Zampanò. Der ließ sie deshalb irgendwo schlafend zurück und knatterte hinweg. Sie fand Aufnahme in einer Familie. Dort aß sie aber kaum, sprach nichts, litt nur still vor sich hin, spielte Mattos Melodie und verstarb bald. ~ Mattos Melodie wurde weitergereicht als Leitmotiv auch in Mattos Abwesenheit und über dessen Tod hinaus. Nach Jahren erfuhr Zampanò zufällig von Gelsominas Tod. Da merkte er nun, daß er sie wohl doch gemocht hatte. Ein Schwall Gefühl brach dumpf und existentiell aus diesem Vieh hervor, wie es vorher nie in ihm gelebt hatte. Doch davon hatte Gelsomina nichts mehr. Hauptquelle für diese Geschichte: Federico Fellinis Spielfilm »La Strada«, 1956, eine On-the-Road-Ballade, die sich zu großem Gefühlskino aufschwang. Bald formierte sich ein Gelsomina-Club; geschädigte Frauen schrieben der Gelsomina-Darstellerin Giulietta Masina, sie würden von ihren Männern noch schlimmer behandelt als Gelsomina von Zampanò.

Angeblich unhübsch, aber sonst ganz nett

Gelsomina Di Constanzo über sich: Ich bin zu nichts gut. Ich kann nicht kochen. Ich bin nicht hübsch. ◆ Auch ein Stein ist zu etwas gut. ◆ Brauchen tut mich kein Mensch. Wozu leb ich überhaupt? ◆ Würde es Ihnen leid tun, wenn ich sterbe? ◆ Hast mich ein bißchen lieb? ◆ Du hast ihn umgebracht, aber es ist schön hier draußen.

Andere über Gelsomina Di Constanzo: Das arme Kind ist so brav und macht immer … was man ihm sagt. Nur ist sie ein bißchen komisch. Aber, wenn sie alle Tage ißt, kommt auch ihr Kopf wieder in Ordnung. *(Gelsominas Mutter)* ◆ Ein seltsamer Ausdruck zwischen Ernst und Geistesabwesenheit liegt auf ihrem wechselhaften Gesicht. *(Federico Fellini, 1955)* ◆ Fellini sagte einmal, meine Gelsomina sei eine Mischung aus Micky Maus und Santa Rita. *(Giulietta Masina)*

ANDY GOLDSWORTHY, Landart-Künstler, Naturskulpteur, Steinarbeitleistender (geb. 1956): Wetterfest fuhr er in rauhe Natur. Mit Freunden sammelte er Äste und legte eine Astkuppel. Mit Klatschmohn umwickelte er Äste. Aus Binsen, Zweigen, halbierten Farnwedeln aus Schottland, Japan und Kalifornien legte er Schlangenlinien und Ligaturen, die an undecodierbare Schrift erinnerten, arabische, singhalesische und fraktale. Aus Sand legte er eine Schlange, die sich just durch Sand zu peitschen schien. Vielen Orten fühlte er sich stark verbunden. Aus Eschensamen gewann er vertröpfelbare Farbe. Er legte einen Schneeball in einen hohlen Baum. Er arbeitete auch mit Staubwürfen; Helfer warfen Staub ins Gegenlicht, flüchtige Formationen. Er förderte Interaktionen mit Holz und Stein, bezog aber nie Blechdosen ein. Er arbeitete immer nur mit Naturmaterialien, nie mit Nägeln, immer mit Dornen, wie Naturbauarchitekt Marcel Kalberer. Zum Kleben seiner Farne nahm er Kaninchenhautleim. Er machte damit Erfahrungen. In die Exhibitions, denen er den Rücken kehrte, kehrte er oft zurück. Er variierte den Schritt von der Atelier- zur Pleinairmalerei, damals, so um 1880, noch mal anders. 1986 wurde er in der schottischen Grafschaft Dumfriesshire heimisch. Ihn faszinierte viel. Bei Ebbe betrieb er an einsamen Küsten Steinkegelaufhäufung, im Wettlauf mit der Zeit. Oft brach was 4 x zusammen, bei steigender Flut. Die Natur holte sich, was sie ihm gab, immer gleich zurück. Eisgebilde schmolzen sofort hinweg. Fragile Gebilde aus Schilfblättern wurden von Fischen attackiert und Enten angegriffen. Seine Arbeit sah er als Geschenk an das Meer – und vieles als Symbol der Zeit. Vom Stein lernte er viel. Steine sprachen zu ihm, auch wenn die Steine nichts davon mitbekamen. Den, der mitfilmte, forderte er auf, mit Steine zu schleppen, also lieber was Sinnvolles zu tun. Wurmfraß konnte die Haltbarkeit eines Werkes vorverlegen und dem Klick der Kamera zuvorkommen. Ohne Kamera hätt er tibetanischen Sandbildnern und japanischen Schneeskulpteuren geistig geglichen. Anfallenden Problemen setzte er kreative Lösungen entgegen. Er wurde sich klar darüber, daß die Natur sich in einem Zustand ständigen Wandels befindet und daß jedes Material unendliche Eigenschaften besitzt. Vorher hatte er's offenbar nicht gewußt. Er wollte mit seinen Arbeiten seine Wahrnehmung sensibilisieren. Das frühergraute Bubiface sprach gern über Dinge, die uns im Leben begegnen und die uns verändern. Auf den ewigen Seufzer »Bilde, Künstler, rede nicht« hörte er so wenig wie seine Kollegen (herman de vries, → Beuys, Ernst Fuchs), und so hörte sich's dann auch an. Seine Verbaläußerungen wirkten simpel. Da hatte er wenig drauf, nicht mal a bisserl Schablonenesoterik. Unfreiwilliger Humor schlich sich nur in Maßen ein. Mitten in banaler Floskel-Ruminatio brach er ab: »Ich kann das nicht erklären«, und redete dann weiter. Dahergesagtes wurde trotzdem gedruckt. Seine Naturkunst sah trotzdem oft ganz gut aus. Seine Arbeiten präsentierte er international regelmäßig in Großbritannien, Frankreich, USA. Die Worte seiner Kritiker glichen seinen Worten.

Mit der Natur arbeiten

Worte von Andy Goldsworthy: Schnee kann sich wie Sand, Stein wie Eis verhalten. ◆ Absolute Kontrolle kann tödlich sein für die Arbeit. ◆ Eine Arbeit liefert selbst die Vorgaben für die Art ihrer Realisierung. ◆ Ob gut oder schlecht, jede Arbeit wird dokumentiert.

Andy Goldsworthy über sich: Ich bin fasziniert von den Prozessen, die in der Natur ständig ablaufen. ◆ Ich habe an vielen Orten mit roter Erde gearbeitet. ◆ Wenn ich in großen Dimensionen arbeite, versuch ich damit nicht, die Natur zu dominieren. ◆ Meine Kontaktaufnahmen mit der Natur sind dann am erfolgreichsten, wenn ich bis zu ihrem Kern vordringe. ◆ Das ist die Art, wie ich etwas begreife: Etwas sehen, das immer schon da war, für das ich aber bisher blind war. ◆ Es gibt Momente von unglaublicher Schönheit. Für solche Momente lebe ich wirklich. ◆ Das ist eins der Dinge, um die es in meiner Kunst geht. ◆ Mir wird jetzt die elementare Wirkung des Regens bewußt. ◆ Mein Heimatort wird immer wichtiger für mich. ◆ Farn ist eine Materie, mit der ich immer gern gearbeitet habe. ◆ Das Loch ist ein wichtiges Element in meiner Arbeit geworden. ◆ Sehen, Fühlen, das Material, der Ort und die Form sind für mich untrennbar mit der entstehenden Arbeit verbunden. ◆ 1985 habe ich zum erstenmal eine Schneckenform in meinen Arbeiten verwendet. ◆ Wenn ich mit dem Winter arbeite, arbeite ich zugleich mit dem Norden.

Andere über Andy Goldsworthy: Dieser Dialog zwischen Stein und Holz zieht sich als beständiges Thema durch das Werk des Künstlers. *(Terry Friedman, 1996)*

Holly Golightly (geb. Lulamae Barnes), Lebenskünstlerin, Magazin-Schönheit, Plappermaul, Flittchen, Muse (geb. 1924): Die Vollwaisin (TBC grassierte) ging 1934 von daheim, aus Texas, fort. Mehrere Brüder hatte sie, vor allem die strubbelköpfige Bohnenstange Fred. Man trainierte ihr den Oklahomaakzent ab, via Französischkurs. Frühehe, 1938, mit Dr. Golightly (Nimm's leicht), einem alten Pferdedoktor aus Tulip/Texas (Südstaatenakzent, Hut mit Schwitzflecken), der Kinder in ihrem Alter in die Ehe brachte, ihr eine fingerzahme Krähe schenkte und sie Gitarre lehrte. Sie, angestiftet von Mode-Journalen, brach aus, landete in New York, jobbte als Statistin, damals ziemlich pummelig. Sie hätte beinah eine größere Rolle bekommen, ließ sich aushalten von Verehrern, Kavalieren, Bohemiens, Playboys, Asozialen, irgendwelchen Harrys, auch Marineoffizieren, Luftwaffenobersten und graumelierten Ekelpaketen, selbst vom fetten Mr. Sid Arbuck (Typ Höhensonne & Pomade). Allesamt nannten sie – minder oder mehr – »Herzchen«. Allesamt wickelte sie leichtfüßig um den Finger; fast alle mochte sie wohl auch irgendwo. Auf Barhockern scherzte sie mit 4 Fellows auf einmal, improvisierte, koordinierte, schunkelte. Bisweilen tauchten x Senioren simultan bei ihr auf, freigebig eingeladen, dann sich selbst überlassen, während sie im Bademantel durchhuschte, Pfützen hinterließ, in 4711-Wolken gehüllt (Naßzellen hießen damals noch Duschkabinen, und Topmodels – Fotomodell; und der Klaps, von dem manche meinten, daß sie einen hätte, hieß in späteren Zeiten Rappel, Spleen, Sprung in der Schüssel). Am Briefkasten ihres unweit vom Central Park gelegenen Appartements stand: »Miß Holly Golightly. Auf Reisen«. Ständig verlor sie ihre Hausschlüssel und klingelte nach 0 Uhr Nachbarn aus dem Schlaf. Zum Ausgleich betrieb sie Diebstähle bei Woolworth als Sport und um in Übung zu bleiben. Das Meublement in ihrem Appartement: unausgepackte Kisten, Untersatz für Martini-Mixung. Kofferradio, Vase mit gelben Rosen. Abends pro Haarwäsche trug sie einen Flanellmorgenrock. Sie rauchte die Zigarettenmarke Picayune. Sie las Billigmagazine, Reiseprospekte, astrologische Tabellen. Sie besaß sogar Bücher (über Baseball und z. B. den Titel »Pferdemuskulatur und ihre Beurteilung«). Sie ernährte sich von Magerquark und Melba-Zwieback. Ohne ihre verordnete Brille, die sie als Sonnenbrille tarnte, schielte sie. In rauhen Mengen erhielt sie Soldatenbriefe voller Termini à la »lonely«, »love« und »damned«. In Schwule konnte sie sich einfach nicht hineinversetzen. Für Chinesen und Neger schwärmte sie weniger. Auf ihrer Gitarre spielte sie ihrer rotgetigerten namenlosen Katze, die sie »armes Mistvieh« nannte, Oklahoma-Schlager, Cole Porter und Kurt Weill vor. Nie ging sie in den Zoo, um nicht Tiere im Käfig sehn zu müssen. Blasiert verwendete sie französische Termini à la »merde«. Bisweilen überfiel sie das sog. »rote Grausen«, so was Ähnliches wie »blaue Melancholie« (poetische Umschreibung von Muffensausen, Floh im Ohr, Depression, Panikattacke). In der Edel-Luxus-Kaufwelt »Tiffany's« vermochte sie sich zu beruhigen/abzuregen/zu stabilisieren. Sie mochte die Stille, die Pracht, das Odeur von Silber und Brieftaschen aus Krokodilleder. Tiffany's wurde ihr zu einer Art »Endstation Sehnsucht«, zu einem Utopicum im Blochschen Sinne, sozusagen. In die Klatschspalten geriet sie, weil sie mit Rusty Trawler auftrat, einem millionenschweren häßlichen Enterich (der sie mit Marihuana zum Kichern brachte). Artikel über sie landeten in ihren Baseball-Books als Lesezeichen. Als sie Rusty Infantilität vorwarf, wollte er sie mit einem Buttermesser erdolchen. Donnerstags fuhr sie monatelang im 8 Uhr 45-Bus nach Sing-Sing, um Sally Tomato zu besuchen. 1943: Einen Nachbarn, der sie an ihren Bruder erinnerte, einen unbekannten Schriftsteller, nannte sie einfach »Fred«. Genau wie Breton seiner → Nadja selbstverfaßtes Zeug aufhalste, so las auch der angehende Writer und Simenon-Leser Truman Capote ihr, die nur eine mühselige Kindergartenhandschrift hatte, seine novellistischen Versuche vor. Er notierte, sie habe, als er ihr was vorlas, herumgefipselt und Aschenreste im Aschenbecher zerzupft, was diagnostisch rückschließen läßt, daß das ADS-Syndrom bereits Jahrzehnte, bevor es Modekrankheit wurde, vorlag. Trotzdem hatte sie Namen wie Hemingway und W. Somerset Maugham irgendwo gehört. Eine nette, betont platonische Relationship mit »Fred« entwickelte sich. Holly mußte, um ihm einen Vogelkäfig schenken zu können, mehrmals »pudern« gehn. Bisweilen versuchte Fred sich abzuseilen, diffamierte sie für sich als »ungeschliffene Exhibitionistin«, als »Zeitverschwendung«, als »absolutes Talmi«. Als ihr Bruder im Weltkrieg fiel, nannte sie ihren Quasi-Fred nie wieder »Fred«. Ab da zog sie sich in Winterschlaf zurück, mitten im Sommer, verlotterte, wurde wieder dicker, lief zum Kaufmann im Regenmantel, mit nichts drunter. Im Februar 1944 ging sie in Urlaub mit 3 Personen, Kinderpopogesicht Rusty, Mag und dem gutaussehenden Brasilianer José Ybarra-Jaeger, kam zurück, sonnenbraun wie Jod. Um mit ihm nach Rio auszuwandern und 9 Negerbabys zu bekommen, lernte sie Portugiesisch auf Linguaphonplatten. Sie liebte ihn so, daß sie sogar das Rauchen aufgegeben hätte, wenn er's verlangt hätte. Er lachte ihr das »rote Grausen« fort. Trotzdem war er nicht ihre wirkliche Kragenweite; er schmatzte zu laut beim Essen. Sie schwärmte eher für Nehru, Wendell Willkie, für die Garbo, plädierte dafür, eine Frau heiraten zu dürfen, ohne schwul zu sein (»lesbisch« war als Wort noch nicht im Schwange), es mit einem Kriegsschiff zu treiben – Pansexualismus! Aber sie beschimpfte mal Madame Spanella als »schwules Balg!«. Noch im März usw. stand ihr Christmastree herum. Angeblich hatte sie insgesamt nur 11 Liebhaber (Narrenzahl!), und das mache sie doch wohl nicht zu einer Hure!?! Nicht umsonst zog es sie später nach Afrika, zusammen mit 2 unbekannt gebliebenen Männern, so um 1956, wo sich ihre Spuren dann verloren, wie im Großstadtdschungel. Ausgerechnet ihr früherer Nachbar, Mr. I. Y. Zunioshi (Yonioshi), plauderte Gerüchte weiter, nach denen ihre beiden Begleiter fieberheiß in Quarantänehütten darbten, während sie sich immun mit einem schwarzen Holzschnitzer einließ, der ihr Konterfei in Tropenholz schnitt, ehe sie von hinnen ritt und ihre beiden kranken Kavaliere afrikanischem Schicksal überließ. Wer sie aus den Augen verlor, schwankte gar sehr, ob sie (wie wiederum Bretons Nadja) in eine Irrenanstalt kam, oder ob sie einfach nur als Verheiratete ruhig wurde. ~ 1958 machte Truman Capote dann aus seinen Erlebnissen ein schmales Buch »Breakfast at Tiffany's«. Hollys Open-End-Story, unter Fortlassung der Afrikagerüchte, wurde von Hollywood 1960 kongenial verfilmt. Die Holly im Buch sah ganz anders aus als im Film, strahlte weniger Noblesse aus, nicht so zartziseliert, keine sublim-filigrane Porzellanfigur, sondern: nachweislich schräggestellte Augen, Stupsnase, breite Lippen, Clownslippen nicht unähnlich, aus derberem Maskenholz geschnitzt. Nicht mal die Frisur wurde im Film nachgestellt; Audrey Hepburns hochgestecktes Haar unterschied sich vom streichholzkurzen Bubikopf ihres Modells Holly Golightly atmosphärisch erheblich. Lediglich ihre kerzengerade Haltung, ihre damals noch nicht als »anorektisch« diagnostizierbare Überschlankheit stimmten hier wie da. Hollys Hintern wurde von Capote als »klein« und »flach« festgelegt.

Worte von Holly Golightly: Es gibt gewisse Schattierungen von Scheinwerferlicht, die einem Mädchen den Teint verderben.
Holly Golightly über sich: Ich werde mich nie an irgendwas gewöhnen. Wer das tut, der kann ebensogut tot sein. ◆ Ich meine, man kann nicht mit einem Guy vögeln und seinen Scheck kassieren und nicht wenigstens versuchen sich einzubilden, daß man ihn liebt. Das hab ich nie gemacht. Selbst bei Benny Shacklett und solchen Widerlingen. Ich hab mich sozusagen hypnotisiert, zu denken, ihre schiere Ekelhaftigkeit hätt einen gewissen Reiz. ◆ Wenn es etwas gibt, das ich hasse, dann sind das Männer, die beißen. ◆ Es ist eine Frechheit von mir, hier einfach so reinzusegeln. ◆ Mich regen keine Männer

Zwischen Magerquark, Tiffany und Oklahoma

auf, wenn sie nicht wenigstens 42 sind. ◆ Mit einem Writer bin ich noch nie ins Bett gegangen. ◆ Lieb habe ich auch die Kinder, besonders die farbigen. ◆ Auf Pferde bin ich verrückt, aber ich hasse Baseball. ◆ Lieber möcht ich Krebs haben als keinen inneren Anstand. ◆ Puh, ich schätze nun mal keinen Aktschluß, bei dem ich mich im Roseland-Rummelpark von irgendwelchen Hinterwäldlern herumbumsen lassen müßte, bis das Licht aus ist.

Andere über Holly Golightly: Sie wurde dick und fett wie eine richtige hübsche Frau. Und lebhaft dazu. Schwatzhaft wie eine Elster. Hatte zu allem und jedem was Witziges zu sagen – besser als das Radio. *(Dr. Golightly, Tierarzt aus Tulip)* ◆ Sie ist keine Schwindlerin, weil sie wirklich so ist. Sie glaubt all den Blödsinn, den sie glaubt. *(O. J. Berman, Agent in Hollywood)* ◆ Miß Golightly jedoch, eine grazile Augenweide ungeachtet ihres Straßenjungenaufzugs in Hosen und Lederjacke, wirkte verhältnismäßig unbekümmert. *(Daily News, 1944)* ◆ Ungeachtet ihrer schicken Magerkeit ging etwas wie ein Hauch Haferflokkenfrühstücksgesundheit von ihr aus, eine Zitronen- und Seife-Sauberkeit, ein derbes Blaßrot überschattete ihre Wangen. *(Truman Capote, 1958)*

GLENN GOULD, **Kultpianist, Mitbrummer, Zeitrafferartist, Bach-Interpret, Organist, Cembalist, »letzter Puritaner«, »thinking musician« (1932–1982):** Als Kind einer presbyterianischen Kürschnerfamilie taufte er seine Goldfische Bach, Beethoven, Chopin, Haydn und seinen Wellensittich Mozart – und berührte keinerlei Hockey- oder Baseball, als wolle er jetzt schon Klavierhände schonen. Als er mit 6 beim Angeln plötzlich einen Fisch dranhatte, entsetzte ihn das so, daß er ihn wieder aussetzte; Mitangler lachten ihn aus. Er angelte nie wieder, ohne deshalb gleich Vegetarier zu werden. Immerhin trieb er mit seinem Motorboot »Arnold Schönberg« friedlich angelnde Mordgemeinschaften von Fischerboot-Ensembles dröhnend auseinander. Allein diese Episode kürte ihn zum heiligen Narren. Für eine apokalyptische Oper skizzierte er einen Chor postnuklearer Frösche in E-Dur. Manierismen (sprich: Zappelphilippereien), die er beim Pianospiel präsentierte und die man ihm abgewöhnen wollte, steigerte er sehr. Er nahm sich nicht zurück, aber drang trotzdem in die Musik ein. Seltsam verkrümmte Yogapositionen, auf Augenhöhe mit der Tastatur, dienten schlichter Tonerzeugung. Klavierhocker über 35 cm fand er zu hoch. Sein Agent warf ihm oft vor, er spiele mit der Nase Klavier. Nicht jeder gewagten Akzentuierung wich er aus. Kaum eine routinierte Überartikulierung, die er so selten wie möglich in normales Klavierspiel zurückverwandelte. Er spielte, wie er wollte. Manch Gigue verausgabte sich als Parforceritt, manch Adagietto zwecks Endspurt im Engpaß gepeitscht, manch Presto furioso wurde zum Wahnwitz. Manch Säkulum, das unnötig geruhsam Beine nachzog, adaptierte der Steinway-Paganini dem Streß-Zeitalter der Tempolimits, Panikkäufe und Guinnessrekorde. Dann wieder interpretierte er manches verblüffend geduldig, oder überpenibel richtig. Bisweilen wußte die linke Hand, die schönes, blumig-duftiges, saumselig versponnenes Legato laufen ließ, nicht so recht, was unterdessen die hüpffreudig forcierte, Themata herauspellende rechte Hand tat, oder das eine Ohr schwamm nur halb im Gesamtstrom. Dieser Ausnahmepianist ließ sich nicht satteln für den Betrieb. Für »exhibitionistische Salonmusik« von Schubert, Schumann, Chopin war er sich zu fein, als ein dandyismustranszendierender Megasnob. Béla Bartók und Igor Strawinsky hielt er für überschätzt. Von x Stücken probierte er 16 konträrste Spielweisen durch, ehe er sie selektierte und sich kurz vorm Mitschnitt für eine einzige entschied. Mit niegehört luziden Goldbergvariationen schlug er als exterrestrischer Meteor ein. Polyphonie zog Linien glasklar im Raum. Er knetete in die Kompositionen manuell hinein, wodurch sie sich derart verlebendigten, wie sie immer schon mal klingen gewollt hätten. Größten Komponisten griff er ins Innere, nicht in die Noten, aber in die Tempi. Baff hörte und sah die Interpreten- und Virtuosenzunft ihm zu, orthodox, muffig, hölzern und neidisch forever. Wohltemperierte Fugen hackte er runter – Steinway kam ihm entgegen –, betont metallisch, als wolle er durchs Pianoforte weiterhin Cembalo schimmern lassen. Zugleich aber spielte er Portato dergestalt, daß es zu Staccato mutierte; so verfremdete er Bach zum punktuellen Satz; beim Kontrapunkt legte er die Betonung auf »punkt«. Verfremdung und Kenntlichkeit arbeiteten sich aneinander ab. Am Schluß mitreißender Tripelfugen sank er in sich zusammen, als zöge man den Stecker raus, was vorher mitgeübt werden mußte. Übervater J. S. Bach drehte sich nicht im Jenseits um, sondern spielte von fern – quer durch diesen Pianisten hindurch – absolute Musik, zum Großteil Musik von Bach. Zweierlei Zeitbedingtheit mochte sich – über Jahrhunderte hinweg – in der verlängerten Linie chimärischer Zeitlosigkeit berühren. Als seinen Lieblingscomposer hingegen nannte er Orlando Gibbons, was viele sehr »provokant« fanden. Mozart lag ihm weniger nah. Trotzdem wußte er's bei KV 457 in c-Moll mal wieder besser als Mozart, spielte ein Adagio problemlos als Andantino, mit mäßigem Erkenntnisgewinn für Hörer. Etliche Frühwerke Mozarts störten ihn nicht. Haydn fand er substantieller und experimenteller. Die Appassionata verabscheute er. In überheizten Studios fror er. Viele fanden es bereits exzentrisch, daß er vor Konzerten die Arme heiß badete und beim Schwimmen Gummihandschuhe trug. Zum Konzert erschien er mit ungewaschenen Haaren und ausgebeulten Hosentaschen. Optisch wurde die absichtlich un- oder kaum kontrollierte Maularbeit hyperpräzis abgeschmeckt. Mit zu großer Brille lenkte er von zu kleinen Krüppelöhrchen ab, analog zu Ungleichgewichtungen im Absteckspielraum des vorgegebenen Opus. Anderer Weltrang trainierte sich physiognomische Konvulsionen mühsam ab; er kultivierte und zelebrierte Macken als Markenzeichen. Schuhe zog er beim Pedalisieren aus und fühlte sich unhappy, wenn seine Füße nacktes Parkett tangierten. Zwischen Bach & Musik & Klavier setzte er – statt bloß seine Physis – Fingersatz & Person, zudem das animalische Erbteil seiner kehlkopfbetonten Stimme. Statt Umblättern und Notenpapiergeraschel – blödes Mitgesumme, als wär's Popular Music, nachträglich aus der Aufnahme nicht rausfilterbar – wozu auch? –, was ihn berühmter machte als alles Rest-Brimborium. Eine seiner LPs toppte in den Charts 1 x sogar Louis Armstrong. 1960 absolvierte er 22 Konzerte, 1961 – 32. Sein Agent und er waren sich über nichts uneins, außer über Geld, Klaviere, Programme, Konzerttermine, Presse und sein Outfit. Unterm karajanveräppelnden Pseudonym »Herbert von Hochmeister« schrieb er hochnäsige Glossen für »High Fidelity«. Ein Steinway-Mitarbeiter begrüßte ihn mit Schulterschlag, der Autist verklagte wegen Nervschädigung Steinway auf 300000 Dollar Gagenausfall. Seine Bevorzugung des Radios vor vollen Sälen lag auf der Linie seiner Art Vergeistigung. Seine Menschenscheu und Publikumshaß paarte sich derart mit Ekel vor Ausdünstungen, Frackscheu und Applaushaß, daß er sich ab 1964 dem bürgerlichen Konzertbetrieb verwehrte; er spielte dann nur noch – genau wie The Beatles ab 1968 – für Studio-, TV- und Filmaufnahmen, mit verquerem Blindenblick. Viele nannten das eigenwillige Ausführorgan, angeleint auf der Auslauffläche von Bach & Company, willig »Genie«, ja: »Universalgenie«, zuallermindest »überbegabt«. Pfeilwurzelkekse wusch er in Magermilch. Psychologen vertraten die Ansicht, daß der berührungsängstliche Elfenbeinbewohner seine »sexuellen Bedürfnisse« wohl nur in seiner Musik auslebe. Die Behauptung seiner Kritiker, er führe als Hypochonder stets einen

Reisekoffer mit Medikamenten mit sich, revidierte er: nein, nur ein »Handköfferchen«. Nebenbei verschlang er T. S. Eliot, → Kafka, Thomas Mann, die Russen. Er wog 70 kg auf 1,52 m. Handschrift: die angelsächsisch übliche 08/15-Schrift. Tod durch Schlaganfall. ~ Manch Gouldimitator drehte noch atemberaubender auf als Gould und Schumi. Im Lexikon der Idole fehlte er zwischen Greta Garbo und Gorbatschow, weil sowieso kein Schwein Bach hörte.

Statt Gottes Spielmann – Bachs eigenwillige Marionette

Worte von Glenn Gould: Man spielt nicht mit den Fingern Klavier, sondern mit dem Kopf. ◆ Jeder schöpferische Künstler, der ein halbwegs wertvolles Werk schaffen will, ist zwangsläufig als Gesellschaftsmensch relativ mittelmäßig. ◆ Die einzige Existenzberechtigung des Publikums ist die, zuzuhören. ◆ Es gibt Leute, die perfekt für dieses Leben geeignet sind.

Glenn Gould über sich: Ich war kein Wunderkind. ◆ Ich bin ein Spezialist für unvollendete Werke. ◆ Ich bin von der Existenz übernatürlicher Phänomene ziemlich überzeugt. ◆ Ich bin nicht verlobt. ◆ Ich halte nichts von Leuten, die fernsehen, aber ich bin einer von ihnen. ◆ Ich bin nicht grade für das Stadtleben geschaffen und würde, wenn's nach mir ginge, sämtliche Städte meiden und einfach auf dem Land leben. ◆ Ich habe also mit meinen knapp 36 Jahren 1 Milliarde 88 Millionen 640000 Sekunden gelebt. Diese Erkenntnis hab ich in 43 Sekunden wiedergegeben und Ihnen somit einen Anteil von 2531729tel Sekunden meiner Erfahrung geschenkt. Wissen Sie überhaupt, wieviel Sie da umsonst kriegen? ◆ Ich verspüre das gewaltige Bedürfnis, meinen Blick über das Polarmeer schweifen zu lassen, und ich merke, daß dieses Bedürfnis von Jahr zu Jahr größer wird, so daß ich ihm wirklich irgendwie nachgeben muß.

Andere über Glenn Gould: Korrekt Klavier zu spielen und grundfalsch dazu zu summen, ja zu ächzen: Das macht dem Glenn Gould nicht mal der Toscanini nach. *(Eckhard Henscheid, 1990)* ◆ Daß er dennoch genau wußte, was in der »Außenwelt« passierte, zeigen nicht zuletzt seine Sendungen und

Vorträge über »Music in the Soviet Union«. *(Michael Stegemann, 1992)* • Glenn Gould bewegte die Gemüter: Für die einen galt er als Scharlatan, für die anderen war er der Inbegriff des »modernen Interpreten«. *(arteMAGAZIN, 2006)*

Gusto Gräser (geb. Arthur Gustav Gräser; auch: »Plural von Gras«), Wanderapostel, Versschmied, Knüttelknecht, Stabreimer, TAO-Dichter, Notwendwortführer, Trostbündler, Volkwart, Waldbold (1879–1958): Schon als Kind fragte der sächsisch-evangelische Bezirksrichtersohn Arthur Gustav seine Mutter in Mediasch/Siebenbürgen: »Warum machen sich Männer Frauengesichter?«, nämlich durch Bartrasur. Der Kunstschlosserlehrling studierte Malerei, tauchte dann in die Landkommune Himmelhof von Meister → Diefenbach ein, übernahm dessen lebensreformerische Ideale, sog sie auf, hielt sie fest, hielt sie hoch, ward aber vom Meister »faul« gescholten, trotz seines Großgemäldes mit Naturparadies und Technikhölle, malte dann nicht weiter, zog lieber allein, besitzlos, teils barfuß, teils in Sandalen, als Wanderer durch deutsche und andere Lande. Durch Aschenputtel-Attribute eines Landstreichers schimmerte – was nicht jeder sah – die Goldaura eines Wandermönchs. Zeitweise unterwegs mit Bruder Karl, einer so naturbelassen wie der andere, oder in 7köpfiger Aussteigergruppe, erntete er wie alle Vagabunden Gafferei und Paßkontrollen. In Ascona gehörte er zu den Männern der ersten Stunde auf dem Monte Verità. Seine finanzstarken Mitstreiter, von den Gräserbrüdern als noch viel zu bürgerlich eingestuft, mendelten den viel zu radikalen Gräser aus. 1902 landete er im Bau, wegen Militärdienstverweigerung. Angedrohte Todesstrafe nahm er ungerührt hin; da ließ man ihn kopfschüttelnd laufen. Andere Freigeister wandelten als Jesusfreak einher (→ Nagel, → Muck-Lamberty), oder als Messias (→ Baader, → Haeusser); Gräser als einziger erneuerte eine fernöstliche Spielart: Sinnenfrohsinn statt Selbstkasteiung; statt Diefenbachs Dornenkrone – Gustos Lächelfältchen; statt Dadaismus – Taoismus. Kein Unmensch ohne Zweck und Ruh, sondern – Mensch. Die gute alte barocke Frohbotschaft: »O Mensch, werde wesentlich!« und »Blüh auf, gefrorner Christ!« lautete bei Gusto: »Tauwind in die hirnfrostig verfrohrene Welt!« Ab 1908 zog er mit Weib, Tier und Kind (8 Stück, die weder zur Schule geschickt noch geimpft wurden; er schimpfte auf Bazillenangst) im selbstgezimmerten zeisiggrünen Wohnwagen durch Deutschland, wohnte auf Hausboot »Wilhelm«, in Gartenhäusern, unter reingeritztem »OZ« (Ohne Zwang). »Wägender Krämerwelt« abhold, setzte der Schwarmgeist dem »Tristentum« und »Hirnfrost« der »Staatspuppen«, »Haber« und »Rechtbehälter«, »Schluckerzucht«, »Stotterseelen« und »nichtigen Wichte« (so nannte Gusto die gutsituierten Mitbürger, wie spätere Hippies die Spießer »Neckermänner«) sein »Herztum« entgegen. Der Prediger in der Industriewüste lebte der Lenzluft kommenwollender Gartenzeit entgegen, einer Art urmütterlichem Himmel auf Erden, viel rousseau- und taogemäßer als Rousseau und Laotse (→ Laozi), den er wacker nachdichtete: Ein altchinesisch-kerndeutscher Kentaur entstand. 1913 schwamm er auf dem freideutschen Bundesheer aus Wander- und Wundermännern, Zaungästen, Pädagogen, Mitläufern, auf dem Hohen Meißner (einem zauberwortartig vorauseilenden Woodstock). In vollen Sälen und Stuben hielt er Vorträge über die soziale Frage, als Diogenes mit Laterne unterwegs. Er ging dann seines Wegs fürbaß, vom Bobserwald zu Waldandacht und Vagabundenkongreß, als lebendes Ausrufezeichen, als sein eigenes, des Merkens würdiges Plakat, appellativer Gedankenlyrik voll: »Hüt dich vor mir. Komm du zu dir!«, »Ruh dich reich!«, »Hier in dem Chaos, stark und still – üb dein Idyll!« 1915 einer der abzählbaren Kriegsgegner, lehnte er »Kriechokratie« ab. Obrigkeit verwies ihn: raus aus Leipzig. Ein Sympathisantentroß behängte seinen Reisewagen mit Busenhaltern und Korsetten und geleitete ihn klampfend und lachend zur Stadtgrenze. Raus aus Sachsen, aus Baden, aus Württemberg. Gründe: Gewerbevergehen, Verkehrsstörung, Ungehorsam gegen »Ungeheuer Staat«, unübliche Aufmachung, Verbreitung unzüchtigen Schrifttums. Seine Fama drang ans Ohr von Kulturgrößen, die sich für ihn einsetzten, als dem harmlosen Bürgerschreck die Abschiebung aus Deutschland drohte. Sinnsprüche und Mittelachsengedichte schrieb er weniger für die Schublade als – in den Wind. Seine Lehre, markig, deutschtümelig fremdwortarm, tat er auf Flatterblättern kund, zog ungedruckte Gedichtbände aus seiner Wunderwandertasche, ließ Notwendworte hören, verteilte Wandsprüche, Rollbilder, Steinzeichnungen, Spruchkarten aus Buntpapier, Efeublätter, Winke zur Genesung des Lebens. Altertümlizismen wie wunniglich, frischfromm, Thorheiterkeit durchzogen »Das Brieflein Wunderbar« oder das Opus »Flieg, Fünklein, flieg!«. Frohwackere Wortlust prägte »sonndonnerfroh«, »Totschleichplagen«, »Wurmgewöhn«. Gotisch-barock-lutherförmig Berserker-Urfausthaftes webte, wallte durch die Knorzelzeilen des Mundartreimers, ein Schuß Dauersturm und Ständigdrang. Aber die Leut standen vor dem urkräftigen Behagen wie der Ochs vor rätselreichem Gemuh. Viele sahen den Künder dann doch nur wieder als jenen Clochard, als der er, je nach Blickwinkel, tatsächlich sein Wesen trieb. So vergingen Jahrzehnte. Noch am Krankenbett seiner Tochter redete er nur von seinen Weltverbesserungsideen. Auf Veranstaltungen übriggebliebener Initial-Gurus und Wortführer, dem »Trostbund der Aufrechten«, eingedenk inzwischen versunkener Goldener Ära jugendbewegter, wandervogeldurchwanderter, lebensreformerischer Gründerjahre, blieb Gräser im nostalgischen Comeback-Getümmel der schweigende, teils polternde Weise. Weltkrieg Nr. 2 überlebte Gräser mit Schreibverbot in München, verarmtes Fossilium seiner selbst, und trug im Tragnetz die unverzichtbare Entbehrlichkeit der Dinge weiter. In wechselnden Dachstübchen hauste er in selbstgepfriemelter Bettstatt unter einer Dachluke, die er nicht ausbesserte, um die Sterne sehen zu können. Weiterhin streute er absonderliche Flaschenpost aus, vom Rathausturm auf den Marienplatz hinunter. Tagsüber saß der Greis oft lesend im Café Klein-Bukarest, wo durch die PVC-Atmosphäre der 1950er Jahre und des 19. Jahrhunderts zeitlose Archetypik brach. ~ So still es um ihn geworden war, nach seinem Tod wurde es noch stiller um ihn. 10 Jahre später liefen plötzlich weltweit 300 000 oft recht unberedte Gusto Gräsers weltweit überall herum, Flowerpowerleute, die vergleichbare Ideale und gleichfalls indianische Stirnbänder trugen, mit wesentlich lauterer Musik, ohne den Namen ihres Stammvaters zu kennen, der auch schon dieses Stirnband trug.

Lenzluft und TAO-Wind ins Winterland der Schindustrie

Worte von Gusto Gräser: Bettler und Narren nennt sie der gleissende Pöbel, / bis sie ihr Volk endlich als Heilge erkannt. • War euer Krieg ein Kriechen, ist euer Sieg ein Siechen! • Der BAUM des Lebens keimt und kommt ja doch nur von selber. Er gründet ein und grünet auf, wenn die Eisblöcke der Verstandes- und Gegenstandswirtschaft Ihm nicht mehr beklemmend im Wege stehn. • Freilich, der Freund, der freimütig-innige Mann, nicht mehr bange zu machen, weder von Herrn Wichtig noch auch von Herrn Nichtig, weder nach rechts noch nach links scheuend, ge-

lassen das Seine tuhend, scheint bald Sonderling unter den Leuten – scheint den Anstelligen, nach allen Seiten um ihre Stellung bangenden Standespersonen bald Fremdling, ja sogar – Feind!
Gusto Gräser über sich: Ich lausche nur so ein wenig in die Dinge hinein. ◆ Ich grabe nach Worten, nach Wortwurzeln. ◆ Ich wär ein Sonderling? / Nicht schlecht! // Wohl, weil ich weder Herr noch Knecht – / als Freund mal leb, nun, das ist rar / und freilich freilich sonderbar. ◆ Ich schlage vor, wir gehn hinaus, / wo freie Berge ragen. / Mir nach, wer satt den Krämergraus, / holla, mir nachgeschlagen! ◆ Ich hab nen Vogel! – / Glaubs, Gesell – ich lebe liebeflott. / Und Du? ◆ Ich bin von einem andern Stamm, ihr Lämmchentugendsamen! / Mein Sinnbild nimmermehr das Lamm – die Streiter sind es / wundersam, die Fluten und die Flammen. ◆ Ich krank und sterb, wenn ich steh – / Bewegung löst alles Weh. ◆ Aus meinem Leben ist nichts wichtig; der alte Icke ist lange tot. ◆ Nennt mich Narr nur oder Tor, / ihr gemachten Macher – / nur wer spielt, macht uns nichts vor! ◆ Ich hab nichts mehr zu kritzeln und Tinte zu verspritzeln und Leben zu versitzeln.
Andere über Gräser: Selbst zu träge, um ein angeborenes Künstlertalent weiterzubilden oder auf andere Art seinen Unterhalt zu bestreiten, hält Gustav Gräser, um satt zu werden, skrupellos in den Gärten der Bauern Einkehr und meint, die Menschheit für milde Gaben, Speisung und Wohnung durch seine volltönende Stimme und ein allgemeines Phrasentum über Liebe und Brüderlichkeit voll zu entschädigen. *(Ida Hofmann-Oedenkofen, 1906)* ◆ In verstandesmäßiger Rede drückte er sich nicht besonders glücklich aus; förmlich gebannt, gebannt von der unmittelbaren Offenbarung einer durchaus eigenartigen Wesenseinheit, lauschte ich ihm aber, sobald er in seiner eigentlichen Äußerungsweise, die emotionale, überging und gar in Versen zu sprechen begann! *(Johannes Schlaf, 1911)* ◆ Dieser Mann ist reinen Herzens und liebt Deutschland. *(Thomas Mann, 1926)* ◆ Er ist ein Mensch, mit dem man scherzen und lachen kann. In ihm ist der Protest unserer Zeit gegen die Mechanisierung und Schematisierung des Lebens verkörpert. *(O. F. Jickeli)* ◆ Vale, St. Transsylvane! Ich sehe dich auf der Wanderschaft über den Wolken, im Tragnetz eine Handvoll Sterne. *(H. Wühr, 1958)* ◆ Gräser verflüssigt die erstarrten Wörter, taut auf die gefrorenen Bilder – das rennt und rinnt, quillt und sprudelt, rieselt und springt in diesem Buch wie von tausend Quellen und Wasserfällen! *(Hermann M. Urspring, 1979)* ◆ Von Gustos Geist stammten wohl die im Namen der »Waldverwandtschaft« unter Bäumen gezeugten und nach ihnen benannten Kinder Mucks her, aber von Mucks Gotteskind-Soteriologie wollte Gräser nichts wissen. *(Ulrich Linse, 1983)*

Billy Graham, US-Evangelikaler, Führerpersönlichkeit, Massenmagnet, Weltprediger (geb. 1918): Geboren bei Charlotte, 1939 Minister in der Southern Baptist Church, Pfarrer in Western Springs. 1949, auf 8wöchiger Tournee, predigte der Präsident des »Jugend-für-Christus-Movement« vor 350000 Seelen. 1950 ließ er sich wöchentlich im Massenmedium Radio hören, in seiner Sendung »Stunde der Entscheidung«. 1953 edierte er »Peace with God«. Weltweite Kreuzzüge startete er zur Erweckung der lauen Christenheit. 1954/55 eroberte er im Sturmflug Großbritannien und den europäischen Kontinent. Zu seinem Revival in Glasgow kam eine Million, was jedes Woodstock an Zulauf überbot. 1955: »The Secret of Happiness«, Sermons on the Beatitudes. 1956 kam der Ferne Osten dran, Australien & Newzealand 1958, Afrika und das Heilige Land 1960. Ein weiteres Opus: »My Answer«. 1967 folgte die erste Evangelisationsreise in ein sozialistisches Land (Jugoslawien). 1984 startete er einen Feldzug gegen atomare Aufrüstung in der Sowjetunion. Kein Mann der leisen Töne und Samtpfoten, fernab der dezent bis trottelig herumstehenden Penetranz der »Erwachet!«- & »Wachturm«-Jehovazeugen, fern der moderaten Sprechweise mitteleuropäischer Tagesschausprecher, sondern weiterhin, trotz deutscher Propagandaministerium-Assoziationen, nach wie vor massenwirksamer Brüll-Rhetorik, wie sie auch das Erfolgsgeheimnis anderer Unsensibelchen von Franz Josef Strauß bis sonstwem sein mochte. Statt jesuanischem Dulderlamm: Perfektionist des Kasernentons – ein Offizier Christi. Hostienkonsum versus Heiserkeitspillenkonsum. Doch statt daß alle Seelen sich angewidert abwandten, uferte der Zulauf aus. Denn Billy wollte die Herzen verändern. Er predigte Sanftmut mit dem Dampfhammer. Mit eigenen Filmproduktionen und religiösen Magazinen erwirtschaftete Graham 1984 über 170 Mill. Dollar. Infantile Spaßsucher begnügten sich mit Disney World, infantile Sinnsucher mit Billy Graham. Er schrie an gegen die Auswüchse der Modern World und merkte nicht, daß er weniger einer barocken Strafpredigt ähnelte als einer Medienkampagne für Coca Cola oder Mercedes – es sei denn, Bernhard von Clairvaux oder Savonarola schrieen mit ihrer legendären Rhetorik bereits selber so unästhetisch herum wie Billy Graham. Seine Evidenz, Dschieses von Angesicht zu Angesicht zu sehen, überlegte keine Sekunde lang, ob solch Schreierei jemandem wie Jesus oder Gott tatsächlich angenehm sein könne. Graham definierte Gott als »die grundlegende Autorität des Universums«. »Gott wartet auf Sie!« Als wären Grahamzuhörer Gottes Kundschaft, und Gott ein Konzern, und Graham dessen Pressesprecher. 2005, gestraft von Parkinson und Prostatakrebs, bot er zum letzten Mal ein Massengebet.

Worte von Billy Graham: Häßliche Erinnerungen lassen sich nicht auslöschen; die Geburt eines unehelichen Kindes kann man nicht ungeschehen machen. David wurden seine Sünden vergeben, aber er mußte für sie büßen. ◆ Jesu Leib wurde durch Gott von den Toten auferweckt. Eines Tages werden wir die Wunden der Nägel in seinen Händen sehen. Ich will Sie nicht in ein wissenschaftliches Laboratorium führen, nicht in den Hörsaal des skeptischen Philosophen und nicht in die Praxis des agnostischen Psychologen. Ich will mit Ihnen zum leeren Grab im Garten des Joseph von Arimathia gehen.
Billy Graham über sich: Ich habe vor einigen Jahren eines Tages beschlossen, die Heilige Schrift im Glauben zu akzeptieren. Sicher gab es Probleme, die ich gedanklich nicht lösen konnte. Aber als ich die Bibel als das vollmächtige Wort Gottes im Glauben akzeptierte, stellte ich sofort fest, daß die Bibel zu einem Feuer in meiner Hand wurde.
Andere über Billy Graham: Meinstu, o armer Mensch, daß deines Munds Geschrey / der rechte Lobgesang der stillen Gottheit sey? *(Angelus Silesius)* ◆ So absurd es klingt, am Rande könnte auch der Bibelapostel Billy Graham, seit langer Zeit mit Bush befreundet, seine apokalyptischen Armageddon-Gespinste (Apg. 16,156) im Kopf des Präsidenten angesiedelt haben; fähig ist dieser dazu. *(Karlheinz Deschner, 1992)*

Grock (geb. Adrian Wettach), Musikal-Exzentrik-Clown (1880–1959): Der erste Clown, den er mit 7 sah, durch ein Guckloch im Zirkus, hieß Wetzel. Ab da wollte er selber einer werden. Nach juvenilen Intermezzi als Uhrmacherlehrling, Klavierstimmer und Schrammelquartett-Mitglied experimentierte Wettach, bevor er Grock hieß, gedanklich mit Namen wie Arock, Crock, Drock, Erock und Frock. Er spielte 13 Instrumente. Er paarte Rückwärtssalto und Geigenspiel. Er schob den Konzertflügel an den Klavierhokker heran, statt umgekehrt. Mit ungeheurer Sicherheitsnadel hielt er seine Siebensachen beisammen. Er beherrschte Spagat, Seilarbeit, Balanceakte, Kaskaden, Klischnigg. Er schrieb ein Buch: »Ich lebe gern«. Er prägte auch mal Worte wie »Horoskopfanatiker«. Außerhalb des Zirkus pflegte er eine chemische Passion, experimentierte im Labor, bis er in selbstverzapfter Explosion für immer ertaubte. Einen Ehrendoktor, mit dem er sich schmückte, bekam er nie.

Lautes Gelächter, leise Melancholie

Worte von Grock: Nit mööööchlich. ◆ Wehe dem Künstler, der versnobt wird und glaubt, daß er mit dem Erfolg, den er genießt, aus einer gewissen luftleeren Höhe herabschauen kann auf sein Publikum.

Grock über sich: Ich habe niemals nachgegrübelt, um eine neue Idee zu bekommen. Alle meine Tricks sind aus irgendeiner Situation entstanden. ◆ Wenn ich bedenke, wie lange ich schon Grock bin, dann wundere ich mich nicht, daß ich fast vergessen habe, wie ich hieß, bevor ich Grock war. ◆ Unsere Familie lebte sehr intensiv und verbrauchte viel frische Luft.

Andere über Grock: In einer Glatzenperücke, das Gesicht zu einer lächelnden Grimasse von herzlicher Albernheit geschminkt, angetan mit einem viel zu weiten Mantel, unter dem ein viel zu kleiner Rock zum Vorschein kam, klatschte er in seinen Clownsschuhen auf die Bühne. *(Helga Bemmann, 1972)*

PATER ANSELM GRÜN, Benediktinermönch, Seelsorger, Zölibatär, Besitzlosigkeitshüter, Verwaltungsleiter, Buchautor, Managerseminarleiter, Aktienspekulant (geb. 1945): Geboren wurde der Elektrikersohn in Junkershausen/Franken; Kindheit in München. Nach seinem Studium der Philosophie, Theologie und – BWL trat er 1964 in die Abtei Münsterschwarzach bei Würzburg ein, zwecks Ora et Labora. Sein Vollbart fungierte zunächst als Protest gegen das 1935 ergangene totale Bartverbot für Missions-Benediktiner. Sein Archetyp kam gut rüber; seine Inhalte wichen vom klerikalen Mainstream wenig ab. Er sah genauso aus, wie seine glattrasierte Zielgruppe im 20. Jhdt. n. Chr. sich einen Mönch vorstellen konnte, mochte und wollte: Originalzitat aus gläubigeren Zeiten, heiliger als manch ein heiliger Narr, fast zu normal, brav, lieb, nett, um das Casting fürs Narratorium zu meistern, zumal er nie gegen Windmühlen lief, sondern auf offene Ohren stieß. Er bemühte sich um klare, einfache Sprache, obwohl er eine weniger klare hierfür nicht opfern mußte. Jedes Wort glaubte man ihm aufs Wort, zumal seine Worte fast jeder zutraulichen Sinnsucherin weiterhalfen, ins Geheimnis der göttlichen Liebe hineinzuwachsen, die Osterfreude auszukosten, gemeinsam Gott zu suchen und mit dem Herzen zu denken. Sanfte Appelle ließ er los: »Tanze deine Sehnsucht!«, »Finde deine Lebensspur!«, »Träume auf dem geistlichen Weg!«, »Neige das Ohr deines Herzens«, »Sammle deine Kraft«, »Vergib dir selbst!« Er kreiste um die inspirierenden und diskreten Begleiter unseres Alltages: »50 Engel für das Jahr«, »50 Engel für die Seele«, »Engel für das Leben«, »Engel – Bilder göttlicher Nähe«, »Das kleine Buch der Engel«, »Jeder Mensch hat einen Engel«. An ihnen schrieb er nur 6 Stunden pro Woche; mit Geldanlage befaßte er sich bloß ½ Std. am Tag. Seine 300 Geschenkbuchtitel – ins Koreanische, Kisuaheli und 30 weitere Sprachen übersetzt – verkauften sich über 15 Mill. x. Zum Lesen kam er nur 15 Min. pro Tag. Spiritualität und Sexualität bog er wieder zueinander: »Wie Männer zu sich selbst finden«. »Spiritualität von unten«. Sein offenes Erfolgsgeheimnis: Hier altteutsch mittelalterliche Büßerkutte, da Lebensfeier und Jesuswebsite. »Exerzitien für den Alltag« klang schon fast wie »Kant für Gestreßte«. Seine Dämonen hießen nicht Sukkubus und Inkubus, sondern »emotionale Umweltverschmutzung«. Der fromme Niveaukitsch hülfreicher Verlautbarung verhalf ihrem Autor zu milder unfreiwilliger Komik, sanft rübergeholt aus Oberammergauer Schnitzerheim, ideal für Magazin- und Filmbeiträge, nicht ohne eine Brise Karneval. Traditionen alter Mönchsväter verband er zeitgemäß mit – moderner Psychologie, wie Verena Kast, Dr. Dr. Ingrid Riedel und → Drewermann, der neben ihm viel zu todernst wirkte, ungemütlich, seelenlos, schier bedrohlich; Uta Ranke-Heinemann zu bullig und hausfraulich; Bischof Lehmann viel zu stiernackig, unsublimierbar, sündenbeladen; Kardinal Ratzinger viel zu dubiös-rabulistisch; Papst → Johannes Paul viel zu konservativ und jenseits von Gut und noch Besser; Papst → Benedikt viel zu clever, zölibatgeschädigt, ideologisch, inquisitorisch, tückisch; der → Dalai Lama Nr. 14 zu exotisch, zu humorvoll, mit dem Grün den Anschein teilte, an keinerlei Triebstau zu knabbern. So vorzeigbar und vorteilhaft, ja gutaussehend roch Askese nie. Doktor Luther, Loyola, Savonarola sahen neben dem ungestreßt dauer-relaxten, schier bildschönen Frauenschwarm Pater Anselm Grün allesamt so unversöhnlich aus, so disharmonisch bis fanatisch. Er aber, der sich aussprach gegen einen Wellness-Gott, figurierte als Stehgeiger gelebter Religion: André Rieu brachte klassische Musik (Wiener Walzer) ans Volk, Grün die spätgotisch flammende Hochreligion auf heutige Augenhöhe, wo sie dann atmosphärisch eher als Wohlfühl-Medienpaket rauskam. Vorzeige-Sympathikus durch und durch, Everybody's Darling im Sunnyboy-Zeitalter, wie Don Camillo oder Heinz

Rühmann als Pater Brown; heiter nachdenklich, weise lächelnd; trotz Ehelosigkeit überhaupt nicht abgezehrt, ein glücklicher Mönch, Mensch und Mann – so gesund sah Christentum selten aus! Lächeln nach Auschwitz. Er setzte auf Blue Chips und argentinische Staatsanleihen. Der sich in maschinell entseelten Zeiten, die nur ans Geld denken, seine Seele bewahrte, spendete Vertrauensbasis, Lebensberatung und farbfotogestützte Sinnfindung. Bei Fehlspekulation machte er auch mal 3 Mill. Euro Miese. Mystiker genannt zu werden war dem Mönch peinlich. Trotzdem war ihm Mystik wichtig. Seine Fremdwörter hießen Betriebsklima, Divergenzen, Führungskompetenz, Rendite, Bonuszertifikate. Umsatz in summa: 100 Mill. Euro. 2006 verdiente er 490 000 Euro an Büchern, und 126 000 Euro an Vorträgen und Seminaren. Alle Honorare führte er ab an seine Abtei (80 Mönche, 300 Angestellte), die ihm ein wenig Urlaubsgeld gewährte. Als er seinen Kulturbeutel am Flughafen verlor, schenkten ihm seine Geschwister einen neuen. Dem Begehren seiner Mitmönche, eine eigene Naßzelle in die Zelle zu bekommen, gab er nicht statt, verwies auf die Gemeinschaftsdusche. 1991 gründete Pater Grün das Recollegio-Haus, eine Betreuungsstätte für krisengeschüttelte Geistliche und Zölibatsopfer. Seit 1997 schickte nicht nur Daimler-Chrysler sinnsuchende Führungskräfte in die Seminare von Deutschlands bekanntestem Mönch. Beim Tod des Papstes 2005, von dem er im Auto (Gebrauchtwagen!) erfuhr, fuhr er nicht an den Rand und weinte nicht, wie er der FR gestand. Die Distanz zu Rom überbetonte er nicht, auch wenn das Mönchstum als Sachwalter des Überirdischen älter war und christlicher sich verhielt denn in Palästen residierende Vatikanskardinäle.

So entspannt kann Zölibat ausschaun (genau wie beim Dalai Lama)

Worte von Pater Anselm Grün: Wer lange unter humorlosen Menschen leben muß, der trauert dem Engel des Humors nach. • In der Verzweiflung bekommt die Sehnsucht Flügel. • Nietzsche hat gesagt: »Wo Verzweiflung und Sehnsucht sich paaren, da ist Mystik«. • Die Dämonen können einen Menschen so beherrschen, daß er besessen wird. Sie bewirken Krankheiten wie Schizophrenie, Epilepsie, Wahnsinn und Hysterie.

◆ Man kann nicht Mönch sein und gleichzeitig verheiratet. Das gibt's nicht. ◆ Sexualität und Aggression sind die beiden wichtigsten Lebensenergien. Ich kann sie nicht einfach abschneiden. Ich muß damit umgehen. Gerade als Zölibatär kann ich sie ja in Lebendigkeit und Kreativität verwandeln. ◆ Wer ehrlich ist, begegnet auch seinen sexuellen Phantasien. Einfach zu sagen, das ist kein Thema, das wäre Verdrängung. ◆ Sobald wir uns der religiösen Erfahrung stellen, ist auch ein fruchtbarer Dialog möglich. ◆ Beten heißt, daß ich mich aushalte. Was kommt dann in mir hoch? Das halte ich Gott hin. Letztlich ist es immer Gott, den wir in allem suchen.
Pater Anselm Grün über sich: Ich bin glücklich, wenn ich Menschen durch Bücher, Vorträge, Gespräche Wege weisen kann. ◆ Ich kann nicht beten, ohne meiner eigenen Wirklichkeit zu begegnen. ◆ Ich spüre, daß es im Leben noch eine andere Dimension gibt – die göttliche. Aus dieser Quelle schöpfe ich. ◆ Ich will kein Star sein. Ich bin in der Gemeinschaft wie alle anderen. Sie gibt mir Kraft. ◆ Wenn ich mich als Heilsbringer definieren würde, wäre das nicht gut für mich. ◆ Es tut oft weh, mit meiner Wunde in Berührung zu sein. ◆ Das Schreiben hält mich lebendig und wach.
Andere über Pater Anselm Grün: Daß Anselm Grün sogar den Zölibat lokkern will, gegen Frauen auf der Kanzel theologisch nichts einzuwenden hat und diese Modernisierungen vom neuen Papst erhofft, passt gut ins Bild: Der Mönch ist streng mit sich und liberal mit anderen. *(Frankfurter Rundschau, 9. 4. 2005)* ◆ Wer nun vermutet, Anselm Grün schritte mit der Wucht eines Schwerathleten durchs Diesseits, liegt falsch, Nein – da kommt uns ein zarter, mittelgroßer Mann über den Flur des Verwaltungsgebäudes entgegen. *(Christian Dombrowski, buchjournal, 2007)*

Giuseppe da Copertino, **Einfaltspinsel, Verzückungstrottel, Flugheiliger (1603–1663):** Er ward als Zimmermannssohn in einem Stall geboren, wohin seine Mutter vor dem Gerichtsvollzieher floh, in einem apulischen Bauerndorf bei Brindisi. In seiner Jugend ging er auch mal mit Messer auf jemanden los, außer sich vor Wut. Dafür machte er keine Fortschritte in der Schule. Gute Seelen meinten: »kaum« Fortschritte. Alle nannten ihn »La boca aperta«. Denn das Maul ließ er stets offen hängen, mit Speichelfaden, gepaart mit Kurzsichtigkeit und leerem Glotzen. Seine übermäßig linken Hände fielen überall übel auf. Kein Topf, den man ihm in die Hand gab, blieb unzerbrochen. Selbst bei simpelsten Arbeiten half der Tropf nicht mit, genau wie Katharina von Ricci und Johannes vom Kreuz. Nicht mal Graubrot von Weißbrot unterscheiden konnte er. Aus der Schuhmacherlehre flog er hochkant raus. Zahlreiche Gebrechen machten den Dorftrottel bettlägrig. Selbst seine Mutter hielt seine stinkenden Geschwüre nicht aus. Aus dem Kloster schmiß man den Novizen auch raus. Als man ihm die Ordenstracht wieder auszog, glaubte er, man zög ihm Haut und Fleisch über die Ohrwatscheln. In einem Minoritenkloster kam Sepp der Unbrauchbare dann doch noch als Knecht unter. Es bedurfte nur kleiner Anstöße, um ihn außer sich zu bringen, aber nicht vor Wut, sondern vor geistlichem Anhauch. Nur »Maria und Josef« brauchte man sagen, oder »Paradies«, schon seufzte er verzückt los, halb Dumpfbeutel, halb Übersensibelchen. Sein Dauerzustand ward wohlmeinend als religiöse Versunkenheit gedeutet. Daß er aus der Kirche von Grotella mit bloßen Händen den Unrat raustrug, wurde nicht als mangelndes Werkzeugdenken ausgelegt, sondern seiner riesigen Demut zugute gerechnet. Die Tiefenschau seiner Seele ließ genauere Erkenntnis der Außenwelt nicht zu. Alles mögliche Irdische hing dem Tollpatsch zwar viel zu hoch, nicht aber Gott. Der Gnaden Überlast nahm ihn gar sehr in Beschlag. Seine beglaubigten Ekstasen verliefen so überzeugend, immerhin, daß man dann doch zur Überzeugung kam: Da lebt einer mit Gott zusammen. Er kriegte auch Sachen mit, die in der Luft lagen und die andere erst später spürten, Gefahr oder den Tod des Papstes. Oft leierte er das Wort ab: »Einer und eine«, und meinte damit Gott und die Seele. Der Tod des Erlösers traf ihn so stark, als wär's heut und jetzt, statt vor 1600 Jahren. Bei den Worten »Saulus, Saulus, warum verfolgst du mich?« fiel er wie tot um und sagte, als er wieder auf die Füße kam, unter Tränen: »Eine große Macht war's, eine große Macht.« Oft ward er dergestalt ergriffen, daß er einfach nur lossingen mußte. Von seinem Gesang hieß es: Er sang halt, so gut er konnte. Bei Musik drehte er derart mitschwingend durch, daß ihm die Teilnahme an Prozessionen untersagt ward. Er lernte sogar mit Ach und Krach Lesen, hieß es. Nicht den Narren spielte er, sondern er war nur, was er war. Gewisse Sünder sah er so fratzenhaft entstellt, daß er aufjaulte. Er ertrug einfach ihren Anblick nicht. Seine Lauterkeit sprach sich sehr herum. Keiner nahm je Hoffart und Hochmut an ihm wahr. Trotz gewisser Defizite, kaum mit Wissensbrocken vollgestopft, und obwohl's zum Laienbruder nicht gereicht hatte, wurde er Oblat, dann Frater, 1628 zum Priester geweiht, in Poggiardo. Oft stieg er auf Bäume – wieso eigentlich? Man nahm zu seinen Gunsten an, um nachzudenken – aber worüber denken Gottesmänner solchen Kalibers nach? Vögel und andere Stieglitze ließen sich von ihm anfassen, also erinnerte er an den heiligen Franz. Vögel halfen ihm singen. Einer Amsel rief er zu: »Beim Gehorsam fliege herein!« Einem Distelfink gab er die Freiheit: »Gehe, genieße, was Gott dir zugeteilt. Ich für mich will nix von dir, als daß du, wenn ich dir ruf, wiederkömmst, um mit mir deinen und meinen Gott zu loben.« Nicht, daß er's Beten vergaß, aber sein Käfigvogel erinnerte ihn schon beim ersten Morgenstrahl dran: »Bruder Joseph, sprich dein Gebet!« Einen Stoßvogel, der sein Vögelchen tötete, schrie er an: »Ei du Dieb, du hast mir mein Vöglein umgebracht, du verdienst dafür auch umgebracht zu werden; komm, daß ich dich töte!« Gehorsam kam der Räuber bei Fuß und legte sich wie tot hin, da sagte der Mann zu ihm: »Geh nur hin, diesmal soll's dir verziehn sein. Aber tu's nimmer!« Er ward aber auch mal halbtot früh in der Kirche gefunden, weil er die ganze Nacht mit'm Satan gerungen hatte. Oft beschwerte er sich über Gott, und das direkt bei Gott. 1653 griff die Inquisition zu, isolierte ihn im Kapuzinerkloster Pietrarubbia, dann im entlegneren Kloster Fossombrone. Beim Prozeß in Napoli konnte die vermutete Scheinheiligkeit in seine Harmlosigkeit schwerlich hineingedeutelt werden. Auf dem Sterbebett im Kloster Osimo bei Ancona fieberte der Minderbruder im Wechselfieber: »Der Esel beginnt den Berg hinanzusteigen.« Und als sich's für den Esel nicht sehr leicht starb: »Die Rinde will sich vom Baum nicht schälen lassen.« Und als die Rinde dann doch abging: »Dieser Übergang ist ungeheuer.« Und als letztes kleckerte noch nach: »Meine Seele, liebe, liebe!« ~ Gieuppe da Copertino schrieb kein Buch. Er gründete keinen Orden. Er tat bei Lebzeit keine Wunder, außer daß er auch mal quer durch die Kirche schwebte, dies sogar oft, sehr oft, äußerst häufig, was hinterher um so ungehemmter staunen machte, zumal er dabei 50 Schuh oder auch 60 m erreichte. Auf den Schwingen seiner Minderbemitteltheit ritt und flog er postum in höchste Höhen. Um ihn am Fliegen zu hindern, hätte man ihn in niedrige Zellen gestopft, hieß es recht bald. Legenden wucherten reichlich, um hülfreich und positiv ein kaum Versteckbares zu überdecken. Klar, selig sind die geistlich Armen, aber dergestalt quasi-debil war's vielleicht nicht gemeint gewesen. Bevor unschönere Zeiten heranrückten und herzlos »Autismus« und »Lernschwierigkeit« diagnostizierten, wurde der gute Josef 1767 heiliggesprochen, schon allein seiner Flugviertelstunden rund um Tabernakulum und Kruzifix, wobei er übrigens vogelartige Schreie ausstieß, und seiner Krankenheilungen wegen, wohl guinnessverdächtig als der tumbeste Tor. Statt ihn mit »Legasthenie« zu belästigen, ehrte man ihn mit »Levitation«. Der Flugheilige schwebte über den Dingen wie über seinem IQ, der sich nie störend zwischen ihn und Gott schob. Neben ihm avancierten

Simplex, Bauer Dümmel, → Gump und Maddin Schneider schier zu Schlaumeiern und Intelligenzbolzen. Fast alle Heiligenkalender umgingen den heiklen Punkt Blödigkeit sehr liebevoll, so als wär mit seiner »praktischen Bildbarkeit« alles in Butter gewesen. Hauptsache, Tiere durften weiterhin nicht in den Himmel rein. Im Gegensatz zu Luzifer, Ikarus, Nimrod und dem tapferen Schneiderlein von Ulm stürzte der »Fliegende Frater« nie ab. Viele leichtgläubige, frühere Inkarnationen späterer Ufologen konnten das beschwören, und das bei Gott. Und weil's so viele Leut gesehn hatten, glaubten's noch mehr Leut und ließen das liebe Maul offenstehn wie der Heilige selber. Viele Maler malten ihn deshalb mit Flügeln, so daß die Münder noch mehr glotzten. Seine Partnerstadt in Asien wäre der Mahasiddhi und Vogelmensch Udhilipa. Dann stieg Sankt Josef auch noch auf zum Schutzpatron der Prüflinge, und der Examenskandidaten, und der NATO-Piloten, und 1963 zum Patron der Weltraumfahrt, gar nicht so unpassend, obwohl beim Astronauten Hauptschulabschluß nicht genügte. Eine Stadt im Silicon Valley/California nannte sich nach ihm Cupertino.

Der geistlich Ärmste, der je in höchste Höhen stieg

Worte von Giuseppe da Copertino: Die Seele ist eine Königin; der Leib ihre Dienerin. Tritt die Seele beim König ein, bleiben die Sinne heraußen. ◆ Singt ihr Vögelein, singt recht lustig; habt keine Furcht, daß es mich verdrieße. ◆ Geschieht euch recht, warum auch habt ihr das Vöglein erzürnt und weggescheucht!

Giuseppe da Copertino über sich: Ich besitz nichts mehr, dem ich noch entsagen könnte. ◆ Tragt nur Geduld mit mir, so werdet ihr Verdienste dabei erlangen. ◆ Warum drängt's mich, das Kind Jesus anzuschaun? Is' doch lang her, daß Jesus ein Kind war. ◆ Verscharrt mich irgendwo, da wo mich keiner kennt. Und da wo alle mich bald vergessen.

Andere über Giuseppe da Copertino: Ein Mensch von 33 Jahren spielt den Messias; er zieht eine Menge Volkes hinter sich her. *(zeitgenössischer Generalvikar)* ◆ Seine aufreizende Dummheit war Einfalt im höchsten Sinn, die von keinem Quentchen Verstand mehr durchkreuzt wurde, und darum ward ihm die größte Begnadung zuteil. *(Walter Nigg, 1956)* ◆ Mit dem Studium sollte er es versuchen, es wollte nicht vorwärtsgehen, denn er war in geistiger Hinsicht noch ungeschickter, es kostete ihn äußerste Mühe, Lesen und Schreiben zu lernen. *(www.franziskanische-werkstatt.at, 2007)*

Forrest Gump, Dummbeutel, Riesenbaby, Sportsman, Marathonrekordler (geb. 1950): Sein Daddy wurde bei »United Fruit Company« von einer fallenden Bananenkiste plattgemacht wie 'ne Flunder. Weil der Bub sich dran hielt, nicht zu Fremden einzusteigen, wär er beinahe nicht in den Schulbus gestiegen. Manchen galt er als zurückgebliebenes Riesenbaby. Mit 16 wog er 110 kg und maß 1,95 m. Seine Mama mahnte ihn zwar »Du mußt aufpassen, sonst bringen sie dich weg«, trichterte ihm aber mutmachend von frühauf ein: »Andere sind nichts Besseres!« Er war zwar nicht einer der Hellsten, aber wer war das schon!? Anfangs war er zu blöd, komplizierte Footballregeln zu erfassen. Wenn andere einen Haufen Scheiß erzählten, verstand er nur Bahnhof. Wenn er Durst hatte, konnt er aus'm Klo saufen wie'n Hund. Beim Sport hing ihm die Zunge raus wie'n Schlips. Manchmal machte er sich Gedanken, obwohl ihm das nicht leichtfiel. Seine Sandkastenliebe – Jenny Curran – hielt nicht nur zu ihm, sondern mochte ihn sogar von Anfang an, irgendwie. Im Englischseminar schrieb er im Aufsatz, der Romantik sei »eine beknackte Klassik« vorausgegangen, und nannte Pope und Dryden »2 so Geier«. Statt »Dosch-tojeschki's Idioten« oder John Lennon zitierte er lieber seine Mami, mehr als oft. Als er bei einer Siegerehrung, wo ein paar »Millionen« Leute in eine Aula paßten, ein paar abschließende Worte sagen sollte, sagte er: »Ich muß pinkeln.« Wenn er sich »Liminade« (d. h. Limonade) machte (er sagte auch »Genialien« für »Genitalien«), indem er Fruits durch die Socke reihte, wunderte er sich, daß sie dann, statt nach Pfirsich, nach Käsfüß' schmeckte. Schwierige Wörter wie Pentagon, Bluejeans, Slapstick ließ er aber ganz unverballhornt. Als ihm das Blasen auf 'ner Mundharmonika in C-Dur auf Dauer langweilig wurde, ging er sich eine in G-Dur besorgen. Immerhin sagte er nicht: »I'm Forrest Gump«, sondern: »My name is Forrest Gump!« Mongis, die immer so sabberten und brabbelten, wie die das halt so machen, fühlte er sich zu Recht haushoch überlegen. Er hatte sogar Termini wie »Einstein« drauf. E-Gitarren umschrieb er als »elektrisches Zeugs« und Hippies mit »alles Freaks, wo nix als high sin«. Defizitäre Sprachbeherrschung gebar so unverzichtbare Klöpse wie »Tofuwabofu«. Er fand auch einen gleichgesinnten bzw. vergleichbar strukturierten Freund, Bubba, einen besonders stülplippigen Blackman, der nur eine einzige Ideé fixe pflegte: Shrimps, bis hin zum Lebensziel: Shrimps-Kutter-Captain. Wegen ihrer Beschränktheit wurden sie sogar für Brüder gehalten (Querbezug zu Gustav Anias Horn, der sich in Hans Henny Jahnns »Fluß ohne Ufer« mal als Zwillingsbruder eines Negers ausgab). Statt Musterungsausschuß sagte er »Musterausschuß«. 1968 braute sich nämlich ein Haufen Scheiße zusammen. Forrest Gump & Bubba gingen widerstandslos nach Vietnam. Seine Mama wollte ihn noch bewahren, indem sie ihn als Idioten ausgab; doch es hieß, die andern seien auch keine Einsteins – alles klar. Halb gutmütig, halb treudoof machte er den ganzen Scheiß mit. Er hatte da den Packesel zu machen. Er wollte immer alles richtig machen, aber machte bloß, was er gesagt bekam. Und eckte dadurch an. Soldat → Schweijk hatte vergleichsweise noch ziemlich viel durchschaut. Gump rettete dort einem Vorgesetzten das Leben, der ihm hinterher, als fußloser Krüppel, die Rettung verübelte. Wenn Ku-Klux-Clan auftrat, hielt er das für Geisterspiele. Wenn Studenten die Neger »Schwein« nannten, meinte Forrest, man redete von Wildschweinen – zu doof zum Rassismus! In Vietnam redete er trotzdem dauernd von »Schlitzaugen«, weil gar keine anderen Bezeichnungen vorlagen. Rückblickend kommentierte er den Krieg: »Es hat nicht immer Spaß gemacht«, und: »Das Gute an Vietnam war, daß man immer was zu tun hatte.« Meist aber: »Das war 'ne ganz große Kacke«. Manchmal grenzte seine Art von gutmütiger Minderbemitteltheit an stoizistische, taoistische oder apathische Weisheit: Wenn er müde war, schlief er, und wenn er Hunger hatte, aß er. Nicht jeder machte das so, und dies mitten in amerikanischer Streßgesellschaft. Irgendwann merkte er, daß seine liebe Jenny mit dem Banjo-Spieler vögelte, statt mit ihm. Kreuzweg-Überschneidungen: Irgendwo tappte er Präsident Kennedy, Johnson & Nixon kurz ins Bild. Kifferei bescherte ihm eine Horizonterweiterung; er lag nur noch da und glotzte dumpf in die Sterne, auch bei Regen. Gleich als Sexanfänger, als Jenny ihn dann doch noch verführte (»Forrest, ich will, daß du mich bumst«), ging's so exzessiv, akrobatisch und heiß her, daß sie Vorhänge runterrissen und aus Versehen den Fernseher einschalteten. Weil er auf einer Peace-Demo, wozu ihn welche überredeten, seine Tapferkeitsmedaille von sich schleuderte und damit den Senatspräsidenten am Kopf traf, wurde er zu weiterer Horizonterweiterung verknackt: Teamwork mit einem Orang-Utan für das multiorbitale, präplanetare, subgravitationelle intersphärische Raumflug-Trainingsprogramm der NASA; Absturz bei Kopfjägern, was dann in ziemliche Räuberpistolen bzw. Action überging à la Quatermain & Indiana Jones. Dann Neuanfang, um Money zu machen, als Catcher. Er lernte Halbnelson, Flugzeugschraube, Bostoner Zange, Rammklotz, mußte als Schwergewichts-Elch vorsichtig sein, Gegner nicht kaputtzumachen, es bloß so aussehn zu lassen. Werbegag: als Döskopp Narrenkappe tragen, wie Spaceman mit seinem silbernen Fühlerhelm, oder Ringer, die sich als »Kohlkopp« oder »Kuhfladen« verkauften. Als Gespött der Leute wurde er zum Publikumsliebling, machte viel Kohle, zog keine Notbremse und verscherzte es sich deswegen mit Jenny. Zeitweise wirkte er dann als Statist und kam sogar mit Raquel Welch zusammen, zeitweise als Schachmeister. Das Boot, das er als Krabbenzüchter fuhr, taufte er »Jenny«. Als er nach Jahren erfuhr, sie sei verheiratet, legte er sich 1 ½ Tage in ein Gebüsch und lutschte Daumen, obwohl seine Mami immer gesagt hatte, Daumenlutschen sei ein Zeichen, daß einer ein Idiot sei, außer bei Babys. Dann: Riesenkarriere als Krabbenkonzernchef, mit Aktenkoffer, bis hin zu Verwaltungsrat und Senat; dann wieder Bettler & Schuhputzer. Unglaubwürdig: daß er die History beeinflußte, Chairman Mao aus dem Fluß rettete, und seine NASA-Weltraum-Affenteuer. Die Story, wodrin er vorkam, verfaßt von Winston Groom 1986, wurde erfolgreich verfilmt. Man fand aber kein 120-kg-Riesenbaby und nahm halt Tom Hanks. Zusatzmotiv: Als Kind verfolgten ihn böse Buben auf Rädern, als Jugendlicher Führerscheininhaber mit Karre. Auf der Flucht sprengte er orthopädische Beinschienen, rannte und wurde Renner. Aus der Not machte er ein Talent. Viele sahen darin eine Botschaft und rannten mit, streckenweise. Allerlei Sinnsucher sahen plötzlich Sinn. Zahllose riefen enthusiastisch: »Endlich jemand, der weiß, wo's langgeht!« Unterwegs wuchs ihm ein Gurubart. Er gab den Menschen Hoffnung. Sinn für Naturschönheit (Abendrot) schlug aus ihm hervor. Es war ihm, als hätt der Himmel die Erde still geküßt. In summa: ein Prachtexemplar der in Buch und Film sehr beliebten, im Leben weniger gern ertragenen Spezies »liebenswerter Trottel«, dünn von Kopf und dick von Waden, wie Bauer Dümmel, der bei Wilhelm Busch nach Kümmel roch. Eine Generation vorher hieß die Dumpfbacke und partielle Erfolgskanone Forrest Gump »Einfaltspinsel« und »Depp«, im 19. Jhdt. »Tranfunzel«, im Barock »Simplex«, im Mittelalter »tumber Tor« und zur Jesuszeit »geistlich Armer«, wobei Parzival neben Forrest Gump schier als Hochschulabsolvent rangierte, und vice versa: Neben der debilen Beppi aus Franz Xaver Kroetz' »Stallerhof« sah der Intelligenzbolzen Forrest Gump aus wie ein Shakespeare. Sein Selbstbekenntnis »Man konnte mir immer alles so erklären, daß ich es auch verstehen konnte« wurde wider Willen von Kriegspräsident George W. Bush junior variiert, Condoleezza Rice erkläre ihm Außenpolitik so, daß selbst er es verstehe.

Worte von Forrest Gump: Es gibt einfach Augenblicke, da kannste nich alles richtig machen. ◆ Es muß ganz schön schwer sein, Kind zu sein. ◆ Ist doch komisch, daß man sich an manches erinnert und an anderes nicht.
Forrest Gump über sich: Ich bin kein kluger Mann, aber ich weiß, was Liebe ist. ◆ Ich weiß schon, bei nem Idioten wie mir kommt keiner auf die Idee, der könnt so was wie 'ne eigne Philosophie haben, aber vielleicht hat sich auch bloß keiner die Mühe gemacht, mit mir mal da drüber zu reden. ◆ Ich hab schon sehr viele Schuhe angehabt. ◆ Also, aus Bananen mach ich mir nix, bloß Bananenpudding mag ich eigentlich ganz gern. ◆ Vermutlich bin ich doch nich' zum Rockstar geboren. Womöglich, denk ich mir, bin ich nix als 'n Vollidiot. ◆ Bei dieser Musik hab ich mich aber total wohlgefühlt, ich weiß gar nich', wie ich das beschreiben soll, 'n bißchen, wie wenn ich selber die Harmonika wär und vom Spielen 'ne Gänsehaut krieg. ◆ Er grinst mich an auf 'ne Art, wo mir gar nich' gefällt, aber was will ich machen. ◆ Leute wie die können mich mal, aber echt. ◆ Im Haus für Hauswirtschaftslehre sitzen Mädchen, und ich sitze daneben. ◆ Komisch, ich weiß nicht mehr, wie ich geboren wurde. ◆ Mama war eine richtige schlaue Lady. ◆ In der Nacht hab ich manchmal geheult, aber das hat auch nich viel geholfen. ◆ Meine Beine sind ordentlich in Ordnung. ◆ Werd ich später nicht mehr ich sein?
Andere über Forrest Gump: Doch im Gehirn des »idiot savant« finden sich kleine, ausgesprochen geniale Inseln, weshalb Forrest kompliziierteste mathematische Gleichungen lösen kann, vor denen Sie alle kapitulieren müßten, und komplexe musikalische Themen mit der Leichtigkeit eines Liszt oder Beethoven begreift. *(Dr. Mills)* ◆ Ich find's schön, daß er überhaupt 'nen Freund hat – und wenns auch bloß 'n Affe ist. *(Forrests Mami)* ◆ Amtlich beglaubigter Idiot sichert seine Zukunft durch neuartiges Meeresexperiment *(Schlagzeile eines Käseblättchens)* ◆ Jetzt läufter noch wie'n Verrückter. *(pensionierter Zeitgenosse)* ◆ Für die einen ist er ein naiver Schwachkopf, für die anderen ein Held. Trotz seiner geistigen Beschränktheit entwickelt er auf dem Gebiet des Sports, des Schachs, der Politik und der Wirtschaft die unglaublichsten Talente. *(Klappentext der deutschen Erstausgabe '94)*

Jacob Paul von Gundling, Hofrat, Historiographus, Zeremonienmeister, Watschenfänger, Zwangshofnarr, Lachnummer, Akademiepräsident (1673–1731): Der fränkische Pfarrerssohn trat – nach seinem Rechtswissenschafts- und Geschichtsstudium – in preußischen Dienst unter König Friedrich I., als Gelehrter, Professor, Zeitungsreferent und Mitglied im »Tabakskollegium«, einer Männergesellschaft und abendlichen Diskussionsrunde aus 6–12 Ministern, Beamten, Generälen, Stabsoffizieren, Gästen, unter Vorsitz des Soldatenkönigs, alle ausgerüstet mit holländischen Tonpfeifen – Nichtraucher mußten an unangesteckten Pfeifen saugen –, bei Duckstein-Bier aus Königslutter, Moll-Bier aus Köpenick, schwedischem Bier, Kälberbraten und fallengelassener Hofetikette auch dem König gegenüber, wobei zu fortgeschrittener Stunde alles angeregt dröhnend in Gelage ausartete und die »lustigen Räte« im Qualm auch mal sich wechselseitig »Hundsfott« und »Backscheißer« titulierten und sich ein paar »artige Scherze« erlaubten, ganz gern mit Gundling, der zunehmend in die Rolle des stolpernden Trinkers hineingeriet, als Zielscheibe grob steigerbaren Unfugs. Tat er kund, nicht an Gespenster zu glauben, spukten alsobald Bettuchgestalten in seiner Schlafkammer und verbreiteten hinterher, er glaube nun doch dran. Man warf ihm Feuerwerkskörper ins Zimmer. Er fand das alles nicht sehr lustig. Nach unschön inszeniertem Handgemenge mit einem kleinwüchsigen Narr entfloh er, entehrt und in Schmach, um sich zu ertränken, ließ alles zurück, sogar Geld, überlegte sich's unterwegs anders, floh zu seinem Bruder Nikolaus Hieronymus nach Halle. Man zerriß sich die Mäuler. Der Soldatenkaiser setzte eine satyrische Prämie aus zur Ergreifung des Fahnenflüchtigen – 6 Pfennig, wofür keiner Finger krumm machte. Zeitungen meldeten, man hätte seinen »Cörper« unweit Potsdams am Ufer der Spree gefunden (Potsdam lag aber an der Havel). Da die Gerüchte den akademischen Ruf seines Bruders gefährdeten, konnte Gundling dort nicht bleiben, kehrte zurück an den Ort seiner Schande, bekam als Abfindung hohe Gehälter und Ämter: die eigentlich abgeschaffte, mittelalterliche Position eines Oberzeremonienmeisters: Bei Feiern hatte er in altmodischer, gigantischer Allongeperücke aufzuwarten, Kavaliere zu melden, Damen anzuführen. Es hagelte Berufungsurkunden, Ernennungen, Zusatzpflichten, Titel, wie »Societätspräsident«, nur ward dem nunmehr orden- und meritenbeladenen Mitglied im Oberappellationsgericht, im Exekutivgremium, im General-Kommissariats-Kollegium bei alldem nicht wohl. Die zugesprochenen Würden rochen zwiespältig nach abgefeimtem Jocus. Allem Waidwerk abhold, pferdescheu, mußte er bei Jagden Aufgaben erfüllen, vor lauter Vexationen (Plackereien) dauerhaft hundeelend, trotz Dienstpersonal und 2 Kutschen. Peinvoll fortgesetzte, unausweichliche, verdächtig ehrenreiche Demütigung schuf ihm Magengeschwüre, die er unzweckmäßig mit Alkohol zugoß. Ruhm und Rufmord mischten sich unaufdröselbar. Neid auf seine Ränge erwachte übel. Daß man so einen wie ihn in den Freiherrenstand erhob, verärgerte den Adel, der sich dadurch selber ins Lächerliche gezogen empfand. Gundlings Ernennung zum Kammerherrn brachte es mit sich, daß er eines Schlüssels aus Gold gewürdigt ward, der sofort abhanden kam, weshalb der König selbst, als Übergangslösung, einen unförmig übergroßen, vergoldeten Holzschlüssel drechseln ließ, den Gundling dann am Knopfloch zu tragen hatte. Als 1728 Joseph Fröhlich zu Besuch kam, der freiwillige Hofnarr an Sachsens Hof, und lustig duzend, von Narr zu Narr, Gundling einen Humpen reichte, wandte der seriöse Amtsinhaber, Sachwalter und »gelehrte Narr« sich indigniert ab. Aus präpariertem Tragesessel, worin er saß, brach unterwegs der Sitz heraus. Ein Affe, bekleidet wie Gundling selbst, wurde ihm als sein leiblicher Sohn vorgestellt. Mit angestrengten Hochzeitsversuchen strebte er sich nach Breslau abzusetzen, was die Tabakskollegen zu erschweren wußten. Schenkelschlagend brachte man Sonderbroschüren über Braut und Bräutigam in Umlauf und plante, ihm vor der Hochzeitsnacht Abführmittel ins Essen zu mischen. Gundling entging dem Humor durch heimliche Präcox-Hochzeit in geschlossenen Räumen. Der solide Homo academicus, der 30 mindestens überdurchschnittliche, oft karthographische Werke verfaßte, über Tuscien, die Herzogtümer Parma und Placenzia, Commerzien und Manufacturen in der Churmark Brandenburg, Leben und Taten Friedrichs des Andern etc., ein Golo Mann des 18. Jhdts., saß auf Bildporträts in seinem Museo stets umgeben von Hasen und Affen, die auch mal seine Texte als Arschwisch nutzten. Mit seinem größten Gegner am Hof, David Faßmann, kam's zum Duell; er aber rührte als Feigling im letzten Moment keine Waffe an, und Faßmann schoß eine ungeladene Pistole auf ihn ab, wodurch Gundlings Perücke in Brand geriet. Gundling starb an Magendurchbruch und Sepsis; Faßmann hielt eine derart seriöse Ruhmrede, daß wiederum keiner ernst bleiben konnte, und überall hieß es dann, er sei in einem aufklappbaren Weinfaß beigesetzt worden. Joseph Fröhlich beteuerte im Kondolenzschreiben, er hätt sich aus Trauer alle Zähne im Maul losgeheult, und trug eine 10 Ellen lange schwarze Schleppe. ~ Jacob Paul von Gundlings trockne Schriften vergaß man bald, aber der traurige Ruhm des verspotteten Günstlings steigerte sich anhand seiner aufbauschbaren Leiden und Taten. Hauptquelle über seine Vita blieb die Schmäh- und Hetzschrift Faßmanns, der seine

Ämter übernahm. In der farblosen nüchternen Geschichte Preußens bot Gundling einen unfreiwilligen Farbtupfer, einen dicken Schluck mittelalterlicher Affentheuer. Der biergeschwängerte Dunstkreis des königlichen Tabakskollegiums wehte schier hinüber oder herüber aus Auerbachs Keller, und die Affen und Hasen gehörten eigentlich in die Sudelküche Faustens. Biographien, DDR-Romane, Filme, Bühnenstücke bauschten die Anekdoten auf, die von Fachuntersuchungen dann wieder entbauscht wurden, bis sich der Tenor durchsetzte: alles nur halb so schlimm. Man fand heraus, er sei doch nicht im Weinfaß begraben worden.

Welch Spottfigur, himmelschreiend hingeschlachtet dem Gott des Humors

Jacob Paul von Gundling über sich: Weil ich nun auch, wider die Gewohnheit des Königlichen preußischen Hofs, an welchem nur lauter kleine Peruquen Mode, eine entsetzlich große Staats=Peruque trug, und die Aufschläge meiner sammeten Kleider, nach Frantzösischer Mode ebenfalls sehr groß und aufgeschlitzt waren, sah ich denen besten und vortrefflichsten Staats- und Cabinets-Ministern verschiedener anderer Höfe vollkommen gleich. ◆ Wohl dem! der sich in dergleichen Schertz und Possen recht finden kann, wann er ja von seinem Schicksahl und Verhängniß bestimmt ist, eine lustige Person bey Hofe zu seyn. Ich meines Orts schickte mich nicht recht darein, woran mich der grosse Rang verhindert, den ich unter denen Gelehrten gehabt. Daher aber ist es eben geschehen, daß nur ich geschoren und vexiret worden; an statt daß ich, nach dem Narren=Privilegio, andere hätte scheren und wacker herum nehmen sollen.

Andere über Jacob Paul von Gundling: Hier muß in dieser Grufft ein theures Haupt verwesen, das Esel, Stier und Schwein zu gleicher Zeit gewesen. *(David Faßmann, 1731)* ◆ Ein Mann, der wunderliche Fata in der Welt gehabt. *(Kirchenbuch, 1731)* ◆ Wann hatte es je einen Menschen gegeben, der in so grotesker Weise im Schmutz wühlte und zugleich nach den Sternen griff, der mit der Würde eines preußischen Ministers bekleidet wurde und als Affe gekleidet ging, der in seinem seltsamen Leben als Forscher, Staatsrat und Hanswurst über Jahrzehnte bizarr vereinte, was sich nach allen historischen Maßstäben kategorisch ausschließt? *(Martin Sabrow, 2001)*

Johannes Friedrich Guttzeit, **Gesundheitsdenker, Naturprediger, Publizist** (1853–1935): Als königlich-bayrischer Offizier aus Königsberg/Ostpreußen zog er 1871 in den Krieg gegen Frankreich. Anläßlich Krankheit wandte der preußische Leutnant sich 1879 in Italien frugaler Lebensweise zu. Druckschriften à la »Von der Kirche zur Natur. Ausdruck der Hauptgeistesströmung unseres Zeitalters« verteilte er als Wanderapostel und Ahasverus blondwallenden Haupthaars in Berlin. Aus seinem »Pythagoräer-Bund« ging der »Internationale Bund für konsequente Menschlichkeit« hervor. Im »Zentralblatt für humane Bestrebungen« schrieb er über Unsinn und Unmoral der biblischen Blut- und Eisenreligion, und Kriegsgedichte gegen den Krieg. Er lebte kurz in der Höllriegelskreuther Humanitas-Landkommune von Meister → Diefenbach, den Guttzeit zu den berufenen Menschheitserlösern rechnete, zu weltumfassenden Geistern wie Goethe, Shakespeare und Moritz von Egidy, und der Guttzeits mitgebrachte Schwester Elisabeth in »Fidelis« umtaufte, aber Guttzeit als ungenügend aussonderte. Der wandelte nun in Diefenbachgewandung weiter, auf Wollbasis, im Männerreformanzug: weißer Flanell, Leibgurt, gamaschen- und sandalenartige Fußbekleidung, klassisch wallender Mantel, ohne Hut bzw. nur mit lebendigem Kranz auf dem Haupt. Alle Menschen, statt sie mit Höflichkeitsphrasen zu belästigen, beschenkte Guttzeit – der als Fechter wider Herrschaftsstrukturen und »entbrüdernden Luxus« die Anrede »Herr« als feudales Unterwerfungsrelikt ablehnte – unvorgewarnt mit brüderlichem Du, »Bruder« und »Schwester«, und geißelte schweinefleischfressende Gesellschaft wortmächtig »Schlachthaus-Zivilisation«, und Milch als »Kuhsaft«, zugunsten reiner Obst- und Körnerdiät. Junge Anhänger um sich geschart, empörte er sich im Kleiderreformbuch »Auch ein heiliger Rock«, zahlreiche Pilger kämen nach Trier, um dort einen ungenähten »Fetzen« zu sehn, den heiligen Rock Christi, während er als »deutscher Sokrates« sich für seine Reformtracht vor Gericht zu verantworten habe und deshalb sogar, »groben Unfugs« wegen, ins Irrenhaus solle. Nach einer Scheinehe mit einer jungen Alma, die er vor der Schande unehelicher Geburt zu bewahren suchte, hetzte er von Ort zu Ort, flüchtig vor Polizei und Finanzmisere. In Tirol baute er einen Buchversand auf, beim Diefenbachschüler Anton Losert, mit dem er sich verkrachte, weil er angeblich eine Jüngerin, die als »Lilie auf dem Felde« normale Arbeit verweigerte, verhungern ließ. In Vortragszyklen setzte er sich 1895 mutig für → Wilde ein, beeindruckte Gerhart Hauptmann in Zürich, beklagte sich bei ihm über sein größenwahnsinniges Zerrbild in der Novelle »Der Apostel«. Wacholderbaum-Autor Bruno Wille kritisierte 1891 Guttzeits Natürlichkeitsbegriff und Plädoyer, auf die »reine unverfälschte Stimme des Herzens« zu hören, nannte seine »Cardinalbegriffe willkürlich deutbare Conclusionen«, aber attestierte ihm ein »individuelles, angenehmes, jeglicher Roheit baares Gesicht mit wallendem Vollbart«. Unentwegt brachte er Mahn-, Kampf- und Lehrschriften heraus, Sinngedichte, »Spiritualistische Briefe«, pro Jahr bis zu 7 Stück, gegen Prügelstrafe, Mode, Soldatenmißhandlung; über Scheinsucht, Gegenwarts-Philosophistik, Wilhelm Hübbe-Schleiden, Gesundheitspflege der Kindesseele, urnische Liebe, gipfelnd im Gedicht: »Leb wohl, du Weib!« Er verfaßte: »Unsterblichkeit auf Erden. Ein Beitrag zur Versöhnung des Gefühls mit der Einsicht«. Den Gegensatz zwischen Ehe und freier Liebe wollte er aufheben. Die Quintessenz seiner Lehre packte er ins Manifest »Was will der Naturprediger? 40 Lehrsätze des reinen Menschentums«, ehe er um 1903 als Naturprediger resignierte, seine Aposteltracht ablegte und fortan als populärwissenschaftlicher Autor in Olching bei München weiterlebte.

Guttzeit bildete, mit Diefenbach und → Gräser, im Rückblick die Trias, Troika oder Trimurti rigoroser Lebensreform. Guttzeits »Neuer Mensch« und »voller Mensch« hieß 100 Jahre später »ganzheitlicher Mensch«, Gegenfigur zu Herbert Marcuses eindimensionalem Menschen. Sein Emblem – Apfel zerbricht Schwert –, das die Titelblätter seiner schnell verschollenen Schriften schmückte, bildet eine Vorform der späteren Blume, die Flowerpower in Gewehrläufe steckte, oder Pflanzen, die in pazifistischer Alternativbewegung aus Kriegshelmen wachsen. Keiner fand sich, der ihn mal genauer ausgrub und darstellte.

Worte von Johannes Friedrich Guttzeit: Könnte nicht jeder Wurm, jeder Grashalm mit gleichem Rechte wie der Mensch behaupten, die ganze Welt drehe sich nur um ihn? Könnte der Wurm, wenn er uns verspeist, und der Grashalm, wenn er aus unserm Grabe heraufgrünt, nicht ebenso gut sich einbilden, wir seien für ihn blos geschaffen, wie wir, dass es umgekehrt sei? Erhebet euch über den Partei-Dünkel und erkennet, wieviel Weisheit und

Er kämpfte im Schlachthaus gegen das Schlachthaus

Vollkommenheit die Tiere und Pflanzen vor uns voraus haben! ◆ Wenn der Erkenntnis Sonne dich traf mit dem göttlichen Urlicht, / Sei du den Geistern ein Mond, bis sie der Morgen erfreut! – Seht den Reichen! Ihn jammert nicht mal der eigene Magen; / Wie viel Arbeit packt täglich dem Armen er auf!

Johannes Friedrich Guttzeit über sich: »Von Kindern und Narren kann Wahrheit man hören.« So nennt mich nur Narr, aber folgt meinen Lehren. ◆ Von keiner Sekte komm ich ausgesandt, / Und keine Macht hat mich in ihrem Solde; / Mir schrieb kein Kirchenrat auf meine Kanzel, / Was ich zu lehren, zu verschweigen habe. / Allein der Gott in meiner Brust / Hat mich berufen, vor euch hinzutreten. ◆ Wenn ich durch Mozartstrassen gehe, so muss ich immer dran denken, wie Mozart von einem mächtigen Pfaffen mit einem Fusstritte zur Tür hinausgeworfen wurde. Dessen Enkel wohnen vielleicht auch in Mozartstrassen und geben heutigen Mozarten Fusstritte. ◆ Noch stehe ich, noch wirke ich, noch bin ich nicht ausgehungert.

Andere über Johannes Friedrich Guttzeit: Seine Schriften, der »Verbildungs-Spiegel« u. a., sind am besten mit denjenigen Rousseaus zu vergleichen und durchaus eigenartig. *(J. Lehmann-Hohenberg, Kiel)* ◆ Wer Guttzeit jemals hat öffentlich sprechen hören, wird sicher die Überzeugung gewonnen haben, daß ihm als eigenartigem Denker, wie als herzergreifendem Redner nur wenige gleichstehen. *(Max Engelmann, 1885)* ◆ Er giebt Jedem etwas; Keiner ist so vollkommen, dass er sich nicht angesprochen, angeregt fühlen müsste. Eine gesunde, kräftige, reine und ehrliche Religiosität beseelt ihn. *(Moritz von Egidy, 1895)* ◆ Guttzeit deckt die Widersprüche in der Bibel und die unsittlichen Erzählungen in derselben schonungslos auf. Wahr ist Alles, was er sagt. *(Albert Dulk, Süddeutsches Sonntagsblatt)*

GUTEI, Dharma-Hüter, Ein-Finger-Zen-Meister, Verstümmler (9. Jhdt.): Dieser Lehrer aus China, wo er Xü-Dschi hieß, übernahm von seinem Meister Koshu Tenryu (chines. Dien Lung) die Lehrmethode, auf Schülerfragen, einerlei ob dumme oder ausgeklügelte, nie das Wort zu ergreifen, das ohnedies nicht hinreichte, sondern einfach nur stumm lächelnd einen Finger hochzuhalten. Ein junger Guteischüler und Helfer wurde von einem Gast gefragt: »Was für einen Dharma lehrt der Meister?«, worauf der gelehrige Schüler auch nur einen Finger hochhielt. Gutei hörte davon, ließ ihn rufen und schnitt ihm mit einem Küchenmesser den Finger ab. Der Junge lief blutend und schreiend raus, da rief Gutei seinen Namen und hielt, als er sich umdrehte, wiederum einen Finger hoch. Da kam dem fingerlosen Knaben die plötzliche Erleuchtung. ~ Gutei zählt zu den sehr wenigen Gestalten, die nur durch eine einzige Episode sich im Gedächtnis der Menschheit jahrhundertelang festkrallen, wie → Metrokles von Maroneia oder → Dhammarui.

Worte von Gutei: Ich erhielt das Einfinger-Zen von Koshu Tenryu. Ein Leben lang hab ich es angewandt und nicht ausgeschöpft.

H

Fritz Haarmann, Hilfsarbeiter, Ersatzrekrut, Schwarzmarkthändler, Polizeispitzel, Werwolf, Triebtäter, Totmacher (1879–1925): Kind Nr. 6 eines aggressiven, frühpensionierten, lutherischen Lokomotivheizers, dem Fritz Mord an einem Lokomotivführer vorwarf. Kam Frisör Edel zum Hühnerschlachten, konnte Fritz nicht hingucken und dann auch nichts essen. Bürgerschule, Konfirmation, Unteroffiziers-Vorschule. Er fiel auf durch Absenzen, Krampfanfälle, wurde 1895 aktenkundig wegen geschlechtlicher Übergriffe auf Nachbarskinder. Als Schulabgänger ging er erstmals in den Puff (in Braunschweig). Aus der Heilanstalt Hildesheim, die ihm »epileptischen Irrsinn« zuschrieb, floh er in die Schweiz, wo er als Arbeiter schuftete. 1899 Rückkehr nach Hannover, Verlobung mit Erna Loewert. Stationiert bei Kolmar, dann Ganzinvalide mit Monatsrente von 21 Reichsmark. Zwischendurch Arbeit in der Gummifabrik Continental. Handelte mit illegal erworbenem Billig- und Gammelfleisch. 1903 Arbeitsunfähigkeitsrente. 1905–1918 klagte man ihn an wegen Diebstahl, Betrug, Beleidigung, Sachbeschädigung, Grabschändung, Betteln, Körperverletzung und Vergehen gegen § 175. Folgen: Ehrverlust, 9 Jahre Bau. Nach Weltkrieg Nr. 1 polizeilich angeworben, 6 Jahre als Spitzel tätig, spezialisiert auf Kommunistenverhaftung. Kraft Dienstausweis und relativer Eleganz im Auftreten ließen sich x Straßenjungs/Halbwüchsige in seine Wohnung locken. In blödem Sexrausch biß er einem die Kehle durch, dann mehreren, verhökerte die Klamotten, verschacherte sterbliche Überreste als Sülzknochen an befreundete Metzger. Das wurde alsbald blutige Routine. Die erste Leiche zu zerlegen dauerte 8 Tage, die letzte 1 ½. 1924 Verhaftung und Verurteilung durchs Landgericht Hannover zum Tode durch das Fallbeil, wegen Mordes in 24 Fällen. Bei den langwierigen, mitstenographierten Verhören zeigte er sich als merkwürdig naive Charakterstruktur, seltsam diesseits von Gut und Böse. Seine Handschrift gehörte verwunderlicherweise eher einem weichen sympathischen Typus, ganz ohne Brutalität. Gespräche gab er schauspielerisch in diversen Rollen wieder. Dachte er an seine Mutter oder an Weihnachten, oder sang ein Kirchenlied, weinte er (selbst beim Verhör) sofort rührselig los. Er glaubte sogar an den lieben Gott, und wollte auch unbedingt »geköppt« werden. Prozeßbeobachter → Lessing hatte den Eindruck, daß der Massenmörder sich von der Hinrichtung einen letzten Orgasmus verspreche. ⁓ 1995 wurden die Verhöre verspielfilmt, Titel »Der Totmacher«, als Kammerspiel, mit Götz George, mit entsprechender Nazitonsur, extra abgekauten und schmutzigen Fingernägeln. Eine gewisse sympathische Zutraulichkeit des Massenmörders und Ungeheuers spielte man voll aus. Statt Dämonie, oder wenigstens Banalität des Bösen – Herzrührigkeit des Bösen. Dadurch gab er mehr zu denken als die ansonsten stets irreal dargestellten TV-Massenmörder, Tatort-Serienkiller und netten Onkels von nebenan.

Die gutmütige, fast harmlose Bestie

Fritz Haarmann (mündlich) über sich: Ich mache doch nicht jeden tot. ◆ Ich bin der beste Mensch von Hannover. ◆ Ich habe noch nie Würstchen verkauft. ◆ Nicht einmal die Zeitung lese ich. Nur wenn einer mal gestorben ist in der Zeitung, dann gucke ich herein. ◆ Harzkäse aß ich gern – Käsefritze nannte man mich immer. Morgens fragte mich meine Mutter, was ich essen wollte. An dem Tag, an dem ich hingerichtet werde, da sorgen Sie doch, daß ich Käse kriege, nicht? ◆ Unser Heiland – wir gehen doch immer zur Kirche – da hängt er doch am Kreuze – haben Sie ihn noch nicht gesehn? Gehn Sie mal hin. ◆ Das wollte ich doch nicht – das sind so viele – das glaube ich nicht, daß ich das immer gewesen bin. ◆ Meine ganze Beruhigung liegt da drin, wenn ich beim lieben Gott bin, dann muß der sagen, das hast du nicht wollen. Wenn ich vor Mutter stehe und vor Christus, dann kann ich sagen, daß ich rein bin, daß ich das nicht habe wollen. Man mordet doch keinen, wenn er Lumpen hat. ◆ Quält mich doch nicht so lange, das ist für mich doch schön, wenn ich tot bin, was soll ich denn draußen – die Hunde tun mir auch nichts, die wissen das, daß ich Tierfreund bin.

Fritz Haarmann (schriftlich) über sich: – und dann brachte er immer die Weiber mit und Alles Geld ging flöten und immer hat mich Hans geärgert dann wird mann Nervöss und Krank ich wollte ja keinen Umbringen aber immer ab und zu war wieder einer Tod wenn ich nun geköpft werde schadet es auch nichts ich freue mich dann habe ich Ruh. – Ich könnte noch sehr viel schreiben aber Herr Professor will heute dies schreiben haben lebt alle wohl ich will von diesem Gelde ein Denkmal haben gross 4 bis 5 Meter hoch mit einem Bilde auf den Stöckener Kirchhof darauf soll stehen zum Ewigen Andenken an den Massenmörder Fritz Haarmann und seinen Opfern die Knochen sollen alle mit Beerdigt werden und alle Welt soll noch in 1000 Jahren von mir sprechen. Ein guter Mensch war Fritz doch die Bücher bringt

Herr Professor zum Verkauf ich will auch eines davon haben zum Lesen wegen den dummen Briefe von Menschenfresser ist schlecht von Euch und Fliegen fangen schämt Euch und Aufhengen

Andere über Fritz Haarmann: Warte, warte nur ein Weilchen, / bald kommt Haarmann auch zu dir. / Mit dem kleinen Hackebeilchen / macht er Leberwurst aus dir. *(Gassenhauer)* ◆ Gerade daß die ursprünglich überstarke Geschlechtlichkeit dieses Androgynen und Androlyken völlig erschöpft und verausgabt wurde, macht es begreiflich, daß er gleichsam nur aus dem untersten Bodensatz hervorzuholen vermochte die Urerbschaften einer versunkenen Gattung, für welche ursprünglich der Trieb des Sicheinbeißens und Verschlingens (auch des Sicheinverleibens »fremder« Natur in Form des Essens und Trinkens) ein das Einzelwesen auslöschender, auf ursprünglichste Mitahmung zurückführender dionysischer (»zagrystisch«) erotischer Akt war. *(Theodor Lessing, 1925)*

LOUIS HAEUSSER, Geschäftsmann, Sektfabrikant, Lebemann, Verschwender, Wanderprediger, Menschenfischer, Wahrheitsmensch, Geistesmonarch, Inflationsheiliger, »Prophet im Gehrock« (1881–1927): 1891 durchrieselten ihn, genau wie den kleinen Jean-Jacques, marquis-de-sadeförmige Wonneschauder bei schulischen Rohrstockerlebnissen. Entjungferungsversuche scheiterten an eitriger Phimose. 1897 litt er an Endocarditis und Bronchitis. Dann trat das CVJM-Mitglied dem Keuschheitsbund des Weißen Kreuzes bei. Seinen Vater, der als Bauernbrutalo höhere Interessen aus ihm rausdrosch, um ihn zum Viehhüter zu machen, überwand er durch Flucht in Privathandelslehre, seine schwäbische Herkunft durch Fremdsprachenaneignung und Kommanditgesellschaftsgründung in Paris. 1904 zog der syphilitisch infizierte, später ausgeheilte Aktionär – exklusiv eingeheiratet – in großem Stil eine exquisit-dubiöse Champagnerfirma hoch. Als Organisator und Ausstellungsschwindler machte er Kasse und Furore, vertrieb illegale Qualitätsdiplome und Ehrenmedaillen, ernannt zum »Chargé officiel du gouvernement Impérial Ottoman«, kraft orientalischer Geschäftsbeziehungen, kaum aufhaltbar durch polizeiliche Verfolgung, dann: finanzielle Rückschläge, Rheuma, Gicht, Halsgeschwüre, Mandelentzündung, Gelenkergüsse. Ab 1912 aber erfaßte ihn, was nicht jedem Manager widerfährt: Sinnkrise, Rückbesinnung, Grübelei, und schon klagte sein verwöhntes Frauchen, er habe eine Beule im Hirn. 1915: wehruntauglich. 1917: Haftstrafe und Suizidversuch. Unausgebrütete Gedankenmasse fiel über ihn her und ließ ihn aufgewühlt und schlaflos um Gesellschaftskritik kreisen, um Sozialreformen, contra preußischen Imperialismus, auf seiten antideutscher Kriegsgegner. Geschäftspartner verschreckte er, indem er, statt über Profit und Sekt, über religiöse Erneuerung salbaderte. Getragen von steigerbarem Berufungsgefühl und unstoppbaren Monologen, verfaßte er spätnachts Artikel über Weltfrieden für eine (dann doch nicht gegründete) Zeitschrift. Seinen letzten Wertgegenstand, eine goldene Uhr, schenkte der Ex-Firmenchef und sofortige Habenichts demonstrativ seinem Bruder. Phänotypisch zeichnete Haeusser die von → Diefenbach vorexerzierte Kurve nach: vom französelnden Dandy zum Erlöser und optisch umgeschminkten Wichtigtuer, dessen textile Verlotterung genauso Pose blieb wie vorher der Bohemien. Trotz Werbetrommel, hochfahrend genialischem Signum, Starfoto mit poliertem Zylinder, Vollbart und Napoleongebärdik blieb ein Vortragssaal der Höheren Töchterschule zu Zürich, 1918, ernüchternd leer. Das schreckte ihn kaum ab, weiterer Vortragstätigkeit entgegenzusteuern. 35 Jahre nach »Also sprach Zarathustra«, ein Jahr vor Hesses »Zarathustras Wiederkehr«: Metaphernmuff vom einschlagenden Blitz übernahm Haeusser in seinem Menschenwerk »DER KOMMENDE ÜBERMENSCH«, 4 Bände, holzschnitthaft wörtlich, drückte umschweiflos auf die dickste Tube, versah Nietzsches Leerstelle vom nebulosen Übermenschphantom problemlos mit dem Paßfoto seiner privaten Physis, zurückweichendem Haaransatz, Bauchansatz im Oberkellnerfrack, des Namens Louis l'Eternel, der in diesem Fall vorerst mit Knieergüssen sich in Volksküchen dürftig ernährte und zeitweise in Bahnhofs-Wartesälen verschwitzt übernachtete, oder in Straßengräben. Vortragssäle füllten sich mit grinsenden Schaulustigen. Sein dickes Pathos bewunderten Gutwillige als »heiligen Ernst«. Unabschreckbar von Kritikern, die ihm kosmopolitische Binsenwahrheiten, autodidaktische Konfusion, Utopismus krummnahmen. Eine Besinnungspause 1918, die er mit Jesu Wüstenrückzug parallelisierte, legte er auf dem Monte Verità ein, bei Ascona. Alldort wurde er von → Gräser mit den Zauberworten »OZ« (Ohne Zwang) und »TAO« ausgestattet, die Haeusser auch gern aufgriff und mitnahm in den Norden. Sein »Sei du selbst« tönte aber deutlich unverinnerlichter als bei Gräser & Hesse. Naturprophetentum und Crazy Wisdom wirkten nicht lange nach. Messianische Ambitionen mutierten undemütig, unsublim und überwertig. Er wurde eher ein Hardliner auf der Spurlinie patriotismuskontaminierter Propheten. Gräser betupfte seine Zeitgenossen mit konziliänter Neckerei: »neidvernarrte Menschelein«; Haeusser beschmiß sie mit Injurien: »lebende Leichname«, »wandelnde Abortgruben«, »verkörperte Sauställe«. Aus der Schweiz wies man ihn aus, was er sich als Ehre anrechnete und der Schweiz als Schande. Der angehende Welterleuchter sah seine göttliche Sendung als einzige Alternative zu den Umtrieben der Spartakisten. In Jüngerwahl war er so wenig wählerisch wie Jesus; man nahm, was an Kragenweite so ins Netz ging: Sein Petrus, eine Volksküchenbekanntschaft, Hilfsarbeiter und Oberheizer Emil Leibold, hatte sogar das Wort »suggestiv« im Wortschatz und fühlte sich von Haeussers aus allen Hosentaschen quellenden Flugschriften angezogen. Trotz okkultem Harem wurde Haeusser weniger bekannt als → Crowley. Ehe definierte er, wortgenau wie Graf Tolstoi & Diefenbach, als »staatlich genehmigte Hurerei«; seine eigene, ungenehmigte Hurerei unterwarf er dem Grundsatz: »Dem Reinen ist alles rein«: Gefallene Seelen, die er des Beischlafs würdigte, stiegen – von seiner Gottgleichheit gereinigt – draus hervor. Psychische Desaster, die er unter Anhimmlerinnen anrichtete, juckten ihn nicht. Die Seherin und Rosenkreuzerin Selma Jäger aus Kottbus, die sich darbot, ihm einen Heiland zu gebären und dann zu sterben, fertigte er – plötzlich doch sehr wählerisch – unfein ab, nannte sie Mistsau, Schrulle, Satans-Hexe, Bestie, zugunsten attraktiverer Heilandsgebärerinnen. Einer vom Ehemann verstoßenen Frau, die Haeusser im Anschluß an einen Vortrag in der Stuttgarter Liederhalle ihre »Reinheit« beweisen und darbringen wollte, drückte er abwimmelnd die Abendeinnahmen in die Hand: »Glaube an mich, dann wird dir der Rest von selbst zufallen.« Er arbeitete an der Gleichberechtigung aller Organe, besonders einer Rehabilitierung der Geschlechtsteile. Bisweilen lag er mit einer Krankenschwester im Sündenpfuhl und ließ sich anschließend von seiner Hauptfrau mit 6 Spiegeleiern füttern. Eine ältliche Jungfer, Emma Ott, Oberlehrerin einer Mädchenvolksschule, verführte er im »Himmelsstübchen« zu ausgedehntem Schoßkußverkehr, bis sie von der Sittenpolizei in eine Nervenheilanstalt verbracht werden mußte. Das Weib oszillierte in seiner Sicht zwischen Reinheitsengel und Menschensau. Selbst wenn er Mageninhalt erbrach, sahen seine Kebsen es als Ehre, die Kotze ihres Heilands aufwischen zu dürfen. Als man ihm scherzweise an den Bart wollte, rief er: »Um Gottes willen, sonst ist ja der Christus weg!« Er ließ auch gern mal einen überfüllten Vortragssaal eine Stunde warten, saß nebenan schmauchend im Kaffeehaus, schlürfte seelenruhig Mokka, um seinem Publikum ein überirdisches Gefühl von Zeitlosigkeit zu vermitteln. Oder er las mit dem Rücken zum Saal Zeitung, und wenn man »Anfangen!« schrie, konterte er: »Das Gesindel hier ist noch nicht reif!« Freche Zwischenrufer zog er ins Scheinwerferlicht und fertigte sie glorios ab. Als ihm einer vorwarf, er zitierte zwar Jesus, sei aber eher Mohammed II., drohte er ihm das Gehirn an die Wand zu spritzen. Bei seiner Generalwäsche und großen Ausmiste sah die erstrebte Reinigung arg blaß aus neben dem angeprangerten Scheißhaus der Welt. Ein Schutzmann holte ihn 1919 aus dem Bett, um Druckschriften zu beschlagnahmen, da hob er sein Nachthemd vorn hoch, um ein Wortspiel mit Geldsäckel loszulassen. Wurde er auf offener Straße in Stuttgart, das er zum Neuen Jerusalem umzuformen gedachte, polizeilich abgeführt, 1921, rief er den Gaffern zu: »Ich bin die Wahrheit und neben mir läuft die wandelnde Lüge!« Zeitungen schilderten seinen Aufzug als ein Stück Mittelalter, seine Zigarette als Stilbruch. Ab 1922 diminuierte oder avancierte der Welterlöser zum Retter Deutschlands, der Über- zum Herrenmensch, mit wilhelminischem Kraftmeierdeutsch à la eiserne Faust, feige Friedensfaselei, Macht-Volk. Unterdessen wurde Louis Kristian Haeusser seines Unflatausspendens immer weniger müde. Selbst in verblüffend furchtlosen Schriftsätzen an Behörden, Gemeindeoberhäupter und Vater Staat, dem gegenüber er seine lebenslange Notwehr gegen seinen grobianischen Erzeuger abarbeitete, wählte er Anreden wie Rindvieh, Hornochse, nasses Huhn, Bettseicher – beste lutherische Schimpftradition. Schriftliche Verbote nahm Haeusser als Arschwische. Sympathisanten, die sich »Narren in Christo« nannten, forderten das Redeverbot gegen den Wahrheitskämpfer aufzuheben. Der erließ 1922 eine Notverordnung: Amnestie für Verbrecher, Öffnung aller Straf-, Zwangs-, Irrenanstalten und Krankenhäuser, Bürokratieabbau, Besitzlosigkeit, Verbrüderung, und Tod auf dem Schafott für jeden, der sich weigere, andere Leute »Bruder« zu nennen. Streikbrecher einer Arbeitsniederlegung, die sofort in Kraft trat, seien gleichfalls hinzurichten, wodurch quer durch die absolute Ernstgemeintheit des anarchistischen Manifests selbstironische oder dadaistische Schlaglichter zu blitzen schienen, oder auch nicht. Allen Ernstes focht der omnipotenzlüsterne Mann für eine »Diktatur der Wahrheit«, für ein Reich unter seiner Oberherrschaft. Der zur Zeit Machtlose sah sich als obersten Kriegsherrn der Wahrheitsarmee solchen Mächtigen gegenüber, die er verbal zu »winzigen Stehaufmännchen« degradierte. Seine Krönung zum Volkskaiser sah er schwelgerisch garniert mit Guillotinen-Exzessen, Racheorgien, Metzelfesten, bei denen »Schweine in Menschengestalt zu Millionen abgeschlachtet« werden, Rinnsteine, überschwappend von blauem Blut, rotem Blut, schwarzem Blut, Blut-Sturm, Blut-Wind, den er hochgebildet sogar »ganz besonderen Saft« nannte, und die ganze Orgie: »das große Abendmahl«. Er kämpfte für eine treue, vom gesamten Volkswillen getragene

Regierung«: vorauseilende Hitlerpersiflage oder verbohrt authentische Ausformung desselben Sendungsbewußtseins und Führungsanspruchs? 6 Jahre bevor → Nagel die »deutsch-kristliche folkspartei« gründete, gründete Louis le Christ, roi d'Allemagne et Empereur du Monde, die »Christlich-radikale Volkspartei«, die – statt aus Parteihammeln – ausschließlich aus Tatmenschen und Selbstherrschern bestand. Mit 200 Stimmen fühlte er Seinen Bund, den er zu Seinem Reich erweitern wollte, nahe herbeigekommen (wie 250 Jahre zuvor → Kuhlmannus). 20 Jahre vor Roland Freisler sah er sich als »Richter aller Richter«. Kraft karrieregünstiger Verlobung mit Hedwig Irma Eva von Pohl stieg er in den Hochadel auf, tauschte hierzu Büßerkutte und Armeleute-Look wieder gegen Edel-Requisiten ab, Wappen, Uhr, Medaillen, Silber; doch landete er dank schwiegermütterlicher Intrigen, derweil die Einheirat platzte, im Irrenhaus, von wo aus er dann wieder ins Gefängnis übersiedelte. Auf Packpapier, Zetteln, Butterbrot- und Klopapier verfaßte er das »furchtbarste Werk der Menschheitsgeschichte«, 2413 Seiten, für den Prozeßgutachter Dr. Knack, eine Haeusser-Bibel als Testament Nr. 3. Inzwischen dämmerte ihm doch noch sein Fiasko und die Tragifarce seines Bestrebens. Via Scheinheirat, Amerikaplänen plus Reue über frühere Morddrohungen versuchte er Strafaufschub, Haftverkürzung, Freiheit zu erlangen. Jetzt hieß des depressiv gehgestörten Knastbruders Diagnose: irreversible Verfahrenheit, »hysterischer Stupor«, dann Herzschwäche. Auf Gefängnislazarettaufenthalt und Neuverurteilung folgte die Geburt seiner Tochter Loisegott Emmanuella Dieudonnée Christophorosa. Bei der Weihnachtsamnestie 1924 wurde er übergangen, im Gegensatz zu Erich Mühsam und Hitler. Nach seiner Freilassung 1925 erwog er gestutzten Barts und normalgekleidet zum Champagnerfabrikanten zurückzukehren, erachtete seine Prophetenphase 1919–1923 als Quark, seine Zeitung als Witzblatt. Plötzlich reaktivierte er den Haeusser-Bund doch wieder, schor sich auf einmal eine Glatze, plante Stadtflucht – die Gründung einer Landkommune auf einem Rittergut bei Berlin – und starb an Herzmuskelentzündung. ~ Sowenig er an bessere Propheten heranreichte, sowenig reichten seine Imitatoren an ihn heran. 1945 wurde in Köln »Leviathan und Moloch« gedruckt, 34 S., Briefe über das zukünftige Verhältnis von Staat und Wirtschaft. Es wurde schnell still um ihn. Wiener Aktionisten, ohne ihn kennen zu brauchen, dachten seine Blutrauschphantasien praktisch und matschig weiter. Welthistorisch variierte Haeusser den Schritt vom Philosophie-Softie → Laozi zu Hanfeizi, dem altchinesischen Macchiavelli.

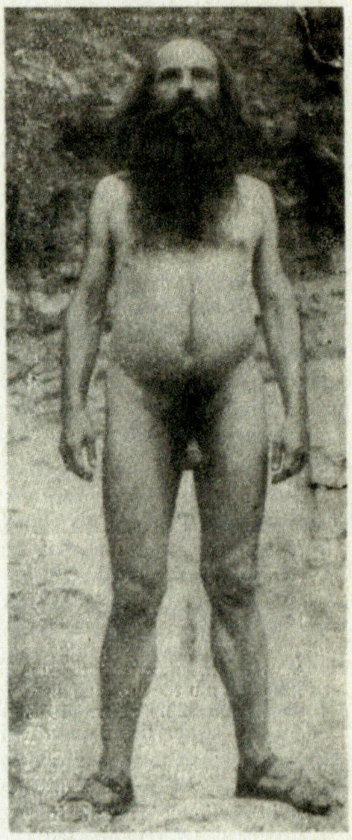

Haeussers »nackte Wahrheit«

Vom Champagner-Chef zum Sexguru und kragenlosen Übermenschen

Worte von Louis Haeusser: Eine zukünftige Zeit wird einfacher, kragenloser, kleidungsloser, freier sein; sie wird keine Zylinderhüte und keine Pickelhauben mehr brauchen, welche Kopfbedeckungen, da sie schwer und unbequem sind, aufs Hirn drücken und damit die geistige Arbeit hemmen. ◆ Es wird bald so weit kommen, daß alle Grenzpfosten in Europa ausgerottet werden! ◆ Durch alle Poren schlürfet die eine, die neue, von Knechtschaft Euch befreiende Wahrheit. Ihr seid nur eine Handbreit vom Verfall und Untergang entfernt. Zerronnenheit, Zerfahrenheit, steuerloses Dahinwüten sind des unaufhaltsamen Zerfalles schon deutlich sichtbare erste Erkennungszeichen. Die elfte Stunde hat geschlagen. Bald werdet ihr der zwölften naherücken. ◆ Ein Christus läßt sich nicht von Drecksäuen besoffen machen. ◆ Das Schwäbische ist dem Logos näher geblieben als jedes andere Idiom. ◆ Wenn du nicht verrückt bist, mußt du die ganze Welt für verrückt erklären. ◆ Der Mund ist das Arschloch des Geistes. ◆ Die Dämon-Kratie ist unser Untergang! ◆ Wer das größte Arschloch hat, der wird Präsident! Die werden vorher ausgemessen!!!

Louis Haeusser über sich: Ich bin der Vollendete und ihr seid Esel, Affen, Säue! ◆ Ich bin der große Mittag. Ich bin aber auch das Schwert und der Mörder eures falschen Glaubens und der Totschläger eurer Götter. ◆ Ich will unser Volk vom Schmutz seiner Flauheit, – Feigheit, – Faulheit, – Lauheit reinigen! ◆ Ich klage Euch Alle an: Der Befangenheit, der Unfähigkeit, der Unzulänglichkeit, Mich zu richten!-!-! ◆ Ich aber sage Euch: Liebet eure Feinde! Also zu deutsch: Liebet die Juden! ◆ Die Worte sind zu arm, um das große Erfühlen und Erleben meines Innern kund zu tun. Daher können nur ganz wahr Suchende mich verstehen, erfassen, begreifen! Den anderen bin ich Anstoß, Ärger, Unverstand. ◆ Was Rhein? Was Ruhr? Mein Vaterland soll größer sein!!! Europa soll es heißen! ◆ Wer in Wort und Schrift oder mit den Waffen gegen die Wahrheit – verkörpert in mir und meinen Streitern – vorgeht, wird ohne Verhör hingerichtet. ◆ So wie ich, so bist Du auch? Du auch? So siehste aus. Ich bin die Allgewalt und mir ist gegeben alle Gewalt im Geist und im Leib, im Himmel und auf Erden.

Andere über Louis Haeusser: Hauesser wird erster Diktator der Vereinigten Staaten von Europa. Aus dem kleinen gedemütigten Deutschland kommt die Erlösung der Erde. *(Selma Jäger an Elisabeth Förster-Nietzsche)* ◆ Haeusser aber hat durch den Donner seiner Worte Tausende geweckt, die noch lebensfähig waren und die umgekehrt sind! Nun muß und kann und will Haeusser in den aufgewühlten Acker der Menschenherzen säen! *(»Die Narren in Christo«, Aufruf 1922)* ◆ Häusser gehört mit in die große Gruppe der falschen Propheten, die durchaus am richtigen Platz stehen. *(Johannes Baader, 1923)* ◆ Unzweifelhaft habe ich festgestellt, daß Häusser nicht, wie allgemein angenommen wird, irrsinnig, sondern durchaus normal ist. *(Oskar Schellbach)* ◆ Bevor er im Gefängnis von Vechta von der Staatsanwaltschaft kaputtgemacht wurde, ist seine Wirkung kolossal gewesen. Er war wie ein Löwe. *(Willy Ackermann)* ◆ Haeusser aber vermochte nicht über seine lächerliche Rolle als Pseudo-Christus zu lächeln. Er verstand nicht, daß er eine »lustige Person«, also ein Clown war, sondern nahm seine Rolle tragisch ernst und mußte daran psychisch und physisch zerbrechen. *(Ulrich Linse, 1983)*

Hafiz aus Schiraz (geb. Muhammad Schamsuddin), Weinliedsänger, Liebessüchtiger, Lebensgenießer, Antiasket (um 1319–1389): Der Kaufmannssohn, der als Halbwaise verarmte, befand sich bald öfter in Weinschenken als in der Moschee, ohne schlechtes Gewissen – er sündigte stets nur reinen Herzens. Mitten in antialkoholischer Religionsgesellschaft floß Wein bei ihm, statt nur im Becher, vor allem in seinen Adern. Morgenwein und Moschuswein ersetzten Hafiz sogar die Bücher jener Bücherwürmer, auf die er frohgelaunt herabsah. Karrieristen stiegen, sagte er, wie Rauchfahnen aufwärts, er aber floß als Quelle talwärts. → 'Attar sah überall leidende, Hafiz überall lachende Gesichter. In strenggefügten Ghaselen, mit denen er an provokanter Qalandar-Poesie anknüpfte, führte er vor, wie an seiner Lebensbejahung Sittenstrenge abprallte. Glaubensbrüder nannte er »sanft scheinende, dann doch zupackende Katzen«. Geknechtete Kontrolltypen, gestützt auf Sure 5,92, forderten ihn auf, keinen Wein mehr zu trinken. Hafiz versprach's und – trank weiter. 1001 x gelobte er Umkehr, ehe er dann doch lieber nicht umkehrte. Auf die Drohung, er käme nie ins Paradies, reagierte er gelassen. Vor verschlossenem Tor gedachte er die Huris mit

Lautenspiel rauszulocken. Hafiz fand es hierzulande derart schön, daß er für Schiraz jedes Paradies fortgab. Schöne Augenbrauen nahmen ihm die Sicht auf Allahs Himmelsbogen. Die 7 Himmel könnten die Herrlichkeit irdischer Liebe nicht umfassen; dichtete er. Nur einmal kam der seßhafte Wanderderwisch kurz über Schiraz hinaus. Statt über Auferstehung zu grübeln, überlegte er, wie er dereinst noch – als Staub im Wind mitfliegend – den Gewandsaum seines jeweils Angebeteten küssen könne. Kränkungen von Rosenlippen verbuchte er als Schmeichelworte. Gotteskrieger wetzten, laut Hafiz, die Schwerter gegen Heidenbrut; er aber schliff lächelnd die reinen Diamanten seiner Verse. Die 72 Islam-Sekten sah Hafiz an der Wahrheit vergnügt liebender Herzen vorbeisegeln, und schon galten ihm Moschee und Götzentempel gleich viel. Nach Freunden gefragt, nannte Hafiz – statt Menschen – Nachtigallen, Ostwind, Rosen, Narzissen, orthodox abgekanzelt als »unwürdige Gesellschaft«; denn Blumen duften und singen bloß, statt zu beten. Einmal, in einer Schenke – im Tagtraum oder Halbdusel – hörte Hafiz von außen leises Pochen: Engel traten ein, brachten einen Pokal mit Adams Asche mit, vermischten sie mit Rotwein – er aber schwang sich über alles hinaus, auf Flügeln des Gesanges, weit hinauf – selbst Engel lernten seine Verse auswendig; wie Hafiz mitteilte. Wenn er sang, forderte der Morgenstern den Messias im Himmel auf, mitzutanzen. Mit rotem Wein, seiner Panazee, wusch Hafiz sich sein Derwischgewand runter, d. h. verpfändete es. Sufis, obwohl sie wie er Sitte und Brauch ignorierten, sah er fast so kritisch wie Nichtsufis. Mit »Mystikastern« oder »Rauschhubern«, wie er Sufis nannte, wollte er nicht verwechselt werden und verglich sie Hühnern, die durch ein grünes Korn zum Simurg aufschwellen. Riefen Sufis verzückt »Ha!« und »Hu!«, fand Hafiz sie komisch, aber wenn sie ihr »Ha!« und »Hu!« auszustoßen vergaßen, spottete er ebenfalls. Öfter als den Propheten pries Hafiz spendable Mundschenks oder Vorsteher parsischer Klöster, zaubernde Greise, so als lebe Hafiz noch immer im Zoroastrismus, seit 700 Jahren vom Islam exorziert. Klagte er über ausbleibende Lyrik, wurde daraus ein besonders gelungenes Gedicht. Honoraranmahnung an den Landesfürsten kleidete er in elegante Verse. Neider kritisierten sein areligiöses Dichten und Treiben; Freunde pochten drauf, seine weltlichen Bilder seien Metaphern für Höheres. Andere rühmten Hafiz' Asketik, die aus keinem seiner Gedichte hervorging. Man einigte sich: Trotz Freiheiten gegenüber Moralkodex habe Hafiz sich seine Frömmigkeit bewahrt. Fast alle 600 Hafizgedichte aus späten Tagen klangen wie Jugendverse. ~ Tugendwächter verweigerten ihm ein Ehrenbegräbnis, da griff man zum Gottesurteil, nahm eine Stichprobe aus Hafizversen: »Wende dich nicht ab vom Grab des Hafiz! Selbst wenn er sündigt, hofft er auf Allah.« Ein Fingerzeig! Um sein Grab legte man eine Hafiziya an (Zypressen- und Blumengarten). Seine Verse wurden bald so populär, daß jeder Wüstensohn etwas aufzusagen wußte, angeblich. Daß er sein Liebchen oder seinen Freund »Zuckerlippe« nannte, ließ vermuten, er könne Zuckerbäcker-Teigmacher gewesen sein. Mitten im Gottesstaat lebte Hafiz wie ein dionysischer Epikuräer unter Abstinenzlern, ein trunkener Silen (mit Turban) im moralinsauren Vatikan; ein horazischer Sonnentagpflücker, Carpe-diem-Fremdkörper in Schiraz, eine beliebte Gegenmelodie im Korsett, ein Vorbote salopper hedonistischer Toleranz- und Spaßgesellschaft, fern aller Gesetzeshüter, Drohfiguren, Dschihadisten. »In vino veritas« lautete bei Hafiz: »Frag nach geheimen Dingen nur der Trunkenbolde Schar! / Normalen Frömmlern mangelt solches Wissen ganz und gar.« Hafiz & → Li Bo wurden als die jeweils größten Dichter Chinas und Persiens ausgerufen, einer die wenig abweichende Variante des jeweils kaum anders strukturierten Weltumarmers. Wer das Leben genießbar fand, fand im exotischen Exportartikel Hafiz ein Markenzeichen für lebenskluge Weisheit. 1813 grub Orientalist Joseph von Hammer-Purgstall Hafiz aus; Zugpferd Goethe, farblosen Antikisierens müde, pushte den weinseligen »Hafis« (gesprochen: Hafiß) europaweit über Firdusi und → Rumi hinaus. Hafiz' Ostwind wurde mit »Zephyr« eingedeutscht, Hafiz' Langhalslaute mit »Leyer«, Ghaselen mit »Oden«, und Hafiz schier zum Hellenen und Orpheus gestempelt, Hauptsache: antiklerikal. Hafyz (so schrieb ihn J. G. Herder) wurde eingespannt, gegen Klöster, Ordenskleider, Priesterroben, Zeloten, Laffen, Magister und Pfaffen zu votieren und dafür in den Rang von Shakespeare & Lord Byron gehoben; wer Goethe las, mußte Hafiz mitbuchen, Pflichtlektüre für Kosmopoliten; Verse wie »Hafiz, ach, von Rätseln ist umsponnen unser Leben; wer ihm nachgesonnen / und gemeint, er sei ihm auf der Spur, wußte Fabelwerk und Unsinn nur« klangen praktisch genauso wie Tieck/Schlegels »Tempest«. Franz Schubert vertonte Goethes Reim »genießen« auf »Hafizen«. Heines Vers »Den Himmel überlassen wir / Den Engeln und den Spatzen« klang durchaus hafizisch. Anselm Feuerbach malte – monumental-folkloristisch – Hafiz, ethnologisch nicht ganz sattelfest stimmig. Bei sich daheim galt sein Diwan partiell als Bibel der Großen Hure Babylon, moralzersetzend, jugendgefährdend, und er selber als bisexuell und pädophil. Man stritt, ob Hafiz ein Sunnit gewesen sei, mitten im schiitischen Schiraz. Sowjet-Iranistik versuchte Hafiz als Gesellschaftskritiker und Sozialrevolutionär auszugeben. DDR-Witze wie »Lieber rückwärts in die Kneipe als vorwärts im sozialistischen Wettbewerb« erwiesen sich als hafizkompatibel. Während Kameltreiber im Iran des 21. Jhdts., statt Hafiz weiterhin im Tornister zu führen, sich eher auf Jeans, Cola, Toyota & Popmusic fixierten, versuchte der Olymp prominenter Gewohnheitstrinker – die 7 Weisen Chinas, François Villon, → Jean Paul, Paul → Scheerbart, → Altenberg, Hafiz – wenigstens akademisch zu überleben. Windige Eso-Typen ließen unter Hafiz' großem Namen dürftige Schablonenweisheit laufen.

Worte von Hafiz: Denn der Alchimist der Liebe wird den Staub des Körpers, / selbst wenn der aus Bleiglas wäre, doch in Gold verwandeln. ◆ Aus Ka'ba und Pagode funkelt gleichermaßen Allahs Licht. ◆ Erhoffe, Hafiz, keine Dauer vom veränderlichen Himmel, / ganz wertlos bleibt er, wenn er 1000 Fehler hat. ◆ Wirf eilig dein Leben und dein Gold auf dem Wege der Liebe fort, und wenn du zu den Wanderern gehörst, so wirf die Seele fort und wandre eilig zu der ewigen Stätte und wisse, alles ist Vernichtung außer Allah.
Hafiz über sich: Ich bin meinem Arm sehr dankbar, daß ich nicht die Macht hab, Menschen zu traktieren. ◆ Keiner zog, wie ich, den Schleier von der Wange den Gefühlen, / seit im Haar der Braut des Wortes sich ein Kamm getraut zu wühlen. ◆ Schmerz zermalmt mir fast die Brust! Wo ist Balsam, der mich heilt? Herz zur Seele einsam spricht: wann ein Freund wohl bei mir weilt? ◆ 14 Jahre ist mein Götze, und so spritzig und so süß, / daß der Mond von 14 Tagen ihm sich gern als Ohrring lieh. ◆ Mein Glück hat mir nur Spott gebracht; und mein Geheimnis wurde Stadtgespräch.
Andere über Hafiz: Die Gedichte Hafiz' enthalten viele ausgemachte und unumstößliche Wahrheiten, aber hie und da finden sich auch Kleinigkeiten, die wirklich außerhalb der Grenzen des Gesetzes liegen. *(Fatwa des Hadschi Chalfa)* ◆ Wenn er gleich nicht Dichterkönig hieß, und bloß als Derwisch lebte, so hatte er doch von der Natur die Beglaubigung zum Throne der Dichtkunst durch das Doppelschwert der Zunge und Feder empfangen, und alle sogenannten Dichterkönige stehen als huldigende Vasallen weit hinter ihm. *(Joseph von Hammer-Purgstall, 1818)* ◆ Mystisch heißest du ihnen, / Weil sie Närrisches bei dir denken / Und ihren unlautern Wein / In deinem Namen verschenken. *(J. W. v. Goethe, 1819)* ◆ Daß Hafiz kühn sei, darf ich nicht verschweigen, / Und daß ein Geist wie seiner schwer zu zügeln, / Dem Adler gleicht er, der mit breiten Flügeln / Im Äther schlägt den lichten Sternenreigen. *(Graf August von Platen, 1822)* ◆ Hafiz, wo er scheinet Übersinnliches / nur zu reden, redet über Sinnliches; / Oder redet er, wo über Sinnliches / er zu reden scheint, nur Übersinnliches. / Sein Geheimnis ist

unübersinnlich, / denn sein Sinnliches ist übersinnlich. *(Friedrich Rückert)* ◆ Bist Alles und keins, bist Schenke und Wein. / Bist Phönix, Berg und Maus,/ Fällst ewiglich in dich hinein, / Fliegst ewig aus dir hinaus. *(Friedrich Nietzsche)* ◆ Er findet die schärfsten Worte der Ablehnung aller mönchischen und klösterlichen Duckmäuserei und Heuchelei und fordert zum maßvollen Lebensgenuß auf. Dabei bleibt Hafiz stets in den Grenzen keuscher Zurückhaltung, nie drängt sich die rohe Eindeutigkeit des Geschlechtstriebes verhäßlichend hinein. *(Emil Brögelmann, 1932)* ◆ Der liebe Dichter »küßt« Gott, gleichzeitig aber merkt er, daß er für diesen Vorgang keinen ausreichenden Sinnesapparat besitzt. *(Stefan Makowski, 1997)*

NINA HAGEN, DDR-Punk-Ikone, Rocklady, Rebellin, Regenbogenkriegerin, Interkosmologistin, Enfant terrible, Ulknudel, Eso-Type (geb. 1955): Die Antifaschistin in der Gruppe Ernst Thälmann, ein Leben vorher, wurde dann in Ostberlin wiedergeboren (Onkel: Wolf Biermann). Schon als Göre, zwischen Westfernsehn und Beat-Club, testete sie Gott zum ersten Mal. Ruck, zuck, mit 17, wurde sie staatlich geprüftes DDR-Schlagersternchen, und mit 19, auf dem Weg zum rockenden Anti-Star, Mitglied in AUTOMOBIL. Mit ihrer Stimme machte sie unendlich mehr als Heino und nicht viel weniger als → Joplin. Das 1. Album der Nina-Hagen-Band verquickte, laut Rocklexika, Berliner Deftigkeit, punkige Unverblümtheit, radikalen Feminismus mit Fetischismus, Bisex, Weltangst, Weltfluchtromantik und Aussteiger-Erotik. Mundaufreißen, Hand in Hand mit Berliner Schnauzeaufreißen, paarte sich mit Fratzenschneiderei hoch 3 und Starallüren. Sie entdeckte ihr Interesse für rebellische Kunst, also auch Brecht. Daß sie nicht wegen Schokoladenverzehr starb, rechnete sie ihrem Schutzengel hoch an. Statt bloß Berlinerin war sie auch Amerikanerin. Obwohl sie nicht auf die Welt kam, um Tiere aus Massentierhaltung zu essen, sondern um sie zu befreien, aß sie schon arg gern Scampis und Fisch, zum Aufschrei aller Hare Krishnas und Tierschützerinnen. In einer Live-Talk-Show 1979, worin die baldige UFO-Spezialistin (Lieblingszahl: 37) gegen nigerianische Klitorisbeschneidung kämpfte, zeigte sie auch ganz praktisch vor, pantomimisch überdeutlich, eingeschweißt in aalglattes Domina-Leder, wo bei Frauen ein bestimmter Punkt gefunden werden könnte. Oft fühlte sie spontan eine ganz große Liebe in ihrem Körper, war high & superhäppy, heiratete gelegentlich kosmisch. Wo → Bohlen, den sie »Sexist ohne Manieren« nannte, das Wort »schnackseln«

bevorzugte, und → Kinski »ficken«, sagte Nina »eine große Nummer schieben« oder »sexuell vereinigen«, z. B. mit Paul 1982. Statt Pornographie bevorzugte sie »Holographie«. Und zum Abkratzen sagte sie »abschweben«. Die »problems« und der Mist, der ihr in Zweierrelationships mit Junkies hochstieg, waren gar nicht gut für die Erleuchtung. 1981 kam dann Cosma Shiva Hagen auf diese Welt. Viele motzten, sie würde bereits das Baby mit Punk volldröhnen. Obwohl sie voll trendy auf dem spirituellen Modetrip fuhr, fanden es viele scheiße, wenn sie über Jesus & UFOs laberte. Ihre Lieblings-UFOs zeigten sich in Pink, Grün, Lila & Blau. In ihrer Kokain-Phase hatte sie besten Kontakt zu guten Geistwesen, als dann aber fiese Geister in ihr hochstiegen, mußte sie GOTT anrufen, damit ER sie davon befreie, was ER dann auch tat. Die GÖTTLICHE Entität, die durch sie sprach, ihr sokratisches Daimonion, nannte sich Michi und hatte das Problem, Ninas Wortschatz benützen zu müssen. Philosophen laborierten an Gottesbeweisen; Tierschützerin Nina aber bewies GOTT, dem Erfinder des LSD, daß sie die ganze Menschheit über alles liebte. Sie betätigte sich auch als weltverändernde Künderin in anvisierter H. R. P. D., der Harmonisch-Radikalen Partei Germany, gegründet 1987 mit Spontifex Herman the German, der neuen vereinigten Front von Grünen, Kreativen, Liebespaaren, Christen, Buddhisten, Shivaisten, votierte gegen AKWs, Vergiftung der Erde und krebserregendes Chemie-Zeugs, plädierte für prima Tauschhandel und Kunst, viel Knete auf den Weltbanken – Nina for President! Multidimensionaler androgyner Ideen-Fluß! Auf Fotos gab sie auch mal einer Kuh einen Zungenkuß. Im Himalaya machte sie große mystische Sachen, Kräfte entfesseln und so. Wenn vielen Punkgangs und Skinheads ihre Message, daß wir alle im Boot der Evolution sitzen, zu abgehoben klang, machte sie das traurig. Zu ihrem Daisy-Duck-Augenaufschlag gesellte sich dann ein Flunsch oder Schmollmund. Sie unterstützte Ashrams, Hospize, Straßenkinder in Brasilien, Kinderkliniken in Tschernobyl. In ARD-Talk-Shows bei Sandra Maischberger nannte Nina Hagen auch mal ihre Geschlechtsgenossin Jutta Ditfurth »dumme Kuh«, kritisierte deren Hüftumfang, nannte ihn »Apparat«, oder setzte sich extra weit weg von Joachim Bublath, aus Angst, sich an Atheismus anzustecken. Weniger war für sie nie mehr, sondern meterdickes Make-up und Perückenaufbau erigierten noch höher & schriller. Häme & Kritik spielten oft ihre frühere gegen die spätere Singstimme aus. Für viele wurde sie arg präcox zur komischen Alten, auch wenn sie noch so oft in den Jungbrunnen dänischer und kanadischer, mal 22, mal 28 Jahre jüngerer, z. T. selber singender Lover und Physiotherapeuten sprang. 2008 bekam sie eine eigene Pro-7-Show.

Näher dran an GOTT als manch ein Papst

Worte von Nina Hagen: WIR müssen jetzt himmlisch sein und nicht erst später! ULTRA-Violett und wie! ◆ Jugendbrigaden aller Länder, jetzt vereinigt euch endlich! ◆ Dem Freak der Sieg! ◆ Du, ich kann jetzt hier nicht so einfach mit dir rumschmusen, ich muß den Kleinen erst fertigheilen, im Namen des Vaters, des Sohnes und des Heiligen Geistes! ◆ Es ist jedenfalls immer ziemlich blöd, wenn man mit einem Boyfriend beengt zusammenhängt, anstatt gemeinsam die Welt zu befreien und zu beglücken. ◆ Wir sollten, glaub ich, unsre Seelen und Herzen reinhalten und gut zueinander sein! Das klingt jetzt wie die Märchentante aus dem Ostfernsehn. ◆ Gewisse Eingeweihte wissen, was ich mit »Ekstase« meine. ◆ Jedenfalls ging die Nacht so langsam vorbei, die morgendlichen Sonnenstrahlen kamen hervor, und die Vögelein fingen an zu singen. Nun, was sangen sie? Die Vögelein sangen alle: »Nina Hagen, Nina Hagen.«

Nina Hagen über sich: Ich will keine Hits produzieren, ich bin der Hit. ◆ Ich glaube, man kann keinen tiefen Sinn in mir finden, denn ich bin der tiefe Sinn selbst. ◆ Ich bin mit Jesus Christus verheiratet. Ich habe mich ihm versprochen, als ich im Krankenhaus lag. ◆ Ich sehe diese ganzen Freuden und Leiden, die mir begegnen und die ich produziere, als GÖTTLICHE Tests und Prüfungen. ◆ Ich kreiere Ekstase in meiner Welt, ich bin doch ein Sternenkind, der reinste Superheld. Also, ich möchte gerne zurück zu GOTT, und ich möchte meine Seele nicht verlieren, sei es durch einen atomaren Zusammenbruch hier oder durch eigene innere Bosheit oder so. ◆ Es war so stark, daß ES sogar zitterte, so als ob es ziemlich schwer war, dimensionsdurchbrechungsmäßig diesen einzigartigen Kontakt herzustellen. ◆ Ich glaube, ich sollte versuchen, mein Buch als Doktorarbeit einzureichen. Denn Kennedy war ja auch Dr., oder watt?

Andere über Nina Hagen: Kann Nina Hagen Deutschlands bedeutendster Beitrag zur Pop-Kultur seit Brecht werden? *(Melody Maker)* ◆ Wenn das meine Tochter wär, würd ich sie auspeitschen. *(Publikumsreaktion)* ◆ Was mich an ihr fasziniert, ist ihr wacher und gleichzeitig naiver Verstand. *(Fürstin Gloria von Thurn und Taxis, Regensburg, Juni 1988)* ◆ In »magischer Verbindung von Kindlichkeit, Wahnsinn und Verweigerung« (Autorin Cornelia Frey in »Der Spiegel«) brach sie mit sämtlichen Konventionen des zuhörerfreundlichen Rock-Vortrages, vermischte anarchistisches Gebaren auf der Bühne, im Studio, bei der Karriereplanung mit ihrem als Happening inszenierten Privatleben zu einem existentialistischen Gesamtkunstwerk, das Fans wie Kritiker abwechselnd in Rage und Ekstase versetzte. *(Graves/Schmidt-Joos, 1990)*

Hadschi Halef Omar, Beduine, Diener, Turbanträger, Schwadroneur, Spaßvogel, Prahlhans, Weggefährte, Scheich (1849–1897 und später): Geboren in Dschuneth (später: Dschanet), 1300 km südlich von Tunis. Sein voller Name lautete: Hadschi Halef Omar Ben Hadschi Abul Abbas ibn Hadschi Dawuhd al Gossarah, nach anderen Quellen: Hatschi Halef Oma Morrowan el Gandeshij Hafit Jakup Alah el Santshakij. Er nannte sich Hadschi, also Pilger, ohne bisher in Mekka gewesen zu sein, war aber immerhin oft auf dem Weg dorthin gewesen; genau wie 1001 Jahre vorher der ehrwürdige Sufi-Dickbauch Abu Sa'id; genau wie Halefs mauretanische Vorfahren männlicherseits, denen auf jeder Wallfahrt ihre Verehelichung querkam. Halef heiratete Hanneh. Er verständigte sich in allen Dialekten zwischen dem Wohnsitz der Uelad Bu Seba und den Nilmündungen und ging seinem gleichalten Herrn Kara (ein verballhornter Karl) Ben Nemsi nur bis zur Achselhöhle. Sein Burnus, genau wie der Flickenrock des Sam Hawkins, war sichtlich – wohl zwecks Lacheffekt – für einen stärkeren Mann als ihn gefertigt worden. Hadschis Ho-Chi-Minh-Bärtchen bestand aus 7 Fasern seines Kinns, plus 8 Spinnenfäden rechts und 9 Partikel links seiner Nase. In seinen schwach bebarteten, um so überdimensionaler umturbanten Kopf (Nasruddin-Effekt; Karl May gab die Turbangröße mit »3 vollen Fuß« an; folglich stammte der Turban irgendwie per Luftlinie aus der märchenhaften Richtung des kleinen Muck... von Hauff zu May) hatte er sich's gesetzt, seinen sympathischen Herrn aus dem Ozident, genauer: Trähst'n (zu deutsch: Dresden), den Giaur Kara Ben Nemsi, vor der Dschehenna (zu deutsch: der islamischen Hölle), zu bewahren, sprich: ihn zum Islam zu bekehren. Im Gegenzug zu dieser Missionierungsnerverei foppte Kara den Islamwerber mit dessen Wallfahrtdefekten. Halef schoß und ritt exzellent auf einer übergroßen, wie er ausgemergelten, himmelhohen Hassi-Ferdschahn-Stute, ergänzte seine Flinte später mit einer Kurbatsch (Nilpferdpeitsche), die jeder, der allzu abfällig über Halefs mickrige Figur herzog, zu spüren bekam. Sobald er sie beiseite legte, litt er. Sobald er wieder zu ihr griff, lebte er euphorisch auf. Tatendrang trieb ihn übereifrig vorwärts. Seine Ruhmsucht kaprizierte sich auf Bärenerlegung. Von Kara Ben Nemsi erlernte er – in gewissen Grenzen – die Kunst des Spurenlesens. Halef bestand x Abenteuer und Kämpfe im wilden Kurdistan und im kaum weniger wilden Zweistromland. Immer wieder nahte ein »Tag der Prügel«, deren Held dann stets wieder – er wurde. Vielköpfige Banden machte er unschädlich und tötete rühmlicherweise den feindförmigen, hochgefährlichen Abu Seif, sowie Gasahl Gaboya. Sein Weib Hanneh, unter deren Pantoffel er stand – parallel zu Karl Mays Ehekrisen – und die er als »kostbarste Perle unter den Perlen des Meeres und der Flüsse« pries, gebar Halef den Sohn Kara Ben Halef. Sein Hunger nach Beifall vergrößerte die erzählerische Wiedergabe seiner Abenteuer bombastisch. Sobald Gastgeber seine Übertreibungen nicht glaubten, spürte er den Drang, weiterzureisen. Zeitweise wurde er »Abu Kalilin« genannt (Vater der Wenigen d. h. wenigen Haare). Der eifrige Islambekehrer aß zunehmend gern Schweinefleisch und betete auch mal das heilige Abuna (Vaterunser). Die Sultanin Marah Durimeh war von seiner beispiellosen Liebe und Treue zu Kara Ben Nemsi gerührt, tadelte aber an ihm, er gäbe sich keine Mühe, seine Seele in Geist umzusetzen. Herr und Knecht wuchsen freundschaftlicher zueinander als Amphitryon und Sosias. Man pflegte sich bei Pesterkrankung, aber richtige Ebenbürtigkeit von Mann zu Mann, wie im Fall Old Shatterhand und Winnetou, stellte sich nie ein. Beinahe hätte deren Autor, wenn er es hinbekommen hätte, seinen Plan, Halef vor aller Augen sterben zu lassen, literarisch verwirklicht. Statt dessen wurde der bejahrte Halef, gebeutelt von Typhus-Delirium und von Madenwimmelträumen, aufgenommen in den Rat der Alten, und postum dann in die Herzen millionenköpfiger Karl-May-Leser. In den Büchern »Am Jenseits«, »Im Reich des silbernen Löwen« und »Ardistan und Dschinnistan« erfuhren Halefs Figur und Seelenleben eine gewisse theoretische, kaum zu ihm passende Verinnerlichung. ~ Der treue, umsichtige, kluge, witzige, furchtlose, redesüchtige, voreilige, hilfsbereite Diener ritt strukturell neben Kara Ben Nemsi wie Karly Mays empirisches, unsublimiertes Ich neben seinem Ideal-Alter-ego, oder auch als ein abgespeckter Sancho Pansa neben einem keimfrei homogenisierten Don Quijote – Unterschied: Kara Ben Nemsis Rosinante klapperte hierzulande, in diesem nach Süden verlegten Spanien, als kleiner halbwilder Berberhengst einher; Halef aber ritt, statt dienergemäß auf untergeordnetem Esel, seine Riesenstute, also praktisch seinerseits eine Rosinante – ulkig verkehrte Welt. Karl-May-Exeget → Schmidt fand Hadschi Halef Omars grobknochiges Benehmen und Selbstparodie erfreulicher als Winnetous eindimensionale Unfehlbarkeit und deutete Halefs ganze Existenz penibel als Karl Mays personifizierten Penis, klein, aber oho, abrollbarer Turban, spärliche Behaarung, Freund und Begleiter des Helden, Teil des Autors. Pazifistische Zeiten zögerten selten, Halef als Waffenfetischisten zu denunzieren, als Mörder mit Humor.

Worte von Hadschi Halef Omar: Bücher zu schreiben ist eine saure Arbeit. Nur dumme Menschen können so töricht sein, solche Arbeit zu verrichten. ◆ Einen Rechtsspruch zu vollziehen, ist das Amt des Henkers, ich aber bin kein solcher. ◆ In allen diesen Abteilungen werden die Verdammten von bösen Geistern durch Teufelsströme geschleppt, und dabei müssen sie vom Baum Zakum die Teufelsköpfe essen, die dann ihre Eingeweide zerbeißen und zerfleischen. ◆ Solche Karten sind doch nur mit Tinte gezeichnet, und die Tinte läuft bekanntlich, wohin sie will. ◆ Es gibt in Ardistan Menschen, welche Krokodilstränen weinen. Hieraus folgt, daß sie Krokodilsköpfe haben müssen. ◆ Die Humanität brachte uns um die Abenteuer. Wir erlebten nichts mehr. ◆ Übrigens wird sich wohl ein Mittel finden lassen, den Gestank zu vermeiden, ohne auf den Wohlgeschmack verzichten zu müssen.
Hadschi Halef Omar über sich: Ich reite mit dir, bis die Erde unter den Hufen unserer Pferde aufhört, und auch dann noch immer weiter und weiter! ◆ Ich bin sehr begierig auf die Narrheiten, die in diesen Büchern stehen werden. Wenn du klug bist, so hörst du nicht auf sie, sondern auf mich. ◆ Ich werde wüten unter den Räubern und toben unter den Mördern. Es wird ein Heulen geben in Kilissely und ein Zetern unter den Söhnen des Verbrechens. ◆ Aber ich schwöre dir bei meinem Bart, daß ich dich bekehren werde, du magst wollen oder nicht! ◆ Wenn du der Wahrheit die Ehre geben willst, so mußt du sagen, daß ich ein Engel bin, und aus Dankbarkeit leiste ich dir dann denselben Dienst. ◆ Wenn niemand mehr Verstand haben wollte, meine Kurbatsch, die hatte ihn.
Andere über Hadschi Halef Omar: Er war so klein, daß er mir kaum bis unter die Arme reichte, und dabei so hager und dünn, daß man hätte behaupten mögen, er habe ein volles Jahrzehnt zwischen den Löschpapierblättern eines Herbariums gelegen. *(Kara Ben Nemsi)*

MANSUR AL-HALLADSCH, Wanderderwisch, Denker, Extrem-Mystiker, Provokateur, Märtyrer (858–922): Geboren bei Baiza, machte sich der Zoroastrierenkel von frühan unbeliebt, bei sufifeindlichen Behördenvertretern, aber auch bei ehrwürdigen Meistern. Eigene Sprüche verglich er anmaßlich mit Koranversen. In Bagdad klopfte Halladsch (Wollkämmer) beim Oberhaupt dortiger Mystik an, Dschunaid, der von innen fragte, wer da sei, da rief er: »Ich bin die Wahrheit!« Dschunaid: »Wir pflegen hier keinen Umgang mit Verrückten.« Er nahm ihn dann doch als Schüler an und schrieb ihm Schweigen vor. Der hielt das nicht lang durch, ging nach Hejaz, alsdann nach Mekka, kam 896 nach Bagdad zurück, bedrängte erneut Dschunaid, der ihm voraussagte, er werde bald die Rutenspitzen rot färben. Halladsch: »Und du wirst an diesem Tag das Gewand der Formalisten tragen!« Auf Reisen in Khuzestan redete man ihn mit »Halladsch von den Geheimnissen« an, in Khorassan mit »Abul Mohr«. Er kam durch Transoxanien, Turkistan, Sistan, ja: China. In Mekka wegen Zauberei angeklagt, wanderte Mustalem (Ausrotter), wie man ihn in Bagdad nannte, 905 durch Sind, Turfan, unteres Hindustal. Wer mit schiitischen Karmaten kontaktierte, machte sich verdächtig. Wer bis Hindustan kam, wo man ihn mit »Abul Mogith« anredete, mußte zwangsläufig listenreicher Götzendiener sein. Aus 50 Städten sei Halladsch, hieß es, verbannt worden, und in 24 Stunden praktizierte er 24 – statt 5 – Gebetsniederwerfungen, ja, bis zu 400, was er in seinem Fall für nötig hielt. Der Wollschläger verglich sich einem Korn, das man aus der Hülse schlug. Dschunaid, nie lachend, fand seine Schüler Halladsch und → Schibli überhitzt. Schibli fragte Halladsch nach dem Weg zu Allah. Halladsch: »2 Schritte, und du bist bei Ihm! Schlag das Diesseits dessen Liebhabern ins Gesicht und überlaß das Jenseits den Seinen.« Schibli zuckte ab und zu zögerlich zurück; Halladsch rannte gebündelt – exaltierter als alle – mit dem Kopf quer durch jede Tür. Er hielt verwirrende Predigten. Gerüchte verschärften sich. Ein Jahr lang habe er von einem Fladen täglich nur 2 x abgebissen; er schlafe nachts nie, allenfalls tagsüber ein wenig, hieß es. Die Zahl seiner Verleumder wetteiferte mit der Zahl seiner Sympathisanten, die er vor den Kopf stieß. Mutazilitische Theologen exkommunizierten ihn. Omru Osman schrieb ein Buch gegen ihn. Schüler herrschte er an: »Lauft mir nicht nach! Das schadet euch nur!« Einem Dickwanst sagte er ins Gesicht: »Der du dein ganzes Leben zum Aufbau deines Bauches verplempert hast, wie willst du je zum Aufgehn in Allah gelangen!?!« Halladsch lief durch den Bazar, und die Leute erschraken, weil er ab und zu aufschrie. Auf dem Berg Abu Qubais saß er in derart praller Sonne, daß Schweiß über die

Felsen lief. Er errötete bei geringen Anlässen. Er gab sich als Neuling aus, widerrief dies: nein, er sei ein Musulmane, korrigierte sich, nein, er habe gelogen, er sei ein Ungläubiger, und beschwur alsbald inständig den Zuhörer, bei Allah, keinem je zu verraten, was er soeben dahergesagt hatte (was wörtlich weitergegeben wurde durch Jahrhunderte). Er verkündete, wer zwischen Unglauben und Glauben unterscheide, sei ungläubig, und wer da nicht unterscheide, der sei auch ungläubig. Wenn Allah vor ihm aufstrahlte, glaubte Halladsch, Allah sei Alles. Kaum zog Allah sich zurück, nachdem die selige Vereinigung mit Ihm bereits stattgefunden zu haben schien, trompetete Halladsch aus, er habe keinen Dufthauch von Allah empfangen, nie, keinen Augenblick lang, es wär also ganz unnütz, daß die Leute ihn ständig anfeindeten ... solche Logik versöhnte ihn mit keinem seiner Kritiker. Als gestürzter Engel näher dran an Allah als alle Gläubigen, trotzdem unerträglich weit entfernt von Ihm; nur mußte erst seine unpassende Geschöpflichkeit beiseite geräumt werden. Gottessehnsucht ging in Gotteswut über. Unbill, Wehwehchen, Rufmord genügten ihm nicht. Er suchte krassere Heimsuchung. Manche erwischten den verkopften, gefühlsüberdrehten Spinner in Mondnächten, wie er um die Vermehrung seiner Feinde betete. Weinend flehte er fremde Leute an, ihn zu töten. Kaum weinten sie mit, brach der Weinende plötzlich in Lachen aus und verärgerte so seine Fürsprecher. Keiner wollte einen betenden, fastenden, korankundigen, verwirrten Mann töten. Umsonst versprach Halladsch für seine Tötung reichen Lohn. Zugleich rief er, seine Gottesliebe könne nicht dadurch gebremst werden, daß man ihn in kleine Stücke schneide. Man trug seine Tiraden vor den Kalifen Mutadid. Halladsch floh, um sich verdächtig zu machen. Man zuckte mit den Schultern, schob ihn unschlüssig von einer Verwahrung in die nächste. Hausdurchsuchungen, die brokatgefütterte Goldschriftbriefe aus China zutage brachten, paßten zu seinem Geprotze vor Kerkermeistern und Dienern, er könne Tote wecken und Dschinne befehligen. Lang zögerte man, den heiligen Narren hinzurichten; er hatte nichts Justitiables begangen. 9 Jahre saß Halladsch ungeduldig im Todestrakt, seiner Auflösung entgegenhechelnd. Gelehrte fällten das Urteil; 84 Unterschriften stadtbekannter Koryphäen – auch Mystiker – mußten zusammenkommen. Halladsch zog tanzend zur Richtstätte, trotz Ketten die Hände schleudernd. Als man ihm Foltergeräte zeigte, wand er sich im Lachkrampf. Vom Marterholz aus rief der Grauhaarige: »Das Schafott ist die Himmelsleiter des Menschen«. Als der Henker ihm eine Ohrfeige gab, schrie im Publikum Schibli auf, zerriß sein Gewand, etliche Mystiker wurden ohnmächtig; beinahe brach ein Aufstand los. Als man seine Hand abschlug, sprach er lächelnd: »Einem Gefesselten die Hand abhauen ist leichter, als Eigenschaften abzuhauen, die dem Streben nach dem Gipfel des Himmels Zügel anlegen.« Mit den Armstümpfen färbte er sich das Gesicht rot, um nicht als bleich und feige zu gelten. Als man dranging, ihm die Füße abzuhacken, sagte er: »Mit diesen Füßen unternahm ich eine irdische Reise. Andere Füße hab ich, mit denen ich jetzt sogar durch beide Welten reise.« Eine alte Frau (jene, die zittrig zum Scheiterhaufen des Jan Hus Reisig beitrug) versuchte ihm Menschenkot ins Maul zu stopfen: »Was kann dieser mickrige Wollhauer sich erdreisten, von Allah zu reden!?« Schibli fragte seinen Freund, gekreuzigt an einen Baumstumpf, was Mystik sei. Halladsch: »Ihre niedrigste Stufe siehst du hier, und ihre höchste Stufe wirst du morgen sehn.« Bevor dem Geblendeten die Zunge ausgeschnitten wurde, bat er noch reden zu dürfen: »O Allah, verwirf sie nicht darum, daß sie mir so viel Schmerz antun! Wenn mein Kopf endlich ab sein wird, hoff' ich Dein Angesicht zu schauen!« Seine Leiche wurde mit Naphta (!) übergossen, seine Asche vom Minarett in den Wind verstreut bzw. in den Tigris geworfen. ~ Der Märtyrer der Gottesliebe stieg auf zum Schutzpatron der Baumwollschläger-Zunft. Im Volksmund wurde Halladsch zum Zauberer. Bald im ganzen Orient verehrt, bis zur Sindhi-, Pandschabi- und Kaschmiri-Volksdichtung, sprach sich sein Fall bis Ostbengalen herum, zumal Selbstaufopferung sowieso aus altindischer Askesepraxis stammte. Selbst noch in Indonesien fand er Nachahmer. Der weggesperrte Halladsch hätte seiner Hinrichtung noch leichter ausweichen können als Sokrates und Jesus. Der Schmetterling des → Zhuangzi dramatisierte sich bei Halladsch zum Nachtfalter, der sich in die Flamme stürzt. Selbstmord schien er nicht zu erwägen. Er bewegte sich zwischen → Peregrinus Proteus 750 Jahre zuvor und der Nacht- und Todessehnsucht in Bachkantaten »Ich freue mich auf meinen Tod!«, bei → Novalis, Heinrich von Kleist, Tristan, Kirilow, The Beatles: »The eagle picks my eyes, the worm, he licks my bones, feel so suicidal«. Halladsch: »Reiß mich hinaus zu Dir aus dem Kerker!« Andreas Gryphius: »Und reiß mich aus dem Jammerthal zu Dir!« Zum Widerruf seiner Aussage aufgefordert, daß er Gott sei, handelte Halladsch, statt wie Galileo Galilei, wie Giordano Bruno. Aus Halladschs Schmetterlings-Kerzen-Gleichnis formte Goethe sein berühmtes Diwan-Gedicht vom »Stirb und werde«. Wissenschaft stritt sich, ob in Halladschs Äußerungen pantheistische, transzendentalistische oder destruktiv-masochistische Aspekte dominieren. Im Zeitalter der Gaslaternen, Elektrifizierung, Leuchtreklame (und Sigmund Freuds Todestrieb) erinnerten Trauben schwirrender Nachtfalter immer öfter an Halladsch. Karl Kraus schuf 1929 ein Sonett: »Noch einmal faltest, Falter, du die Flügel« auf: »Und diese Lampe ist dein Grabeshügel«. Auch in den Film »Der blaue Engel« (Heinrich Mann/Marlene Dietrich) sickerte Halladsch ein: »Männer umschwirr'n mich wie Motten das Licht. Und wenn sie verbrennen, so kann ich dafür nicht.« Vom Schweizer Bauern, Freiheitskämpfer und Selbstopferer Erni Winkelried, 1386, bis zu Kamikazefliegern und palästinensischen, al-quaida-inspirierten u. a. Selbstmörderkommandos, bis hinab zum schwachen Abklatsch sportiver Kicksucher, Risikotouristen und Survival-Abenteurer: Sie alle profanisierten Halladschs Faltergleichnis. Statt in Gott verschmelzen zu wollen, begnügten sich lebende Schläfer und Bomben mit einem per Megaphon verheißenen Huri-Paradies auf Alamut-Niveau, rissen möglichst viele Unbeteiligte mit hinein in den pervertierten Lichtblitz technisch basierter Neuzeit-Explosionen. Die Redewendung »Denn sie wissen nicht, was sie tun« geht auf Halladsch zurück.

Worte von Mansur al-Halladsch: Wer die Wahrheit mit dem Licht des Glaubens sucht, sucht die größte Sonne mit dem Licht der kleinsten Sterne. ◆ Was immer man sich über Gott einbildet: Gott unterscheidet sich davon. ◆ Wer ein Herz hat, werfe das Ohr fort, dann wird er sehen. ◆ Erkenntnis heißt alle Dinge sehn, aber auch alle Dinge untergehn sehn im Unbedingten. ◆ Göttliche Erleuchtungsstunden liegen wie Muscheln im Meer des Herzens; vom Morgen der Auferstehung ans Ufer geworfen, springen sie auf. ◆ Ist denn die Erde leer von Dir, daß man Dich in den Himmeln sucht? ◆ Es gibt unter den Himmelsbewohnern keinen größeren Monotheisten als Iblis (Teufel). Die einzigen, deren Predigten Bestand haben, sind Iblis und Muhammad.

Mansur al-Halladsch über sich: Ich habe mich von mir entfernt. ◆ Wenn ich im Rausch kaum noch meine Einswerdung mit Allah mitbekomme, sieht Ritualgebet daneben fast wie Unglauben aus. ◆ Nicht einer ahnt, was ich ertragen muß. ◆ Der Arzt ward meiner Krankheit überdrüssig. ◆ Allerdings sind meine Verleumder mir und Allah lieber als meine Lobredner. ◆ Ohne Fuß erklomm ich einen Gipfel, den die andern kaum erreichen, tauchte trokken in ein Meer, um dessen Perle ohne Hände zu ergreifen; ohne Mund trank ich von einem Wasser, angepeilt von meinem Geist, als mein Leib noch lange nicht geformt war. ◆ Wir sind 2 Geister, die Wohnung nahmen in einem Leib. Wenn du mich siehst, siehst du Ihn, und wenn du Ihn siehst, siehst du Uns. ◆ Weh mir! Der Grund für meine Plage, das bin ich. ◆ Zwischen Dir und mir liegt ein »Ich bin's«, das mich quält. Ach, nimm doch durch

Dein »Ich bin's« mein »Ich bin's« aus unserer Mitte hinweg! ◆ Allah warf gefesselt mich ins Meer und forderte: »Gib acht, daß dich das Wasser nicht benetzt!« ◆ Wenn Du mir das Paradies verkaufen wolltest, für einen Moment meiner Entrückung, oder für einen Nu meiner heißesten Atemzüge – ich würd's nicht kaufen. ◆ Verzeih den Geschöpfen und verzeih mir nicht; erbarm Dich ihrer, aber keinesfalls meiner! Ich feilsche mit Dir nicht um meinetwillen – mach mit mir, was Du willst! ◆ Tötet mich, o Freunde, kraft meiner Hinrichtung werd' ich leben; in meinem Tod, da wohnt mein Leben. Inmitten der Trümmer bin ich des Lebens übersatt – vergießt mein Blut, setzt diese Knochen in Flammen! ◆ Er hat mich mir entrissen und mich mir nicht wiedergegeben. ◆ Stoß mich nicht, nachdem Du mich mir entrissen hast, zu mir zurück! Und zeig mir mein Ich, nachdem Du es meinem Blick entzogst, nicht noch mal!

Andere über Mansur al-Halladsch: Wir sind noch nicht einmal ein Bruchteil dessen, was Halladsch ist. *(Ibn Ata)* ◆ Halladsch war ein gerissener Hexenmeister, der sich an die Sufischule heranmachte und ihre Redeweise annahm. Er behauptete, jede Wissenschaft zu kennen, doch das war unwahr. Er wußte sogar etwas über Alchemie. Er war unwissend, frech, unterwürfig, doch mutig in Gegenwart von Königen; er versuchte große Dinge und wollte dringend einen Regierungswechsel. *(Ibn al-Nadim, 10. Jhdt.)* ◆ Pharao sagte: »Ich bin Gott« und wurde erniedrigt; Mansur sagte: »Ich bin Gott« und wurde erlöst. *(Rumi)* ◆ Halladsch war ein brahmanischer Denker reinsten Wassers. *(Max Horten, 1927)* ◆ Wie hätte auch ein Arier von der Bildung des Hallaq sich zu der minderwertigen Religion Mohammeds finden können? *(Emil Brögelmann, 1932)* ◆ Hätte er in Indien gelebt, wäre er jahrhundertelang vom Volk angebetet worden. *(Shree Rajneesh, 1975)* ◆ Sein manchmal bewußt unorthodoxes Benehmen ist beunruhigend, und man fragt sich selbst, wie man sich wohl verhielte, wenn diese seltsame Gestalt heute auftauchte, mit sehnsüchtigen Rufen nach der absoluten Einheit Gottes suchend und eine radikale Verinnerlichung der Religion fordernd. *(Annemarie Schimmel, 1985)*

Han Shan, Wildnis-Dichter, Gebirgs-Einsiedel, Dao-Buddhist, Chan-Schrat (um 650 n. Chr.): Er kam aus Han Dan und sprach auch später den Dialekt dieser Gegend. Wie er zunächst hieß, wußte später keiner mehr. Als Kind, wenn er zum Pflügen rausmußte, nahm er im Ärmel Lektüre mit. Als junger Mann sprengte er auf einem Schimmel ganztägig durch Ping Ling, frönte der Falkenjagd, segelte auf 1000 Booten, gab Abschiedsfeste, spielte Zither auf der Papageieninsel. Vieles ging ihm, der sich oft ungeschickt anstellte, schief. Als er sich um Anstellung bemühte, legte ihm ein Auswahlkommissar Steine in den Weg. Mit dem Studium von 3 Geschichtswerken und 5 Klassikern plagte er sich fast so sehr wie mit Zensuslisten und Steuerformularen. Da jeder an ihm mäkelte und ihn herumschubste, vor allem auch seine eigene Frau, die ihm mehrere Kinder gebar, riß er alle Brücken hinter sich ab. Er zog sich aus der »Welt des Staubes« zurück, auf einen Gipfel des Tiantai-Gebirges, 70 Meilen westlich von Tang Xing, in der Provinz Zhejiang, und trug ab da den Pinselnamen Han Shan (Kalte Klippe, Kalter Berg, jap. Kanzan). Den Gipfel des Han Shan beschrieb Han-Shan-Bewohner Han Shan als geheimnisvoll und den Aufstieg über gewundene Pfade als furchteinflößend. Nicht nur Hirsche lebten dort, auch Tiger. Schnee sah er auch im Sommer. Im ungemähten Hof, wo Ranken über Felsen baumelten, murmelte er über Schriftrollen. Regen tropfte ihm durchs Dach auf sein Lager (durch Löcher, von Spatzen gebohrt). Er aber achtete selbst das Leben der Unsterblichen für gering. Seit er seine Katze verlor, belagerten Ratten seinen Reiskrug. Gedichte, ohne Titel, ohne Datum, pinselte er, mangels Papier, irgendwohin. Zwischen Mandarinenten, Pirolen und Maulbeerbäumen verglich er sich einem abgehalfterten Kranich. Inner- und außerhalb seiner Gedichte trug er eine Baumwollkappe; Zeitzeugen wußten von einem Hut aus Birkenrinde. Ein Küchengehilfe, der unweit im Kloster Guo Jing arbeitete, Shi Dö, versorgte ihn oft mit Essensresten. Wenn Han Shan durch Gänge und Hallen schlurfte und Mönche sich über ihn lustig machten, erschreckte er sie händeklatschend durch Gepruste, Lachsalven und buddhistisch mysteriöse Satzfetzen à la: »O weh, o weh, sie kreisen ja doch nur wieder durch die 3 Welten!« (Im Klartext: »Ätsch, ihr strebt umsonst zum Nirwana!«) Wenn er den Buddhisten seiner Zeit zusah, wie sich keiner an die Mönchsregeln hielt, und die Daoisten, die ihre Unsterblichkeitsgetränke ganz umsonst schlürften, sehnte er sich nach den Weisen des Altertums; die aber lagen alle unter dem grünen Hügel. Ausgewogen schwankte Han Shan zwischen daoistischer, reiner interesseloser Gebirgslandschafts-Kontemplation und buddhistischer Sicht: In einem blätterlosen Baum, von Asthieben verstümmelt, erblickte Han Shan das Leiden aller Kreatur. Karma, Wu Wei, Geburtenkreislauf, Sutren, Dao und Dharma lagen in bunter Reihe friedlich beinander im Schmelztiegel von Han Shans Kopf. Zwanglos tauchte in seinen Versen auch der Sumeru auf, der hinduistische Olympos, als wär er vom Kalten Berg aus zu sehen. Sah er einen Schmetterling, dachte er an → Zhuangzi; sah er Fische, dachte er an deren Freude. Trotz Belesenheit sammelte Han Shan Kräuter für ein daoistisches Elixier; philosophischer Daoismus und alchimistischer Dao-Hokuspokus kamen sich bei ihm nicht in die Quere. Die gelben Quellen, das Totenreich des chinesischen Volksglaubens, ließ er sich nicht nehmen. Einzig omnipräsenter Konfuzianismus, dessen Basiswerke (Lun Yu, Shu Dsching) laut Han Shan nur Binsenweisheiten enthielten (genau wie das Hou Han Shu), paßte ihm nicht ganz rein ins stimmige Konglomerat. Ein Prof. Wang monierte Schönheitsfehler an Han Shans Gedichten, die leider keine (offenbar obligatorische) Kranichknie und Wespentaillen zeigten. An Schlaumeiern und Klugscheißern bekrittelte Han Shan deren Dao-Ferne; einfache Leute verunglimpfte er als halbstarke Schwachköpfe und stumpfsinnige Fleischklumpen. Eine neureiche Frau, die seine Armut auslachte, lachte er wegen ihres Zasters aus. Obwohl Landschaftsgefühl erst in Verstädterungszeiten entstand, hatte Han Shan (wie alle Tang-Dichter) Sinn für quellende Wolkenwirbel, Steilklippen und Fernblicke. Von jadefarbenen Gipfeln schwärmte er, smaragdgrünen Weihern, vom Sfumato blauer Ferne (was Künstler im Abendland erst 1000 Jahre später reizvoll zu finden anfingen). Bei aller Selbstgenügsamkeit und später sog. Naturverbundenheit dachte Han Shan wehmütig an die Hauptstadt (wenn auch nicht ganz so zerquält wie Ovid im ländlichen Exil). Irgendwann wuchsen ihm Einsamkeit und Natur über den Kopf, doch als er zurückwollte ins Gewimmel der Welt, hielten seine Zimtbäume ihn zurück. Als einsiedelnder Greis, der 30 Jahre auf dem Han Shan verbrachte, träumte Han Shan bisweilen von seiner damaligen Frau, sah sie am Webstuhl sitzen, wie damals, aber sie erkannte ihn nicht mehr. Als der seriöse Chan-Meister (jap. Zen) Feng Ka (jap. Bukan) Gerüchte in Umlauf brachte, Han Shan sei ein Manjusri (also ein Bodhisattva weltsprengender Weisheit) und sein Gefährte → Shi Dö ein Samantabhadra (also ein Bodhisattva alldurchdringender Güte), suchte der Präfekt von Dai Dschou das Kloster Guo Jing auf, wo der Würdenträger 2 Übermenschen zu verehren gedachte und in der Küche nur 2 feixende, reisstampfende, schäbig feuermachende Gestalten antraf, die sich über Plappermaul Feng Ka mokierten und ausriefen: »Du erkennst einen Amitabha nicht, was verbeugst du dich dann vor uns?« Das närrische Duo floh, Hand in Hand, vor dem hohen Gast ins Gebirge. Der ließ sie verfolgen und von Boten Geschenke nachliefern, Räucherwerk und 2 Garnituren sauberer Kleidung, doch als man Han Shan auftrieb, zeterte der nur: »Diebe! Diebe!« und floh in eine unzugängliche Felshöhle. Der verwirrte

Präfekt beauftragte den Mönch Dao Jiao, den früheren Lebenswandel von Han Shan und Shi Dö zu erforschen und alle Poesie, auf Bäume, Steine, Fels- und Hauswände gepinselt, einzusammeln. Über 300 Gedichte kamen zusammen, auch jenes, worin Han Shan herumphilosophierte, ob wohl sein Körper und sein Ich existieren oder nicht, derweil bereits Gras zwischen seinen Zehen wuchs und Leute Früchte und Wein herbeischleppten, anläßlich seiner Beerdigung. Auch 2 Gedichte von Meister Feng Ka gerieten hinein in die Sammlung. ~ In den großen Tang-Kanon mit 48 000 Gedichten von 2200 Tang-Dichtern gelangte Hanshanzi (Meister Han Shan) nicht hinein, nicht mal in die Auswahl aus 300 Tang-Gedichten von 99 Tang-Dichtern. Aber auf Umwegen sprach er sich herum. Tuschmaler am Wegesrand der Jahrhunderte einigten sich ikonographisch auf einen Strolch mit wüstem Haarschopf, der grinsend Gedichte in die wolkenverhangene Wildnis hineinpinselt, ein mythischer Pan, der sich einen Spaß draus machte, Waldgänger zu erschrecken und mit Kuhherden »Muh!« zu schreien. Nur mühsam auf verwachsenen Pfaden stieg der Kalte Berg des Han Shan in die Bergkette heiliger Berge auf, von Tabor, Sinai, Kailash, Wu Di, Saint-Victoire, Mount Shasta. Im bürokratischen China machte er sich, dank seiner verrätselten Weltabgewandtheit, so wenig beliebt wie im materialistisch-maoistischen und dann im turbo-konsumistischen China. Wissenschaft und Sinologie erkannten, Han Shans Lyrik stamme von mehreren Tang-Dichtern, deren Produkte zu einem Zyklus gebündelt worden seien, unterm Markennamen »Han Shan«. Seinen Lesern mochte es weh tun, den in Wolkenfeldern fast schon deutlich konturierten Dichter dann doch wieder in anonyme Kollegen transpersonal sich auflösen zu sehen. Selbst Han Shans Jahrhundert ließ sich hinterher nicht mehr exakt eingrenzen. Nebelschwaden, die er besang, griffen über ihn hinaus. Man einigte sich: frühestens 577, spätestens 871. Andererseits ging hierbei nicht viel verloren; alle Motive und Attribute der 2200 Tang-Dichter – Klagen um Greisentum, Verlorenheit winziger Menschen in nebeldurchwallter unwirtlicher Großraumlandschaft, bis hin zum Detail und Topos, daß Einsiedler ab und zu mit Holzfällern und Reisigsammlern zu plauschen pflegen – fanden sich vollzählig bei Han Shan wieder, so also flössen ohnedies sämtliche Tang-Dichter in eine einzige homogene Persönlichkeit zusammen: Jeder rackerte sich zunächst, wie bereits → Laozi, als Büromensch und Steuerzahler ab, seilte dann aber sich ab, stieg aus, strebte und gelangte unhistorisch zurück zur Natur und ging als Einsiedler in ihr auf. Han Shans praktische Lebensweisheit, sich stets den Bauch vollzuschlagen, gern im Doppelpack mit angetüdelten »Ach wie flüchtig, ach wie nichtig«-Gedanken, schlug im Rückblick wahlverwandtschaftliche Brücken zu den 5 Weisen aus dem Bambuswald (→ Liu Ling), Omar Khayyam, → Hafiz, Paul Scheerbart, → Gräser. Han Shans Zeile »Das Kinn gestützt, lausch ich Vogelliedern« fand sich beim Tandaradei-Dichter Walther von der Vogelweide wieder: »ich hete in mine hant gesmogen daz kinne und ein min wange«. 1300 Jahre später wurde Gary Snyder von Jack Kerouac als Han Shan der Gegenwart gerühmt. Der »dharma bum« Han Shan (auch bei Allan Ginsberg) wurde zu einem Stammvater der Beatniks, die sich eher auf des Zen-Beatles strubblige Frisur stürzten als auf Han Shans gelegentlich betonte Selbstdisziplin. Gefangen im Polit- und Psycho-Jargon des 20. Jhdts., feierte man Han Shan als Sinnsucher, als einen, der Selbstverwirklichung anstrebte, als Kritiker an gesellschaftlichen Verhältnissen, und seine Naturlyrik als eine Quelle der Freude und Inspiration. Aus seiner Zeile »Euch Fleischessern möcht ich ein Wörtchen sagen« schloß man, Han Shan sei Vegetarier gewesen, also in diesem Punkt Buddhist.

Han Shan und Shi Dö pflügten mit irdischem Ochsen ein Felsenmeer

Worte von Han Shan: Wer von euch könnte eine Kelle Wasser dem Fisch leihen, der in der Wagenspur steckt? ◆ Genau wie der Kranich des Herrn Yang seid ihr, so fürchte ich, als Blödköpfe geboren. ◆ Pflüg mit irdischem Ochsen ein Felsenmeer und du erlebst nie einen Erntetag. ◆ Du suchst nach einem Han-Zeit-Menschen und kannst doch nicht einen einzigen mehr finden. ◆ Kannst du durch Bücherlesen dem Tod entrinnen? ◆ Drum tauch dein Elixier in Knoblauchtunke und vergiß, daß sie so bitter schmeckt. ◆ Wird es im Osten hell, lauert im Westen schon die Dunkelheit.

Han Shan über sich: Meine Worte erinnern sich an Han Shan. ◆ Die Welt zu ändern, überlaß ich euch und sitze friedlich zwischen Felsgeröll. ◆ Wenn ich eines Tages Geld besitze, trag ich Hüte, so hoch wie die Pagode dort! ◆ Lauf ich im Matsch, so rutsch ich dauernd aus. Sitz ich bei Dörflern, knurrt der Magen unaufhörlich. ◆ Befrag ich das I-Ging, warnt es vor Mißgeschick. Mein Leben unter schlechtem Stern: Dem

Baum am Ufer werd ich niemals gleichen, der Jahr auf Jahr aufs neue grünt. • Mein Aussehn nimmt nicht grade für mich ein. Mein Körper ist ein Flikkenbündel. Wo andre reden, halt ich meinen Mund. Und ihr, die ständig hierhin – dorthin rennt, versucht doch mal, zum Han Shan zu gelangen. • Weise Männer – ihr habt mich ausgespien. Ihr Narren – ich spei' euch aus! Ich will kein Narr und auch kein Weiser sein, drum laßt uns fortan nicht mehr voneinander hören. • Bin ich besoffen, und stütz den Kopf in beide Hände, wird der höchste Berg des Himalaya ein Kügelchen. • Gern tat ich ab der Lebewelt endlose Händel, will für den Rest des Lebens Farne sammeln. • Wer hätt gedacht, daß ich nun unter diesen Föhren kaure, die Knie umklammert in rauschender Kälte. • Wer kann sich losreißen aus den Verstrickungen der Welt, mit mir zu hocken zwischen weißen Wolken? • Und pinselte ich meine Verse auf Reiskuchen: selbst streunende Köter würden nicht abbeißen wollen. • Den Mann vom Kalten Berg wird es für immer geben. Er ganz alleine lebt ohne Geburt und Tod. • Den Körper in ein schönes Kleid aus Nichts gehüllt, am Fuß ein Schuh vom Fell der Schildkröte, fest in der Hand den Bogen aus Kaninchenhörnern, streb ich den Dämon Ahnungslosigkeit zu töten. • Ich bin ein alter Mann mit einem höflichen gezeichneten Gesicht. Ich habe viele Sachen gesehen, aber was weiß ich? Möglicherweise weiß ich nichts. Möglicherweise weiß ich, warum der Regen von den Wolken fällt. Wenn die Gräser mit Morgentau naß sind, kann ich ihre weichen Stimmen hören. • Einmal hinausgeschaut über die Welt des Staubes, wie könnt ich zurückfallen ins Reich der Träume? • Bis heute bin ich nichts geworden, nur ein Greis. Was von meinem Leben bleibt – keiner Rede wert.

Andere über Han Shan: Seht diesen Tölpel, was für ein grobes Gesicht er hat! Sein Hut hat nie die richtige Größe. Den Gürtel trägt er immer viel zu eng! *(Zeitgenössische Spottvögel, die Han Shan in seinen Gedichten zitierte)* • Han Shan ist aus sich selbst Han Shan. *(Shi Dö)* • Niemand weiß, woher Han Shan kam. Jene Alten, die ihn noch getroffen haben, berichten alle, er sei ein armer Mann und ein verrückter Bursche gewesen. *(Lü Jiuyin, Präfekt von Taizhou, Vorwort zum Han Shan Shi)* • Zusammen mit seinem lebenslustigen Freund Shih Te soll er sich allen Konventionen widersetzt haben und zum Schrecken von Reisenden plötzlich aus den Nebelschwaden der Berge singend und lachend und sich wie verrückt gebärdend aufgetaucht sein. *(Jochen Kandel, 1985)*

PETER HANDKE, Elfenbeinturm- und Niemandsbuchtbewohner, Zufußgeher, Nachtfahrender, Sternfahrer, Weltrandreisender, Momentsammler (geb. 1942): Der zornige junge Mann aus Griffen/Kärnten, der sich slowenischen Vorfahren nah fühlte, hatte das Ziel, bei Suhrkamp und SPIEGEL zu landen, was ihm beides, indem er arglosen Kollegen »Beschreibungsimpotenz« vorwarf, gelang. Da gab der Jurastudent sein Studium auf, um nur noch zu schreiben. Er hörte gern The Beatles, und bald basierte ein Cover auf seinem bebrillten langhaarigen Popgesicht. Zeitweise zog er seine Tochter Amina allein auf. Pep, Biß & Drive, die er in »Selbstbezichtigung« & »Innenwelt« noch draufhatte, ließ er allzu präcox wieder sausen und erging sich dann doch wieder, wie seine Kollegen, in Beschreibungen, die er im TV zwischen Pinien problemlos vorlas, à la: »Sorger war früh aufgestanden und wollte sich gleich betätigen.« Sein Schreiben kreiste um seine Wahrnehmung und sein Schreiben. Epochemachende Sprachskepsis bei Fritz Mauthner, Wittgenstein und Lord → Chandos mutierte bei Handke zu ungetrübtem Sprachvertrauen. Den Schritt des Einkaufspassagenflaneurs lenkte er zurück zum zuspätromantischen Wandersmann mit Kreditkarte. Egal, wo der Vorstadt- und Naturflaneur ging und reiste, auch mal in Japan, zückte er alle Minute sein Reisejournal und trug in ungelenker Handschrift privilegierte Sporaden und Quisquilien ein, lichtjahrfern werktätiger Bevölkerung, mit Bleistift. Bei allem Liebäugeln mit wahren Empfindungen ließ sich der alternde Dauerneophyt und -novize beim Reisen und Schreiben, statt bei Lebzeit so sprachlos wie möglich, via Joriki-Disziplin, ins Nirvikalpa-Samadhi o. ä. einzutreten, mit Fukashigi (»Undenkbarem«) & Fukatoku (»was nicht zu behalten ist«) abspeisen, mit Manoraya (erleuchtungshinderlichem Gedankenschweifen), eingesponnen – aus zen-buddhistischer Sicht – ins Bonpu-no-Joshiki (ungeschultes Jedermannsbewußtsein), im sinnlichen Parterre, ins Sich-selber-Genießen, aufstylbare Quasi-Ekstasen beim Witterungaufnehmen, Lauschen, In-der-Gegend-Herumgucken, Kopfumdrehen, Herumschwadronieren, das der Möchtegernmystiker »mein Zuschauertum und dessen Entfalten« nannte. Vor noch Uneingeweihteren aber suhlte, nein: wiegte er sich im Begehren, mit seinem Schreiben bis an den Mittelpunkt der Welt gelangen zu können. Er tat kund, häufig Sehnsucht nach einem Fluß zu fühlen. Einmal am Tag brauchte er die Natur. Auch kleine Dinge konnten ihn am Wegesrand entzücken, genau wie Heinrich Waggerl: fallendes Laub, abgelutschte Eislutscher-Stäbchen in Parkanlagen. Doch immer wieder, zwischen Tür und Brille, erwischte der Dichter, bei aller Farbenblindheit, aparte Momente: Sah er von außen in Kellerwohnungen hinein, fuhr just im dortigen Fernseher ein Lift aufwärts. Sah er im Gebüsch einen weißen Ball liegen, dünkte ihm der Tag bereits geglückt. Andererseits – wer sich in postmetaphysischen Zeiten mit einem Händchen für Wabisabi und netter Verzettelung in flachverpuffenden Satoris begnügt, weil's ein gescheites Drüben ohnedies nicht gibt, kann mit poetischen Minimalisten und Kleinteilgreifern wie → Bashô wahlverwandt sein. Nur schrieb der Schreibende, der gern von seinem »Schreib-Leben« sprach und sich, sobald er schrieb, in Sicherheit fühlte, sein Geschriebnes nicht auf Herbstblätter in den Wind, sondern alle Peanuts & Feenfürze mußten ediert werden, und vorher notiert; nichts durfte umkommen. Manuskripte pflegte er stets nur handschriftlich abzugeben; selbst Briefe tat sein Verlag ehrfürchtig – statt in Aktenordner – in den Tresor. Manchmal kam der Drauflosräsoneur auf den mehr oder minder weiterführenden Gedanken, daß er der Angestellte seiner selbst sei. Aber obwohl Denken usw. nicht sein Ding war, tat er's oft. Theologen sahen Nietzsche als echte Herausforderung; für Handke galt Nietzsche als eine »Bekräftigung«. Mit ödematöser Syntax steuerte er auf weitere wahre Empfindungen zu, und deren Stunde, und gelangte hinauf und hinein in den von → Schmidt umsonst verpönten Archetyp DP (DichterPriester). Hemmungen gegenüber Unworten wie »sinnstiftend« oder »verstummenden Stimmen« verspürte er nie. Wenn er »Zornlieder« schrieb, mochte er Protestsongs meinen. Aber weil er bei Suhrkamp und Handke war, fanden sich immer genug LeserInnen, die seine selbstreferentielle Eliteesoterik ehrfürchtig entgegennahmen und es nicht unangenehm fanden, sich – sobald er am Schluß von »Das Gewicht der Welt« triumphierend notierte: »Gegen Abend endlich wieder der Moment, da ich mich freigedacht habe: und ich hob mein Haupt« – seine fliehende Glockenstirn, bebrilltes Blinzeln, Bärtchengefussel prospektgemäß vorzustellen. Im Sensibilitätssimulator Handke bewunderten sie einen gröblicheren → Rilke, als sie vielleicht verdient hätten. Frauen im Œuvre dienten als Leserin, Dienerin, Quartiermacherin, »schönes, junges Ding«. Oft spürte die aggressive Mimose den Impuls, dem Nächstbesten ins Gesicht zu schlagen. Ein Lektor, den er tatsächlich ohrfeigte, wusch sich tagelang das Ehrenmal nicht von der Wange. Paßte ihm in Diskussionen irgendwas nicht, schmiß er Mikrophone um und beschimpfte argloses Publikum. Sobald der Jahrgangsgenosse von Boxer → Ali seinen Loverinnen in den Unterleib trat, stand's im »stern«. Starkritiker monierten zwar seinen »hohen Ton« und Niveauschwulst, und seine politischen Ansichten zu Serbien, und daß er für Deutschland sich einen »reinigenden Bürgerkrieg« wünschte, räumten gleichwohl regelmäßig seinen kleinsten Streckdruckverlautbarungen und Klagen über »Klubs und Klüngel«, und das »Lautsein« seiner Nachbarn, opulent S. 1 im Literaturteil ein, um dort zu melden, sein Werk ließe sich lesen als ein Einspruch gegen → Kafka. Zwar kam er wie Kafka nie im Schloß an, konnte aber nicht genug kriegen, eine gewisse Hinwärtsbewegung vorzuweisen und auszubauen. Österreich & Marbach zahlten ihm 2007 für ein paar Manuskripte über 1 Mill. Euro.

Rush-hour in der Niemandsbucht

Worte von Peter Handke: Während er Beatrice noch anschaute, verlor er sie schon. ◆ In der Lust strebten die Körper einmal nicht auseinander, sondern blieben zusammen. ◆ Er bekam Augen für den besonderen Stoff des Lichtes in der Bahnunterführung. ◆ Auf eine gewisse Dauer hätte die Nacht des Erzählens einen Kerker gesprengt. ◆ Überall trifft er Frauen, mit denen er, energisch trauernd, in eine Zeit des großen Innehaltens eintauchen kann, in eine Zeit, in der Augenblick und Ewigkeit in eins fallen. ◆ Die Tulpe riecht welkend nach Löwenzahn. ◆ Und Märchen heißt: am tiefsten vorgedrungen in die Welt sein.

Peter Handke über sich: Ich übersah auf meinem Lauf nichts. ◆ Ich bin meistens zu bewußt zum Traurigsein. ◆ Ich ließ mich da, und besonders mit den nächsten Menschen, gehen ins Nirgendwo. ◆ Ich bin zu streng zu mir, zu wenig gleichmütig im Mißgeschick mit den Dingen, zu voll der Ansprüche an die Epoche, zu sehr überzeugt von der heutigen Nichtigkeit: ich bin ohne Maß für ein Glücken des Tags. ◆ Ich habe geträumt: Der Schöpfer wurde übersehen, und die Schöpfung richtete sich auf. ◆ Meine Größe: das Alleinsein. ◆ Indem ich sie im Finstern suchte, empfand ich ihre Gestalt um so tiefer. Nein, kein Suchen nach ihr: sie war da. ◆ Wie war das Stürzen dauernd in mir, Tag für Tag. Und jetzt die Ruhe, das große Auge. ◆ Es ist schön, Schriftsteller zu sein, besonders, wenn man älter wird. ◆ Vom größten aller Menschen, die gelebt haben – und als den seh' ich Goethe – fühl' ich mich erkannt. ◆ Nein, ich glaub nicht an Erleuchtung. Also ich glaub, daß ma eh erleuchtet is'. Nur is' ma' zu zag.

Andere über Peter Handke: Dieser Reisende, Geher, Zufußgeher, zugereiste Erzähler, Weltrandreisende, sich selber »Sternfahrer« Nennende vertraute »der Sprache« sogar dermaßen, daß er nicht mitbekam, wie er seine feinsinnige, an Paul Cézanne geschulte Pleinairmalerei mit den Kamellen unnötig drüber ausgekippter, christlicher Mottenkisten verunzierte, allergenhaltigste, arg vorbelastete, ernstgemeinte Lesefrüchte wie Gnade, Inbild, Lichtspur, inneres Licht, glorreiche Zukunft, Nunc stans, Diaspora, »eine gewisse Pfingstlichkeit«, »Mariä Lichtmeß, das Fest der Lichtschwelle«. *(Text+Kritik, 1999)* ◆ Wir sehen Peter Handke in seiner ganzen Fähigkeit zur sentimentalen Aufladung ontologischer Kindheitsutopien samt ihren christlichen Erlösungsszenerien. *(Ursula März, 2007)* ◆ Peter Handke mag in seinem schönen Bemühen, die entzauberte Welt wieder zu verzaubern, immer mehr und immer erstaunlichere Märcheneffekte aufeinandertürmen – durch die bloße Steigerung und endlose Addition dieser Effekte stellen sich die erwünschte Himmelfahrt und die auch in diesem Buch vielfach beschworene »Entrückung« nicht ein. *(Iris Radisch, 2008)*

LOTTE HATTEMER, **Aussteigerin, Schwärmerin, Blumenmädchen, »Sonnenlotte«, »Santa Lotta di Ascona« (1876–1906):** Die flachsblonde Pauline Charlotte Babette fühlte sich im Status der höheren Tochter des katholischen Telegrapheninspektors, Eisenbahndirektors und preußischen Rats Hermann Hattemer sehr bald überhaupt nicht mehr wohl, weder in Berlin noch ab 1895 in Stettin. Auf studentischer Kundgebung, wohin sie ihr beleibter Vater mitnahm, rief sie in die Rede eines Studenten exaltiert hinein: »Alles, was ihr sprecht, ist ja Unsinn!« Woraufhin Vater und Tochter sich heftig stritten. Jeder Änderung atmete Lotte entgegen, als wenn's Erlösung wäre. Bald floh sie ihr Elternhaus, ohne Geld. Nachts diskutierte sie mit geflohenen russischen Nihilisten, arbeitete in einer Berliner Gebetheilanstalt, in einer Hamburger Matrosenkneipe als Kellnerin, traf dort eine junge Aussteigergruppe: den Industriellensohn Henri Oedenkoven, die Ex-Gouvernante und Wagnerianerin Ida Hofmann, die Gebrüder Gräser, sehr froh, mitzudürfen, gemeinsam über die Alpen zu wandern, um im wärmeren Süden einen Siedlungsort zu suchen. Sie brachte noch einen Freund in die Gruppe ein, Gutsbesitzer Ferdinand Brune, der theosophischen Dogmen engherzig frönte und den die Gruppe sofort ausschied. Zeitweise verlief die Landsuche in Zweiergrüppchen: Ida und Lotte hielten wandernd Ausschau am Luganer See, kehrten in Madonna del Piano ein, einem Dörfchen bei Porlezza, wobei Lotte nach Rotwein-, Polenta- und Minestragenuß durch gymnastische Übungen und hüllenlose Luftbäder eher auffiel als die vergleichsweise nüchtern-praktische Ida, von der aus gesehen Lotte stets in höheren Sphären schwebte. Man wanderte auch bei Regen weiter, durch Ponte Tresa und Agno. In Punto Cerisio entgingen sie nur knapp ihrer Verhaftung, wegen Bloßfüßig- und Barhäuptigkeit. Lotte gehörte zu den ersten 7 Ascona-Pionieren und Monte-Verità-Bewohnern, übernahm und übertrieb – leicht beeinflußbar – Oedenkovens Theoreme, und neigte, wenn → Gräser sprach, eher zu dessen ziemlich extremen Armutsidealen, dann wieder stärker zu Oedenkovens Theoremen. Zunächst teilte sie als rundum beliebte, rundliche Mitarbeiterin im Sanatorium Essensrationen für Mitglieder und Gäste aus, von denen sie »Portiönchen« genannt wurde, und zog schon bald separat vom alsbaldigen Haupthaus in einen Stall zurück, schief, tür- und fensterlos, baufällig, nicht ganz rattenfrei, gelegen irgendwo am 5-km-Höhenweg zwischen Monte Verità und Ronco. Dort zog sie Gemüse auf angrenzendem Weinberg, ernährte sich hauptsächlich von Maroni, Feigen, Mais und Wein. Ihr Nachtlager bestand bloß aus Decke und Reisigbündel. Bei aller winddurchwehten Ärmlichkeit summierte sich ein häusliches Durcheinander aus Koffern, Utensilien, Eßbarkeiten, Büchern, Briefen, Bindfäden, Lederriemen, Matratzen, Holzklötzen, einzelnen Sandalen, ehemaligen Hüten, Glasscherben. Auffallend durch üppige Gesundheit, Gutmütigkeit, freies Benehmen, sehr lebhaft, bis hin zum »Teufel im Leib«, teilte sie alles urkommunistisch, schwärmte für Idealismus; las mit Inbrunst Nietzsche und Goethe vor. Gastfreundlich zu Durchreisenden und wandernden Künstlern, bewegt von stürmischen Freundschaftsgefühlen, ging sie jedoch auf genauere Avancen nicht ein; Anträge wies sie zurück. Der seltsamen Jungfrau, ärmlich gekleidet, die Haare offen und wirr, sah keiner mehr die gutsituierte Beamtentochter an. Launenhaft schwankte sie zwischen ekstatischen Naturseligkeiten, Ichversunkenheiten, mystischer Gotteskindschaft und gewissen Ratio-Rudimenten. Die »wilde Lotte« verband sich so fest mit Mutter Natur, daß sie sich mit Erde wusch, um den »Erdmagnetismus recht auf sich wirken zu lassen«, und dachte viel über das Leben nach dem Tode nach. Je nach Betrachterstandpunkt fand man sie entweder originell und sympathisch oder – überspannt, kompliziert, abenteuerlich. Stets mit Blumen im Haar, schillerte sie zwischen dem präraffaelitischen Antiquarium einer eher rotbäckig getönten Ophelia und einem antizipierten, immer ausflippenderen Hippiemädchen. Sie nahm sich vor, jeder Stimmung im

Moment nachzugeben (spätere Zeiten nannten so was »spontane Impulse«). So festigte sich ihre Fama als Kreuzung aus Chaotin und Sonderlingin. Die Organisatorin und Ex-Wandergefährtin Ida glossierte Lottes extreme Entwicklung immer skeptischer: Lotte sei nur dann bedürfnislos, wenn Geldmangel sie dazu zwinge, und sie gäbe gern, habe aber nichts zu geben. Ein Besucher aus Norddeutschland, eher besorgt um ihre Moral als um ihre psychische Gefährdung, berichtete, Lotte verkaufe ihren Überschuß an Weintrauben nicht, sondern bewirte damit Kinder in ihrem Haus, und verwende die väterlichen Geldüberweisungen nicht für sich, sondern tue damit Gutes. Sie finanzierte einer alten Frau ein neues Gebiß. Als einzige unter den ersten Ansiedlern wandte sie sich, vorbelastet durch Ferdinand Brune, dem theatralischen Prediger und äußerst gottgesandten, sich in transzendentalen Phrasen ergehenden, theosophischen Sektengründer Josua Klein zu – und also von den erdnahen Gräserbrüdern ab – und pilgerte nach Locarno, um den Lehren der Theosophen Alfred Pioda und Franz Hartmann zu lauschen. Sich mit der heiligen Katharina befassend, aß sie selber nur noch Obst, steigerte sich in Zustände hinein, was Emil Ludwig eher positiv deutete: Sie würde immer durchsichtiger und glücklicher. Auf einer Reise in den Süden arbeitete sie als Aufwärterin in Rapallo, dann als Haushälterin bei einer höheren exotischen Persönlichkeit in Florenz, wo sie sich zu stabilisieren schien. Doch im Herbst 1905, zurück auf dem Monte Verità, irrte Lotte tagelang mit Selbstmordabsichten umher. Ihr Vater, tief unglücklich, reiste ihr nach, um sie zurückzuholen oder positiv zu beeinflussen. Als sie ihn den Berg hinaufkeuchen sah, floh sie vor ihm in eine Höhle über dortigen Wasserfällen; er fand sie und nötigte sie in ein norddeutsches Sanatorium, wo man sie auffütterte, bis sich ihr Zustand besserte und man ihrem sehnsüchtigen Wunsch nachgab und sie wieder nach Ascona gehen ließ. Dort suchte sie alle Stätten auf, die ihr lieb und vertraut waren, wie zum Lebwohlsagen. Die Puppenmacherin Käthe Kruse, mit ihren 2 Kindern, besuchte sie, sehr mit ihr sympathisierend, versuchte sich ansatzweise als Seelenretterin, überredete sie zu einem nochmaligen 3tägigen Treffen mit ihrem Vater in Domodossola, versah sie mit einer Fahrkarte dorthin. Dortige Gespräche und Geschehnisse blieben unbekannt. Der einkommenslos vagabundierende materialistische Dichter, Anarchist und anfängliche Asconasympathisant Erich Mühsam, der ihre Blumen im Haar als »botanischen Aufputz« ironisierte, und der Theologiestudent Johannes Nohl, beide auch Kokain- und Sacharinschmuggler, mit utopischen Gründungsplänen, für die sie Finanzierung suchten, kreisten in Ascona aufdringlich um Lotte und die gleichfalls recht seltsame Elly Lenz. Dr. Otto Groß, Privatdozent für Psychopathologie, der seiner Frau mit Analysierungsdrang übel zusetzte, drang ebenso penetrant auf Lotte ein; sie, hin- und hergerissen zwischen den Stimmen ihres Vaters, Nohls und Groß', wurde in immer heterogenere Wechselbäder getaucht. Sie wehrte sich heftig gehen Nohl und Groß, die eine Dementia präcox an ihr diagnostizieren zu müssen glaubten und sie hartnäckig zu einer Therapie überreden wollten, die sie von ihrem Jungfräulichkeitskomplex befreien sollte, und die ihren Widerstand gegen Männder schlecht freudianisch in ihr männliches System übel einbauten. Lotte Hattemer starb durch Gifteinwirkung. ~ Nohl behauptete hinterher, er habe ihr den von Dr. Otto Groß bereiteten Cocain-Opium-Cocktail nur gereicht, weil sie ohnehin fest zum Selbstmord entschlossen war. Andere Zeitzeugen beschuldigten Nohl teils aktiven Drängens, psychischen Kesseltreibens, teils eigennützigen Giftmordes und vorher Schwängerns. Ein Geldbetrag sollte ihr abgegaunert werden, um damit »einen Tempel unserer neuen Religion zu errichten«. In Bruno Goetz' Schlüsselroman »Das göttliche Gesicht« wurde Nohl zu Pahl, Mühsam zu Schwierig, Lotte blieb Lotte, von Goetz mit Idealisierung behelligt, zur kräuterkundigen Heilerin, weisen Frau und definitiven Heiligen geadelt, schwülstig aufgewertet mit Jungfrau-Mutter-Demeter-Mythos-Überhöhung; Lottes Gegenspieler depravierten zu zynisch-heuchlerischen Verderbern. Im Spannungsfeld Schwabingerei-Asconautik stellten Lotte Hattemer und Franziska zu Reventlow, laut Asconaforscher Hermann Müller, 2 entgegengesetzte Ausformungen der damals neuen Weiblichkeit und des Theaters der matriarchalen Revolution dar, beide von symbolischer Repräsentanz: hier die Tochter der mütterlich-jungfräulich-keuschen Demeter, die sich in pantheistischer Schwärmerei verlor, dort die der männerjagenden Aphrodite bzw. das Sexluder, die hemmungslose Venus vulgivaga. Eine Photographie von ihr liegt nicht vor. Ab und zu sieht man auf alten Bildern eine unbekannte, nicht sehr flachsblonde Frau, die sie sein könnte. Keiner fand sich, der mal in Stettin bei Nachfahren recherchierte.

Worte von Lotte Hattemer: Wenn man alles versucht hat, und es war alles nichts, kehrt man am Ende wieder zum Anfang zurück.
Andere über Lotte Hattemer: Lotte's losgelöstes Haar, das in dichten straffen Strähnen ihr Gesicht fast bis zur Nase zu verhüllen pflegt, gab ihr allerdings ein etwas ungewöhnliches Aussehen. *(Ida Hofmann, 1906)* ◆ Ich habe viele Male beobachtet, wie sie aus einem Kreise gemütlich beieinander sitzender Menschen plötzlich ostentativ verschwand, um nach einer Viertel-

stunde mit Blumen behangen ostentativ wiederzukommen. *(Erich Mühsam, 1905)* ◆ In und bei dem Hause war alles verwahrlost, denn die Besitzerin beschränkte sich darauf, durch Versenken in die Natur sich zu verinnerlichen. *(W. Hörtsle, 1913)* ◆ Sie fand das Treiben ihrer Kameraden lärmend und zog sich von den zu lauten Idealisten zurück. Lebte in einem ruinenhaften Haus. Schlief auf bloßem Stein. Aß nur rohe Wurzeln. Jede Nacht kletterte sie auf einen Berggipfel. Klaubte trockenes Reisig zusammen. Legte ein großes Feuer an und siebte die Asche, wobei sie jammervoll schrie: »Mein Gott, es ist noch nicht fein genug!« *(Emil Szittya, 1923)* ◆ Sie lebte in einer phantastischen Wunder- und Märchenwelt, die für sie keine poetische Ausschmückung der Wirklichkeit, sondern die Wirklichkeit selbst war. *(Bruno Goetz, 1927)* ◆ Ihr religiöser Wahn wuchs sich zeitweilig zu offensichtlichem, allerdings harmlosem Irrsinn aus. *(Robert Landmann, 1930)* ◆ Zuweilen ging sie, einen roten Schal über ihr langes Hemd geschlagen, angetan mit Sandalen und einem Blumenkranze, den sie täglich erneuerte, zu Fuß nach Florenz, begriff nicht, daß sich in den Straßen alles staute. *(Emil Ludwig 1931)* ◆ Alle Philosophien lagen hinter ihr, alles war erlebt, erlitten und überwunden. Was nun? Sie führte die Gedanken Ödenkovens und Gräsers folgerichtig zu Ende. Jede Anstrengung zur Erhaltung des Lebens war ihr Raub an der Natur, und Einkehr ins wunschlose Nichts das einzige Ziel. *(Käthe Kruse, 1951)*

FRIEDERIKE HAUFFE, **Somnambule, Beterin, Geisterfühlerin, Sensitive, »Seherin von Prevorst« (1805–1829):** Die Revierförstertochter, die zunächst ausgeglichen und heiter wirkte, aus dem schwäbischen Bergdorf Prevorst, südöstlich von Heilbronn, fand schon als Kind verlorene Dinge unverhofft wieder und nahm Geister Verstorbener wahr. Der Entschluß ihrer Eltern, sie zu verheiraten, löste unerklärliche Schwermut in ihr aus, die sich – ebenso unerklärlich – auf der Beerdigung eines Bekannten wieder verdünnte. 1822 fiel sie in rätselhafte Bewußtlosigkeit; ratlose Doktoren verordneten Aderlässe, heiße Bäder und Kräuteraufgüsse; nichts half, außer Handauflagen und magnetische Striche. Nach 18 Wochen nutzloser Bettruhe wurde sie verheiratet, prompt schwanger, bekam sie Blutflüsse, Kindbettfieber, Jammer, Nachtschweiß, Brustkrämpfe, Zerreißungen. Das Kind starb nach wenigen Wochen. Die Mutter redete 3 Tage in Versen, sah 3 Tage lang eine Feuerwalze sich durchfädeln; dann erfolgten peinvolle Wasserbetröpfelungen auf visionärer Basis. Sie sah sich weißgewandet auf dem Bettrand sitzen, Aufschreie erstickten im Hals, Alpdruck lastete auf ihrem Wachzustand. Plötzliche Eisenallergie machte es nötig, alle Nägel aus ihrer Stube zu entfernen. Lichtallergie verbannte sie ins Dämmerzwielicht. Bei Glockentönen hörte sie die Obertöne noch lange nachschwingen, wenn sonst keiner mehr etwas hörte. Ihre Physiognomie ließ sich von Zeichnern nicht richtig wiedergeben, da sie nur aus Seele und Geist gebildet schien. Ihre tote, haarlose Großmutter wurde ihr zur geistigen Führerin, zum Schutzgeist. Alle Zähne fielen ihr aus, wohl durch Calomel. Im Delirium suchten blutige Durchfälle sie heim. Ihre Menstruation wurde zum Dauerzustand. Sie erfühlte im somnambulen Zustand, den sie als hellstes Wachen bezeichnete, Heilmittel und Amulette in medialer Weise nicht nur für sich selbst, sondern auch für andere Patienten in → Kerners Praxis. Einen melancholischen jungen Mann heilte sie mit Johanniskraut; bei einer Frau mit unklaren Beschwerden diagnostizierte sie richtig einen Bandwurm, und bei einer gemütskranken Gräfin brachte ein Lorbeerblätteramulett, kombiniert mit Kräutertee, Handstrichen, Gesundbeten über 7 Tage hinweg und sympathetischer Sendung heilender Gedanken schließlich die Genesung »wie durch einen Zauberschlag«. Viele niedere, noch mit Erdenrest behaftete, also in Irrtümer verstrickte Geister unterbrachen sie, wenn sie just Suppe löffelte, mit dem trotzigen Begehren, von ihr etwas höher hinaufgebetet und hinaufgesungen zu werden. Sie sogen ihre Lieder als Labsal ein, hellten sich auf, aber die Beterin blieb geschwächt zurück. Geister, die sichtbar wurden, wurden nicht hörbar, und umgekehrt, entweder/oder. Ein schuldbeladener Geist, der seinen Namen nicht nennen wollte, nur den Buchstaben L, und sich der Bekanntschaft mit der Mutter Gottes brüstete, drang in sie, nur durch sie könne er erlöst werden und seine Schuld, 2 Waisenkinder betrogen zu haben, abbüßen und loswerden. Bisweilen sprach sie mit 2 Geistern aus konträren Zeiten zugleich, sowie mit tatsächlich anwesenden Personen, also recht polyphon. Fast jede Stunde tauchte sie, samt Nervengeist (im 20. Jhdt. eher »Ätherleib« genannt) in magnetischen Schlaf (später »Trance« genannt), wurde immer öfter Hellseherin (später »Medium«), sah den Tod von Mitmenschen voraus, sprach in fremden Zungen, in halb arabisch, halb hebräisch klingender Sprache Worte wie »Elschaddai« für Gott, »Schmado« für Mond, »Alentana« für Frauenzimmer, »Nochiane« für Nachtigall. Ihren persönlichen Geist nannte sie »Emalachan«. Der Traumkreis, worin Tiere lebten, überschnitt sich bisweilen, laut der Seherin von Prevorst, mit dem Sonnenkreis, worin Dichter und Seher lebten. Täglich berührte sie ihr eigenes Sterben, doch ihre Physis fand nicht genug Anlaß und Grund, tatsächlich zu sterben. Sie blieb auf der Schwelle zum Sterbezustand dauerhaft hängen. In den Seifenblasen, die ein Kind versprudelte, erblickte sie alles, woran sie dachte, sofort angstmachend vergrößert. Ihre jenseitigen Schauungen vermochten sie nur sehr teilweise zu trösten. Verdacht, sie betätige sich als Souffleuse der sie bedrängenden Geisterknäuel, kam nicht ganz unberechtigt auf. Immermann und Hebbel erzeigten sich unerfreut über die Unbildung und ungeläuterte Primitivität der am häufigsten bei Frau Hauffe vorsprechenden Geister. Die Albernheit und Trivialität der jenseitigen Probleme und Lamenti führte Kerner zur apologetischen Äußerung, die Geister als arg entstellte Ebenbilder Gottes zu betrachten, was sie dann fast schon wieder sympathisch und verzeihlich werden ließ. Je größer die lächerliche Entstellung, desto tragischer die Riesenkluft zwischen teilweise mißlungener Schöpfung und höchstem Wesen. Endlich riß der Faden – mit einem Freudenschrei schied Friederike Hauffe von dieser Welt. ~ Justinus Kerner, ihr Mitschreiber, der ihr zwar auf Erden nicht recht helfen konnte, überlieferte ihre Geschichte der Nachwelt, 600 Seiten lang. Abgebucht und gefeiert wurde sie von psi-fixierten Kreisen des 20. Jhdts. als eine Vorläuferin moderner spiritistischer Medien. Frühere Zeiten hätten ihre visionäre, eng an üble Zustände gekoppelte Himmelsgabe als heilige Gnade gedeutet; spätere Zeiten sprachen lieber von anorektischem Syndrom.

Fast körperlos – und deshalb tief im Geisterreich

Worte von Friederike Hauffe: Wenn du kommst in die geräuschvolle Welt, so halte den Herrn recht fest in deinem Herzen. ◆ Oft fühlt ich, daß bessern Geistern auch daher schwerfällt, irdische Fragen zu beantworten, weil sie im Irdischen so gar nicht mehr sind, ihnen dieses so ganz fremd ist, wie es bösen Geistern schwerfällt, vom Himmlischen zu reden, ja, wie sie dieses gar nicht fähig sind zu tun, weil sie von solchem so weit stehen.

Friederike Hauffe über sich: Ich bin gar nicht auf der Welt, ihr sehet mir alle so sonderbar, so lästig aus! Ich sehe euch so plump, so dick; ich meine, ihr könntet vor Schwere gar nicht gehen. ◆ Ich mag von diesen Erscheinungen gar nichts mehr sagen, und wäre nicht jemand zugegen gewesen, als ich den Krampf erhalten, so hätte ich es verborgen.

Andere über Friederike Hauffe: Sie war klein, ihre Gesichtszüge orientalisch, ihr Auge hatte den Stechblick eines Seherauges, der durch den Schatten langer, dunkler Wimpern und Augenbrauen noch gehoben wurde. Sie war eine Lichtblume, die nur noch von Strahlen lebte. *(Justinus Kerner)* ◆ Dieser Art also sind, meiner Meinung nach, auch die Geistergespräche der Seherin von Prevorst, und findet diese Erklärung eine starke Bestätigung an der unaussprechlichen Abgeschmacktheit des Textes jener Dialoge und Dramen, welche allein dem Vorstellungskreise eines unwissenden Gebirgsmädchens und der ihr beigebrachten Volksmetaphysik entsprechen, und welchen eine objektive Realität unterzulegen, nur unter Voraussetzung einer so gränzenlos absurden, ja empörend dummen Weltordnung möglich ist, daß man ihr anzugehören sich schämen müßte. *(Arthur Schopenhauer)* ◆ Das leidensvolle, aber zart und edel gebildete Antlitz von himmlischer Verklärung übergossen, die Sprache das reinste Deutsch, der Vortrag feierlich und musikalisch, der Inhalt überschwengliche Gefühle, die bald wie lichte, bald wie dunkle Wolken über ihre Seele zogen. *(David Strauß)* ◆ Was Frau Hauffe in ihrem »magnetischen Schlaf« alles sah und sprach (und Kerner aufschrieb), ist so phantastisch, daß Schrebers »Denkwürdigkeiten« daneben verblassen. *(Karl Markus Michel, 1986)*

Kaspar Hauser, Findelkind, Sensitivling, Simplex, »Kind von Europa« (1812–1833): Als Kind vegetierte er langfristig im Kerker, mit Wasserkrug, Brot und Holzpferd, angeblich von 1816 bis 1828 (was nicht stimmen kann, da einer, der licht-, jod- und vitaminlos heranwächst, Wachstumsstörungen, Hungerbauch, Kropf, rauhe Haut, Skorbut, Rachitis, totalen Zahnausfall, Xerophtalmie, Ödeme, Anämie hätte bekommen müssen, wovon die Protokolle nichts vermeldeten). Nach seiner Befreiung und stückweisen Eingliederung in normale Nürnberger Gesellschaft brütete der Halbwüchsige debil oder tierisch vor sich hin, vorgeschobenen Unterkiefers, monatelang, ehe sein stierer Blick Ausdruck und Leben zu gewinnen begann. Zitternde Hände, hypersensibel tagsüber, unaufweckbar bei Nacht. Viele hielten ihn für einen Betrüger, obwohl fehlende Hornhaut an den Füßen und Augenentzündung sich so wenig simulieren läßt wie Überempfindlichkeit gegen Licht, Geräusch, Geruch, Metall, wogegen er Bärlapp, Arnika, Aconitum,

Nux vomica bekam, von seinem ersten Vormund und Ziehvater, Professor → Daumer. Abendmahlswein, den einzigen Alkohol, den er je zu sich nahm, erbrach Kaspar sofort wieder. Laufen-, Sprechenlernen, Welterfassung, alles, was sonst 10 Jahre Kindheit verschlingt, absolvierte der geistig Zurückgebliebene im Schnelldurchlauf, in älterem Deutsch gesagt: im Sauseschritt. Aufjauchzend, mit einatmend ausgestrecktesten Fühlhörnern, füllte Kaspar seine Tabula rasa mit dem bisher abgeblendeten, jetzt überbunt auf ihn einstürzenden Bilderbogen Welt. Errungenschaften, Eindrücke, Glücksgefühle, Aha-Erlebnisse überprasselten ihn gewaltig; ständige Überseligkeit überflutete ihn (wie später Leonard aus Oliver Sacks' »Zeit des Erwachens«). Beim Weinen grimassierte er weiterhin animalisch; sein Lachen aber beschrieben alle Zeitzeugen als von unbeschreiblich holdseligem Liebreiz. In den Monaten seiner Ruckzuckkindheit rekapitulierte er alle archaischen Kulturstufen, als Ernst-Haeckelscher Keimling. Anfangs versuchte er seine Ohrmuscheln, über die er als Fremdkörper erschrak, abzustreifen, später vermißte er Ohren und Haare am Vollmond, den er für ein Abziehbild hielt, an den Nachthimmel geklebt (vorzeitig medienzeitaltergeschädigt?). Angesichts von Sternschnuppen kritisierte er deren mangelnde Befestigung am Himmel. Im Anblick gezähnter Blätter fragte er, wer die alle ausgeschnitten habe. Bäume sah er, statt hervorwachsen, von außen hineingesteckt. Kommentar zu einer Porträtzeichnung von ihm: »Wenn die Nase nicht wäre, wäre gar nichts von Kaspar in dem Bild.« Katzen versuchte er aufrechten Gang und Essen mit Besteck beizubringen, und Ochsen nahm er übel, daß sie die Straße als Klo benutzten und auf seine Ermahnungen nicht antworteten und nichts lernen wollten. Sein voll intakter, wunderbar prähistorischer Animismus machte ihn so herzrührend sympathisch wie → Franziskus von Assisi oder → Rumi. Ohne Ethik-Seminar und fern buddhistischer Vorbildung zeigte er beim Anblick getöteter oder gequälter Tiere, laut Prof. Daumer, herzzerreißende Wehmut. Als man Kaspar belehrte, Tiere seien zum Essen da, erneuerte er die schon seit Urzeiten, seit spätestens Ovids Pythagoras, geläufige Ansicht, man könne doch anderes essen, z. B. Brot. Eingesperrte, zum Braten bestimmte Vögel ließ er gern fliegen (wie Leonardo da Vinci, der Käfigvögel aufkaufte, zwecks Freilassung). Litt ein Pferd an geschwollenem Bein, weinte er fast; wehrte sich auch, daß man ein Pferd, das auf der Bühne einen Maulesel spielen sollte, solchermaßen zum Narren halte. Zu Leuten, die Insekten töteten, sagte er: »Dieses Tier möchte auch gern leben.« Schläge, mit denen er Kinder gezüchtigt sah, spürte er am eigenen Leib – Tat twam asi! Ehe Kausaldenken bei ihm erwachte, mußte er sich, statt aus Kiemen und Fell, aus spontaner Allbeseelung heraushelfen lassen. Brummkreisel und rollende Äpfel hielt er für belebt, ausrollende Äpfel für müde. Kegelbahnkugeln, die andere Kugeln beim Rollen anrempelten, fand er unsympathisch. Seiner Königin im Schachspiel wollte er Augen einsetzen, auf daß sie nicht mehr vom Pferd geschlagen würde. Um ein gemaltes Pferd, das er für kopflos hielt, das aber den Kopf lediglich perspektivisch nach hinten umwandte, von vorn zu erblicken, suchte Kaspar die umgewendete Buchseite nach dem Pferdekopf ab (wie vorher Simplex Simplizissimus und später Naturvölker, denen Missionare Filme vorspielten und die die Hühner, die aus dem Bildfeld liefen, hinter der Leinwand suchten). Anhand von Brotkügelchen lernte er, daß es auch passiv unbelebte Dinge gebe. Trotzdem litt er weiterhin daran, sobald Lausbuben Steinfiguren der Nürnberger Burg mit Stöcken schlugen. Kirchen von innen waren ihm gräßliche Orte; angenagelte Figuren wollte er von ihren Kruzifixen befreien. Chorgesang hörte er als Geschrei, und wenn die Leute endlich aufhörten zu schreien, fing der Pfarrer zu schreien an. Oft nahm er damaliges Ohropax: Baumwolle. Im Unterricht sträubte er sich gegen Oberbegriffe. Prof. Daumer: »Du bist ein Mensch!« »Ich nit Mensch, ich Kaspar!« Erklärungen über Gott leuchteten ihm nicht ein. Weder brachte Kaspar Gottessehnsucht, metaphysische Bedürfnisse noch Gespensterfurcht mit; selbst Angst nicht, scheinbar mangels vorhergängiger Einimpfung. Eine Wassersuppe schmeckte ihm von Tag zu Tag besser, so daß er fragte, warum man sie nicht gleich so gut zubereitet habe (Subjekt-Objekt-Vertauschung kraft säuglingshaft ungetrennter Hemisphärentätigkeit im Hirn!?). Als er im Unter-Null-Winter 1828 Atemwolken ausstieß, hielt er das für eine Folge seines Passivrauchens neulich. Wenn er las, las er laut, wie kulturgeschichtlich bis 400 n. Chr. allgemein üblich. Vom Naturgrün verlangte er, es solle blau oder rot sein. Am Rotwein reizte ihn nur die Farbe. Schöne Aussicht in freier Landschaft sah er nicht als schön, da sie bloß grün sei. Nach und nach übernahm er die Ausrufe seiner Mitmenschen, dies sei ein schöner Abend oder Tag. Bald fand er alles schön, solang es nicht wie Mohren, Kohlenhändler und Schornsteinfeger aussah. Schwarzbeersuppe verschmähte er. Selbst Kaffee war Kaspar zu dunkel. Graue Katzen empfahl er weiß zu waschen. Pflanzen und Statuen warf er vor, sie putzten sich nicht selber. Lange, statt über Komisches zu lachen, schauderte er davor zurück (wie Afrikaner im 19. Jhdt., die Zirkusclowns für Dämonen hielten). Ab August 1828 hatte dann auch er Sinn für Humor gelernt. Unter dem Einfluß von Lord Stanhope entwickelte er sich sogar zum gestelzt redenden Dandy. Sehr gut gefielen ihm glänzende Objekte, Vergoldungen, symmetrisch aufgehängte Bilder, oder auch die dünnen Beine von Windhunden und Störchen. Jung/Schön & Alt/Häßlich bei Frauen unterschied er keineswegs und vermochte er lang nicht zu lernen. Sobald Kaspar Mädchenkleider anhatte, fand er's unverständlich, daß er nun trotzdem kein Mädchen war. Abscheu gegen altdeutsche Haar- und Barttracht, Haarbeutel, Zöpfe, Knochen, Kinderspiele, dicke Leute, traurige Musik, Katzenschnurrhaare äußerte er durch konvulsivisches Schütteln. Mördern wünschte er Tod und vorher Folter (die »Rübe ab!«-Mentalität von US-Farmern und George-W.-Bush-Wählern in Texas, alias: die mosaisch-althebräische Zahn-um-Zahn-Lehre, in ihrem unschuldigen Aufgang). Stets hielt er erste Eindrücke für wahr und spätere Korrekturen und veränderte Informationen für unberechtigt. Unterentwicklung ging bei ihm Hand in Hand mit abnormer Überentwicklung, siebtem Sinn, exzellentem, schier autistischem Datierungs- und Namensgedächtnis: Anhand von Schmutzflecken prägte er sich die Herkunft jeder einzelnen Geldmünze ein. Vorschulstadien liefen simultan mit Pubertät und Erwachsenenstatus – Kehraus von Entwicklungsphasen und Kulturstufen, die sich eigentlich ausschlossen. Nach langem dunklen Winter kam ein ekstatischer Frühling. Dann aber drang man ihm Fleischkost auf, wodurch sich seine hypersensitiven bis paranormalen Reizzustände verloren, samt geistiger Regsamkeit, Augenglanz. Ein Sommer der Abstumpfung folgte. Ab nun zeigte er sich auch nicht mehr widerspenstig gegen die Gottesvorstellung. Er gewöhnte sich an fast alles. Jugend-Elan troff ab. Hauser normalisierte sich. Befragt, ob er nicht auch einmal eine Frau wolle, erwiderte er: »Was soll ich mit ihr tun? Frauenzimmer sind zu nichts nütze als zum Dasitzen.« Daumer wagte nicht, ihm den genaueren Sinn und Zweck seiner Erektionen, die ihn als Reaktion auf Bärlappsporen-Medikation beunruhigten und mit denen er nichts anzufangen wußte, zu erläutern; im Gegensatz zu Mongis, Debilen, Primaten und anderen Säugern entdeckte Kaspar keinerlei Geschlechtlichkeit, bis zum Winter 1829. Seine Weltaneignung wurde zum Leidensweg eines Versuchskaninchens. Zeitweise spielte er mit dem Gedanken, Uhrmacher oder Kaufmann zu werden, jedenfalls nicht Buchbinder. Dann folgten mysteriöse Mordanschläge. Man stürzte sich langfristig auf die Rätsel seiner Abstammung statt auf seine Psychologie. ~ Dichter und Denker dichteten und dachten an ihm herum: Verlaine, Stefan George, → Trakl, → Rilke, Hans Arp, Klabund, Walter Höllerer, → Handke, Rose Ausländer, Dieter Forte. Verhaltensforscher nannten die Tierzucht in der Isolation zwecks Bestimmung genetisch angelegter Verhaltensmuster »Kaspar-Hauser-Versuch«. Sozialpsychologen nannten Entwicklungsstörungen (Gemütsarmut, Kontaktprobleme) »Kaspar-Hauser-Komplex«, obwohl Hauser ja nur ein Jahr lang solche Symptome zeigte, und 4 Jahre lang nichts davon. Alexander Mitscherlich übertrug den Hauser-Status tiefenpsychologisch auf die moderne Gesellschaft insgesamt, um so die Auswirkung des diagnostizierten Verlusts einer verbindlichen Sinn- und Wertordnung begrifflich fassen zu können. Wissenschaft überzog den Casus mit spezifischer Terminologie, sprach von unverschuldet-fataler Subjektlosigkeit, sozialer Exkommunikation und katastrophaler Ausgegrenztheit. Werner Herzog machte 1974 aus Hauser, 16, einen 34jährigen Mann und aus Daumer, 28, einen 82jährigen. Die Verfilmung von Peter Sehr 1993 übersprang zum Glück nicht Kaspars Freude am Sternhimmel. Esoteriker und Okkultisten feierten Hauser postum als großen atlantischen Eingeweihten, beteten um seine Wiederkunft und erklärten merkwürdig plausibel, warum Hauser als Baby nicht getötet wurde, weil dann nämlich seine Seele sich sofort anderswo inkarniert hätte, so aber wurde die Seele blokkiert. Seit 1990 veranstaltet Ansbach »Kaspar-Hauser-Wochen«, seit 1998 »Kaspar-Hauser-Festspiele«. 1996 bebte Ansbach der Rätsellösung des SPIEGEL bzw. der DNS-Analyse von Hausers blutbeflecktem Museumsexponat, seiner Unterhose, entgegen, aus Angst, alsdann könnten Touristenströme abebben, doch genug Geheimnis blieb übrig. 2001 wurde das alles auf ARTE noch mal wieder anders geklärt: Seine kognitiven Anomalien führten zur medizinischen Vermutung, er könne an einer Mikrozephalie mit geistiger Minderleistung, bedingt durch *Epidermolysis bullosa,* gelitten haben. Kaspar Hauser landete archetypisch (zusammen mit Tarzan, Mogli, Sigismund von Polen, → Kelly, Forrest → Gump, → Papageno) in der langen Reihe tumber Toren, lieber Kerle, Dümmlinge, Binsenkorb-Babys, Wolfskinder, Naturmenschen, Autisten, Mother Nature's Sons, Gäste aus anderen Welten, vom Mond Gefallener.

Worte von Kaspar Hauser: Wie schön wäre dieser Baum, wenn die Blätter auch so rot wären wie die Äpfel.
Kaspar Hauser über sich: Ich bin meinen Nebenmenschen mit Liebe zugetan, jedoch ist mir der Herr Bürgermeister Binder, dessen Gattin und Professor Daumer wegen der mir bewiesenen Güte und Liebe besonders teuer. ◆ Wäre alles an mir so gut, wie mein Hinterteil, so stünde es sehr gut mit mir. ◆ Das Schönste, was ich gesehen, ist der gestirnte Himmel; das Schönste, was ich gehört, das Klavier. ◆ Ehe ich in das Zimmer kam, bekam ich einen Augenblick ein unbewußtes Gefühl. ◆ Mir liegt an meinem Leben

Umstände machten ihn zum Mystiker

nichts; ich habe ja früher auch nicht gelebt und habe es lange gar nicht gewußt, daß ich lebe.

Andere über Kaspar Hauser: Hauser ist vom Himmel gefallen. *(Zeitungsmeldung, 1826)* ◆ Das rührende Bild der reinsten Güte, welches Hausers Erscheinung in den ersten Zeiten gewährte, übertrifft alles, was von dieser Art die Phantasie sich erfinden könnte, und läßt sich in der Fülle seiner Lebendigkeit durch keine Beschreibung ausdrücken. *(G. F. Daumer, 1828)* ◆ In sittlicher Beziehung ist Kaspar Hauser eine lebendige Widerlegung des Lehrsatzes von der Erbsünde. *(Anselm von Feuerbach)* ◆ Wenn Kaspar Hauser nicht gelebt hätte und gestorben wäre, wie er tat, so wäre der Kontakt zwischen der Erde und der geistigen Welt vollkommen unterbrochen. *(Rudolf Steiner)*

HEMME HAYEN, Bauer, von Gott Ergriffener, Verzückungsmystiker (1633 bis ca. 1689 oder später): Aus Hysluyden kam er, aus Gutsherrenkreisen aus Engerhafen. Sein Stiefvater: Binnenschiffer und waterländischer Mennonit. Auch der pietistische Prediger Benjamin Potinius beeindruckte den Hemme geistlich. Ab 1643, weil er zu hurtig rannte und sich das Bein verrenkte, hinkte er für immer. 1658 heiratete er die Westfriesin Imme Lamberts und lebte mit ihr dann als Landmann in Upgant bei Marienhafen. Die Bibelsprache, in der er schwamm, färbte auch deutlich ab auf seine insgesamte Ausdrucksweise: »Da begab es sich, daß mein Sohn sich den Fuß verrenkte.« Der also auch! Daß eine seiner Töchter mit 12 im Brunnen ertrank, sah er als Prüfung Gottes. Sein Sohn Haye fiel auch mal rein, aber den konnte er retten. Am 4. 3. 1666 widerfuhr dem Vater Hemme ein großes Gnadenlicht, ausgerechnet, als das ganze Hausgesind sich mit Heimsuchungen plagte. Einerlei, an welche Bibelsprüche er dachte, er verstand sie plötzlich zuinnerst, auf eine geistliche Weise. Er verspürte eine übernatürliche, ganz unaussprechliche, wohl aufs höchste übermenschliche, also eindeutig himmlische Süßigkeit, dergestalt, daß der Hemme vor Freude aufschrie, mitten in der Nacht, und er erzählte seiner lieben Imme, nun gebe ihm Gott, worum er ihn immer gebeten habe. Imme: »Das ist gut. Aber warum schreist du denn so?« Er konnt's halt sich nicht verkneifen; dann aber ließ der Zustand ein wenig nach. Den Mennoniten aus Oldenburg, der vorbeikam, um das Bein seines Sohnes zu verbinden, brachte er noch ein Stück Wegs, aber obwohl sie über → Böhme redeten, verbarg sich das neue Gotteslicht dem Hemme während des Fußmarschs, bis auf ein wenig Glut. Dann, wieder daheim, stand er unsicher herum, wußte nicht, ob noch was folgen sollte. Aber die innere Arbeit wurde so stark; es wühlte gar sehr in ihm; wie in Geburtswehen dünkte er sich, 3 Tage lang. Er sprach Worte aus, bevor er sie dachte. Er wollte sein Glück auch seiner Schwester erzählen, aber die wohnte in Engerhofen südlich von Upgant; er marschierte lang durch Feld und Heide, tauchte dort auf: »Schwester, ich bin in dem Himmel!« Sie glaubte erst, er sei nicht ganz richtig, und ob er zuviel gelesen hätte? Nein, hatte er nicht. Sein Schwager kam rein, und andere Leute, weil er so laut redete, und sie aßen was, Hemme aber aß nicht mit. Auf dem Rückweg dachte er unter anderem: Wenn da jetzt Gold auf dem Weg läge, und Diamanten, er würde sich nicht danach bücken, um keine Sekunde aus dem göttlichen Zustand herauszubrechen. Plötzlich spürte er, daß soeben der Prediger Potinius von Marienhoven seine Frau besuche, und nach einer Weile, daß er wieder weggehe. Hemme kam heim, fragte, wieso er schon gegangen sei, da wunderte sie sich, daß er davon wußte. Später saß er beim Potinius, und Fremdsprachen brachen aus ihm hervor, und Potinius konnte jeweils genau sagen: Jetzt isses Hebräisch, jetzt Griechisch oder jetzt Latein. Nachts beim Auskleiden sah er beim Feuerherd auf einem Backstein ein zirkelrundes Licht, reichstalergroß, konnte das mit Mondlicht nicht erklären und bekam gesagt: »Das ist ein Teilchen der neuen Erde.« Er guckte es lang an, ging drum rum, und dann ging's auch wieder weg. Diese Vision nahm vielleicht Maß an Böhmes Zinnteller (und antizipierte J. L. Borges' Aleph und → Unwiederholbeins Weltlupe). Hemme hörte dann auch himmlischste Musik und atmete himmlischste Düfte, und siehe: Seine Imme fragte, was röche denn hier so gut? Den Duft konnte sie mitgenießen, die Musik aber hörte sie nicht. Am andern Tag rollte wieder etwas herbei, was der Geist vorher spüren ließ, und Hemme hörte Gottvater und Sohn reden, erst innerlich ohne Stimme, dann auch äußerlich mit Stimme, 3 Stunden lang. Er spürte auch die Passion, streckte die Hände aus, als Jesus gebunden wurde, und spürte den Todesstoß genau, als sein Sohn Haye zufällig im Haus eine Schüssel fallenließ. Dem Vater Hemme brach deswegen Schweiß aus dem Angesicht hervor. Er schlief dann 40 Stunden, parallel zu Jesu Tod. Als sich mal eine Vision unstabil auflösen wollte, polterte der Visionär verzweifelt: »Mein Herr Jesus! Gehe doch nun nicht von deinem Knecht weg, oder bleibe, erst ein wenig mit ihm zu reden!« Jesus führte ihn auch mal wild in der nächtlichen Landschaft herum, quer durch Gewässer, was Hemme als Taufe deutete. Oder Gott sagte am Kamin zu ihm: »Stecke deine Füß ins Feuer!« Imme fragte: »Ich auch?« Beide Eheleut steckten den rechten Fuß rein, und verbrannten sich nicht. Auch der Sterngeist suchte den Hemme heim, überzogen mit Schuppen als ein Fisch. Von 12 Kindern lebten nie mehr als 3 auf einmal, d. h. starben in summa 9. Irgendwann zog Familie Hemme nach Amsterdam, wo sein liebes Weib Imme 1683 dann starb. Auf Wunsch einiger Freunde erzählte er später seinen Lebenslauf so, daß sie's aufschreiben konnten. Er starb nach einigen Jahren am Fieber; er küßte vorher noch alle Freunde, die ihn zuletzt besuchten. ~ Der Bericht von ihm, genannt »Levens-Loop van Hemme Hayen, op begeeren van eenige Vrinden door hem verhaalt, en door de zelven aldus opgeschreeven, den 10 Mey, Ao. 1689«, erschien in Haarlem 1714, auf deutsch in Johann Henrich Reitz' »Historie der Wiedergebohrnen«, 1717, wurde 1907 in Martin Bubers »Ekstatischen Konfessionen« ausschnittsweise wiedergegeben. Andere zeitgenössische Berichte über den flämischen Mystiker und protestantischen Laien Hemme Hayen, oder gar Bilder, wie er ausgesehn hat, entstanden und gab's nicht.

Worte von Hemme Hayen: Denn das Himmlische übertrifft sehr weit an Schönheit das Irdische.
Hemme Hayen über sich: Ich überlegte die großen Dinge und stellte wieder meine Kleinheit dagegen. Hiermit ging ich dann zu Bett. ◆ Und als ich durch das Feld gewandelt, und auf die Heide kam, wurde meine Zunge ohne mein Zutun gleich als beweglich und stammelnd in meinem Mund, und ich redete, wiewohl nicht ich, denn ich tat nichts dazu, sondern einzig die göttliche Kraft redete aus mir oder durch mich. ◆ Es ist noch eine Zeit vor mir vorhanden, worin mir etwas Sonderliches soll begegnen! ◆ Denn der Leib war zu schwach, diesen Glanz zu ertragen. Da bat ich und sagte: Herr, nicht mehr, oder meine Brust will voneinander reißen! Und also ging ich süßiglich fort nach meinem Haus. ◆ Doch hierin sind noch andere tiefe Geheimnisse, welche mir jetzt nicht einfallen. ◆ Nach nicht gar langer Zeit, wurde mir in einer Entzückung die Herrlichkeit der Kirche, und das Verhältnis Christi zu ihr offenbart, und diese Geschichte pflege ich wegen ihres Geheimnisses beinahe niemals zu erzählen.

Andere über Hemme Hayen: Die Trennung vom alten Fleischesleib ist für Hemme Hayen deutlich mit dem Eindruck verknüpft, daß der alte Leib wie ein totzer Klotz im Bett zurückbleibt. Zwar hatte er nicht, wie Filippo Neri, Augenzeugen seines Zustandes der Entraffung, aber er ist selbst davon überzeugt, daß solche Zeugen ihn für tot gehalten hätten und dem gleichen Irrtum zum Opfer gefallen wären, dem in vielen Fällen die Hausgenossen früherer und späterer Visionäre angesichts der leblos liegenden Leiber der Entrafften erlegen sind. *(Ernst Benz, 1969)* • Er wollte im Verborgenen leben und lehnte jede Publizität strikt ab; darin seinem gelehrten Zeitgenossen Pascal vergleichbar, der seine Erleuchtung nur niederschrieb, um sie im Innenfutter seines Rockes einzunähen. *(Martin Tielke)*

Eckhard Henscheid, Satiriker, Romancier, Fußball- und Opernkenner, Svevo-Preisträger (geb. 1941): Geboren in Amberg, las der Jahrgangsgenosse von → Gaddafi 1957, trotz Meßdienergewand, noch nicht mal Karl May, halt Spätentwickler. Dennoch ab 1960: Germanistikstudium in München. Ein Finger, beim Handball lädiert, verhinderte einen Musiklehrer, der sich bereits 1969 als Liedbegleiter von Rita Streich, Kammersängerin, betätigte. Aufgestiegen, kraft einer flotten, wortreichen, urkomischen »Trilogie des laufenden Schwachsinns«, zu einem Zweitausendeins-Kultbuchautor, verschob die Tätigkeit des Oberpfälzers sich auf satirische Felder, sehr progredient, ja unaufhaltsam. Seine Zeitgenossen zupfte er am Kittel, unter der Gürtellinie und anderswo, wischte erledigte Fälle serienweise vom Tisch, stampfte TV-Zombies und Kotzbrocken in den Boden, kam immer wieder auf sie zurück: Lieblingstörin »Ruis Linser« (d. i. Luise → Rinser), Helmut Kohl, Reich-Ranicki, Edmund Stoiber, Günter Grass, Reinhold Messner, Siegfried Unseld, Joachim Kaiser, Botho Strauß, Björn Engholm, in summa: auf fast absolut alle. Aber eine arg einstellige Kopfzahl respektierte oder lobte er halbherzig bis überschwenglich, alte Weggefährten: Robert Gernhardt, F. W. Bernstein, Ror Wolf, → Polt, Heino Jäger, die er, wenn er sie nicht zufällig von früher her persönlich kennen würde, ebenso wortmächtig, inhuman, schadenfroh gepfeffert in die Pfanne gehauen hätte wie sowieso prinzipiell und programmatisch sämtliche andere. Einzig Brigitte Kronauer – wieso eigentlich? – ließ er unbesudelt. Nie dämmerte ihm auf 9000 Seiten sekundenlang, daß er selber nicht in jedem Fall als eindeutig herrlicheres Geschöpf ausfiel denn all seine Opfer. Kaum verlor Henscheid juristisch gegen René Böll & Gertrud Höhler, weil er Böll senior »steindumm«, »talentfrei« und »korrupt« genannt und Mutter und Sohn Abel Höhler inzestuöse Witzelei aufgebrummt hatte, nannte er Nobelpreisträgerin Elfriede Jelinek »furzdumm«. Frauen lasen lieber den versöhnlichen, netten, frauenfreundlichen Softie Gernhardt, diesen moderat wiederaufgelegten Kurt Tucholsky, und nicht so gern den Hardliner-Spottvogel – seines spürbar sexistischen Machotums wegen –, den reinkarnierten → Kraus, dessen Planstelle Henscheid mit H. Gremliza und F. J. Raddatz teilte. Henscheid – ein selbstironisch gewordener Kraus, der auch mal in Jugendsprache und Dummdeutsch eintauchte. Otto Waalkes zappelte als Grimassier-Marionette seiner Ghostwriter herum; Henscheid aber machte als höherer Blödelbarde alles selbst: Er begann seine Bücher oft understatementartig und flippte weiter hinten gern aus, schaukelte wahnwitzig sich in Nonsens-Ekstase hinein und hinauf, nachahmlich, aber unerreicht. Verbal schlug er sogar auf ganze Rassen ein, wie in seiner lustvollen Negerl-Anthropologie, worin er harmlose Gernhardtlyrik als rassistisch entlarvte, um's noch 11mal schlimmer zu treiben, und »alle deutschen Neger« aufforderte, Gernhardt zu vermöbeln (mit Privatadressenangabe). Henscheid schritt sogar zur Kritik des Weltalls, warf Gott vor, mit einfallslosem kosmischen Herumgekleckse seine Geschöpfe nur zu verarschen (man beachte den unwiderleglichen Wahrheitskern!). Selbst vor sich selber machte er nicht halt, strapazierte, ja transzendierte den Selbstironiebegriff: Auf einer Busfahrt (mit Peter Rühmkorf, Gerd Haffmans u. a.) zum Puff von Paris, innerhalb gleichnamiger Prosa, zeigte er sich als einer, der in den Aschenbecher onaniert, für alle bestens sichtbar. Fast alle Henscheidopfer ließen sich alles gefallen und machten ohne Schamröte vollrohr so weiter. Hans Wollschläger wollte nicht einfach so mitgeschleift werden nach Paris und ward in späteren Auflagen »Willi Wüllenweber« getauft, als der er um so gelächterlösender weiterlebte. Als Eckpfeiler der NFS (Neuen Frankfurter Schule) wirkte Henscheid stilbildend aufs Satiremagazin Pardon ein, alsdann auf Titanic, Edition Tiamat (»Peinliche Persönlichkeiten«). Ableger der Henscheidbrut (Gerhard Henschel, Wiglaf Droste) vermochten polemische Bißfreude zwar abzugucken; statt zu Verdikenntnis und Höhenflug – mit Tiefgang – brachten sie es reihenweise nur zu Popmusic. Schmalspurköpfe sahen die von Henscheid als Dumpfnuß und Kackspecht beschimpften Rainer Kunze & Sarah Kirsch als Dichter, stuften W. Hilbig, H. J. Ortheil, R. Rothmann als Literaten und Prosaisten ein, und taten Henscheid, der mehr humanistischen Bildungswortschatz draufhatte als 33 Kollegen, ab als lediglich »Klamaukschriftsteller« (G. Ueding), als »begnadeten Blödler« (H. Karasek), als »muntere Ulknudel« (J. Kaiser), bis hinauf, nein: hinab zum »Oberspaßmacher der Nation« (J. Drews). Der Kentaur aus Stammtischler und Opernhausbesucher lebte so nah am Fußball wie am Rheingold. Sein Sinn für Naturschönheit, Idyllik, Katzenhaltung ließ den ausgewiesenen Kohl-Biographen und Opernführer, der eine tückisch hochelegante Ehrenrettung von Mozarts Landedelmann Don Ottavio vortrug, Werke über Eichendorffs Posthornromantik schreiben, Goethebücher, Hegel- und Fußballanekdoten, alles über Bäderkönig Zwick, Nachrufe an offenen Gräbern. Monumentalwerke kreisten um Obszönität und kulturhistorische Mißverständnisse. Wer ihm amusisch bis hochnäsig Stammtischschimpferei vorwarf, konnte gleich Gustav Mahler vorrechnen, der habe nur Militärmärsche und Ländler komponiert. Sich selbst kennzeichnete der Maestro in hintertückischer Erwägung, eine Autobiographie zu verfassen, als ameisenfleißig, hochmoralisch, schwergebildet, skrupulös freundlich, und schrieb sich ein Menschheitsideal zu wie mindestens Albert Schweitzer und Prof. Sauerbruch. Privat zeigte er sich als vernuschelter Monologomane bis Autist, na gut: Solipsist, dialogunfähig, sogar seltsam humorlos (derweil im Œuvre null Humordefizit sich einschlich, im Gegenteil). Auch oral neigte er zum Schachtelsatz. Manchmal im Gespräch wurde »Eckardl«, wie er sich selbst kosend gelegentlich nannte, von interessant verklärtem Lächeln angeweht, was dann wieder Sympathie, ja: Bemutterungsinstinkte wecken mochte/gekonnt hätte. Fama wollte sogar wissen, daß er sich gutaussehend finde. Verlegern, Kontakten, Freunden galt er als pflegeschwer. Zum 50. Geburtstag verbat er sich alle Gratulatio; als dann viele ihmzuliebe tatsächlich nicht gratulierten, nahm er ihnen dies erst recht übel (Double Binds). Da er alle Literaturpreise und deren Träger beschimpfte und nichts anzunehmen ankündigte, wagte ihm (fast) keiner was anzubieten. Obwohl er nur 3–5 Bücher losließ, die ihn als Romancier auswiesen, und ab ca. '93 kaum noch Romanhaftes nachkam, aber in rascher Folge 60 Bände zweitverwertete Polemiken, Kritiken, Satiren, Glossen, Rundumschläge, Feuilletons, wurde der Satiriker sofort fuchsig, wenn einer ihn, statt Romancier, Satiriker nannte. In ausgelutschter Routine kritisch anprangernder Zitatsammlungen (Verweigerungskultur, Erinnerungskultur, Soundsokultur ppp.) machte und mährte der alternde Polemicus perpetuierlich weiter herum. Henscheidsound ließ sich weiterhin heraushören. Zwar wurde auch er von Bibel & »J. Christus« (E. Henscheid) aufgefordert, nicht dort zu sitzen, wo die Spötter sitzen; wer aber so »angelegentlich« (Th. Mann) wie er, ja: engagiert händeringend an die ewige Pforte klopfte, in seinem theologischen Traktat über die Tauglichkeit und Fähigkeit der Tiere zur Auferstehung, worin der Autor Zoologie, Gottesgelahrtheit, Scholastik und Sekundärliteratur ineinanderblendete und für die Himmelfahrt unserer Katzen, Bilche und Wombats plädierte, der wird inskünftig einfach rehabilitiert werden müssen, zumal einer, der – sobald er sich Schumann auflegte – unbändig zu weinen anhub, keinesfalls ein großer Sünder sein kann; denn böse Menschen haben keine Lieder. Das glorreiche Buch über animalisches Himmelreich in der Hand, wird dem sterblichen Antlitz des Preisträgers Eckhard Henscheid, sobald sein Astralleib vor Gottes Thron steht, kaum Gravierendes widerfahren können.

Andere Wadenbeißer hörten seltener Verdi

Worte von Eckhard Henscheid: Einerseits ärgert man sich zu Recht über Ärgernis gebende Menschen. Andererseits sind sie allesamt Kinder Gottes und sollen unsere Brüder sein. Einerseits möchte man mild, sanft, humanitär, solidarisch sich verhalten. Andererseits zwingen manche Figuren, öffentlich wirksame zumal, zu Härte, Unnachsichtigkeit. ◆ Juden sind die Frauen der Neger. ◆ Verdi ist der Mozart Wagners. ◆ Es macht ja nun wirklich keinen Sinn, die Kuh aus dem katholischen Paradies hinauszuschmeißen, wenn sie in dem der Inder und der alten Germanen praktisch neben Buddha oder Wotan sitzt oder jedenfalls schön grast!

Eckhard Henscheid über sich: Ja, ich vertraue auf das ewige Leben, auf den Lobgesang in Gott, dem Herrn, aber, soviel Kommunist bin ich doch auch: ich möchte nur dann gerettet werden und allsingen, wenn auch alle andere Kreatur überdauert, und sei sie noch so gering. Also auch Maden, Milben, Algen, Amöben, Gottesanbeterinnen, Weberknechte und ähnliche Tölpel – und das scheint mir doch selbst bei Gottes Allmacht und beim besten Willen unmöglich, ja ausgemachter Blödsinn. Verflucht! Wenn es aber doch klappt, dann soll der kleine Elefant, der eine Nacht lang am Grab der Mutter vergeblich wachte, in der obersten Himmelshierarchie thronen, gleich zwischen Maria und Josef, ja, bzw. zwischen mir und Kathi oder wie oder was – aus dem Geschlechte Davids ◆ Kohl hat mir einmal, Amberg 1974, wenn auch eher unfreiwillig und wahllos, sogar die Hand gedrückt. Ganz fest die Hand gedrückt. Mir – seinem späteren Biographen! Als ob er gewußt, als ob er geahnt hätte. Wenn ich mich recht erinnere, ging da spürbar ein raunendes Atmen des Weltgeistes durch die Juninachtluft. Jawohl. ◆ Als ich zum ersten Male, neunjährig, an einem Bilderbuch-Sommernachmittag der ersten Nachkriegsjahre mit der Eisenbahn den Rhein hinab- und entlangfuhr, vor hingerissener Aufregung bald sterbend, von so viel unglaublicher, vollkommener, übersonnt grün-gelb-güldener Schönheit zwischen Bingen und Koblenz annähernd und durchaus opernhaft entrückt: Da war mir, ich schwör's, aufs Loreleihaar genau so, wie ich es erst sechs Jahre später in den strömwogenden Es-dur-Rheinmusiken von Wagners »Ring« – ein erstes und zugleich zweites Mal – hören sollte: »Rheingold, Rheingold, leuchtende Lust« ◆ Auf meinem Totenbette aber möge man mir, wenn noch Zeit ist, nicht eins der (bei Orfeo erstveröffentlichten) sehr erheiternden Maultrommel-Konzerte von Albrechtsberger vorspielen – der für die Theorie der Maultrommel zuständige Dichterarzt Justinus Kerner wähnte, ähnliche Töne höre der Sterbende ohnedies. ◆ Früher haben Frühvollendete zeitig das Zeitliche gesegnet. So Jesus, Mozart, Raffael. Heute haben die Typen zwar gleichfalls mit 30 bis 40 alles erledigt, sind aber aufgrund der verheerenden Fortschritte der Medizin in der Regel noch kerngesund. Und deshalb wird im Extremfall noch ein halbes Jahrhundert herumgemacht und herumgemährt und allerlei unbedachtes Zeug getrieben. Ein meist erbarmungswürdiger Anblick; oft geht dabei das ganze, vorher mühsam aufgebaute Image flöten.

Andere über Eckhard Henscheid: In Kleinem ist die Verspottung läßliche Sünde; in Großem aber ist sie, freilich je nach dem Gewicht der persönlichen Stellungen, Todsünde. *(Thomas von Aquin, 13. Jhdt.)* ◆ Kein Wunder, denn in seiner Trilogie führt Henscheid ein derart zwerchfell- und überhaupt erschütterndes Pandämonium von haarsträubend blödsinnigen, komischen und erschreckend unauffälligen Alltagsgestalten vor, wie sie die Literatur trotz »Schildbürger«, Wielands »Abderiten« oder Ödön von Horvarths »Geschichten aus dem Wienerwald« bisher nicht zu bieten hatte. *(Dieter Steinmann, 1988)* ◆ Der hochgewachsene, stämmige, gelegentlich schon an Marcello Mastroianni gemahnende Herr mit dem kantigen Kopf und der wurschtig wuchernden Grauhaarkappe, der uns nicht selten wie die Verkörperung eines frühen Erzähltitels vorkommt – wie »ein charmanter Bauer« –, er ist im Kollegium der Neuen Frankfurter Schule sicherlich der stil- und schulbildendste. *(Oliver M. Schmitt, 2001)* ◆ Mit feinem Gehör für Idiome und Sprachmetastasen kartografiert Eckhard Henscheid seit den 1970er Jahren Soziotope und gesellschaftliche »Orchideenhäuser« der Bundesrepublik Deutschland. *(Das Buch der 1000 Bücher, 2002)* ◆ Er lebt mit tiefgegerbter Stirn in Frankfurt, Ambach und Arosa, gibt der rechtsextremen Zeitschrift »Junge Freiheit« Interviews, und grantelt, und sitzt am Stammtisch seines Geistes und schimpft und verachtet. *(Volker Weidermann, 2006)*

HERAISKOS, Philosoph, Seher (5. Jhdt. n. Chr.): Dieser Euböer/Ägypter wurde geboren mit Pst-Gebärde, Finger und Lippe aneinandergewachsen, als Zeichen, dieser Mensch wird darin geübt sein, mystische oder mirakulöse Geheimnisse für sich zu behalten; man trennte die Anomalie chirurgisch. Heraiskos besichtigte x Heiligtümer und Weihestätten; alle möglichen, halb entschlafenen Bräuche goß er noch mal neu auf. Bei beliebigen Götzen- und Götterbildern konnte er via Hineinspürung sofort verifizieren, ob sie beseelt seien oder hohl; das Bild des Aoin war eindeutig von einem echten Gott besessen. Wenn er ein blutflüssiges Weib reden hörte, egal wie weit entfernt, bekam er sofort Kopfweh; bei Abwesenheit unpäßlicher Frauen bekam er das nie. Auch den bevorstehenden Glaubensabfall von allerlei Schülern und Mitstreitern sah er detailliert voraus, die dann natürlich unter Leistungsdruck standen, falls nicht hier und da etwas abgekartet wurde. Proklos Diadochus (412–485 n. Chr.), obwohl auf lange Sicht viel bekannt gewordener, fühlte sich Heraiskos unterlegen. Dessen lückenhafte Vita wurde überliefert von Daimaskos aus Damaskos: »Das Leben des Philosophen Isidor«.

HERSCHEL VON OSTROPOL, Spaßvogel, Possenreißer, Witzler, Hungertuchnager, Schnorrer, Trunkenbold (um 1750): Er kam aus der Ukraine, der Urenkel des Kabbalisten Rabbi Simon von Ostropole, den täglich ein Engel besuchte. Hersch war bereits als Kind sehr an der Kabbala interessiert, fast so sehr wie an Kindlech (Mehlspeise), und – früh verwaist – nie um Tiruzim (Ausreden) verlegen, und voller Daseinsfreude. Aber seine Mutter konnte ihn nur mit dem Köder gebratener Fischlein zum Beten verführen. Als sie ihm mal nur Kopf und Schwanz gab, betete er auch nur »Ma tobu« und »Olenu«, Auftakt und Coda, inklusive Ausspucken gegen Götzen. Seine Hände: zart und schmal. Sein Wuchs: zwergenhaft. Seine Haare: kohlschwarz gelockt. Man bildete ihn – was seinem Gemüt völlig widersprach – zum Schächter aus. Dann kam ein langer Bart hinzu. In der Tasche: oft keine Kopeke. Sein bester Freund: Chajkel. Sein Rabbi: der strenge, stets traurige Baruch von Miedzyborz, Tochtersohn des → Baalschem, dem man empfahl, zur Auflockerung seiner chronischen Melancholie sich einen wie Herschel zu genehmigen. Rügte Rabbi Baruch Herschels zerschlissenen Chalat und ob er keinen zweiten habe, meinte Herschel, der zweite sei noch zerfetzter. In einer Gasse traf er gedankenverloren einen alten Bekannten, Todres, der sich aber sehr verändert hatte und sogar beteuerte, Jankel zu heißen, statt Todres, worauf Hersch sich wunderte, wie nicht nur ein Mensch sich so verändern kann, sondern sogar dessen Name. Mit angeborener Gutmütigkeit sagte Herschel anderen allerlei Bosheiten ins Gesicht. Vor polnischen Edelmännern zog er nicht, was alle zogen: die Mütze. Hereschele Ostropoler führte seltsame Zwiegesänge – Hund: »Bist du nicht viel zu dick, um ein Schwein geworden zu sein?« Schwein: »Du Idiot! Wenn ich kein Schwein geworden wär, wär ich dann so dick?!« Leute erzählten, er hätte zwischen seinen Schädelwänden statt ein Gehirn deren 2: ein frommes und ein schelmisches. Mit der Laterne suchte er des Rabbis angeblich abgefallene Nase auf dem Boden, was die Meschamschin alle sehr lustig fanden – haha! Herschel stellte sich weinend; Rabbi Baruch hielt das nicht aus, zumal er ohnedies den Schmerz jedes Juden von einem zum andern Weltende mitzuleiden pflegte, bekam den Grund nicht genannt, bohrte nach, versprach schließlich 10 Rubel für die Mitteilung des Grundes, da sagte Herschele schluchzend: »Ihr habt mir mal 20 Rubel für so was geben wollen, und jetzt nur 10 – deshalb wein' ich!« Dann heiratete er und wurde oft gerüffelt, daß er, obwohl sie selbst nichts zu knabbern hatten, noch Gäste mitbrachte. Als Herschele mal seinem Dienstherrn und Rabbi einen Goldkelch plus Silberlöffel stehlen wollte, angestiftet von Yezer ha-Ra, dem teuflischen Geist, fuhr Yezer ha-Tow dazwischen, göttlicher Geist, und verbot ihm den Diebstahl, mit genauem Bezug zur betreffenden Thora-Passage. Yezer ha-Ra argumentierte, man dürfe ihm ruhig was stehlen, da er dem Herschel den zustehenden Lohn nie richtig auszahle, und der habe eine große Familie zu ernähren, und bald komme Sabbat; doch Yezer ha-Tow blieb hart beim Klauverbot. Herschel fragte Gott, wieso er nicht den geizigen Dienstherrn veranlasse, ihn weniger knapp zu halten. Da sprach Gott: »Da hast du recht, Herschel, aber was kann ich machen, wenn dein reicher Herr mir nicht erlaubt, ihm einen Besuch abzustatten, und ich also nie seine Schwelle übertreten kann?« Er kam auch mal nach Berditschew und auch Konzience. Als ihm von angetrunkenen Bauern der Weg versperrt wurde, ging er weg, kam nackt und kotverschmiert zurück, so daß sie ihn für einen Gitko (Teufel) hielten und sich dünnmachten. Irgendwo unterwegs galt es Goblins abzuwehren, irgendwelche Kobolde, und er, Herschele, wußte Kniffe, sie loszuwerden. Eingedenk des Spruchworts »Zeig einem Juden einen Kreuzer und schon springt er aus der Haut«, gab er bei einer schweren Geburt, anstelle seines Rabbi, den Ratschlag, einen Kreuzer auf den schwangeren Bauch zu legen. Einem Geizkragen gegenüber, der nie Almosen gab, behauptete Herschel, eine Lawine habe die Hölle zerstört und er sei betraut worden, unter Höllenkandidaten für den Wiederaufbau der Hölle Geld zu sammeln, und er sicherte dem Mann zu, nicht im provisorischen Schweinestall untergebracht zu werden, sondern einen Ehrenplatz in der Hölle zu erhalten, falls er ihre Rekonstruktion mitfinanziere. Tränenüberströmt kam er zur Chevra Kadisha (Burial Society), sein liebes Weib sei gestorben und er hätte kein Geld, um Takhrikhim (Leichenhemdchen) zu kaufen. Sie gaben ihm das sofort, aber als sie ins Trauerhaus kamen, stand die Frau da und kochte. Als man ihn zur Rede stellte, redete er sich raus: »Macht doch nicht so ein Aufhebens, Freunde! Wenn nicht heut, dann sicher morgen; früher oder später wird's passieren.« Einem Krämer, der ihm dringend einen Kleiderschrank verkaufen wollte, sagte er, wenn er seine Kleider da reintue, müsse er nackt laufen. Einem Einbrecher sagte er: »Hier im Dunklen findest du nichts, zumal ich nicht mal am hellichten Tag hier was finde.« Einen anderen Dieb, der nachts bei ihm nichts fand und frustriert eine Brise Schnupftabak nahm, bat Herschel um auch etwas Schnupftabak und schlug ihm vor, sie könnten gemeinsam weitersuchen und die eventuellen Funde teilen; und überdies bat Herschel den Dieb, nicht im Ort weiterzuerzählen, daß er ein armer Mann sei. Sein stilles Gebet, das bei Reichen mindestens 10 Minuten dauerte, rasselte er verdächtig schnell runter, da er bloß um Erhaltung seiner Gattin und seiner Katze zu bitten brauchte. Irgendwo wurde ihm eine Braut angeboten und die Hochzeit 3 Wochen lang vorbereitet. 3 Wochen aß er sich voll und beichtete dann, er sei bereits verheiratet und habe 11 Kinder. Als Herschel hörte, Dümmlinge würden das Wort Sabbatnachmu (Trostsabbat) für den Eigennamen eines Heiligen, des Propheten Elijahu oder gar des Messias halten, gab er sich selbst für den Engel Sabbatnachmu aus, wurde nach toten Ahnen befragt, berichtete, sie seien verarmt und nackt, woraufhin die Leut ihm Kleider und Geld mitgaben, die dann der angemaßte Engel auftrug und ausgab. Man verfolgte ihn; da stellte er sich unterwegs nackt als Baumumarmer auf und erzählte dem Verfolger, er müsse den Baum festhalten, sonst stürze die ganze Welt ein, und erbot sich, den Vorsprung des Kleiderdiebs aufzuholen, nur solle der Verfolger solange den Baum hier festhalten, natürlich nackt usw. ~ Keiner schrieb was auf. Einige erzählten einiges weiter. Genauere Lebensdaten, falls vorhanden gewesen, versanken in Unerforschlichkeit. Ein Großvater erzählte spätestens um 1920 alles, was er wußte, einem gewissen Eljukim Götz Krzywynogy (Krummfuß), aus Radom, der es wiederum einem gewissen Chajim Bloch erzählte, und der machte 1921 ein Buch draus, die Hauptquelle für diese Figur. Viele seiner Anekdoten wurden auch anderen jiddischen Witzbolden zugeschrieben, und zum Ausgleich stammten seine ureigensten Storys gleichfalls von anderen. Kaum kam ein Gesamtüberblick zustande, dem er sich fast wieder entzog, nannte man ihn den jüdischen Eulenspiegel, doch traf dies sehr daneben; zuviel eurozentrische Ehre für Till Eulenspiegel; Herschele sah eher → Nasruddin Hodscha ähnlich, bis in Details wie aus dem Gesicht geschnitten, minus Turban; hatte aber eine schwächere Lobby, und weniger Nachschub an Folklore und Jokolore. Ein zappelnder Fisch hatte den Gemeindevorsteher per Schwanzflosse ins Gesicht geklatscht und sollte nun juristisch zur Verantwortung gezogen werden; Herschel riet zur Höchststrafe des Ertränkens, und so warf man ihn in den Fluß. In Chelm, dem Gouvernement Cholm östlich Lublin, wurde Hersch wie ein Heiliger verehrt, weil er mal eine Mäuseplage besiegt hatte, mit einer Katze, die dann aber von einer Mehlkugel naschte und gesteinigt werden sollte, was Hersch zu verhindern suchte, indem er argumentierte, nicht die Katze selber, sondern der Teufel in ihr habe genascht. Da sie auf ein Dach floh, brannte man das Haus ab, und so reihum ganz Chelm, also wohl auch eine Art Schilda und Abdera. Andere Narren seiner Zeit – Froim (Efrajim) Greidiger, Nechemje Kulikower, Simche Plachte, Schajke Feifer, »Chojsek« und die »Chelmer Narren« – versanken in noch umfänglicherer Vergessenheit, entzogen sich sogar fast ganz dem Google 2008; und wer versuchen könnte, sie auszugraben, müßte erst noch aktiviert oder geboren werden.

Worte von Herschel von Ostropol: Die zweite Sintflut ist längst da. Als Noah nach der ersten Sintflut am Leben blieb, pflanzte er einen Weingarten und hat auf diese Weise den Wein entdeckt. Und durch die Sintflut – den Wein – sind schon viel mehr Menschen umgekommen als durch die erste Sintflut.

Herschel von Ostropol über sich: Wenn ich Branntwein trinke, werd ich ein ganz anderer Mensch. Und dann will auch der andere Mensch ein bißchen Branntwein. ◆ Bei der Totenbahre wird ein Mensch begraben, bei dem Trauzelt aber 2 Menschen. Bin ich mit meinem Weib nicht lebendig in der Erde? ◆ Mein Vater seligen Angedenkens hat mir befohlen, wenn ich einst heirate, so solle ich dem Beichtvater alle meine Fehler vorher mitteilen, damit man mir später keine Vorwürfe mache, daß ich auf irgendeine Weise ihn gefoppt hätte. Daher sage ich euch: Mein Vater hatte 4 Brüder, die sich taufen ließen. ◆ Mein Weib ist bei mir so würdig wie eine Gräfin und meine Kinder wie Komtessen.
Andere über Herschel von Ostropol: Er war in seinem köstlichen und ergreifenden Spott Till Eulenspiegel ebenbürtig, vielleicht sogar überlegen, nur sind seine Streiche mit den Begriffen von Wohlanständigkeit eher vereinbar. Und das ist vielleicht die Ursache seines Verkanntseins. *(Chajim Bloch, 1921)* ◆ Er suchte müde und hungrig ein warmes freundliches Dorf, wollte Hanukah feiern durch Drehen der dreidel, Beleuchtung der menora und essen latkes. *(Google-Übersetzung, 2008)*

Dieter Hildebrandt, **Improvisationsgenie, Redekünstler, Kabarettist (geb. 1927):** Bunzlau, Niederschlesien, Theaterwissenschaften, München, erst Kabarett »Die Namenlosen«, dann Lach- und Schießgesellschaft, ZDF, Scheibenwischer, Engagement. Für ihn bestand überhaupt kein Grund zur Beruhigung, und das praktisch nie. Wenn er früh in den Spiegel sah, kannte er den, den er da sah, von gestern. Beim Duschen und Dickerwerden hatte er bereits Hamletzitate drauf: »Ach schmölze doch dies allzu feste Fleisch ...« Seine Physiognomie – so sahen öfters welche aus – hielt die zuträgliche Mitte zwischen Papageiengesicht (also Schelm) und Beamtenface (also integrale Gegenmelodie und Löschblatt). Äußerliche Clownsattribute brauchte er nie; mit Jackett und Schlips sagte der gutangezogene »Krawattenmann der Republik« mehr als andere ohne. Bei »Wahlschlappen« las er aus Versehen »Waschlappen«. »Augen zu!« reimte er auf CDU. Aus Freiheitsstatue machte der SPD-Wähler Frechheitsstatue, erst schwarzweiß, später in Farbe, pausenlos dicht dran am Puls der Zeit in diesem unseren Lande. Er verewigte en passant Alfred Dregger, Lambsdorff, Barzel, Blüm & Stoltenberg, wie → Kraus seinen Hans Müller. (Falls es in 100 Jahren noch Google gibt, kann man nachgucken, was man zeitweise unter SPD, DDR und

ADAC verstanden hat.) Er schien nur so daherzuschwadronieren, aber der Stegreif, auch falls er an ihm feilte, koinzidierte aufs galanteste mit gemeißelten Aphorismen, einer nach dem andern, und noch einer. Versprecher, nach Worten ringen, unfreiwillige Kunstpausen, ungespieltes Zögern baute er ein, als wären sie gewollt. Die Kunst, mit gestammelten Satzfragmenten mehr mitzuteilen als Autoren mit perfekten Sätzen, teilte er nur mit → Allan und William Gaddis. Von seiner Suada, dicht an wohltemperierten Entgleisungen entlanghangelnd, hätten sich zig Dichter und Denker x frische Scheiben abschneiden können-sollen-müssen, und erzeigten sich nicht mal hierzu fähig. Giftige Satire à la → Henscheids Böllschelte fand er zu kraß; man solle seinen Opfern bloß ein Bonbon anhängen. Dafür enthielten seine Verbalverlautbarungen, Archivaufnahmen und auch Bücher mehr Pfiff, Drive & Pep als die unlustigen, fast humorfernen Autobiographien der Clowns Grock, → Durow, Grimaldi. Angesprochen auf seine zotenfreien Darbietungen, meinte er, Sex sei ihm nicht so wichtig, obwohl er ihn teilweise an sich schon komisch fände. Weil er bei einem Interview ein bißchen hustete, meldete BILD sofort: Lungenkrebs. Noch mit 79 bestritt er 160 Abende im Jahr und bekam 320 Kritiken.

Versöhnliche Bonbons werfen

Worte von Dieter Hildebrandt: Der Mond – und das möcht ich hier in aller Deutlichkeit sagen – ist aufgegangen, und niemand kann mich daran hindern, in aller Entschlossenheit hinzuzufügen: Die gold'nen Sternlein prangen. ◆ Kernkraftwerke hinstellen, ohne zu wissen, wie der Atommüll entlagert werden kann, ist wie das Abziehen einer Handgranate, bevor man weiß, wo man sie hinwerfen wird. ◆ Die ARD macht sich in jede Hose, die man ihr hinhält, und die Privaten senden das, was drin ist. ◆ Gott schütze diesen Erdball, die Elefanten, die Wale, die gemeine Feldmaus, den Marienkäfer, Löwen, Tiger, Flußpferde, Ringelnattern, Klapperschlangen, Hunde, Katzen, Baum, Bach, Fluß und Amsel, Drossel, Fink und Star – Gott schütze sie alle … vor uns. ◆ Alle sind der Meinung, daß alle Autofahrer zu schnell fahren. Aber alle fahren zu schnell. ◆ Ohne Seitenaufprallversicherung geht gar nichts. ◆ Was bei einem Krieg nachher regelmäßig herauskommt, ist nur, daß es Wege gegeben hätte, ihn zu verhindern. ◆ Die ganze Welt beneidet uns um Helmut Kohl, nur wir uns nicht. ◆ Danken wir Kohl, daß wir Gott haben ... nein, umgekehrt ... Entschuldigung, aber manchmal ... wissen Sie, seit kurzem wird er auch immer breiter, zieht sich ganz ausladende Sakkos an, so daß die Kameraleute keinen anderen mehr draufkriegen. ◆ Jetzt weiß man's genau: Die arabische Mentalität ist irgendwie anders. Wußte ich schon von Karl May. Aber der war auch nicht dort. Genau wie Bush.

Dieter Hildebrandt über sich: Ich schmücke mir meinen Christbaum dieses Jahr mit Kartoffeln – hier und da eine Möhre – sonst nichts. Aus Solidarität mit den Bauern drüben. ◆ Wenn ich mich im Fernsehn sehe, kann ich sicher sein, daß ich bin. Video, ergo sum. Das hat Konsequenzen. Ein Mensch, der sich nicht im Fernsehn sieht, kann sich nicht sicher sein, daß es ihn gibt. ◆ Man kann gar nicht so viel abschalten, wie man nicht sehen möchte. Nach dem Genuß sämtlicher Unterhaltungsshows von ZDF und ARD bin ich überzeugt: Die Programmacher haben ihr Publikum jetzt auf das Niveau heruntergebracht, dem das Fernsehn gewachsen ist. Jahrelang haben sie sich eingeredet, das Publikum sei verblödet. Jetzt glauben sie es. ◆ Striptease fand ich immer schon etwas überraschungsarm. Die Spannung ist endenwollend. Wenn Nackte sich anziehen – das gibt mir etwas. Da kann was ganz Furchtbares dabei rauskommen. So aber zieht sich das hin wie ein schlechter Tatort – bei den jungen Männern ist es noch langweiliger, denn die haben ja nicht mal was zu zeigen. Nichts Erwähnenswertes. ◆ Der Zettel, auf dem ich mir mitteilen wollte: »Achte darauf, daß die Kochplatten abgestellt sind, wenn du das Haus verläßt!!!!«, ist auf der Kochplatte verschmort.

Andere über Dieter Hildebrandt: Hildebrandt schlug immer wieder auf die alten, längst nicht mehr heißen Eisen und wartete vergeblich, daß die Funken sprühten. *(FAZ)*

HILDEGARD VON BINGEN, **Benediktiner-Nonne, Äbtissin, Gelehrte, Ermahnerin, Visionärin, Musikerin, Heilkundlerin, Naturforscherin, Prophetissa teutonica, »Posaune Gottes«, »rheinische Sybille«** (1098–1179): Kind Nr. 10 adliger Eltern. Schon mit 5 sagte sie hellseherisch die Fleckenzeichnung ungeborener Kälber voraus. Von der Inklusin Jutta von Sponheim ward sie lateinisch erzogen auf dem Disibodenberg. Die rheinische Nonne fühlte sich oder wurde von Gott beauftragt mit mystischer Gottesschau, Begründung: Männer seien zur Beobachtung der Gerechtigkeit zu lau und zu schlaff. Ihr Organisationstalent stand ihrer Kontemplation nie im Weg. Eine himmlische Stimme redete sie also an: »Gebrechlicher Mensch, Asche von Asche, Moder von Moder!« und befahl ihr, ihre Schauungen niederzuschreiben. Sie zierte sich (wie Moses, Jeremia, Muhammad) lange, bis Gott sie erkranken ließ und ihr die Zusage abpreßte. Dann wurde sie sehr beredt und beschrieb in ihrem Riesenwerk »Scivias – wisse die Wege« präzise die Antlitze, Flügel und Leuchtstufen aller Engelschöre. Überirdische Lichtfülle blendete und schmerzte sie nicht, sondern wärmte sie. Oft wurde der Glanz so übergroß, daß sie Details nicht unterscheiden konnte und die Sprache verlor, die sie dann wiederfand. Ihrem Gott war Konkurrenzausschaltung sehr wichtig. Also drohte er ihr, daß wenn sie, statt Ihn, Sterne, Feuer, Vögel und andere Geschöpfe nach der Zukunft befrage, würde Er sie hinwegfegen wie den gefallenen Engel. Er wandte sich direkt an sie und machte Vorwürfe: »Weshalb schiebst du Mich beiseite? Du Tor! Überlege, wer Ich bin! Ich bin Gott über alles und in allem. Aber du willst, daß Ich deinen Willen tu, während du Meine Gebote verachtest! Ein solcher Gott wäre kein Gott. Gott braucht nicht Ratschläge am Anfang noch Furcht am Ende!« Er übergoß sie auch mit archaischen, bei Hiob angelesenen Protzereien: »O Mensch, wo warst du, als die Sterne und übrigen Geschöpfe gemacht wurden?« (Gott hielt also Sterne für Geschöpfe, unterlag also selber eigentlich monotheistisch verpöntem Animismus!?) Ihr Gott warnte sie auch vor dem Teufel, glaubte also an ihn. Pausenlos sprach sie von ihrem Sohn, hatte aber als Nonne gar keinen, sondern Gott sprach durch sie hindurch, als Posaunist, von seinem Sohn Jesus. Bernhard von Clairvaux half, ihre Visionen von der Kirche als gültig anerkennen zu lassen. In einem Brief an Papst Anastasius IV. sagte sie von Gott, daß dieser nicht aus dem Weg geräumt werden könne. Sie erinnerte Kaiser Friedrich Barbarossa brieflich daran, daß er nur ein Diener Gottes sei, und mahnte König Konrad III.: »Höre: in gewisser Weise wendest du dich ab von Gott. Die Zeiten, in denen du lebst, sind leichtfertig wie ein Weib.« (Frauenverachtung?). Sie schuf das erste liturgische Mysterienspiel »Ordo virtutum«, 80 geistliche Lobgesänge (Sequenzen, Hymnen) und Wechselgesänge (Antiphone, Responsorien). Bischöfe nannte sie »pigmentarii« (Salbenmischer). Als Heilkundige heilte sie oft einfach nur mit geweihtem Wasser. Trotz Schwächlichkeit fuhr sie oft auf Predigtreisen. Ohne eiserne Lady zu sein, sondern ganz weich, kränkelnd und fragil, blieb sie agil und geistlich fruchtbar bis ins höchste Alter. Sie sah 5 Kaiser und 17 Päpste und Gegenpäpste kommen und gehn. ~ Im Placebo- und Contergan-Zeitalter erlebte ihre Kräuterheilkunst eine enorme Renaissance. Ihre

Musik klang in Disco- und Metallica-Zeiten so still und schön, als wär das finstere Mittelalter nicht bloß halb so schlimm, sondern doppelt so schön und still gewesen. Wo einst ihr Kloster stand, donnerten alsbald Schnellzüge. Auf einmal schienen Hildegardpassagen auf sauren Regen, Schadstoffbelastung und Umweltkatastrophen zuzutreffen: »Und ich sah, daß das obere Feuer des Firmamentes ganze Regenschauer voll Schmutz und Unrat auf die Erde schüttete.« Die Elemente schrien auf gegen den Menschen. Man verehrte sie wie eine Heilige, dergestalt, daß alle sie für heilig hielten und sich wunderten, daß sie strenggenommen nie offiziell heiliggesprochen wurde, nicht einmal zur Kirchenlehrerin gekürt, trotz vieler Bemühungen (vielleicht wegen einiger freimütiger, also anstößiger Passagen); eine ungekrönte Königin, einstimmig die größte Frau des 12. Jhdts., die Dutzende bis Hunderte Heilige überragte (gleichwie → Kafka, Joyce, Proust, → Schmidt selbviert 55 bis 77 Nobelpreisträger in die Pfanne hauen). In ihrer »Grünkraft«, wirksam in Pflanzen und Smaragden, steckte grüngoldenerer Lichtschein als im Plakatgrün grüner Politparteien. In Frauenlexika landete Hildegard von Bingen zwischen Patricia Highsmith und Etty Hillesum.

Heiliger als fast alle heiliggesprochenen Heiligen

Worte der Hildegard von Bingen: Der Weinberg des Herrn raucht von Leid. ◆ Das eine davon ist wie ein feuriger, aber nicht brennender Hund, weil dieser Zeitabschnitt bissige Menschen in die Welt setzen wird. ◆ In den Bäumen erkennt der Mensch, daß er körperlich ist. ◆ Wenn fruchtbare Männer sich der Frauen enthalten, werden sie leicht krank. ◆ Da entbrennt der Mann in einem so starken Lustgefühl, daß er in der Hitze dieser Leidenschaft seiner vergißt und den Erguß seines schaumigen Samens nicht mehr zurückhalten kann.

Hildegard von Bingen über sich: Ich, erbärmlich und mehr als erbärmlich in meinem Sein als Frau, schaute schon von meiner Kindheit an große Wunderdinge, die meine Zunge nicht

aussprechen könnte, wenn nicht Gottes Geist mich lehrte zu glauben. ◆ Ich bin ja ein Mensch, der durch keinerlei Schulweisheit über äußere Dinge unterwiesen wurde. Nur innen in meiner Seele bin ich unterwiesen. ◆ Es geschah im Jahre 1141 nach der Menschwerdung des Gottessohnes Jesus Christus, als ich 42 Jahre und 7 Monate alt war. Aus dem offnen Himmel fuhr blitzend ein feuriges Licht hernieder. Es durchdrang mein Gehirn und setzte mein Herz und die ganze Brust wie eine Flamme in Brand.
Andere über Hildegard von Bingen: Ihr Leben gleicht dem Bild eines kostbaren Sterbens. *(Mönch Gottfried, einer ihrer vielen Sekretäre)* ◆ Wer hat je ähnliches von einer Frau gehört? *(Wibert von Gembloux, Hildegards letzter Sekretär)* ◆ Hildegards gesamtes Lebenswerk ist eine riesige Volkspredigt, der Versuch, das Gemälde der Geistesgeschichte aufzurollen. *(Friedrich Heer, 1916–1983)* ◆ Sie vermochte tatsächlich Weltgeschichte zu bewegen, ohne der Manie einer monastischen Emanze zu verfallen. *(Alfred Läpple, 1988)* ◆ So gehören zu der grandiosen Zusammenschau Hildegards auch scheinbar belanglose Nebensächlichkeiten, ermüdende Wiederholungen und minutiöse Beschreibungen des Geschauten. *(Walpurga Storch, 1990)*

JULIA BUTTERFLY HILL, Sinnsucherin, Umweltschützerin, Waldaktivistin, Baumfrau (geb. 1974): Als die Tochter eines puritanischen Wanderpredigers aus Jonesboro/Mount Vernon mit 6 oder 7 in den Bergen von Pennsylvania wanderte, landete ein Butterfly auf ihrem Finger und blieb über Stunden zutraulich bei ihr. Julia jobbte in Restaurants und als Model, ehe 1996 ein Autounfall mit Nahtoderfahrung ihr Leben umkrempelte. In »Zeiten der Not« und der Orientierungssuche wurde sie immer wieder von schmetterlingsförmigen Hoffnungssymbolen besucht. Sie begab sich auf die Reise zu den spirituellen Plätzen der Erde, spürte sich von Bäumen gerufen werden, kam in Kontakt mit Umweltgruppen. 1997 löste sie Aktivisten von Earth First ab, Baumbesetzer namens Seppo, Shakespeare, Natur Boy, Jump Shot & Almond, erklomm einen 1000 Jahre alten, exponiert stehenden, sturm-, blitz- und waldbranderprobten Redwood, 65 m hoch, Durchmesser 4 m, eins der ältesten und größten Lebewesen des Planeten, hatte Angst, ihr Leben einem Seil anzuvertrauen, nur so dünn wie ein 10-Cent-Stück bzw. ein Zeigefinger, mußte mit den anderen Ökofreaks als Rollmops zu dritt nebeneinanderschlafen, mit Schlafproblem, wobei ihr als Puritanertochter das Pinkeln in männlicher Gegenwart schwerfiel, und blieb dann länger oben auf der windumspielten Plattform (1,25 x 2,50 m) als die anderen Baumnarren und Lunaretter (Luna hieß der Tree, weil die beiden Plattformen heimlich im Mondschein gebaut worden waren). Sie baute nicht nur eine enge Beziehung zu Luna auf, sondern auch eine tiefe Verbindung, schleuste also noch so was wie Romantik, Animismus & Mystik in eine enge pragmatische Welt aus Isolierband, Klettergeschirr, Karabinerhaken, Taillengurt, Gaskocher, Thermohose, Skihose, Tütensuppen, Synthetik-Schlafsack, Katzenwäsche, Nackenbeschwerden, windgeschützten Kerzenhaltern, Plastikplanen, die wegen Zugluft Tag und Nacht »flapp, flapp, flapp« machten. Zaungästen, die es bei Stippvisiten nicht sehr gemütlich fanden, sagte sie, das sei halt kein 5-Sterne-Hotel. Auf gute Argumente, aus der Baumkrone heraus, runter zu Holzfällern, die das Wort »Umweltschützer« als Schimpfwort für ungepflegte Müslifresser und Waldschrate benutzten und die unten bereits Nachbarstämme fortsägten, hörte man als Gegenargument nur ein »Fuck you!«. Goliath contra David: Der gewissenlos als Riesenhai zuschlagende Raubbau-Holzkonzern Pacific Lumber/Maxxam, beängstigend hervorgeboomt aus relativ ökologisch denkendem Familienbetrieb 1885–1985, stand als Gigantfront dem kleingeratenen Zuschußunternehmen Earth First gegenüber, zaghaft hervorgewachsen aus dem Movement Save-the-Redwoods-League (Motto: You Can't Clear-Cut your Way to Heaven!/ Du kannst dir den Weg zum Himmel nicht mit der Axt freischlagen!). Nur daß hier einer von Tausenden ressourcenverarbeitender unsinkbarer Hyper-Mammut-Goliaths gegen einen restlos machtlosen, zwillenlosen Minimalzwerg antrat, der nicht jeden Redwood, sondern bloß einen, besetzte und auch nicht hoffen konnte, die internationalen Holzverbrauchsquoten zu senken, sondern bloß das Abholztempo geringfügig zu verlangsamen. Kapitän Ahab & Don Quijote hatten gegen relativ passive Übermächte wie Windmühlen & Pottwale gekämpft; Donna Quijotes Windmühlen betrieben nicht nur Notwehr, sondern gingen zu Angriffen über; denn daß Pacific Lumber diesen einen Baum nun nicht fällen konnte, wurde ihm zum Dorn im Auge, ein Kostenfaktor. Don Quijotes Windmühle dröhnte als Columbia-Hubschrauber (obwohl es verboten ist, mehr als 70 m an Menschen heranzufliegen) ganz dicht an Luna und die mitfilmende Julia heran, um sie durch Rotorblätter, Lärm, Luftturbulenz und Abgas mürbe zu machen, woraufhin Julia das Video der Bundesluftfahrtbehörde zuleitete, die den Konzern verwarnte. Durch die Baumbesetzung die Öffentlichkeit aufmerksam zu machen kam schleppend in Gang: Handyanrufe bei Lokalsendern stießen auf Anrufbeantworter, ehe schließlich dann doch Bilder mitgefilmter, rundum stürzender Douglas-Zedern um die Welt gingen und auf die bedrohten Baumbestände in Nordkalifornien aufmerksam machten. Wer nicht den Kopf schüttelte, sympathisierte mit der todesmutigen Baumnärrin; doch all die Tausende Sympathisanten wollten deshalb auch nicht daheim unmöbliert hausen, nie wieder Zeitung lesen und auf Naseputzen verzichten. Julias Struggle aber ging weiter. Nicht nur Pacific Lumber arbeitete gegen sie, auch die Natur, beschützt von Julia, machte ihr das Leben schwer: Wind peitschte ihr gesammeltes Regenwasser aus der Vertiefung und riß ihr – in Abständen – 4 Mützen vom Kopf, praktisch für jede Himmelsrichtung eine; von unten kam solidarischer Mützennachschub. Viel Materialerfahrung: daß nasse Baumwolle nicht wärmt. Neben diese klaren Fronten – mit Eskalationspotential! – trat eine dritte Front: Earth First plante die Aktion abzubrechen, wegen steigender Risiken, Kosten und Winterproblemen; aber Julia wollte keinesfalls kapitulieren, draufbleiben, Luna retten. Und schon kamen Geländewagen, Stiernacken mit Rangabzeichen, nicht um sie vom Baum runterzuholen, sondern um Nachschub zu blockieren und sie auszuhungern. Verhaftungsdrohung, Ultimatum: 24 Std. Nerventerror mit Wald- und Jagdhörnern, Flutlicht, Generatorgedröhn, Schimpfnamen. Gebete richtete sie, statt nur an Gott, an den »Großen kosmischen Geist«. Die Sicherheitsposten und Nachtschichten wurden zunehmend verärgert, weil sie selber froren und sich zudem Winterstürme zusammenbrauten. Sturm riß Äste ab. Durchnäßt und dauerverfroren fragte sich die moderne Säulenheilige oft, bei leeren Batterien, fehlendem Propangas, Schlaflosigkeit, Weinkrämpfen, Angst, wozu sie das alles erdulde. Reporter überredeten sie, 100 Tage oben zu bleiben, zwecks medienwirksamer Rekordbrechung. Nach 9 Monaten riefen Hebammen sie an, reingefallen auf Gerüchte, sie sei schwanger. Das müßte ein Redwood-Baby sein, scherzte sie. Erotischen Avancen seitens Waldgott Pan oder hormongeplagter Weltretter & Kahlschläger schien sie nicht ausgesetzt zu sein. Auf Fotos sah sie inzwischen auch ziemlich – statt wettergegerbt – mitgenommen aus, lunatisch vergeistigt, christlich gesehn: eine todgeweihte, knapp noch telegen interviewbare Märtyrerin; heidnisch gesehn, ging sie langsam über in eine Dryade, 19 Jahre jung, eine Baumnymphe, des Namens Schmetterling, also Seele, also Baumseele, Waldgöttin (statt Blumenmädchen Baummädchen), Holzfräulein (im Sinne Sir Frazers und Wilhelm Mannhardts), Menschheitsparabel. Es grenzte an Hungerstreik und Isolationsfolter. Als die Wachmannschaften abzogen, litt die junge Frau derart an Einsamkeit, daß sie sich fast zu den ungehobelten Holzfällern zurücksehnte. Ihr Leben wurde nur noch durch Unmengen von Klebeband zusammengehalten. Und an diesem Tiefpunkt kam eine radiophone Sturmwarnung, 120 km/Std. Butterfly kam in Versuchung, sich abzuseilen, aber das hätte Wortbruch bedeutet. Sie blieb oben, klammerte sich zwischen Seilen, die fast rissen, an einen Ast, und mußte 16 Stunden Sturm durchhalten, eine größere Anfechtung als alle Baumernter. Nach 100 Tagen wurde alles leichter. Laufbedürfnis transformierte sich zu Kletterdrang. Sie schloß Freundschaft mit Bartflechten, Farnen, Blaubeeren, die in der Krone Lunas wohnten, kaum noch mit nüchterner Terminologie (à la Ökosystem) kompatibel. Ameisen, Spinnen, Mücken, Zecken, die sie früher plattgemacht hatte, ließ sie jetzt leben, lenkte sie höchstens in eine andere Richtung. Einen Weberknecht, der ihr beim Telefonieren ins Gesicht krabbelte, setzte sie woandershin und wünschte ihm alles Gute. Tausendfüßler, Flughörnchen, Kolibris, Finken, Zaunkönige, Flekkenkäuze drängten naschhaft herbei, bis hin zu Kolkraben und Truthahngeiern. Ikonographische Querbezüge entstanden zu romantischen Gemälden mit Genoveva im Walde. Sie schrieb dort oben auch Gedankenlyrik à la »Noch immer stört Pacific Lumber / den Nachthimmel / mit seinem armseligen Versuch, / Ansprüche durchzusetzen«. Crazy, ausgeflippt, linksextrem, terroristisch, idiotisch gescholten, stieg sie auf zum Medienstar, zur am meisten bewunderten Frau der USA, ja, der Welt. Die Veterenas of Peace verliehen ihr ihren Preis für die mutige Verteidigung des Friedens. Als Pacific Lumber zusagte, den inzwischen weltberühmten Baum stehnzulassen, stieg Julia Butterfly Hill runter, nach genau 738 Tagen und Nächten am Stück. Luna versicherte ihr bei ihrer Abseilung, daß sie für immer in ihrem Herzen wohnen bleiben würde. Religionshistorisch hatte die »Jeanne d'Arc der Wälder« 2 Jahre sowohl in buddhistischer Anspruchs- und Hauslosigkeit wie mit Frau Armut als mittelalterlich eingemauerte Reklusin verbracht, genauer: als Benediktinernonne (weil diese sich nur selten waschen dürfen), simultan in Klosterzelle & Gefängniszelle. Daß sie inmitten einer Todeslandschaft gefällter Bäume einen einzelnen, der bald darauf gefällt wurde, zeitweise zu retten versuchte, paßte zur närrischen, aber irgendwie wahrheitsstrotzenden Talmudweisheit, daß, wer ein Leben rette, die ganze Welt rette. Darüber, daß auch für das Toilettenpapier, das Julia auf Luna verbrauchte, Bäume gefällt werden mußten, reflektierte sie nicht. 2000 zeigte sich dann die Baumfee als Verantwortungsträgerin, im Buchtitel »The Legacy of Luna«, voll mit Psycho-Jargon, üblichen Öko-Botschaften, Gutmensch-Schmus, Didaktik, Weisheiten wie der, daß echte Transformation nur geschehe, wenn wir uns ungestört der Selbstbetrachtung hingeben und uns unbeeinflußt von materiellen Begehrlichkeiten und scheinbaren gesellschaftlichen Zwängen mit unseren Abhängigkeiten und inneren Dämonen auseinandersetzen können, was mythische Konnotationen nicht weiter hinderte. Sie wurde berühmter als alle, die sich gegen Castor-Transporte auf die Schienen legten, berühmter als der himalayische Gandhianer Sunderlal Bahuguna und seine grüne Chipko-Bewegung, aus der Earth First und sie überhaupt erst hervorwuchsen; auch berühmter als → Bouffier, der als Greis Millionen Baumbabys setzte, derweilen sie, als Teenie und Twen, Aufschub für den Tod einer Baumgreisin herausschlug. Kaum erbrachten Baumbesetzer wie Nate Madsen die gleiche Protestleistung wie Julia Butterfly, wurden sie weniger als ein Hundertstel so berühmt wie sie. Denn als Mann reanimiert man nicht die Kollektiverinnerung an zitternde Baumelfen und blutende Bäume. 2002 wurde das beratende Vorstandsmitglied der »Organic Consumers Association«, die Gründerin von »Circle of Life Foundation«, Veganerin und Symbolfigur, inzwischen kurzhaarig, in Quito/Ecuador während einer Protestaktion gegen die Waldzerstörung von »Occidental Petroleum« beim Pipelinebau vorübergehend festgenommen.

Schutzengel versus Pacific Lumber

Worte von Julia Butterfly Hill: Mein Herz und meine Gebete sind mit euch. ◆ Die aggressive Bedrohung eines Menschenlebens hoch oben in der Luft ist eine üble Sache, besonders wenn es ums eigene Leben geht. **Julia Butterfly Hill über sich:** Ich bin die ewige Optimistin. Doch sogar mir fiel es schwer, mir angesichts dessen, was ich durchzustehen hatte, meinen Optimismus zu bewahren. ◆ Ich ließ den Wind heulen und ließ meiner Verrücktheit ihren Lauf. Ich beugte mich und schlug mit den Armen um mich, wie die Bäume es im Wind tun. Ich heulte. Ich lachte. Ich keuchte und schrie und brüllte und raste, jauchzte, plapperte und schwatzte. ◆ Ich ließ mir von Luna sagen, wo meine Hand oder mein Fuß Halt finden würden. ◆ So wie wir beim Tod eines Angehörigen oder Freundes einen Teil von uns selbst verlieren, so ver-

lor ich mit jedem gefällten Baum einen Teil von mir selbst. ◆ Wenn ich koche, brauche ich Gewürze. Ich kann ungewürztes Essen nicht ausstehn. ◆ Mein ganzes Leben lang werde ich alles in meiner Macht Stehende tun, um dieses Geschenk des Lebens, das uns alle verbindet, zu schützen und zu bewahren. ◆ Mein gequälter Geist sehnt sich nach Erholung, einer Atempause, Trost, Einsamkeit. ◆ Als ich in der Mutter aller Stürme fast gestorben wäre, starb auch meine Angst zu sterben. ◆ Oben in Luna lebte ich auf dem bemerkenswertesten Rundfunkturm der Welt, der die wunderbarsten und mächtigsten Wahrheiten aus dem Universum empfängt und weiterleitet, und ich war auserwählt, auf diesem Funkturm am Mikrofon zu sein.
Andere über Julia Butterfly Hill: Die ist nur in den Baum geklettert, weil sie noch nicht den richtigen Mann gefunden hat. *(Holzfäller der Firma Pacific Lumber/Maxxam, 1997/98)* ◆ Ein Jahr in einem Baum bedeutet nicht zwangsläufig eine bessere Story als 6 Monate in einem Baum, und 2 oder 3 Jahre dort oben haben nicht mehr den geringsten Neuigkeitswert. *(Times-Standard, 1998)* ◆ Wir lassen sie so lange dort oben sitzen, bis sie keine Lust mehr hat und herunterkommt. *(Mary Bullwinkel, Pressesprecherin von Pacific Lumber, 1998)*

HIPPARCHIA VON MARONEIA, Kynikerin, Philosophin, Emanze (um 300 v. Chr.): Sie stammte aus vornehmen Kreisen in Maroneia. Bald drängten allerlei Freier herbei, sogar recht ansehnliche und wohlhabende: Sie aber guckte gar nicht genauer hin, wies allesamt schroff ab. Sie hatte nämlich einzig nur Augen für den Lehrer ihres Bruders Metrokles, den optisch und finanziell vergleichsweise nicht sehr günstig herauskommenden, buckligen Kyniker Krates. An den dachte sie ständig nur, an seine weisen Lehren und seine absichtlich ärmliche Lebensweise, und drohte ihren Eltern mit Selbstentleibung, wenn sie den Krates nicht zum Mann bekäme. Ihre Eltern sahen ihr unsinniges Ansinnen nicht so gern und forderten Krates auf, ihr den Unsinn auszureden. Krates gab sich erdenklichste Mühe; sie aber wurde nicht wankend und wollte nur ihn, ließ sich auch dadurch nicht abschrecken, daß er sein Gewand abwarf und seine entblößten leiblichen Mängel abschrekkend deutlich hervorspringen ließ. Hipparchia meinte, sie könne keinen schöneren und reicheren Mann finden als ihn, legte sofort die gleiche ärmliche Kleidung an wie er und gab sich ihm am hellichten Tag und unter freiem Himmel hin, ohne Rücksicht auf zufällig herumstehende Leute. Krates' Schüler Zenon warf wenigstens einen Mantel über die Kopulierenden. Dieses Ehepaar führte nun eine Hundeehe – ein Sonderfall; denn viele Kyniker lehnten Ehe heftig ab. Mangels festem Wohnsitz zogen sie ab sofort unzertrennlich herum und verbrachten ihre Tage und Nächte meist in den öffentlichen Säulenhallen von Athen. Auf einem Gastmahl beim Lysimachos lüpfte der Gottesleugner Theodoros den Umhang der Hipparchia; sie aber kreischte gar nicht nach Weiberart hysterisch auf. Und als Theodoros fragte »Aha, das also ist sie, die vom Weberschiffchen sich entfernt hat?«, parierte sie: »Ich bin's, Theodoros, meinst du wirklich, ich hätte was falsch gemacht, als ich die Zeit, die ich am Webstuhl gesessen hätte, für Geistesbildung verwendet hab?« Also eine frühe Emanze und ein frühes Hippiemädchen, unbekümmert nach der Maxime handelnd: »Why don't we do it in the road?« Unbekümmerter Pleinair-Beischlaf wurde von Sextus Empiricus verteidigt, mit Hinweis auf einige Völker Hindustans, wo dergleichen nicht als unanständig gelte. Der freien Verbindung entsprang ein Sohn namens Pasikles. Hipparchia wurde als »ein zweiter Krates« gerühmt. Diogenes Laertius berichtete 500 Jahre später, es gäbe noch viele Aussprüche dieser Philosophin, nannte aber keine weiteren Beispiele. Diesen Übelstand versuchte Christoph Martin Wieland 1804 auszugleichen, in seinem Briefroman »Krates und Hipparchia«, wo sie genauer zu Wort kam.

Worte von Hipparchia: Was Theodoros tut, ohne dafür eines Unrechts geziehen zu werden, das kann auch Hipparchia tun, ohne eines Unrechts geziehen zu werden. Wenn Theodoros kein Unrecht tut, sich selbst zu schlagen, dann tut auch Hipparchia nicht Unrecht, wenn sie den Theodoros schlägt.

Andere über Hipparchia: Wenigstens ist die einzige Verbindung, von der wir in diesem Kreise genauere Kenntnis haben, jene zwischen Krates und der selbst das Kynikerkleid und die Kynikersitte nicht verschmähenden Hipparchia, offenbar ein echter und ein mehr als flüchtiger Liebesbund gewesen. *(Theodor Gomperz, 1893/1922)* ◆ Der Christ Theodoret stellt es so dar, als habe Krates, von Leidenschaft überwältigt, gegen seine eigenen »großartigen Prinzipien« gehandelt; aber eigentlich wollte er Hipparchia von ihrer Leidenschaft heilen, indem er ihr seinen Buckel zeigte. *(Georg Luck, 1997)*

ADOLF HITLER, Reichskanzler, Machtpimpf, Industrieprodukt, Völkermörder (1889–1945): Erste geographische Erkenntnisse verdankte er Karl May, den er bei Kerzenlicht mit Lupe im Mondschein las. Im Ersten Weltkrieg schleppte er im Tornister Schopenhauer mit sich (5 Bände), kurz als Soldat, jahrelang unrühmlich als Meldegänger. Den britischen Überläuferterrier Foxl schloß er durchaus ins Herz, Menschen nie. Pfarrer nannte er »negative Elemente«, »pervers« und »minderwertig«. Selbst noch »Neger-Fetischismus« stellte er höher als das verhaßte Christentum. Farbige, die Advokaten oder Heldentenöre wurden, nannte er »dressierte Halbaffen«. Erst wurde er als absurde Zwergpartei verlacht, dann fegte er alle anderen Parteien raus aus Deutschland. Er trat an, um die »Geschwüre unserer inneren Brunnenvergiftung« auszumerzen. Via Kristallnacht trieb er die Händler aus dem Tempel. Kraft technischen Fortschritts verurteilte er, via Unheilanrichtung, alle früheren Feldherrn, nur uneffektive, wenig flächendeckende Vor-Hitlers zu bleiben. Er mordete mehr Millionen als Dschingis Khan, mit x-mal bescheidenerem Geländegewinn. Das Prinzipium Tiertötung, eingeübt in Schlachthäusern der Massengesellschaft, wandte er plötzlich auf Mitbürger an, hier aber logistisch schlechter organisiert als die katholische Kirche, die sämtliche Tempelritter in ganz Frankreich an ein und demselben Tag verhaften ließ. Nach dem gewonnenen Weltkriege hätte er zwangsweise Vegetarismus eingeführt, ein Novum; von → Diefenbach und → Gandhi her gesehen: durchaus verzeihlich, ja rühmenswert. Einziger Vorläufer: → Aschoka. Hätt er von Anfang an Fleischessen verboten, meinte er, wär er nicht an die Macht gekommen – wohl wahr. Thomas Mann begrüßte den Brüllhals, der es ohne Machtapparat nicht mal zum Kleinkriminellen gebracht hätte, in abenteuerlichem Tat twam asi als mickrigen Bruder, genau wie der mit Globus jonglierende → Chaplin in der Doppelrolle Adenoid Hynkel und Ghetto-Friseur. Er senkte Buchautorenhonorare von 20 auf 10 % (was man nach 1945 stillschweigend beibehielt). Theodor W. Adorno nannte ihn stets »den Hitler«, → Henscheid meist »Hüttler«. In seinen Guido-Knopp'schen Redeausschnitten und Verfilmungen einigte man sich kollektiv auf ein sabberndes Monstrum mit Hängeschultern und Breitarsch, während er in Führerhauptquartiermonologen, Tischreden und Notaten vergleichsweise differenziert zu erscheinen vermochte, Semikola zu handhaben wußte. Er benutzte sogar Fremdworte wie »atavistisch«. ~ Er verurteilte Wagner, langfristig mit den Nazis assoziiert zu werden, und postume TV-Dokus, Naziaufmärsche gern mal mit Wagner unterlegt zu bekommen. Das kleine Arschloch führte ihn postum nach Hiroshima. Er hinterließ aporetisches Erbgut: Sobald einer (wie Hitler auf Juden oder Muslime auf Ungläubige) auf Faschisten, Antisemiten, Neonazis usw. schimpfte, machte er solche Minderheiten erneut zu Juden. Auf diese Weise überlebte er als ferngelenkte Marionette seiner egoistischen Gene tatsächlich in absolut jedem friedlichen Demokraten, denn alle geifern gegen irgendwelche Sündenböcke.

Atavistisches Industrieprodukt (gemalt von → Fidus)

Worte von Adolf Hitler: Reinster Idealismus deckt sich unbewußt mit tiefster Erkenntnis. ◆ Der Fortschritt der Menschheit gleicht dem Aufstiege auf einer endlosen Leiter; man kommt eben nicht höher, ohne erst die unteren Stufen genommen zu haben. ◆ Es ist gar nicht zu übersehen, daß eine Verschönerung des Menschen stattfindet. ◆ Wenn unsere Schweinepfaffen ein siebenjähriges Kind im Beichtstuhl nach Sünden ausfragen: dadurch wird das Kind erst darauf hingewiesen! ◆ Wer der Jugend Seele kennt, der wird verstehen können, daß gerade sie am freudigsten die Ohren für einen Kampfruf öffnet. ◆ So brechen Kulturen und Reiche zusammen, um neuen Gebilden den Platz freizugeben. ◆ Christus war ein Arier, aber Paulus hat seine Lehre benutzt, die Unterwelt zu mobilisieren und einen Vorbolschewismus zu organisieren; mit dessen Einbruch ging die schöne Klarheit der antiken Welt verloren. ◆ Der Jude würde, wenn er nicht vom Arier gewaschen würde, vor Dreck nicht aus den Augen schauen. ◆ Die Russen werden nicht alt, fünfzig, sechzig Jahre! Warum wollen wir sie impfen? Man muß da wirklich unseren Juristen und unseren Ärzten Gewalt antun: Nicht impfen! Nicht waschen! ◆ Eine Kröte ist ein entarteter Frosch.

Adolf Hitler über sich: Ich glaube blind an mein Volk. ◆ Ich werde kirchlich! Ich werde das Oberhaupt der Tataren! Die Araber und Marokkaner beten heut schon zu mir. Bei den Tataren werde ich Khan. Das einzige, was ich nicht tun kann: Wenn mir ein Scheich ein Trumm Hammelbraten in den Mund stopfen will! Wenn sie es noch bald machen, werde ich mich mehr an den Harem halten! ◆ Ich weiß nichts über das Jenseits und bin ehrlich genug, das zu bekennen. Andere behaupten, davon etwas zu wissen, ohne daß ich ihnen nachweisen kann, es sei anders. Einem Bauernweibchen will ich meine Philosophie nicht aufzwingen. ◆ Ich habe es immer im Spessart als ein Geschenk empfunden, daß man dort zwei Stunden und mehr fahren kann, ohne einen Menschen zu sehen. ◆ Ich liebe Goethe überhaupt nicht, aber ich bin geneigt, ihm vieles zu verzeihen für das einzige Wort: »Am Anfang war die Tat«. ◆ Daß ich damals schon nicht zu den Lauen gehört habe, versteht sich von selbst. ◆ Mit einem Bildersturm beseitige ich alles, was seit dem 5. bis 17. Jahrhundert bei uns entstanden ist. Ich schaffe eine Lücke, und um wie vieles würde die Welt ärmer. ◆ Auf Wilderer sind die Mädel ganz wild. Ich würde jetzt im Osten lieber eine Kolonne von Wilderern führen als eine von Richtern, welche die Wilderer einsperren.

Andere über Adolf Hitler: Wilhelm II., ebenfalls ein Frommer von besonderem Format, kopierte noch altes Glaubensgefühl, ja er begann zu klingeln, sobald er sich ein Instrument des Himmels nannte. Nicht so Hitler; da ist, was Gott angeht, kein Zungenreden, da ist schlichte Rasenbank am Elterngrab und mittelständischer Deismus in Öl. *(Ernst Bloch, 1938)* ◆ Aber Hitlers Gesicht ist nicht einmal das Gesicht eines Heiratsschwindlers oder eines Photographien-Betrügers, denn bei diesen Leuten sind die Gesichter wie nebensächlich da, wie zuletzt noch rasch übergestreift über den Kopf, so wie man vor dem Ausgehen rasch den Handschuh überstreift; solch ein Gesicht entschuldigt sich fast, daß es da ist, es möchte lieber ein anderes Gesicht sein, nun, – es muß nun halt dieses sein, die Dienstmädchen und die Kurgäste sind gewohnt, daß ein Ansichtskartenhausierer und ein Straßenphotograph so ausieht. *(Max Picard, 1946)* ◆ Während Steiner glücklicherweise über einen verhältnismäßig kümmerlichen Anfang nicht hinauskam, gelang Hitler, dank robusterer Konstitution, günstigerer Umweltvoraussetzungen und auch dank gewisser Eigenheiten im Ablauf seiner Psychose, eine sehr weitgehende Objektivation seiner »Weltanschauung«, d. h. seines innerseelischen Krankheitszustandes. *(Wolfgang Treher, 1966/90)* ◆ Bei aller nach außen gerichteter Imperatorenpose liebte der Diktator seichte Unterhaltung und derbe Scherze. *(Rudolph Herzog, 2006)*

Hadayatullah Hübsch **(geb. Paul-Gerhard Hübsch), Hippie, Provo, Street fighting boy, Dichter, Muslim (geb. 1946):** Der aus altem Chemnitzer Patriziergeschlecht stammte – seine Tante hieß Mumm von Schwarzenstern –, seit 1947 in Frankfurt ansässig, ging auf die Ackermann-Volksschule in Kamerun. Ein Arzt verschrieb dem zu dicken Jungen Reizklima.

Ab 1961 schrieb er Lyrik, stieg dann voll ein in Rock 'n' Roll, AFN, Teens Twens Top Time, absolvierte als Alumnus ein Alumnat in Laubach im Vogelsberg, und ein Gymnasium in Oberursel. Debüt-Initiation erfolgte durch Dada und die rebellischen U.S.-Dichter Kerouac, Ginsberg, Burroughs. Er gab dann das Fanzine »TÖRN« heraus, machte Abi, leistete Ersatzdienst an der Blindenstudienanstalt in Marburg, leitete auf Landesausschuß-Ebene Ostermarschgruppen von Atomwaffengegnern, verstand sich in linker Demo-Szene als Kneipengänger, Jungdichter und Revoluzzer, eingebettet in von ihm sog. Bierhirne, Schnapsfahnen, Plastikmenschen, programmverantwortlich für den Club Voltaire, derart exzessiv, daß ein friedlicher Kurfürstendamm ihm ohne Demonstranten förmlich trostlos erschien. Doch bald ließ er all dies als ungenügend zurück, streifte die Schlangenhaut des engagierten Sozialisten, Störtruppzusammentrommlers und Atheisten ab, um fortan als euphorischer Drogenbefürworter herumzulaufen, Frankfurter Freak der ersten Stunde, haschte, kiffte, feierte, durchlebte Finanzmiseren, gründete das Hippie-Kommunikationszentrum »Heidi-loves-you-shop« im Westend und nach dessen polizeilicher Schließung, wegen Alkoholverkaufs und überlauter Nacht-Partys, die Free-Beat-Gruppe »wa-wa-wa-wa-was-istlos«, Highlife, experimentierte mit Antörnpillen, verausgabte sich in mystischen Verrenkungen, stets auf Draht & Zack, geil nach Ekstase und Inner light, schob Einweihung durch LSD vor sich her, um dann gierig, 1967, mitten im Schlagzeugsolo Mani Neumayers, fieberhaft nach einer Schere zu suchen, LSD-Papier zu zerschnibbeln – tauchte ein in Magical-Mystery-Euphorie, später dann aber auch in negative Trips, angstvolle Ichauflösung im Planquadrat xy, bei abreißenden Standortmeldungen und Sprechkontakten, aufschießender Paranoia, psychonautisch übel abgedriftet. Zeitweise hielt er als Dealer Vorträge: »Mit Flowerpower für Gott und gegen die Welt«, suchte aufgewühlt nach neuen Ufern, unendlicheren Verzückungen, ultimativen Kicks und Durchbrüchen in erfüllendere Sphären, befaßte sich mit Yoga, verfaßte Druckwerke à la »Pornoper oder die 69 Orgasmen der Emma Peel«, trat 1968 in die Westberliner Kommune I ein, litt an Ungenügen, setzte sich mit Heidi nach Marrakesch ab, erholte und beruhigte sich nicht; nichts wurde besser, vieles schlimmer. Verfolgt von fiesen Visionen und wimmelnden LSD-Flashbacks, rannte er verwirrt und pitschenackt in die marokkanische Wüste hinaus, und obwohl er sich eigentlich eher für eine Art Zen-Buddhisten hielt, mit Kruzifix um den Hals, brach es plötzlich unvorgewarnt aus ihm heraus: »O Allah, bitte reinige mich!«, ohne vorangegangene Islambeschäftigung. Doch die Troubles ließen noch lang nicht nach. Herumirrend wurde er in Spanien im Knast festgesetzt, kahlgeschoren freigelassen, 300 Dollar Kaution, landete in Nervenheilanstalten, versuchte es 1970 doch noch mal mit Yoga, psychisch weiterhin angeknackst, trotzdem öfter mal Acid im Hirn, da schoß aus dem Hindu-Mantra »OM« ein weißer Blitz, wodurch Paul-Gerhard »aufgestanden wurde«, an eine Bücherwand geführt, er schlug den Koran auf und ward von Schaudern, Evidenzen und überaus 120%iger Wahrheit überflutet. Er kam heim und rief: »Mutti, ich bin Moslem geworden!« Sie hielt ihn für noch verrückter als sowieso. Für Mohammed spülte er sogar Buddha & Jesus runter. Er hörte was von Ramadan, wußte aber nicht, wie man fastet. Im Telefonbuch von Frankfurt fand er keine Moschee. Er telefonierte arabische Konsulate durch, latschte zu Fuß zur Nuur-Moschee der reformerischen Ahmadiyya-Muslim-Bewegung, am Sachsenhäuser Berg, kam dort abgerissen, kahlköpfig, dickbäuchig, verschmutzt, verschwitzt, in Blue jeans und Lederjoppe an; doch ohne Berührungsängste nahm der Imam, Masud Jhelumi, den verlorenen Outcast liebevoll auf, versorgte ihn mit Info- und Gebetsheftchen, und einem besseren Qur-an (Koran). Der Adept weinte vor Allah wie ein kleines Kind, träumte, Engel zögen ihn hoch, und er – verlor hierbei seine Stiefel. Der Wunsch, nach Mekka zu pilgern, ward übermächtig. Kurz nach Weihnachten nahm er Schlafsack, Orangen und Stullen, trampte abschiedslos von hinnen, kam erneut nach Spanien. Nach Marokko ließen sie ihn nicht rein, obwohl er die Sura Fateha auf Arabisch aufsagte. Denn seine Vollglatze signalisierte: »Achtung, Verbrecher!« Erneut landete er schuldlos im Knast, kam raus, setzte seinen Hadsch (Pilgerfahrt) fort. Doch gleichwie er in F/M, dubiösen Aussehens wegen, aus dem seriösen Intellektuellentreffpunkt Café Laumer geschmissen wurde, so warf man ihn in Marokko aus der Moschee, in der er betete, als angeblichen Nicht-Muslim. Heimgekehrt, ließen ihn sogar die Leibwächter eines durchreisenden hochrangigen Khalifs nicht in die eigene Nuur-Moschee hinein. Verleitet vom Allah-Wort, man müsse, um Rechtschaffenheit zu erreichen, etwas Geliebtes opfern, war er, der stets Angst zu erblinden hatte, nahe dran, seine Augen zu opfern, ehe er dann doch noch Aufnahme fand in der Ahmadiyya-Muslim-Jamaat und der alte Paul-Gerhard fortan »Der von Allah Geleitete« hieß: Hadayatullah. Als Redakteur des »Weißen Minaretts« gab er zudem die »Zeitschrift der Liebe Allahs: WUDD« und die Literaturzeitschrift »SADID« heraus, studierte Islam- und Religionswissenschaften, lehrte an der Hermann-Hesse-Schule für ehemals Drogengefährdete, hielt an Schulen und Unis islamisch informative Vorträge, heiratete die Diplomatin Hidayet-Begum Sookia aus Mauritius, arbeitete frei für Lokalblätter, Frankfurter Freie Presse und FAZ, schrieb → 'Attars »Konferenz der Vögel« fürs Radio um, heiratete nach dem Tod seiner Ehefrau 1979 die Derwischtochter Sadiqa Sultana Ahmad aus Qadian im indischen Punjab, zeugte und verfaßte 8 mehr oder minder pyknische Kinder und insgesamt über 100 Lyrikbände, Bücher, Untergrund-Publikationen, Infohefte, Übersetzungen, so illustre Titel wie »Da schau in mein Gehirn« oder »Islam und Ökologie«. 1991 verfaßte er auf Buntpapier einen total unabgekühlten Bericht über seine heißen Jahre. Immer kenntnisreicher legte er dar, daß man Salman Rushdie laut Qur-an eigentlich nicht verfolgen dürfe, oder auch, daß die Taliban ohne Qur-an-Kenntnis operierten. Auf jeder Buchmesse, wo er seinen Verlag »Der Islam« vertrat, zog er sich auch mal – inshallah – hinter einen Vorhang zurück, für Gebetsniederwerfungen – Allah-o-akbar. Trotz Herzinfarkt und Auswanderungsplänen nach Indien drosselte er sein Arbeitstempo kaum.

Nirwana & Dao hatten ihm wenig zu sagen

Worte von Hadayatullah Hübsch: Wir saßen gerade in der Küche / Und knackten Walnüsse, / Als Peter reinstürmte und schrie: / Die Welt ist untergegangen, / Das darf doch nicht wahr sein, / Rief ich und rannte zum Fenster, / Während Friede den Bob Dylan abdrehte, / Der gerade auf dem CD-Player rotierte, / Aber tatsächlich: draußen war nichts, / Und als wir den Fernseher anmachten, / Um Genaueres zu erfahren, / Kam nichts als weißes Flimmern, wir / Wollten es nicht glauben, / Dabei hätten wir uns das doch nun / Wirklich ausrechnen können, daß / Es eines Tages so weit kommen würde. ◆ Wozu haben wir einen Kopf, wenn es wahr wäre, daß die Gedanken frei sind?

Hadayatullah Hübsch über sich: Ich wurde in einer Waschmaschine geboren, / Mein Vater betete Coca-Cola an, / Meine Mutter betete zu Overstolz, / Schmeißfliegen erzogen mich, / Als ich acht war, ertrank ich / Beinahe im Bierschaum, / Der einem Pfarrer aus dem Mund quoll. ◆ Ich klammerte mich an das geköpfte Leben dieser Traumgeschöpfe. Ich verlor diese zärtlichen Wesen aus meiner Fauna, ich schleuderte sie auf die nackten Straßen meiner Hoffnungslosigkeit, nicht endender Verzweiflung. ◆ Ich war bis zum Platzen angefüllt mit der Idee, alles herzugeben, das Letzte aus mir herauszuholen und in einem umstürzenden Schrei mich selbst in das äußerste meiner Vorstellung, an die Grenze der Grenzen zu schleudern, um mich wie mit einer riesigen Spritze in die Realität einzuflößen, um aufzugehen wie eine Hibiskusblüte, zu zerstieben; schließlich und aufgelöst einzugehen in die Heimat der außerirdischen, galaktischen Sphären und Schwingungen, traumlos, zeitlos, fließend ... – diese unendlichen Nächte mit Beat und Bier und Hasch und Mädchen und Autos und ihrem Rumgerenne und Geflippe und Schaum vorm Mund, und alle Sinne und Gesichter unter Starkstrom: Blitze, die das Gehirn kurz erzittern ließen, für Sekunden erleuchtet und mit einem kosmischen Sinn erfüllt, wie diese Kerouac-Helden, rasend, voller Ideen, auf dem Sprung und immer mit vorgereckten Gesichtern, so wie meins, siehst du, mit zuckenden, überdrehten Worten und Taten inmitten dieser köstlichen Typen mit ihren traumseligen und enttäuschten Geschichten in den Augen, und man brauchte bloß zuzupacken und ja zu sagen, und sie fielen einem in den Schoß wie ein ganzer Apfelbaum. ◆ Hilflos, verwirrt und gepeinigt von dem Hin und Her in meiner Hölle, ohne Schutz, allein gelassen in einer grausamen, toten, verwesenden Welt, und die Menschen und Tiere wandten sich vor mir ab und flohen vor meinem gewalttätigen Gesicht. ◆ Dann faßte mich der Trip wie ein tollwütiger Schäferhund und schleifte mich durch die Gegenden meiner Innereien, besinnungslos im Nachtpark, Pagoden und Springbrunnen versperrten mir den Weg, you are the Buddha, you are the Buddha, flüsterten die Sommerzweige, hinter denen tausend Käfer saßen. ◆ Als »ausgeflippt« vom Verlag angenommen worden war, erreichten mich die Fahnen in der Psychiatrie.

I

Ikkyu Sojun, Zen-Meister, Wandermönch, Einsiedel, »Blinder Esel«, »Verrückte Wolke«, »Kaiser der Abweichler« (1394–1481): Geboren wurde er, der uneheliche Sohn des Kaisers Gokomatsu – verläßlichen Gerüchten zufolge –, am Neujahrstag in Saga bei Kyoto, inmitten wildbewegter Muromachi-Zeit. 1399 wurde er, aus Überlegungen, er könne wegen seiner eventuellen Thronanwartschaft Meuchelmördern zum Opfer fallen, von seiner Mutter getrennt und in buddhistischem Kloster aufgezogen, fern politischer Scharmützel. Sein Novizenname: Shuken. Viereckiges Flachgesicht, wenig aristokratische Boxernase, traurige Augen machte er mit geistigen Gaben wett. Ab 1406 fiel Shukens Dichtertalent sehr auf; er ahmte auf Chinesisch ganz zauberhaft Tang-Gedichte nach, alles voller Pflaumenblüte und Mondlicht. Statt seinem Lehrer zu beichten, daß er aus Versehen dessen kostbare Teetasse zerbrach, fragte er ihn, wieso Menschen sterben müßten, bekam geantwortet, alles habe eine bestimmte Lebenszeit, da zog er die Scherben aus dem Ärmel: »Für deine Tasse war es Zeit zu sterben.« Er wurde dann einziger Schüler von Meister Keno und versuchte sich, als dieser 1408 starb, verzweifelt und hungrig im Biwasee zu ertränken. 1414 bewarb er sich als Schüler von Keso (Kaso) Sodon, angehörig der Rinzai-Schule, der in einem verlotterten Tempel am Biwasee sehr streng lebte, ihm zur Begrüßung erst mal einen Eimer Spülwasser über den Kopf goß, ihn dann 3 Tage im Vorhof warten und frieren ließ. Jahrelang kämpfte Shuken mit seinem Koan, nahm an Meister Kesos Dokusan teil, stellte für einen Laden in Kyoto Puppen her, lernte dort Wahrsager, Weinhändler, Straßenmädchen und Fischer kennen. Halb vergessene Tugenden und Rituale brachte er wieder auf Trab und in Schwung, wie den Stock, mit dem man hockende Erleuchtungsadepten schlug, und den Schrei, den man im Moment des Schlags, ob mit, ob ohne Erleuchtung, auszustoßen pflegte. 1418 erlebte er ein Satori durch die Ballade blinder Sänger, oder auch nur einen Satori-Vorgeschmack, wodurch er sein Koan, statt es bloß aufzusagen, plötzlich durchdrang, und bekam daraufhin von Meister Keso einen neuen Namen, den Dharma-Namen Ikkyu (ein Halt). 1420, bei nächtlicher Fahrt im Leihboot, erfuhr Shuken, genau als eine Krähe schrie, Erleuchtung, derart, daß das ganze Universum zum Krähenruf wurde und Ikkyu sich an seinem Namen »Halt« nicht festhalten konnte. Als er abstritt, ein Zen-Meister zu sein, war das für Meister Keso ein Indiz, daß er nun Zen-Meister sei, und er stellte ihm ein Erleuchtungszertifikat aus, das Ikkyu zerriß, wodurch er sich den spirituellen Neid von Obermönch Yoso einhandelte, der seit 20 Jahren umsonst dran arbeitete, an so ein Zertifikat zu kommen. Yoso und Ikkyu lieferten sich bizarre

Guru-Duelle im Lehrfach Demut: Yoso räumte, als Keso an Ruhr erkrankte, Kesos Kot mit Besen und Feudel fort, aber Ikkyu mit bloßen Händen. Da er zunehmend selbst den unkonventionellen Keso irritierte, Besucher beleidigte, als wär er alles andere als erleuchtet, kam Meister Keso dann doch auf Dauer Yoso würdiger vor, stellte auch ihm ein Erleuchtungszertifikat aus, machte ihn zu seinem Dharma-Erben, woraufhin Ikkyu das Kloster verließ und als Wandermönch mit Flickenrobe und Strohsandalen aufbrach, wie seine Meister und Vorbilder Lin-chi und Daito. Lieber wohnte Ikkyu, statt sich als »erleuchtet« auszugeben, auf dem Berg Jou als Einsiedel in seiner Katsuro-an (Hütte des Blinden Esels). Seine Wanderjahre dauerten länger als die aller Vorgänger, von 1423 bis 1451. Ab und zu kam er zurück, woraufhin Keso erneut, was seinen Dharma-Nachfolger betraf, zwischen dem extremen Ikkyu und dem kultivierten Yoso schwankte (Variation auf den alten Grundkonflikt zwischen verrücktem → Schibli und nüchternem Dschunaid). 1435 feierte er seinen Geburtstag mit Mönchen, Laienschülern, Raufbolden, leichten Mädchen, Piraten, komischen Vögeln. Von Bürgern aus Sakai gefragt, warum er als Mönch so ein rotlackiertes Riesenschwert bei sich trage, zog er es heraus, enthüllte die hölzerne Schneide und erklärte: »Keine Angst, es ist so unecht wie die andern Mönche.« Die alle nur der lauen »hölzernen« Richtung angehörten, statt der »stählernen«. Er, der weiterhin gegen die Verwahrlosung des einst so strahlenden Zen-Buddhismus polemisierte, reagierte also auf »falsche Mönche in Kuh-Kluft«, die Geld häuften, Reiswein brannten, Bäuche sich anmästeten, als Bankiers und Pfandleiher sich verausgabten, sozusagen protestantisch. Er schwang das harmlose Holzschwert als ein Bodhisattva, der mit der Klinge der Weisheit die Verblendung durchschneidet. 1447 wurde die verrückte Wolke knapp gehindert, sich bei seinem öffentlichen Hungerstreik gegen Korruption der religiösen Hierarchie zu Tode zu fasten. Statt sich durch einen geschorenen Kopf als Mönch auszuweisen, trug er Haar und Bart lang, als wär er kein Mönch. Dem Wabi-Ideal huldigend, nahm er (wie → Franziskus von Assisi) auch Frauen als Weggefährten und Schüler an. Zeitweise zog er mit gleichgesinnten Käuzen umher, sogar mit Weib und Sohn Jotei. Ihm schwebte vor, Kloster-Zen zum Gassen-Zen zu machen, ohne ihn zu verflachen (also praktisch noch mal den Schritt vom Hinayana zum Mahayana zu vollziehen). Er nannte das den »Zen des roten Fadens«. Hierbei, bei aller Fähigkeit, Mißstände verbal anzugreifen, also ein viel weicherer Typus als Lin-chi, konnte er sich an einem Sperling auf der Hand freuen und zärtlich über Frauen schreiben. Sein polemischer Vers »Du verlierst deine Seele für 10000 Kupferpfennige« variierte auf eigener

Schiene: »Was nützte es dir, wenn du die ganze Welt gewönnest und nähmest doch Schaden an deiner Seele.« Auf einem Neujahrsfest schwenkte er einen Totenschädel am Bambusstab, anschauliches Memento mori. Um 1471 verliebte sich der Greis in die blinde Sängerin und Kotospielerin Mori (Wald), die seine Tochter hätte sein können. 180 seiner 800 Gedichte in der Sammlung »Kyounshu« rühmten sie und seine Ekstasen mit ihr; 700 kreisten um Rinzai-Buddhismus. Er nannte sich nun Mukei (Mönch von der Traumkammer). 1476 nahm er dann doch noch einen Posten als Abt an, im Kloster von Daitokuji, dessen Regeln er zeitlebens kritisiert hatte, eingedenk seines toten Meisters Keso. Als aber, 10 Tage nach seinem Amtsantritt, etliche Ehrengäste Gelder lockermachten, um Erleuchtungszertifikate von ihm zu erhalten (Vorsicht: vorlutherischer Ablaßhandel!), zog Abt Ikkyu sich vom Gedenkmahl zu Ehren Kesos zurück und hinterließ (angeblich) einen Zettel, auf dem er in Versform vermeldete: »Wenn ihr mich sucht, / fragt nach mir / beim Fischhändler, / in der Schenke / oder im Freudenhaus.« Als 82jähriger! Als Dichter rühmte er die mit Haaren umwucherte Vulva, weil aus ihr 10000 Buddhas kommen. Seine Neigung, Sexualität, statt sie wegzustecken oder zu verstecken, zu betonen, ja sie übermäßig überzubetonen, teilte er mit Erotomanen, Tantristen und Sexnarren wie → Drugpa Künleg, → Baha'uddin Walad, Don Juan, Casanova, → Crowley, Sigmund Freud, Wilhelm Reich, → Chaplin, → Dalí, → Nagel, → Osho, → Kinski, Kinsey & Kolle, → Dodson, Dolly Buster. In Europa nannte man Ikkyu bald Nonkonformist, sowie den größten unter den Zen-Mönchen Japans. Eurozentriker nannten den blinden Esel und die verrückte Wolke »Eulenspiegel des Zen«, ohne zum Ausgleich Eulenspiegel den »Ikkyu Sojun Europas« zu nennen.

Worte von Ikkyu Sojun: Tag für Tag prüfen die Priester sorgfältig das Dharma. Pausenlos leiern sie vertrackteste Sutren. Doch zuvor hätten sie lernen sollen, Liebesbriefe von Wind, Regen, Schnee und Mond zu lesen. ◆ Gezierte Koan und gewundene Antworten sind alles, was Mönche haben, wenn sie sich Beamten und Gönnern anbiedern. Freunde des Dharma, laßt euch sagen: Eine Hure im Brokat taugt mehr als ihr alle! ◆ Die Wahrheit des Buddha scheint verschwunden zu sein, und statt ihrer erhebt sich der Dämonenkönig 100 Fuß hoch. ◆ Es ist leichter, zu Buddha zu gehen, als zu den Dämonen.

Ikkyu Sojun über sich: Ich schäme mich, noch unter den Lebenden zu sein; so viele Jahre hab ich Zen geübt und den Weg geübt, jetzt hab ich neue Probleme. ◆ Zorn und Gier stieg 20 Jahre in mir hoch; jetzt aber lacht eine

Verrückte Wolke in der Hütte des blinden Esels

Krähe und wird zum Fels im Geröll – was ist das? Ein Antlitz aus Jade singt in der Sonne. ◆ Nicht gut, daß ich an eine schöne Frau auch nur denke, wenn es um das Reich so traurig steht. ◆ Sogar bevor ich Baumfelsen war, war ich nichts. Wenn ich totes Nirgendwo bin, bin ich nichts. ◆ Meine Hand, wie gleicht sie Moris Hand. Ich glaube, meine Dame ist Meisterin des Liebesspiels. Wenn ich geschwächt bin, heilt sie den Jadestengel. Dann frohlocken die versammelten Mönche. ◆ Die letzte Nacht des Nichtseins, die 3 Pfeiler des Zen gibt's in der Hütte des blinden Esels. Dieser olle Mönch vom Traum-Boudoir in seinem »Pavillon der Mondbetrachtung« lebt Nacht für Nacht ein mehr als trunkenes Leben der Dichtkunst.

Andere über Ikkyu Sojun: Es gibt viele Geschichten über ihn, die euch neue Türen zur Kontemplation und Meditation öffnen können. *(Rajneesh)* ◆ Schon im Namen »Verrückte Wolke«, den er sich gab, deutet sich die ganze paradoxe Grundbefindlichkeit an, der er sich zeitlebens ausgesetzt sah und der er dichterisch Ausdruck zu verleihen versuchte: Einerseits ist die »Wolke« ein Bild für das vom Buddhismus geforderte »Nichthaften« an den Dingen der Welt, andererseits lautet der sino-japanische Euphemismus für körperliche Liebe un'u (Wolke und Regen), was dem Namen »Verrückte Wolke« die Konnotation »verrückt nach Liebe« gibt. *(Kindlers Literaturlexikon, Band 8, 1988/92)* ◆ In zweien dieser Untertempel absolvierte Ikkyu sein spirituelles Training. Ikkyu war weder fähig noch bereit, seine Emotionen, seine Schwächen und Charakterfehler zu verstecken. *(Perle Besserman/Manfred Steger, die Ikkyu mit William Blake und Walt Whitman verglichen, 1991/99)* ◆ Ikkyu lieferte einen Beweis dafür, wie absonderlich der Weg zur Erleuchtung sein kann. *(Sonderlinge und Exzentriker, Verlag Naumann & Göbel)*

Isidorus Orientalis (geb. Otto Heinrich Graf von Loeben), Totalromantiker, Extremsentimentaliker, Megaschwärmer, Novalis-Imitator, Eichendorff-Antizipator (1786–1825): Geboren als, unweit vom ostsächsischen Herrnhut, Sohn eines Kabinettsministers, ein oberlausitzischer Ritter, den er gern herausstrich, Landsmann des verehrten → Böhme, pietistisch beeinflußt. Anakreontik fesselte ihn zuhöchst und zutiefst; 1806 weihte er sich der Dichtkunst ganz. Seine erste Quasi-Tragödie: »Arminius«. Als Student in Heidelberg rief er den eleusinischen Freundesbund ins Leben und ließ sich als Herold eines neuen Äons verehren, von unverbrüchlichen Busenfreuden und Blutsbrüdern namens Dionysius, Astralis, Vitalis, Eugenius und Florens, der Kunstname des jungen Eichendorff, der die ergreifenden Gedichte seines Isidorus als große Erscheinung in unserer neuesten Poesie rühmte. Figurinen, die Graf von Loebens hingehudelten Pasticcio-Roman »Guido« durchschwebten, hießen vergleichsweise Eugenius, Cyane, Wunibald, Felix, Flora und Grünwald, alles voll golddurchwirkter Bänder, die die blauen Gewänder holder Weiber zusammenhielten, in mildem, blaßgrauem Luftglanz, worinnen Goldwölkchen selig zerschmolzen. Die Augen gingen Isidorus über bei jedem Worte. Aus irdischem Gewühle ließ er sich von der Poesie zum erhabnen gottverwandten Schweigen heben. Wenn Enges ihm die ew'ge Kraft und Gluth umschließen wollte, trat er in den Wald, wo Lieder frei regierten, die hohen Wipfel Geistersprache führten und ihn mit Säuseln des Lebens Zungen grüßten – Arkadien pur. Bilder und Bücher bewegten sich; die Welt verlor sich in Duft und Klang, wie kurz vorher bei Novalis, dessen »Rosenblütchen« bei Isidorus »Goldblüthe« hieß und dessen Ginnistan Isidorus mit magischen Worten wie Govinda, Buddha und »Samscretsprache« (Sanskrit) überbot. Wunderbare Sänger umarmten würdige Greise, die Jünglingen unaussprechliche Blicke zuwarfen. Doch der Novalisbewunderer kam nirgendwo über einen Novalisverflacher hinaus. Er gebar dann, 1811, einen zeitgemäßen Rokokoroman voll flötendem Schäferspiel und säbelrasselnden Themata ritterlichen Charakters: »Arkadien«, 2 Bände (Dorothea Schlegel schimpfte drüber), zuzüglich: »Blätter aus dem Reisebüchlein eines andächtigen Pilgers«. Ab 1816 gab er die »Hesperiden, Blüthen und Früchte aus der Heimat der Poesie und des Gemüths« heraus, voll zeitgemäßer Beiträge von Herzensfreund »Gottwald«, oder auch Zacharias Werner. 1817f. kinderlose Ehe mit einer Geheimratstochter. Auf der Spur Boccaccios schuf er christkatholisch verbrämte Trend-Opuscula à la »Ritterehre und Minnedienst, alte romantische Geschichten«, 1819, und »Die Irrsale Klotars und der Gräfin Sigismunda«, 1821. In den Befreiungskriegen ritt der Graf als

Unterleutnant unterm »Banner der freiwilligen Sachsen«; er genoß den unblutigen Feldzug als romantische Sängerfahrt, also als Don Quijote. Alsobald ihm weinerlich zumute ward, brauchte er nur sein Zauberwort »romantisch« auszurufen, schon atmete er wieder frei und beglückt durch. Isidors »recht lebendig brausende Quelle«, sein Waldhorn, das ständig aus dem Wald schallte, sein Mühlradgeklapper, eine Sommernacht, frohes ungestümes Zwitschern in den Zweigen, junge schwellende Saaten, »daß er sich's so recht bequem machen kann«, all dies übernahm Eichendorff wörtlich und nutzte diese Worte, Töne und Klänge zwischen 1817 und 1826 dergestalt inflationär, daß sie bald darauf als spezifisch eichendorffisch galten, obwohl alles, vor allem auch das Singen aus voller Brust in die Morgenluft hinein, 1808 beim Taugenichts Isidorus gestanden hatte, den dann aber Eichendorff kritisch zu sehn begann, die schmachtende Gebärde beklagte, die dickleibigen Manuskripte, den priesterlichen Vortragsstil, die aufrichtigen kleinen Gefühlchen, die polierte, wohlerzogene Weichlichkeit seiner Poesien, und wie er spanische Konstruktionen, welsche Bilder und altdeutsche Redensarten mit einem »feinen Firnis von Sanftmut« verschmiere, und mit Äther in Äther male (dasselbe Argument richtete später Heine gegen Novalis selber), und lastete ihm sogar Aftercultus an, Gewirr von Talent und Zopf, Lüge und Wahrheit. Novalis nahm es keiner übel, daß er zunächst von Hardenberg hieß; von Loeben aber hüllte sich in ein lächerliches Pseudonym, geradezu illegitim. E.T.A. Hoffmann, dessen Figuren ungescholten Porphyrio von Ockerodastes und Dapsul von Zabelthau heißen durften, verglich Orientalis' Stil einem trüben Wasser mit vielen kleinen plinkernden Fischchen, karikierte ihn 1820 in »Die Königsbraut« als virginischen Tabak schmauchenden Jüngling Amandus von Nebelstern, braunlockicht, heiter, unbefangen, dem einer den Floh ins Ohr gesetzt hatte, ein ungeheures poetisches Genie zu sein, und welchselbiger sich demgemäß hinwegschwang über Verstand, Vernunft und nüchterne Prosa und – zudem astrologisch verstrickt – von schamhaften Veilchen sonettisch draufloskündete, himmlischem Entzücken, Feuerwellen, stürm'scher Brandung, nicht zuletzt Liebesschmerz. Wie eine Generation vor ihm → Kaufmann und eine nach ihm → Kempner, lockte Isidorus' aufreizende Existenz fast nur Gegner und Spötter hinterm Ofen hervor. Alle Verwalter romantischer Gefühlstiefe einigten sich, Isidorus betreibe bloß pseudoromantische Gefühlsduselei, schwimme in Substanzlosigkeit, als Karikatur der wahren Romantik. Tatsächlich, der ambitionierte Zweit-Novalis mündete dann doch eher in einen synästhetisch nachgezuckerten Rinaldo Rinaldini, blaue Blume in Vergißmeinnicht, Große

Oper in Zauberposse oder Operette, Allegorie in Allegorese, Gesang in Gesinge und Singsang, Wabenhonig in Kunsthonig. Früh- und Spätromantik verblichen mitten in deren Blütezeit bei lebendigem Leib allzu frühzeitig in betont hochfahrende Herzensergießungen, Romantismus, Hyperromantik und Romantizissimus. Kein Fettnäpfchen, in das er nicht fiel, vom hohen Roß. Man beschuldigte ihn sogar, Ursache zu sein für den schmählichen Verfall der Romantik. Dabei planschte er bloß in demselben Zeitstrom wie alle Romantiker, reimte unermüdlich dasselbe Herz auf denselben Schmerz. Andere Epigonen dichteten kaum ewigkeitsträchtiger als er, wurden aber zu großen Dichtern gepusht. Mozarts Zauberflöte duftete eindeutig nach Isidorus Orientalis, statt nach Novalis, und stieg trotzdem auf Platz 1. Isidorus Orientalis machte sich auch durch einen ungeheuren Backen- und Schnurrbart lächerlich. Clemens Brentano verglich seine Physiognomie einem »schimmlichten limburger Käse«. 1824, nach Epilepsie-Attacken, Nervenfieber, Schlaganfall, suchte der dichtende Graf Heilung durch eine magnetische Kur beim Jahrgangsgenossen → Kerner, vergebens. Für sein »Ein fein lustig Waldstücklein« bediente er sich des Pseudonyms »Kuckuck Waldbruder«. Die viele Häme und Kritik zehrte an seiner ohnedies schwindenden Gesundheit. Er widmete unverdrossen seinen alten Freunden seine neuen »Lotosblätter« und starb mit 39. ~ Novalis' früher Tod weckte rundum Schauder; Orientalis' nicht ganz so früher, gleichfalls programmgemäß relativ früher Tod erschien selber wie eine kaum tragikumwehte, unrühmliche Imitatio Novalisi. Novalis stieg auf zum Inbegriff des Dichters; Orientalis konnte von Glück sagen, wenn man ihn wenigstens Poet nannte. → Jean Paul, Fischart, Rabelais wurden bewundert für ihre Künstelei und Wortflut; sobald aber → Kuhlmannus und Isidorus Orientalis wortmächtig loslegten, sank kaum eine in den Staub und grinsten nur alle. Lessing, Herder, Goethe, allen wurde zugute gehalten, daß sie sich auch über Seelenwanderung äußerten; sobald aber Loeben da etwas verlautbarte, erntete er Schimpf und Hohn. Heine ließ sich von Isidorussens verlachtem Lurelay-Lied (Sie singt dir hold zum Ohre, / Sie blickt dich thöricht an, / Sie ist die schöne Lore, / Sie hat dir's angethan) zu seiner nachmals weltberühmten Loreley anregen. Andächtig zitierte man Hölderlins »Wo aber Gefahr ist, wächst das Rettende auch«; turmhoch stand man über Isidorusens »Und bei dem Gifte wächst der Balsam«. Zur Strafe verurteilte Isidorus Orientalis seine Vorgänger und Quellen rückwirkend, selber bereits wie er zu klingen oder auch zu riechen, oder auch wie Emanuel Schikaneder. 100 Jahre bevor das Wort »Kitsch« aufkam, gebar Isidorus Orientalis vollbürtigen Kitsch, ein André Rieu des 18. Jhdts.; falls nicht Novalis in seinen Marienliedern selber bereits allzu verdauliche Seelenspeise geliefert hatte. Wenn zücht'ge Lippen von ew'ger Nacht sangen, antizipierte Isidorus sogar eine Schnupfprise Tristan & Isolde. Richard Wagner und Stefan George durften ohne Schande und Einbuße sächseln und schwäbeln; Isidors breites Sächsisch verzieh ihm keiner. Isidorus klang stellenweise sogar scheerbartisch, 100 Jahre vorher, also klang chronologisch eigentlich → Scheerbart isidorisch. Populäre Demokratisierung der Romantik in Richtung Schnulzen, Schmachtfetzen, Evergreens, Candle-Light-Dinner rollte echte und ursprüngliche Romantik nicht erst postum ins immer Flachere und Dünnere aus, sondern der Wurm süßen Niveauschwulstes saß schon am frühromantischen Ursprungsort seinerseits in holder Kunst, im vollen Futter von Blüthe und Thräne.

Süßeste Geheimnisse beunruhigten ihn angenehm

Worte von Isidorus Orientalis: Wem sich die Triebe in den Busen legen / Tief in das Reich der Herrlichkeit zu dringen, / Der wird zum Pilger, heiteres Gelingen / Schimmert als eine Landschaft ihm entgegen. ✦ Da dröhnten die engbrüstigen Felsenglieder, da brausten Staubwolken in die Höhe, das Leblose knarrte, die Körper fingen an, sich zu bewegen, daß ich durch die Oeffnungen, welche sich hier und da zwischen sie stellten, Strale des leichten, belebenden Lichtstroms sah. ✦ Die Amme schwebte blendend im Milchmeer. Buddha ertrank in ihrer Schönheit. ✦ Die Pflanze Oschaddi hing einsam trauernd nach den Fliehenden hinab. ✦ Er meinte, Indien wäre die Sonne der morgenländischen Sprachen, wie es mit der teutschen im Abendlande der Fall sein möchte. ✦ Sorge nicht, sprach Wunibald; unser Leben ist unerschöpflich. Um uns ist immer Musik. ✦ Zwischen dem zarten glimmenden Schleier lag ein unaussprechliches Antlitz. Der arme Pilger verstand tief den himmlischen Blick. ✦ Das Waldhorn ist die Stimme der Ferne, der ewigen Nähe, ein rührender Ruf, bei dem uns das Gefühl der unendlichen Liebe durchströmt. ✦ Die Verklärung hat sich niedergelassen auf uns. ✦ Wird die Plage nimmer enden, / Ist des Elends nicht genug? / Soll ein Wahn mich ewig blenden; / Der mit Blindheit alle schlug? ✦ Und die Planeten faßten sich an, und rannten um die neue Sonne, und die Sterne faßten sich an, und brausten um die Unendlichkeit, und Milchstraßen tanzten mit Milchstraßen, und Ewigkeiten faßten Ewigkeiten an, und immer schneller, und immer schneller und schneller zukten sie durch einander, und brannten auf, und schlugen empor, und stäubten verjüngend in die schmelzende Zeit hinein, und das Welt=Ende jauchzte durch die sprühenden Funken hindurch, und die Walzer flogen um Gott.

Isidorus Orientalis über sich: Ich übe die höchste Religion des Hasses wie der Liebe, wenn ich vor mein Werk mich stelle; aber beide sind beschlossen und gehalten in ernster heilig feierlicher Rührung. ◆ Diese schnellen süßbenebelten Empfindungen sind nun freilich wie kleine Fußstapfen im Sande verstäubt; dafür hat sich ein heller, tieferer, beschaulicher Blik in mein Leben eingedrükt, ich bin fähig, unter euch Freunde vor meine Habseligkeiten zu treten, über sie zu sprechen, zu lächeln, zu spötteln wie ihr. ◆ Gerade heraus muß ich's euch sagen, wie mir ist, wenn ich das bisher Geschehene betrachte, wie ich gerührte Dehmut, übermüthige Ausgelassenheit gegen mich selbst bin, wenn ich hinten in den Geist sehe, vorstrebend und abschüttelnd, ringend mit der Erd' und mit der Hölle, und wie kühn der Puls mich durchfliegt, wie wahnsinnig, wenn ich dann die Lichte vorbrechen seh' aus dem dunstigen Gewölk, wenn ich Sieg ahnde und Treue fühle und Lieb' und meinen geringen Werth und Auffahren und Verklärung! ◆ Übermüthig gehn die Sinne / Mit in dieser Pracht umher, / Mit den Blikken voller Minne / Tauch' ich mich in's grüne Meer. – Die mich am meisten und ausschließlich liebten auf der Welt, nannten und nennen mich stets Isidorus; der andere Name ist ihnen winterlich: Nenne mich Isidorus, damit ich sehe, daß Du mich wieder liebst.

Andere über Isidorus Orientalis: Es gibt hier viele junge Genies, die ich aber noch nicht kenne, ein Graf Löben aus Sachsen unter andern, der ein Buch »Guido, vom Wachstum der Bibel« herausgeben wird; wenn es nur nicht der Bibel wird weh tun, wie den Kindern das sogenannte Wachstum. *(Achim von Arnim an Bettina, 1808)* ◆ Seine Irrgänge sind gar nicht etwa, wie Du zu glauben scheinst, Irrgänge des Genies, Träume eines Fieberkranken; sondern ein bloßer gemachter Rausch, wobei man ganz nüchtern ist, den Trunkenen spielt, darüber döselig wird – *(Freiherr von Miltitz an Friedrich de la Motte-Fouqué, 1813)* ◆ Isidorus sass hold und schuldlos gleich dem Jünger der heiligsten Mysterien der Natur. Er war vertraut mit ihrem schönen Walten, und mit göttlich kindlicher Freude freute er sich der Herrlichkeit des Abends. Wie ein Engel war er mir, rein und sanft. *(Heinrich Wilhelm Budde)* ◆ Er ist ein guter Kerl, aber er hat nicht einen Mannesmuskel im Leibe. *(Ei-*

chendorff, 1810/1815) ◆ Wie ich ihn so vor mir sah, seine schmächtige Gestalt prüfend, mußte ich unwillkürlich denken: Armer, Du wirst nur allzubald Dich aufreiben! *(Karl August Varnhagen von Ense)* ◆ Otto Heinrich muß eine sehr rührende Leiche gewesen sein. *(Fouqué an Friedrich Kind)* ◆ Vollends was Isidorus Orientalis, Graf Löben, als Menschen und Leben ausgab, ist nichts als die Verlogenheit der Schwäche. Man kehrt von solchem Dunst, der in den meisten Fällen nicht einmal das schöne Farbenspiel der Seifenblase hat, desto lieber zu Hoffmann zurück. *(Ricarda Huch, 1902)* ◆ Bei alledem konnte man ihm eine gewisse Tragik nicht absprechen, denn er war ein kultivierter, auch hochherziger Mann, der freilich mit seinen literarischen Gespinsten am Leben vorbeischrieb und insofern dazu beitrug, daß die Romantik von ihren Gegnern als wirklichkeitsfernes Zerrbild denunziert werden konnte. *(Klaus Günzel, 1995)*

ISSA, Bauer, Tierfreund, Haiku-Dichter (1763–1827): Geboren in Kashiwabara. 1765 Stiefkindschicksal. 1777 bettelarm nach Edo; dort erlernte er Haiku-Kunst unter Mizoguchi Sogan und Nirokuan Chikua. Erbstreitigkeiten. 1814 Heirat mit Tsuneda Kikujo; später 2 weitere Eheschließungen. Im jungen Gras spielte er beglückbar mit Spatzenkindern. Neben dem Kübel aus Lehm hörte er Zedernnadeln deutlich 5 Silben nieseln oder auch wispern: »Wir nieseln wispernd«. Aus der Nase einer lächelnden Buddhasteinbildsäule, die auch mal ein fortpustbares Kopfkäppi aus Pflaumenblüten trug, sah er einen – Mauersegler hervorfliegen und brachte die Beobachtung poetisch auf den Punkt: »Der große Buddha / leiht die Nase zum Abflug / der kleinen Schwalbe.« Der schönste Papierdrachen, ausgerechnet, stieg über häßlichsten Bettlerhütten hoch. Eine Ameisenstraße: scheinbar die Fortsetzungslinie – drüber hersegelnder Haufenwolken! Eins seiner Kleinkinder bat ihn: »Den Mond da oben, hol ihn mir runter!« Papa versagte; Mond blieb oben; Kind weinte; Papa schrieb Haiku. Issa packte Indra und Brahma, die er als Statuen im winterlichen Mondlicht ohne Hosen dastehn sah, in eins seiner deftigsten Lächel-Haikus. Aus einem seiner Winter-Haikus ging hervor, daß er Backenbart trug, worin erster Schnee Flaumanflug bildete. Offenbar leicht aufbrausend, brachte er einmal sogar den Fluch »verdammt«, trotz notorischen, immanenten, eklatanten Platzmangels in jeder Haiku-Kunst, 2 x in einem einzigen Haiku unter, beim Anblick unwillkommenen Schneefalls. Am Herbstabend bedauerte der Bauer, zu sehr als Mensch geboren zu sein. Er starb in Kashiwabara. ~ Voll Rücksicht für kleine und kleinste Geschöpfe, zeigte der zärtlich gewordene Dschaina-Mönch oder Graswurzel-Romantiker Sinn und Händchen für das Leben auf Fußhöhe. Ein zenbuddhistischer Christian Wagner, Hemme Hayen oder Ulrich Bräker – Einzug frischen Winds und bäuerlicher Urwüchsigkeit in hochsublime Kunstwelt und Formenkreise. Bartold Heinrich Brockes kniete sich zu Blümchen runter; Issa zu Schnecken, Fröschen und Krabbelkerfen. Kurt Tucholsky suchte Synonyme zum Flirren und Säuseln von jungen Birken: Issa, Bashô, Buson, Seisei, Shiko, Yaha, Ryuta, Fura, Mantaro, Suzumaro, Wakamori hätten ihm wispernd helfen können. In nuce: »Haiku-Dichter / schwimmen auf einem Niveau. / Issa guckt kurz raus.« Literaturhistorisches Fazit: Nachdem Bashôs Haiku-Kunst ins Dekorative absank, woraus Yosa Buson (1716–1783) sie zeitweise wieder hervorholte, gelang Issa ein dritter Haiku-Gipfel.

Zwischen Riesenbuddha und Fröschlein

Worte von Issa: Aus solchem Labkraut / kroch – wie urkomisch! – solch ein / Schmetterling hervor! ◆ Hintergrundpflaumen. / Schwarz auf rosa Untergrund: / Vordergrundkatze. ◆ Die Ackerwinde / preßt sich um den Grashalm / nur um hochzukommen. ◆ Regen peitscht vorbei. / Ob das die Weinbergschnecke / wirklich glücklich macht? ◆ Nun wird's eisekalt. / Das Lied der Regenwürmer / geht die ganze Nacht. ◆ In der Stille stand / ein Schild am Kreuzweg und spie / Kauderwelsch hervor. ◆ Im Abendmondschein / schreien lautlos im Schmortopf / 11 Weinbergschnecken.

Issa über sich: Ich brauch bloß im Haus / auf meiner Flöte zu spieln: / schon kommen Mücken. ◆ Was tut mein Stiefkind / mitten im Mittagsschlummer? / Es sucht seine Laus. ◆ Mein Weggefährte / war nur die Pferdebremse / und keiner sonst noch. ◆ Wenn ich sterben muß, / ruft hoffentlich an dem Tag / ein Kuckuck: »Kuckuck!«

Andere über Issa: Im Gegensatz zu Yosa Buson, dem feingebildeten Städter in Kyoto, ist Issa auch in Edo zeitlebens der ehrliche Bauer von echtem Schrot und Korn, der die Wechselfälle eines schweren Schicksals mit kindlicher Heftigkeit erlebt, bald in flammender Entrüstung, bald in mitfühlender Liebe oder herzlichem Lachen. *(Wilhelm Gundert, 1926)*

J

MICHAEL JACKSON, Moonwalker, Superstar, Kinderfreund, King of Pop, Mega-Person, Medienwrack (geb. 1958): Als Kind Nr. 7 kam er, Sohn eines Kranführers, in Gary/Indiana, zur Welt und trug bald den brüderlichen Spitznamen »Dicknase«. Familiär wurde viel getrommelt & gebluest. Eine erste Band entstand: »The Falcons«. Der Vater (ehrgeizig wie Leopold Mozart, diktatorisch wie Beethovens Vater) drosch seine Wunderkinder zum Ruhm. Die »Jackson 5«: eine Band der 70er. 1982: absoluter Rekord jeglicher Musikindustrie: 60 Mill. kauften seine Platte »Thriller«. Guinness glühte auf. Noch nie hatte es einen Angry young man gegeben, der für einen Plattenvertrag 1,8 Mrd. Dollar verlangen konnte. Sein Moonwalk – gleitender Rückwärtsgang mit unverwechsel- wie imitierbarem Skrotum-Griff. In und um seiner Ranch Neverland in Kalifornien, 11 km^2, benannt nach Peter Pan, ein privater Streichelzoo, Schlaraffen- und Disneyland, 2 Autostunden nördlich von Los Angeles, 23 Mill. Dollar schwer, sorgten 50–120 Bedienstete für Sicherheit, Gartenkunst, Tagesablauf & Allotria. Ausgaben pro Monat hierfür: 1,2 Mill. Dollar. Gern sah der stinkreiche Bettlerkönig, der zum Halbgott und Gott der Waisen und Heimkinder, Behinderten, Randständigen und Ausgegrenzten aufstieg, sich als Wohltäter und Engel. Dann aber – kontinuierliches Diminuendo: 1987 bloß noch schlappe 27 Mill., 1997 bloß noch niederschmetternde 7 Mill. 1998 machte Michaels Wohltätigkeitsstiftung »Heal the World« pleite. Seine immer schmalrückigere Nase, die nicht etwa Schönheits-OPs zum Opfer fiel, sondern der Stimmverbesserung diente, wurde zur lädierten, verkorksten, entformten, fragilen Achillesferse. Entfärbte, ausgeblichene Haut, von Schokoladenbraun über Rosa zu pathologischem Kalkweiß, was Jackson seiner Vitiligo (seltene Krankheit) zuschrieb, machte ihn weniger zu Gustaf Gründgens' Mephisto als zum traurigen Clown, zum → Deburau, zum Pierrot lunaire. Ein Farbiger schaute kränker aus als jedes Bleichgesicht; aus negroid mach albinös. Nach frühem Verhältnis mit Kinderstar Tatum O'Neal und gemeinsamer Nacht mit Madonna '91 heiratete Jackson '94 Elvis Presleys Nichte – Verdacht auf Publicity-Gag & Scheinehe à la Grömaz David Copperfield & Karl-Lagerfeld-Creation Claudia Schiffer, oder auch: Andie MacDowell & Gérard Depardieu (Green Card). Die Tochter seines Hautarztes, die ihm die Kinder Prince Michael I. & Paris Michael gebar, verflüchtigte sich dann – millionenschwer. Prince Michael II. stammte von einer anonymen, mit Jacksons Samenspende beglückter Gebärerin. Wo er einkaufte, hatte man ausgesorgt. TV-begleitet, shoppte der Megastar blasiert-gelangweilt in erschwinglich glitzernden Edelramsch-Galerien, fragte auch bei Limousinen und Brillanten nie nach dem Preis, überbot mit links die Shopaholiker John Lennon & → Yoko Ono, die ganze Läden leerkauften, zeigte auf goldblitzende 2-m-Gigantpokale: »... and this ... this ... and this ...«, ein bulimistischer Midas, den nichts mehr freuen konnte, drum rum Leibwächter und Diener-Kohorten, die erkorene Objekte einpackten – Abtransport. Einmal kaufte er für 260 Mill. Dollar ein und merkte nicht mal, daß seine Crew die Ankäufe stillschweigend rückgängig machte. Ging er öffentlich speisen, unabhängig vom Privat- und Leibkoch, der pro Tag 2000 Dollar kostete, buchte er, statt einen Tisch, stets gleich das komplette Nobelrestaurant, gefolgt vom Helikopter mit Speiseeiskrem, der seines Fingerschnickens harrte (womit er Maestro Herbert Karajan toppte, für den bisweilen ein Flugzeug eine bestimmte Fischsorte beischaffen mußte). Bloß eine Präsidentensuite – wie Lokalgrößen à la Mario Adorf – genügte ihm nie; bei ihm mußten es stets mehrere auf einmal sein, zuzüglich in Paris eine 132-qm-Terrasse. Übernachtete er in Disneyland, ließ er 3 Stockwerke anmieten. Milliarden Weiße, einschließlich Ex-Sklavenhalter, Rassisten, Bleichlinge, Langnasen, krebsten sozialschwach über den Globus und buckelten sklavisch (Wiedergutmachung?) vorm King. Von dem ging die Sage, daß er nicht mal gut singen könne. Aber in einem Zeitalter, worin keiner Andy Warhol vorwarf, daß er nicht schön malen könne, störten Randverzierungen wie Talentmangel kaum. Hauptsache, er toppte, indem er zum »Musiker des Jahrtausends« gekürt wurde, selbst Mozart & Neunte. Bei allem Sponsoring via Pepsi: Der Stern des Frühvollendeten (wie Raffaelo & → Novalis) sank unaufhörlich weiter, der Moonwalker hinab zum »narzißtischen Extremisten«, »bedauernswerten Freak«, oder wahlweise zum Pädophilen, der krebskranke Kids betätschelt. Denn wo viel Spotlight und Glanz – und sozusagen Licht – ist, da winkt auch hohe Lichtrechnung, wenn nicht gar C. G. Jungs Schatten. In infantiler Psyche wohnten unerlaubte Triebe. Tom Sneddon, Bezirksstaatsanwalt, bebrilltes Ekelpaket, Inbegriff von US-Neo-Puritanismus, ermittelte ab '93 gegen Jackson und schwor der Weltpresse auffällig obsessiv – unabhängig vom chimärischen Delikt –, den »Peter Pan des Pop« in den Knast zu bringen, wegen Kindesmißbrauchs: Ein Fuzzi, 13, klagte, kraft geldgeiler Anwälte, der geile Star habe ihn mit Wein in Coladosen gefügig gemacht, ihn befummelt, und sei mit Erektion rumgelaufen: Straftaten, die man dank millionenschwerer Dollarflüsse außergerichtlich einvernehmlich kleinhielt. Sneddon, der geborene Verfolger, also das Böse im Mäntelchen juristisch abgesicherter Strafverfolgung zwecks Öffentlichkeitsschutz, und also doch wohl Archetypus des Guten, jetzt wutschnaubend, hatte keine Handhabe mehr gegen den Star, lauerte scharfgemacht (statt auf neue CDs) auf neue Bagatelldelikte des potentiellen Wiederholungstäters, vorwärtsgepeitscht von uralten Jagdinstinkten, Adrenalin, Testosteron, ein Old Dog, der kurz vorm Ableben schnell noch mal seinen größten Fisch spießen will – und: indeed! 2003 loderte erneut eine Klage – ihrerseits hochsuspekt – auf, die jetzt sogar einen Haftbefehl möglich machte, und die Inquisition legte vor den Mikros der Weltpresse mit Geifer, Schmäh & Vorverurteilung triumphierend giftig haßvoll los, mit einem »We've got him!«. Ungeschminkte Zombies jagten einen Make-up-Zombie, ein alternder ewiger Kindskopf von pensionsreifem Geierschlund, ein 2 x geschiedener Freund aller großen und kleinen Kinder von 9fachem, treusorgendem, also liebevollem Familienvater. Die alte Rangelei zwischen Jäger & Sammler: Käpten Ahab & Moby Dick, sowie das Biest und die Schöne, bzw. Verschönerte; ewiger Haß zwischen Bürger & Künstler, Spieß- bzw. Aufspießbürger & Transvestit, Auge des Gesetzes & buntem Dorn im Auge, Kampf zwischen Borniwelt & Easy Rider, zwischen Neckermännern & Punkern, Cowboys & Indianern, rauchendem Colt & Unschuldspimmel, Christ & Pan, Philister & Jesus – Gesetz und Natur. → Chaplin, → Myschkin, → Neri durften noch ganz unverdächtig die Kindlein zu sich kommen lassen, Vladimir Nabokov für nymphophile Alt-Herren-Phantasien, statt eingebuchtet, weltberühmt werden; nur die aufgehellte Lichtsäule sollte als Schwarzer Peter herhalten, um die Sado-Volksregel zu erfüllen, daß, wer hoch steige, so tief falle wie Luzifer, Ikarus, Roy Black, Salman Rushdie, Annemarie Schimmel, Möllemann, Friedman, Saddam Hussein. Die Skandalgeilheit der Welt schwoll lüstern triefender, schmieriger auf als der harmlos tolerierbare, nette, friedlich gewaltfreie Hautkontakt zwischen Fuzzis. Fama hechelte triebhaft: »Ab in den Knast! Läßt Schwarzenegger Jackson kastrieren?« »Triebtäter für immer wegsperren!« Er wolle, hieß es, sich nun auch sein Genital umoperieren lassen, damit es mit einer Zeugenbeschreibung nicht mehr übereinstimme. Einzig Liz Taylor hielt Michael in schweren Zeiten die Stange. Vor der Villa seiner Ex, in Beverly Hills, stand ein Schild für anrückende Paparazzi-Hundertschaften: »No comment!« Gegen 3 Mill. Dollar Kaution blieb er auf freiem Fuß. Daß er zur Gerichtsverhandlung 2005 um 5 Min. zu spät kam, erhöhte sein Schuldregister erheblich. Bodyguards und Schönheitschirurgieopfer, die vor 10 Jahren Pornos oder Slips rumliegen gesehen haben wollten, standen Schlange. Der Angeklagte habe einem Kind den Kopf geleckt! Die USA, lustfeindliches Land von Recht und Ordnung, kämpfte aufwendig gegen die USA, den schrillen Comic strip, gleichwie nebenan Verhütungsverteufler → Benedikt XVI. als lächelnder Savonarola gegen die bodybetonte Fungesellschaft der Renaissance. 2005 wurde Michael Jackson in allen 12 Anklagepunkten freigesprochen – Gratulation!

Vom »Peter Pan des Pop« zum Medienwrack

Worte von Michael Jackson: Viele mutige Männer fürchten sich vor Schlangen. ◆ Eine ergreifende oder ausdrucksstarke Fotografie kann eine ganze Geschichte erzählen. ◆ Streß kann schrecklich sein; man kann seine Gefühle nicht auf Dauer unterdrücken. ◆ Das Problem beim Fernsehn ist, daß alles in kürzester Zeit erledigt werden muß.

Michael Jackson über sich: Ich glaube, Künstler sollten versuchen, stark zu sein, um ihrem Publikum ein Beispiel zu geben. Es ist atemberaubend, was man erreichen kann, wenn man es nur versucht. ◆ Ich bin verrückt nach Debussy. ◆ In der Bibel steht, lasset die Kindlein zu mir kommen. Ich will damit nicht sagen, daß ich Gott bin. Aber ich möchte mich verhalten wie Gott. ◆ Jeder Mensch hat viele Seiten, und ich bin nicht anders. ◆ Da ich Vegetarier bin, bevorzuge ich frisches Obst und Gemüse. ◆ Wenn ich in eine öffentliche Bücherei gehe, druckt die Presse die Titel der Bücher, die ich ausleihe. ◆ Die liebevollste Sache ist, dein Bett mit jemandem zu teilen. Wann immer Kinder hierherkommen, wollen sie bei mir bleiben. Dann sage ich: okay. ◆ Babys kann ich nie widerstehen.

Andere über Michael Jackson: Ich habe ihn nie geschlagen … sondern nur mit einem Gürtel ausgepeitscht. *(Joe Jackson, Vater)* ◆ Dieser außergewöhnlich talentierte und kreative Künstler ist ein empfindsamer Mensch – warmherzig, humorvoll und nachsichtig. *(Jacqueline Kennedy Onassis)* ◆ Jackson spielt weiter seine alte Rolle – und deshalb spielt er keine Rolle mehr. *(DER SPIEGEL, 1991)* ◆ Seit einigen Jahren sieht der Bleiche wie sein eigener Geist aus. Jetzt klingt er auch so. *(Entertainment Weekly, 1997)* ◆ Michael ist der letzte lebende Unschuldige, der sein Leben voll unter Kontrolle hat. Ich kenne niemanden, der ist wie er. Er ist ein emotionales Sternenkind. *(Steven Spielberg)* ◆ Die Liste der Operationen ist mittlerweile länger als die seiner Hits. Es ist die Rede von 21 kosmetischen Eingriffen,

9 Gesichtskorrekturen, 20 Nasenoperationen. Ein Pflaster hält seine Nase zusammen. Die Augen kann der Pop-Zombie kaum noch schließen, die Augenbrauen sind nur gemalt, die Haare nicht echt. Wie können die Ärzte ihm helfen, wenn seine Nasenspitze abstirbt? Ist das die Strafe, weil er paradiesisch schön werden wollte? *(BILD-Zeitung, 15. 11. 2002)* ◆ Leute machen sich nur noch über ihn lustig. Dies könnte sein Sargnagel sein. *(Kurt Loder, mtv, 2003)* ◆ Abends dürfen die Kinder zu Jackson in die Peter-Pan-Bettwäsche kriechen und die Nacht über bleiben. Ohne Aufsicht, ohne Verbote, angekuschelt an ein dürres, enthaartes, geschminktes, androgynes Kind von 45 Jahren. Wann Michael Jackson zu dem exzentrischen Menschen wurde, der er ist, läßt sich in etwa so schwer bestimmen wie die Farbe seiner Haut, die Zahl seiner Schönheitsoperationen oder die Zahl seiner Opfer. *(stern, 27. 11. 2003)* ◆ Er will keinen Sex, sondern Berührung. Er sehnt sich nach Harmonie. Er will mit dem anderen verschmelzen und ein großes Eins sein. In diesen Gesten liegt auch hohe Sensibilität und Zärtlichkeit. Jackson ist im Grunde selbst noch ein gedemütigtes, geschlagenes Kind. *(Wolfgang Bergmann, Kinder- und Familienpsychologe, 2003)*

FRIEDRICH LUDWIG JAHN, Kraftmeier, Rauhbein, Burschenschaftsgründer, Agitator, Abhärter, Demokratenfresser, Volkstümler, »Korporal des Deutschtums« (1778–1852): Sproß einer Pastorenfamilie, in der Mark Brandenburg. 1791 Gymnasium von Salzwedel. Kräftige Statur. Der Raufbold teilte mehr Prügel aus, als er einsteckte. Schuldisziplin, Schulverweise, verbaselte Prüfungen. Theologiestudent und Examinandus an der Universität Halle. Wilhelm Friedrich von Meyers inhumaner Roman »Dya Na Sore« (später von → Schmidt reanimiert und mit Prähitlerei sinnig assoziiert) wurde inhaltlich zum Vorbild seines energischen Wirkens. Voll Begeisterung und Hohenzollernverehrung verfaßte Jahn, mit Schwert und Feder wacker und munter tätig, Tendenzschriften zwecks Beförderung des Patriotismus im Preußischen Reiche. Hauslehrer-, Hilfslehrer- und Kurierdienste. Mitglied des Geheimbunds »Unitisten« und in Studentenverbindungen. Volkstumskunde erweiterte er zu einer Völkerweltslehre – und er sich vom preußischen zum deutschen Nationalisten. Den Begriff »Deutschheit« nahm er 1803 von seinem Dozenten Ernst Moritz Arndt im schwedischen Greifswald. Schlagworte, gepaart mit stimmgewaltigem Vortrag, machten ihn zum idealen Trommler für die »Vaterländische Sache«. Einer der ersten Freiwilligen bei den Lützowern wurde ihr Werber – und Bataillonsführer der »Schwarzen Schar«. Der Propagant allgemeiner Volksbewaffnung rief den »Deutschen Bund« ins stramme Leben, bei frugaler Kost. Er sah sich als Wecker aus schlafsüchtiger Ohnmacht. Befreiung von napoleonischer Fremdherrschaft! Gründung eines deutschen Nationalstaats! Landsmannschaften, Urburschenschaft, Ehrensold, Teutonia, Gneisenau. Der Maurerbrüderschaft warf er vor, in Weitläufigkeit zu zerfließen, sprich: sich nicht in deftige Deutschheit einzupanzern. Pedantische Leitsätze über deutsches Volkstum verzapfte er, focht gegen Lehn- und Fremdwörter, knüpfte an ausgebooteten, überholten, abgehängten Vorläufern und Vorturnern an, an Kulturgut wie »Gymnastik für die Jugend«, oder auch »Mechanische Nebenbeschäftigungen für Jünglinge und Männer«. Südlich der preußischen Hauptstadt gründete er die Hasenheide, den ersten deutschen Turnplatz. Zwischen lauschigem Baumbestand – deutschen Eichen! – standen als gemäßigte Martergeräte die von Jahn entwickelten und erprobten Barren, Böcke, Kästen, Kletterbäume und das erschröckliche Reck. Pappkameraden, nach denen geworfen, gehauen, gestochen wurde, standen als Scheinfranzosen herum. Aller Verweichlichung sagte er den Kampf an und kam auf seine Kosten. Jede Menge Bodensatz zog ungeheuer mit. Turnwillige Mitglieder 1812: 80 Stück, plus 7 preußische und 4 außerpreußische Zweigvereine. 1817 arteten solche Stückzahlen dank Jahns Unentwegtheit bereits in 12 000 Turner in 150 Ortsvereinen aus. Seine ekelhaft bekannteste Devise »Frisch fromm fröhlich frei!« entnahm er 16. Jahrhundert; die vom sog. Neuhumanismus mißbrauchbare Parole vom gesunden Geist, der in einem gesunden Körper wohne, ging auf Juvenal zurück: »Orandum est ut sit mens sana in corpore sano.« Mythischer Stammvater: jener antike Kurier, der bei überbrachter Marathon-Botschaft am Zielort tot umfiel. Nach Rückschlägen – Verspottung als Turnwüterich – erfolgten Lamenti übers bübisch kulturlose Treiben der Jahnriegen. 1819 Verhaftung wegen Einfluß auf die Burschenschaften, Hausarrest, Turnsperre. 1840 wurde Jahn von Friedrich Wilhelm IV. amnestiert, erhielt das Eiserne Kreuz. Danach Start frei für vaterländische Turnbewegung, Hurrapatriotismus u. ä.; 1842 wurde das Turnen in Preußen als Schulfach eingeführt. Karikaturen, in denen der unverwüstliche Turnvater als alter Esel in altteutscher Tracht am Reck eine Kniewelle vollführte, konnten das bierernste »Volk in Waffen« weder aufhalten noch aufweichen. Jahn starb an Lungenentzündung. ∾ Postum schuf Turnvater Jahn Voraussetzungen für unzählbare Bänderrisse und Hodenquetschungen an jenen Turngeräten, die in 7. Generation und 150 Klassenjahrgängen den Schwächlingen, Steiflingen, Sitzenbleibern und Sportskanonen der Deutschen Jugend angetan ward, stets auf Zack, statt auf Draht. Der Stammhalter keuchte, hechelte, japste insgeheim immer noch mit, wenn spätere Gesundheitsapostel sich durchs Leben radelten, kneippten, müllerten, joggten. Er trug die Fackel weiter, die im 20. Jhdt. sich zum Weltenbrand der WMs, Olympiaden, Bundesjugendspiele auswuchs. 1928 erhielt der Turnvater, zusammen mit Franz Schubert, Eingang in die Walhalla am Donauufer bei Regensburg. Während der nicht minder vollbärtige Tiervater Alfred Brehm (»Brehms Tierleben«) zum Stammvater aller Prof.-Grzimek-Ableger wurde und Papa Haydn, der unschuldige Vater des Streichquartetts, zum arg turnvaterkompatiblen Deutschlandlied depravierte, mutierte des starrköpfigen, nein: starrhalsigen Turnvaters mannhafte Pädagogik in seinen Spätfolgen zu Leibes- und Wehrertüchtigung, Abhärtungswahn, Kraft durch Freude, BDM, FDJ, FKK, CVJM, Stanley Kubricks »Full Metal Jacket«, Spezialeinheiten, Elitetruppen, Söldnerheeren, Kampf- und Killermaschinen. Entweder saß er als ein Nazi des 19. Jhdts. im Startloch, der sich mit seiner Prophezeiung, ein anderes Zeitalter für Deutschland werde kommen und eine echte Deutschheit wieder aufblühen, begnügen mußte und 70 Jahre zu früh noch nicht als Rechtswähler nützlich machen konnte, oder die Nazis marschierten nur als kaum weitergedachte Turnschüler einher. Unschuldiger Tummel- und Bolzplatz wurde zum Terror-Camp und paramilitärischem Kindersoldaten-Ausbildungslager. Langfristig regierten Geist oder Ungeist des populistischen Turnpropheten auch ins friedensbewegte Interregium lächerlich harmloser Verteidigungsminister hinein. Wären ohne Turnvater Jahn der Welt al-Qaida und ihre Bekämpfer erspart geblieben? Andere wären in die Bresche gesprungen. Baden-Powell, Vater aller Pfadfinder, wäre noch berühmter. Turnmonster Jahn turnte nur als Spritzer der Gesamtwelle vor. Der grüne Joschka Fischer fiel mit Turnschuhen im Parlament 1985 so unangenehm auf wie Jahn im kaiserlichen Vaterland durch Ungekämmtheit und kotige Stulpstiefel. Zu befürchten bleibt, daß selbst in jedem heutigen Fitneßstudio und »Turne bis zur Urne«-Motto weiterhin Jahn über den Apparaten schwebt. Daß die taz (Tageszeitung) ihre Sportseiten mit »Leibesübungen« überschrieb, spielte ironisch an auf turnenden Wahnsinn, hielt aber wider Willen die unverlierbare Erinnerung an den Turnvater unverzeihlich wach.

Worte von Friedrich Ludwig Jahn: Nach zweitausend Irrjahren wäre es wohl endlich einmal hohe Zeit für das älteste und menschenreichste Volk Europas, die Deutschen, sich mit sich selbst unter einander für Zeitwelt und Nach-

Vaterländische Leibesübungen

welt zu verständigen: »Was waren wir vormals? was sind wir jetzt? wie kamen wir dahin? was sollten wir sein? wie konnten wir es werden? und wenn wir es erst geworden sind, bleiben? ◆ Welcher Deutsche sollte nicht ein vollendetes Werk über die Deutschheit wünschen, das niedergelegt werden könnte vor dem Thron und der Volksversammlung, auf dem Altar und dem Lehrstuhl, im häuslichen Zimmer und im Feldlager; was gelesen würde, so weit deutsche Sprache reichte und überall, wo Deutschheit als kein vergessenes Unding gilt? ◆ Ja Pflicht! dies ist das unsterbliche Wort, das uns über Abgründe hinweg trägt und über Schrecknisse siegen lehrt. Pflicht ist der erhabene Beweggrund des Weisen. ◆ Graue Krieger mit ehrenvollen Narben geziert, erzählen dem Knaben, dem Jünglinge, dem Manne von den glorreichen Siegen der Preußen. ◆ Die dem Würdigsten sich giebt, / Standhaft bis zum Tode liebt, / Söhne stark dem Vaterland / Zuführt stolz an Mutterhand, / sei vor allen Frau'n geehrt. ◆ Polen, Franzosen, Pfaffen, Junker und Juden sind Deutschlands Unglück.

Friedrich Ludwig Jahn über sich: Mir wird die Welt nachgerade zum Ekel. Wo wohnt noch ein Deutscher?

Andere über Friedrich Ludwig Jahn: Jahn mußte immer rumoren. Er machte aus einem harmlosen Tummeln in der Hasenheide eine Propaganda, einen Staat im Staate. Jahn trägt eigentlich nichts im Kopfe als sein Ideal eichelfressender Germanen, versetzt mit etwas starrem Protestantismus, und dann eine Theorie des Drauf- und Dreinhauens. *(Karl Immermann)* ◆ Er würde die Jugend in Felle gekleidet und mit Keulen bewaffnet haben, wenn er freies Spiel gehabt hätte; er würde statt Federbetten Heu und Stroh zum Lager eingeführt, statt massiver Häuser Strohhütten zu Wohnungen eingerichtet haben. *(Eduard Beurmann, 1837)* ◆ Mit der Turnerei und Jahnschen Reminiszenzen trieb man ein gespreiztes Wesen, das mich anwiderte. *(Otto Bismarck)* ◆ Und dem guten Vater Jahn mit dem langen Bart und den dicken Stiefeln, die ihn, so wollte es seine demokratische Überzeugung, auch zu den vornehmsten Soireen begleiteten und stets mit Kot bedeckt waren, so daß man behauptete, er erhalte sie künstlich schmutzig. *(Egon Friedell, 1928)* ◆ Wie auch sonst trat hier der grollende Verfasser für schätzbare Ziele ein, für nationalstaatliche Einigung und plebejisches Selbstbewußtsein, überdrehte sie aber derartig, daß sie auf besonnenere Gemüter wie Karikaturen ihrer selbst wirken mußten. *(Klaus Günzel, 1995)*

Jasmuheen (geb. Ellen Grave), Kosmostelepathin, Liquid-Pranierin, Lichtarbeiterin, Channeling-Esoterikerin, Metaphysikberaterin (geb. 1957): Die australische Tochter norwegischer Auswanderer arbeitete nach einer wunderbaren Kindheit als Bankangestellte. Sie trat einer Gruppe bei, die um die Energiefelder des Körpers kreiste, auf dem Sektor Breathairianism (Atemluftismus), bzw. Liquidarismus, Pionierarbeit leistete, Methoden entwickelte, einen Lichtkörper zu entwickeln, mit Lichtwesen medial in Kontakt zu treten und mit deren Hilfe normale grobstoffliche Ernährung fallenzulassen, auch nichts mehr zu trinken und sich nur noch von Prana – flüssigem Licht – zu ernähren, was Jasmuheen ab 1993 dann auch tat. Feinstofflicher Effekt: immer beschleunigter und metaphysischer an steigerbarem Aufstiegsfieber zu erkranken, hinan in ätherische Reiche, auf anderen Schwingungsebenen in morphogenetische Universelle Felder des All-Einen, um dort die Botschaften der Aufgestiegenen Meister Arkturius, Lord Sananda, Graf von Saint Germain († 1784) (der alle Shakespearedramen verfaßte!) – »und seit kurzem auch von Kuthumi« – noch luzider zu vernehmen und mitschreiben zu können als vorher. Fernziel, noch bei Lebzeit nie wieder essen, trinken, schlafen zu müssen, bzw. schlafen nur noch, um derweilen in anderen Dimensionen unterwegs zu sein. Vorteile: nicht nur nie wieder Warteschlangen im Supermarkt erdulden, nie wieder Kücheputzen, viel Geld sparen (für Hilfsorganisationen), verbessertes Hellsehen, unendliche Leichtigkeit des Seins, und bei richtiger Organisation: Lösung weltweiter Hungerprobleme. Im Gegensatz zu Dr. → Steiners 3 Wesensgliedern (Astral-, Äther-, physischem Leib) unterschied sie 4 Körper (Emotional-, Mental-, Spiritualkörper + Körper). Als metaphysische Pressesprecherin der »Großen Weißen Bruderschaft« hieß Mrs. Grave nun Jasmuheen (Duft der Ewigkeit) und brauchte, statt 8–10, jetzt nur noch 4–6, dann 2–3 Stunden Schlaf. Ihre Lichtquotientensteigerung korrelierte mit Zellregeneration. Auf höheren Bewußtseinsstufen zu schweben und dann das physische, durch unnötig hohes Toxitationsniveau abgenutzte Vehikel unter sich mortal fortbrechen zu sehn und bloß zu sterben, weil alle einem einreden, daß man das müsse, empfand sie als Zumutung. Sie wollte nicht sterben, nicht aus Angst vor Todesschmerz, sondern um nicht die nächste schmerzhafte Wiedergeburt wiedererleben und wieder Windeln tragen zu müssen – was viele als spinnerte Ideen sahen, statt als legitime Lebensziele. Zwecks pausenloser Toxitationssenkung und Reinigung von negativen emotionalen Energien, auch zwecks Chakrenöffnung, badete sie pro Tag 1 Std., dies sogar bei Himalayareisen, wo sie mitten in Felsenlandschaft aus Plastikfolie eine Wanne formte und Wasser im Metalleimer erhitzte. Als Meisterin der Lichtarbeit erstrebte sie auch Befehlsgewalt über Eingriffe in Molekularstrukturen – ohne daß sie das »zaubern« nannte. Dann wär sie bloß auf Potterebene verblieben. Jasmuheen aber näherte sich weniger → Kafkas Hungerkünstler, der leider bloß auf Jahrmarktebene verblieb, sondern 1.) mittelalterlichen Fastenrekord-Nonnen wie Therese Neumann, und darüber hinaus 2.) jenen Immortalisten wie Babaji, der seit Jahrtausenden – ab und zu in wechselnden Bodys de- und rematerialisierend – den Tod überwand, bereits Jesus persönlich unterwies und von 1924 bis 1958 im Indischen Dorf Dhanyon bei Alomora lebte. Auch sie selber – weder nach Macht noch Ruhm, noch Geld strebend – würde als Yogini ohne Essen in einer Höhle perfekt leben können, gab sie bekannt. Sie lebte aber gutgeerdet und wohlsituiert in einem großen Haus in Brisbane, mit Swimmingpool und stets gefülltem Kühlschrank – wofür? Für Jeff, ihren vergleichsweise erdhaften Mann, und ihre Tochter, die immerhin ebenfalls sich im Channeln übte und das Universum um mehr Geld bat, und schon gab der Pizzabringdienst ihr die Pizza, weil sie leider schon kalt war, umsonst. Übrigens naschte Jasmuheen in ihrer jahrelangen Nährstoff-Enthaltung – bis auf Tee und Wasser – ganz selten zwischendurch, wie sie zugab, etwas Schokolade, auch mal Kartoffeln, aber nicht, weil sie's gebraucht hätte, nur aus Geschmacksgründen, Langeweile oder Mängeln in der Meisterschaft, die Integration ihres Höheren Selbst anzupeilen. Jasmuheens Buch »Living on Light«, 1997, erläuterte ein 21-Tage-Programm, wie man sich zur quasi fotosynthetischen Lichttrinkerin transformieren kann. Das verkaufte sich auf deutsch – »Lichtnahrung. Die Nahrungsquelle für das kommende Jahrtausend« – 20000 x. Zwischen 1997 und 2000 beschritten in der BRD 5000–6000 Lichtnahrungsgläubige diesen Weg des rigorosen 3wöchigen LNP (Lichtnahrungsprozesses), weltweit 8000–9000 Personen – und 3 davon verdursteten innerhalb weniger Tage. Jasmuheen und ihre Verlage hatten sich juristisch abgesichert. Sie kommentierte, die eine Dame sei nicht integer gewesen und ohne die richtige Motivation, und 3 Tote seien hinnehmbar angesichts der ungeheuren Perspektive, das Welthungerproblem mit ihren Methoden zu bewältigen. In Entwicklungsländern bot sie aber keine Bücher, Informationen und Seminare an. Im Reich der Fettabsaugung, Bulimie, Moppelprobleme legte man willig 350.– DM Eintritt für Vorträge hin. 1999 willigte Jasmuheen ein, sich einer medizinisch und journalistisch kontrollierten Testwoche zu unterziehen: reines Lichtfasten, ohne Feststoff- und Flüssigkeitszufuhr, in isoliertem Hotelzimmer. Man fand bei ihr, im Gegensatz zu fastenden Nonnen und Heiligen im Mittelalter, kein Essensversteck unterm Bett oder in der Wand. Doch am fünften Tag brach die Begleitärztin das Experiment, weil die rund um die Uhr gefilmte Probandin bedenklich dehydrierte und rapide Gewicht verlor, gegen deren Willen ab. Die Durstkünstlerin meinte, sie habe sich durch »Arroganz und Naivität« zu dem Test verleiten lassen, der erfolgreich verlaufen wär, wenn sie nicht durch Autoabgase der Straße neben dem Hotel und durch den Zigarettenqualm der Sicherheitsleute vergiftet worden wäre. Ihre Lebensdaten paßten nicht ganz zueinander: Einerseits gründete sie laut Selbstaussage 1974 in den USA die Rebirthingbewegung auf Pranayama-Basis, der sich 10 Mill. Menschen anschlossen, traf 1977, nach 22 Jahren Bibelstudium (trotz Geburtsjahr 1957!?), ihren ersten unsterblichen Shiva-Yogi, Goraknath von Herakhan, von dem sie die Meisterschaft über das Geheimnis der Feuerreinigung erlernte, verlor ihren Job als Bankangestellte aber erst '93!?!

Lichtnahrung – zwischen Fettabsaugung und Welthunger

Worte von Jasmuheen: Erstklassiges Denken führt zu einem erstklassigen Leben, grenzenloses Denken führt zu einem grenzenlosen Leben. ◆ Wenn uns 90–95% der Energie, die wir normalerweise zur Verdauung brauchen, zusätzlich zur Verfügung stehen, dann können wir mit diesen Energien unser grenzenloses Potential wirklich erforschen. ◆ Die Vorstellung, weder Nahrung, Vitamine oder zusätzliche Nährstoffe zu sich zu nehmen, erschüttert die Industrie so sehr, wie die alternative Therapie der Selbstheilung oder Krankheitsvorbeugung die Milliarden Dollar schwere pharmazeutische Industrie erschüttert! ◆ Wenn wir uns nicht genügend spirituell reinigen, können wir einen »Guru-Bauch« entwickeln. ◆ Die Engel lassen uns mit dem ihnen eigenen Humor wissen, daß Schmerzen zwischen den Schulterblättern oft dadurch entstehen, daß unsere ätherischen Flügel im Physischen verankert sind.

Jasmuheen über sich: Ich weiß, daß ich keinen Schlaf und keine Nahrung brauche. ◆ Ich persönlich veranstalte nur noch äußerst selten gesellschaftliche Zusammenkünfte zur Abendessenszeit. ◆ Für mich ist die menschliche Existenz ohne das Ziel der totalen Meisterschaft langweilig und sinnlos. Die Unsterblichen zu studieren ist der Schwerpunkt meines Lebens. Es verwundert mich, daß Menschen mit einem oberflächlichen Leben und anschließendem Tod zufrieden sind. ◆ Wesen wie ich nehmen keine physische Form an, und so ist es nicht erforderlich, zu bilokalisieren oder zu teleportieren, da wir die Molekularstruktur nicht beeinflussen müssen.

Andere über Jasmuheen: Seit sich Jasmuheen von Prana ernährt, arbeitet sie intensiv mit den Aufgestiegenen Meistern zusammen. *(KOHA-Verlag, 1997)* ◆ Vielleicht denkt Ellen Grave auf dem Flughafen Heathrow an einen der peinlichsten Momente in ihrer Karriere als Jasmuheen. Ein Reporter hatte sie dort nach einem Interview bis zum Check-in-Schalter gebracht. Die Angestellte von British Airways sagte: »Miss Jasmuheen? Sie haben ein vegetarisches Menü bestellt?« Jasmuheen stotterte. »Äh, nein, nein.« Der Reporter grinste. Da wurde sie zornig. »Nun, ja, okay, habe ich«, zischte sie. »Aber ich werde es nicht essen.« *(Bernd Hauser: www.lichtnahrung.org/hausser.html, 2008)*

Jean Paul (geb. Johann Paul Friedrich Richter), Formuliermonstrum, Idyllen- und Formatsprenger, Weltschmerzpfleger, Kosmosträumer, Dichter, Denker, Geist (1763–1825): Einfachen Verhältnissen in Wunsiedel (dem Urmodell von Kuhschnappel, Siechkobel, Leibgeber, Rollwenzel) entwuchs er rasch, kraft Lesewut und entsprechendem Großhirn. Der Theologiestudent, Hauslehrer, Erzieher, Satyriker variierte lebenslang Sonderlinge in uferlosen Dschungelromanen (Freudel, Rektor Florian Fälbel, Schmelzle, Schulmeisterlein Maria Wuz in Auenthal, Quintus Fixlein, Fibel, Siebenkäs, Walt und Vult, Dr. Katzenberger). In »Die Wahrheit – ein Traum« nahm er Hegels einander verschlingende Denksysteme vorweg und ging – eingebettet in Zephyrlüftchen und Barocktermini à la »itzt« – der Frage nach, wieso kleinere Geister weniger irren als große. Daß sein »Hesperus«, der mitfühlende höhere Töchter und Brüste damaliger Schickeria mitriß, glorios einschlug wie »Werther«, verziehn ihm Goethe-Schiller nie: Zahme Xenien sahen auf einmal arg zahm aus; Wilhelm Meister verzwergte und verblaßte neben dem »Titan« edel-dröge, steif, farblos, humorfrei, ja: wortarm, schmalspurig, seriös, manierlich zu Gips, Salon- und Kammermusik. Jean Paul 1796 in Weimar: die einzige fühlende Brust unter frühvergreist vergrätzten Gräcomania-Larven, die den Newcomer »aus dem Mond gefallen« schalten, und »Chinesen in Rom«, der sich auch mal Schang Pohl nannte, oder Jean Saul – und Schiller »Gletscher«. Moritz, Wieland, Gleim, Herder, Lichtenberg entging der Quantensprung nicht. Tagsüber dichtete er gern unter wehenden Wipfeln in grüner Einsamkeit, abends ging er in Gesellschaft, ins Bett, unter die vielen Traumwesen. Auch auf Reisen zog er sich in Gartenhäuschen und Waldklausen zurück, wo ihn Gastgeber mit Fernrohr umschlichen. Selbst im Winter schrieb er bisweilen auf einem Gestell im Freien. In pantheistischer Blumenwiese träumte Kantkenner Jean Paul einen atheistischen Albtraum, schilderte Jesu Schock, als der plötzlich zu Gottvater wollte und nur Pascals entleertes Weltall vorfand, wachte dann in selbiger Blumenwiese auf, erleichtert, daß es außerhalb dieses Traums Gott doch noch gab – wie schön für alle zutraulich Beteiligten! Jean Paul pinselte Menschheitsdilemmata gnadenlos aus, was Goethe nie gewagt hätte, beschrieb Rattenplagen, Leichenberge, krepierende Föten und Mütter, stellte das normale »Stirb und Werde« der vorhandenen Natur und Welt als unlösbar schauderhaften Nonstop-Holocaust dar, Szenarien, Horrortrips, Gesamtdesaster, unverkraftbar, pure Wahrheit, und dann wachte Romanfigur Ottomar auf und hatte alles nur geträumt. Außerhalb seiner Werke schob er den Spießbürger, den er spielte, vor, um sich aus Geselligkeiten abzuseilen (so als würde sich ein solcher je so bezeichnen). Zeitzeugen verglichen ihn einem Braumeister; er aber wehrte sich, seine Suada, samt überdrehter Inhalte und hüpfender Gangart, bloß auf Beschwipstheit zurückgeführt zu sehn. Wenn ein Spitz entlief, wurde sofort, statt nach ihm gesucht, ein neuer angeschafft. Stets hatte er – neben Spitzius, Kanarienvogel, Eichhörnchen – Wetterfrösche um sich; später den weißen Pudel Ponto, den die Welt aufgrund eines Scherenschnitts für schwarz hielt. Nach dem Mittagsschläfchen bastelte er 15 Minuten pro Tag Fliegenfallen, zwecks Spinnenfütterung. Überzeugt, Bienen stächen ihn nie, ging er oft in Bienennähe, 25 Jahre ungestochen, bis ihn dann doch eine stach. Ein Folioband von Schlüpfrigkeiten fuhr ihm durch den Kopf, er aber achtete drauf, daß davon nichts in sein Werk hinübersickerte. Einerlei, worauf das Gespräch fiel, Magnetismus, Vermögenssteuer, Dampf-, Näh-,

Strick- und Spinnmaschinen, nie zeigte er sich unterinformiert. Er schlug Maschinen vor, die ihrerseits Maschinen bauen sollten (also Roboter!). In einer Messe quasselte er, bis ihn der Kirchendiener beinah rausschmiß. Als seine Gemahlin einen Kalbsbraten »göttlich« nannte, meinte er, wenn sie in den Himmel käme, würde sie den »nicht übel« finden. »Von Kopf bis Fuß« stellte er auf den Kopf: »von der Sohle bis zur Glatze«. Manche sagten, er rede genauso, wie er in seinen Büchern schrieb; andere schwuren, er rede viel geistreicher als im Buch; andere monierten vogtländische, andere badische Mundart, ja: Sächsisch. Alle rühmten seine Kindlichkeit, Wohlgelaunt-, Unbekümmertheit, so wohlbeleibt wie wieselflink. Nie redete er, im Gegensatz zu allen, schlecht über abwesende Leute. Ausnahme: Napoleon, den er mal »Mistbock« nannte. Als Mensch & Mann ein Sympathicus ohnegleichen, aber als Autor ein Monstrum, das alle Vorgänger (Hippel, Liscow, Rabener, Pope, Hamann) zu Vorstufen erniedrigte, ebenso alle Kollegen & Nachfahren: In Gesellschaft stahl er Tieck, Hegel, Uhland u. a. die Show. Neben ihm sah Eichendorff homophon benachteiligt aus; neben Normalromantikern mutierte der somnambul im Dusel & Fieberwahn faselnde Wirr-, Schräg- und Hitzkopf zur abnormen Denkbeule. Den Brüdern Schlegel billigte er nur eine kleinere Unsterblichkeit zu als sich. Humor verlor er selten, dann aber sehr: Eine Karikatur E.T.A. Hoffmanns erbat er nur deshalb für sich, um sie zu vernichten. Bei geringster Kritik konnte er halbe Nächte nicht schlafen. »Endlich sind wir im Vorhof der Ewigkeit, und sterben nur noch einmal«: Hier outete sich der Familienvater schier als Buddhist. Sich wegen Spitzbübereien oder Todsünden auf die Pönitenzpfarre des Universums via Geburt heruntergetrieben zu fühlen: Hier gab sich der Legationsrat als Gnostiker aus, oder als Gnosis-durch-den-Kakao-Zieher. Ohne Haydn-Mozart-Wielands Füllhorn-Anmut loszulassen, schwamm JP bereits in Beethovens und Mahlers Tränenreich. Roquairol stand avanciertерweise näher bei Stawrogin als bei Mephisto. Sein Wunsch, aus allen seinen Romanen »1 Roman« zu machen, lief auf Balzac & Proust hinaus (dessen berühmtes Madeleine-Erlebnis er an Aniskörnern & Orangenblüten exemplifizierte. Kierkegaards Glaubensskrupel, Strindbergs Exzesse, alle Dissozia-, Depersonalisations-, Identitätsverlust-, Multiphrenie-Albträume des 20. Jhdts., inklusive Monologue interieur & Dada, fanden sich längst mustergültig bei Jean Paul; nur wußte oft keiner, wo. Einsam und betäubt stand sein stiller Geist in der wilden Riesenmühle des Weltalls, die er modernerweise »allgewaltige, blinde Maschine« nannte (Affront gegen das intelligente Design heutiger US-Kreationisten?!). »Wenn ein Finanzminister keinem Tiere so ähnlich ist als einem Menschen« – notierte er vor 200 Jahren, und 50 Jahre vor Darwin. Er erging sich, wenn er über Rentnerberg, Alzheimer, Verstädterung, kleinschreibung, Staatsverschuldung u.v.m., ppp., usw., etc. schrieb, in Termini à la Kopiermaschine, statistisch, Spesen, Farbenklavier, Noumenon, Wechselbegriffe, Hierozoikon, Sphärometer, Anti-Fluxionen, Simultaneum: alles Modernismen, die Goethe kaum benutzt oder verstanden hätte. Der revidierte 1819 sein Urteil und billigte schulterklopfend dem Orientalen Jean Paul – peinlich uneingeweiht – so unersprießliche Meriten zu wie Verständigkeit, Einsicht, Frommheit, »ethischen Faden«, um ihn hinterrücks bei Eckermann dann doch wieder »Philister« zu titulieren. Selbst noch, als JP – Workaholic, schicksalsschlaggebeutelt – erblindete, dünnten seine ernsten Scherze nicht aus; er ließ seinen grauen Star im anderen Auge noch ein Stärchen ausbrüten. Sterbend plante er das Arbeitspensum für kommendes Frühjahr. Seine letzten verstehbaren Worte: »Wir wollen's gehen lassen.« ⁓ Die ihn noch freiwillig gelesen hatten – Beethoven, Schumann, Stifter, Baudelaire –, starben von hinnen. Schiller wurde gerühmt, nie Schweiz & Meer gesehn zu haben; JP sah beide gleichfalls nie, was sich einfach nicht herumsprach. Goethe installierte sich neben Homer, Dante, Shakespeare; Jean Paul durfte all die begrenzten Giganten von europäischem Rang – Rabelais, Swift, Sterne, Voltaire, Fielding, Young, Lord Byron – offiziell nie einholen (Deutsches Michel-Syndrom?). JP hätte sich genauso zum größten Dichter der Deutschen pushen lassen. Auch er hat auf Durchreise überall übernachtet. Aber in Bismarckzeiten wollte keiner einen bizarren Spielratz als Nationalheros in Bronze gießen. Selbst in Bayreuth hatte JP, neben Richard Wagner, stets Geige Nr. 2 zu spielen (trotz Jean-Paul-Café und -Apotheke). Rezeptionsgeschichte lagerte den erratischen Querschläger – spürbar uneinsortierbar bei Klassik-Romantik – mit Hölderlin & Kleist auf Verlegenheitsgleise aus, nippifiziert zum Vignettenreigen der Goethezeit, achselzuckend ins Abteil Biedermeier gestopft. Was nur ein Fünftel seiner Anteile abdeckte, versuchte den Rest mitzuumgreifen. In seinem Krähwinkel mochte der dichtende Spitzweg gemüthaft seinen Weltschmerz pflegen. Heine – unfähig, Scheibchen sich abzusäbeln – maßte sich als Rinnsal an, den Ozean JP zu verkleinern. Engadinfan Nietzsche stellte sich, statt über JP (der ihn wie Kant & Hegel heillos überforderte), als Stifter- und Sterneleser bloß über Heines JP-Abziehbild, sah nur Tränenbrühe & Schlafrock, statt Katarakt & Himalaya. Selbst JPs Leserinnen blieben ihm nicht treu: Bubiköpfe & Lady-Di-Frisurhelme contra alte Zöpfe. 777 Maulwurfshügel und Gegenwartsautoren, 101 Nobelpreisträger, plus

450 jener schwachen Lichter und Funzeln, die die Kirche heilig- und seligsprach, bekamen weiterhin, trotz vereinter Anstrengung, lang nicht so viel Visionskraft, metaphysisches Ingenium – vom IQ zu schweigen – , niegehörte Formulierung, Denkfiguren, Tonarten zusammen, mangels Augenhöhe, als dieser eine Kopf. Philosophie überfliegend, zerdachte er Kant & Fichte. → Mynona & Wolfgang Harich suchten JP in die Philosophiegeschichte zu hieven. Ab und zu fand JP prominente Ausgräber & Sponsoren: unfroh homophone Schmalhänse à la Stefan George & Hermann Hesse. Goethe-Ableger, pathosgeschwängert in Würdenträgergestalt, kamen zuhauf vom Band: Hauptmann, Mann, Whitman; JP aber tat sich schwer, in CDU-Zeiten wiedererkennbar zu reinkarnieren (was Hans Wollschläger und → Unwiederholbein auf einer Landpartie bei Bamberg dekretierten), und hatte sich das selber eingebrockt: allen Nachgebürtchen schon alles vorweg- und fortgenommen, was allein er noch hätte nachschieben können. Seinen tückischen Tip »Habt nur Genie, und ihr werdet euch wundern, wie weit ihrs treibt« strebten Minderbegabte zu befolgen. Neben Jean Pauls kosmischen LSD-Träumen sahen Paul → Scheerbarts Kosmosvisionen bloß bekifft aus, örtlich begrenzt, unfleißig. → Blochs »Vorschein«, Paul Celans »Sprachgitter«, Adornos »Klangfiguren« & »falsches Bewußtsein« stehn alle bereits wörtlich im JP. James Joyce & → Schmidt reichten ihm formatkongruent & farbtechnisch das H_2O, knabberten aber unfrei an Tränen- & Transzendenzdefizit, ohne viel zu vermissen. → Henscheid nannte JP »den Sprachmächtigsten des Planeten« und meinte es auch so. Ranickis anämischer VHS-DDR-Literaturkanon (Böll, Braun, Frisch, Graß, Hein, Hahn, Kirsch) vermochte Jean Paul nur durch Nichtreinlassung bewältigbar halten – kaum meldet sich ein Geist, heißt es: Wir sind komplett. Germanistik verkündete ohne Schamröte, sein Werk hätte sich ganz in seiner Zeit erschöpft, oder betätigte sich als Einfühler, Ranschmeißer, Kongenialitätsräuber, die härtlinghaft wahlverwandt sich dünkten. Jede, der man was über Jean Paul erzählte, fragte zurück: »Sartre?« Leute, die Worte wie Fremdwort, Nachtseite, Irrenanstalt, Gänsefüßchen, Gefallsucht, Fallschirm, Doppel(t)gänger, Geburtshelfer, neureich, Eiweiß benutzten, ahnten nie, daß allesamt JP prägte. Die JP nicht mal an den kleinen Zeh reichten, verkündeten: »Er hat nicht umsonst gelebt, ich bin seine Auferstehung.« (Martin Walser 2007) Die seelenhaft baumüberrauschte Rollwenzelei, Jean Pauls späte Dichterklause, lag mittlerweile an unromantischen Verkehrsadern. Aufstrebende Jugend strömte, statt zu JP, in die Neonazihochburg Wunsiedel an Rudolf Heß' Grab. So allumfassend wie umsonst beugte Jean Paul Marx, Freud

u. a. Reduktionisten vor, prophylaktisch, sogar Esoterikern & Holoisten. Neben der Dauer-Euphorie des gemütstiefen Routiniers sahen alle Neuzeittypen, die man in späteren Betonwüsten Homo faber, Wachsfigur, Seelenkrüppel, Zombie, Pragmatiker, Dummy nannte, arg refraktär aus, indolent, fotorealistisch entseelt, von JP »trockene Bestien in der Sandwüste« tituliert. Achtung Lichtblick: Dem nüchternen Zeitalter vorherrschender Politik, Chemie, Physik, Pragmatis-, Atheis-, Rationalismus, das JP heranrollen sah, also eindeutig 20. Jhdt., gab er als Prophet in leichter Fehleinschätzung nur wenige »Jahrzehende«, Begründung: Mehrere vertrüge das unsterbliche Herz nicht.

Albträume und Welträume in tränenreicher Blumen-Idylle

Worte von Jean Paul: Er ritt hin und sein Pferd ging zu Fuß hin. ◆ Das junge Leben als eine Sonne verschlingend verdauen, und es als einen Mond kacken. ◆ Unbegreiflich, daß man dem betäubten Haufen, dessen Reden artikuliertes Schnarchen ist, das dicke Augenlid nicht aufziehn kann – und wir kriechen und graben in unserem Hohlweg fort, dumm, blind, taub, käuend, zappelnd, ohne einen größern Gang zu sehen, als den wir mit Käferköpfen in unsern Kot ackern. ◆ Ach, ich schaue über die beschatteten Blumengründe hin und sage mir, daß hier 6000 Jahre mit ihren schönen hohen Menschen vorübergegangen sind, die keiner von uns an seinen Busen drücken konnte – daß noch viele Jahrtausende über diese Stätte gehen und darüber himmlische, vielleicht betrübte Menschen führen werden, die uns nie begegnen, sondern höchstens unseren Urnen und die wir so gern lieben würden – und daß bloß ein Paar arme Jahrzehnde uns einige fliehende Gestalten vorführen. ◆ Und die reißende Kugel rückte das an ihr hängende Menschengeschlecht, alle seine verweinten, erhabenen, zerdrückten, verwesenden Gestalten und alle unsere Tränen und Kränze und Siechbetten und Spiele zusammen, und der Schmerz und die Seligkeit riefen nebeneinander fliehend: Ich bin ewig! ◆ Da wo die Ewigkeit ist, da wo die Unermeßlichkeit ist und wo die Nacht anfängt, da breitet ein unendlicher Geist seine Arme aus und legt sie um das große fallende Welten-All und trägt es und wärmt es. Ich und du und alle Menschen und alle Engel und alle Würmchen ruhen an seiner Brust und das brausende schlagende Welten- und Sonnenmeer ist ein einziges Kind in seinem Arm. ◆ Aber so sind die Menschen durch alle Ämter hinauf; sie haben keine Lust, knechtische Maschinen zu freien Geistern zu machen und dadurch ihre Schöpf-, Herrsch- und Schaffkraft zu zeigen, sondern sie glauben diese umgekehrt zu erweisen, wenn sie an ihre nächste oder Obermaschine aus Geist wieder eine Zwischenmaschine und an die Zwischenmaschinen endlich die letzte anzuschienen und einzuhäkeln vermögen, so daß zuletzt eine Mutter Marionette erscheint, welche eine Marionettentochter führt, die wieder ihrerseits im Stande ist, ein Hündchen in die Höhe zu heben.

Jean Paul über sich: Ich habe nichts als mich von meinen Eltern geerbt. ◆ Ich bin der einzige, der mich nicht zu lesen braucht. ◆ Ich kenne nur Ein Ich, dieß ist Gott – das übrige sind Hunde. ◆ Ob ich gleich nicht weiß, wer unter allen Autoren der Erde die meisten Gleichnisse gemacht, so freuet es mich doch, daß ihn niemand übertrifft als ich. ◆ Wenn ihr wüßtet, wie wenig ich nach J. P. F. Richter frage; ein unbedeutender Wicht; aber ich wohne darin, im Wicht. ◆ Nichts berauscht mich mehr als das Sprechen, besonders wenn ich dabei trinke oder spreche. ◆ Trink ich Kaffee vor Bier: so muß ich oft pissen. ◆ Wenn ich nichts mehr zu leben habe, schreib' ich mein Leben. ◆ Wenn du nun kommst zu mir, letzter Genius des Lebens: so werd' ich dich, dessen schönes Angesicht und dessen glänzende Flügel so oft an meinem Schreibetisch offen standen, hoff' ich, noch kennen – und wenn ichs nicht mehr könnte, so wäre der Irrtum nur kurz –, und ich werde sagen: nimm nur hin den leichten durchsichtigen Sommernachtstraum des Lebens, weiter ist nichts da!

Andere über Jean Paul: Ein Schriftsteller wie Jean Paul ist mir noch nicht vorgekommen, unter allem was ich seit jeher gelesen habe. *(G. Chr. Lichtenberg, 1798)* ◆ Dieser Richter schreibt alle Romanenschreiber nieder. *(J. W. L. Gleim)* ◆ Goethe verglich ihn in solchen Momenten mit einem Salamander, womit seine damalige hagere Gestalt vortrefflich bezeichnet war. *(Ludwig von Wolzogen)* ◆ Richter ist der Bastard der zartfühlenden Kamöne und des ausgelassenen Dionysos. *(Goethe)* ◆ Indeß ich bin gewiß, daß er im Grunde über diesen Blick in seine eigne Phantasie erschrickt – denn er ist ausgemacht – ein geborner Voluptuoso. *(Novalis, 1799)* ◆ Wie phantastisch mein Urteil klingen mag, daß Richter der reinste, heiligste, gottähnlichste Mensch ist, der jemals gelebt hat. *(Karoline Richter, 1801)* ◆ Er hat in seinen Romanen echtpoetische Gestalten zur Welt gebracht, aber alle diese Geburten schleppen eine närrisch lange Nabelschnur mit sich herum und verwickeln und würgen sich damit. *(Heinrich Heine, 1835)* ◆ Den Weg zurück ins Kinderland möchte ich, nach reiflicher Überlegung, doch lieber mit Jean Paul als mit S. Freud machen. *(Karl Kraus)* ◆ Aber er ist schon darum zeitlos, weil er bis zu seinem Tode auf dem Standpunkte der Jugend stehen blieb, besser: auf dem Standpunkte der Pubertät. *(Fritz Mauthner, 1920)* ◆ Der Mohngott und der Poltergeist sind die ungleichen Mitarbeiter dieses Geistes. *(Max Kommerell, 1933)* ◆ Die Goethischen Schutzgöttinnen des Scheins – Ottilie, Mignon, Helena – sind versunken, und eine ganz andere Scheinwelt ist es, in der das Bürgertum des Biedermeier unter Jean Pauls Protektorat sich einrichtet. *(Walter Benjamin, 1934)* ◆ Rousseau und Emile reisen, um besser zu werden. Jean Paul und Levana reisen, um über das Gewölke des Lebens hinauszudringen. *(Ludwig Harig, 1979)*

FLORENCE FOSTER JENKINS (geb. Barre), Heulboje, Künstlerin, Konzert-Opernsängerin (1869–1944): Die Industriellen- bzw. Bankierstochter aus Pennsylvania wollte von frühauf Gesang studieren, doch ihr sittenstrenger Vater verweigerte die Wunscherfüllung. Die Ehe mit einem Dr. Jenkins, der genau wie ihre Eltern von einer Sängerinnenkarriere abriet, ging in die Brüche. Sie schlug sich wacker als Lehrerin, Klavierspielerin und Suffragette durch, erbte 1909 ein Vermögen, investierte es in ihren Traum, belebte ihre totgeborenen Ideale, stürzte sich ins Musikleben von Philadelphia, gründete den »Verdi-Club« mit gesellschaftlichen Beziehungen zu Newport, Sarasota Springs, Boston und Washington, nahm Gesangsunterricht und gab 1912 ihr Debütkonzert. Erfolg blieb nicht aus. Folgekonzerte ernteten verblüffend viel Andrang. Sie sah sich sogleich als große Sopranistin, vergleichbar mit den größten Sängerinnen ihrer Zeit, Frieda Hempel & Luisa Tetrazzini. Sie nahm – ungequält von Selbstzweifeln – den rauschenden Applaus gelassen entgegen, ohne wahrzunehmen, daß aus ihrem lachenden Publikum weniger Freude und Rührung scholl denn Schadenfreude. Sie hangelte, kreischte, jaulte sich ohne Rücksicht auf Verluste und Intonation, jodelte und mogelte sich durch jede Arie, oder durchs Klavierlied, ächzte, grölte, positiver gesagt: Die Sängerin sang, dies aber derart daneben und wahnwitzig falsch, daß dies in größeren Erfolg und zu einem zugkräftigeren Magneten ausartete als ordentliche Musikalität und Durchschnittsleistung.

Jedes Konzert wurde zum Desaster, außer für sie selbst. Sie lockte sogar Leute in den Konzertsaal, die sich eigentlich nicht so für Classic interessierten. Sie sang nicht nur Mozart, Verdi, Brahms & Richard Strauss, zudem eigene Compositions ihres Leibpianisten Cosme McMoon, der sich die Ehre gab, sie einfühlsam und selbstlos – mit undeutbar stoischem Gesichtsausdruck – zu begleiten. Ihre Textilaufmachung, sehr extravagant, wechselte sie während eines Konzertes öfters, je nach Rollenfach. Für eines ihrer Lieblingslieder, den Walzer »Clavelitos«, hantierte und posierte sie galant mit Fächer und warf Rosen in die Standing Ovations. Sie polarisierte, wie jeder große Künstler, ihr Publikum; kulturlose Buh-Brüller gingen unter in den Begeisterungstürmen ihres Fan-Clubs, dem sogar Enrico Caruso angehörte. Fassungslos, aber verständnisvoll verfolgte er ihre menschlichen Anstrengungen. Konzerterlöse spendete sie für wohltätige Zwecke. Man gierte und votierte für häufigere Konzerte. Sie aber zeigte Diva-Allüren, machte sich rar, beschränkte sich auf seltene Auftritte vor erlesener, handverlesener Fangemeinde, bloß einmal jährlich im Ritz-Carlton-Hotel in New York City, fast alles selbstfinanziert. Besonders kühn und applaus- bzw. lachsalvenentfesselnd brillierte sie in der Arie der Königin der Nacht, vor der sie überhaupt nicht zurückschreckte, mit 3gestrichenen Pieptönen, Heulübungen, Spitzenleistungen und akustischen Niegehörtheiten. Üben hierfür brauchte sie nicht, da sie das Resultat gleich bei der ersten Probe so überzeugend fand, daß sich jede weitere Generalprobe erübrigte. Gelächter, das ihr nicht entging, deutete sie in unerschütterlichem Selbstbewußtsein als Neid. Bei einem unverschuldeten Autounfall stieß sie einen Schrei aus, noch viel höher als ihr höchstes f, weshalb sie dem Unfallverursacher voll Dankbarkeit eine Kiste Zigarren kredenzte – was aber auch maliziöser Leumund ausgedacht haben könnte. 1944 gab sie dem öffentlichen Begehren und Druck endlich nach und sang, mit 76, ein Konzert in der Carnegie Hall, Wochen vorher ausverkauft; Tickets erzielten auf dem Schwarzmarkt Rekordsummen (20 Dollar). Tausende mußten abgewiesen werden. Die Riesenanstrengung des letzten Walzers, gepaart mit unverblümten Zeitungskritiken, warfen sie aufs Krankenlager, allwo sie 4 Wochen später verstarb. Ihre Stimme war für immer verstummt. Die Singstimme, die sie selbst an sich zu hören glaubte, hat praktisch nie eine andere Seele vernommen. Tonaufnahmen ihrer singulären Sangeskunst gelangten auf die staunende Nachwelt, die sich nicht minder begeisterte als ihre Mitwelt. Ihre herzrührende Realitätsverkennung bugsierte sie in die höchsten Ränge heiliger Narrheit: Don Quijote, Heiliger Serapion, → Mohammed Said al Sahhaf, → Kempner, in unzählbare Lokalmatadoren in Wanne-Eickel und anderswo, bis hinauf zu Daniel Küblböck und anderen Superstars, die oft auch nicht singen können; bis Königin Margrethe II. von Dänemark, die gern zum Pinsel griff und andersenpreisgekrönte königsblaue Gemälde schuf, die 2004 in Odense eine ganze Museumsetage abfüllten.

Ahnte sie, wie sie sich anhörte?

Worte von Florence Foster Jenkins: Die Leute können vielleicht behaupten, daß ich nicht singen kann, aber niemand kann behaupten, daß ich nicht gesungen hätte. ◆ Verstoßen sei auf ewig, verlassen sei auf ewig / zertrümmert sein auf ewig alle Bande der Natur.

Andere über Florence Foster Jenkins: Sie traf nur ein paar Noten; die übrigen ließen hoffen. Sie erkreischte sich neue Höhen. Doch für die Sängerin war es ein großartiger, wenngleich später Triumph. *(Zeitgenössischer Journalist)* ◆ Es wäre anmaßend, wollte man die Leistungen der Künstlerin mit Fachbegriffen beschreiben, denn sie müssen dort einfach fehlen, wo die Freiheit des Ausdrucks überhandnimmt. *(Robert Bagar, New York World-Telegram)* ◆ Mrs. Jenkins' nachtköniginnenhaftem Jauchzen, ihrem ausufernden Schwelgen in fallenden Tremoli, den wiederholten Staccati ihrer Laute, wie sie ein angetüdelter Kuckuck nicht besser hervorbrächte, läßt sich nur überwältigt lauschen. *(Time-Magazin)*

JESUS VON NAZARET (geb. Jeschua), Wander- und Bergprediger, Erlöser (frühestens 7 v. Chr. bis spätestens 33 n. Chr.): Er fiel durch Reden auf, die er nie aufschrieb, jahrzehntelang auch sonst keiner. Zunächst betätigte er sich als Denker, allerdings ganz unbeleckt von antikem Denkniveau (Wortschatz des NT in summa: 5000; Wortschatz antiker Autoren: 20 000). Immerhin bahnte sich Idealismus (Bewußtsein bestimmt Sein, bzw. Geist bezieht Körper) bereits im Denken Jesu an: »Wenn das Fleisch wegen des Geistes entstanden ist, dann ist es ein Wunder.« Marxistisch-darwinistische

Sicht hingegen (Sein bestimmt Bewußtsein) drückte der historische Jesus so aus: »Wenn aber der Geist wegen des Fleisches entstanden ist, dann ist es ein Wunder der Wunder.« Er erwog beide Varianten und legte sich nicht fest, im Gegensatz zu allen späteren Christianern. Kein Zeitgenosse erwähnte ihn schriftlich, auch Flavius Josephus nicht, der 7 damals wichtigere Leute namens Jesus (so hieß jeder dritte) erwähnte. Zwischen 40 und 70 n. Chr. schrieb einer – vielleicht sein Bruder Thomas – Jesusäußerungen auf. Der notierte null Wunder, Lebensumstände, keinen Beruf, keinerlei Auferstehung, nicht mal gewaltsamen Tod. Die Notate von 40 n. Chr. wurden ab 80 von etlichen, wiederum völlig anderen, z. T. ortsfremden Autoren ausgeschlachtet, gesiebt, umformuliert, aufgebessert, erweitert. Ersatzlos fort fielen Theoreme, also auch jene Geist-Fleisch-Passage. Jesu tiefsinnige Verwunderung darüber, »wie sich dieser große Reichtum in dieser Armut niederlassen konnte«, klang arg gnostisch – raus damit. Sein Wort »– und sein Bild wird verborgen bleiben durch sein Licht« klang ähnlich dubiös (für spätere Ohren: plotinisch) – also raus. Auf animistische, naturmystische, schamanistische Aussagen à la »Spaltet ein Holz, ich bin dort, hebt einen Stein hoch, und ihr werdet mich dort finden« ließ sich keine Kirche bauen; eher berührte sich so was mit Versen à la: »Sobald du ein richtig eingestimmtes Auge aufschlägst, steckt unter jedem Stein – ein Scheich.« (→ Rumi) Jesu archaischer Vergleich des Königreichs des Vaters mit einem Mann, der einen mächtigen Mann töten will und hierzu das Schwert erst mal in eine Wand bohrt und dann erst tötet – zu brutal! raus!! Als Petrus bekundete, Frauen seien des Lebens nicht würdig, milderte Jesus das kaum ab: »Seht, ich werde sie anleiten, um sie männlich zu machen, damit sie zu einem lebendigen Geist wird, der euch Männern gleicht. Denn jede Frau, die sich männlich macht, wird eintreten in das Königreich des Himmels« – eine Passage, die sicher, wenn sie nicht ebenfalls der Zensur zum Opfer gefallen wäre, viel Unheil angerichtet hätte, noch mehr Unheil als ohnedies. Magisch-polytheistisch klingende Jesuworte à la »Wo 3 Götter sind, da sind wir Götter. Wo 2 sind oder einer, bin ich mit ihm« säkularisierte man: »Wo 2 oder 3 in meinem Namen versammelt sind, da bin ich mitten unter ihnen.« Lokale Nützlichkeitserwägungen zwecks Clanzugehörigkeitsstärkung à la »Liebe deinen Bruder wie deine Seele und behüte ihn wie deinen Augapfel!« (hergeleitet aus »Paß auf deinen Bruder auf« im AT) avancierten zum universalen Gebot für überregionale Zusammenhänge: »Liebe deinen Nächsten wie dich selbst!« Aus Thomas' Jesuswort »Kein Prophet wird in seinem Dorf anerkannt« machte Lukas das viel großformatigere Jesuswort: »Kein Prophet ist willkommen in seiner Vaterstadt.« Der historischste Jesus argumentierte, im Gegensatz zu jeder späteren Tradition, gegen Beschneidung: »Wenn Gott die Beschneidung gewollt hätte, würden die Männer ohne Vorhaut auf die Welt kommen.« Weil aber das Thomasevangelium nicht in den Kanon aufgenommen wurde, und zwar weil Jesus darin zu sehr als Menschensohn erschien, plagten sich dann durch Jahrtausende Millionen und Milliarden Menschen mit Beschneidung herum. Ehrentitel und Lebensdaten lieferten die Synoptiker nach: »Guter Hirte« stammte von Osiris und Tammuz, »Herr der Herrlichkeit« von Serapis, »Licht der Welt«, »Menschensohn« und »Messias« von Mithra, Herakles & Vishnu; »König der Könige« von Dionysius; »Herr und Bräutigam« von Adonis. »Lamm Gottes« von Mot-Aleyin, die allesamt den Beinamen »Erlöser« trugen; Stallgeburt (aus Hindustan: → Goschala), Krankenheilung, sterbender und wiederauferstehender Gott, alles Mythen, Märchen, Wunderstorys, Patchwork approbierter Schemata, unverwandelte Plagiate aus früheren Mysterienkulten, altorientalischen Religionen, altiranischer Eschatologie, die dem subversiven Rebell eigentlich fernlagen. Ob es sich bei Jesus um einen eventuell überdurchschnittlichen Prediger gehandelt hatte, ließ sich zu diesem frühen Zeitpunkt kaum noch mit Sicherheit nachprüfen – Hauptsache: Gottes Sohn, auch falls der historische Jesus da gar keine Ambitionen hatte und die von Lukas wohlmeinend eingestreuten Körperbehinderten und Verwesenden, die plötzlich wieder aufstehn, all die Schweine, die in Abgründe rasen, all dies archaische Brimborium als unnötige Beigaben mit Protest von sich gewiesen, möglicherweise nicht mal seine Auferstehung als echt anerkannt hätte, falls überhaupt als wünschenswert begrüßt. Sätze, die er weder gesagt hatte noch hätte (wie »Auf diesen Fels will ich meine Kirche bauen«), wurden als Kernaussage weitergetragen und durch Rumination mit Authentizität umkleidet und installiert. Mühsam abgewürgte, wildwüchsige Visionsliteratur à la Johannesapokalypse, 130 n. Chr., beinahe als gnostischer Kokolores ausgemendelt, schlich sich dann doch noch vollrohr ins NT ein, als Primärquelle sanktioniert. 160 Jahre nach ihm wurde die eigentlich ägyptische Idee, daß selbst ein monotheistischer ewiger Gott sich fortpflanzt, hochgezogen, 300 Jahre nach ihm zum stabilen Dogma gepusht, zementiert, dank einem Traumgespinst Kaiser Konstantins, des christlichen → Aschoka. Celsus und Tertullian nannten Jesu Gestalt häßlich, was damals selten betont wurde, nur bei Äsop und Sokrates. Durch den Kokon der Nachfügungen schimmerten aber weiterhin einige wenige Urworte des historischen Jesu durch, vor allem: »Mein Reich ist nicht von dieser Welt.« Und: »Niemand kommt zum Vater denn durch mich.« Obwohl Thomas von Aquin das Thomasevangelium gar nicht kennen konnte (ausgegraben 1945), konnte sich sein Verdammungsurteil über Possenreißer instinktiv auf das Original-Jesuswort berufen: »Wenn dein Auge einfältig ist, so wird dein ganzer Leib Licht sein. Wenn aber dein Auge ein Schalk ist, so wird dein ganzer Leib finster sein.« Das ortsgebundene Spaltprodukt und Wahnsystem einer Minisekte und Privatreligion, über das die todgeweihte Antike als auf ein ephemeres Übergangsphänomen erhaben hinwegblickte, schwoll gewaltig auf zur länderübergreifenden Weltreligion, und mit ihr avancierte der legendär überstopfte, schnellstmöglich unrekonstruierbare Lokalmatador und heilige Narr, kraft guten kollektiven Managements, nicht bloß zum Halbgott und Gott – der Weg von Jesus zu Christus war genauso weit wie der von Gotama zu Buddha (der sich in Chinas fettem Glücksbuddha genauso wenig wiedererkannt hätte wie der historische Jesus im katholischen Christus!) –, sondern sogar (33 Lebensjahre = 3 x 11 – Narrenzahl!) zum heiligsten Narren der Religionsgeschichte: seine Rosinante ein Esel, seine Dulcinea Maria Magdalena, sein Sancho Pansa 12fach aufgespalten (12 Jünger minus Judas: 11!!), seine Windmühlen die römische Militärregierung, sein törichter Traum: daß es ein anderes Reich gebe und daß dieses, wenn auch ohne genau terminliche Festlegung, nahe herbeigekommen sei. Es kam auch später nicht herbei. Der zurückerwartete Messias blieb jederzeit aus. Zwar kamen viele Christen in den Himmel, der aber nie von selber herbeikam und die Erde küßte, oder nur selten, indirekt, ungenügend und bloß subjektiv. Jesu Verheißung, daß dem Anklopfer aufgetan werde, stieß auf verrammelte Türen. Sobald Gott tatsächlich ausnahmsweise antwortete, gehörte die Stimme einem Dämon, oder der Beter hatte eine Psychose. Aber Jesus blieb für disparateste Zielgruppen – von Urchristen bis zu Privatgelehrten, Vegetariern, Extremisten – als Eidhelfer verfügbar, nutzbar, zitabel, disponibel, jedem Milieu kompatibilisierbar: Alphabeten stürzten sich auf seine Bergpredigt, Analphabeten auf seine Kreuzigung. Schlichten Gemütern genügte ein Jesulein, das mit Sternlein spielte oder über Wasser lief; Leicht- und Tiefgläubige ließen sich Hostienverzehr gefallen, ohne den Atavismus von Blutritualen zu durchschauen. Seine hingehaltene Wange führte zur Kulturpraxis, sich ohne Gegenwehr abschlachten zu lassen – zu perverser Märtyrerschwemme. Memmen hielten Wangen hin; Aggressivlinge zitierten lieber die umgeworfenen Händlertische, militante Missionare das Schwert. Sein wundersam naturwidriges, letztlich unerfüllbares Gebot der Feindesliebe konnte die Feindbildproduktion und -pflege, ohne die History nicht läuft, nur mikroskopisch und pantomimisch im Einzelfall verkleinern. Inquisitoren und Exorzisten verwiesen auf dämonisch besessene Schweineherden. Sadomaso-Verfilmer geilten sich am Kreuz auf – und ewig Schuldbewußte an ewiger Opferlammystik. Nachbeter faselten in weiterhin unerlöster Welt von Erlösung. Rebellen rühmten Jesus als Rebell, Moralisten als Sittenlehrer, Metaphysiker als Transzendentaldenker. Selbst sog. große Geister und Aufklärer kamen nicht umhin und drum rum, sich an der monströs nachgerüsteten Gestalt zu messen (Kapazitätenerweiterung). Jedes der Worte Jesum gebar ganze Welten. Seine Aufforderung, zum Beten in dein Kämmerlein zu gehn, die Tür abzuschließen und zu deinem Vater im Verborgenen zu beten, wurde zur Keimzelle des angeblich erst 1700 Jahre später entstandenen Privatlebens, sensibler Innerlichkeit, die sich später dann zu Introvertiertheit abkühlte. Experten fanden heraus, daß nicht nur seine Wunder, auch seine Worte schon Jahrhunderte vorher umliefen. Jesu »Denn er läßt seine Sonne aufgehn über die Bösen und die Guten, und läßt regnen über Gerechte und Ungerechte« hieß 350 v. Chr. bei Yang Dschu: »Im Leben gibt es Weise und Narren, Vornehme und Geringe, mit dem Tod kommt Verwesung, Auflösung, Vernichtung und dadurch Gleichheit.« Jesu »Ist nicht das Leben mehr als die Speise« lautete vorher bei Sokrates: »Wir leben nicht, um zu essen.« Jesu »Wer da sucht, der findet« wurde bereits 450 v. Chr. von → Zhuangzi widerlegt – nur Absichtslos findet die Perle. Hochkonjunktur, ständig neu anbrandend, hielt den Longseller Jesus über Jahrtausende auf Platz 1 aller globalen Hitlisten. Milliarden trugen den Marterpfahl um den Hals und gossen ihn in Gold. Das Kruzifix mutierte zeitweise zur Swastika, das Kreuz zum Hakenkreuz. Muhammad und Buddha kamen kaum mit, obwohl Jesu Appell, sich nicht um Ernährung und Kleidung zu kümmern, aus dem Hindustan 600 v. Chr. stammte, hier wie da auf der Vorannahme basiert, daß eine besser situierte Majorität stets vorhanden bleiben würde, ansonsten jeder Bettler nur noch ärmere Bettler hätte anbetteln müssen. → Laozi, → Mani, Dr. → Steiner, → Osho und x andere liefen bloß unter »ferner liefen«. Andere Opfertode pushten ihre Nutznießer viel weniger: von → Peregrinus Proteus bis Janusz Korczak. Löcherige, variantenreiche Quellenlage ließ Spielraum für jegliche interpolierende, deutelnde Eigendynamik. Fotografie konnte noch nicht halbmythische Entitäten auf ihr wahres Maß zurückstutzen. Der Messias kam zwar oft zurück, sogar stapelweise, aber sobald er vom mittelalterlichen Christus abwich, war er's nicht, und sobald er ihm frappant glich, war's nur ein Dschieses-Freak, zu dessen Rolle es halt gehörte, absolut nie erkannt zu werden. Keiner hatte Lust, im Love-andpeace-Seminar die Hügelpredigt – oder auch Bergpredigt – wiederzuerkennen, eher den Tanz ums Goldene Kalb. Falsche kreuzigte man genauso fleißig wie richtige Erlöser. Jesus verflachte zum Juniorchef Jessy. Reduktionisten, Psychiater, Pathographen benutzten Jesus, um an ihm Makromania, eskapistische Ethik, Humorlosigkeit, Halluzinose, Paranoia zu diagnostizieren. Archäologen fanden heraus, daß Aramäer damals sehr kurze Bärte und Haare trugen und kaum leptosom herumliefen, sondern kleinwüchsig, mit Augenwülsten und eng fliehenden Stirnen. Albrecht Dürer, → Niklaus von Flüe, → Diefenbach, → Nagel und andere Jesusimitatoren sahen 11 x jesushafter aus als der historische Jesus.

Wird er je erfahren, was man aus ihm machte?

Worte von Jesus: Wenn ihr den Sabbat nicht zum Sabbat macht, werdet ihr den Vater nicht sehen. ◆ Wer ein reicher Mann wurde, soll König werden, und wer Macht erlangt hat, soll sie aufgeben. ◆ Liebet eure Feinde! Segnet, die euch fluchen. Tut wohl denen, die euch hassen. Bittet für die, die euch beleidigen und verfolgen. ◆ Selig ist der Löwe, den der Mensch ißt; denn dadurch wird der Löwe zum Menschen. Und verflucht ist der Mensch, den der Löwe frißt; denn dadurch wird der Löwe zum Menschen. ◆ Elend ist der Leib, der von einem Leib abhängt, und eine Mühsal ist die Seele, die von diesen beiden abhängt. ◆ Auch sollst du nicht bei deinem Haupt schwören, denn du vermagst nicht ein einziges Haar weiß und schwarz zu machen. ◆ Wenn ihr meine Jünger werdet und auf meine Worte hört, werden diese Steine euch dienen.

Jesus über sich: Ich werde euch geben, was kein Auge je gesehen und kein Ohr je gehört hat, was keine Hand je berührt hat und noch nie in eines Menschen Herz gedrungen ist. ◆ Ich werde euch einen aus tausend erwählen und 2 aus 10 000, und sie werden stehen wie ein Einziger. ◆ Ich habe mich in die Mitte der Welt gestellt und mich ihnen im Fleisch offenbart. Ich fand sie allesamt betrunken, und ich fand keinen unter ihnen, der Durst hatte. Meine Seele empfand Schmerz wegen der Menschenkinder, weil sie blind in ihrem

Herzen sind und nicht sehn, daß sie leer zur Welt gekommen sind und sich leer wieder daraus zu entfernen versuchen.

Andere über Jesus: Er hat den Beelzebub, und durch den obersten Teufel treibt er den Teufel aus. *(Zeitgenössische Schriftgelehrte, Marcus 3,22)* ◆ In grenzenloser Liebe lese ich als Christ und Mensch die Stelle durch, die uns verkündet, wie der Herr sich endlich aufraffte und zur Peitsche griff, um die Wucherer, das Nattern- und Otterngezücht, hinauszutreiben aus dem Tempel. *(Hitler, 1922)* ◆ Er verstand weder Griechisch noch Römisch, die beiden Sprachen, auf denen seit viel hundert Jahren alle nennenswerte Kultur beruhte (und beruht !). Er war mit Homer und Plato ebenso unbekannt wie mit Phidias und Eratosthenes : was ein solcher Mann behauptet, ist für mich von vornherein indiskutabel! *(Arno Schmidt, 1957)* ◆ Er war nett und leichtgläubig. Ständig hörte er diese Idee: »Der Messias wird kommen und die ganze Menschheit retten«, und sie stieg ihm zu Kopf. Ein bißchen Therapie, und er wäre wieder in Ordnung gewesen. Alles, was er fertigbrachte, war, 12 ungebildete Trottel um sich zu versammeln, die zu seinen Aposteln wurden. *(Osho/Bhagwan)* ◆ Jesus war das, was wir einen Kämpfer für die Menschenrechte nennen können. Er trat ein für die Würde des Menschen. *(Luise Rinser, 1980)* ◆ Denn Christus, der im übrigen auch ein Schamane war, konnte ja nicht ahnen, daß ein Paulus daherkommen würde, der ein Eins-a-Manager war und sich diese Religion sofort gekrallt und auf diesem Felsen sein Management aufgebaut hat. *(Luisa Francia, 1989)* ◆ Die Nachricht, daß sein Reich nicht von dieser Welt sei, war politisches Dynamit: ein respektloser Hinweis auf die Grenzen aller politischen Herrschaft. *(Petra Kelly, 1989)* ◆ Wer die Evangelien liest, denkt unwillkürlich, wie eilig der Mann es hatte, sich in den Himmel abzusetzen. (*Peter Sloterdijk, 1996)* ◆ Er war als Person identisch mit dem, was er sagte. *(Heiner Geißler, CDU, 2003)*

Johannes Paul II. (geb. Karol Woytila), Kirchenoberhaupt, Stellvertreter Gottes, Medienoberhirte, Vatikanchef, Quotenrekordpapst, Friedensfürst, »Bischof von Rom«, »Diener der Diener Gottes«, Kultfigur, Jahrtausendpapst (1920–2005): Geboren und aufgewachsen als Offizierssohn bei Krakau, 40 km von Warschau, 30 von Auschwitz entfernt, gelitten unter Kommunismus, mitgespielt in der Schule in einem Antigone-Drama, geprüft von Schicksalsschlägen, von Fußballfreunden »Lolek« genannt; ahnungsvoller Berufswunsch des Frühverwaisten: Schauspieler. Mit 58 wurde Woytila

263. Nachfolger des heiligen Petrus. Zum Antritt forderte er die Menschheit auf: »Öffnet eure Türen sperrangelweit für Christus!« (Nicht eure Herzen?) Er toppte in vielem jeden vorhergehenden Papst, vor allem in Flugreisen und Medienpräsenz. Frühere Päpste weigerten sich, Flugzeug zu fliegen, er aber betrat fast alle Fußballstadien dieser Welt. Er nutzte alle Transportmittel seiner Zeit, sogar Wandern für die Kamera, legte auf Pastoralreisen 1,3 Mill. km zurück, fuhr in Sachen Gott 30 x die Äquatorlänge ab, hielt an 600 Orten in 130 Ländern 2400 Ansprachen vor insgesamt 260 Mill. Gläubigen, davon 9 x in Polen, wo man ihn wie einen Heiligen verehrte, vor Danziger Werftarbeitern, aber bevorzugt in der Dritten Welt; denn das Evangelium zu leben heißt, bei den Ärmsten sein. Abgelegenste Zwergstaaten Afrikas suchte er auf und heim, selbst Fidschi-Inseln. Stets im Helikopter zwischen Ostermesse, Pilgerempfängen, urbi et orbi, Weltfriedensgebet, Weltjugendtag und Weltbischofssynode, ging es ihm darum, Solidarität zu zeigen und Ermutigung im Sinne realer Präsenz zu vermitteln. Jede Reise des Hoffnungsträgers wurde zum Triumphzug. Täglich empfing er Könige und Politiker; jeden Mittwoch Zehntausende zur Generalaudienz. Er sprach mit VIPs und Superstars à la Fidel Castro, Jassir Arafat, Nelson Mandela, Ignatz Bubis, Nancy Reagan, Boris Becker, Lech Walesa, Joschka Fischer. In 25 Jahren Pontifikat publizierte er 14 Enzykliken, 14 Apostolische Schreiben, 42 Apostolische Briefe, 11 Konstitutionen, 28 Motu Proprios und – 2 Drehbücher, mit goldenem Füllfederhalter. Er ernannte 3300 Bischöfe (der 4200 vorhandenen), sprach 480 Menschen heilig und 1346 selig, darunter viele KZ-Opfer (Ermordung als Indiz für Heiligkeit?), produzierte also doppelt so viele Heilige wie 250 frühere Päpste in 2000 Jahren zusammengenommen! Als moralische Institution baute er, kraft apostolischer Autorität, Vorurteile und Mißverständnisse ab. Viele bewunderten seinen Mut und seine Klarheit. Er wollte eine gerechte Gesellschaft aufbauen. Er gab den Menschen Zuversicht. Er verhalf Unzähligen zu christlicher Identität. Unermüdlich ergriff er das Wort für Menschenrechte, soziale Gerechtigkeit und Freiheit des Gewissens. Er gab der katholischen Kirche ein unverwechselbares Gesicht. Er gab der Weltpolitik wichtige Impulse. Er focht – als wär er Politiker – für Menschenwürde, Mitmenschlichkeit, Werteverständnis und immer wieder die von ihm sog. Identität, obwohl sowas in der Bibel fehlte. Er griff in die Realität ein. Er trat für Versöhnung ein. Und siehe, falls das Platitüden waren, waren sie sehr gutgemeint. Modernes Vokabular wie »christlich verstandener Humanismus« schlich sich ein ins mittelalterliche Kostümspektakel. Er wollte eine Welt schaffen, die das Leben liebt. Doch wußte er auch,

was Leiden und Gulag bedeuten. Der Einsatz für den Frieden war ihm wichtig, auch wenn er keine Kriegsminute abzukürzen vermochte, so wenig wie vor ihm John Lennon, Bertha von Suttner, Soldat → Schwejk, → Diefenbach und Millionen friedensbewegte Demonstranten. Bisweilen gingen Bittgottesdienst und Protestkundgebung ineinander über, und gewaltlose Gebete in Streik. 1986 ging die Meldung um die Welt, 1996 würde der dann 75jährige Papst zurücktreten. Berührungsängste kannte er nicht. Stets suchte er, fast wie Hans Küng, den Dialog mit den Weltreligionen, und bei seinen Gesprächspartnern den Blickkontakt. Der erste nichtitalienische Papst seit 1522, der erste slawische Papst überhaupt, wurde zum ersten Papst, der vor einem Parlament sprach, Synagogen und Moscheen betrat und darin sogar betete, und zudem das Holocaust-Mahnmal in Israel aufsuchte, im Zuge seiner Politik der Versöhnung. Er konferierte mit dem Großmufti von Damaskus. Versuchen des Ideologen Hassan El Turabi, ihn in einer Privataudienz zum Islam zu bekehren, widerstand er. Mit dem Oberhaupt der rumänischen Orthodoxie kam's zum Bruderkuß. Andere nahm er in ihrem Anderssein an. Er nannte Juden, Neger, Tiere und Frauen »unsere Brüder«; er segnete, taufte und tätschelte Kinder, Aborigines und Känguruhs. Er war ein Konterrevolutionär mit Kreuz. Mauern wollte er niederreißen. Aber in die DDR reiste er nie, und die russische Kirche sperrte sich seinem Weltverbrüderungsansinnen. Moskau gab distanziert bekannt, man werde keine Showbühne für den Papst sein. Den kalten Kirchenkrieg vermochte er weitgehend, aber nicht völlig aufzuheben. Die Kluft zwischen Moskau und Rom klaffte unüberbrückbarer als die zwischen Rom und Orient. Mit Spendengeldern destabilisierte der Papst die polnische KP, weshalb es hinterher hieß, er habe zum Countdown der Sowjetunion beigetragen. Gorbi & Kohl vereinigten BRD und DDR, aber der Papst bekam es nicht hin, Katholiken und Protestanten gleichfalls Wiedervereinigung zu schenken. Versunken stand er an der Klagemauer. Der Kritiker von Globalisierung und US-Dominanz war kein bequemer Papst, wenn auch nicht ganz so unbequem wie der Befreiungstheologe Leonardo Boff oder → Drewermann, über die er, während er sich für Hexenverbrennungen, Inquisition, Antijudaismus, sowie die Verurteilung von Galilei, entschuldigte (für Gewalt gegen Andersdenkende), Lehrverbot verhängte. Von mehr Demokratie, wofür er weltweit kämpfte, hielt er innerkirchlich wenig: Katholiken, die am evangelischen Abendmahl teilnahmen, wurden suspendiert. Trotz Priestermangel hielt er am Zölibat fest, trotz Aids am Kondomverbot, unelastisch mit harter Hand, und daran, daß es keine Meßdienerinnen und Priesterinnenweihe geben dürfe, ohne sich hierbei auf

Bibelstellen zu berufen. Bei der Abschaffung der Schwangerenberatung ließ er nicht mit sich handeln. Geburtenüberschuß auf Deibel komm raus. Oft erging ein römisches Machtwort. Er hielt so starrhalsig wie dickköpfig an seinem Werteverständnis fest, am christlichen Moralkodex, als Ewigkeitswert – und die Zügel der Kirche fest in der Hand. Paßte ihm im Gespräch etwas nicht, drohte er auch mal mit dem Hirtenstab. Er bestand auf seiner absoluten Autorität als oberster Hirte und Lehrer der Weltkirche. Der Kurienreform erteilte er eine Absage. Er herrschte (laut Drewermann) als römischer Kaiser oder absolutistischer Renaissanceherrscher. Auf jugendliche Anliegen und drängende Fragen reagierte er mit verstärkten Verboten. Die Kluft zwischen rigider Buß- und Beichtpraxis im kirchlichen Lehramt und dem Lebensentwurf junger Menschen in Wellness- und Fungesellschaften wurde größer. Er setzte Zeichen gegen Jugendlichkeitskult, Fitness-Wahn & Konsumgeilheit. Abtreibende, außerehelich aktive, aufrüstende Sündermassen täuschten horizontfüllend mit »Viva il papa!« über den Zustand der Kirche hinweg. Humanerweise blieb er, trotz des schweren Amtes, Mensch. Jede freie Minute nutzte er, um sich körperlich fit zu halten. Überkam ihn Lust, Ski zu fahren, mußte spontan eine Polizei-Eskorte mobilisiert werden, und der Papst fuhr Ski. Wintersport ja, Verhütung weiterhin unbedingt nein. Sein tiefes Verständnis für Notleidende kam an eine Grenze, wo Schwule Not litten. US-Bischöfe ermahnte er zu null Toleranz gegen pädophile Priester. Keuschheit predigend, sexualisierte er Keusche (Zwangsasketen, integre Pfarrer, nicht-pädophile Priester) wie Unkeusche (in Sünde Lebende, Schwule, Safer-Sexisten). Wenn er verkündete, es sei nicht genug, nur auf »die gerade stattfindende technologische Revolution zu vertrauen«, lebte er um 200 Jahre verspätet hinterm Mond. Hätt er seinen Dogmen und Gesetzestafeln eine längere Leine gegönnt, als ein Gorbi der Kirche, wär sie eingestürzt wie die Sowjetunion. Mittelalter-Fossilien ließen sich im demokratischen Zeitalter Walt Disneys – wie Prinz → Charles – mit Schottenrock und Buschtrommel filmen, der Papst mit Koalabär auf dem Arm. Mit Ronald Reagan vereinte ihn die Schauspielerei. Seine Weltberühmtheit übertrumpfte die von Marilyn Monroe, Madonna, Lady Di & Schumi. Trotz extrovertierter, ja: betriebsnudeliger Umtriebigkeit hatte er, hieß es, geistige Interessen. Viele fanden ihn klug und gut. Manche sahen ihn als Intellektuellen. Der volksfromm marienglàubige Anfaßpapst hatte sich habilitiert und mit deutscher Philosophie befaßt. Er beschäftigte sich mit dem Jüngsten Gericht. Beim Kopfschuß-Attentat 1981 bückte er sich; die Todeskugel fuhr einer Nonne in den Arm. Der Täter, in Panik, schoß irgendwohin, in den

Bauch. Brimborium aus Konfettiwolken und Megaphongebrüll in 17 Sprachen ward metaphysisch gesprengt von ungeheurer Schlüsselsituation: der Papst schenkte seinem Beinahe-Mörder einen Bruderkuß – herzbewegende Erfüllungssekunde von Jesaja 11,6-8. Der Papst meldete, eine Hand habe geschossen, eine andere die Kugel gelenkt. Er führte sein Überleben auf Maria zurück: Gott verhinderte kein einziges Auschwitz, aber beim Papst-Attentat geruhte Gott ins Weltgeschehen einzugreifen!?! Aberglauben? Blasphemie? Total-Naivität? Die Gewehrkugel ließ er atavistisch in die Krone der Gottesmutter einbauen. Absurd verstärkte Sicherheitsmaßnahmen, mit denen Millionen Hungernder hätten gespeist und geimpft werden können, fielen dem Mörderkuß in den Rücken und ließen mangelndes Tawakkul (arab. – Gottvertrauen) ahnen. Metalldetektoren der Schweizer Garde; persönliche Mini-Elitetruppe, Plexiglaskästen über bettlakenweißem Jeep, die das haltestangengesicherte Bad in der Menge kugelsicher erschwerten. Spezialaufzüge, ihn auf Flugzeugtreppen hinauf- und hinunterzuhieven; fahrbare Podeste, rollende Thronsessel. Blasphemische Spottvögel wie → Henscheid schalten ihn »polnische Quadratkartoffel«, »den Deppertsten von allen« und »Dummpapst«. 1993 führte er den katholischen Welttag der Kranken ein. 1994 Hüftoperation. 1995 vermochte er – ein Novum, fast ein Wunder – die bis dahin höchste Menschenzahl an einem Ort zusammenzutrommeln: 3 Mill. in Manila. 1999 titelte das Satiremagazin Titanic: »Schöne Scheiße: Der Papst ist tot (fast)! Was macht Gott jetzt?« Stets ging der Pontifex maximus mit Energie, Tatendrang und gutem Beispiel voran. Stets suchte er die Nähe von Leidenden, Behinderten und Alten. Sein Traum, die Christenheit ins 3. Jhtsd. zu führen, erfüllte sich. Seit 2002 lief der Hirte der Christenheit nicht mehr selbst (Arthrose), sondern mit babysitterhaft laufstallartigen Stütz- und Festhaltesystemen, unterwegs ohnedies in hochaufwendiger Spezialkonstruktion, einer Hyper-Rollstuhl-Mixtur aus Hightech-Sänfte und der pontifikalen Prunkversion eines Sanitätswagens mit hygienischem Komfort, dem Papamobil. Auf den Schluß zu hieß es immer öfter, er trete nicht zurück, weil er zwar krank, geistig aber noch voll da sei, trotz Bauchschuß, Darmtumor, Schulterbruch, Oberschenkelhalsbruch, Frühvergreisung, Parkinson, Spätstadien. Gebeugt, aber unbeugsam, bot er ein Bild äußerer Schwäche, aber innerer Stärke. Er respektierte die Grenzen, die er immer öfter spürte, immer seltener. Entgegen allem Anschein beteuerten Kenner immer beschwörerischer, daß das vegetative Unglückshäufchen von ungebrochenem Charme und Geistesgegenwart sei: Mit sog. »hellwachen Augen« registriere der Stellvertreter Christi auf Erden seine Umwelt. Der bullige Bischof Lehmann rühmte im Kohl-Dialekt die große mediale Ausstrahlung des moribunden, im Stehn siechenden Fallbeispiels, und dessen Charisma, und was er für eine Unmittelbarkeit und Frische versprühe, zumal der Heilige Vater im Herzen jung geblieben sei, wodurch Lehmann als Realitätsverleugner schier in den Rang von → Mohammed Said al-Sahhaf rückte. Tragifarce spitzte sich zu. Gebrechlichkeit wuchs, bei schwindenden Kräften, mit Zäheit beängstigend um die Wette. Ein Pflegefall trug eine Milliardenkirche auf seinen Schultern, zwischen Pizza con funghi und Petersdom. Seinen Leidensweg mutete er der ganzen Welt zu, quälte sich 2 x pro Woche durch liturgische Mammutshows. Vernuschelte Begrüßungsreden brach er nach 5 Worten ab, total entkräftet. Selbst die zentralen Passagen der Eucharistiefeier vermochte er nicht mehr vorzumurmeln, kaum die Hostie zu halten, kaum zuzuhören. Mit allerletzter Kraftreserve stemmte er den Kelch. Von der Kirchenvolksbewegung zum Rücktritt aufgefordert, erwiderte er: »Jesus ist auch nicht vom Kreuz gestiegen.« Daß er nicht mitbekam, daß seine Bodenküsse auf Airport-Rollbahnen als unfreiwillige Rudimente aus chthonischen Mutter-Erde-Kulten figurierten, lag nicht am Alter. Denn wer bekam innerhalb klerikaler Kreise überhaupt je mit, daß Hostienverzehr aus rituellem Kannibalismus hervorwuchs, und die Rauchzeichen am Petersplatz aus indianischem Qualmkult? Ferdinand Hodler löste einen Skandal aus, weil er seine sterbende Frau in diversen Stadien skizzierte; der Papst ließ alle Stadien seiner Totalvergänglichkeit in allen Medien in Farbe und auf Breitwand 1:1 verewigen, im Gegensatz zu sonstiger vatikanischer Hermetik. CDU-Spitzenmann Schäuble konnte nicht Kanzler werden, weil atavistischer Analogiezauber auch Industrie-Demokratien dominierte; der unkaputtbare Papst, dessen Serbeln übermenschliche Kräfte von ihm verlangte, ignorierte, daß sein Sterbelager, publiziert, perpetuiert, reproduziert, die unheilbar gestorbene Kirchenhülse allzu drastisch symbolisierte. Nie illustrierte eine öffentliche Person (mit Frohbotschaft) anschaulicher das irdische Jammertal. Er aber hielt sich, sanft umlauert von stockkonservativen Top-Favoriten für die Nachfolge, länger im Amt als 261 Päpste vor ihm. Er überlebte welthistorische Umbrüche/Regimewechsel. Er suchte und fand noch mit 83 den Kontakt zu jungen Menschen. Es kam zu ermutigendem Austausch. Omnibusweise weinten Nonnenmassen Glückstränen. Sein Verfall schien zum Silberjubiläum 2003 noch mal derart auszusetzen, daß man schon von einem Gesundheitsschub redete, neuer Kraft, Energiegewinn, anläßlich von Irakkrieg Nr. 2. Der Papst versuchte den Frieden am Persischen Golf mit Bußfasten zu retten, mit Empfängen, Sonderbotschaftern, Briefen nach Bagdad

& Washington. Er sprach Millionen aus der Seele. Toni Blair & Colin Powel rangen seinem Friedenskurs kein Jota ab. Kofi Annan rannte im Vatikan offene Türen ein. Tarik Asis wurde vom Papst auf die Leiden der Bevölkerung hingewiesen. Beinahe hätte der Papst den Friedensnobelpreis bekommen. Zum 25jährigen Amtsjubiläum sprach er Mutter Teresa selig und wohnte Beethovens Neunter bei, die nach Charles Gounods Papsthymne »O Romas felix – O Roma nobilis« selber fatal nach Gounod klang. Der winkende Tattergreis, medial eingeblendet ins humanistische Adagio, konnte als Blasphemie gegen Beethoven empfunden werden. Gott war ihm letzte Gewißheit. Wie kein zweiter prägte er das Gesicht der 2. Hälfte des 20. Jhdts. Er transportierte seine Vision einer friedlichen und solidarischen Welt. Gemeinsamkeit mit dem »Musiker des Jahrtausends« (→ Jackson): Der Papst wurde beim Dauersterben immer öfter »Jahrtausendpapst« genannt. Noch 10 Tage vor seinem Tod ließ das Satiremagazin Titanic in einem Exklusivinterview den Papst »mümmelmümmel« & »sabbersabber« lallen. ⁓ Seine Aufbahrung 2005 in einem profillosen Zedernsarg, dessen überbetonte Schlichtheit einen obszönen Kontrast zum Goldprunk drum herum bildete, einen Tag vor Prinz → Charles' 2. Hochzeit, löste die größte Massenpilgerfahrt aller Zeiten aus. Rom kollabierte. Seine rechte Hand, Kardinal → Ratzinger, Präfekt der Kongregation für Glaubenslehre, Dekan des Kardinalskollegiums, Gottes Windhund, Papa Razzi, der sogar un poco IQ mitbrachte, trat die Nachfolge an.

Worte von Johannes Paul II.: Da gibt es sicher auch unsichtbare Hände, die uns leiten, während wir das Boot mit Mühe auf den Kurs bringen. ◆ Es gibt immer noch Menschen, die unter den Folgen von Krieg und Streit leiden. ◆ Wir haben nicht gegen Menschen aus Fleisch und Blut zu kämpfen, sondern gegen die bösen Geister. ◆ Politik muß vor allem auch eine Ethik sein, nicht nur eine Technik. Das ist die christliche Tradition. ◆ Kraft meines Amtes erkläre ich die Diskussion für beendet. ◆ Ich gestatte kraft meiner apostolischen Autorität, daß die ehrwürdige Dienerin Gottes Maria Restituta Kafka, die ehrwürdigen Diener Gottes Jakob Kern und Anton Maria Schwartz künftig Selige genannt werden. ◆ Widersetzt euch allem, was die menschliche Würde verletzt. ◆ Wenn ihr Jesus liebt, dann liebt auch die Kirche. Seid nicht entmutigt durch die Sünden und Verfehlungen einiger ihrer Mitglieder. Der Schaden, den einige Priester und Ordensleute den jungen, verletzlichen Opfern angetan haben, erfüllt mich mit tiefer Trauer und Scham. Aber denkt auch an die große Mehrheit der Priester, deren einziger

Er fand es schön, sich bis zum Ende für die Sache Gottes zu verzehren

Wunsch es ist, Gutes zu tun. ◆ Für den Frieden ist es nie zu spät.

Johannes Paul II. über sich: Ich habe verstanden, daß ich die Kirche Christi in dieses Jahrtausend führen muß, durch Gebet und vielerlei Initiativen. Aber ich habe auch gesehen, daß dies nicht genug ist. ◆ Meine Ausbildung im kulturellen Horizont des philosophischen Personalismus hat mir ein tieferes Verständnis dahingehend gegeben, daß jeder von uns eine einzigartige, unwiederholbare Person ist. Ich glaube, daß dies zu wissen für jeden Priester von Wichtigkeit ist. ◆ Trotz der Einschränkungen, die mit dem Alter verbunden sind, bewahre ich mir die Lebensfreude.

Andere über Johannes Paul II.: Er ist ein von den Musen geküßter Mensch, ein Mann des Wortes, durchdrungen von einem tiefen Geist, der es versteht, dies alles in wunderbare Worte zu fassen. *(Werner Kaltefleiter, ZDF-Papst-Experte)* ◆ Das find ich das Schöne an ihm, daß er sich bewußt ein Privatleben bewahrt hat. *(Kardinal Ratzinger)* ◆ Dieser Pontifex wird wegen des großen Mea Culpa in die Geschichte eingehen. *(Luigi Accattoli, Vatikan-Beobachter, 2003 n. Chr.)* ◆ Das lebendige Kreuz, seine Krankheit, stärkt und trägt ihn. *(Miloslav Kardinal Vlk, Prager Erzbischof)* ◆ Einer unserer größten moralischen Führer unserer Zeit *(George W. Bush)* ◆ Dieser Papst erneuerte das Amt in seiner pastoralen und missionarischen Dimension. *(George Weigel, 2003 n. Chr.)* ◆ Dieser Papst ist auch ein Meister der symbolischen Geste. *(Prälat Max-Eugen Kemper, Botschaftsrat an der deutschen Botschaft beim Heiligen Stuhl, 2003 n. Chr.)* ◆ Daß ein lahmer alter Mann 2 Millionen Leute auf die Beine bekommt, das ist in dieser Welt analogielos. *(Kardinal Joachim Meisner, Erzbischof von Köln)* ◆ Lange war der streitbare Pole die Symbolfigur einer rückständigen, weltfremden Kirche, doch mit seinem Protest gegen den Irak-Krieg hat Papst JOHANNES PAUL II. Millionen aus der Seele gesprochen. *(stern, 16. 4. 2003)* ◆ Wenn das Gott noch hätte erleben dürfen! *(taz, 2006 zur Beerdigung)*

Franklin Albert Jones, Tabubrecher, Yogalehrer, Schocktherapeut, Adidam-Movement-Stifter, Awatar, Charismatic Religious Leader, Guru (geb. 1939): Geboren in Jamaica im Staat New York. Als Kleinkind schwamm er im vorindividuellen Ozean aus Energie, Glückseligkeit, Freude, Freiheit & Licht, was er hinterher noch wußte, ein göttlicher Zustand, der sich mit 2 und 3 Jahren auflöste, verebbte, so daß er später, eingepfercht in eine weniger helle und glückliche Objektwelt, den primären Paradieszustand wiederzuerlangen versuchte, seit seinem Philosophiestudium am Columbia-College. Mittelmäßige Experience wollte er, der sich selbst, laut Selbsteinschätzung, als Tabubrecher betätigte, nicht dulden. Er definierte sein Leben als hochtourig laufende Machine of Ecstasy. Magisterarbeit über Gertrude Stein; Abschlußexamen an der Stanford University. 1964 wurde er in kundalinibetonten Guru-Yoga eingeführt, vom Muktanandaschüler Swami Rudi (Rudrananda), der ihn anwies, sein Girlfriend Nina Davis zu heiraten, dann – 1968 – durch Swami Muktanada himself, dessen Ashram in Indien er mit 2 Frauen aufsuchte und wo er schon nach 4 Tagen ins Nirvikalpa-Samadhi eintrat, übersetzbar als »objectless ecstasy«, bekam das vom Guru sogar bestätigt. Auf diesen Lehrbefugnis-Brief war er stolzer, als es Erleuchteten ziemt. Kaum wollt er 1970 als Yogi in Muktanandas Ashram eintreten, suchte ihn mitten in seiner »meditation« in machtvoller Vision ausgerechnet – Jungfrau Maria heim, die ihm, als nicht-ausübendem Protestanten, wahrlich nicht ins unchristliche Konzept paßte und die er – geschüttelt von Gelächter – als Manifestation der Shakti interpretierte, des »cosmic« weiblichen Prinzips. Strange, Jungfrauvisionen wiederholten und steigerten sich, bis hin zu visionärem Koitus mit der Muttergöttin im Vedanta-Tempel von Hollywood. Als er das wiederholen wollte, geschah leider nichts dergleichen. Immerhin erfuhr sein Identitätsgefühl eine Veränderung, vom konditionierten Ego zum transzendenten Selbst. Ins Gipfelerlebnis Sahaja-Samadhi (engl. bloß »ecstasy of spontaneity«) trat er ein. Muktananda reagierte plötzlich reserviert, tat's als Anmaßung ab, er begann trotzdem mit Lehrtätigkeit in einem eigenen, relativ reglementierten Ashram, wo er in blumenüberschüttetem Hindu-Pomp aus Teppichen und Firlefanz knallbunt auf einem Thronsessel zeremoniell residierte, von nun an als »Bubba Free John«. Im Frontalunterricht warnte er wie → Krishnamurti oder → Osho nach Guruweise davor, ihn als Goldenes Kalb zu umtanzen, was den Tanz nur anheizte; zugleich verkündete er, unfähig zu sein, Fehler zu machen – Papst-Komplex!? Er exorzierte den inneren Narziß seiner Anhänger. Nach asketischen, antialkoholischen, drogenfreien, frugalen Phasen feierte er plötzlich eine Serie hinduistisch-tantrischer Tanz-, Sing- und Trinkfeste, die in 6wöchige Saufgelage übergehn konnten. Sein Buch »Garbage and the Goddess: The Last Miracles and Final Spiritual Instructions of Bubba Free John« zog er sofort zurück. 1974 leitete er das von ihm sog. »Samstagabend-Massaker«, zwecks Erzeugung emotionaler Achterbahnen. Leute, die ihn baten, er möge ihnen helfen, erleuchtet zu werden, nannte er »unbedarfte Individuen«. Bei theatralischen Ashram-Audienzen forderte er auch gern mal – paffend und Dosenbier runterkippend – anrückende Abstinenzler auf, mitzupaffen und mitzusaufen – Gurdjieff-Imitatio!? Er spielte jenen wilden Mann, als der er sowieso herumlief. Aber als Nachkomme zenbuddhistischer Schlagstockschwinger à la → Marpa, Schamsuddin, de Sades, → Crowley, Otto Mühl sah er arg gemäßigt aus gepflegter Spiritualwäsche. Auf interessierte Neuzugänge und potentielle Jünger wirkte er farblos, steif, kalt, leer, geschäftsmäßig. Zahlreiche seiner Adeptinnen »heiratete« er, ohne Rücksicht auf deren Husbands und Lover. Bisweilen mußten die Gehörnten im Nebenraum der Free Daist Communion im Dunkeln warten, bis der Guru deren Frauen vernascht hatte, und in dieser Radikalkur die Weisheitslehre schlucken, wie man frei von Anhaftungen werde, also vor allem auch frei von der eigenen Frau. Er umgab sich mit lebenden Schutzschilden oder Mandalas aus 9 spirituell & sexuell fortgeschrittenen Elitefrauen und zeugte in diversen Schößen 3 Kinder. In ecstatic Zuständen konnte er auch mal lästerliche Klöpse herausrufen: »Ich hab der Göttin das Hirn weichgefickt!« Als Poet griff er vollrohr in die von Yogananda kurios kaputtgerittene Mottenkiste der Genitivmetaphern und verkündete mit den Backen der Aufgeblasenheit: »Ich bin ein kopfloser Reiter. Wenn ihr mich auf das Pferd der Dämmerung setzt, werde ich meinen Hut in die Luft halten, denn über meinem Kragen ist nichts als der Abend« (unbewußte Variation auf Goethe: »– und ich reite froh in alle Ferne, / über meiner Mütze nur die Sterne«). Obwohl Da Love-Ananda nur gängige Eso-Platitüden seiner Zeit kopierte, replizierte, ruminierte, von spiritueller Osmose über »The Way of Heart« bis zu »The Egoless Personal Presence of Reality and Truth, which is The Only Real God«, gespickt mit kaum umgedeuteten Hindu-Termini, feierten ihn seine Waschzettel und Fans, darunter etliche renommierte, von seiner unverwechselbaren Personality schwer unterscheidbare Religionsphilosophen, als einmaligen Geist, radikalen »philosopher«, wahrhaft erleuchteten Meister – vielleicht sogar als das erste völlig erleuchtete Wesen, das aus unserer westlichen Zivilisation hervorging; zumindest als Enfant terrible im religiösen Bereich. Der selbstbewußte Schurke sah sich nicht nur als Wahrheitsverkünder, Welt- und

Menschheitslehrer, Träger sämtlicher Erfahrungen, Prinz, Kind, Asket, Greis, Gott, sondern darüber hinaus als präcox auftretende, nämlich eigentlich erst – laut Hindu-Berechnung – in 129 Millionen Jahren erwartete, Vishnu-Inkarnation Nr. 10, namens Da Kalki. Weil viele seiner (bloß bzw. immerhin) 2000 Anhänger bei seinen Vorträgen devot lachten, wähnte er sogar ein großer Humorist zu sein. Per Wasserpistole pflegte er seine Verehrer zu bespritzen, bis alles in Wasserschlacht, Slapstick und telegener Tortenschmeißerei endete. Oft und gern – und immer öfter – nannte der göttliche Trickster sich »mad«, dies bereits seit seiner Geburt, und schalt die Unverrückten, leider nicht ebenfalls mad zu sein. Wobei er klinischen Wahnsinn »menschenunwürdig« nannte, von Crazy Wisdom deutlich abgegrenzt wissen wollte; trotz der geheimen altindischen Identität aller Dinge. Viele rühmten ihn – in Parallelschaltung zum Zeitalter bipolarer MPD (Multiple Personality Disorder) – als Rollenwechsel-Chamäleon und Proteus, nur weil er sich öfters umtaufte und noch öfter textil umzog, oder in summa als undurchschaubares Rätsel (das auf mangelndem Durchblick basierte). 1986 sprach Da Kalki in einem Vortrag über sein Leid, Gram, Frust angesichts seiner vergeblichen Lehrtätigkeit und daß er deshalb bald zu sterben wünsche. Kaum bekam er taube Arme, setzten Krämpfe samt Sterbeprozeß ein, Bewußtlosigkeit, aber Ärzte reanimierten ihn. Dieser Countdown bescherte ihm eine »authentic« Todeserfahrung, ließ ihn dann aber nicht milder werden, sondern noch kritischer, schier so destruktiv wie Shiva. Im eigenen Nest führte er irritierende Säuberungsaktionen und Kulturrevolutionen durch. Zwischen 1972 und 2004 verfaßte »Fluglageanzeiger Da«, wie Google ihn gern übersetzte, 70 Buchtitel.

Worte von Franklin Albert Jones: Aber ich sag euch hier und jetzt: Alles ist Müll! Alles, was der Guru euch gibt, ist Müll, und er erwartet von euch, daß ihr's wegwerft. Ihr jedoch meditiert darüber. ✦ Der Guru läßt die Göttin ihre Hosen runterziehen, und dann seht ihr ihr Arschloch. Ich sollte so was nicht sagen. ✦ Um Menschen wirklich zu erleuchten, muß man wild sein.
Franklin Albert Jones über sich: Ich bin die Wirklichkeit, das Selbst, die Natur und Grundlage aller Dinge und Wesen. ✦ Ich bin Drugpa Künley. Das genau bin ich in dieser Zeit und an diesem Ort. ✦ Ich bin die Bienenkönigin im Schwarm meiner Anhänger. ✦ Wir hielten einander in einem Feuer kosmischer Lust umschlungen, als sollten wir die Universen gebären. ✦ Gott ist ebenso verrückt wie ich. Oder vielmehr: Gott ist genauso verrückt wie ihr.

Andere über Franklin Albert Jones: Seit er im Jahre 1972 seine Arbeit in Südkalifornien aufnahm, hat er in seinen Büchern ein Maß an radikaler Einsicht, Tiefe und Ausdruckskraft erreicht, das unter westlichen Philosophen seinesgleichen sucht. *(David Christopher Lane, 1985)* ◆ Er hat schlicht und einfach erkannt, daß er selbst, so wie er ist, genau wie ein Stern, ein Delphin oder eine Lilie, eine vollkommene und authentische Manifestation der ewigen Energie des Universums und deshalb nicht länger gewillt ist, mit sich selbst in Konflikt zu leben. *(Allan Watts, 1988)* ◆ Er war der liebevolle Freund, der streitlustige Verrückte, der ausgelassene Clown, der Leidende, der niedergeschlagene und eifersüchtige Liebhaber, der herrische Monarch, der reuige Bekenner, der Prophet des Verhängnisses, der arrogante Dilettant, der lallende Trunkenbold, der staunende, inspirierte Dichter, der stolze Vater, der gestrenge Zuchtmeister, der unverbesserliche Kobold, der ehrwürdige Weise, der inspirierende Barde, der Sexmaniac, der scharfsinnige Philosoph, der Kindskopf, der entschlußfreudige Geschäftsmann, der zartbesaitete Mystiker, der gequälte Autor, der unermüdliche Prediger, der Mensch von unermeßlichem Glauben und Vertrauen, der schonungslose Kritiker, der Klugschwätzer, die erleuchtete Bestie, der großzügige Geber und der furchterregende Avatara. *(Georg Feuerstein, 1990)* ◆ He is one of the greatest spiritual realizers of all time, in my opinion. *(Ken Wilber, 1998)*

Janis Joplin, **Bluessängerin, Rock-Queen, Quasi-Hippie-Mädchen (1943–1970):** Die Gelegenheitsstudentin am Lamar College of Technology und der University of Texas sang mit 18 in Kneipen und Folk-Clubs, trampte so um 1966 durch die USA, lebte von Aushilfsjobs und Fürsorgeunterstützung. Übergewicht, Beatnik-Outfit und Akne pfropften ihr den Kosenamen »Pig Face« auf. Im College wurde sie zum »häßlichsten Guy des Campus« nominiert. Umsonst oder für einen Drink sang das Pummelchen in Kneipen von Post Arthur Blues. In Frisco schloß sie sich einer Band an, trat beim Monterey Festival auf und – ihre Stimme fuhr jedem ins Mark. Sandpapier klang glatt dagegen. Andere sangen manierlich oder aufmüpfig ihre Lieder; sie aber ächzte, hechelte, jaulte, sang. Andere hielten sich an vorgegebene Liedform; bei ihr gingen Sprechgesang, Daherreden und etwas, das man kaum noch Gesang nennen konnte, aus spontaner, nein: eruptiver, d. h. niegehörter Neugeburt hervor; Naturgewalt und herausgeschrieener Schmerz durchbrachen Kunstform und gebildete Assoziationen an Medusa, Mänaden und Erinnyen. Gazetten meldeten, so hätte eine Weiße noch nie Blues gesungen. Wo sie sich geschult haben könnte – neben Bessie Smith, Billie Holiday verblaßte sie klanglich nicht. Normalekstase wirkte daneben brav, Joan Baez schulmädelhaft, neben der sie noch 3 x kratziger, ungebärdiger, unschöner rauskam. Der schneidende Todesschrei aus Alban Bergs Oper »Lulu« klang domestiziert und artifiziell dagegen. Gestreßt, haltlos, rasant, nach dem Beatnick-Motto »Live fast, love hard, die young« taumelte sie zwischen Bühne, Bett und Bourbon-Whiskey hin und her, zum Breakfast Piña Colada, mittags Screwdriver, zwischendurch Heroin. Sie trug keine BHs, steckte ihre Haarfülle nie hoch. Sie sah sich zwar nicht als Hippie, war aber scharf auf Spitzenblusen, Samt, Seide, Federn, Felle, Ketten, Perlen, Emotions, Freedom, also die üblichen Hippieideale. Das wurmte sie, daß in der ersten Reihe stets Country-Club-Tussies jubelten; Janis nannte sie abwertend »Strumpfhalter«. Ihre Affären, obwohl sie eigentlich was Dauerhaftes suchte und sogar von Familie träumte, dauerten meist nur Wochen oder Tage. Zu potentiellen Sexpartnern sagte sie auch mal unverblümt: »Wir gehn am besten gleich in die Garderobe und legen los«, was nicht jeden abschreckte. Ein psychotischer Junkie, den sie zeitweise als Bräutigam erwog, bekam Muffensausen und setzte sich kurz vor der Hochzeit ab. Opulenter Plattenvertrag kam zustande. Plötzlich war sie relativ weltberühmt. Sie forderte »Southern Comfort« auf, für ihre kostenlose Whiskeyreklame ihr einen Pelzmantel zu schenken. Zufallslover hielt sie sich vom Leib, um nicht finanziell ausgenommen zu werden. Einer fand sie sogar hübsch und erotisch, was auch nicht viel brachte. Der mit psychedelischem Geäder überzogene, lackierte Porsche, den sie fuhr, wurde ihr gestohlen. Die Primadonna ließ auch mal das Publikum eine Stunde auf sich warten, um dann so schlecht zu singen, daß die Hälfte ging und keine Zugabe ertobt wurde. Bevor ihre 3. Platte ganz im Kasten war, und genau als ein männlicher Lichtblick aufkreuzte – Seth Morgan – und erneut Hochzeit in Sicht kam, und kurzfristig ein flotter, valium- und tequilageschwängerter Dreier anvisiert war, mit Peggy Caserta und noch wem, fand man sie mit 14 Injektionsnadeleinstichen im Unterarm im Motel (und Wechselgeld für Zigaretten); Opfer von nicht vorgetestetem, zu reinem, falsch dosiertem Heroin. ~ Springer- und Yellowpress wurde pro Revival und Jubliäum nicht müde, sie Hippie-Ikone zu nennen. Gleichwie der Frühromantik die Speerspitze abgebrochen wurde durch die vielen frühen Tode, so dem Hippie-Movement.

Sie sang sich für uns die Seele aus dem Leib

Worte von Janis Joplin: Berausch dich, sei fröhlich und fühl dich wohl. ◆ Wer Drogen nimmt, muß verrückt sein, wenn er sich doch mit Southern-Comfort-Whiskey besaufen kann. ◆ Ihr sollt zu meiner Musik nicht randalieren; ihr sollt zu meiner Musik ficken.

Janis Joplin über sich: Ich bin nicht die Sprecherin meiner Generation. Ich nehme nicht mal Acid. Ich trinke. ◆ Ich bin ein großer Star und schaff es nicht mal, gevögelt zu werden. ◆ Ich bin auf dem Publikums-Trip. Ich brauche sie und sie brauchen mich. ◆ Auf der Bühne schlaf ich mit 25 000 Leuten, dann geh ich allein nach Haus. ◆ In der Eisenbahn saßen 365 Leute, aber ich hab nur 65 davon vernascht. ◆ Ja, ich weiß, daß ich vielleicht übertreibe, aber lieber dreh ich 10 Jahre irre auf, als 70 zu werden und bis dahin bloß in einem gottverdammten Sessel vor dem Fernseher zu hängen. ◆ Gib mir nur einen Mann, der abends zu Haus ist, bei dem ich sicher sein kann, wenn er früh um 9 abhaut, daß er um 6 abends zu mir zurückkommt, und nur zu mir; dafür würd ich den ganzen Scheiß mit 2 Garagen und 2 Fernsehern in Kauf nehmen. ◆ Machen wir uns nichts vor – 30 werd ich nicht.

Andere über Janis Joplin: Sie war naiv und vermutlich unschuldiger als 9 von 10 aus unserer Klasse, ich bin sicher, daß Janis bis zum Sommer nach der Highschool Jungfrau war. Aber weil sie unbedingt dazugehören wollte, tat sie, als ob sie schon mordserfahren war. *(Klassenkameradin)* ◆ Ein Engel, der kam und einen Weg ebnete, den weiße Frauen noch nie gegangen waren. *(Etta James)* ◆ Ich glaube, Janis starb an einer Überdosis Janis. *(Eric Burdon)* ◆ Janis Joplin war vulgär, vielleicht auch ein bißchen billig in ihrer Art – aber »saugut«! *(Michael G. Symolka, 1999)* ◆ Wahllos »vögelt« sie Männlein und Weiblein, hat eine kurze Affäre mit Kris Kristofferson und prahlt öffentlich mit ihren Eroberungen, die sie oft so betrunken machen, daß sie sich am nächsten Tag an nichts mehr erinnern kann. *(Katja Doubek, 1999)* ◆ In der Tat vermitteln viele Bilder von Janis Joplins Bühnenauftritten etwas von dieser Verwandlung eines Mädchens mit Haut- und Figurproblemen in eine leidenschaftlich-authentische und charismatisch-schöne Frau. *(Heinz Geuen, 2000)*

K

KABIR, Weber, Lieddichter, Kastensystemkritiker, Versöhner (1440–1518): Von einer Brahmanenwitwe ausgesetzt, aufgewachsen beim musulmanischen Weber Niru in Benares, im damals vom Islam überrollten Nordindien, sagte Kabir sich früh vom Islam los, ohne dessen strengen Monotheismus loszulassen. Die Lehren seiner beiden Mentoren, eines Sufi, dann eines Yogi, überlagerten sich in ihm. Obwohl er, wie sein Übervater und Vorbild, der Vaishnava-Weise Ramananda, dem Kastensystem und Göttergewimmel der Hindus höchst abhold gegenüberstand, nannte er seinen einzigen Gott – statt Allah – Rama, oder auch mal Nam. Die Brahmanenkaste fand er viel schlimmer als all jene, durch deren Berührung sie befleckt zu werden glaubte, und wünschte sie wortmächtig in die Hölle, so als sei er weiterhin Musulmane. Anmaßlichen Brahmanen sagte er ins Gesicht: »Wenn du dich anderen Kasten überlegen dünkst, wieso wurdest du nicht auf andere Weise geboren, statt von einer Mutter, wie jeder andere auch?« Und warf ihnen vor, Opfertiere zu schlachten; Brahmanen und Musulmanen nannte er »meisterhafte Schlächter«. Er sah sie dieselben Dinge meinen und anders benennen, sich gegenseitig befehden und umbringen, ohne das Wesen der Dinge zu erkennen. Er verglich Leute, die sich mit unreinem Herzen äußerlich schrubbten, jenen Fröschen, die das Wasser der Mutter Ganga (der Ganges ist weiblich) nicht erlöst. Seine Weisheiten beherzigte keiner, und wer sich seine Worte gefallen ließ, vergaß sie. Und wer sie nicht vergaß, blieb trotzdem Hindu oder Musulmane, und Brahmane oder Schudra. Deren religiöses Treiben, Pilgern, Fasten sah er nicht minder kritisch als das jener Primitivlinge, die noch Steine und Pappeln verehrten. Korangelehrte und Wedakenner sah er als Krüge aus demselben Lehm, aber in seinen Argumenten gegen Holzgötzen, Abbilder und Bildwerke funktionierte er so vorsintflutlich wie Abraham und radikale Mullahs. Selbst Kanphata-Yogis ließ er nicht ungeschoren, ihre Rituale, Askese, Asche-Waschungen, Ohrläppchenspalterei; ihre Bärte verglich er denen von Ziegenböcken. Kabir glaubte nicht, daß wer in Kaschi geboren werde, erlöst werde, noch, daß wer in Kaschi sterbe, als Esel wiedergeboren werde, und machte sich, indem er von obligaten Glaubensinhalten abwich, unbeliebt. Mordversuche: Man warf ihn gefesselt in Mutter Ganga, aber sie trug ihn; er ertrank einfach nicht; man hetzte Elefanten auf ihn, die ihn aber nicht zertrampelten. Sein Leben setzte er ein, Islam und Hinduismus zu einer neuen Religion zusammenzuschmelzen; sein Tod wurde zum Zankapfel, ob der verehrte Tote nach muslimischen oder hinduistischen Riten zu bestatten sei. Man einigte sich, die eine Körperhälfte zu begraben, die andere einzuäschern. Muslime behaupten, er sei als Muslim bestattet worden. ~ Seine gesammelten Lieder, des Titels »Bijak« (Der Same), seinem Schüler Bhago diktiert, wurden später gesungen, von Muslimen wie von Hindus. Doch seine Anhänger, die sich um ihn rissen wie Juden und Muslime um Jerusalem und die ihn als Vorbild interreligiöser Toleranz hochhielten, wollten wie gewohnt in altbekannte Muslime und Hindus zerfallen, und diese wiederum in Kasten, Schiiten, Sunniten, Männer, Frauen, Ungläubige. Sein Argument, im Mutterleib gäbe es keine Kasten, stand ähnlich bei Rumi: Hindus und Türken seien im Mutterleib ununterscheidbar. Sein Argument, wenn Gott die Beschneidung gewünscht hätte, hätte er euch beschnitten in die Welt geschickt, stand wörtlich als Jesuswort im Thomasevangelium 60 n. Chr., ausgegraben 1945. Als Kabirs Wiedergeburt gab sich Sai Baba (1840–1916) zu erkennen. Kabir zählt neben Cand Bardai, Surdas, Tulsidas, Biharilal zu den bedeutendsten Hindi-Dichtern.

Hätte Kabir (links von ihm sitzen Raidas, Pipa, Namdev, Sain, Kamal und Aughar) Hindus und Muslime versöhnen können, wär Pakistan heut kein Pulverfaß

Worte von Kabir: Die Welt ist ein winziges Papiertütchen. Fällt ein Wassertropfen drauf, löst es sich auf. ◆ Die Welt ist ein Hund; laß ihn vergeblich kläffen. ◆ Die Welt ist wahnsinnig. ◆ Gute Reiter sind jene, die sich sowohl von den Veden wie vom Koran fernhalten. ◆ Hari (Gott) ist wie Zucker, in den Sand verschüttet, den ein Elefant nicht aufheben kann. Kabir sagt: »Der Guru sagte mir: ›Dann werde halt Ameise und iß ihn!‹« ◆ Ihr plappert und schnattert Tag und Nacht, aber die wahre Religion habt ihr nicht gefunden. ◆ Nimm die Seife der Wortwiederholung und Versenkung. Geh zum Bach des wahren Namens.

Kabir über sich: Ich sag »Bleib wach!«, und du schläfst ein. ◆ Ich bin nicht schlecht, und die anderen sollen es nicht werden. ◆ Ich bin es leid, seit Weltzeitaltern Erklärungen abzugeben, denen doch keiner zuhört. ◆ Ich rühmte alle; keiner lobte mich. Wer mich lobt, muß mir ähneln. ◆ Schlechte Zeiten, blind und unwissend. Wem ich Erlösung verkünde, wird mein Feind. ◆ Wenn ich die Wahrheit sage, wollen sie mich töten; wenn ich lüge, glauben sie mir. ◆ Nur der, der frühere Lehren kennt, versteht mich. ◆ Wollte ich

sagen, daß Gott in mir ist, würde das Universum den Kopf senken vor Scham. Doch würde ich sagen, Gott sei außerhalb von mir, wüßte ich, daß ich lüge. ◆ 7 Körner wachsen auf meinem Feld; 5 Bauern arbeiten für mich. ◆ Von Welt- zu Weltzeitalter will ich kein anderer sein. ◆ Wenn ich mich selbst nicht finde, sing' ich und find' mich im Gesang.
Andere über Kabir: Kabir ist ein seltener Mensch, ein Mystiker von höchstem Rang, dabei war er völlig ungebildet, unkultiviert und ein Waisenkind. *(Shree Rajneesh)* ◆ Seine Sprache war stark dialektal und manchmal sehr paradox. *(Oxford-Lexikon der Weltreligionen, 1999)* ◆ Wie Franziskus im Christentum ist Kabir der Revolutionär der beengenden sozialen und religiösen Systeme seiner Zeit. Sein Pantheismus relativierte sie, er verurteilte sie jedoch nicht als solche. *(Martin Kämpchen, FAZ, 2006)*

FRANZ KAFKA, **Versicherungsangestellter, Unfallschützer, Büromensch, Albtraumfabeldichter, Hungerkünstler, Himmelsstürmer, Longseller (1883–1924):** »Ich zerreiße dich wie einen Fisch!« drohte der Galanteriewarenhändler seinem mißratenen Stammhalter oft, und verfluchte lungenkranke Mitmenschen: »Er soll krepieren, der kranke Hund!« Trotzdem erwies der dürre Jüngling sich als militärtauglich. 1902 lernte der Student (Germanistik, Jura) seinen (späteren) Nachlaßverwalter kennen. 1914 wohnte und litt der Doktor der Rechte immer noch bei Muttern, Familienlärm ausgesetzt, Nestgezwitscher aus Schwestern und Kanarienvögeln, garniert mit väterlich rabiat geschmissenen Türen. Täglich von 8 bis 14 Uhr arbeitete der Angestellte im Büro, durch fast 15 Jahre, u. a. zum Thema Unfallverhütung bei Hobelmaschinen, also auch mit fremden Albträumen befaßt. Alltagsgesichter in den Gassen sah er als Insektenarmee. Er stellte sich auch mal in Warteschlangen auf, ohne einkaufen zu wollen, einfach nur so – Solidarität mit der Volksseele? Masochismus? Mitten in die Steinwüste Prag schlichen sich geträumte Archaismen ein, mittelalterlich gekleidete Männer, Reiter, Wächter, Kerkermeister, Zollbeamte aus Kleist. Steuerberater und Advokaten datierten sich zurück zu Schergen, Bütteln, Höllendienern. »Als Vorbereitung zu einer gemeinsamen Italienfahrt«, so widmete er einen Geschenkband über Sibirien. Zu seinem zwanghaften Hobby – Kunstprosa niederkritzeln – kam der Brotberufler nur nachts. Jedes seiner Worte, die ihm selten genügten, guckte sich erst vorsichtig nach links und rechts um. Mit seinem Ohr, das ihm eher wie ein kühles Salatblatt vorkam, hatte der Deutschböhme so wenig gemein wie mit jüdischer Identität. Leute, denen Bärte ums Kinn hingen, dünkten ihm so suspekt wie sowieso alle Menschen. Nachts stellte er neben seinem Bett ein Näpfchen auf, um jederzeit Finger spülen zu können, falls er im Schlaf im »Popo« (O-Ton Kafka!) bohren würde. Tagsüber, derweilen ihn jedes Realitätsprinzip nötigte, für die finanzielle Rettung der Asbestfabrik seines Schwagers Engagement, Know-how und Zeit zu opfern, betrieb er Körperübungen, fuhr Ruderboot, Motorrad, lief badehosenlos in den Jungborn-Lichtlufthäusern des frommen Naturpropheten Adolf Just herum, müllerte und fletscherte (kaute zwecks Gesundheit übertrieben ausgiebig) sogar am Familientisch, derart, daß sein Vater, der ihn ohnedies für meschugge hielt, zu Recht genervt die Zeitung zwischen sich und den Sohn hielt. Ausgerechnet der beleibte Franz Werfel warf dem vergleichsweise unkörperlichen Franz Kafka vor, er kreise zu sehr um seinen Kadaver. Einer leitenden Angestellten namens Bauer beteuerte er, ohne sie nicht leben zu können. Der ewige Junggeselle verlobte sich 3 x, mit 2 Frauen. Alles Kleine entstand trotzdem. Hinter seiner Mikromania, die er als Pose kultivierte, wußte er heimlich sehr wohl, daß er eher Grund zu Makromania hatte. Seine Handschrift verriet, statt einen Druckser, einen selbstbewußten Geist. Er sei viel einsamer als → Hauser, scherzte er, nämlich so einsam wie – Franz Kafka. Vergaß er daheim sein Notizbuch, kaufte er unterwegs ein neues. Den Lichtbild-Automaten, 1921 in Prag aufgestellt, nannte er »Verkennedich-selbst!-Maschine«. Sein »Landarzt« schrieb Stifters »Urgroßvatermappe« dämonisierend fort. Odradek & Kübelreiter eigneten sich weniger gut zum Schmücke-dein-Heim-Objekt als Marc Chagalls lilablau schwebende Kühe und Engel. Wald fungierte, sofern er beiläufig im Traum vorkam, nie als grüngoldenes Utopicum, Romanticum oder Botanicum, immer als Dunkelmasse wie in Grimms Märchen. In Notaten wie »Jeder Mensch ist eigentümlich und kraft seiner Eigentümlichkeit berufen zu wirken« sank Kafka schier aufs Denkniveau von Goethes Maximen und Reflexionen. Fausts Flammenübermaß und farbigen Abglanz wußte Kafka expressionistisch zu dramatisieren: Seine Kunst sei das Licht auf dem – von Wahrheit geblendet – zurückweichenden Fratzengesicht. Statt mit dem Scheitel die Sterne zu berühren oder mit markigen Knochen auf der Erde zu stehn, stand Kafka seiner Verschmelzung mit einem Numinosum o. ä. im Weg herum. Laut Schopenhauer hielt Kafkas metaphysisches Bedürfnis leider nicht Schritt mit metaphysischer Fähigkeit. Andere leugneten den Jammer durch den Hinweis auf die Sonne; der Angestellte leugnete die Sonne durch Hinweis auf den Jammer. An Milena schrieb er, der Liebespfeil habe ihn, statt ins Herz, in die Schläfe getroffen, was ihn wiederum mit Kierkegaard wahlverwandt machte (Zusammenlegung jetzt!). Gespenster tranken Papierküsse fort. Der Ableger bodenständiger Fleischhauerkreise, abartig zartbesaitet, träumte vegetarisch als Ertrunkener von seiner Rettung. Als er wegen seiner Lungenerkrankung Fleischverzehr ärztlich verordnet bekam und prompt an Fischvergiftung erkrankte, kehrte er erleichtert zum Fleischverzicht zurück und raunte Berliner Aquariumsfischen zu: »Jetzt kann ich euch wieder ruhig in die Augen sehen.« Er achtete sehr darauf, seine Mitmenschen nicht anzustecken. Noch auf dem Sterbebett ließ der TB-Patient raffinierte Bonmots los: »Töten Sie mich, oder Sie sind mein Mörder!« Hohn, daß er in der Gruft seiner ungeliebten breitgebauten Vorfahren, von denen er sich im Leben schuldbewußt abseilte, dann doch noch landete. Keine erwogene Variante (hätte er Ottlas Schicksal teilen müssen? wär er Kellner in Palästina geworden? hätte Th. Mann ihn nach Amerika geholt?) suchte ihn heim. ⁓ Max Brod ließ 3400 Tagebuchseiten, 350 S. Erzählwerke, 1500 S. Briefe unverbrannt und lieferte hochtrabende Flachdeutung gleich mit: Keinesfalls Nihilist, Existentialist und Negativist sei er »bei aller Tragik« (!) gewesen, sondern gemeinschaftssuchend, Monotheist, talmudkompatibler Symbolist, Hebräischschüler und Zionist, mit viel Liebe zum Rustikalen und zu Happy-Ends bei Flaubert, vergleichbar mit Graf Tolstoi, → Franziskus von Assisi, Pascal, → Novalis, → Chaplin. Prosemiten dechiffrierten das Gesetz, vor dem Kafka stand, als Thora. Jede Halbheit, Gelegenheitshuster, gestrichene Stelle, Totgeburt überlebte vorbildlich. Rezipienten, die Kafka stets ignoriert hatten, fuhren hinterher um so unstoppbarer auf ihn ab. Hermeneuten, Exegeten, Familienväter, Romanciers promovierten serienweise über die Ausgrenzung und Standortbestimmung des enigmatischen Aporetikers. Denker übten ihr Senkbeil an Kafkas unlüftbaren Schächten und Büros und fanden heraus, Kafka sei verschämter Atheist und Marcionist (→ Anders); andere (Th. Mann & → Henscheid) entdeckten Kafka als Humoristen, also assoziierbar mit Ephraim Kishon. Kafka-Forschung erkannte auf Kafka-Kongressen und in Kafka-Handbüchern, daß Kafka zu deduktivem Denken unfähig gewesen sei und beim Urteilen zu Grobkategorisierung geneigt habe. Psychojargonkonsumenten erkannten ihn als »randständig«. Normalos konstatierten befriedigt, daß Kafka sich auch bloß nach den Wonnen der Gewöhnlichkeit gesehnt habe. In Wolfgang Borcherts »Draußen vor der Tür« stand K. weiterhin vor dem Gesetz, leider in allzu zeitgebundener, lösbarer Heimkehrer-Situation, bloß äußerlich verkrüppelt. Kafka wurde zum Nostradamus. Anthony Hopkins, bekannt aus Film & Fernsehn, unlöslich assoziiert mit »Psycho« und »Lieben Sie Brahms?«, spielte Kafka. Gregor Samsa, der zweifellos mit Samsara, indischem Schaumtraum, etymologisch zusammenhing, erwachte in verworfener Fassung als vergrößert zappelnde Banane, dann als Kaninchen, und erst im letzten Anlauf als Insekt. Der sich bei Lebzeiten durch dunkle Gassen und Vorzimmer gedrückt und das blühende Leben Werfels beneidet hatte, stand jetzt weltberühmt in einem Spotlight, wogegen selbst das unerreichte Schloß verblaßte, und drückte alle dicken Werfels dieser Welt an die Wand, ins Abseits und ins Aus. Als Pflichtlektüre stürmte der Hase – ohne Igel –, wider Willen, sämtliche Charts. Er, der weder zu Familie noch Tschechen, noch Deutschen, noch Juden, noch Beamten gehörte, wurde und war unser und konnte es nicht stoppen. Dem Harry Potter allerdings konnte auch Kafka nur hinterhergucken.

Erst nie im Schloß, dann Hitlistenführer

Worte von Franz Kafka: Das Leben ist eine fortwährende Ablenkung, die nicht einmal zur Besinnung darüber kommen läßt, wovon sie ablenkt. ◆ Wir graben den Schacht von Babel. ◆ Das Tier entwindet dem Herrn die Peitsche und peitscht sich selbst, um Herr zu werden, und weiß nicht, daß das nur eine Phantasie ist, erzeugt durch einen neuen Knoten im Peitschenriemen des Herrn. ◆ Fast möchte ich Dir Vorwürfe machen, daß ich Dir nicht geschrieben habe. ◆ Jedes Schimpfwort demoliert die größte Erfindung des Menschen, die Sprache. ◆ Soll man gegen das Meer protestieren, das solche unvollkommenen Geschöpfe ins Leben setzt?

Franz Kafka über sich: Ich heuchle Fröhlichkeit, um hinter ihr zu verschwinden. Mein Lachen ist eine Betonwand. ◆ Ich bekam nie genug Wärme. Darum verbrenne ich – an der Kälte. ◆ Ich bin der magerste Mensch, den ich kenne. ◆ Ich kann schwimmen wie die andern, nur habe ich ein besseres Gedächtnis als die andern, ich habe das einstige Nicht-schwimmen-Können nicht vergessen. Da ich aber nicht vergessen habe, hilft mir das Schwimmenkönnen nichts und ich kann doch nicht schwimmen. ◆ Gott will nicht, daß ich schreibe, ich aber muß. ◆ Einmal brach ich mir das Bein, es war das schönste Erlebnis meines Lebens. ◆ Sollte ich das vierzigste Lebensjahr erreichen, so werde ich wahrscheinlich ein altes Mädchen mit vorstehenden, etwas von der Oberlippe entblößten Oberzähnen heiraten. ◆ Alle meine Freunde haben wunderbare Augen. Die Strahlen ihrer Augen sind die einzige Beleuchtung des dunklen Verlieses, in dem ich lebe. Doch das ist auch nur ein Kunstlicht.

Andere über Franz Kafka: Er wußte von der Welt 10000 mal mehr als alle Menschen der Welt. *(Milena Jesenská)* ◆ Die Kafka ist eine sehr selten gesehene prachtvolle mondblaue Maus, die kein Fleisch frißt, sondern sich von bitteren Kräutern nährt. Ihr Anblick fasziniert, denn sie hat Menschenaugen. *(Franz Blei, 1920)* ◆ Er kann besser Deutsch als dreißig andere Dichter. *(Hermann Hesse, 1924)* ◆ Wie Lukács in Zeitaltern, so denkt Kafka in Weltaltern. *(Walter Benjamin, 1934)* ◆ Keiner hat je zu bemerken unterlassen, daß Kafkas Werke Albträume sind. *(Jorge Luis Borges, 1937)* ◆ Die Beamten, die in seinen Büchern ihr Unwesen treiben, sind als Gestalt gewordene Selbstvorwürfe anzusehen. *(Heinz Politzer, 1959)* ◆ Keine Baskenmütze, keine Haarmähne, überhaupt kein äußeres Abzeichen des Dichtertums; auch kein breiter Carbonarahut, keine Schmetterlingskrawatte à la Byron, wie ihm dies jetzt plötzlich von einem, der »sich erinnert«, zugeschrieben wird. *(Max Brod, 1959)* ◆ So weit war ich noch nich mit'n Nerven runter wie KAFKA, der sich vor jeder verschlossenen Tür einmachte, weil womöglich was dahinter sein könnte: 7 Jahre Schreiber uff'm Hülfskreuzer ARGO, mein Lieber; 'n bißchen komplizierter iss die Welt nu doch noch; je m'en fous!). *(Arno Schmidt, 1963)* ◆ Er ist der bedeutendste deutsche Schriftsteller unseres Zeitalters; im Vergleich zu ihm sind Lyriker wie Rilke und Romanciers wie Thomas Mann Zwerge oder Gipsheilige. *(Vladimir Nabokov)* ◆ K. war eine Persönlichkeit, bei der die starke Empfindsamkeit von seiten des Auges und Ohres mit ihrer Koppelung an die Thalamus-Erregbarkeit und an die Sympathicusfunktionen eine Voraussetzung für die Beweglichkeit des Seelenlebens bildet. *(Lange-Eichbaum/Kurth, 1967)* ◆ Kafka hat seine scheinbar unpersönliche, unerbittliche Sprache ganz mit sich selbst gefüllt; mit der Existenzverzweiflung eines sich selbst preisgebenden und zugleich fragend sich festhaltenden Menschentums. *(Fritz Martini, 1972)* ◆ Er benötigte Frauen, er brauchte ihren Schutz, ihre Fürsorge. *(Marcel Reich-Ranicki, 1977)* ◆ Kafka ist gestorben für Erfolg. Er verzehrte sich danach. Er ist gestorben, weil er keinen Erfolg hatte. Er war so gierig, Erfolg zu haben, daß er sein ganzes Leben als Debakel sah, weil er den nicht gehabt hat. *(Ephraim Kishon, 1980)* ◆ Na gut, später hat er dann zwar noch mit einer Mieze und einer gew. Dora Diamant rumgeschwuchtelt und vielleicht noch ein-zwei Mädels umgelegt, fällt mir aber jetzt der Namen nicht mehr ein (Wagenbach anrufen? Aber wo) – wird auch extrem wenig losgewesen sein. Typisch Kafka, typisch Tschechenkrüppel. Trotzdem, eine gute Haut war er natürlich auch wieder (z. B. »Der Bau« – echte Spitze!) – na ja, seien wir tolerant, jeder nach seiner Façon, so war er eben, unser Franz. *(Eckhard Henscheid, 1982)* ◆ Kafka lebte immer in der Vorstellung, sich in ein Tier zu verwandeln, am liebsten in eines, das kriechen und schnell weghuschen kann, obwohl er vor Mäusen eine Heidenangst hatte. *(David Zane Mairowitz, 1993)* ◆ Schreiben war für ihn lebensnotwendig. *(ARTE TV Programm, 2007)*

CHRISTOPH KAUFMANN, **Kraftgenie, Schwarmgeist, Kraftmenschentümler, Sturm-und-Drang-Apostel, »Gottesspürhund«, Administrator, Finanzreformator, Arzt** (1753–1795): Gebürtig aus Winterthur, studierte er Heilkunde, Chemie, Botanik, in Bern, Straßburg, Lausanne, Kolmar, Basel, Tübingen, reiste viel, als Apotheker, mit angemaßtem Doktorhut; konferierte und klüngelte mit redlichen Jünglingen. Sein Leben wollte er – philanthropisch beflügelt – der Glückseligkeit seiner Mitmenschen widmen, wälzte hochfliegende Projekte, zeitgeistdurchflutet von Naturkult und Weltumarmungsgebärden. Mit Freunden gründete er beinahe ein Theater, dann den »Lorenzorden von der hölzernen Dose«. Er brütete Rousseausche Reformpädagogikpläne aus, 1776, in den »Ephemeriden der Menschheit«. Pietistische Predigten sammelnd, verrannte er sich – nicht ohne Tiefsinn – in Geniewesen und All-Krafthuberey, Wollustzähren im sanftschmachtenden Aug'. Mitberauscht von Wertherfieber, ließ auch er bereits das ständige »Ha!« des jungen Schiller hören. Dann lief er ins Lager der Empfindsamen über (»vorromantischem Irrationalismus«), proklamierte »Bauernfrugalität« (das Wort »vegetarisch« gab's noch nicht). Nichts Gegorenes trank er. Der Hungerleider, der auftrat, als sei er reich, der Frauenheld, der brav seine Braut Lisette ehelichte, titulierte sich selbst »Panurg«, und »Repräsentant der Menschheit«. Friedrich Christoph Schlosser, Iselin und Johann Kaspar Lavater, der einen Hymnus auf seine »verschöngeisterte« Physiognomie losließ, empfahlen den christusgleichen Götterliebling – »Er kann, was er will, und will, was er kann« – an Christoph Martin Wieland, Johann Gottfried Herder, Johann Wolfgang Goethe. Keiner füllte den hehren Begriff »Original- und Kraftgenie« so glänzend aus wie der edelmütige Christophoros Kaufmann. Dann aber wurde das vorschußlorbeerumkränzte Idealporträt seinem Ausgangsmodell zum Verhängnis. Die ihn bewundern wollten, fühlten Enttäuschung. Wer revolutionäre Taten von ihm erwartet hatte, sah halbvergessene Ideale im Wortschwall nutzlos versanden. Seine Beredsamkeit hatte eher von ihm als von Goethe Meisterwerke erwarten lassen, dann aber gelang's ihm nicht, Goethen beim Herzog auszustechen und selber Hahn im Korb zu werden. Kaufmann verfaßte nicht nur keine mittelmäßigen, sondern gar keine Werke. Bloß in Kladden trug er Tagebuch-Notizen ein, Aufsätze über Schwärmerey und Toleranz. Jugendgefährten aus Auerbachs-Keller-Zeiten sanken in markloser Erschlaffung zu Normalberuflern ab oder stiegen, in Verleugnung ehemaliger Götz- und Urfaust-Stimmung, Regelverletzung, Kraftmeierey, zu sturm- und dranglos saturierten Klassizisten auf; einzig Doktor Kaufmann blieb dem stürmisch drängenden Studenten- und Lotterleben treu und lief sich keinerlei Hörner ab. Noch im gereifteren Alter von 25 hörte er die feurig rebellischen Genie-Allüren, die man ihm mit 21 abguckte oder verzieh, nicht zu kultivieren auf. Auch fürderhin kam er mit schwarzer Weste, rotem Lodenrock und Freiheitshut einhergewandelt (Zugabe: ungezügeltes Schweizerdeutsch), der mit seinem Schimmel zärtelte und am treuherzigen »Amanuensis« (Schreiber Ehrmann) Launen ausließ. Nur rochen seine beibehaltenen Gebärden, nach nur 5 Jahren Laufzeit, im gedrehten Wind arg nach Anachronismus. Peinlich berührt, distanzierten sich Kaufmanns Exfreunde von seinen Übertriebenheiten. Kulturdamen sanken vor ihm (wie später vor → Rasputin) immer seltener in die Knie. Immer öfter sägten Neider und Skeptiker am vorschnell hochgezogenen Sockel. Gegner wurden hämischer, Claqueure skeptischer, Busenfreunde immer weniger. Er geriet, im Gegenwind zur mißkreditierten Geniebewegung, zwischen alle Stühle. Er aber pochte auf seinen bröckelnden Nimbus. Sein Hochmut vergrätzte viele. Sein wirrer Vollbart, der ihn auf keinem seiner 5 Bildnisse umweht, erregte Spott. Der gleisnerische Original-Genius konnte ab jetzo tun, was immer er wollte: Er wandelte nur noch auf dem Holzweg, als Wirr-, Hitz- und Tollkopf. Johann Georg Zimmermann nannte den stolzen Weltenbummler, der bis Riga tingelte und sich persischer Heldentaten und Wunderheilungen rühmte, so mokant und maliziös wie möglich »Kraftcoloß Kaufmann von Astrakan«. Mahler Müller und Friedrich Maximilian Klinger gaben der kernigdeftigen Faustfigur und »großen und starken Seele«, als die sie ihn zunächst gesehen hatten, böse Kosenamen: »wunderliches Original«, »Hans Prätension«, »die Säule des Herkules«. Goethe sprach von der frömmelnd physiognomierenden Spioniererei dieses Lügenapostels und lieh Satyros, dem vergötterten Waldteufel seiner gleichnamigen Singspielposse, Züge Kaufmanns. Schmähwerke und Satiren wie »Plimplamplasto« machten den Spürhund Gottes, der in Darmstadt einer Freimaurerloge beitrat, vollends lächerlich. Vom »wellenhaarigen, geschäftigen Kraftapostel« (Johann Heinrich Voss) war's nur ein Schritt zum »Hanswurst des Sturmes und Dranges« (August Sauer). Daß er sich in Dessau ganz pragmatisch betätigte, als Personalchef, Retter und Umfunktionär eines maroden Musterinstituts und Zuschußbetriebs, des Philanthropinums von Johann Bernhard Basedow, verbesserte seinen Ruf nicht. Von allen Freunden – außer Johann Georg Hamann – fallengelassen, sogar von Ziehvater Lavater, suchte Kaufmann unverbildeteres Leben in bäuerlich frommen Lebenswelten. Er besuchte Waldbach im Steinthal, wo Pastor Oberlin den psychisch ausgerasteten → Lenz betreute. Anschluß suchte er an allerlei zweite Wahl, namentlich an Graf Zinzendorfs schlesische herrenhuterische Brüdergemeine, wo er – abhängig von der Ambivalenz seines Mäzens Freiherr Christian Heinrich Curt von Haugwitz – demütig seiner bisherigen Freigeisterey und Extravaganz abschwor. Argwöhnische Nasen nahmen ihm sein windiges Vorleben krumm und bauten ihm unterwegs in den Schoß einer Gemeinschaft, die sich für die Förderung der Gottseligkeit einsetzte, bürokratische Steine in den Weg. Jeder beruflichen Kleinigkeit wegen befragte man das Los-Orakel, das Ja oder Nein des sünderliebenden Herrn Jesus. Gern wär er Missionar geworden und wirkte jahrelang unauffällig in Pflichterfüllung als benachteiligter Medicus. In haltbarer Ehe, als Vater von 3 Kindern, verstarb der zu Kreuz gekrochene Christoph Kaufmann bald an asthmatischem Brustleiden. ~ Biograph Nr. 1, Heinrich Düntzer, 1882, stellte die fesselnde Persönlichkeit so extensiv wie einäugig als notorischen Lügner dar, als »aufgeblasenen, aller gründlichen Kenntnis und Einsicht ermangelnden«, »in Weltbeglückungsgedanken eitel schwärmenden Apothekerlehrling«, »Abgesandten Gottes«, »das Opfer seiner Großmanns- und Geniesucht«, »urkräftigen Natursohn und feurigen Thatmann«, den er »phantastischer Ehrsucht« beschuldigte, und des »Hanges, zu herrschen, protegieren, reformieren«, und der »Lust, zu intriguiren und kabalieren«. Biograph Nr. 2, Werner Milch, 1932, rehabilitierte Kaufmann vollauf, wodurch aber der rührende Weltverbesserer und scheiternde Scharlatan Christoph Kaufmann leider wieder ungünstig zu stehen kam als gutmütig um Anerkennung, Freundschaft, Auskommen, Familienanschluß und geistliches Unterkommen ringender Biedermann, statt als schillernde Figur. Dem 20. Jhdt. wäre der Cagliostro aus

Winterthur, wenn ihn jemand bemerkt hätte, erschienen als das harmlose Vorspiel all jener Shooting-Stars, die in imposanter Ikarus-Kurve bald wieder abstürzen: → Jackson, → Joplin, Jimi Hendrix, → Ali, Marilyn Monroe, Alexandra, Roy Black, Rex Gildo. Der zornige junge Wilde focht – fast so ungekämmt wie Gammler um 1968 – gegen den Schlipszwang des allzu grazilen Wieland-Rokoko, als verwilderter Aufmüpfiger, à la zerzaustem Mick Jagger, zwischen geglättet Angepaßten, à la frischgefönten, königshauskompatiblen Beatles & Bee Gees. Loreley & Lolita blieben berühmter als Heinrich Heine & Vladimir Nabokov; die legendär leuchtende Prägung »Sturm und Drang«, die eindeutig auf Christoph Kaufmann zurückging, wurde bekannter als er. In die Literaturgeschichte blitzte er unauslöschlich kurz hinein, als einer der Abzählbaren, die in Goethes Jugendzeit herumspukten. Zusätzlich hinaufgezerrt in eine gewisse Ewigkeit, im Dreierpack mit Lenz und Oberlin, wurde Kaufmann durch Georg Büchners Lenz-Novelle, worin er als hereinschneiender Besuch am Rand steht. Seine Aufzeichnungen gingen nicht verloren, blieben aber unpubliziert.

Vorzeitig abgestürzt

Worte von Christoph Kaufmann: Jeder hat seine Narrenkappe.

Andere über Christoph Kaufmann: Ich kann Ihnen vor Gott versichern, ich habe noch keinen Menschen kennengelernt, den ich höher als Kaufmann schätzen könnte. *(Johann Jakob Mochel 1775)* ◆ Meines Bruders Reisegefährte oder vielmehr sein Engel, Kaufmann aus der Schweiz, macht unsere erste Glückseligkeit in diesen Tagen aus, einer der edelsten Menschen, ein Märtyrer für die Wahrheit und das Beste der Menschen. Ach, man entweiht sein ganzes Wesen, wenn man nur von ihm schwätzt, und ihm nicht nachfolgt. *(Karoline Herder an J. W. L. Gleim, 1776)* ◆ Der Mann hatte, ungeachtet seiner um sich gezogenen Nebelkappe, was Anziehendes für mich. *(Chr. M. Wieland an Kayser)* ◆ Es ist ein Mann von großem inneren Gehalte, von feinstem Gefühl und edelstem Herzen; und man kann den Tag segnen, da man so einen Menschen findet. *(F. J. Bertuch, 1777)* ◆ Er schreibt nicht, und kann seinen Freunden Herdern, Hamann, Lavatern, Klopstocken, Göthen u.s.w. alle Thorheiten vergeben, nur die nicht, daß sie Autoren sind. Er reiset mit Masken herum, zeigt sich bald als Schiffer, bald als Fakir, und das bloß, um unbekannt zu bleiben. *(Christian Jacob Kraus, 1777)* ◆ Ich kann mir's nicht möglich denken, daß ein Mensch dieses Profil ohne Gefühl, ohne Hingerissenheit, ohne Interesse ansehe – der nicht in dieser Nase wenigstens, wenn in allem anderen nicht, innere, tiefe, ungelernte Größe und Urfestigkeit ahnde! »Ein Gesicht voll Blick, voll Drang und Kraft« – wird gewiß auch der allerschwächste Beurtheiler wenigstens sagen! Eherner Muth ist so gewiß in der Stirn, als in den Lippen wahre Freundschaft und feste Treue. *(J. K. Lavater, 1777)* ◆ Der ist nun gerade, wie Herder die Leute haben will, voll Wärme, hingerissen von ungestümen Empfindungen, aber – ohne Vernunft. Nicht daß es ihm an Geist fehlte, aber die Empfindungen lassen keine Überlegung aufkommen. *(Johann Rudolf Sulzer aus Winterthur, 1777)* ◆ Sein ganzer Weg zu denken, zu empfinden und zu handeln ist so alpenähnlich, daß Sie sich leicht vorstellen können, wie einem armen Manne dabey zumute seyn muß, der leider nichts als in leimigen, sumpfigen Ebenen zu waten gewohnt ist. *(Hamann an Herder, 1777)* ◆ Er sieht wirklich nicht übel aus; wenn er schon kein originaler Kerl ist, merkt man's doch, daß er gern einer sein möcht – *(Teufli Kölbel in Mahler Müllers Faust-Fragment)* ◆ Alle, auf die der Kerl gewirkt hat, kommen mir vor, wie vernünftige Menschen, die einmahl des Nachts vom Alp beschwert worden sind, und bey Tage sich keine Rechenschaft davon zu geben wissen. *(Goethe)* ◆ Er behauptete, fast gar keinen Schlafs zu bedürfen, aß nichts als Vegetabilien, und trank nur Milch und Wasser. Er hatte einen jungen Mann bei sich, der in seiner Gegenwart nicht reden durfte, und den ganzen Tag schreiben mußte, weil sich bei Kaufmann die Gedanken so drängten, daß er nur diktieren konnte. *(Ernestine Voß, 1830)* ◆ In grüner Friesjacke und eben solchen Hosen, die Brust bis auf den Nabel nackt, mit mähnenartig flatternden Haaren und einem gewaltigen Knotenstock in der Hand, kam er sogar in der Fürstin Zimmer und an des Fürsten Tafel. Ich erinnere mich noch recht wohl, ihn in diesem Aufzuge, an der Spitze der Philanthropinisten, auf der alten Deßauer Muldbrücke gesehen zu haben. Ich staunte ihn wie ein wildes Thier an und hielt ihn für einen Lappländer, den man habe kommen lassen, den jungen Leuten das Schlittschuhlaufen zu lehren. *(Friedrich Reil, 1845)* ◆ Der Schalk weiss sich, trotz seiner Ungewandtheit im klaren, folgerechten Ausdruck geschickt in das Gewand eines für innigste Seelenfreundschaft warmglühenden, edelmüthigen, vielbeschäftigten, bei allen grossen Talenten und Unternehmungen bescheidenen Mannes zu hüllen. *(Heinrich Düntzer, 1882)*

John Harvey Kellogg, Arzt, Gesundheitsapostel, Nußfreund, Onaniegegner, Weltverbesserer, Erfinder, »Vater der Cornflakes« (1852–1943): Der Besenbindersohn wuchs in einer Siebenten-Tags-Adventisten-Family auf, fromm, ordnungsliebend und vegetarisch. Ab 1876 focht er ärztlich für diätische Zurückhaltung, im Battle Creek Sanatorium, fern aller Tabakwolken, Alkoholfahnen, Lammkoteletts und viktorianismusgeschädigter, koffeinbedingter Nervosität, mit Grahambrot und Wasserkur unerschütterlich der Heilkraft der Ballaststoffe und Zellulose verschworen, zugunsten von Wohlbefinden und Langlebigkeit. 90% aller Gebrechen, inklusive Akne, Anämie, Asthenie, Depression, Diabetes, Migräne, Schizophrenie, führte er auf den Verdauungstrakt zurück. Überall diagnostizierte er Corned-beef-Verwesung, sprich: Antiintoxikation. Jede Wampe sah er als eine Kloake sich zersetzender, unverdauter Restbestände tierischer Nahrung. Mit Wortmacht erschreckte er echauffiert applaudierende Klientel, exerzierte anschaulich und spektakulös, wie in einem hochwertigen Steak mehr Bazillen wimmelten als in Pferdemist, oder daß Schimpansinnen tropfendes Fleisch zurückwiesen und Bananen bevorzugten. Beobachtungen an Affen in der Oase von Oran (Afrika) speisten sein Plädoyer für übermäßig häufige Darmentleerung. Das Rektum wurde ihm zur Obsession. Mit 5 Klistieren pro Tag focht er gegen Modekrankheiten wie Bläh-, Schwind- und Fallsucht, Verstopfung, Neurosen, Hyperchlorhydrie, Hysterie. Sein Lieblingsgerät: eine spezielle Einlaufvorrichtung, die in Sekunden 50 l Wasser durch den Darm jagen konnte. Danach pumpte er ½ l Joghurt hinterher, samt dessen schützenden Bakterien. Intestinale Darmflora! Vermutlich nahm weltweit kein Mensch jemals mehr Einläufe an sich selbst vor als Dr. Kellogg. Gefragt, ob auch Gott Därme habe, rief er beleidigt: »No!« Er experimentierte mit Sojabohnen, Pfirsichnektar, Protose-Filets und -Klöpsen, Granosebiskuits, Kürbiskuchen, Rote-Beete-Soufflés, Nußbrühen, Nußsuppen, Nußsteaks (Broschüretitel: »Nuts May Save the Race«), japanischem Seetang, bulgarischen Joghurt, mit den Fleischersatzstoffen Protose und Nuttose (Kalbfleischersatz aus Nüssen), Vorläufern späterer Tartex und Soja. In einem Schuppen hinter seinem Sanatorium experimentierte er mit den ersten Weizenflocken. Die Kekse, die er aus Hafer- und Maismehl buk, nannte er

Granula. Titelschutzgründe erzwangen Umbenennung: Granola. Zeitweise betrieb der dezibelstarke Motor und gute omnipräsente Geist des Sanatoriums Fletscherismus (wie → Kafka), kam dann aber davon ab, als er erkannte, daß übermäßiges Kauen die Faserstruktur der Nahrung zerstöre. Bald verfiel ganz Battle Creek dem »Flockenfieber«. Und der Pionier der Frühstücksflocken, der Gesundheitsnahrung, der Müslikultur, wurde von einem Kometenschweif von Plagiatoren geplagt, er stets um Längen voraus, dies auch mit eigens entwickelten und perfektionierten neuen Verarbeitungsverfahren. Pausenlos kreiste er anwendungsorientiert um Dynamometer, Pneumograph und orthopädische Stühle, erwarb 30 Patente für elektrische Wärmedecken, Malzbier, Bromose, Nuttolene, für Gymnastik-, Diagnose- und Therapiegeräte. Er bot Wasser-, Elektro-, Radiumkuren an. Allzu emphatisch griff er Selbstbefleckung an, vor allem chronische, drohte mit atrophierten Testikeln, empfahl extra schmerzhafte Beschneidung als Gegenmittel und applizierte Mädchen reine Karbolsäure. 1906 half Bruder William (also eine Art Roy Disney) dem exzentrischen Kellogg die gewinnorientierte Battle Creek Toasted Flakes Company aus dem Boden zu stampfen. Dr. Kellogg, der Präsident des Medizinischen Missionscolleges und 6 weiterer Institutionen, gründete eine Society zur Rassenhygiene, eine Amerikanische Liga für effiziente Gesundheit. Das Battle Creek Sanatorium, das er zur »Bastion korrekten Denkens« herausputzte, zur »Zitadelle der Mäßigung«, zum alsbald gesündesten Ort der Erde, schwebte auf zum zeitgemäß getäfelten Zauberberg, zum Hotel ohne Abgrund, zur unsinkbaren Titanic, worinnen stein- und stinkreiche, dyspeptische (schwer verdauende) Handlungsreisende, Industriekapitäne, Stahlkönige, Stiernacken (à la Diederich Heßling, Benedikt Grünlich, Dr. Klöterjahn) unter Kronleuchtern ein und aus gingen (damalige Spitzenmanager und Fusionsberater, Medienmogule, Magnaten, Medienzare und Tycoone), mit eingehakten blaublütig neurasthenisch hypersensiblen, vernachlässigten Frustgattinnen aus goldenen Käfigen, die an gepuderter Dekadenz und Folgeschäden ihrer korsettbefreiten Wespentaillen laborierten und sich am Beiprogramm delektierten, am Varietékünstler Prof. Sammy Siegel (dem damaligen Grömaz David Copperfield), oder den Tozer Twins (so hießen damals Siegfried & Roy) und ihren Dressur-Dakkeln, bis hin zum hauseigenen Palmengarten und Streichquartett. Nach und nach verschob sich der Ruhm seines Instituts auf seine Person. Stets trat er in blütenweißen Gamaschen auf, nicht ohne Spitzbärtchen, stets oder oft einen Kakadu auf den Schultern. 15 Stunden pro Tag betrieb er seine Projekte und Theorien, von früh um 4 bis 0 Uhr, mit 2 Sekretärinnen, führte pro

Tag 25 Magen-OPs durch – 62 Dienstjahre lang! Jährlich kamen 2800 Patienten durch die 400 Zimmer und Hallen. 1000 Angestellte, 20 vollbeschäftigte Ärzte, 300 Krankenschwestern und Bademeister. 6stöckiges Luxushotel, Krankenhaus und Heilbad in einem. 1928 baute er ein Gebäude an, 15 Stock hoch, 265 neue Zimmer, kostbar ausgelegt mit Marmor, Kristall, Gobelins, Wandgemälden. Zahlungsschwache Heilungswillige, Krebskranke, Todgeweihte, Behinderte wurden abgewiesen. Vorträge über wissenschaftliche Ernährung hielt er in Paris, London, Lissabon, Algerien, Italien, Mexiko, vor dem Verband der Nußanbauer, Sektion Nord, vor dem Nationalen Milchkongreß. Stets mußte ein Stenograph um Dr. Kellogg sein, falls ihn der Drang überkam, seinen Buchtiteln »Einfache Tatsachen über das Geschlechtsleben«, »Der Mensch, das Meisterwerk«, »Der verkrüppelte Darm«, »Der Reiseweg eines Frühstücks« ein neues Opus anzureihen. Etliche seiner 42 adoptierten Kinder, behavioristischen Erziehungsvorstellungen unterworfen, wurden Ärzte und Krankenschwestern. Noch 1933 vollführte der muntere Greis vom Sprungbrett aus einen 3fachen Auerbachsalto. Bis zuletzt praktizierte er in rastloser Aktivität, was all die vielen kürzer Lebenden belächelten, solange sie konnten. Ur-Vegetarier Buddha starb inkonsequent an Fleischvergiftung; der Vater einer neuen Heilkunst (Misteltherapie gegen Krebs), Dr. → Steiner und → Diefenbach peinlicherweise an Darmkrebs; einzig Dr. Kellogg starb erst mit 91; folglich gab die Natur ihm recht. ⁓ Aufgenommen in die Ahnengalerie der »Great American Quacks« des »Museum of Questionable Medical Devicts«, erstrahlte Dr. Kellogg jenseits des Leumunds, ein Kurpfuscher gewesen zu sein. Zeitgeist benannte Modetorheiten wie Auszehrung, Bleichsucht, Freßsucht, Fettleibigkeit und Duschkabinen bald um in Anorexie, Lichtallergie, Bulimie, Gewichtsprobleme und Naßzellen. Der »Tempel des menschlichen Leibes« wurde zum Body, Leibesübungen zum Fitneßtraining, und umtriebige und erfinderische Betriebsnudeln wie Dr. Kellogg nannte man später Workaholic und innovativ. Spätere Ernährungswissenschaftler, Müslipropheten, Makrobioten, Homöopathen und Gesundheitsapostel wirkten vielfach blaß, inaktiv, lasch, einfallsarm, einseitig, brav, seriös, unbesessen neben ihrem Stammvater. Manche setzten weniger auf den Darm als auf richtiges Gehen (Ballentreten), Wassertrinken, Orgon-, Urschrei- oder Urintherapie. 1993 schrieb T. Coraghessan Boyle, der Dr. Kellogg »erstaunlichen Drahtseiltänzer, agilen Proselytenmacher, knickrigen, Ernährungsgewohnheiten verändernden, revolutionären Urgroßvater und Gründer des gesamten Nahrungsmittelgeschäfts und dessen vorsitzendes Genie« nannte, den Kellogg-Roman »Road to Wellville«, optimal verfilmt 1994. Im Film starb Dr. Kellogg bei seinem Sprung vom Sprungturm.

Der Verdauungstrakt als Nabel der Welt

Worte von John Harvey Kellogg: Man soll niemals keinesfalls das Bedürfnis unterdrücken, Stuhlgang zu haben. ◆ Tabak zerstört die Geschlechtsdrüsen. ◆ Ich möchte annehmen, daß das erbärmliche Blöken der Herden, die zur Schlachtbank geführt werden, in den Ohren eines jeden Fleischessers klingen wird, sobald er abends den Kopf aufs Kissen bettet. ◆ Jeder saftige Bissen Fleisch ist belegt und wimmelt von demselben Schmutz, wie man ihn auch in der Leiche einer verendeten Ratte findet. Der Fleischesser ertrinkt in geronnenem Blut. Ein Würstchen ist ein unverdaulicher Ballon, gefüllt mit tuberkulosebefallenem, verwesendem Rindfleisch. Wer es ißt, ist des Todes. ◆ Die Leber ist das einzige, was den Raucher vom sofortigen Tod trennt. ◆ Das Geschlecht ist die Sickergrube des menschlichen Körpers. Jeder Vollzug einer geschlechtlichen Handlung, die nicht der Fortpflanzung dient, ist eine Verschwendung von Lebensenergie. Eine Erektion ist die Fahnenstange auf dem Grab. Verschwendeter Samen ist verschwendetes Leben. Masturbation ist der schleichende Meuchler in der Nacht. Die widerlichste Sünde ist die Todsünde des Onan.

John Harvey Kellogg über sich: Ich selbst hab so manchen reuigen Fleischfresser gesehn, der von Harnsäure und Selbstzweifeln erfüllt war, dessen Seele dahintrieb auf einem Floß, auf einem Ozean vergifteten Schleimes, der unaufhörlich gegen die Wände des Körpers brandete. ◆ Der Mais ist das Geschenk des Indianers an die neue Welt, und die Cornflakes sind mein Geschenk an unsere ganze Welt.

Andere über John Harvey Kellogg: Er arbeitete wie ein Wilder in seinem Labor, damit die Milch auf Pflanzenbasis anders schmeckte als die Mandel-Erdnuß-Paste, aus der sie bestand. *(T. Coraghessan Boyle, 1993)* ◆ Kellogg setzte sexueller Tätigkeit vom Masturbation ehelichem Verkehr entgegen. Ein Doktor, bildete er seiner Frau nie Liebe! Von seinen frühesten Tagen als Doktor, wurde Kellogg mit dem Darm fasziniert. *(Automatic-Google-Übersetzung)*

NELL KELLTY, Wild Woman, Naturkind, Mondmädchen, Einsiedlerin (geb. 1966): Die eineiigen Zwillinge Nell und May kamen zur Welt in den Wäldern von North Carolina, im Staat Washington, Kinder jener sprachgestörten, weil mit Gesichtslähmungen behafteten Kirchgängerin Violet Kellty, die mit 40 von einem Waldläufer am 31. 10. 1965 vergewaltigt, dann aus Scham Einsiedlerin wurde und ihren beiden goldblonden Mädchen nur gestammelte Sprachbrocken beibrachte, zuzüglich etwas gelallte Bibelkenntnis, sowie grundsätzlich Angst vor Männern mit Dolch, und vor Tageslicht. Nell und May, 2 Tarzans oder → Hausers im weiblichen Doppelpack, die im Zwielicht einer Blockhütte am See im Wald aufwuchsen, verständigten sich in privater Zwillingssprache. Helligkeitsphobie führte zu Nachtaktivität: in Vollmondnächten balancierten sie auf Steinen durch den See (Querbezug zu → Alder), als kindliche Nachtfeen eingesponnen in mystisch-deliriösen Lunatismus. Mit 6 oder 7 oder 9 verunglückte May tödlich und spielte fortan in der Naturmystik und Privatmythologie von Nell eine lebensbestimmende Dauerrolle, einerseits als Skelettlein in einer Waldhöhle – Nell schmückte die Augenhöhlen regelmäßig mit Blumen –, zudem als dauerhaft nach außen projiziertes Alter ego, das symbiotisch oder telepathisch anwesend blieb. Sie schwamm in den Flashbacks des sich ständig erneuernden Abgrunds und Schmalspur-Ozeans ihrer Kindheit aus Mondlicht und unvertontem Wasserfallglitzern, fernab jeder Filmmusik. Jahre vergingen; Nell bewegte sich mit ihrer Mutter im engsten Zirkel von deren debiler Stummelsprache, unentdeckt von Zivilisation. Sogar vorm motorisierten Überbringer von Nahrungspaketen hielt Miß Kellty ihre Tochter geheim und starb irgendwann. Nell, nun schon Ende 20, wurde gleichzeitig entdeckt, vom Arzt Dr. Jerome Lovell, dem ersten Mann, den das tierhaft in der Eremitage heulende Naturkind panisch angstgepeitscht erblickte, und Paula Olsen, die zu Nell Sympathie entwickelten, sie vor der drohenden Entdeckung durch Voyeure, Reporter, Besucher, Talk-Show-Moderatoren und Psychiater zu schützen versuchten, und ihre Sprache teilweise entschlüsselten. Auf »tschicha bei« antworteten sie für alle Fälle mit »okay«. Ihr Wort »Schuenga« hieß offenbar Schutzengel, hätte eigentlich so nicht heißen dürfen; denn wie sollten indische Einflüsse dorthin gelangen (Dschrunaga, sanskr. – Schutzengel)? Um sie ans Tageslicht zu gewöhnen, lockten Nells Entdecker sie mit Popcorn vor die Hütte. Bei »Dao in le wien!« drehte sie sich im Wind durchs sommerliche Lichtflimmern, offenbar, um durch Kopfrollen in den Rausch eines pantheistischen Derwisch-Drehwurms zu gelangen, was Dr. Lovell mit steigender Empathie nachmachte und mitmachte. Verbalstreits oder eine probeweise angestellte Popmusik, selbst nur Disharmonie zwischen Jerry und Paula, übertrugen sich sofort animalisch-magnetisch auf die hypersensitive Nell und versetzten sie in Panik. Nach und nach konnte man auf Dreiwort-Basis kommunizieren: »Stimmt was nicht?« »Hast du Angst?« Als ein neuer Leonard (aus Oliver Sacks' »Zeit des Erwachens«) entdeckte sie die ihr bisher vorenthaltene Welt dröhnender Motorbike-Gangs. Jerry und Paula nahmen sie mit in den Stadtlärm von Richfield. Kontraste prasselten, wie beim Grönländer in New York, oder wie im Civilization-Clash von Coladose und Steinzeit (im Film »Die Götter müssen verrückt sein«). Nell erlebte Exzesse platonischen Staunens und die Explosion totaler Süße auf ihrer Zunge. Im Supermarket geriet sie in archaischen Einsammelrausch. Ein Junge, der ihr die Zunge rausstreckte, löste in ihr den Reflex aus, die ihre rauszustrecken, ohne daß sie das eigentlich wollte. Ihren Aufpassern entwischt, geriet sie in eine Kneipe, wo derbe Buben das wilde Mädchen sogar veranlaßten, ihr T-Shirt hochzuheben und – allgemein belacht – ihren Busen freizulegen. Ab da war die Eremitage nicht mehr geheimzuhalten. Paparazzi-Helikopter mit TV-Kameras nahten penetrant. Nell, herausgerissen aus ihrer vertrauen Umgebung, wurde in ein psychiatrisches Krankenhaus eingeliefert, wo sie gleich gegen eine Glasscheibe lief, in einem Mädchen May erblickte und nach einem psychischen Kurzschluß und Kollaps in Katatonie, Autismus, Stupor versank, mit Hospitalismussymptomatik. Zu einer labil-hysterischen Frau baute sie einen heilsamen Draht auf – und wurde jetzt selber Psychiatrieopfer. Man versuchte ihr Reaktionen und Reflexe zu entlocken, wie im Reptiliarium. Paula las ihr aus der Bibel das Hohelied vor, was aber alles nichts mehr nutzte. Am Schluß ging alles noch ganz gut aus. 5 Jahre später lebte Nell als halbwegs sozialisierte Eremitin in ihrer ursprünglichen Hütte, unbelästigt von Zeitungen, sprach inzwischen normal Englisch, und Dr. Lovell und Paula Olsen, inzwischen verheiratet, brachten zu Geburtstagen ihre beiden Kleinkinder mit, in denen Nell dann wieder, ohne Trauma, sich und May sah. Auf dem Cover des deutschen Heyne-Taschenbuchs von Mary Ann Evans stand: »Der Roman, nach dem der mitreißende Film mit Jodie Foster entstand«; vorn im Buch hingegen stand: »Nach einem Drehbuch von William Nicholson und Mark Handley«. Im Buch trug Nell kurze blonde, im Film lange dunkle Haare. Wie dem auch sei, außerhalb von Film und Buch, aus dem Englischen übertrug das Werk Petra Dudas, und es ging um das Zivilisations-Drama »Nell«, USA, 1994. Nell variierte in ihrer amerikanischen Robinsonade weniger US-Eremiten wie H. D. Thoreau oder den Unabomber, oder → Hill, als die Waldheilige Genoveva, oder Ophelia.

Naturkind im Vollmond

Worte von Nell Kellty: Nell ni ton, elan, bine, bine elan, Nell ni ton. ◆ Ihr habt große Dinge. Ihr wißt große Dinge. Aber ihr seht einander nicht in die Augen. Und ihr hungert nach Stille. Und ich kenne kleine Dinge. Aber der ruhige Wald ist voller Engel. Am Tag kommt Schönheit. In der Nacht kommt Glück.

Nell Kellty über sich: Ich habe keine größeren Schmerzen als ihr.

Andere über Nell Kellty: Wild Woman hat noch nie 1 Dollar ausgegeben, aber wert ist sie Millionen. *(Zeitungsmeldung)* ◆ Gedankenverloren, als sei sie sich dessen, was sie tat, nicht bewußt, hob Nell die Finger in ihr Gesicht und streichelte ihre eigene Wange. Es war eine langsame, zärtliche Geste, und sie zitterte leicht, als schenke die einfache Bewegung ihr ungeheuren Trost. *(Mary Ann Evans, 1994)* ◆ Nell, ein schönes junges Mädchen, das – isoliert und fernab aller Zivilisation aufgewachsen – die Wildheit eines ungezähmten Tieres und die Zartheit eines Elfenwesens in sich vereint. *(Klappentext des Heyne-Taschenbuchs Nr. 01/9299 »Nell«, 1995)*

PETRA KELLY (geb. Petra Karin Lehmann), Friedensaktivistin, Umweltschützerin, Nervenbündel (1947–1992): Sie kam vaterlos aus bayrischem Günzburg. Starke Bindung zur Oma als Ersatzmutter; katholisches Mädcheninternat. 1959 folgte die Familie dem Stiefvater und schneidigen Offizier John E. Kelly in die USA, wo die sprachbegabte Petra in Washington an der Highschool das Berufsziel verfolgte: Diplomatin. American University Washington; 1967 frauenbewegtes Engagement im Studentenrat. Politische Wissenschaften in Amsterdam; Magisterabschluß. 1968 bekam sie mit Schwester Grace (1959–1970; Augentumor) eine Papstaudienz. Wahlhelferin und Dozentin Petra (1979 SPD-Austritt) lief in Demonstrationen gegen Rassismus und Vietnam sehr aktiv mit, als angehende Verwaltungsrätin einer EG-Behörde in Brüssel, Vorstandsmitglied in Bundesverbänden, Umweltschutz-Bürgerinitiativen, Mitglied Westeuropäischer Union, Europarat, Deutschem Bundestag an Info-Ständen, beklebt mit Sonnenblumenpostern, oder mit BASF-Weichplastik-Regenhaut im Dauerregen, und verteilte mit Blumen, die aus Soldatenhelmen wuchsen, Flugblätter an vorbeihastende Regenschirme (we shall overcome); zeitweise liiert mit EG-Kommissionschef Sicco Mansholt (39 Jahre älter als sie), dem katholischen Gewerkschaftsführer John Carroll (20 Jahre älter) – Abtreibung, Nelkenstrauß. Sie gründete die Grace Patricia Kelly Stiftung für krebskranke Kinder und tat damit als Gutmensch viel Gutes, wie Florence Nightingale, Mildred Scheel, Doris Schröder-Köpf. Leitmotive: politisches Engagement, Zivilcourage, Nonkonformismus, Feminismus, Liebe zu den Menschen. Vorbilder dieser oft »grüne Petra« bzw. »Rosa« Genannten (wie Rosa Luxemburg): Jesus, Gandhi, César Chávez, Dorothy Day, Martin Luther King, Albert Schweitzer. Lieblingsautor: Khalil Gibran. Lieblingstier: Möwe. Die sich, wie → Kübler-Ross, auch sehr interessiert an den spirituellen Aspekten des Lebens zeigte, sprach vom »Einssein in der Wirklichkeit«. Privat litt sie an Einsamkeit oder Kontaktsucht, auf höherer Ebene an der viel zu rationalen, inhumanen, kalten Welt, die zu atomarer Müllhalde anwuchs. 1980 traf sie auf einer Diskussionsveranstaltung über Frauen und Militär den Bundeswehr-General Gert Bastian, Kommandeur der 12. Panzerdivision (24 Jahre älter als sie; seit 40 Jahren glücklich verheiratet), in dessen wenig hartkantiger Physiognomie sie einen James-Stuart-Typ erblickte und der unter ihrem liebevollen Einfluß Kreide fraß, zum »Friedensgeneral« sich läuterte (wie damals Kaiser → Aschoka) und mit ihr gegen den Nato-Nachrüstungs-Doppelbeschluß kämpfte, was man sich von außen nur so erklären konnte: ferngelenkt von Moskau oder DDR. 1983 zog Bastian, nach dem rauschhaften grünen Wahlsieg (5,2 %) und Einzug der Grünen ins Parlament mit Rotwein, Turnschuhen und Plastikgrün im Haar, als ständiger Begleiter und Lebensgefährte zu ihr ins Reihenhaus in Bonn-Tannenbusch. Gemeinsame Aktionen und Sitzblockaden beim Kampf für Umwelt, Frieden, Menschenrechte; auf Großkundgebungen (Krefelder Appell), im bayrischen Wahlkampf, Parlamentsdebatten, Pressekonferenzen, »Künstler für den Frieden«, mit Dietmar Schönherr, Franz Josef Degenhardt, Konstantin Wecker, Harry Belafonte. VIP-Auftritte des konvertierten Militärs und der hektischen Idealistin mit Willy Brandt, Gorbi, Erich Honecker und → Dalai Lama Nr. 14. Mit Rudi Dutschke trat sie für einen ökologisch-selbstverwalteten emanzipativen Sozialismus ein. In Talk-Shows redete der »feministische Wasserfall ohne Punkt und Komma« alle an die Wand; häufige Termini hierbei: gewaltfreier Kampf, Verantwortung übernehmen, ziviler Ungehorsam, Mut machen für den Frieden, Rechtsverletzungen, Gewaltmonopol. Ihre Lady-Di-Frisur: zeitgeistgebundene Zufallsparallele. Daß eine Demokratie wie die BRD Giftgastransporte in die Türkei erlaubte, nahm Petra Kelly psychisch schwer mit. Stets contra & pro: radikal contra Obrigkeitsgehorsam, Volkszählung, Rechtsradikalismus, Todesstrafe, Apartheid, Kinderarbeit; Anpassung der Grünen an die Etablierten. Für eine Kirche der Schwesterlichkeit. Sie engagierte sich für Aborigines, Indianer, Krebskinder, Strahlenopfer, Antiatombewegung auf Tasmanien, Transportarbeitergewerkschaft in Irland. Ihr Arbeitstag betrug 12–16 Stunden, auch an Wochenenden. Workaholismus ging über in Megastreß. Ein erstes freies Wochenende gab es oft erst mitten im Sommer, selten Jahresurlaub – 1982 den alternativen Nobelpreis. Ihr väterlicher Weggefährte, Mitstreiter und Beschützer Gert, mit dem sie auch ausgelassen, ja infantil albern konnte, stärkte ihr pausenlos den Rücken, degradiert zum Hausmann, Lakaien und Laufburschen der langfristig ausgebuchten, weltweit als Vorzeigerednerin auftretenden Jeanne d'Arc der Grünen, allein 1987 Spanien, Frankreich, 2 x Moskau, Ostberlin, Los Angeles, Den Haag etc. Parteibasis warf ihr Starallüren vor. Genossinnen wehrten sich, ihre übertriebenen Auslandsflüge (3 x Washington in einem Jahr) zu finanzieren; sie hatte auch noch Oma Kunigunde und ein tibetanisches Pflegekind zu versorgen. Sich mitten im Weltuntergang in Reisespesendiskussionen zu verzetteln, fand sie kleinlich. Neben ihrer grünen Weltverbesserung erschienen ihre Parteigenossen arg ortsgebunden. Sie rieb sich auf als Donna Quijote, im Kampf gegen atomaren und ökologischen Holocaust, Mammon und Moloch anrennend, Konzerne, Lobbys, Institutionen, Graue Eminenzen, Drahtzieher, kurz bevor erträglicher Spätkapitalismus in unverantwortlichen Turbokapitalismus überging. Militärhubschrauber plädierte sie umzufunktionieren in Rettungshubschrauber – und das Vaterunser in »Mutter unser«. Nicht nur Hans-Dietrich Genscher, FPD, nannte Kelly & Bastian, die zu Symbolfiguren aufstiegen, seine »Lieblingsgrünen«. Universitäten in Hawaii und Washington boten Professuren an. In den USA war sie zunächst berühmter als Helmut Kohl. »Women Strike for Peace« kürte sie zur »Frau des Jahres«, die Sunday Times zu den 1000 überragenden Jahrhundertfiguren. Fast immer sehnte sie sich umsonst nach Natur und Ruhe. Allein zu Haus mit Faxgerät, Amnesty-International-Korrespondenz und Papierkram fiel ihr die Decke auf den Kopf. 1989 Liebschaft mit dem Arzt Palden Tawo aus Tibet. Das Drama »Der alte Mann und das Mädchen« bzw. »Die Pazifistin und ihr General« eskalierte. Grenzen psychischer und anderer Belastbarkeit wurden überschritten. Er konnte nicht verknusen, wenn sie im Autoradio Gebetsmusik aus Tibet dudelten, Langtuben, Mönchskontrabässe. Sie hetzte von Applaus zu Wasserwerfer, garniert mit Morddrohungen. »Pettilein« mutierte zur verletzlichen Streßnudel, multiphon angekränkelt, alles andere als autark, histrionische Persönlichkeit, halb Nervensäge, halb Nervenbündel, eine gestreßt stressige Prinzessin auf der Erbse, mit halonierten Augen; »Gertilein« ging alsbald unfallbedingt an Krücken. Bisweilen schwor das Paar, sich nie wieder zu streiten. Ideelle Mission rannte mit persönlichen Rückschlägen um die Wette. Ausgerechnet der gewandelte, von humanitärem Sozialismus tangierte, von Aristoteles' Katharsis sublimierte Friedensaktivist, hochrangige Kofferträger und pensionierte Pantoffelheld griff plötzlich zur beruflich naheliegenden, längst programmatisch für immer abgelegten Knarre. Wort wurde Tat. Ein Sympathicus, Everybody's Darling, voll Ritterlichkeit, ein General potentieller Mörder, wurde reell zum Meuchelmörder bei Nacht. Der tagsüber für Gewaltfreiheit demonstrierte, erschoß nachts als sanfter Unmensch und Mr. Hyde seine renommierte Lebensgefährtin und richtete dann sich selbst. Petra Kellys Kampf für Liebe & Versöhnung, bevor er an Patriarchat & Gewaltherrschaft scheiterte, lief dem Feind im eigenen Bett entgegen – Hinrichtung ohne Schuldspruch. Boulevard faselte von Eifersuchtsmord und Stasi-Spitzeln, die der Aufdeckung durch Freitod entgingen. Kosmopolit und Tolstoivariante Lew Kopelew vermutete ein KGB-Attentat, Kernphysiker Wladimir Tschernosenko eine Atom-Mafia-Aktion. Symbiotische Leitfiguren starben durch Bleikugeln wie ihre Leitfiguren → Gandhi, Luther King, Gebrüder Kennedy, John Lennon. ~ Die Mutation der Grünen via Realitätsprinzip in ihr unrühmliches Gegenteil hätte Kelly nicht mitgemacht. Sie wollte etwas verändern, aber das Unveränderte verstärkte sich und nahm seinen Lauf. Daß sie im Vorfeld scheiterte, bewahrte sie vor verzögertem Scheitern. Mythisch gesagt: Schutzbefohlene, gekillt vom Schutzengel, vom heiligen Christophorus, der plötzlich zum Reprobus zurückkippte; von Sankt Eustachius, der plötzlich wieder Jäger wurde. Mystisch gesagt: Bevor sie im Ozean ertrank, stolperte sie über ein Tröpfchen. Auf Don-Quijote-Ebene: Bevor die Windmühlen/Rüstungskonzerne sie vom Pferd wischten, brachte ausgerechnet Bauerntölpel Sancho Pansa einen überkandidelten Ritter um. 2001 kam ihr Leben als Film: »Geschichte einer Hoffnung«. Thomas Imbach ließ im surrealen Film »Happiness is a Warm Gun« Kelly mit Kopfschußwunde weiterspielen, hyperrealer als gutgemeinte 1:1-Verfilmung.

Sonnenblume in bewaffneter Betonwüste

Worte von Petra Kelly: Wir Frauen, gerade in den Kirchen, quer durch alle sozialen Schichten, werden uns immer wieder unserer Machtlosigkeit und der stereotypischen Geschlechtsrollen bewußt und wollen uns endlich davon befreien. ◆ Feminismus und Gewaltlosigkeit sind Begriffe, die zusammengehören im Kampf um eine wirklich demilitarisierte Gesellschaft, die die ökologische Grundlage des Lebens bewahrt, soziale Gleichheit und Gerechtigkeit garantiert und die Bedürfnisse der Frauen und all jener respektiert, die keine Lobby haben – der Kinder, der Kranken, der Alten, der Behinderten. ◆ Nur wenn man auf die Wunde drückt oder schreit, wird sich etwas verändern. ◆ Man muß sich selbst verändern, ehe man die Welt da draußen versucht zu verändern. ◆ Der »Hexenhammer« herrscht auch heute noch bei Stammtischgesprächen, in Vergewaltigungs- und Abtreibungsprozessen und anderswo. ◆ Liebe und Leben sind unlösbar miteinander verbunden.

Petra Kelly über sich: Ich darf nicht schneller reden, als manche Leute denken können. ◆ Ich bin mir tatsächlich nicht sicher, ob die Grünen die nächste Wahl oder das, was danach folgen wird, mit ihrer Identität überleben werden. ◆ Ich wünsche mir eine kinder- und frauenfreundliche zivile Gesellschaft, wo die Menschen einander zutiefst respektieren und solidarisch zueinander sind. Ich wünsche mir ein langes, fruchtbares, schöpferisches Zusammenleben und -wirken mit meinem Lebensgefährten Gert Bastian. ◆ Wir sind geistig verliebt ineinander. Ich gehe um 5 ins Bett, und Gert steht um 5 auf. Wie sollen wir uns da überhaupt noch lieben? Am Tage haben wir auch keine Zeit, da machen wir Politik. ◆ Die Grünen sind für mich nicht so wichtig. Da überschätzen sie sich. ◆ Was ich mir in den Kopf gesetzt habe, muß ich bis zu Ende bringen. ◆ Wenn Gert nicht mehr ist, will ich auch nicht mehr sein.

Andere über Petra Kelly: Mit dieser Prinzessin werden wir noch unsere Freude haben. *(zeitgenössische Öko-Aktivistin)* ◆ Sie redet wie ein Maschinengewehr, und wer mit ihr 2 Stunden lang gesprochen hat, verspürt das dringende Bedürfnis nach einer Parkbank, auf der ihn nur die Tauben angurren. *(Peter Gatter, NDR-Korrespondent, 1987)* ◆ Petra hat die Chance, vielleicht auch den Auftrag wahrgenommen, die weibliche Energie universell zum Nutzen sehr vieler Menschen einzusetzen und sozial, politisch und gesellschaftlich zu manifestieren. *(Gayan S. Winter, 1989)* ◆ Sie verstand es, in ihren Zuhörern das schlechte Gewissen zu wecken, wenn die sich nicht umgehend fürs Elend der Welt und die Ungerechtigkeit der Politik zuständig fühlten. *(DER SPIEGEL, Titelstory, 1992)* ◆ Das Leben der Petra Kelly bot sich an, den Mythos der Grünen zu verdichten, wie der Körper von Janis Joplin, um die Geschichte der Rockmusik darauf zu schreiben. *(Antje Vollmer, Grünen-Sprecherin, 1992)* ◆ Es ist die besondere Ironie dieses Dramas, daß »der Friedensengel« ein Opfer der Liebe wurde. *(Alice Schwarzer, 1992)* ◆ Sie war gewiß kein bequemer Mensch, schon gar nicht leicht im Umgang und in der Zusammenarbeit, aber wer war das schon? *(Joschka Fischer)* ◆ Sie machte Weltpolitik ohne jede Logistik. *(Otto Schily)* ◆ Die zierliche blonde EG-Verwaltungsrätin, die sich nicht entscheiden konnte, wen sie mehr schätzen sollte, den Dalai Lama oder Rosa Luxemburg (letztere unterlag), hatte ihre ersten politischen Erfahrungen in den USA gemacht. *(Jutta Ditfurth, 2000)* ◆ Sie rieb sich auf im Kampf für eine bessere und gerechtere Welt, eine, die es so vielleicht nie geben wird. Rückschläge waren unvermeidlich. *(Friedemann Bedürftig, 2005)*

Friederike Kempner, Dichterin, Humanistin, Philanthropin, »die schlesische Nachtigall« (1828–1904): Geboren in Opatów/Posen, aufgewachsen auf gepachteten Gräflich-Maltzahnischen Gütern, dann, ab 1844, auf ansehnlichem Rittergut in Droschkau/Namslau in Schlesien. 1851–1868 machte sie sich in Armenfürsorge und Krankenpflege nützlich. Tauchte sie aus ländlicher Einsamkeit ins weltstädtische Breslau ein, übernachtete sie in der »Goldenen Gans«. Tröstend senkte die Poesie sich auf ihre Seele. So wonnetrunken wie unverheiratet dichtete der alternde Backfisch im Fischbeinkorsett von »überird'scher Lust«, eine 11 x frommere Helene als die von Wilhelm Busch, nämlich ohne sich von Vetter Franz begrabschen zu lassen, ohne dem Schnaps zu verfallen und ohne vom Teufel geholt zu werden. 22 Jahre lang lebte sie ohne Mann mit Kanarienvogel, Hund Nero und Papagei, Koberle (Jakob) genannt, und machte sich autobiographisch um 8 Jahre jünger. 75 Jahre nach des retrospektiven Knaben Wunderhorn umschwebten weiterhin Engelein ihr täglich Brot, das Haar so licht wie Gold. Nie war der Schritt von Franz Schobers und Franz Schuberts holder Kunst, 1817, von der auch die Kempner sich in eine beßre Welt entrückt fühlte, zur Poesiealbumpoesie kleiner. Glühte ihr Herz vor Leiden, wurden die Sternlein blässer, aber wenn ihr Herz vor Freuden lachte, sprühte jedes Sternlein Feuer. Im Herzen fühlte sie ein froh Gebet. Sie hüpfte auf der Heimatflur durch die Reiche der Natur. Sie fühlte, inmitten ihrer politischen Bilderwelt – flammende Herzen, Heldenbusen, Siegesgöttin, preußischer Aar, Kaiser Friedrich III., dem Weimarer Klassizismus hinterdrein, wie dieser der Winckelmann-Antike. Auf Zehenspitzen ließ sie vom Ewig-Männlichen hinan sich ziehen. Klassik – long ago, aber ihr blanker Vorname klang weiterhin so knospenzart wie Lenzhauch aus des jungen Werthers Zeiten. Ihre Verse schrieb sie – bei Goethes Tod kaum den Windeln entwachsen – mit Herzblut, falls solches nicht selber bereits als Theaterblut troff. Eduard Mörike klagte, im Suff gebe ihm die Muse nur schnöden Bafel ein; für Friederiken hingegen stand stets ein Musarion verläßlich parat: Apotheker Bahlhorn überreichte im Füllhorn Brillenbässe und Schusterflecken. Und schon tränkte Gott die Meere, und holder Frühling lenzte, als hätt der Himmel die Blutwurst still geküßt. Ihre Sehnsucht nach Amerika, dem »Land der Träume«, »wo die Lianen blüh'n«, baute auf Kokosbäume, blaue und rote Vöglein, prächtig bunte Schlangen, heiße Sonnenglut – Verwechslung mit Afrika? Ein Hindu betete, in ihrem Werk, recht uninformiert zu Buddha. Im weiterdrehbaren Zeitalter der Dampfschiffahrt, worin sie webte und lebte, dichtete sie ungestört vom Nachen, genau wie ihre Zeitgenossen Nietzsche und Arnold Böcklin. Ästhetisch weidlich hinterherhinkend, eilte sie aber ihrer Zeit punktuell weit voraus: In ihrem gereimten Ruhm von Burschenschaftlern, die mit Degen auf »deutschen Wegen« wandelten, antizipierte sie alle Deutschtümelei, die erst später so richtig loslegte. Bildkräftig verglich sie den Atheismus mit einem lecken Schiff unter sternlosem Himmel und verwendete Wörter wie »Selbstsucht-Spekulant«. »Weine nicht, Du Herzensmaid«, obwohl »Kitsch« als Wort, trotz Gartenlaube und Biedermeier, vor 1870 nicht vorkam. Ihren Sektor naiver Dichtung (Blümlein, Röslein rot, Vergißmeinnicht) reicherte sie mit sentimentalischen Akkorden an. Trotzdem schloß sie vor fiesen Realitäten die Augen nicht: »Häßlich, scheußlich, ekel ist / Duftig nimmer ist der Mist.« Bis hin zum »nimmersatten Grab«! Angst vorm Scheintod loderte in ihr nicht weniger heftiglich als in Edgar Allan Poe. Ihre l'art pour l'art ging mitunter gar in Tendenzkunst über. Als sie davon hörte, daß man Leipziger Lerchen esse, schrieb sie ein Protestgedicht gegen die Schlachtung der lieblichen Sänger des Feldes, ohne zu ahnen, daß es sich bloß um ein fleischfreies Makronengebäck handelte. Zwischen dem schlesischen Engel → Angelus Silesius und der schwedischen Nachtigall Jenny Lind (angebetet von → Andersen) lebte die schlesische Nachtigall erblindet und zurückgezogen auf ihrem Rittergut. Sie überlebte Karl Marx um 21 Jahre. Der Leichnam der Feuerbestattungsbefürworterin wurde in Gotha eingeäschert, ihre Urne in Breslau beigesetzt. ~ Auch die Nachwelt konnte das Lächeln nicht drosseln. Keiner fühlte sich ihrer Ausgabe letzter Hand je unterlegen. Wenn sie »zwischen Angst und Hoffnung« schwebte, ahnte sie fast schon Psycho-Jargons-Betroffenheiten ab 1970 voraus. Man sah die Miß → Jenkins ihrer Zeit als → Kelly ihrer Zeit, die – eine Generation vor Bertha von Suttner – engagiert gegen Umweltschmutz focht, gegen Waldfrevel, gegen Kornschnaps und Einzelhaft; gegen Vivisektion (wie Richard Wagner); gegen Tierjagd (wie Schiller und → Diefenbach); und nicht zuletzt – bei aller Rosenbegeisterung – gegen Materialismus; und als → Kübler-Ross ihrer Zeit; denn die »Mutter der Leichenhäuser« pflegte Sterbende. Wie der Kitsch in der Wunde der Kunst, so stocherte die Kempner in den Schwären, Blößen und Narben approbierter Hochklassik. Seit ihrem Vers »Das waren die Spiele, / Das kindliche Glück. / O ruft mir Gefühle / Der Kindheit zurück« konnte sogar Hölderlin (»Seid gesegnet, goldne Kinderträume, / Ihr verbargt des Lebens Armut mir«) sich fast nach Kempner anhören. »Hörst Du, wie die Heimchen zirpen?« Das entlarvte postum Eichendorffs »Hörst du nicht die Quellen rauschen?«. Ihr Lebensgefühl »Es sprechen nur noch die Affen, / Die Masken alle zu mir« beleuchtete Schillers »Unter Larven die einzige fühlende Brust« rückwirkend um. Neben reifen Kempnerversen »Mit regem Dankgefühl / Send' ich euch wieder mal / Euch Blätter ohne Zahl / Ins menschliche Gewühl« kochte Goethe plötzlich auch bloß mit Wasser, reimte irdisches Gewühle auch nur auf Gefühle, und Gesträuch auf Zweig. Und wie die Klassiker oft den Musenalmanachen ihrer Zeit entragten, in denen die Früchtekörbe thränenreich empfindsamer Gottschedzeit von 1769 ad infinitum weiterzusäuseln versuchten, kupferstichhaltig, im Jahreskreis und Duodezformat, so berührte umgekehrt die Kempner manchmal mit dem Scheitel die Fußsohlen ihrer dichtenden Idole: »O Faust, Du Bild des Menschen / Bald groß und klar, bald düster wild: / Wer Dich gemalt, er war an Kunst ein Riese, / Gigantisch war der Stoff, und nett gelang das Bild«. Das bewegte sich durchaus auf der weltliterarischen Höhe von Gretchens »Du lieber Gott! was so ein Mann / Nicht alles, alles denken kann!«. Faust dichtete oft nicht ingeniöser als Gretchen: »Sei, Teufel, doch nicht so wie Brei / Und schaff einen neuen Schmuck herbei!« Hätt Schiller »Edel sei der Mensch, hilfreich und gut« verzapft, wär's bloß Gedankenlyrik, aber wenn's von der Kempner gewesen wär, hätten sich erst recht alle Leser inhuman die Schenkel geschlagen. In Mignons Sehnsuchtslied, als Goethe mal ein Reimwort auf »leide« brauchte, schlichen sich satanische Verse ein, spürbar Kempnerschen Geistes: »Es schwindelt mir, es brennt mein Eingeweide«. Goethes Mailied durfte problemlos in toto auf Kempnerniveau herumträllern, ohne daß kollektiver Kniefall vor Goethe zu schwächeln anhub. Nicht jede Lyrikerin des 20. Jhdts. konnte verbergen, eine kempnerische Familienähnlichkeit aufzuweisen. Jede litt am Damokleskochlöffel: »Können schöne Seelen und gute Menschen Kunstwerke gebären?«, als wären Ulla Hahn, Reiner Kunze, Sarah Kirsch ganz andere lyrische Kaliber. Musikalisches Sprachgefühl schützte vor Eigentorheit selten. Friederike Kempner stocherte – ganz ohne helle Momente – vorauseilend in den schwachen Minuten jeglicher Hausfrauenlyrik, wenn nicht gar Lyrik. Keine Lyrikerin ahnte, wie fatal jede Lyrikerin sich nach jener Lyrik anhörte, die fatal nach Lyrik roch.

Eine schöne Seele – stets geistvoll, klug und nett

Worte von Friederike Kempner: O Röslein mein, Mimöslein mein, / Und lustiges, hüpfendes Vögelein. ◆ Wahre Größe wohnt im Geist. ◆ Willst gelangen Du zum Ziele, / Wohl verdienten Preis gewinnen, / Muß der Schweiß herunter rinnen / Von der Decke bis zur Diele! ◆ Was ich denke, wohl ich weiß – / Nimmer wird der Neger weiß. ◆ Liebes Täubchen hold, / Du bist treu wie Gold, / Doch mir macht Verdruß, / Daß der Mensch oft muß! ◆ Frühling ist, wenn frohgemut / Man Schnittlauch sich aufs Rührei tut. ◆ Ferner gab es außer den vielen tausend Exemplaren meiner Gedichte auch mehrere Kriege: der Spanisch-Amerikanische, der Chinesische, der Transversalkrieg und mancherlei Bürgerkriege, gehässige, ja! blutige!!! füllten die Welt! ◆ Sperrt euch ein in große Städte, / Athmet ein die dicke Luft / Was ein And'rer ausgeathmet, / Nein, das ist kein süßer Duft! ◆ Ein Wäldchen sich erhebt, / Sproßt fröhlich himmelan, / Einst kommt die Axt daran. / Ob unsereins noch lebt? ◆ Wie die Rosen unter Dornen / Steht das Ideelle jetzt, / Nur das Scheußlich-Materielle / Kommt zuerst und kommt zuletzt.

Friederike Kempner über sich: Ich träumte schön und träumte viel, / Das Leben schien ein Kinderspiel, / Das Gute schien so federleicht, / Als hätte man es bald erreicht! ◆ Ich freue mich unbeschreiblich, daß aus allen Gegenden Deutschlands, von nah und fern, Anfragen und das Verlangen nach diesen Gedichten an mich schriftlich ausgesprochen wurden. ◆ Helfen wollt' ich, lindern, retten, / Glück an dieses Weltall ketten, / Rosig bilden sein Geschick. ◆ Jegliche Verstopfung weicht, / Alle Herzen werden leicht, / Und das meine fragt sich still: / »Ob mich dies Jahr einer will?« ◆ »Selbst noch eine Menschenblüte, / Trug ich Kummer im Gemüte, / Groß genug für eine Welt. ◆ Heil'ge Gottheit, höre mich, / Tief im Staube preis ich Dich! ◆ Du bist nicht fortgewichen / Von ihrem Totenbett / Und warst Dein ganzes Leben / Stets geistvoll, klug und nett. ◆ Welche Wonne, welches Glück, / Welcher Jubel kehrt zurück! / Einzig Glück wohnt nur im Licht, / Gott, ich lese ein Gedicht. ◆ In der Kälte, in der Glut / keiner meiner Füße ruht, / Such' am Herde einen Platz, / Finde keinen, keinen Schatz. ◆ Was sich mir im Geist gereimt, / Wenn die Seele hat gelacht. ◆ Ob auch Köter bellen / und mir Fallen stellen, / Ich kümmre mich drum nicht / Und mach ein hübsch Gedicht! ◆ Jung und kräftig, und vom Mute strahlend, / lebenswarm die Brust, das weiche Herz; / Mitwelt, Deine Schuld bezahlend, / Sticht die Nachwelt einst mein Bild in Erz.

Andere über Friederike Kempner: Nur aus der Zofe Gemach / Tönet ein sehnliches »Ach!« *(Volksmund)* ◆ Die Stimme des »Schlesischen Schwans« erwies sich als unsterblich, und die gefühlvoll hingetupften lyrischen Pointen offenbaren gerade in der Fehlzündung ihren unverwelklichen Charme. *(dtv-Klappentext 1965)* ◆ Man fühlt den tüchtigen, tapferen, sauberen Kerl in diesem alten Mädchen durch ihre hundsmiserablen Verse, trotz allem. Man fühlt, daß wir, die wir über sie lachen, ihr Anliegen sind. – Bomben sollen die Gruft samt Klingelanlage zerstört haben – aber Friederikes Scheintodgedichte leben. *(Gerhart Herrmann Mostar, 1965)* ◆ Ständig ist sie unterwegs, kommt aber nie zum Ziel, und in ebendieser Spannung lauert ihre gelegentliche Genialität. Sie bleibt durchschaubar bis zur Blamage, nie gelingen ihr unangreifbare, durch Geschmack und wohltemperierte Ethik hermetisch abgeriegelte Sätze wie »Edel sei der Mensch, hilfreich und gut«. *(Hartmut Lange, 1995)* ◆ Friederike Kempner ist und bleibt die Königin der ungewollten Komik. Sie traf blind öfter und genauer ins Schwarze als andere sehend. *(FAZ, 2004)*

Justinus Kerner, Oberamtsarzt, Dichter, Schattenbeschwörer, Äolsharfenist (1786–1862): Als Kind erging er sich mit Laternchen im Kreuzgang des Klosters Maulbronn in wohligen Schaudern eifriger Gespensterfurcht. Vom Stumpfsinn der kaufmännischen Lehre in herzoglicher Tuchfabrik zu Ludwigsburg lenkte er sich mit Gedichten ab, und mit Maultrommelspiel für die Irrenhäusler nebenan. 1800 wurde sein nervöses Magenübel durch Dr. Eberhard Gmelins magnetische Manipulatio geheilt. Ein herbeigewehtes Arztrezept, ausgestellt von Ludwig Uhlands Onkel, nahm er 1804 als höheren Fingerzeig, Arzt zu werden, in der Stadt der Musen, im schönen Tübingen. Von der Geisterwelt hoffte er, daß sie ihm nicht verschlossen sei, und daß ihn keiner hindere, die ird'sche Brust unverdrossen im Morgenrot zu baden. Zwischen seine Träume mischten sich vermehrt Wahrträume. Uhland und er setzten studentisch dem »Morgenblatt für gebildete Stände« ein »Sonntagsblatt für gebildete Stände« entgegen. Auf einer Wanderung sprach er ein traurig guckendes Mädchen mit Goetheversen, also duzend, an und verehrte und umwarb sie dann Jahr um Jahr, lauerte auch mal Stunde um Stunde, um sein Rickele von fern am Fenster zu erblikken. Die bald liebreich Angetraute fungierte in der Burg Weibertreu in Weinsberg als Herbergsmutter. Das Kernerhaus schwang sich zu einer Stätte geistig-geselliger Gastlichkeit auf, wie nur noch Ludwig Tiecks Domizil am Altmarkt zu Dresden und Rahel Varnhagens Berliner Salon. Nach und nach gastierte da der komplette Reigen derzeit noch lang nicht seliger Geister: Gustav Schwab, Eduard Mörike, → Isidorus Orientalis, Wilhelm Müller, Emanuel Geibel, Ferdinand Freiligrath, Frau von Krüderer, polnische Flüchtlinge, also alle. Karl Immermann nannte des lebenslustigen Schattenbeschwörers trautes Heim das »Hauptquartier des Geisterreichs«, einen Glutpunkt süddeutsch-schwäbischer Spätromantik, die alsbald bereits ins Daguerreotypie-Zeitalter überging. Technischen Fortschritt sah er als Hölle, die aufwärts stürzt und die dem Leben alle Gemütlichkeit nimmt. Segelschiff reimte er auf des Dampfwagens wilden Pfiff; Fliegen nannte er einen »unsel'gen Traum«. Kerners Klecksographien, betitelt »Hadesbilder«, antizipierten den späteren Rorschach-Test. Bei Schlaflosigkeit ruminierte er seinen Vers »Wollen dich Gedanken kränken, / Zwinge dich an nichts zu denken«, obwohl das Wort Mantra damals noch nicht umlief. Seine Schriften atmeten kernigen Humor, Wehmut und was sonst noch unter »echter Herzensfrömmigkeit« verstanden werden mochte, schönstes 19. Jhdt., auch wenn er als Gärtner krumm wachsende Bäume nicht mochte, zugunsten von Reih und Glied. Ein ambulantes Rezept schrieb er in freier Wildbahn einer Patientin, mangels Papier, aufs Tuchwams, die leserlichste Verschreibung, die der Apotheker je von ihm sah. In Stammbücher schrieb er gern »Das Kreuz ist des Sternes Fundament«, weil er die Klangmagie darin schön fand. Medizinische Pionierleistung des Geisterforschers, der sich auch als Heimatkundler betätigte: erstmalige klinische Beschreibung des Botulismus: »Das Fettgift oder die Fettsäure und ihre Wirkungen auf den thierischen Organismus. Ein Beytrag zur Untersuchung des in verdorbenen Würsten giftig wirkenden Stoffes«, 1822. Befragt von einem Gesangverein, ob er der Dichter Justinus Kerner sei, antwortete er so bescheiden wie möglich: »Ja« und hörte sich dann ein Ständchen an, erkannte, daß sie ihn für den längst verstorbenen Dichter Körner hielten, und klärte sie nicht auf. Im Gegensatz zu Henoch, Muhammad, → Bayazid, → Jean Paul, Swedenborg, Schuster Pfriem, → Scheerbart, die alle Häuser und Schichten des Himmels und des Jenseits bereisten, blieb Kerner ganz in der stillen Biedermeierstube seiner gemüthaften Zeit sitzen und legte die Ohrmuscheln in die Randbereiche der hereinragenden Geisterwelt, ohne selber mal die Schallmauer zu durchstoßen und seinerseits im Drüben zu fischen. Allenfalls wurde er, beim Maultrommelspiel, von einer flötenden Erscheinung überrascht, dergestalt, daß er vor lauter angemessenem Entsetzen das Gerät fallenließ, angstvoll zitternd mit Doppelkinn vibrierend und den Casus hinterher aufskizzierend, wenn auch nicht ganz so talentiert wie Peter Cornelius oder Goya. Seine häuslichen Obertöne erweiterte er weiträumig zur Klangglocke einer potenzierten Großmaultrommel, die er im Geisterturm seines Anwesens anbrachte, einer Äolsharfe. 1826 nahm er die bettlägerige Visionärin → Hauffe als Patientin in sein Haus auf, beruhigte sie mit magnetisierten Schwammauflagen, Maultrommelständchen, dem selbstgebauten »Nervenstimmer«, und spürte nach ihrem Tod den Wunsch, nun auch bald zu sterben. Mitschriften ihrer Gesichte füllte er ins dicke Buch: »Die Seherin von Prevorst. Eröffnungen über das innere Leben des Menschen und über das Hereinragen einer Geisterwelt in die unsere«, womit er größere Erfolge erzielte als mit eigenen Werken, genau wie Clemens Brentano mit seinen Emmerick-Mitschriften. Schopenhauer nannte Kerner »befangen« und »leichtgläubig« und unterstellte, er habe geahnt, daß die kruden Verlautbarungen der Seherin von Prevorst nicht ganz wörtlich zu nehmen seien. Nikolaus Lenau fand den Hausherrn samt Rickele und allem Kindersegen ölsardinenartig auf den Dielen liegen; Kerner rief: »Willkommen, lieber Niembsch! Wir probieren da eben, wie es sein wird, wenn wir so nebeneinander im Grabe liegen werden.« Aus dem Becher, den Lenau ihm schenkte, trank er in 20 Jahren

21 000 Liter Wein, täglich 2,5, nicht weniger als Goethe. Die letzten 2 Jahre darbte er blind im Zimmer und lebte nur noch bei Besuch und mit Bier auf. Wen er nicht mehr sehen konnte, wollte er wenigstens befühlen. ~ Sowohl David Friedrich Strauss wie Hermann Hesse wie → Schmidt rühmten Kerners romantischen »Reiseschatten« aufs allerhöchste.

Worte von Justinus Kerner: Ja! blicken wir in den Spiegel, wir werden wohl an uns selbst gar viele Züge finden, die dem Bilde Gottes sehr unähnlich sind. ◆ Man kann sich nicht mehr ungestört ins Gras legen, weil die Zeit, die dampfestolle, bald den Dichter lieblos von der Erde schießt. Eisenbahn, Schiff und jetzt auch noch Luftschiff!
Justinus Kerner über sich: Ich stund und sah hinab in die Tiefe und wäre so gerne den Sternen da unten ans Herz gefallen. ◆ Aber als ich auf der Herberge im einsamen Zimmer mich befand und, meinen Schmerz in Tönen auszuströmen, die Maultrommel zu Hülfe nahm, ach! da wandelten sich die Laute in kleine feurige Kreise und Linien, und die gestalteten sich bald zu all den Tälern, Bergen und Auen, die wir so froheinst durchgingen, und all ihr, die ihr mir so teuer wurdet, schwebet da in Geistertänzen licht durch die dunkle Nacht an mir vorüber. ◆ Flüchtig leb' ich durchs Gedicht, / Durch des Arztes Kunst nur flüchtig; / Nur wenn man von Geistern spricht, / Denkt man mein noch und schimpft tüchtig.
Andere über Justinus Kerner: Schiller hatte die Empfänglichkeit für das häusliche Glück, das angeborene Feuer der Seele, was beides nicht schwäbisch sein muß; es ist die Indolenz, die Versponnenheit, die Seligkeit der Enge, die etwa die beiden großen Verspielten, den Geisterseher Kerner, den Märchenerfinder Mörike gegen ihn durchaus blutsfremd erscheinen lassen. *(Arthur Eloesser, 1930)* ◆ Selten ist wohl ein Arzt stärker der Suggestion seiner eigenen Patienten erlegen wie Kerner. *(Werner Leibbrand, 1937)*

KLAUS KINSKI **(geb. Nikolaus Günter Karl Nakszyński), Bürgerschreck, Schauspiellegende, Erotomane, Macho, Ekel, Sexmaniac (1926–1991):** Der Apothekers- bzw. Krankenschwestersohn aus Loppot/Ostpreußen biß als Junge, der Äpfel stahl, einen angreifenden Köter, dem er das Maul sperrte und blockierte. Als Schulbub jobbte er nicht bloß als Schuhputzer und Laufjunge, sondern beeindruckenderweise als Leichenwäscher. Trotzdem roch der junge Kinski noch nicht derart nach Testosteron pur wie wenig später, nach Mann, 12 Seemeilen gegen den Wind; auf Künstlerart schien er Weib und Mann im innersten Busen synthetisieren zu können. Weicher Kern, schnell fortschmelzend, glomm optisch noch sehr präsent, bis in zarte Schale hinein, damals, als er lauter fragile, asthenische, luzide Erlöser spielte, mit Blumen in bleicher Hand: Torquato Tasso, Prinz Hamlet, Fürst → Myschkin. Dann aber entsprach er zunehmend seinem immer bedrohlicheren Selbstbild. Bad-Boy- und Wild-Man-Symptome gipfelten in hypertropher Überpräsenz. Kinskis Übermenschgebärdik, Pathetik, priapische Arroganz-Larve, mild gesagt: Ausstrahlungsintensität, sah aus, wie Cineasten und Bürotypen sich echte Saft- und Kraftgenies vorstellten. Das kam telegener raus als klassische Stürmer und Dränger. Als Dichter ließ Kinski Verse los à la »der Wahnsinn hat mir schon ein Angebot gemacht«, »der Tod sitzt furzend auf dem Topf«, »auf meinen Augen eitert ein zertretner Kuß«, »weil sie mir Eiter in die Seele pissen«, und Adjektive à la leberkranke Bäume, hinkende Visionen, angstzerfurzte Totenhemden, vollgeschissne Hostien, vollgepißte Marterpfähle, kochendheißes Herz, wüste Qualen, euterwarmen Blutschaum, verwesten Lebertran, und nicht zuletzt »wunde Seele«. Er spuckte Blut, biß in Brüste, stürzte sich »eiterwild / auf das müde Christusbild«, baute Frauenkrebs ein, sprachpotenter und deftiger als die hauptberuflichen Lyriker seiner Zeit. Doch seine Termini Pockenschorf, Mutterpocken, Syphilis (die bereits nach dem 1. Weltkrieg antibiotisch besiegt wurde) klangen in der BRD der Schluckimpfung und abgeschafften Todesstrafe nicht sehr up to date: Mitten im Wirtschaftswunder warf er mit Asche, Maden und anderem »Galgenstrick«-Vokabular um sich, wie 1919 der asoziale → Baal. Bordelle nannte er Puff. Aus Bürgern, die sich nicht trauten, innere Sauhunde rauszulassen, rekrutierten sich Kinskis Fans. Mitmenschen, die in seine Deklamation zu husten wagten, verwies er ungehobelt des Hauses, von der Bühne aus. Weil so liebeshungrige Monster wie er im Nachkriegs-Alltag unaufmüpfiger, einfühlsamer, undämonisch bebrillter Zivilisationsträger kaum noch vorkamen, ging selbst Kinskis Freund und Horatio – Werner Herzog – sehr in die Knie, nannte ihn das einzige Genie, das er je getroffen habe, und fragte: »Wie ihn beschreiben? Wie ihn fassen, den Dämon?« Seit wann aber verfaßten Dämonen Jugendlyrik? Mehr als 2 Seelen wohnten nie in Kinskis Brust: Als Gewalttäter neigte er zu zärtlichen Anwandlungen, und vice versa: als Kopulierroboter zu Wutanfällen. Den Archetypus des Unholds – Vulcano, Hephaistos, Tarzan – trivialisierte er erfolgreich. Die Abwesenheit unmänadischer Anima gebar unweigerlich berüchtigtes »Nix dahinter«. Dahinter weste dasselbe wie davor: Eruptivität, Dauerpower, Verbaldefizit. Seine

Selbstdeutung, die Schauspielerei hätte ihn bewahrt, kriminell zu werden, deckte sich wortgleich mit Auskünften von Gérard Depardieu, Kevin Spacey, Ulrich Wildgruber. An Kohle lag ihm viel. 50000 Mark warf er pro Monat aus dem Fenster, für kiesharkende Rumsteher und unbeschäftigte Chauffeure in der Villa Via Appia. Seine Partygäste, wie sie sich – bei Hi-Fi-Stones-Gedröhn – auf Kaviar, Lachsberge, hauchdünne Bärenschinken, Fasanenbrust, geschabte weiße Trüffel stürzten, verglich er Piranhas. Er drehte – statt mit Fellini und Pasolini, die ihm zuwenig zahlten – Räuberpistolen, Edgar Wallace, Jack the Ripper, Django, Sarg der blutigen Stiefel, eiserne Ritter, Love & Money, Kugelpeitschen, Mörderbestien, »Gern hab ich die Frauen gekillt«. Paßte ihm was nicht, verstieß er gegen Verträge. Oft ging er unter das Niveau, auf dem er sich selten befand. Frauen, die er »verzaubert« anstarrte, »erwiderten meinen Blick«. Besseren Selbstinszenateuren (→ Osho, → Baader) reichten → Ali, Karl Lagerfeld, Hella von Sinnen & Kinski kaum das Wasser. → Dalí kreierte neue Perversität: schmiegte die Wange sympathetisch in die Rundung oller Lederkrücken, protzte mit Monogamie statt Quote; Kinski hob sich als Autobiograph vom Billigporno kaum ab. Synonyme zu »ficken« fielen ihm nicht ein; → Bohlen, der wie er auch mal auf Toiletten kopulierte, statt in Boris Beckers Wäschekammer, brachte immerhin »schnackseln« ein. 70 Autokilometer zu überwinden dauerte bei Kinski einen vollen Tag, weil er und Sonja Landrowska in jedem Seitenweg »ficken« mußten. Nach 16 Stunden Vögelei humpelte das Paar abgefackt von hinnen. Eine Wiener Göre, die bei Klitorisberührung ausrief »Nur wenn du mich heiratest« und ihm dann mit Zuchthaus drohte, blökte er an: »Halt die Klappe, du hinreißendes Ferkel!« Zeitzeuginnen berichteten aber, er sei, statt schlimm, rücksichtsvoll und nett. Wissenschaft hatte es schwer, auszuzählen, ob er oder George Simenon, Arthur Schnitzler, Gustav Klimt, Dr. → Rumpf mehr Frauen »stieß« (O-Ton Kinski). Als Randverzierung des Frauenverschleißes (indem er es »Hurerei« nannte, outete er sich wider Willen als Spießbürger) heiratete der Hurenbock 3 x: Gislinde Kühlbeck, Ruth Brigitte Tocki, alsbald (wie Sextouristen in Thailand, nein: à la John Lennon, → Allen und Helmut Lachenmann je eine Japanerin) eine junge Porzellanschönheit aus Vietnam, die Sprachstudentin Minhoï Geneviève Loanic, 19, die als 4jährige aus einer Tigerfalle gerettet wurde. Ihre erste Frage an ihn: ob er Koks oder Hasch habe. Seinen Fans beschrieb er sogar die »unverhältnismäßig große Votze«, die er gleich nach 1 Min. Smalltalk in Augenschein nahm. Bald aber merkte er, daß diese Asiatin ihm »mehr bedeutete«, als sie »nur eine Nacht zu ficken«. Der Quasidämon entwikkelte sogar Treue, zeitweise. Seine Liebe zu derbem Vokabular paarte sich geistfrei mit Kitschromanfloskeln à la »jemandem seine Liebe schenken«, »nicht weh tun wollen«, »vor Sehnsucht sterben«. Er schrieb auf, wie er Minhoï mit Pelzen, 60 Paar maßangefertigten Schuhen auf einmal, Nagellack für 2000.– DM, 120 m Seide, Radiotelefon, Klimaanlagen, Ankleidezimmern, Chauffeuren, Köchinnen, Dienern, Rolls-Royce-Cabriolets (für 248 000.– DM) verwöhnte, und allen Ernstes: vergoldeten Klinken! Pausenlose Eifersuchtsanfälle produzierte der Ehemann, warf Minhoïs Papierkram ins romantische Kaminfeuer. Sobald er sie wegen Menstruation nicht »ficken« durfte, drehte er durch. Sobald sie verzweifelt floh, verstreute er ihre Kofferinhalte rasend im Haus, verhinderte ihre Barbitursäure-Suizidversuche, und das alles nur fürs Image. Er lebte ein Leben, »aus dem es kein Entrinnen zu geben schien«. Minhoï hatte ihn »leben gelehrt«. Kinder seiner Ehen: Pola, Nastassja, Nikolai. Auch nicht sehr originell seine Angst, »den Verstand zu verlieren«. Nicht beredter schnitt er in Talk-Shows ab. Bei legendären Tobsuchtsanfällen, jeweils eine ¾ Std. lang, fiel ihm in Herzogs Doku »Mein liebster Feind« nichts Dämonischeres ein als »Du Arsch!« Und: »Das werden wir ja sehn!« Und schon sah sein Memorien-Opus »Ich bin so wild nach deinem Erdbeermund« neben Anthony Quinns »Ein-Mann-Tango« oder Will Quadfliegs »Wir spielen immer«, Bill Gates' »The Road Ahead«, Nancy Reagans »My turn« / »Jetzt kann ich reden«, Oshos »Goldenen Augenblicke« arg einseitig aus: Zwischen Koitus und Draufhaun entfaltete sich null Eleganz, Zartheit, Ironie, Zeitgeschichte. Neben Casanova-Erotomanen schrumpfte Kinski zum Phallokraten: »Ich bin derrr Wurrrrm, derrr in den Brrrüsten wohnt!« Unverwechselbare Physiognomie und Stimme basierten auf verwechselbarer Seelenarmut. Hauptsache: kantiger als Maria Brandauer, mißlauniger als Reich-Ranicki, seltener lachend als Urgestein Mario Adorf. Seine Selbstdefinition als Tier, gesperrt in Menschenhaut, traf ins Schwarz- oder auch Blondbehaarte. Und immerhin, anhand guter Texte, bzw. fremder, simulierter Seele, ließ der Schauspieler sich durchglühen, über sich hinaus, und konnte sein immer bedrohlicheres Selbstbild vom Wüterich, Zorn Gottes, bleichen Verbrecher, Schreihals verfeinern, füllen, variieren, beibehalten. Als Woyzeck schrie er: »Derrr Mensch ist ein Abgrrrund!« Bis 1975 drehte Klaus Kinski 127 Filme und behauptete, die meisten nie gesehn zu haben; plus 25 Sprechplatten. Der Preisverleihung »Filmband in Gold« für den besten Schauspieler Deutschlands, anläßlich von »Nosferatu: Phantom der Nacht«, 1978, blieb er fern. Lieblingslektüre: Bücher von Weltumseglern. Weisheit, die nebenbei abfiel, lautete dahingehend, man könne Gott nicht in Worte fassen. Eine Filmsequenz zeigte ihn lachend mit Riesenschmetterling, als wär er von All-Sympathie berührt. Während der »Fitzcarraldo«-Dreharbeiten umarmte er auch mal – gleichsam naturmystisch – einen zottig überwachsenen, schräg gestürzten Urwaldriesen; der Fotograf aber petzte hinterher der Mitwelt, daß da Kinski nie solo hinging, nur für die Fotoserie. Privat und allein, als Seele im Kosmos, umarmte der Schauspieler nie einen Baum. Störfaktor auf späten Kinskifotos: die Universal-Kukident-Blendax-Zahnleiste, die er sich hollywoodesk einbauen ließ ins hartgemeißelt unversöhnliche Fitzcarraldo-Antlitz, superschneeweiß wie nur noch bei Inge Meysel, Ignatz Bubis, Lilo Wanders, ein Blickfänger, beim Deklamieren sichtlich im Weg. Herztod in Kalifornien. Postum zeigte sich ein Wunder, das zu unchristlicher, eher paganistischer Heiligsprechung führen könnte, sollte, müßte: Werner Herzog verstreute die Asche seines Freundes Klaus am Meer, da guckte eine (eigentlich ausgestorbene!) Robbe aus dem Wasser, welch schöner, doch noch dämonischer Moment post mortem! 2006 landete Klaus Kinski als einziger Deutscher auf der BBC-Rangliste der 50 größten Schauspieler aller Zeiten: Platz 45.

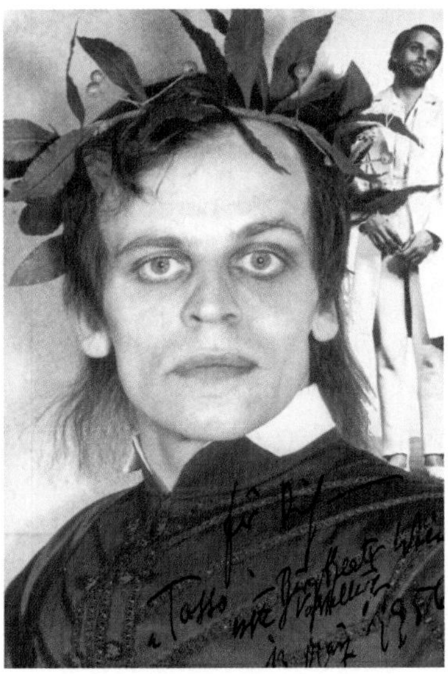

Er konnte sich nicht an unsrer Fratze freun

Klaus Kinski über sich: Ich bin kein Schauspieler. ◆ Ich will aufs Meer und nicht ans Kreuz genagelt werden. Ich will frei sein! Frei! Frei! ◆ Ich will nicht einsam sein – und sehne mich nach Einsamkeit, sobald ich nicht allein bin. ◆ Ich glaubte stets an Gott – doch ich bespuckte ihn. ◆ Ich fraß die kalte Muttermilch der Not. ◆ Ich dachte: dieses Herumgeficke ist Scheiße. Ferrari und Rolls-Royce ist Scheiße. Villa und Luxuswohnung ist Scheiße. Ich hatte es satt! Satt! Satt, Schauspieler zu sein! ◆ Ihr sitzt mit eurem Arsch auf meinen Schmerzen! ◆ Niemand begreift, daß ich nichts anderes will, als mich zu verschwenden. ◆ Christus, wann wirst du endlich nicht zu feige sein, dich an dem Wasserkopf der Welt zu rächen!!!!!!! ◆ Mein Gehirn arbeitet fieberhaft, wie ich sie mit allen mir zur Verfügung stehenden Mitteln so schnell wie irgend möglich verführen kann. ◆ Meine Rübe wird so hart und riesig, und meine Hose schwillt derart an, daß ich die Gelegenheit wahrnehme, als ich durch eine von anderen Fahrgästen weitergeschubste Frau zur Seite gedrängt werde, mir in die Hose fasse und den Knüppel an meinen Bauch hochlege, damit er nicht so aufträgt. ◆ Minhoïs Votze ist so naß, daß ihr Saft bis auf die blauseidene Decke tropft. Als ich in ihr enges Loch eindringe, stöhnt sie brüllend auf. Je stärker und schneller ich sie ficke, um so lauter brüllt sie. ◆ Meinen Vertrag für die hundert Vorstellungen, die ich in allen fünf Kontinenten geben sollte, zerreiße ich. Er war eine Million Mark wert. Es interessiert mich nicht. Nicht, weil ich reich bin. Wir besitzen nichts. Nicht, weil ich fürchte, den Buddha vom Thron zu stoßen. Das habe ich längst getan.

Andere über Klaus Kinski: Kinski ist vielleicht das einzige wahre Genie unter uns. Er ist der einzige Prinz von Gottes Gnaden. *(O. W. Fischer)* ◆ Ich stelle Kinski neben Henry Miller. *(Hans Hellmut Kirst)* ◆ Ist Kinski der größte Schauspieler der Welt? *(Titelstory in »American Film«, US-Filmmagazin, 1982)* ◆ Jedes weiße Haar auf meinem Kopf heißt Kinski. *(Werner Herzog)* ◆ Mein Vater war privat der sanfteste Mensch, den man sich vorstellen konnte. *(Nikolai Kinski)* ◆ Ein Sohn des Regisseurs Veit Harlan erzählte mir, daß Kinski, wenn er zu Besuch an den Starnberger See kam, seltsame Verhaltenszüge an den Tag legte. So sei er mit dem Motorboot hinausgefahren, um »Schwimmer zu jagen«. Mit rasender Geschwindigkeit fuhr er auf seine Opfer los, um kurz vor ihrem Kopf unter wahnsinnigem Gelächter abzudrehen. *(Wolfgang Bauer, 2006)*

Chris Korda, **Reverend, Veganer, Consultant, Knowledge Worker, Fortpflanzungsgegner, Planetenretter, Weibmann, Internet-Prediger (geb. 1962):** Den Sohn eines Writers und einer Actress erfaßte bereits 1974 die Evidenz, anders als alle anderen zu sein, von einem anderen Stern. 1976 haute er von daheim ab, studierte Informatik, schlug sich durch als Straßenmusiker, Jazzgitarrist, Tontechniker, Plattenproduzent, Firmenberater, Frauendarsteller in den Kabaretts von Provincetown auf Cape Cod. Als Hausgötzen verehrte er »the great philosopher« Dr. → Steiner, den Sexologen Wilhelm Reich und den Anarchisten Abbie Hoffman. Eine gleichgesinnt brütende Keimzelle traf sich in einer Mini-Chapel im Keller eines Mehrfamilienhauses unter dem Konterfei von Sterbehelfer Jack Kevorkian, den man aus sicherer Entfernung bewunderte, und las gemeinsam Texte von Albert

Camus, James Baldwin, Allen Ginsberg. 1992, nach langer Meditation, verschrieb er sich dem Dienst an der Erde und den Arten; eine nicht äußerst singuläre Kurzformel zur Weltrettung ging ihm auf: »Rette die Erde, töte dich selbst!«, die er dann auf Transparente und einen selbstentworfenen und vertriebenen Sticker setzte. Als Spiritus rector der von ihm in Boston, im Bundesstaat Delaware, gegründeten COE (Church of Euthanasia), einer von mehr als 1000 US-Glaubensgemeinschaften, kämpfte er für Wiederherstellung des Gleichgewichts zwischen Erde und Menschen, durch deren freiwillige Reduktion, im Gegensatz zu solch extremen Öko-Sekten, die wie »Gaia Liberation Front« einen Virus verbreiten würde, um die Überbevölkerung endlich zu stoppen; oder das »Voluntary Human Extinction Movement«, das innerhalb einer Generation die Menschheit fortwischen wollte. Alle vergleichsweise moderaten Einzelziele von Kordas Sekte (Fortpflanzungsverweigerung, Enttabuisierung und Entkriminalisierung von Suizid, Förderung von Oralverkehr) dienten seiner Hauptmaxime: »Thou Shalt Not Procreate!« Also in toto der zeitgemäße Gegenkurs zu Moses: »Seid fruchtbar und mehret euch!«. Weder Transvestit noch Transe, trug er oft Frauenkleider und Ohrklipse, um »a transgendered person« zu sein, ein Mensch jenseits der Geschlechter. Als Lippenstifte verwendete der Vegetarier nur die stubenreine Marke »Clinique«, nämlich ausdrücklich nicht auf Vivisektion basiert. Sommers trug der smarte Typ Leinenschuhe, winters Gummischuhe. Briefe unterschrieb er mit »Thank you for not breeding« (Variation auf »Thank you for not smoking!«). Um aus der Majorität zeugungssüchtiger Fleischesser überhaupt Sektenmitglieder zu rekrutieren, durften der COE auch reumütige Mütter und Väter beitreten. Alle seine Plädoyers basierten auf Freiwilligkeit, of course; wer allerdings nach dem Beitritt sich noch mal fortpflanzte, wurde exkommuniziert. Krieg als Mittel zur Bevölkerungskontrolle lehnte er ab, 1.) weil dabei Umwelt zerstört werde, 2.) weil nach Kriegen stets ein Babyboom einsetze. Seinen Anarchismus hielt er aber in konzilianten Grenzen, fütterte brav die Parkuhr, sobald er zum Einkaufen fuhr. Auf journalistische Fragen, wieso er nicht in der Dritten Welt seine Botschaft verbreite, sondern bei vermehrungsfaulen Amerikanern, sagte er: »Wir haben kein Recht, Leuten, die wir ausgebeutet haben, Ratschläge zu geben. Außerdem produziert jeder Nordamerikaner 100mal mehr Müll als ein Afrikaner.« 1996 baute er mit 3köpfigem Direktorium organisatorische Strukturen und Feldzüge seiner Kirche aus. Bei frommen Demonstrationen der »Operation Rescue« vor Abtreibungskliniken marschierten gern, zum Gaudi der Polizei, Gegendemonstrantinnen von NOW auf (National Organization for Women): »Keep your rosaries off our ovaries!« und die COE mit Korda, weniger fromm, dafür um so humorvoller mit skandierten Sprüchen wie: »Peace, Love and Sterility!« »Fuck breeding!« Im lädierten Kleinlaster unterwegs, geliehen bei »Rent a Wreck«, mit einem Dutzend kleiner Plakate und batteriebetriebenem Handlautsprecher, träumte er davon, landesweit Riesenplakate hochzuziehen: »Make Love not Babies!«, an Billboards, Gigantreklametafeln entlang der Highways. Dann einen zeugungsfreien, sexfreundlichen, vegetarischen Tag durchsetzen, erst in Boston, dann Massachusetts, dann in den ganzen USA. Auf seiner Homepage lief ein Taxometer anschaulich mit, wieviel Babies pro Sekunde weltweit dazukommen.

Nutzloser Hemmklotz in unaufhaltsamer Bevölkerungsexplosion

Worte von Chris Korda: Friß 'nen Fötus, das freut Jesus! ◆ Eßt Menschen, nicht Tiere! ◆ Wahre Männer tragen Röcke. ◆ Lehrt Onanie! ◆ Sterilisierung von Männern verhütet Abtreibung. ◆ Wir haben Kinder sehr gern, aber wir finden, es gibt schon genug von ihnen. ◆ Es sind einfach zuviel Leute auf der Erde. Entweder wir reduzieren die Zahl der Leute, oder die Natur wird uns diese Aufgabe abnehmen. ◆ Unklarheiten sind gut. Sie bringen die Menschen aus dem gewohnten Trott.

Andere über Chris Korda: Die Frisur sitzt, das Make-up ist perfekt, der Lippenstift nicht zu dick aufgetragen. Nur beim Gehen zeigt der Reverend, daß er nicht als Frau auf die Welt gekommen ist. Chris Korda bewegt sich zwar graziöser als Heinz Rühmann in Charleys Tante, aber der spezifische Hüftschwung, den Frauen von Natur aus beherrschen, ist seine Stärke nicht. *(Henryk M. Broder, SPIEGEL, Heft 48, 1996)*

Karl Kraus, Kampfclown, Weltenrichter, Racheengel (1874–1936): Bereits als Kind las er nicht Bücher unter der Schulbank, sondern achtete auf die kleinen Lächerlichkeiten seiner Lehrer. In seiner vollbesetzten Bildungslücke prangte die Welt der Plakate: Kragenhalter, Schmierölerzeuger, Gummikönig. Das Litfaßsäulenkonterfei des Uhrmachers Ihres Vertrauens schwang sich ihm auf zum Urmodell späterer Beethovendenkmäler. Der zornige junge Mann Kraus riß in seinem Druckorgan »Die Fackel« jede Maske von jeder Larve runter. Während seine unsagbar zartbesaiteten Kommilitonen (Loris, George, Borchardt) allesamt ihrem Wertheralter Ehre machten und ins filigrane hyperlyrische Fach einstiegen, noch hypersensitiver schier als Proust, mutierte Studiosus Kraus zu deren knallhartem Kontrapunkt. Lord → Chandos vergoß – mystisch hineinflutend in Käfer und Nagetiere – Wonnezähren; der Elegiker von Duino befand, Hiersein sei herrlich und jeder Engel schrecklich; Mephisto Fackelkraus hingegen warf Hofmannsthal und dem Niveaukünstler und Zeitgänger Werfel deren unberechtigte Goetheähnlichkeit vor und wurde bei all dieser eleganten Schelte schier zu Rainer Maria → Rilkes schrecklichem Engel in eigener Person. Hirne, die dauerhaft in der besten aller Welten lebten, irritierte er. Machtlose Worte schoß er als Ohnmachthaber auf geistlose Mächte. Böser Blick verkehrte das Volk der Dichter und Denker zum Volk der Richter und Henker, zu dem es tatsächlich mutierte oder ward, auch ohne Kraus. Die Geschichte der menschlichen Entwicklung sah er in der Kulturstufe des Tiroler Antisemitenbundes kulminieren. Ungern drückte er die Schweißhand der Nächstenliebe, umperlt von Rülpsern der Lebensfreude. Töne, die andere nicht störten, übertönten ihm die Sphärenklänge, die andere auch nicht hörten. Stimmen, die ihn sternwärts riefen, gingen in Stimmen unter, die ihn in den Kot verfluchten. Für ein Marstheater schrieb er ein Bühnenwerk, zyklopisch unaufführbar, das den Untergang des Abendlandes noch toppte und die letzten Tage der Menschheit zeigte, als Stimmenknäuel in Weltkrieg Nr. 1 (vorverlegtes Kempowski-Echolot). Einerseits kritisierte Kraus die Maschine (»Das sind die wahren Wunder der Technik, daß sie das, wofür sie entschädigt, auch ehrlich kaputt macht«), ließ aber, indem er Graf Tolstoi »Grasfresser« nannte, kein Hintertürchen. Einerseits mokierte er sich über Yogis und östliche Heilslehren von Confusius bis Brahmanuel, andererseits schienen manche seiner Aphorismen (»In Zweifelsfällen entscheide man sich für das Richtige«) Koans zu sein. Obwohl er sich im Bonmot »Die wahre Metaphysik beruht in dem Glauben, daß einmal Ruhe wird. Der Gedanke an eine Auferstehung der Fleischer widersteht ihr« als Buddhist outete, sah er den kleinsten gemeinsamen Nenner mit Buddha bloß darin, sowohl Buddha wie er hätten sich weltlichen Freuden zeitweise hingegeben. Dante, reizbar, zornmütig, rachsüchtig, steckte alle Feinde ins Inferno; Kraus ließ wenige hinein ins Paradiso, nicht mal Heinrich Heine und Arthur Schnitzler. Tucholsky nannte er »flott und fett«. Immerhin arbeitete er daran, durch eine Edition → Altenbergs, »diesem entzückendsten und freiesten aller Geister« zur Ablösung Nietzsches beizutragen. Seiner vergrößerbaren Leserschaft zeigte Kraus sich als ein daran Leidender, sein Dasein vom Dabeisein seiner Mitmenschen nicht abtrennen zu können, also mit dem Rest der Welt somatisch im weitesten Sinne verwandt sein zu müssen, und schon ging's allen so. Normalmakromania und Normalsatire ließ er weit unter sich; denn er war tatsächlich anders als die anderen, besser als die besten, überaus anders, völlig anders, jenseits aller Durchschnittsgenies, intelligenter als Dichter und Mystiker, tiefer, subtiler, diffiziler als Philosophen – seltsam, daß er überhaupt als Mensch auftrat, noch dazu regional gebunden, und nicht gleich als was anderes, aber als was? Zornengel? Weltlehrer? Rachegott? Wie konnte er als ein solcher bloß so simple, so gewöhnungsbedürftige, so profane Vor- und Nachnamen tragen wie Karl & Kraus? Hätt er aber adäquater geheißen, also etwa Kleobulos von Pelusium, also wie ein Gnosticus oder byzantinischer Archont, dann wäre spätestens dieser glanzvolle Übername von Karl Kraus definitiv durchschaut und abgefackelt worden. Nein, das nachmetaphysische Zeitalter, worin er antrat, ließ nur von Rilke kandierte und Paul Klee ramponierte Engel zu. Immerhin, seine physische Physiognomie paßte hienieden sogar zu ihm. Ein pyknischer Karl Kraus wär komisch gewesen. → Diogenes' Menschensuche hörte sich, umformuliert von Kraus, so an: »Ich habe mich viel und eingehend mit der Menschenwürde beschäftigt, habe in meinem Laboratorium die verschiedensten Untersuchungen darüber angestellt und muß bekennen, daß die Versuche in den meisten Fällen schon wegen der Schwierigkeit der Beschaffung des Materials kläglich verlaufen sind.« Kraus' auswegloses »Man lebt nicht einmal einmal« kommentierte im vorhinein James Bonds versöhnlich klingendes »Man lebt nur zweimal«. Adornos unspendables Paragraph-Soundsoviel-Diktum »Es gibt kein richtiges Leben im falschen« wiederum klang vorher bei Kraus souveräner, eleganter, sogar wahrheitskernhaltiger: »Das gesunde Prinzip einer verkehrten Lebensweise innerhalb einer verkehrten Weltordnung hat sich an mir in jedem Betracht bewährt.« Jederzeit reichte keiner Karl Kraus das Wasser an die Schultern – auch nicht Walter Benjamin, der den Kraus supersubtil als Dämon darstellte? Kraus aber fiel hierzu nichts ein. Zu Wegschnipsenswertem sagte er viel, hier aber nicht die Spur. 2 traurige Engel oder Dämonen hätten sich berühren können, doch Kraus gab den Blick nicht zurück, sondern lauschte statt dessen mit Hingabe in Richtung Papierkorb, ob dort nicht lieber Hugo Heller & Hans Müller rascheln wollten, und so einer raschelte da praktisch immer. Kraus horchte nur bei Insektenandrang ingeniös auf und sonst praktisch nie. Und höhere Spezies – Strindberg, Nestroy, Shakespeare – nutzte er hauptsächlich, um sie als Knüppel zu mißbrauchen, zur Knechtung von Geschmeiß. Seine Gedankenlyrik schwang sich stellenweise sogar zu Lyrik auf, ausgerechnet zu Lyrik. In ihr vergaß er seine Intelligenz und Sprache und griff zu einer Sprache, die er sonst mit Fug zerfetzt hätte, und hub ältlich-muffig-normalsteif zu dichten an, schier ungut weinheberisch: »Ein größres Wesen hat mit mir geschaltet, / ich hab, was mir vertraut ward, treu verwaltet«, »Die Fülle meines Werks ist ungemein: mir fällt zu jedem Dummkopf etwas ein«. Wenn er sich Adornos verruchter Affirmation – plötzlich problemlos – in die Arme warf, konnte er sogar Nachrufverse gebären à la: »In ihrem Aug war alle Erdenwonne. / Als ob es gestern war, daß eine Sonne / hinging in Nacht, noch gnadet sie dem Blick, / und einen Schimmer ließ sie ihm zurück«. Doch die Defekte – auch daß er weder Noten noch Englisch lesen konnte und selten Jean Paul – gefährdeten sein Format überhaupt nicht. Kraus ließ sich von Kraus nicht hindern, Karl Kraus zu sein. Unsagbar weit beugte er sich herab, hinunter zu den übersehbarsten Zuckungen verderbten Geschlechts, und – statt in den Dreck zu fallen, begann angehauchter Kot zu phosphoreszieren, und Witzfiguren wanderten zentnerweise unverbesserbar ein ins marsrote Pantheon der Fakkel, ein jeder in seine Nische, chloroformumnebelt, aufgespießt, entblößt. ⁓ Dann ersetzten 50 herangeschwemmte Esel keinen weißen Schimmel, und 100 Hunde keinen toten Löwen. Andere Schriftsteller standen stets als Zwerge auf den Schultern von Riesen; einzig Kraus wurde zum Riesen, indem er Zwerge verkleinerte. 1001 Schienbeinbeißer checkten nicht, daß ihr Urinstrahl samt Gebiß an der Unnahbarkeit solcher Waden abperlte. Wenn andere und spätere allen anderen sich überlegen fühlten, witterten dritte sofort Anmaßung. Alle fanden Wege und Mittel, von oben auf besonders hochgeschossene Geister zu blicken. Bei Kraus ging das nie so einfach, nämlich überhaupt nicht. Wer auf ihn fahrlässig herabsah, reichte ihm nicht mal ans Knie. Alle, die postum und apokryph sich an ihm vergriffen, Elias Canetti, Reich-Ranicki, Fritz J. Raddatz, à la »Wir hatten die Masern, wir hatten Kraus«, zeigten sich nicht mal fähig, den Lampenschirm der Lichtsäule, woran sie im mickrigen Schulterschluß vollrohr abgeprallt wären, überhaupt halbwegs anzupeilen. Und die's nicht lassen konnten, Karl Kraus mit Lob zu beflecken, standen genauso schutzlos und nichtig da wie sowieso jeder andere, außer vielleicht er. Einzig er. Anschein zu erwecken, ein anderer zu sein als alle, das machte ihm keiner nach, und oft er selber sich nicht. Kongeniale Krausimitatoren, -kenner, -bewunderer, -trabanten, -adjudanten, -nachfolger und -unterbieter, von Gremliza bis Hans Wollschläger, produzierten kraft gezielter Wahlverwandtschaft kiloweise krausartige Formulationen, kamen also doch wohl ziemlich nah heran an Karl Kraus... nein, auch sie nicht. Kaum residierte mal wieder einer als Erzengel, saß er dann doch nur im Zweitwagen. Alle, statt Nägel auf Köpfe zu treffen, hämmerten nur in der Gegend herum. Ein rezenter Karl Kraus hätt anderes zu tun, als Karl Kraus zu beerben. Rilke-Hofmannsthal & Co. wurden – gepanscht mit Streckmitteln und Ersatzstoffen – wiedergeboren als Handke-Botho-Strauß & Co.; Krausfan → Henscheid sah aus wie ein in die Hose gegangener Versuch ewiger Vorsehung, die Entität Kraus noch einmal in einem Lebewesen irgendwie unterzubringen. Eine Instanz aber gab's, die konnte ihm am Sockel sägen und in Karl Kraus' blindestem Fleck popeln, und den Übermenschen umbeleuchten: Kraus, ungeheuer stolz auf seine Vortragskunst, erhob kraft Stimme, zeitgeistverhaftetem Ausdrucksstil, den ersten wirklichen Stein gegen ihn, gegen sich. Wer postum Karl Kraus' Stimme als LP auflegte – litt. Da brüllte einer hart drauflos, mit penetrant schnarrender Brillanz, und entlarvte luzideste, zeitlose, ambrosische, jenseitige Kraustexte als herauspolterbar, stofflich, autoritär, unfein, böse. Da outete sich ein Erzengel als Mensch, und – treppab von Klippe zu Klippe geworfen... ein Naziopfer enthüllte sich unaufgefordert als Propagandaminister. Der ganz andere, wahrlich nicht nazikompatible Textinhalt blieb in seiner grausligen Aura auf einmal unentzifferbar. Manches mochte an damaliger Aufnahmetechnik liegen und am Deklamieren an sich, und am gerollten Rrr. Nach so einer Lesung war Karl Kraus nicht mehr Karl Kraus, sondern bloß noch Karl Kraus, mißbraucht durch Karl Kraus, pervertiert von Karl Kraus, hingeschlachtet von Karl Kraus... le Sacre du Printemps... der sich selbst opfernde Frühlingsgott Adonai, Adonis, Melchisedek, Jesus von Panthera, Jesus von Nazaret.

Worte von Karl Kraus: Heute hat jeder Persönlichkeit, und jeder dieselbe. ◆ Nicht alles, was totgeschwiegen wird, lebt. ◆ Ein Witzbold: Kopfjucken ist keine Gehirntätigkeit. ◆ Aber wir haben selbst da die Rechnung ohne den Wirt gemacht, der gerade das Traumleben für eine passende Gelegenheit

Selten gehörte er zur Menschheit, zumindest somatisch – und hackte pausenlos auf Hans Müller herum

hält, sein Gesicht in unsere Nähe zu bringen. ◆ Ich glaubte schon, daß Herr Werfel zwar nicht immer will, was er tut, aber doch weiß, was er will, er, der noch vor dem Bankverein den Himmel stürmte, woselbst er die planetarische Nachbarschaft mit mir für eine kurze Ewigkeit genoß und von wo er mir glühendere Briefchen schrieb, als ich sie je von einem der zehntausend entzückten Nachläufer meines Erdenlaufs empfangen habe.

Karl Kraus über sich: Ich bin berühmt, es hat sich nur noch nicht herumgesprochen. ◆ Ich bin nicht für die Frauen, sondern gegen die Männer. ◆ Ich mische mich nicht gern in meine Privatangelegenheiten. ◆ Ich mache kleine Leute durch meine Satire so groß, daß sie nachher würdige Objekte für meine Satire sind und mir kein Mensch mehr einen Vorwurf machen kann. ◆ Ich war selten verliebt, immer verhaßt. ◆ Ich kann mich so bald nicht von dem Eindruck befreien, den ich auf eine Frau gemacht habe. ◆ Der Welt war ich ein Riese. / Ein Kind bin ich der Wiese. ◆ Es ist meine Religion, zu glauben, daß Manometer auf 99 steht. An allen Enden dringen die Gase aus der Welthirnjauche, kein Atemholen bleibt der Kultur, und am Ende liegt eine tote Menschheit neben ihren Werken, die zu erfinden ihr so viel Geist gekostet hat, daß ihr keiner mehr übrigblieb, sie zu nützen. ◆ Doch auch ein sentimentaler Gassenhauer, den am Sommersonntag ein Leierkasten vor unserem Landhaus spielte, hatte Macht über mein Gemüt; ich ließ ab, Fliegen zu fangen, und die Mysterien der Liebe gingen mir auf. Andere, die sich rühmen, daß der Tristan eine ähnliche Wirkung auf sie ausgeübt habe, fangen noch heute Fliegen. ◆ Darum lobte ich den Fortschritt und wollte in einer Stadt nicht fürder leben, in der mir Hindernisse und Sehenswürdigkeiten den Weg zum Innenleben verstellen. ◆ Es regnet Blut und ich hab keinen Schirm. ◆ Gewiß, ich wills nicht verhehlen, ich erwarte mir einige Anregung vom Weltuntergang. Wenns aber wieder eine Niete wäre? So lebt man dahin auf dem schmalen Pfad, der von immer demselben Schreibtisch in immer dasselbe Lokal führt, wo man immer dieselben Speisen ißt und immer dieselben Menschen meidet. Froher wird man nicht dabei.

Andere über Karl Kraus: Käme Christus heute in die Welt: so wahr ich lebe, er nähme sich zum Ziel nicht die Hohepriester – sondern die Journalisten. *(Sören Kierkegaard, 1849)* ◆ Der Atem der Fackelkraus ist häßlich zu riechen, weil sie aus dem Kot ihrer Feinde geboren ist. Weil sie jedoch ihre Feinde zu vertilgen meint, wenn sie deren Exkremente vertilgt, so frißt sie zornig ungeheure Mengen davon. *(Franz Blei, 1920)* ◆ Als das Zeitalter Hand an sich legte, war er diese Hand. *(Bert Brecht)* ◆ Wie auf den Prunkstücken barocker Altarmalerei die hart an den Rahmen gedrängten Heiligen abwehrend gespreizte Hände gegen die atemraubenden Verkürzungen vor ihnen schwebender Extremitäten der Engel, der Verklärten, der Verdammten stecken, so drängt auf Kraus die ganze Weltgeschichte in den Extremitäten einer einzigen Lokalnotiz, einer einzigen Phrase, eines einzigen Inserats ein. *(Walter Benjamin, 1931)* ◆ Wie alle nervösen, geräuschempfindlichen Menschen arbeitete er am liebsten nachts. *(Paul Schick, 1965)* ◆ Er verachtete und verfolgte viele, er haßte Journalisten und war ein zu bewundernder Journalist in der Aufbereitung seines Stoffes, boshaft, liebend, elegant, treffsicher, tödlich, oft lächerlich, ein Narr, der sich mit Narren einließ, ein Mensch, der Hunde mochte und sich wie ein Hund in andere verbiß, ein Jude, der gegen Juden schäumte, ein Deutschlehrer, der in den Jargon stieg, um an die Kehle zu gehen. *(Wolfgang Koeppen, 1974)* ◆ Wie er nie auf die Allüren eines Provinzdiktators verzichtet hat, so wollte er auch nie einen Irrtum zugeben, nie seine (oft haarsträubenden) Ansichten korrigieren, nie seine (bisweilen bösartigen) Vorwürfe zurücknehmen. Er war geistreich, doch nur selten einsichtig und vernünftig. Er hatte viel Witz und wenig Humor. Scharfsinn war ihm gegeben, aber keine Weisheit. *(Marcel Reich-Ranicki, 1977)*

JIDDU KRISHNAMURTI, **Quasimessias, Weisheitsdozent, Weltlehrer, Vortragsdenker, Seelenretter, Guruismuskritiker, Edelguru** (1895–1986): Bereits in seiner Boyhood sah der Brahmanen- und Theosophensohn aus Madanapalle/Südindien – Jahrgangsgenosse von Buster Keaton! – so appetitlich aus wie eine Hollywood-Idealbesetzung für Dschungelbuch oder den »Dieb von Bagdad«. Muttersprache: Telegu. Der platonische Theosoph CWL (Charles Webster Leadbeater), mit viel Sinn für alles Schöne, warf ein Auge auf die Aura des Halbwaisen, sah prophetisch Großes voraus, und erlangte die Erlaubnis, den göttlichen Knaben (Mixtur aus Tadziu & → Fidus) zum erwarteten Großmeister, ja, Weltlehrer heranzubilden, einer Synthese aus Buddha & Christus, wodurch der knusprige Jüngling so frühzeitig wie ein Dalai Lama in eine Rolle hineingezüchtet wurde, die der Götterliebling, der auch mal ein Auto auseinander- und wieder zusammenbaute, recht bald überaus optimal ausfüllte, zur Zufriedenheit seiner Gönner und Verehrer. Photographisch sah er von fern wie ein indischer → Kafka aus, mit Schlafzimmeraugen. Man baute im Dachverband der Theosophical Society eine Portiunkula um ihn herum: »Order of the Star in the East«, den Dr. → Steiner nicht anerkannte, und genau mit 33, zum anvisierten Zeitpunkt, wo der Messias im Spirit des Krishnamurti durchbrechen und einwurzeln sollte, stieg der aufgebaute Hoffnungsträger und Welterlöser aus dem institutionalisierten Kartenhaus der Weltweisheit aus, lehnte genau wie der kommunistische Panchen Lama die ihm nahegelegte Göttlichkeit rundheraus ab, erneuerte eher die zenbuddhistische Praxis, Erleuchtungszertifikate zu zerreißen, und den Mahayana-Mythos, daß der wahre Maestro der sei, der aufs Nirvana verzichte, um unerleuchteter Kreatur willen. Kaum aber hatte er – profan gesagt – Planstelle und Posten eines Weltlehrers strikt abgetan, was seinen Durchbruch in die Gewinnzone markierte, trat er in stark frequentierten Vortragstourneen als weltweit säle- und abendfüllender, adeptinnenumschwärmter Vortragender auf, theosophischen Windeln und Langzeitpräludien plausibel entwachsen, also doch noch als Weltlehrer, halt ab jetzt in Eigenregie. Was er fortwarf, bekam er deswegen mehrfach zurück, und siehe, der Schönling konnte sich sehen lassen. Schöner als Cary Grant, fast so schön wie Gregory Peck! Gandhi dagegen nur ein Gnom; Bhagwan Rajneesh bloß ein Glatzkopf; Yogananda und Vivekananda bloß Lächelgurus als pyknische Asketen; Maharishi nicht unrepräsentabel, aber viel zu unmondän und unrasiert – Krishnamurti avancierte, im Gurugewimmel, zu einem verläßlich ruhenden Pol: Nie schüttelte er wie die Lachnummer Sai Baba Asche aus dem Ärmel, trug aber auch nie schöne Blumenkränze. Er trat visuell, ohne okzidentale Exotikbedürfnisse ganz unbefriedigt zu lassen, als Geschäftsmann in westlichem Gentlemandress auf, unasiatisch wie Atatürk und der Schah von Persien, die den Ölscheich optisch weit von sich wiesen, behielt aber die metaphysische Ader völlig bei, wodurch er seine internationale Parkettsicherheit potenzierte und zentnerweise Manager anlockte, die ihre latente Metaphysik erst noch entdecken wollten. Vor allem Unternehmensberater nahmen durch ihn »the nature« intensiver wahr. In Distanz zum Salonbuddhismus der Golden Twenties kam er nicht umhin, atmosphärisch subsumabel zu bleiben. Wenn er vom »conflict between illusion and reality«

dozierte, hörte sich die Illusion kaum noch so an, als ließe sie sich in Samsara zurückübersetzen. Er votierte gegen Dogmen, Vorurteile, Konditionen, Ungerechtigkeit, Umweltverschmutzung, Atomkriege, Dualismus. Alle ließen sich's gefallen, trotz überteuerter Tickets, daß er beim Vortrag in aller Demut, Aufrichtigkeit und Freundschaft betonte, durch ein größeres Fenster als seine Zuhörer auf denselben allgemeinen Himmel zu schauen, und daß er ihnen helfen wolle, ihre Luke aufzustoßen. Wenn aber all die unverschuldet Unmündigen, die er zum Selbstdenken und zum Awakening of Intelligence aufforderte, seine Veranstaltungen geschwänzt hätten, hätt er betteln oder stempeln gehn müssen. Aus den Medien wußte er, daß es Bettler gab. 90 Jahre blieb er im goldenen Käfig, als ein Gotama, der zwischen Audimax und Tribüne nie hinauskam zu Shudras, Leprösen, Kobras – undenkbar ein Handshaking mit Sadhus und Kuhdungsammlern. Baron Phillip van Pallandt schenkte ihm bei Ommen ein Schloß; um besitzlos zu bleiben, überschrieb er's einem Trust, als dessen Ehrenpräsident er zeichnete. In Berlin residierte er im Hotel Kaiserhof, neben dem Hotel Abgrund, und ließ verbreiten, daß er seine Schuhe selber putze. Obwohl er als Einheitsdenker Unterschiede aufhob, unterschied er zwischen Body & Ego. Obwohl er ein Leben lang Vegetarier blieb, legte er Wert auf reichhaltig ausgewogene Ernährung. Gegner warfen der Ableugnung seines Wunsches, eine neue Religion stiften zu wollen, Raffinesse vor, und seinem adretten Aussehn, daß er damit darüber täusche, gefährlich zu sein. Indische Kritiker warnten, diesen Wunderdoktor mit dem wahren Indien zu verwechseln. Als er mal ausnahmsweise in Indien meditierte, reichte ein Affe ihm die Hand, und er erzählte später, das sei die schönste Hand gewesen, die er je angefaßt habe. Privat und oral scherzte er, jeder müsse sterben, vielleicht sogar er selber – haha! Ein Küchenchef aus Krefeld rühmte Krishnamurtis »unnachahmlichen Humor«. Daß er tatsächlich »den Sinn für Humor« sehr hochhielt, machte ihn mit Hermann Hesse »sehr« wesensverwandt. Kraft Humordefizit kam eine Seriosität in seine Worte, die ihn selten als Scharlatan verdächtig machte. Sein schlichter Wortschatz, den er mit 1001 Writern und Ghostwritern teilte, wurde als Große Einfachheit bewundert und verehrt. Daß er alles so sagte, wie er es meinte, rühmten unverworrene Köpfe – und andere kleinmütige Nobodys – als seine Große Klarheit. Seine Geheimnislosigkeit störte weltweit keinen. Klappentexte gaben ihn trotzdem als »rätselhafte Figur« aus, obwohl seine Assistentin Mary Zimbalist betonte, er hätte keine dunklen Seiten. Unkritische Biographien erwähnten die Krankenschwester Rosalind Williams, die Gattin seines besten Freundes, mit der er eine jahrzehntelange Affäre geheimhielt und die er zu 2 Abtreibungen zwang, mit keinem Wort. Im Interview befragt: »Sind Sie der wiedergekehrte Christus?«, antwortete er: »Legen Sie den Aufkleber beiseite, denn er ist wertlos. Sie beschäftigen sich mit der Konstruktion des Brunnens, nicht aber mit dem Wasser.« Man nannte ihn »Sphinx des 20. Jhdts.« (genau wie Madame → Blawatsky), obwohl er genau wie → Kübler-Ross, → Kelly & → Rinser von »unseren Hoffnungen und Ängsten« sprach. Sein Wir-Ton, seine Zentraltermini Verantwortung, Freiheit, Wahrheit machten ihn geistesverwandt mit Bundespräsidenten, Ehrenvorsitzenden, Preisträgern, Festrednern, Laudatoren, Demokraten, Gutmenschen, Päpsten, ohne das Denkniveau von Sri Aurobindo, Khalil Gibran, Bo Yin Ra, Jean Gebser, Teilhard de Chardin, Ken Wilber, Ulrich Wickert, Peter Hahne, Franz Alt und x Autorinnen von Bestsellern à la »Wie man Freunde gewinnt« und »Geh, wohin dein Herz dich trägt« zu unterschreiten. Daß nicht grad einer der größten Denker dieses Zeitalters, der → Dalai Lama Nr. 14, Krishnamurti »einen der größten Denker dieses Zeitalters« nannte, erhöhte den Sockel kaum. Er dachte drauflos, als hätt es nie Philosophie gegeben, arg verkopft wie Meister Eckhart, arg diesseits von Denkschärfe. In intimen Tagebüchern hörte er sich so offiziös an wie in seiner Vortragstätigkeit. Er umging dort das Wort »ich«, selbst wenn er sich meinte. Wenn speziell er nachts schreiend aufwachte, notierte er: »– und man wachte mehrmals schreiend und stöhnend auf«. Wovon er ständig sagte, daß es jenseits von Worten sei, ließ sich mit seinen Worten tatsächlich nicht ausdrücken. Der Dandy ohne Spleen & Esprit – äußere Schönheit und innere Schönheit widersprachen sich absolut nie; sein Absolutum und sein Relativum erst recht nie. Sein & Design koinzidierten nahtlos und lustvoll im Cocktail oppositorum. Hygienischer Flair, über seinen Body in Zeit und Raum hinaus, imprägnierte jedes alkohol-, koffeinfreie, bodensatzlose, nicht ganz fabrikzuckerfreie Quasi-Theorem. Man erfuhr von ihm, daß Liebe und Tod zusammengehören, daß das Leben flüchtig, die Probleme überall die gleichen und dies und das eine recht interessante Frage sei. Höchstenfalls: Organisierte Spiritualität verkrüppele die Individualität. Zum Frühstück hörte er bevorzugt Beethoven und konnte sogar Sviatoslav Richter und Benedetti Michelangeli unterscheiden. In Genf ließ er seine Uhr sekundengenau justieren. Mit gestanzter Roboter-Handschrift verbreitete er sich über Befreiung. Im Automobil schrieb er, mit dem Verstand könne man kontrollieren, wie man ein galoppierendes Pferd im Zaum hält. Im Aeroplane schrieb er »The Flight of the Eagle«. Häufiges Versatzstück: »the most people«. Sein gedecktes Ambiente blieb vom Styling her dem Karajan-Requiem-Dirigat verpflichtet: Perücken auf die Glatzen, alle Münder einheitlich auf silber- bis neutralgrauem Piedestal. Das Plexiglas, hinter dem für ihn die brüllende Welt lag, litt an noch 3 x dickerer Dioptrienstärke als das Milchglas des Dichterpriesters → Handke. Ekstase, von der er sprach, paßte aseptisch 1:1 ins WC- und Carport-Zeitalter. Seine gepflegte Pasteurisierung – säkularisiertes Residuum klassischer asketischer Reinigung – transzendierte er nie. Lachfreudige People sagten sich nicht ohne Fug: Lieber sich von seinen Kontrahenten Gurdjieff & Bhagwan verarschen lassen, als mit Krishnamurti & Graf Dürckheim anämische Weisheit löffeln: The Future of Humanity. Den Kollegen in Poona, dessen Waschzwang er teilte, schalt er »kriminell«. Der eine pflegte seinen Bart, der andere seine Naßrasur. Weltlehrer Krishnamurti verbrauchte ebensoviel Herrenparfüm, Pomade & Shampoo wie Menschenfischer → Osho. Beide wucherten nie wie die Riesenmangrove → Rumi orientalisch aus – statt Banjan-Dschungel boten beide Teeplantage –, aber wiederholten sich in kleinem Radius arg unvariiert, gleichmäßiger Abfluß unermüdlich homophoner, monochromer, sonorer Verlautbarung, halb Fließband, halb Gebetsmühle, halb Mantrapflege, halb Spiritual-Gewäsch. Viele lasen die Editionen immer wieder, obwohl in keiner mal was anderes stand. Beliebte Bücherweisheit, daß man aus Büchern nichts lernen könne, packten sie simultan in ihre Collected Works. Der eine Berg ließ die Propheten anreisen, der andere reiste als mobiler Berg zu seinen Aposteln. Beider Naturliebe flocht Worte wie »Vogel«, »Wolke« und »Blume« in Lektionen & Publications ein, ohne je genauer Wiedehopf, Cumulus oder Gänseblümchen zu spezifizieren. Machte Krishnamurti Lyrik, also Gedankenlyrik, nannte er – genau wie Tagore – Blumen »bunt«, Brisen »sanft«, Palmen »wiegend«, den Fluß »kühl«. Early Talks gingen nahtlos und geruchfrei in Later Talks über. Die meisten Fragen, die ihm gestellt wurden, bezogen sich auf Angst; und auf Nationalismus. Als Greis verunschönte Krishnamurti sich nicht. Gekämmte Haare bedeckten Geheimratsecken und Stirnglatze. Seinem Charisma hinkte er ernüchternd nach. Auf Fotos spritzte er weißhaarig sein Auto ab. Daß er mit G. B. Shaw in freundschaftlichem Kontakt gestanden habe, laut Wikipedia, erwähnte eine 1280seitige Shawbiographie nicht. Mit Aldous Huxley verband ihn tiefe Freundschaft – Mystizismus-Rationalist fand noch so einen. Dann erhöhten sich die Leberwerte des Prostataoperierten. Noch einen Tag vor seinem Tumortod (Pankreas) sah er sich einen seiner Lieblings-Western an: »The Outlaw Josey Wales« mit Clint Eastwood. Dann starb sein Körper, 3 Monate vor seinem 91. Geburtstag. ~ Er aber wohnte in den Herzen weiter all derer, die durch die Anleitung seiner Schriften ein besserer Mensch wurden, z. B. Shigetoshi Takahashi, Dr. Sarjit Siddoo, Dr. Hillary Peter Rodrigues, Dr. Deepak Chopra. In summa: Krishnamurti beglückte Zehntausende sinnsuchender Gattinnen in goldenen Käfigen, Londoner Schriftstellerinnen, die mit Tränen des Dankes hauchten: »Thank you, Sir, daß Sie mein Leben berührt und verändert haben«, mitten in unveränderter Welt. Keinem gelang es wie ihm, so viel Sinn und Glück zu spenden. Nie warf er Perlen vor Säue, sondern Glasperlen auf Augen- und Brusthöhe vor Seelen und Herzen, die den entgegenatmenden Kollektivbusen mit echten Perlen behängten. Selbst David Bohm und Indira Gandhi zeigten sich von Krishnamurtis revolutionärem, radikalem, epochalem Wischiwaschi beeindruckt. Dr. Larry Dossey bedankte sich beim Universum, daß es uns Krishnamurti schenkte. Die Krishnamurti-Foundation of India u. a. tragen sein Erbe weiter.

Er suchte und fand mehr als nur das Vergängliche. (Hier mit seiner Leihmutter Annie Besant 1926 in Chicago)

Worte von Jiddu Krishnamurti: Jeder Tag ist ein neuer Tag. An jedem Tag sterben Sie und inkarnieren sich neu. ◆ Es ist nötig herauszufinden, was Liebe bedeutet. ◆ Zeit, Wissen, Gedächtnis, Denken sind eine einzige Einheit. ◆ Weil Sie jahrhundertlang an Eitelkeiten gewöhnt waren, wollen Sie das Leben etikettieren. ◆ Meiner Ansicht nach haben Glaubensinhalte, Religionen, Dogmen und Überzeugungen nichts mit Leben zu tun und somit auch nichts mit Wahrheit. ◆ Götter, Meister und Erscheinungen mögen existieren, aber sie sind wertlos für einen Menschen, der die Wahrheit sucht. ◆ Es ist gut, wenn wir lachen, aber das Lachen kann ein Mittel sein, um Tatsachen aus dem Weg zu gehen. Also achten Sie darauf. Nicht, daß wir keinen Humor haben sollten: Lachen Sie mit all Ihrem Sein über einen guten Scherz. ◆ Wenn wir uns hinsetzen und mit dem Rücken an einen Baumstamm lehnen, erfahren wir eine dauerhafte Beziehung zur Natur, wenn wir dabei wirklich still sind. ◆ Wenn wir völlig allein sind und in dieser Stille uns selbst ein Licht werden, werden wir dort Krishnamurti finden.

Jiddu Krishnamurti über sich: Ich bin wie die Blume, die ihren Duft der Morgenluft weiht. ◆ Ich behaupte, daß die Wahrheit ein pfadloses Land ist und daß es keine Pfade gibt, die zu ihr hinführen – keine Religionen, keine Sekten. Das ist mein Standpunkt, den ich absolut und bedingungslos vertrete. ◆ Ich bedränge keinen, mir zuzuhören. ◆ Ich hoffe, ich habe die Frage geklärt, und für die Geister, die verstehen werden, sollte es klar sein. ◆ Nur ein Gast bin ich in dieser Welt vergänglicher Dinge, durch nichts in ihr gebunden.

Andere über Jiddu Krishnamurti: Wahre Worte sind nicht schön. Schöne Worte sind nicht wahr. *(Laozi)* ◆ Krishnamurti ist von dem Europäer Nietzsche befruchtet – Orient und Okzident sind eine Synthese eingegangen. Dies ist das Ungeheure. Krishnamurti zitiert in seiner Lehre Nietzsche, also kennt er ihn. *(Königsberger Hartungsche Zeitung, 1928)* ◆ Die Unbeteiligten spotteten darüber, daß der neue Weltheiland in einem Hotel ersten Ranges wohne, moderne Anzüge trage und Tennis spiele. *(Rudolf Olten, 1932)* ◆ Die wenigen nicht gerissenen Seelen, die zu schwach sind, um den Kampf mit dem Leben aufzunehmen, scharen sich um ihn auf der Suche nach dem »Wunderbaren«, und er gibt auf ihre Kosten ein Fest in Ommen, wo er abends in der Nähe eines Schlosses, das einst einem Grafen gehörte, ein Feuer anzünden und schüren läßt, dessen Flammen zum Himmel emporlodern, an dem der Mond im Silberglanze steht und die Wolken dahinziehen. *(Ayi Tendulkar, 1932)* ◆ Er ging zur Quelle des Lebens und fand dort Nahrung und Inspiration. Er befreite seine Seele gleichsam aus der Unterwelt und erschloß ihr so »das Paradies der Helden«. Ich kenne keinen lebenden Menschen, dessen Gedanken mich mehr inspiriert hätten. *(Henry Miller)* ◆ Im Grunde wollte ich ihm helfen, etwas weniger ernst zu sein. Etwas mehr Sinn für Humor hätte ihm nicht geschadet. – Er liest billige Krimis. Bitte sagt es ihm nicht weiter, sonst rennt er mit dem Kopf gegen die Wand. Um seinen Kopf mache ich mir keine Sorge, aber um die Wand. Krishnamurtis Migräne ist spirituell – er ist zu intellektuell. Es genügt schon, ihm zuzuhören, um Migräne zu bekommen. Wenn man keine Migräne bekommt, nachdem man einen Vortrag von Krishnamurti gehört hat, bedeutet dies, daß man schon erleuchtet ist oder daß man keinen Kopf hat. Letzteres ist wahrscheinlicher. Ersteres ist etwas schwierig. *(Bhagwan Shree Rajneesh)* ◆ Buddha sprach stets auf 2 Ebenen, der relativen und der absoluten. Krishnaji sprach nie auf der relativen Ebene, er sprach immer auf der Ebene des Absoluten. *(S. Rinpoche, ca. 1995)* ◆ Krishnamurti liebte die Natur. *(Alan Kishbaugh, ca. 1995)* ◆ Später, am Dulles Airport, war es erstaunlich zu sehen, wie Krishnamurti aus dem gewaltigen Fenster den ankommenden und abfliegenden Flugzeugen aus aller Welt wie ein wachsames und ernstes Kind zusah. *(Evelyne Blau, 1995)*

Elisabeth Kübler-Ross, Fachärztin, Seelsorgerin, Gruppenleiterin, Therapeutin, Kommunikatorin, Sterbeforscherin, Thanatalogin, Krankenhausreformatorin, Pionierin (1926–2004): Schon als Kind wandte sich Bethi stärker als ihre Drillingsschwestern Eva und Erika (die sie nur als Nachgeburt – 2 Pfund – foppten) hilfsbedürftigen Wesen zu, was ihr den Spitznamen »Pestalozzi« eintrug. Im elterlichen Keller betrieb sie ein Tierspital und verzieh ihrem Vater nie, daß er Kaninchen schlachtete. Gerechtigkeitssinn trieb sie voran. Ihr kritisches Verhältnis zur Kirche erwachte früh. Die junge Erntehelferin hörte erschüttert vom Einmarsch in Polen. Fräulein Bethli Kübler heiratete dann den Medizinstudenten Manny (Emanuel Ross). Erster Sohn: Kenneth. 1963–65: Lehrauftrag für Psychiatrie an der University of Colorado in Denver; dann Übersiedelung mit Family nach Chicago. Daß sie zunehmend um den Tod kreiste, war ihr nicht an der Wiege gesungen worden. Sie wuchs da so hinein, anhand dringender Bitten Betroffener. Weniger hilflos als Trauernde, die sie betreute, stand sie der Standardfrage gegenüber: »Warum läßt Gott so was zu?« Kühn brach sie das (angebliche) Tabu, über den Tod selten zu sprechen. Sie aber sah ihm ins Gesicht, dem Tod anderer, und dies immer öfter. Rastlos hielt sie Vorträge vor Spitalpfarrern, in Schwesternschulen, Medizin-Fakultäten, Seminaren, Berufsverbänden, Bestattungsinstituten, Südamerika, Australien, Japan, Korea. Weltweites Echo. Kenntnisreich gründete die Vortragsreisende Trainingszentren und Hospize. Verständnisvoll regte sie an, Räume einzurichten, in denen leidende Menschen angestauten Emotionen freien Lauf lassen konnten, sog. »Schreizimmer«. Und sprach behutsam und mutig vom »Reifwerden zum Tode«, ermunterte und ermutigte zu angstfreiem Sterben und sinnerfülltem Leben. Berührungsängste kannte die Weltberühmte nicht. Ihr Hospital warf ihr vor, sie würden durch sie fürs Sterben berühmt, statt für Heilen und Überleben. Todkranke Kinder, die zu Weihnachten nicht heimdurften, entführte sie auf eigene Kosten aus dem Spital. Sie bestätigte Hunderttausende in ihrem Selbstwert. Dahinvegetieren hieß auf schweizerisch: ein Gemüse werden. Den unbeschreiblichen Frieden auf sterbenden Gesichtern nahm sie, gleichwie viele Beobachter vor und neben ihr, als Indiz und Beweis für die Realität höherer Welten, mitten im Zeitalter der Endorphin- und Dopaminausschüttung. Obwohl sie sich stets mit neuestem Forschungsstand vertraut machte, lebte sie mit Evidenz dem Jenseits entgegen, wie Christen, Muslime, Sufis, Chassidim. Eine visionäre Sterbende teilte ihr mit, es gebe keinen Tod. Trotzdem lebte die Ärztin auf ihn zu. Und machte eine innere Wandlung durch, die sie am Beispiel des Schmetterlingskokons verdeutlichte. Die Weisheitslehrerin drang sogar ins von Richard Maurice Bucke sog. »kosmische Bewußtsein« vor und betonte, daß man das mit Worten niemals wiederzugeben vermag. Ihr täglich Brot: Ganzheit und Gruppenarbeit. Esoteriker strebten sie zu vereinnahmen, bis ihre Schwestern sie warnten: »Hör uff mit dem spinnigen Zeug!« »Die Frau des Jahres« wurde 1979 zur »Frau des Jahrzehnts« gewählt. Ihr Welterfolg ließ sich mit Schweizer Maßstäben nicht messen. 3000 Briefe erhielt sie 1980 pro Monat, später noch mehr. Die knapp 20 Bücher der alsbald 23fachen Doktorhutträgerin (andere Quellen meldeten 42 Doktorhüte; Dr. Helmut Kohl hatte nur 16, Thomas Mann bloß 22) wurden in 30 Sprachen übersetzt (Auflage 2004: 1,4 Mill.), für Sprachforscher ein Reservoir und Pool des Psycho-Jargons. Sie ließ rundum sedierenden Zuspruch los; sie informierte die Betroffenheitskultur, daß der Tod das Tor zum Leben und uns immer nahe sei, und übrigens ein untrennbarer Bestandteil der menschlichen Existenz, und daß die Antwort auf allerlei Fragen in einem selbst liege, und daß die Menschheit an einem kritischen Punkt stünde. Jedenfalls brauche in seinem Schmerz keiner allein zu bleiben. Ihr Lambarene hieß Shanti Nilaya (Letzte Heimstatt des Friedens) in den Bergen von Escondido, bei San Diego. Als sie das Themenfeld sterbender GreisInnen und Kinder weitgehend ausgeschritten und abgegrast hatte, erweiterte sie ihre Kompetenzen auf weitere Final- und Filialgebiete. In 5tägigen Selbsterfahrungs-Workshops, aus denen keiner unverändert hervorging, ermunterte sie darmkranke Teilnehmer, deren künstliche Darmausgänge, samt ihrer am Bauch befestigten Kotbeutel, freizulegen und befreit darüber zu kommunizieren. Auch kämpfte sie für Frauen, Schwule, Graue Panther und gegen Vietnam. Auf Voyeurismusvorwürfe reagierte der »Totenvogel«, wie Spottvögel sie nannten, rein spirituell, tat kund, sie sterbe mit ihren Sterbenden mit, sei selber schon 1000 Tode gestorben (wie Hermann Hesse). Lebende sahen sie als Aasgeierweibchen auf den Bettkanten der Altenheime; Sterbende sahen sie als versöhnliches Memento mori, bebrillte Allegorie zwischen EKG und Chemotherapie, Inbild der Einfühlsamkeit, letzte tröstende Instanz, Gegenbild zum Gevatter Tod, eine mütterliche Freundin Hein, ein weiblicher Hermes psychopompus, Vorzimmerdame des nachtodlichen Lichttunnels ins berühmte weiße Licht der ewigen Liebe und Güte; von der Lächel- und Tränenquote nah an »Love Story«, atmosphärisch fern von Gottfried Benns Krebsbaracke oder Elias Canettis Theorie vom Triumphgeheul des Überlebenden. In nekrophiler Fungesellschaft, die pro Tag 300 x weniger Tote produzierte als in Film & TV (inklusive Black Romantic & Gothic-Kult), neben blühendem Leben wie Dolly Buster oder der eher sinnlich molligen Onaniepäpstin → Dodson wirkte die Sterbepäpstin angemessen abgezehrt. Und sah in TV-Interviews dann selber recht bettlägerig aus, beyond the recovery. Weil sie 28 Aids-Babys adoptieren und ein Aids-Hospiz gründen wollte, wurde ihre Farm in Virginia von rechtsradikalen Christen o. ä. US-Gruppen angesteckt; all ihr nostalgisches Hab und Gut, Erinnerungsfotos, gewidmete Bücher, Friedenspfeifen, Maskottchen wie Spielbergs E.T.-Puppen, Andenken aus exotischer Übersee, verbrannten. Ein großer Teil von ihr starb bereits bei Lebzeit. Da sie trotzdem dort bleiben wollte, kidnappte ihr Sohn sie und siedelte sie bei Phoenix in der Wüste von Arizona an, wo 1995 ein Schlaganfall zu Lähmungen führte, die ihre Einfühlung in Sterbende weiter vertieften. Sphärisch umklingelt von Klangspielen und indianischen Adlersymbolen, umgeben von ledern ausgetrockneten Kandelaberkakteen, Vögeln namens Kardinal und weißen Friedenstauben, zudem (wie → Orpheus oder → Madschnun) von Kojoten, die aus der Wüste herandrängten und die sie füttern ließ, freute sie sich nach alsbald 6 Schlaganfällen auf das Wiedersehen mit allen gestorbenen Freunden nach deren und ihrem Tod. Je ungeduldiger sie ihn erwartete, desto geduldiger blieb er aus... jahrelang, bis Zeitungen spotteten, ihr eigenes Sterben würde der Sterbepäpstin einfach nicht gelingen. Im Jenseits hoffte sie → Gandhi, C. G. Jung und → Pestalozzi zu treffen. Jedem Zaungast sagte sie, sie hätte genug vom Leben; ihre Schwester aber verriet, daß Beth intern durchaus noch leben wollte und dauernd betonte, sie müsse noch dies und das machen. Interviewer trafen sie sterbend an, 3 Jahre später aber wieder munter und fit. Mit ihrem gelähmten Arm konnte sie plötzlich wieder Karateschläge austeilen. Auf einer Wohltätigkeitsveranstaltung in Phoenix (!) beteiligte sie sich aktiv an einem 10-km-Rennen für Rollstuhlfahrer. Nach einem Unfall 2002 kam sie in ein Pflegeheim bei Phoenix. Ihr Wunsch, nach ihrem Tod durch alle Galaxien zu tanzen, hätte wörtlich von → Hagen gesagt werden können. Die 1000 Betten, an denen sie gesessen hatte, verengten sich nun zu ihrem Bett, und TV-Geier guckten geduldig zu. Dann starb sie wider Erwarten doch noch. ⁓ Elisabeth Kübler-Ross wollte die Welt um ein weniges menschlicher machen. Sie gehörte mit Mutter Teresa, Franz Alt (der sie oft interviewte), → Dalai Lama Nr. 14, → Kelly, Pastor Fliege, ihrem Lieblingsdichter Khalil Gibran und äußerst vielen anderen zu den prominentesten, engagiertesten und beliebtesten Sinnsuchern dieser leidvollen Welt. Es ging ihr um Vertrauen, Loslassen, wahrhaft gelebtes Leben, Neuorientierung, spirituelles Bewußtsein, bedingungslose Liebe, tiefe Gespräche, Umgang mit und Abbau von Angst- und Schuldgefühlen. Unermüdlich stand sie ein für inneres Wachstum, die Bereitschaft zu lernen, authentisches Leben, die Entfaltung des menschlichen Potentials. Menschliche Tragödien sah sie als Stürme des Lebens, durch die wir auch Stärke gewinnen und reifen können. Viel sprach sie von der Geborgenheit in der Liebe Gottes. Für Sterbende, gute Menschen und nicht zuletzt Lebende und Überlebende bleibt sie eine unerschöpfliche Quelle der Sinnfindung und nicht zuletzt der Zuversicht. Impulse, die sie gab, wirken bis heute. Der innerste Kern ihrer Botschaft lebt weiter.

Sinnspendung an tausend Sterbebetten, zwischen Aas und Gott

Worte von Elisabeth Kübler-Ross: Wenn man nichts gemacht hat mit seinem Leben, ist das Sterben eine traurige Sache. ◆ Die höchsten spirituellen Werte können aus dem Bedenken und dem Studium des Todes entspringen. ◆ Es ist wunderbar, daß wir den Eltern sterbender Kinder versichern können: »Macht euch keine Sorgen. Es wird dort jemand auf euer Kind warten und es in Obhut nehmen.« ◆ Das Leben ist viel schwerer als der Tod. ◆ Wahre, bedingungslose Liebe findet man fast nur im Jenseits, bei den Geistwesen. ◆ Wir müssen außerdem die Tatsache zur Kenntnis nehmen, daß es im Leben keine Zufälle gibt. ◆ Könnte man die Canyons vor

den Stürmen schützen, erblickte man niemals die Schönheit ihrer Schluchten. ◆ Es macht nichts, wenn man auf Gott wütend ist, weil Gott groß ist. Er kann das aushalten. ◆ Sterben ... das ist, wie wenn man bald in Ferien fährt. ◆ Sterbende lernen am Ende ihres Lebens sehr viel, doch meistens ist es zu spät, diese Lehren umzusetzen.
Elisabeth Kübler-Ross über sich: Ich habe ständig Kontakt zu Jesus und zu meinen 44 Schutzengeln. ◆ Ich hatte nie einen Guru und bin nie in Indien gewesen, obwohl ich viele Jahre davon geträumt habe. ◆ Ich habe die größten Höhepunkte erlebt, ohne jemals Drogen genommen zu haben. ◆ Ich weiß, daß es unendlich viel wichtiger ist, einen Sonnenuntergang im Winter zu erleben oder zu beobachten, wie eine Fasanenfamilie über den Rasen stolziert, als materielle Dinge zu besitzen. ◆ Ich mußte die Gegenstände meiner Liebe unter den Vögeln und anderen Tieren, auf Wiesen und Bergen, in Bäumen und Blumen suchen anstatt in individuellen Menschen. ◆ Ich befand mich in einer Liebeswallung mit jedem Blatt, jeder Wolke, jedem Grashalm und jedwedem Lebewesen. Ich fühlte sogar das Pulsieren eines jeden Steinchens auf dem Weg. ◆ Ich sah, wie ich aus meinem physischen Körper herausgehoben wurde. Später beschrieb ich es so, daß eine Menge liebevoller Wesen alle müden Teile wie Automechaniker in einer Autowerkstatt aus mir herausnahmen. ◆ Ich will keinen nerven mit meinem Tod. Das hab ich als Lebende genug getan. ◆ Sterben? Ach, ich kann es kaum erwarten. Ich zähl die Minuten, die mich vom Tod trennen. ◆ Mein Tod wird für mich wie eine herzliche Umarmung sein. ◆ Es ist mir einfach aufgefallen, daß Sterbende furchtbar alleine sind.
Andere über Elisabeth Kübler-Ross: »Ich war begeistert!« »Es war großartig!« *(Workshop-TeilnehmerInnen)* ◆ Ich habe sie als eine schöne Seele in kindhafter Einfachheit gesehen. Trotzdem bleibt sie für mich ein unglaublich komplexes Wesen, eine Frau von faszinierender Rätselhaftigkeit. *(Derek Hill, 1980)* ◆ Die vollständig obszöne, schon zur Perversion hin explodierende, gleichsam prämortal nekrophile Leichenfledderei, ja Leichenaussaugerei, die aus spekulativ moralinsäuerlichen Büchern wie »Verstehen, was Sterbende sagen wollen« ihr schätzungsweise 28. Buch über Sterben, Sterbehilfe, Sterbezuschauerei abgeliefert hat, das abermals unterm Hutdeckel von Humanität und Wissenschaftlichkeit angetreten ist, schleimige Pietät unversehens in schiere Obszönität, ja Perversität. *(Eckhard Henscheid, 1987)* ◆ Die Augen blicken kühn, wissend und ein wenig traurig. Was für ein Wissen wäre das, das nicht in Abgründe geschaut hätte? Nur ein solches Wissen ist Weisheit. Um den Mund spielt ein Lächeln, ein an-

nehmendes – ein resigniertes? Oder vielleicht ist es eher ein entschlossenes und herausforderndes. Nie haben die indianischen Züge ihrer inneren Physiognomie sich in ihrem Gesicht deutlicher ausgeprägt. Mit diesem Antlitz läßt sich Zwiesprache halten wie mit ihren Büchern. *(Susanne Schaup, 1996)*

Quirinus Kuhlmannus, **Dichterfürst, Neubegeisterter, Schwarmgeist, Chiliast, Heilsbringer, Gottesnarr, Messias, Weltreichgründer, Selbstvergötterer (1651-1689):** Der Harnischmachersohn und Schüler des Magdalenengymnasiums im kunstsinnigen Breslau, lutheranisch getauft, kränklich, bedrückt, lallte nur halbe Worte, ein Angstkind, ein verspotteter Stotterer, später um so weniger. Nach einer »Kraftempfangung« überfiel ihn in Amsterdam ein »erstes Beruffungs= und Erleuchtungsjahr«. Seine innere Paradeiswelt ging auf und umarmte ihn. Ab da begleiteten 2 Engel den bombastisch gebildeten Jurastudenten in Jena, der die erworbenen polyhistorischen Kollegienkenntnisse als »Lateinereyen« und »Doctoreyen« abtat. In Lautmalerei und Bildungsplunder badete er, wie der Pegnesische Blumenorden der Nürnberger Pegnitzschäfer. Aufbauend auf Athanasius Kirchers »Ars combinatoria«, strebte der hochfahrende Elegant die Sprache ihrer Vergänglichkeit zu entrücken, via Klangtändeley, Wortspiel, Zahlenmystik. Daß ihn für seine wortreichen Gedichtbände »Unsterbliche Sterblichkeit«, voll sinnreichester Gleichnüsse und zierlichster Andenkungsworte, 1672 der Fürst von Schwarzburg-Rudolstadt zum Poeta laureatus krönte und daß ein kranker Pfarrer von der Lektüre seiner »Himmlischen Libesküsse« genas, das stieg dem Alexandrinerdichter zu Kopfe: Sofort sah er sich vollbürtig im Rang größter Menschheitsdichter und Weltdenker, die er auch gleich der Reihe nach aufzählte: Opitz, Homerus, Virgilius, Pindarus, Horatius, Claudianus, Statius, Gryphius, Sophocles, Euripides, Seneca, Plautius, Terentius, Erasmus, Grotius, Julius Scaliger, Barthius, Muretus, Demosthenes, Cicero, Taubmannus, Lipsius, Socrates, Plato, Thales, Tacitus, Livius, Polybius, Thucydites, Plutarchus etc. Er las in unfaßbarem Tempo; in 12 Stunden schrieb er ein Lustspiel von 1200 Versen. Über kurz dreimal 70 Bücher zu schreiben, kündigte er an, worinnen er mit Neologismen wie »salomonisieren« & »tarantantarieren« brillierte. Kraft Böhme-Lektüre, in seiner Leidener »Wunderwoche« 1673, ward er zum religiösen Eiferer, selbsternannten irdischen Erlöser, der mit geträumtem Gottesauftrag die Große Hure Babylon zu Fall bringen wollte, ab sofort, in lieblichzartem Brennen, ekstatisch-visionär, neuem christianischen Weltreich entgegenflog. Altem plus Neuem Testament fügte er ein drittes, jetzt erst letztgültiges Testament hinzu, und den 150 biblischen Psalmen 150 eigene Psalme, den sog. »Kuͤhlpsalter« (weil in der Vulgata 3,19 Apostel Paulus die »tempora refrigerii« verhieß), setzte darin jeder weidlich exaltierten Barockpoesie noch eins drauf, wortwütig an den Grenzen des Begreiflichen und Erträglichen, bot im 34. Kühlpsalm einen Wortschwall oder Lebensabriß, schilderte seine Taten, Leiden, Visionen, Verzückungen, Aufschwünge, Abstürze nach Mystikerart, stieg in »jesuelischem Schimmer« zur vierten göttlichen Person auf, zum Propheten seiner Selfmade-Kuhlmann-Religion, des Kuhlmannsthums, der Monarchia Jesuelitica aus Kuͤhlmännern, mit ihm als Kuͤhlmonarch im Kuͤhlreich, jetzt aber erst als jüngersuchende Einmannsekte zugange, kaum hervorzüngelnd aus der Rivalenschar ähnlich umtriebiger Dichter, Seher, Wunder- und Dunkelmänner, Engelsbrüder, Davidisten, Tremulanten, Pansophisten, Mitglieder der »Fruchtbringenden Jesu=Gesellschaft«, Böhmekenner, Endschafts- und Abbruchspropheten wie Mercurius van Helmont aus Amsterdam, Albert Otto Faber aus Lübeck, John Pordage und Johannes Rothe (die damals noch nicht Sektengurus, Esoteriker, Fangemeinde-Abzocker hießen). Kuhlmann kämpfte vor allem gegen Edward Coleman, mit polemischer Poesie: »Satan gibt dem Kohlmann Kohlen / Die Gott durch den Kuͤhlmann kuͤhlt«, »Kuͤhlmannisier, mein Geist, daß alle Welt gekuͤhlt, / Daß alle Welt entkohlt!« Der ab 1673 ein Wanderleben führte, stets auf Gönnersuche, schmiß mit Sendschreiben und Streitschriften um sich, auch an den Papst, missionierte Holland, wegen »geistlicher Galanterie« allerorten übel verlacht. Auf einem Schiff ins prophetenwimmelnde Engelland, von wo aus sein Kuͤhlreich ausgehen sollte, saß Quirinus Kuhlmann in der prächtigen Tracht höchster Gesellschaftsschicht; nur hatten seine wohlhabenden Jünger, die er seine »Zeugen« nannte, versäumt, ihn mit Geldmitteln gehörig auszustatten. Immerhin, in London, Genf, Lausanne, Leiden, Edinburgh und York empfingen ihn höchste Würdenträger. 1677 fand er endlich den Quäker John Bathurst, der sein Luftschloß teilte und Heidenmission auf Jamaika übernahm. Mit der verheirateten Prophetin Tanneke Denijs aus Holland liebäugelnd, in Lübeck, das ihm wortspielerisch zu LIEBenECK ward, heiratete Kuhlmann plötzlich und recht rätselhaft, immerhin freudlos und weinend – wohl um eine Parallele zum Propheten Elias herzustellen –, Magdalena von Lindau, eine ältliche Witwe, welchselbige mannbare Töchter im Alter des Bräutigams in die 42-Wochen-Ehe brachte. In wunderlich theatralisch-fürstlichem Samtgewand, geschneidert von Tanneke, brach Kuhlmann gen Konstantinopel auf, samt Weib und Stieftöchtern, die er nötigte, sich täglich seine Kuͤhlverse zuzujubeln, und die lieber mit der Schiffsmannschaft dreifach Unzucht trieben, was Kuhlmann sein »Hauskreuz« nannte. Wegstationen: Paris, Marseille, Malta, wo sein Anhang ihn abhängte, er in einem Kahn das Schiff verfolgte, wobei er um ein Haar ertrank; dann: Sizilien, Smyrna, allwo das Schiff wegen Pest nicht ans Land gelassen ward, Gottstreiter Quirinus Kuhlmannus Fanaticus aber furchtlos sich ans Gestade rudern ließ. Der Patriarch der griechischen Kirche, an den Kuhlmann nun Episteln schrieb, antwortete nicht. Und der Sultan von Konstantinopel, den er aufforderte, über Europas verfälschtes, aufgeweichtes, schlaffgewordenes Christentum das verdiente Flammenschwert zu bringen, kämpfte just in Rußland. In Genf berichtete und schwelgte Kuhlmann von Jerusalem, dergestalt, daß er im Geiste förmlich dort ankam, bis seine Widersacher, die sich wie seine Laudatoren und Agenten vermehrten, ihm vorwarfen, er sei gar nicht in Jerusalem gewesen. Blauweiße Tracht trug er nun, und seine Anhänger auch. Ein gedungener Jünger sah in 21 Offenbarungen Kuhlmann als unmittelbar von Gott gesandten Meister und Weltkaiser, gesegnet mit salomonischer Weisheit. Mit Mary Gould, die er umtaufte: »Maria Anglicana«, versuchte er den neuen Salomon zu zeugen und nahm, nachdem dieser im Kindbett starb, neuen Anlauf mit Esther, der Tochter einer anderen Prophetin aus Holland; doch das gezeugte Kind schwand gleichfalls schnell von hinnen; auf keiner Ebene kam Kuhlmanns Kuͤhlgeist zu überzeugender Manifestatio. Er fahndete jetzt nach Propheten, die weniger ein kommendes Millennium (barockes New Age) herbeibeteten, als gewillt sich erwiesen, speziell Kuhlmannvisionen zu propagieren. Rückschläge und Niedergeschlagenheiten kompensierte er via Selbstüberhebung; die wuchs rapid an und dünkte selbst eingefleischtesten Kühlmännern viel zu überbetont. Ein Paradiesvogel, der sich auch als Wunderheiler versuchte, verirrte sich in Realitäten. Unter falschem Namen – Ludovicus Ludovici – reiste er in Moskau ein. Ohne Russischkenntnis nahm er in der Nemeckaja Sloboda, der »deutschen Vorstadt«, Quartier; zwischen Lutheranern, Reformierten, Jesuiten, Holländern, Mittel- und Westeuropa im Verkleinerungsspiegel. Ludovici und Conraͤdt Nordermann, ein verarmter Kaufmann, legten sich mit dem lutherischen Pastor Joachim Meinecke an, der das Missionsstreben der gotterfüllten Schwärmer scharf zurückwies und beide vorwarnte. Sie aber schimpften ihn »verfluchtes, nichtswürdiges Tier« und ausgerechnet »ungläubig«, woraufhin Meinecke Anzeige erstattete und seine Beziehungen zu Behörden und Instanzen spielen ließ. Man übersetzte Kuhlmanns Schriften und schäumte auf, weil der sich als Sohn

Jesu Christi darstellte. Die Anklage nannte Unruhestiftung, Sektiererei, Ketzerei, Gotteslästerung – und Staatsverrat. Der »Ludovicus« flog auf. Ausweisung nach Amsterdam, worum der Beklagte bat, ward nicht gewährt. Falls man ihn töte, verkündete er unklug, werde Rußland vernichtet werden. Der Patriarch ließ ihn und Nordermann foltern und trotz sichtbarer Harmlosigkeit zum Tode verurteilen, 3 Monate später verbrennen, wie 1671 seinen Vorgänger, den Propheten Nikolaus Drabitz. ~ Im 20. Jhdt. trommelten etliche Autoren für Quirinus Kuhlmann als Dichter: Werner Vordtriede, Erich Trunz, Hans Mayer, Hubert Fichte, Herbert Heckmann, Arnfried Astel, Ursula Krechel. In mehrere Anthologien deutscher Barockdichtung wanderte der erleuchtungsselige, zornmütige Erlöser ein, in eins der vielen Seitenabteile neben Andreas Gryphius, Hofmannswaldau, Fleming, meist mit denselben, aus anderen Anthologien übernommenen Kühlpsaltern.

Von Umlichtung im Stich gelassen – Kühlmonarch ohne Kühlreich

Worte von Quirinus Kuhlmannus: Die Jugend fleucht! Verging als wie das Laub! / Ihr suͤßes ist mir bitter weggeflossen. / Ich traͤne hier: heut etwas, morgen Staub. / Die Tage sind mit Jammern mir entschossen. ◆ Prinz Jesus steint den Stein des Kaisersteins. ◆ Mein Gott, mein Gott! Du zentnerst schwere Last! Hoͤhr auf, hoͤhr auf, eh ich bin ganz verdruͤkkt. / Gib endlich, gib um Jesu Kreutz mir rast! / Wi lange sol dein Werk sein ganz entschmuͤkket? / Was ist der Mensch, der ewigst wird gepreßt? Halt innen halt, eh Geist und Seel ausblaͤst. ◆ Fuͤhle endlich / unfuͤhlender Goliath aller Geschlechter / Voͤlker / Zungen / was der gantze Erdkreis / er wolle oder wolle nicht / taͤglich gefuͤhlet / noch fuͤhlet und wird fuͤhlen / di unmittelbahr-mittelbahre wesentliche Krafft / di dich vertreibet! ◆ Die Voͤlkerzerstreuung ist aus. Das Maͤrterreich wird in ein Freudenreich verwechselt.

Quirinus Kuhlmannus über sich: Ich bin kommen, daß ich ein Feuer anzuͤnde auf Erden / was wolte ich lieber / denn es brennete schon? Aber ich mus mich zuvor tauffen lassen mit einer Tauffe / und wi ist mir so bange / bis sie vollendet werde. ◆ Ich durchschwung mit Sinnenfluͤgeln das weitzerbreitete Geschôpfland / entlehnte von der allgemeinen Vernunftskunst Luchsaugen / um desto scharfsichtiger aller Dinge Eigenschaften zu vergleichen. ◆ Ich ward sehr stark im dreiundzwantzigstem Jahre / erwekket / getriben / gedrungen / bis sich plôtzlich di Paradisische Lichtwelt mit tausendtausendtausenden Krâfften / farben / glântzen / anblikkungen / verwechselungen / wundern / antlitzern mich sichtbarlich in dem inneren umgab / aus dem heiligsten Triangel des lichtestlichtestlichtesten Lichteslichteslichtes unbeschreibbar umlichtet / und stund ich nun mit meinem euserem Leibe / wi alle Menschen / in der Welt; mit dem geistlichen Leibe aber in einem anderen Element / den Weltmenschen unbegreiflich / darinnen ich durch dises Fûnfjahr gestanden habe / wi ich noch stehe / nach der unendlichen Erbarmung Gottes. ◆ Durch Krankheit, Schmerz und was sich sonst gerochen / Ist Jesus Lieb erst in mir durchgebrochen.

Andere über Quirinus Kuhlmannus: Selbst das vorurteilslose Holland kann diesen Abenteurer der Mystik nicht dulden, der als Kabbalist und Prophet, als Kundiger der sieben Siegel Salomonis, als überzeugterer Vorläufer des Grafen Saint Germain in Deutschland, England, Frankreich, in der Türkei, in Rußland sensationell und beunruhigend auftaucht. *(Arthur Eloesser, 1929)* ◆ Und auf der anderen Seite erscheinen in dieser Zeit die rhythmischen Ergüsse des aus dem Poetismus in religiösen Wahnsinn fortgerissenen Quirinus Kuhlmann, prophetische Ich-Expressionen von einer geschichtlich kaum begreiflichen Unmittelbarkeit und von einer Irrationalität des Sprachlichen, die im Zeitalter des Intellektualismus völlig unerhört ist. *(Günther Müller, 1930)* ◆ Wenn Kuhlmanns Zeit noch kommen sollte, so weil es von diesem Format keinen zweiten Ekstatiker in der deutschen Literatur gibt. *(Dieter Kief, Berliner Zeitung, 2001)*

KUKKURIPA, Hunde-Asket, Yogi, Giftsee-Insulaner, Götterliebling, Mahasiddha (spätestens 11. Jhdt.): Kaum begab der Brahmane aus Kapilavastu, der Hauptstadt der alten Schakya-Könige, sich auf bettelnde Wanderschaft, hub auf dem 8 Meilen langen Fußweg nach Lumbini am Wegesrand eine übel ausgemergelte Kreatur ihn zu dauern an, jammervoll winselnd, ein unsagbar niedrigstehendes Lebewesen, für Brahmanen eigentlich absolut unberührbar, keines Fußtritts würdig, eine aufpäppelbare Hündin, zu der er sich mitleidvoll niederbeugte, die er auf dem Arm weitertrug, nach Lumbini, Buddhas Geburtsort, fortan seine liebe Weggefährtin, mit der er als Neotroglodyt eine Wohngemeinschaft bildete. Nach 12 Jahren pausenloser mantragestützter Tantraübung erlangte Kukkuripa (Kukkura, sanskr. – Hund) Vorherwissen, göttliche Einsichtnahme und magische Kräfte, auf einer sehr im Süden gelegenen, menschenleeren Insel, mitten in einem Giftsee, wo ihn → Marpa besuchte und Kukkuripa wegen dessen papagenoförmigem Vogelkleid und Haarfilz kaum als Menschen oder gar Heiligen identifizieren konnte. Der wunderliche Guru Kukkuripa (auch Kuturaja) führte den Marpa, der ihn auch »Shantibhadra« nannte, in die Mahamaya ein, und in die 3 Yogas der Illusion. Legenden, die sich nah am Saum der Wahrheit bewegten, wußten zu melden: Die Götter der 33 Sinnlichen Himmel luden den affengesichtigen, federnbedeckten Kukkuripa in ihr wonniges Paradies, wo er sich kulinarisch gütlich tun durfte in göttlich unabsehbaren Gelagen, ganz ohne seine liebe Hündin, die derweilen in der irdischen feuchtnassen Höhle unruhig seiner harrte und die er inmitten aller Wonnen nie ganz vergaß, derart wenig ausblendete, daß die Götter ihre güldenen Häupter über ihn und seine Aufbruchstendenzen schüttelten und ihn »Narr!« schalten, weil er die himmlische Wollust fahrenlassen wollte, um endlich zu seiner räudig jaulenden Hündin zurückzukehren. Insofern ging er sogar einen Schritt weiter als Avalokiteshwara, der eine Sekunde vor seinem ultimativen Eintritt und Hinübergang ins Nirwana von der wehklagenden Summe aller Geschöpfe zurückgerufen ward; Kukkuripa hingegen befand sich schon mittendrin in transzendenten Gefilden, hätte also längst die Erde und seine Hündin vergessen müssen und drehte sich trotzdem nach ihr um, wie → Orpheus nach Eurydike, kein Wunder, daß bei seiner Rückkunft seine Hündin, als er ihr die flache Stirn streichelte, sich keinesfalls in eine Sawari (Weib einer niedrigen Kaste) märchenhaft verwandelte, sondern in eine Dakini (Himmelstänzerin) spirituell transformierte, neben deren überirdischer Weisheit die schlemmenden Götter schier begrenzt erschienen. ⁓ Des Hunde-Königs geomantische Verortung mit Kapilavastu und Lumbini katapultierte ihn spätestens postum hinauf zum Hündinnenkönig auf Buddhaniveau. Spätere Zeiten und Forschungen identifizierten ihn mit seinen 3 früheren Namensvettern, die bereits im 8. Jhdt. als Dupiado-Übermittler bzw. König von Zahor bzw. Guru von Kambala und Indrabhuti dem Jüngeren um 870 wirkten, vermutlich alle 3 als dieselbe lichtvolle Wesenheit in einem individuenüberspannenden Lichtleib. Als Hundefreund Nachläufer des Ur-Hundefreundes Yudhisthira, aus dem Mahabaratha, oder auch → Bayazid al-Bastami, Vorläufer des pontovernarrten → Jean Paul, Rudolph Moshammer und seiner Yorkshire-Dame.

Zwischen Himmelswollust und Hundefütterung

Worte von Kukkuripa: Bete vorschriftsgemäß zu Buddha, es wird umsonst sein. ◆ Das Anbetungsritual steht der Wahrheit im Weg. ◆ Wo du dich um Buddha bemühst, ist keinerlei Buddha.

Kukkuripa über sich: Mich erschreckt das Rad der Wiedergeburt, und ich suche die große Freude der Befreiung vom Rad. Wenn ich jetzt die Gelegenheit nicht wahrnehme, hab ich vielleicht in meinem nächsten Leben keine Chance mehr. Die Geburt als Mensch ist wahrhaft eine kostbare Gelegenheit, wenn ich aber mein Gelübde der Keuschheit breche und eine Frau nehme, werden alle meine Hoffnungen und mein Streben zunichte, und viel Kummer wird mir folgen. Das habe ich begriffen und deshalb mein Verlangen nach Frauen aufgegeben.

Andere über Kukkuripa: Unter dem Baum saß eine menschenähnliche Gestalt, mit Vogelfedern und Haaren über und über bedeckt. Sein Gesicht versteckte er in seiner Armbeuge. Es sah aus wie das eines Affen. Seine Hautfarbe schimmerte unschön, aber er konnte sich in alles mögliche verwandeln. *(Marpa, 11. Jhdt.)* ◆ Weil er auf einem menschlichen Körper das Gesicht eines Affen trägt, hält er sich an Hündinnen, denn eine menschliche Gefährtin konnte er nicht finden. *(Naropa, 11. Jhdt.)* ◆ Tags lehrte er in Hundegestalt 1000 Dakas und Dakinis, des Nachts zelebrierte er Ganachakra-Riten mit ihnen auf einem Leichen-Brandplatz. *(Taranatha)* ◆ Es war das zufällige Erscheinen einer Dakini, das Kukkuripas Gipfel-Erfahrung der Buddhanatur bewirkte. Das Ritual verschmähend, erlangte er Erleuchtung, selbst ohne einen menschlichen Guru. *(Keith Dowman, 1985)*

Joseph Kyselak, Kanzelist, Gebirgswanderer, Selbstverewiger, Selbstreklame-Mann (1795–1831): Er wuchs am Spittelberg auf, in Wien, ja, im schönen Wien; im Wien der Habsburger Monarchie. Er ging dann aufs Gymnasium der Piaristen in der Wiener Josefstadt. Der begabte Drechsler brach aus Unlust ein Philosophiestudium ab. Dann absolvierte er ein Praktikum in einer Privat- und Familienversorgungskassa, arrangiert vom dort angestellten Vater, einem k.k. Liquidator, und verfaßte 7 Jahre später ein Gesuch um Fixanstellung. Er kam dann dauerhaft unter in einer Schreibstube der Hofkammer. Herr Kyselak (auf gut deutsch: Herr Säuerlich), der junge Registratur-Akzessist, blieb lang unauffällig. In seiner Freizeit erging er sich als robuster Wandersmann, Kraxler und Naturschwärmer in freier Natur, oft nur begleitet von seiner Wolfshündin Duna, bepackt mit Fernrohr, Steigeisen, Feldflasche, Windlichtern, Wachskerzen, Gewehr, Landkarten. Eine 2monatige Fußreise 1825 durch Österreichs Berglandschaften beschrieb er in einem durchaus 2bändigen Werk, für das er 4 Jahre später einen Verleger fand. Als Erstbesteiger stand er auf dem Hohen Dachstein, ohne Zeugen, also ungültig, vielleicht nur imaginär, jedenfalls tollkühn wie nur noch → Crowley, → Nehberg oder Reinhold Messner. Die Sitte, an Ausflugszielen Herzchen einzuritzen oder sich einzutragen ins Gästebuch, trieb er weiter. Sein Signum, ohne den Joseph, nebst Datum seiner jeweiligen Stippvisite, fand man recht bald an auffallend vielen Orten wieder. Einerlei, wo seine Zeitgenossen auch hinwanderten, überall war Herr Kyselak schon vorher dagewesen. Überall, stets schon von fern sichtbar, prangte einem der Namenszug »Kyselak« entgegen, in Druckbuchstaben, Einheitsformat, und löste allerorten Gelächter, Kopfschütteln und Interesse aus. Erklärungen keimten, warum Kyselak seine Duftmarke überall hinsetzte, mit eigens angefertigter Farbschablone und Farbkübel mit schwarzer wetterfester Deckfarbe. Kyselak-Schnurren kursierten. Kyselak-Kaffeeklatsch blühte. Legenden wollten wissen, Herr Kyselak wolle sein ungetreues Liebchen pausenlos an den Vorgänger seines Nachfolgers erinnern. Wollte Kyselak die einst Umgarnte postum weiterhin umzingeln? Wieso fand man dann »Kyselak« auch an schwer zugänglichen Stellen, in wildromantisch zerklüfteter Natur, an Felsplatten, auf die keine Wege zuführten, auf Steilwänden, tief in Grotten, hoch auf dem Perchtoldsdorfer Kirchturm und anderswo? Selbst Fischer, Jäger, Hirten stießen im Unwegsamen auf »Kyselak«. Sein Vetter, der Herr Criminalrat Franz Kyselak, gab zu Protokoll, der Joseph hätte sich in geselligem Kreise, allwo's um Ruhm und Unsterblichkeit gegangen wär, auf die Wette eingelassen, im Suff, seinen Namen in der ganzen Habsburger Monarchie bekannt zu machen, ohne kriminell zu werden. Man bräuchte ihm nur 3 Jahre Zeit zu geben. Man gab sie ihm. Und Kyselak gewann die Wette. Er wurde landesweit ziemlich berühmt, ganz ohne so grobe Methoden anzuwenden wie Herostat, → Peregrinus Proteus oder Lennonmörder Chapman; sondern ganz schlicht durch ständige Autogramm-Zurücklassung. Die Bergwelt hallte wider vom Echo Kyselaks. Immer dichter webte er das Koordinatennetz geomantischer Places of popular interest. Wandertrieb und Schreibtrieb liefen um die Wette. Straftätern gleich, die am Tatort Häufchen zurücklassen, überschwemmte Kyselak die Welt mit »Kyselak«. Die Tätigkeit konnte kaum als justitiabel eingestuft werden. Als das Kavaliersdelikt in immer gröberen Unfug ausartete und »Kyselak« immer dreister prangte, in Donaukirchen bis hinüber nach Ungarn, und Herr Kyselak im Stadtkern auch nicht haltmachte vor kaiserlichen Gebäuden, da wurde er von Metternichschen Polizeispitzeln enttarnt und vor Franz I. zitiert. Ein kaiserlicher Tadel erging, halb verständnisvoll, halb unmißverständlich. Herr Kyselak schaute reumütig auf seine Füße und ward entlassen. Der Kaiser aber zuckte zusammen: Auf einem seiner Schriftstücke vor ihm auf dem Schreibtisch stand ein »Kyselak«, beiläufig hingekritzelt, nebst Jahreszahl. Sodann: Bei einem Riesenfeuerwerk der beliebten Pyrotechniker Stuwer im Wiener Prater, inklusive blitzender, krachender Belagerung einer Seefestung, glomm, perlte und schoß mitten im girlandenreichen Schlußbild, einer Danksagung an alle Gönner, in rot leuchtenden Großbuchstaben – »Kyselak« auf, zum Jubel vieltausendköpfigen Publikums. Mißgünstige Zeitungen erklärten den Streich so: Kyselak hätte einen Feuerwerksgehülfen bestochen. Nächstentags ging Herr Kyselak mit seinen beiden überformatigen Pudeln, die er sich nach dem Tod von Duna angeschafft hatte, stolzgebläht promenieren, grüßend, und nahm Komplimente entgegen. Manche erkannten ihn nur am großen K, das er den Pudeln ins lockige Fell geschoren hatte, K wie Kyselak. Inzwischen gab's derart viel aufgemalte »Kyselak«-Gütesiegel, daß rein numerisch nicht alle mehr von ihm selber stammen konnten. Ständig entfernten Gegner seine Graffiti. Doch die Sympathisanten schlugen effizienter zu Buche und arbeiteten unaufgefordert in seinem Namen. Beschäftigte er zusätzliche Gehülfen? Kyselak breitete sich schneller aus als Gürtelrose. Kyselak mutierte zur Litfaßsäule, zur wandernden Visitenkarte und Anstecknadel seiner selbst, zum Firmensignet, förmlich zum Volksempfänger, der ohne viel Worte dauernd dieselbe einförmige Nachricht überbrachte. Kyselak brachte alles auf den Punkt. Nicht nur Gott war irgendwann überall. Nur lautete der Name, den Herr Kyselak sich gemacht hatte, wenig abendfüllend, noch und nöcher Kyselak, permanent und jederzeit Kyselak, und immerdar Kyselak, Kyselak forever. ⁓ Kyselak kam als Big Brother sogar dorthin, wo er nachweislich nie hinkam: Alexander von Humboldt stieß im Urgestein des Chimborasso in den Kordilleren auf die Inschrift »Kyselak 1837«. Doch war Humboldt bereits 1802 in Ecuador und Herr Joseph Kyselak bereits 6 Jahre vorher von der Cholera hinweggerafft worden, in Wien, ja im schönen Wien, wo er populär blieb. Sein verbleichender Namenszug wurde oft nachgezogen, in memoriam Kyselak. Manch angemessene Hommage à Kyselak machte sich perpetuierlich bemerklich. 1847, beim Jahrhundert-Niederwasser der Donau, wurde ein Felsen sichtbar, der sonst noch nie freilag; auf dem stand: »Kyselak«. Kyselak schrieb Eroberungsgeschichte. Kyselaks Siegeszug verlief auf Erden in aller Unschuld pubertär (Narrenhände beschmieren Tisch und Wände), expansiv, imperial, kolonialistisch, infektiös, karzinös und ging auf religiöser Ebene in Omnipräsenz und Pantheismus über. Herr Joseph Kyselak, statt als Alpinist und Reiseschriftsteller, wurde als Skribent, Formalist, Serialist & Konzeptkünstler, sogar als freiwilliger Namensvervielfältigungs-Fließbandarbeiter, berühmter als 1001 Kunstmaler, die drauflosmalten, talentierter als Kyselak, und an unverkleinerbarer Unbekanntheit litten, und an ausbleibender Unsterblichkeit. Kyselak betrieb seine angewandte Kunst um der Kunst willen. Da es aber nirgendwo KYSELAK-Artikel zu kaufen gab, also Kyselak vom Gütesiegel »KYSELAK« leider nicht merkantil profitierte, handelte es sich bei dieser marktorientierten Vorform von Action-art-Happenings um so avantgardistische wie monothematisch selbstreferentielle, also doch wohl taoistische Public Relations, mit Eigendynamik und Verweischarakter, nicht ohne Symbolwert. Folglich war bereits im frühen 19. Jahrhundert »the medium the message«, Kyselak seiner Zeit um 100 Jahre voraus. In Kyselak koinzidierte Witz & Pointe, Strophe & Refrain. Kyselak, ohne aus verschnarchtem Biedermeier rausgucken zu müssen, antizipierte Logokultur, visuelle Präsenz & Communication-Satelliten-TV-Strategie. Wenn es damals schon Flugzeuge gegeben hätte, wär Kyselak wie Cola, Odol & Toyota als Kondensstreifen an Hochplateaus ablesbar gewesen, in Großschrift quer durchs Gebirge geschrieben, jeder Buchstabenbalken eine ausgezogene Bergschlucht. Nicht nur Mr. Kilroy was here!

Andere über Kyselak: Auf des Gipfels letztem Zack / prangt der Name Kyselak. *(Victor von Scheffel)* ◆ Ich habe das Gefühl, daß dieser Kyselak eigentlich gar nie ein Mensch gewesen sei, sondern nur ein Name, eine Art

Überall und jederzeit – Kyselak

schriftliches Echo, das die Felsen und die alten Rittertürme einander zuwerfen, so daß es überall einen Autographenabdruck zurückläßt und dann weiterschwebt durch die Lande auf den Flügeln des Nichts. *(Ludwig Hevesi, 1898)* ◆ Von der Gefinkeltheit des merkwürdigen Schmieranski handelte auch eine andere Geschichte im »Wurzbach«: als in Wien eine neue Donaubrücke eröffnet werden sollte, seien spezielle Anti-Kyselak-Vorkehrungen getroffen worden, doch als jemand ein paar Tage später mit einem Nachen unter der Brücke hindurchfuhr, entdeckte er den vermaledeiten Schriftzug auf der Bogenwölbung. – Wenn es tatsächlich enttäuschte Liebe war, die einen braven Beamten in ein schreibwütiges Monster verwandelte, und die Inschriften eine bestimmte Adressatin hatten, dann haben wir es mit sexueller Belästigung zu tun, mit Namens-Exhibitionismus von geradezu terroristischer Bedrohlichkeit. *(Wolfgang Kos, 1996)*

L

Benoît Joseph Labre, Einzelgänger, Pilger, Ruinenbewohner (1748–1783): Sohn tiefgläubiger Kurzwarenhändler, sanft, gefügig, in sich gekehrt, träumerisch, mit 14 Geschwistern. In Latein kam er kaum mit. Theologiestudium kam nicht in Frage, wegen Gedächtnisstörungen. Ludwig von Granada und jansenistischer Rigorismus beeinflußten ihn. Karthäuser wiesen Benoît ab, seiner rudimentären Bildung wegen. Scham, zu seinen Eltern zurückzukehren, lastete auf ihm. Anderswo wies man ihn als zu jung zurück. Schließlich, 1769, erbarmten sich Trappisten und nahmen ihn bei sich auf. Deren Schweigegelübde kam seiner Wortkargheit entgegen. Trotzdem überstand er das Noviziat nicht. So nahm er das Leben und Elend eines umherirrenden Landstreichers auf, von denen er sich durch Rosenkranz und Messingkreuz unterschied, im Rucksack Neues Testament, Brevier, Brotkrusten, Apfelsinenschalen und andere milde Gaben. Nur ein Mindestmaß an Almosen nahm er an. Er pilgerte von Heilig- zu Heiligtum, in ziemlichem Zickzack: Lyon, Loretto, Assisi, Bari, Monte Gargano, Einsiedeln, Polen, Sizilien. In der Masse römischer Bettler tauchte er unter, mit geschwollenen Knien vom langen Beten. Zeitweise hauste er in einer Höhle nahe am Quirinal; zeitweise in einer Nische der Kolosseumsruine. 1770: letzter Brief an seine Angehörigen. Dann Süditalien, Spanien, Compostela, Burgos, Provence, dann wieder Rom. Gassenjungen verfolgten ihn. Bisweilen versuchten jetzt Leute, ihm eine Stellung zu beschaffen, was er aber ablehnte. Er glaubte solch ein strapaziöses Leben bis zum Tod durchhalten zu müssen. Krankheit und Erschöpfung hinderten ihn nicht an seinen Rundgängen durch die Kirchen. Auf den Stufen von Notre-Dame brach er zusammen. ⁓ Nach seinem Tod wurden vor allem Bilokations-Wunder bezeugt. Er wurde zum Schutzpatron der Bettler und Heimatlosen. Sein Attribut: der Pilgerstab. Seligsprechung: 1860. Heiligsprechung: 1881.

Andere über Benoît Joseph Labre: Julian Apostata, stolz darauf, in seinem Bart Ungeziefer zu beherbergen – wie der selige Labre. *(Pater Larroque, 1860)* ◆ Man ist versucht, das geflügelte Wort vom »sonderbaren Heiligen« auf ihn anzuwenden; aber es ist nicht wenigen so ergangen, daß sie zuerst den Kopf schüttelten über die seltsamen Formen seines Strebens nach Vollkommenheit und ihm dann, von dem Zauber seiner Persönlichkeit bezwungen, am liebsten kniefällig Abbitte geleistet hätten. *(Hans Hümmeler, 1954)* ◆ Die Heiligkeit Benoîts leuchtete durch seine Lumpen und seinen Schmutz hindurch. *(L. Cognet, 1966)* ◆ Dieser Pilger war ein Mann, an dem Gott seine helle Freude hatte. *(Alfred Läpple, 2000)*

MAHASIDDHA LAKSHMINKARA, Prinzessin, Buddhistin, Yogini (entweder um 890 oder um 1020 n. Chr.): Schon als Kind lauschte die Schwester des Königs Indrabuthi, der über Shambola herrschte, in Oddiyana, den Belehrungen Meister Kambalas. Ihr Bruder entsandte sie mit Mitgift und Gefolge zu ihrem künftigen Gemahl, Jalendra, dem König von Lankapuri, doch wurde die 16jährige wegen ungünstigen Orakels nicht in die Stadt gelassen, die ihr sowieso unbuddhistisch, also kulturlos, gottlos, weltlich vorkam. Sie hatte draußen zu warten und sah eine königliche Jagd voll blutiger Tierleichen vorbeireiten und erfuhr, das sei ihr Gatte. Als sie aus der Ohmacht, in die sie sofort fiel, auftauchte, sandte sie ihre Dienerschaft heim, verschenkte alle Beigaben und Schmuck, schloß sich in einer Kammer ein, riß sich Kleider runter, beschmierte sich mit Öl und Asche, zerzauste ihr Haar und stellte sich verrückt, innerlich ganz gesammelt um Wesensschau in ihrem Herzen. Der Bräutigam sandte Ärzte, die vor ihren Wurfgeschossen zurücktaumelten; Indrabuthi deutete ihre Handlungen als Abscheu vor Samsara. Inhaltlich kreiste sie sehr um die Wonnen der Befreiung aus dem Rad raubgieriger Wiedergeburten hungriger Tiere. 7 Jahre lang lebte sie von Abfällen, die Hunden hingeworfen wurden, schlief auf dem Leichen-Brandplatz und unterwies den Latrinenputzer des Königs in religiöser Weisheit. Der König, wie immer, auf Tierjagd, verlief sich im Dunkel, landete nachts in ihrer Höhle und sah sie überirdisch leuchten und von Göttinnen bedient werden, da bat er sie um religiöse Unterweisung. Lakschminkara (Spenderin des Gedeihens) aber verwies ihn an seinen Latrinenputzer. ~ In summa: Die indische Prinzessin, die sich verrückt stellte, genau wie → Amlethus, Hamlet und → Schibli, erlangte durch den Anblick gequälter Geschöpfe Umkehr, genau wie Eustachius und Sankt Hubertus.

PIPPI LANGSTRUMPF, Vollwaisin, Außenseiterin, Wunderkind, Querulantin, Frechdachs, Göre, Lausbübin (geb. um 1933; kein Sterbedatum bekannt): Die baldige Halbwaisin Pippilotta Viktualia Rullgardina Krusmynta (Pfefferminz) Efraimsdotter (Efraimstochter) Långstrump berief sich stets darauf, ihre Eltern seien ein Engel und ein weißer Negerkönig, genauer: Mutter starb früh, Vater ging als Kapitän über Bord und strandete hoffentlich auf einer Negerinsel. Also bewohnte sie ohne Eltern, Aufsichtsperson und Vormund inmitten von Kleinstadtmilieu die Villa Villekulla (deutsch: Kunterbunt) mit altem vermoostem Baumbestand und verwildertem Garten, mit einem Pferd und einem Hausäffchen mit Strohhut namens Herr Nilsson. Sie kam gut zurecht. Sie aß und machte von frühauf, was sie wollte, und finanzierte ihr Leben durch Griffe in einen ererbten Goldsack. Das pädagogische Fernziel freier Persönlichkeitsentfaltung trieb sie recht weit. Allgemeiner Schulpflicht fühlte sie sich nicht verpflichtet. Sie verfügte über unübliche, ja: monströse Körperkräfte; sie konnte ihr Pferd eigenhändig hochheben, auf Mythosebene: ein beneidenswertes Supergirl, auf geistesgeschichtlicher Ebene: eine Freidenkerin, die allerdings ganz nebenbei an Legasthenie litt, mit Defiziten in Plutimikation, ohne dran zu leiden, und ferner litt sie – nein: erfreute sich an progressiver Spinneritis, wissenschaftlicher gesagt: Mythomania, kulturell gesprochen: Sie nahm sich dichterische Freiheiten. Wenn sie unglaubwürdigste Abenteuer aus China und Hinterindien ausspann von 17 Glatzköpfen, die sie Arm in Arm laufen gesehn hatte, bzw. von Chinesenkindern, die Peter hießen, sagten die adretten, braven, gutbürgerlichen, z. T. mit nassem Kamm gekämmten Nachbarskinder Thomas und Annika einfach nur: »Ach so.« Ihre roten Haare, die in steifen Zöpfen vom Kopf abstanden, assoziierten Hexenstatus. Pippi wollte, genau wie Peter Pan, nie erwachsen werden und nahm sogar Pillen dagegen. Medizin verballhornte sie zu »Medusin«. Ordnungshüter nahm sie auf den Arm, und Landstreicher versorgte sie als minderjähriger Robin Hood mit Sahnebonbons. Übergroße Schuhe teilte sie mit → Chaplin und Goofy. Daß sie bisweilen rückwärts ging, teilte der patente Rotschopf mit Hodscha → Nasruddin, sobald der rückwärts auf dem Esel saß, und sobald jemand Einspruch erhob, berief sie sich auf Grundrechte in freien Ländern und auf ethnologische Sitten; denn in Ägypten gingen alle rückwärts, und in Hinterindien alle auf den Händen. Der brave Thomas fand, daß das gelogen sei, sie gab das sogar zu und berief sich drauf, daß in Belgisch-Kongo alle Leute lögen – falls Thomas das ihr glauben wollte. Ihre Erzählungen vom Taka-Tuka-Land hörten sich zwar nach Fabel an, zeigten aber den Vorteil, daß sie dann doch noch als Realität zu Buch schlugen. Kuchenteig rollte die sommersprossige Grenzüberschreiterin, statt auf dem Backblech, auf dem Fußboden aus, kurzum: Sie genehmigte sich pausenlos eine ununterbrochene Narrenfreiheit, und das als Mädchen, und das als Frau, leider alles nur im Rahmen von Stegreifgeschichten, die im skandinavischen Sprachraum 1941 Astrid Lindgren (geb. Ericson) ihrer Tochter Karin (geb. 1934), erkrankt an Lungenentzündung, zum Leidvertreib erzählerisch improvisierte und 1944, als sie selber mit verknackstem Knöchel darniederlag, aufschrieb und versuchsweise einem Verlag anbot, der solch subversive Literatur nicht drucken wollte. Dann aber wurden Band 1–3 in 50 Sprachen übersetzt, bis 1987: 3 Mill. Exemplare; 7 x verfilmt, 2 x als Zeichentrickfilm. Astrid Lindgren definierte die rotzfreche Querulantin als »Despotin mit guten Absichten«. Pädagogen sprachen abwechselnd von Angriff auf die Normen der Gesellschaft, schlechtem Vorbild, geisteskranker Phantasie und Anpassungshilfe. Man befürchtete Aufstände in Jugendamt und Kinderzimmer, 25 Jahre vor Summerhill. Bedauerlich bloß, daß man nie erfuhr, was dann Pubertät, Hormone und Realitäten mit Pippi machten, ob sie abdriftete in Richtung Megäre, Femme fatale, Wild Woman, oder brav als Hausfrau und Mutter zur Ruhe kam. Zwischen Terroristin und Weltbeglückerin wär einiges in Frage gekommen. Es ging ihr da wie Harry Potter, der es dann immerhin zum ersten Kuß brachte. Die Bananen, die Pippi auf der Taka-Tuka-Insel aß, lockten nur mit Exotik, statt auch mit Erotik wie das Bananenröckchen → Bakers. 2003, ein Jahr nach Astrid Lindgrens Tod, ging plötzlich durch alle Gazetten, vor allem BILD: »Ich bin die echte Pippi!« Eine 71jährige Marktfrau namens Sonja Melin, mit rothaariger Perücke, meldete sich und behauptete, das Urmodell gewesen zu sein; Astrid Lindgren hätte es ihr sogar bestätigt. Auf einem Foto sah man Autorin und Marktfrau gemeinsam drauf, samt Gemüsestand. Tochter Karin Nyman bezeugte es. Schon damals, 1940, hatte das 7jährige Urmodell ein unerschrockenes Maulwerk gehabt, aufmüpfig und eigenwillig. Pippa Laangstrump wanderte auch in Witzsammlungen ein: Was heißt Geigenkasten auf spanisch? Fidel Castro; Schnellkochtopf auf italienisch: Garibaldi; Kuhstall auf arabisch: Mubarak; Büstenhalter auf italienisch: Ferruccio Busoni; Kondom auf schwedisch: Pippi Langstrumpf. 2007 erschien, in Entsprechung zum Urfaust, eine Ur-Pippi.

Worte von Pippi Langstrumpf: Das ist eine alte, nette Kaffeekanne, die niemals einem Menschen etwas getan hat. Und sie kann ja nichts dafür, daß sie keine Tülle mehr hat. ◆ Setzt euch auf den Küchentisch, dann steht ihr nicht im Wege. ◆ Man bekommt viel zu hören, bevor einem die Ohren abfallen. ◆ Große Menschen haben niemals etwas Lustiges. Sie haben nur einen Haufen langweilige Arbeit und komische Kleider und Hühneraugen und Kumminalsteuern.
Pippi Langstrumpf über sich: Ich hätte eigentlich Schlittschuhprinzessin werden sollen. ◆ Ich habe eine betriebsame Natur. ◆ Ich lüge so, daß meine Zunge schwarz wird, hörst du das nicht? ◆ Ich habe niemals jemand gesehen, der mit den Ohren geht. Alle, die ich kenne, gehen mit den Füßen. Ich

Aufforderung zu zivilem Ungehorsam

sah einmal in Shanghai einen Chinesen. Seine Ohren waren so groß, daß er sie als Pelerine benutzen konnte. ◆ Einmal in der Woche reiße ich Häuser ab. Aber niemals an den Freitagen. Denn da hat man mit dem wöchentlichen Reinemachen zu tun.
Andere über Pippi Langstrumpf: Mit einem träumerischen Ausdruck starrte sie auf ein kleines flackerndes Licht, das vor ihr stand. *(Astrid Lindgren, 1940)* ◆ In einer Zeit, wo »Heidi« und »Nesthäkchen« Vorbilder für Tugendhaftigkeit waren, in genau dieser Zeit setzte eine Hausfrau aus Schweden seitenweise »die pure Kraft des Unsinns« um. *(Heike Schultz, 1996)* ◆ Wenn es sie nicht gegeben hätte, hätte man sie erfinden müssen. *(Gerd Scobel, 3SAT, Kulturzeit 2004)*

Laozi **(alias Laotse, geb. Li Erl), Tempelschreiber, Archivar, Bücherrollenwurm, Staatsbeamter, Ruheständler, Weisheitsspender, Dao-Denker (6. Jhdt. v. Chr.):** Er kam aus dem Dörfchen Gü Jen im Staate Dschu (später: Provinz Honan) und versteckte sich hinter dem häufigsten aller Familiennamen: Li (100 x häufiger als der Name Müller). Sein Milchname: Erl – Ohr. In seinem Beruf – Annalist im Reichsarchiv, Verwalter von Opfer- und Weihschriften, Bücherrollenwurm – fühlte Li Erl sich zwar nicht heimisch, hielt es aber darin jahrzehntelang aus. Ein Rädchen im pragmatisch wohlgeordneten Getriebe, empfand er sich als randständig. Alle stiegen im Frühling lachend auf Türme; er aber stand abseits und lachte nicht mit. Erst als Pensionär, altertümlicher gesagt: in höchstem Greisenalter, betätigte er sich als Aussteiger. Er packte nur das Nötigste, aber es wurde dies und das. Er verließ seine Heimat, mit unbekanntem Ziel, und pflegte unterwegs die Meinung, daß du, ohne aus der Tür zu gehn, die Welt sehn kannst. Statt taoistisch bewegte er sich touristisch auf den Westen zu. Erhoffte Laozi sich dort blaueren Himmel als blauen? Das einzige, was den Einzelwanderer vom Pauschaltouristen abhob: fehlende Rückfahrkarte. Der (immanenzbetont) reisende Daoist überschritt Schlagbaum und Grenzmarke, vollzog also einen buddhistischen (transzendenzorientierten) Durchbruch. Der reisende Greis wurde zum sterbenden Seneca, der seinem Schüler schnell noch letzte Worte in die Binse diktierte; nach Laozis Grenzübertritt, wobei der Grenzposten zum Todesengel wurde, verloren sich Laozis Spuren, die auch vorher schon fehlten. Verschwinden und Verscheiden flossen daoistisch ineinander, gemäß seinem eigenen Wort, der beste Wanderer hinterlasse keine Wagenspur. Doch sprach sich der Spruch sehr herum. Mitten im 300jährigen Krieg der Dschou-Dynastie erhob Laozi eine suggestive, fast unhörbare Stimme gegen Waffengewalt. Mit kopfstehender Argumentation begründete er, wieso aufgestellte Gesetze ausgeübte Straftaten auslösen. Der mystische Laozi bildete das dunkle Gegengewicht zum taghellen, ethischen Kunfuzi (dunkel wie Heraklit, der Dunkle); aber statt mit Yang und Yin operierte Laozi lieber mit den raunenden Silben Dao und De. Dao wurde zum kaum mißbrauchbaren Gütesiegel und förmlich Allheilmittel für alles und jedes, mit der entsprechenden Unschärfe-Aura aus Ungefähr und Wischiwaschi, die wundersam beliebige Übersetzungen zuließ: Weg, Pfad, Bahn, Sinn, Urgrund, Wirkkraft, Leben, Natur, das Eine, Gott, Vernunft, Anima mundi, Weltvernunft, Wesen. Laozi schritt oder ritt seinem postumen Ehrennamen Laozi entgegen (alter Meister, altes Kind). ⁓ Den historischen Laozi gab's vielleicht gar nicht. Aber der postume Laozi stieg auf in die 4köpfige Riege berühmter Weltreligionsstifter, nach → Jesus, Buddha und Muhammad auf Platz 4. Laozis Symboltier Büffel, legendär nachgeschoben, ritt im Viererschritt Seite an Flanke mit Muhammads Maultier Dudul, Buddhas Pferd Kantaratara und dem Esel, auf dem Jesus in Jerusalem einritt. Die (vorläufige) Unaustilgbarkeit von Laozis Namen korrespondierte mit (fehlenden) Lebensdaten. Alle von Bürokratie und Pragmatismus absorbierten und traktierten Beamten in China, sobald sie in überfüllten Vielvölkerstaaten und Metropolen an Mystikdefizit litten, sich auf verlorenem Posten fühlten und nach ein wenig Eremitentum sehnten, kamen auf die Daoismus-Gründerväter Laozi, Liezi und → Zhuangzi zurück. Tang-Eremiten, die Laozis leidgeprüftes Outsidertum kopfnickend unterstrichen und die ihre Bürokarrieren so früh wie möglich, statt erst am Schluß, in den Wind schlugen, lebten insgesamt viel naturverbundener, viel daoistischer als Laozi, dem sie ihre eigene Freude an zurückgezogener Blumenzucht und an unendlichen Fernblicken über herbstliche Bergkulissen vordatierend-rückwirkend unterschoben und ins Wort Daoismus für immer einsickern ließen. Verrückte Volksphantasie umspielte den weißen Fleck von Laozis Ahistorizität mit knallbunten Legenden, auf dem Level von Ochs und Esel. Buddhas schwangere Mutter Maja träumte von einem weißen Elefanten; Laozis Mutter ging alsbald, nachdem sie auf eine Sternschnuppe geguckt hatte, 81 Jahre lang mit Laozi schwanger, entsprechend der Kapitelzahl des Daodejing. Laozi trat als Achselhöhlengeburt hervor, vaterlos, gemäß seiner Mutterfixiertheit, als frühvergreister Säugling, der sofort auf einen Li, einen Pflaumenbaum, zeigte: »Dies soll mein Name sein.« Seine berühmteste Weisheit »Weich besiegt Hart« und sein Zentralbegriff »Wu Wei« (Nicht-Handeln) paßte überregional gut zu Jesu Wangehinhalten, indisch gewaltlosem Widerstand, nachzitternd bis in Sprichwörter, daß steter Tropfen den Stein höhle, schönen Tugenden und Parallelen wie Vita contemplativa und Entdeckung der Langsamkeit. In Industriezeiten las sich Laozi dann noch mal anders: Jeder Spätromantiker, jede Lonely crowd entfremdeter Gesellschaftsmitglieder teilte Laozis Lebensgefühl sehr, über Zeit und Raum hinweg. Im 80. Kapitelchen seiner Spruchsammlung zeigte sich der anarchische Ur-Softie (Dao besiegt Tao) als alternativer Hardliner (2500 Jahre vor der Alternativbewegung ab 1970 n. Chr.), als Energiesparer, der dafür plädierte, Gürtel enger zu schnallen, Heizung runterzudrehn, Fahrzeuge in der Garage zu lassen, d. h. nicht einmal die damals vorhandene agrarische Gerätetechnik zu benutzen. Laozi fuhr das ganze Argumentationsarsenal späterer Ökofreaks auf: Small is beautiful! Tante-Emma-Läden statt anonyme Einkaufszentren! Biodynamische Stadtflucht statt Ballungszentren, Massentourismus und Verkehrschaos, Altbau statt Betonklotz, Fachwerk statt Mietfron, Jute statt Plastik, auf Laozis technologischer Ebene: vorsintflutliche numerische Knotenschrift statt die damals relativ neu erfundene vorchristliche Pinselschrift. Laozi trauerte nicht nur der Chimäre eines dao-gemäßen Goldenen Zeitalters nach; er sehnte sich allen Ernstes in neolithische Zeiten zurück. Statt päpstliches »Seid fruchtbar und mehret euch!« dekretierte Demograph Laozi: »Das Volk sei gering an Zahl«, plädierte also für Ein-Kind-Ehe, Jahrtausende zu früh, und alles umsonst. So um 1920 kreiste verfeinerbare Sinologie um Laozi, der dadurch als historische Person fast greifbar wurde, um sich dann doch wieder ins Nebulöse zurückzuziehen. Die Frage »Gab's ihn wirklich?« formte sich um in »Wie oft gab's ihn?«. Der Lao Dan, der bei Zhuangzi vorkam, wurde von Anfang an für Laozi gehalten. Der sanfte Unmensch Laozi stand für immer gleich weit weg von Maobibel (dem absoluten Gegengift des Daodejing), vom erwachenden Riesen, von Machtfaktor, Wirtschaftswachstum und Turbokapitalismus. Laozi blieb verdammt, ein namhaftes Nischendasein weiterzuführen in blasiert gurusuchenden Esoterikkreisen übertechnisierter Überdruß- und Wegwerfgesellschaften der Nordhalbkugel.

Reisender Greis kreiste um weiche Weisheit

Worte des Laozi: Was ihr redet, betrifft Menschen, die mitsamt ihren Knochen längst vermodert sind. Nichts ist von ihnen geblieben, außer Worte. Ein edler Mensch fährt im Wagen, wenn die rechte Zeit gekommen ist, und kommt sie nicht, packt er sein Bündel und geht. Wie ich gehört habe, weiß ein guter Händler seinen Besitz zu verbergen, als besäße er nichts; der edle Mensch gleicht äußerlich einem törichten Taugenichts. Tut ab euren Hochmut, eure Gier, euer Gehabe und unziemliches Streben! Nichts davon wird euch nützen! Das ist es, was ich euch zu sagen habe, und sonst nichts!
Laozi über sich: Ich bin wie gelähmt und kann kein Zeichen geben, wie ein Milchkind, das noch nicht lächeln kann, wie ein schlapper Wanderer ohne Zuhaus. Alle leben im Überfluß; ich allein lebe so, als hätt ich alles verloren. Ich hab das Herz eines Taugenichts! Alle leuchten, ich allein dumpfe vor mich hin. Alle sind so scharfsinnig, ich allein bin beschränkt, ruhlos wie das Meer. ◆ Alle haben etwas, wofür sie leben; ich allein bin querköpfiger als ein Hinterwäldler. Ich bin anders als andere Menschen. Denn ich verehre die nährende Mutter.
Andere über Laozi: Vom Drachen weiß ich nicht zu sagen, wie er sich erhebt auf Wind und Wolken und in den Himmel steigt. Heute hab ich Laozi gesehn – ob er wohl dem Drachen gleicht? *(Konfuzi)* ◆ Er ist für mich seit vielen Jahren das Weiseste und Tröstlichste, was ich kenne, das Wort Tao bedeutet für mich den Inbegriff jeder Weisheit. *(Hermann Hesse an Romain Rolland, 8. 11. 1921)* ◆ In Kung-Futses Gesprächen ist man noch auf festem Boden; doch später löst sich alles immer mehr und mehr in der Dunkelheit auf, Laotses Sprüche sind steinharte Nüsse. *(Franz Kafka)* ◆ Der maßvolle Lehrer wurde sichtbar als einer, der zurücktrat. Aber der eigentliche, der mystische Lehrer des Tao erschien dadurch, daß er verschwand. *(Ernst Bloch, 1936)* ◆ Buddha ist monoton. Er ist eine einheitliche Sache, sauber, logisch, geradeausgehend, linear. Aber Laotse springt im Zickzack, er läuft wie ein Verrückter. Deshalb erreichen ihn nur sehr seltene Sucher; deshalb gibt es keine organisierte Religion für Laotse. *(Rajneesh)* ◆ Der Alte Meister steht bis heute in dem für einen Weisen ziemlich unpassenden Ruf, ein

Anarchist gewesen zu sein. Aber Lao-Tse wollte den Staat nicht abschaffen, schon gar nicht mit Hilfe von Terrorakten, sondern ihn so weit wie möglich reduzieren. *(Gisela Gottschalk, 1982)*

ELSE LASKER-SCHÜLER (geb. Elisabeth Schüler), Morgenlandfahrerin, Artistin, Legendendichterin (1869–1945): Geboren wurde sie in Theben, auch wenn sie im Ruhrpott zur Welt kam, als Bankierstochter. Denn die Jahrgangsgenossin von Miß → Jenkins und → Gandhi berichtete aus ihrem Leben so ähnliche Schnurren und Exotika wie Madame → Blawatsky und → Langstrumpf: Bis zum 14. Jahre hütete sie die Kamelherden ihres Urgroßvaters, eines Scheiks in Bagdad. Die Flügel ihres Gesanges reimten sich, statt auf Ganges, eher auf Rubikon, Bosporus und Muharam. Denkwürdige Wortgebilde prägte sie: Blutmühle, Fleischchaosse, Lilaschwermutsüsse, Mammuttaler, Schlaraffenlandgasse, Zebaothknaben, Zwiebelasketen. Die buntbetenden Nächte ihrer mandelgoldenen, zimmetfarbenen Orientalismen und Arabesken, zurückübersetzt ins Arabische, würden noch 3 x rätselhafter werden. Tino von Bagdad, wie Peter Hille sie nannte, den sie Petrus nannte, nannte sich ab 1910 »Prinz Jussuf von Theben«. Franz Huf taufte sie »Gorilla vom Rütli«. Gottfried Benn, den sie »König Giselher«, »Zyklop«, »Nibelunge« und »Barbar« taufte: »Ich möchte einmal etwas ganz Großes, etwas ganz Reines vollbringen!« Sie zu ihm: »Dann waschen Sie doch einen Elefanten!« Nachts trug sie eine Schillerlocke (aus Zucker) auf ihrem Mohrenkopf. Ihr Neger Oßman – als wär er Pippis Äffchen Herr Nilsson – raubte ihr abends oft Edamer-Attrappen. Einen Gaul nannte sie Saul. Bereits ihr Spielkamerad der Kindheit hatte – glaubwürdigerweise – Willy Himmel geheißen. In Bibliotheken fühlte sie sich unwohl, weil Bücher ihr ostentativ den Rücken zukehrten. Erotisch ließ sie sich oft bei Treue ertappen. Band sie sich ein Katzenfell um, hörte sie sich schier Miau sagen. Bisweilen bat sie (wenn ihre Neger schliefen) ihren Psychiater, sie doch ein wenig im Kinderwagen herumzufahren. Wüsten wuchsen kalt und grau, und liebe Engel mußten poetisch angefleht werden, um jetzt schon mal Himmelstüren zu öffnen, und nicht erst hinterher. Ganztägig wartete sie auf die Nachwelt. Mondsichel, Rose, Kamel, Tiger und Zisterne mußten damit leben, bei ihr zu Spielmarke, Aufklebsel, Schmankerl und Betthupferl zu werden. Aber aus ihrer Fläche trat sie oft ins Relief, und aus plastilinbunter Plastizität oft in den dann wieder flächenhaften Himmel mit aufgenähten Zakkensternlein. Auf dem Umschlagpunkt klassischen Helldunkels ins Kolorierte und Gobelinhafte ihrer pinkfarbenen Tapetenmetaphysik stand sie ohne entflügeltes Herz im Geknatter moderner Flugapparate, im Startloch Richtung Endstation Batik, Textilia & Poster. Durch realitätslastige Maschinengewehre hörte sie versöhnliche Bleisoldaten und Schokoladentrompeten. Am Fabrikzucker erschmeckte sie chaldäischen Honig, und Talmud und Mokkatäßchen rührend, über Muckefuck-Umwege, gelangte sie in ein echteres Mekka als echte Mekkapilger. Ihr Theaterblut, kurz »Blut« genannt, rauschte kunstvoller als Blut. Aus Klimbim und Tand destillierte sie Talismane. In Scheindemokratie eingespannt, schlug sie aus dem Zauberwort Malik (arab. König) Funken. Im Gegensatz zu Kommunisten unterschied sie Brüder von Halbbrüdern. Das Blau ihres blauen Klaviers war so blau wie das Blau des blauen Reiters Franz Marc, dessen blaue Seele sie als blaue Fahne sah und der Zitronenochsen und Feuerbüffel malte. Selbst von Gott nahm sie an, daß dessen Lieblingsfarbe Blau sei. Ihr Herz schämte sich fast seiner tauben Narbe vor Gott. Sie hatte zu Hause ein blaues Klavier und kannte doch keine Note. Es stand im Dunkel der Kellertür, seitdem die Welt verrohte, in trostlosester Entblätterung, genau wie bei → Bois. Befragt, ob sie Frau Lasker-Schüler sei, antwortete sie: »Leider.« Sie hauste erst in möblierten Zimmern, später in überstopften Kammern, voll Spielzeug, Puppen, Krimskrams. → Kraus rief zur Unterstützung der mittellosen Dichterin auf. Nietzsche drohte, er sei kein Mensch, er sei Dynamit; sie kokettierte, sie sei kein Mensch, sie sei Wetter. Die Umfärbung von Quasi-Archaik in bonbonrosa Expressionismus-Caféhaus-Authentizität ließ sich selten drosseln. Zwar unterlag sie vollrohr Tucholskys Prognose 1926 in »Fantasia«, daß jeder, der sich als Morgenländer verkleidet, nirgendwo im Orient erkannt wird, sie aber wuchs dem Märchen selten über den Kopf. Als Strichzeichnerin machte sie, statt aus wenig viel, aus nix noch mehr. 1882 starb ihr Lieblingsbruder Paul, 1927 ihr Sohn Paul. Der Tod stürzte sie in eine tiefe Krise. 1932 erhielt sie den Kleist-Preis für ihr Gesamtwerk. 1934 und 1937 reiste sie von Zürich nach Palästina. ~ Sie mußte als Rheinländerin sowenig ins Morgenland wie Wilhelm Hauff und Karl May; Turandot und Abigail genügten auf Retina und Camera obscura; nur Typen wie → Eberhardt und Lawrence von Arabien mußten reell somatisch hin, und dann auch noch sie. Die kritische Ausgabe ihrer Werke und Briefe wurde ediert, statt in Orientalischer, Babylonischer oder Kosmischer Bibliothek, in einer bestimmten Abstellschublade und Doppelhaushälfte, im Auftrag des Franz-Rosenzweig-Zentrums der Hebräischen Universität Jerusalem im »Jüdischen

Verlag«. Katholische Kirchenzeitungen entdeckten in ihrem ausgegrabenen Wupper-Bühnenstück einen »Sumpf von Amoralität«. Germanistik konnte nicht anders, als sie mit Termini à la enigmatisch, Referenzsignale, Maximum an ästhetischem Wert zu behelligen, und differenzierte die Wertigkeit von Realien, Fakten, Wahrheitsgehalt, objektivierbarem fiktionalem Gehalt und nicht zuletzt nichtfiktionalen Elementen.

Am Leben sterben und im Bild wieder aufleben

Worte von Else Lasker-Schüler: Es weinten über unsere Welt die Engel in der Nacht. ◆ Wir sterben alle an zu wenig Zucker, der ersetzte wenigstens noch die Liebe. ◆ So viele Vögel fliegen durch die Nacht, sie können noch Wind und Atem spielen, aber wir wissen nichts mehr hier unten davon, wir können uns nur noch zerhacken oder gleichgültig aneinander vorbeigehen. ◆ Den kleinen Mars des Menschen kann man nur mit dem gröberen, großen Mars der Welt impfen. ◆ Jeder Schlaganfall ist ein Zerbersten zweier vom Wege geirrter Sterne. ◆ Merkwürdig, daß man gerade in den Irrenanstalten Gesichte erblickt aus allererster Sternzeit; Bilder, alte Meister, Menschen, die erstarrt sind in ihrer Vision.

Else Lasker-Schüler über sich: Ich möchte wohl ein Baum sein, schon, weil manchmal ein Vogel kommt und in meinen Zweigen singt. ◆ Ich suche nach einem Stuhl, der im Verborgenen blüht – endlich finde ich so ein Veilchen abseits am Tapetenrand; ich setzte mich. ◆ Ich kenne Leute, die unter dem Zusammenstoß ihrer Fixsterne leiden. ◆ Ich wollt', jemand schenkte mir einen Stern, mit dem ich mich ab und zu sichtbar machen könnte. ◆ Ich nehme schon seit Wochen Opium, dann werden Ratten Rosen und morgens fliegen die bunten Sonnenfleckchen wie Engelchen in meiner Spelunke und tanzen über den Boden, über mein Sterbehemd herüber und färben es bunt; o ich bin lebensmüde. ◆ In der Nacht spiele ich mit mir Liebste und Liebster; eigentlich sind wir zwei Jungens. Das ist das keuscheste Liebesspiel auf der Welt; kein Hinweis auf den Unterschied, Liebe ohne Ziel und Zweck, holde Unzucht. ◆ Wäre ich doch eine Drehorgel und mich drehe ein Krüppel, ihm wüchsen vor Tanzlust die Beine wieder an. ◆ Die hungrige Zeit fraß meine Leuchtkraft goldweise. ◆ Es kommt mir selbst nicht darauf an, einige Monde meines Planeten fallen zu lassen.

Andere über Else Lasker-Schüler: Nur Buntes redend, aus Narrenlarven bunt herausredend, herumsteigend auf lügnerischen Wortbrücken, auf Lügen-Regenbogen zwischen falschen Himmeln, herumschweifend, herumschleichend, nur Narr! nur Dichter! *(Nietzsche)* ◆ Im Terrassen-Café fanden wir meist, umgeben von ihrem bewundernden Hofstaat, Else Lasker-Schüler vor, die mit Bonbons spielte. Sie hatte immer welche bei sich, in allen Farben und Formen, in knisterndes Zellophan oder Silberpapier gewickelt. Sie kramte sie aus ihrer Tasche, dem Kleid, dem Ausschnitt, schichtete sie auf dem Tisch zu Pyramiden auf oder benutzte sie als Dominosteine. Sie zahlte sogar mit diesen Süßigkeiten, und die Kellner machten den Zirkus mit, denn ihr Ruf als Exzentrikerin hatte sich bis zum letzten Piccolo herumgesprochen. Ihr verzieh man alles. Sie war damals die größte deutsche Dichterin, und niemand wagte es, ihr etwas abzuschlagen. Sie maßte sich jedes Recht an, als erstes die Verfügungsgewalt über jeden Mann, der in ihre Nähe kam. *(Claire Goll)* ◆ Sie war klein, damals knabenhaft schlank, hatte pechschwarze Haare, kurz geschnitten, was zu der Zeit noch selten war, große rabenschwarze bewegliche Augen mit einem ausweichenden unerklärlichen Blick. Man konnte weder damals noch später mit ihr über die Straße gehen, ohne daß alle Welt stillstand und ihr nachsah: extravagante weite Röcke oder Hosen, unmögliche Obergewänder, Hals und Arme behängt mit auffallendem, unechtem Schmuck, Ketten, Ohrringen, Talmiringe an den Fingern, und da sie sich unaufhörlich die Haarsträhnen aus der Stirn strich, waren diese, man muß schon sagen: Dienstmädchenringe immer in aller Blickpunkt. *(Gottfried Benn, 1952)* ◆ Man spürt die geistige Nacht über die greise Dichterin hereinbrechen, über die nur noch seltene Sternschnuppen hinzucken. *(Ernst Ginsberg, 1958)* ◆ So die Lasker-Schüler, die im allgemeinen ihren Launen folgte, doch wenn's hart auf hart ging, auch äußerst praktisch sein konnte. *(Max Brod, 1960)* ◆ Ihre »Hebräischen Balladen« sind durchweht von der jahrtausendealten Trauer ihres Volkes. *(Große Frauen der Weltgeschichte)* ◆ Else Lasker-Schüler ließ sich weder von ihrer Herkunft, ihrem Geschlecht noch von ihrer Zeit einschränken. *(Pusch/Gretter, 1999)*

TIMOTHY LEARY, Harvardpsychologe, Psychonaut, Propagandist, LSD-Papst, Staatsfeind, Chaos- & Cyber-Visionär (1920–1996): Frühe Leseerlebnisse des aufgeweckten Sohns eines alkoholabhängig freidenkerischen Zahnarztes in Springfield: King Arthur, Robin Hood, Sherlock Holmes, Odysseus, Horaz. Freundin Nr. 1: Rosalind. Als Kadett bekam er Strafpunkte und Schweigestrafe wegen ungeschnittener Nasenhaare. Ein Schnitt beim Rasieren wurde als »fahrlässige Beschädigung von Regierungseigentum« geahndet. Schikanen sollten ihn zum weißen Neger des Korps machen, zwecks Nötigung, die Militärakademie freiwillig zu verlassen. Alsdann Psychologiestudium in Alabama, Ehe mit depressiver, seitensprungumspielter Marianne, die zu Learys 35. Geburtstag Selbstmord verübte, durch Kohlenmonoxid in der Hausgarage. Der Mann blieb mit Susan (8) und Jack (6) zurück, verfaßte Buchtitel wie »Interpersonal Diagnosis of Personality« und »The Existential Transaction«. 1960 aß er ein paar Magic mushrooms und wurde über den Rand seines sinnlichen Niagaras in einen Strudel transzendenter Visionen und Halluzinationen geschleudert, 5 Stunden lang, erwachte aus ontologischem Schlaf, die fraglos tiefste Erfahrung seiner bisherigen 39 Jahre, was zu weiteren, betont furchtlosen und sowie-so legalen Selbstversuchen führte, die der nunmehr dankbar eingeweihte Proband »experimentellen Mystizismus« nannte. Selbst seine Tante, eine erzchristliche olle Jungfer, wollte er euphorisch zu Pilztrips verleiten. Ideen keimten, bestärkt von Dialogen mit Aldous Huxley und Allan Ginsberg, die Welt umzukrempeln, d. h. im molekularen Zeitalter mit einer neurologischen Revolution zu beschenken, demokratisch und unelitär für alle. Zwischen 1960 und 1966 hatte er 311 psychedelische Sitzungen. Sein Traumgirl Rosemary Woodruff paßte derart ideal zu ihm, daß er sie anfangs sogar für eine Geheimdienstspitzelin hielt. Seine alsbald berühmteste Parole »Turn on, Tune in, Drop out« stammte eigentlich von Tuli Kupferberg (The Fugs). Obwohl er im Gesicht ziemlich profan aussah, lang nicht so schön guruförmig schwarzbärtig wie seine Freunde Ram Dass und Allan Ginsberg, mit denen er die Podien teilte, stieg er halb unvorhergesehn, halb ungewollt, halb höchst freiwillig zum Tempelpriester, Guru und auch gern spektakulär verhafteten Märtyrer der psychedelischen Bewegung auf (wegen 2 untergeschobener Jointkippen, Marihuanaschmuggel, Steuerhinterziehung 30 Jahre Gefängnis + 36 000 Dollar Geldstrafe). 1972 bei seiner Verhaftung in der Schweiz lachte er sein schönstes Blendaxlachen, auch bekannt als marketingstrategisches, von Marshall MacLuhan angeratenes »Leary-Lächeln«, genau wie Bhagwan (→ Osho) bei der Verhaftung lächelte, und wie → Halladsch beim Anblick der Foltergeräte lachte. Exempelstatuierung, Einbuchtung in aussichtslosem Opaknast, minuziös raffinierter Ausbruch bei Nebel, Unterschlupf in wechselnden Ländern, Algerien, Afghanistan, Wien, Neuverurteilung, Einsitzung in nach und nach 36 Vollzugsanstalten, Knastnachbarschaft mit Serienkillern und Charles Manson, Rehabilitierung. Märtyrerbonus gingen günstig in Nimbusvergrößerung über. Zerfledderte Jugendkultur trug den Eingelochten auf Händen. Viele Merry Pranksters kamen ihm aber zu flippig vor, und er denen wiederum zu unbunt und normalgebaut. Wo er unhofiert zwischen irgendwelchen abhängenden Freaks landete, fühlte er sich fehl am Platz. Leary machte, genau wie Alan Watts, auch sehr mit östlicher Philosophy herum, Tarot, I-Ging. Kategoriendenker Buddha konstruierte einen 8fachen Pfad; Dante x Höllenkreise, Aurobindo x supramentale Erleuchtungsstufen, Leary 8 Schaltkreise, 1.) den emotional circuit, 2.) dexteritysymbolism, 3.) social sexual, 4.) neurosomatic circuit, 5.) neuroelectric, 6.) neurogenetic und 7.) neuro-atomic circuit etc., und dies als praktizierender Hindu. Er dekretierte, wenn Buddha heute leben würde, tät er »Oracle« lesen. 1995 erfuhr er, sein Prostatakrebs sei unheilbar. Furchtlos zelebrierte er sein Sterben als Medienspektakel auf seiner Homepage. Tägliche Arzneidosis gegen Schmerzen: ¼ gr. Kokain, 45 mm² Ketamin, DMT, Schmerzpflaster, 12 mit Lachgas gefüllte Luftballons, 2 Marihuana-Plätzchen. Zeitweise erwog er einen Internet-Suizid via Giftcocktail, oder alles kreatürlich laufen zu lassen und das Hirn postum einfrieren zu lassen; doch widersprach Kopfabtrennung der Auflage des »Bardo Thödol«, körperlich unversehrt zu sein bei Eintritt ins tibetanische Totenreich.

Nüchterne Physiognomie flippte trotzdem aus

Worte von Timothy Leary: Wirf deinen Geist fort, um deinen Kopf zu gebrauchen. ◆ Neurotransmitter sind die ultimativen Waffen der Demokratie. ◆ Dieser eine blitzartige, flüchtige Blick in den zellulären Zeittunnel verändert einen total. Du bist nie mehr derselbe, wenn sich der Schleier gelüftet hat. ◆ Jeder weiß, daß sich das Leben auf diesem Planeten irgendwo un-

ten in der heißen, dicken und dampfenden Ursuppe der Tropen entwickelt hat. Die ersten Lebensformen waren faule, einzellige, amöboide Sauna-Hedonisten mit unstillbarem Appetit. Alles war organisch, natürlich, nichts war amoralisch, verboten oder illegal. ✦ LSD ist nicht für jedes Gehirn etwas – nur die Gesunden, Glücklichen, Schönen, Hoffnungsvollen, Humorvollen und Agilen sollten nach einer solchen Erfahrung suchen. Dieser Elitismus ist gänzlich selbstbestimmt. Wenn du nicht selbstbewußt, selbstgesteuert, selbstbestimmt bist, laß es bitte. ✦ Künftigen Sozialhistorikern möchte ich bescheiden zu bedenken geben, daß das spirituelle Band, das unsere Zivilisation vom Selbstmord zurückhält, zurückverfolgt werden kann von den Wäldern des Himalaya, wo die Philosophen der Veda Soma tranken, den Ganja hinunter durch den Suez und hinüber nach Liverpool. Meine Mitamerikaner, Psychedeliker, Hippies, Blumenkinder, Mönche, Nonnen, Reisende, ich gebe bescheiden zu bedenken, daß wir Englisch lernen müssen, um Gott zu finden. Unser DNS-Code scheint es zu tun.
Timothy Leary über sich: Ich bin Wissenschaftler. Drogen als Werkzeuge ablehnen wäre so, als würde man das Mikroskop ablehnen, weil es das Sehen so leicht macht. ✦ Ich bin der Meinung, die Menschen verdienen jede Offenbarung, die sie kriegen können. ✦ Ich betrachte den zellularen Prozeß und die menschliche Spezies sehr optimistisch, weil wir Teil des phantastischen brausenden Stroms sind, der seit über 2 Billionen Jahren von einem unglaublichen Höhepunkt zum anderen fließt. ✦ In anderen Zeiten hätte man mich vielleicht Messias oder Guru genannt, Schamane oder Medizinmann. Welch Ironie, daß ein amerikanischer Ire zur Heiligkeit gezwungen wird. ✦ Die Entfernung zwischen dem Finger meiner Frau und meiner Handfläche empfand ich wie 50 Meilen Raum, gefüllt mit Zuckerwatte, durchdrungen von Tausenden von Silberdrähten, die Energie hin- und hersausen ließen.
Andere über Timothy Leary: Timothy Leary ist der gesündeste, amüsanteste und klügste Mann, dem ich je begegnet bin. *(Rosemary Leary)* ✦ Ohne Leary wäre das Raumschiff LSD in den 60ern wahrscheinlich nicht so hoch in den psychischen Welt- und Wahnraum gestiegen. *(Michael G. Symolka, 1999)*

Jakob Michael Reinhold Lenz, Stürmer, Dränger, Genius, Bühnendichter, Wahnumflorter (1751–1792): Baltischer Herkunft, aus pietistischem Pfarrershaus in Seßwegen in Livland, von 8 Kindern Nr. 4. In Königsberg studierte der bald enterbte Jüngling Theologie, saß in Kants Vorlesungen, las Shaftesbury, Hume, Shakespeare, Milton, Lessing, Rousseau, Herder. 1771 lernte er in Straßburg Goethe kennen, was in rivalisierende Freundschaft ausartete, Briefwechsel, Werkpläne; noch nicht gestalteten Embryonen gab Lenz unterwegs Existenz; hier wie da bei Quasibrüdern, Dichtern und genialischen Gesellen jede Menge »Ach!«, »kühnes Unterfangen«, »regelloses Fibernspiel«, und »dieses Busens reine Fülle« und ähnlich zeitgebundene Nachahmlichkeiten mehr. Auch »der tolle Lenz« – Spitzname: Mendoza – lag mit süßen Zähren, wie er sie vor Ossian und Laokoon vergoß, als dankbar gefühlige Seele der ewigen Mutter Natur (die er auch mal, im Gegensatz zu Goethe, »Mama Natur« nannte) im Schoß, noch nicht entwöhnt von ihren Brüsten, und lauschte heilig rauschendem Wasserfall. Beide schrieben Briefe an Merck, Lavater, Sophie von La Roche, Johann Daniel Salzmann. Maler Müller schrieb auch so. 1775 noch eine unglückliche Liebe, diesmal zu Henriette von Waldner. Obwohl Goethe zu behaupten nötig fand, er sei anders als Lenz, tönten dessen Schmieralien, d. h. Lenzlyrik um nichts ungoethischer und ungenialer als die von Goethe. Lenz verfaßte »Über unsere Ehe«, alles über die Symbiose der Busenfreunde. In seinem Gegenentwurf contra den leidenden Werther – »Der Waldbruder« – nannte er sich »Herz« und Goethe »Rothe«. Bei Goethes in Sesenheim sitzengelassener Friederike Brion ging nun Lenz ein und aus, schlich sich in ihr Vertrauen, war oder tat verliebt, wohl aber nur, um nicht an sie, sondern an Goethes Briefe an sie heranzukommen. 1776 schrieb er an Frau von Stein, wie er mit 8 seinen Vater verlor, dem er 1790 dann doch noch Briefe schrieb. Doch Fortuna, die Lenz »eine vertrackte Dame« nannte, meinte es mit ihm weniger gut als mit seinem glücksgesegneten Unterbieter. In Weimar, wohin Lenz nachkam und – arm wie eine Kirchenmaus – ein Billet reinreichte »Der lahme Kranich ist angekommen. Er sucht, wo er seinen Fuß hinsetze«, zog er zwar nachspringend den Herzog aus dem Graben, schlich sich aber heimlich auf einen Ball, wo nur Adlige Tanzrecht hatten, und tanzte als Bürgerlicher mit der Wertherenthusiastin Fräulein von Lasberg, was einen Aufschrei des Standesdünkels auslöste. Wankelmut etc. wurde bei geringster Abweichung von normaler Überspanntheit – er drohte sich vor Friederike Brion zu erdolchen – nicht mehr dem Geniewesen zugeschrieben, sondern als Verrücktheit gedeutet, bis Lenz, der's als Hofnarr zu bunt trieb, aus Weimar ausgewiesen wurde, wegen Affenstreichen bzw. einer nicht näher definierten (unerforschlich gewordenen) »Eseley« (Goethes Tagebuch) bzw. »Klätschrei« (K. A. Böttiger), und aus Zeitgründen vergessen. Er kam bei Goethes Schwester Cornelia Schlosser unter, später dann fand er Zuflucht beim Gottesmann und Pfarrer Oberlin im Steintal, in Waldersbach, der ihn recht liebreich behandelte. Dort nächtigte er im Schulhaus, planschte im eisigen Brunnentrog, rannte glühend durch Winterlandschaft, versuchte sich im Predigen und sogar ein totes Mädchen aufzuerwecken, bereitete sich schamanistisch mit Bußübung vor, Fasten und Gesichtsmaske aus Asche, leider ohne jeden Erfolg. Schlafsucht, Verzweiflungsanfälle, innere Öde, Erloschenheit, Selbstbezichtigungen, Selbsttötungsversuche, 2 x durch Fenstersturz. Er verlangte gepeitscht zu werden und bekam nur Küsse von Oberlin, der kaum verbergen konnte, daß ihn Lenz, dem auf Erden nicht zu helfen war, an den Rand seiner seelsorgerischen Bemühungen brachte. Dienstmägde unter ihm hörten ihn nächtelang winseln, oder lautstark beten. Oberlin bestellte Aufpasser, die eine Nacht lang ihn an diversen Selbstverletzungen z. B. mit Schere hinderten, mit dem Kopf gegen die Wand zu rennen. Nachdem er sich mit Goethe, dann Petrus identifiziert hatte, glaubte er, der Abgrund-Engel Abaddon (aus der Apokalypse 9,11) zu sein. Frau Oberlin und Mägde scheuten und flohen ihn, kamen nicht mal zum Lebwohl, als er nach Straßburg bzw. Emmendingen abtransportiert werden mußte, in Ketten gelegt von 3 Muskelmännern. Später vorübergehende Beruhigungen; Versuch, in Riga als Schulleiter Fuß zu fassen. 1783 wurde der Plautus- und Pope-Übersetzer Lenz in die Freimaurerloge »Zu den drei Fahnen« in Moskau aufgenommen, wo er Monate später tot auf offener Straße aufgefunden wurde. ~ In »Dichtung und Wahrheit« ließ Goethe retrospektiv sich dann gemächlich herab und geruhte Lenz »so talentvoll als seltsam« zu nennen, merkwürdig, humorvoll, spitzfindig. Viele Werke erschienen erst postum: »Der verwundete Bräutigam«, »Die Liebe auf dem Lande«, »Catharina von Siena«, »Pandämonium Germanikum«. Friedrich Maximilian Klinger verwirklichte Lenzens Plan, in Dorpat eine Universität zu gründen. 1965 machte Bernd Alois Zimmermann aus »Die Soldaten« eine abendfüllende Oper. Psychopathographen ließen dann Geschosse auf Lenz los wie psychotisch, kataton, verblödet, dégénéré supérieur, Dementia praecox. So einer konnte – genau wie die Beach Boys –, neben Goethe und den Beatles, ja bloß die zweite Geige spielen.

Genie und Wahnsinn Tür an Tür

Worte von Jakob Michael Reinhold Lenz: Die empfindsamen Seelen laufen die meiste Gefahr. ◆ Welch Wonne, ein Kuhfladen zu sein und in der Sonne zu liegen! ◆ Gibt's Engel hier? O komm' ein Engel / Und rette mich! ◆ Allenthalben, wo man hinreicht, Lässigkeit, faule, ohnmächtige Begier, lallender Tod für Feuer und Leben, Geschwätz für Handlung. ◆ Sie sehen mich oft verwundrungsvoll an, wenn ich so unter ihnen herumschleiche und nirgends zuhause bin, mit ihrem Scherz und Ernst nicht sympathisieren kann, so daß ich mich am Ende wohl schämen und in ihre Form zu passen suchen muß, da sie den ihren Witz nach ihrer Art meisterhaft über meine Unbehelfsamkeit wissen spielen zu lassen. ◆ Nimm diesen Roman mit dem Herzen auf, mit dem er geschrieben ward, einziges Weib, das der Himmel so organisierte, daß sie für alle – alle meine Fehler immer noch eine liebreiche Entschuldigung in ihrem Herzen fand.

Jakob Michael Reinhold Lenz über sich: Ich habe keine Maitresse, und keine Ergießungen des Herzens als vor Gott. Bisweilen auch an dem Busen meines Göthe, der nun freilich viel von mir weiß. ◆ Ich lobe mir mit seinen Mängeln / Das Mittelding von Vieh und Engeln, / Herrn Plato ungefiedert Tier. / Das sieht mir gleich, das lob ich mir. ◆ Das Pressende und Drückende meiner äußern Umstände preßt und drückt mich nicht. ◆ Mein großes Lied wird untersätzig, / es wird zu breit und bliebt doch klein. / Das ist mein Los. Den Wuchs vom Manne/ versagte mir bisher das Glück, / Und nahm ich zu um eine Spanne, / So bleib ich klein – und wurde dick.

Andere über Jakob Michael Reinhold Lenz: Neben seinem Talent, das von einer genialischen aber barocken Ansicht der Welt zeugte, hatte er ein travers, das darin bestand, Alles, auch das simpelste, durch Intrigue zu tun, dergestalt daß er sich Verhältnisse erst als Mißverhältnisse vorstellte, um sie durch politische Behandlung wieder ins Gleiche zu bringen; in dem Umgang mit seinen Freunden, Eleven, und bekannten sich die närrischsten Irrwege auszusinnen, um aus Nichts etwas zu machen, und ohne in der damaligen Epoche etwas Böses oder Schädliches zu wollen, sich doch immer dergestalt übte, um in der Folge bei andern Zwecken, die er sich vorsetzen mochte, auf die tollste Weise zu einer Art von Schelmen zu werden. Wobei ihm, in Ansicht auf Beurteilung und Imputation, immer seine Halbnarrheit, ein gewisser von Jedermann anerkannter, bedauerter, ja geliebter Wahnsinn, zu Statten kam. *(J. W. Goethe)* ◆ Nachdem wir Verschiedenes gesprochen hatten, sagte er mir mit ausnehmender Freundlichkeit: »Liebster Herr Pfarrer, das Frauenzimmer, von dem ich Ihnen sage, ist gestorben, ja gestorben – o, der Engel!« – Woher wissen Sie das? – »Hieroglyphen – Hieroglyphen!« und dann gen Himmel geschaut und wieder »Ja – gestorben – Hieroglyphen!« *(J. F. Oberlin, 1778)* ◆ Es war als ginge ihm was nach, und als müsse ihn was Entsetzliches erreichen, etwas das Menschen nicht ertragen können, als jage der Wahnsinn auf Rossen hinter ihm. *(Georg Büchner, 1835)* ◆ Aber die Ausbrüche von Lenz haben einen Ton über die gemeinsame Lamentation des Geniewesens hinaus; er litt an einer Lebensschwäche, die sich als Kraft aufblies, an einer angeborenen Lebensangst, die ihn in jungen Jahren umbringen wollte, der erste Dichter in Deutschland, der das Thema von Genie und Wahnsinn aufgegeben, und dem sein Leiden einen Schimmer des Martyriums verliehen hat. *(Arthur Eloesser, 1930)* ◆ Sein stachliges Temperament ist aus den Versen ohne weiteres zu erkennen und ebenso sein Mißtrauen gegen jedermann. *(Lisa de Boor, 1963)*

Theodor Lessing, **Privatdozent, Arzt, Anti-Rüpel, Lärmbekämpfer, Störenfried, Querkopf, Psychoanalysegegner, Nazigegner, Tiernarr, Blumenfreund, Denker (1872–1933):** Zwischen Plüschsofa und Stuck einer Kindheit im neunzehnten Jahrhundert litt er an väterlichem Tyrann, gedrückter Mutter und wilhelminischem Schuldrill. Einziger Trost und Lichtblick in dieser ersten Hölle: Hunde, Katzen, Vögel, Meerschweinchen, Sonnenkäfer, Blumen, Reclamheftchen der Dichter. Oft ging er in den Zoo, immer im Glauben, Affen und Seelöwen, Elefant und Nilpferd würden auf ihn warten. Berufswunsch: König von Hannover. Als Student hatte Lessing 7 Jahre lang einen Silbermops als Begleiter, den er im Jenseits, an das er nicht glaubte, wiederzusehn wünschte. Schulkamerad Ludwig Klages und er, beide milieugeplagt, begeisterbar, hochbegabt, einsam, durchliefen 15 Jahre lang verzwickte Stadien, philosophierten als Naturschwärmer, sagten jeweils dem andern große Zukunft voraus, entwickelten sich kaum auseinander, ehe Klages dann den Busenfreund als »zudringlichen Juden« verstieß. Neben Klages' Denkprodukten – seriös, gediegen, unverzettelt, asketisch ausgereift –

wirkten die frühreif voreiligen Publikationen des umtriebigen Byroniden Lessing »Laute und leise Lieder«, »Einsame Gesänge«, »Die Saat im Schnee«, »Von Wolken und Seelen«, und sein Welterlöserwerk in 2 Bänden, unausgegoren, verspielt, flatterhaft, flapsig, feuilletonistisch, und umgekehrt: Neben Lessing – lebensvoll farben- und facettenreich, polythematisch schäumend, wortmächtig aufdrehend – wirkte Klages steifleinen, blutärmlich, herzlos, humorfrei, trocken, abstrakt, metaphysisch, einseitig. Inhaltlich hielten beide Öko-Denker, die gegen Wäldervernichtung und Robbenmord fochten, an ihrem Dogma, daß der Geist Parasit am Leben sei, lebenslang fest. In seiner Schimpfpredigt gegen die »verfluchte Kultur« rannte Lessing speziell gegen die Rentabilitätskoeffizienten und Durchschnittsprofitquoten von Hegel, Darwin, Marx an. Die Bevölkerungsexplosion (damals bloß 1,6 Mrd. statt 6,6 wie 2008) nannte Lessing »unsinnige Vermehrung«. Schopenhauers Schleier der Maja hieß bei Lessing »Illusionsfassade«. Er rief einen Antilärmverein, samt publizistischem Organ (»Der Anti-Rüpel«), ins Leben, was keinen Lärm verkleinern half, aber viel automobilischen Spott und Häme auf den Lärmprofessor und Antilärmisten auslöste. 1904 gründete er die ersten Arbeiterunterrichtskurse in Dresden. 1910 schrieb Herwarth Walden, Lessings Mundwerk ließe sich nur mit einer Revolverkugel stopfen. 1912 starb seine Tochter Miriam mit 10 durch Unfall. »Europa und Asien«, eher da als all die diskussionsauslösenden Abendlandbücher von Oswald Spengler, Rudolf Pannwitz, Paul Cohen-Portheim, Henri Massis und John Macready, verhallte unbemerkt. 1919 mitbegründete er die erste VHS Hannover. Begriffe wie Vaterland demontierte er sehr. Er entwickelte eine Psychologie der Betäubung. In seiner »Phänomenologie der Filzpantoffel« karikierte er die modischen Phänomenologien der Liebe. Der Charakterologe, sympathetisch um Lebensreform kreisend, schrieb über das legendäre freideutsche Jugendtreffen auf dem Hohen Meißner – und über Arbeiter, die 18 Stunden Schlange standen, um ein wenig tuberkulöses Rindfleisch zu ergattern. Ein buddhistisches Aha-Erlebnis suchte ihn in einer Warteschlange heim, wo ein dicker Mann mit Kind trotz geschlossenem Schalter noch im Zug mitdurfte und in die erboste Menge der erfolglos Wartenden hineinrief: »Seid doch froh, daß wenigstens noch 2 mitdurften!« In seinem Nietzschebuch, 1925, warf Lessing dem Christentum vor, es liebe nicht die Blumen, mißachte die Tiere und kümmere sich nicht um Wolke und Wind. Durch die Geschichte des Massenmörders → Haarmann, dessen Prozeß er sachverständig als Gerichtsreporter begleitete, rausche kein Baum und Wald, und keine Blume und kein Stern blicke tröstend darein; nur einmal kam im Buch kurz ein Busch vor, aber nur als günstiger Ort für Sittlichkeitsdelikte, und ganz hinten im Steinwüstenbezirk an der Cellerstraße in Hannover schlug auf der Zuchthausmauer eine kleine, zarte, blonde, bescheidene, liebliche, verletzliche Birke Wurzel. Thomas Mann u.v.a. schrieben als Essayisten fast alle bloß schmalspurgleisig über deutschsprachige Dichterkollegen; Theodor Lessing aber stürzte sich, vielseitig wie Alfred Döblin, in x germanistiksprengende Themata, von § 218 bis Lou Salomé, von → Wilde über → Gandhi bis Mussolini: »Vom Umgang mit Cholerikern«, »Der Handkuß«, »Indien und die Gewalt«, »Die Welt in 100 Jahren«, »Unzucht zwischen Männern?«, »Die Dicken und die Dünnen«, »Todesstrafe auf Selbstmord«, »Kann Abrüstung Kriege verhindern?« Leser standen vor Lessings uneinsortierbaren Büchern wie Hunde vor Äpfeln. Man sah ihn als Literat, Zeitungsschreiber, Glossist, Tausendsassa. Tatsächlich reiste Lessing, von Hannover nicht eben als Sohn der Stadt behandelt, als Wanderlehrer herum, Vortragsredner, Privatdozent, Kritiker, Rezitator. Viele fanden in seinen Schriften etwas Gekränktes, querulantisch Erklärendes, larmoyant Rechtfertigendes und fühlten sich berechtigt, den Publizisten unsympathisch zu finden. Er beteuerte, Klages mehr geliebt zu haben als sich selbst; er teilte Retourkutschen aus, Erstschläge, beißkräftigsten Spott, dessen harmlose Gutmütigkeit er oft betonte. Er nannte Siegfried Jacobson ein »greisenhaftes, Marzipan knabberndes Kerlchen«; Kant – Begriffskrüppel, Stubenpflanze und Schwächling; Karl VI., Franz I., Franz II. und Karl VII. – Kleiderständer und Nullen. Seine hochergötzliche Polemik »Samuel zieht die Bilanz«, prophylaktisch-prophetischer Nachruf auf den Literaturpapst Lublinski (eine vorauseilende Reich-Ranicki-Persiflage, 90 Jahre vor dessen 80. Geburtstag), überbot Heine und wurde von Thomas Mann, der Lessing »alternden Nichtsnutz«, »ewig namenlosen Schlucker«, »Schreckbeispiel schlechter jüdischer Rasse«, »Conférencier für Damen« nannte, als Heine-Plagiat abgetan. Lessing nannte Mann »reinliches Talent«, »goldene Muschel mit schleimigem Seelchen drin«, »kunstgewerblichen Gegenstand«. Kaum dekretierte Lessing 1924, die Zeit tragischer Polaritätsphilosophen sei vorüber; er sei nicht Romantiker, er sei Sozialist, schrieb er viel romantischere Tier- und Blumenbücher als fast je zuvor. Eine der vielen Seelen, die im uneindeutigen Busen des satirischen Kämpfers wohnten, kreiste liebenswürdig um Schneeglöckchen, Eisblumen, spielende Falter und Gartenglück, liebevoll zartgetupfte Miniaturmalerei, voll unaufdringlicher Reflexion, Symbolik, Sozialpolitik, Theoriebildung. Seine Prosa »Blutende Bäume« griff stärker an Herz, Gemüt und Mitleid als Schlachthausberichte und Kriegsschilderungen. Keiner schrieb eine hinreißendere Hymne auf den Truthahn als er. Seine Idyllen, bei aller Verstädterung drum herum, erschöpften sich nicht in Bildchenhaftigkeit (= Idyllik), dunkelgründig unterfüttert und überschattet. Sosehr er auch vor Menschen sich mit seiner Verbundenheit mit Landschaften, Jahreszeiten, Elementen, Urgewalten, Pflanzenseele zu brüsten pflegte und sosehr er tatsächlich in grüngoldenen Idyllen in seliger Selbstvergessenheit verzückt aufzuatmen verstand – er stellte sich nicht blind gegen Wald, Meer, Urwald als jeweilige Mordhölle: »Alles Leben – unbegreifliches Grauen«. Sein Arbeitszimmer in der Villa Miriam, Hannover, taufte er folgerichtig »Nirwana«, obwohl Buddha, Zoroaster, Christus, Mohamet und Konfutse das »alldurchflutende Lebensgefühl«, laut Lessing, verengten in Richtung Fortschritt. Als ein unerfüllbares Halbzeit-Utopikum und Interim-Nirwana kam für Lessing scherzweise ein »Tag der Tiere« in Sicht, eine Art Waffenstillstand in der Stillen Heiligen Nacht, 24 Stunden, in denen kein Tier verzehrt oder gequält werden darf, Dorfköter mit Primelkranz herumlaufen, obwohl auch keine Blume gepflückt werden darf, und selbst die Katzen 3 x am Tag süßen Brei bekommen, damit auch die Mäuse sich mitfreuen können. Sosehr er auch allen freundlichen Genien dankte, die ihn erlösten von Gott und Geist, zugunsten von Blumen, Tieren, Wetter und Kindern: nach wie vor vergrübelte er 1000 Nächte. In seinem Lärmbuch malte Lessing sich seinen Tod als lärmumtoste Höllenvision nichtsahnend aus, mit Fieberschweiß, Hundegebell, Reinigungslärm, und verfügte testamentarisch, an seinem Grab keine Böller loszulassen. Seine hellhörig geistreiche Hindenburgdurchleuchtung löste 1925 einen dumpfen Aufschrei aus. Im Rathaus Hannover verlangte der Oberbürgermeister Lessings Rücktritt vom Lehramt, sokratischer Jugendverderbnis wegen, in Sichtweite des Rathausbrunnens, den Lessings Vorfahren gestiftet hatten; daheim suchte sich der aufgebrauste Pädagoge zu beruhigen, anhand von fleißigen Lieschen: »Ameisenkämpfe!« Sein Unstern verdüsterte sich weiter. Immer öfter wurde der von Thomas Mann Ausgespieene »Bolschewik« und »Anarchist« gescholten, Eigenbrötler, Plappermaul, Asphaltphilosoph und Nestbeschmutzer, Dilettant, Narr, Nihilist, Frechling, Schädling, Aasfliege, Antisemit, Jude und Pessimist. Mehr als an allen Hetzartikeln, die ihm mangelnde Zurückhaltung, theatralische Scheinexistenz, Gewimmer, schamlose Selbstbeweihräucherung vorwarfen, gab er vor, am täglichen Krawattenbinden und Stiefelschnüren zu leiden. Nietzsches Wiederkehr des Gleichen exemplifizierte er auf dem Potsdamer Platz, an der Leuchtreklame für Glanzstiefelwichse, die im Aufleuchten rhythmisch erlosch. Kaum noch rechnete er damit, später mal wieder als Autor ausgegraben zu werden. Gelassen sah Lessing den Zeiten entgegen, in denen der Wald wieder den Unsinn von Kultur und Geist überwächst und das Meer den eitlen Wirrwarr hinwegspült. Da wurde auf ihn, dem man geifernd abstritt, daß er ein historischer bzw. mathematischer bzw. politischer Kopf sei, und nachsagte, daß ihm ein Organ für Metaphysik bzw. für den Mythos bzw. für das Komische fehle, eine Kopfprämie ausgesetzt, 40 000 Reichsmark, erhöht auf 80 000, worüber der im tschechischen Exil Marienbad Vogelfreie sich souverän mokierte. Gedungene, geprellte Mörder schlichen sich von außen an sein nächtlich erleuchtetes Fenster und erschossen ihn. ~ Ein Komitee, dem Albert Einstein, Romain Rolland, Bertrand Russell, Max Brod angehörten, votierte 1933 für eine Gesamtausgabe von Theodor Lessings Schriften. Dann aber geschah nicht viel. Auch nach '45 begann fast keiner zu loben, zu edieren, zu trommeln. Abgebucht als »das erste Naziregimeopfer unter deutschen Schriftstellern im Ausland«, pushte seine Ermordung ihn postum nicht, sowenig wie Jakob van Hoddis oder Walter Serner, im Gegensatz zu Graf Stauffenberg, Schollgeschwistern, Dietrich Bonhoeffer, Walter Benjamin (was Lessing bereits in »Geschichte als Sinngebung des Sinnlosen« an anderen Beispielen von Ruhmverfälschung vorausgesehn hatte). Die Stadt Hannover, die ihn zu Lebzeiten verfemte, nannte hinterher schuldbewußt einen Platz im Stadtgebiet nach ihm. Ab und zu meldete jemand, es gelte Lessing neu zu entdecken. Günter Kunerts Lessing-Hymne blieb effektlos. Einzig Lessings Haarmannbuch, worin Lessing juristische Positionen der 1970er Jahre (Rolf Bossi) vorwegnahm, lief jederzeit ganz gut, dies auch dank Verfilmung. Man deckte den Urheber geflügelter Worte wie »jüdischer Selbsthaß« oder Bonmots à la, daß hinter einem Zero immer ein künftiger Nero stehe, mit Verlegenheitsvokabeln ab: Schopenhauerianer, Skandalautor, Frauenrechtler, »Multitalent« (FAZ) oder »universaler Denker«. 1992: Theodor Lessing Stiftung Hannover. 2003 wurde er rechtefrei. Eine Edition seiner gesammelten Werke ließ auf sich warten und lief dann im Wallstein Verlag an.

Worte von Theodor Lessing: Dass es doch die Menschen in ihrer Macht haben, durch ihr bloßes Vorhandensein die Welt zu verhunzen. Die Schöpfung ist vollkommen verpfuscht von dem Moment an, wo sie Mensch ward. ◆ Es gibt keinen Weihnachtsmann. Es gibt keinen Osterhasen. Es gibt keinen Gott. Der Klapperstorch bringt auch keine Kinder und Maria hat gefickt, sonst wäre sie nicht dick geworden. ◆ Der Teufel, das ist die Erbschaft des Neandertalers in uns allen. Der liebte seinen Nächsten in guter Butter ge-

Kulturverfluchung zwischen Truthahn und Silbermops

braten zum Frühstück. Religion ist die raffinierteste Mordmethode, mit der Menschen sich gegenseitig umbringen. ◆ Daß es keinen Gott gibt wird schon dadurch bewiesen, daß noch nicht jeder Pfaffe vom Blitz erschlagen ist. ◆ Ein Feuilleton schreiben heißt, das Letzte und Tiefste so zu sagen, daß Lieschen Müller es für oberflächlich hält. ◆ Selbst mit der Venus von Milo wäre man innerlich fertig, wenn sie eine lange Importe in den Mund steckt und den Rauch durch die Nase bläst. ◆ Im Gegensatz zum Film findet das Leben ohne musikalische Untermalung statt.

Theodor Lessing über sich: Ich warf eine einsame Flaschenpost in das unermeßliche Dunkel. ◆ Ich ärgere mich über das Bestehen des Weltalls im allgemeinen und im besonderen über meine eigene Existenz. ◆ Ich glaube nicht an Gott, aber ich glaube an das Wasserklosett. ◆ Ich weiß, daß alles was ich erfahren und gedacht habe, wieder eingegraben wird mit mir und dahin ist. Aber daß mit Stein, Pflanze und Tier ich lebe im Ewigen. ◆ Ich bin nicht »tolerant«. Ach, wenn ihr die Menschen liebtet, ihr brauchtet sie nicht zu »dulden«. ◆ Ich war von ganzer Seele Arzt, mit ungeteilter Seele Lehrer, mit voller Hingabe Psychologe, mit ganzer Kraft Philosoph. ◆ Ich mußte eine Jugend hingeben an die Aufgabe, Schule, Elternhaus und Erziehung zu überwinden. ◆ Auf dem Ratsgymnasium der Stadt Hannover saß ich zweihundert Jahre. Man versuchte vergeblich, mich klein zu kriegen, klein wie sie selber waren. ◆ Weiß nit ob mich verlieben würde / Würd ich mir selber vorgestellt / Doch wie ich bin, schlag ich mit Würde / Als Theodor Lessing mich durch die Welt. ◆ Ich las in der Homerstunde mit Genuß im Physikbuche, aber in der Physikstunde zog ich es vor, im Homer zu lesen. ◆ Es hat eine dichterische Begabung mich zum Logiker, romantische Stimmung zum Sozialisten gemacht. ◆ Mein kritisches Ich macht zu allem, was mein Dichter-Ich träumt, seine Sprüche und vermiest mir die ganze Dichterei. Mein Dichter-Ich befindet mein kritisches Teil satanisch

und hält sich selber für mein besseres Ich. Jeder verhindert die Leistung des anderen. Sie raufen den ganzen Tag. ◆ Bei etwas Gunst und Hilfe hätte aus mir etwas Zeitendurchdauerndes werden können. Aber ich mußte mich täglich vernützen, ausmünzen, verhäckseln. ◆ Spieler, Abenteurer, Landstreicher, Tramps, Entgleiste, Irrsinnige, alle waren mir verwandt, aber nicht die Professoren und nicht die Literaten. ◆ Übervoll von höchsten Hochgefühlen riß ich nachts die Fenster auf und sprach zu den Sternen. ◆ Ach, ich war wohl nichts als ein kleines Tier unterm Mantel großer Äonen.
Andere über Theodor Lessing: Lassen Sie Ihren Sohn ein solides Handwerk lernen, Schlosser oder Tischler, da er zu geistiger Betätigung niemals befähigt sein wird. *(Gymnasiumsdirektor 1886 an Sigmund Lessing)* ◆ Er ist völlig unberechenbar im Leben wie im Beinstellen. *(Max Scheler)* ◆ Wie ordinär macht Lessing von seinem vermeintlichen Privileg, nicht Lublinski zu sein, Gebrauch! *(Mynona, 1910)* ◆ Woher nimmt dieser ewig namenslose Schlucker, dem die Trauben der Dichtung zu hoch hängen, das innere Recht zur Aggressivität und zur lyrischen Unverschämtheit? *(Thomas Mann, 1910)* ◆ Lessing ist nur ein Abschriftstellerchen, nach dem nie ein Hahn gekräht hätte, wenn er nicht sein Juden- und Demokratentum ausgeschlachtet hätte. *(Ludwig Christian Haeusser, 1927)* ◆ Hat er die Maske des biederen deutschen Oberlehrers mit wehendem Bart nicht gut gewählt? *(»Der ewige Jude«, Steckbriefbroschüre der NSDAP, 1937)* ◆ Er gab sich sehr weltmännisch, sehr freundlich, aber leicht überlegen und stets etwas gutmütig ironisch – oh, und er war ja so gescheit! Er wußte einfach alles. *(J. v. Guenther, 1969)* ◆ Er war, mit einem aktuellen Klischee gesagt: ein Querdenker. Und er war, was ihm Feindschaft bis weit übers Grab hinaus eintrug, ein prophetischer Aufklärer, ein unkorrumpierbarer Mahner, ein Satiriker von hohen Gnaden, eine Gestalt, die, dank ihrer Vorahnungen und Weitsicht, der eigenen Epoche unerhört weit vorausgewesen ist. *(Günter Kunert, 1993)* ◆ Er wurde eine zwischen Besessenheit, Charisma und Lächerlichkeit ständig oszillierende Person, unstet, unbehaust und anstrengend. *(Rolf Schneider, FAZ, 23. 2. 2000)*

LI BO (früher oft: Li Tai-pe), Fechter, Einsiedel, Dichter, Reisweintrinker, »Großer Glanz« (701–762): Eingewandert aus Tokmak/Usbekistan, wohin seine Vorfahren verbannt wurden, kam er als Kind nach Sichuan (Setschuan). 716 frönte er ungestümer Schwertkunst. Eifrige Studien folgten,

Schreibversuche, Wanderjahre durch x Länder im Herzland Chinas, viele Handelszentren des Yangzi-Unterlaufs. 721 besuchte er Eremiten und übte sich selber als vielbesuchter Eremit. Fragten ihn Leute, warum er hier in den blauen Bergen hause, schaute er auf Pfirsichblüten, die im Wasser trieben – Auskunftsverweigerung oder lächelnde Weisheit? Trotzdem ehelichte er 726 die Enkelin eines Ex-Reichskanzlers. Das Geschenk eines Freundes, eine Rabenkappe (schwarze Seide, lange Seitenzipfel), konnte er, mangels Spiegel, nicht anschaun, aber seine Kinder meinten, sie stünde ihm. Anders als sein Freund Du Fu in Luoyang zeigte er null Ambition, kaiserlich geprüft zu werden. 741 wurde er, auf Empfehlung eines einflußreichen Dao-Priesters, in die Millionenstadt Xang An berufen, wo er als eine Art literarischer Berater an Hofgelagen von Kaiser Xuan Zong im Gewand mit Kappenbändern teilnahm, 3 Jahre lang, ehe akkumulierte Ungunst ihn weitertrieb, zugleich unzähmbarer Freiheitsdrang ihn fortzerrte. Wie andere Tang-Dichter und -Eremiten knüpfte er an daoistischer Gewohnheit an, kein Amt anzunehmen, zugunsten fröhlicher Freiheit in vollen Zügen, in seinem Casus betont unbescheiden, also wenig daoistisch. Stolzgeschwellt trat er auf wie ein Halbgott, posaunte heraus, die Unsterblichen hätten sein Haar aufgebunden, um ihm die Stirn zu berühren, und prognostizierte, Penglai, die Insel der Genien im Ostmeer, würde bald wieder nur ein seichtes Rinnsal sein, und illustrierte seine Wandlungs-Philosophie am Melonenzüchter vorm Blauen Stadttor, der früher mal Landesfürst gewesen sei. Verse, die ihm von selbst in den Tuschpinsel flossen, konnte er nach der Aufzeichnung durchaus in den Wind werfen. Sobald er ganz allein sich nachts, zwischen Jasminblüten, zutrank, lud er sich Kumpane zur Gesellschaft, zur Not seinen eigenen Schatten im Mondlicht, sowie den lieben Schattenwerfer Vollmond, und Schatten und Mond spielten mit und umtanzten ihn, und man teilte sich zu dritt das ausgelassene Gelage, und verabredete sich zu einem späteren Zeitpunkt wieder miteinander – animistisch verzückte Sternstunde. Auch in wilder Bergeinsamkeit fühlte er sich nicht unbedingt einsam, sondern berichtete: »Wir beide haben keinen Überdruß empfunden, einander anzusehn, der Berg und ich.« Am 9. Tag auf dem Drachenberg verlachten ihn, sobald er lostrank, gelbe Blumen, und der Wind blies ihm die Mütze vom Kopf. Hatte er ein Gedicht beendet, hörte man um ihn herum das Bewunderungsmurmeln unsterblicher Geister, behauptete Du Fu in einem Widmungsgedicht an Li Bo. Nicht so schön zu seiner Einsiedel-Sympathie mochte der Umstand passen, daß er bei jugendlicher Fechterei seinen Gegnern des öfteren die Klinge in den Leib bohrte und so zu einem der wenigen Künstler und unheiligen Narren avancierte, der neben seiner Kunst und Religion zugleich auch als Raufbold und Haudegen in die Annalen einging (wie Oswald von Wolkenstein oder Moritz von Schwind, ja: als Mörder wie Gesualdo di Venosa, Caravaggio, François Villon). Nicht zimperlich, schloß er sich heißblütig mehreren wechselnden Heereszügen an, landete in Wirrnissen und Parteiintrigen auch im Gefängnis, zeigte sich in Gedichten beim Besuch von Schlachtfeldern, lahmen Pferden und Raben bisweilen auch kriegsmüde und niedergeschlagen, beklagte, daß das Abschlachten immer weitergehe, seit 1000 Jahren, und daß beim Kaiserwechsel dieselben Generäle im Dienst blieben. Auf dem Weg in die Verbannung fühlte er sich vergreisen, was seine Begnadigung dann auch nicht mehr aufhalten konnte. Auf romantischer Bootsfahrt versuchte er im Vollrausch den Mond zu umarmen, fiel ins Wasser und ertrank – und erfuhr nie von diesem seinen, legendär nachgeschobenen Tod. In Wirklichkeit starb er nur halb so poetisch, wohlüberdacht, unspektakulär, prosaisch, im Hause Li Yangbings, eines weitläufig Verwandten, Präfekt von Dangtu, in der Provinz Anhui. Später hieß es von ihm: »Auf Hügeln unter Wolken wuchs er auf«, und über sein Eremitenleben: »Seltenste Vögel fraßen ihm aus der Hand.« In Bürgerkriegswirren gingen 9 Zehntel seiner Gedichte verloren. Im 13. Jhdt. trug man vom neunten Zehntel einiges zusammen. Über 700 Gedichte, Elogen, Vorworte, Prosastücke überlebten. Den Ruhm von 2000 Tang-Dichtern, die alle ungefähr genauso herrlich dichteten, wie verabredet über Mond, Wein, Einsamkeit, Herbst, Pfirsichblüten, Berge, sahnte Li Bo, der mindestens so eindeutig hervorragte wie sehr viele andere, stellvertretend ab. → Zhuangzis philosophische Tiefe vermochte er nie so recht zu erreichen, genausowenig wie alle Tang-Kollegen, dafür aber zeigten alle eine feine Ader, Saite und Antenne für jahreszeitlich bedingte Naturstimmungen und Fernblicke, was 1000 Jahre zuvor, zur Zhuangzi-Zeit, literarisch offenbar noch im blinden Fleck schlummerte, sachlicher gesagt: nicht zum obligaten Motivschatz gehörte. Sowohl Weltflüchter wie Lebenskünstler und Abenteurer vereinnahmten ihn für sich. Seine Carpe-diem-Poesie »So schlachtet den Ochsen und bratet den Hammel« deckte sich mit gleichlautenden genußsüchtigen Credos von → Hafiz über Ludwig Uhland bis → Sorbas, atmosphärisch durchaus Auerbachs grölender Keller im Karneval lustiger Zecher und Burschenschaftler, als Chinese verkleidet. In Deutschland kreisten Klabund, Hans Bethge, Gustav Mahler, Hermann Hesse, Günther Debon, Günter Eich, Ernst Schwarz sehr um Li Bo.

Reisweinverzückt mit Tanzschatten und Taumelmond

Worte von Li Bo: Was ist die Welt? Ein Gasthof den 10 000 Wesen. Und was die Zeit? Ein Fremdling, reisend durch Äonen. Und unser Leben nur ein Traum, wie lange können wir uns seiner freuen? ◆ Genießen soll der Mensch sein Leben. / Bald schmeckt es schal. / Nie laßt uns leer dem Mond entgegenheben / den goldenen Pokal. ◆ Wem ein Gedicht mißlingt, soll zur Strafe 3 Gallonen Wein leeren!

Li Bo über sich: Ich hing ein Scheibchen Mondschein in die Wipfel / des Föhrenwalds als Schild und Wappen hin. ◆ Nicht ich verwarf die Welt, die Leute dieser Welt verwarfen mich. / Nun fahr ich frei im Boot Unendlichkeit durch jeden Himmelsstrich. ◆ Auch wenn ich nicht 7 Fuß lang bin, bin ich doch heldenhafter als 10 000 andere. Prinzen, Herzöge und hohe Minister haben mir Kraft und Tugend bescheinigt. ◆ Wenn ihr mich mit großem Festgelage empfangt und meiner Rede freien Lauf laßt und mich bittet, täglich 1000 Worte vorzutragen, so werdet ihr nicht warten müssen – ich biet' euch das aus dem Stegreif. ◆ Steht mir kein andrer Schimmel zu Gebot, / komm ich zum Jahresende angeritten / durchs Himmelsblau auf weißem Drachen. ◆ Strom floß vorbei / Mond goß sich aus / Mond vergaß sein Licht / und ich vergaß fast mich / als ich so saß beim Wein / kein Vogel weit und breit / und weit und breit kein Leid / und nirgendwo ein Mensch. ◆ Was wißt ihr Kiefern schon von mir? ◆ Glocken, Pauken, Leckerbissen, alles Tand und Kokolores, aber trunken will ich taumeln, nie mehr hochgeschreckt erwachen.

Andere über Li Bo: Nach einem Humpen Wein schreibt Li Tai Bo / die herrlichsten Gedichte / nickt dann ein, erschöpft vom Schöpferdrang / in Xang An auf dem Marktplatz irgendwo. / Sucht ihn in den Spelunken / auf kaiserlichen Wunsch ein Edelmann / grölt Li Tai Bo: »Sagt seiner Majestät, / mein Geist sei jetzt dem Weingeist untertan.« *(Du Fu, 712–770)* ◆ *9* von 10 Versen Li Tai-bos handeln von Frauen und Wein. *(Wang Anshi, Sozialreformer, 11. Jhdt.)* ◆ Li Tai Bo ist neben Tschü Yün vielleicht der phantasievollste Dichter Chinas. Auch er liebte es, in den Regionen der Feen und Geister umherzuschwärmen – aber darin erschöpfte sich sein Wesen nicht:

In ihm trafen sämtliche Spielarten religiös-philosophischer Anschauungen mit traditioneller Gelehrsamkeit und dem Stolz, Wagemut und der ungestümen Lebensfreude eines fahrenden Ritters zusammen. *(Ernst Schwarz, 1969)* ◆ Er vertat seine Zeit mit den sechs Eremiten vom Bambustal bei Wein, Gesprächen und Versemachen, unter den Wolken liegend, das Nichtstun übend und verliebt in die Hügel, wie er es selber in einem seiner leichtfertigen Lieder gesagt hatte. Mußte da einer braven Frau und Mutter nicht die Geduld reißen? *(Margot Benary-Isbert, 1974)*

Liu Ling, Daoist, Reisweintrinker, Weisheitsschlürfer (um 220 bis ca. 280 n. Chr.): Er stammte aus Pei Kuo in An Wei. Gefärbt von philosophischem Daoismus, gehörte er, legendenumspült, zu den Sieben Weisen im Bambuswald. Auf Reisen führte er stets ein Weinfaß mit sich. Hinter seinem Troß schritt ein Diener mit Spaten, beauftragt, ihn, wenn er tot umfalle, auf der Stelle zu verscharren. Seinen Dusel und Kater pflegte er mit neuer Weinzufuhr zu vertreiben. Auf einem Gelage stellte er den Rekord auf, 27 Liter Reiswein trinken zu können. Sein verzweifeltes Weib schüttete seine Vorräte aus und zerschlug seine Krüge – Liu Ling trank ohne Krüge weiter. Sie flehte ihn an aufzuhören; er rief: »Eine hervorragende Idee! Aber es wird mir nur gelingen, wenn ich den Göttern einen heiligen Eid leiste. Hol also Opferfleisch und Opferwein herbei!« Doch dann bat er die Götter um etwas ganz anderes, nämlich die Klagerei und Gebete seiner Gattin nicht zu beachten, und leerte den Opferwein mit einem Zug. Gern warf er in beschwipstem Zustand unnötige Beengung ab, also auch damalige Kleidersitten (wie später dann Tarzan als notorischer Nudist alle Beinkleider, die man ihm anzulegen versuchte). Und zog sich auch nicht an, wenn unangemeldete Freunde und Tugendwächter auftauchten, komisch guckten und ihm behutsam andeuteten, ob er nicht friere. Liu Ling aber prostete allen allzu nüchternen Zaungästen überfreundlich zu und gab mit großer Gebärde eine wundersame Erklärung ab: »Himmel und Erde sind mir Dach und Fußboden. Meine Zimmer sind für mich Hose und Mantel ... darf ich fragen, werte Herren: Was tut ihr in meiner Hose!?« Nur ein einziges Gedicht von ihm erhielt sich, worin ein großer Mann von allen Neunmalklugen umsonst gewarnt wird und der stets nur sorglos den Becher kreisen läßt, und den Bodensatz mittrinkt, und sich den Bart sauber schüttelt, und liederlich die Beine spreizt. → Zhuangzi hatte von Geistern und geistergleichen Meistern gesprochen, die

Kälte und Glut nicht anfocht; Liu Ling spürte im Rausch weder Hitze noch Frösteln und glaubte damit dem Dao besonders nah zu sein. Liu Ling stand in ehrwürdigsten Traditionen: Bereits Xi und Ho, Hofastrologen um 2150 v. Chr., frönten nächtlichen Trinkgelagen. Liu Ling, der Zeitgenosse kühler und asketischer Köpfe (à la → Origines oder → Antonius von Ägypten), erzeigte sich – quer durch Raum und Zeit – eher wahlverwandt mit → Hafiz, → Li Bo, → Altenberg, → Scheerbart. Liu Lings Nudismus changierte zwischen luftkleidumflossenen Dschaina-Mönchen und Lichtgrußgebärden von Monteveritanern, oder auch ganz einfach nur FKK aus Lust und Laune.

Liu Ling – einer der 7 Weisen vom Bambushain

Worte von Liu Ling: Der Himmel brachte mich hervor und machte mir den Wein zum Schicksal. Gallonen leer ich auf einen Zug; 5 Kellen bräucht ich nur, um meinen Brand zu löschen. • Durch die Welt zog ich und hinterließ keine Spur; residierte ohne Zimmer und Haus, den Himmel als Vorhang, als Matte die Erde.

LUDWIG II. VON BAYERN, Märchenprinz, Bauherr, Wagnerianer, Schwanenritter, Mäzen, Lust- und Luftschloßarchitekt (1845–1886): Schon als Kleinkind, geboren auf Schloß Nymphenburg, aufgezogen von Gouvernanten und Hofmeistern, spielte der Wittelsbacher bevorzugt mit Bauklötzen und übte sich im Schwänefüttern, verwöhnt von übertrieben serviler Dienerschaft. Zornausbrüche züngelten selten aus dem Weichling hervor, der mit 8 in Berchtesgaden sein geknebeltes Brüderchen Otto hinrichten lassen wollte. Nach dem Tod seines Vaters 1864 erstmals »Majestät« angeredet, zuckte er erbleichend wie unter einer Peitsche und versuchte sich – militärisch ohne Vorbildung – herumzudrücken um Grußreden, Kranzniederlegungen, Heerabschreitungen, Schutz- und Trutzbündnisschließungen, Feldzugsabzeichenverleihung, Mobilmachungsbefehle. Anfällig für Ritterburgromantik, Rinaldo und Armida, öffnete dem Kronprinz 1861 die Mär vom weichstrahlend umflossenen Schwanenritter Lohengrin in E-Dur Ohren und Herz; Ludwig weinte und versank in einer Entrückung, worin er lebenslang verblieb und woraus er immer seltener und widerwilliger erwachte. Der nicht ohne mimosenhaftes Ehrgefühl Veilchenbowle und Ausritte liebte und dessen dunkelsamtene Augen bei gespiegeltem Feuerwerk – im Starnberger See – feucht aufleuchteten, delegierte fast alle profanen Amtsgeschäfte an Ministerpräsidenten, Kultusminister, Kabinettssekretäre. Statt Machtwillen, Administration, Regierungskunst – holde Kunst, zarte Einsamkeit, Seele, Geist, Anmut, Würde, Egmontlektüre, Träumerei im Mondlicht, namenloses Weh. Ein Apoll und keuscher Joseph, ein Lämmchen im Löwenornat, feinziselierte Mundzeichnung, unbetontes Kinn, ein Antlitz, kaum auf bildschöne Idealisierung angewiesen, bewegte sich – 1,91 m hoch – im Stelzvogelgang durch die Paläste, als absolutes Gegenbild echt urbayrischer Untertanen in ihrer Welt aus Hofbräuhaus, Lederhose, Metzgersprung, Turnverein und Wehrpflicht. Hofleben war ihm widerwärtig, Soldaten- und Pfaffentum verhaßt, Adel lächerlich, Volksmassen verächtlich – allenfalls Ritterschlagszeremonielle führte er halbwegs gern aus, von mittelalterlichem Glanz umflort. Aus Geschichte lernte er, daß schöne alte Vergangenheit atmosphärisch wiederzubeleben wäre. Im Meicost-Ettal trank er vereinsamt den silbernen Gestalten der Vorwelt zu, Bourbonenkönigen, imaginären Gefährten. Rätselvoll schwankend, boykottierte der Schattenkönig die 1867 angebahnte Traumhochzeit mit seiner Cousine Sophie von Bayern (Sissi) kurz nach der Verlobung. Geheimen Tagebüchern vertraute er seine Kämpfe, Gebete und Beschwörungen gegen Berührungen mit Offizieren und Stallmeistern an, und gegen Selbstberührung, erneuerte Reinheitsgelübde, und erging sich pro Gelegenheit in Abdankungsphantasien, öfter, als die königliche Familie ohnedies Thronwechsel und Entmündigung diskutierte. Nach Wappentier Schwan kam Wappentier Pfau. Hypochonder und Märchenonkel wie → Andersen, kreiste Ludwig um Prachtbauprojekte, historisches Schauspiel, Musiktheater. Das pragmatische Zeitalter versank als wesenloser Schein und Unsinn vor der tönenden Seelentiefe von Wagneropern. Briefe an Richard Wagner schrieb er eigenhändig, für einen König atypisch undistanziert, euphorisch, exaltiert, verstieg sich als abgetönter Tristan in Anbetung und Sterbemystizismus. Sucht nach wahrerem Leben peitschte sich in künstlichen Paradiesen auf. Im Gegensatz zu Schinkel, Moritz von Schwind, → Diefenbach, → Fidus, Albert Speer, die ihre Baupläne nur in Büchern, Bildern und Träumen hochziehn konnten, vermochte dieser König kraft seines Amtes Wunscharchitektur 1:1 umzusetzen, belächelt, aber jahrelang relativ ungehindert. Der inkorporierte und potenzierte deutsche Volksgeist, den Wagner in seinem königlichen

Gönner erblickte, goß sich auf- und umgestülpt in handfesten Chimären aus, stabiler als Potemkinkulissen, vorhandener als Piranesifronten und Scheerbart-Glasarchitektur, schöner, rührender als Hindutempel oder Gaudikathedralen. Traumschaumgeborenheit schlug um in reelle Steinwerdung. Bevor das Wort Kitsch aufkam, toppte Ludwigs Kunstwollen und Bauwut, die in Baufieber überging, jedes und alles, was an Porzellan-Nippes und kandiertem Tand später kleinformatig alle tränenden Herzen wärmte, und beschämte sogar manch stilechte Baukunst. Weil eine echte Marmorgruppe sich als Gips herausstellte, zertrümmerte Ludwig sie mit Regenschirm. Orangen, an denen er – statt einen Stiel – Draht entdeckte, feuerte der König in die Spiegel. Ausgabenerhöhung sollte die Scheinwelt noch echter machen. Im Residenztheater fühlte er sich von den Operngurckern der Gesellschaft derart beglotzt und von Wagnertuttis abgelenkt, daß die Königsloge mit Seidenvorhängen verhängt werden mußte, was nicht genügte, bis es zwischen 1872 und 1885 zu 209 Separatvorstellungen kam, nur für den gedanken- und traumverlorenen König. Selbst in völliger Einsamkeit legte er Stilisierung und Pose nicht ab. Termingerecht, kurz nachdem bzw. bevor der Untergang abendländischen Seelentums vordatierbar heranrollte, ritt Ritter Ludwig als Don Quijote gegen die Windmühlen neuzeitlicher Nüchternheit an, bzw. baute in die Landschaft, die ihrer Entzauberung, Zersiedlung und Verschandelung harrte, wundervollst beleuchtbare Windmühlen, feudale Gegenprogramme gegen die Versicherungspaläste und neugotischen Fassadenbahnhöfe des pompös eklektizistischen Nachbiedermeier-Zeitalters. Das schwanenfittichweiße Neuschwansteiner Dornröschenschloß, das als Gralskopie mit Thron- und Tannhäusersaal am Styl ächter teutscher Ritterburg nahtlos anzuknüpfen wähnte, operierte 700 Jahre nach der guten alten Ritterzeit, aber bloß 70 Jahre vor den Mietskasernen, Betonblocks, Plattenbauten einer von Plüsch, Stuck und Zierat konstruktivistisch befreiten Nach-Gründerzeit. Ob er mit Draperie, Kulissenzauber und Theaterdonner als letzter Nachzuckung abgesunkener Jahrhunderte noch mal kurz reanimierter, sich aufbäumender, zuspätromantisch bebrillter Spätgotik eine Generalprobe bot für die anrollende Ära von Freizeitpark & Disney World, oder ob er selber schon ein flamingorosarotes Cinderella Castle baute, am unmittelbaren vordemokratischen Vorabend von Sensationsgier, Fungesellschaft & Special Effect, blieb Betrachtungssache. In der Weltausstellung 1867 stand Pferdefreund Ludwig so anachronistisch vor dem neuerfundenen Wolkenkratzer-Lift, wie → Richter 1869 vor Claude Manet. Aber sowohl in Ludwigs Gralsburg, Versailles in Herrenchiemsee, Hundinghütte und Gurnemanzklause, wo man aus Methörnern trank, wie auch in orientalisch papageidurchtönten Treibhäusern, wo man Sorbet trank und aus Wasserpfeifen rauchte, wurde das Multikulti-Patchwork grundiert und unpoetisch gestützt von Eisenträgerkonstruktionen und konstituiert durch Elektromotoren von Siemens. Oben: die Oberstimmen einer dünnen A-priori-Patinaschicht aus Traumkitsch in Kerzenlicht und Fackelschein, unten im Mineralreich: Heizräume, sanitäre Anlagen, Maschinenhalle, 25 Dynamomaschinen für die Ausleuchtung der Blauen Grotte, einer künstlichen Tropfsteinhöhle. Nach der 4. Tristan-Aufführung zog der heimkehrende Bilderbuchkönig die Notbremse seines Extrazuges, um nächtliche Waldluft einzuatmen. Finanzierungsfragen beantwortete er flüsternd: »Indem wir Bayern verkaufen.« Ludwig erwog Banken zu berauben, um Raubritterburgen bauen zu können. Er entwarf ein Reich, weniger von dieser als von seiner Welt. Lakaien, Zeugen, Minister, Untergebene, die ihn, wie vorher Bruder Otto wegen geistiger Umnachtung, zu entmündigen strebten, wollte er peitschen, Haut abziehen, je ein Auge ausstechen. Verfrühter Zahnverfall zog weichgekochte pürierte Speisen der Hofküche nach sich. 2 Tage nachdem auch er für geisteskrank erklärt wurde, ertrank er unter Umständen, die nicht in jedem Erklärungsmodell rätselhaft blieben und nach Verfilmung schrieen. ~ Ludwig – der Kentaur, Durchgangsbahnhof und Schnittpunkt vieler Zeiten, die in seinem Geist asymmetrisch koinzidierten, inklusive Quasibarock und Postcox-Sonnenstaat-Rokoko, alles bengalisch beleuchtet oder eingeseift. Bismarck, Miß Thatcher, Mao, Pilatus – realpolitische Gegengewichte gegen verträumte Weichlinge wie Ludwig II., Prinz → Charles, Dalai Lama und Jesus. Zwischen 1001 Dädalussen bewegte sich artfremd ein Ikarus. Neben → Gandhi und Gorbi zählte Ludwig II. bald zu den wenigen Politikern, die kaum jemand verachtete, weil sie Mensch blieben. Neuschwanstein bei Füssen, auch »Neuschwahnsinn« tituliert, wuchs sich aus zum Tourismus-Magnet wie Mona Lisa, Highdelbörg, Goethehaus und Weimar. Auf Kunstkarten und Postern, in Zeiten abhakbarer Sehenswürdigkeiten, Mountainbikes, Pendelbusse, Jogginglatschen, wurden Parkplätze und zentnerweise Japsen wegretouschiert. Romantik pur fand statt im 30-Minuten-Takt. Typische Touri-Fragen: »In welchem Land sind wir eigentlich grade?« Oder: »Wieviel wiegt Neuschwanstein?« – »Hat der König vor oder nach seinem Tod hier gelebt?« – »Wer putzt all die Fenster?«

Zuspätromantik als realpolitisches Kuckucksei

Worte von Ludwig II.: Oh, es ist notwendig, sich solche Paradiese zu schaffen, solche poetischen Zufluchtsorte, wo man auf einige Zeit die schauderhafte Zeit, in der wir leben, vergessen kann. ◆ Immer mehr verfinstert sich der Horizont, der grelle Schein der friedlichen Tagessonne martert unsäglich.

Ludwig II. über sich: Ich liebe kein Weib, keine Eltern, keinen Bruder, keine Verwandten, Niemanden innig u. von Herzen, aber Sie! Sie, mein Angebeteter, Einziger! ◆ Denn aus Ihren Werken einzig erwächst mir die Freude und der Muth, im Erdenleben zu verharren; o wie traurig stünde es um uns, würde nicht durch die Lichtstrahlen der Ideale die finstre, freudenlose Welt erhellt und belebt. ◆ Ich sehne mich sehr nach dem Aufenthalte in frischer, gesunder Luft und in schöner Gegend, denn das eingesperrte Stadtleben ist durchaus nicht meine Sache. ◆ Weh mir, der ich in eine solche Zeit hineingeschneit wurde, in der mir alles vergällt wird. ◆ Wenn ich nicht mehr bauen kann, kann ich nicht mehr leben. ◆ Daß man mich des Thrones beraubt, kann ich verschmerzen, daß man mich aber für irrsinnig erklärt, überlebe ich nicht! ◆ Ein ewiges Rätsel will ich bleiben mir und anderen.

Andere über Ludwig II.: Er ist leider so schön und geistvoll, seelenvoll und herrlich, daß ich fürchte, sein Leben müsse wie ein flüchtiger Göttertraum in dieser gemeinen Welt zerrinnen. *(Richard Wagner)* ◆ Weitausschreitend warf er seine langen Beine von sich, als ob er sie von sich schleudern wolle, und trat dann mit dem Vorderfuß auf, als wolle er mit jedem Tritt einen Skorpion zermalmen. *(Gottfried von Böhm, um 1867)* ◆ Der Eindruck, den er mir machte, war ein sympathischer, obschon ich mir mit einiger Verdrießlichkeit sagen mußte, daß mein Bestreben, ihn als Tischnachbar angenehm zu unterhalten, unfruchtbar blieb. *(Otto von Bismarck)* ◆ War ihm ein Gast nicht sympathisch, so ließ er große Blumensträuße auf die Tafel stellen, damit der Betreffende vor Rosen und Kamelien kaum zu sehen war. *(Luise von Kobell)* ◆ Der Kini hot a so a scheens G'schau. *(namenlose Bayerin)* ◆ Ludwig II., der schöne Wahnsinnskönig, der Riesenwüchsige hatte einen zu kleinen Kopf und ein unterdurchschnittliches Gehirngewicht. 36 Gramm fehlten am Normalen. *(Hans Scholz, 1964)* ◆ Der »Wahnsinn« des Königs läßt sich somit zum größten Teil aus dem subjektiv unlösbaren Konflikt zwischen seinem gleichgeschlechtlichen Liebesverlangen und den religiös-gesellschaftlichen Tabuschranken erklären. *(Bernd-Ulrich Hergemöller, 2002)*

Luqman as-Sarahsi, Verzichter, Derwisch, Gottbekämpfer, irrer Greis (11. Jhdt.): Jahrelang, jahrzehntelang hütete Luqman sich erfolgreich vor allem Unerlaubten, hielt Regeln ein, übte die übliche Askese, vollzog am laufenden Meter Waschungen und Rituale. Als Greis ward Luqman des Regeltrotts müde, und er wandte sich im Gebet direkt an Allah: »Herr, je tadelloser ich Dir diene, um so mehr bleibt noch zu dienen übrig. Nun kann ich nicht mehr. In Deinem Dienst bin ich grau und alt geworden. Wie man einen kranken Sklaven bisweilen freiläßt, so gib auch mir den Freibrief.« Da hörte er Allah sagen: »Wer aus dem Dienst entbunden werden will, verliert mit der Verpflichtung zum Gesetz auch seinen Verstand. Wenn du auf beides verzichten willst, so sollst du frei sein.« Luqman besann sich nicht lange: »Nur Dich will ich – Gesetz und Verstand laß ich gerne fahren.« Da ward ihm in einem Anhauch beides genommen. Komisch zu gestikulieren hub Luqman an, zu tanzen, in die Hände zu klatschen, und krähte: »Weiß ich noch, wer ich bin? Wenn ich kein Sklave mehr bin, was bin ich dann? Meine Knechtschaft ist zwar vorbei, aber meine Freilassung hat nicht stattgefunden. Kummer und Freude – alles taub und vorbei! Nun bin ich ein Mann ohne Eigenschaften. Bist Du nun – ich, oder bin ich nun o Allah – Du? Mir scheint, ich bin nun in Dir aufgegangen – nirgendwo zweierlei!« Der dicke Abu Sa'id, der Luqmans Leben aufschrieb und den »Vernünftig-Verrückten« öfters »den Freigelassenen Gottes« nannte, besuchte und fragte ihn, wieso er in der einen Hand einen Stein und in der anderen einen Zunderschwamm halte, damaliges Wundpflaster, da erklärte Luqman: »Damit kann ich dir ein Loch in den Schädel hauen und dann das Loch hiermit heilen. Aber solang du nicht durch Allahs Schlag verwundet wirst, hast du keine Hoffnung, in den Genuß von Allahs Linderung zu kommen.« Ein andermal, als Abu Sa'id hinzutrat, saß Luqman auf einem Aschenhaufen und nähte einen Flicken auf einen Pelz, auf den Abu Sa'ids Schatten fiel, da sagte Luqman: »Abu Sa'id, ich habe dich mit diesem Flicken auf den Pelz genäht!«

Wie fast alle Irregewordenen haderte auch Luqman gewaltig mit seinem unangenehm unergründlichen, allzu allmächtigen Gott. Er sah sich nicht nur auf Duzfuß, sondern obendrein geradezu auf Kriegsfuß mit Allah. Todesmutig stieg er auf ein Steckenpferd, züchtigte es mit Stock, trieb es aus der Stadt hinaus ins Brachland, durchaus à la Don Quijote gegen Windmühlen, oder à la König Nimrod, der mit Pfeilen auf Gottes Engel schoß, bis tatsächlich aus dem Himmel Blutstropfen regneten. Da aber wurde Luqman auf freiem Feld von einem Türken gepackt, der ihm die Gerte entwand und ihn damit peitschte. Beschämt, zerwalkt, blut- und tränenklebrig kehrte Luqman in die Stadt zurück, wo die gaffende Menge ihn hänselte: »Nun, Luqman, wie ist dein Krieg denn ausgegangen? Wer von euch hat gesiegt?« Luqman brüstete sich: »Allah hat mir nichts anzutun gewagt! Sondern hat einen Türken vorgeschickt... da konnt' ich natürlich nichts machen.« ~
In späterer Bektasilegende wurde er berühmt als »fliegender Luqman«. Der mystische Zustand, worin Luqman schwamm, wurde 1000 Jahre später vom Orientalisten Hellmut Ritter »Entwerdungsmonismus« genannt.

M

MADSCHNUN (geb. Keis ibn al-Mulauwah al-Amiri), Liebeswahnsinniger, Verzweiflungsdichter, Wüstenbewohner (um 670 n. Chr.): Nordarabien, Umayyadenzeit: Der Beduinenjüngling, lernwillig, geschickt in Kriegskunst, Wortkunst, Musik, erblickte flüchtig das Mädchen eines Nachbarstamms, der vorbeizog, Laila (Nachtschöne, Nachtäugige), und dachte fortan oft an sie. Das klang nicht ab; das steigerte sich. Die Kamelstute, mit der er in Richtung Laila aufbrach, rannte ständig zurück zu ihrem Fohlen. In ein löcheriges Schafsfell gehüllt, mischte sich Keis geduckt in die Herde, die man am Zeltlager der Sippe Lailas vorbeitrieb, hielt Ausschau, wollte einen Hauch Laila ergattern, wagte dann aber doch keinen genaueren Seitenblick. Andere Jünglinge fanden Laila nicht übel; Keis rastete schon aus, wenn er bloß an Laila dachte. Sein besorgter Vater wollte ihn anderweitig verheiraten; er aber wollte einzig Laila. Deren Eltern schlossen ihre Tochter noch mehr weg. Keis trieb seine Übertreibungen weiter. Freunde führten ihm viel schönere Mädchen vor, er aber – unablenkbar, unkurierbar – wurde durch die nachtschwarzen Haare der einen an Laila, durch die Rehaugen der nächsten an Laila, durch die Kleider der dritten an Laila, durch das Lächeln der vierten an Laila erinnert; doch keine glich Laila wirklich. Verstört stürzte er in den Sand und weinte. Freunde bat er, ab und zu das Wort »Laila« auszusprechen. Ali flüsterte »Laila«, und Keis atmete beglückt auf. Ali verstummte, und Keis jaulte auf, mit verwilderten Zügen: »O Ali, sag noch einmal: ›Laila‹!« Redeten Leute um ihn herum über Kamelprobleme, Sandsturmgefahr und Allah, hörte er nicht hin. Fing ein Wort mit »Lai« an, zuckte er zusammen. Befragt nach der Gebetsrichtung, zeigte er zum Horizont, aber statt gen Mekka in die Richtung von Lailas Heimat. Keis dachte öfter an Laila als an Allah. Allah verblaßte neben Laila. Laila überstrahlte Allah. Er empfand es als Blasphemie, nicht an Laila zu denken. Viele hielten den inzwischen 40jährigen für unreif, für pubertär durchgeknallt, für einen »Madschnun« und nannten ihn auch so. Sein Vater schleppte ihn verzweifelt nach Mekka, auf daß er dort um Erlösung bete von seiner ruinösen Leidenschaft. Madschnun aber flehte Allah an, Er möge seine Liebe zu Laila noch anfachen. Den Wind aus der Richtung ihres Dorfes sog er ein. Holzhauer flehte er an, diese Zypresse nicht zu fällen, weil ihr Wuchs ihn an Laila erinnerte. Einen Köter, den jeder nur trat, fütterte und küßte er – weil er durch jene Gasse kam, durch die neulich Laila kam. Als Frau verkleidet, schlich er sich an Lailas Dorf heran. Bei einer Kurzbegegnung fragte er sie, ob sie ihn liebe. Da hörte er ein leises »nein ...«. Hinwegtaumelnd rankte er sich hinauf am zarten »nein ...«. Sein zweitliebstes Wort hieß seitdem

»nein ...«. Lailas Eltern, einmal nah dran gewesen, ihre Tochter dem seltsamen Brautwerber zu überlassen, hätten jetzt Laila lieber sterben gesehn, als sie einem Madschnun zu geben. Sie verheirateten sie gegen ihren Willen mit Ibn Salam, sie aber verweigerte sich ihm ehelich – etwa aus erwachter Gegenliebe zu Madschnun? Viele verfolgten von fern die Phasen, in die er sich hineinmanövrierte; würde er die Kurve noch kriegen? Madschnun trennte sich von allem Besitz, außer vom löcherigen Schafsfell, zog sich in Wüste und Gebirge zurück, langhaarig, in zerfetzten Kleidern, als wär er Gottesmann. Wüstenhitze hinderte seine Tränen, runterzulaufen. Nagelbretter mit 1001 Nägeln schmerzten ihn weniger als ein Brett mit nur einem einzigen Nagel. Er übergab Wildblüten einer Quelle und sprach: »Spül die Blumen zu Laila!« Er bat Vögel, Laila mitzuteilen, daß er in ihrer Nähe sei. Seine Liebesgedichte vertraute er dem Wind an. Laila sammelte seine auftauchende Laila-Lyrik und verschloß ihr Leid, falls auch sie litt, im Innern. »Die Geschichte von Madschnun und Laila« zog immer größere Kreise. Der atypische Anachoret und verliebte Asket wurde zu einem Orpheus in der Wüste, redete mit dem Vieh, den Vögeln und den Fischen, blies Rohrflöte. Pardelkatzen und Antilopen gesellten sich märchenhaft auch dann zu ihm, wenn er sie nicht fütterte; und ein Hirsch. Die Augen einer Gazelle erinnerten ihn an Laila. Heiler suchten Madschnun auf, der die Mittagshitze durch ein Lagerfeuer steigerte, und bekämpften seine Diphterie und seine Zwangsvorstellung. Ein Derwisch erzählte ihm, er habe Laila gesehn und hätte sie gar nicht besonders hübsch gefunden. Madschnun: »Lailas Schönheit hat keinen Fehler. Es muß an deinem Blick liegen. Um Laila zu erkennen, mußt du mein Auge haben.« Bald brachte der Derwisch 3 Schönheiten mit in die Wüste – Madschnun guckte nicht hin, oder sah sie gar nicht: »Wer Laila liebt, vermag keinen Blick auf eine andere zu werfen als auf ... Laila.« Vielleicht hatte sich ihr Liebreiz erst in der Erinnerung entfaltet? Würde man seinen Leib zerreißen, rief er, würde jedes abgerissene Körperteil weiterhin »Laila!« rufen. Befragt »Wie geht es dir?«, sagte er: »Laila.« Madschnun zog sich in eine Zwerg-Oase zurück, trank und weinte am Tümpelchen, da saß über ihm in der Dattelpalme ein Rabe, der mit gelb glitzernden Augen an ihm vorbeisah, starr und teilnahmslos, und dessen schwarze Einsamkeit er mit Versrezitation auflockerte und den er freundlich »Trauerstrupp« nannte, doch der Rabe hüpfte unverwandt auf einen weiter entfernten Zweig, worauf Madschnun ihn »Negerscheuche« schimpfte; da rückte der Rabe noch weiter ab ... und schwang sich in die Dämmerung hinaus, und in die herankriechende Dunkelheit, bis alles schwarz wurde wie Rabengefieder – welch riesiger Rabe war diese Nacht! –, und Urmutter Nacht (Laila!) sah starr und teilnahmslos auf Madschnun (auch übersetzbar als »Umnachteter«) nieder, aus 100 000 gelb glitzernden Augen. Madschnun, von Laila umdunkelt und umflutet, hielt sich weinend die Augen zu. Einer fand ihn, zwischen Ziegenschädel und Kamelkot, am Pistenrand sitzen und Sand durchsieben, und fragte ihn, was er da suche. »Ich suche Laila.« »Aber wieso im Straßenstaub?« Madschnun weinte trotz Hitze Tränen: »Ich such Laila überall, also auch hier. Vielleicht find ich Laila ja doch noch irgendwo...« Sein Vater suchte ihn auf: »Vater? Ich kenne keinen Vater. Ich kenne nur Laila.« Aus Angst, sein Sohn würde an seiner Liebe sterben, wandte sich sein Vater an Lailas Clan. Man erlaubte Madschnun, Laila zu sehen. Man führte ihn vor Lailas Zelt. Madschnun, bleicher als beim Gang zum Richtplatz, sank, eine Sekunde bevor man den Türvorhang halb hochhob, bewußtlos in den Sand. Später meldete man ihm: »Laila ist gekommen! Freu dich! Jetzt kannst du Laila doch noch zur Frau haben!« Madschnun kroch vor Schreck unter sein Schafsfell wie unter ein Rabengefieder und murmelte: »Ich bin selber... Laila...« Der Bote riß den Lappen fort, und Madschnun rief in Richtung Laila: »Fort von mir! Ich bin so versunken in meiner Liebe zu Laila, daß ich keine Zeit mehr habe für Laila!« Laila starb in kalter Herbstnacht an Husten; Madschnun, eingebettet ins platonische Pulverfaß, schleppte sich zu ihrem Grab, legte sich (wie Quasimodo) auf ihr Grab, tauchte sterbend in die Nacht auf Lailas Grab, geistig ultimativ weggetreten. ~ Seine Poesie, in den Wind gehustet, hier und da festgehalten, oder einfühlsam wiederhergestellt, meist Ghaselen, zeigte: Madschnuns Raserei blieb langfristig unüberboten. Epen begannen Madschnuns Leiden zu schildern, im Lauf der Jahrhunderte 40 persische, 30 türkische, arabische Epen ohne Zahl, zuzüglich aserbaidschanische, anatolische, tschagataische Versionen. Allah warf Madschnun beim Eintritt in den Himmel vor: »Schämst du dich nicht, Mich ›Laila‹ zu nennen?« Nizami griff 500 Jahre später den Stoff auf, vertiefte Madschnuns Seelenleben und ließ allerlei Poesie einfließen, bis hin zum Wüstenfuchs, der dem Madschnun in der Wüste den Schlafplatz mit dem Wuschelschwanz sauberwedelte. Aus dem Legendenknäuel ließ der Ur-Madschnun kaum noch sich herausschälen. Man konnte sich nicht einigen, ob Madschnun seine Laila (türkisch: Leila) erst mit 40 kennengelernt habe, oder bereits als Hirtenkind. Bei Abdullah Hatefi (1447–1521) träumte Laila, Madschnun sei gestorben und sterbe aus Trauer über diesen Traum. Im überregionalen Rückblick wurden Madschnun und Laila gern mit Romeo und Julia verglichen, deren Konflikt daneben fast lösbar und unmystisch bis profan wirkte. Madschnun überbot Don Quijote, der sich im entscheidenden Moment weigerte, die angebetete Dulcinea tatsächlich zu sehen, und wurde zum persischen Tristan, der mit Isolde in nirwanadesker Welten-Nacht verschwindet. In Reşat Nuri Güntekins »Leylâ ile Mecnun«, 1928, ging es dann zeitgemäß drum, wie man verliebter Verfallenheit vorbeugt: Beobachte dein Liebesobjekt derart indiskret, bis abstoßende Züge und Nachteile keine Verliebtheit mehr erlauben! Das funktioniert sicher in jedem Fall, außer im Casus des ewigen Madschnun.

Worte von Madschnun: Wenn ihr wüßtet, was ein Liebender ist, so wüßtet ihr auch, daß du nur ein wenig kratzen mußt an ihm, schon tropft die Geliebte heraus. ◆ Fragte man die Liebenden, nach ihrem Tod: »Ihr Toten, fand ein Ende eure Not?« So müßten sie wohl ehrlich Antwort geben: »Von unsern Körpern ist zwar nichts als Staub geblieben, doch brennt das Liebesfeuer noch in unsern Herzen.«
Madschnun über sich: Ich bin durch und durch erfüllt von Laila; meine Muschelschale ist übervoll mit ihrer Perle. ◆ Ich bin verrückt nach Laila und sie auf einen andern. Und eine andere ist nach mir verrückt, ich aber mag sie nicht. ◆ Ich bin ein Vagabund; mein Körper fühlt sich ohne Hiebe nicht wohl. ◆ Ja, selbst die Sonne, die doch die Welt erleuchtet, wird von meinen Flammenseufzern versengt. ◆ Wegen der Liebe spür ich auf meiner Leber ein Feuer und in meinen Knochen Zufriedenheit. ◆ Mag auch einer in langer Liebessehnsucht ein tröstliches Vergessen erfahren haben – ich jedenfalls merke nichts davon, daß ich Laila vergesse. ◆ »Wie alt bist du?« 1040 Jahre. Der Augenblick, da ich Laila sehen durfte, enthält 1000 Jahre, an denen mein natürliches Lebensalter, als reiner Verlust zu rechnen, wie ein Anhängsel klebt. ◆ Läßt mich die Trennung nicht mit dir zusammensein, laß ich mich mit dem Staub vor deiner Türe ein. ◆ Laila suchend, fand ich Allah.
Andere über Madschnun: Madschnun sieht eines Nachts Laila im Traum, springt auf und hängt sich an ihren Saum. Als er erwacht, bemerkt er, daß er den eigenen Gewandsaum gefaßt hat. *(Zulali)* ◆ Madschnun sieht auf einer Wand ein Gemälde: Madschnun und Laila, wie sie zusammensitzen, aufgemalt. Er ruft aus: »Träum ich nicht? Wer hat sie je beisammen gesehn?« *(Fariduddin 'Attar)* ◆ Er trieb dem Tod entgegen, und so schnell er auf diesem Wege auch reiste – es ging ihm noch immer zu langsam. *(Nizami)* ◆ Laila und Madschnun / ziehen mich an den Ohren: / die eine in diese, / der andere in jene Richtung, / ein Ohr in dieser, ein Ohr / in jener Hand, / die eine zieht mich zum Meer, / die andere zu der Wildnis hin: / in diesem

Zwiespalt / dreh ich mich wie die Erde / klagend um mich selbst. *(Rumi)* ◆ Ach! er singt nur, um zu bluten, neigt sich nur hin, um seinen Geist aufzugeben: er stirbt auf der Rose in aromatischer Pein. *(Dschami, 15. Jhdt.)* ◆ Madschnun, der Lieberasende, ist der Orlando Furioso des Orients, wenn gleich die Raserey beym abgezehrten, verschmachteten, duldenden Beduinen sich durch ganz andere Symptome äußert, als beym kraftvollen, kampf- und lustbegierigen Paladin. *(Joseph von Hammer, 1818)* ◆ Gibt es in der Weltliteratur eine Gestalt, in der tragischen »Doppelrolle« des Künstlers in dieser Welt, seine begnadete Passion, seine Größe und sein Versagen, das Paradoxon einer grenzenlosen Sehnsucht in einem so beschränkten Menschengeschöpf, die gültiger und tiefgründiger beschworen worden wäre? *(Rudolf Gelpke, 1963)* ◆ Er wird schließlich so vollständig mit ihr vereint, daß er sich fürchtet, zur Ader gelassen zu werden, denn »es könnte Laila verletzen«. *(Annemarie Schimmel, 1975)* ◆ Ein jeder auf dem Sufi-Weg wird eines Tages ein Madschnun. *(Stefan Makowski, 1997)*

MAHAVIRA (alias: Nigantha Naataputta, geb. Vardhamana), Furtbereiter, Extrem-Asket, Dschainismus-Stifter (557–485 v. Chr.): Herabgestiegen aus dem Belohnungshimmel Pupphuttara, nach 20 Ozeanjahren dortigen Verweilens, geboren in der dunklen Hälfte des Monats Caitra, kalendarisch – bis in Konjunktionen des Mondes mit dem Gestirn Uttara Phalguni – präzise verortet auf der Scheibenwelt Jambuddiva, im Süden des Erdteils Bharaha, im brahmanischen Teil des Ortsteils Kundapura, auch als Kundagrama überliefert (später: Basukund) bei Vesali (Kunda = Yoni), als Sohn des Brahmanenpaars Usabhadatta (auch Siddhattha) und Devananda (auch Tisala). Seinen frühen Wunsch, Asket zu werden, stellte er, um seine Eltern zu schonen, zurück, bis diese sich zu Tode fasteten, getreu den nighantanistischen Lehren des Parsvanatha. 3 Jahre älter als Prinz Gotama, im Wohlstand aufgewachsen, erzogen, bald verheiratet – Gotama mit Yasodhara, Vardhamana mit Yashoda. Gotama bekam einen Sohn, Vardhamana eine Tochter. Beide gingen besitzlos in die Hauslosigkeit, die Vardhamana noch zusätzlich mit Kleidlosigkeit ergänzte; wodurch er sich sowohl von Gotama wie von den 23 weißgekleideten Furtbereitern abhob. Hunde und Schmähreden, die man auf Vadahamana losließ, ertrug er ohne Wimperzucken. Getier, das ihn bekroch, auf ihm weidete und ihn wundmachte (wie spätere Säulenheilige), streifte er nicht ab. Weder hörte er Vorträge noch Tanz und

Gesang. Weder Stab- und Faustkämpfe noch Geschlechtsgenuß erlaubte er sich. Im Vorhof der Erkenntnis plagten ihn atavistische Albträume: Kämpfe gegen Palmbaum-Unholde, Kokila-Männchen, Sonnen und Ozeane (die später in Karma-Überwindung umgedeutet wurden). Eins der Gebirge, gegen die er focht, hieß »Grenzen des Menschheit«. Erste Jünger: gelehrte Brahmanen, 11 an der Zahl, statt geistlich arme Fischer. Zwecks ungestörter Meditation verbrachte er 2 Jahre und 2 Monate hinter einem hohen Wall, ohne Frischwasser. Seinen Leitsatz »Überall verursachen gepeinigte Geschöpfe Pein« entnahm er den 23 Furtbereitern. Seine Erleuchtung erlangte der Luftgekleidete nach 12½ Jahren, Hauslosigkeit ca. 515 v. Chr. unter einem Salabaum bei Jrimbhikagrama; Gotama nach 7 Jahren Hauslosigkeit ca. 524 v. Chr. unter einem Pipalbaum bei Uruvela. Vardhamana erhielt den Ehrentitel Mahavira (Großer Held); Gotama den Ehrentitel Buddha (Erwachter). Erleuchtungszustände, die Mahavira »Siddhi« & »Moksha« nannte, nannte Buddha »Nirwana« & »Moksha«. Am Strang umfassender Leidbeendigung ziehend, operierte Buddha mit 8fachem Pfad, Mahavira mit 4fachem Irrgarten der Daseinsfolge, mit 4 Seelen (Wind-, Feuer-, Wasser-, Erdseele) und 5 Grundtatsachen (Regung, Hemmung, Raum, Seelen, Stoffe), Mahavira auf Ardhamagahdhi, Buddha auf einem Pali-Dialekt. Buddhas Bettlerschale sah kaum flacher aus als Mahaviras Almosentopf. Kleine feine Unterschiede: Mahavira sprach selten über sich selbst; Buddha weniger selten. Mahavira meditierte nur stehend, Buddha nur sitzend. Mahavira förderte weibliche Ordensgemeinschaften, was Hindus nicht zuließen, und Buddha nur zögerlich und halbherzig. Mahavira ging seinen extremen, Buddha seinen weniger extremen Weg weiter. Begegnung fand nie statt, obwohl einmal beide Meister unfern voneinander in Nalanda weilten. Lediglich Mahavira-schüler (Dighatapassin und Asibandhakaputta) saßen mal zu Füßen der Konkurrenz und berichteten Mahavira von den rhetorischen Kniffen des Buddha, fremde Lehrmeinungen auszuhebeln. Seltsame Regeln für Mahaviraanhänger: Wer nicht 8 Jahre alt war, durfte so wenig geschoren, geweiht, unterwiesen werden wie impotente, entmannte oder geschlechtskranke Mönche. Verzwicktes Tadel- und Beicht-Reglement für Eßgemeinschaften mit Meistern, Studienleitern, Oberinnen: 5 große, 5 kleine Gelübde; Alkoholverbot, denn bei der Gärung kommen Kleinstlebewesen um; Tabakverbot, denn Glut gefährdet Luftlebewesen. Waschen verboten, um Wassergeister nicht zu beleidigen. Flüssigkeiten mußten durchgeseiht, Wege sanft gefegt, Gemüse akribisch gereinigt, Wasser abgekocht werden, damit Geister im Dampf entfliehen konnten. Augenblinzeln verboten, auf daß das eventuelle Sandkörnchen im Auge nicht gestört werde. Je weniger du Moskitos fortschnipst, desto höher steigst du sittlich auf. Grundausstattung: Feger, Wedel, Gesichtsnetz, um keine Luftwesen einzuatmen. Mahavira sah die Welt erfüllt – 2000 Jahre vor Paracelsus und der Erfindung der Lupe – von Kleinstlebewesen, die genauso wie größere Wesen geschont werden müssen – Nebeneffekte: Dschainas erkrankten weniger als andere Religionsangehörige. Mikrobenschützer schützten sich vor Tröpfcheninfektion. Als Mahavira, der dann krank darniederlag, Tauben gereicht bekam, eigens für ihn zubereitet, lehnte er ab und aß statt dessen vom Huhn, das eine Katze sowieso getötet hatte, ganz im Sinne der wahren Speiserestesser, die sowieso Getötetes aßen. Mahavira starb mit 73, Buddha mit 80. Mal differierten, mal koinzidierten ihre Sterbedaten. Mahavira starb in der Stadt Papa (heute: Pavapuri in Bihar), im Schreiber-Büro am Königshof von Hastipala, allein, in der Samparyanka-Stellung, und sagte beim Sterben die 55 Lektionen der Karmalehre auf, sowie die 36 ungefragten Fragen. Kalpa-Sutren zufolge hinterließ er 318 000 weibliche, 159 000 männliche Laienanhänger, 36 000 Nonnen, 14 000 Mönche. ⁓ Mahaviras Leben wurde erst 200 n. Chr. aufgezeichnet; volkstümlicher Wildwuchs wunderbarer Geburt und Göttergunst wurde eingeschmuggelt – und die Buddha-Parallelen vergrößert. Postume Angleichung trieb das Dioskurentum weiter, obwohl sich Mahavira und Buddha, Zeitgenossen von → Pythagoras, Parmenides, Thales, Anaxagoras, Konfuzi, → Xerxes und → Ezechiel, vor Ort vielleicht mehr unterschieden als → Jesus und Johannes der Täufer, Gustav → Gräser und Gustaf → Nagel. Buddha, → Laozi, Paulus, Mozart, Claude Debussy, Arnold Schönberg, Sigmund Freud wurden ungerechterweise berühmter als Mahavira, → Zhuangzi, Marcion, Haydn, Maurice Ravel, Anton Webern und C. G. Jung. Eventuell wurde brahmanische mit fürstlicher Herkunft überpinselt; zwecks Produktion von Welterleuchterstatus. Mahavira wurde als Religionsstifter gehandelt, obwohl er nur weitertrug, was 23 Furtbereiter schufen und was Buddha u.v.a. unvariiert bzw. kaum umakzentuiert übernahmen. Jesu Bergpredigt, 500 Jahre nach Mahavira, variierte dessen Gewaltlosigkeitsgebot. Mahaviras Ausspruch »Wenn du Frauen, die du anblickst, begehrst, bist du ein Hatha-Rohr im Wind« hörte sich bei Jesus/Luther viel moralkeulenförmiger an: »– hast du schon die Ehe gebrochen in deinem Herzen«. Buddhisten polemisierten später gegen das Dogma von Mahaviras Allwissenheit. Gandhis weltberühmtes Ahimsha-Gebot basierte weniger auf Hindu-Dogmen als auf Mahavira-Maximen (Das »maha« in Mahavira wie Mahatma heißt hier wie da »groß«). Dschainismus (Jainismus) blieb bis ins 21. Jhdt. lebendig, zählte im Indien von 2008 zwischen 4 und 5 Mill. Anhänger. Mahaviras Prognose, seine Lehre werde sich 21000 Jahre halten, also 21 Tausendjährige Reiche lang, hat noch einiges vor sich.

Worte von Mahavira: Das Geschöpf, von dem du meinst, es dürfe geschlagen, befehligt, getötet werden, bist du selbst. ◆ Hast du den Weltzusammenhang erkannt, sieh dich um: Du bist kein Töter mehr und kein Mordgehilfe. ◆ In den Mund, darin man einen Bissen hat, schieben einige einen Kloß nach. ◆ Wie eine Palmnuß, die vom Stengel fällt, so wird man zunichte, wenn das Leben endet. ◆ Glück ist vergänglich wie ein Honigtropfen auf der Zunge; es stellt nicht einmal im Tod sich ein. ◆ Üble Nachrede, Eigenlob, gute Eigenschaften anderer verheimlichen, Vorzüge vortäuschen, die man gar nicht hat – das verursacht Wiedergeburt auf niederer Stufe. ◆ Weil die im Samsara treibende Seele Klebsamkeit hat, nimmt sie Stoffe auf, die einen Karmaleib bilden. ◆ Wenn du das Dharma siehst, ergreif es, sonst bist du die Schildkröte, die einen schönen Ort aus den Augen verliert, weil sie ihn verläßt, um die Ihrigen erst herbeizuholen. ◆ Die aber, mit zerplatztem Kopf, in jeder einzelnen Existenz das Angenehme suchen, diesen, die der Dullaliyatta (Verwöhntheit) frönen, geschieht ganz gewiß nicht, was ihr Herz sich wünscht.

Andere über Mahavira: Mahavira sprach aus seinem inneren Schweigen heraus. Seine Worte gehören zum Schönsten, was je gesprochen wurde. Ich liebe diesen Mann. Er ist der anti-gesellschaftlichste Mensch, den man sich denken kann – und der anti-traditionellste. *(Rajneesh, 1975)*

MANI, Theosoph, Welterklärer, Systemdenker, Synthetiker, Eklektizist, Endzeitdenker, Religionsstifter (216–276 n. Chr.): Aus arsakidischem Geschlecht im Partherreich, geboren im Dorf Mardinu (Nord-Babel), von Geburt an humpelnd (wie Lord Byron, Goebbels), wuchs Mani auf bei den vegetarischen und koitusfeindlichen al-Mugtasilah (den sich Waschenden), auch »Weiße Gewänder« genannt, einer eher elkesaitischen als mandäischen Täufersekte seines hermesanbetenden Vaters Patik (Pattek). Mit 12, zur Zeit König Ardaschirs, wurde via Offenbarung eine lichtparadiesische Wesenheit bei ihm vorstellig, Tauma, auch »El Tawam« (syrisch: Zwilling), sein eigenes himmlisches Ich, von Mani »lebendiger Paraklet« tituliert, die ihn aufforderte, bei den sich Waschenden auszutreten, und die ihm bessere Wahrheiten lieferte, alle Hauptpunkte seiner späteren Lehre, nutzbares Grundgerüst aus Höhe und Abgrund, Licht und Finsternis, Gott und Materie, gespeist aus Evangelien, valentianischen und markonitischen Antithesen, dem System des Astrologen Bardesanes. Aus griechisch-zoroastrisch-mazdakisch-buddho-hindustanischem Multikulti und Melting pot destillierte und sott Mani eine markante Duftmarke und Erlösungslehre, in der er alle vorangegangenen Vorschläge und Religionen als vag tastende, uneffektive Vorstufen prüfte, einbaute, überbot, überflog, mitnahm, schier hegelianisch aufhob. Im Vollgefühl, selber Paraklet und Maitreya in einem zu sein und also der Weisheit letzten Schluß nun wirklich und endlich gefunden zu haben, trat Mani im Jahre 242 mit seiner definitiven Weltsicht hervor und trug dieses hochverzwickte Glaubenssystem bei einer Audienz dem Großkönig Schapur I. imposant vor, dem er ein Opus namens »Schapurakan« dezidierte, verfaßt auf Pahlavi. Einerseits schuf er ein philosophisches Großraumtheorem, als lebte er in aufklärerischen Zeiten, andererseits trat er als Verkünder auf, dem Tauma archaisch in die Binse diktierte; Neu und Uralt mischte sich hier wie beim schamanistischen Naturwissenschaftler → Empedokles. Schapur und einzelne Geister sympathisierten mit Manis ultimativen Darlegungen; doch die mächtige mazdakische Priesterschaft sträubte sich heftig, derart, daß Mani auswandern mußte. ⁓ Ausgehend aus Mesopotamien, gelangte der Manichäismus des Mani, nahezu dem Zeitgenosse des → Plotinos und Cyprian, bis Transoxanien und wurde Weltreligion, d. h. um 1000 n. Chr. ins Chinesische übersetzt. Die inhaltlich hyperkomplexe, vielen zu anspruchsvolle Religion lag hart im Wettstreit mit dem oft unkomplizierteren Katholizismus, der bisweilen wie ein Manichäismus als Volksausgabe erschien, für Minderbemittelte und andere Unmündige bearbeitet. Nachdem der Manichäer Augustinus zu den Christianern konvertierte, redete er undankbar vom »endlosen Gefabel der Manichäer«. Genau wie später in Amerika, wo eine Stimme darüber entschied, daß English und nicht Deutsch Landessprache wurde, so hing gleichfalls der Pendelausschlag, ob Manichäismus oder Christentum Weltreligion würde, am Fädchen möglicherweise einer, zweier, dreier Seelen, also am Zufallszünglein an der Waage, an Konstantins christlichem Traum, am afrikanischen Bischof von Hippo. Seine Ausrottung überlebte der Manichäismus inkognito, als Katharertum, das die eigene Ausrottung gleichfalls inkognito überlebte, und sei es als skoptische Traditionen, oder gemäßigt und profan in Bauernweisheiten wie: »Wo viel Licht ist, ist viel Schatten«, oder auch: »Wo viel Licht ist, da ist eine hohe Stromrechnung.« Kaum geriet Mani in Vergessenheit, grub man ihn neu aus. Jede neue Gnosis-Darstellung kam auf ihn zurück. Jede Zusammenfassung referierte Manis System wieder anders. Selten hatte transzendenzwütiger Wahnwitz soviel Wahrheit auf seiner Seite, und nie lag verdrehte Wahrheit so daneben. Oswald Spengler nannte Manis System »eine der gewaltigsten theologischen Schöpfungen aller Zeiten«. Im 20. Jhdt. begann Manichäismus dann immer unguter, extremer, abstruser, penetranter nach Science fiction zu klingen. Das Schattenboxen, das Mani philosophisch fundiert hatte, ging so übel und peinlich säkularisiert wie ungebrochen weiter, zoroastrisch-parsisch-manichäisch, in jeglicher Form von bipolarer bis dualistisch-dichotomistischer Sichtweise, jedem Schwarzweißdenken, also im omnipräsent und omnipotent grassierenden Rassenwahn, Black Power, militanter Yin-Yangpervertierung à la Dschihadismus oder Bushismus. Neuzeitliche Psychologie entlarvte Entitäten wie Manis Daimonion Tauma als »imaginären Gefährten«. Manis Evidenz, ultimative Wahrheit zu spenden, teilten immer wieder einzelne Zusammendenker wie Hegel, Schopenhauer, Jakob Lorber, Madame → Blawatsky, Dr. → Steiner, Ken Wilber.

Worte von Mani: Darauf wurden die Leibesfrüchte dieser Dämonen und Hexen, Zornteufel, Ungeheuer und Asreschtar, welche weiblich waren, 2füßige, 4füßige, geflügelte, giftige und reptilgestaltige, alle, die vom Anfang an von der Hölle schwanger waren und die dann in den 11 Himmeln gebunden worden waren und die jenen Glanz des Gottes Roschnschar gesehen hatten und nach ihm gierig geworden und bewußtlos geworden waren, aus ihnen abortiert, und die Aborte kamen hinab und begannen auf der Erde zu kriechen. ◆ Und Raserei durchdrang sie, und sie begannen Quellen zuzuschütten, Bäume und Pflanzen zu schlagen, über die Erde zu herrschen und gierig zu werden. ◆ Sie beide, reiner Wind und gute Mutter, errichten auf großartige Weise die 10 Himmel, dann das Rad der Umdrehungen, sowie die Paläste von Sonne und Mond und auch die 8 Erden unten, die 3 Kleider und die 3 Räder, zugleich die 3 Katastrophenfahrzeuge, die 4 eisernen Mauern, den Berg Meru sowie alle kleinen Berge, die Ozeane und Flüsse. ◆ Und diese Götter, die im Gesamtkosmos der Himmel und der Erden Hausherr, Dorfherr, Stammesherr und Landesherr, Grenzwachherr und Dämonenfolterer sind, werden Xradeschar preisen.
Mani über sich: Ich predigte ihnen die Hoffnung des Lebens, und ich wählte an jedem Ort gute Auslese aus. ◆ Ich bin ein Sänger, der aus Babel gekommen ist, um in der Welt einen Ruf erschallen zu lassen. ◆ Wie Buddha nach Hindustan kam, Zarathustra nach Persien und Jesus nach den Ländern im

Westen, so kam diese Prophezeiung durch mich, Mani, nach Babylonien. ◆ Denn die Welt liebt die Finsternis und bedrängt mich mit ihren Sekten. Nicht läßt sie mich in ihr reden. ◆ Die Religion, die ich erwählt habe, ist in 10 Dingen viel besser als die anderen, früheren Religionen.

Andere über Mani: Mani maßte sich an, Christus zu repräsentieren; er rief sich selbst zum Tröster und Heiligen Geist aus, und aufgebläht mit diesem wahnsinnigen Stolz, wählte er, als wäre er Christus, 12 Partner für seine neuentdeckte Lehre aus, die nur aus einem Haufen falscher und abscheulicher Lehren von alten, verdorbenen und längst ausgerotteten Ketzereien bestand, die er aus Persien mitgebracht hatte. *(Eusebius, Bischof von Caesarea)* ◆ Nicht so gleichwertig und auch nicht ganz so persönlich wie im Parsismus die gute und die böse Gottheit, standen bei Mani das Reich des Lichts und das Reich der Finsternis einander gegenüber. Dichterisch großartiger als etwa bei Hesiodos, aber auch orientalisch wüster, sicherlich symbolisch tiefer als in dem ersten Buche Mosis, entwickelt sich aus der Verbindung von Licht und Finsternis ein seltsames Geschlecht von Göttern und Halbgöttern: der Urteufel Iblis (diabolos) und der erhabene Urmensch. *(Fritz Mauthner, 1920)*

MANKHALIPUTTA GOSCHALA, **Samana-Guru, Fatalist, Frontalbettler, Kauz (ca. 550–501 v. Chr.):** Er kam als Sohn eines Bänkelsängers (½ Jahrtausend vor Jesus) in einem Goschala (Kuhstall) zur Welt. 524 v. Chr. wurde der junge Mankhaliputta von Meister Nigantha Naataputta (→ Mahavira), dessen Schüler er unbedingt werden wollte, abgewiesen. Trotzdem lebte er ab sofort dessen Lehre, warf alle Kleider ab und wanderte als Nackt-Samana weiter, lief dem Meister später ständig wieder über den Weg und wurde dann doch noch als Schüler akzeptiert. Jahrelang teilten die beiden alle Entsagungen, besitzlos, hauslos, luftgekleidet. Durchdrungen von der Ansicht, daß alles a priori unrüttelbar festgelegt sei, ließ sich auch das nähere Niyati (Kismet, Fatum) voraussehen. Man wetteiferte nicht nur als Asketenduo, auch als Prophetenpaar. Naataputta eilte im Sektor Zukunftsschau Mankhaliputta weit voraus; seine Voraussagen, daß heut eine gefälschte Münze im Bettelnapf landen werde, trafen oft sogar dann ein, wenn Mankhaliputta das einfallsreich zu verhindern suchte. Wer diesem Bettler nichts gab, dem weissagte er, daß sein Haus abbrennen werde, was dann sogar derart oft geschah, daß man ihn verdächtigte, seinen Prognosen nachzuhelfen. Überhaupt wurde er öfters vertrimmt, weil er prahlte, Leuten Streiche spielte, bei einem Hochzeitszug auf die optische Unschönheit von Bräutigam und Braut anspielte. Weil Naataputta ihm nicht gegen die Prügel der Trauzeugen half, verließ er seinen Meister, um später dann doch wieder zu ihm zu stoßen. Nächster Eklat: Durch Magadha wandernd, fragte Mankhaliputta den Naataputta, ob dieses blühende Sesamkraut wohl Frucht tragen würde. Naataputta bejahte; da riß Mankhaliputta, um die Prognose zu hintertreiben, die Pflanze hinterrücks aus, die später doch noch mal ausschlug. Da jagte der Meister seinen Schüler endgültig davon, um 517 v. Chr. Folgende Jahre verbrachte Mankhaliputta auf Wanderschaft. Zur Regenzeit kehrte er in Savatthi im Haus einer Töpferin ein, vervollkommnete magische Fertigkeiten, mäßigte seinen Fopptrieb, baute ein enzyklopädisches Weltsystem aus, fand Laienschüler und Jünger, beeindruckte sogar den Kosala-König und Buddha-Freund Pasenadi. Den Begriff Karma, sehr im Gegensatz zu Buddha, wies er zurück. Er durchschaute die alte Hindu-Doktrin, durch eigene Mühe und Übung aus der Illusion des unzumutbaren Geburtenrecyclings heraustreten zu können, selber als Illusion. Von ihm aus gesehn, gaben sich selbst Mahavira und Buddha bloßem Wunschdenken hin; unerbittlich betonte er die Unerbittlichkeit starren und unbeeinflußbaren Weltlaufs. Solche Negativität, auf der sich keine ethische Weltordnung bauen ließ, wollte keiner aushalten müssen. Buddha wies das System seines Rivalen als Irrlehre zurück. Der zenon- und demokritkompatible Atomist, Sophist, Bestialist Pakudha Kaccayana trieb die angebliche Irrlehre noch weiter: Wer köpfe, beraube niemandes Leben, da der Schwertstreich zwischen den 7 Elementen durchgehe und diese hierbei nicht verletze. Mankhaliputta verkündete: Nach 84 000 000 Weltperioden (nach anderen Quellen 84 000) werde jeder, ob töricht oder weise, einerlei, was er vorher tat oder sein ließ, automatisch von jeglichem Leiden erlöst. Im 24. Jahr seines Samana-Seins versammelte er seine 6 Hauptjünger um sich, seine fatalistische Lehre zu kodifizieren. Da aber kam hinterrücks der lange Arm seiner Jugendnarreteien über ihn, die bis ans Ohr Buddhas gedrungen waren. Mankhaliputtas Bewunderer mokierten sich über die glaubwürdigen Gerüchte, ausgestreut von seinem damaligen Mentor Naataputta, den Mankhaliputta erbost aufsuchte, um zu erklären, er sei nicht mehr der von damals; mehrere geistige Wiedergeburten hätten einen ganz anderen Menschen aus ihm gemacht, wahrlich nicht zum Wiedererkennen. Naataputta reagierte spöttisch, da schrie Mankhaliputta: »Du bist von meiner Zaubermacht durchbohrt! In 6 Monaten wirst du an Fieber sterben!« Naataputta erwiderte unbeeindruckt: »Nach 7 Nächten wirst du selber am Fieber verrecken!« Mankhaliputta zog sich in die Töpferei von Savatthi zurück und begann zu kränkeln, fieberte, redete wirr, delirierte, tanzte, sang, kühlte den kochenden Leib mit nassem Lehm, legte Einzelheiten zu seiner möglichst pomphaften Einäscherung fest, bereute seine vielen Verstöße gegen den asketischen Kodex, gestand seinen Anhängern, er sei, statt erleuchtet, ein Scharlatan, und sterbe soeben am Rückstoß seiner Verfluchung, widerrief seine Anordnungen zu bombastischer Beisetzung und verlangte umgekehrt, seinen Leichnam zu entweihen, zu bespucken und durch die Stadt zu schleifen. Was die Schüler dann nur symbolisch ausführten, auf einem gezeichneten Grundriß der Stadt Savatthi. Dieser Ablauf des Verwünschungsduells und sein unrühmliches Ende widerfuhren Mankhaliputta Goschala allerdings im buddhistischen Überlieferungsstrom nicht im allermindesten, sondern tendenziöserweise nur in der dschainistischen, also Naataputta als großen Helden Mahavira verherrlichenden Literatur, worin Mankhaliputta als abtrünniger Mahavirajünger gehandelt und entsprechend frühzeitig abgewertet, nämlich wahnsinnig und krank wurde. Sicherlich gab es, wie in den Fällen Caligula, Herodes, Simon Magus oder → Peregrinus Proteus, noch andere Versionen und ganz andere Tatsachen. ☙ Die Ajivika-Schule, deren namhafteste Vertreter, Gründer, Schuloberhäupter Mankhaliputta Goschala und Purana Kassapa hießen, starb in Nordindien im 2. Jhdt. v. Chr. aus und in Südindien im 15. Jhdt. n. Chr. Originalschriften ließen sich nur lückenhaft rekonstruieren aus Zitaten gegnerischer Schulen. Goschalas Erlösungslehre zeigte Querbezüge zur Lehre, wie sie separat im Abendland, 700 Jahre nach ihm, von → Origines entwickelt wurde. Goschala, Zeitgenosse von Pythagoras, → Xerxes, Heraklit, stand unterbelichtet und düster in der Geistesgeschichte als konsequentester und frühester Pessimist, goldgrundloser als spätere Gnostiker, auswegloser als später → Mani und alle anderen Sektenchefs, Religionsstifter und Denkschulen. Seine Lehre nannte späterer Okzident »Fatalismus« und »Determinismus«, subsumierbar unter »erkenntnistheoretischem Skeptizismus«.

Worte von Mankhaliputta Goschala: Glück und Leid sind wie mit Scheffeln zugemessen, und der Kreislauf der Seelenwanderung hat seine vorherbestimmte Gesamtdauer. Nichts kann abgekürzt oder verschoben, keine Schuld verkleinert und keine Erlösung vorverlegt werden. Wie ein hingeschleudertes Garnknäuel abläuft, nur indem es sich abwickelt, geradeso werden Toren wie Weise, einfach indem ihre Seelen wie vorgesehen im Kreis wandern, das Leiden beenden.

Andere über Mankhaliputta Goschala: Ich kenne keinen, der so vielen Leuten zum Unheil, Schaden und Unglück wirkt wie Mankhaliputta, der Verrückte. Wie von allen gewebten Gewändern, die es gibt, ein härenes Gewand das schlechteste heißt – ein härenes Gewand, ihr Jünger, ist in der Kälte kalt, in der Hitze heiß, von schmutziger Farbe, übelriechend, rauh anzufühlen –, so, ihr Jünger, heißt von jeglichen Lehren der anderen Asketen und Brahmanen des Mankhaliputta Lehre die schlechteste. *(Buddha)*

LAMA MARPA, Hindustanfahrer, Buddha-Übersetzer, Zorn-Guru (1012–1098): Schon als Kind bekam er unbeliebte Wutanfälle. Sein Vater sagte Marpa (tibetisch: Marpa Chos kyi blo gros, deutsch: Mann von Mar) Erfolg voraus, wenn er sich dem Guten zuwende. Er studierte in Lhodrag, sowie beim Übersetzer 'Brog mi. Gegen elterlichen Widerstand verkaufte Marpa seine Besitztümer komplett und machte sich unerschrocken – väterlich finanziert – auf den gefahrvollen Weg nach Hindustan, wo er den eigenartigen, auf der Insel eines Giftsees lebenden Heiligen → Kukkuripa traf, den Meister der Mutter-Tantras; sowie den Lehrer Dschnanagarbha, sowie den Mahasiddha Naropa, der sein Hauptlama wurde. Von Indien nach Tibet schleppte er sich mit gewaltigen Papierrollen ab, den Lehren der Mahamudra-Lehren, übermittelt von Siddhi Maitripa. Weitere 2 Reisen unternahm er nach Hindustan und zurück, zwecks Beschaffung weiterer geheimer Schriften, und vervollkommnete sich im Sektor Zukunftsträume. Insgesamt lernte er bei 108 Lamas, die ihn sehr gern skurrilen Bewährungsproben aussetzten, eine Praxis, die er voll übernahm und steigerte, mit betont widersprüchlichen Scheinanweisungen. Indem er seine Schüler in die Verzweiflung trieb, half er ihnen, ihr schlechtes Karma zu bearbeiten, seiner Lehre zufolge. Zum Weib nahm der schwergebaute, behutsam gesagt: zur Körperfülle neigende, weiterhin extrem aufbrausende, nicht aber nachtragende Marpa eine herzliche, kluge, arbeitsame Frau, Dagmema, die ihm mehrere Söhne gebar. Als ein Schüler nahte – → Milarepa – und seine mitgebrachten Bücher ablegte, rief Marpa: »Hinweg damit! Sie würden meine heiligen Reliquien und geweihten Schriftrollen anstecken und erstarren lassen!« Marpa mäßigte seine guruhaften Verwirrspielchen selten. Als Gegenleistung für gern und langfristig hinausgeschobene Initiation verlangte er unerschwingliche Honorare, im Falle seines Schülers Ngokton dessen gesamten Besitz. Nach der Ablieferung ließ Marpa, der alles ohne Dankeschön einheimste, den Ngokton schikanös in dessen entfernte Heimatprovinz noch mal umständlich zurückreisen, um als Zugabe eine zurückgehaltene, alte lahme Ziege nachgeliefert zu bekommen. Sein Sohn, den er als Erben seiner tiefgründigsten Lehre, des Rituals des »Eintretens in die Stadt«, einzusetzen suchte, verunglückte tödlich, weil Marpa den Anweisungen Naropas zuwiderhandelte, woraufhin Marpa ihn, kraft seiner magischen Fähigkeiten, in eine Taube verwandelte, hieß es später. Die Taube nahm den Körper eines 13jährig verstorbenen Brahmanenjungen in Besitz, erweckte ihn zum Leben, der dann ein großer Weiser wurde. Verschonte Sympathisanten lobten den Marpa als ungewöhnlich starke, energische, zielstrebige Persönlichkeit. Unentschiedene entschuldigten oder benannten seine menschlichen Schwächen. Kritiker schimpften ihn einen unerträglichen Aggressivling. Marpa wurde Begründer der Kagyupa-Schule. ⁓ Nachdem der Stoff 400 Jahre lang mündlich tradiert wurde, verfaßte Tsang Nyön Heruka eine erste Marpa-Biographie.

OSKAR MATZERATH, **Blechtrommler, Glaszersinger, Roman- und Filmheld (geb. 1924):** Hineingeboren mitten in welthistorische Realitäten, pochte er später auf wundersame Geburt, pränatale Erinnerungsleistung und absichtlichen Wachstumsstop. 1927 bekam er eine Blechtrommel geschenkt, von deren Bearbeitung er nie wieder loskam. Etliche Trommelgenerationen trommelte er zunichte, so monoton wie multifunktional. Auch vom Katholizismus kam er selten richtig los. Wartete er auf Straßenbahnen, mußte er der Jungfrau Maria gedenken. Beim Stuhlgang dachte er ans Blutvergießen Christi. In der Herz-Jesu-Kirche versuchte er einen Jesusknaben aus Gips zum Trommeln zu animieren. Jesus: »Liebst du mich, Oskar?« – »Nicht, daß ich wüßte.« – »Liebst du mich, Oskar?« – »Bedaure, nicht die Spur!« – »Oskar, liebst du mich?« – »Ich hasse dich, Bürschchen, dich und deinen ganzen Klimbim!« – »Du bist Oskar, der Fels, und auf diesem Fels will ich meine Kirche bauen. Folge mir nach!« – »Sag das noch einmal, und ich kratz dir die Farbe ab!« Obwohl Lausbub Oskar, das fiese Opfer vieler Streiche, an jedem Streichorchester zielsicher vorbeitrommelte, nannte er gebildeterweise auch mal Hochkulturgrößen wie Goethe oder → Rasputin. Im Vorbeigehn faßten ihn Frauen an den Buckel, weil sie sich davon Glück versprachen. Seinem Vater vermasselte er einen strammen Coitus interruptus und wurde so, in zartem Alter, indirekt zum Erzeuger seines Sohnes Kurt.

Sein Faible für die blütenweiße Krankenschwester Dorothea, in deren Kleiderschrank er im Mottenkugelduft mit einem Lackgürtel masturbierte, korrespondierte manichäisch mit seiner infantilen Angst vor der Schwarzen Köchin der Kinderreime. Noch mit 30 fürchtete er sich weiterhin vor ihr – Ja – Ja – Ja! Als er mal im Freien schlief und eine Kuh ihm das schlafende Gesicht leckte, öffnete er die Augen nicht sofort. Irgendwo fand er einen abgetrennten Finger, und irgendwie wurde er verdächtigt, eine Krankenschwester ermordet zu haben. Zwar beteuerte er, als er auf den Rolltreppen von Paris von internationaler Kriminalpolizei verhaftet wurde, 3sprachig »I am Jesus!«, wurde aber dennoch als Oskar Matzerath verhaftet. Sein Vorhaben, eine Sekte, Partei oder Loge zu gründen, Jünger zu sammeln, gab er nie ganz auf. Es machte ihn aber eher sein Brausepulver berühmt. Zu Beginn der alliierten Invasion arbeitete er in einer Liliputaner-Front-Theater-Truppe und hatte auch mal was mit der Zwergin Roswitha. Nach '45 zog er nach Düsseldorf und war unter Adenauer tätig als Steinmetz, Jazzer, Modell, Konzertreisender. Von 1952 bis 1954 schrieb er im Kinderbett einer Heil- und Pflegeanstalt seine Vita und Saga nieder, auf unschuldiges Papier. Wie Marcel Proust ein Teegebäck als Erinnerungshilfe nahm, so aktivierte Oskar sein Gedächtnis durch geduldiges Trommeln. Seine Story schwoll zum Bildungs- und Schelmenroman, verfaßt allerdings – statt von einem Kobold, Dämon, Berserker oder Barockmenschen – von einem moderat engagierten SPD-Mann, Graphiker, Bildhauer, Lyriker, Appell-Unterzeichner, Aquarellisten, Interviewpartner, Leitartikler, Schulfunkautor, Meinungsmacher, Essayisten, Romancier, Hobbykoch, Tänzer und alsbald 16fachen Vater, der mit Oskars Hilfe zum potentiellen Nobelpreisträger aufschwoll. 1978 wurde Oskars Jugend von Volker Schlöndorff kongenial verfilmt, wenn auch unter Weglassung der unersetzlichen Kuh-Leck-Episode. 1974 residierte dann Oskar zeitgemäß als Inhaber einer Firma für Video-Produktionen und liebäugelte zeitgeistgemäß mit einer Produktion gegen Waldsterben, 1986, einem späteren Remake zufolge, dem Grass-Roman »Die Rättin«, wo Oskar den Nachteilen aller weitergedachten Wiederanknüpfung unterlag; er wirkte entsprechend ausgewaschen, nur noch vom Namen her mit sich identisch; genau wie damals der 100jährige Administrator und kalte Greis Faust II, der die gotische Glut des noch unverjüngten Magiers und Erdgeistbeschwörers Faust I eingebüßt hatte. Oskar zehrte als ewiger Comebackler und Hülse seiner selbst, als offiziöser Volksheld, als »unser Herr Matzerath«, von seinem Jugendruhm.

Worte von Oskar Matzerath: Einerseits ärgerte ich mich über jenen gipsernen Jesusknaben, der nicht trommeln wollte, andererseits blieb mir so allein die Trommel vorbehalten. ◆ Oder kam der himmlische Gasmann mit der Gasuhr unter dem Arm, die immer ticktick macht? Und er sagte: Ich bin der Heiland dieser Welt, ohne mich könnt ihr nicht kochen.
Oskar Matzerath über sich: Ich habe Kaninchen, Füchse und Siebenschläfer trommeln hören. Frösche können ein Unwetter zusammentrommeln. Dem Specht sagt man nach, daß er Würmer aus ihren Gehäusen trommelt. ◆ Unter Glühbirnen geboren, im Alter von drei Jahren vorsätzlich das Wachstum unterbrochen, Trommel bekommen, Glas zersungen, Vanille gerochen, in Kirchen gehustet, Luzie gefüttert, Ameisen beobachtet, zum Wachstum entschlossen, Trommel begraben, nach Westen gefahren, den Osten verloren, Steinmetz gelernt und Modell gestanden, zur Trommel zurück und Beton besichtigt, Geld verdient und den Finger gehütet, den Finger verschenkt und lachend geflüchtet, aufgefahren, verhaftet, verurteilt, eingeliefert, demnächst freigesprochen, feiere ich heute meinen dreißigsten Geburtstag und fürchte mich immer noch vor der Schwarzen Köchin – Amen.
Andere über Oskar Matzerath: »Der Dreijährige, der Gnom, der Däumling, der nicht aufzustockende Dreikäsehoch« ist eine brillant erfundene Kunstfigur, mit der die Welt auf satirische und burleske Weise von unten, aus der tückischen Scheinnaivität gemustert wird. Ausgestattet mit der Gabe einer durchdringenden Stimme und der Fähigkeit, Glas zerspringen zu lassen, ist er ein raffinierter Simplicius, ein buckliger Zwerg und ein priapischer Vorwärtsdränger, ein Kind und Ausbund überblickenden Verstandes, der Winzling und der Frauenheld, ein zweiwertiger Außenseiter voller Protest und erotischer Fluchtphantasien. *(Wilfried F. Schoeller, 1988)*

Mechthild von Magdeburg, Nonne, Gottesbraut, Mystikerin, Visionärin (1210–1285): Schon mit 12 kam der Sturm des Heiligen Geistes über sie, woraufhin sie dergestalt dringend ins Kloster strebte, daß ihre Eltern sie 8 Jahre lang einsperrten. Mit 20 irrte sie mittellos von Kloster zu Kloster, wurde als Streunerin abgewiesen, aber bei den Beginen liebreich aufgenommen. Ihr häufiger Kehrreim »Ich will minnen gehn« öffnete ihr viele Türen. Sie geriet in solch minnigliche Süßigkeit, heilige Bekanntheit und unbegreifliches Wunder, daß sie irdische Dinge kaum noch gebrauchen konnte. Je höher sie schwebte, um so schöner leuchtete sie vom Gegenblick ihrer Gottheit. Das fließende Licht der Gottheit floß nicht nur in sie ein, es umflutete sie, die darin schwamm. Genauso minnesiech (liebeskrank) sie selber sich fühlte, so minnesiech fühlte sich auch Gott, um sich von der Hitze seiner Gottheit abzukühlen im Umgang mit der Seele, wovon viele Seelen nichts merken, die erhitzbar minnelustige Mechthild aber um so mehr. Das »minnen« klang stets sehr nach aktiver Tätigkeit; auch ihr himmlischer Vater versicherte ihr oft, daß Er sie sehr lange und gewaltig minnen werde: »Daß ich dich oft minne, das habe ich von meiner Natur, denn ich bin selber die Liebe.« Je mehr seine Lust wuchs, je enger er sie umschloß, um so größer wurde ihr Glück. Gott befahl der Seele sogar, sich auszuziehen, und wenn sie zögerte, sagte Er: »Frau Seele, Ihr seid so sehr in mich genaturet, daß zwischen Euch und mir nichts sein darf.« Dergleichen gab Gott nicht mal seinem hehrsten Engel für eine Stunde, was er ihr auf ewig gab. Als sie ins Paradyso kam, konnte sie dort gar keinerlei breiti und lengi (Breite und Länge) als Begrenzung feststellen. Bei der Aufzählung der Bäume fand sie wichtig zu erwähnen, daß es dort »nit vncrutes« gäbe (keine Unkräuter). Und sie sah »zwene man ine« (2 Männer innen): Enoch und Helyas (Henoch & Elias). Sie: »Wie kamst du her?« Enoch: »Ich kam her, da ich nit wußte, wie ich herkam und wie mir war, eh ich hier saß.« Als sie am Fuß des Himmels ankam und um Einlaß bat, sprachen 2 geschmückte Engel zu ihr: »Frau Seele, was sucht Ihr so weit oben? Ihr seid ja noch mit der finsteren Erde bekleidet!« Sobald sie im Himmel wohnhaft weilte, war niemand so arg in seinem Grimme, daß er Gottes Reich, welches damals noch »gotzrich« hieß, zu zerstören, zu zerbrechen oder »schedelich« zu berühren vermochte. Über »gotz himel« (Gottes Himmel) berichtete sie wenig, außer daß sie ihn einem Bienenstock verglich, aber Höllenpein und Dämonenkampf schilderte sie überausführlich. Kam ihr ein großer Teufel entgegen, feurig, blutig, mit krummer Nase, mit hornigen »glasogen« (Glasaugen), segnete sie sich und entschlief. Oder sie sagte ihm: »Alles, das dir Got gestattet, das tu mit mir.« Seinen Namen wollt der Teufel ihr nicht nennen, um beim Jüngsten Gericht nicht aufrufbar zu sein. Weitere Meldungen: Adam ward von kranker Materie gemacht. Kam ihre ausgeflogene Seele in den Leib zurück, fragte der Leib sie: »Wo bist du nu gewesen? Du kummst so minniglich wieder, schön und kräftig, frei und sinnenreich?« Die liebhabende Seele schrieb alles für geistliche Leute auf. Die letzten Lebensjahre verbrachte sie im Zisterzienserkloster Helfta, einer Trutz- und Hochburg für Mystikerinnen. ~ Passagen aus ihrem fließenden Licht der Gottheit wurden von Adrian Leverkühn mehr als kongenial vertont.

Gott minnte sie oft und lange

Worte der Mechthild von Magdeburg: Wer von Minne stirbt, den soll man in Gott begraben. ◆ Sei willkommen, liebe Taube, du bist so sehr geflogen im irdischen Reich, daß deine Schwingen gewachsen sind fürs himmlische Reich. ◆ Du bist min legerküssin (mein Lagerkissen), mein minnigliches Bette, meine heimlichste Ruhe, meine tiefste Gerunge (Begier), meine höchste Ehre. Du bist eine Lust meinem Gottsein, ein Trost meiner Mönschheit, ein Bach meiner Hitze. ◆ Je inniger die Umhalsung wird, um so süßer schmeckt das Mundküssen. ◆ Du bist mein Spielberg, meine Augenweide, das Verlieren meiner selbst, der Sturm meines Herzens, der Zerfall und Untergang meines Wesens, meine höchste Sicherheit. ◆ O, Herr, minne mich gewaltig, und minne mich oft und lang; je öfter du mich minnest, um so reiner werde ich; je gewaltiger du mich minnest, um so schöner werde ich: je länger du mich minnst, um so heiliger werde ich hier auf Erden.
Mechthild von Magdeburg über sich: Ich unwürdige Sünderin ward gegrüßet von dem heiligen Geiste in meinem zwölften Jahre also fließendes Sere, da ich war allein, da ich das hiemehr möchte erleiden, daß ich mich zu einer großen täglichen Sünden nie mochte erbieten. ◆ O du ruhender Gott an meinen Brüsten, ohne den ich nicht sein kann! ◆ Liebe Leute, was kann ich dafür, daß mir dies geschieht und oft geschehen ist? ◆ Genuß ohne Sterben kann meine Seele nicht verkraften.

MERETLEIN (geb. Emerentia von M.), Zöglingin, Naturkind, Hexenmädchen (1706–1713): Aus begüterten Verhältnissen stammend, wurde sie wegen Aufmüpfigkeit, vor allem weil sie sich dem Beten abgeneigt zeigte, von ihren adligen, orthodoxen, verzweifelten Eltern in die Obhut eines sittenstrengen Pfarrherrn gegeben (wie nachmals der geisteskranke Dichter → Lenz dem Vater der Vorschulpädagogik Oberlin). Der gestrenge Gottesmann (Name nicht überliefert) deutete die Angst des zartgebauten, feinen, klugen Mädchens vor dem schwarzen Mann auf der Kanzel (eine Angst, die sie mit anderen Naturkindern, wie → Hauser, teilte) zeitgemäß, bzw. seiner Charakterstruktur gemäß, als Teufelsbesessenheit. Daß sich ein Kind in der Frühlingsnatur wohler fühlte als im düsteren Beichtstuhl, blieb hochbedenklich bis unerträglich. Der intolerante Christ ging auch hier, beim sensibelsten Seelchen, mit gerechter Strenge, sprich: Rutenzüchtigung, das Problem an. Emerentia wurde zur Strafe eingesperrt in der Speckkammer, sang alldort wie die 3 seligen Männer im Feuerofen, aber weil sie Kirchenlieder zu persiflieren schien, wurde ihr alsogleich ein weiterer Strick gedreht, ein nächstes untrügliches Indiz, daß das liebenswerte, überdurchschnittlich schöne und begabte Mädchen ein Hexenkind sein könnte. Zwischen den Eltern und dem Lehrherrn, der pedantisch Buch führte, todernst um das Seelenheil seiner Schutzbefohlenen bemüht, kursierten Kostgeldquittungen und immer besorgtere Berichterstattungen. Er ließ das Kind im Bußkleid laufen und verhängte, als sie mit Bauernkindern nackt im Holzweiher badete, also Unfug trieb, Kontaktsperre und immer schärfere Strafen. War mal jemand nett zu ihr, taute die kleine Emerentia auf, lachte, tanzte, was der Pfarrer sofort abwürgte. Er nahm auch den Maler, der sie auf elterlichen Auftrag malen sollte, ernst ins Gebet, verlangte von ihm, nicht allzu freundlich zu ihr zu sein. Französisch- wie Spinettunterricht wurde der kleinen Merete ersatzlos gestrichen. Sie büchste aus und machte sich im Wald ein Blumenkrönlein wie Ophelia, was aber nur neue Maßregelung und Einschränkung auslöste. Immer öfter erkrankte sie und – verstummte. Ein Arzt, der sich anbot, die Pflege des lange kränkelnden Kindes zu übernehmen, wurde vom Pfarrherrn eifersüchtig ausgetrickst. Eine grüne Naturlaube, die sie sich in den Stangenbohnen des Pfarrgartens einrichtete, wie vormals der junge Jean-Jacques Rousseau, wurde zunächst geduldet, dann aber untersagt, weil sie dort mit giftigen Schlangen spielte. Eines Tages fand man das Meretlein tot in dieser grünen Bohnenhöhle. Aufwendige Beerdigungsvorbereitung wurde eingeleitet; Eltern reisten an; aufgebahrt aber erwies sich das aufspringende Mädchen als scheintot, floh in den Wald, wo sie dann wirklich zusammenbrach und leider Gottes verstarb. ~ Alsbald wucherten rundum immer nachträglichere Legenden, in denen unberechtigter Abscheu und verspätete Zuneigung sich immer widersprüchlicher vermengten. Das Mädchen, das aus späterer kinderpsychologischer Sicht allenfalls das übliche »Drama des begabten Kindes« hergegeben hätte und sich nichts zuschulden kommen ließ als harmlose Naturliebe, mutierte vollends zur nachträglichen Hexe: Die Tauben hatte sie damals so bezaubert, daß nach deren Verzehr der ehrwürdige Herr Pfarrer Leibschmerzen bekommen hatte. Und die Forellen, mit denen das Meretlein Umgang hatte, führten im Bach närrische Tänze auf. Insgesamt überwundenes Heidentum war aus ihr unkontrollierbar hervorgebrochen. Jeder Gast hatte sich sofort unsterblich in die 7jährige Emerentia verguckt und verliebt; vor allem ihr Porträtmaler wurde augenblicks kirre und obsessiv. Einzige Hinterlassenschaften: jenes Ölbildporträt eines anonymen Kindes, 56,7 x 55,8 cm, widersprüchlicherweise 1623 entstanden, heute befindlich in der Zentralbibliothek Zürich, und die tendenziösen Notate des anonymen Pfarrherrn, die dem jungen Gottfried Keller vorlagen und die er seinem »Grünen Heinrich« auszugsweise inkorporierte, wobei er auch mal 5 Monate Berichterstattung übersprang. Andere Vergleichsberichte liegen nicht vor. Alles muß zwischen den Zeilen geistlicher Vorurteile und Verblendungen des frühen 18. Jhdts. herausgelesen werden. Mit keinem Wort verurteilt Gottfried Keller den schuldigen Pfarrer – oder war dieser nur deshalb so hartherzig, weil der Dichter es so wollte? War alles nur fiktiv? Falls ja, wäre das unaushaltbar enttäuschend. Falls aber alles so stattfand, wäre das unsagbar empörend, und so oder so unaushaltbar verkehrt und falsch. Im Casus der kleinen Merete wiederholte sich ein Drama aus dem »Glöckner von Notre Dame«, das Leid der Zigeunerin Esmeralda mit dem strengen Domprobst Dom Claude Frollo, diesem prinzipienstrengen Hardliner, dessen Archetypus sich dann noch mal reinkarnierte im Bischof aus Ingmar Bergmans Familienchronik »Fanny und Alexander«. Und das kleine Meretlein nahm ein Nymphchen vorweg, vom Typus Lolita, das Vladimir Nabokov mit Lilith verglich, allerdings im Falle des Meretlein ein zeitgebunden durchspiritualisiertes Dämonenkind, statt amerikanisiert: naturmystisch durchseelt.

Andere über Meretlein: Noch nie habe ich aber ein so schönes, liebliches und geistreiches Kinderantlitz gesehen wie das blasse Gesicht dieses Mädchens; es war eher schmal als rund, eine tiefe Trauer lag darin, die glänzenden dunklen Augen sahen voller Schwermut und wie um Hilfe flehend auf den Beschauer, während um den geschlossenen Mund eine leise Spur von Schalkheit oder lächelnder Bitterkeit schwebte. *(Gottfried Keller, 1854)* ✦ Und wie im selbigen Moment die Strahlen Phöbi seltsam und stechend durch die Wolken gedrungen, so hat es in seinem gelblichen Brokat und mit dem glitzrigen Krönlein ausgesehen wie ein Feyen- oder Koboltskind. *(Aus den Notaten des von Gottfried Keller überlieferten anonymen Pfarrherrn)*

Merlin (alias: Myrddin), Demeterkönig, Seher, Druide, Barde, Umwandler, Waldhüter, Seelenführer, Vogel- und Sternkundler, Weisheitsgreis (6. Jhdt. n. Chr.): In einem Krieg zwischen Venedotien und Gwennoleu, in den er sich reckenhaft mit Kampfgier stürzte, sah er alle Freunde fallen, brach mitten im Ablauf geschockt und gelähmt zusammen, hörte nicht auf zu weinen, verweigerte tagelang Nahrung, zog sich verstört und sozusagen wahnsinnig in die Wälder zurück, vergaß seine Verwandten, auch seine Gattin Guendoloena, und fast sich selbst, aß monatelang Wurzeln, Kräuter und Äpfel von 19 Bäumen, deckte sich nachts mit Laub zu. Dann aber kam grausamer Winter. Fand er ein paar Steckrüben, stürzten Wildschweine herbei und schnappten sie ihm fort. Mit seinem uralten Wolf, der sich ihm anschloß, hungerte und ergraute der verwilderte Silvester Homo (Waldmensch) erschöpft um die Wette, in den Kaledonischen Wäldern (in Südschottland) bzw. im »Enchanted Forest«, im »Valley of no Return«, im Feenwald von Brocéliande. Zeitweise mit ihm lebte der Philosoph Taliesin (Telgesinus), mit dem er ebenbürtig über den Ursprung der Welt, Naturkräfte, Geister-Hierarchien, Vogelkunde und Jenseits-Mysterien fachsimpelte. Er dressierte Hirsche als Reittiere, brach auch mal ein Geweih aus lebendem Kopf heraus, um mit dem Wurfgeschoß jemanden zu töten, nein: um seiner Seele das Jenseits zu gönnen. Traf er Städter, schimpfte der Stadtflüchter auf Städte, nahm aber im Winter gern zivilisatorische Hilfe seiner Schwester Ganieda entgegen: Holzpalast im Wald mit 70 Fenstern (zur Sternenbeobachtung), Dienerschaft, Essen, Schreibkräfte. Seine Prophetien schossen lang nicht so weit in die Zukunft voraus wie die von Nostradamus (der sich so nebulös ausdrückte, daß stets alles auf Hitler paßte), sondern beschränkte sich auf knapp bevorstehende Lokalkonflikte zwischen Sachsenkönigen, hingemetzelten Mönchen, waffenklirrenden Normannen und Dänen. Der Vergiftung einer vergrätzten Liebhaberin entging er (der Keimzelle zur postumen Viviane-Geschichte). Seine Hellsichtigkeit sah er im nachhinein als Leiden an, das durch ein bestimmtes Quellwasser geheilt wurde. ~ Eine Buchfassung kam ab 1135 zustande, das Hexameter-Epos »Vita Merlini« des angelsächsischen Klerikers Geoffrey von Monmouth. Mythen gingen in höfische Romane über. Der Feldherr wurde zum Propheten, dieser zum Wundertäter, dieser zum natursichtigen Wald- und Weltweisen. Man tilgte die römische Abkunft mythischer Vorgänger, kürte ihn zum Nationalheros, zum Garanten bretonischer, dann britischer Hoffnungen. Um 1220 fungierte er als Antichrist und Berater von König Artus, für den er als Schmied die Wunderwaffe Excalibur schmiedete, wie Mime für Jung-Siegfried Nothung, das neidliche

Schwert. Jahrhunderte dichteten begeistert an Merlin weiter. Sein Rückzug und Umgang mit Waldtieren gesellten ihn überregional zu Waldbrüdern und Tiernarren wie der heiligen Genoveva, Serapion, → Madschnun und allen romantischen Eremiten, nicht ohne Querbezug zu Wald- und Berggeistern wie Rübezahl. Ihm wurde dann auch zugeschrieben, eine Leiter zu bauen in die andere Welt und Hermes Psychopompus in Avalon zu sein, oder Verkörperung des Gottes Lug. Christliche Bearbeitung machte aus ihm den Sohn einer Nonne bzw. bretonischen Königstochter und eines Incubus, mit übergewichtigen guten Anteilen. Seine Katharsis verschwägerte ihn mit Kaiser → Aschoka, Eustachius, Sankt Hubertus. Seine Worte, daß er bereits ein Lachs gewesen sei, Hund, Rehbock, Hirsch, Baumstrunk, Spaten, Axt, Hengst, Stier, Bock, Regentropfen, ein Wort, ein Buch, verband Taliesin und ihn überregional mit → Empedokles, → Rumi und → Drugpa Künleg. Die mirakulösen Riesenbrocken von Stonehenge wurden kausal auf Merlins telekinetische Balancierkünste zurückgeführt. Das Märchenmotiv, daß die Zauberkünste, die er seiner Gespielin und Schülerin Viviane (bzw. Nimue) weitergab, übel auf ihn zurückschlugen und er unter Weißdorn in Zauberschlaf zu darben hatte, gesellte sich erst 1485 hinzu. Bei Goethe, vertont von Hugo Wolf, verkündete Merlin die Weisheit: »Töricht, auf Bessrung der Toren zu harren!« Bei Asterix und Obelix wurde Merlin zu Miraculix, in Tolkiens »Herrn der Ringe« zu Gandalf und im Fantasy-Gefolge zum Kampfgreis, einer Mixtur aus ewig singender Waldmystik und muskelbepackter Fechtkunst; in Disneys Zeichentrickfilm »Merlin und Mim« zum pausenlos zaubernden Zauberer. Feministinnen drehten den Spieß um: Er habe alle seine magischen Kräfte von Feen gelernt, vor allem von Fee Viviane. Der Archetypus des wilden Rüpels schimmerte überall durch den Phänotypus des philosophischen Tricksters und bemoosten Magiers. Seine prophetischen Aussagen, der Staub der Ahnen würde wieder hergestellt, bezogen sich im Rückblick aufs neo-schamanistische Comeback der Magier, Hexen, Druiden, Naturmenschen, Wölfe.

Worte von Merlin: Weh, immernaher Tod, in dessen Gewalt die Menschen überall gegeben sind, der zustößt mit seinem verborgenen Stachel und das erbärmliche Leben aus dem Leib treibt! ◆ Diese Vögel unterscheiden auch bei jedem, den sie erblicken, ob er Barbar ist oder Grieche.
Merlin über sich: Ich wurde meiner selbst entrissen, und ein böser Geist ergriff von mir Besitz und wies mich den wilden Geschöpfen der Wälder zu. ◆ Ich kannte das Verborgene aller Dinge, den Vogelflug, die schweifende

Bahn der Sterne und die Züge der Fische. All dies quälte und bedrängte mich, und – einem unausweichlichen Gesetz folgend – ließ es den menschlichen Geist in mir nicht zur Ruhe kommen. ◆ Mich, der unter dem grünen Laubdach verweilen möchte, beglücken die Schätze Caledoniens mehr als Hindustans Karfunkel oder das Gold von den Ufern des Tajo, mehr auch als die Erze Siziliens, oder süße Trauben aus Methyma, mehr als hohe Türme und wallumgürtete Städte oder Gewänder, duftend von Tyros' Essenzen. **Andere über Merlin:** Der alte Typus des Zauberers und Druiden, des Sehers und Wetterkundigen, der die tiefere Ahnungskraft seines Stammes verkörpert, für ihn die tiefen Träume träumt und sie ihm auslegt, ist in Merlin beherrschend Gestalt geworden, um lang über die mythische Epoche seines Werdens hinaus deutende und tröstende Kraft seines Volkes zu sein. *(Heinrich Zimmer)*

METROKLES VON MARONEIA, Philosoph, Kyniker, Schriftenverbrenner (um 300 v. Chr.): Er und → Hipparchia, seine Schwester, stammten aus vornehmen Kreisen in Maroneia. Zunächst saß er in Lehrveranstaltungen des Xenokrates und des Peripatetikers Theophrast. Als ihm während einer Schulübung (andere Übersetzung: »mitten im Meditieren«) ein Darmwind entfuhr, schämte er sich übertrieben und schloß sich, um sich durch Verhungern zu entleiben, im Zimmer ein. Seine Angehörigen klopften von außen verzweifelt und wandten sich in ihrer Not an den weisen Krates, der sich zum zerknirschten Schüler begab, ihm darlegte, daß der natürliche Abgang und Abzug solcher Körperwinde, statt Schandtat, etwas Natürliches sei, wodurch sich aber Metrokles nicht wirklich aufgerichtet fühlte. Erst als dann Krates ihm die Bude vollpupte, kraft vorher extra überreichlich verzehrter Bohnen, und sich also mit ihm auf eine kreatürliche Stufe stellte, sah Metrokles sich halbwegs getröstet, kam aus seinem Zimmer hervor, wurde Schüler des Krates und brachte es in der Philosophie ziemlich weit. Winters schlief er in privaten Badehäusern, sommers in den Vorhöfen der Tempel. Seine Lehren, Reichtum sei schädlich, wenn man ihn nicht würdig verwende, und manches sei durch Geld käuflich, anderes durch Einsatz von Zeit und Fleiß, rissen philosophisch auf Dauer nicht sehr vom Sockel, und tatsächlich verbrannte Metrokles seine Schriften mit den Worten: »Alles nur zusammengeträumte Nebelgespinste!« Also übersetzbar: »Stoff, aus dem die Träume sind«. Trotzdem hatte er Schüler: Theombrotos und Kleomenes.

Er verbrannte sogar Schriften berühmter Namen wie Theophrast, unter Anrufung von Hephaistos. Er starb in hohem Alter, indem er seinen Atem anhielt, also durch ein brahmanisches bzw. gymnosophistisches Ritual (andere Übersetzung: »indem er sich ersticken ließ«). ⁓ Bekannt blieb er weniger dank seiner mittelmäßigen Lehren als einzig kraft seines jugendlichen folgenreichen Furzes. Immerhin galt er als Erfinder der Chreia (des philosophischen Lebensbedarfs), einer Mixtur aus Sentenz und Anekdote. 500 Jahre nach seinem Tod faßte Diogenes Laertius das Leben des Metroklos arg knapp und bündig zusammen. Dessen kynische Armut, mit der er nackt dastand, wies fast bereits auf Frau Armut voraus, die dann später von franziskanischen Minderbrüdern verehrt wurde.

MILAREPA **(geb. Töpaga), Wetterzauberer, Buddhist, Samsara-Auflöser, Dichter-Yogi, Brennessel-Eremit, Dämonenzähmer** (1040–1123): 50 km nördlich von Kathmandu: Nach dem Tod seines Vaters kam Töpaga (herrlich zu hören) 7jährig mit Mutter und Schwester bei Tante und Onkel unter, die stiefmütterlich sein Erbe verpraßten. Seine Mutter »Weiße Girlande« ermöglichte ihm, beim Lama »8 Schlangen« zu studieren, und verlangte von ihm, Magie zu erlernen, um sich familiär an Tante und Onkel rächen zu können; drohte gar mit Selbstmord, wenn er nicht bald zaubern könne. Ein Magieausbilder reichte ihn weiter an einen Lama, der Zugang zu Rachegöttern hatte. Es gelang Töpaga mit finsteren Praktiken, auf der Hochzeit eines Neffen ein Gebäude einstürzen zu lassen – 35 Gäste starben! – und die Überlebenden, die sich an seiner triumphierenden Mutter und ihm rächen wollten, durch Hagelkünste einzuschüchtern. Er aber, von Reue geplagt, sehnte sich nach würdigeren Idealen. Statt unerleuchtetes Simsalabim und infantilen Regenzauber zu üben, auf Ghostbuster-Niveau, strebte er Seelenheil und Einweihung in ewige Regionen und wahre Religion entgegen. Statt Superstition – Apotheose. Nach einem Intermezzo beim Nyingmapa-Guru Röngtön kam er 1078 zum verdienstvollen buddhistischen Lama → Marpa, der aber gleich mal Wetterzauber gegen Wegelagerer von ihm forderte und ihn hinterher bezichtigte, Schwarze Magie ausgeübt zu haben. Bevor Einweihung in Marpas Geheimlehren winkte, mußte der ständig vertröstete, schuldbeladene Adept erst mal ein Haus bauen und kurz vor Fertigstellung den Rohbau wieder abreißen, ums an anderer Stelle neu aufzubauen – und noch mal einzureißen. Töpaga schuftete sich wund, litt sich krumm, baute ein drittes Mal ein Haus auf, ohne zu murren, 7stöckig. Rückenweh und Verzweiflung humpelten um die Wette, oft gesteigert bis hin zu 3 x mißlingendem Guruhopping und Suizidgedanken, kaum gelindert von Dagmema, Marpas Frau, die oft ein gutes Wort für ihn einlegte, oft umsonst. Marpas Machtspielchen und Schikanen dienten aber dem Abbau des schlechten Karmas des Nachwuchszauberers. Schließlich wurde er dann doch noch feierlich in schwierige Meditationspraktiken eingeweiht, stieg zum Lieblings- und Meisterschüler auf, hatte aber plötzlich Heimweh. Er sehnte sich, seine alte Mutter wiederzusehn. Marpa prophezeite, er werde weder seine Mutter noch ihn, seinen Lehrer, wiedersehn. Trotzdem brach er in die Heimat auf, mit einer verschlossenen Rolle von Marpa, die er nur bei höchster Ausweglosigkeit öffnen solle, und erfuhr, daß seine Mutter schon vor 8 Jahren gestorben war, sah sie unbeerdigt in verwahrloster Ruine liegen, brach zusammen, meditierte in Höhlen, traf die böse Tante wieder, die Hunde auf ihn hetzte, ihn mit Pfählen schlug, bis es ihm gelang, sie mit weisen Worten zur Reue zu bringen, vorübergehend, warf ihr dann seinen letzten Grundbesitz in den Rachen und drohte dem gewalttätigen Onkel mit Geistern – hatte er denn jetzt noch Macht über sie? Dann zog er sich ins Gebirge zurück, wo ihm bald der Gerstenrest ausging und es ihm nicht immer gelang, dem Winter etwas entgegenzusetzen. Er mußte verhungern oder sein Gelübde brechen, nie wieder zu den Menschen runterzusteigen. Lange hielt er durch. Dem fliehenden Hirsch sang er zu, daß er mit dem illusorischen Hirschkörper, samt Dornenkopf, weniger vor einem Hund fliehe, sondern umsonst vor dem Daseinskreislauf; schon setzte sich der Hirsch beruhigt neben ihn, wie kurz danach die verfolgende Hündin, der er ebenfalls ein Lied sang über ihr schlechtes Karma und ihren Drang, andere Körper zu erbeuten, statt den eigenen Geist in den Griff zu bekommen. Bei Dingen, die aufleuchteten und wieder verloschen, verweilte er nicht. Im Sturm, als er nicht Sammelreisig und Baumwollschal zugleich festhalten konnte und eins davon fahren lassen mußte, erkannte er, daß er leider doch noch am überwundenen Dasein haftete. Daß Haß an Hölle, Geiz an Hungergeister, Dummheit an Tiere, Begierde an Menschen, Eifersucht an Antigötter und Stolz an Götter fesselt: diesen 6 Fesseln entkam Milarepa mit 6 Methoden, die ihm in 6 Sphären der Gewißheit genau 6 Glückserfahrungen schenkten. Geröllberge, Schneeberge und begraste Hügel nannte er seine 3 Einsiedeleien, Götter, Dämonen und Einsiedler seine 3 Nachbarn, Brennesseln, Wildzwiebeln und Unkraut seine 3 Speisen, Schiefer-, Schnee- und Lehmwasser seine 3 Getränke. Zudem trank er aus Sturzbächen Gletscherwasser. Nur 3 x in 6 Jahren traf er Menschen: Wilderer sahen im Geröll ein grünhäutig verrunzeltes, federleichtes Gerippe hocken, also ein Gespenst, mit 3fach geknotetem Kleiderersatz und brennesselgrünen, steif hochgesträubten Haaren. Sie kieksten ihn mit Bogenspitzen, konnten sein grünes Samadhi, worin er weilte, kaum perforieren – da kam er zu sich; der erbarmungswürdigste Mensch, für den sie ihn hielten, widersprach ihnen, er sei der glücklichste Mensch. Das Lied, das er ihnen sang, sangen sie nach und unten im Tal allerlei Leuten vor – Milarepas Schwester Peta erkannte an diesem Lied ihren Bruder, stieg ins Gebirge, fand die grüne, schwer wiedererkennbare Gestalt, gab ihm besseres Essen, das aber nur Unruhe und Schmerz auslöste und seine Meditation verdünnte, was er als höchste Ausweglosigkeit empfand und nun Marpas Rolle öffnete, mit wunderbaren Anleitungen weiterer Übungen, das Samsara zu überwinden. Dinge für wirklich zu halten, behandelte er als Krankheit, die er zwang, abzuheilen. Er träumte, Leute böten ihm Essen an; als er erwachte, war er satt – wochenlang. Immer öfter träumte er nun von Flügen, und kaum durchschaute er die Wirklichkeit deutlicher denn je als Traum, konnte er auch außerhalb von Träumen fliegen, und zwar in Richtung weißer Magie. Lügen im Schaum der Welt hielt er für doppelt gemoppelt. Erst jetzt entwickelte sich jene innere Tummo-Hitze, die Kleiderlumpen unnötig machte. Als er berühmt wurde, wechselte er die Höhle. Seine liebe Schwester, die er einweihen wollte, kam dem nicht entgegen; aber seine verwitwete Tante kam reumütig zu ihm und wurde Büßerin auf dem Pfad zum Seelenfrieden. Fragen beantwortete er mit Liedern. Unterkunft lehnte er ab; lieber verbrachte er 18 Tage in einem Schneesturm. Sympathisanten versorgten ihn mit Tsampa (Röstmehl), Reis und Butterklumpen. Jäger baten ihn im vierten Jahr um Segen, schenkten ihm Fleisch. Er aß ein wenig, aber den Maden, die er darin entdeckte, wollte er nicht ihr Umfeld wegessen und kehrte zur salzlosen Brennesselsuppe zurück. Die Leute aus dem Tal suchten ihn in Schnee und Eis, sahen bloß einen Schneeleoparden, fanden ihn schließlich in einer Höhle, wo er grad Tsampa kochte und seine Retter rügte: »Ihr Dummköpfe, warum kommt ihr jetzt erst? Schnell, das Essen wird kalt!« Woher wußte er, daß sie einen Schneeleoparden gesehn hatten? Weil er selber das war! Kaum allein, schlichen sich von allen Seiten Geister herbei, eigentlich längst überwunden, kaum noch geglaubt, die ihn aber trotzdem sehr zausten und Reißzähne fletschten. Er sah sie mit magischem Kraftblick an, zwecks Unterwerfung, sie aber, statt sich aufzulösen, vermehrten sich. Anders als → Antonius, der nichts hatte als seine Bannformeln, durchschaute Milarepa, buddhistisch gebildet, die Geister als Samsara und vermochte Spieße psychologisch umzudrehn, hieß die Geister willkommen, lobte sie, forderte sie auf, es sich hier bequem zu machen, bitte nicht hinwegzueilen, für immer hierzubleiben, schon brach unter den Geistern Panik aus, sie verschmolzen zu einem einzigen Geist, dem Dämonenkönig Vinayaka, der einen Wirbelsturm aufkommen ließ, in welchen er sich eindrehte und verschwand. Einige Hungergeister wollten sich in Milarepas religiöse Geheimnisse einweihen lassen, klagten aber über zu geringe Auffassungsfähigkeit. Daß er einiges gegen ihr übles Karma vorbrachte, das verstanden sie halbwegs. Andere Geister säumten einen Felspfad mit riesig aufblühenden Lauben, Schamhügeln, Venusbergen, Bartwolle, Oberlippen, Unterläppchen, Lustzapfen, Brunstwinkeln und Maihäutchen. Milarepa brachte als Gegenmittel seinen geheimen Vadschra zur Erektion, lief an 9 Vulven vorbei, rieb sein Vadschra an einem geomantisch bedeutungsschwangeren Felsen, und alle Teile lösten sich in Regenbögen auf. Spannungen zwischen Milarepa und diversen Geistern paarten sich mit Rivalitäten zwischen ihm als Buddhist und alteingesessenen Bön-Priestern. Töten durfte man die nicht, aber mit Magie vertreiben, was in magische Wettkämpfe ausartete und Realitäten hinter sich ließ. Milarepa starb (wie Buddha an verdorbenem Eberweich) an vergifteter Milch, die ihm ein zu kurz gekommener Lama durch eine bestochene Frau verabreichen ließ. Obwohl der 84jährige den Anschlag durchschaute, trank er willig die Giftmilch und lehnte anschließend ein Gegenmittel ab. Er starb in der Morgendämmerung des 14. Tages des letzten Wintermonats im Waldhasenjahr. ⁓ Bisweilen lauteten Milarepas Lebensdaten etwas anders: 1052–1135. Sein Schüler Gampopa, Arzt und klarer Kopf, setzte der wilden, anarchisch-asozialen Tilopa-Naropa-Marpa-Milarepa-Linie ein gemäßigtes Ende. 400 Jahre nach ihm wurde sein Leben aufgeschrieben. Es hieß dann, er habe seine Berühmtheit vorausgesagt. Entweder hatte er seine magisch-atavistischen Verstrickungen nie restlos abgestreift, oder das Abgestreifte wurde ihm nachträglich wieder angedichtet. Er stand dann imposant in der Endlosreihe vorbuddhistischer und auch nach Buddha stets wiederkehrender Magiergestalten à la Padmasambhava, Simon Magus, Gorbyas, Astrapsychos, → Merlin. Ikonographisch bildete man ihn meist mit Baumwollhemd und grüner Hautfarbe ab und hütete authentische Fußabdrücke von ihm hier und da im Fels, auch Löcher seines Wanderstabs, die sich, statt vom Wind abgeflacht zu werden, vertieften und vermehrten. Entwicklungspsychologisch bzw. religionshistorisch stand er exakt auf jener Kippschwelle, wo magisches in kognitives Denken und dämonisch-polytheistisches Allotria in monotheistischen Transzendentialismus übergeht, zwischen Lucius Apuleius von Madaura (800 Jahre vor Milarepa, der in seinem Goldenen Eselsroman mit Schwarzer Magie liebäugelte, um alsdann in ernsthaftere Isismysterien eingeweiht zu werden) und Goethes Zauberlehrling bzw. Harry Potter 800 Jahre später, der auf Milarepas unweiser, infantil-archaischer Jugendstufe 7 Bände lang steckenblieb: Statt Nirwana – Hokuspokus und Pipifax.

Statt Hokuspokus und Pipifax – Nirwana.

Worte von Milarepa: Ist etwas greifbar, ist es nicht der Himmel. Ist etwas zählbar, sind es nicht die Sterne. ◆ Ist der Geist dumpf oder wild, verweilt man nicht in Meditation. ◆ Glücklich ist ein Yogi, der so allein lebt wie ein verwundetes Tier. ◆ Liebliche Worte sind trügerische Laute. Wer sie für wichtig hält, ist ein Narr. Vermitteln Worte keine Dharma-Gleichnisse, bleibt Verskunst nur schöner Schall. ◆ Dieser unreine Körper ist ein Sack voller Unrat. Wer ihn eitel verschönert, ist töricht. ◆ Himmel und Erde beschlossen, mir einen Eissturm zu schicken. Der peitschte das Wasser auf, rief purpurne Südwolken zusammen, nahm Sonne und Mond gefangen, fegte die 28 Gestirnumläufe hinweg, legte die 8 Wandelsterne in Ketten, wischte die Milchstraße fort und fraß sämtliche Sterne auf. **Milarepa über sich**: Ich bin ein Yogi, der die letztendliche Wirklichkeit verstanden hat. ◆ Ich sehnte mich so sehr nach Religion, daß ich zu essen vergaß. Am Tage sehnte ich mich danach, zu sitzen, wenn ich ging; und zu gehen, wenn ich saß. ◆ Ich hab immer noch nicht aufgehört, mir Eigenschaften vorzugaukeln, die ich gar nicht besitze. ◆ Ich siegte über den Schnee und er schmolz zu Wasser. Wie gewaltig der Wind auch heulte, er legte sich schließlich von selbst, und mein Baumwollschal loderte wie Feuer. ◆ Ich alter Mann bin eine Liederschatztruhe. ◆ Ich bin das Wertvollste der menschlichen Wesen, denn ich mache das Bestmögliche aus der kostbaren Gnade eines gesegneten Lebens. ◆ Da ich eine unwichtige Person bin, hab ich eine kleine Behausung. ◆ Wäre Marpa noch am Leben, würde ich ihn besuchen – komme, was wolle. ◆ Der Fisch gleitet durchs Wasser – wie nutzlos wär seine Geburt im Wasser, wenn er darin ertrinken könnte! Ich, Milarepa, fürchte mich nicht vor Dämonen – wie nutzlos wär's, die wahre Natur des Geistes zu durchschauen, wenn ich Angst vor Dämonen hätte! ◆ Mich in einer Ortschaft niederlassen, wär noch übler als sterben. ◆ Schwarze Buchstaben in Büchern sind ungemein trügerisch; ich meditiere lieber über mündlicher Überlieferung. ◆ In meiner Jugend wirkte ich schwarze Taten, im reifen Alter weiße; jetzt aber habe ich alle Unterscheidung von schwarz und weiß beiseite gelassen. ◆ Die Angst vor dem Tod trieb mich in die Berge. Nun, da ich die endgültige Natur meines Geistes erkannte, hab ich nichts mehr zu befürchten. ◆ Wer weise ist, handelt wie ich. **Andere über Milarepa:** Die Nichtigkeit des Samsara klar vor Augen, setzte er sich auf einen Felsbrocken, der einem toten Schaf glich. *(Tsang Nyön Heruka, 15. Jhdt.)* ◆ Milarepas Sexualleben schwankte zwischen asketischer Enthaltsamkeit und tantrischen Praktiken. Es gibt mehrere misogyne Gedichte von ihm. *(Victoria/Victor Trimondi, 1999)*

MIRABAI VON DSCHODHPUR, **Radschputen-Prinzessin, Krishna-Gemahlin, Wanderbettlerin, Bhakti-Dichterin (um 1498–1546):** Aufgewachsen in einflußreicher Dynastie im Mogulreich, schwärmte sie schon als Mädchen übermäßig von Gott Krishna. Als sie verheiratet werden sollte, rief sie: »Ich werde nicht vom Elefanten steigen, um einen Esel zu reiten.« Sie erklärte, bereits verheiratet zu sein; alle staunten: »Aber mit wem?« Mirabai betrachtete Krishna als ihren Göttlichen Gatten; an der angeblichen Hochzeit mit ihm, vor kurzem, hatten 56 Mill. Götter teilgenommen, und in der abflauenden Überwonne des unglaublich traumhaft überirdischen Glücksfestes sah ihr irdischer Gatte vergleichsweise ungöttlich, farbschwach und unwichtig aus. Sie ließ die Zeremonie über sich ergehn, verweigerte nicht nur Hochzeitsnacht und Ehevollzug, was ihr irdischer Gatte liebevoll akzeptierte, wie dann auch – als er in der Schlacht von Ghatoli umkam – die Witwenverbrennung; Begründung, sie sei keine Witwe, denn die Schlange des Todes könne ihren wahren Gatten nie beißen. Sobald sie die Flöte Krishnas zu hören glaubte, schwanden ihr vor Wollust die Sinne. Um vom Falschgold des Königshofs nicht abgelenkt zu werden von ihrer Ehe, entfloh die atypische Königstochter den Palastmauern und trieb sich in Altstadt und

Slum als singende Asketin herum, rieb sich mit Asche ein, angetan mit Antilopenfell, mit Fußkettchen und Zimbeln an den Fesseln – lieber göttliche Lumpen als profane Seidenkleider! Ihre Verwandten schrieen auf: »Sippenzerstörerin!«; weil nun die Endloskette der Ahnengeister abriß. Ratan Singh II. spielte ihr einen Giftbecher zu; sie trank ihn lachend aus, als handele es sich um den Nektar von Krishnas Füßen. Angesteckt von Krishnas Unsterblichkeit, perlten auch weitere Mordversuche von ihr ab. Sie litt an ganz anderem, nämlich daß ihr Göttergemahl, kaum daß er sie entzündet hatte – so kurz nach der bombastischen Hochzeit –, nicht mehr zu ihr zurückkehrte. Sie lief durch Wälder und fand sein Antlitz nicht wieder. Ohne ihn fühlte sie sich klein, hohl, tot. Lebendigkeit fuhr nur dann in sie, wenn er mitspielte. Sie rühmte seine krokodilförmigen Ohrgehänge – und 3fache Körperbiegung – und bot ihm, innerhalb ihrer Lieder, ihr Kopfhaar als Thron, was Krishna aber nicht locken konnte. Für seine Rückkehr zu ihr schmückte sie ihre Bettstatt mit Blumengirlanden. Flaschenpost an ihn gab sie einem Raben mit. Hilfeschreie ertrinkender Elefanten erhörte der Gott angeblich durchaus, nicht aber Mirabais hinausgesungene Sehnsuchtsschreie. Sie zappelte als Fisch ohne Wasser. Sie wollte einen Bhakti-Guru um Rat fragen, bekam keine Audienz gewährt, weil sie bloß ein Weib sei, da ließ sie ihm ausrichten, er sei selber eine Frau, neben Krishna; denn der Unterschied zwischen Gott und Mensch sei unendlich größer als der zwischen Mann und Weib, woraufhin der Guru errötete und sie geläutert empfing, ihr aber auch nicht weiterhelfen konnte. Mirabai deutete die göttliche Reaktionslosigkeit als Strafe oder Schuld. Sie zählte gepeinigt die Tage und Wochen von Krishnas Schweigen – und die Sterne, um Schlaflosigkeit zu vertreiben. Mondlicht tröstete sie nicht mehr. Wolken erfreuten ihr Herz, aber nicht aus Naturliebe, sondern weil sie Krishna anzukündigen schienen. Als ihr ein Sterndeuter die Rück- oder Ankunft ihres langentbehrten Gemahls ankündigte, schwelgte sie sofort in strömendem Glück, als käme er tatsächlich, und schon schien er zu kommen; also kam er – nein, doch nicht. Sie forderte Krishna verzweifelt auf, ihr ihre Vergehen zu nennen – und der Gott nannte keine, blieb stumm, ließ sich nicht erweichen, zeigte kalte Schultern, oder nicht einmal solche. Sie rief »Verlaß mich nicht!«, ohne daß der Gott vorher überhaupt plausibel anreiste. 840 000 Daseinsformen hatte sie durchlaufen müssen, ehe sie als Mensch geboren werden konnte – wofür? Sie verzehrte sich; Ärzte diagnostizierten Gelbsucht. Die »lila« der Welt (göttliches Gaukelspiel) hatte sie durchschaut und überwunden, ohne die »lila«, die Krishna mit ihr trieb, gleichfalls zu durchschauen und die metaphysische

Fopperei zu überwinden. Krishna, unrührbar, quittierte selbst ihre schönsten Locklieder mit Reaktionslosigkeit. Hatte der polygame Gott eine andere!? Sie hielt ihrem untreuen Gatten Standpauken: »Auf meine Brandwunde hast Du Salz gestreut! Deine Säge hast Du durch mein Herz geführt!« Sie versuchte durch Hungerstreik seine Aufmerksamkeit zu erringen. Krishna ließ sich moralisch nicht unter Druck setzen. Er blieb subjektiv derart weit von ihr entfernt, als seien ihm die Welt und sie egal. Er vergaß sie nicht nur; er log gar nicht erst. Als ihr Irrtum nicht mehr mit sich selbst übereinstimmte, sah ihr das wie Lüge aus. Oder wollte er genauso heftig zu ihr sein wie sie zu ihm und fand nur den Rückweg nicht? Seine unverkraftbare Abwesenheit grenzte an unzumutbare Nichtexistenz. Hätt es ihn objektiver gegeben, wär er kooperativer gewesen. Göttliche Phantomschmerzen, die fieser peinigten als reelle Profanschmerzen, trimmten und weihten die unverdient Verschmähte zur Dichterin. Sie goß ihr gleichbleibendes Leid in Hunderte kaum unterscheidbarer Anläufe und metrisch strenge, literaturhistorisch vom Bhakti-Mystiker → Kabir beeinflußte Lieder. Oder wartete Mirabai nur auf einen irdischen Liebhaber und belegte ihn mit göttlichen Namen? Einmal glaubte sie einem fahrenden Musiker anzumerken, daß in ihm Krishna stecke, und lief ihm nach, um das näher zu überprüfen. Nur selten tönte ein Pfau, ein Frosch, ein Papiha (Kuckuck) oder Kocila (eine andere Kuckucksart) herein in den Zirkel ihres Lebensinhalts: Warten auf Krishna. Selbst ihr inzwischen ergrautes Haar schob sie auf Krishnas dauerhaft hartherzige Entferntheit. Ansonsten schien kein anderes Problem sie zu plagen, außer das ganz allgemeine, daß man die eigene kostbare Inkarnation pro Tag mit 15 Stunden weltlichen Treibens und 9 Stunden trägen Schlafs verplempert. Bei aller Kürze des Lebens litt sie an der Last der Welt. In manchen Liedern redete sie sich ein, Krishna wohne in ihrem Herzen, wo sie ihn auch oft besuchte, was aber oft nichts brachte, dann wieder litt sie – wie viele Mystiker – fürchterlich, weil ihr einziger Gott so erschreckend wenig von außen kam. Sie versank in ungöttlicher Realität und starb, und ihr einstiger Wahrtraum hörte erst ganz zuletzt zu leuchten und zu nagen auf. ~ Von Mirabais 1000 überlieferten Liedern, des Titels »Padavali« (Gedichtfolge), galten nach 500 Jahren oraler Tradition etwa 200 als authentisch, auf Marwari-Hindi, Standard-Hindi, Gudscharati, Radschasthani. Pundschabipartikel und östlichere Dialekte schlichen sich in den Korpus ein und machten dessen geographische Ausbreitung erschließbar. Mirabais religionshistorischer Querbezug zu Minnemystikerinnen und Jesusbräuten in Europa blieb im nachträglichen Überregionalium unübersehbar. Mirabai drehte sich um ihren Fixpunkt wie → Laozi um Dao, und Gotik um »got«, und Madschnun um Laila, und → Rumi um Schamsuddin, und der fliegende Holländer um Erlösung, Dr. → Steiner um den Geist, Martin Heidegger ums Sein, Kapitalisten um Dollars, Marxisten um Marx, Sexisten um Sex, Katholiken um Rom, Dadaisten um Dada, und die ISKCON (International Society for Krishna Consciousness) um Krishna, und eine Spirale um ihre Mittelachse, ein Rad um seine Nabe, und Stephen Hawking um schwarze Löcher, und Planeten um die Sonne, und Elektronen um Nukleonen. Aufgeklärte, psychologische Ferndiagnose: Obsessiver Umgang mit imaginärem Gefährten, leider therapieresistent. Sie reagierte und funktionierte nicht psychotisch genug, um häufiger eines göttlichen Anhauchs oder deutlicheren Dialogs gewürdigt zu werden. Mirabai von Dschodhpur gilt als eine der ersten Dichterinnen, die nicht nur traditionell vorgegebene Motive aufgriffen und im engen Rahmen des bis dahin Üblichen imitierten, sondern die auch »subjektive Befindlichkeiten« anklingen ließen.

Göttlich verheiratet mit unverläßlichem Gott

Worte von Mirabai: Die Welt ist nur ein Würfelspiel; / bei Nachteinbruch baut man das Spiel ab. ◆ Das Blatt, das runterfällt vom Baum, / das bleibt dann ab und geht nicht wieder dran. ◆ Götter warten, ganz wie Menschen, vor der Tür. ◆ Wo bleibt, o Herr, die Kuh und ihr Kälblein? Vor der Türe poltern Elefanten. ◆ Freundlich verspricht er mir, der süße Lügner, alles, / später dann vergißt er alles!

Mirabai über sich: Ich bin ein Dorn in den Augen aller. ◆ Ich bin nur eine Liebesnärrin. ◆ Ich streifte ab die Bluse der Hemmnisse. ◆ Mein Geist vertieft sich in die Füße Krishnas. ◆ Von Sinnen bin ich. / Als würde Holz zernagt von Holzbocklarven. / Heiltrank, gepreßt aus Wurzeln, schlägt bei mir nicht an. Liebesschmerz zerfrißt mich. ◆ Die Zunge, sie versagt mir hochgescheite Rede. ◆ Im Jammer meiner Klagen floß mein Leben fort.

Andere über Mirabai: Sie ist vielleicht die wichtigste aller erleuchteten Frauen. In jener Zeit, in diesem idiotischen Klima, in einem solchen Umfeld, fing die Königin an, auf den Straßen zu tanzen! Die Menge versammelte sich, und sie war so trunken vom Göttlichen, daß ihr der Sari herabglitt und Gesicht und Hände enthüllte! Die Familie war zweifellos in höchster Empörung. Aber sie sang wunderbare Lieder, die wunderbarsten Lieder, die je auf der ganzen Welt gesungen wurden, denn sie kamen direkt aus ihrem Herzen. Sie waren nicht komponiert, es waren spontane Ergüsse. *(Rajneesh)* • Ihre Verse zählen zum Kanon der Weltliteratur und stehen neben denen Rumis, Hafis' und Hildegard von Bingens. *(Regina Berlinghof, 2005)*

Mo (geb. Mohammed Said al-Sahhaf), TV-Direktor, Baath-Parteimitglied, Propagandist, Informationsminister, »Mann der Wahrheit«, Ableugner, Realitätsverdreher, Schönfärber, Scheinsieger, Sympathieträger, »Bagdad Bob«, »Comical Ali« (geb. 1941): Der Zigarettenverkäuferssohn studierte Anglistik, arbeitete als Botschafter und Außenminister. Einen seiner Söhne taufte er ausgerechnet Osama. Jahrzehntelang achtete keiner sehr auf ihn. In einem seiner Büros, worin er Korrespondenten empfing, gab's weder TV noch PC, dafür Saddam-Konterfei, und auf dem Schreibtisch eine entsicherte Kalaschnikow. Glaubensbrüder, sobald sie in ihren al-Dschasira-Reportagen patriotische Untertöne vermissen ließen, boxte der brüllende Staatsmann auch mal mit der Faust eigenhändig in die Magenkuhle. Plötzlich aber, in den Endtagen des 2. Golfkriegs, 2003, stieg er zu weltweit ungeahnter Popularität auf, durch standhafte Durchsagen auf Pressekonferenzen, in tadellos gebügelter Uniform, mit der dauerhaften Bekanntmachung, kein einziger Amerikaner sei in Bagdad, was zunächst sogar stimmte, dann aber immer weniger. Wacker hielt er an der immer irrealeren These fest, fester als fest, und machte sich bald des Wunschdenkens verdächtig. Stadtteile wurden erobert; die Schlinge zog sich zu; Abend für Abend trat Sahhaf vor die Mikrophone der Weltpresse und behielt seine siegreiche Version bei. Gefechtslärm im Background erklärte er für Fälschung. Bomben entlarvte der Minister als Geräuschimitate. Er sonnte sich mitten im Countdown im schönsten Sonnenschein. Er produzierte True lies am laufenden Meter. Doch der Redeinhalt ging über Hetz-, Schmäh- und Fluchniveau selten hinaus. Aus Brachial-Wortschatz (Lügner, wilde Esel, kranke Hunde, kleine Zwerge, Bande von Bastarden) hoben sich Lieblingsschimpfworte: Dschaban (Feigling) & Uludsch (ungläubiger Rüpel). Die Spottsalven, die er weltweit auslöste, enthielten beigemengtes Mitleid. Dubiöse Zuneigung wuchs – Sympathy mit harmlosem Devil? Psychologen stritten sich, ob der Minister selber an seine Beteuerungen glaubte oder ob er sehr wohl von Anfang an wußte, daß Bagdad verloren sei und trotzdem, höherem Befehl gemäß, das Gegenteil beschwor. Können Marionetten sich danebenbenehmen? Sein Wahnwitz fiel nicht auf seinen Chef zurück, sondern blieb speziell an ihm haften. Dann, am 9. 4. 2003, verschwand der irakische Informationsminister spur- und kommentarlos, in BRD-Wertarbeit, sprich: Untergrund-Bunker. Überbordende weltweite Lachlust heftete sich an seine Fersen. Die Welt unkte abwechselnd von seiner Festnahme, Selbstmord, Rückkunft, von neuesten Durchsagen. Das Sprachrohr des Bösen avancierte zur schrägen Kultfigur. Man nannte ihn zärtlich »Mo«. Man feierte süffisant Mo, den Mann der Wahrnehmungsprobleme und Verbreiter alternativer Realitäten. Mo, eine Mixtur aus Maulheld und tragischer Figur. Mo-Fanclubs bildeten sich. Mo-Business und Mo-Merchandising kamen in Gang. Bagdad Bob – oder auch Comical-Ali – zierte alsbald T-Shirts, Aufkleber, Frisbees, Mousepads, Schweinefleisch-Grillschürzen, Titanic-Titelseiten. Sogar US-Präsident George W. Bush amüsierte sich über Mo's Hiobsbotschaften & Ami-Vernichtung. Realis- und Surrealismus koinzidierten. Dadaisten feixten alle nur halb so dadaistisch wie Mo. Seine Bullshit-Flüche gewannen wahnwitziges Eigenleben, wurden beim Googeln durch die automatische Robot-Übersetzung noch weiter entwirklicht. Eine taz-Kolumne machte den Lächerlichen noch lächerlicher. Legenden wußten: Mo wollte sich, wie vormals Hermann Göring, den Amis stellen, die in der Liste der 55 meistgesuchten Bad Boys nachsahen, fanden ihn dort nicht und lehnten das Angebot der unwichtigen, um Festnahme flehenden Figur gnadenlos ab. Ob Mo CNN-Reporter tatsächlich mit »Hallo, du imperialistischer ungläubiger Pigdog« empfing, und ob er von Reportern wirklich beim Verzehr eines Cheeseburgers erwischt wurde, wie Talibanführer Mullah Omar beim Colatrinken und Oberst Gaddafi beim schariaseits unerlaubten Zigarettenpaffen, um dann zu beschwören, daß es in Bagdad keine Cheeseburger gebe, konnte bereits Gegenlüge sein, oder auch reine Wahrheit, und nichts als Wahrheit. Mo vermochte sogar höchsten Ansprüchen zu genügen, und noch höheren. Mo's unfreiwilliger Humor befriedigte nicht nur westliche Fungesellschaften. Mo redete zwar so realitätsversessen wie nur noch seine Gegner, changierte kühn zwischen Überlebensstrategie plus Zweckoptimismus plus schamanistischer Beschwörungskunst und stieg hinauf in Ränge philosophischer Erkenntnistheorie, ungewollt, ja: wider Willen in Gefilde von Maja-Anhängern, Buddhisten, das Leben ein Traum, jenseits jeder Reality. Don Quijote sah, statt Windmühlen, armschwenkende Riesen; Mo, umzingelt von Riesen, gab Panzer als harmlose Windmühlen aus. Wie alle wahren Souveräne handelte Mo nach der Maxime: »Tatsachen sind Feinde der Wahrheit«. Wie alle mythischen Heroen berauschte er sich an Achilles' und Jung-Siegfrieds Idealen der Unverwundbarkeit, also als eine Art Idealist. Zwecks Kluftvertuschung zwischen Aussage und Faktenlage reagierte Mo als arabischer Hegel: »Um so schlimmer für die Wirklichkeit.« Und als arabischer Marx: Mo's Bewußtsein bestimmte Mo's Sein, mit aller Gewalt. Subjektiver oder auch objektiver Idealismus, Solipsismus, wenn auch auf unterster Stufe, nämlich auf dem Bushismusniveau von Realitätsverlust und Gespensterseherei. Verfolgungswahnpatienten erblickten Eindringlinge und Massenvernichtungswaffen überall da, wo keiner eindrang und nichts gefunden wurde, der reell umzingelte Mo pochte auf persönliche Freiheit und geistige Überlegenheit. Mo zog sich am Zopf aus dem Sumpf der verkehrten Welt heraus und wurde mitten in Amerikas militarisierter Paranoia zum einzigen Iraker, der sich überhaupt nicht verfolgt fühlte, zum Anti-Paranoiker. Mo, der Schutzpatron aller Verdränger und Bilanzenfriseure, gab jedem die Chance, in sich selbst den ewigen inneren Mo zu entdecken, der mit Toupets, Silikonbusen und Blendaxprothesen Scheinsiege über Glatzen, entzahnte Kiefer und Minibrüste erringt und mitten in ozonlochgeschädigter Betonwüste, Treibhaus, Verkehrsstau genauso dreist und unglaubhaft wie Mo behauptet, alles sei in Wahrheit ganz anders. Nach 2005 wohnte er mit Familie in den Emiraten und verfaßte Memorien.

Worte von Mo: Alles blasphemische Propaganda! Für eure Lügen kocht Gott eure Augäpfel von innen in Chemikalien. ◆ Ungläubige Bäuche werden in der Hölle braten! ◆ Es gibt keine amerikanischen Ungläubigen in Bagdad. Nie! Sie kontrollieren keinen Flugplatz. Nie! ◆ Sie sind wie Schlangen, und wir werden sie in Stücke schneiden. ◆ Wir werden sie alle töten... äh... die meisten von ihnen. ◆ Wo die Statue von Saddam ist? Wir haben sie für seine jährliche Frühlingsreinigung heruntergezogen. ◆ Wo Saddam ist? Er ging grad zu Starbucks, Kaffee für seine Generäle zu holen. ◆ Die Ansprüche des Sieges sind nur mehr eine Kampagne der Fehlinformation und der Desinformation, und der Mißinformation. Die Schweinehund-Eindringlinge sind einem mächtigen Blizzard erlegen, der die irakischen Ebenen mit vielen Füßen Schnee bedeckt hat, und, unmittelbar nach diesem mächtigen Sieg, hat

Realitätsverdrehung macht Freude

Saddam einen Ski-Feiertag in Umm Qasr anberaumt. ◆ Wir schleichen aus dem Poltern während der Nacht und zerquetschen sie, während sie schlafen. ◆ Wir setzen sie mit unkonventionellen Waffen unter Beschuß. Wir haben spezielle mit SARS infizierte Krieger ausgesandt, um sie zu küssen und ihnen die Mutter der Kaltblütigkeit zu geben. ◆ Sie können nicht sehen die Wahrheit vor Ihren Augen, und Sie, als Reporter, verbreiten statt dessen die Lügen des ketzerischen Amerikaners Pencil-booby-trappers! ◆ Saddam liebt sein Volk so sehr, daß er ihnen erklärt hat: »Das Meinige ist das Eurige!« Nehmt euch bitte, was auch immer ihr von den Palästen und Regierungsstellen als Belohnung für das Leid wünscht, das euch durch die satanischen Invasoren zugefügt wurde. ◆ Sie glauben, daß Sie gewonnen haben? Hah! Warten Sie und sehen Sie. Saddam steht auf von den Toten nach 3 Tagen und erschlägt alle Ungläubigen! Vertrauen Sie mir.

Mo über sich: Ich muß Sie leider darüber informieren, daß Sie zu weit von der Realität entfernt sind! ◆ Ich versichere euch das. Es ist alles eine Lüge. Sie lügen! Es ist ein Hollywoodfilm. Glaubt ihnen ja nichts! ◆ Ich habe das Gefühl, wir werden sie alle schlachten. ◆ Ich beschuldige al-Dschasira – sie machen Marketing für die Amerikaner!

Andere über Mo: Wenn die Hyäne fort ist, bellt der Hund. – Was hilft die Kunst der Frisöre bei einem häßlichen Gesicht? – Wenn du Verstand hast, hat der Arsch meines Vaters Zähne. – Wer seiner Einbildung nachgibt, sieht Gespenster. *(Arabische Sprichwörter)* ◆ He's my man. *(Präsident George W. Bush)* ◆ Er war der Running Gag des Kriegs. Er ließ uns alle lächeln. *(Ägyptischer Islamistenführer)*

Friedrich Muck-Lamberty (geb. Friedrich Lamberty), Drechslergeselle, Holzwerker, Wachgewordener, Wesensmensch, Aufmucker, Neugestalter, Scharführer, Jugendverführer, Inflationsheiliger, »Rattenfänger vom Elsaß«, »Muck zu Mittgart«, »Revolutionär der Seele«, »Messias von Thüringen« (1891–1984): Der Kaufmannssohn, aufgewachsen im Elsaß und in Simpelveld/Niederlande, ein Jahr jünger als Stan Laurel und ein Jahr älter als Oliver Hardy, behielt seinen Kinderspitznamen »Muck«, wegen Großköpfigkeit, lebenslang bei. 1904 riß er aus und arbeitete in einem Reformhaus. Er schwang und wanderte bei Wandervögeln sympathetisch mit und übernahm in zarter Prägephase vom Wanderdichter → Gräser dessen Vegetarismus und Zentralbegriffe wie »Notwendzeit«, was ihn nicht hinderte, später sich als Kriegsfreiwilliger zu melden. Pläne, eine alternative handwerkliche Siedlungsgemeinschaft aufzubauen, mußten vertagt werden. In einer Nachkriegsschwemme umtriebiger Heilsbringer, völkisch denkender, epochemachender Wegbereiter, Wanderprediger in Asphaltwüsten, ohne an Wortgewandtheit zu entragen, sah Muck sich als Wegbereiter einer neuen Zeit und als Prediger in der Wüste. Denn die neue Zeit bot ihm bloß Morsches, Faules und Halbes. Produkte der Spielzeugstadt Sonneberg – und was in Kinos spielte – nannte er »Dreck«, Kirmes »seelenlosen Kram« und Studenten »Saufbrüder«, eine Schande für Deutschland. Der Drechsler redete gegen Schlauberger. Flugblätter unterschrieb er: »Wohlauf! Muck, mit Freunden zur Seite«. Er bekam's hin, mit 25 Mitstreitern Hunderte erst anzulocken, sie mit brüderlichen »Du« zu beschenken, ihnen selbstgefertigte Sandalen, Broschen, Knöpfe zu verkaufen, dann aus ihnen eine Spieltruppe zu rekrutieren, die er »Neue Schar« taufte. Später hörten noch mehr Leute seine schlichten Parolen und Worte gern. Er formulierte nicht so wohlgesetzt wie Herr Pfarrer und Herr Oberlehrer, sondern ekstatisch explodierend wie alttestamentarische Propheten. Die Jugend sah er als kosmischen Einbruch in die Systeme der Alten und Macher, und als schöpferischen Einbruch Gottes in die Welt. Bei Gottesdiensten in evangelischen Kirchen sangen sie bei gelöschten Gaslampen im Kerzenschein Marienlieder, wodurch neutralen Beobachtern die Kirche heiliger und gotischer vorkam denn je. Scharmitglieder trugen bei Schulschluß fröhliche Kinder huckepack zum Tanzplatz. Er wandte sich nicht nur an Bauern und Rechtschaffene. Scheu, auch ein »Wort an die Geistigen im Lande« zu richten, verspürte er nie, zum Wohle der Heimat und der Menschheit. Steife Studienräte entdeckten plötzlich musische Neigungen und tanzten erhitzt mit, alle Schichten Hand in Hand, der Lumpenmann neben der Gräfin, fernab städtischer schwüler und plärrender

Negermusik, saxophongeschwängert anrollender Golden Twenties, Tango, Tipsy Step, Steppenwolfs Yearning – plötzlich brach längst ins 19. und 18. Jhdt. abgesunkener Schäfertanz um die Dorflinde in die automobildurchknatterte Neuzeit, am Brunnen vor dem Tore. Die erste Massenbegeisterung seit 1914, aber diesmal, statt Klassenhaß und Bruderkampf, einfach nur Rundtanz, Volksspiel, Romantik, Lebensfreude, Leichtsinn, Maireigen, Tanztaumel. Die Fackel wurde von Stadt zu Stadt weitergetragen, mit Flugblättern. Muck warf Fragen auf: »Wie kann man die der Jugend innewohnende Freude an Landwirtschaft heben?« Muck kreiste um den Gedanken einer Jugendburg als Ideal eines Zusammenhalts. Die Arbeit sollte wieder eine Seele bekommen. An jugendbewegten, lebendigen, seelenstarken, willigen Mädels rühmte Muck, ihr Wirken sei Gebet, Lauschen, Aufnehmen, Verbundensein, Gottesnähe, und redete ihnen ein, in der jetzigen Zeit sei »ein deutscher Kristus« nötig, und jedes weibliche Wesen, ob verheiratet oder unverheiratet, aber körperlich und geistig gesund, wäre berechtigt, dabei mitzuwirken, daß dieser Erlöser geboren würde. Überwintert wurde auf der Leuchtenburg bei Kahla, doch verpetzte den Marienverehrer ein eifersüchtelndes Mädel – Käthe Kühl – bei der Altenburgischen Staatsregierung, wegen Haremswirtschaft. Das Delikt »Beischlafdiebstahl« konnte ihm nicht nachgewiesen werden, wegen begeistert entgegenkommender Frauen, die er zu »Frouwen« verklärte. Im Wald gezeugten Töchtern gab Muck Baumnamen wie Esche und Birke. Kesseltreiben gegen seine Unmoral hub an, und prompt flog der Tempelschänder, der bereits ein uneheliches Kind mit einer Verheirateten und der nun die Kirche und die Weiblichkeit der ihm anvertrauten Jungfrauen entweiht hatte, aus der Leuchtenburg raus. Deshalb konnte 1921 die Tanzwonne nicht weitergehn und frisch gesteigert werden. Von Emil Engelhardt erschien: »Gegen Muck und Muckertum«, zugleich das 45. Tausend von Mucks »Unter der Linde, Tanzspiele und Volksweisen, gespielt und gesungen von der Neuen Schar in Thüringen, herausgegeben von Leuten der Schar«. Als ihm das Strohfeuer seiner Bewegung vorgeworfen wurde, sagte er: »Haltet ihr es am Brennen.« 1932 beschrieb Hermann Hesse in »Die Morgenlandfahrt« eine objektivierte, handwerkerseelenbefreit und koituslos vergeistigte Variation auf die Muckbewegung. Muck, der auch von vorgeburtlicher Erziehung, vom neuen Leben in Licht, Luft und Sonne, von den Einflüssen des Mondes sprach, eröffnete dann, unterstützt von Eugen Diederichs, eine Holzwerkstatt, wo er einträglich Schalen, Leuchter, Dosen, Schmuckschatullen, Nähkästchen, Teebüchsen, Knäuelbecher, Tintenzeuge, Holzlampen, braune, kauzige Nußknacker herstellte. Frau Paula, in der die höchste Kraft des Frauenwesens lebte, saß am Webstuhl und gebar Söhne, deren einer Jungfried hieß. Muck spielte fleißig die friedliche Variante durch: Wenn Jesus Zimmermann geblieben wäre. Er wurde aber seinen (präcox mit dem Bad ausgeschütteten) Idealen keineswegs untreu, focht weiter für deutsche Jungnatur, setzte deutschgläubig fort, was er »neues Tun« nannte. Er bekam viele Briefe, er organisierte noch gelegentlich Volksbelustigungen mit Tanz, alles im Rahmen, jenseits seiner wilden Jahre. Muck arbeitete theoretisch auch noch sehr mit Ego, Ethos und Eros herum. 1930 nahm er mit ungebrochenem »Willen zur Heilheit« an der »Religiösen Woche« teil, dem letzten Aufmarsch der Heiligen vor dem Nazi-Zugriff. Bis 1937 vergrößerte er seine Firma auf 80 unterbezahlte Mitarbeiter und Holzbildhauer. Seine Volksgemeinschaftsideen erkannte er in veränderter Welt sowohl in Kuba wie China wieder und sah die Studentenrevolte 1968 durchaus als Fortsetzung seiner Linie. Was die 68er »verkrustete Strukturen« nannten, hatte Muck praktisch gleichlautend »starre Formen« und »kranke, erstarrte Systeme« genannt. Genau wie The Beatles mit »She's leaving home« x Beatlesfans zum Ausreißen anregten, so hatte der frühe Muck vielen als Anarchist gegolten, weil damals, 1920, x muckgläubige Wandervögel aus ihren Berufslaufbahnen ausbrachen. Die Encounter-Gruppen in der AAO-Kommune Wien und in Poona & Rajneeshpuram steigerten Mucks »Thing«-Zusammenkünfte ins arg Unästhetische. Mucks einmaliger Spring und Sommer of Love 1920 war so schnell verrauscht wie das Hippie-Movement, als harmloses Präludium, das textil, frisurmäßig und atmosphärisch weniger an Open-air-Konzerte erinnerte als an Kraft durch Freude, oder halt einfach nur an vorindustrielles Dorffest und zeitlose Bauernhochzeit, fern jeder Steckdose und Verstärkerbox, geradezu niedlich, unmechanisch und unschuldig neben Love Parades 80 Jahre später. Sogar Mucks Lieblingswort »mitschwingen« und »schwingen« ahnte noch wenig von Swing & Beat. Auf seinem Grabstein stand: »Ein ruheloses Leben ging zu Ende«.

Worte von Friedrich Muck-Lamberty: Die Jugend ist es immer gewesen, die die Dinge änderte. Die Jugend im Manne ist es immer gewesen, die ihn schaffensfreudig hielt. ◆ Alle sittlich hochstehenden Männer und Frauen, Burschen und Mädchen müssen sich um unser Volkstum wieder kümmern. ◆ Der Mensch litt zu sehr unter Technik der Zahlen, Maschinen und Zivilisation. ◆ Wir sind Vorläufer. Sollen wir sagen, in wessen Auftrag wir kommen, so können wir nicht anders sagen als: in Gottes Auftrag. ◆ Unsere

Tanzwut in Thüringen

Heimat ist deutsch und deutsch unser Drang. Rein bleiben in Gott heißt, auch sich selber treu bleiben. ◆ Du Jugend des deutschen Volkes! Die heilige Stunde Deiner Tat ist nun nahe herbeigekommen. Auf Dich wartet unser Volk! Auf Dich wartet Frankreich! Auf Dich warten alle, die zum Lichte wollen! Seit Jahren ringst Du um den Geist, auf Tagungen, an Lagerfeuern, in Herbergen, auf der Landstraße. Siehe, die Gnade Gottes ruhet auf Dir! ◆ Fragt nicht, wie viele es sind, die von dem Gedanken dieses Opfers ergriffen sind. Es wird mit Wenigen beginnen, bald werden es Tausende sein, und schließlich wird durch das ganze Volk der heilige Geist wehen, dessen Herannahen wir ahnend spüren. ◆ So könnte eine einheitliche Linie werden, daß sich dort alle zusammenfinden, die den Morgen, aber auch den Übermorgen kennen und wenigstens ahnen, daß nach einem klaren Aufbau oder Umbauplan ein Volk von 60000000 im Mülleimer Europa wie ein Kristall der Ordnung und Sauberkeit sich entwickeln kann und muß, will es nicht kopflos zusammenbrechen. ◆ Die deutsche Jugendbewegung kann nie ganz beschrieben werden; sie war eine kosmische Erscheinung und ist es heute noch, wo die Antennen heilgeblieben sind. Sie war eine köstliche Aufhellung in Deutschland.

Friedrich Muck-Lamberty über sich: Ich habe wenig geschrieben, mehr gelebt und geführt. ◆ Ich bin immer unter den Menschen gewesen und habe gelernt, mit ihnen umzugehen; und ich bin immer frei gewesen. ◆ Ich gehe an die Dinge ja als Handwerker, als ein Wachgewordener, d. h. als einer, der in seinem Berufe nicht spekulierte, sondern consequent wurde, und so in Liebe zu seinem Volke wachwurde. ◆ Ich bin gegen Politiker der Zeit sehr mißtrauisch, weil sie sonst meist nichts können, als Politik »machen«. ◆ Ich hatte aber erlebt, daß die meisten revolutionären Ankündigungen in den Blättern und Briefen nur intellektuelle Bilder und keine sprießenden Lebenskräfte aus der Wurzel waren. ◆ Glaubet nicht, daß ich mich einer Sache widme, aus leichtsinnigen Umstürzgelüsten. Es ist ein Muß meiner innersten Überzeugung.

Andere über Friedrich Muck-Lamberty: Auch beansprucht er mit seinen Leuten selbstverständlich Freiquartiere, läßt sich die Taschen mit Lebensmitteln und Geld vollstopfen und veranstaltet dann zum Abschluß des Fischzugs Versammlungen, die ihm in manchen Städtchen 2000 bis 3000 Mark Einnahmen bringen und in denen er eine äußerst konfuse Weltordnung predigt. *(Magdeburger Generalanzeiger, 1920)* ◆ Und wenn man bis hierher annehmen kann, daß ein mehr triebhafter als geistesstarker Fanatiker oder Ekstatiker hier wieder einmal Inbrunst mit Brunst verwechselt hat, so schatten leider auch unedle Züge hinein. Muck hat dieses Mädchen in heftigem Zorn bedroht, er werde sie, wenn sie ausplaudern werde, als Lügnerin, ja als Irrsinnige hinstellen und dergleichen mehr! *(Friedrich Lienhard, Berliner Zeitung, 1921)* ◆ Verführt hat er wohl keine, denn es sind mehr zu ihm gekommen, als er genommen hat. *(Pfarrer Adam Ritzhaupt, 1921)* ◆ Noch ist unsere Jugend unfrei. Das zeigt sich einerseits an ihrem chaotischen Freiheitsschrei. Andererseits an ihrem Schrei nach Führerschaft. Überall werden Führer angeboten: Wyneken, Spengler, Muck, Steiner, Müller. Immer: Leithammeltum, Herdenglück. *(Theodor Lessing, 1923)* ◆ Muck steht unter einem Baum auf der Höhe und bläst mit seinem Horn die Schar zusammen, die untergehende Sonne beleuchtet ihn. Er sieht aus wie ein längst verschollener Wikinger, der auferstand. Blond und deutsch, mit männlicher Entschlossenheit. *(Lisa Tetzner, 1926)* ◆ Auch für die etablierten Parteien (und ebenso für die katholische Kirche) war ein scheinbarer Politclown wie Muck eher ein rotes Tuch: Die Arbeiterparteien deuteten ihn als bürgerlichen Agenten, der die Jugend dem Klassenkampf entfremdet und mit Volksgemeinschaftsspielen verdummt. Den Deutschnationalen dagegen erschien er als »gefährlicher Bolschewist«. *(Ulrich Linse, 1983)*

MUZABBID, Halbwesen, Kleiderzwitter, Fummeltrine, Frechdachs, Spottvogel (Mittelalter): Er gehörte zur Personengruppe der Muhannatun, halbseiden schillernd, affektiert, bunt ausstaffiert, wohnhaft im Muhannathane (Haus für weibische Männer). Ramadan mochte er nicht, weil da als Kunden ausschließlich Juden und Christen anrückten. Rauschgesöffe hingegen nahm er gern. Er neigte zu Kleinkriminalität, was er noch diminuierte, indem er als Fliegengewicht sich nicht mit schwergewichtigem Diebesgut abschleppen mochte. Seit ihm Sure 3,161 nachging »Wer etwas veruntreut, wird das Diebsgut am Tag der Auferstehung bei sich tragen«, stibitzte er immer seltener etwas, außer öfters mal Parfümfläschchen, ausschließlich die kleinste Flaschengröße, um am Jüngsten Tag nicht zuviel schleppen zu müssen. Polizeilich aufgegriffen, verdächtigt, beschwipst zu sein, aufgefordert, sich im Hals zu kitzeln, erboste sich Muzabbid: »Und wer ersetzt mir das Essen?« Oder: Als er einmal kostenlos Essen erhielt, staunte er, daß er nicht zugleich Prügel bekam, denn: »Schließlich gibt es doch auch sonst nichts umsonst.« Als beim Suppe-Vorkosten ein Gast nach dem anderen Fleisch rausfischte und mitteilte, was für ein Gewürz der Suppe noch fehle, monierte Muzabbid, der spät drankam: »Der Suppe fehlt noch – Fleisch.« Mundfertig perfektionierte er seine Repliken: Gefragt, ob er was Feines im Haus habe (Mehl), sagte er: »Nein, nicht mal was Grobes.« Seinen Esel, der sich gegen den Rückweg stemmte, erläuterte er den Zuguckern so: »Er kennt das schlechte Essen, das ihn dort erwartet.« Vom Hund gebissen, erhielt er den Rat, den Hund künftig zu füttern, um nicht noch mal gebissen zu werden; er aber lehnte ab: »Dann werden mich bald alle Hunde beißen, um anschließend von mir gefüttert zu werden.« Einerseits war er so arm, daß ein Nachbar, der einen Löffel von ihm borgen wollte, gesagt bekam, ach, hätten wir doch etwas im Haus, was wir mit Fingern oder Löffeln essen könnten. Andererseits trug Muzabbid einmal schweigend eine Schüssel, und als einer fragte, was darin sei, sagte er: »Wenn du's wissen dürftest, trüge sie keinen Deckel!« Was ihn schier zum doppeldeutigen Sufi erhob, so als hätt er nicht nur Käse und Fisch, sondern schier den unbekannten Gott mit sich herumgetragen. Von einer unschmackhaften Süßspeise sagte er, sie sei hergestellt worden, bevor die Offenbarung zu den Bienen kam. Als man von ihm, den man als Geizhals sah, eine übergroße Summe für das Polieren seines Spiegels verlangte, sagte er: »Selbst wenn die Sonne rostig wäre, würd ich für ihre Polierung nicht so viel bezahlen!« Als Muzabbid – nicht ganz vorschriftsmäßig – Fisch zusammen mit Käse aß und deswegen gerügt wurde, sagte er: »Dem toten Fisch ist das doch egal.« (Dem Käse nicht?) Als seine Angewohnheit, stets 2 Bohnen simultan zu essen, getadelt wurde, mit dem Hinweis auf Muhammad, der das verboten hatte, erwiderte Muzabbid: »Hätte der Prophet mit Geizhälsen wie euch geschmaust, dann hätt er sicher 4 Bohnen auf einmal erlaubt!« Selbst den Hadith, daß jedem die beabsichtigte, aber durch höhere Gewalt verhinderte Pilgerfahrt dennoch angerechnet werde, kommentierte er ziemlich ketzerisch: »Billiger kann man die Pilgerfahrt nun wirklich nicht machen.« Am Tag Arafa, an dem Fasten soviel zählte wie ansonsten ein ganzes Fastenjahr, fastete Muzabbid nur bis Mittag, Begründung: »Mir reicht ein halbes Jahr.« Ein zum Islam konvertierter Christ, der mit den neuen Vorschriften nicht zurechtkam, bekam von Muzabbid gesagt: »Wenn schon Jesus nicht mit dir zufrieden war – Muhammad wirst du erst recht nicht gefallen!« Als er seinen Mantel nicht verschenken wollte, mit Hinweis auf Sure 59,9, sagte er: »Dieser Vers wurde im heißen Arabien offenbart, und nicht im kalten Syrien.« Befragt, ob er, als er zitternd dasaß, nichts gegen die Kälte habe, erwiderte Muzabbid: »Doch, das Zittern.« Dummbeutel, die bereits beim Gewitter losheulten, der Jüngste Tag breche soeben an, bestärkte Muzabbid in ihrer Fehleinschätzung: »Ja, genau, fragt sich nur, wo der Antichrist und die Auferstehung bleiben!?« Beim Leichenschmaus spürte er, wie die Gier aufs Essen die Trauer um den verstorbenen Sohn des Hauses beiseite schwemmte. Den Tod eines Totengräbers kommentierte er kopfschüttelnd: »Kannte er denn nicht das Sprichwort: ›Wer andern eine Grube gräbt, fällt selbst hinein‹?« Um seinen alten Gockel, den er zum Opferfest schlachten sollte, trauerte Muzabbid derart herzerweichend, daß gerührt mitschluchzende Nachbarn von allen Seiten mit krähenden Ersatzhähnen ankamen. Einem Mann mit starkem Bartwuchs empfahl er, einen Graben ums Gesicht zu ziehen, damit es nicht zuwachse. Als ihm ein häßlicher Mann einen Gefallen tat, verkniff Muzabbid sich die übliche Dankesformel »Allah befreie dich von allem Übel«, aus Angst, Allah könne den Wunsch wörtlich nehmen und des Helfers Visage grundsätzlich beiseite räumen. Die Scherzfrage, wer ihm am Hintern ein Loch gemacht habe, parierte Muzabbid: »Derselbe, der deiner Mutter 2 Löcher gemacht hat.« Als man sich fragte, was eine bestimmte Witwe geerbt habe, rief Muzabbid: »4 Monate und 10 Tage!« (die gesetzliche Wartefrist bis zur möglichen Neuheirat). Gefragt, ob einer mit 80 noch Kinder bekommen könne, erwiderte Muzabbid: »Aber natürlich ... falls er einen 30jährigen Nachbarn hat.« Trotz seiner Muhannatgauhar (zwitterhaften Natur) schrieb man ihm auch Ehekrachwitze zu, also war er obendrein verheiratet. Seine schwangere Gattin, als Xanthippe geschildert, die ihn »Hahnrei!« und »Armseliger!« angiftete, wohl wissend um Muzabbids ungünstiges Aussehn, sagte zu ihm: »Weh uns, wenn das Kind dir ähnlich sieht!« Was Muzabbid parierte: »Wehe dir, wenn das Kind mir nicht ähnlich sieht!« Als er seine Gattin bei offener Haustür beim Ehebruch erwischte, hatte er nur ein Bedenken: »Welch Schande, wenn jemand anderes als ich euch so sähe!« Hier schlich in die häuslich-eheliche Idylle eine Eifersucht ein, wie sie auch damals schon ins Halblichtmilieu nicht so recht paßte; und während hermaphroditische Diven, Blickfängerinnen und Ladys eher betont schöne oder verschönerte Gesichter und Gestalten vorzeigen, paßt ein häßlicher Vater tatsächlich eher in biedere Familienkreise. Wenn sein Weib ihn beschimpfte »Laß das viele Saufen!«, rief er zurück: »Laß du das viele Fressen!« Als Muzabbid seine Frau, wegen ständigen Streits, 3 x verstoßen wollte und sie sich auf die langen Jahre gemeinsamen Lebens berief, sagte er, diese langen Jahre seien das einzige Vergehen, das wirklich zähle. ~ Mit viel späterem Vokabular hätte man Muzabbid Tunte, Transe, Schwuchtel, Schlampe, Callboy genannt und sein Haus Etablissement, Puff, Schwulenbar, Eros-Center. Er ging weniger als exakt plazierbare historische Persönlichkeit um denn als einer, der über Generationen hinweg vorkam, leicht variiert durch etliche Zeitläufte, sogar Jahrhunderte. Stets offen für ihm zugeschriebene flotte Sprüche, ein wandelndes Auffang- und Sammelbecken für frei flottierende Witze und Wanderanekdoten. Naisaburi nahm ihn in sein Narrenbuch auf. Aber selbst ausführlichste Enzyklopädien nahmen ihn nicht mit, obwohl es ihn natürlich trotzdem gab.

Worte von Muzabbid: Glaubst du wirklich, die Kindergebete könnten Regen herbeibringen? Wenn Allah Schulkinder erhören würde, gäb's längst keinen einzigen Lehrer mehr. • Beim Reichen lobt man sogar die Fürze; der Arme hingegen wird schon für das Niesen getadelt. • Warum ein Mann 4 Frauen haben darf, und die Frau nur einen Mann? Weil Propheten, Herrscher, Richter und Polizisten Männer sind: Sie entscheiden zu ihrem eigenen Vorteil.
Muzabbid über sich: Ich soll nicht verzweifeln? Das Glück wird kommen? Das glaub ich dir gern. Aber ich fürchte, es wird mich nicht finden. • Ich würd ein so gutes Essen selbst dann essen, wenn ich es ausgekotzt vorfände. • Mein Weib gebiert öfter Kinder, als ich mit ihr Beischlaf habe. • Allah, der den Himmel ganz ohne Säulen abstützte – Sure 13,2 –, wird doch wohl auch den Armen helfen ... und mein Glück alle paar Meter mit Säulen abstützen.

MYNONA (geb. Salomo Friedlaender), Freigeist, Kantianer, Groteskenschreiber, Humorist, Vulgivagiker (1871–1946): Die kränkliche Traumnulpe aus Gollantsch, Kreis Wongrowitz/Posen, aufgewachsen in lyrisch-melodischem Bildungsmilieu, mauserte sich, nach asthmatischen Anflügen, nachgemachtem Abitur in Freiburg, abgebrochner Zahnmedizin, via Schopenhauerlektüre (anfangs kaufte er ihm sogar dessen Askesetheorie ab) zum Metaphysiker und schritt alsdann gen Philosophiestudium in Jena. 1896, grundiert von Hamletlektüre, durchschauerte ihn als Initialerlebnis die Unendlichkeitsidee, aus der eine Farbenleiter der Unendlichkeiten emporstieg; heftig und sonderbar dauerhaft blieb seine Begeisterung für den Neukantianer Ernst Marcus. Daß er glasklar reflektierte und hirnrissig spintisierte, kam sich in Friedlaender wenig in die Quere: Der tagsüber diszipliniert als Denker in untervermieteten Berliner Mansarden saß, die er zwischen 1902 und 1913 elfmal wechselte, lockerte sich abends zum augenzwinkernden Bohemien. Denkprodukte publizierte er unter seinem Namen; mehr oder minder »vulgivagische« Grotesken (»Der lachende Hiob«, »Häßlichkeit entstellt nicht immer«, »Von der Wolke, welche so gern geregnet hätte«) überließ er ab 1909 seinem anonymisierten Alter ego, das auf den Namen Mynona hören wollte, namentlich spürbar verwandt mit Scheerbart-Namen à la Manesi, Sofanti und Bombina. Mynona hieß also nun so klangvoll wie → Papageno, → Novalis, → Isidorus Orientalis, → Fidus, Multatuli, Klabund, Ringelnatz, Heino, Heintje. Um so exotischer stach Mynona ab von Heinz-Ludwig, seinem Sohn, der aus Dr. Friedlaenders Ehe mit Marie-Luise Schwinghoff hervorging. Als er 1915 für den Weltkrieg gemustert und frontdiensttauglich befunden wurde, antwortete er dem Oberstabsarzt: »Ein Irrtum! Der physische Schein trügt. Heroisch betrachtet, bin ich militärisch noch nicht geschlechtsreif.« Zurückstellung erfolgte, wegen Unzurechnungsfähigkeit. Mynona verfaßte Bücher, die er für die wichtigsten des Weltalls ausgab: »Kant für Kinder«, »Kant gegen Einstein«; einen Berlinroman; eine filmreif durchgeknallte Tarzaniade. Er entwarf Methoden zur kunstgerechten Kreuzigung aller nur möglichen Heilande, Bücher über die 4½te Dimension, die Funktion der Milz auf der 3. transzendentalen Ebene, über Stimmbandverkümmerung in der Vagina von Hermaphroditen. Er äußerte sich über Treibhaustemperaturen, genährt von Ausdünstungen von Greisen. Er weissagte aus Negerhand, ließ Hausbesitzer aus dem Häuschen geraten und Faust sich ins Fäustchen lachen und Alte sich den Jüngsten Tag herbeiwünschen. Er votierte für Nichtverbesserung von Druckfehlern, ohne im engeren Sinne dem »Kampf ums Dadasein« zu verfallen. Dadasophischer als manch Dadaist, nannte Mynona Dadaismus »die dämlichste aller Unterbrechungen«. Auf die vorhandene Welt warf er so befremdete Blicke wie praktisch kaum einer vor ihm, womöglich nicht einmal → Scheerbart, am extremsten in »Beschreibung meiner Braut«, 1918, allwo sich förmlich sein semantisches Gedächtnis auflöst und ein Haus zu einer »in Abteilungen dividierten Kiste« wird, ein Frauenmund eine Art Loch von »rötlicher Färbung«. Alfred Kubin verglich Gang und Habitus des weltlichen Heiligen dem eines Marabu. Mynona, Besitzer einer Spazierstocksammlung, verlangte im Laden Toilettenpapier mit Trauerrand. Im Gasthaus an heißen Tagen hängte er seine Uhr ins Wasserglas: »Ah! Das erfrischt!« Während Mynona mit »leidenschaftlicher Geschlechtlichkeit« und »sexueller Beschissenheit« durchs Leben torkelte, Neologismen ungebremst hageln ließ (Klimbimperativ, turteltaubstumm, Zionanie, Heraklitoris, Ejakulyriker, Kastralleib, Nebenbeischlaf, Mechteltechnik, schamhaarsträubende Quasimodogenitalien), nahm Dr. Friedlaender sich vergleichsweise ernst, wählte bevorzugt unlustige Worte à la heuristisch, apparent, Synthese, jonglierte mit polaren Entitäten wie Vernunft-Ich und Natur-Ich. In Zeitläuften, in denen man lieber auf Heidegger, Wittgenstein, Sartre hereinfiel, Lukács, Adorno an Zentralbegriffen wie Verdinglichung, Warencharakter, verwaltete Welt sich aufgeilten, bosselte Friedlaender, eine Generation nach Ernst Blochs »Geist der Utopie«, mit arg kantverhafteten Termini herum, aposteriorischer Empirie. Er votierte hinterherhinkend für »kopernikantische Revolution« und Hamletismus; dies auch optisch; denn während Philosophen zwischen 1901/99 anatomisch und bebrillungstechnisch eher wie Physik-, wenn nicht gar Chemieprofessoren aussahen, so sah der späte Friedlaender völlig nach 19., wenn nicht 18. Jhdt. aus, ein Charakterkopf, der stilistisch und frisurmäßig den frühklassischen Geist Kants atmete. Fast also wirkten Worte von ihm à la »Fatamorganamaschine« – Laserprojektionen! – deplaziert in seiner Prosa. In »Die blutige Ypsilon« kommentierte er späteren Terrorismus! Einer seiner zukunftsweisenden Produktideen: Bomben mit belebenden Sauerstoffmischungen zwecks Atmosphäreverbesserung. Phänomenal sprühende Pilotformen, wo kaum was festgelegt und der Leser aufgefordert wird, die Sache selber weitgehend zu übernehmen, perfektionierten den romantisch-ironischen Erzähltyp in Richtung Concept-Art, Lese- und Schreibhappenings. Prophetischer Mynona und rückwärtsgewandter Friedlaender zupften aneinander. Mit vielen Wassern laviert, außer mit Weihwasser, war Mynona kaum was heilig, wenig bis absolut nichts; Kant und Ernst Marcus aber wurden Friedlaender, dem solipsistisch klingenden Theoreten vom sonnenhaften bis magischen

Ich-Heliozentrum, immer heiliger. Im Exil wurde der groteske Mynona, auf den Schluß zu, vom philosophierenden Dr. Friedlaender, der ebendiesem letztlich dann doch wichtiger vorkam, immer weiter abgedrängt, zeitlich und anteilmäßig. Der Nachzügler überwucherte den Vorreiter. Nur in neologischen Einsprengseln und Worten wie »peripherisieren«, »diametralisieren«, »Globus intellectualis« mischte ab und zu Phantast und Vorwärtsprescher Mynona quertreiberisch sich in die verdächtig hochseriöse Gedankenarbeit des altersweisen Reflekteurs Friedlaender a tergo ein. Dichter und Denker kämpften um Vorherrschaft auch dann in einem einzigen Januskopf, wenn die Firma »Mynona & Friedlaender« das subjektiv nicht als Kampf empfand. Entweder kämpfte Mynona auf Dauer zuwenig, oder er blieb a priori der Schwächere, vielleicht nur ulkige Randverzierung a posteriori aufgepfropft auf ein Denkerhirn, zeitweise beiläufig hervorgekehrt oder für Nutzanwendungen des Denkens benutzt, dann abgewählt. Alle, außer Friedlaender, fanden Mynonas zweite Geige origineller als Friedlaenders Vorherrschaft. Doch nicht nur dieser spaltete sich in Mynona und sich, Mynona spaltete sich seinerseits auf, anläßlich seines um 42 Jahre vorgezogenen 100. Geburtstags: »Die lange Leitung, die ich (als Schüler) für mich (als Lehrer) habe, könnte man mehrmals um den Aequator wickeln.« 1938 verlangte er vom Arzt Hans Peter Zade eine weibliche Hormonbehandlung. Um nicht als Jude belangt werden zu können, verließ er von 1942–1943 die ungeheizte Pariser Wohnung nicht, schrieb abgeschottet Schubladenmanuskripte, total verarmt, benutzte mangels Papier Rückseiten, konnte sich weder Schreibmaschinenreparatur noch Brille leisten, verfaßte Bittbriefe an André Gide, Albert Schweitzer, Rockefeller, den Kaiser von Äthiopien, Hubertus Prinz zu Löwenstein. Nach Brasilien, USA, England erwog er zu emigrieren; Thomas Mann lehnte Vermittlung ab, nannte ihn ein »freches Thersites-Maul«. Verwandte ermordet, Radiotechniker Heinz-Ludwig interniert; bei Gestapokontrolle war der Greis nicht mehr transportfähig. ~ Zu Lebzeiten wurden 40 Buchtitel gedruckt, plus 500 Zeitungsartikel. Wange an Wange versanken und verharrten Ernst Marcus und Friedlaender, der umsonst für ihn trommelte, in Unausgegrabenheit, gleichwie der Mystiker Teixeira de Pascoaes (trotz Albert Vigoleis Thelens Begeisterung), oder wie Gehirntier Johannes Müller (trotz → Schmidts Begeisterung), oder wie A. V. Thelen (trotz Dr. Jürgen Pütz' Begeisterung). Friedlaender stieg erst ab 1980 in seinen ganzen Ausmaßen aus seiner Nachlaßversenkung hervor. 200 philosophische Tagebücher – sowie das Opus »Kant und die sieben Narren« – dämmerten unpubliziert und unentziffert beim Nachlaßverwalter → Geerken in Wartaweil. 2001 erschien, 70 Jahre nach Abfassung, Friedlaenders philosophisches Hauptwerk »Das magische Ich« wundersam schwerverständlich – echolos. Weiterhin wanderte Friedlaender in keinerlei Philosophiegeschichte ein, nicht mal in die unterbelichtete Unterabteilung Altkantianismus, wo das magische Ich aber auch nicht so recht hingehörte, weil es zwischen allen Stühlen einfach nicht zweitrangig genug herumgurkte. 2003 erschien erstmals seine Autobiographieskizze »Ich« von 1936. Leider schien der Friedenspreisträger Saul Friedländer zeitweise berühmter zu sein als Salomo Friedlaender.

Synthese aus Kant und Clown

Worte von Salomo Friedlaender: Das wahre Ich ist nie krank. ◆ Der Mensch ist weder nur Vernunftgeist noch Naturfleisch, er soll dieses jenem gesetzlich unterwerfen. ◆ Schwelgt der Groteskenschreiber im Häßlichen, Bösen, Falschen, so intensiviert er gerade dadurch die schon erschlafften Kräfte zum Wahren, Guten, Schönen. ◆ Weder die weltlich aktuellen Zeitgenossen noch die hinterindischen Überheiligen können die Wahrheit anders zu sich nehmen als morgen, morgen, nur nicht heute. ◆ Zerbrich mich, Leben! Aber mach aus den Brüchen Gelenke.

Worte von Mynona: Wunder verrichten können überhaupt nur Narren. ◆ Zwei Brüste wohnen, ach, in meiner Seele. ◆ Sie ging ihm mit leuchtendem Beinspiel voran. ◆ Übe dich im Töten, bis du allein übrigbleibst. ◆ Zwischen Genius und Volk schmuggelt sich die Mittelmäßigkeit und heimst ihre Nobelpreise ein. Hab' ich das repräsentable Spielchen ein wenig gestört? ◆ Kennt unsere europäische Metaphysik die Gründe unserer Sterblichkeit? Der Bantuphilosoph Ser-ling-kay verriet mir: Gott beauftragte das Chamäleon, die Lehre von der Wiederauferstehung zu verbreiten. Aber das Chamäleon vergaß diesen Auftrag zu bestellen. Kein Wunder, daß die Leute wiederaufzuerstehen vergessen.

Salomo Friedlaender über sich: Ich wünsche mir ein LEERES Buch, 100 000 Seiten stark. Habe noch Stoff auf 1000 Jahre, bin also noch so jung, jung, jung, nur eben nicht gerade körperlich. ◆ Aber meine Extreme, mein Übermich-hinaus-Wollen und Hinter-mir-Zurückbleiben, paralysierten einander. ◆ Sah ich einen Menschen zum erstenmal, so fand ich sein Gesicht irgendwie verrenkt, so daß ich unwillkürlich die Geste machte, es wieder einzurenken. Die Gestalt der Kugel nur befriedigte mich restlos, so daß ich, als Kind nach meinem Namen gefragt, mich Kugel nannte.

Mynona über sich: Ich bin ja der größte Antinumismatiker. ◆ Ich kleidete mich in Sonnen, gürtete mir die Milchstraße um! Welche Kraft! Ich bin ein elektrisches Fluidum, durchsternt ätherisch. ◆ Ich uriniere Weisheit in die Nachttöpfe eurer Gehirne. ◆ Einsamkeit stülpte sich über mich wie die fein geschliffene Glasglocke über einen kostbaren alten Käse.

Andere über Mynona: Seine Komik ist sehr schwer zu fassen, sie ist ganz unterirdisch. Zunächst fallen einmal alle Hemmungen weg, der Himmel öffnet sich, der liebe Gott selbst streicht sich seinen weißen Bart, aber er und der Bart sind aus Glas, man sieht durch sie hindurch, in den zweiten Himmel, da sitzt Haeckel und liest in einem dicken Buch »Welträtsel für artige Kinder«, aber auch er ist gläsern, man sieht weiter, weiter. Und ein himmlisches Feixen durchzieht den Raum. *(Kurt Tucholsky, 1917)* ◆ Einspännig an der Spitze fuhr der allzu kuriose S. Friedländer, ein Nietzscherl, das sich seinen Wagner sucht, und im »Geist der Utopie« glaubt er ihn gefunden zu haben; als Groteske läuft der kleine Dionysios neben der Philosophie her. *(Ernst Bloch, 1923)* ◆ Auf diese Paradoxie des Transzendenten antwortete Rimbauds Vision einer von Unterdrückung befreiten Menschheit als der wahren Gottheit. Später hat der Altkantianer Mynona das Subjekt unverhohlen mythologisiert und den Idealismus als Hybris manifest werden lassen. Mit derlei spekulativen Konsequenzen verständigten Science fiction und Raketenwesen sich leicht. *(Theodor W. Adorno, 1966)* ◆ Ein Lichtenberg unserer Tage (Kubin), ein Nachfahre Georg Christoph Lichtenbergs (Soergel), ein deutscher Voltaire (Harden), der einzige Erbe Nietzsches (Flesch v. Brunningen), ein Nietzscherl (Bloch), ein Schüler Jean Pauls (Henecke), ein zweiter Andersen (Schickele), wie Bukowski (Geerken), das Urbild eines Zynikers (Scholem), en af Tysklands storste Kritikere (anonym), ein Philosophus-Satirikus (Richter), ein Magiker (Fröhlich), ein lachender Philosoph (Tucholsky), ein vergessenes Genie (Strelka), ein Prophet (Daiber), einer der besten Denker (Heinrich Mann), ein Bohemien (Meidner), ein Avantgardist der sozialrevolutionären Aktivisten (Mehring), ein libertinistischer Genießer (Pinthus) – *(Hartmut Geerken, 1978)* ◆ Die zahlreichen Anspielungen auf Homosexualität tragen stets satirischen und distanzierenden Charakter und verraten ein tiefes inneres Abwehrbedürfnis. *(Bernd-Ulrich Hergemöller, 1998)*

Fürst Lew Nikolajewitsch Myschkin, Weltfremdling, Lichtgestalt, Eselfreund, Epileptiker (19. Jhdt.): Weil er schon als Kind an häufigen epileptischen Anfällen litt, wurde er in einer Anstalt in Wallis/Schweiz dauerhaft untergebracht, 4 Jahre lang, mit Heilungsaussichten, die ersten Jahre finanziert von Pawlischtschew. Eingehüllt zwischen Anfall und Anfall in leidende Dumpfheit, stapfte er vegetierend durch die prächtige Natur und hätte weinen mögen, weil er inmitten der leuchtenden Horizonte deutlich spürte, fremd und ausgestoßen zu bleiben. Der Ferne lief er entgegen, als würde sich dort ein schöneres, eigentlicheres Dasein öffnen. So recht von Herzen froh wurde er nur, wenn er mit Kindern zusammensein konnte. Schullehrer Jules Thibaut wurde eifersüchtig auf ihn, weil alle Kinder sich zu Myschkin hingezogen fühlten. Einer verführten, verstoßenen, geächteten, schwindsüchtigen Hirtin tat Myschkin selbstlos Gutes und bildete mit ihr und den Kindern eine kleine liebe Familie. Zen-Adepten in Japan erlangten durch Krähenschreie Erleuchtung; Fürst Myschkin hörte in Basel einen Esel schreien und wurde dadurch herausgerissen aus dem quälerischen Dunkel ungelebter Zustände. Eine Hinrichtung in Lyon ging ihm sehr nach; mindestens 5 x träumte er davon. Unmittelbar vor einem Krampfanfall erlebte er jeweils eine Kompaktsekunde aus Intensität und Weltharmonie, so eindringlich, inwendig, metaphysisch erfüllend, daß er sein ganzes Leben für solch einen mystischen Moment fortgegeben hätte, ein medizinisch bekanntes Phänomen namens Aura, zenbuddhistisch dem Satori verschwägert, pharmazeutisch mit Heroin-Kick und Flash, physiologisch mit Orgasmus, und indem Myschkin selber diese Aura mit der Himmelsreise Mohammeds verglich, der in einer Sekunde jahrhundertlang alle Himmel durchreiste, während ein umgeworfener Krug nicht Zeit ganz auszulaufen fand, gemeindete er Rußland in Arabien ein, machte Moskau zu Mekka und erwies sich als Mystiker, wenn auch auf pathologischer Basis. Die Anfälle wurden zum Glück seltener; er kehrte geheilt und munter nach Rußland zurück, trug weniger Besitztum bei sich, als er hätte tragen können, fuhr praktisch als Wanderderwisch Eisenbahn. Auf vager Suche nach lieben Menschen und Familienanschluß tauchte er bei vermeintlichen, dann doch nicht Verwandten auf. Der Ruf, ein Sonderling zu sein, wehte ihm voraus, aber wer ihn dann kennenlernte, fand überhaupt nicht, daß er ein Sonderling sei. Indem keiner mehr seinen Namen trug, wurde er zu einem letzten Mohikaner. Myschkin, phänotypisch an »Mystik« erinnernd, ging etymologisch auf »Mäuschen« zurück. Unvoreingenommen, anteilnehmend, demütig stolperte er durch die gesellschaftlichen Zusammenhänge seiner Anlaufstellen, geriet zwischen mediokre Charaktere, eitle Wichte, Klatschmäuler, Getriebene, Atheisten, zornige junge Männer und vorlaute Töchter einer resoluten Generalsgattin. Viele sahen ihn als großes Kind – oder als traurige Gestalt: Niemals vom Gesicht hob der Ritter sein Visier. Bei geringsten Scherzen und Anspielungen wurde er rot, als wär er mit 24 immer noch Pubertant. Falls er sich verliebte, wirkte das eher brüderlich. Er machte die jüngste Tochter kribbelig, griff aber nie anders als platonisch zu. Man wies ihm die seltene Eigenschaft »angeborener Unerfahrenheit« zu. Hinter der Larve eines sozusagen verrufenen Weibs sah er nichts als Seele. Liebe und Mitleid wanderte in seiner Seele ganz ineinander. Er sprach oft so leise, daß selbst Unbedeutendes bedeutsam klang. In einem Salon sah er eine chinesische Vase stehn und ward überfallen von der Ahnung, sie aus Versehn umzuwerfen, wich ihr aufmerksam aus, hielt sich stets in weitester Entfernung von der Vase und warf sie dann doch noch um. Unglücksträchtig verlaufende Ereignisse trugen nicht zur Stabilisierung seiner Genesung bei. Einem Mordanschlag entging er knapp, indem ein Anfall bei ihm ausbrach. Er stürzte zurück ins dumpfe Elend und mußte erneut in die Heilanstalt zurückverbracht werden. Myschkin verdankt seine Eigenart Dostojewskijs vager Planskizze, in einer Novelle »Der heilige Narr« einen vollkommen schönen Menschen darzustellen, einen in die Gegenwart versetzten Christus. Ein »Narr« umgab sich mit Waisenkindern, trug gern alte Kleider, heiratete, wurde gehörnt und in ein Duell verwickelt, worin er sich weigerte, auf den Gegner zu schießen. Dostojewskij ließ den Plan jahrelang liegen und reifen, bis sich der Charakter zum Großroman »Der Idiot« verfeinerte. Obwohl sich der Autor charakterlich deutlich, ja extrem von seinem Protagonisten unterschied, mußte er ihn irgendwie aus seinem Inneren ableiten. Fürst Myschkin wurde zum gutherzigsten, sanftesten Softie der Weltliteratur, des 19. Jhdts. sowie aller Zeiten.

Worte von Lew Nikolajewitsch Myschkin: Über die Schönheit ist schwer zu urteilen; ich bin noch nicht so weit, daß ich meine Ansicht aussprechen könnte. ◆ Der erste Eindruck war sehr stark ... ◆ Aber was soll ich denn übelnehmen? Auch ich hätte die Gelegenheit zu lachen nicht ungenutzt gelassen. ◆ Vorhin hielt ich Sie geradezu für einen Bösewicht, und nun haben Sie mir plötzlich eine so große Freude gemacht.

Lew Nikolajewitsch Myschkin über sich: Ich bin nicht verliebt gewesen; ich ... war auf andere Weise glücklich. ◆ Ich werde mich im Verkehr mit den Menschen vielleicht unbehaglich und bedrückt fühlen. Ich hab mir vorgenommen, von vornherein höflich und offen zu allen zu sein; mehr wird ja doch keiner von mir verlangen. ◆ Vielleicht werden mich die Leute hier auch für ein Kind halten, na, meinetwegen. ◆ Wenn ich so in ein Zimmer trete, denk ich: »Da halten mich nun die Leute für einen Idioten, dabei bin ich doch verständig, aber das merken sie halt nicht.« ◆ Seitdem liebe ich Esel sehr. Ich habe sogar eine gewisse Sympathie für sie. Ich begann, mich nach ihnen zu erkundigen, denn ich hatte früher noch nie welche gesehn, und überzeugte mich auch bald selbst davon, daß sie höchst nützliche, arbeitsame, kräftige, geduldige, billig zu unterhaltende, ausdauernde Tiere sind, und wegen dieses Esels fing mir auf einmal die ganze Schweiz zu gefallen an, so daß meine frühere Traurigkeit vollständig verschwand. ◆ Vielleicht bin ich tatsächlich ein Philosoph, und wer weiß, vielleicht hab ich wirklich die Absicht, andere zu belehren ... sehr wohl möglich, ja, ja, sehr wohl möglich. ◆ Mir einen regulären Unterricht zu geben, hielt man in Anbetracht meiner Krankheit nicht für möglich. ◆ Manchmal bin ich nicht gutherzig. – Aber vielleicht hab ja auch ich meine besonderen Absichten dabei.

Andere über Lew Nikolajewitsch Myschkin: Der Fürst spricht sehr schön, nur ein bißchen zu traurig. *(Jelisaweta Prokofjewna Jepantschina)* ◆ Dieser Fürst ist vielleicht ein arger Schelm und gar kein Idiot. *(Alexandra Iwanowa Jepantschina)* ◆ Seine Augen waren groß und blau; in ihrem unverwandten Blick lag etwas Sanftes, aber Bedrückendes, etwas von jenem seltenen Ausdruck, an dem manche sofort den Epileptiker erkennen. *(F. M. Dostojewskij, 1868)* ◆ Er hat Magie, er hat mystische Weisheit nicht gelesen und anerkannt, nicht studiert und bewundert, sondern (wenn auch nur in ganz seltenen Augenblicken) tatsächlich erlebt. *(Hermann Hesse, 1919)* ◆ Bei völligster Bescheidenheit, ja Demut dieses Menschen ist er ganz unnahbar, und sein Leben strahlt eine Ordnung aus, deren Mitte eben die eigene, bis zum Verschwinden reife Einsamkeit ist. *(Walter Benjamin, 1920)* ◆ Er konnte mit dem Messer spielen, konnte sich an der Wolke ergötzen, selbst wenn sie den Blitz enthielt, der ihn erschlagen mußte. *(Julius Meyer-Graefe, 1926)* ◆ Er ist zu sehr Außenseiter und weist in eine transzendentale Richtung. Myschkin ist auch nicht aus dem slawischen Lebensgefühl zu verstehen. Die russischen Beurteiler geraten durch diese Gestalt in nicht geringere Verlegenheit und wissen nicht, was sie sagen wollen. *(Walter Nigg, 1956)*

N

NADJA (eigentlich: Léona Camille Ghislaine Delcourt), Luftwesen, Labilium, Surrealismus-Muse, Psychiatriepatientin (ca. 1900–1941): Sie wuchs auf in Lille, wo sie zeitweilig Liebelei mit einem Studenten pflog, ehe sie Schluß machte, aus Angst, ihm lästig zu fallen. Sie gab ihm ihre Adresse nicht, schrieb ihm aber – 1923 oder 1924 umgezogen nach Paris – ab und zu. Unverabredet liefen sie sich noch mal über den Weg, da gewahrte sie eine surrealistisch angeborene Anomalie an seinen Händen, zusammengewachsene Finger (Frieda in Kafkas »Schloß«), was sie früher übersehen hatte. Nach 19 Uhr in der Metro versuchte sie aus abgearbeiteten Gesichtern deren Innenleben zu lesen. Bei neuen Männerbekanntschaften drehte sie gern unauffällig deren Hut um, um im Futter die Initialen zu lesen (wie Magda Peters in Nabokovs »Camera obscura«, 1931). Sie befreundete sich mit 2 unterschiedlichen Männern, einem Greis, den sie »Großen Freund« nannte und der bald in den Senegal abreiste, und einem Ami, der seine verstorbene Tochter Lena in ihr erblickte. Angegriffener Gesundheit wegen ging Nadja zum Arzt, der ihr empfahl, nach Mont-Dore zu reisen, eine teure, undurchführbare Reise, die sie zu Gedankenspielen anregte. Sie arbeitete dann in einer Bäckerei, sogar Fleischerei. Beim Friseur war ihr wichtig, um jeden Preis, daß ihr Haar in 5 Büschel geteilt würde und über der Stirnmitte ein Stern übriggelassen werde. Männer sahen an ihr häufig ein »geheimnisvolles Lächeln«. Im Oktober 1926 lief sie dann einem Mann (30) über den Weg, dem im Getümmel sofort ihr erhobener Kopf auffiel, ihr zarter Gang, ihr kaum aufgesetzter Fuß. Einem Pykniker wäre sie noch schwebender vorgekommen. Sie umgekehrt hatte, was ihn anging, die zögerliche Vision, er gehe auf einen Stern zu und lasse sich durch nichts ablenken davon, nicht einmal durch sie. Das gefiel ihm. Ein zweites Rendezvous machte man aus (in der Bar Ecke Rue Lafayette und Rue du Faubourg-Poissonnière), wo sie sogleich das Opus »Manifeste du Surréalisme« zur Lektüre aufgedrängt bekam. Ihre Intuition, ans Mediale grenzend, sah voraus, was André Bretons Gattin Simone genau in diesem Moment tat: Sie spielte mit ihrem Hund und hatte, laut Nadja, auch eine Katze, was Nadja nicht wissen konnte und was völlig zutraf. Treffen Nr. 3 nahm sie nicht wahr, lief aber dem Autor trotzdem über den Weg, wider Willen. Er erging sich in unersprießlichen Metaphern, die Wirklichkeit liege Nadja wie ein listiger Hund zu Füßen. Wenn irgendwo 2–3 Paare sich im Schatten bewegten, sah sie viel mehr, so als rechne sie andere, frühere, tote Paare dazu. Bei einem dunklen Fenster sagte sie voraus, daß es in einer Minute sich rot verfärben würde, und siehe, es verfärbte sich rot. Falls das nicht jeden Abend um diese Uhrzeit geschah, war damit

Nadjas enorme Hellsichtigkeit verifiziert. Daß sie übermäßig geschminkt, zum Ausgleich aber nur halb fertig geschminkt herumlief, ließ auf dissoziativ-nervöses Wesen schließen. Breton nannte sie ein »immer inspiriertes und immer inspirierendes Wesen« und eine L'âme errante (irrende Seele). Nie wandelte er mit Nadja durch sommerlich leuchtende Naturlandschaft, stets durch fahles Gaslaternenlicht – Querbezug zum Pierrot lunaire. Aber als sie die von Breton zitierte Jarryzeile »Schamhügel der Hünensteine, mitten im Heidekraut...« las, füllten sich ihre Augen mit Tränen und der Vision eines Waldes. Sie selber sah und malte sich am ehesten und öftesten als Melusine, gebildeterweise. Seine Metaphernmuse gab ihm hochtrabenden Krempel ein, und schon lächelte Nadja ihm manchmal zu »hinter großem Tränen-Gesträuch«. Stets verkleinerte sie sich vor Breton – ja, das hatte er gern. Wenn er ihr was vormonologisierte, über das Martyrium werktätiger Bevölkerung, ließ sie das brav über sich ergehen (wie Agathe Ulrich Musils Explikationen) und widersprach nicht. Er schrieb hinterher, sie hätte ihm Briefe geschrieben, ohne anzudeuten, was darin gestanden haben könnte, ohne jedes Zitat; aber für die Postskriptums hätt er den Rest gegeben. Das Böse kenne sie nur vom Hörensagen, rühmte er an ihr. Einerseits geistreichelte er herum, wir müßten das Leben dechiffrieren, andererseits, daß Nadja ihm kein Rätsel sei, sondern ihn für immer vom Rätsel entferne. Er gestand ihr zu, sie sei in sein Leben eingebrochen. Daß sie ausgerechnet auf so einen unsinnlichen Räsoneur, Sekundärliteraturverfasser und Langeweiler stoßen mußte, der gern vom »größten Abenteuer des Geistes« schwadronierte, aber modernerweise nicht mal eine richtige Story hinbekommen wollte!?! In den Gängen ihres Hotels leistete sie sich von Breton nicht näher präzisierte, von ihm so genannte »Überspanntheiten«, die im März 1927 zu ihrer Einweisung führten, im L'asile de Perray-Vaucluse, der Irrenanstalt Sankt Anna. Man benachrichtigte Breton, Nadja sei wahnsinnig geworden; was ihn auch nur wieder zum Drauflosphilosophieren veranlaßte, alte Quasiweisheiten auszuspenden, daß in Irrenanstalten Narren erst gemacht würden, wie in Zuchthäusern Straßenräuber gemacht würden, und daß seiner Meinung nach alle Internierungen willkürlich seien, spießige Verlautbarungen, die ihn nicht hinderten, sich selbst ein apartes »Delirium« zuzuschreiben, ausgerechnet so eins. Seine Verachtung der Psychiatrie – schrieb er – hinderte ihn, sich zu erkundigen, was mit Nadja dort geschah. Statt dessen pfriemelte sein Hirn herum, Nadja würde alles (was alles?) »zum Tagesanbruch führen« (was für einen?) und gerade deshalb (Logik, wo bleibst du?) dürfe er sie nicht wiedersehn. Statt als Orpheus seine Eurydike aus dem

Klapse-Orkus hervorzuholen, machte er mit verqueren Hegelzitaten herum und molk sich Reflexionen ab, à la daß die Schönheit weder dynamisch noch statisch sei, und das Herz des Menschen schön wie ein Seismograph, und: »Da du bist, wie nur du allein *sein* kannst, war es vielleicht nicht sehr notwendig, daß es dieses Buch gab.« Wie Bach gegen seine Liebhaber verteidigt werden wollte, so müßte man Nadja vor Breton schützen. Von Anfang an stand er im Verdacht, selbst angebliche wörtliche Aussprüche Nadjas umzumodeln, bzw. pickte er nur solche raus, die ihm in seinen theoretisierenden Kram paßten, während er bei Nadjas detaillierten Lamenti über ihre erbärmliche Lebenslage immer öfter auf Durchzug stellte. Angebliche Nadja-Aphorismen wie »Die Tatze des Löwen drückt die Brust des Weinbergs« hörten sich in Bretons Buch arg unempirisch, allzu hochpoetisch, synthetisch, getürkt, bretonisiert an. Einerseits verdankte man Breton die Kunde über Nadja, andererseits mußte man das Filterprodukt für die Speise halten, weit und breit keine Gegenprobe möglich, mangels Kontrollquelle. Zum Ausgleich dafür, daß der Überlieferer bloß überlieferte, was seiner Hutgröße entsprach, möbelte er das ungenügende Ausgangsmodell salonfähig auf. Er ahnte seine Unzulänglichkeit: »– ich bin vielleicht nicht auf der Höhe dessen gewesen, was sie mir vorschlug. Was schlug sie mir aber vor?« Breton benutzte Nadja, um über sich selbst schmeichelhafte Sachen loszuwerden, à la: »Du bist mein Meister« (auch Flaschengeist Jeannie, leichtbekleidet, wohlgeformt, nannte ihren beförderungsreifen US-Schulterklappen-Major, noch um 1965, stets so unemanzipiert wie möglich »Meister«). Mal rühmte Breton ihre Intuition und Medialität; dann wieder notierte er grundlos, »offen gesagt«, sie hätten sich vielleicht nie verstanden. Hoffentlich wurde seine konfuse Berichterstattung nicht ihr angelastet. In Sachen eventueller Sexualität klammerte er herumdrucksend alles unnötig aus, wie der angebliche Verführer Kierkegaard. Einerseits erlag er Nadja, als wär Erotik vorhanden gewesen; andererseits dunkelte er alles, was interessant gewesen wäre, ab. Nur in einer Fußnote berichtete er kurz, beim Autofahren, er am Steuer, hätte Beifahrerin Nadja ihm per pedes auf seinen Gaspedal-Fuß gedrückt und ihm zugleich die Augen zugehalten, um gegen Bäume zu fahren, was dann aber wiederum nur Gleichnis sein sollte, sich auf rückhaltlose Liebe nicht einzulassen, da das sonst nur eine Höllenfahrt geworden wäre – kümmerliche Verweigerung, Extreme kaum anzuvisieren, so als wär Humbert Humbert in Sachen Lolita bloß Voyeur geblieben. Zum nächstmöglichen Termin, 1928, entriß Breton Nadja für seine Leute und Leser, samt Nachwelt, der Vergessenheit und Nichtexistenz, durch seine Publikation

»Nadja«. Neben üblichen Romanheldinnen blieb Nadja arg bemüht, unlebendig, hölzern, unbeseelt wie surrealistische Plastiken und Environments, abstrakt und blaß wie Monsieur Teste oder Figurinen von Chirico. Aber alle stürzten sich drauf, als wenn sie Bein, Seele und Fleisch gehabt hätte. Manch eine Leserphantasie umkleidete die anämische Attrappe nachträglich mit etwas Aura, die vor Ort sicherlich nicht fehlte, aber von Breton nicht so recht rübergebracht werden wollte und konnte. Er verstrickte sich ins Urparadox des Nouveau Roman und aller Expressionisten, keinesfalls eine Story erzählen oder gegenständlich malen zu wollen, dann doch zu erzählen, aber schlecht und plump zu malen und der Kritik dann zu sagen, er hätte weder malen noch erzählen wollen. Gleichwohl schlug Nadja so erfolgreich ein – surrealerweise – wie Truman Capotes »Frühstück bei Tiffany« oder Tennessee Williams' »Endstation Sehnsucht«. ⁓ Indem Breton seine Nadja richtigerweise als »Luftgenie« und »ungebundenen Geist« umschrieb, landete sie in der anmutigen Tradition der Kindmusen à la Wilhelm Meisters Mignon; Novalis' Sophie, Pippa (aus Gerhart Hauptmanns »Und Pippa tanzt«), Nymphchen Lolita – Breton praktisch als Adam und Nadja als Lilith –, nicht die nette harmlose Hausfrau Eva, sondern praktisch die Femme fatale, die bleiche, nächtliche, gegebenenfalls exotische Konkubine oder Beinahe-Konkubine. Im April 2003 wurde ein Tresor mit Bretons Papieren geöffnet, Wert: 140 000 Euro, darunter 27 Briefe von Léona Camille Ghislaine Delcourt, aus den Jahren 1926/27, flammende Appelle in unsicherer Orthographie, Vorwürfe an einen Mann, der's nicht recht hinbekam, sie zu lieben.

Worte von Nadja: Es gibt gute Leute. ◆ Das Rosa ist besser als das Schwarz, aber sie stimmen zusammen. ◆ Warum schwankte diese Waage in der Dunkelheit eines Lochs voller Eierbriketts? ◆ Die Gedanken nicht mit dem Gewicht seiner Schuhe beschweren.
Nadja über sich: Ich bin die irrende Seele. ◆ Du glaubst, daß ich sehr krank bin, nicht wahr? Ich bin nicht krank. ◆ Ich bin nur ein Atom, das im Winkel deiner Lippen atmet oder stirbt. Ich möchte die Heiterkeit eines tränenbenetzten Fingers berühren. ◆ Mitunter ist es schrecklich, so sehr allein zu sein. ◆ Ich steige die Treppen runter, die mich zum Glück führen. ◆ Vielleicht hab ich zuviel nachgedacht, oder nicht genug.
Andere über Nadja: Niemals hatte ich solche Augen gesehen. *(André Breton, 1928)*

Gustaf Nagel (geb. Gustav Nagel), Naturmensch, Waldläufer, Barfüßer, Tempelwächter, Querkopf, Querulant, Geisteskämpfer, Botschaftsempfänger, »Jesus von Dachau«, Irrenhäusler (1874–1952): Salzheringe, Kernseife, Wagenschmiere, Petroleum lösten beim zarten Handlungsgehilfen einer Kolonialwarenhandlung in Arendsee/Altmark Nasen-Rachen-Katarrh, Bruststiche, Bauchkrämpfe, Ausschlag, Rheuma aus, Verwirrtheitszustände. 1894, nur 40 kg schwer, ausgemustert, brach der Hänfterling die Lehre ab. Kneipp-Kuren halfen, und bald lief der hutlose, langhaarige Allergiker als »praktischer fertreter der naturheilkunde« herum, nein: wandelte seines Weges. Feldfrüchte genoß Nagel nur noch ungekocht, nahm eiskalte Bäder, lief bei 22 Grad zu ¾ nackicht, derart durchwärmt, daß ihn Eiszapfen wunderten. Jedes Luftwehen »erkwikkte« (neue ortografi!) ihn als allseitige Liebkosung. Vor Nagel senior, einem Gastwirt, der dem Filius Faconschnitt verpassen und ihn ins Tollhaus Uchtspringe einliefern wollte, floh er in den Wald, grub sich ein Erdloch, blumen- und fahnengeschmückt, kam als Kuriosum im Käseblättchen. Sympathisanten brachten ihm Gesundfutter. Er zog dann umher, verkaufte sein Konterfei als Postkarte, »'n jroschen« pro Stück. 1899 wanderte der Gustaf ins Vorkriegsberlin – riesiger Schaulustigenandrang. Vor Ordnungshütern sprang er auf eine Trambahn. Als ein Soldat neben ihm ging, hielt man ihn für dessen Chineserfrau. Nagel aber folgte nur Jesum nach. Ein Urchrist platzte prähistorisch in Spätbiedermeier und Kaiserzeit. Konfirmanden, um den Christus zu sehn, liefen ihren Pfaffen fort. Mangels Wandergewerbeschein kurz eingelocht, focht er wie → Schreber wiederholt gegen Entmündigung. Dr. Magnus Hirschfeld erklärte Nagel für zurechnungsfähig und verglich ihn mit Rousseau und Tolstoi. In Kalau bekam er Kirchenverbot. Seine Nachahmer konnten das Fleischessen nicht lassen oder froren zu schnell in der Luftwäsche. Der wunderliche Heilige reiste jetzt mit Esel, 2 Hunden und Lamm Hans durch deutsche Lande und tauchte alsbald auf dem Monte Verità bei Ascona auf, und auf Capri, bei Meister → Diefenbach, dann in Bethlehem, Alexandrien, Jaffa, Konstantinopel, wo er im orientalischen Getümmel wenig auffiel und ihn Heimweh bald zurücktrieb. Marianne Konhäuser, eine verstoßene Diefenbachjüngerin, konnte er als Entmündigter nicht sofort heiraten. Am Arendsee eröffnete er ein Sonnenbad, mit Bewegungsspielen, Harmonium, Pavillon, Kegelbahn, Turnanstalt, Taubenhaus, 20 Kuhglocken, baute alldort einen Säulentempel, mit Grotte als Unterbau, in Kleckerburgenbauweise aus Holz, Draht und Spritzbeton, plus Eintrittskartenhäuschen aus Muschelkalk und vermörtelten Braunkohleschlacken und Schrottschutt. Wenn allerlei Maße nicht stimmten, rief »got« seinem Knecht zu: »nachmessen!« 7 Säulen stiegen auf als »sümbol« (Symbol) für glaube, libe, hofnung, wisenschaft, deutschtum und vaterländische gesinung. Bevölkerung motzte: »Das Schwein, das baut überall Pimmel hin!« Nagel erfreute Besucherscharen mit der Präsentation seiner selbst, mit »fortregen« (Vorträgen) über »fruchtbringende libe« und Chorälen auf Waldhorn und Trompete. Auf Pferdewägen rückten Schulklassen an. Wenn einer nicht fassen konnte, wie man ohne Fleisch leben kann, zog der Grünzeugfresser eine Möhre hervor und scherzte: »dis sind meine würste!« (Irgendwer hatte ihn aber mal ein Schnitzel essen gesehn.) Die neugeborene Klara wurde vom Vater zwecks Abhärtung in eiskaltem Seewasser gebadet, bzw. getauft – das Baby, blau angelaufen, starb. Rechtliche Folgen scheiterten am Unmündigkeitsparagraphen. »Der Altmärker« meldete Zerwürfnisse zwischen Naturmensch und »Naturmenschengattin«: Trotz Trennung wurde sie erneut schwanger. Scheidungsgrund: Ehebruch seitens des Gatten. Nach weibloser Hausgenossenschaft mit Spitz und Papagei heiratete er 1912 Johanna Raith, die gut angepaßt als Klavierlehrerin mitsang und ihm 3 Kinder gebar. Im Krieg tauschte er Fleisch- in Brotmarken um. Patriotische Phrasen plapperte er nach, Helden wie von Stahl, got für's faterland, brennendes Herz und siegende Gerechtigkeit, nicht ohne Wurfspieß und Hausfahne. Sein Kampf gegen die Neuzeit, als deren Symptom er in ihr steckte, richtete sich gegen Dollars und Automobile. Ständig erregte er halbnackt Aufsehen, Gelächter, Unmut, Verständnis, regionale Debatten. Stiernacken und Bierbäuche schlugen sich die Fettschenkel: »Ein Wirrkopp isser, rennt rum wie Jesus, nur mit'm umgehängten Bettuch!« Ein ungenehmigter Backofen ward ihm verübelt, und beantragte Gartenumfriedung, die »got« ihm 1926 vorschrieb, nicht genehmigt. Pfarrer, Oberärzte, Bürohengste, Amtsschimmel, Stadtverordnete, Kreisausschüsse bissen sich pingelig am wehrhaften Rechthaber, Querulant, Dulderlamm und Antragsteller die Zähne aus, mit Verwaltungsmaßnahmen, baupolizeilichen Bedenken, Widerspruchsrechten, Dienstaufsichtsbeschwerden, Konzessionsverweigerungen. Weil Nagel seine Eintrittsgelder nicht ordentlich abrechnete, brummte man ihm einen Kassenwart auf. Ämter forderten sanitäre Anlagen für Besucher seines Anwesens; verweigerten ihm, alkoholfreie Getränke auszuschenken. Er setzte dagegen: »Wenn die leute bei mir kein bedürfnis zur durststillung haben sollen, sollen sie auch kein bedürfnis zum klosett haben.« Entmündigung zog Arbeitsverbot nach sich, mithin Zahlungsunfähigkeit, also neue Mahnungen. Als seine Frau in Uchtspringe eingeliefert wurde, depressiv, apathisch, hieß es, er lasse seine 3 Söhne verlottern. Keine

Gefahr sei er, tönten Stadtväter, aber eine Last für die Öffentlichkeit. Fachkreise munkelten von »Paranoia chronica hallucinatorica«. Auch die Apostel in der Bibel hätten »sinnesteuschungen« gehabt, redete Nagel sich raus. 22 ehrbare Handelsleute bescheinigten ihm Geschäftsfähigkeit; lediglich Fleischer und Schuster versagten dem barfüßigen Wurstverweigerer ihre Unterschrift. Zugleich suchte Nagel dringend eine neue holde Gehilfin. In Mondnächten brachte der trompetende Prophet unerwünschte Ständchen. Ehrbare Familienväter warnten ihre Töchter. 2 Jahre lang warb Nagel penetrant um eine Brennereibesitzerstochter. Der mit Rosenstrauß anrückte, wurde vom sittenstrengen Schnapsfabrikanten mit Roßpeitsche vom Anwesen fortgedroschen. Keine hielt es bei ihm aus. Manch Haushälterin demolierte beim unschönen Abgang den kargen Hausrat. Der alternde Jesus sah, zwischen Bubiköpfen der Golden Twenties – im Zeitalter der Lippenstifte und Nagellackentfernung –, arg alt aus; sein Plädoyer, den Kronprinzen Wilhelm auf den verwaisten Hohenzollernthron zu setzen, wirkte in SPD-Zeiten unzeitgemäß. 1928 gründete er, eingebettet in Parteienwildwuchs, die sog. »deutsch-kristliche folkspartei«. Ziele: rückgabe deutscher kolonin, gartenstädte für obstbau und nußhaine, schaffung von schulgärten und schulweiden. Der Reichstagskandidat erntete 901 Stimmen, 55713 zuwenig (Hitler erhielt 800000). Dann bekam er Schreibverbot. Sein Tempelschlafzimmer wurde durchwühlt. Des Bannerträgers Antrag auf Herausgabe der beschlagnahmten 6 m langen Hausfahne: abgelehnt. Er protestierte bei den Nazis gegen Sonntagsentheiligung und Nichtachtung seines deutschkristlichen Tempeldienstes. Magda Amann empfahl in der »NS-Front« den nun 60jährigen »Trompete blasenden Schwachsinnigen« zu sterilisieren. Des »Volksschädlings« Tiraden à la »es ist überhaupt keine moral bei der jezigen fürung« führten 1936 zum Redeverbot. Nagel aber faselte weiter und verbreitete Kettenbriefe: »nim und lis und gibs dem nachbar weiter«. 1937 reiste die resolut mopsbullige NS-Frauenschaftlerin, Krankenschwester und Hitlerverehrerin Eleonore Teichmann an, um den berühmten Mann zu sehn, den sie gleich um den Finger wickelte. Die Hochzeit ging landesweit durch alle Zeitungen. Alsbald bekam die Schreckschraube immer öfter ihren Koller: Sie erzog den Mann, den sie »dummen Hund« nannte, mit Bratpfanne und Nudelholz: »Wenn du man erst um die Ecke wärst!« Der Apostel meldete, seine Frau wolle ihn vergiften. Die Wuchtbrumme beredete den Stadtrat, Nagel in Uchtspringe einzuweisen. Sie petzte der »Stapo«, ihr Mann erzähle jedem Besucher, der Führer raffe ein Land nach dem andern an sich. Den Tempelgarten, statt ihn laut Anordnung zu schließen, ließ er geöffnet.

Marinejugend 1941 demolierte und entweihte den Tempel. Sohn Adolf fiel 1943 bei Stalino. Mit Gereden wie daß es in diesem Krieg keine Sieger und Besiegte gebe, war das Maß voll. Ortsgruppenleiter riefen: Landesverrat! Der Volksfeind kam in Schutzhaft nach Dachau. Wachmannschaften lachten sich krumm bei der Ankunft des Herrn Jesus. Nagels lange Haare: genehmigt. Er wurde als Alibi-Casus bei KZ-Besichtigungen durchs Rote Kreuz vorgeführt, als im Talar wandelnder Beweis, wie human es in deutschen »Konzertlagern« zugehe. Zur SS sagte er: »Ir könnt einen deutschen dichter und lidermacher nicht vergewaltigen!« Bald aber hielt er doch den Mund, ahnte, daß man hier leicht durch den Schornstein gejagt werden konnte. Die Haft überstand er, spartanisch trainiert, besser als x Mitinsassen. Bei seiner Entlassung sagte Häftling Nr. 49 910: »adolf ist tot, gustaf lebt.« Nach der Stunde 0 zeigte die sowjetische Besatzungsmacht wenig Interesse, die alte Popularität des Antifaschisten neu aufleben zu lassen. Ein russischer Kommandant bot ihm Speck und Wodka, der VVN aber (Verfolgter des Naziregimes) salbaderte nur von got, den Hohenzollern, und daß die Dämonen ihm nicht erlaubt hatten, Deutschland zu retten. Zettel an städtischen Lindenbäumen lauteten: »suche eine 25järige frau. gustaf nagel« – von Witzbolden angenagelt oder von ihm selber? Archaikum und Adenauerstaat überkreuzten sich: Der Narr in Christo redete 1949 von »fridfertiger atomkraft« und zugleich von »fölkisch«. Kaiser- und Nazizeit hatten ihn nicht kleingekriegt; DDR-Funktionäre wiesen ihn dann doch noch in Uchtspringe ein. Pillen spuckte er in den Ausguß; Fleisch trat er ab an Mitinsassen. Unglücklich, nicht heimzudürfen, starb er dann bald an Herzversagen. ⁓ Die FDJ demolierte des Tempelwächters Tempel – neu aufbauen oder nur Tempelreste pflegen? In und um Arendsee hielt man dem Sohn der Stadt Fahnentreue. Im Seegarten ward das Bierlokal »zum alten gustaf« eröffnet. Kulturamt, Arbeitsgruppen, Lokalgrößen betrieben Nagelpflege. Pfarrarchive und Krankenakten öffneten ihre Schleusen. NagelkennerInnen kamen sich mit Nagelbüchern in die Quere. Auf Nageltagen in Klosterruinen am Seeufer hielten Nachfahren und DDR-Christen mit Ortsbegehungen, Frauen- und Posaunenchören Nagels Andenken wacker aufrecht. Zu Flowerpowerzeiten liefen Tausende Dschiesesfreak herum, viele davon waschechte Gustaf Nagels, ohne dies Urbild zu kennen. Wissenschaft stellte ihn in eine Reihe mit barfüßigen Inflationsheiligen à la → Diefenbach, → Fidus, → Gräser, → Haeusser, Max Schulze-Sölde, → Muck-Lamberty.

Der trompetende Prophet vom Arendsee

Worte von Gustaf Nagel: kein mensch braucht in die fabrik. ◆ wi jesus die teufel austreibt, so tötet auch die sonne di bazillen, di fon der schulmedizin so gefürchtet werden. ◆ nichts ist das elektrische licht gegen der sonne licht; menschliches erbarmen ist eng begrenzt, kristi erbarmen ist tifer wi das mer. ◆ wer die zeugungsorgane zum absterben bringen wil, gleicht dem der kristus selber kreuzigen wil. ◆ im schoße einer libenden gatin findet der man seine kraft das leben zu meistern. es ist die flicht jeder eefrau, sich dem mane hinzugeben.

Gustaf Nagel über sich: ich bin kein fanatischer mensch, der di menschen und fölker zwecklos zu gegenseitigem zerfleischen aufpeitscht. ◆ ich stehe unter gotes schutz, und got würde es nimals zulassen, daß ich zwangsweise der anstalt zugeführt werde. ◆ ich habe mit dem lieben got gesprochen, ich werde 100 jare alt. ◆ da zog ich mich aus, ganz nakt, und strekte mich auf dem warmen waldboden aus, als wäre ich bei mutter grün zu haus, und das war wi eine auferstehung. ◆ in ganz arendsee nimmt man gern ein gedicht von mir, nur der bürgermeister ist gegen mich. ◆ als ich in der brautnacht meine frau befruchten wolte, lif si weinend mit den worten hinaus si hätte gedacht, das hätte noch zeit; später hat si den libesakt nur geduldet, in ni öfter als einmal gewärt und das selten.

Andere über Gustaf Nagel: Gustaff Nogel hat'n Vogel! *(Volksmund)* ◆ Ein Mann, der sich Jesus Christus nennt, ging Donnerstag nachmittag in der Kaiser Friedrichstraße hierselbst spazieren. *(Berliner Zeitung, 1900)* ◆ Ausdruck und Haltung sind edel, sein Auge jedoch ist unstät – er lacht oft kurz und grundlos auf. *(Ida Hofmann, 1906)* ◆ gustaf nagel war ein lediger / grasprofet und wanderprediger, / angetan mit einem schurz, / hare lang und hemde kurz. / ganz alein schritt dieser jünger / barhaupt durch den menschendünger. *(Die Jugend, 1909)* ◆ Auch als ich auf der Auktion die Speisekammervorräte des Naturmenschen Nagel erstand, der laut Prospekt von

Pflanzenkost dahinvegetierte – auch da war ich richtig satt. *(Kurt Tucholsky, 1919)* ◆ Otto, bring dem Justaff mal ne Bockwurscht! Der sieht ja aus, als wenn der det Vaterunser durch die Backen blasen kann. *(Volksmund)* ◆ Für ihn dreht sich alles um das Weib. *(Pastor Reinhold Kannicht, 1963)* ◆ Denn das Predigen konnte Gustav nicht lassen, wenn er auch nur einen Zuhörer hatte. *(Heinz Bräuer, 1997)*

Zaza Napoli (alias Albin), Tänzerin, Chansonette, Exklusivum, Faszinosum, Star, Diva, Gourmand, Gourmet, Transvestitin, Schwuchtel, Übersensibelchen, Ersatzmutter (geb. angeblich 1935, vermutlich ca. 1928 – †?): Über ihre Kindheit ist so wenig bekannt, daß man's fast nichts nennen kann. Mutterfixierung? Nicht nur zu Karneval wollte sie, nein: er Mädchenkleider tragen. Zur Musterung erschien er im Abendkleid und wurde wegen Plattfüßen ausgemustert. Nach unerforschten, vielleicht rekonstruierbaren Jugendsünden fand Albin Erfüllung in der stabilen Partnerschaft mit Renato de Baldi, der in die sensible Ehe allerdings die frisch ausgeschlüpfte Frucht eines heterosexuellen Seitensprungs mitbrachte, sein entzückendes Söhnchen Laurent. Für dessen emanzipierte Mutter, Simone de Baldi, sprang der kinderlose Albin jahrelang liebevoll und aufopfernd ein. Im gepflegten Etablissement und Nightclub »La cage aux folles« (Ein Käfig voller Narren), den Renato und seine unvirile, antimaskuline Gattin Albin in der Rue Boulanget hochzogen, trat Teilhaber Albin (das Lokal gehörte ihm zu 25 %) unter ihrem Künstlernamen Zaza Napoli auf, als abgöttisch gefeierte Queen der Herzen und Leiber, als überschmückter Weihnachtsbaum mit gigantösen Starallüren sämtlicher Art. Auch privat wandelte man süperb in hochtrabender Designerkleidung, in aussagefähigstem Outfit, Sommer-Blazern und Satin-Hosenanzügen, Markennamen, maßgeschneidert, sanftlila, in Pink, elitejoghurtfarben, eierschalenweißgelb, cremefarben, resopal-beige, Seidenschals (von Armani?), Florentiner Hüte, snobistisch hineingetupft in exquisit glamouröses Salon-Ambiente und Ameublement zwischen Stilmobiliar, Tiffany-Dekor, erotischen Kunstobjekten aus aller Welt und Halbwelt, Schlüsselreiz-Vasen aus Auktionshäusern, Niveauschund, exotischem Firlefanz, eingebaut in ein Elf-Sternchen-Milieu, fern aller kleiner Karierten und unfranzösisch Unkultivierten. Nach allerlei Laufburschenverschleiß – George, Marcelle, Marianne – war das Traumpaar seit längerem ganz zufrieden mit Dienstmädchen Jacob, einem hinreißend gebauten, schmalhüftig knackigen, affektiert staubwedelschwingenden schwulen Afrika-Adonis, der Albin nur mit: »O Gebieterin!« anredete. Albin, pausenlos galant und mondän vom ruhenden Pol und Herrn des Hauses Renato umkreist und hofiert und dessen gorillabrustbehaarter Virilität, hatte psychisch nah ans Wasser gebaut, residierte und dinierte hochverletzlich, genierlich bis genant, larmoyant, leicht entflamm-, noch leichter erzürnbar in dieser Welt aus Soufflé, Maniküre, Paravents, Gesichtsmasken, Lilien, Kunsthaarkollektion, Sahne-Baiser, Chaiselongue, Baldachinbett, alles mit so abgespreiztestem Fingerchen und überkandideltstem Augenaufschlag wie irgend möglich; zwischen Dessert und Bidet. Zwischen teuren Services mit geschmackvoll anzüglichen Motiven auf dem Grund von Hummersuppentellern verschluckte Albin sich oft an Lutschpastillen, kapriziös, zuhöchst etepetete, gebar ständig Fisimatenten, verlor die Contenance, zwischendurch gern auch wieder überaus gesellschaftsfähig bis parkettsicher, im Small-Talk bravourös zu Hause, mit Kosenämlein wie »Schnuckelchen« verwöhnt und verwöhnend, mit Enthusiasmen à la Schätzlein, Püppchen, Zwiebäckchen, ganz reizend, zum Anbeißen: »Du bist lieb!« Zudem begabt mit allen Chimären von Menopause, Midlife-crisis, Diätkuren zwecks besserer Figur; zwischen Frisur und Gladiolen. Rund um die Uhr achtete Zaza/Albin sehr auf Linie und Taille, setzte pro Vorwärtsbewegungsaktion schnelle kleine Stiefelchenschrittchen, nicht ohne Drive, Hüftschwung und ringfingerdickes Make-up, und mußte sich so oft wie möglich mal »frischmachen«. Bei jedem Lufthauch zog sie sich Blessuren zu. Noch öfter als zum Puderdöschen griff die Hypochondrine zum Medikamentensortimentsdöslein. Brutalität aus rauher Männerwelt machten ihn, nein: sie ganz krank, in ihrer Fin-de-siècle-Dekadenz. Selbst der hyperoptimal gestylte Renato war für sie nur Banause und Barbar, der stets Kritik einstecken mußte: »Du ißt wie ein Schaufelbagger!« Der vergriff sich bisweilen im Register, nannte seine geniale Erbsenprinzessin »beleidigte Leberwurst«. Albin – meilenfern von Dorftrampel, Wuchtbrumme und Eiserner Lady – gab sich femininer als jede Grand Dame! Sobald Albin situativ sich vermännlichen oder Mann spielen sollte, mußte sie lang üben, um alsdann doch nur wieder ihre Arabesken nicht sich verkneifen zu können; nicht ohne den Effekt, daß man ihn von weitem für einen Mann halten konnte... von sehr weitem. Komisch, diese Männin hatte den Führerschein. Wenn sie eine Männerstimme imitierte, kam diese plötzlich unverhofft tief, ja: erschreckend abgrundtief heraus, in summa: die Grand Old Lady zog viele Register. Aber bei aller bühnenerfahrenen Verwandlungskunst konnte sie nie aus ihrer Haut und Matrize. Bei aller Kosmetik und Epilation, und obwohl der beim Handkußempfang ungemein störende Flaum seines Handrückens immer wieder zum Stachel ihres verwundbaren Nervenkostüms wurde – ihre übergroße Anima, allzu affizierbar von den 1000 kleinen Schrecknissen des Tageslaufs, stieß auf Schritt und Tritt, mit Stöckelschuh und weinroten Lackstiefeletten, Exklamationen aus à la »Mon dieu!« und »O là, là!«, plus kleine spitze Quieker – und beim Blick in den Boudoirspiegel Todesschreie! Albins Verzweiflungen konnten Formen annehmen. Bei jedem Nicht-Anlaß drohte Albin: »Ich gehe!« »Das ist das Ende!« Oder verdächtigte den verständnisvollen Partner: »Du hast einen anderen Mann ... ich fühle es.« Zarte Intuition schoß über jede Realität hinaus. Bei jeder Petitesse witterte man gleich den Éclat-infinit und wollte – augenverdrehend – sofort sterben. Wenn Renato sie anflehte, zur Vernunft zu kommen, sagte sie: »Das hat Zeit.« Am wenigsten mochte Albin lächerlich wirken und räsonierte so eheerfahren wie leidgeprüft: »Es gibt nur einen Ort, wo man nicht lächerlich wird.« Schon auf dem Weg zum Global-Adé schob sich Albin stets schnell noch ein ausgewähltes Noisette-Konfekt ins lippenstiftrote Kußmündlein. Par excellence als Vollweib einhertrippelnd, zeigte sie in puncto Hausarbeit kein glückliches Händchen. En passant in Provinz und Natur versetzt, ausgehebelt, artfremd und pikiert durch Asphalt- und Perserteppichlosigkeit tänzelnd, aller Unverfeinerung abhold, lobte sie einen ollen Schafstall: »sehr rustikal«. Ländliche Verköstigung mußte »Bauernsuppe à la Marchese« tituliert werden. In ihrem Quartier schalt man Albin & Renato kaum noch »warme Brüder«, handelte sie als Stars und Very Important Persons. Doch immer wieder gab's Kollisionen mit Intoleranz und Ethikkommissionen. Konservative, hochseriöse Politiker mußten sich verstellen, um wiedergewählt zu werden, Albin aber kam via unnatürlich verzerrter Unverstelltheit zu sich selbst. Seine verzeihliche Perversität avancierte bis hinauf ins Odeur richtigen, eigentlichen Lebens. In außengesteuerten Krisensituationen wurden Albin und Renato zu unbedingt Liebenden, zum Hohen Paar, zum archetypischen Traumpaar wie nur noch → Eva & Adele, Wildecker Herzbuam, Old Shatterhand & Winnetou, Gustav Anias Horn & Alfred Tutein, Gilgamesch & Enkidu. Esprit wehte, sobald Albin in der Rolle als verstimmte Nörgeltunte sich gerierte, nicht so exquisit wie im Casus → Wilde & Co, aber im Fach zartbesaiteter Feinnervigkeit nahm Monseigneur Albin es durchaus auf mit déjà-vu-geschwängertem Madeleine-Niveau und albinoweißgepudertem Marcel Proust. Durch die Schrillheiten schimmerte die Tragiposse eines geborenen Hypersensitivlings, existentialistisch basiert: Sein oder Design. ~ Albins und Renatos Charakterporträt stammte aus Jean Poirets Bühnenstück »Männer sind doch bessere Frauen«, 1975 in Paris uraufgeführt, 1978 erfolgreich verfilmt, als Narrenkäfig, mit Michel Serrault als Albin. 1983 fand die Story in die USA, als Broadway-Kassenschlager. Bis 1985 folgten 2 Film-Fortsetzungen, aufgepeppt mit Räuberpistolen und Hetzjagden. Die Musicalversion 1985 in Berlin schlug voll ein. Der »filmdienst«, hyperkritisch, fand die nuancenreiche Travestiekomödie »platt«, billigte ihr bloß das Genre »Trivialkomödie« zu. Im Zeitalter von CSD, schwullesbischem Outing-Marathon, Rudolph Moshammer, Rosa von Praunheim, Lilo Wanders, Dirk Bach, Hella von Sinnen und all den Rasur-Walters, die plötzlich Waltraud heißen wollen, vor und nach ihren OPs, sahen Albins Oberspleens, Maröttchen und Erregungen – statt kurios dandyoid – arg klamaukig aus. 1995 wurde dann alles noch mal verfilmt: »The Birdcage – ein Paradies für schrille Vögel«, schöner beleuchtet, aufwendigeres Ambiente, Albin, der hier amerikanisch Albert hieß (und Renato – Armand), noch schriller, noch schwuler, veräußerlicht, trivial. Von ulkig leidender Seele blieb nur noch eine fistelnde Witzfigur übrig, gespielt von Nathan Lane, Regie: Mike Nichols.

Jederzeit so sensibel wie möglich (sie links, Renato rechts)

Worte von Zaza Napoli: Lüg mich nicht an! ◆ Darf ich fragen, was daran so komisch ist? ◆ Hier fühl meinen Puls, leb ich noch?

Zaza Napoli über sich: Ich bin nicht der Schlaueste, aber wenn man mich direkt drauf stößt, dann kann ich's ja wohl nicht übersehn. ◆ Ich hab auch nicht mehr zu bieten als die anderen ... außer dem Reiz des Neuen vielleicht. ◆ Ich würde es begrüßen, wenn man mich schlafen ließe. ◆ Ich fürchte, du hast mich ein wenig zu früh beerdigt. ◆ Wenn ich nicht mehr gefallen kann, bring ich mich um. ◆ Mein Gott, wie ich aussehe! ◆ Dann wird man ja sehn, ob ich noch anziehend wirke.

Andere über Zaza Napoli: Schrill, schräg, zum Schreien komisch *(Die härteste Filmredaktion Europas, TV Movie Tages-Tipp 2004)*

NASRUDDIN HODSCHA, Erzschelm, Eseltreiber, Prediger, Querulant, Blasphemiker, Sexmolch (13. Jhdt., gestorben eventuell 1284): Schon als Kind ging Nasruddin, geboren im Dorfflecken Sivrihisar, wenn man ihm sagte »Geh rechts!«, so links wie möglich. Der Schalk, der ihm von Anfang an im Nacken saß, ließ ihn auf die Frage, wer älter sei, er oder sein Bruder, antworten: »Letztes Jahr war er ein Jahr älter als ich. Also müssen wir dieses Jahr gleich alt sein.« Beruflich schlug er sich als Holzfäller durch, Händler, Tagelöhner, Tierzüchter, Kläger, Richter, Angeklagter. Sobald er als Ausrufer Gemüse anpries, übertönte ihn sein Esel. Oft verarmte oder heiratete er, kam selten auf grüne Zweige, entwickelte Tricks, Bettler zu vergraulen und Gastfreundschaft nicht zu gewähren, hatte auch mal Nebenfrauen und Sklaven. War er schlauer, als er sich gab, oder dümmer, als er zu sein schien? Führte er rituelle Waschungen aus, fiel ihm ein Schuh ins Wasser. Fehlte ihm Wasser für den zweiten Fuß, stand er einbeinig als Storch auf dem Gebetsteppich. Ständig kletterte er über allerlei Mauern, zwecks Notdurftverrichtung oder Mundraub. Wurde ihm ein salziger Käse gestohlen, wartete er schlau am Brunnen auf den durstgeplagten Dieb. Ein Nachbar, der einen Esel leihen kam und dem Nasruddin beteuerte, der sei bereits verliehen, während aus dem Stall ein I-Aaah tönte, bekam gesagt: »Also wem glaubst du nun? Mir oder einem Esel?« Und vice versa: Nasruddin, der für wohltätige Zwecke hausieren ging und vom Hausdiener eines Geldbonzen gesagt bekam, der Herr sei ausgegangen, gab den Tip: »Sag ihm, daß er sein Gesicht nicht am Fenster vergessen soll – nicht, daß es ihm geklaut wird!« Bettler, die ihn runterriefen, rief er hoch, um ihnen oben mitzuteilen, daß er nichts für sie hätte. Sobald man umgekehrt ihn veräppelte, wurde der Monopolist des Foppens ungemütlich. Zeitweise litt er als Uhrmacher sehr daran, stets von allen nach der Uhrzeit gefragt zu werden. Nasruddin fand den Mond nützlicher als die Sonne – und warum? »Weil wir in der Nacht das Licht nötiger brauchen.« Auf die dumme Frage, was mit ausgedienten Monden geschehe, sagte Nasruddin: »Sie zerschneiden jeden alten Mond und machen 40 Sterne draus.« Einerseits prahlte er, im Dunkeln sehn zu können, andererseits lief er nachts mit Kerze herum – warum? Damit die Leute ihn nicht umrannten. Zwischendurch erschien er auch mal ohne Kleider auf dem Friedhof oder nackt auf pikierten Gesellschaften, denen er erklärte: »Vor lauter Sehnsucht nach euch vergaß ich, mich anzuziehn.« Er stellte sich auch gern mal tot – um nebenbei Halwa zu mampfen. Immer so unlogisch und scheinlogisch wie möglich in Richtung Quereinstieg und Überlogik, und über Stein, Stock, Rübe und Kraut zurück zur Unlogik. Einem Esel, dessen Gepäck er anzündete, rief er nach: »He du, falls du ein wenig Verstand hast, wirf dich ins Wasser!« Verwaisten Küken band er Trauerflor um. Melonen hielt er für schwanger, Stierhoden für das blinde Junge eines Ochsen, Auberginen für Stierhoden. → Xerxes peitschte das Meer; Nasruddin goß Süßwasser ins Meer, um ihm zu zeigen, wie es zu schmecken habe. Als er zum ersten Mal nach Akschehir kam, seinem späteren Wohnsitz, und vom Minarett den Gebetsrufer singen hörte, glaubte er, der rufe dort oben um Hilfe – frühe Indizien für Nasruddins agnostische Eskapaden? Die große Moschee von Bursa beschimpfte er, weil er tagelang umsonst in ihr gebetet hatte – ein beiläufiges Kurzgebet in winziger Nachbarmoschee half sofort. Als er so tat, als wüßte er nicht, was ein Minarett sei, erklärte ihm ein anderer Spaßvogel: »Das ist der Pimmel unserer Stadt!« Nasruddin: »Gibt's denn einen Hintern, in den der reinpaßt?« Oder auch: »Na, hoffentlich haben eure Frauen entsprechend große Schöße!« Sein Vorgänger Dschuha hatte an dieser Stelle gesagt: »Entweder ist das ein Brunnen, nach oben gestülpt, oder es ist der Ständer der Erde.« (Schon bei → 'Attar bekam ein Bauerntölpel, der erstmals ein Minarett sah, weisgemacht, daß das ein Baum sei.) Als er Kichererbsen an Straßenkinder verteilte, gab er nicht wie ein Mensch, sondern auf Wunsch wie Allah, nämlich einigen Kindern zuviel Erbsen, anderen viel zu wenig, um sich dann direkt an Allah zu wenden: »Du siehst, daß selbst diese Jungs deine Art zu geben nicht mögen.« Seine Gotteskritik zeigte trotz Scherz-Einkleidung Hiob-Format; eine Ameise wuchs ihrem Schöpfer moralisch über den Kopf. Als Babysitter pflegte er Babys, die ihn aus Versehen anpißten, im Gegenzug absichtlich vollzukakken; Grund: Er ließe sich nicht auf der Nase rumtanzen. Ein geborgter Kessel, den Nasruddin mit einem Schüsselchen als Zugabe zurückgab, hatte also ein Kind gekriegt, was der Nachbar sich gefallen ließ, der aber später, als er den Kessel noch mal verlieh, umsonst auf Rückgabe wartete, anmahnte und gesagt bekam, der Kessel sei leider tot. »Seit wann können Kessel sterben?« »Wenn du glaubst, daß er kalbt, wieso zweifelst du, wenn er stirbt?« Wutanfälle seiner Frau (Name nicht überliefert) nannte der »die kleine Unruhe«, seine eigenen »die große Unruhe«. Regelmäßig redete er sie an mit: »Du, mit der ich gevögelt habe«, und sein Söhnchen: »Du, mit dessen Mutter ich gevögelt habe«, oder auch mit »Hurensohn«. Sie stand ihm in nichts nach: Wenn er sich im Ehevollzug einen Kiosk im Himmel gebaut hatte, verlangte sie von ihm, daß er ihr nun auch einen Kiosk im Himmel baue (das läßt xanthippischen Ehealltag auf dem fehlenden Niveau von Ephraim Kishons »bester Ehefrau der Welt« hinter sich, auf emanzipierten

Plateau-Höhen). Seiner Schwiegermutter warf er vor, daß sie eine Tochter wie seine Frau geboren habe. Als er dieser mal erzählte, daß er soeben gestorben sei, heulte sie sofort entsprechend los und tratschte das Malheur weiter. Als sie beim Waschen vom Fluß mitgerissen wurde, suchte er sie stromaufwärts, Grund: Sie war immer schon sehr eigensinnig gewesen. Die ganze Nasruddinsippe ergötzte sich an Nasruddinitis. Ganz Arabien hörte nicht auf, sich mit Schleiern zuzuhängen; Nasruddins Frau hingegen, im Gegensatz zu manch einer westlichen Emanze, guckte sich auch mal ihre eigene Vulva im Spiegel an. Sie gebar ihrem Gatten, der hierbei die Kerze hielt, Drillinge. Seine beiden Töchter, deren »vorzügliche Muschi« er lobte, heirateten später einen Bauern und einen Ziegler. Als seine Frau starb, trauerte er sehr, wenn auch nicht ganz so sehr wie kurz danach über den Tod seines Esels. Ein Söhnchen erinnerte sich an die Geburt seines eigenen Vaters, was der für ein gutes Zeichen hielt – ein helles Köpfchen! Einen Neger, dessen »ungläubige Fratze« in Mekka Abscheu auslöste, verteidigte er, der trüge seine schwarze Seele wenigstens, im Gegensatz zu Muselmännern, sichtbar nach außen. Tintenflecke gab er für den Schweiß seines äthiopischen Schülers Hammad aus. Selbst seine Fremdenfeindlichkeit verlief nicht ganz nach Schema F. Kurden warf er Unfähigkeit vor, je türkische Fürze zu verstehn. In dichterischer Freiheit erfand er das Tierkreiszeichen des Ziegenbocks. Esel, auf denen er verkehrt herum saß, hielt er für linkshändig. Andererseits hatte er auch normale Seiten: Daß er gern rittlings auf seinem Esel saß, nach Narrenart, wie → Amlethus, geschah nicht nur zwecks Humor, sondern ganz pragmatisch, nämlich um seinen Schülern, die im Gänsemarsch hinter ihm herritten, nicht unhöflich den Rücken zuzukehren. Nur auf die Idee, seinen Turban um die Füße zu wickeln, kam er nicht. Hintersinnige Identitätsprobleme pflegte er: Kaum scherte man ihm nachts zwecks Jux den Bart, hielt er sich nächstentags für einen Mönchsnovizen, statt für sich. Als er einen Sack Kürbisse trug und von einem Mann überholt wurde, der einen Sack Kürbisse trug, kam er in existentielles Schleudern und glaubte sich selbst überholt zu haben. Im Stadtgetümmel packte ihn Angst, verlorenzugehn. Beim Einschlafen plagte seine Spaltpersönlichkeit ihn mit der Frage, wie er sich beim Aufwachen wiederfinden könne – Probleme, die auch → Kafka plagten und die Normalos am Gesäß vorbeigehn. Geld, das Nasruddin versteckte, räumte er bald wieder um, aus Angst, von sich selbst beklaut zu werden – infantiles Zwangswitzeln oder solipsistisches Depersonalisationssyndrom? Nasruddin: »Hast du mich schon mal gesehn?« Ladenbesitzer: »Nö.« Nasruddin: »Wie kannst du dann wissen, daß ich es wirklich bin?«

Platonische Erkenntnistheorie? Dem zerstreuten Professor, der seine Brille überall sucht, nur auf der Nase nicht, präludierte jener Nasruddin, der sein Söhnchen allerorten suchte, außer auf seinen Schultern, und seinen Esel überall, außer zwischen seinen Beinen, und als er dann, bäuerlich dumpf oder mystisch abwesend, doch noch merkte, daß er auf seinem Esel saß, suchte er, statt heimzureiten, per Esel weiter seinen Esel – Grund: »Hab so ein Gefühl, daß er trotzdem hinter dem Hügel da sein könnte.« Ein sowohl aberwitziges wie völlig richtiges Gefühl, angesichts schizophrenen Ungenügens an spiritueller Abspeisung durch allzu großformatiges Gefundenhaben. Gefragt, was er da esse, erwiderte er, dem ein Wind ständig die krümelnde Mahlzeit fortblies: »Wenn das so weitergeht: gar nichts.« Genau als Nasruddin sich nach Suppe sehnte, klopfte an seiner Tür ein Bettelkind mit leerer Suppenschüssel, und schon schwang sich doppelte Negation ins Reich abstrakter Verneinungsmetaphysik von der Null indischer Mathematik bis zu Shunyata (Leere), Mu (Nichts), Nichtsein (Hamlet) bis Nirwana (Nicht-Wind). Hungrigen Gästen zeigte Nasruddin leere Näpfe, in denen er ihnen beinah etwas serviert hätte. Schlüssel suchte er, statt im Haus, wo er sie verlor, außer Haus. Weil's da heller war! Aus Radiuserweiterung guckte tiefere Bedeutung hervor. Statt sich beim Verursacher zu revanchieren, der ihn beim Gottesdienst a tergo unsittlich anfaßte, fuhr er dem Vorbeter vor ihm a tergo zwischen die Beine, der ihn anfuhr, was das solle. »Frag nicht mich, ich hab nicht damit angefangen. Frag den Mann hinter mir!« Stundenlang murmelte er »Ich werde mich an euch beiden vergnügen« vor sich hin, womit er junge Gäste verschreckte, die Schiß hatten, er wolle sie vernaschen; dabei hatte er bloß entdeckt, daß seine Frau untenrum 2 Löcher besaß, statt eins, und wollte nicht vergessen, das abends genauer zu genießen; entweder brüllte hier Vulgär-Machotum, oder es lebte und webte pansexuelle Omniphagie, Verschmelzungslust, die keinen Teil der Schöpfung diskreditierte. Selbst seinem Bruder machte er einschlägige Avancen. Sobald Nasruddin pissen ging, kam er stundenlang vom Abtritt nicht zurück, weil dort ein Abflußrohr plätscherte und er also nicht ausgepinkelt zu haben wähnte – Obertölpelei oder ozeanische Entgrenzung in All-Sympathie? Türkisches Tat twam asi? Fürze, die in 1001 Nächten öfter ertönen als in Grimms u. a. Märchen und die Nasruddin sogar beim Koitus nicht unter den fliegenden Teppich kehrte, so tabulos wie möglich, erläuterte er: »Die Lust, die mir das bereitet, was du für mich geöffnet hast, hat an mir auch was geöffnet.« Kaum entblößte Nasruddin sich zwecks Kotablegung untenrum, pißte neben ihm eine Eselin, so daß er Passanten beteuern mußte, daß er mit diesem Tier nichts habe.

Schildkröten mißbrauchte er als Esel. Kamele, die ihn aus Versehn anrempelten, oder Esel, die sich einklemmten, wurden von ihm ordentlich hergenommen und vernascht; die ihn in flagranti erwischten, bekamen erklärt, er hieve das Tier per Hebel (!) aus der Grube und verlange hierfür Lohn für die Rettung des Esels. Leute, die vor ihm, derweil er Esel sodomierte, ausspieen, motzte er an: »Wenn ich nicht grad was zu tun hätte, würd ich dich lehren, hier nicht hinzuspucken!« Andere Leute wurden für ihre Flüche, Obszönitäten, Blasphemien verfolgt; er aber durfte sich alles erlauben, erlaubte sich sogar 1001 x mehr als Salman Rushdie, schamfreier als der öffentlich onanierende → Diogenes von Sinope. Nach dem Koitus, egal ob mit Ehefrau, Eselin, Esel oder oller Vettel, legte er sich sehr diogenesoid mitten auf den Weg und ließ von der Sonne sein Schamglied trocknen. In Gomorra und Sodom ging's vergleichsweise manierlich zu; bei Nasruddin drückte Allah x mal mehr Augen zu als Jahwe bei Onan. Dafür, daß Nasruddin als Tagesmutter ein Baby einlullte, indem er ihm seinen mit Joghurt geschmierten Dödel zu nuckeln gab, wär er nicht erst heutzutage gesteinigt worden, sondern doch wohl auch vor Ort. Mitbürgern wurde es irgendwann zuviel. Man legte ihm nahe, auszuwandern; er aber plädierte dafür, das ganze Dorf solle auswandern; für viele sei ein Neuanfang leichter als für einen einzelnen alten Mann. Bei Krankheit oder im Alter ließen seine unflätigen Albereien nicht nach. Selbst von den Engeln Munkar und Nakir, die nach seinem – zum Glück bloß geträumten – Tod antraten, zwecks Befragung, verlangte er rotzfrech Bezahlung für seine Antworten, gleichwie er umgekehrt beim Barbier zunehmend um Nachlaß bat, da er auf den Schluß zu ziemlich kahlhäuptig wurde. Außerdem wurde er mindestens 80. ⁓ Ein Kometenschweif aus oft erweitertem Arbeitsspeicher – aus Echos, postumen Zusätzen, apokryphen Hinterherhinkseln, freier und unfreier Nachdichtung – folgte der Erdenspur seines Esels. Das Jahrhundert, aus dem er stammte, knackte er postum auf: Jahrhunderte arbeiteten an seinem Anekdoten-Pool; daher das schwankende Qualitätsgefälle seiner Taten, Leiden und Äußerungen. Je nachdem, ob Grobiane, Schlaufüchse oder Schöngeister am kollektiven Witzteppich mitwebten, oder Flachwichser, vertieften oder verplumpten Nasruddins Kapriolen, verwässerten oder raffinierten sich. Palaverten Dickhäuter mit, soffen Parabeln in sadistischem Slapstick ab. Je öfter Arschlöcher zu später Stunde mitschwadronierten, desto schamloser hatte Fäkalkalauerreißer Nasruddin die Beutelhose fallenzulassen. Kaum grölten Aggressivlinge mit, mußte Nasruddin fahrlässig töten und einen Richter – einer Pointe oder Special effects zuliebe – mit Holzhammer auf die Stirn schlagen, weil der ihm erlaubt hatte, auf Fliegen zu zielen. Nasruddin eierte zwischen simpler Pannen-Show und den Zynismus-Höhen anspruchsvoller Late-Night-Show. Harte Schnitte hagelten zwischen Blödelei und Hintersinn, Widersinn und Tiefsinn. Flederwischs Wischiwaschi schlug immer öfter und seltener in spirituelle Derwischweisheitsschwängerung um. Jeder, der Nasruddins Witze riß, nachplapperte, kreierte, war momentweise selber, wenn auch inkognito, Nasruddin. Wer ihn nicht unterbot, überbot ihn zu dessen Gunsten. Historisches Ausgangsmodell und weiterschreitender Nimbus wanderten postum auseinander. Nicht nur ein Riesenteam anonym juxender Ghostwriter und Gagschreiber hinter den Kulissen leitete respektlose Ergüsse ins Durchgangsbecken des Hodscha, und durchs Nadelöhr Nasruddin, sondern eine millionenköpfige nasruddinische Fangemeinde und Fungesellschaft, die jederzeit feixend und wiehernd über finstere Imame, Ayatollahs und seriöse Peter-Scholl-Latour-Stahlhelme hinwegrollte. Konträrformatige Urhebervisagen steckten unangreifbar hinterm Decknamen »Nasruddin«, der seinem straffreien Träger immer erektiler über den immer imposanter anschwellenden Gigantturban wuchs, kürbisartig bombastisch, als Expansiv-Dschinn aus kaum mitwachsender Wunderlampe. Internen Niveauschwankungen und zeit- und phänotypischen Wandlungen zum Trotz gelang es Nasruddin, pro Generation aufs neue dauerhaft mit sich selber ungefähr identisch zu sein. Im Mittelalter furchtlos maulfertiger Untertan im Schurkenstaat Timurs, im 20. Jhdt. zwischen Gasleitungen, Parteikomitees, Reißverschlüssen und Kassettenrekordern fleißig zugange. Ahasverus und Khadir (Chidr) litten an perpetuierlichem Zwangswandern aufs buddhistischste; Arabiens lachende Seele wurde zahnloser Kicheritis nicht müd. Der Schwanz, mit dem der orientalische Hund wedelte, hörte nicht auf, das Kainsmal des Jokers Nasruddin zu tragen, das zunehmend mit dem Hund wedelte. Sein Monopol schob die Konkurrenz bunter Lokalnarren ins Abseits, den arabisch-persischen → Buhlul, den turkmenischen Kemine, den usbekischen Navoi, den krimtatarischen Ahmet Akaj, den kirgisischen Aldarkösö. Ihn den anatolischen Till Eulenspiegel zu nennen tut ihm unrecht; → Eulenspiegel wirkt neben ihm arg grobgeschnitzt, unberedt, unsubtil und leider auch asexuell. Eine seiner Gräbstätten, die in Akschehir, rundum so unumzäunt wie frei zugänglich, wird bis heute punktuell von einem Eisentor versperrt, gesichert von einem übermäßig überdimensionierten Vorhängeschloß.

Eselhafte Narrenfreiheit in Gottes Zwangsjacke

Worte des Nasruddin Hodscha: Ihr Muselmänner! Dankt Allah, daß er dem Kamel keine Flügel verlieh! Sonst würde es hochfliegen, auf eurem Schornstein Platz nehmen und alles zum Einsturz bringen! Und dankt Allah, daß er euer Arschloch nicht an der Stirn angebracht hat! Sonst würdet ihr täglich eure Nase einkoten! ◆ Hör immer gut zu, wenn weise und gelehrte Männer sprechen. Und wenn du selbst sprichst, dann laß dir ebenfalls nicht entgehn, was du sprichst. ◆ Leg dich niemals schlafen, bevor du nicht das Halwa, das man tagsüber zubereitet hat, vollständig aufgegessen hast. ◆ Wenn alle Menschen auf der Erde sich an demselben Platz versammelten, dann würde die Seite, auf der sie sich befinden, so schwer werden, daß sie umkippen würde, und die Menschen täten runterfallen. ◆ Wie merkwürdig, daß Allah die Melonen an so winzigen Pflanzen wachsen läßt! Und die kleinen Walnüsse hängt er an einen so mächtigen Baum! ◆ Wenn du, sobald man dich am Ohr zupft, den Thronvers zitierst – was wirst du erst zitieren, wenn man dich am Eierbeutel packt? ◆ Unglaublich, hab ich tatsächlich diese abgehalfterte Kreatur vernascht?

Nasruddin Hodscha über sich: Ich bin so froh, daß ich nicht auf dem Esel saß, als er verlorenging. Sonst wär ich womöglich auch verlorengegangen. ◆ Ich hab mal ein Gericht aus Brot und Schnee erfunden. Aber nicht mal mir selbst hat es geschmeckt. ◆ Wenn ich wüßte, was 2 x 2 ist, so würd ich sagen … 4. ◆ Wie kommt es, daß alle diese Bäume Früchte tragen, nur ich nicht? Pflanzt mich ein, dann trag ich sicher auch Früchte. ◆ Nicht mal meine Gedanken gehören mir. Ich brauch bloß an Suppe zu denken, schon riechen es meine Nachbarn. ◆ Wenn ich dieses Leben überlebe, ohne zu sterben, sollte mich das überraschen. ◆ Trauert über mich mit den Worten: »Er konnte vom Pimpern nie genug bekommen!«

Antworten des Nasruddin Hodscha: Warum ißt du mit beiden Händen, Mulla? »Weil ich keine 3 habe.« ◆ Schadet's denn nicht, soviel Reis auf einmal zu essen? »Was einem nicht schaden kann, das kann einem auch keine Freude machen.« ◆ Was machst du so spät noch draußen, Mulla? »Mein Schlaf ist verschwunden, ich geh ihn suchen.« ◆ Bis wann müssen Menschen sterben und geboren werden? »Bis Himmel und Hölle voll sind.« ◆ Hodscha, warum beantwortest du jede Frage mit einer Gegenfrage? »Tu ich das wirklich?« ◆ Guck mal deinen grauen Bart an. Bist du nicht zu alt für solch unreife Scherze? »Frißt ein weißer Hund weniger Scheiße als ein anderer?« ◆ Hodscha, was ist passiert? Warum trägst du Trauerkleidung? »Der Vater meines Sohnes ist gestorben!«

Andere über Nasruddin Hodscha: Er ist bekannt von Istanbul bis Aden, von Marrakesch bis Peking, von Samarkand bis Wanne-Eickel, geliebt und geschätzt bei den judäo-spanischen Exilgemeinden auf dem Balkan wie bei den zentralasiatischen Uiguren, bei ausgewanderten Armeniern in den Vereinigten Staaten wie in oberägyptischen Gemeinden, in den Dörfern Siziliens wie in den Hochhaussiedlungen der Teheraner Vorstädte, bei den in ganz Deutschland verstreut lebenden türkischen Arbeitnehmern wie bei der seit Mitte des 19. Jahrhunderts stetig wachsenden nicht-islamischen Fan-Gemeinde. *(Ulrich Marzolph, 1996)* ◆ Eine sehr zeitgemäße Reinkarnation des Mulla Nasruddin, der im Anzug auftritt, das wichtigste Medium unserer Tage erobert hat und zu den Top-Werbeträgern Deutschlands gehört, ist Harald Schmidt. *(Michael Günther, 2005)*

Carry Nation, **Anti-Prohibitions-Aktivistin, Temperenzreformerin, Kneipenzerschmeißerin, Racheengel (1846–1911):** Nach einer unhappy childhood bei Muttern, die sich für Königin Viktoria hielt und die Tochter abwechselnd mit Haß verfolgte und Affenliebe erstickte, fand 1856 eine spektakuläre religiöse Bekehrung statt, mit kindlicher Evidenz, fortan von Gott himself untrüglich geleitet zu werden. Trotz mäßiger Schulbildung packte Carry ein Lehrerinnen-Examen. Ihre Ehe mit einem Bürgerkriegsveteranen und Arzt ging wegen dessen Alkoholismus nach wenigen Monaten in die Brüche. 4 Jahre lang hielt sie Tochter und Schwiegermutter mit Lehrerinnengehalt über Wasser. Ehe Nr. 2 mit Anwalt David Nation (19 Jahre älter) führte Carry von Missouri nach Texas, wo sie als Hotelmanagerin für den Unterhalt ihrer Family aufkam. 10 Jahre später zog man nach Medicine

Lodge in Kansas. Carry wurde aktiv in der Temperenzbewegung als Mitgründerin einer Unterabteilung der WCTU (Woman's Christian Temperance Union), d. h., sie sang in den Saloons Temperenzlieder, als Protestaktion gegen illegalen Schnapsverkauf in Kansas. Weil das wenig nutzte, wurden ihre Gegenaktionen immer drastischer: Gleichwie Jesus Krämertische umwarf, zerdepperte das imposante, fast 2 m große, schwarzweiß gekleidete Prachtweib Flaschen und Mobiliar, auch unanständige Bilder in den »Joints«. Im Vollgefühl geistlicher Berechtigung brachte sie sogar Axt und Ziegelsteine mit, bestens überzeugt von der Straflosigkeit ihrer Taten, gleichwohl mehrfach eingebuchtet, wegen Hausfriedensbruch und Sachbeschädigung. Ihr heiliger Zorn, der Gin, Tabak, ausländische Lebensmittel, Korsetts und Reifröcke, sobald sie Beine zeigten, als Satanswerk und Teufelszeug sah, erhielt keine mildernden Umstände. Unendlicher Gesprächsstoff quoll über allerlei Landesgrenzen hinaus. Ihr Husband, dem das zu weit ging, ließ sich scheiden. Sie aber steigerte ihre Aktivitäten und Aktionen. Mit dem Kriegsbeil in der Rechten und der Pocketbibel in der Linken stürmte sie die Bars und Saloons in und um Kansas, ruinierte – Bibelverse schmetternd – Theken, zerbröselte Vorräte, schuf sich einen Ruf als fürchterliche Weltverbesserin, eine erschröckliche Furie, Megäre und Erinnye. Mit besonderer Vehemenz ging sie gegen Leute von Stand und Ansehen vor. Nicht mal vor dem Büro des Gouverneurs von Topeka machte sie halt. Auf der Galerie des US-Senats schrie sie ihre Meinung über die Senatoren hinaus und mußte gewaltsam entfernt werden. Um Geld zu verdienen und ihrer Sache zu dienen, ging sie auf Vortragsreisen von New York bis San Francisco und verkaufte kleine Äxte mit der Aufschrift: »Carry Nation, Joint Smasher«.

Cowboys zitterten vor ihr

Mr. Natural, Prophetenbartträger, Wunderheiler, Pocket-Guru, Rebell, Subkultur-Idol, Comicfigur, Drogenveteran, Comebackler (ca. 1871 bis ca. 1992 f.): In den Golden Twenties jobbte er, laut Gerücht, als Laufbursche in einem Drugstore near North Side. 1923 warb er für eine Wunderdroge unbekannter Mixtur, reiste als »Dr. von Natürlich, international anerkannter Experte für Mind, Body & Spirit des Menschen« durch den Mittelwesten. Dann wurde er in Peoria/Illinois verhaftet, wegen Betrug, 6 Wochen Knast, obwohl die Droge nur aus natürlichem Wasser bestand. Danach tingelte er als Magier mit mystischen Kunststückchen durch Vaudeville-Theater in Chicago, als »Mr. Natural the Magnificent«, wo es zu unnatürlichen Zwischenfällen mit hypnotisierten Freiwilligen kam. 1926 startete er, immun gegen manch einen Schicksalsschlag, eine Super-Karriere als Bandleader: »Mr. Natural and his Seven Lyrical Lechers und Their Orchestra«. 1928 schmiß er als Villenbesitzer mit Limousinen, Hausmädchen, Butlern, Chauffeuren alles hin, schenkte alles her an einen hergelaufenen Penner, zog in ein abgefucktes Second-class-Hotel, typisch Mr. Natural! Verblüffte Freunde und andere Fellows nannten ihn einfach nur Natchy und hielten ihn für »mad«, ehe es auch mit ihnen abwärtsging. Zeitweise bereiste er Tibet, Indien, China. 1967 mauserte sich der Zen-Meister, falls er nicht gar mutierte, zu jenem göttlichen Lehrer und Führer ausgefreakter Trash-Figuren, zum Vollkommenen, dessen Anwesenheit hienieden diese Erdkugel zum Besseren veränderte. Er verfaßte »Die 5 Bücher der universellen Wahrheit« und löste damit ein Movement aus, das in Erlösergewandung, Dschieseslatschen, Trommel und Glocke durch Metropolen latschte, teilweise mit Afrolook und Brille, dem »traurigen Samstag« entgegen (statt dem schwarzen Freitag), mit Schildern: »Wir gehen alle vor die Hunde, sagt Mr. Natural!« oder: »Komm zu den Naturalisten, bevor's zu spät ist!« Unklar hierbei, ob »der Mann aus Affganistan« als Gurupersiflage umging oder als Authentizitätsguru, frei nach dem Uncle-Sam-, Merlin- oder auch Santa-Claus-Modell, mit watteweißem Vollbart, Kutte, statt Hose; stets flotte Sprüche in der Sprechblase. Sein fehlendes Haupthaar teilte der wiedererkennbare Nachfahr des Wettergottes aus Pat Sullivans »Felix, the Cat«, 1927, mit Sexguru Bhagwan und Miraculix. Seine pummelige Weihnachtsmannförmigkeit, wenn nicht gar Gottähnlichkeit, hinderte ihn nicht, nach einem tödlichen Autounfall auch mal bei Gott persönlich vorbeizuschaun. Doch Mr. Natural fand's im Himmel, zwischen Jubelchören, a little corny & outdated, wurde also schnell wieder vor die Tür gesetzt. Ein Fettwanst und Schlipsträger, der sich »J. Krist« nannte, verknackte ihn zum Bußetun: Steineschieben wie Sisyphus. Fernöstliche Varianten lagen Mr. Natural mehr. Plumpste er 15 m tief, nahm er den Brunnenschacht gleich als den idealen Ort für some meditation. In seinem Fall meldete sich dann allerdings, was Zenbuddhisten »Makyo« nennen: unerwünschte Epiphänomene, frei nach → Antonius' Zerzerrung durch Dämonen: Pizuzu, der Beelzebub der Chaldäer, piesackte Mr. Natural. Mitten in der Wüste hockte Mr. Natural problemlos, kraft spiritueller Levitation, im Yogasitz, von Sandstürmen umpfiffen; Verkehr kam auf, zwischen hochgezogenen Häusern, er aber saß als ruhender Pol unberührbar in Chaos und Rush-hour, die dann wieder nachließ, zwischen zerfallenden Bauten, ehe er aus seiner Meditation erwachte, mitten in der Wüste. Ab und zu besuchte er Freunde in der Stadt – vielleicht kommt er auch mal auf'n Sprung zu dir! In profane Ohrmuscheln raunte er den Kern unbezweifelbarer Löffelweisheit: »Das ganze Universum ist total WAHNSINNIG!!!« Alsbald so beliebt wie die hochgelahrte Entität Jeremy aus »Yellow Submarine«, erwarteten ihn auf seinem Hotelzimmer Groupies, deftig urmütterlich; beim Sofort-Quickie, wobei Mr. Natürlich zum Mr. Vaführmich erigierte und sein Prophetenbart als kitzelnder Flötenputzer fungierte, zudem auf 2 Apparaten telefonierte, simultan. ~ Nach jahrelanger Laufzeit hatte Mr. Natural sich überlebt. Schon vorher nahm man ihn nicht ganz für voll, titulierte ihn »Gurulein«. Sein Haltbarkeitsdatum schrie nach Verlängerung. Man schwankte zwischen »No more Mr. Natural!« und »Do more Mr. Natural!«. So oder so, 1976 erhielt Mr. Natural, statt weiteren Kredit, einen bildimmanenten Gnadenstoß, in Richtung Tierkörperbeseitigungsanstalt. Kontrastfreund Flakey Foont karrte ihn, nachdem Mr. Natural pitschenackt in der Weltgeschichte herumkurvte und sich gegen jede Bermudashortisierung sperrte, in die Klapse, genau wie damals Blanche Du → Bois. Im Epilog auf ihn, die arme Sau, die in den 60ern so scharfsinnig war, geliebt von Millionen, hieß es: »aber irgendwas ging schief«. Mr. Natural, Schicksalsgenosse sämtlicher Biowesen, von Zeus zum Dinosaurier, von Goethe zu Flowerpower, verdarb sang- und klanglos zum has-been, zur ollen Kamelle. Ab ins Antiquarium, wo manch Reinkarnation aus Aschenputtels Asche hervorzüngeln könnte – see you later, Alligäter! Tatsächlich bescherte er 1992 ein Return, um der Menschheit erneut das helle Licht seines mystischen Seins zu gewähren, kam mit Propellerhut angesurrt, rächte sich handgreiflich für die Internierung im Irrenhaus, nannte sich »letzten Hippie«, behauptete, weiterhin gegen autoritäre Strukturen zu rebellieren. Unersättlich schockierte er mit: »Schon wieder der!!!« Bartfreie Kurzhaar-Normalos wie Flakey Foont (Volker Fut), denen er was fortfraß, wimmelten den wandelnden Anachronismus, das Wrack, den kleinen Stinker ab: »Hauen Sie bloß ab in die 60er, wo Sie hingehören!« Obwohl viele Mr. Natural-Fans sich voll Forscherdrang scharenweise, um etwas über Mr. Naturals Backstory zu erfahren, an Mr. Naturals Schöpfer, Robert Crumb, wandten, der es eigentlich wissen müßte, blieb Mr. Naturals Backstory und Childhood, samt Geburtsnamen und Herkunft, in Dunkel gehüllt. Zeitweise lag ein Jugendfoto von 1908 vor, eher eine Zeichnung, auf der er ca. 40 sein müßte. Sein Bart war damals noch schwarz. Schlußfolgerung: Um 1974 muß er über 100 Jahre alt gewesen sein.

Jederzeit einiges zu verkünden

Worte von Mr. Natural: Seid bereit zum Ende der Privatsphäre! ◆ Immer auf der Sonnenseite des Lebens bleiben ... nie den Silberstreif am Horizont vergessen ... heh heh! ◆ Das Geheimnis des Lebens lautet: locker bleiben ... ◆ Alles ist in BEWEGUNG! Das Schicksal ruft! Hört ihr's nicht? Psst ... zuhören! ◆ He, Rotzkopf! Hast du schon mal 'nen Regentropfen untersucht? ◆ Geh hin und pflücke mir ein Büschel Schuhe! ◆ Das menschliche Hinterteil – oft Sitz der Weisheit genannt – ist der richtige Ort, eine Erleuchtung zu provozieren. Besonders bei Frauen. ◆ Was auch immer geschieht, es wird wieder geschehn! Stimmt's?!

Mr. Natural über sich: Ich bin ein Narr ... ein eigensüchtiger, von Selbsttäuschungen verblendeter Egoist, der sich in seiner eig'nen Scheiße aalt ... ich, dessen grindige Seele die Verworfenheit der niedrigsten tierischen Leidenschaften kennt ... ◆ Ich ertrage alles, was Mutter Natur mir auftischt ... sogar den TOD!! ◆ Ein paar meiner Schüler haben ihre monatlichen Zahlungen nicht geleistet. Ich bin nicht der Typ, der sich über solche materiellen Probleme ärgert, aber das juckt mir im Arsch!

Rüdiger Nehberg, Konditor, Kicksucher, Strapazenlüstling, Risiko-Abenteurer, Neuzeit-Robinson, Schlangen-Fan, Ekelüberwinder, Insektenverzehrer, Survivor, Übersee-Aktionist (geb. 1942): Schon als Kind stromerte der Bankerssohn gern durch Teutoburger Wälder, beobachtete Molche und Rehe, wollte Förster werden und galt einen Tag lang als vermißt. Als Sparkassenlehrling radelte er in unbezahltem Urlaub durch Europa und Vorderasien, trampte durch Orient und Nordafrika, wo er, statt auf islamische Killer, auf freundliche Gastgeber stieß; bereiste die USA, verbrachte Flitterwochen mit Maggy in Jordanien. Lieber verausgabte er sich, statt Bankmensch zu werden, als Bäcker (wie → Hafiz) zwischen Telefonbeschuß, Mitarbeiteraufstockung, Umsatzsteigerung, Werbeplakaten, Betriebsbesprechungen, Marzipanlieferanten, Sonderangebotspolitik, Totalschaden bei Lieferwägen, genervt, streßreich, innerlich unerfüllt. Anderen genügte Briefmarkensammeln, Kakteenzucht, Orgelmusik als Ausgleich; ihn aber drängte es hinaus in den Duft der großen weiten Welt. Torten genügten nicht; Torturen mußten her, statt Marzipan – Moskitos. Im Vorfeld einer Überlebensreise bestückte er seinen Überlebensgürtel gern in Army-Shops. 1971 scheiterte Nehberg bei einer heiklen Reise über den Blauen Nil, in krokodilsicherem Boot. 1972 neuer Versuch. 43 Tage auf Blauem Nil. Tauchte dann wieder zurück ins Kuchenbacken. Zwischendurch hielt er es auch mal 5 Jahre ohne Extrem-Reisen aus, ehe er definitiv feststellte: Er brauchte Risiken, virginal unberührte Natur mit Stromschnellen, Wasserfällen, endlose Wüsten, um darin so maskulin unerschrocken wie Reval-Mann, Winston-Mann, Marlboro-Mann & Camel-Mann in männlicher Einsamkeit vorwärtszupaddeln, Let's go West, Geschmack von Freiheit & Abenteuer, garniert mit überstehbaren Gefahren: Skorpione erhobenen Schwanzes, Krokodile, die ins Paddel des verspeisbaren Brennesselboots beißen; 6 im Steppengras vorüberziehende Warzenschweine. Das Risiko, daß seine Tochter Halbwaise werden könnte, nahm Nehberg abenteuerlustig in Kauf, zumal er auch in der BRD jeden Moment unter PKWs sein Leben aushauchen konnte. Fehlender Sex in freier Wildbahn machte ihm, dank vieler Reiseeindrücke, weniger Probleme, als Zivilisationspotenzler glauben mochten, zumal man solche Dinge selbst in die Hand nehmen konnte. Vor jeder Reise machte Nehberg passenderweise sein Testament. Ohne Schiffbruch suchte er unbewohnte Inseln auf, stets pulsnah dran an Darwins Survival of the Fittest. Blaue-Nil-Bezwingung genügte noch nicht. Sein Testosteronspiegel: mindestens so hoch wie der von Terminator Schwarzenegger, mit dem Unterschied, daß Hemingway bloß als Umweltschädling, Trophäenjäger, Heia-

Safari-Kotzbrocken sich die Erde risikolos untertan machte, während Nehberg ökologisches Bewußtsein plus Sympathiefaktor draufhatte und voll mit einbrachte. 1975 bezwang er den Blauen Nil noch viriler und noch adrenalinausschüttender. Weil hierbei Kumpel Michael Teichmann ermordet wurde (gleichwie Reinhold Messners Bruder abstürzte), wurde Nehberg ab da berühmt. Zugleich stockte er seine angestellten Bäcker auf 50 auf – 3 Filialen! Jedem Nilpferdangriff entging er um Haaresbreite. Er und seine Beiläufer betätigten sich als Ärzte für verfeindete äthiopische Stämme. Er durchquerte die Salzwüste Danakil, und Bürgerkriegsgebiete, nicht ohne Kamelprobleme. Von Dorf zu Dorf wechselten seine Leibwächter. Auf 1800 km wurde er 4 x überfallen. Nehberg konnte sich's erlauben, nicht nur auf Pauschaltouristen, obendrein auf deren Verächter, die Rucksacktouristen, herabzuschauen. Stabilisierte seinen Ruf als warmherziger Spinner und Würmerfresser. Profilierte sich als programmatisch Überlebender. Perfektionierte sich als Survival-Lehrer. Ließ in Talk-Shows, wo er unkulinarische Ekelstorys erzählte, zuhörende Gesichtszüge ausrutschen und präludierte jene Big-Brother-Shows, worin Promis à la Daniel Küblböck im Dschungel fiese tötbare Insekten zu überleben haben. 1000 km legte er zurück, zu Fuß, von Hamburg nach Oberstdorf, ohne was einzukaufen, ohne zu betteln, verlor ein Pfund pro Tag, ernährte sich von Mauerasseln, kratzte überfahrene Igel und Katzen von den Landstraßen, zwecks Proteinzufuhr, briet alles gut durch, zwecks Trichinentötung. Selbst Kaninchen, die an Myxomatose (Eiterkrankheit) erkrankten, verzehrte er, da Eiter wertvolles Eiweiß spendet. Als lederne Mumie kam er am Ziel an. 11 Mill. Zuschauer sahen sich das an. Journalisten adelten ihn zu »Sir Vival« und zum »Mann für jedes Risiko«. Nur einmal wehte ihn ein Hauch von Ekel an, als ihm Urwald-Indianer Bananensuppe kredenzten, mit eingerührter Totenasche ihrer Großeltern. Bald sah er zu beteuern sich veranlaßt, er esse lieber Salate und Steaks als Birkenrinde und Gliederfüßler. 1987 neue Rekordaufstellung: Einsam per Tretboot und Bambusfloß über den Atlantik, notorisch seekrank, mit abgebrochener Funkantenne. (»Da kam ich mir verdammt einsam vor, da hab ich geweint, glaub ich.«) Mit einem Aborigine und einem Iron Man rannte er 600 km agonal durch Australien. Um mal zu erfahren, wie es sich anfühlt, von einem Python gewürgt zu werden, gab er sich in dessen Umschlingung. Pro Jahr 80 Dia-Vorträge, in toto: 3000 Vorträge, 15 TV-Filme, 40 Talk-Shows, 35 kg Zeitungsartikel, ungezählte Interviews. Als Mitglied der Menschenrechtsorganisation Target kämpfte er gegen Klitorisbeschneidung. Der Aktivist und Beirat der GfbV (Gesellschaft für bedrohte Völker) nahm an

Wüstenkonferenzen teil, setzte sich für Yanomami-Indianer ein. 1990 verkaufte er seine Bäckerei, um mehr Zeit für seine brasilianischen Aktivitäten zu haben. Selbst in schwierigsten Situationen verlor er selten seinen kernigen Humor. Bei seiner Anleitung für Nichtchirurgen, in der Wildnis ein zerquetschtes Glied per Eisensäge oder Rosenschere zu amputieren, fügte er hinzu: »Das Amputat bleibt Eigentum des Besitzers und ist in Notzeiten ein geeigneter Köder.« Genau wie die eigenen Bandwürmer! Er angelte mit benutzten Tampons und benutzte Kondome als Darmportemonnaie. Ständig prasselten Fragen auf ihn ein: »Wie lange wollen Sie das noch machen?«, »Welche Versicherung nimmt Sie eigentlich noch auf?« Er träumte davon, sich nackt, mit verbundenen Augen, von einem Hubschrauber im Amazonas-Urwald absetzen zu lassen, 1000 km von der nächsten Ortschaft entfernt, ohne Ortskenntnis, allenfalls mit Badehose angetan, und erfüllte sich zum 75. Geburtstag diesen Wunsch.

Bäcker frißt Würmer und überlebt alles

Worte von Rüdiger Nehberg: Von unten sehen Steilwände niedriger aus als von oben. ◆ Vermeide in Dreier-Gruppen zu fahren. Schnell bilden sich Parteien. Dann stehen immer zwei gegen einen. Der eine kannst du sein. ◆ Nicht zu klären ist, warum Vegetarier den bedauernswerten Tieren skrupellos das Futter wegessen. ◆ Würmer, in Salzwasser gekocht, konkurrieren mit Maccaroni, und Termiten sind wertvoller als Schweinefleisch aus der Massentierhaltung. ◆ Das Schlachten der ersten Ratte kostet Wohlstandsgesellschafter eine große Überwindung. ◆ Mit einer Nachricht versehen, aufgeblasen und zugebunden, kann man Kondome zur Nachrichtenübertragung Flüssen oder dem Wind anvertrauen. ◆ Heute beginnt der Rest des Lebens. Machen wir was daraus! Let's fetz! Man gönnt sich ja sonst nichts. ◆ Wer mit mindestens 80 km/h unangeschnallt auf ein festes Hindernis prallt, benötigt keinen Führerschein mehr. ◆ Kältetod ist, wenn das anfängliche Zittern überwunden ist, ein angenehmer Tod. Wer so sterben will, mag es tun.

Rüdiger Nehberg über sich: Ich beschloß, Bäcker zu werden. ◆ Ich erreiche die letzten, schönsten und mehr oder weniger unberührtesten Flecken unseres strapazierten Planeten. Die zwangsläufige Folge ist, daß mein geistiger Horizont erweitert wird. ◆ Ich bin kein Guru. Auch kein Supermacker, eher gebe ich manchem recht, dem es scheint, ich hätte eine Supermacke. Weder trage ich unter der Achsel oder zwischen den Zehen einen Revolver, noch gehe ich breitbeinig und ständig sprungbereit, noch rotiert mein Kopf ständig wie eine Radarantenne, um Gefahren rechtzeitig zu erkennen. Am Trend, allmorgendlich eine Tasse Urin aus dem Mittelstrahl zu trinken, als Vorbeugungs- und Heilmittel gegen alles, mag manches dran sein. Ich trinke lieber Kaffee. ◆ Ich war bei der UNO, beim Papst, bei der Weltbank und hab andere Spektakel durchgezogen. ◆ Ich selbst habe meinen Körper, wenn er denn schon irgendwann tot ist, zur restlosen Aufarbeitung aufwärtsstrebenden Studenten der Universität Hamburg geschenkt. Wegen Überbevölkerung und daraus resultierenden Platzmangels wird es keine wie auch immer geartete Beerdigung geben. ◆ Bin ich in Hamburg und ersticke in Kuchen und geregeltem Tagesablauf, dann befällt mich, täglich stärker, dieser Kribbel, der mich hinaustreibt. Und bin ich erst mal zwei oder vier oder sechs Monate irgendwo im heißen Busch, in glühender Wüste oder dem Kochtopf des Regenwaldes, dann zieht es mich unwiderstehlich nach Hause, in den geregelten Alltag, wo die Verkehrsampeln mir das Denken an den Straßenkreuzungen abnehmen und die meisten Rechnungen automatisch vom Girokonto abgebucht werden. ◆ Du verneigst dich ehrfürchtig vor dem winzigen Grashalm, der es wagt, diesen Gewalten aus Hitze und Trockenheiten zu trotzen. Du empfindest ein gewisses Mitgefühl, eine Solidarität mit ihm, geht es dir doch kaum besser. ◆ Auch irrt der, der da meint, ich hätte eine Glatze, ich habe lediglich eine ausgeprägt hohe Stirn und trage mein Haar kurz. Das erspart mir beim Kämmen Arbeit. Pro Tag bestimmt fünf Minuten. Im Jahr also rund dreißig Stunden. Außerdem ist die Kurzfrisur unfallmindernd. Beim Training im Gestrüpp bleibe ich weniger hängen, und im übrigen ist sie umweltfreundlich. Denn: Viel Haar erfordert viel Shampoo. Und viel Seife überdüngt die Gewässer und beschleunigt deren Verschlammung.

Andere über Rüdiger Nehberg: Wären seine Reisen nicht so riskant, ginge ich sofort mit. *(Maggy Nehberg)* ◆ Er hat seine Schutzengel gut trainiert. *(Tochter Kirsten)* ◆ Erfüllung fand er auf Reisen, besonders auf riskanten Reisen. *(TV-Film)*

Filippo (Romolo) Neri, Ekstatiker, Seelenführer, Spaßmacher, »Pippo buono« (1515–1595): Sohn eines alchimistisch tätigen Notars aus Florenz; erzogen von Dominikanern des Klosters San Marco, die ihm Savonarolas Rückwendung zum Urchristentum einimpften, die des Savonarola, an dem er nichts Ketzerisches fand, weshalb er dessen Porträtbild per Malpinsel mit der vorenthaltenen Aureole ergänzte – und darum betete, daß die Schriften seines Idols bei neuerlicher Prüfung nicht auf den Index kämen. Als Jüngling – und kaufmännischer Gehilfe – lebte er kärglich von Oliven, Brot und Wasser und spannte quer durchs Kämmerlein seine Wäscheleine. Um Arme zu speisen, veräußerte er seine Bücher. Gottes Unermeßlichkeit überflutete ihn beim ersten Anblick des offenen Meeres. Erbe und Amt schlug der kleine Pippo aus, war dann 16 Jahre lang Hauslehrer/Erzieher bei Zöllnerssöhnen in Rom. Er wollte als Missionar nach Indien, doch ein alter Mönch sagte ihm: »Dein Indien heißt Rom.« So überschritt er denn Rom in 60 Jahren nullmal. Selige Geister legten ihm visionär nahe, mitten in der Metropole wie ein Eremit zu leben und kein Fleisch zu essen: »Soweit es dir möglich ist.« Scherze, über die, wenn andere sie machten, keiner gelacht hätte, schienen, wenn er sie machte, Hintersinn mitzuführen. Stolzgeblähte Tiraden durchbrach er mit Albernheiten. Wenn er in den Katakomben und 7 Basiliken von Rom hockte, verinnerlicht sinnierend, wandelte er durchs fröhliche Volksgetümmel, sehr auf Augenhöhe aller, mit breitkrempigem Hut, manchmal nur halb rasiert, bald stadtbekannt. Hinter lustiger Schale und toskanischer Plauderfreude schimmerte ein ernster Kern – anachoretische Einsamkeit – kaum durch. Mit verzückt verdrehten Augen roch er theatralisch an einem Strauch, jeder glaubte: an Blumen, die aber bei näherem Hinsehn sich als Disteln entpuppten. Beim feierlichen Auftritt von Kardinälen ging er selber unverhofft in Rot, was teilweise als Spott empfunden wurde. Aber als ihm die Kardinalswürde angetragen wurde, lehnte er – genau wie Savonarola – ab. Dessen Hauptmöbel: die Kanzel, Neris Hauptmöbel: der Beichtstuhl, worin er oft 15 Stunden im Stück saß. Fehlende Anmaßlichkeit ergänzte Neri mit fehlender Unterwürfigkeit, selbst dem Papst gegenüber. Statt sich auf die Heilige Messe gebührend vorzubereiten, innerlich gesammelt, spielte er unmittelbar vorher mit Vögeln, Kätzchen und Cagnolini. Der Hund Capriccio wollte einfach nicht zurück zum alten Herrchen, dem Kardinal Sforza Fiora, und blieb für immer bei Neri, der ihn nicht besser fütterte als einer der ersten Theologen überhaupt, die sich gegen Tierquälerei einsetzten, 400 Jahre vor Albert Schweitzers Ehrfurcht vor dem Leben. Der Anblick des Kruzifixes reichte hin, haltlos in Tränen auszubrechen.

Eine Vision vom Täufer Johannes versetzte ihn in Zitterzustand. Oft sanken seine zum Himmel gestreckten Arme kaum wieder herunter. Schenkte er das Blut Christi ein, überliefen ihn Schauder. Statt Wein zu schlürfen, den er vor lauter Zittern verschüttete, biß er in den Kelch. Bisweilen schwoll ihm, wenn er eine Hostie zu sich nahm, der Mund dick an, oder er wurde selber so dick wie ein Bierfaß. Häufiges Herzrasen und Blutandrang veranlaßten Herzvergrößerung; Rippen wurden beulenbildend nach außen gedrückt. Innere Hitze ließ ihn auch winters mit aufgeknöpfter Soutane gehn. Pfingsten 1544 erfolgte eine besonders anfallartige Eingießung – eine Feuerkugel trat in ihn ein und stieg in sein Herz hinab. Seine Verzückungen kamen ihm nicht immer gelegen. Als ihm in einer Vision Jungfrau Maria erschien, ließ er vor Schreck die Bibel fallen. Eine mystische Welle fühlte er heranschwappen, wollte sie abblocken, sich nicht hingeben, versuchte ihr auszuweichen, sich zu erden, indem er einem nebenstehenden stämmigen Wachmann der Schweizer Gardisten in den Bart faßte, zu spät – die Ekstase ließ sich nicht mehr unterbrechen. Seine Intuition grenzte an Gedankenlesen, und seine Gedanken wirkten oft ansteckend. Trauerklöße heiterten sich in seiner Gegenwart auf. Mit einem Niedergeschlagnen, der ihn zerquält aufsuchte, rannte er didaktisch um die Wette, und schon war der Traurige nur noch halb so traurig. 2 Kleriker schikanierten ihn, legten ihm schmutzige Meßgewänder hin, knallten ihm Türen zu, versteckten Schlüssel und Kelch, worauf er sich ans Kruzifix wandte (wie später sein Plagiator Don Camillo): »Guter Jesus, warum hörst du mich nicht?« Die alte Frage. Aber Jesus erbarmte sich und mahnte ihn in eingebildeter Antwort zur Geduld, womit er dann auch siegte. Als Priester der Kirche San Girolamo della Carità gründete er 1548, zusammen mit seinem Beichtvater, eine Dreifaltigkeits-Bruderschaft zur Pflege armer kranker und sterbender Rompilger. Beichtkinder, die er mit Koseworten wie Tölpel, dumme Jungs und »Frau Eva« nannte und gern an Schopf, Kinn oder Ohrlöffeln zog, fühlten sich nach ihren Beichten bei speziell ihm ganz besonders erleichtert. Aber wenn sie verehrungssüchtig sein Kleid anfassen wollten, versetzte er ihnen Püffe und Nasenstüber. Alle ließen sich das gefallen, zumal es bald hieß, seine Berührungen schützten vor Rheuma. Strengere Beichtväter rügten den stets Wohlgelaunten, nicht streng genug zu sein, zuviel »festività« zu versprühen ... und zuwenig »sospiri« loszulassen. Einem Prälaten, der ihn wegen des vielen Umgangs mit rohen Straßenkindern bedauerte, sagte er: »Meinethalben mögen sie auf meinem Rücken Holz spalten, Hauptsache, sie sündigen nicht.« Seriöse Gäste, die ihn aufsuchten, um ihn in seiner herumgesprochenen Ekstase zu sehn, bekamen von ihm florentinische Piovano-Arlotto-Anekdoten erzählt, seiner unheiligen Lieblingslektüre. Sein Toskaner Witz übte sich – über verweltlichte Priester hinaus – auch am Papst. Mitten in der heiligen Messe ließ er sich die Haare schneiden. Priester zu werden, zögerte er bis 1551 hinaus, aus Bange, beim Messelesen von Ekstasen übermannt zu werden, zumal diese bei ihm auch mal 4 Stunden dauern konnten. Statt dessen hielt er in der »Herberge zur christlichen Fröhlichkeit« in wechselnden Zellen Bibel-, Augustinus-, Cassian-, Colombinilesungen, Unterredungen, Referate und Gesänge ab, mit jungen Toskanern, Laien, Beichtstuhlbekanntschaften, Strumpfwirkern, Goldschmieden, dem adligen Papstneffen Tarugi, Modio, Baronius, Fucci, bald täglich in kleinem Kreis, der sich vergrößerte. Im Frühling wurde solche Geistlichkeit nach Sant' Onofrio verlegt, Pleinair-Oratorium. Ein römischer Adliger, weil er sich weigerte, mit Fuchsschwanz öffentlich herumzugehn, konnte nicht in Neris kleinen Kreis aufgenommen werden, mangels Humor. Frauen, die ihn zu sehr angafften, reichte er seine Augengläser, damit sie noch besser würden gaffen können. Und denen, die ihm anhimmelnd als Priester zum Anfassen lästig fielen, zerwirrte er die Frisuraufbauten, um den Aufkreischenden zu entweichen. Als Martha von Spoleto ihn einen Heiligen nannte, gab er ihr eine Ohrfeige. Das galt nicht ihr, erläuterte er, sondern dem Teufel. Berichteten ihm Leute, sie hätten Jungfrau Maria erblickt, empfahl er, ihr ins Antlitz zu spucken, und tatsächlich steckte stets nur ein Dämon dahinter. Jugendliche sperrten ihn mit leichten Mädchen in eine Kammer und guckten von außen zu. Da geschah dann nicht viel. Stadtschönheit Cesarea flehte um Letzte Ölung, aber als sie ihn statt auf dem Sterbe- auf dem Lotterbett empfing, trat er eilends den Rückzug an, überholt von ihm nachgeschleudertem Schemel; sein späterer Kommentar: »Im Krieg um Reinheit erlangen nur die Feiglinge den Sieg.« Obwohl – im Rahmen seiner bewältigbaren Versuchungen und erfolgreichen Abtötungen – keinerlei renaissanceförmiger Sex stattzufinden schien, wurde er nie von thebanischen Dämonen gequält. Nur einmal sah er in den Ruinen der Antoninischen Bäder einen äffischen Unhold hüpfen und verschwinden, sicher nur ein Nagetier. Die Wunder der angeblich wundertätigen Ursula Benincasa, die er im päpstlichen Auftrag näher untersuchen sollte, ließ er sich gar nicht erst vorführen, weil die Nonne sich aufbrausend weigerte, seine Stiefel auszuziehn, es also an Demut fehlen ließ. Von einem Mann gefragt, wie er solche Heiligkeit habe erlangen können, sagte er: »Ganz einfach. Ich überleg mir bei allem: ›Wie würde der heilige Ignatius von Loyola handeln?‹ Und dann mach ich das Gegenteil.« Die Inquisition beargwöhnte ihn als

Sektierer und Aufrührer, beobachtete ihn, bestellte ihn ein, verhörte ihn, er weinte über den Irrtum seiner Drangsaleure und wickelte sie mit solchem zarten und leutseligen Charme ein, daß er danach in besonderer päpstlicher Gunst stand. Die Gicht des Papstes Klemens VIII. wollte durch Neris Handauflagen nicht weichen; da legte sich der Greis kurzerhand dem Papst flächendeckend auf den Leib – und die Gicht wich von hinnen, von Stund an. Weitere Freunde: Karl Borromäus, Franz von Sales. Das Funkeln seiner Augen, das viele Maler einzufangen versuchten, entzog sich ihren Pinseln. Seinem überlieferten hochseriösen Konterfei sah man den Possenreißer nicht an. Daß er auch noch als Greis öfters in den Gassen bizarr herumhüpfte, trug ihm teils Kopfschütteln, teils Spott, oft auch Sympathie ein. Andere Herumhüpfer fand man weniger sympathisch. Er überlebte 14 Päpste. In der Todeskrankheit jammerte er, nie Gutes getan zu haben und daß er, wenn er noch mal genesen werde, sein Leben ändern würde; der Beste – immer noch nicht gut genug? »Gebt euch keine Mühe mit eurer Medizin. Ich sterbe.« Kurz vor seinem Tod verbrannte er seine Briefe und Gedichte. Nur ein einziges Sonett entging der Vernichtung. »Pippo buono«, der muntere Apostel Roms, ward schon zu Lebzeiten »il Santo« genannt. ⁓ Die Amtskirche stand diesem sonderbaren Heiligen nur teilweise gespalten gegenüber. Je humorloser die Beurteiler, desto weniger paßte er ins Schema. Ihn ausscheiden ließ seine Beliebtheit nicht zu. Zugleich konnte man Vorwürfe, die Kirche sei so humorlos, mit Hinweis auf Filippo entkräften. Rubens brachte ihn 1606 auf einem Gemälde unter, Giovanni Battista Tiepolo malte den 1622 Heiliggesprochenen 1739. Der von ihm 1552 gegründete Orden der Oratorianer, eine musizierende Weltpriester-Vereinigung, bereicherte die Musikgeschichte um die Gattung Oratorium. Industriezeiten entdeckten dann auch – neben sanguinischer Daseinsbezwingung usw. – jede Menge sog. »Naturverbundenheit« an ihm, Freundschaft zu Sonne, Wind und Blüten. Psychologiegeschädigte Theologie behelligte die Frohnatur postum mit Vulgärdeutung, sein Optimismus und seine Harlekinrolle hätten Ventilfunktion gehabt, damit er nicht vom Numinosum gesprengt werde. Pfarrer überzogen ihn mit ihrem gutgemeinten Jargon: Und schon durchstand Neri Augenblicke der Prüfung und Bewährung, Zeiten des Suchens im Dunkel. Überregional fiel seine Praxis des Selbsttadels und der Tendenz, gering und lächerlich zu erscheinen, zusammen mit der mittelalterlich-orientalischen Sekte der Malamatiyya (Leute des Tadels). Im klassischen Sufismus, wo man genau wie Neri beim bloßen Wort »Allah« in Ohnmacht zu fallen pflegte, hätte man ihn weniger zu den Vorwärtsschreitenden als zu den Hinangezogenen gerechnet, die als Übergeschnappte verehrt und verachtet wurden, und eindeutig zu jenen Derwischen, die von Munbasit und Bast (offener Gelöstheit) sich tragen ließen, und nicht der Qabd (verkrampfter Beklommenheit) frönten; eher dem feixenden → Dalai Lama Nr. 14 wesensverwandt als sauertöpfischem Katzenjammer, Unkenrufen, Trübsalblasen, Bußpredigten, apokalyptischen Drohgebärden sehr vieler Christen; ein Asket der heiteren, freudigen, schmerzfreien Sorte. Neri wurde zum Patron der Scherzbolde, gegen Erdbeben, weibliche Unfruchtbarkeit, Gliederweh. Die Christen rühmten ihn als wunderbar frömmiges Vorbild; die Nachwelt sah den Zeitgenossen von → Mirabai und Johannes von Gott eher als Bhakti-Ausnahmeheiligen, als christentumsprengenden Stadtstreicher. Aber neben dem mystischen Humor von → Rumi, → Zhuangzi oder → Drugpa Künleg sah Neri wieder arg bescheiden aus, recht ungrotesk, und von recht zahmem Humor.

Ein wenig Humor im Christentum (Neri hier kombiniert aus seiner Totenmaske, 1595, und einem Gemälde von F. Zuccaro, 1593, mit Bart, Soutane, Barett und Ohr)

Worte von Filippo Neri: All jene, die Visionen und Verzückungen suchen, wissen gar nicht, wonach sie verlangen. ◆ Eine Seele, die wahrhaft Gott liebt, kommt so weit, daß sie sagen muß: »Herr, laß mich schlafen.« ◆ Wer nicht in die Hölle hinabsteigt, solange er noch lebt, läuft Gefahr, dahin zu kommen, wenn er tot ist. ◆ und da erinnere ich Sie, daß es hübsch ist, wenn ein Papst sein Wort hält. ◆ Ich fürchte, daß die wahre, dauernde Freude weitab von den Höfen der Könige und Fürsten weilt, ebenso auch ferne von den Palästen der Kardinäle und Bischöfe, namentlich, wenn sie reich sind. ◆ Diejenigen, die Traumgesichten und dergl. nachjagen, müssen wir an den Füßen packen und mit Gewalt niederzwingen, daß sie nicht in des Teufels Netze fallen. ◆ Junge Leute sollen sich vor fleischlichen Sünden hüten, und alte vorm Geiz. ◆ Wer will, daß man ihm gehorche, der soll wenig Befehle geben.

Filippo Neri über sich: Ich hab nie viel studiert, denn ich war beschäftigt mit Beten und anderen geistlichen Übungen. ◆ Ich bin wund vor Liebe zu Gott. ◆ Christus ist Mensch und Gott und besucht mich gar manchmal. ◆ Christus kam um 7 Uhr in der Nacht, sich mir einzuverleiben. ◆ Wie gern möchte ich von Dir wissen, wie es gemacht ist, jenes Netz der Liebe, das so viele einfängt. ◆ Ich bin ein Mensch wie irgendein anderer. ◆ Wie viele kleine Schwestern werden den Vortritt vor mir im Paradies haben. Ich bin nicht von einem solchen Nutzen hier in dieser Welt, daß ich gleich Sankt Martin um eine Verlängerung meines Lebens bitten dürfte.

Andere über Filippo Neri: In diesen einsamen Stunden lernte er mehr und mehr, das Irdische hinter sich zu lassen. *(P. G. Bacci, 1706)* ◆ Ein solcher Jüngling, ein solcher Mann, so lebhaft und seltsam wirkend, mußte den Menschen wunderlich und mitunter gerade durch seine Tugenden beschwerlich und widerwärtig vorkommen. *(J. W. Goethe, 1787)* ◆ und hatte er etwas Gutes getan, so hing er etwas Einfältiges wie ein Schwänzchen dran, um jenes zu verdecken. *(John Henry Kardinal Newman, 1850)* ◆ Diese drolligen Scherze sind gewiß kein Zeichen von Heiligkeit. *(E. Göller, 1920)* ◆ Er verschloß die abschreckende Bußstrenge Savonarolas in seinem Inneren und zeigte der Welt die strahlende, keusche Liebenswürdigkeit Fra Angelicos. *(Hans Hümmler, 1954)* ◆ Das Narrentum floß aus Neris eigener Seele, es mußte ihm gar nicht künstlich nachgeholfen werden, es war einfach da und blühte wie eine Wunderblume Gottes. *(Walter Nigg, 1956)* ◆ Pippo, wie ihn seine Freunde nannten, pflegte eine besonders innige Beziehung zum Heiligen Geist. *(Albert Sellner, 1993)* ◆ Filippo war kein Comedy-Blödian. Wie alle großen Heiligen, wie alle großen Clowns hat Filippo Neri das gekannt, was Gottfried Keller »die Traurigkeit des geistigen Menschen« nannte: jene tiefempfundene Schwermut über die »absteigende Inkongruenz« der Welt, die keinem erspart bleibt, der ein waches Herz hat und einen wachen Geist. *(Hans Conrad Zander, 1995)* ◆ Er trieb sich fortan auf den Straßen und den Gassen der lebhaften und lauten Stadt am Tiber herum, zusammen mit Schelmen, Schwindlern, Schurken, Taugenichtsen und anderem Lumpenpack. *(Franjo Terhart, 1996)* ◆ Nach diesen Befunden gehört auch Neri in die lange Reihe jener Somatisierer der Schrift, bei denen sich der mystische Text distanzlos in einen barocken Organdialekt übersetzt. Vor allem pfingstliche Motive und Redefiguren christlicher Großherzigkeit transportierten sich bei Neri in körperliche Forderungen nach Weitung und Ausgriff. *(Peter Sloterdijk, 1998)* ◆ Weil der Vater mit den Dominikanermönchen von San Marco in Florenz bekannt war, waren dem jungen, quicklebendigen und künstlerisch sensiblen Philipp die Kreuzgänge und Zeilen dieses Klosters durch dialektische Erlebnisse vertraut. Er liebte das Neue und Ungewohnte. *(Prof. Alfred Läpple, 2000)*

WOLFGANG NEUSS, **Landwirtschaftsgehilfe, Truppenbetreuer, Frontkomiker, Nachkriegssatiriker, Sprücheklopfer, Pointendrescher, Liedermacher, Spaß-Guerilla, Polit-Clown, Querkopf, Anarchist, Trommler, TV-Mann, Sponti, Kiffer (1923–1989):** Als Hansi (Hans Otto Wolfgang) in Breslau zählte er Sommersprossen und fragte beim Zirkus Krone, ob sie Clowns bräuchten. Er sah auch mal die Jugendverwahranstalt von innen. Ein Dienstmädchen lutschte ihn, bis er sagte: »Nicht so doll, es juckt.« Schlachterhandwerk lernte er; denn irgendwas muß der Mensch ja lernen. In der Kaserne parodierte er Goebbels, und im MG-Schützengraben schoß er sich, der das Eiserne Kreuz erhielt, den Finger ab, um ins Lazarett zu kommen. Andere Rauhbeine hatten so ein Wortwitztempo nicht drauf. Schon im Flensburger Internierungslager heiterte er auf bunten Abenden minderjährige Kriegskrüppel auf. Ein längerer Schritt führte ihn auf Profi-Bühnen, Seidenfaden, Haferstengel, Bonbonniere, Stachelschweine. »Kiss me Kate« ergänzte er durch »Schieß mich Tell!«. Pressejubel, Kunstpreise, Meinungsaustausch mit Johnson, Grass, Enzensberger. Sein Glaubensbekenntnis: ein Gag nach dem anderen. Arbeitsplatz und Sterbehilfe fand der Spaß- und Krachmacher weitgehend identisch. Er wartete am meisten auf das Ende von Mißverständnissen, aber bitte ohne Kettenreaktionen. Oft entrüstete der Widerling sich über Abrüstungsmängel. Wahlkampf raubte ihm nicht minder den Atem als Smog. Er drechselte sich seine eigenen Halbwahrheiten. Er denunzierte sich als Volksschüler. Er nannte es Schande, kein Neger zu sein. Als sein langjähriger Bühnen-Kompagnon Wolfgang Müller – mit dem er Dick und Doof spielte, aber mit IQ! – durch Flugzeugabsturz umkam, wartete er trotzdem auf ihn, da es nur ständige Wiedergeburt gebe, statt Tod, müsse der Typ irgendwann wiedergeboren werden. Seine Publikumsbeschimpfung hatte mehr Biß, Drive und Pep als → Handke. Auf der Waldbühne vor 30 000 Zuschauern hat er auch mal minutenlang nichts gesagt. Der im Werbefernsehn für Weinbrand, Zigaretten und Strümpfe lächelte, brachte die Nation in Aufruhr, indem er den Mörder des Durbridge-Fernsehkrimis vorher per Annonce verriet. Die Berliner Schnauze schaute dem Volksmund aufs Maul. Ob »Zuviel Staat ist ungesund« oder »Passe dich an ans Schlimme – und es wird besser« von ihm oder von Kneipenwänden, aus WCs oder WGs, oder Eichborns Sponti-Sprüchen stammte, lief aufs selbe raus. Seine Berlinismen – Pökelknulle, Atzenschinder, Kodderschnauze – ergänzte er mit Neologismen: Lachkalorien, Bundesnebenverdienstkreuz, Orgasmüsli, Apokalüppke, deutsche Gehirnpygmäenzucht. Der Spaßmeister und Tingeltangel-Typ, der zum Klamottenkomiker aufstieg, zum Clou-Guru und opportunistischen Medienstar, wurde zum Vordenker und Lautsprecher der 68er Generation. Außerhalb der Bühne verstummte er nie und wurde um nichts unschlagfertiger. Wenn einer ihn anmachte »Warum machst du so was?«, konterte er ruppig: »Ich mach noch ganz andere Sachen.« Der Nachfahr von Peter Hille hatte mit → Kraus und Villon viel am Hut. Seine Lieblingsheldin in der Wirklichkeit? Petra → Kelly. Biermann, Degenhardt, Hüsch, → Hildebrandt – alle rühmten ihn. Die SPD warf ihn raus. Willy Brandt schrieb ihm: »Es ist Ihr gutes Recht, den Krieg in Vietnam so zu beurteilen, wie Sie es für richtig halten.« Blätter, Medien, Verlage nannten ihn Absurdist, Klabautermann, Berliner Hofnarr, Indio, Rowdy; die taz nannte den Hanswurst und Zotenreißer »Springteufel«, die FAZ »Zwerg Mundwerk«, der dann aber doch das Urerlebnis jedes scharfzüngigen Windmühlenbekämpfers zu spüren bekam: Fiese Witze perlten an Regime, Umwelt und Welt ab wie wunderbare Wahrheiten, so nutzlos wie ineffektiv, als wär die Welt identisch mit Mauerbauer Adenauer (und allen anderen). Die dem Stadtfeind, verlorenen Sohn, Moralisten, Könner, Brettl-Helden abends lachend applaudierten, arbeiteten tagsüber in der Waffenbeschaffung. Die beglückt mitlachende Welt rollte – jenseits aller Weltverbesserung – stur weiter, und unverbesserlich. Der fulminante Hochleistungsspötter der Nation, der sattelfest engagierte Stänkerer und kaputte Keller-Star hängte seine Engagiertheit an den Nagel. Den Namen, den sich der Volksfeind, Dreinschläger, Verquerkopf, Mittelstürmer, Suppenkaspar gemacht hatte, legte er ab. Als das Kabarett totgesagt wurde, nannte die Stimmungskanone es »eine quicklebendige Leiche«. Kaum wurde es um den »Metzger aus Breslau« stiller, wurde es um den langhaarig zahnlosen Haschbruder gleichen Namens (Kosename: Indianerfrau) wieder etwas lauter. Im sauren Regen der verflixten Be Er De hüllte er sich in süßen Nebel – und konnte 20 LSD-Trips auf einmal nehmen, ohne sich was anmerken zu lassen. Wegen Drogenbesitz bekam »der gefallene Engel aus Kalau« mehrfach Probleme. Vor Gericht trompetete der Werwolfgang heraus, stets unnormal gewesen zu sein, als Berufskrankheit, und 6000 Trips geworfen zu haben, da sagte der Staatsanwalt: »Da würde ich eine Einweisung in eine psychiatrische Anstalt erwägen.« 8 Monate auf Bewährung. BILD titelte auch gern mal: »Neuss in der Nervenklinik«. Dort redete er so lange mit dem Chefarzt, bis dieser wie Neuss redete. Wenige Monate, bevor er den Mauerfall miterleben konnte, hinterließ er Frau und Tochter. ~ Neuss, vom Zeitgeist geritten und Zeitgeist peitschend, veraltete unvergeßlicherweise so wenig wie Tucho und Kraus. Kaum aber wußten immer weniger Leute, wer Lübke, Stoltenberg, Blüm, Strauß, Springer, Kohl, Breschnew, Trotzki, Hitlerjunge Quex, Dr. Oetker, Pellkartoffeln, Marshallplan, FC Köln, LPG-Traktoren, DDR, Vietnam, Uganda gewesen sein könnten, bekam Neuss Probleme, sich im Gedächtnis derer, die ihn nicht mehr kannten, unauslöschlich festzuhaken, trotz seiner 54 Filme und vieler Tonträger.

Letzter Späthippie wurde erster Punker

Worte von Wolfgang Neuss: Wer sich umdreht oder schreit, verspielt sein warmes Narrenkleid. • Merke: Wer nicht haargenau wie die CDU denkt, fliegt glatt aus der SPD raus. • Du sollst nicht töten, aber abschrecken darfste. • Amnestie für alle. Besonders aber für Jeden. Auch Vollzugsbeamte haben ein Recht auf den Betriebsausflug. • Der Skandal beginnt dort, wo die Polizei ihm ein Ende machen will. • Perspektive gleich Null? Das Denkbare lassen, das Undenkbare tun! • Weil die Chinesen letzten Endes doch an der deutschen Teilung schuld sind. Was die später mal alles mit uns machen wollen, nur weil wir sie heute hungern lassen. • Aus einer Rakete kann man auch einen Aussichtsturm machen. Dann ist Abrüstung ein Geschäft. Vorausgesetzt, die Gegend ist schön. • Leasingmama sucht Leihmutter für Schreckschraube mit Linksgewinde. • Meinetwegen Wiedergeburt. Aber nur bei Arbeitsplatzgarantie. • Tunix ist besser als arbeitslos. • Lieber Rotwein als Totsein. • Kein Schwanz ist so hart wie das Leben. • Legal, illegal, scheißegal. • Westdeutsche Nation, ostdeutsche Nation, Resignation. • Die Mauer steht nun schon jahrelang; nun kannse weg. • Laßt uns die Mauer einreißen, aber fragt mich nicht, wie. ◆ Mauer, wir werden langsam sauer. ◆ Vieles ging in Berlin in Trümmer. Aber nicht der Berliner Humor. ◆ Kohl in Peking – der Schwarze will die Gelben vor den Grünen warnen. ◆ Wir sind uns einig – auf deutschem Boden darf nie mehr ein Joint ausgehen. ◆ Rettet den Ozongürtel! ◆ Wollt ihr den totalen Neuss? ◆ Sei menschlich, auch im Waffenstillstand!

Wolfgang Neuss über sich: Ich bin kein Beispiel, ich bin ein Vorspiel. ◆ Ich bin ein Utopiepel. ◆ Ich wäre gern eine Straßenbahn. Da hätt ich Fenster. Und man könnte aus mir winken. ◆ Ich hab das Gefühl, in der Milch ist was Weißes drin. ◆ Ich warte auf mein drittes Auge. Ich hatt's zwar schon, aber noch nicht an der richtigen Stelle. Bis es soweit ist, arbeite ich. ◆ Ich fühle mich irre gesund. Achten Sie auf das Wort: IRRE. ◆ Ich mache mich seit zehn Jahren in Berlin ständig ein bißchen straffällig, um die andere Million Gesetze richtig einzuhalten. Wie machen Sie's? ◆ Ich lache Tränen, heule Heiterkeit. ◆ Da wo mein Müsli dampft, da bin ich unverkrampft. ◆ Da beschloß ich ungebeten, einige in'n Arsch zu treten. ◆ Merken Sie, wie ich die Sprache knete? Det hab ick von Goethe. ◆ Mein ganzes Streben war immer, nicht ein Mensch wie jeder andere zu sein. Und kein Mörder zu werden, da hab ich natürlich drauf geachtet. Das war mein Streben. ◆ Sexuell war vor der Währungsreform viel los! Mit der eigentlichen Erotik fing es erst sehr spät an. Erst mit 35 Jahren hatte ich mein erstes erotisches Erlebnis. ◆ Meine Witze sind wie Cruise Missiles: Kurze Vorwarnzeit – verheerende Wirkung. Totaleinschlag! Und?? Keiner hat was gemerkt. So sind meine Witze. ◆ Ihr solltet mir einen leichten Größenwahn zubilligen, damit ich keine Minderwertigkeitskomplexe habe. ◆ Es war ein erhabenes Gefühl, mich nach wie vor im Vollbesitz meiner uneingeschränkten Phantasie zu wissen. ◆ Ich war doch mal'n berühmter Mann. Ich war sogar berüchtigt.

Andere über Wolfgang Neuss: Dieser Mann ist entweder gefährdet, gefährdend oder gefährlich! *(Friedrich Luft, 1951)* ◆ Er wußte um seinen baldigen Tod, aber er kam gut mit ihm zurecht. *(HNA, 1989)* ◆ Wie der ganze, totale Neuss nur zu voller satirischer Sumpfblüte erblüht, wo man den Tonfall dieses kritischen Geistes im Ohr hat, ihn sanft säuseln, ironisch schmachten und hinterfotzig Süßholz raspeln, ihn aufgebracht krächzen, krakeelen, schimpfen und zetern hört. *(Volker Kühn, 1997)* ◆ Wir frühstückten dann an der Ecke im Café Möhring, und danach in der Wohnung stellte ich das Tonband an, der Vulkan sprudelte los und ließ Lokalklatsch und Globalstrategien, Privatclinch und Weltkrieg, Kleinkunst und Großkultur, Tagesaktualität und Ewigkeit kollidieren, in einem Satz. *(Mathias Bröckers, Hanfblatt, 2001)*

Niklaus von Flüe, Großbauer, Rottmeister, Ratsherr, Beter, Gottesfreund, Weltflüchter, Waldbruder, Einsiedel, Einkehrer, Eidgenosse, Ratgeber, Faster, Volksheiliger (1417–1487): Bereits im Mutterleib hatte er, der aus dem Kanton Obwalden kam, Lichtvisionen. Früh mußte er als Bub des Flüelibauern mit anpacken, betete aber lieber, als daß er raufte. Mütterlicherseits eingeführt in die mystischen Kreise der »Gottesfreunde«, fiel Fasten ihm erstaunlich leicht. 1433 weckte eine Vision von einem Turm im Ranft verfrühte Sehnsucht nach Einsiedelei, der er nicht nachgab. Alsbald bewährte sich der Bauer in 8jährigem Bruderkrieg gegen Zürich mit Helm und Spieß als Fähnrich und Hauptmann, tapfer, handfest, redlich. 1460 verhinderte er, im Thurgauer Feldzug gegen Österreich, die Zerstörung des bereits von Schweizern angezündeten Dominikanerklosters von St. Katharinental. Ehrenbehaftet, wurde er Richter von Obwalden. Nach längerem Kampf gegen Amtsmißbrauch legte er um 1460 seine Ämter nieder, griff wieder zum Pflug, stets wortkarg und ernst bedrückt. Sein Sohn Walter, einer der 5 Knaben, die er mit Gattin Dorothea Wyßlin zeugte und aufzog, zudem 5 Maitli, erlebte mal mit, wie er beim Dornhauen vom Teufel hingeschleudert und gezaust wurde. Was → Antonius von Ägypten nur in schlimmer Isolation widerfuhr, hatte Bruder Klaus mitten im Familienschoß zu erdulden. Allmählich wuchs sein unvergessener Jugendtraum dergestalt stark an, daß er 1467 sich plötzlich entschloß, die Familie sitzenzulassen, um Eremit zu werden, dies ausgerechnet mitten in der 10. Schwangerschaft, kurz vor Wintereinbruch und trotz glücklicher Ehe. Bruder Peter und andere beschworen ihn: »Besinn dich deiner Vaterspflichten!« Unerweichbar von seinen weinenden Kindern, wanderte er stur und hart los, als Bettler, Richtung Elsaß. Volk wies mit Fingern auf ihn und hielt ihn für irre. Unterwegs schimpften ihn Bauern, daß er seine Kinder verlasse, um im Ausland als unbeliebter Schweizer lästig zu fallen. Unter einer Hecke bei Liestal bewog ihn eine Vision, wieder kehrt, marsch zurück nach Obwalden zu ziehen, nicht in den Familienschoß zurück, aber in den Ranfttobel, in wilder Bergschlucht, ein Viertelstündchen vom Heimathof entfernt, da baute der Wunscheinsiedel an einer Stelle, die ihm 4 heitere Lichter anzeigten, eine enge Blockhütte, 3 Schritt lang, 1 ½ Schritt breit, zu niedrig, um aufrecht drin zu stehn, ohne Bettstatt, ohne Kochgeschirr, nur mit Schemel, und widmete sich Gebet und Betrachtung. Zustimmung rang er seinem verzweifelt überforderten Weib nachträglich ab. Gleichmäßige Fröhlichkeit, Bußstrenge, evangelische Armut, gute Ratschläge führten nach und nach dazu, daß er anerkannt und geschätzt wurde. Vormittage gehörten der Einkehr; Nachmittage stand er den

Beamten und Richtern zur Verfügung, beriet mit Rechtssinn und überparteilich, ohne einengenden »Kantönligeist«. Jedem lieh er sein Ohr; anmaßende Standespersonen und Prälaten wies er ab. Neben Knecht Hansli traf er sich bisweilen mit dem schwäbelnden Bruder Ulrich, der im Mösli wohnte, einer Höhle auf dem Buckel gegenüber, seinem Schüler und Jünger, aus Memmingen, der war im Vorleben Räuber oder Geschäftsmann gewesen, nach andern Quellen: Priester, so oder so: unscheinbar, klein, glatzköpfig, den Niklaus-Bewunderern ein Dorn im Auge, doch Bruder Klaus vom Ranft suchte ihn immer wieder auf; irgendwas verband ihn mit ihm, diesem geistlichen Halbschatten, seiner Ergänzung und wohl auch Erweiterung. Selbander pilgerten sie dann – Laie und eventuell Ex-Priester, Analphabet und Gelehrter – zur höhergelegnen St. Niklauskirche von Kerns, daselbst in grauen Röcken ihre Andacht zu verrichten. Keiner sah die Bruderschaft gern. Zeitgenössische Berichte nahmen Bruder Ulrich im Mösli ungern auf, versuchten sich verschwiemelt um ihn herumzudrücken, genauso um die Dritte im Bund, Schwester Zily, eine Begine, geb. Cäcilie Bergmann aus Leuk im Kanton Wallis. Lieber betonte man seine Beratung in verwickeltsten Staatsangelegenheiten: Nächtlich, als 1481 Stadt- und Landkantone mit geballten Fäusten sich gegenüberstanden, diktierte er dem greisen Pfarrer Heini im Grund, der durch Schneewehen zu ihm hinausgeeilt kam, Vermittlungsvorschläge, einstimmig angenommene. So verhinderte Niklaus von Flüe Zersplitterung und Bürgerkrieg – Dankbarkeit, Glockenläuten. Ab 1867 nahm er, sehr im Gegensatz zu Bruder Ulrich, keinerlei Speise mehr zu sich, nur mehr die tägliche Eucharistie. 1868 immer noch keine Speise; auch die Jahre danach nicht. Viele reisten an, um den Gottesmann, vor allem den Hungerkünstler zu bestaunen. Um Schwindel auszuschließen, stellte man zeitweise Wachen an den Talausgängen auf. Als ihm einmal der Bischof Brot als Zwangsernährung verabfolgte, überkamen ihn nervöse Krampfanfälle; fast starb er. Lesen und Schreiben konnte er nicht, Fasten aber sehr gut. Alle einigten sich, Niklaus von Flüe habe von 1868 bis 1887 gefastet. ~ Einer, der behauptete, Bruder Klaus könne kein Heiliger sein, weil die hausbackene Schweiz unfähig sei, echte Heilige hervorzubringen, ward eingesperrt. Auch spätere Heiligenviten klammerten den Mösli-Ulrich gern aus. Anachronistisch aus exotischer Thebais zitiert, wurde Bruder Klaus in der Bergwelt Helvetias heimisch. 1947 Heiligsprechung durch Papst Pius XII. und Erhebung zum Patron der Schweizer Eidgenossenschaft, einem der letzten spätmittelalterlichen Mystiker.

Eidgenössischer Flüelibauer als Anachoret im Ranfttobel

Worte von Niklaus von Flüe: Wenn du Gott dienen willst, so mußt du dich um niemanden kümmern. ◆ Gott weiß es zu machen, daß dem Menschen eine Betrachtung so schmeckt, als ob er zum Tanze ginge, und umgekehrt weiß er ihn eine Betrachtung so empfinden zu lassen, als ob er im Kampfe streite. ◆ Macht den Zaun nicht zu weit, damit ihr in Frieden, Ruh und Einigkeit und eurer sauer erworbenen löblichen Freiheit bleiben mögt, nicht euch mit fremden Angelegenheiten belastend, nicht euch bindend an fremde Herrschaft.

Niklaus von Flüe über sich: Durch den Geist der Hoffart fühl ich mich nicht – oder nur selten – beunruhigt. ◆ Wenn ich nahe bei dem Priester knie und ihn erblicke, wie er die göttliche Speise zu sich nimmt, oder wenn ich sonst gewürdigt werde, dieselbe zu empfangen, wird mein ganzes Gemüt so vom himmlischen Trost und von Lust überschüttet, daß ich gleichsam darin schwimme und der Überfluß sich auch in den Leib ergießt. Das ist's, was mich nährt und mich alle andere Nahrung vergessen macht.

Andere über Niklaus von Flüe: Er hat seine Feinde wenig beschädigt, sondern sich immer auf die Seite geschlichen und gebetet und die Feinde, so gut er konnte, geschützt. *(ein Zeitgenosse)* ◆ Er war ein Mensch mit ungepflegtem Haarwuchs, jedoch einem edlen, von Magerkeit verrunzelten und erdfahlen, wie von Staub bestreuten Angesichte, der seine langen, hageren Glieder mit einem einzigen Gewande bedeckte. *(Petrus Schott, Zeitgenosse)* ◆ Da sah er auf einmal eine glänzend weiße Lilie aus seinem Mund hervorwachsen, sie reichte bis zum Himmel und verbreitete einen wundersamen Wohlgeruch. Wie aber kurz darauf sein Vieh, aus dessen Ertrag er die ganze Familie nährte, vorüberzog, sah er, wie die Lilie sich über eins seiner Pferde beugte und von dem Tier im Vorübergehen vollständig weggeschnappt wurde. *(Wölflin, 1501)* ◆ Es ist sympathisch, daß der einzige hervorragende schweizerische Mystiker von Gottes Gnaden unorthodoxe Urvisionen hatte und unbeirrten Auges in die Tiefen jener göttlichen Seele blicken durfte, welche alle durch Dogmatik getrennten Konfessionen der Menschheit noch in einem symbolischen Archetypus vereinigt enthält. *(C. G. Jung, 1933)* • Der wahre, unbekannte Bruder Klaus, der in der Tiefe der Schlucht lebte, war von unheimlichem Aussehen, und es gilt, seinem schauerlich-schaudernden Anblick standzuhalten, will man etwas von seiner selig-beseligenden Gotteswirklichkeit erleben. *(Walter Nigg, 1946)* • Sein Katechismus war der Rosenkranz. *(Alfred Läpple, 2000)*

Novalis **(geb. Georg Philipp Friedrich Freiherr von Hardenberg), Verwaltungsbeamter, Bergbauingenieur, Ideenschöpfer, Sinnbildner, Gemüterregungskünstler, Fragmentverfasser, Universalpoet, Symphilosoph, Weltromantisierer, Frühromantiker** (1772–1801): Nr. 2 von 11 Kindern, Gutsbesitzer- bzw. Salinendirektors- und Sorgenkind, begann schwächlich mit 17 Lieder an »Fein Liebchen« zu richten und wollte zeitweise Soldat werden. Süße Schauer der Entzündung und tieferer Entzückung flogen den »unbärtigen Jüngling« nicht unausgesetzt an, aber angenehm oft. In den Saiten seiner Brust wehte tiefe Wehmut, umsäuselt von sinnigen, saugenden Pflanzen. Seine Träume dünkten ihn oft mehr, als Traum zu sein. Der als Fremdling auf Erden überall das Unbedingte suchte und überall nur Dinge fand, fühlte gelegentlich die sinnvollen Augen eines herrlichen Fremdlings auf sich gerichtet. Tagsüber erzeigte sich Fritz, wie ihn alle nannten, gesellig, herzlich, aufhorchsam, verplaudert, nachts wandte Novalis sich abwärts zu der heiligen, unaussprechlichen, geheimnißvollen Nacht. Bei Tage lebte Fritz voll Glauben und Mut, »mannichfaltig« (eins seiner Lieblingswörter) interessiert und zugange, befaßt mit Metallurgie, Salinistik, Meublements- und Adoratslehre, Statistik, stöchyometrischen Untersuchungen; die Nächte starb er in heiliger Glut. Tagsüber inspizierte Salinen-Assessor Hardenberg – bald befördert zum Supernumerar-Amtshauptmann – Hüttenwerke, Steinbrüche, Kohlenlagerstätten, erstellte Rentabilitätskonzepte, Sitzungsprotokolle, betrieb Kassenrevision, geologische Untersuchungen im kartographierbaren Sachsenland, stand mit sämtlichen Beinen im prosaischen Leben; nachts und zwischendurch bzw. nebenberuflich bzw. hauptsächlich forderte Athenäum-Beiträger Novalis, der zwischen »Vermischten Bemerkungen« Blüthenstaub-Fragmente ausstreute, die Welt müsse romantisiert werden; denn auch damals hatte die Welt – industriell noch ganz unverschandelt, unzersiedelt, kaum entzaubert und entseelt – Wiederverzauberung offenbar bereits sehr nötig. Englands Finanzsystem, Maschinenwesen, Zuckerraffinerie, Weinfabrick klangen bei Novalis wenig maschinell. Moderne Objecte – einförmig tickende Wanduhren – rückdatierte er in mittelalterliche Stuben hinein, die dadurch sich biedermeierlich gemüthaft durchseelten. Sehnsucht nach Goldenem Zeitalter ankerte überhaupt nicht bei Schillers »Göttern Griechenlands«, oder in Hölderlins Smyrna, Patmos und Asia, sondern jubelfreudig im überhaupt nicht finsteren, goldglühend verklärten mittelalterlichen Gottesstaat, worin jedes Glied der Gesellschaft geehrt wurde und man nichts als Liebe predigte und es immer nur Frieden gab, also Propaganda pur und Tendenzkunst, die Freund Schlegel doch ein bißchen zuviel Frömmigkeit auftrug, wohlgarniert mit schönem barockem Dünenschutt wie aus Fischarts Affentheuern. Er übte sich in komischen Gesprächen zur Übung großer Ideen – und in der Liebe zu leblosen Gegenständen. Die Natur definierte er als eine Kirche unendlicher Naturen, Weltkörper als versteinerte Engel (total abgedreht, andererseits gar nicht so verkehrt), den Anfang der Philosophie als Kuß, Weiber als höchstes sichtbares Nahrungsmittel und geborene Oryktognosten; Kometen seien wahrhaft exzentrische Wesen. Geschlechtslust deutete er als versteckten Appetit nach Menschenfleisch. Zahlen und Figuren umschwirrten sein schönes Haupt. Unromantische Fremdwörter verwendete er: vakant, Schlendrianist, Makrobiotik, Administration, überzwerch, katexoxin, Insurgenten, Infinitinomium. Molecules bedachte der »Konstrukteur transzendentaler Gesundheit« mit Späßchen. Euthanasische Gedanken besuchten ihn. In seiner Universalpoesie fehlte ihm einmal nur ein Lehrbuch der Zoologie. Der echte Dichter sei allwissend, und Goethe der erste Physiker seiner Zeit, dessen Werke er »höchst einfach, nett, bequem und dauerhaft« fand; am fatalen, albernen, unpoetischen »Wilhelm Meister« vermißte Novalis romantische Waldhöhe und setzte dem nüchternen Opus einen farbigen Roman entgegen, und Goethes Irrlicht-Märchen ein Klingsohr-Märchen. Kein Präcoxromantiker fühlte so überschwenglich frühromantisch wie Novalis, aber im Tagebuch fand er sich oft träge, unlustig, lau und kalt. Coitusphantasien figurierten nach außen hin als Blumenapotheose mit wachsenden Stengeln, zarten Fäden, bewegten Kelchen, Krägen und Stäubchen, die in die Narbe sanken, alles so überzart koloriert wie auf Runge-Gemälden. Liebesröte paarte sich ungleichmäßig mit schwindsüchtiger Wangenblässe. 1795 verlobte er sich in Grüningen mit Söffchen (Sophie von Kühn), an deren 13. Geburtstag, gemalt von Raffaelo, 3 Jahre sein stündlicher Gedanke. Indem er seiner romantisch frühverstorbenen Braut romantisch nachzusterben sich vornahm, potenzierte der weinende

Friedhofsmystiker Querbezüge zu → Orpheus, der sich anschließend nicht neuverlobte, wie die Notblüte Novalis mit Julie von Charpentier. Mitten im Morgenrot überfiel ihn Abendhauch; hustend, lungenleidend zwischen Schiller und → Kafka. Mangels rechtzeitiger Antibiotika nötigte diesen edlen Geist ein Blutsturz verfrüht hinüberzuwallen in die »Heymath«, und keiner Pein fiel hinterher noch ein, einst ihm ein Stachel der Wollust zu seyn. Der Philosoph in ihm hatte ihm vorenthalten, daß jenseitig balsamische Gefilde, in die man als Blütenblatt hinüberweht, über praecaire Existenz und erbärmlichen Staub kaum hinweghelfen. ⁓ Keine Idealisierung vermochte Fritz Schlegels unverschönerbares Konterfei zum Antlitz umzuarten; Novalis' appetitlich engelsgleiches Idealporträt deutete Geheimratsecken an: Älter geworden, hätte er die Glatze seines Vaters bekommen. Hätten Novalis, Schiller und Büchner länger gelebt (Wackenroder, Hauff, Grabbe, Lenz abgerechnet), wär Goethe bloß Nr. 4 geworden. Hätte der frühe Novalis 100 Jahre später gelebt, hätten seine »Geistlichen Lieder« – statt lieb, schlicht, gesangbuchtauglich – kandiert geklungen, mariniert, raffiniert wie des frühen → Rilkes Stundenbuch. In Novalis' Bergwerken klopften Spätromantiker wie E.T.A. Hoffmann und Zuspätromantiker wie Hugo von Hofmannsthal weiter. Unverheiratete Edel-Musen und Äther-Jünglinge sprangen unausweichlich auf Novalis an. Umschatteteren Köpfen wie Heinrich Heine dünkte Novalis zu blaßfarbig, zu schattenlos, zuwenig Butter aufs Brot. Dafür fühlten sich zäh ledernhäutige, kantig alternde Ästheten und Seher wie Dr. → Steiner, der den Arkanologen Novalis als Christuskünder ausrief, und Hermann Hesse, der Novalis' Wort »wunderlich« vervielfältigte, dem Frühvollendeten fatal wesensverwandt: Novalis, der's gewiß nicht verdient hatte, anthroposophisch vereinnahmt zu werden, bekam's von seinen eigenen Pastelltönen eingebrockt, dubiös nach Wachsmalerei zu klingen. Selbst ein so froschkalter Kulturphilosoph wie Spengler fußte mit seinem »katholischen Blau« auf novalisischer Synästhetik. Im Notat »Verzeichnis aller Utensilien in Einem Hause« antizipierte Novalis den Nouveau Roman. Chiffrenschrift auf Flügeln, Eierschalen, Wolken, gefrierenden Wassern, berührten Pechscheiben, Feilspänen, Wetterbäumen hieß damals noch »fraktale Geometrie«. Im Notat »Dies rührt von der Berührung einer 2ten Welt – eines 2ten Lebens her – wo alles entgegengesetzt ist« nisteten bereits Antimaterie- und Paralleluniversums-Ideen. Reisen durchs Weltall, von denen der Amalgameur träumte, sympathisierten eher mit den LSD-Trips des 20. Jhdts. als dessen Science-fiction. Mathematiker, laut Novalis die einzig Glücklichen, zögerten nicht, zu Börsianern abzuflachen. Doch Zahlen und Figuren, so entzaubert und desolat sie als Dax, Koeffizienten, Aktienkurse durch Buchführung und VWL geisterten, hörten nicht auf, poetisch versöhnlich von Alpha bis Omega nach Zirkel und Astrolabium zu klingen, nach Pentagrammen gotischer Sudelküchen. Der Schreiber aus Klingsohrs Märchen, das betont unpoetische Einsprengsel in poetischster Poesie, wirkte wundersam poetisch und steuerte schnurstracks zu auf die eisgrauen Herren in Michael Endes »Momo«. Novalis' Magiebegriff (»Wir müssen Magier zu werden suchen, um recht moralisch zu sein«) oder seine Definition, daß Zauberer ›Künstler des Wahnsinns‹ seien, hatte wenig mit Harry Potter am Hut. Novalis' Aphorismus, wo Kinder seien, da sei ein goldnes Zeitalter, ging den Tyrannen in Turnschuhen, Gameboy-Subteens, Pisa-Studien-Opfern gleichfalls vollrohr an den Jeans vorbei, genau wie Novalis' Blüthenstaub vom poetischen und geistvollen Staat stark an CDU-Realitäten vorbeischwadronierte. Novalis' Vorschlag, Abzeichen und Uniformen einzuführen, oder auch, daß jede sorgfältige Mutter das Bild der Königin im Wohnzimmer haben sollte (Angela Merkel?), wurde jederzeit gern befolgt, nicht nur in Erich Honeckers DDR, bis hin zur angedachten Einheitskluft an Schulen 2008f. Im Zeitalter der Busengrabscher hörte sich Novalis' Diktum, man berühre den Himmel, wenn man einen Menschenleib betaste, seltsam an. Marx' Hauptspruch, daß Religion Opium für das Volk sei (Gespenster, die in Europa umgingen, dachten nie an Novalis' Diktum, wo keine Götter seien, würden Gespenster walten), stand längst bei Novalis, oder auch → Beuys' Hauptspruch, daß jeder Mensch Künstler sei. Dafür stammte die blaue Blume, für die die Frühromantik berühmt wurde, aus → Jean Pauls »Unsichtbarer Loge« und aus Kalidasas »Sakuntala« und blühte also – botanisch so unidentifiziert wie später die »Blumen« der Blumenkinder – eher als indischer Lotos denn als ein thüringisches Vergißmeinnicht und Veilchen. Novalis für Esoteriker: »über der Gegend schwebte mein entbundener, neugeborner Geist« – out of body! Astralprojektion! Contra Calderón und Shakespeares Puck, also auch Buddha, wandte Novalis ein, nein, das Leben sei kein Traum, sondern solle und würde vielleicht einer werden. An Novalis' prophetisches Diktum, Dichter und Priester seien einst eins gewesen und würden in Zukunft wieder eins sein, hielten sich spätere, a priori ausgenüchterte Generationen kaum noch, trotz Rilke, → Handke und DP (Daniel Pagenstecher/Dichter=Priester), die sich im viril behaarten Kraftgetümmel allzugut durchbluteter Hemingway-Stiernacken allzu anämisch als Treibhauspflanzen verloren. Robert Gernhardt fand einen humorvollen Reim auf »Gustav Novalis« (wie → Henscheid ihn auch mal despektierlich nannte):

»Mal schaun, ob jemand im Lokal is'«, und schon hatte die Erde den herrlichen Fremdling wieder.

Universalträume zwischen Lotos und Vergißmeinnicht

Worte von Novalis: Manche That schreyt ewig. ◆ Aller Ernst frißt – und aller Spaß sondert ab. ◆ Was uns das Fressen ist, das ist den Pflanzen die Befruchtung. – Vorstellung der Gottheit, als eines Verzehrenden und befruchtenden Wesens. Bey Mönchen hat Onanie und Paederastie daraus entstehen müssen. ◆ Je lebhafter das zu Fressende widersteht, desto lebhafter wird die Flamme des Genußmomentes sein. Anwendung auf Oxigène. / Nothzucht ist der stärkste Genuß. ◆ Zur Mathematik gelang man nur durch eine Theophanie. ◆ Ein witziger Gedanke verzischt, wie eine Raquete; der Erguß einer veredelten reinen Empfindung ist ewig, wie die Welt und jedem Edlen ein nie zu erschöpfender, nie zu verlierender Schatz. ◆ Es liegt nur an der Schwäche unserer Organe, und der Selbstberührung, daß wir uns nicht in einer Feenwelt erblicken. ◆ Schiller, der mehr ist als Millionen Alltags Menschen, der den begierdelosen Wesen, die wir Geister nennen, den Wunsch abnöthigen könnte, Sterbliche zu werden, dessen Seele die Natur con amore gebildet zu haben scheint, dessen sittliche Größe und Schönheit allein eine Welt, deren Bewohner er wäre, vom verdienten Untergange retten könnte – Menschenkeime gedeihen auch schneller und üppiger, wenn sie durch höhern Mist befruchtet werden. ◆ Wo junge Leute sind, ist Republik. ◆ Einst werden wir sein, was unser Vater ist. ◆ Gott will Götter. ◆ Die Welt ist auf jeden Fall Resultat einer Wechselwirkung zwischen mir und der Gottheit. ◆ Religion ist der große Orient in uns, der selten getrübt wird. ◆ Wenn der Geist stirbt – wird er Mensch. Wenn der Mensch stirbt, wird er Geist. ◆ Der Deutsche ist lange das Hänschen gewesen. Er dürfte aber wohl bald der Hans aller Hänse werden. ◆ Die Alten hatten während der Zeit immer mürrisch fortgesponnen, und auf das Jammergeschrei der kleinen Fabel gewartet, aber wie entsetzten sie sich, als auf einmal eine erschreckliche Nase über ihre

Schultern guckte, und wie sie sich umsahen, die ganze Höhle voll der gräßlichsten Figuren war, die tausenderlei Unfug trieben.
Novalis über sich: Ich fühle in allem immer mehr die erhabenen Glieder eines wunderbaren Ganzen, in das ich hineinwachsen, das zur Fülle meines Ichs werden soll; und muß ich nicht alles gern leiden, da ich liebe und mehr liebe, als die spannenlange Gestalt im Raume, und länger liebe, als die Schwingung der Lebenssaite währt? ◆ Ich fühle des Todes / Verjüngende Flut, / Zu Balsam und Aether / Verwandelt mein Blut. ◆ Ich bin überzeugt, daß man durch kalten, technischen Verstand, und ruhigen, moralischen Sinn eher zu wahren Offenbarungen gelangt, als durch Phantasie, die uns bloß ins Gespensterreich, diesem Antipoden des wahren Himmels, zu leiten scheint. ◆ Meine Phantasie wächst wie meine Hoffnung sinkt – wenn diese ganz versunken ist und nichts zurückließ als einen Grenzstein, so wird meine Phantasie hoch genug sein, um mich hinauf zu heben, wo ich das finde, was hier verloren ging. ◆ Mein Wesen besteht aus Augenblicken. Will ich diese nicht ergreifen mit männlicher Hand, so bleibt mir nichts übrig als eine unerträgliche Vegetation. ◆ Himmlische Müdigkeit fühl ich in mir. – Auch ich kann den Schlaf nicht vermeiden – aber ich freue mich doch des Wachens und wünschte heimlich immer zu wachen. ◆ Wollust ist meines Daseyns Zeugungskraft. ◆ Die lüsterne Phantasie des Morgens veranlaßte nachmittags eine Explosion.
Andere über Novalis: Dabei hat er ganz die Augen eines Geistersehers, die farblos geradeaus leuchten. *(Friedrich Schlegel, 1798)* ◆ Wie er auch am liebsten die Tiefen des Gemütes im Gespräch enthüllte, als begeistert von den Regionen unsichtbarer Welten sprach, so war er doch fröhlich wie ein Kind, scherzte in unbefangener Heiterkeit und gab sich selbst den Scherzen der Gesellschaft hin. *(Ludwig Tieck, 1815)* ◆ Er war ganz Dichter. Das ganze Dasein löste sich für ihn in eine tiefe Mythe auf. *(Henrich Steffens)* ◆ Auch Novalis und viele seiner Muster und Lobredner gehören unter die genialen Mannweiber, welche unter dem Empfangen zu zeugen glauben. *(Jean Paul)* ◆ Novalis sah überall nur Wunder und liebliche Wunder; er belauschte das Gespräch jeder jungen Rose, er identifizierte sich endlich mit der ganzen Natur, und, als es Herbst wurde und die Blätter abfielen, da starb er. *(Heinrich Heine)* ◆ Es lag aber eine solche Anmut in seiner Natur, die durch und durch erfüllt war von dem schwebenden Element seines Geistes, daß er sich nie bis zur Bewußtlosigkeit unter dem Schicksal krümmte. *(Ricarda Huch, 1899)* ◆ Dieser wunderbar reiche, elastische, kühne Geist, dieser wahre Seher und Seelenleser, hat zu seiner Zeit das Ideal deutscher Geistes-

bildung für hundert Jahre weiter hinausgeträumt, ja er hat das Ideal einer Synthese von wissenschaftlichem Denken und seelischem Erleben so wuchtig durchgeformt und ausgebildet wie nur noch Goethe. *(Hermann Hesse, 1915)* ◆ Wer heut' als Heinrich von Ofterdingen erwacht, muß verschlafen haben. *(Walter Benjamin, 1927)* ◆ In der ganzen Weltliteratur ist er die geheimnisvollste Erscheinung; als Mensch, lebte er heute, ganz zeitnahe und tüchtig, würde vielleicht Düsenflugzeuge steuern – als Dichter und Seher aber ein Eingeweihter, das gesamte Wissen seiner Zeit beherrschend, ihm aber Sinn gebend durch Einordnung in das übervernünftige Weltgeheimnis. *(Jürgen von der Wense, 1961)* ◆ Novalis fesselte durch den Zauber seiner persönlichen Erscheinung ebenso wie durch seine Schriften. *(Rüdiger Safranski, 2007)*

MICKEY & MALLORY NOX, Traumpärchen, Ehegatten, Road Murderer, Natural born Killers, Todesengel, Monstren, Sympathieträger, Popstars (geb. ca. 1973): Sie kamen aus keinem guten Milieu. Er lernte Fleischerei; sie litt an ihrem monströs mädchenschänderischen Erzeuger. Mit Fleischer Mickey verbündete sie sich gegen ihre Familie. Sie hielten dem Fettsack den Nischel ins Aquarium, bis er verreckte. Sie steckte zur Strafe ihre bettlägrige, mit Brandbeschleuniger übergossene Mutter, weil die ihr nie half, an und kommentierte das familiäre Massaker lapidar ihrem grinsenden Brüderchen: »Du bist frei!« Sie sah auch mal Engel schweben und rieseln, hätt also durchaus eine weniger blutige Vita hinlegen können. Ihre sofortige Pleinair-Hochzeit zwischen Tür und Angel lief zwar ohne Trauzeugen und Pfarrer über die Bühne, aber mit Ehering – und Winnetou-Old-Shatterhand-Ritual der Blutsvermischung. Ihre unchristliche Kirche – eine Überlandbrücke. Am Hochzeitstag töteten sie keinen, aber sofort danach viele. In 3 Wochen legten sie 52 Leute um, grundlos, einfach nur so, weil sie Bock drauf hatten, bevorzugt Bullen, aber ansonsten völlig wahllos. Bei Gruppenansammlungen ließen sie stets einen übrig, damit die Gemetzel-Fama entsetzt weitergetragen werden konnte. Die Presse bugsierte sie in ungeheure Popularität hinauf. Sie wurden fast so bekannt wie → Osama bin Laden und andere Vorzeige-Schurken. Der King Charles Manson war schwer zu schlagen, quantitativ aber durchaus. Als wichtige Amerikaner wurden sie in Umfragen gleich hinter Elvis Presley und Jack Kerouac genannt. Auf Demos hielten Teenies Schilder hoch: »Murder me, Mickey!« Sie ballerten außerhalb von Law & Order in der Gegend herum, aber im Straßenverkehr hielten sie sich ungefähr ans Tempolimit, und an die richtige Straßenseite, im Gegensatz zu Geisterfahrern und Humbert Humbert, aber die unteren Etagen groben Unfugs und Erregung öffentlichen Ärgernisses kamen für sie offenbar nicht in die Tüte, keinerlei Kopula im Sinne von »Why don't we do it in the road?«, wie beim kynischen Vergleichspaar Krates & → Hipparchia. Zum Ficken gingen Mickey & Mallory brav in ein Motel; die große Freiheit in Stuyvesant-City sah also arg kleinformatig aus. Zwischendurch blitzte in Mallory auch mal die – ruck, zuck abflauende oder abgewürgte – Normalvision aller guten Leute auf: Kinderkriegen, Häuschen im Grünen. Obwohl sie als Idealpaar und Dualseelen agierten und sich fühlten, kam's dann bald schon zu Ehekrächen. Mickey nannte sie auch mal »alte Schlampe«, und genau das hatte ihr übler Daddy immer zu ihr gesagt. In den amerikanischen Weiten verloren sie sich in Karst und Prärie, unzivilisiertes Niemandsland, Reservate, kehrten bei einem indianischen Witwer ein, erlebten am Lagerfeuer und im Wigwam ein psychoaktives, mystisches Stündchen; da aber reaktivierten sich bei Mickey frühe Kindheitstraumata; er wehrte sich gegen irgendwas, schoß ungezielt herum und tötete aus Versehen ihren Gastgeber, den weisen Indianer, und während die bisherigen Leichenberge bloß Cowboystaffage und Statistik hergaben, schlug der Mord am roten Bruder plötzlich als Tragödie zu Buche; Mallory trommelte auf ihren Gatten ein: »Du bist böse, böse, böse«, eingedenk des Ehrenkodexes auch bei Serienkillern, bestimmte Menschen ausnahmsweise keinesfalls niederzumähen. Panik in nächtlicher Prärie – Klapperschlangen schnappten zu. Im Supermarkt, worin sie Antiserum suchten, wurden sie dann von polizeilicher, moralisch auch nicht grad hocherfreulicher Übermacht gestellt und eingelocht. Isolierknast im Sicherheitstrakt; Ermittler grabschten nach dem Kick, Mallory sexuell anzubaggern; ein selber recht durchgeknallter Medienfuzzi, als personifizierte Sensationssucht, erwirkte ein Live-Interview mit Mickey. Todesstrafe gab's nur deshalb nicht, um einem superspektakulären Ausbruch zwecks Spannungskurve Raum zu lassen. Ihre Abenteuer endeten mit open end, in Freiheit, vorerst ungestellt und undurchsiebt. Ihre Story wurde durch die Kultregielegende Oliver Stone 1994 umgesetzt in ein wahnwitziges Roadmovie, hochgefahren zu einem rasant halluzinatorischen Mega-Meilenstein jeder Filmographie, zum Bilder-Tornado aus 35-mm-, 16-cm-, Super-8-Filmschnipseln, Rückprojektionen, Zeichentrick-Einlagen, zum grimmigen Remix aus Actionthriller, Docu-Fiction, Horrorshow, Sitcom, Soap-Opera, Reality-TV und Videoclips, zum zeitgemäß gesteigerten, nur mühsam wiedererkennbaren Remake der vergleichsweise braven Country-Ballade der Golden Twenties mit dem romantischen, vergleichsweise fast harmlosen Ganovenpärchen Bonnie & Clyde.

Leute abknallen als L'art pour l'art.

Worte von Mickey Nox: An unserem Hochzeitstag bring ich niemanden um. ◆ Das war noch längst nicht alles, Leute.

Mickey Nox über sich: Ich kenn 'ne Menge Leute, die es verdient haben, zu sterben. ◆ Ich verplemper nicht viel Zeit mit Reue – Zeitverschwendung. ◆ Ich bin mit Gewalt aufgewachsen. Is' nun mal mein Schicksal. ◆ Ich bin nun mal der geborene Killer. ◆ Ich renn mit den Tieren durch die Dunkelheit.

Worte von Mallory Nox: Wenn ich die Sterne sehe, weiß ich, daß du dieselben siehst. ◆ Dann werden wir in allen Ozeanen leben! ◆ Gibt's eigentlich so was wie eine bullenfreie Stadt? ◆ So schlecht bin ich ja noch nie geleckt worden! Und sei beim nächsten Mal nicht so abgefuckt gierig!

Mallory Nox über sich: Ich sehe, wie die Zukunft ist. Es gibt keinen Tod. Denn wir sind Engel alle beide. ◆ Ich seh lauter Engel, Mickey. Sie kommen vom Himmel zu uns runter. ◆ Ich wollt schon immer mal einen von denen abknallen. ◆ Für'n Kanister Benzin würd ich sogar'n Bullen ficken.

Andere über Mickey & Mallory Nox: Sie verwüsteten das Land mit einer geradezu biblischen Rache. *(TV-Report)* ◆ Mickey und Mallory kennen den Unterschied zwischen Unrecht und Recht ganz genau. Aber sie scheißen drauf. *(Dr. Reingold, Psychiater)*

O

Yoko Ono, Avantgardistin, Happening-Künstlerin, Performance-Wegbereiterin, Akteuse, Emanze, Beatlesgattin, Peace-Fighterin, Powerfrau, Witch, Witwe (geb. 1933): Umwedelt von Dienstboten und Privatlehrern, hatte die Eliteschülerin zwei Söhne von Kaiser Hirohito in der Schulklasse. Ihr Vater, ein Krupp oder Rothschild in der Bank of Tokyo, und Pianist, sah nur auf ihre Finger, statt in ihr Gesicht, wollte sie zum Wunderkind trimmen, mindestens zur Premierministerin von Japan. Nach '45 in New York; College-Ausbildung in San Francisco. 1952 büchste sie aus, mit Dodekaphonie-Composer Toshi Ichiyanagi, heiratete ihn, lebte in Greenwich Village. Nicht unbeeinflußt von George Grosz, Otto Dix, europäischen Romanen, eintauchend in Fluxus-Kunstszene, tauchte sie immer öfter in ebendieser auf. Ehe Nr. 2 mit Filmemacher Tony Cox führte zu Tochter Kyoko. Ausstellung in der Indica Gallery. Sie kreierte eine Eternal Time Clock, ohne Minuten- und Stundenzeiger, aber mit akustisch verstärktem Sekundenzeiger, und Arrangements aus säuberlich zersägten Gebrauchsmöbeln. Pro Snip-Piece-Performance ließ sie sich Kleider stückchenweise vom Leib schneiden. Lange vor Andy Warhol machte sie aus Alltäglichem ein Mysterium; lange vor Christo und Jean-Claude, bereits 1966, umhüllte sie im »Trafalgar Square Wrapping Event« einen öffentlichen Steinlöwen mit Segeltuch; lange vor → Beuys' organisierte sie Eicheleinpflanzaktionen. Lange vor Spencer Tunick zeigte sie im Film »Buttoms« 365 nackte Gesäße. Lange vor dem Punkrock schrie, quäkte, näselte sie anarchisch ins Mikrophon. Von Arnold Schönberg & Anton Webern herkommend, konnte sie mit Beatles-music eigentlich nichts anfangen. Lennon hatte umgekehrt wohl Mühe, Yokos Publikation »Grapefruits« zu verdauen – war ihm da irgendwas zu hoch? Das dezente Nacktfoto, Lennon und sie, er mit Rundpopo, sie mit Flachpopo, wurde wellenschlagend von Puritanern als Pornographie diffamiert. Heimliche Hochzeit auf Gibraltar 1969. Danach wollte sie dem Peace a Chance geben, entwickelte Ideen zu »actions«, zwischen Plastic Ono Band und Rauschgiftrazzien. Friedensmarsch am Trafalgar Square kam nicht in Frage, wegen Autogrammjägergetümmel und Straßenschlachtgefahr. So kam es zu einer Serie von Bed-Ins, Interviews aus der Honeymoon-Bettkiste bzw. Präsidentensuite im Hilton Amsterdam, oder dem Queen Elizabeth Hotel in Montreal. Statt Hungerstreik – medienwirksamer Aufsteh- und Anziehboykott. Plakate meldeten: »Bed Peace, Hair Peace, I love John! I love Yoko! War is over!« Presse rückte voyeuristisch an; statt Porno gab's dann aber nur heiße Agitation gegen War & Struggle, Hunderte Interviews in angeschlossenen Radiosendern. Sie sahen lieber sich im Bett unter den Schlagzeilen als irgendwelche verlogenen Politiker beim Handshaking. Im Chor von »Give peace a chance!« sangen neben kanadischen Radha-Krishna-Anhängern auch Tim Leary und dessen Frau Rosemary mit. Sie sandten Baumsamen an alle Staatsoberhäupter. Sie sahen sich in der Tradition → Gandhis, aber mit Humor. Ehepaar John und Yoko kaufte Tittenhurst Park in Ascot, Anwesen im King-George-Stil, 320 000 m^2 Grundstück, 26 Zimmer. Wegen Ferien-Autounfall in Schottland wohnte Yoko den Abbey-Road-Aufnahmen im Bett bei. 3wöchige Teilnahme an der Urschrei-Therapie Arthur Janovs. Nach und nach trat Yoko den zunehmend untreuen John an die blutjunge Assistentin May Pang ab. Ihr Ärger, von John finanziell abhängig zu bleiben, wurde nicht kleiner durch ihr Talent, seinen Zaster klug zu vergrößern, und paarte sich mit dem Ärger, die Kluft zwischen ihrer 12-Ton-Avantgarde & Rock 'n' Roll nicht überbrücken zu können und ihre Kunst kaum in ihren Weltruhm mitnehmen zu können. Man warf ihr vor, John zum Hausmännlein gemacht und die Trennung der Beatles verschuldet zu haben. Nach viel Zoff, mehreren Fehlgeburten und nicht funktionierenden Trennungen wurde sie 1975 schwanger: Sohn Sean. 2007 bekannte sie auf ihrer neuen CD: »Yes, I'm a Witch« (was eigentlich nur Nicht-Hexen betonen müssen). Jahrelang stritt die Ehrendoktorin und 150fache Dollarmillionärin, von der Weltpresse »Philosophin« und »zänkische Rockheld-Witwe« genannt, geldgeil mit Milliardär Paul McCartney um Copyrights und arbeitete weiter als Künstlerin.

Worte von Yoko Ono: Rauche alles, was du kannst, sogar deine Schamhaare. ◆ Zählt gegenseitig eure Bauchfalten! ◆ Male, bis du tot umfällst. ◆ Bring alle Männer um, mit denen du geschlafen hast. Pack die Knochen in eine Schachtel und wirf sie mit Blumen ins Meer. ◆ Warum sollten wir miteinander kämpfen, wenn ein Hintern dem andern gleicht wie ein Ei dem anderen? ◆ Langsam beginnen wir magischen Wesen, unsere Kräfte einzusetzen. ◆ Wir müssen sofort damit anfangen, die Welt mit Kreativität zu überziehen. ◆ Wir sollten der Erde und ihrem Herzschlag lauschen und in Harmonie mit diesem wunderschönen Planeten leben.
Yoko Ono über sich: Ich bin eine Wolke. Halte am Himmel nach mir Ausschau. ◆ Ich unterscheide mich überhaupt nicht von den meisten anderen Frauen, die ja auch ein Mehrfaches sein müssen. Mutter, Seelendoktor für den armen Ehemann, Managerin, Köchin etc. ◆ Ich mag ja sehr berühmt sein, aber letztendlich bin ich ein Teil jener Masse von unbekannten Frauen, die einfach um ihr eigenes Leben kämpfen. ◆ Ich wußte, daß ich die Gefühle

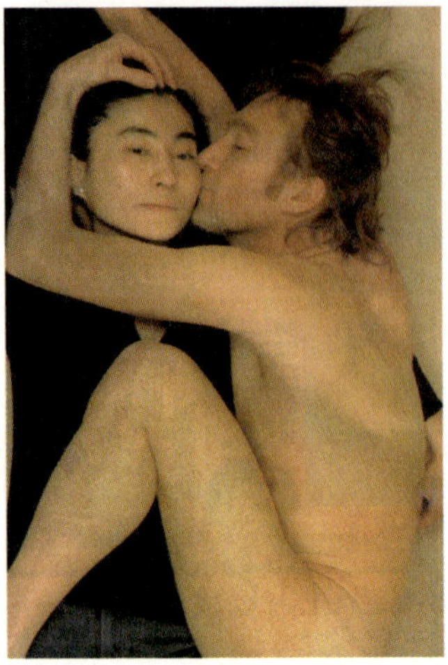

Sie verbrannte Büstenhalter, um unsere Seelen zu befreien

von Angst und Einsamkeit, die mich mein ganzes Leben nicht losgelassen haben, allein deshalb schon artikulieren mußte, weil sie ein universelles Problem waren.

Andere über Yoko Ono: Yoko und ich haben nichts dagegen, die Clowns zu spielen. *(John Lennon, 1969)* ◆ In ihrem weißen Kleid wirkte sie so kindlich und jungfräulich, daß man sie für eine japanische Prinzessin halten konnte. Es war kaum zu glauben, daß sie schon 34 Jahre alt war und eine 6jährige Tochter hatte. Manchmal, wenn sie ihren Kopf zurückwarf und ihr Haar schüttelte, wirkte sie fast arrogant. Doch durch alle Energie und Kreativität schien die Tragik ihres Lebens durch. *(Anthony Fawcett, 1976)* ◆ Das Pathos, mit dem sie vom Aufbau einer friedlichen Welt schwärmt, ist naiv und manchmal nervend. *(Sonia Mikich, EMMA, 1986)* ◆ Yoko Ono gelang es, sich in den 1960er Jahren in den von Männern dominierten Kreisen der Kunst und Popmusik als Künstlerin und Managerin zu behaupten. *(Harenbergs Buch der 1000 Frauen, 2004)*

ORIGINES, Gelehrter, Textkritiker, Pneumatiker, Pilot-Exeget, Höllenwiderleger, Kirchenlehrer (185–253): Das Kind christlicher Ägypter (aus Alexandria) galt im Wortgefecht bald als unbezwingbar, erhielt den Beinamen Adamantius, »der Stählerne«. Sein Aufrüttelerlebnis: In der Christenverfolgung unter Septimus Severus (202/203) wurde sein Vater Leonidas enthauptet und Märtyrersohn Origines durch mütterliche List, dessen Kleider zu verstecken, knapp zurückgehalten, freiwillig dasselbe Schicksal zu suchen. Mit 17 hatte der junge Grammatiklehrer Mutter und 6 Geschwister zu ernähren. Eingesenkt in spätantiken Luxus, Leibvergötzung, Badesitten, ließ der Feuerkopf im Jahr 205, um geschlechtliche Anfechtungen auszublenden, sich entmannen, irregeführt von wörtlicher Auslegung von Matthäus 19,12 sowie 22,30, wobei ein Unsicherheitsfaktor blieb: Ließ Origines dieses Gerücht nur aufkommen, um anderer Fama den Boden zu entziehen? Jedenfalls durften Hämlinge oder Selbstverstümmler (im römischen Recht sogar mit dem

Tod bestrafbar) keine kirchlichen Würden bekleiden, weshalb ihm die 230 in Palästina empfangene Priesterweihe wieder aberkannt wurde. Ohnedies trug er nicht den üblichen Philosophenbart. Restliche Jahrzehnte verbrachte er in Cäsarea, unterbrochen von Reisen zu Kongressen in Palästina, Arabien, Phönizien, Achaja. Bischöfe, die den alsbald berühmten Lehrer aufsuchten, ließen sich von ihm in Gottesgelehrtheit unterrichten. Er widerlegte Pseudodoxia (Irrlehren) und bekehrte Irrlehrer. Jedem Schritt dessen, der kaum schlief und wenig aß, folgte ein Stab von Schnellschreibern und Kurzschriftmeistern (tironische Noten), über 7köpfig, auf daß keins seiner kostbaren Weisheitsworte verlorengehe; zahlreiche Schönschreiberinnen schrieben entstehende Schriften pausenlos ins reine, deren Zahl angeblich irgendwann 2000 (bzw. 6000) umfaßte. Aus 6 Bibelfassungen, Septuaginta etc., die er auf 6000 Blättern in 50 Bänden in 6 Kolumnen (Hexapla) synchron lesen ließ (zum Vergleich: Arno Schmidts »Zettel's Traum« hat bloß 3 Kolumnen), kristallisierte Origines immer verbindlichere Fassungen heraus, ward so zum Stammvater der Bibelwissenschaft und überhaupt Textanalyse, Mehrfach-Lesart, Exegese, Philologie, Systematik, was dann später fortwirkte bis hinauf in äußeres und inneres Koranverständnis, Exo- und Esoterik, getragen bei Origines von dreierlei graduellen Typen: 1.) Hylikern: frommem, uneinweihbarem Herdenvieh, 2.) Psychikern: immerhin Moralgrößen, 3.) Pneumatikern: vom Paraklet rundum pfingstlich Erleuchteten, einer fast schon halb freigestrampelten Vorform späterer Selbstdenker und Freigeister. Seine Streitschrift gegen den extrem plausiblen Christenkritiker Kelsos (Celsus) sah zunächst aus, als prallten diametralste Geister aufeinander, die in späterer Sicht gleich wieder zu ähnlich funktionierenden Glaubensbrüdern zusammenrückten; denn sowohl Origines wie Kelsos argumentierten subkutan platonisch. Das schlagende Argument gegen Gott, das Thomas Payne in Georg Büchners »Danton« vortrug (daß Gott die Welt nicht geschaffen haben könne, da vor deren Erschaffung eine Veränderung in ihm vorgegangen sein müsse, was wiederum seiner Definition als unwandelbarer widerspreche) und in keinem Atheismus-Katechismus fehlen darf, stammt, statt von spätzeitlichen Agnostikern, vom Kirchenlehrer Origines, der als Gnostiker verketzert wurde. Stets noch weiter verfeinerte Bibelkenntnis ließ ihn über Widersprüche, die nie einem aufgefallen waren, nicht hinweglesen: Ein endlicher Mensch kann keine unendlich große, ewig unverzeihliche Sünde begehen; Gottes unendliche Liebe muß letzten Endes stärker sein als die Hölle, folglich kann, wenn Jesus durch seinen Tod wirklich erlöst hat, ewige Hölle nicht bestehen bleiben, muß zeitlich begrenzt sein, weil Ewigkeit einzig Gott zukommt. Origines deckte innere Paradoxe jeder Höllenkonzeption stringent auf, dachte annähernd unendlich über sie hinaus, bog und funktionierte das vorhandene, mängelbehaftete, von beengten Köpfen und Altvorderen ersonnene und festgehaltene christliche Läuterungs- und Erlösungskonzept in ein schlechthinnig viel schöneres, extensiveres, stimmigeres Erlösungsfinale um; Partial-Erlösung durfte dann erst wirklich aufatmen in einer Universal-Erlösung, die wirklich keinen Kastenlosen und Hyliker mehr draußen ließ. Und diesen Zustand nannte Origines »Apokatastasis panthon«, ein lichtvolles, aufjauchzendes, saugmächtiges Mega-Nirwana von mega-gnostischer Leuchtkraft. Im Mahayana wie im Originessystem schwamm die Erlösung in überformatiger Geduld, bis die allerletzte, schwer erlösbare Ameise zum Buddha werden durfte, bzw. selbst der Teufel als kosmische Pointe in Gottes Lichtfülle einmündete. Bevor Dogmatik verknöcherte, kam Dynamik in sie hinein. Origines' Lieblingsworte »convertere«, »metaballein« (transformieren), »metapoisai« (umschaffen), führten später zum Pathos des Sichwandelns, des Sichändernkönnens. Das aber flog angehenden, kaum alteingesessenen, ungeübten Dogmatikern zu hoch. Denen lag der eingängig starre Höllengedanke näher. Engstirnige verbannten den Ketzer Origines in ebendie Hölle, die Origines eigentlich soeben für immer subtil, sublim, unwiderleglich – und unwiederholbar luzide! – ad absurdum geführt und also erledigt hatte, umsonst erledigt, und die dann erst richtig ausgemalt wurde, von Dante, Sektenwahn, Inquisition, unausrottbarem Gut-Böse-Dualismus, Schablonendenkerei, Satanismus. Unter Christenhasser Dedecius warf man den Grand Old Man Origines sogar in den Kerker. Man wagte den ehrwürdigen Greis in Hitze und Gestank zu mißhandeln (mit späterem Terminus: zu foltern). Nach Dedecius' Tod entlassen, starb Origines an den Folgen der Haft. ~ In die Annalen ging ein, Origines habe ein asketisches Leben geführt, ohne die Reflexion, daß Eunuchen nicht Asketen sein können. Der sog. »Vater aller Orthodoxie und Häresie« wurde nach seinem Tod dann selber Opfer der von ihm ausgelösten Orthodoxie, die sein Hauptwerk »Über die Anfangsgründe« (»Urdinge«, »Grundlehren«) bereinigte, also kastrierte, und Origines trotzdem verketzerte. Bzw. nahm sein Schüler Rufin anstößige Stellen aus Origines heraus, damit dieser nicht in toto orthodoxen Eingriffen anheim falle. Generationen von Hylikern widerlegten und fluchten auf x Konzilen immer ohnmächtiger, unzuständiger, auch dummdreister, an diesem Lichtpiloten herum, an diesem Prototypen manch einer Lichtsäule. Während Augustinus und Thomas von Aquin u. a. von Generation zu Generation unaufhaltsam wuchsen, schoß man sich drauf ein, Origines ausdauernd abzuwerten, ohne ihn kleinzukriegen. Die Ahnung, daß x Origineswiderleger an diesem Felsen im Geröll abprallten, ließ sich nicht fortwischen. Auch der Todesstoß, den man ihm auf den Konzilen 543 und 553 zu versetzen versuchte, behielt (mit einer Formulierung Hegels, dem es später ähnlich erging) dort recht, wo die Sache nicht war. Hieronymus bekämpfte Origines' (angebliche) Inkarnationslehre, obwohl dieser selbst sie längst bestmöglich abgetan hatte. Abendländische Reinkarnationsbejaher versuchten durch Jahrhunderte, Origines als Eidhelfer auszugeben. Selbstredend hätte Origines jederzeit viel heiliger gesprochen werden müssen als x vorschnell heilig- und seliggesprochene Kleinmeister, Gutmenschen, Denkfaule. Dumpfe Päpste klammerten sich an ihre Beschränktheit und sprachen ihresgleichen heilig (ewiges Schicksal genialer Literaten, die stapelweise mediokre Nobelpreisträger überboten). Pneumatik versandete zu Hermeneutik. Lebendiges Denken erstarrte zu Buchstabentreue. Man sah Origines als Hellenen mit christlichem Mantel. 10bändige Werke, die die Vereinbarkeit antiker Denker mit Christentum darlegten, gingen verloren. Die totale und ultimative Versöhnung von allem mit allem zeigte sich motivgeschichtlich in x wenig wiedererkennbaren Zwischenstufen und Varianten. Seine Äonentheorie zyklisch untergehender und neu erstehender Schöpfungen/Welten, schier indisch anmutende Panoramen, bestätigte kosmologische Theoriebildungen 1800 Jahre später.

Worte von Origines: Wenn aber die Apostel selbst in ihren Gebeten keinen Erfolg hatten, welche Hoffnung besteht dann für uns, die um so viel geringer sind als jene? ◆ Alles, in der Tat, ist hier nach oben gestuft, alles auf ascensiones in corde ausgerichtet, alles von der verhüllenden Niedrigkeit zum strahlenden Taborlicht, zum Durchsichtigwerden der Gewänder, zur lichten Wolke emporgewandt, daraus die offenbarende Stimme bricht. ◆ Wollte man am Buchstaben kleben und die Worte der Heiligen Schrift wörtlich auffassen, so sähe man sich genötigt, mit Scham zu sagen und zu bekennen, daß Gott Gesetze gegeben habe, gegenüber diejenigen heidnischer Völker, der Römer oder Athener zum Beispiel, einen viel großartigeren oder vernunftgemäßeren Eindruck machten.
Andere über Origines: In seinem Lebenswandel war er ein Christ und ein Feind der heidnischen Gesetze, in seinen Anschauungen über die Dinge und das göttliche Wesen aber war er ein Hellene und schob die Philosophie den fremdländischen Mythen unter. *(Porphyrios)* ◆ Ich beabsichtige nämlich über einen Mann zu sprechen, der zwar, äußerlich betrachtet, ein Mensch

zu sein scheint, aber in den Augen derer, die in die Tiefe seines Charakters einen Blick hinabzuwerfen vermögen, bereits mit höheren Vorzügen ausgestattet ist, die ihn der Gottheit näher bringen. *(Gregorius Thaumaturgus)* ◆ Origines ist ein Prüfstein von uns allen. *(Gregor von Nazianz)* ◆ Lieber mit Origines irren als mit den andern recht haben. *(Vinzenz von Lerin, † 450)* ◆ Das Leben des Origines scheint mir schon von den Windeln an rühmenswert zu sein. *(Eusebius)* ◆ Origines kämpfte mit dem Rücken gegen die Kirche, aber mit seinem Antlitz für Gott. *(Alfred Läpple, 1988)*

ORPHEUS, Sänger, Barde, Dichter, Tierbändiger, Kulturbringer, Apolloniker, Totenbeschwörer, Sagengestalt (spätestens 6. Jhdt. v. Chr.): Bereits Simonides erwähnte den Einfluß, den Orpheus' Gesang auf die belebte und unbelebte Natur ausübte. Gerieten Matrosen und Soldaten in Streit, hub Orpheus zu intonieren an, und alle versöhnten sich. Raubtiere wurden fingerzahm; vertrocknete Eichen begannen neu auszuschlagen. Felsen rückten näher; verflüssigte Steine weinten lapidare Tränen; und streitende Argonauten versöhnten sich alsbald. Zwischen lauter Recken, Mannen und Helden à la Achilles, Jason, Odysseus sah Orpheus förmlich deplaziert aus, ein verfrühtes Sensibelchen, ein femininer Lichtblick, der erste Softie. Die Orphischen Hymnen an Persephoneia klangen hinreichend archaisch, um echten Orpheus zu bieten, entstanden im 2. Jhdt. n. Chr., also 700 Jahre nach Orpheus! Obwohl zu Orpheus' Zeiten vor allem Flöten und Rhythmusinstrumente zum Einsatz kamen – Krotala, Kymbala, Tympanon –, stellte man sich inzwischen an deren Stelle lieber die 7saitige Lyra vor, pro Muse eine Saite. Dichtungen und Fragmente ganz konträrer Entstehungszeiten schrieb man ihm bald zu. Nachdem keine oder wenig Orphika übrigblieben, tauchten immer häufiger immer umfangreichere Orphika auf, und immer echtere. Neuplatoniker kreisten um Orpheus als Offenbarer. Jamblichos erläuterte seine Weihemythen über die Dinge im Hades. Aristotelesschüler Eudemos erwähnte eine orphische Theogonie, auf die Autoren wie Damaskios sich bezogen. Syrianos und Sarapion fanden Platons Gedanken bereits bei Orpheus vorliegen. Bald sang der Sohn des Flußgottes Oiagros und der Muse Calliope sogar berückender als die Sirenen. Sein gewaltsamer Tod durch rasende Mänaden wurde so erklärt, daß er nach Eurydikes Tod andere Frauen verschmähte, verletzte, vergrätzte. Orphizismus mündete dann in pythagoräische Seelenwanderungslehren hinein. Der bezwingende Archetypus vom

Dompteur, statt mit Lederpeitsche mit bloßem Saitenspiel, wanderte weiterleuchtend durch die Zeiten und Länder: Der gute Hirte Jesus, als ein besserer Orpheus, hatte keine Musikalität mehr nötig, so wenig wie diverse Vogel- und Fischprediger. Dem Idealpaar Orpheus und Eurydike wurde kein Rang abgelaufen von → Madschnun und Laila, Romeo und Julia, Tristan und Isolde, → Dalí und Gala. Gladiatoren und Argonauten marschierten unerfreulich wiedererkennbar als todesmutige Söldnerheere durch die Weltgeschichte, als Spezialeinheiten, Eingreif- und Elitetruppen, und parallel hierzu schien in jeder sangesmächtigen und sensiblen Arabeske, die Gold in der Kehle hatte, aufs neue Orpheus zu reinkarnieren, in Francesco Landini, dem blinden Canzonisten, der mit seinem Freiluftspiel auf dem Organetto Nachtigallen zu andächtigem Verstummen brachte. 2000–3000 Jahre nach dem unrekonstruierbaren Begründer des thrakischen Bakchosdienstes, der sich historischer Faßbarkeit wie Gelbe Kaiser, Vorgänger der Vorsokratiker, → Merlin u.v.a. entzogen, sublimierte sich der ewige Orpheus zu einem Rokoko-Troubadour. In Mogulenzeiten spielten Hofmusiker auf Vina und Sitar derart überirdisch, daß Elefanten in Trance gerieten. In Monteverdis und Glucks »Orfeo« erhielt der mythische Barde himmlisch orchestrale Farbklang-Unterfütterung, möglicherweise betörender als urzeitliches Gezupfe. Sakralmusik und Volkslied spalteten sich in U- und E-music, Orpheus in 1.) göttlich grazil tränenlösende Compositeure wie Mozart und Schubert, Zauberflötisten wie Prinz Tamino, 2.) in Kammersänger à la Enrico Caruso und Dietrich Fischer-Dieskau – und 3.) in hypersensitive Edeldichter à la → Novalis oder → Rilke ohne akkordische Gitarrenbegleitung, die aber eher für gewisse blaublütige Gesellschaftskreise sangen und Proleten im Kuhstall kaum noch erreichten. Orpheus tat eher anonym sich kund, sobald man Massentierhaltung mit J. S. Bach beschallte, auf daß glückliche Kühe höhere Milcherträge einspielen. Und 4.) wirkte und weste Orpheus in Liedermachern weiter à la Bob Dylan und Wolf Biermann, falls deren Drahtharfe nicht zu rauhborstig schollerte, also doch wohl eher in sanften Sängern à la → Donovan? Paul McCartney? Leonard Cohen?? Straßensänger und Fiddler on the roof, gemalt von Marc Chagall, ohne Doppelsteckdose, blieben physiognomisch dem Urbild Orpheus am ähnlichsten, der wahrscheinlich genauso im Schneidersitz gesessen hatte wie immer noch Ravi Shankar oder Alim Qasimov aus Aserbaidschan. Madame → Blawatsky rückte Orpheus nah an Ardschuna aus der Bhagavad Gita und führte das Detail, daß Orpheus recht dunkelhäutig gewesen sein soll, auf seine indische Herkunft zurück. Barbara G. Walker nannte Orphizismus einen »westlichen Buddhis-

Sein Gesang erweichte Rehe und Steine

mus«. Im neuzeitlichen Rückblick outete sich Orpheus als Klangphysiologe, Musiktherapeut, akustischer Hypnotiseur, Suggestopäde, der mit Trance-Ritualen positiv arbeitete, unterhalb der Kognitionsschwelle sich ans Unterbewußte wandte. Rudernden Argonauten schuf er ein leistungssteigerndes Betriebsklima. Wissenschaftler rechneten ihn mit Pythagoras und → Empedokles zu den 3 großen Schamanen und Geheimlehrern des Altertums.

OSAMA BIN LADEN, **Dschihadist, Drahtzieher, Stratege, Networker, Finanzier, Sponsor, Islamistenführer, Gotteskrieger, Kapitalismuskritiker, Topterrorist (geb. 1955 oder 1957):** Der junge Mann (von 57 Geschwistern Nr. 17) aus millionenschwerem jemenitischen Bauunternehmerhaus in Dschidda/Saudiarabien fiel trotz Schüchternheit weniger auf als ein Durchschnittsschüler, der bald Amok läuft; freundlich, normal, harmlos, unscheinbar. Man lobte seine respektvolle Art. Arabische Lieder über Mond und Wüste sang er. Seine Millionen, statt auf sie zu verzichten (wie Prinz Gotama, → Franziskus von Assisi, Atul Schah u. a.), brachte der VWL- und BWL-Student nutzbringend an. Der Bauingenieur betätigte sich alsbald als Widerstandskämpfer, Nußhändler, Wohltäter, Großhändler, privat als Polygamist im Asketenlook, 3 Frauen, 13 Kinder. Die einen sahen ihn als den einzigen Reichen, der für seine Ideale sein Leben einsetzte, als Führer, Held, Symbolfigur, Charismatiker, als »gottgesandten Engel« (Scheich Dr. Abdullah 'Azzam), als Gott, die andern als saudischen Renegaten und Dissidenten mit unerleuchtet archaischen Lebens-, Nah- und Fernzielen: korrupte Diktatoren abschaffen! Kalifat wieder einführen, zuungunsten religionsloser Hunde! Runter von heiliger arabischer Erde! GIs go home! Via Bulldozer-Flotte schuf er unterirdische Festungsanlagen, an denen sich Sowjets Zähne ausbissen. Sein erstes islamistisches Ausbildungs-Camp in Afghanistan 1986: Masadda (Löwenburg). 1988: Dschihad-Büro-Gründung, namens al-Qaida (Die Basis). 1993: Anschlag Nr. 1 aufs WTC: 6 Tote. Saudi-Arabien und Familien-Clan verstießen ihn. 1998: Gründung der »Internationalen Kampffront gegen Juden und Kreuzzügler«, Dachverband für Dschihadisten; und: Bombenattentate in den US-Botschaften von Kenia und Tansania: 224 Tote, 4500 Verletzte. Bill Clinton benutzte ihn, um mit scheinbar weltweiter Verschwörung gegen die USA von seiner Monica-Lewinsky-Oralsexaffäre abzulenken. Im Glashaus von One World & Global Village glaubte Osama bin Laden ans Steinewerfen. Lange mußte Bin Laden auf die Taliban einwirken, ehe diese, die sich erst sträubten, die kostbaren Weltkulturerbe-Buddhas von Bamian (die selbst Mongolenstürme überstanden hatten!), 1800 Jahre alt, 53 m hoch, am 26. 2. 2001 dann doch noch sprengten (+ 40 weitere Statuen im Museum von Kabul + ein Ghazni-Buddha). Mit dem Flugzeugattentat hoffte Osama bescheiden 3–4 Etagen des WTC zu zerstören, der Schwurfinger-Zitadelle der Weltwirtschaft. So zufällig die Elf des Nine Eleven mit der alteingesessenen Narrenzahl identisch und so humorlos er privat sein mochte: Osama bin Laden illustrierte, persiflierte, profanisierte unwissentlich die Aufgabe klassischer Hofnarren, Könige und Leute durch makabre Scherze wachzurütteln. Klassische Lästerzunge vergröberte er ins Politische. Bart, Blick und Turban gingen mit der Feuerwolke des WTC über Milliarden Monitore, im Minutentakt. Kaum vermochte er, mit oder ohne Rußlandverletzung, seinem katapult- und kometenmäßigen Aufstieg zum Quotenkönig 2001 hinterherzuhumpeln, somit seiner historischen Bedeutung. Der Terrorchef und Massenmörder avancierte zum gesuchtesten Mann der Welt. Die Logistik seines »Chef d'œuvre« (wie → Stockhausen diesen fürchterlichen Anschlag frivol nannte) wurde verhohlen bewundert, als Jokus kranker Phantasie. Hintersinnige asiatische Weisheit steckte drin und dahinter: Schwaches besiegte Starkes, jedenfalls punktuell; Kind zog Ochs am Nasenring. Bin Laden schlug den Enemy mit dessen Mitteln. Er hielt die entführten Piloten und Passagiere mit Rasierklingen in Schach, also selbst in diesem Mini-Detail mit einer Waffe des wohlrasierten Feindes. Diffiziles Kalkül und Präzision, also Großhirnarbeit, aber auf der Basis reptilhirntypischer Täuschungen: Schwebe ja nicht über den Dingen, kraft Gottesnähe oder weisem Humor, sondern der Feind ist der Feind. Feinde aber wollten im Nachbarn nicht den Scheinfeind erkennen; das hätte nur irritiert und Weltgeschichte verhindert, sondern auf gesicherten Schienen sich festzurren, Plus + Minus. Nur Osamas smartes Aussehen irritierte: Zu so einer fiesen Psyche – manichäisch oder amerikanisch gesprochen: schwarzen Seele, weltweit als erzböse analysiert – hätte eher ein Face à la Carlos, Noriega, → Amin oder des Usbekengenerals und Blutsäufers Raschid Dostum gepaßt!?! Osama sah nur ein Hundertstel so schlimm aus wie Rasputin aus Don Bluths »Anastasia«, oder Mubarak aus »Kara bin Nemsi«, oder Jaffar (aus Disney's »Aladdin«), auf den die USA sich rechtzeitig eingeschossen hatten. Der einen Genozid-Rekord erzielte, ließ sich filmen als der schönste Terrorist seit Erfindung der Fotografie. Saddam Hussein, Ariel Sharon, Jassir Arafat, Gorbi, Winston Churchill, Dante Alighieri, Peter Struck, Angela Merkel sahen alle 1:1 so aus, wie sie waren, und waren kaum anders, als sie aussahn, Sein & Design aufeinander abgestimmt wie Finger & Abzug, ohne Chance, über ihre Visagen hinauszuwachsen; Osama bin Laden aber zeigte ein Antlitz. Er war anders, als er aussah. Er wirkte nicht nur sanfter als der alte Pol Pot, sogar milder, beseelter, spiritueller als seine ungläubigen und gläubigen Jäger, jesusartig wie → Krishnamurti, märchenprinzhafter, als andere Erlöser je ausgesehen haben können; ein Tulipan des Bösen, abzüglich die Banalität des Bösen. Eine Bestie, maskiert als Mekkapilger? Ein Märtyrer, der sogar so aussah. Orientalisch melancholische Schlafzimmer- bzw. Urgrund-Augen sagten anderes als die Parolen, die zugleich aus seinem Mund kamen. Sein Arabisch floß unflüssig. Telegene Larve und mangelnde Geistesgaben drifteten auseinander, wie bei manch einem Topmodel. Kenner berichteten, Osama könne zuhören, er unterbreche nie. Seine Nierenkrankheit, die er mit Wasser und Grüntee behandelte, brachte ihn assoziativ in Stigmata-Nähe. Seine mysteriösen Aufenthaltsorte, die zeitweise in scheinbare Nichtexistenz übergingen, gemahnten ans Verschwinden von → Schamsuddin, → Dalai Lama Nr. 6 und Fatimiden-Kalif Al-Hakim bi Amrillah. Aber statt Knotenstock, Bettelschale, Opiumpfeife oder Koran trug er stets eine Kalaschnikow bei sich, ausgerechnet das Statussymbol seiner Ex-Feinde! Danach befragt, erwiderte er wenig originell: »Ich will nicht wehrlos sterben.« Seine US-Tarnjoppe, grün marmoriert, in einem Land ohne Wald – Mimikry? Pseudomorphose, Camouflage? Doch merkte und reflektierte dieser Madschnun nicht, daß er mit anachronistischer Disproportion einen Witz riß, ein Koan-Paradox, sogar Blasphemie; Grün dürfen im Islam nur Heilige tragen. Kein Imageberater sagte ihm so was. Um am bushoiden Dualismus festhalten zu können, ignorierte er Omar Mullahs Coladosen und daß sein Nachwuchs mit Nintendo spielte. Statt »dreckige Ungläubige« aus Arabia zu vertreiben, rückten noch mehr ungläubige Ami-Truppen alldort an denn je. Die Welt antwortete auf den Mückenstich in amerikanisches Fleisch mit einer Kopula ebenfalls kraß divergierender Symbole: das Antlitz eines Heiligen im Fadenkreuz. Der nebenbei alle nachfolgenden Selbstmordattentäter verurteilte, sich wegen ihrer oft bloß einstelligen Opferzahlen eigentlich zu

Tode schämen zu müssen, was aber keinen (vom Hit- und Guinness-Denken unbeleckten) Unterbieter abhielt. Aber neben dem Typus des Global-Nihilisten, der sich beim Traum vom Omnizid mit Genozid nicht begnügt, stand der medial aufgepumpte Osama bin Laden klein und lächerlich da. Zwar sah es schlau aus, Terror-Filialen metastasenartig überall hinwandern zu lassen, mehr als punktuelles Rabatzmachen ließ sich kaum erzielen. Dem al-Qaida-Chef stand kein etwas hellerer Präsident gegenüber. Aus seiner Defensive meldete der mediale Oberbösewicht sich ab und zu mit authentischen Video-News auf al-Dschasira zurück, in denen er das Kennedy-Attentat auf Rumsfeld zurückführte. Er forderte die USA auf, zum Islam zu konvertieren, und warf ihnen vor, den Krieg zwischen Sunniten und Schiiten ausgelöst zu haben. Bei Hardcore-Sunniten machte er sich 2007 unbeliebt, weil er sich den Bart dunkel färbte. Satiremagazin Titanic nannte den »attraktiven Mittvierziger« »den begehrtesten Gesprächspartner seit Adolf Eichmann«. 2008 wurden ständig Osama & Obama verwechselt und als Pärchen gehandelt, verantwortliche Graphiker gerügt, weil sie in Live-Sendungen das Osamaface als US-Präsidentschaftskandidat ausgaben. Nie durfte die Firma Bin Laden & Bush erfahren, daß dieser ganze heutige weltpolitische Irrwitz, worin sie als maßstabsvergrößerte Rädchen mitliefen, bereits von → 'Attar, leider einem Fast-Namensvetter der laut BILD »Terror-Bestie« Mohammed Atta, vorausgesehn wurde: »Gläubige wie Ungläubige sind gleichermaßen in Blut getaucht und haben sich verirrt.«

Worte von Osama bin Laden: Warum gebrauchst du eine Axt, wenn du einen Bulldozer einsetzen kannst? ◆ Auch eine Supermacht kann besiegt werden. ◆ Wir sind erstaunt gewesen, was für schlechte Kämpfer die Russen waren. ◆ Was Amerika jetzt erleiden mußte, ist nur ein kleiner Teil dessen, was Amerika der ganzen Welt antat. ◆ Die Mauern der Unterdrückung und Demütigung können nur durch einen Kugelhagel zerstört werden. ◆ Der Entscheid, die Amerikaner und ihre Verbündeten – Zivilisten und Militärs – zu töten, ist die Pflicht eines jeden Muslims; in jedem Land, in dem es ihm möglich ist. ◆ So wie ihr euch zuvor aus der Sklaverei der Mönche, Könige und Feudalherren befreit habt, so solltet ihr euch jetzt von den Irreführungen des kapitalistischen Systems befreien! ◆ Es wäre für Muslime eine Sünde, nicht zu versuchen, in den Besitz von Waffen zu gelangen, die Ungläubige davon abhalten können, Muslimen Schaden zuzufügen. Feindschaft gegenüber Amerika ist unsere religiöse Pflicht, und wir hoffen, dafür von Gott belohnt zu werden. ◆ Die Anschläge in Afrika sind dank Allah ge-

Schattenboxen ohne Krummschwert

glückt und erfüllen die Herzen der Muslime mit Freude. ◆ The mistakes of Breshnew are being committed by Bush. ◆ Does the crocodile understand a conversation? ◆ Allah is our guardian and helper, while you have no guardian or helper. ◆ Der Krieg hat eben erst begonnen. Wartet auf die Antwort.

Osama bin Laden über sich: Ich sende euch wichtige Botschaften, also leiht mir eure Ohren. ◆ Ich bin sehr besorgt, daß die US-Truppen in Arabien Fuß fassen konnten. ◆ Ich bete, daß Allah uns erlaubt, Amerika zu zerstören.

Andere über Osama bin Laden: Ein Verrückter wirft einen Stein in einen Brunnen, den 10 Weise nicht heraushoten können. *(Altarabisches Sprichwort)* ◆ Täter und Opfer sind eines: Jener irrt, wenn er sich nicht des Schmerzes, dieses, wenn es sich nicht der Schuld teilhaft glaubt. *(Arthur Schopenhauer, 1816)* ◆ Immer hatte er sich mit partiellem Terror zu begnügen; immer damit, statt das Universum zu demolieren, die Provinz anzuritzen; immer von neuem die Erfahrung zu machen, daß schließlich, statt der vernichteten Welt oder statt des erhofften Nichts, etwas Nichtssagendes im Blute vor ihm lag. *(Günther Anders, 1956)* ◆ Bin Laden ist einer der bedeutendsten Finanzgeber für islamischen Extremismus der Welt. *(US-Außenministerium)* ◆ Er ist ein Geschäftsmann ohne nennenswerte religiöse Unterweisung, benimmt sich aber wie ein Religionsgelehrter. *(Michael Pohly, Khalid Durán, 2001)* ◆ Es ist ja klar, daß Mr. bin Laden ein böser Mensch ist. *(George W. Bush, 2001)* ◆ Er ist wie ein Buddha, aber ein gewalttätiger. *(Ex-Interviewpartner Osama bin Ladens auf al-Dschasira)*

Osho (alias: Bhagwan, geboren: Rajneesh Chandra Mohan), Akademiker, Meditation Teacher, Tantrist, Knowledge-Träger, Menschenfischer, Bauernfänger, Suggestopäde, Provokateur, Mega-Scharlatan, Holy Mad Man, Erleuchtungsbuddha, Sexguru (1931–1990): Hineingeboren in Dschaina-Kaste in Kutchwada/Madhya Pradesh, Tuchhändlerssohn (wie → Franziskus von Assisi). Beizeiten enthielt sich der rotzfreche, willensstarke, komische Rebell, Querulant, Faulpelz und Taugenichts üblicher Kinderspiele: Schickte ihn seine Mutter Bananen einkaufen, sagte er, wenn er einen sehe, werde er es ihm sagen, oder er brachte Tomaten heim, obwohl Dschainisten so was nicht essen dürfen (weil Rot an Blut erinnert). Dieses Wunderkind ritt angeblich auf einem Elefanten zur Schule, spendete pausenlos neunmalklug vollendete Weisheiten aus, reifer als alle Erwachsenen, beschämte alle Lehrer, alles ohne konträre Etappen, Zwischenstationen, jeder Zoll ein A-priori-Guru, der keinen Guru braucht, frühreif von selbst meditierte, nie Frusts erlebte, sich null Lapsus leistete, keine Durchhänger durchlitt, peinliche Pleiten, null Pubertätsprobleme, laut späterer Selbstauskunft. 1953 fiel der Jüngling meditierend vom Baum, sah seinen Körper unten liegen, erfuhr – nach wochenlanger Extrem-Passivität, vor der auch Ärzte kapitulierten – Erleuchtung, setzte 13 Jahre seine akademische Karriere fort, jobbte als Journalist, Pressefotograf, Taxifahrer. Er kam, statt im Maßanzug, im Lunghi in die Uni, also praktisch als Bettler, und drohte dem irritierten Rektor, wenn er nicht im Lunghi lehren dürfe, werde er nackt lehren. Beim Unterricht betrieb er Koedukation, parkte jahrelang eins seiner (schon damals 3!) Autos unter einem Gulmarg-Baum, den er zum Abschied umarmte und der sofort danach abstarb, aus Kummer über Rajneeshs Weggang. Seine Diplome, Preise, Pokale, Ehrenurkunden (falls der angebliche Master of Arts sie wirklich bekam) vernichtete er. Ab 1964 gründete er Meditation-Camps in Radschasthan, ab 1970 in Bombay. Seine Erleuchtung hielt er streng geheim, um sie ab 1973 um so lauter auszuposaunen; falls er nicht erst ab 1970 auf die Idee kam, ein Buddha zu sein, und dies als I-Tüpfel in seine Ideal-Vita apokryph installierte, oder 20 Jahre vordatierte. So oder so, jahrelang redete er vor (angeblich) Hunderttausenden über Religion, verbesserte Verwässertes, trennte in der Haribotüte spiritueller Traditionen Spreu von Perlen, schöpfte Rahm ab. Vom Buddhismus nahm er nur die Erleuchtung und ließ die Askese beiseite. Vom Judentum nahm er nur den Chassidismus. Als Zen-Lehrer hebelte er den Verstand aus; als Taoist lächelte er diesseitig; als Christ verlieh er seinem Ashram Vatikanstrukturen; sein Sauberkeitsfimmel machte ihn zum Muslim, der 2 x pro Tag 90 Minuten badete. Sufismus stellte er über

Mohammed, aber keiner sprach die Fatwa über ihn aus. Ab 1974 residierte er im eigenen Ashram, mit 25 000 m^2 großem Garten, mit Air-condition, Chuang-tze-Auditorium, Boutik, Bar, Druckerei und Buddha-Hall für Sufi-Dance und Kundalini-Meditation, eingelagert im Villenviertel der Industriemetropole und Millionenstadt Poona, mitten im Staub und Dreck Indiens, überlaufen von Adeptenzustrom, rekrutiert aus westlich gesellschaftsmüdem Wohlstands-, Wegwerf- und Selbstverwirklichungsmilieu: Gabi & Johnny »nahmen Sannyas«, hießen dann Ma Prem Ananda oder Swami Rahimo und trugen orangerot wallende Kleider – für tiefgläubig Außenstehende ein Hohn: daß betuchte Touristen im Gewand keuscher Bettelmönche ein betont lebensbejahendes Lotterleben zelebrierten, in einem metaphysisch verbrämten Puff. Bhagwan nannte → Gandhi »pervers«, »Chauvinist«, »Hitler« – ein militanter Hindu schleuderte ein Messer gegen Bhagwan. Starfotos kursierten: Bhagwan (Göttlich Gesegneter) in Teetäßchen-Zeremonie-Pose, mal Glatze, mal Bommelmütze, »in meditation«, Augen hypnotisch, blessing oder dritte Augen öffnend, gestylt, gebügelt, geföhnt, poliert, robbenglattes Face mit vorzeitig schlohweißem Weihnachtsmannbart. Mit Tiraden, er sei der einzige Meister, der seine People nicht süchtig mache und ohne Bankkonto lebe, machte der Anti-Guru-Guru zahlende Orange-People süchtig. Bhagwan saß im Frontalunterricht nicht nur lichtjahrweit über seinen Jüngern, er sah auch geringschätzig auf die anderen 109 Erleuchteten hinab. Der Meister der Meister beglückwünschte seine Schäfchen und »Idiotanandas«, denen er die Karotte der Erleuchtung vor die Nase hängte, in ihm ein Bewußtsein erleben zu dürfen, wie es nur alle 2500 Jahre auf die Erde kommt. Seinen Schülern erschien der Neo-Buddha als genau jener, als der er sich ausgab, und schenkte dem tonnenweise angereisten Herdenvieh trüber Tassen ungeheure Horizonterweiterung. Sie stellten entsprechend saudumme Fragen. 500 Buchtitel à la »I'm the Gate«, »Come Follow Me«, »The Rajneesh Bible«, alsbald in 30 Sprachen, 1700 Reden auf Video und Audio, 60-90minütig, tempomäßig von → Krishnamurti (60 Buchtitel), Honoré de Balzac (97 Romane), Dr. → Steiner (350 Buchtitel) und Wolfgang Hohlbein (100 Romane in 10 Jahren) nicht einholbar. Jahrelang redete der Guru über den Unwert des Redens. Wenn er Buddha, Konfuzius und Laotse miteinander reden ließ, warfen sie dieselbe Okay-Quote aus wie er. Selbstbeweihräucherung und Metaphysik, Pseudomystik und echtes Wisdom wurden bei diesem Guru genauso eins wie Klosterleben und Partyjux. Was er aber über Samadhi & Satori meldete, klang keinesfalls uneingeweiht. Über Ehe dachte er so negativ wie Goethe, Casanova, Graf Tolstoi und → Diefenbach. Für einen Sexguru blieb er in seiner Autohagiographie »Glimpses of a Golden Childhood«, die er 1981 – lachgasgestützt – seinem Zahnarzt diktierte, arg wortkarg in puncto jugendlicher Sexualität. Beischläferinnen nahmen es hin, daß der kosmische Super-Maestro und Wohlfühl-Guru selber, seiner Tantra-Message total entgegen, nur Präcox-Quickies bot. Bei allen Sonnenaufgängen, zwitschernden Vögeln, blühenden Blumen, weißen Wolken, Wind, Meer – in Bhagwans »Botschaft der Bäume« koinzidierten »truth« und Kitsch problemlos. Sein Kunstverständnis kreuchte auf Tagore- und Octavio-Paz-Ebene, vorexpressionistisch, popmusikalisch, verdächtig uneingeweiht. Nietzsche, Walt Whitman, J.-P. Sartre, G. B. Shaw, Bertrand Russell bescheinigte er, »the highest peak« leider nicht erreicht zu haben, mangels Meditation, anders als seine Adoranten, jeder Döspaddel ein potentieller Buddha. Nicht nur Nobodys & Nominds fielen auf den Oberguru rein, auch Ärzte aus Arizona, ja, STERN-Reporter und Jazzpäpste (wie vormals Christian Morgenstern, → Beuys, Will Quadflieg auf Dr. → Steiner). Sogar → Dalai Lama Nr. 14 bestätigte Rajneeshs Erleuchtung. Ab 1978 platzte sein Vielzweck-Ashram, trotz gepfefferter Teilnahmepreise, aus vielen Nähten. Indiens Regierung bremste Bhagwans Grundstücks- und Schloßkäufe. Er wanderte, samt Hofstaat, 1981 nach Oregon aus, wo er bei Farmern auf noch weniger Gegenliebe stieß. Mit 120 Mill. Dollar kurbelte er ein Mammutprojekt an, die Gründung des Frei- und Stadtstaats »Rajneeshpuram«, 260 km², 3 x größer als Sylt, 30 km vom nächsten Ort entfernt, für 50000 Sannyasins. Zwecks Green-Card-Erlangung heiratete Bhagwan eine millionenschwere US-Bürgerin aus Greece. Ein Heer unbezahlter Arbeitswanzen stampfte und zauberte aus der Staubwüste eine Blumenoase, baute 60 km Straßen und Uferbefestigung, ein Network aus Restaurants, Discos, Großkantine, Rathaus, Rinderfarm, Ambulanz, Uni, Hotel, Wäscherei, Pendelbussen, Gebäudekomplexen (Jesus Grove), Privilegierten-Villen, Zementwerk, Gewächshaus, Staudamm, Steinbruch – Fronarbeit als Worship (Gebet), stets das Antlitz des Big Brother vor somabeglückten Augen, und dies indeed 1984! Den »Tag des Meisters« feiernd, Erleuchtungstag am 21. 3., Geburtstag am 11. 12., sowie pro Jahr a World Annual Celebration. Rajneeshpuram schwoll zum weltgrößten Massage-, Encounter- und Therapiezentrum, samt Investment Corporation, Infrastruktur, Schweizer Konten, Stadtrecht, eigener Postleitzahl. Zeitlebens bedient, hofiert, verwöhnt, verhätschelt, unfähig, sich eine Tasse Tee zu machen, hätte der applaussüchtige Großkommunikator als Eremit keine 12 Stunden durchgehalten. Er schwebte in taschenlosen Gewändern, drumrum genug Dienerinnen, die ihm sein Zeug trugen. Keine größeren Wonnen kenne er als das Alleinsein, erzählte er den Zuhörmassen oft, ohne Spickzettel. Schlafen pflegte er in Jogging-Kluft. Stühle oder Objekte, die nach was rochen, wurden entsorgt. Keusch Meditierende unterzogen sich strengen Safer-Sex-Vorschriften und Aids-Tests. Küssen verboten! Streicheln nur steril gummiert! Seine Infektionsphobie steigerte sich. Er desinfizierte Telefonhörer, Bücher, ließ neue Wäsche waschen, umgeben vom Fuhrpark aus 30, später 97 blitzenden Luxuslimousinen. Um ohne Verkehrsregeln zu leben, ließ der Erleuchtete sich eine Privatstraße durchs Brachland bauen, auf der er täglich, zwischen Wannenbädern, ohne Gegenverkehr spazierenfuhr. Laut Loverin und Managerin Ma Anand Sheela ließ er sich Diamantuhren im Wert von 2½ Mill. Dollar schenken, infantil quengelnd: »Schenkt mir das, oder ich verlasse meinen Body!« Manchmal wollte er an einem Tag 2 neue Rolls-Royce – kein wirklich Erweckter? Daß er das teuerste Auto der USA kaufte, fand jede Yellow Press berichtenswerter, von Holland bis Australien, als daß er Creation Dynamic Meditation anbot. Der einst gegen alle Ismen gewettert hatte, blies sein Neo-Sannyas-Movement zu Rajneeshismus auf, nur schlugen seine Vorträge nur noch halb so brillant ein wie vor 10 Jahren. Ein über Zeit, Raum, Leben, Tod & Body schwebender Buddha saß unschön eingebunden in ein paranoisch bewaffnetes Sicherheitssystem, Rajneesh Security, einziger Unterschied zum Papamobil: Schon 1940 hatte er Leibwächter gehabt (Kinder reicher Familien wurden oft entführt). Neben seiner metergroßen herzförmigen Geburtstagstorte wurde ein Tortenwächter aufgestellt. Christliche US-Fundamentalisten sahen im Bhagwan den Antichrist, umjubelt von bis zu 200 000 abgezockten Anhängern, Freunden, Gästen aus aller Welt, die nicht verhindern konnten, daß die Blase Rajneeshpuram sofort wieder platzte, im Gegensatz zu Auroville, Disneyland, Dornach. Troubles, Knatsch, Clinch, Schmutzwäsche wanderten durch die Weltpresse. Die Administratorin, die mit Colt am Gürtel auftrat und der Bhagwan Diebstahl und Mordversuche vorwarf, warf ihrem langweile- und asthmageplagten, videosüchtigen Guru ihrerseits vor, den Idealstaat zum KZ gemacht zu haben. Wegen krimineller Machenschaften, Waffenbesitz, illegaler Verwanzung, Scheinehen-Handel im Hausmacherstaat wurde Bhagwan 1985 – in Handschellen lächelnd – tagelang inhaftiert, als Sektenchef und Jugendverderber, um anschließend, während er aus Ronald Reagans USA – nicht ohne Vatikan-Mitwirkung – ausgewiesen wurde, an mysteriösen Symptomen zu erkranken, Gelenk- und Sehproblemen, Ohrenentzündung, Immunschwäche, angeblich Thalliumvergiftung. 20 Staaten wiesen oder schoben ihn ab: Griechenland, Schweiz,

Schweden, England, Irland, Spanien, Senegal, Uruguay. Man bekämpfte ihn affektreicher als die Mafia. Erst Indien nahm ihn dann doch wieder auf, um 8 Mill. Dollar Steuerschulden noch einzutreiben. Immer öfter kündigte er nun seinen Tod an und sah seine Vergiftung, die ihm 20 Lebensjahre stahl, parallel zu Sokrates, → Jesus und → Halladsch – nur ja nicht zu Gandhi. Den Tod nahm er so gelassen, als wär er doch ein echter Erleuchteter. ⁓ Sein Leib wurde verbrannt in Poona am Ufer des Mula Mutha. Marmorsteininschrift: »Osho / Nie geboren / Nie gestorben / Er besuchte den Planeten Erde zwischen 1931 und 1990«. Summa: Aus Tuttifrutti quirlte, buk und sott Osho – verschwägert mit Gurdjieff und → Crowley – im hauseigenen Melting Pot und Butterfaß eine Rührfix-Mixtur aus Spirit-Ragout, nicht unpfiffig, Muckefuck-Mystizismus und synoptisch-synkretistisches Amalgam aus ewigen Wahr- und Binsenweisheiten, die er flott, süffig, leichtverdaulich rüberbrachte, intelligenter, schlauer, bunter und humoriger als Weltlehrer à la Khalil Gibran, Bo Yin Ra, Maharishi Mahesh Yogi, Yogananda, Aurobindo, Karlfried Graf Dürckheim, Sai Baba. Endlich ein falscher Fuffziger, der mehr draufhatte als echtere Buddhas! Entweder synthetisierte oder vermanschte Osho 2 sich religionshistorisch ausschließende Ismen: Asketismus und Hedonismus, oder ein Epikur wurde mit erzreligiösen Motiven und Reizwörtern wie Karma und Erleuchtung aufgestylt. Und vice versa: Buddha & Jesus durften endlich ihren immanenten Masochismus zeitgemäß optimal abstreifen. Nur ermangelte sein verordnetes Universal-Yes, Be now here, Dauerlächeln eventueller religiöser Tiefendimension, und seine resümierbare »philosophy« (»Was immer du bist, nimm es total an!«) klang und roch nach Lifestyle & Lebensberatung. Seine »drudd« (truth) grenzte kaum an Wahrheit, und vice versa: Er sagte bloß die Wahrheit, und ständig genau diese. Hätte seine Lehre Weltgeltung erlangt, hätte es keine Religions- und Weltkriege mehr geben können. Aber sein Generalschlüssel genügte nicht, ihn in Philosophie oder Religionsgeschichte hineinzuhieven, mangels Talent, Werkschaffen, Formniveau. Orale Tradition paarte sich mit Erkenntnisdefizit; Urgründe blieben im Flatland von Abziehbildern. Seine Tragik forever: Alle, außer seine Sannyasin, die ihn zum Halbgott erhoben, buchten ihn ab unter Sektenunwesen. Immerhin: Sein Lebenswerk brach so wenig auseinander wie Disneyworld & al-Qaida ohne Disney & Osama bin Laden. Ein Inner Circle aus 21 Personen führte seine Message weiter. Poona-Projekte, angeregt von ihm, wurden postum realisiert, Tennisplatz- und Whirlpoolbau. Eine Osho-Multiversity, in den Niederlanden, bot »Oshodo« an, Mixtur aus Selbstverteidigung & Meditation. Oshos Erben, statt den Käfig, auf dem stand »Sprenge jeden Käfig!«, tatsächlich zu sprengen, übernahmen ihn möglichst oshotreu. Aus Oshos Fußspuren krochen Satsang-Teacher (Sarmapan), teils mit nettem Social-worker-Flair (Mikaire), teils dschiesesfreakförmig (Tyohar), ohne Formuliergabe, Raffinesse, eigene Gedanken, geistlich arm, körperbetont. Oshos überpersonale Simplizität überlebte in erleuchteten Schwundköpfen; Oshos Witz, Spott, Pep blieben unvererbbar. Privat-Funzeln mimten objektive Sonne. Nachbeter spielten Nachfolger. Osho-Vereine klagten 2002 humorfrei gegen die BRD, um nicht länger Jugendsekte, Psychokult, pseudoreligiös, destruktiv, manipulativ genannt zu werden. Im Protest gegen Kontrollgelüste der OIF (Osho International Foundation) formierte sich die OFE (Osho Friends Europe). 2008 gab es weltweit 67 Osho-Meditation-Center, sogar in Nepal, Japan, 15 allein in Italien.

Ein Scharlatan, der mehr »truth« losließ als Buddha

Worte von Osho: Je tiefer die Wahrheit ist, die ich euch sagen muß, desto schlechter wird der Witz, den ich dazu aussuche. ◆ Und Gott war so verwirrt, daß er die Frau erschuf, um den Mann zu verwirren. Seitdem hat Gott nichts mehr vom Mann gehört. Der Mann kommt nach Hause mit eingekniffenem Schwanz, er geht aus dem Haus, um Bananen zu kaufen, und nach und nach wird er selbst zur Banane: Mr. Banana, Ph. D., M. A., D. Litt., und was nicht alles. Aber im Grunde ist Dr. Banana völlig zermatscht. Bitte nicht essen! ◆ Heutzutage vollbringen die Hersteller wahre Wunder: Sie lassen die Frauen so verführerisch aussehen, daß Gott selbst in den Apfel gebissen hätte. Also eine Schlange wäre gar nicht nötig gewesen, ein Modevertreter hätte schon genügt. ◆ Das Paradies ist der reinste Horror. Die Gemeinschaft der Heiligen... mein Gott! Diese Götter müssen schwachsinnig sein oder völlig ohne Hirn – wie die Roboter. ◆ Wenn es Gott gäbe, hätte ich zu euch gesagt: Macht ihn fertig! Denn mit ihm ist kein Leben möglich. ◆ Sparflamme ist Feiglingsart. Wenn ich zu entscheiden hätte, dann wäre die Höchstgeschwindigkeit die Mindestgeschwindigkeit; wer druntergeht, bekommt sofort ein Strafmandat. Wir wollen die Sterne erreichen, und sie halten sich am Ochsenkarren fest! Wir wollen – und das ist das ganze Ziel der Physik! – letztlich dieselbe Geschwindigkeit wie das Licht erreichen. ◆ 99% der Vorschläge und Anregungen, die ich von meinen Sannyasin bekomme, sind nichts als Scheiße. ◆ Sogar die sog. Ökologen rasieren sich weiterhin den Bart und ahnen nicht, daß sie damit ein Verbrechen gegen die Natur begehen. Seit Ewigkeiten war Gott nicht mehr beim Friseur, und ich glaube nicht, daß er Rasierklingen hat. Jeden Morgen im Badezimmer – tatsächlich glaube ich, daß er nicht mal ein Badezimmer hat; in keiner heiligen Schrift wird ein Badezimmer erwähnt. Also Vorsicht! Er verwendet vermutlich den ganzen Himmel als Toilette. Wenn euch etwas auf den Kopf fällt, muß es wohl heilige Scheiße sein. ◆ Buddha hatte nicht genug Mumm, mit einem Mädchen zu tanzen.

Osho über sich: Ich bin einer, der den Verstand verloren hat und befürchtet, daß er ihn wiederfindet. ◆ Ich bin kein Demokrat, ich bin ein Diktator. Das ist auch der Grund, warum so viele Deutsche zu mir kommen. ◆ Ich bin der Messias, auf den Amerika gewartet hat. ◆ Ich werde diesen Körper erst verlassen, wenn tausendundeiner meiner Jünger erleuchtet sind. ◆ Ich bin kein Ami und bin stolz, keiner zu sein. Ich bin auch kein Inder – wer bin ich dann? Ich bin stolz, daß ich niemand bin. ◆ Ich habe sogar der Erleuchtung entsagt, und das hat vor mir noch keiner getan. Ich bin der erste Bürger des Universums. Ich könnte anfangen, Pässe für universelle Staatsbürgerschaft auszustellen. ◆ Ich möchte einige Geheimnisse an euch weitergeben, und ich möchte nicht sterben, bevor ich sie euch übermittelt habe. ◆ Ich muß verrückt sein: Schon an einen einzigen Buddha zu denken ist genug, doch ich denke ständig an Millionen von Buddhas. Weniger tut es nicht. Ich denke immer im großen Rahmen. ◆ Ich bin nicht nur ein Buddha. Das ist mir zu traditionell. Ich bin Zorba the Buddha; in mir begegnen sich Ost und West. Ich trenne nicht einmal zwischen Ost und West, Höherem und Niedrigem, Mann und Frau, Gut und Böse, Gott und Teufel. ◆ Ich bin so erleichtert darüber, daß ich jetzt nicht mehr so tun muß, als ob ich erleuchtet wäre. ◆ Ich möchte die Welt wissen lassen, daß ich 93 Rolls-Royce habe. Denn nur so kann ich eine Brücke schlagen. Und nebenher kann ich auch noch über die Wahrheit und Erleuchtung sprechen. ◆ Und so lasse ich ab und zu meine Rationalität beiseite, und meine Irrationalität gleich mit – beide sind wohlgemerkt nur die 2 Seiten der gleichen Medaille – und gönne mir ein richtiges herzhaftes Lachen. ◆ Übrigens ist eine Glatze nichts Schlimmes. Eine Glatze ist schön! Ebenso wie »Black is beautiful!« gilt: Kahl ist schön! ◆ Manchmal frage ich mich, was ich hier eigentlich mache – Leuten zu helfen, erleuchtet zu werden! ◆ Jeden Moment öffne ich die Augen und sage: »Ach, ich bin also immer noch hier?« Ich sollte es eigentlich nicht sein. Und es erstaunt mich immer wieder: Offenbar möchte das Ganze, daß ich noch ein wenig länger an diesem Ufer verweile. Vermutlich möchte das Ganze euch durch mich etwas mitteilen. ◆ Noch in meinem Grab werd ich mich aufsetzen und sagen: »Gut, jetzt macht den Deckel zu.«

Andere über Osho: Die, die Engel spielen, enden als Tiere. *(Blaise Pascal)* ◆ Wir haben das körperliche Indien gesucht, und haben Amerika gefunden; wir suchen jetzt das geistige Indien – was werden wir finden? *(Heinrich Heine 1869)* ◆ Der Materialismus ist flach und ehrlich, das Spielen mit Religion ist flach und unehrlich. *(Oswald Spengler, 1916)* ◆ Rajneeshs Ansprachen zeigen, daß er ein gekonnter Redner ist, gut Witze einzustreuen weiß und alles mögliche in Kleinstpartikel zerlegt, seinem konzeptlosen Gesamtkonzept einzugliedern bzw. es aufs Prokrustesbett seiner Anschauungen zu spannen weiß. *(Friedrich-W. Haack, 1979)* ◆ Dieser Mann ist ein Krimineller. Du mußt das sehr klar sehen. Was er unter dem Deckmantel der Spiritualität mit Menschen macht, ist kriminell. *(Jiddu Krishnamurti)* ◆ Seine größte Begierde ist es, die Macht über ein Land zu bekommen. *(Ma Anand Sheela,1985)* ◆ Im Stuhl saß ein stiller, bärtiger Mann in einer schweren, gestrickten weißen Robe, auf dem Kopf eine Mütze – Bhagwan Shree Rajneesh, der indische Mystiker, vielen seither unter dem Namen Osho als das tiefgründigste religiöse Genie des 20. Jhdts. bekannt. *(Swami Devageet, 1995)* ◆ Er war der Wittgenstein der Religionen, denn er hat die Sprachspiele der Weltreligionen radikal auseinandergenommen, bemerkenswert vollständig und mit der Grausamkeit, die aus der Vertrautheit mit den religiösen Tricks kommt. *(Peter Sloterdijk, 1996)*

P

PAPAGENO, Vogelfänger, Naturbursche, Federvieh, Faun, Buffo, Leibeigener, Eierleger, Liedermacher, Opernfigur, Volksheld (um 1760 bis ca. 1820): Er wohnte in einer Strohhütte, in einem kartographisch nicht näher festgelegten theatralischen Arkadien, drunten im Ägypterland ungefähr. Sein Biotop reichte nur bis an die markierten Landesgrenzen, daher sein erwachendes philosophisches Interesse, ob es außer diesen Bergen auch noch andere Länder und Menschen gebe. Für die sternflammende Königin der Nacht und ihre Jungfrauen fing Papageno Vögel und erhielt dafür Wein, Zuckerbrot und Feigen, auf paradiesischer Tauschbasis. Sein Gewerbe, Vögel zu fangen, verschwamm für ihn mit der Gewohnheit, Mädchen zu fangen. Sein Status als Vogelfänger durchfärbte ihn durch und durch, dergestalt, daß unklar wurde, ob er Vogelfedern nur zur Tarnung anlegte oder ob sie körpereigen aus ihm hervorwuchsen wie aus Esau wildes Zottelfell, also ob er mehr als Tiermensch Arien sang oder als singendes Plaudertier auftrat, praktisch als Papagei. Aber aufs »Stets lustig, heissa, hopsassa« verstand er sich. Er lebte dergestalt im Be now here, daß er nicht mal seinen Eltern hinterherrecherchierte. Der Naturvogel, der Fremdwörter draufhatte wie »Spekulation« oder »Elysium«, war also, statt im Rohzustand, einigermaßen rousseauisch kultiviert, viel zu hochstehend, um von Shakespeares animalisch-barbarischem Caliban abzustammen. Er schmückte sich auch gern mal mit fremden Federn, gab fremde Ruhmestaten (Schlangenerlegen) spontan als die seinen aus. Furcht hatte der Feigling nie, auch nicht, wenn's ihm eiskalt den Rücken runterlief. Bei jedem Donnerschlag bekam er ein kleines Fieber. Er kniff dann das Schwänzchen ein, obwohl er doch als eine Art Silvanus oder Waldbold herumhüpfte. Bei allem Vogelstatus lag ihm viel an Bodenhaftung. Nicht jede Weisheitslehre grub sich tief in sein Herz. Vieles rangierte ihm viel zu hoch. Mit dem Prinzensohn Tamino, über Standesschranken hinweg, fand er eine vorübergehende Verständigungsbasis, wie zwischen Don Quijote & Sancho Pansa, oder Amphitryon & Sosias. Aber für Isis und Osiris wuchs ihm keinerlei Antenne, null metaphysisches Bedürfnis. Trotzdem stolperte er mitläuferisch in den Vorhallen von Sarastros Weisheitstempel herum. Am Sarastro rühmte er vor allem dessen gute Küche. Für ein Linsengericht verkaufte er jede Einweihung und Großmutter. Tempelpriester hielten ihm Standpauken, nie werde er das himmlische Vergnügen der Eingeweihten fühlen; was ihm herzlich wenig ausmachte; ihm genügte ein Glas Wein. Statt Erleuchtung in Isismysterien wünschte er sich einfach nur, im Herzenskämmerlein, mit seinem Herzenstäubchen Papagena viele kleine liebe Kinderlein. Zur Hochzeit schenkte Tamino dem schnäbelnden Turtelpärchen im Land der Märchen die Zauberflöte, womit sie eßbare schmackhafte Beutetiere herbeilockten, und Sarastro zauberte eine Weinquelle schlaraffianisch direkt an die Wald- und Felshütte heran. Doch die Kinder blieben bedauerlich aus. Das stimmte beide Eltern verdrießlich. Emanuel Schikaneder kreierte und taufte Papageno; Mozart veroperte ihn; Maskenbildner schneiderten Federkleider für ihn; Flötisten flöteten, Opernfreunde pfiffen ihn; Goethe dichtete ihn weiter; Max Slevogt illustrierte ihn recht panförmig. Mozart fand keinen ebenbürtigen Schikaneder, und Goethe fand keinen Mozart. Sarastro legte dem kinderlosen Pärchen 3 Eier ins Nest. Papagenos Selbstbezeichnung »Naturmensch« wurde 100 Jahre später sehr gern auf den Naturmenschen → Nagel gemünzt.

Komischer Vogel als Vogelfänger (hier gezeichnet von Friedrich Wilhelm Meyer)

Worte von Papageno: Es gibt ja schwarze Vögel in der Welt, warum denn nicht auch schwarze Menschen? ◆ Die süßen Triebe mitzufühlen ist dann der Weiber erste Pflicht. ◆ Aha, da find' ich Leute. – Nicht einmal einen Tropfen Wasser bekommt man bei diesen Leuten; viel weniger sonst was.

Papageno über sich: Ich bin so ein Naturmensch, der sich mit Schlaf, Speise und Trank begnügt; – und wenn es ja sein könnte, daß ich mir einmal ein schönes Weibchen fange. ◆ Ich möchte mir oft alle meine Federn ausrupfen, wenn ich bedenke, daß Papageno noch keine Papagena hat. ◆ Ich bleibe ledig. ◆ Ach freilich hab ich ein gefühlvolles Herz – aber was nützt mich das alles? ◆ Unsereiner hat doch auch bisweilen seine lustigen Stunden, wo man gern gesellschaftliche Unterhaltung haben möcht. ◆ O wär ich eine Maus, wie wollt' ich mich verstecken – wär ich so klein wie Schnecken, so kröch ich in mein Haus! ◆ Bin ich nicht ein Narr, daß ich mich schrecken ließ? ◆ Kämpfen ist meine Sache nicht. Ich verlang auch im Grunde gar keine Weisheit. ◆ Bei so einer ewigen Wanderschaft möcht einem wohl die Liebe auf immer vergehen. ◆ Ha! ich bin jetzt so vergnügt,

daß ich bis zur Sonne fliegen wollte, wenn ich Flügel hätte. ◆ Tamino, rette mich! die Herren Löwen machen eine Mahlzeit aus mir! ◆ Doch küßt mich ein weiblicher Mund, so bin ich schon wieder gesund.
Andere über Papageno: Verkörpert er nicht die Wahrheit des Sinnlich-Unmittelbaren gegen das Ethos opferbereiter Sublimation? Oder stünde er gar diesseits aller abstrakten begrifflichen Verfestigung? *(Joachim Kaiser, 1984)* ◆ Er hat es ja auch schwerer, denn er ist der Naturmensch, der die Unterscheidung von wahr und falsch nicht beherrscht, dem die Differenz der Dialektik, nämlich *vera a falsis discernere*, nicht zur Verfügung steht. *(Manfred Schneider, 1997)*

PEREGRINUS PROTEUS, Christianer, Kyniker, Wanderprediger, Selbstverbrenner (ca. 100–165 n. Chr.): Wohlhabend geboren in Parium der Provinz Mysien, wuchs er beim Großvater Proteus auf. Übler Leumund hängte ihm allerlei an: unbewiesenen Ehebruch, wofür er weidlich und närrisch mit dem landesüblichen Rettich im Arsch (statt mit Steinigung wie im AT) bestraft wurde, Knabenvernaschung, Loskaufung von der Strafe für 3000 Drachmen, bis hin zum Vatermord – alles nur Gerüchte. Nachdem er seine Vaterstadt verlassen hatte, und nach einiger Wanderschaft mit Rückentornister, trat er in der quirlenden Palette damals in Palästina agierender, dubiöser Sekten ausgerechnet in die am wenigsten ernstzunehmende ein, jene, die bei allen gebildeten Köpfen Kopfschütteln hervorrief, die der Christianer, verblendete Spinner, die allen Ernstes dem abstrusen Glauben anhingen, künftig die eigene Nichtigkeit mit Haut und Haar in eine verrückte Ewigkeit hinüberzuretten, und deshalb hienieden bereits ihr Leben leichtfertig fortschmissen, serienweise; eine Märtyrerschwemme, die einem beispiellos ungebildeten »gekreuzigten Sophisten« (Formulierung von Lukianos) huldigten. Der Mißkredit, den die Christianer tapfer genossen, färbte kräftig auf Peregrinus ab; der aber stieg in deren Kreisen, kraft seiner Rednergabe, unglaublich auf. Er bekleidete (unrekonstruierbare) Ämter, verfaßte stapelweise Schriften (die bald drauf verschüttgingen), wurde zwischendurch verhaftet, aus undurchsichtigen Gründen, und vom syrischen Statthalter straflos wieder freigelassen. Nach seiner Rückkehr nach Parium, langhaarig, langbärtig, mit Mantel, Stecken und Stab, also betont kynisch, trat er der Fama, er habe seinen Vater erdrosselt, massiv entgegen, indem er der Stadt sein gesamtes väterliches Erbe abtrat; woraufhin er tatsächlich gefeiert wurde, als entsühnter Wohltäter. Erneut auf Wanderschaft, unterwegs gern Gastfreundschaft christianischer Gemeinden nutzend, wurde er, weil er ein Fastengebot übertrat, nach anderer Quelle: erwischt beim Verzehr unerlaubter Dinge, von seinen anfänglichen Bewunderern und Trabanten verstoßen. Hierdurch um seine Zehrpfennige gebracht, forderte er die Schenkung von der Stadtregierung zurück, umsonst, und machte dann als Flagellant und als ruhmsüchtiger Lästerer und Kritikaster von sich reden, bis er wegen Tollheit, Frechheit und auch Gottesleugnung der Stadt verwiesen, dadurch ständig berühmter und sogar mit Musonius, Dion und Epiktet verglichen und als ein zweiter Sokrates gefeiert wurde. In Griechenland setzte er seine neue Methode, durch Schmähsucht Aufsehn zu erregen, fort, trieb auf der Olympiade 153 n. Chr. mit Tiraden gegen den Wohltäter Herodes Atticus, der eine Wasserleitung spendiert hatte, die Leute zur Weißglut, wär beinah gelyncht worden, floh von hinnen, trat auch auf der nächsten Olympiade wieder auf, sang plötzlich Hymnen auf ebendiesen Wohltäter und fand – keine Zuhörer mehr. Nun aber applaussüchtig geworden, ersann er keinen anderen Trick, Trubel zu machen, als bei der Olympiade 161 n. Chr. anzukündigen, bei der nächsten Olympiade werde er sich vor aller Augen selbst verbrennen. Grund: Er wolle ein Beispiel kynischer Welt- und Todesverachtung setzen. Pate stand auch der freiwillige Feuertod des Brahmanen Kalanos, beschrieben vom Diogenesschüler Onesikritos. Kurz vorher änderte er noch seinen Namen Proteus in Phoenix, um göttliche Assoziationen auszulösen. Sichtlich wollte er nun als zweiter Empedokles in die Annalen eingehn, aber seine Kritiker, die nichts gegen philosophischen Freitod in abgelegener Natur hatten, monierten mit Fug den Show-Faktor der Sache. Den entscheidenden Termin schob er mehrmals auf. 9 Tage vorher überfraß er sich, bekam Hitzeattacken, doch sein Arzt verwehrte ihm Linderung, wenn er so scharf aufs Sterben sei, dann solle er doch jetzt, wenn der Tod an seine Tür klopfe, einfach nur mitgehn; das aber wollte der Möchtegernphoenix keinesfalls, weil eine medizinische Todesart halt doch arg gewöhnlich sei. Wenige Tage vorher behandelte der Todeskandidat noch seine Augenentzündung mit Salbe. In Harpine ließ er einen übertrieben hohen Scheiterhaufen aufrichten. Er hielt im Vorfeld eine lange, sein ganzes Leben rekapitulierende Vorrede, ziemlich bleich, nicht ohne ergreifende Pointen, sichtlich hoffend, daß man einschreiten, ihn an der Selbstverbrennung hindern würde, was aber keiner tat, so daß er zu zittern anfing. Dann nahte unausweichlich die Stunde um Mitternacht, extra effektvoll bei aufgehendem Mond, Entzündung des Reisigs, allerlei Fackelritual; auch spezielle Kynikerfreunde anwesend im gewaltigen Andrang im Abreisechaos vieler Olympiabesucher; die Schmach, jetzt zu kneifen und auszubüchsen, wär so übergroß gewesen, daß der Ruhmsüchtige tatsächlich ins entfachte Feuer sprang, mit den Worten: »O ihr mütterlichen und väterlichen Dämonen, nehmt mich freundlich auf!« Keiner löschte; keiner zog ihn draus hervor. ~ Viele im horizontfüllenden Publikum werteten das Massenspektakel und Fanal (neuzeitlicher gesagt: Mega-Event) als spätes Schuldeingeständnis, als Selbstjustiz, als Indiz für den unbewiesenen Vatermord. Andere Zeugen, wie Lukianos, scherzten Schaulustigen gegenüber, die zu spät kamen, die Erde hätt gedonnert und aus den Flammen sei – unglaublich! – ein Geier aufgestiegen. Damit wollte Lukianos die übliche Legendenbildung verulken, aber allerlei Leute griffen den erlogenen Geier auf und beteuerten bei den Göttern, den Geier gen Himmel fliegen gesehn zu haben. Lukianos, obwohl er bei der Rede arg weit hinten gestanden hatte, schrieb alles auf, verewigte spöttisch den ganzen Casus, und 1626 Jahre später trug der Lukianosübersetzer Christoph Martin Wieland noch etliche Details nach, zwecks Ehrenrettung des Schwärmers, in einem eigenen, hochergötzlichen Roman: »Geheime Geschichte des Philosophen Peregrinus-Proteus«, 1791.

Worte von Peregrinus Proteus: Der Weise tut auch dann nichts Schlechtes, wenn er sicher sein kann, daß weder Götter noch Menschen etwas davon erfahren, aus reiner Liebe zum Guten und Rechten.
Peregrinus Proteus über sich: Ich habe vor, einem goldenen Leben eine goldene Krone aufzusetzen; denn es gebührt sich, daß der Mann, der wie Herkules gelebt hat, auch wie Herkules stirbt und in den Aether, aus dem er kam, wieder zurückfließt.
Andere über Peregrinus Proteus: Der alberne alte Kerl! Welcher Unsinn! Das nenn ich doch, sich's heiß werden lassen, um berühmt zu werden! O des einfältigen Gecken! *(Kronios, Freund von Lukianos)*

FERNANDO PESSOA, Beamter, Traumwandler, Trauerkünstler, Weltfremdling, Selbsterforscher, Maskenwechsler, Monologverfasser, Décadent, Desillusionär, Leidhüter (1888–1935): Dem halb verwaisten Jungen – zeitweise in Durban/Südafrika wohnhaft, ansonsten in Lissabon – erschienen imaginäre Kindheitsgefährten unangemessen real, die eigene Existenz zunehmend schattenhaft. Gelegenheiten, fröhlich zu sein, ergriff er nur halbherzig; alles nahm er schwer. An Problemen, die wenige hatten, litt er besonders. Nicht-Befremdliches gab es für ihn gar nicht. Aus seiner Abscheu vor allem und jedem zog er, indem er schriftlich klagte, nur chimärisch und momentweise Lust. Schwankend, ob seine Art Weltbetrachtung eher Krankheit oder Privileg sei, bereiteten ihm glotzende Gesichter, statt Schadenfreude oder Mitleid, ein ästhetisches Unbehagen. Vor Leben pur, das er ohnedies nicht erreichte, ergriff ihn sarkastisches Entsetzen. Andere Menschen, subsumierbar unter »Repräsentanten der Banalität«, blieben ihm so fremd wie Stimmen, die er in sich aufsteigen fühlte, ohne ihnen näherzukommen. Im Büro seines Brotberufs, akkurat und parkettsicher erledigbar, brauchte das keiner zu merken. Sah er in den Spiegel, entging ihm nicht, anders als unsensibleren Gamaschenträgern, daß er um nichts akzeptabler aussah als andere Leute. Seine Brille – eher ein Zwicker – machte ihn zum schüchternen Intellektuellen, trotz der Forciertheit seines rotblonden, amerikanisch gestutzten Schnurrbarts. Elitärer Hochmut warf sich seiner Selbstabwertung nicht in den Weg. Trostlosigkeit, in deren hervorzüngelnde, immer routiniertere Flammen er sich immer nuancenreicher einwühlte, mündete in Untröstlichkeit. Früh aus dem Bett, worin er am Gespenst des Kleiderschrankes litt, statt weit darüber – etwas unmöblierter – hinauszudenken, erhob sich mit ihm ein Ekel, leben zu müssen. Kraft Defizit an Euphorie und Lebensfreude – abgeblendet eingesponnen in Kontaktscheu, Angst vor frischer Luft und direktem Licht – kam er zum Befund, das Leben, nicht nur seins, sei in toto unrettbar langweilig. Nach Feierabend fühlte sich der mehrsprachige Handelskorrespondent viel zu matt und erschöpft, um vor irgendwas zu fliehen. Ermüdung und Mutlosigkeit wetteiferten passiv und schlaff in ihm. Anwandlungen, die ihn selten im Stich ließen, baute er desorientiert zum Dauerzustand aus. Er tauchte draus auf wie aus Absenzen. Öffentliche Parkanlagen rückte er dicht ans »Universo«, ohne hier oder da ins Detail zu gehn. Seine Sterne strömten weniger Astronomie aus als Poesie. Fernab von Psychoanalyse, betätigte er sich als guter alter Seelenzergliederer. Zeit- und Weltgeschichte blieben vor der Tür. Kriege rechnete er in die Kategorie Seuchen und Unwetter. Hinter Milchglasfenstern regnete es öfter, als es Wetterberichte eigentlich zuließen. Transparent für eingrenzende Vorgänge rundherum, Uhrticken, Straßenlärm, Großstadtverhältnisse, packte er den Geräuschpegel, der ihn plagte, in Isolierwatte. In leicht narkotisierter Stadtlandschaft verlor er nie die Contenance, geschweige daß er die tadellos gebundene Halsbinde, die als Hundeohr traurig herabhing, jaulend abwarf oder den Zugriff auf Herrenseife drosselte. Welke Blumen, falscher Glanz u. ä. blaßblaue Accessoires ordneten ihn atmosphärisch einem Fin de siècle zu, worin er sich zurückgesetzt hängenließ, trotz Lebensstandard so für sich hin existierte und vegetierte – so ging's jederzeit vielen bis allen. Sein Grandhotel Abgrund brachte er als Untermieter in Mansarden unter, wodurch vernebelte Abgründe kaum abflachten. Weder mit romantischer Todessehnsucht noch kaltem Todestrieb hatte er viel am Hut: Statt gewürdigt zu werden, den Tod zu erdulden, zog er sich zwischenzeitlich an seiner Verkümmerung hinauf – und zerschellte, laut Selbstaussage, am »Ultratranszendenten«. Aber das Leben, das er nicht mochte, fühlte er bisweilen ganz gern. Irrtumstrunken verlor er sich für Augenblicke an das Gefühl zu leben und kam von diesem Weg nie ab. Farbenspiel im besonnten Lisboa fand er abwechslungsreicher als Blumen. Sein Leben sah er als verfehlt, aber verreisen wollte der unbeglückbare Flaneur partout nie. Bevor er als Autor der Moderne zu gelten anfing, verabscheute er Fahrzeuge, Grammophon, Telegraph und Radiodetektorenempfänger, die »schreckliche Hysterie der Züge, Automobile und Schiffe«. Sah er in der Straßenbahn grüne Seide, erweiterte sich der Stoff zur Textilfabrik, samt aller Abteilungen, Arbeitsleistungen, Buchhaltung, inklusive ausdünstende Schichtarbeiter und deren weitverzweigte Lebensläufe. Bei aller Einsamkeit, heimlich hervorgestrichen, traf er sich fast täglich mit seinem Freundeskreis im »Martinho da Arcada«, sein Lieblingscafé an der Praça do Comércio. 1930 spielte er – an okkultem Schrifttum interessiert – mit → Crowley in seinem anderen Lieblingscafé »Brasileira« Schach und half ihm bei dessen Projekt, einen Schein-Suizid mediengerecht zu inszenieren, um seine Gläubiger loszuwerden. Einziger Lichtblick im Geröll: »die Literatur« (an die er sich klammerte wie → Franziskus an »Frau Armut«, Heidegger ans Sein und Dadaisten an Dada). Die Welt – ein zweifelhaftes Vergnügen, aber »die Literatur« – ein weniger enervierendes Dubiosum. Er edierte die Literaturzeitschrift »Orpheu«. Wär Pessoa weniger unglücklich gewesen, hätte er langweiligere Poesia niedernotiert. Als sein eigener Zuschauer, der sich einem Gestell mit leeren Flaschen verglich, wurde er ein Mann ohne Eigenschaften. Er bohrte, forschte, fühlte fremdelnd in sich herum wie Henri-Frédéric Amiel, Lord → Chandos, Kierkegaard. An Wahrheit und Aspirin hing er wie → Kafka an Wahrheit und Ohropax. Pessoas Frieda Bauer hieß wenigstens etwas exotischer: Ophélia Queiroz. Den Cafard (Katzenjammer) als chronische Syndromatik teilte er brüderlich mit J.-P. Sartre und → Cioran. Ein Madeleine-Erlebnis exemplifizierte er (wie Hofmannsthal oder → Jean Paul) an anderen Duftbeispielen, immerhin aus der Backbranche, ohne dafür am Ruhm Prousts, solch Riechhirn-Erlebnis gepachtet zu haben, partizipieren zu können. »Im Innersten dessen, was ich dachte, war ich nicht ich.« Quiz: Stammt das von Pessoa oder Paul Valéry? Othellos lapidares »I'm not, what I am« walzte Pessoa in Endlos-Varianten aus, wenig konstruktiv, sehr nachvollziehbar. Vor sich selbst zurückzuzucken wie vor allem anderen – nie hatte vor ihm ein anderer die Depersonalitäts-Irritationen unfreiwilliger Ichträger derart geröntgt, zerfasert, ausziseliert, kultiviert, perfektioniert. Riß er sich mühsam vom Stuhl los, trug er den Stuhl seiner Subjektivität weiter. Das obligatorische Grundgefühl des 20. Jhdts., in sich selbst festzusitzen und kein anderer sein zu können, das der »Sklave seiner eigenen Vielheit« mit edelblütigen Vergleichssensorien und Muttersöhnchen wie Jorge Luis Borges sehr teilte, oder unpathetischen Heteronymschleuderern wie Kurt Tucholsky, kanalisierte sich in mehrere Notausgänge, mehrere disparat multiple Teilpersönlichkeiten namens Alberto Caeiro, Ricardo Reis, Álvaro de Campos, ein Engenheiro aposentado (Ingenieur im Ruhestand), und weitere Ableger und Seitentriebe, die er aus Mangel an gleichgesinnten Freunden erfand, von oberflächlichen Pessoakennern kaum auseinanderhaltbar, so als setze er nur Masken auf, die – statt auseinanderzudriften – ihm frappant ähnelten, aber Spagat, Aufspreizung, Seelen-Splitting gestatteten, ohne Empfindungsangewohnheiten und Sichtweisen, von denen sich ihr Inszenator beengt fühlte, sprengen zu können. Sein weitgehend mit ihm identisches Alter ego, Hilfsbuchhalter Bernardo Soares, bei dem er viel Unverblümtes auslagerte und steigerte, aber den er als leichte Verstümmelung seiner selbst abqualifizierte, unterschied sich nur atomistisch von ihm. Aus → Blochs Dunkel des gelebten Augenblicks riß er sich so wenig los wie jeder Místico (Mystiker), Eingesperrte oder Metaphysicus, der es nicht hinbekam, verhaßte Physik abzustreifen und Trennwände zu perforieren, hinter denen Freiheit, ewiges Licht oder wahres Leben winkt. Das Leben hielt er für einen metaphysischen Irrtum der Materie und das Weltgetriebe für eine Abfolge von Träumen und Romanen, die wie Schachteln in größeren Schachteln steckten, für 1001 Nächte, die verkehrt in der ewigen Nacht steckten. Für seine platonischen Befindlichkeiten (Leib als Kerker der Seele) – meilenfern aller Befindlichkeitsprosa, worin reduzierte Hirne verdünnte Gefühlchen schildern – fand er relativ niegehörte Formulationen und Metaphern: Seine bewußte Unbewußtheit führte er gemächlich auf dem Baumstamm seiner Routine spazieren. Daß er sein Schamgefühl, zu existieren, mit → Plotin teilte, wußte er vielleicht nicht. Sich für den Trauminhalt anderer Hirne zu halten, das ging vielen so; das kam seit → Zhuangzi und Samsara-Denkern am Hindukusch in jeder sensibleren Familie vor. Mehr, als daß die Welt arg chimärisch sei, fand Pessoa auch nicht heraus. Poetica à la »Stiefkinder Gottes« oder »Witwe des Chaos« stießen ihn fast in Richtung Neognosis. Aber abgedunkeltes Grundgefühl verquickte er nicht mit religiösem Wahnsystem. Sein Martyrium im Büro, das er kaum abzustreifen wünschte, fand er subtiler als das von Heiligen und Einsiedlern. An der Askese klassischer Asketen knüpfte er nicht an, wohl aufgrund einer Art Asexualität. Aber an den Hindus vermißte er Denkschärfe. Für Entrüstung fühlte er sich nicht stark, für Resignation nicht edel, zum Schweigen nicht groß genug. Das Handeln lehnte er ab, nicht wie → Laozi, eher wie Hamlet, dessen Einschlafphantasien er unbrisant umformulierte. Seine angebliche Belesenheit belastete seine Aufzeichnungen nicht. Auch wenn er Condillac zitierte, nervte er in toto erfreulich wenig mit Bildungszitaten. Dafür, daß er nur für sich schrieb, sagte er verdächtig oft ›wir‹. Statt seine Anti-Lebensberatung an »uns« weiterzuleiten, stopfte er seine Notate in eine Ablage und hätte Zettelverlust irgendwie verkraftet. Daß er nicht nur einfach »Benfica« hinschrieb, sondern erläuterte, daß so die Vorstadt von Lissabon heiße – folglich dachte er insgeheim doch sehr weit über seine Stadt hinaus. Daß er die Welt als überflüssig ansah, produzierte keine Kollateralschäden, weil solche Philosopheme, statt daß ein Staatschef sie auswarf, nur ein Privatier hinterlegte. Todesursache: Leberzirrhose (Alkohol). Seine letzten Worte: »Gebt mir ... bitte ... meine Brille ...« ⁓ Aus Holzkisten stiegen Schubladenmanuskripte fragmentarisch hervor und empor. Der Bürohengst, der privat einiges dichtete, steigerte sich zum Dichter, der einen bürgerlichen Beruf nicht aufgab. Lose Blätter, reizvoll unsortiert, ließen sich collagieren zum »Livro do desassossego« (Buch der Unruhe), postum erschienen 1982, prompt gefeiert als grandioses Dokument existentieller Traurigkeit. Werktätige Bevölkerung hätte solch feinsinnige Quasiprobleme gern gehabt, statt Arbeitslosigkeit, Korruption, Berufsstreß, Finanzkrisen. Gutsituierte, übersensible Sinnsucher, die in ihrer Lebensmüdigkeit nicht müde wurden, in der Badewanne der Sinnferne zu sitzen, vertieften via Pessoalektüre ihre Leiden an neuzeitlicher Randständigkeit, Leerheit, Überdruß, und schlichen dann fast so abgründig trauervoll herum, wie ihr Idol ihnen vorausschlich. Wer nur am Soll und Haben litt, oder bestenfalls an Sein & Design, konnte bei Pessoa lernen, an Sein & Widersinnigkeit zu leiden. Seine exklusiven Meriten und Register – Sichunverstandenfühlen, Lebensscheu – wurden Massenartikel. Kleine Männer und breite Massen, die trotzdem wie er empfanden, drückten sein Grundgefühl auf den Schluß zu gern so aus: »Das soll alles gewesen sein?« Millionen ging das Grau in Grau des Lebens – auch »Alltagstrott« genannt – am Gesäß vorbei. Klassisch tiefsinnige, ehrwürdige Melancholie depravierte zu profaner Depression, zur Volksseuche all derer, die sowohl am Leben wie an Pessoa vorbeilebten. Späteres Vokabularium umschrieb so was mit Termini à la ausgegrenzt, autistisch, Apathie, Abulia, Apraxie, Abstellgleis, Indolenz, Inappetenz, Lethargie, randständig, Negativität, Psychasthenie, Selbstblokkade, tote Hose, was findige Denker auf entfremdete Industrialisierung schoben, oder aufs Kollektivtrauma Portugals, die Kolonial-Weltrangmachtstellung verloren zu haben, fälschlich; denn auch 19.–16. Jhdt. ergingen sich unstillbar in Lamenti und Sospiri. Da Pessoa sich auf kein Ich festgelegt hatte, kamen seine Exegeten ins Schleudern, sobald sie bei ihm Ichzerfall diagnostizieren wollten. Er aber, fragiler Softie in viriler Machogesellschaft, Hypersensibelchen mit rasantwüchsigem Nimbus, avancierte zum bedeutendsten Dichter Portugals, überholte sogar den Klassiker Luís de Camões, sowie Weltliteraturrepräsentanten wie Octavio Paz & Rabindranath Tagore, deren Lyrik auf Stelzen stets a priori gar sehr nach Lyrik klang. Nur dann, wenn »der portugiesische Kafka«in seinen blühenden Langgedichten über das auch von ihm sog. »Sein« semi-pathetisch zu philosophieren oder 100 Jahre nach Büchners Woyzeck vorexpressionistisch zu verkünden anhub, daß die menschliche Seele ein Abgrund sei, gab er wider Willen zu, einen gewissen Prozentsatz unbizarren Max Brod oder Paz zu enthalten. Pessoa wurde zu einem Stammvater jener Dichterseelen, die von politisierenden Pragmatikern kollektiv als »Nabelbeschauer« diskreditiert wurden und deren beschaute Näbel uninteressanter aussahen als Pessoas Geist. Wer sich sympathetisch auf den Sensibilitätsgrad des Gradmessers Pessoas einschwang, changierte zwischen Empfindungsmodi, die hypnotisch runterzogen oder als barocke Lustspender à la »O süßer Schmerz« wirkten. Pessoa weinte viel subtilere Tränen als alle anderen Weltschmerzdichter, einschließlich der sog. Weiner, Stöhner und Beklommenen à la → Ata as-Salimi im klassischen Sufismus.

Worte von Fernando Pessoa: Das Universum ist dunkel, besonders nachts. ◆ Man ist glücklich in Australien, sofern man nicht dorthin fährt. ◆ Was verbergen die Jalousien der Welt in den Schaufenstern Gottes? ◆ Es gibt ernsthafte Dinge des Lebens, die wir bei Scharlatanen und Banditen erlernen können, es gibt philosophische Einsichten, die uns Narren verschaffen. ◆ Jeder von uns hat vielleicht viel mitzuteilen, aber über dieses Viele ist we-

An einer Krankheit leidend, die er gar nicht hatte

nig zu sagen. ◆ Komm morgen wieder, Wirklichkeit! / Für heute reicht es, Leute!

Fernando Pessoa über sich: Ich bin kein Pessimist, ich bin traurig. ◆ Ich bin derselbe, der Vertauschte, / Der Abgesandte ohne Botschaft oder Beglaubigungsschreiben, / Der traurige Hanswurst, der Possenreißer im zu großen Kostüm des anderen, / An dessen Narrenkappe die Schellen klingen / Wie kleine Viehglokken einer auferlegten Knechtschaft. ◆ Ich verstecke mich hinter der Tür, damit mich die Wirklichkeit, kommt sie herein, nicht sieht. ◆ Ich habe mein Leben verfehlt, noch bevor es begann, denn nicht einmal geträumt erschien es mir reizvoll. ◆ Ich habe keinen Fahrschein für das Leben gelöst / ich habe die Tür zur Empfindung verfehlt, / habe jedes Wollen verloren, jede Gelegenheit verpaßt. ◆ Ich muß den Koffer des Seins packen. / Ich muß existieren beim Kofferpacken. ◆ Ich habe mehr Verse als Wahrheit geschrieben. ◆ Ich bin außerstande, wieder an mich anzuknüpfen. Falls ich gelebt haben sollte, habe ich vergessen, davon zu wissen. ◆ In mir steckt mehr innerer Schlaf, als in mir Platz findet. ◆ Ich kann nicht wollen, etwas zu sein. ◆ Wenn ich denke, erscheint mir alles absurd; wenn ich fühle, erscheint mir alles fremd; wenn ich etwas will, ist das, was da will, irgend etwas in mir. ◆ Und ich bemerke mit metaphysischem Schaudern, daß meine sichersten Gebärden, meine klarsten Vorstellungen, meine logischsten Vorhaben nichts anderes waren als angeborene Trunkenheit, naturgegebene Narrheit und große Verkennung. ◆ Was kann mir China geben, das meine Seele mir nicht schon gegeben hätte?

Andere über Fernando Pessoa: Bei Pessoa weiß man ja nie, was Fiktion ist und was nicht. Es ging so weit, daß sogar seine Freunde – einer hat einmal geschrieben, wenn ich ihm »auf Wiedersehen« gesagt habe und ich habe mich umgedreht, wußte ich nicht, ob er noch da steht oder ob er sich schon aufgelöst hat. *(Inés Koebel, 2006)* ◆ Und auch keiner aus der Familie sah ihn jemals betrunken. Manchmal trank er zwar etwas mehr, aber er war kein Alkoholiker. Und er täuschte manchmal meiner Mutter und den anderen Verwandten vor, betrunken zu sein, so aus Spaß, um sie zu ärgern. Und doch blieb er der Nachwelt als ein Betrunkener in Erinnerung, was er aber nicht war. *(Manuela Nogueira, Pessoas Nichte)* • Denn es hat auf der Welt keinen anderen Menschen gegeben, der sich selbst unbekannter gewesen sei, als er es selbst war. *(Eduardo Lourenço)*

Johann Heinrich Pestalozzi, Krappbauer, Schwarbelkopf, Müdling, Armenanstaltsleiter, Menschenfreund, Vaterherz, Prediger, Wohltäter, Sozialreformer, Volkserzieher, Schulgründer, Christ, Naturtalent, »Träumer vom Neuhof«, Fabeldichter, Ehrendoktor (1746–1827): Der arme Schlucker lernte das Elend des Volkes kennen. Die 8 Jahre ältere Anna hätt er, weil er viel zu unbedacht, zaumlos und sprunghaft naturt (geartet) war, beinahe nicht bekommen. Er betrug sich häufig zu heftig, fiel in Berufsplanungen viel zu oft als Fehlspekulant auf. Das Erbteil seiner Braut und Frau investierte er dann falsch in landwirtschaftliche und baumwollindustrielle Fehlschläge und nervte sie, die Seele seines Hauses, jahrelang mit Hypochondrie, ehe er sie um 12 Jahre überlebte. Ihren einzigen (epileptischen) Sohn nannten sie, weil der Hausherr sich von Jean-Jacques Rousseau hatte anregen lassen, Bauer werden zu wollen, Hans Jakob, sprich: Jakobli. 80 verwaiste Zöglinge, die er im Ursulinenkloster aufnahm, schufteten unterbezahlt und knurrenden Magens. Trotz kostengünstiger Kinderarbeit dräute ständig weiterhin Bankrott. Zwischen verhagelten Ernten, Darlehensproblemen und steigenden Lebensmittelpreisen, flankiert von Küchenmeister Schmalhansens Armenbrötlein und Pleitegeier, zerbrach Pestalozzi sich auflüpfisch den Grind (Kopf) über neuen Projekten und focht alsbald für Nationalbildung mit Kopf, Herz und Hand, häusliche Erziehung unterer Volksklassen durch Unterricht. Aus dem Illuminatenorden, dem er 1782 beitrat, trat er wieder aus. Als Hilfslehrer angefeindet von Hauptlehrer Düsli, verband er sich mit den teils opferbereiten Lehrern Krüsi, Tobler, Niederer aus Appenzell, dem Vorarlberger Schmid und dem Herisauer Ramsauer und schöpfte aus der Bibel Mut, Stärke und Frieden. Immer fleißiger wurde er, verwechselte auch mal Maastricht mit Madrid. Als Schriftsteller, der er dann plötzlich wurde, legte er sich kein Nasband (Maulkorb) an, schaute sowohl der Kilchhöri (Kirchengemeinde) wie dem Jaunervolk (Gaunervolk) und Hartknopfengeschmeiß – und sich selbst – auf Schnorre (Schnauze) und Mundstück, also Taunern (Tagelöhnern), Harschieren (Landjägern), Kalfaktern (Verleumdern) – à la Hübelruedi, Heinimuch und Speckmolchin. In seinen umfänglichen Büchern fürs Volk, »Wie Gertrud ihre Kinder lehrte« und »Lienhard und Gertrud« (mit so wichtigen Kapiteln wie »Die Menschen sind so gerne gut und werden so gerne wieder gut« oder »Es naht ein Totenbett«), deren eines sehr gern gelesen wurde, wimmelten Gestalten wie Vogt Hummel, Lips Hüni, der alte Trümpi oder auch Jakob Friedrich Hartknopf, der Ehegaumer und Stillständer von Bonnal. Seine pädagogischen Ansichten legte der Verfasser oft dem Leutnant Glüphi in den Mund. Seine Fabeln, trotz Zaunpfahl und Moralkeule, trugen gleichwohl oft so feine Titel wie »Der Fuchs arbeitet gegen das goldene Zeitalter«. Stundenrufer redeten mit Uhrenmachern, Meister Erdwust mit Knecht Frohmut. Über Pestalozzis blatternarbiges Angesicht trösteten sich die einen mit seiner schönen Seele, die andern malten es idealisch. Auch vor ihm waren x Geister, wie → Böhme, »unansehnlich« genannt worden, praktisch fast alle. Wer seine segensreiche Ausstrahlung, sein soziales Verantwortungsgefühl, seine kernige Sprache nicht lobte und über den Klee rühmte, schalt sein mitfühlendes Herz in Schmähreden und Hetzschriften einen Lügner, Heuchler, Wahnsinnigen, überzwerch, Sklavenhalter, Ausbeuter, Schwafler, geschwätzig, konfus verwahrlosten Spinner, der dann wieder für sein überzeitliches Gedankengut gerühmt ward. ~ Das ansehnliche Pestalozzi-Bronze-Denkmal in Zürich erhob sich nur 2 Fußminuten entfernt vom Grünspan-Denkmal Alfred Eschers, dem Erbauer des Hauptbahnhofs Zürich. Die baldige Zurücknahme von antiautoritärem Laissez-faire ab 1970 wiederholte Pestalozzis eigene Kurve zwischen sanfter Technik und Rückkehr zu antizipiertem preußischem Drill, den Pestalozzi Staupbesen nannte (Zuchtrute).

Worte von Johann Heinrich Pestalozzi: Zu einem guten Ziel zu kommen ist besser, als viel Wahrheiten sagen. ◆ Was ist Wahrheit, wenn es nicht die Natur ist? ◆ Also sorgt der gesellschaftliche Held auf dem Leichnam des Instinkts für das gesellschaftliche Wohl und berechnet auf dem Grab des tierischen Wohlwollens die Finanzen des Staates. ◆ Mutter! Mutter! Wenn ich dich liebe, so liebe ich Gott! ◆ Als der Schlüßler des Himmels die Christuslehre zum tönenden Erz und das tönende Erz zum Schemel seiner Füße gemacht hatte, goß er aus dem Überrest seiner Materie noch für seinen Schemeldienst klingende Schellen. ◆ Der Berg sagte zur Ebene: »Ich bin höher als du.« »Kann sein«, erwiderte die Ebene, »aber ich bin alles, und du bist nur eine Ausnahme von mir.« ◆ In den Bau der Welt taugt nur der abgeschliffene Stein.

Pädagogische Saatausstreuung

Johann Heinrich Pestalozzi über sich: Ich suchte sowohl das gegenwärtige Historische, als auch das folgende Belehrende auf die möglichst sorgfältige Nachahmung der Natur und auf die einfache Darlegung dessen, was allenthalb schon da ist, zu gründen. ◆ Ich habe einen Knaben von 11 ½ Jahren; er kann keine zwei Zeilen aus einem Buch auswendig, er kann weder schreiben noch lesen. Ich hoffe bei Gott, diese Unwissenheit werde das Fundament seiner vorzüglichen Ausbildung sein. ◆ Ich habe seit dreißig Jahren kein Buch mehr gelesen und konnte keines mehr lesen; ich hatte für abstrakte Begriffe keine Sprache mehr und lebte nur in Überzeugungen, welche Resultate unermeßlicher, aber meistens vergessener Intuitionen waren. ◆ Wie gern vergesse ich eine Welt, in der es so aussieht!

Andere über Johann Heinrich Pestalozzi: Jesus hat keinen besseren Jünger gehabt. *(Johann Caspar Lavater)* ◆ Pestalozzis homerisches Gelächter darf über dem gefurchten Antlitz nicht vergessen werden. *(Walter Nigg, 1956)* ◆ Der harten Wirklichkeit sich beugend, glaubte Pestalozzi dennoch fest an das Endziel seiner Sache, und darin ward er von seinem Freund Iselin unterstützt, der seinen Glauben an ihn nicht verlor, mochten andere den Narren und Träumer vom Neuhof belächeln. *(Adolf A. Steiner, 1972)* ◆ Von so einem würde man niemals einen Gebrauchtwagen kaufen, aber Kinder werden ihm anvertraut. *(Michael Korth, 2003)*

Werner Pieper **(auch: Ronald Rippchen, Hugo Hempel, Aki Kwiatkowski), Geschichtenerzähler, Writer, Medienexperimentator, Grenzgänger, Musikpublizist, Publisher, CD-Editor, Pop-Archäologe, Flashback-Transmitter-Kompilator, LSD-Versuchskaninchen, Graswurzel-Hippie (geb. 1948):** Als einziges protestantisches Kind, Mitglied der Phillumenistischen Gesellschaft, den Sammlern von Streichholzschachteletiketten, in einer Zwergschule im Sauerland zum Außenseiter programmiert. Als er in der Schülerzeitung 1965 die Anerkennung der DDR vorschlug, hielt ihn der Direx für »bezahlt von drüben« und verbrannte das Druckwerk öffentlich auf dem Schulhof. Der Brieffreundinnen auf allen Kontinenten pflegte – das Ohr pausenlos am Besatzerradio BFN –, wurde wegen Kriegsdienstverweigerung vom Lehrherrn 1967 noch nicht geistig reif genug für die Kochprüfung gehalten. Chefs vom KBW sagten ihm: »Geh dir erst mal die Haare schneiden, dann kannst du bei uns auch mitmachen.« Werner wollte nur weg. Weil es ihm daheim zu alkoholisiert lärmte, verzog er sich zum Übernachten ins Freie. Weder Igel im Kopfkissen noch Vögel, die ihm im Frühjahr morgens Haare für den Nestbau auspickten, konnten den mittelgebirglerischen Frischluftfanatiker davon abbringen, nur heftige Minusgrade. Als Tramper schätzte er Friedhöfe, bei Regen Auto-Friedhöfe als Schlafstätten. Nach der Kochlehre in Oberhessen kratzte der Ersatzdienstler, statt der Einladung des Savoy-Hotels in London folgen zu dürfen, in Highdelberg Querschnittgelähmten (für 3 DM pro Tag) die Scheiße aus dem Arsch. London wurde trotzdem seine zweite Heimat. Anschließend hatte er keinen Bock mehr auf eine Hotelkaufmannskarriere, denn je »besser« das Hotel, desto zahlreicher und größer die Arschlöcher. Statt Formularkram als Social Worker machte er dann praktische Sozialarbeit als kommunikativer bis plaudersüchtiger Street Fighting Man on the Road: Werner nannte sich hochtrabend euphemistisch bis augenzwinkernd »Händler psychoaktiver Kräuter & Substanzen«, anders als andere Dealer, die geldgeil im Knast landeten, verstand er sich als Drogenberater, der nicht unbedingt abriet, als hilfreicher Tripbegleiter labil strauchelnder Kunden, mit sozialer Verantwortung. Kunden waren vor allem GIs, häppy, nicht in Vietnam sein zu müssen: »Jaja, die US-Armee finanzierte den deutschen Underground!« Eine eifersüchtige Schwiegermutter schalt ihn ausgerechnet »Polizeispitzel!«. Immer wenn er 1000 Mark zusammenhatte, fuhr er nach Formentera, Isle of Wight, Kreta, Stromboli, lebte mit Freaks, von denen jeder einen Schlafsack, kaum einer eine Bude hatte – wozu auch. In London übte er – als deutsche Delegation des CND-Ostermarsches 1967 – die hohe Kunst, ohne Knete sinnreich weiterzukommen, blutspendend: Autoradio geklaut, nach Liverpool getrampt, dort an Penny Lane gehockt, bis der in selbigem Radio erklang. Brieflich schrieb er 1969 seinen Eltern, er habe kein Geld, aber genug Leute, viel Freiheit, Sonne, Musik (Little Richard, Blues, The Petards), und in letzter Zeit 20 x Haschisch, 4 x LSD und 25 x GV genossen. Die Pink Floyd nannten ihre 1. LP (The Piper at the Gates of Dawn) nach ihm, laut Howard Marks. 1971 gründete er die Dealer-Rechtshilfe: die »Grüne Hilfe«, die zu Weihnachten Haschcakes an Inhaftierte schickte, was bald verjährte, und die er zur »Grünen Kraft« ausbaute. Bunter ging er herum als jeder Hippie, mit Rainbow-Brille und selbstleuchtenden Schnürsenkeln, unerforschlich langen Naturfilz-Zöpfen bis zum Po, abgefahrenen Haarfontänen, kosmischen Antennen gleich, asymmetrischen Bärten und Goldzähnen, bestritt aber jederzeit, Hippie zu sein. Zeitweise aß er so lange Knoblauch, bis er – »Hhhaalloo!« – halbe Straßenbahnwaggons für sich und seine Freunde hatte. Stets führte er Vierkantschlüssel bei sich, um in Zügen seinen Haschischproviant bei Grenzübergängen in abgeschlossenen Kontrolleursabteilen zu deponieren, oder im eigenen, von innen abgesperrten Abteil seine Ruhe zu finden. Mit Guru-Suche, Carma Cola, Indientrips – er fuhr allemal nur dorthin, wo er von Einheimischen eingeladen wurde –, Eso-Mystik und »Neuem Zeitalter« (für ihn eine Nazi-Formulierung) hatte er wenig am Hut. »Grüne Zweige« sprossen hervor, in betont uneinheitlichen Formaten und Umfängen. Grüne Themen: Umweltschutz, Naturkost, er lud die ersten traditionellen Indianer ein, 10 Jahre vor den organisierten Grünen, bei denen er später im Bundestag einige seiner alten Kollegen und Kunden wiedertraf! Zeitschriften: 1972 KOMPOST, ab 1979 das HUMUS-Magazin (Honorar: LSD-Trips mit Firmenlogoaufdruck), auf grauem Umwelt- und Tütenpapier, das nach kurzer Laufzeit bereits so historisch vergilbt ausschaute wie Flugschriften barfüßiger Erlöser von 1932 oder 1906; es folgten Hempel Stempel, Transmitter-Kassetten mit unerhörten Klangpreziosen & CDs, Lichtblicke-Videos, Guter-Eindruck-Visitenkarten, Edition RauschKunde, eine Mixtur aus Rennern, Ladenhütern, Trendsettern, garniert mit kostenlos plauderseligen Rundbriefen an Richard, zwischen High Moon Partys und Razzien. Knastaufenthalte beschränkten sich auf One-Night-Stands. 2 x steckte man ihm sein Buchlager an. Als Autor & Herausgeber »machte« er 3–4 Dutzend Bücher, als Verleger 200 weitere. Vom Terminus »Verleger« ließ er sich nicht einengen, stellte keine Aktenordner auf, gab nichts für Werbung aus, schloß mit seinen AutorInnen (Tim Leary, der in den USA überall herumerzählte, Pieper sei der Gründer der Grünen in Europa, Heathcote Williams, Albert Hofmann, Ernest Borneman, Daniel Kulla, → Remann, → Francia, → Neuss, → Rätsch, Holbein) keine schriftlichen Verträge, alles klappte auf Vertrauensbasis – das hatte er ja als Dealer gelernt. Die junge naturentfremdete »taz« verdächtigte ihn, daß Grüne Zweige angeblich öfters auf braunen Ästen wüchsen, ehe er dann für 64 Wochen taz-Drogen-Kolumnist (über KPD = Kräuter, Pillen, Drogen) wurde. Ein Label kreiste sinnreich unter jeder Gürtellinie herum: Auf seinem enzyklopädischen Klo-Bestseller »Scheiß-Buch« bildete der Ex-Koch einen Teller mit selbstgemachter Kacke ab. Dann: Vorhaut-Akten, Nasenbohrer- & Popelbuch, Deutsche Kakerlaken, Tampons. Nach 7 Jahren ein Jahr Verleger-Pause; als Schäfergesell kastrierte er Dutzende junger Böcke in Kent. Gefährtinnen seines Lebens hießen betont exotisch: Sharon Levinson, Waldraute, Beckie, Barby, Nadina Leganovic. Zum österlichen Sonnenaufgang pflegte er Osterwasser an der Quelle zur Lichten Klinge zu schöpfen. Idyllisch lebte er in einsamer Hütte am Berg, mit Bett im blühenden Apfelbaum im Eiterbachtal, dann, ab 1975, in ähnlich verwunschener, in der Zeit stehngebliebener Alten Schmiede in Löhrbach bei Weinheim, vornraus eine vielbefahrene Landstraße, hintenraus kilometerweit Odenwald, innendrin psychedelische Volkskunst. Mangelndem Führerschein sprangen fremde Enten bei; der begeisterte Mofafahrer (Frischluft!) lenkte sein Velo Solex bis nach Land's End (Cornwall). Da man im Kampf für Haschischentkriminalisierung nicht weiterkam im Leben, forderte er eine Legalisierung für psychoaktive Rentner: »Sie haben einfach eine Steigerung ihrer Lebensqualität verdient.« Nach 300 LSD-Trips kam er immer noch nicht auf die Idee, mal Heroin oder Kokain auszuprobieren. Leute, die ihn zu früh anriefen, ihn beim Reden oder irgendwas unterbrachen, oder Treffpunkte nicht einhielten, bekamen ziemlich eins drauf, vom Sauerländer Dickkopp in ihm. Obwohl er seit 2000 pausenlos lamentierte, Buchumsätze halbierten sich, fuhr er 2 x jährlich nach London (in toto über 80 x), und in jedem Dezember zum Fasten auf Inseln in Schreibklausur. Bürgerliche Feste mißachtete er weitgehend, statt dessen öffnete er zu jedem Vollmond seine Medienschmiede, Frau Nadina und er wechselten sich ab, einen Thanksgiving-Truthahn zu schlachten. Gegen sein Testament »Wenn ich mal abnipple, sollen alle meine noch nicht verkauften Bücher als Freudenfeuer abgefackelt werden« erhob seine hyperbegabte Tochter Oona Einspruch. Jahrzehntelang lief er auf LSD-Kongressen in Basel und anderswo herum als Sammelmulde und Proviantfaß für Storys, Milieuklatsch, und als wandelndes Lexikon für seltsame Erkenntnisse, Themen, AutorInnen, Substanzen und szeneüberschreitende Musiken (www.gruenekraft.net).

Worte von Werner Pieper: Wenn man wie ein Narr aussieht, ist man überall sicher. ◆ Wenn der Stoff gut ist, erledigt die Mundpropaganda den Rest. ◆ Tippfehler kann ich als Schriftstotterei akzeptieren.
Werner Pieper über sich: Ich bewege mich oft dort, wo die Angst aufhört und das Staunen beginnt. ◆ Als Kokser wäre ich das größte Arschloch unter der Sonne, und ich finde das Leben zu aufregend, um mich nur zu-

Rauchzeichen auf immergrünen Zweigen

dröhnen zu wollen. ◆ Oona habe ich dann vorgeschlagen, daß ich mich für sie mal besaufen würde – damit sie ihren Vater auch in diesem Zustand erleben kann. Sie hat dankend darauf verzichtet. ◆ Honorare zahlen gehört zu den schönsten Aspekten des Verlegerseins.

Andere über Werner Pieper: Lebt hier der letzte Wilde vom Odenwald? *(Speditionsfahrer, 1974)* ◆ Ein ganz verrücktes Huhn. Ich denke gerne an den, weil er das geblieben ist, was damals so die Vorstellung war – daß man sich nicht total in den Konsumsumpf begibt. *(Johannes A. Nikel)* ◆ Langsam wird es überdeutlich, daß er nicht ganz dicht im Gehirn ist. Seine Persönlichkeit ist entwickelbar, er muß sich nur einmal einem Experten (Gesprächstherapie) anvertrauen. *(Raymond Martin)* ◆ Kein Märchenonkel, sondern einer von denen, die von jeher von Dorf zu Dorf, von Stamm zu Stamm zogen. Einer, der dabei Dinge erlebt und Menschen trifft und zuhört und erzählt; der Nachrichten überbringt und die Erfahrungen von Vielen in seinen Geschichten bewahrt. *(Sina)* ◆ Werner Pieper hat dort eine Lichtung gefunden, auf der es hell genug ist, um zu erkennen, was man aus der wuchernden Pracht, aus diesem Leben, alles machen kann. *(Peter Lau, brand eins)* ◆ Germany's most exciting cyber-shaman-performing-publisher! *(Tim Leary)*

PLOTINOS VON LYKOPOLIS, **Philosophielehrer, Seelenforscher, Weltseelenerkenner, Denk-Mystiker, Stadtplaner, Neuplatoniker** (204–270): Mit 8 trank er immer noch an der Brust seiner Amme – das einzig bekannte Faktum bis zum 29. Lebensjahr. Dann saß er in den Vorlesungen damaliger philosophischer Koryphäen in Alexandria, von allen enttäuscht und darob gar sehr niedergeschlagen. Um so magnetischer zog Ammonios Sakkas (Sackträger) ihn an (»Das ist der, den ich suchte«), dem er dann 11 Jahre zu Füßen saß. Aus Hindustan herüberwehende Denksysteme bewogen ihn, unter Kaiser Gordian III. gegen Persien mitzuziehn. Er entkam unter Fährnissen, schlug sich nach Antiochien durch, traf 244 in Rom ein. Zusammen mit

Herennius und → Origines rettete Plotin die Lehren seines Spiritus rector Ammonios (die später doch wieder verlorengingen und die Plotin hoffentlich nicht verwässerte). Von ihm, Plato und Umfeld entnahm Plotin das peinvolle Lebensgrundgefühl, als Seele im Leibknast eingegrenzt festzusitzen und alles, was einen umhüllte, abstreifen zu wollen. Manchmal erwachte er aus seinem Leib zu sich selber, in die Koinzidenz von Schauendem und Geschautem, ins Reich der Seele, des Einen oder Gottes, dies aber jeweils nur kurz, um dann gleich wieder zurückzusinken ins lästig Irdische. Landesübliche Götter traf Plotin nur außerhalb des eigentlichen Heiligtums an. Gott siedelte er dergestalt weit oben an, daß selbst Götter nur hinaufschauen konnten. Seine Mahnung, maßvoll, nicht dreist zu Gott aufzusteigen, nämlich nur so weit, wie die eigene Natur Kraft hat, antizipierte den Neuzeitwitz: »Bitte nicht weiterklettern! Der Berg ist hier zu Ende!« Übliche Seelenreisen verglich er geträumtem Fliegen, womit man sich die Möglichkeit, tatsächlich Gott und Weltall zu sein, verschließe; er umschrieb und reflektierte also bereits das Perspektivproblem damals noch nicht sog. Flugsimulation. Tief bohrte er sich gedanklich in alle Finessen von Metemsomatosis (Umkörperung). Natur nannte er Pandoradose, und Seele einen Narziß, der Scheinbilder umarmt, die Welt ein Zwischenseiendes zwischen Nichtseiendem und Überseiendem. Der schwer lösbaren Frage, wieso sich die Seelen überhaupt erst aus der Weltseele abspalteten, wich er nicht aus, erklärte sie diffus mit »Fürwitz«, hoffentlich nicht einem Äquivalent für christlichen »Ab- und Sündenfall«. Von Christianern umgeben, hielt er sie nicht für wert, sie schriftlich zu erwähnen. Umfuchtelt von irregeleiteten und irreführenden Offenbarungsschriften des Zostrianus, Nikotheos, Allogenes, Messos, Sektierern à la Adelphos, Aquilinus, Alexander aus Libyen, Philokomos, Demostratus, Lydos, delegierte er deren Widerlegung an seine Schüler, die auch in Schulschriften darlegten, daß die Vorwürfe, Plotin plagiiere die Lehren des Numenios und des Tryphon, nicht haltbar seien. In seiner eigenhändigen Skepsis und Argumentation gegen Gnostiker, dämonologische Therapeuten und Theurgen redete Plotin über Dämonen, gottselige Seelen, den König der oberen Welt, also durchaus selber als Teilgnostiker, ein sich kognitiv verblüffend freistrampelnder, der die Welt weniger schwarz einstufte, eher leibnizisch schön und gut; denn jeder Schatten machte das Hellere zum Licht. Seine Gönner, die Kaisergattin Salonina und auch Kaiser Gallienus selber, kamen Plotinos' Wunsch entgegen, eine Ruinenstadt in Kampanien aufzubauen zu einer Philosophenstadt namens Platonopolis; das Projekt zerschlug sich. An Geburtstagen von Sokrates und Platon pflegte

Plotin zu opfern, verschwieg aber seinen Geburtstag, auf daß nicht auch ihm geopfert werden könne. Auch Heimat und Herkunft behielt er für sich, nicht aber wegen dubiösen Milieus, Landes oder Volks, sondern weil er sich platonisch schämte, im irdischen Leib zu wohnen. Als Schüler ihren Meister abkonterfeien wollten, lehnte er ab. Heimlich malte Carterius ihn aus dem Gedächtnis; Amelios (Nachlässigkeit), den Plotin ausschließlich Amerios (Unteilbarkeit) nannte, half die Züge verbessern. Schüler, die sich politisch engagierten, wußte er abzudämpfen. Obwohl oft als Schiedsrichter um Rat angegangen, machte sich der sanfte Mann nie Feinde; einzig der neidische Ammoniosschüler Olympios aus Alexandria entfesselte magische Kräfte gegen ihn, mit Rückstoßeffekt. Mystische und analytische Fähigkeiten wetteiferten in ihm mit- und gegeneinander. Daß er den Göttern nicht nachlief, sondern sich, sobald er aufstieg, zu deren Gott machte, klang wie eine frühaufgestandene Metapher abendländischen, ja kantischen Subjekt-Objekt-Denkens. Er sann sogar, wie ein verspäteter Vorsokratiker, wissenschaftlichen Fragen scharfsinnig nach: Wieso erscheinen ferne Objekte kleiner als nahe? Daß Bäume nie zornig werden und keine Notwehr betreiben, führte er logisch darauf zurück, daß sie keine Galle haben. Von seiner Gedankenmasse, die er fortwährend fortspann, ließ er sich auch dann nicht ablenken, wenn er parallel nach außen hin sich auf Gespräche anderen Inhalts einließ. Beinah hätt er seine Lehren nicht fixiert. Überredet von Schülern, hub er erst mit 49 an, sie flüssig Wort für Wort aus seinem Hirn abzuschreiben, wo sie schon fertig zu stehen schienen, ohne daß er irgendwas nachkorrigierte. Sein Schüler Phorphyrius (Purpurgewandeter) brachte das »Corpus plotinianum«, aus 54 Enneaden, auf die Nachwelt. Daß er weder das Fleisch wilder noch zahmer Tiere aß, zwecks Erlangung von Hagneia (ritueller Reinheit), also um nicht die Seele ein zweites Mal in den Haimobotos biotos (ins blutige Leben) abstürzen zu lassen, hielt er gleichfalls keiner beiläufigen Erwähnung für wert. Er nahm auch das Theriak nicht, das ihm wegen seiner Darmkolik verordnet wurde. Seine Masseure, die den Serbelnden behandelten, starben vor ihm hinweg; Angina setzte sich bei ihm fest, chronische Heiserkeit; Hände und Füße eiterten. Zwecks Erholung ging er nach Kampanien, quartierte sich ein auf dem Tusculum (Landsitz) von Jugendfreund Zethos. Daß seine Schüler ausblieben, muß nicht an Infektionsangst gelegen haben, sondern bloß an unspezifischer Abscheu vor seinem vielleicht gefahrlosen Salutio nach römischer Sitte (Grußkuß ins Gesicht, neuzeitlich »Bussibussi« genannt). Bei seinem einsamen Tod war weder Meisterschüler Amelios noch Porphyrios, noch Gönner Castricius zugegen. Plotinos starb mit 66, ob an

Elephantiasis graeca, Lepra oder an Tuberkulose, blieb unklar wie der Ort seiner Grabstätte. ⁓ Die Zeichnung von Plotins Angesicht ging dann doch noch verloren. Die vorhandene Statue mag sich an Kopien davon orientiert haben. Später hieß es, er stamme aus Lykopolis. Jamblichus, Proklos, Augustius, Marsilius Ficinus, indem sie Plotins Platonvertiefung bewunderten, ausgruben, aufgriffen, nie überboten, verflachten ihn nicht ganz so eklatant wie orientalische Legenden- und Mysterienstricker, Mystagogen, Theosophen und Wundermänner. Wofür spätere Mystiker berühmt wurden, stand meist bereits längst bei Plotin, z. B. Meister Eckarts Erkenntnis, daß Gott viel zu hoch stehe, um sich um den Kosmos zu kümmern. Pro späterem Idealstaat und Gelehrtenrepublik mochte das nie gebaute Utopicum Platonopolis mitschwingen. Plotinische Porträtverweigerung gab es dann auch beim spartanischen König Agesilaos (Xenophon. Ag. 11,7), bei etlichen Musulmännern, neuerdings bei Giacinto Scelsi und Thomas Pynchon. Gemeinsamkeiten zwischen Plotin und Hafiz? Beide bleiben lebenslang Goethe dankbar für dessen Protektion. → Novalis nannte Plotin »diesen für mich geborenen Philosophen« und fühlte sich mit ihm herzensverwandter als mit Fichte und Kant. Neuzeitler einigten sich, Plotin dem »späthellenistischen Neuplatonismus und spekulativen Mystizismus« zuzuordnen und ihn »Metaphysiker« zu nennen. Scherzbolde witzelten, Plotin habe immer nur, wie alle Männer, an »das Eine« gedacht. Seine Zentralbegriffe »nus« (Geist) und »hen« (das Eine), um die er hingegeben kreiste, klangen als magische Worte weniger schön als religionsgeschichtliche Entitäten à la Dao, Nirwana, Pantha rei, Sphairos, Allah, Buddha, Halleluja. Aber seine Seelenaufstiege kamen – zwischen schamanistischen Himmelsleiterüberfliegungen und Sri Aurobindos Overmind- und Supermind-Leitersprossen – unaussprechlich weit hinauf, in toto kaum runterdrückbar von hirnphysiologischen Erkenntnissen.

Worte von Plotinos: Man muß nämlich das Sehende dem Gesehenen verwandt und ähnlich machen, wenn man sich auf die Schau richtet; kein Auge könnte je die Sonne sehen, wäre es nicht sonnenhaft; so sieht auch keine Seele das Schöne, welche nicht schön geworden ist. ◆ Jedes Wesen enthält in sich selbst die ganze verständliche Welt. ◆ Der Mensch, wie er jetzt ist, hat aufgehört, das All zu sein. ◆ Über den Geist hinauszuwollen, bedeutet Absturz ins Außergeistige. ◆ Denn dieselben Leiber erscheinen bald als schön, bald als nicht schön; Leib sein muß also unterschieden sein von schön sein. ◆ Es ist doch um vieles besser, daß die Wesen und Menschen so blei-

Platonisch im Leibknast stecken

ben, als wenn sie von Anfang an gar nicht entstanden wären. ◆ Wirst du ermordet – so hast du, was du wünschst. Hast du überhaupt etwas auszusetzen an dieser Welt – es zwingt dich keiner, ihr Bürger zu bleiben. ◆ Die Vernunft will nicht, daß alles gut sei, gleichwie ein Künstler nicht alles an einem Tier zu Augen macht. ◆ Es wäre ja lächerlich, wenn in dem Augenblick, wo eine Krankheitsursache eintritt, alsbald auch der Dämon sich als Nebenursache einfände, als hätte er nur drauf gewartet. ◆ Gottes Größe zeigt sich in der Vielzahl der Götter.

Plotinos über sich: Ich erlebte die Unio dreimal und Porphyrios nicht einmal. ◆ Steige ich, nachdem ich so im Göttlichen gestanden habe, aus dem Geiste ins Denken nieder, dann weiß ich nicht: wie kann dies sein, daß ich jetzt niedersteige, und wie konnte es sein, daß die Seele einst in meinen Leib geriet, da sie doch das ist, als was sie sich mir nun, wiewohl im Leibe verharrend, in sich selber offenbarte? ◆ Nicht genug, daß ich das Schattenbild tragen muß, das mir die Natur anheftete, nun willst du gar ein Schattenbild dieses Schattenbilds als etwas Sehenswertes späteren Zeiten hinterlassen?

Andere über Plotinos: Während er sprach, trat sein Geist sichtbar zutage und bestrahlte mit seinem Glanz selbst noch sein Antlitz: immer anziehend von Anblick, war er in solchen Augenblicken geradezu schön; ein leichter Schweiß stand auf dem Gesicht; seine milde Menschlichkeit schien hervor. *(Porphyrios)* ◆ Wenn man Plotin und die Neuplatoniker Schwärmer und Phantasten genannt hat, so haben sie diesen Vorwurf wohl in einem gewissen Sinne verdient. *(G.W.F. Hegel)* ◆ Er erreichte während seines Lebens mehrere Male Samadhi. *(Madame Blawatsky, 1892)* ◆ In dem Augenblicke dieses Aufleuchtens war Hegel mit Geistern wie Plotin, Proklus intim geworden. *(Dr. Steiner)* ◆ Sein Leben und sein Denken sind vielmehr eines der großen Beispiele der durch nichts zu hemmenden Kraft der Philosophie. Aber was er dachte, kann so wirken, daß es auch müden Menschen hilft, ihr Erlahmen an der Welt zu vermindern. *(Karl Jaspers, 1957)* ◆ Ein süßer Hauch der Fülle des Lebens, bestürzend sinnlich in seiner weichen und sanften Überschwenglichkeit, überflutete oft seine Seele und brachte alle Gedanken an körperliche Liebe zum Schweigen: »Dies ist nicht die Behauptung eines erregten Körpers, sondern einer Seele, die wieder geworden ist, was sie zur Zeit ihrer frühen Freude war.« *(Peter Brown, 1988)* ◆ Daß ich mit einem seit sechzehnhundert Jahren toten Manne mitdenken kann und aufgrund seiner damaligen Einsichten heute Einsichten haben kann; daß ich mich mit ihm, der nun schon nicht einmal mehr Staub ist, ungleich besser verstehe als mit den nicht mehr als drei Meter von mir entfernten Etagennachbarn, das ist gespensterhaft. *(Günther Anders, 1991)*

Gerhard Polt, Lausbub, Stegreifschnauze, Wurstmax, Urbayer, Scheindepp vom Schliersee (geb. 1942): Zielgenau geboren wurde der Metzger-, sorry: Anwaltssohn ausgerechnet im Papstkaff und äußerst katholischen Wallfahrtsort Altötting. Frühen Umgang hatte er mit dem Hinterschöpfinger Berti. Schon als Knirps wirkte er als Lebensmittelprüfstelle, d. h. hatte an Weißwurscht zu zuzeln und sie für »sehr guat – narrisch guat!« zu befinden. Schleimige Schulspeisung schappte er gern seinen Lieblingsfeinden an den G'schwollschädel. Schuhkartons füllte er mit Hundekot, tränkte das Zeug in Spiritus, stellte das dann Leuten vor die Haustür, zündelte und klingelte. Den Aspekt hervorzuheben, daß er ein Hundskrüppel und ein Übeltäter gewesen sei, das blieb ihm auch später wichtig. Dann studierte er in Göteborg fließend Schwedisch, und an der bayrischen Landeshauptstadt. Kollegen mußten lange üben, sich zu verbiegen; Polt perfektionierte den Anschein trügerischer völliger Ungeübtheit. Betrat er irgendwelche Bretter, setzte er sich erst mal hin und ließ Biermösl-Blosn aufspielen, und Alphörner. Am Tote-Hosen-Album »Auf dem Kreuzzug ins Glück« wirkte er mit. Urlaub machte er oft dort, wo man deutsch spricht, mit Frau Gisela Schneeberger und dicklichem Sohn, der auch noch ausgerechnet Ernst-Rüdiger heißen mußte. Er fuhr öfter nach Schweden und Italien, aber unter Mongolen, denen er Apfelstrudel nicht erklären hätt können, wär er sich mutterseelenallein vorgekommen. Vom Machen schöner Worte lebte er nie. Vormachen konnte man ihm nix. Aber bald konnte der Großmeister haufenweise Kleinkunstpreise einsäckeln. Auch privat ging's bei ihm oft zua wia im richtigen Leben – wie auch sonst? Wollt er mal ein bisserl Zimbelmusik zupfen, mit Leuten, die er kannte, mußte er sich erst stundenlang mit Instrumentenkoffern durch die Tiefgaragen, Treppenhäuser, Fluchtgänge, Brandschutztüren,

Kanalsysteme sozialer Plattenbauten quälen. Mitten in der Ökowelle entsorgte er auch stapelweise Müll in letzte naturschöne Naturreservate hinein. Kam ein Physikstudent aus Ghana bei ihm zu Besuch, reichte er ihm in der blödsinnigen Meinung, daß das ein Neger sei, zum Vortrommeln eine Trommel. Er stand auch sehr auf Frauen aus Asien, mit dem bescheuert sinnvollen Argument, daß die sauber zur Tapete passen und auch gar nicht viel einschmutzen. Pornos mit Polinnen guckte er sich nur aus wissenschaftlichem Interesse an. Und auf seinesgleichen hackte er auch sehr gern rum, auf allen, die auf Ausländern rumhackten, daß sie es nicht mehr sehn könnten, das Gschwerl, mit so echter Zornfalte, als hätt er genausoviel gegen das Gschwerl. Sah er irgendwo den Böhmkrüppel mit seinen 4 Kindern, das infame Gesicht von denen, da rutschte ihm die Hand gern mal aus. Auch gegen Geistesmenschen hatte er einiges. Einerseits schien seine unvorlaute Suada auf streng eingeübtem Kalkül zu basieren, andererseits konnt' er sowieso nie anders. Man wußte bei ihm nie: Meinte er's nur so, tat er nur so, oder war er auch sonst so, und sowieso nichts als so, und noch mal so? Er stilisierte nie was, ehrlich. Dadurch hoben sich Unterschiede zwischen Satire und Leben aber total auf, zu beider Nachteil – oder auch Vorteil. Wenn er den Wurstmax, den miserabeligen, drauflosbilanzieren ließ, ging das fließend in ihn selber über, schlug vollrohr auf ihn zurück. Einerseits redete er Rollenprosa quer durch angeblich ganz unterschiedliche Münder und Figuren, also schwebte er drüber, andererseits spielte er trotzdem sich selba, also steckte er genauso drin wie alle anderen. Im Kneipendunst von Oktoberfest, Hofbräuhaus, Karneval, Mehrzweckhalle wär seine Stimme nicht weiter aufgefallen; herausgehoben auf Bühnenbretter und TV-Rampen, wo er oft herumhing und herumsaß wie a Bulldoggen im Pudelclub, schlug im Zeitalter kultureller Nivellierung solch grobkörniges Originalprodukt aus halb ausgestorbenem Oberammergauer Schnitzerheim als Exotikum ein, als Erfolgskanone, als Mitbringsel aus bedrohten Gebieten. Nördlich von München usw. wollte man ihn oft als Parade-Bajuwaren figurieren lassen, was er, indem er das Ansinnen erfüllte, hintertrieb, und umgekehrt. Außerhalb Bayerns übersetzte sich sein Stammtischfasel-Job als das Amt eines Kabarettisten. Oft blieb er lieber daheim, wie ein Bootsverleiher, meditativ irgendwo hingucken, mit innerer Ruhe, einfach nur so. Oder Fußball gucken und was knabbern. Lieblingsfraß: Leberkäse Hawaii. Auch Mr. Anybody wußte er, wie sagt man, prima zu imitieren, well as you see. Wer von außerhalb in Polts Land einreiste, merkte plötzlich, daß fast alle dort so reden, so als wär der Mann bloß einer von allen und alle Leut ein Riesenhaufen aus Polts, und der eine Herausgehobene bloß das Sprachrohr oder der Exponent, oder ein hervorragender Schaumspritzer auf einer Riesenwelle markanten Bayerntums. Bescheidenheit zierte ihn auch weiterhin: »Was bin ich gegen einen Vulkanausbruch!« Aber als dann ein humorvoller Student eine Hitlerrede mit Polts Stimme plausibel unterlegte, da zeigte der Polt auf einmal keinerlei Humor, alles andere als Verständnis, und prozessierte drauflos, so humorlos wie möglich – und warum? Weil der Student ihn einfach vorher nicht gefragt hatte. Ach so. Ja dann.

Sein Schnabel wuchs ihm bayrisch

Worte von Gerhard Polt: Kinder in einen Kindergarten stekken, statt in eine Metzgerei, ist einfach eine Sauerei. ◆ Toleranz, das muß man praktizieren. ◆ Dene Kranken ko's ja Wurscht sei, was so a Pfleger verdient. ◆ Kernforscher miaßn beschäftigt werdn bei dera Akademikerschwemme – mir könnan uns des gar net leistn, Tausende von so Akademikerschwemme, Tausende von so Kernforschern, de wo koa Atom macha könna. ◆ Wenn so ein Sesselfurzer – einem erklärt, was Realität ist, der selber – grotesk! Aber... das ist Realität. ◆ Eine Idylle, diese Natur. Äh, die Natur, ja. Ich muß schon sagen, wir sind so gerne da heraußen, gell. Ma hat a Bewegung, ma tut was für seinen Körper, und mir ham auch eigene Anpflanzungen, also Agrarprodukte quasi. Ja, des is ja, gehst da weg von den Rosen, malefix noch mal! Heinz-Rüdiger gehst net gleich weg da, is doch gefährlich! – weil der einzelne is nix mehr wert, wenn er in der Masse auftritt. Als einzelner im persönlichen Kontakt mit dem Chef erreicht man gewöhnlich mehr. ◆ Nur ein Depp ist immer tolerant. ◆ Wir brauchen keine Opposition, weil wir sind schon Demokraten. ◆ Ja, Fräulein Grubel, die scherzartikelproduzierende Industrie war und ist stets bemüht, sich flexibel am Humorbedarf der Kunden zu orientieren, denn Spaß muß sein. ◆ Selbst im eigenen Familienreich kann's doch mal passieren, daß man seiner Alten eine aufstreicht, daß sie einen Purzelbaum schlägt. ◆ Ich mein, entschuldigen Sie... ein Nichtschwimmer, der soll von mir aus Auto fahren. Der kann auch in ein Kaufhaus reingehen. Und kann sich eine Unterhose kaufen. Bitte, keine Badehose. ◆ Mir gefällt nicht, wie alles schneller wird.

Gerhard Polt über sich: I kenn mi aus. ◆ Ich mein, ich kann gerne mal ins Konkrete – gehen wir doch mal ins Konkrete. Ja, werden wir doch mal konkret. ◆ Ich hab kein Heimweh nach dem Weg-von-hier. ◆ Ich beurteile unsere wirtschaftliche Situation bei uns mehr aus der Sicht der Gastronomie. ◆ Ich hatte immer viel Freude an Lebensmitteln. ◆ Ich red jetzt nicht von Kampfhunden, nein, das Thema, das lassen wir aus, das ist mir zu aktuell. ◆ Ich grüße den Böhm, obwohl er mein Nachbar ist. ◆ Ich hab halt meine eigene Vorstellung von Glück und Zufriedenheit. ◆ Daß ich heute manchmal noch optimistisch bin, verdanke ich meiner Kindheit und denen, die sie mir ermöglicht haben, sonst wäre ich zu meinem Leidwesen schon allzu früh erwachsen geworden, wie die anderen auch, und dann könnte ich mir alle meine Worte sparen. ◆ Bei Stoiber muß ich einfach lachen.

Andere über Gerhard Polt: Polts Nummern leben nicht von schönen Worten, sie sind wie ein Naturereignis und reißen alles mit sich. Wenn er in Fahrt kommt, biegen sie sich auf ihren Stühlen in den Theatersälen und johlen in den Bierzelten. Am besten funktioniert das in Bayern, und oft hauen sich jene Typen am kräftigsten auf die Krachlederne, die Polt vorne auf der Bühne so meisterhaft karikiert. *(Focus)*

R

RABIA AL-ADAWIYYA, Sklavin, Diesseitsablehnerin, Paradiesverschmäherin, Asketin, Mystikerin, Vegetarierin (717 bis 801 n. Chr.): Sie kam aus einem Slum der Völkermetropole Basra (Araber, Perser, Griechen, Mawalis = nichtarabische Musulmanen). Ihr asketischer Vater, der nach 3 Töchtern dringend auf einen Sohn wartete, nannte sie resignierend »Die Vierte«. Sie ahmte ihn nach, nahm beim Essen nur kleine Bröckchen und nie Nachschlag. Dann frühverwaist, wurde sie verkauft für 6 Silberlinge. Ihr Herr erkannte an ihr eine Besonderheit und ließ sie frei. Als ihr auf der Wallfahrt der Esel verendete, hob sie das Gesicht zum Himmel und rief: »O Allah, behandeln die Könige so eine hilflose, schwache Frau? Du rufst mich zu Deinem Haus, bringst dann auf halbem Weg meinen Esel um und läßt mich allein in der Wüste stehn?« Als sie nach 7 Jahren in Mekka ankam, bekam sie ihre Tage und wurde als Unreine nicht zur Ka'ba vorgelassen. Heiratsanträge schlug sie aus: »Eheverträge beziehen sich auf Wudschud (Seiendes). Ich aber bin kaum noch im Wudschud; ich bin nur noch in Allah. Um eine Braut muß man bei Ihm werben, nicht bei mir.« Kam Unangenehmes, freute sie sich: »Heut hat Allah an mich gedacht!« Suchte nichts Schlimmes sie heim, weinte sie: »Was hab ich falsch gemacht, daß Allah nicht an mich denkt!?!« Befragt, warum sie immer weine und leide, sagte sie: »Mein Leid liegt in meinem Herzen, und alle Ärzte sind unfähig es zu heilen. Das einzige Mittel wäre meine Vereinigung mit meinem geliebten Herrn.« Als umgekehrt sie einen Mann ausrufen hörte: »O Traurigkeit!«, sagte sie zu ihm: »Wärst du tatsächlich traurig, könntest du nicht Luft holen.« Befragt, warum sie krank sei, erwiderte sie: »Ich hab an die Ergötzungen des Paradieses gedacht, deshalb hat mein Herr mich gezüchtigt.« In ihren Gebeten rief sie: »O Allah, läßt Du ein Herz, das Dich liebt, im Höllenfeuer schmoren?« Da hörte sie eine Stimme: »So handeln Wir nicht! Denke nicht schlecht von Uns!« 400 Jahre vor → Franziskus von Assisi, der um Gnade für die Bratlinge der Hölle betete, stand bereits Rabia moralisch über Gott, indem sie ihm vorwarf: »Hattest Du keine andere Strafe und Zurechtweisung als das Höllenfeuer?« Hierauf antwortete Er nicht. Sie lief durch (das damals noch ganz unzerbombbare) Basra, mit Wassereimer und Fackel, um sowohl Hölle wie Paradies zu löschen und anzuzünden, auf daß diese beiden nicht länger von Allah ablenken mögen. Sie wollte sogar die Ka'ba abbrennen. Weder Diesseits noch Jenseits sollte ihr bei ihrer Gottesliebe in die Quere kommen. Hadithwissenschaft lehnte sie ab, als weltliches Tun. Muhammad erschien ihr im Traum und drang in sie: »Liebst du mich?« (Wörtlich dieselbe Frage, die 1000 Jahre später Jesus an → Matzerath stellte.) Sie erwiderte: »O Gesandter Allahs, wen gibt es, der Dich nicht lieb hätte! Aber mich hat die Liebe zu Allah so vollständig erfaßt, daß für Liebe zu einem anderen kein Platz mehr bleibt.« Und gegen Iblis (den Teufel) brachte sie keine Feindseligkeit auf; sie schwebte jenseits von Liebe und Haß, als wär sie Buddhistin. Im Gebet stieß sie sich ein Stück Rohr der Gebetsmatte ins Auge – und merkte es nicht. Umgeben vom düsteren Asketismus damaliger Derwische und Scheiche, ließ sie Liebesüberschwang aufblühen (parallel zur europäischen »Gottesminne«). Aber Natur ließ sie kalt: Im Frühling weigerte sie sich – wie unweiblich –, beim Anblick von Blumen Freude zu empfinden, mitten in der Wüste; Begründung: »Wenn ich den Schöpfer hab, was geht mich dann Seine Schöpfung an?« Aber sobald sie ins Gebirge stieg, scharten sich alldort Gazellen, Bergziegen, Wildesel und Steinböcke um sie, beäugten sie, zeigten sich vertraut – obwohl sie sie nicht fütterte! –, wie vorher um → Madschnun und → Orpheus. Hasan aus Basra war unglücklich, weil die Tiere bei ihm fortliefen – obwohl er sie fütterte! Rabia fand den Grund heraus: Hasan hatte kurz vorher Zwiebelschmalz gegessen: »Du ißt ihr Fett – wie sollten sie nicht fliehen?«, feinfühlig und sanftäugig mitten im grobkörnigen Sandsturm-Islam! Eine intellektuelle Koryphäe – gleichfalls aus Basra – klagte vor Rabia über das kriegsverwüstete Land und die verderbte Welt, da sagte sie leise: »Hängst du so sehr an der Welt? Nur wer sie liebt, redet so oft von der Welt wie du. Nur Käufer machen die Ware schlecht. Wärst du mit der Welt fertig, würdest du weder tadeln noch loben.« Ein Sufi rief: »Keiner ist glaubwürdig, der den Schlag seines Herrn nicht geduldig erträgt!« (Jesu Wangehinhalten!) Ein anderer Sufi: »Keiner ist glaubwürdig, der für den Schlag seines Herrn nicht dankbar ist.« Sufi Nr. 3: »Keiner ist glaubwürdig, der nicht Wohlgefallen findet am Schlag seines Herrn.« Rabia: »Keiner ist glaubwürdig, der nicht im Anblick seines Herrn den Schlag vergißt...« Als ein Dogmatiker sie harsch belehrte, Frauen könnten wahrlich keinen Anspruch erheben, heilig zu sein, erwiderte sie schlagfertig: »Und, ungleicher Mann, Frauen können erst recht keinen Anspruch erheben, Gott zu sein.« Allahs Stimme sagte ihr auch mal: »Sei nicht bekümmert, morgen wird ein Rang dir zuteil werden, so hoch, daß die Engel dich darum beneiden werden!« Einer legte ihr eine Haushaltshilfe (d. h. einen Sklaven) nahe, da erwiderte sie erschrocken: »Bei Allah! Ich schäme mich, den um das Diesseits zu bitten, dem das Diesseits gehört. Wie könnte ich da einen um es bitten, dem es nicht gehört.« Als ihre Dienerin (die sie zeitweise dann doch hatte) die Nachbarn nach Zwiebeln fragen wollte, für eine Mahlzeit, erklärte Rabia, sie habe vor 40 Jahren geschworen, nie jemanden um etwas zu bitten außer Allah, und fügte hinzu: »Vergiß die Zwiebeln«. Da fiel etwas von oben exakt in die Pfanne – ein Vogel ließ Zwiebeln fallen. Rabia zögerte: »Ob das nicht nur ein Trick ist?«, ließ das Zwiebelessen stehn, aß nur Brot und rief: »Mein Herr ist kein Zwiebelhändler.« ⁓ Später wurde die früheste Pionierin jeder Tierschutzbewegung – zu gut für diese sowohl wie die andere Welt? – bisweilen »Krone der Männer« genannt. Frauen, die ihr halbwegs glichen, nannte man ehrenvoll »eine zweite Rabia«. → 'Attar bezeichnete Rabia als eine zweite Mariyam (Maria). Legenden wußten: Ihre Fingerspitzen leuchteten nachts; ihr Gebetsteppich hob sich in die Luft wie in 1001 Nächten. Die Ka'ba eilte ihr entgegen, worüber Mitpilger sich erbosten. Ein Dieb, der ihr nachts den Tschador stehlen wollte, fand die Tür nach draußen nicht wieder, erst dann, als er die Beute losließ – schöne Legende. Hasan aus Basra, mit dem sie besonders oft redete, starb allerdings 24 Jahre vor ihrer Geburt, was die Überlieferer der Rabia-Hasan-Geschichten nicht weiter unlogisch fanden. Daß → Rumi sie nicht würdig fand, in sein Mathnawi einzuwandern, sondern eine ihrer Geschichten einem namenlosen Asketen zuschrieb, warf schlechtes Licht auf ihn. Daß sie symbolschwanger mit Fackel und Eimer hantierte, wanderte als Legende durch Joinville, den Vertreter Ludwigs IX., ins Abendland und wurde vom Quietisten Camus 1640 in »Caritée ou la vraie charité« nacherzählt. → Osho rühmte Rabia als »herrlich verrückt« und referierte 5 Episoden. Sie hätte in ihrem Koran x Stellen geändert, zum Erschrecken ihrer Zeitgenossen, und Zeilen à la »Wenn du den Teufel siehst, hasse ihn!« rausgestrichen. Jene Anekdote, wo → Nasruddin seinen Schlüssel an irrealem, aber gut beleuchtetem Ort suchte, übertrug Osho auf Rabia, und schon suchte diese nach ihrer Nadel. In Florence Hervés/ Ingeborg Nödingers »Lexikon der Rebellinnen« und Harenbergs »Buch der 1000 Frauen« wanderte Rabia al-Adawiyya nicht ein.

Worte von Rabia al-Adawiyya: Sei wie Wachs, erleuchte die Welt, und selbst brenne. Sei wie eine Nadel, arbeite immer nackt. Wenn Du diese beiden Dinge getan hast, werden 1000 Jahre für Dich wie ein Haar sein. ◆ Gib Du Deinen Feinden das Diesseits, Deinen Freunden das Jenseits; ich will von beiden nichts; denn Du bist mir genug! ◆ Wie gern möcht ich wissen, ob Du meine Gebete angenommen oder sie verworfen hast.
Rabia al-Adawiyya über sich: Ich komme von der anderen Welt und gehe zu der anderen Welt; ich bessere mich in dieser Welt, weil ich arbeite für die andere Welt; meinen Lohn bekomm ich schon in dieser Welt. ◆ Ich habe

Dich im Herzen zu meinem Gesprächspartner gemacht, während ich meinen Leib denen überließ, die mir Gefährten sein wollten. Mein Leib pflegt mit ihnen Umgang, doch nur der Geliebte meines Herzens ist mein Vertrauter. ◆ Ich will nicht die Ka'ba, sondern den Herrn der Ka'ba. Was kann ich mit der Ka'ba anfangen? Sie ist zwar das am meisten angebetete Idol auf Erden, aber Allah ist weder in noch außerhalb ihrer Wände gewesen; das hat Er nicht nötig. ◆ Ich bitte Allah um Vergebung für meine mangelhafte Ehrlichkeit, wenn ich sage: »Ich bitte Allah um Vergebung.« ◆ Ich werde krank bleiben, bis ich am Jüngsten Tag mein Ziel erreicht haben werde.
Andere über Rabia al-Adawiyya: Man sagt, Rabia nähte im Schein der Fakkel eines Herrschers einen Flicken auf ihr Kleid. Da verlor sie ein Weilchen ihr Herz. Als sie das merkte, zerriß sie ihr Kleid, und da fand sie ihr Herz. *(Qushayri)* ◆ Wenn jemand sagt: »Warum wurde Rabia in die Ränge der Männer aufgenommen?«, lautet meine Antwort, daß der Heilige Prophet selbst sagte: »Allah legt keinen Wert auf Eure äußere Form.« Wenn eine Frau auf dem Pfade Gottes ein »Mann« wird, dann ist sie ein Mann, und niemand kann sie danach noch eine Frau nennen. *(Fariduddin 'Attar)* ◆ Rabi'as Gottesliebe war absolut. *(Annemarie Schimmel, 1975)* ◆ Rabya, du bist das Salz sämtlicher Frauen, die je existiert haben und je existieren werden. *(Bhagwan Shree Rajneesh, ca. 1980)* ◆ Und sie war keine Milch-und-Wasser-Heilige. *(Doris Lessing, 1982)*

CHRISTIAN RÄTSCH, **Feldforscher, Botaniker, Psychonaut, Teilzeitschamane, Berserker, Wild Man, Phallokrat, Referent, Gutachter** (geb. 1957): Der Reedereimanagersohn wuchs fern von Schuld und Sühne auf, geprägt von germanischen Sagen, Indianern, Urzeit, Mollusken. Berufswunsch: Dschungelforscher. Als Schüler mit Gartenlabor (799 Chemikalien!) hielt er Vorträge über Geschiebefossilien und verstrickte Lehrer in Nietzschedebatten, trug im Paläontologischen Institut was über Ursuppe vor, gründete im Lendenschurz die Schülerband »Chan Cega«, führte mit Klarinette und Rasseln 12-Ton-compositions auf. Weichwangig (Bartwuchs stellte sich, dank mongolischer DNS, erst spät und spillerig ein, bei knarrender Tibet-Langtuben-Baßstimme) kämpfte sich der Statist an der Hamburger Staatsoper (Einstiegsdrogen: Lohengrin, Parsifal, Tristan) durch Wildwuchs schwuler Übergriffe. In Wälsungen, Schwarzalben und Nibelungen erkannte er fast wörtlich Lakandonen wieder, die der junge Ethnologiestudent solo zu Fuß, als Jung-Siegfried, in der Wildnis, zwischen Mexiko und Guatemala, suchen ging, um Maya-Brocken und zaubern zu lernen, Papageien und Brüllaffen zu essen und von der Indianerin Nuk vernascht zu werden. Sein baldiger Doktorhut nahm sich auf des experimentierfreudigen Altamerikanisten Riesenmähne recht exterrestrisch aus. Sobald er von Pflanzen was abschnitt, ehrte er ihren Geist, opferte was, und sei es, daß er 5 Cent hinlegte. Bei Abenteuerreisen in alle Geo-Regionen umging der Risikotourist gezielt – Indien, um humanoiden Schmeißfliegen auszuweichen. Kollegen in Schlips und Schale nannte er »Lehnstuhlphilosophen«, auch wenn die fast genausooft im Flugzeug saßen wie er und seine Frau Dr. Claudia Müller-Ebeling, mit der er im Reihenhaus wohnte, mit Balkonpflanzen. Das Mitglied im Board of Advisors der Albert-Hofmann-Foundation/USA, tätig im Mineralienzentrum Hamburg, stellte auch eigene Maya-Aquarelle aus, dozierte über fraktale Kunst und konzipierte ein Ammonitenmuseum in Japan. Der Urheber zugkräftiger Konferenzreihentitel und in x Sprachen übersetzter Bücher, illustriert mit Privatarchivfotos, kostete von jeglicher denkbarer Erkenntnisfrucht, betont furchtlos, und ihrem Transformationspotential. In subnarkotisch dosierter, supra- und metakosmischer Ketamin-Erfahrung, via Injektion, sagte ihm der leibhaft lachende Wotan: »Wir sind, wir waren und werden immer sein. Du mußt uns nur rufen!« Beim visionären Göttinnen-Rendezvous fehlte einzig der machtgierige Christengott. LSD erhob er zum A & O; schenkte seinem Bruder zum 18. Birthday einen Trip. Als er seine Mutter fragte, die ihm einen knallroten Phallus aufs Textil nähte: »Könnte es sein, daß du bei meiner Geburt einen Orgasmus hattest?«, sagte sie: »Woher weißt du das?« Es sei nie zu früh und nie zu spät, damit anzufangen: Schwangere Indianerinnen nähmen Peyote, um Schamanenkinder zu gebären. Bei Horrortrips empfahl er Dosisverdoppelung, die er kraft trinkfester Unsensibilität neutralisierte. Eine Ayahuasca-Vision sagte ihm, er solle eine Technotrance-CD produzieren, was er dann tat. Rauch des 5-Methoxy-DMTs katapultierte das sattelfest unerschrockne Selbstversuchskaninchen in multidimensionale Welten zerplatzter Grenzen, totaler Erkenntnis, umfassenden Wissens, All-Glückseligkeit. Größtes spirituelles Erlebnis: dünnschißgeplagt in Kalinchok/Himalaya im Rahmen uralter Festriten einer Opferziege den Hals zu durchschneiden; seine Gattin filmte mit, wie das Ziegenblut seine ekstatisch verzerrte Piratenvisage übersudelte. Der Kentaur aus Jäger und Sammler schockte – wie → Nehberg – gesellige Runden gern mit Storys, wie er aus dem Rücken erlegter Rehe das noch zuckende Rükkenmark sauge, und setzte den Terminus »ficken« oral oft als Knüppel ein.

Vegetarier belehrte der Jahrgangsgenosse von → Osama bin Laden: »Wir alle sind Mörder!« Nicht nur Spießer, auch ätherische Gestalten, die dem Enfant terrible und Bärenhäuter auf Esoterikertagungen entgegenschwebten, verschreckte er, mit Dark-Metal-music. Mit Amuletten, Klauen, Reißzähnen (vom Smilodon!?), Steinen behängt, totenkopfberingt, bestückt, ausstaffiert, ein überschmückter Weihnachtsbaum, gegossen in stimulierend unbehaarte Tierhauthosen, krachledern telegenes Stierhorn-Outfit, hornissenäugige Sun glasses, entsprungen aus Meskalinrausch, Wolfgang Hohlbeins Fantasy, Gothic-Comic, Black Romantic, Dunkel-Kult & Splatter Punk, oder aus authentischer Wikinger-Verfilmung, herbeigebeamt aus Ritterturnier, lebendigem Middle Age, Ulan Bator oder Neandertalmuseum Düsseldorf, oder aus reellem Neolithikum: prähominid Augenwulst-Fluchtstirn, freie Oberarme, plausibel atavistisch. Anders als die augenzwinkernde Popband »Dschingis Khan« meinte Dr. Rätsch es ernst. Tantra tat er als »Ringelpietz mit Anfassen« ab und lästerte über westliche Pappmaché-Schamanen. Er kannte sogar Worte wie »Adorno«, den er allerdings »Arschloch« nannte, um selber als Musikphilosoph vor Popfreaks zu verkünden, daß Gustav Mahler Trauermärsche und Klagelieder »vertont« habe. Buddha, laut Rätsch, befand sich, als er den Opferkult abschaffen wollte, auf dem Holzweg. Weitere Haßobjekte: Abraham, Moses, Papageno, Dr. Angela Merkel, mit der Dr. Rätsch die stoßweise Unterarm-Emphase-Gestik auf'm Podium peinlich teilte. Kulturkontraste: Auf einem Kongreß der kardiologischen Gesellschaft hielt das büffelpeniskäuende Beiratsmitglied des ECBS den Eröffnungsvortrag über das Herzchakra im Tantra Nepals; vor Jesuiten oder auf Sächsischem Landesapothekertag referierte er über geistbewegende Pflanzen in Peru. Auf Sonnenwendfeiern, garniert mit Rundumschlägen auf die Neuzeit, hieß der ungekämmte, ja unkämmbare Drogen- und Muschelpapst weiterhin Christian. Der Rede- und Schreibstil des Herausgebers des »Jahrbuchs für Ethnomedizin + Bewußtseinsforschung«: Stilbruch-Synthese aus Akademismus, appellativem Pathos, Wir-Ton, Populistik, Anmache, Verkündigung: »Von den Wurzeln der Kultur«, »Die Suche nach den Wurzeln«. Sobald er als Gesellschaftskritiker Schule als Gehirnwäschestation zwecks Erzeugung von Steuerzahlern definierte, hatte er damit total recht. Freaks, die wie Magic mushrooms nachwuchsen, umschwänzelten den AGEM-Präsidenten (Arbeitsgemeinschaft für Ethnomedizin) und Autor des Standardwerks »Enzyklopädie der psychoaktiven Pflanzen«, das er trotz schwer mitzählbarer Räusche mit Bienenfleiß hervorstemmte und dessen Klappentext ihn als »führenden Ethnopharmakologen« verkaufte. Aber man konnte mit ihm – zwischen Signierstift und Wasserpfeife – auch mal einen durchziehn und draufmachen. Dann aber vergrätzte er Jungfreaks & Juser, indem er für Wochenendseminare 150 € nahm, als Gegenleistung bloß verkokst, zugedröhnt, rechthaberisch, besoffen daherlaberte und jeden mal am Räucherwerk schnuppern ließ. Vor 2000 Kongreßteilnehmern, die 2006 in Basel den 100. Geburtstag Albert Hofmanns feierten, schmiß er mit Gurufloskeln und Psycho-Jargon um sich: »Wir sind hier, um uns nicht allein zu fühlen« und »Wir sind, was wir sind«. Betonköpfe, Dogmatiker, Ideologen und Missionare, deren Ideologie er besser durchschaute als seine eigene, bewarf er mit den Dogmen seines übersichtlichen Weltbilds: Paganismus als Panazee, zur Heilung spätkapitalistischer Industriegesellschaften, kompatibel mit Pagan Federation, Wicca, Keltenhöfen, Druiden-Orden, Odinismus, GGG (Germanische Glaubensgemeinschaft), FSS (Foundation of Shamanic Studies), Marion Zimmer Bradley, neudionysischen Voluntarismen. So hatten sich Jugendstil-Décadents, Zivilisationsliteraten, die sich am Élan vital aufgeilten, klassische Neotroglodyten wie Edgar Dacqué, Bruno Wille, Wilhelm Bölsche die Umsetzung ihrer grüngoldnen Natureuphorie in neuheidnisch fröhliche Urstände nicht vorgestellt. Neben Ludwig Klages' wuchtigem Traktat »Das Weltbild des Pelasgertums«, der Arkadien zum Diluvium vordatierte, roch Rätschs Message, unser rationales Bewußtsein habe sich selbst aus der Natur ausgegrenzt, a bisserl nach verspätetem Abziehbild, abgewetzter Flachwichs-Schwundform, Dünnbrettbohrerei, die sich selbstbewußt als letzte Löffelweisheit zelebrierte. »Im heiligen Hain liegt das Heil, dort finden wir das Heile und das Heilende« – kein Ernst-Jünger-Zitat: O-Ton Rätsch! Statt Maßanzug, Krawatte und Stahlhelm: Gurgelschmuck, Klimperkette, indianisches Stirnband. Locker vom Hocker: eherner Wortlaut gleichbleibender Botschaft. → Novalis' blaue Blume zeigte sich Rätsch & Company als Hanf, Fliegenpilz, Engelstrompete oder Salvia divinorum. Germanen frönten – christlich gesehn – krassem Aberglauben; Christen hielten ihren Aberglauben für wahr; Romantiker sahen im Mittelalter Heilmittel für nüchterne Gegenwart; Paul Gauguin oder Margaret Mead verherrlichten – zuungunsten zivilisierter Europäer – Südseeinsulaner; Rätschianer hielten Germanen für bessere Christen, heilige Krieger für was Heiligeres denn profane Soldaten. Andererseits gehörten Rätsch, herman de vries, Wolf-Dieter Storl, Sergius Golowin, Waldgong Rübelbauer, die mitten im Ressourcenverschleiß, WM-Fieber und Formel-1-Zeitalter frühlingsgrüne Gegenmelodien fürderhin flöteten, grüne Daumen und Fähnchen hochhielten, den Archetyp des weisen Druiden positiv ausfüllten, in die lange schöne

Reihe historisch bedeutsamer Pflanzenseelenverehrer wie Cleve Backster, → Lessing, → Fechner, Wilhelm Mannhardt, Rudolf Borchardt, x Chrysanthemenzüchter der Tang-Dynastie, Theophrast von Eresos.

Zwischen Jaguargott und Engelstrompeten – Schamanismus als Generalschlüssel

Worte von Christian Rätsch: Das verhängnisvolle Christentum bescherte unseren Ahnen die Götterdämmerung. Aber die Götterdämmerung ist zu Ende. ◆ Die Menschen, die sich von den Pflanzengeistern durch das Leben führen ließen, waren weitaus glücklicher als der vereinsamte und zubetonierte Großstadtbewohner. ◆ Spätestens beim abendlichen Bier vor der Glotze existiert kein Wissen mehr um den heiligen Ursprung des Gerstentranks. ◆ Jeder Versuch ist sinnvoll. Jedes Ritual wertvoll. Jede Vision kostbar. Mögen sich die Tore nach Akasha wieder öffnen! Möge das Urwissen wieder emporquellen! Möge den Göttern das Morgenrot dämmern! ◆ Whiskey und Fleisch sind die Nahrung der Schamanen. Wenn Sie etwas über Schamanismus erfahren wollen, dürfen Sie kein Vegetarier sein. ◆ Wer das Licht gesehen hat, vergißt es nicht mehr. ◆ Wenn man meint, LSD nicht mehr zu brauchen, hat man's am allernötigsten. ◆ Puritanismus unter Kiffern ist erschreckend. Das sind letztlich genau solche Spießbürger wie diejenigen, die jeden Kiffer am liebsten in die Anstalt einweisen wollen. ◆ Platon und Sokrates, die haben doch nichts anderes gemacht, als sich gemeinsam zu berauschen, rumzuliegen und Knaben zu ficken. Das ist die Basis der europäischen Kulturgeschichte: Ein Haufen bekiffter Freaks. ◆ Das größte schamanistische Erlebnis, was man in unserer Kultur haben kann, ist, sich den »Ring der Nibelungen« von Richard Wagner reinzuziehen. ◆ Moralische Bewertungen sind Erfindungen. ◆ Die Antwort bist du selbst. ◆ Verehrung ist in erster Linie Kommunikation. ◆ In jeder Mythologie wird von Göttern und Göttinnen berichtet. ◆ Der Jaguargott hilft das Delirium meistern. ◆ Wir wollen uns gegenseitig Mut machen in einer Welt, die man eigentlich nur als das Irrenhaus des Universums ansehen kann. ◆ Was uns verbindet, ist das eleusinische Geheimnis. ◆ Musik ist so etwas Wunderbares, so Mystisches, ja Unbegreifliches und doch Erlebbares, Erfahrbares. ◆ Seit dem 9. Jh. dient das Musikinstrument namens Orgel als Begleitung der → GREGORIANIK. ◆ Wir sind hier, weil wir an etwas glauben, aber an was wir glauben, müssen wir umbenennen. ◆ Leider sind unsere Zauberer und Zauberinnen ausgerottet worden. Aber ihre Geschichten begleiten uns bis heute. ◆ Gnosis, Erleuchtung, Unio mystica, Akasha – alles schlappe menschliche Begriffe, die gewöhnlich sowieso nicht verstanden werden können; auch sie sind nichts weiter als müde Versuche, das Namenlose, das ich erleben durfte, zu beschreiben. ◆ Denn hinter jedem Hindernis liegt eine neue Offenbarung. ◆ Drum laßt uns berauschen, laßt uns tanzen, laßt uns lachen. Schwimmen im Urozean, Tauchen im Psychonautikum, über der Milchstraße schweben.

Christian Rätsch über sich: Ich habe immer schon ziemlich abgedrehtes Zeug geredet. ◆ Ich hab auch mein kleines Sterbe-Set irgendwo. ◆ Für mich ist Wotan der Ahne der Wissenschaft, das mythische Modell für den unermüdlichen Forscher, ein Quell der Erinnerung, in dem Weisheit aus Gedächtnis und Gedanken sprudelt. ◆ Meine Kinder sind in gedruckter Form aufgestapelt. ◆ Fast jedesmal nach solchen Vorträgen stehen sie mit offenen Mündern da und warten darauf, daß ich ihnen was reinträufel. ◆ An mir hat sich die Eso-Szene schnell die Zähne ausgebissen. ◆ Als Kulturanthropologe bin ich selten einer Gesellschaft begegnet, die so homogen wäre wie die hier im Saal anwesende.

Andere über Christian Rätsch: Urkreatur, Urzeit werden beschworen, vor allem die erdverbundene, »chthonische« Urzeit, die der große Mythologe Bachofen entdeckt hatte und in der jetzt kleinere Mythologen auf die Bäume kletterten. *(Ernst Bloch, 1929)* ◆ Wir trafen den »Meister« in leicht grummeliger, aber offener Stimmung in seinem Apartment in Hamburg an. Seine begehrenswerte Frau und nicht minder aktive Mitstreiterin, die Kunsthistorikerin Claudia Müller-Ebeling bereitete uns einen leckeren grünen Tee zu, während sich Christian mit einem Urbock in Wallung brachte. *(HanfBlatt)* ◆ Wie ein Fremdkörper wirkt er in den Hallen der Wissenschaft. Das Hemd hat er offen bis zur Brust, und dann dankt er erst mal seiner Mutter und seinem Vater. *(Karin Steinberger, SZ, 2000)* ◆ Herr Rätsch war wundervoll. Bei seinem Vortrag über die Wilde Jagd spielte er aus Wagners Opern und aus Schönbergs Kompositionen vor und holte dabei mehrfach eine Stange »Kasseler Ahle Runde« hervor und biß herzhaft hinein. *(Waldgong Rübelbauer, 2006)*

Grigori Jefimowitsch Rasputin, Muschik, Strannik, Viehwart, Bauernmönch, Wanderprediger, Gottesmann, Wunderheiler, Trunkenbold, Zarenberater, Kaiserlicher Lampenanzünder, Frauenverführer, Ausschweifling, Einflüsterer, Drahtzieher, Günstling, Schädling (1865–1916): Mit 8 stürzte der Bauernsohn aus Pokrowskoje im Gouvernement Tobolsk – weit hinten am Ural – in den eiskalten Fluß Tura, samt Bruder, der hierbei starb; Grigori aber bekam im Fieberwahn von der Mutter Gottes den Befehl, weiterzuleben. Schon mit 17 wurde der Tunichtgut wegen Mädchenschändung und Diebstahl angezeigt. Manche bewunderten ihn, daß er sich Lesen und Schreiben nachträglich selber beibrachte; andere behaupteten, daß er beides kaum könne. Sein Lebenswandel (im Wort Rasputin steckte zufällig »liederlich«, welch Omen) wuchs mit inbrünstiger Religiosität um die Wette. Mal betete der Gottesdiener, den man Zuchthäuslersohn und Pferdedieb schalt, nächtelang durch, mal befand er sich über 10 Jahre auf Pilgerreise, auch nach Athos. Beim berühmtesten Heiler des Zarenreichs, Johann von Kronstadt in St. Petersburg, dem Beichtvater des Zaren, lernte der Nachwuchsheiler, der als Ehemann inzwischen Dimitrij, Matrjona und Warwara gezeugt hatte, einiges dazu. Dorfpfarrer Pjotr Ostroumow verklagte ihn 1901 beim Bischof Antonij von Tobolsk wegen Sektengründung und Schmähung der wahren Kirche (Querbezug zu Emanuel Quint). Seine Tieraugen hätten noch stechendere Glanzblicke verschossen, wenn sie nicht so unkoordiniert, nervös, unstet hin- und hergeschossen wären. Gierig graste er seine Zuhörer nach Reaktionen ab. Solchen Gesellen durfte der Ehrentitel »Starez« eigentlich nicht beigelegt werden; andererseits sahen zahlreiche Zare, Rabbis, Scheiche, Gurus, Doktoren, Direktoren, Muftis, Maulanas, Bonzen, Eminenzen, Exzellenzen immer wieder erfreulich unseriös, dubiös und suspekt aus. Körperliche Ungepflegtheit, außerhalb des Zarenhofs, fiel nicht weiter auf. Als der ungehobelte Fremdkörper mit seinen Stiefeln das Parkett betrat, kreischten die höheren Töchter und Hofdamen lautlos auf. Sie fanden ihn teils unheimlich, teils reizvoll, teils widerlich. Im Kontrast mit höfischer Politur und Etikette, der er sich textil einigermaßen anglich, wirkten Fettsträhnen und Bartgewuschel weiterhin irreparabel ungekämmt. Daß seine Prognosen schlecht verlaufender Ehen eintrafen, ließ seinen Ruf hochschnellen. Die Bluterkrankheit des Thronerben Alexey bekamen die Hofärzte nicht in den Griff, Rasputin aber sofort, rätselhaft, denn Bluter sind eigentlich keine psychosomatischen Patienten. Geld nahm er gern, ohne es für sich zu behalten. Viele spürten 2 Seelen in seiner Brust. Aber nicht etwa mutierte ein Dr. Jekyll zum fiesen Mr. Hyde, sondern aus einem anfangs unsympathischen Häßling schien auf einmal ein sanfter, echter, geradezu weiser Mönch hervorzusehen. Heiliger Teufel und unteuflischer Heiliger kippten uneindeutig und verwirrend ineinander um, je nach Sichtweise, Erwartung und Planetenstand. Biedere Hofleute dämonisierten ihn so lange, bis er ein Dämon zu sein schien, aber kaum wollte ihn einer als Dämon sehen, langweilte er mit Normalität. Frauen, die libidinös aufschauerten, sobald er sie fixierte oder ihnen was raunte, schrieben seine Reden hinterher auf, doch auf dem Papier stand dann nur Kraftloses, Austauschbares, ganz unbedeutend. Trotzdem schmolz Frauenwelt in seiner intensiven bis numinösen Gegenwart weiterhin seltsam dahin, wie bei Franz Liszt oder → Rumpf. In x Augen tropfte sein Charisma entweder völlig hinweg oder bestand von vornherein überhaupt nicht. Viele sahen einen Klotz vor sich, unwissend, mit Polterstimme, sinnfern hofiert in höchster Gesellschaftsschicht, um so peinlicher für diese. Unbeliebtheit und Zwiespältigkeit wuchsen um die Wette. Nimbus und Leumund überstürzten sich. Wer nicht dankbar erregt den Saum von »Väterchen Grigoris« Tulupa küßte, nannte ihn »Hypnotiseur« und »wahnsinnigen Mönch«. Kirchenführer erkühnten sich, ihn »lasterhaftes Scheusal« und »Ausgeburt der Hölle« zu nennen, und fanden sich unversehens abgeschoben in einsame Winkel des Riesenreiches wieder. Antisemiten schimpften ihn »Judenfreund«, weil sein Sekretär Aron Simanowitsch hieß. Ob er wirklich hellsichtig sei – seine Zeitgenossen konnten sich nicht einigen. Als er nicht mehr 3 x die Woche Audienz bekam, sondern nur noch herbeitelegraphiert wurde, wenn der Sohn blutete, verstärkten sich wieder dessen Blutungen. Der sibirische Erdenkloß und der dekadente Zarewitsch bildeten ein ungleiches Duo ohnegleichen (hier der althebräische Schafhirt Jakob bzw. grobkernige Richard Wagner bzw. Auguste Rodin, dort die überzart erkrankte Königliche Hoheit Echnaton aus »Joseph und seine Brüder«, bzw. → Ludwig II., bzw. der junge → Rilke). Bei allem mittelalterlichen Habitus: Rasputin hing seltsam oft am Telephonapparat (ein Bild, so abgelegen wie Mozart zu Pferd, und → Kafka auf dem Motorrad). 1910 versuchten 5 Fremde, Rasputin via Automobil zu überfahren. Die Ochrana (der zaristische KGB, SS, Stasi, CIA) überwachte ihn. Sodann, als man im Laternenlicht auf ihn mit Pistole schoß, hechtete der »Kaiserliche Lampenputzer« mit Tigersprung zur Laterne, löschte sie aus, und warf sich dann im Dunkeln auf seine 5 Attentäter. Feinere Methode und vage Fama: Etliche Rasputinskandale löste angeblich nicht er, sondern ein bezahlter, eingeschleuster Doppelgänger aus. Mönch Iliodor aus Zarizyn, karrieremäßig durch Rasputins Einfluß zurückgesetzt, entwickelte sich unter etlichen Skeptikern,

Gegnern, Verleumdern zum Hauptfeind Rasputins, der briefliche Indizien/Druckmittel unlauter entwendete und strategisch im richtigsten, falschesten Moment einsetzte. Hofdamen (damalige Monica Lewinskys), behaupteten, Rasputin habe sie im Eisenbahncoupé – nach gemeinsamem Gebet – geschlechtlich mißbraucht und die Zarentöchter würden ihm im Nachthemd Audienzen gewähren. Medienrummel nahm überhand und veranlaßte tatsächlich Palastverbot, oder auch zeitweilige Abschiebung auf eine Pilgerreise nach Jerusalem. Da die Bluterkrankheit als Staatsgeheimnis gehandhabt wurde, entstand Erklärungsnot, wieso Rasputin überhaupt am Hof zu weilen pflegte. Die Zarin schützte ihn aus religiösen, der Zar aus medizinischen Gründen. Er verbot sogar Zeitungen, die ihn diffamierten. Als Ärzte den Blutersohn aufgaben und dem abwesenden Rasputin telegraphiert wurde, setzte er eine Fernheilung in Gang, ein Bet-Ritual, bei dem er selber in Mitleidenschaft gezogen wurde, schwächelte, erbleichte, schwitzte, zusammensank (siehe x Magier, wie → Bernus). Die Hofgunst schoß noch mal hoch; als er aber in politischen Dingen mitsprach, wurden neue Mordkomplotte gegen ihn ausgearbeitet. 1914, verblüffend zeitgleich mit dem Schuß in Sarajewo, traf ihn der Dolch einer verletzten Liebhaberin in den Bauch; 8stündige Not-OP erfolgte. Aus der Klinik ließ er 20 Antikriegstelegramme auf den Zaren los. Seine Warnung, Rußland werde im eigenen Blut ertrinken, verstimmte den Zaren zunehmend. Der Bock im Lammfell wurde zum Sündenbock gestempelt. Finstere Mächte, die man spürte, schob man dem harmlosen Mönch in die Schuhe. Obwohl er ja vor dem Krieg gewarnt hatte, behandelte man ihn nun als Kriegstreiber, mitschuld oder schuld an den pausenlosen Hiobsbotschaften, verheerenden Verlusten, 4 Mill. Verletzten, 2 Mill. Toten, Rückschlägen. Gerüchte wußten, er verrate Kriegsgeheimnisse an Deutsche. Er selber trug pfundweise Anlässe und Zusatzgründe herbei, benutzte im Übermaß leichte Mädchen, tanzte besoffen auf Tischen. Durchsickernde Mordpläne veranlaßten Leibwächterverdopplung. Kurz vor Weihnachten sah der unverwüstliche, angebliche Wüstling seine Ermordung deutlich voraus, nicht aber, ob Bauern oder Adlige das erledigen würden. Für beide Varianten gab er im Abschiedsbrief an den Zaren Prognosen. ~ Berichte, er hätte Zyankali problemlos überlebt, wurden von der Obduktion nicht bestätigt, drängten aber expansiv ins Zentrum späterer Berichte, Darstellungen, Biographien und Filme. Erfundene Giftanschläge machten ihn berühmter als seine tatsächlichen Taten. Obwohl die Faktenlage in Biographien einwanderte, hielt sich in Volksmund und Medien die Fama, er hätte als mächtigster Mann Rußlands das Zarenpaar fest im Griff gehabt. Wär dies der Fall gewesen, hätte er den Ersten Weltkrieg, einschließlich Hitler, verhindert. Nach seinem Tod versank ganz Rußland schnell in »Rasputiza«, in schlammiger Wegelosigkeit. Seine Dämonie, auf die die Nachwelt nicht verzichten wollte, wär ohne den Kulturkontrast und -schock – die Relation Glitzerwelt/Machtwelt –, stark auf Normalmaß geschrumpft. Späteres Vokabularium hielt für ihn »Geistheiler« und »Suggestopäde« bereit. Keiner Klosterdisziplin unterworfen, glich er, statusmäßig, dem persisch-arabischen Qalandar (Wanderscheich), der sich außerhalb halbwegs unorganisierten Sufitums bewegte, oder auch den verrückten Wolken Japans (→ Ikkyu, → Ryokan). Vom Zuschnitt wetteiferte der Unhold mit Berserkern à la → Sorbas, mit viel heiligem Zorn und urwüchsiger Wahrheit à la Tolstoi. Querbezug zu seiner Rolle bei Hof: im Rumi-Clan die zwielichtige Rolle des verlotterten Schamsuddin, der wiederholt, statt nach Sibirien und Jerusalem, nach Damaskus abgeschoben und ermordet wurde. Rasputin und → Krishnamurti: Sowohl platonische Schönlinge wie feurig guckende Ekelpakete vermochten gutsituierte Frauen kirre zu machen. Archetypisch trampelte Rasputin als Elefant im Porzellanladen, warf als Wüstensohn im Tempel Tische um, ewiger Barbar, Clochard und Neandertaler, der in die künstlichen Welten höherer Organisation und Zivilisationsstufe vierschrötig einbricht, wie → Franziskus bei der Audienz im Vatikan vom Papst als »Schwein« empfunden wurde, oder die Aquarius-Hippies im Musical »Hair« auf kostbaren Büffet-Tischen tanzten. In der Walt-Disney-production »Anastasia« ward Rasputin dann seiner weiterführenden, in Zwielicht getauchten Doppelschlächtigkeit entkleidet und eine absolut übernatürlich böse Achse aus ihm gemacht, so grundböse und urböse wie → Osama bin Laden.

Worte von Grigori Jefimowitsch Rasputin: Christus ist empört über alle die Klagen, die von der russischen Erde zu ihm aufsteigen! ◆ Menschen ohne Zahl werden zugrunde gehen. Viele Märtyrer werden sterben, Brüder von Brüdern den Tod empfangen. Großes Unglück wird hereinbrechen. Die Erde wird erzittern. Hunger, Seuchen werden kommen und Zeichen der ganzen Welt erscheinen. ◆ Für unser Land ist die Zeit gekommen. Das Blut erfriert vor Grauen. Es gibt soviel Blut und Schmerzensrufe. Dunkel ist die Nacht des schweren Leidens. ◆ Dieser ganze Krieg ist ein Unfug. Der Deutsche ist ein Mensch und unser Bruder. Hat Gott uns nicht geboten, unsere Feinde zu lieben? ◆ Um Gottes Stimme zu hören, genügt es, ihr demütig zu lauschen; die Mächtigen aber sind von Hochmut geschwellt, halten sich für

Bauerntölpel parkettsicher in höchsten Kreisen (hier mit Flügeladjutant Loman, links, und Fürst Putjatin, rechts)

überklug und verachten die Einfältigen bis zu dem Tage, da die Strafe Gottes wie ein Blitz auf sie niederfahren wird. ◆ Denn Gott ist ein altes Schwein. ◆ Gott hat deine Tränen gesehen und deine Bitten gehört.

Grigori Jefimowitsch Rasputin über sich: Ich hatte in meiner Seele das Bedürfnis, etwas zu finden, das dem Menschen das wahre Heil bringen könnte. Ich suchte nach Beispielen bei unseren Popen, aber das alles genügte mir nicht. Nur Singen und lautes Beten wie einer, der regelmäßig Holz hackt – das konnte doch nicht alles sein. ◆ Wenn ich sterbe oder wenn ihr mich fallenlaßt, werdet ihr euren Sohn und die Krone verlieren, bevor sechs Monate vergangen sind. ◆ Meine Gefühle sind die von Gott. ◆ Ich kann nichts sehen. Meine Stunde wird bald schlagen. Ich habe keine Angst, weiß aber, daß diese Stunde bitter sein wird. Ich werde große Martern erdulden. Es wird den Menschen verziehen werden. Ich werde aber das Reich erben. ◆ Ich fühle, daß ich vor dem ersten Januar mein Leben verlieren werde. Ich möchte dem russischen Volk, dem Zar, der Zarin, ihren Kindern, allen Russen, bekannt machen, was sie verstehen müssen. ◆ Ich gehe und ich fühle in mir den göttlichen Auftrag, dem russischen Zaren zu sagen, wie er leben muß, wenn ich verschwunden bin. Du mußt nachdenken und klug handeln. Denke an deine Sicherheit und erzähle deinen Verwandten, daß ich mit meinem Blut für sie bezahlt habe. Ich werde getötet werden. Ich bin nicht länger unter den Lebenden.

Andere über Grigori Jefimowitsch Rasputin: Der Mann hat ein wundervolles Herz. *(Zar Alexej)* ◆ Dieser Mann hatte eine gewaltige magnetische Kraft und löste in mir eine starke Gemütsbewegung aus, und sei es nur eine des Widerwillens. *(Ministerpräsident Stolypin, 1910)* ◆ Auf exaltierte Personen, die über keinerlei Beobachtungsgaben verfügten, konnte Rasputin in der Tat einen starken Eindruck machen. Seine ganze Persönlichkeit, seine Worte, seine Redensarten hatten etwas Geheimnisvolles an sich. Er hatte tief liegende, stechende, ja fast erschreckende Augen, eine enge Stirn, wirres Haar, einen ungepflegten Bart, sein Reden war abgehackt, undeutlich, rätselhaft mit pausenlosen Anspielungen und Verweisungen auf Gott; er bewegte sich lebhaft; in seinen Urteilen war er kühn, mutig und duldete keine Widerrede. Dabei sprach er autoritär und nahm keine Rücksicht auf die Person des Gesprächspartners. All das überraschte die einen, schlug aber andere in seinen Bann. *(Pater Georgi Schawelski, Generalkaplan des russischen Heeres und der Flotte)* ◆ Schon von der Straße her war sein donnerndes Lachen inmitten von lauten, mehr oder weniger alkoholisierten Gesprächsfetzen zu hören. Um den Abend etwas pikanter zu gestalten, hatte er junge Mädchen vom Lande kommen lassen, die ihm völlig zu Willen waren. Denn der »heilige Mann« schätzt Unzucht und Orgien über alles! Statt daran Anstoß zu nehmen, machten die feinen Damen hemmungslos mit. *(Hauptmann des Preobraschenskij-Regiments A. S. Suchotin; Rasputinmörder)* ◆ In Zarazin schändete er eine Nonne, die er zu beschwören unternommen hatte. In Kasan, an einem hellen Juniabend, war er betrunken und verließ ein öffentliches Haus, indem er ein nacktes Mädchen vor sich hertrieb, das er mit seinem Gürtel durchpeitschte, was in der Stadt ein höchst unliebsames Aufsehen erregte. *(Botschafter Maurice Paléologue)* ◆ Ständig von Anbeterinnen umschwärmt, wäre er kein Mann gewesen, wenn er nicht gelegentlich den Reizen dieser oder jener erlegen wäre. *(Maria Rasputina, Tochter)* ◆ Wenn überhaupt irgend etwas, dann fand ich ihn ziemlich primitiv. *(Zarenschwester Olga Alexandrowna)* ◆ Rasputin ist weder absolut böse noch ausschließlich gut gewesen, weder schlechthin ein Wüstling noch ein Heiliger: er war ein kraftstrotzender, reicher Mensch, begnadet mit vielen Vorzügen, verdammt zu vielen Schwächen, ein Mann, so vielfältig, widerspruchsvoll und kompliziert, daß eine adäquate Darstellung seiner Persönlichkeit eben ein weit genaueres und sorgfältigeres Eingehen auf alles Für und Wider erfordert, als bisher von irgend jemand versucht worden ist. *(René Fülöp-Miller, 1927)* ◆ Immerhin stand R. in regem Kontakt mit der Hefe des Volkes. *(Google, 2008)*

JOSEPH RATZINGER, Theologe, Kaplan, Beichtvater, Habilitant, Fakultätsdekan, Senatsmitglied, Grundordnungsversammlungsteilnehmer, Vollzugskardinal, Papstberater, Großinquisitor (geb. 1927): Geboren am Karsamstag, von einfachen Leuten, Maria und Joseph. Hitlerjugend, Flakhelfer. Die bayrischen Brüder: Georg und Sepp, der tumbe Orgelratz und der schlaue Bücherratz (archetypisch: Meister Grimbart und Reineke Fuchs).

Nach Jugendarbeit und Pfarrseelsorge berief ihn Prof. Hans Küng (Weltethos) nach Tübingen; 3 Jahre bestand ein gutes kollegiales Verhältnis. Vor Sprechchören unrasiert schwäbelnden Studentenprotests »Verflucht sei Jesus!« floh der Jungtheologe verschreckt die Stadt. Marx stand ihm seitdem für fehlende Manieren. Seine Priesterweihe an einem »strahlenden Sommertag« blieb ihm »als Höhepunkt des Lebens unvergeßlich«. Fortan verkehrte er für immer im offenbar aushaltbaren Milieu von Funktionären, Aktionsbündlern, Kirchenpolitikern, Privatdozenten, Weihbischöfen, Konzilsberatern, Fundamentaltheologen, Akademiepräsidenten und nahm als Präfekt der Glaubenskongregation teil an Berufungsausschüssen, Hauptvorlesungen, Diözesanseminaren, Subdiakonats- und Priesterweihen, konziliaren Disputen, Liturgiedebatten, Dogmatikerkongressen, Konzelebrationen, Dankwallfahrten ins Heilige Land, Konfessionskontroversen, Palmsonntagsprozessionen, Auferstehungsgottesdiensten, Beerdigungen, Taufen in Ortskirchen, Vollversammlungen, Gremien, Zentralen Vorbereitungskommissionen, Abschlußgottesdiensten, Priesterjubiläen, Sonderaudienzen für 900 bayrische Landsleute und römische Gratulanten, Blumenstraußübergaben. Er lieferte Beiträge für Festschriften für Weggefährten. Er wurde berufen auf Dogmatik-Lehrstühle und in die Internationale Päpstliche Theologenkommission. Er schritt die Ehrenkompanie der Bayrischen Gebirgsschützen ab, als assoziiertes Mitglied in der Académie Sciences Morales et Politiques des Institut de France. Er hielt Laudationes auf befreundete, kulturpreisgewürdigte Bildhauerinnen. Er machte mit 100 brasilianischen Bischöfen Schiffsrundfahrten bei Rio de Janeiro. Er nahm von Kanzler Kohl (CDU) das Große Bundesverdienstkreuz mit Schulterband entgegen – und schaute immer wieder ins grausame Antlitz des Atheismus. Vielen Menschen konnte er mit seiner »Einführung ins Christentum« eine Tür öffnen, übersetzt in 17 Sprachen. Ein Leben lang zwischen Lehramt und Erzbistum, und zwischen Aufbruch und Hoffnung. Seine Memorien (1997) erzählten, statt religiöse Erfahrungen oder gar Gottesbegegnungen, die restlos irdischen Meriten, Ehrungen und Doktorhüte der Karriereleiter, Ernennungen zum Erzbischof, verschwägert den Memorien von → Schimmel, verglichen mit richtigen Schriftstellern alles arg restringiert, hülsenhaft, robotoid. Seinem klerikalen Umfeld, das sich noch weniger beseelt und beredt als er auszudrücken verstand, galt er alsbald als hochintelligent und hochgebildet. Als Shooting-Star besetzte er immer noch höhere Kirchenämter. Seine Botschaft, die inhaltlich auf Zeugen-Jehova-Ebene zu verharren hatte, reicherte er mit Termini (Caritas, Diakonie, Eucharistie) und Namen an (Moltmann, Friedr.

Wilh. Maier, Karl Rahner, Joseph Frings, Nietzsche, Augustin, Bonaventura). Historisch fatale Zweifellosigkeit, ja: Evidenz, zementierte die Glaubensstärke auch dieses Glaubensbruders. Gefühle schilderte er mit dafür vorgesehenen Formeln: »Ich war wie vom Donner getroffen. Eine Welt drohte für mich zusammenzubrechen.« Ein wacklig inferior-mediokres, obsoletes, zu deutsch: geistesgeschichtlich hyperoptimal durchschautes, seit Jahrtausenden ausgeblutetes, entkerntes, ausgewrungenes, runtergekommenes Wahnsystem und Weltbild half er nach Auschwitz unbeirrbar vorwärtsboxen und missionarisch weitertragen. Edlere, tolerantere, überlegenere Religionen (Buddhis-, Daoismus) sah er als unterlegen an. Er reflektierte über »von Gott abgelöste Rationalität«. Er votierte für »verständnisvolle Einheit«. Er kämpfte – auf Christentum reduziert – gegen die von ihm sog. »existentialistische Reduktion« an. Je öfter bei seiner geliebten theologischen Arbeit Geistesblitze o. ä. vor der Tür blieben, desto theologischer wußte er vom Sanctus spiritus zu reden. Statt dessen erfuhr er die Kirche als »das Daheimsein der Seele«, umwoben vom »menschlichen Miteinander im Alltag«. → Rilke kam bei ungelöster Haushälterinnenfrage mit dem schrecklichen Engel seiner Duineser Elegien nicht voran; Ratzinger, umschwebt, zumindest: umsorgt von Schwestern der Barmherzigkeit (kochen/putzen: ja; höhere Kirchenämter: nein!), saß derart vertieft – bei aller Ungeküßtheit durch nennenswerte Musen – an seiner fleißigen Schriftstellerei, daß die reingestellten belegten Brote bisweilen unangeknabbert wieder abgeräumt werden mußten, laut Medienberichten. Bald galt er als zweitmächtigster Mann der katholischen Kirche. Eine Ratzinger-Biographie hieß: »Der Vollstrecker«. 2 x bat er den Papst um Pensionierung; 2 x ward es nicht gewährt. Nach dem überfälligen Tod von Papst → Paul Johannes II. wählten 100 von 115 Kardinälen Kardinal Ratzinger zum Papst, der sich dann → Benedikt XVI. nannte.

Worte von Joseph Ratzinger: Der Geschlechtsakt hat seinen ursprünglichen Zweck und sein Ziel verloren, die vorher immer offenkundig und eindeutig waren. ◆ Abtreibung und Tötung eines Kindes sind verabscheuungswürdige Verbrechen. ◆ Verhütungsmittel sind des Teufels. ◆ Eine Gesellschaft, wo Gott absolut abwesend ist, zerstört sich selbst. ◆ Freilich, die geschichtliche Großwetterlage war alles andere als ermutigend. ◆ Aber der sittliche Gehalt dessen, was mit gerechtem Krieg gemeint war, läßt sich nicht einfach verabschieden, nämlich, daß es Güter gibt, die Verteidigung erheischen, die verteidigt werden können und müssen. ◆ Heidegger fragte nach dem Sein, Scheler nach den Werten, Nikolai Hartmann versuchte, eine Metaphysik in

streng aristotelischem Geist zu entwickeln. ◆ Das Wesentliche möchte ich aber doch noch einmal andeuten: Offenbarung, das heißt das Zugehen Gottes auf den Menschen, ist immer größer als das, was in Menschenworte gefaßt werden kann, größer auch als die Worte der Schrift. ◆ Das erste Semester bleibt wie ein Fest der ersten Liebe eine großartige Erinnerung.
Joseph Ratzinger über sich: Ich freue mich, daß wir in so großer Zahl hier beisammen sein können. ◆ Ich verstehe unter Pazifismus eine Einstellung, die sich den Realitäten nicht mehr stellen will, die in einen schlichten Unilateralismus mündet, also Machtvakuen schaffen würde, die dann faktisch wieder kriegsfördernd sind. ◆ Es ist gar nicht leicht zu sagen, wo ich eigentlich zu Hause bin. ◆ Man soll nicht abergläubisch sein. Aber als in dem Augenblick, in dem der greise Erzbischof mir die Hände auflegte, ein Vöglein – vielleicht eine Lerche – vom Hochaltar in den Dom aufstieg und ein kleines Jubellied trällerte, war es mir doch wie ein Zuspruch von oben: Es ist gut so, du bist auf dem rechten Weg. ◆ Für mich ist das, was mit der Handauflegung zur Bischofsweihe im Münchener Dom anfing, noch immer das Jetzt meines Lebens. ◆ Den Anspruch des Zölibats haben wir nicht leichtgenommen, aber wir waren doch überzeugt, daß wir der säkularen Erfahrung der Kirche trauen durften und daß der bis ins Innerste dringende Verzicht, den sie uns auflegte, fruchtbar sein würde. ◆ Meine Vorstellung ist, daß ich dann alle, die ich liebe und geliebt habe, wiedersehen werde, daß dies nun wirklich das aller Schranken und Sperren entledigte, freie Zueinandersein ist, das Glück, von Gott angeschaut zu werden, und somit ein Offensein aller in alle hinein.
Andere über Joseph Ratzinger: Er ging den Weg der Macht. *(Prof. Dr. Hans Küng, 2005)*

MICKY REMANN, **Globaltrottel, Punk-Monk, Concept Agent, Testjournalist, Stegreifredner, NLP Master, Telekommunikationsexperimentator, Expediteur, Initiator, Delphinologe, Ozeanosoph, Liquidsound-Patentinhaber, Medienkünstler, Manager (geb. 1951):** Aufgewachsen zeitweise in Volmerdingsen, lernte Michael schon als Kind Geige. Den Wehrdienst hingegen verweigerte er nicht. Denn: Er wollte wissen, was er verneinte. Nachdem er als Germanistikstudent, der eine Magisterarbeit über → Scheerbart schrieb, weitgehend unauffällig blieb, betätigte er sich – immer unsubsumierbarer – als Consultant seltsamer Ausfahrten, Pilgerfahrten, Veranstaltungen. Der

Mitarbeiter bei »International Synergy«, Los Angeles, bei »Futurist Group«, Sydney, beim »Esalen Institute Soviet American Exchange Program« in Big Sur, dem Mekka holistischer Therap- und Philosophien, moderierte die Luftkissen-Performance auf den Ulmer Donauwiesen, zum 150. Geburtstag des Schneiders von Ulm, Ufo-Kongresse in Berlin, multibuddhistische Seminare der »Ojai Foundation«, MultiMind-Symposien in Las Vegas, Sonnenfinsternis-Workshops auf Hawaii, taoistische Metallfeste in Wien und nicht zuletzt Talk-Runden mit LSD-Vater Albert Hofmann und Dr. → Rätsch über »Pflanzen der Götter«. Der Teleportationskursleiter neuartiger Travel-Art-Agenturen führte seminarweise in luzides Träumen ein. Der Dirigent des »Frankfurter Unterwasser Blasorchesters« interviewte die Trancetanz-Therapeutin Kay Hoffmann. Der Patenonkel etlicher unter Wasser geborener Babys landete mit dem ersten Unterwasserkonzert der Welt – patentiert unter »LIQUID SOUND« – im Guinness Rekordbuch '87. Der Radioreporter, der bei der WM '90 die frischen WM-Kicker fragte, was sie in der Nacht nach dem Gewinn der WM geträumt hätten, konspirierte mit Feuerläufern in Santa Barbara und nahm am »Quetzalcoatle Council« in Alabama teil. Der Fotopädagoge in Omdurman, der farbige Adepten in die Kunst der Schwarzweißfotografie einführte, machte sich auf den Weg nach New Zealand, eine potentielle Braut besuchen, doch da, mangels Direktflügen Sudan/Südpol, nur Umweg-Tickets über Jemen, Pakistan, Nepal in Frage kamen, blieb er dort jeweils monatelang – nie ohne Zigeunergeige – hängen, schrieb unterwegs auf wackligen Hoteltischen seine Frisör-, Wüsten-, Madhi-, Palmencloning-Adventures und sandte sie an »Transatlantik«, Geographica, On-the-Road-Literatur. Von den Honoraren, sporadisch nach Übersee übersandt, finanzierte er seine Weiterreise ins jeweils nächste Land: Birma, Malaysia. In Klöstern Thailands meditierend, mußte er zwanghaft an Handtücher denken, vor mönchischen Reisschalen an Sachertorte und Duplo. Auf diese Weise kam der flapsige Müsli-Mystiker und Joker zwischen allen Stühlen und Welten erst nach 4 Jahren bei seiner Freundin in Wellington an, die unterdessen – ungeduldig geworden – in London eingeheiratet hatte. So wohnte denn der verspätete Bräutigam monatelang auf der Ranch seiner verständnisvollen Quasi-Schwiegereltern, des Avantgardecomposers David Farquhar, arbeitete auf Kiwi-Plantagen in South Australia und behandelte Pferde mit der Feldenkrais-Methode. Unter salopper Schirmmütze leuchteten verschattet orientalische Augen über einer Vogelnase blickintensiv hervor wie eigentlich nie bei Literaten und oft nicht mal bei Schablonen-Gurus und Gesundheitsaposteln, zugleich lichtjahrweit entfernt von jeder Normal-

Eso-scene. Statt Paradigmenwechsel lobte er sich Paradick & Paradünn, statt Hochkultur Subkultur & Okkultur. Zeitweise teilte Micky Leute ein in Ottomenschen, also Mitglieder der vom Prinzip OTTO geprägten Ordinär-Trivial-Tatsächlichkeits-Organisation, und in vom Prinzip GOTTO geprägte Typen, denen es eher auf Grandios-Opulente-Theologie-Transzendierende Orgasmen ankommt. Herders Erlkönig hielt er für einen abgekürzten Erleuchtungskönig. Seine 7stündige Solo-Besteigung eines kalifornischen Ojai-Gipfels ging noch 3 Umdrehungen höher hinauf als Petrarcas, Reinhold Messners und → Handkes Bergwandern, und Moses' Sinai-Besteigung; dort oben folgte dem Micky-Erleuchtungserlebnis eine göttliche Stimme auf dem Fuß, die ihn mit den Worten »So what?« der Mother Earth wiedergab: »Der ganze Berg schien mir auf einmal viel zu hoch für mich.« Mormonen bescherten ihm einen Spruch, der sich nach ihm selber anhörte: »Wenn dein Gott tot ist, nimm doch so lange meinen.« Mit Daimonion »Hieroglühfix« führte er Gedankenlyrik-Monologe und ließ sich Aphorismen eingeben über Innenwelt-Design, Simultanismus, Hirnschrittmacher (Brain Tech), Mandelbrots Apfelmännchen-Geometrie, Ars Electronica, Kinesiologie, Hirnkino. In »GEO« schrieb er über Arizona, Potsdam, DDR, Berghotel Schatzalp, in »esotera« über Tantra, in »Tempo« über New Age, in der »taz« über Boris Becker, Descartes, Thesen über Mondfahrt und Mind-Fahrt, Atom-Veteranen, Fernsehn in Moskau, die Mausefalle im Wandel der Zeiten, zuzüglich San-Francisco- und Traum-Kolumne »Somnamboulevard – wie finde ich hin?«, zudem das Nachwort für Johannes Hollers »Das neue Gehirn« und das Vorwort zu Terence McKennas »Wahre Halluzinationen«. Neben seiner »Parade aller Lebewesen«, Geomantie, Summer of Love, Berichte über Selbstexperimente mit psychoaktiven Pilzen, verblaßten unbegabt sogar des allzu rationalen Aldous Huxleys »Pforten der Wahrnehmung«. Neben »Manifesten des Solar Perplexus« verzwergten André Bretons flau professorale Surrealismusmanifeste, samt Luthers Wittenberger Thesengehämmer. Er kreierte Kalauer à la Kanadadaist, Zwerchfellatio, mottonesisch, Bonsai-Giganten, Wal-Purgisnächte, Ozeandertaler. Statt weitere Bücher zu verfassen, schwamm, träumte, telefonierte und geigte er lieber – zwecks Interspecies Communication – mit reakklimatisierten Delphinweibchen auf dem Delphinforschungs-Segelschiff KAIROS, kurz vor Teneriffa, und onanierenden Orca-Walen rund um Vancouver Island, oder ließ für die ORCA (Oceanic Research Communication Alliance) Delphine frei, seinem Motto gemäß: »Auf 20 Delphinträume kommt ein Waltraum im Weltraum«. Bei einer Dichterlesung handelte er das Hungerhonorar von 50.– auf 45.– DM herunter.

Zum 35. Geburtstag schenkte er sich ein Grenzerlebnis (Fallschirmsprung). Andere Autoren gierten nach Vorschüssen; er zahlte seinem Verleger → Pieper Lagerkosten für dessen Remanntitel, die wie Blei, nein: wie Gold lagen. Statt auf Buchmessen begab er sich lieber auf Heiz- und Sanitärmessen. Saisonal ging er als Simultan-Übersetzer mit David Copperfield, dem größten Magier aller Zeiten (GRÖMAZ), auf Deutschland-Tournee. Er hielt eine Rede, zum Empfang für die Deutschland-Direktoren und Stationsleiter der F/M anfliegenden Fluggesellschaften anläßlich der Eröffnung des Terminals 2 des Frankfurter Flughafens; anwesend: Wirtschaftsminister Lothar Klemm. Als Stegreif- und Druckreif-Rhetoriker perfektionierte er sich mit der linken Hand in einer Methode des Parlare automatique, im sPfinxt-Fest-ParlaTents von Heggelbach, im »Somnambulen Salon« auf Schloß Auerstedt. 1993 zog er um von Frankfurt nach Thüringen, wie Goethe, genauer: nach Bad Sulza, bei Apolda, 2–3 Bummelbahnstationen von Weimar und Wielands Oßmannstedt entfernt, und lebte und wirkte nun in einem nüchtern sanierungsfähigen Klinikzentrum, immerhin in der Wunderwaldstraße. Als Heimatverein-Organisator agierte er nun zwischen Gasthaus/Bürgergarten »Fraß«, dem EDEKA-Laden »Bauchspieß«, einem Tierarzt namens Dr. Ziegenbalg, zwischen Rudelsburg, Eckartsburg, Sonneburg, Café Allewohl und Café Himmelreich. In LIQUID SOUND bekamen Besucher aus aller Welt, die sich schwimmbewegungslos – Augen zu! – ins psychedelisch pulsierende Lichtspiel der 34,5 Grad heißen Thermalbad-Solelauge legten, Ohren unterm Wasserspiegel, von Discjockey Micky Remann auf 3 Kanälen Wasserakustik, Walgesänge und Weltmusiken zu einem Licht/Klang-Massage-Gesamtkunstwerk synästhetisch-meditativ zusammengemixt. Als freischaffendes Enzym brachte er Weltkultur in die Region, die er »Toscana des Ostens« taufte. Den Naturbaustoffarchitekten Marcel Kalberer ließ er in Auerstedt den weltweit größten Naturpalast aus Weidenstecklingen bauen, eine Kreuzung aus Haus und Bäumen, ein Baumwerk, ein externes EXPO-2000-Projekt, mit Extra-Zeppelin-Pendelverkehr zwischen Hannover und Bad Sulza. → Franziskus von Assisi und → Antonius von Padua predigten Meisen und Flundern, die sich davon nichts zum Essen kaufen konnten; Remann enthüllte als Volksspektakel betont ephemere, d. h. eßbare Denkmäler für hungrige Hunde. Einst bloß ein Pop-Luftikus, jetzt Kulturfaktor. Und umgekehrt: Einst genialer als alle Literaturbetrieb-Genies, besser als die Besten, eingeweihter als Obergurus, subtiler als Philosophen, ein Himmelsbote ohnegleichen, saß nun der Medienberater der Apolda Avantgarde e.V. und Geschäftsführer des Fördervereins Auerstedt e.V. (Auer

World is Auerstedt) dauerhaft im Telefon-Büro, eingespannt, festgefahren, vielbeschäftigt, kreativ, fast austauschbar, Ansprech- und Verhandlungspartner für Produzenten, Bürgermeister, Landratsamtangestellte, Makler, Sponsoren, die übliche Faust-Kurve: vom gotisch glühenden Geisterseher zum kalten Großadministrator. Einst weltumplätschernde Unendlichkeit, jetzt Wasserhahngetröpfel. Romanprojekt »Geile Galaxien« blieb auf der Strecke. Pegasus und Flügelhelm ließ er sausen, zugunsten poseidonloser Badehose und Badekappe. Der verstummte Schriftsteller blieb auf prosperierendem Abstellgleis in Bad Sulza hängen, erst 7 Jahre lang, dann noch länger. Monothematisch kreiste er um LIQUID SOUND mit Beiprogramm: Fotoausstellungen folgten auf Ritterburgkonzerte. Rhetorisch weiterhin fit, warf er Perlen vor dickbäuchige Badegäste. Seine Augenhöhe schraubte er immer weiter runter. Der PR-Mann, Popfestival-Agent und Veranstalter verfaßte zielgruppenorientierte Werbebroschüren, zweckdienliches Orientierungshilfe-Gewäsch: »Wir stehen in einer sehr spannenden Zeit der Neudefinition des Gesundheitsbegriffs. Kernpunkt ist, daß Gesundheit auch immer etwas mit Eigeninitiative und Glück zu tun hat, deshalb ist unser Motto »Glück und Gesundheit«. Neue Open-air-Zyklen hievte er ins Berliner Tempodrom, das Unterwassermusik Festi-Wal: BERLIN GEHT BADEN. In der Thüringer Allgemeinen ließ er arg allgemeinverständliche Statements ab. Desolater Highpoint: Helmut Kohls Kanzleramtsminister Friedrich Bohl landete 1997 per Hubschrauber in Bad Sulza, um mit Kulturdirektor Remann zu parlieren. Er heiratete (kirchlich!) die Aqua-Healing-Therapeutin Musia. Einst Unikum in Kuala Lumpur, jetzt Liegestuhl-Urlaub in Marokko. Abends hockte er vor der SAT1-Harald-Schmidt-Show, statt in ihr alle an die Wand zu reden. Am Beckenrand gab er relaxte Kurzinterviews. Statt mit Ebenbürtigen zu parlieren, oder gar Dioskuren, brillierte der Versatzstück-Jongleur lieber vor durchgeschleusten Normalgestalten. Er versank in Reklame für seine Sache. Er drehte sich im Viereck. Micky Remann richtete in seinem Wirkungskreis eine Wohlfühl-Bar ein.

Worte von Micky Remann: Alle wollen sie nur das Eine: was anderes! ◆ Was das Schwein im Innersten zusammenhält, ist die Abwesenheit des Metzgers. ◆ Ob magic mushroom oder Fußpilz, Hauptsache, die Seele juckt. ◆ Die Götter müssen unheimlich high gewesen sein, als sie die Nüchternheit schufen. ◆ Schauen solche Prediger nie in den Spiegel? Oder verraten sie uns nicht, welche trostlose Visage sie dort erblicken? ◆ Nur das NICHTS bietet die totale Erholung von ALLEM. Wer einen Baum sieht, wird die Firma na-

Vom Götterliebling zum Bademeister

türlich auf Schadenersatz verklagen. • Zellulitis am Astralbein? Zeit für die nächste Inkarnation! • Meide, o Kannibale, den Vegetarier, denn er gibt dir nichts als Sodbrennen. • Wie schon die Upanischaden kündeten, kann der Guru dir zwar den Weg zur Toilette weisen, doch mußt du den Schließmuskel selber öffnen. • Der Optimist spürt noch im Furz den Aufwind. • Der lang ausschlafende Wurm entkommt dem früh aufgestandenen Vogel. • Wer hat den schönsten Sex im Land, du oder dein Fahrradsattel? • Der Erleuchtete stutzt: Im Fundbüro hat er sein Ich wieder entdeckt. • Der eine hat einen sitzen, der andere hat einen stehen, beide können so nicht gehen. • Wenn du schwankst und wankst und bangst, dann schwanke, wanke und bange graziös. • Weil das Wasser immer fließt, schläft das Wasser nie. Wenn ein Mensch meint, er schliefe, schläft nur die Trockensubstanz, die dem wachen Wasser als Flußbett dient. • Auch Gedankenformen haben eine natürliche Halbwertszeit, und wenn die vorbei ist, sollte man den Gedanken ein reueloses »adieu, good bye, arrivederci und auf wiedersehen« wünschen, statt sie mit der Forderung nach ihrer Unsterblichkeit zu schikanieren, die ja sowieso kein Schwein für seriös hält. (Be here. How?)

Micky Remann über sich: Ich muß es in alle Welt posaunen, wie introvertiert ich heute bin. • Mein Geburtstag am 11. Mai 1951 fiel mit meinem Geburtsort, Menninghüffen Kreis Herford, zeitlich und räumlich zusammen. Die deutsche Staatsangehörigkeit besitze ich, muß sie aber mit 60 Millionen mir zum Teil völlig unbekannten Personen teilen. • Bin ich der Schnee von gestern oder der Dampf von morgen? • Träume sind wie das Gras, von dem sich ein Rind ernährt. Ich bin sein Pansen, der die Träume wiederkäut und mechanische Verdauungsvorgänge womöglich für originäre Erfahrungen hält. • Neulich fand ich mich in ein seltsames Gespräch verwickelt – oder soll ich sagen, ich wurde Zeuge einer Unterhaltung, bei der außer mir niemand zugegen war? • Keine miese Mücke hält es für nötig, meiner Blutgruppe Gesellschaft zu leisten, die Ratten in den Kanälen knabbern ungerührt die Reste der chinesischen Küche und tun so, als gäbe es mich gar nicht, und der warme Wind der Abgase unterläßt es, eine zerfetzte Plastiktüte mit der anheimelnden Aufschrift »Kaufhof« an meine Seite zu wehen.

◆ Mein Guru ist das Käng. ◆ Als ich heute morgen die Frühstückseier ins kochende Wasser gab, klingelte genau nach 4 ½ Minuten das Telefon. ◆ Allerdings gab es bei meinem Auto ein kleines Problem mit dem Thermostat, und im Umfeld des vorderen linken Rades rumpelte etwas, aber warum sollte es das nicht? Es rumpelt ja so vieles. ◆ Besser ich blicke nicht durch, als du durchschaust mich.

Andere über Micky Remann: Die Gaia-Hypothese, die auf John Lovelock und Lynn Margulis zurückgeht, besagt, daß die Erde ein intelligenter, lebender Organismus ist, in dem jede Spezies nur eine Teilrolle spielt. (Witziger hat das der deutsche Autor Micky Remann ausgedrückt: Wenn es Mutter Erde irgendwo in Afrika juckt, läßt sie ein paar Elefanten kratzen.) *(Rainer Kakuska, 1991)* ◆ Micky Remann, ein unermüdlich zwischen Australien, Südamerika und Neuseeland umherbrausender Jet-Set-Esoteriker, hat das Kongreßmotto gestiftet: »Gäbe es für den holografischen Panoramaglauben eine Prophetin, sie würde verkünden: ›Glaubt alles, und probiert es aus! Fürchtet euch nicht zu stolpern, denn es gibt keinen Trial ohne Error. Laßt dem Wind des Unbekannten stets eine Ritze. Die unbekannten Möglichkeiten seien Euch mehr wert als die bekannten Unmöglichkeiten!‹« *(Gerhard Henschel, 1994)* ◆ »Ich wäre auch nach Hollywood oder Sydney gegangen«, sagt Remann, »es hat aber Bad Sulza angerufen.« *(Christine Koschwitz, DER SPIEGEL, 2000)* ◆ Getreu den Remannschen Motto »Erst übertreiben, dann langsam steigern« wird nun das weltgrößte Didgeridoo-Orchster in der Therme ein Konzert geben.« *(Matthias Huth, 2000)* ◆ Kreativ-Kopf Remann trägt sich zudem mit dem ehrgeizigen Gedanken, am Sonntag gegen 22.00 Uhr eine Telefonschaltung zum frischgebackenen Gouverneur von Kalifornien Arnold Schwarzenegger herzustellen. *(Jens Lehnert, Apoldaer Allgemeine, 2003)* ◆ Micky Remann weiß, wie man ungeahnte Energien freisetzt, Menschen begeistert und Träume verwirklicht. Gäbe es den Begriff Multitasking noch nicht, so müsste er für ihn erfunden werden.« *(Outlook Building Perspectives, 2004)*

PERRY RHODAN, Major, Risikopilot, Astronaut, Mondfahrer, Kernphysikexperte, Großadministrator, Hansesprecher, Ritter der Tiefe, Sofortumschalter, Erbe des Universums (geb. 1936, danach praktisch unsterblich): Geboren in Manchester/Connecticut, als Sohn eines Kriegsveteranen und Elektronikwaren-Kaufmanns, Jahrgangsgenosse von Sexbischof Kurt Krenn, nur ein Jahr jünger als → Dalai Lama Nr. 14. Schon als Kind suchte er (wie vor ihm Dr. → Steiner die geistigen Welten bereits als Kind erstrebte) das Land der Sternenbewohner mit der Seele, dies allerdings nicht mystisch im inneren Busen, wie → Novalis, sondern so extrovertiert wie möglich im vorliegenden Einsteinschen Raumzeitkontinuum. Unstillbare Sehnsucht nach den Sternen trieb ihn vorwärts. Rhodan reiste mit seinem Raumschiff STARDUST im Jahr 1971 zum Mond und betrat ihn als erster Mensch (laut Heft Nr. 1 im Jahr 1960). Neil Armstrong kam ihm zwar 1969 zuvor, brachte aber vom Mond bloß langweilige Geomasseklumpen mit; Rhodan hingegen bekam – im Gegensatz zu → Däniken – zu Außerirdischen Kontakt, einer Art verbesserter Marsmännchen – zu Arkoniden. Die Begegnung mit Atlan wurde zum Beginn einer wunderbaren, jahrtausendelangen Freundschaft, ein Fels im Geröll aus Doppelkopfmutanten, Mausbibern und Telepathen. Denn Rhodan ward gewürdigt, die wesentlich greifbarer und glaubwürdig gewordene, nach all den kollektiv erfabelten Jungbrunnenmythen, reell lebensverlängernde Zelldusche zu nehmen; sein Bio-Alter ward auf 39 Jahre festgeschrieben. Der nun um Rhodans Hals baumelnde Zellaktivator, im Zeitalter uneffektiver Krawattenträger, schloß den magischen Kreis zum mythisch unverzichtbaren, neolithischen Amulett; Armstrong unterdessen alterte unrühmlich frühpensioniert auf der alten Erde herum. Noch unendlich opulenter als der übliche Schritt vom Tellerwäscher zum Superman und Krösus Dagobert Duck verlief Rhodans überregionale Überflug-Karriere: 1982 wurde der popelig kleinformatige Mondbetreter Rhodan (nicht Armstrong!) zum Administrator der Erde gewählt – endlich Fusion der Machtblöcke und bösen Achsen in eine terranische Weltregierung! 1991 starb Perry-Rhodan-Erfinder Karl-Herbert Scheer. 2042 mußte der Global Player größten Stils, bevor dieser Terminus aufkam, die Zelldusche wiederholen. Er zog immer größere Kreise, entwickelte die Dritte Macht (zum Glück nicht das Dritte Reich) zum galaktischen Machtfaktor, gründete das Solare Imperium, das er bald, als Gigantadministrator, im Vereinten Imperium aufgehen lassen konnte, heiratete zwischendurch kurz eine Thora, die schon vom Namen eher nach Barbarella klang als nach schöner Seele – doch sein Sohn Thomas Cardif (2020–2103) hatte allerlei Ödipuskomplexe abzuarbeiten. Kurz vor seinem Vorstoß in die Nachbargalaxis Andromeda – 2329 n. Chr.: Ehe Nr. 2 mit der Plophoserin Mory Abro, 2459 n. Chr. Ehe Nr. 3 mit Orana Sestore. Ab und zu wiedergewählt, stand Rhodan auch bisweilen, wenn Imperien zusammenbrachen, vor den Trümmern seiner äonenübergreifenden Aufbauarbeiten. Die ungeheuren Zeitdimensionen balancierte Perry Rhodan halbwegs aus, indem er expansiv zurückgriff in seine Kindheit sowie in die Vergangenheit seines Heimatplaneten; nicht minder ungeheure Raumwelten konterkarierte er mit einem Blick fürs Kleinste, bis hin zu des Großadministrators winziger Narbe am rechten Nasenflügel, die sich bei Erregung weiß zu verfärben pflegte, selbstredend weniger bei sexuell als bei administrativ und gesamtkosmisch basierter Erregung. Psychische Grundlagen für einen handfesten Größenwahn brachte er überhaupt nicht mit – alle zusätzlichen Welten und Imperien fielen praktisch einem Alpha-Männchen und Prototyp zu, der vom Reißbrett patenter Autorenkollektive positive, weltalltaugliche Knopfdruck-Eigenschaften bekam: »beachtliches logisches Denkvermögen«, »trockener, doch herzhafter Humor« und sogar Selbstkritik! Da aber Rhodan zwar, unersättlich wie ein hinduistischer Demiurg, bloß in gigantische Welträume und triviale Serienhefte einwanderte, statt in die Weltliteratur, hatte sein garantiert durchaus vorhandenes Seelenleben was Aseptisches an sich, Reflexhaftes, nicht restlos Herzerhebendes. Quer durch die Äonen sah die Funktionspuppe einem sinnbegabten Humanum nur partiell ähnlich. Statt Psychonaut – Plastinaut. Die üblichen Probleme, die andere Unsterbliche bekamen, wie Jonathan Swifts Struldbrugs, kränkelten einen wie Rhodan nicht im mindesten an. Nie wurde er, wie Buddha oder Goethe, des Treibens irgend müde. 3588 n. Chr. wurde dann (merkwürdig spät) eine neue Zeitrechnung eingeführt, die NGZ (Neue Galaktische Zeitrechnung). Irgendwo saß er mal 695 Jahre in einem Stasisfeld fest. Dann wurde zeitweise sein Zellaktivator zurückgefordert, wodurch er jahrhundertelang ein auslaufendes Leben auf Abruf führte, sozusagen im Wettlauf mit der Zeit. Weltauflage von Rhodan-Romanen 1991: 525 Mill.

Er erbte das Universum

Worte von Perry Rhodan: Wir müssen wissen, was in der Welt geschieht. ◆ Das kann ich dir nicht sagen, denn die Supergehirne belauschen uns sicher. ◆ Selbstverständlich weine ich den Wracks keine Träne nach. Aber ich mußte an die Biospalter denken. Eben noch voller Hoffnung – und nun ausgelöscht für immer.

Perry Rhodan über sich: Ich wundere mich, daß noch keine Luft-

aufklärer aufkreuzen. ◆ Ich habe nicht die Absicht, Thora zu ehelichen. ◆ Schließlich bin ich Terraner, und ich bin stolz darauf.
Andere über Perry Rhodan: In Perrys Augen stand ein eiskaltes Leuchten, aber hinter seiner scheinbaren Herzlosigkeit verbarg sich die ehrliche Sorge um die Zukunft der Menschheit. *(Clark Darlton, 1960)* ◆ Perry Rhodans Augen bekamen einen Ausdruck von Wehmut und Rührung. Der harte Mann schluckte plötzlich krampfhaft und kämpfte um seine Beherrschung. Doch nur kurz. Bald darauf hatte er sich wieder vollkommen in der Gewalt. *(H. G. Ewers, 1965)* ◆ Hinzu gesellt sich im Laufe seines Lebens ein immer stärker ausgeprägter Sinn für kosmische Zusammenhänge. *(Perry-Rhodan-Lexikon, 1991)*

Adrian Ludwig Richter, **Holzschneider, Malerpoet, Ideal-Idylliker, Zuspätromantiker** (1803–1884): Als Kind wurde er religiös erschüttert im Kasperle-Theater, worin das zappelnde Teufelchen Vitzliputzli Doktor Fausts Frage, ob es nicht zuweilen Verlangen nach der ewigen Seligkeit spüre, zitternd beantwortete: »Herr Doktor! Wenn eine Leiter von der Erde bis zum Himmel hinauf errichtet wäre und ihre Sprossen wären scharfe Schermesser, ich würde nicht ablassen, sie zu erklimmen, und wenn ich in Stücke geschnitten hinaufgelangen sollte!« Mit Wonnetränen blieb der Jüngling lebenslang in jeder früheren Zeit stecken, außer in der eigenen. Sein elterliches Umfeld verblaßte zugunsten der Aura großelterlichen Antiquariums, worin noch das tiefere Gemüt des 18. Jhdts. webte und welche er bei einem Besuch in Rothenburg ob der Tauber beglückt wiederfand. Das allzu »modern-nüchterne Gepräge« des 19. Jhdts. nannte er »farblos«. Der Italienreisende klammerte sich bilderselig mitten im Biedermeier – so traulich und beschaulich wie erbaulich – an abgesunkene, treuherzige Spätromantik, gleichwie diese sich an Doktor Fausts Mittelalter geklammert hatte, um melanchol'sche Nahrung aus ihr zu saugen. Unter Umgehung großer Heiden wie Goethe, Mephisto, Voltaire, Feuerbach, Shakespeare, Schopenhauer hielt es Ludwig Richter lieber mit Musäus, Bechstein, Hebel, des Knaben Wunderhorn, Handwerksburschen, Lumpensammlern, Schankwirten, die Landwein und Ziegenmilch auftischten. Von Friedrich Schiller blieb nur die züchtige Hausfrau am Herdfeuer, mit Bauernbrot am Feierabend und zum Erntedankfest. Richters Dorfkirche wuchs in keinen Himmel, außer ins irdische, nein: ländliche Paradies: Kinder löffelten Habermus, Fliedermütterchen spannen beim Öllämpchen. Nie wendete er sich abwärts zur heiligen, unaussprechlichen, geheimnisvollen Nacht, sondern beim Nachtwächtergetute ging der gute Mond so stille durch die Abendwolken hin, gutmütig überblinzelt von golden prangenden Sternlein. Klärchens und Gretchens kleine Welt, Ludwig Richters heile Welt schaute noch viel heiler aus als andere heile Welten, Carl Spitzwegs Butzenscheiben und Moritz von Schwinds Waldesdunkel. Ohne mit dem Schicksal zu hadern, nahmen Richter und seine liebe Frau den gräßlichen Tod ihrer Tochter Marie 1847 hin, in völliger Gottergebenheit. In stampfend industrialisierter Epoche, übertönt von Dampfmaschinen, brodelnd, aufrüstend, voller Zeitungsnachrichten über Skyscrapers in Chicago, Aluminiumgewinnung, Maschinengewehre, beugte sich dieser deutsche Michel, frömmer als möglich, über sein Birnbaumholz und schnitzte Orbis pictus und Eiapopeia hinein, störfaktorenbereinigte, fremdkörperbefreite, friedsam und traulich herzrührende, erfolgreiche Bilderbögen, über denen ein stilles Abendläuten zu schweben schien (1650 Jahre vor Richter hub Nonnos von Panopolis so heroisch zu dichten an wie 1000 Jahre vor Nonnos – Homer). Unhaltbare soziale Mißstände und Realitäten kamen auf seinen Bildern zwar vor, aber als fröhliches Volksgetümmel, atmosphärisch weniger mit seinen Zeitgenossen Cézanne, van Gogh, Nietzsche und Zola verwandt als mit Breughel, aber ohne dessen Derbheit. Von ihm selbst »grundhäßlich« genannte Gesichter sah er mit der Kunstbrille Jacques Callots, und schon irritierte alles nur noch halb so gravierend. Was Ludwig Richters Wimper hielt, trank er vom gold'nen Überfluß der Welt. »Ästhetik des Häßlichen« (1853) kam bei ihm nicht zum Zug. Nicht etwa unterlag er später sog. Wahrnehmungsdefizit oder tendenziöser Selektion; vielfach erschien auch ohne ihn die Welt tatsächlich so possierlich, wonnig und hübsch und seelenvoll wie seine Welt. Und dies, obwohl Richter Schlimmeres in natura sah, als heutige Tagesschau gewährt, und dies bereits als Kind: Todeskämpfe auf Schlachtfeldern, zerborstene Schädel, Leichenberge auf Leiterwägen. Die Schreie des zerstückelt über glühende Leitern kletternden Vitzliputzli gingen unter im Lobgesang blonden Puttenchors, Hausmusik und Vaterunser, pausbäckiger Engelchen unterm Regenschirm, meilenfern vom philosophischen Sadismus Wilhelm Buschs. Im blutigen Mai 1849, als Bürger von Dresden dem Ruf der Sturmglocken zum Barrikadenbau folgten, stand der blauäugige Künstler im Hauspelz am Arbeitstisch und übertrug »Rübezahl in Köhlertracht, Mutter und Kinder erschreckend« und die rehkitzstreichelnde Heilige Genoveva auf Kupferplatten, wie damals Goethe, der bei Napoleons Kanonendonner vornehmlich um friedliche Farbenlehre kreiste, frei nach Archimedes, der sich seine Kreise ungern stören ließ. Schlimmstenfalls ruderten im Holzschnitt schiffbrüchige Auswanderer auf offener See, oder ein sterbender Vater ward von der Tür gewiesen. Der Horror des Schweineschlachtens verklärte sich zum Glücksmärchen, worin fleißige Zwerge lustige Würste hinwegtrugen. Als Greis, der die Welt nicht mehr verstand, taumelte er, mit über den Kopf gewachsenen Scheuklappen, anachronistisch durch die große internationale Kunstausstellung 1869, durch die Säle des Glaspalastes, stand verstört, hilflos begossen vor Eduard Manet, Camille Corot und Gustave Courbet, als wenn diese harmlose Neutönerei bereits Joseph Beuys und documenta wär. Wacker hielt er sein todgeweihtes Fähnlein hoch, das richtigere Leben, Herzensbildung, atmende Seele. 3 Jahre vor Richters Tod fuhr in Berlin elektrische Straßenbahn. Er, der lange vor Karl Marx, Richard Wagner und Émile Zola zu leben schien, starb nach ihnen. ⁓ In summa: Ludwig Richter, ein wandelndes Zitat nicht unbedingt besserer, aber schönerer, hinter ihm fortsinkender Zeiten, wurde zum Adalbert Stifter der Holzschneiderei, zum→ Bruckner der Malerei, ein Fossilium, ein a priori verjährter Irrläufer in der Zeit, vom Honiglicht ohnmächtigen Rückblicks umflossen, gewaltsam festgehalten, festgebannt ins Birnbaumholz. So nie gewesene Zeiten troffen trotzdem prallvoll von Erinnerungswert und Wiedererkennbarkeit. Die Wirklichkeitstreue seiner Idyllen wurde, je krasser alle Realitäten sich veränderten, immer idyllischer und unwirklicher. Manche monierten ein Zuwenig an Dämonie, gepaart mit einem Zuviel an Hausbackenheit und Frömmelei, oder daß seine berühmte Gefühlstiefe nicht sonderlich tief sei, oder daß er die Intellektualität und Spiritualität der Romantik nicht mitgenommen habe. Je motorisierter die Haushalte wurden, desto mehr schien der spätgeborene Kitschbegriff auf den Spätzünder Ludwig Richter anwendbar zu werden. Und schon hängten sich die Bundesbürger, vormals: Spießbürger, Ludwig Richters »Brautzug« immer öfter und lieber über den Ohrensessel, dann übers Grammophon, dann in die schleiflackmöblierte Einbauküche im sanierten Altbau. Die nächste Richter-Renaissance steht spätestens nach Weltkrieg Nr. 3 ins Haus.

Worte von Adrian Ludwig Richter: Ein blühender Baum von Bienen umsummt, duftend, tönend – dies Schauen ist mir oft lieber gewesen als die geistreichste theologische oder philosophische Abhandlung vom Wesen Gottes. ◆ Der kalte Abendhimmel mit seinen schimmernden Sternen schien so recht feiertäglich zum kleinen Fenster herein, und mir war's so herzlich

Bildschöne Wahrheit, umzingelt von Realität

wohl. Und wie ich so das holde, süße Leben betrachtete, wie gütig und weise mich Gott bisher geleitet, da durchdrang mich ein wunderbarer Feuerstrahl glühender Begeisterung, und ich sandte meine tiefe Anbetung meinem hohen Vater nach den glänzenden Sternen. ◆ Die italienische Natur hat doch bei aller Schönheit etwas Totes; ich finde in ihr nicht diese ergreifende Sprache, sie sieht nicht aus, als hätte sie der liebe Gott gemacht, sondern als könnten sie Menschen auch so erfinden. ◆ Woher kommt's, daß man bei unseren Voreltern so viel eigentümliche, originelle Personen fand, während sich jetzt alles im allgemeinen – soll ich sagen – erhöht oder verflacht? Jetzt trachten viele Vielerlei zu wissen und nennen's Bildung. ◆ Jetzt lärmen die schrillen Pfeifen der Lokomotive und das Gerumpel der Lastkarren durch Bahngeleise und Straßen, welche aus jenen stillen Kornfeldern in die neue, dampfselige Zeit hineingewachsen sind. Unsere Hausgenossen waren so ruhig und friedlich wie die damalige Zeit. ◆ Jeder sieht eigentlich nur das, was ihn sympathisch berührt, was er liebt. ◆ Die hübschen Bilder sind unzählbar, die sich einem an allen Ecken und Enden aufdrängen.

Adrian Ludwig Richter über sich: Ich habe einige Male gehört, in allen meinen Sachen sei so etwas, das wie Sonnenschein oder Sonntag aussähe, und ich habe mich recht herzlich über ein solches Wort gefreut. ◆ Verkehr mit der Natur, mit der Kunst und mit Gott ist mir das Beste, Liebste und Höchste. Alles so äußerliche, bloß kluge, anspruchsvolle und dem Schein huldigende Treiben, wie es jetzt in den großen Städten vorherrscht, ist mir im Innersten zuwider. ◆ Das geordnete saubere Stilleben des Hauses, in dem das heitere treuherzige Gustchen waltete und alles so schmuck erhielt, war und blieb mein heimliches Paradies.

Andere über Adrian Ludwig Richter: Er selbst aber steht hoch auch über seinen besten Arbeiten als ein überaus liebenswerter und erquicklicher Mensch. Seine Briefe wehen mich immer an wie Waldesluft im Frühjahr. *(Wilhelm von Kügelgen)* ◆ Mit seinen kleinen, tiefempfundenen Holzschnittzeichnungen gewann er alle Herzen, fand Zutritt in jede Familie, wurde heimisch in jedem Hause, wo Zucht und Ehre, Treue und Glaube walten, blieb ein Tröster in allen Lagen des Lebens, Freude spendend, Leid wendend und Sorgen glättend durch seine wahre, echte, ungetrübte Heiterkeit und Schönheit. *(Dr. Hyazinth Holland, 1910)* ◆ Er imitiert nicht mit raffinierter Artistik Kindlichkeit, wie die »Heidelberger«, versucht nicht krampfhaft, sich auf Infantilität zurückzuschrauben wie die »Nazarener«, sondern ist ein Kind: achtzig Jahre lang, selbst wo er leer ist, hat er jene liebliche Leere, die aus einem Kinderauge lächelt. *(Egon Friedell, 1931)* ◆ Unser Volk hat nun einmal ein ausgeprägtes Gefühl für Romantik, das dem Amerikaner restlos abgeht, weil er nie über das Häusermeer seiner Wolkenkratzer hinausschaut. Unser Gefühl für Romantik entspringt dem starken Naturgefühl, das wir Deutsche haben. Wer Ludwig Richter, Carl Maria von Weber und die anderen Romantiker richtig verstehen will, der muß in die Fränkische Schweiz gehen. *(Hitler, 1943)* ◆ So entgeht schon der Jüngling einer Gefahr, die gerade in Dresden nahegelegen hätte: in den Strahlenkreis Caspar David Friedrichs zu geraten, da dessen nordische Schwermut und grüblerische Mystik seiner heiteren Seele fernlag; »denn«, so schreibt er in diesem Zusammenhange, »ich hatte meine Lust an der klaren Form, an Sonnenschein und bunter Tageshelle.« *(Erich Marx, 1950)* ◆ Richter fühlte sich nie berufen, Darsteller großer Geschichte wie etwa Menzel oder kämpferischer Probleme wie Rethel zu sein. Er spürte den Wegen heiteren Friedens nach und entdeckte eine sonnige Welt der Humanität des Gefühls. *(Franz Bauer, 1960)* ◆ Dumm mag er sein. Blind ist er nicht. Ludwig R. ist lieb. Er inszeniert nach seinen Lieblingsbildern mit seinen graphischen Spielzeugfigürchen liebes Volksleben, das wird von lieben Leuten sehr geliebt. *(F. W. Bernstein)*

RAINER MARIA RILKE, Treibhausgewächs, Elfenbeinbewohner, Günstling, Spätling, Décadent, Dichter (1875–1926): Das Siebenmonatskind aus Prag stand auf schönen alten Photographien als Mimöslein im »kleinen Kleid«. So besang's später dann der gereifte Dichter. Jedes Knistern im Hause, so als wüßte sie längst, wann sich die Diele benimmt, erklärte ihm lächelnd die Mutter, bevor er sie nachträglich ein »vergnügungssüchtiges, erbärmliches Wesen« nannte. Im Lauf der erblühten Blässe seiner Kindheit verarmte sein Engel in seinen Armen, schrumpfte, während er heranwuchs, zur zitternden Bitte, samt dem Geisterbild einer angelesenen, entdeckten oder erlebten »weißen Zypresse«. Feinstnervige Lyrik flammte und flutete früh, nach abgebrochener Handelsschulausbildung, aus ihm hervor. Sein Vater, ein Eisenbahner, in den der wachsbleich verweichlichte Sohn einen Aristokraten hineinzudeuten strebte, sandte ihn, zwecks Abhärtung, auf eine Kadettenakademie. Jedem Klange, der ihm vorüberrauschte, mochte er sich schaudernd schenken, und schon fühlte er seine enge Brust sich breiten. In seinen Reimen reichte er eine Sehnsucht dar, in seinem Schweigen nicht minder. Er wußte, was der Wind ihm wollte, ehe noch die Birken bebten. Hölderlins »Friedlich und heiter ist dann das Alter« lautete bei frühem Rilke: »Ich denke es mir gut, alt zu sein.« Statt Handschrift – oder Klaue gar – bot Schönschrift er und diente im Weltkrieg kurz als Schreiber. Bei Rilke, derweilen die wilde Welt in Materialschlachten versank, erzitterte im stillen Schrank, sobald die Mutter eintrat wie im Traum, ein stilles Glas. Sein Stundenbuch, 100 Jahre vorher, hätte – statt schwül und mannbar verschwiemelt – eher so liedhaft wie die »Geistlichen Lieder« dessen geklungen, der, auf der Suche nach Unbedingtem, überall nur Dinge fand; Rilke suchte hinter den Dingen und Kunstdingen nichts, über die er Bild- und Dinggedichte schrieb, über blaue Hortensien, Rosenschalen, Torsen, über Absalom, Alchimie, Alkestis und Buddha und Mohammed, und dann und wann über Karussell, Schlangenbeschwörer und weiße Elefanten. Requisiten dämmerten in Vitrinen, müd und falb und trüb und halb. Seine Rosen sahen in Gedanken ihren Sommer kranken. Barbar Goethe reimte Zweig und Träume auf Gesträuch und Reime, neige auf Schmerzensreiche; keiner reimte reiner als der betuliche, 4–5 x pro Tag die Hände sich waschende Rainer Maria Rilke (kaum abgerechnet Scham auf Bräutigam, und Gesten auf preßten); statt »gibt« hartnäckig »giebt«, wodurch Goethe rückwirkend als Hans Sachs mit Fingern aß, statt mit Servietten zu dinieren, wobei Rilke oft vor lauter Silberbesteck das Menü nicht immer übersah. Selbst profane Nachbarn hatten als »Nachbaren« zu paradieren, durchgebogensten Kreuzes, abstehendsten Fingerchens. Nicht Schoß – »Schooß« schrieb er. Selbst einen Brunnenrand veredelte er zu »Brunnensaum«. Leute, statt zu wohnen, »siedelten« in ihren Häusern, um sich auf Leute zu reimen, die in ihren Gärten fiedelten. Kollegen widmeten ihre Jugendsünden Gabi; Rainer aber drückte das formbewußter aus: »Gelegt in die Hände von Lou«. Im Einhorngedicht präsentierte der Dichter sich als einer, der einen Turm im Mondlicht vor sich herträgt, und jeder Schritt geschah, ihn aufzurichten, und beschrieb den rosagrauen Flaum des leicht gerafften Einhornmauls. Wonach Nietzsche vergebens strebte, schaffte Rilke: Sex mit Lou Andreas-Salomé, die der Nachwelt mitteilte, Rilkes Erektionen hätten aufgrund einer Verwachsung geschmerzt, und die seine Lebensängste – wenig einfallsreich, dafür psychoanalytisch – auf Schuldgefühle beim Masturbieren zurückführte. 1901: Heirat mit Clara Westhoff. Rilke trug Auguste Rodins Ruhm in die Welt, aber überall kannte man Rodin schon. Ab 1909 nahm Marie von Thurn und Taxis-Hohenlohe ihren »Serafico«, den sie zugleich Dritten gegenüber als »häßlich, klein, kümmerlich« beschrieb, als Ersatzmutter, nein: Mäzenin unter ihre Fittiche. Nicht nur ging Rembrandtsches Helldunkel auf Schloß Ulsgaard in Vasenmalerei über: Selbst das Weichbild des reellen Paris sah Rilke als Seidenmalerei; Häusergruppen nannte er perlgrau. Gesichter wurden zu Textilien, die zu eng oder zu weit sitzen konnten. Die Kunst hielt er nicht nur für eine Auswahl aus der Welt, sondern für deren restlose Verwandlung ins Herrliche hinein. Die Kunst warf sich so ungestüm, so stark, so strahlend auf die Dinge, daß diesen die Zeit fehlte, sich auf ihre Unschönheit oder Verworfenheit zu besinnen. Sein Engel bewahrte ihn selten vor seinem Zwangsalliterieren à la Geschenk und Geschmeid, entgleitende Vergleiche, oder Dingen wie die »Stange des Steuers«. Als Pygmalion perfektionierte Rilke sich darin, der Schaumgeborenheit alabasterner Worpswede-Schönheit neues Leben einzuhauchen, drum herum auskostbare Lichteffekte im atmosphärischen Vorfeld junger Birken. Sein Leda-Poem geriet ihm schier zum Hamilton-Ästhetik-Softporno für höchste verwöhnte Ansprüche, Laufsteg-Präludien in Richtung Sulamith Wülfing. Undenkbar als Dschungeltourist, Waldläufer oder Wandervogel, reimte Rilke, in altmeisterlich ausgeleuchteter Gobelinwelt, Wald auf »wunderbald«, con sordino, im Sepia-Ton. Der zu Brigge-Zeiten nicht bloß in Birkenhainen, sogar in Buchenwäldern sich aufgehalten haben will, auch auf Kur im Schwarzwald, kam paritätischer in Tuilerien, Papageien-Parks, blaublütigen Gartenschlößchen, Stefan Georges »totgesagtem park« zur Geltung, der bei ihm als »versagter Garten« figurierte, oder »sanft verblassender Garten«. Auf dem stummen Gestürztsein seiner inneren Wildnis stand lindgrün sein Herz. Was aber Jugendstil – Rilke liebäugelte mit Okkultismus, Nudismus, natürlichen Heilmethoden – allzumal schicklich auszublenden pflegte, verschwieg Rilke nicht: Direkt nach der gestylten Schaumgeburt seiner Marmor-Venus wurde die blutige Nachgeburt eines Walfischkadavers ans arrangierte Gestade geworfen, so als brächen in die Potemkinschen Lustgärten und Dekorationen süperber Alfrescogemälde harte Fakten einer BBC-Umwelt-Doku ein. Da feierte der Charaktergegensatz von Rose und Kartoffel, mit dem sich Lichtenberg und Heinrich Heine vergnügten, Auferstehung zugunsten der Rose, o reiner Widerspruch, letzte blaublütige Zuspitzungen im Kartoffelzeitalter unästhetischer Demokratie auf breiter Front – da lachte der Stern Überall so seltsam über ihn. Doch die prinzliche Hoheit auf der Erbsenblüte harpunierte nie wie echte Männer à la Hemingway reelle Riesenhaie. Falls Briefempfängerinnen à la Manon zu Solms-Laubach ausnahmsweise mal männlich sein durften, hießen sie mindestens Wolf Graf von Kalckreuth, Jakob von Uexküll, Emil von Gebsattel. Selbst Hedda Sauer schrieb er an als »gnädigste Frau«. Für einen Namen wie »Baladine Klossowska« nahm er sogar ein Geiergesicht in Kauf. Wie Ivan Rebroff und Mata Hari sich als kernechter Russe und Indonesierin ausgaben, so mimte und inszenierte Rilke einen chemisch reineren, adligeren, chimärischeren Phänotypus als all die empirischen Anhängsel adliger Namen. Edle Seelen gerieten in den Sog seiner fühlenden Genialität. Das Parfüm seiner Sensibilität kam wahrlich nicht von außen. Selten glühte Außendekor, Stuck, Pastete und Fassade so inwendig. Wenn er frühmorgens mit qualmendem Ofen nicht zurechtkam, war der Dichter für den Rest des Tages als Dichter nicht mehr zu gebrauchen. Nirgendwo eine Schuhsohle, die bei ihm nicht als Delikatesse für Neureiche kostspielig Auferstehung feierte. Die »Schreie von Kreißenden« oder die »stoßweisen Geräusche von Sterbenden« mußten sich nicht immer begnügen, Emaillemalerei zu bleiben. Zwischen gespreizten Konditor-Torten, Croissants, Schaumgebäck wurden bisweilen richtige Brötchen gebacken, ohne Mohn und Schnickschnack, bis hin zu Sozialkritik und zum »Fuselgeruch gärender Füße«. Bei Mundgeruch besang der Dichter »das Fade aus den Munden«, und transformierte Trash und olfaktorische Aspekte pubertärer Wichserei alchimistisch in »das Schwüle aus den Betten mannbarer Knaben«. Realien und Ungekünsteltheiten, sanfte Dissonanzen, drängten sich an den weißen Säulen seines kandierten Œuvres und gelangten hinein, als nicht ganz stubenreine Promenadenkreuzungen, die sich naturbelassen, unedel, unstandesgemäß zwischen Afghanen, preisgekrönten Züchtungen – objektiviert zu »findigen Tieren« und Rilkes Wappentier, dem edelsten aller Windspiele –, am goldbeinigen Stilmöbel und Intarsien-Beistelltisch scheuerten, entschärft, ästhetisiert, eingemeindet, indem die Köter dann aber wieder, laut Rilke, die Farbe gelber Handschuhe trugen, nicht etwa umgekehrt Handschuhe das Gelb von Dachs- und Hühnerhunden. Statt »hilflose Hündin« formte Rilke Sprachbewußtheiten wie »hülflose Hindin«. Lediglich vor Defäkation, Brech- und Juckreiz, Slang, Idioms, Pickeln, ungesalbten Fremdkörpern und jeglichem 1:1 scheute der Dichter zerbrechlich aufschaudernd zurück, bis hinauf zum späten Rilke, wo Fledermäuse einen Riß im »Porzellan des Abends« erzeugten. So sehr seine überkandidelte Syntax ihn verbog, bei aller Chinoiserie stand er doch überhaupt nicht schräg im Raum und quer zum Begriff Dichtertum oberster Dignität und Noblesse. Einsam im Turm von Muzot kam spätester Rilke, mangels Haushälterin, dichterisch lang nicht in die Gänge. Kaum war die Köchin gefunden, empfing er Signale aus dem Weltraum, herkömmlich gesagt: Inspirationssturm kam über ihn, wie er seit Nietzsche wohl kaum einen mitnahm und hinriß: Wunderbar schwerverständliche, hexameterartige, distichenoide, freie Rhythmen brachen aus ihm hervor, die mit hochpreziösen Inhaltlichkeiten, islamisch bärtigen Engeln, den Radius von Prätension, Exaltiertheit und Niveauschwulst überschritten, ja: aufknackten. Bedeutsamst wimmelten »dunkele« Stellen. Nur mit gezogenen Hüten vermochten leichtverständliche Menschen, die ihm Höchstleistungen menschlicher Fühlkraft zuschrieben – und männlicher ohndies –, sich überfließendstem Gewein und überdosierten Schwerblütigkeits- und Tiefsinnsquanten widmen. Mit hypersüperb transzendentalischen Erlebnissen hob er sich – einweihbarer Bildungselite gegenüber – raus aus Leben und Tod, aber mit dem permanenten »wir« suggerierte er, als würden auch deodorierte, alias: gepuderte Rezipientinnen a priori jeden Engel als »uns« zugänglich und speziell »schrecklich« estemieren. Jeden schrecklichen Engel ansingend, betätigte er sich weiter auf jugendsündhafter Stundenbuch-Ebene, also als Quasichrist, als katholischer Dichter, bzw. als Muslim (denn Wissenschaft fand, daß er islamische bärtige Engel meinte), zugleich aber sang er »die Götter« an, wie Schiller & Tamino, ohne olympische mit monotheistischen Entitäten kompatibel zu machen. Im Spätwerk verbesserte er sogar seine Adjektive: im Frühwerk bloß sanfter Schmelz, lichte Schwingen, müßige Moräste, jetzt: vergoldeter Lärm, platzendes Denkmal, behübschtes Glück! Seine Duineser Elegien, eingebettet in pürierte Hermetik, schrien – bei aller überbetont polierten, zeitlosen Gültigkeit – nach Anmerkungsapparat. Kostverächter, die seine Fortgebogenheit von jedweder Trivialität, seine blamablen Gewähltheiten für aufgepfropft hielten, ahnten wenig; denn in Briefen an Unadlige oder die Gattin drückte er sich um nichts unprätentiöser aus. Seine zweite Garnitur war ihm, bei aller Verbiegung, a priori zur Routine seiner ersten Natur geworden. Noch auf dem Sterbebett entrang sich ihm, statt ein zitierbarer Schrei, bis zuletzt formbewußt abwaschbare Qualitäts-Syntax. Die Blutwurst des Lebens, die ihm zu einem hohen Prozentsatz fehlte, bescherte ihm zu viele farbschwache Blutkörperchen. Mit Leukämie-Behandlungsmethoden von 1970 hätte sein Leben um 2 Jahre verlängert werden können. ~ W. H. Auden nannte Rainer Maria Rilke den »St. Nikolaus der Einsamkeit«. Die Nazis lehnten 1939 kraftlose Ästhetennaturen, dekadente Verskünstler, weltfremde Stimmungsmacher, rassisch minderwertige, deutschfeindliche Typen und Judenfreunde wie Rilke ab. Adorno hängte ihm »religiöses Kunstgewerbe« an und nannte Rilkes betörendstes Kindheitsgedicht »hundsmiserabel«. Der Langsamkeit, deren Entdeckung anhand betont langsamen Wandelns durch Alleen → Kraus unsterblich lächerlich machte, für immer unmöglich, von Adalbert Stifter, Franz Schubert und → Bruckner längst entdeckt, praktiziert, zelebriert, ritualisiert, installiert, approbiert, perpetuiert, verschaffte Rilke eine Apotheose (alle 5 Sekunden vorbeirasende Karusselelefanten dehnten sich bei ihm enorm: »und dann und wann ein weißer Elefant«), und reichte sie dann weiter, in gestreßteren Zeiten, an wesentlich verdünnt hinterherhinkende Sensibelchen, wie Morton Feldman oder Sten Nadolny, die als Entdecker der Lahmarschigkeit, statt 12 Etagen tiefer im Elfenbeinturm als Rilke zu residieren, heillos ausgelagert in besseren Wohngegenden hausten neben Wohnsilos. Falls der hohe Ton des Rilke in Handkes fifty/fifty halb hochgestochener, halb roher Tonart zu reinkarnieren strebte, so hatte Rilke hierbei alle sublimen Manieren und Etepetessima abzulegen und mißlauniger Normalbebrillung Platz zu machen. Daß Rilke & Company (Hofmannsthal, → Wilde, Huysmans, Proust), zunächst noch ganz frei vom psychojargonlastigen Odeur später gern sog. Hypersensibilität, kraft seiner Anämie und Humordefekte nicht nur hemingwayförmigen Testosteron-Berserkern, Achselschweiß-Rambo-Machos und Gorillabrüsten à la Hermann Kafka, Céline, Miller, Burroughs, Burgess – inklusive Rest der Welt – angenehm fernstand, sondern genauso fern jedem Ringelnatz und leider auch jedem Christoph Georg Lichtenberg, also tatsächlich nicht wirklich ein Hiesiger, der um Sägliches kreist, kaum von dieser Welt, wie → Jesus, der Rilke auf dem Weg zu Gott im Weg stand: All dies kräftigte ihm erst Dichtertum, dann Dichterruhm. Die Idee bedrohter Kurtisanenkultur hielt Rainer Maria Rilke jederzeit als bedrohte Galionsfigurine hoch, auch auf die Gefahr hin, retrospektiv leis nach Transvestitenkultur zu duften.

Worte von Rainer Maria Rilke: Die blonden Schwestern flochten froh / im Gehn Gesträhn aus goldnem Stroh, / bis alles Land vor ihnen so / wie Gold zu glühn beginnt; da sagen sie sich: wunderwo / wir hingeraten sind. ◆ Die Zeit, von der die Mütter sprachen, / fand nicht zu unsern Schlafgemachen, / und drin blieb alles glatt und klar. ◆ Es kann im Schrecklichen nichts so Absagendes und Verneinendes geben, daß nicht die multiple Aktion künst-

Nicht jeder Engel blieb schrecklich

lerischer Bewältigung es mit einem großen, positiven Überschuß zurückließe, als ein Dasein-Aussagendes, Sein-Wollendes: als ein Engel. ✦ Sie sind nicht gewohnt, Gesichter zu schonen, ihr letztes ist in acht Tagen durch, hat Löcher, ist an vielen Stellen dünn wie Papier, und da kommt dann nach und nach die Unterlage heraus, das Nichtgesicht, und sie gehen damit herum. ✦ Sogar die Reichen, die sich doch leisten könnten, ausführlich zu sterben, fangen an, nachlässig und gleichgültig zu werden; der Wunsch, einen eigenen Tod zu haben, wird immer seltener. ✦ Warum rauben sie unserer Geschlechtlichkeit die Heimat? ✦ Aber Lebendige machen alle den Fehler, daß sie zu stark unterscheiden.

Rainer Maria Rilke über sich: Ich bin zu Hause zwischen Tag und Traum. ✦ Ich will mich mit Winter bedecken und will mit keiner Farbe mich verraten. ✦ Ich war einmal so kinderkühl: da traf mich alles wie ein Bangen. ✦ Ich will ein Garten sein, an dessen Bronnen / die vielen Träume neu Blumen brächen, / die einen abgesondert und versonnen / und die geeint in schweigsamen Gesprächen. ✦ Ich will nicht langen nach dem lauten Leben / und keinen fragen nach dem fremden Tage: / ich fühle, wie ich weiße Blüten trage, / die in der Kühle ihre Kelche heben. ✦ Und das Blühen tat mir auf einmal weh. ✦ Ich kann nicht gut lieben, denn ich liebte meine Mutter nicht. ✦ Du junger Ort der tiefen Himmelfahrt. / Du dunkle Luft voll sommerlicher Pollen. / Wenn ihre tausend Geister in dir tollen, / wird meine steife Leiche wieder zart. // Nun stoß ich in dich Stufe ein um Stufe / und heiter steigt mein Samen wie ein Kind. ✦ Die Erwartung ihrer offenen Arme beschwingt seinen Wettlauf. Seine Leistung klärt sich in der Kontur des Glücks, wo sie sonst ausfloß ins Trübe der Sehnsüchte hinüber. Nun erst, an ihrem Herzen, ward Arbeit stürmisch und süß für den mühenden Mann – und Ruhe unendlich.

Andere über Rainer Maria Rilke: Für mich ist er die Stimme Gottes, die unsterbliche Seele. *(Magda von Hattingsberg, Pianistin und Rilkegeliebte, 1914)* ✦ Doch neigen sich diese Merkmale, wie der Bart der Rilke, sanft melancholisch nach abwärts, als ob sie eigentlich nicht da wären, dementiert auch von der hohen weiblich zarten Stimme der Rilke, die sich zu verflüstern geneigt ist oder zu verhauchen. Ähnlich darin dem Werfel ist auch die Rilke als Schoßtier beliebt, aber mehr von älteren Damen wegen seiner sexuellen Stubenreinheit und des frommen etwas blöden Augenaufschlages, der das bei jenen Damen so sehr beliebte Entzückungswort »himmlisch« auslöst. *(Franz Blei, 1920)* ◆ Rilke war von seinem Genie überzeugt. *(Claire Goll)* ◆ Sein Name besiegelt gleich dem Hölderlins alle bis zur Erhabenheit verstiegenen Gefühle, und manch eine Mänade, um so tiefer empfindend, was sie nicht ganz versteht, fühlt sich ihm als Idiotima verbunden. Hat er sie doch alle mit dem Symbol des Einhorns beglückt, das durchaus keine beunruhigende Mitgift vorstellt, Einhorn ist Keinhorn, und das heute in der Lyrik die Stelle jener blauen Blume vertritt, die nicht vorhanden, aber schön war und die solange getragen wurde, bis man es aufgab, sie zu suchen. *(Karl Kraus, 1926)* ◆ Rilke ist zum Lieferanten der Einsamkeit in einer vermassten Gesellschaft degradiert, so, wie Anfang der zwanziger Jahre Dostojewskijs innere Leidenschaft dazu degradiert wurde, die expressionistische Dynamis zu motorisieren. *(Max Picard, 1951)* ◆ Mit seiner frauenhaft feinen Sensibilität, seinem statischen und intuitiven Naturerfassen und dem Wunsch, sich mit dem All zu vereinigen, scheint Rilke fast ein ostasiatischer Dichter zu sein. *(Doitsu Bungaku, 1964)* ◆ Ich liebte in ihm den zartesten und geisterfülltesten Menschen dieser Welt, den Menschen, der am meisten heimgesucht war von all den wunderbaren Ängsten und allen Geheimnissen des Geistes. *(Paul Valéry)* ◆ Wo sich allerdings das autorerotische Privatissimum als edle Bauhüttengesinnung stilisiert (»Wir steigen in die wiegenden Gerüste, / in unsern Händen hängt der Hammer schwer«), Masturbationsphantasien sich mit Ikonenmalerei verwechseln (»Was irren meine Hände in den Pinsel?«), eine für anrüchig geltende Manipulation sich als religiöse Inbrunst verkuttet (»Du Nachbar Gott, wenn ich dich manchesmal / in langer Nacht mit hartem Klopfen störe«), als Evangelium der Tat (»Du wirst nur mit der Tat erfaßt, mit Händen nur erhellt«), als hehres Initiationsritual (»Und manchmal kommt ein ernster Hergereister / und zeigt uns zitternd einen neuen Griff«), als fromme Andachtshandlung (»Meine Hand ist dir viel zu breit; und ich heb mit den Fingern vom Quell einen Tropfen«) oder als persönliche Gottesbeschwörung mit Auferstehungsakzent (»O wie so schön ich dich erschaffte / in einer Stunde, die mich straffte, / in einer Hoffart meiner Hand«), wo sich die sexuell symbolisierten Interessen also unentwegt religiös ummänteln, da entlarvt sich die vorgegebene Andachtsunschuld zunehmend als Camouflage, und was wir eben noch Selbsterhöhung nannten, gewinnt – vice versa – den Anstrich oder den Beigeschmack von Selbstbefleckung: »Und plötzlich bist du ganz allein gelassen / mit deinen Händen, die dich hassen –«. *(Peter Rühmkorf, 1975)* ◆ Dieser geniale Schmarotzer, der sich ins fette Fleisch der Großfürstinnen und Komptessen einzunisten verstand und alle Rechnungen seines Lebens mit ein paar flotten Poesiealbum-Sprüchen regulierte. Dieser Lüstling, der Literatur als Gleitcreme für seine Beischläferinnen mißbrauchte. Dieser Vielschreiber, dieser Schauspieler der Empfindsamkeit, der 99 % edel patinierten Schrott produzierte –: das ist das Genie, vor dem ich knie aufgrund einiger Zeilen, die die Gesetze des Machbaren außer Kraft setzen. *(Eckard Sinzig, 1997)* ◆ Die große, ein wenig schwere Lou kaschiert ihre Fülle mit selbstgenähten Reformkleidern und begleitet so ausstaffiert ihren jüngeren, schlankeren Liebhaber mit dem Teint eines jungen Mädchens, den er mit einem blonden Ziegenbärtchen zu vermännlichen sucht. *(Katja Doubek, 1999)* ◆ Trotzdem geht ihm das Luxusleben manchmal derart auf das Gemüt, daß er sich nach einem stinknormalen Job wie »Universitätslehrer« sehnt, denn Dichten ist ein harter Beruf. *(Michael Korth, 2003)*

Luise Rinser, Volksschullehrerin, Rebellin, Sozialistin, Widerstandskämpferin, Antifaschistin, Nonkonformistin, Gutmensch, Moralkeule, Dichterin, Nachrüstungsgegnerin, Undogmatikerin, Vordenkerin, Frauenrechtlerin, Linkskatholikin, Bundespräsidentenkandidatin (1911–2002): Als Kind in Wessobrunn zeigte sie sogar naturmystische Neigungen, lief in kochender Hitze durch eine träumende, welk duftende Sommerwiese – Bräunlinge und Distelfalter flogen auf – Stille – Bratschenton – umhüllt von Wolken eines gefährlich betäubenden Duftes – bedrohlich verzauberte Einweihung an verstecktem Teich, Fieber, Durst, krank davon warf sie sich, der Nässe nicht achtend, ins Gras, preßte ihren Mund auf Narzissenblüte, Stein, schwarze Erde, löste ihr Haar, öffnete ihr Kleid – nichts war da, sie zu stillen – die Erde sog sie an – sie fühlte sich vergehen vor Lust und Qual, ehe sie zu sich kam, nach Hause rannte, in klare Wände und gesicherte Räume – Erfahrungen, die sie im Jugendwerk »Die gläsernen Ringe« niederlegte. Dann aber kam sie, trotz der unbedachten Hitlerhymne (die man ihr lebenslang nachtrug), wegen harmloser, uneffektiver, aber lebensgefährlicher Wehrkraftzersetzung hinter Gitter – Erfahrungen, die sie 1946 im »Gefängnistagebuch« publizierte. Weitere Buchtitel: »Ein Bündel weißer Narzissen«, »Der schwarze Esel« oder auch »Die rote Katze«. Wenn sie ein Buch »Mitte des Lebens« nannte, klang das aber irgendwie anders als das gleichnamige Hölderlingedicht. Sie schrieb dann noch weitere engagierte, erbauliche, zum Denken anregende, mutmachende Frauenromane konfliktuösen Inhalts, innerhalb derer – vor allem auch außerhalb – sie sich mit konfessionellen, religiösen und gesellschaftskritischen Themen zeitkritisch auseinandersetzte. Sie wollte das Gewissen schärfen. Sehr temperamentvoll konnte sie sich furchtbar aufregen, politisch, über fast alles, mischte überall mit, hinterfragte nicht alles, aber sehr vieles, und setzte sich in diverse Nesseln, wenn nicht gar in die Löwengrube. Weitere Themen: Festigung im Glauben, humanistisch-ökologische Belange. Sie schrieb, dank gewisser Vielseitigkeit, sowohl Schriften über heilbare Lepra, über die Aufgabe der Musik in der Gesellschaft von heute, über Zigeunersein in Deutschland. Sie sang im Dunkeln. Sie heiratete und förderte mindestens 3 Komponisten. Wie Hans Werner Henze wanderte sie nach Italia aus, nach Rocca di Papa bei Rom. Zölibat nannte sie »mörderisch«. Am Zölibat Karl Rahners prallte sie verständnisvoll ab. Kritiker kritisierten bei ihr ein unkritisches Verhältnis gegenüber Kim Il-sung und Ayatollah Khomeini, zudem Exhibitionismus, Pathos, Klischeeverhaftung, Bigotterie, Geschwätzigkeit, Selbstgefälligkeit, Selbstgerechtigkeit, moralinhaltigen Narzißmus. Trotzdem wurden ihre Bücher (über 30) »Meisterwerke« genannt, in 24 Sprachen übersetzt, über 5 Mill., beliebter noch als die von Christa Wolf und Peter Härtling, weniger esoterisch als Hilde Domin und Sarah Kirsch. 1977: Großes Bundesverdienstkreuz. Ihr Lektürebedarf, sosehr er sich mit dem von → Kelly deckte, ging doch weit darüber hinaus und drang vor bis zu »Wer, wenn ich schriee« (Duineser Elegie). Neues Testament, Buber, Aurobindo, Dschuang Dsi nannte sie ihre tägliche Speise. Ständig erreichten sie Briefe junger Menschen, die keinen zum Reden hatten, mit quälenden Sinnfragen. Sie antwortete mit 73 im Selbstfindungsbüchlein für »euch Junge«: »Mit wem reden« und definierte darin Religion als Liebe, und Liebe als Energiequelle, die jede Energiekrise überlebt. Auf den Schluß zu wurde die Prophetin radikaler franziskanischer Liebe weise, nicht müde. Bis zuletzt war sie von unerschütterlichem Gottvertrauen erfüllt. Noch als 83jährige suchte sie den → Dalai Lama Nr. 14 zu Gesprächen auf. Fieser als 1000 Kritiker: → Henscheid, der »Ruis Linser« zu seiner Lieblingstörin kürte, nannte sie recht pausenlos Kulturhure, Ruine und Läffin, geilte sich an ihren Widmungen (»Für C. O.«) und ihren Wolfumarmungen infernalisch auf und muß sie zur

Strafe in beider nächstem Leben ehelichen. Kurz vor ihrem 91. Geburtstag starb sie in einem oberbayrischen Stift ganz plötzlich und unerwartet, wie ihr Sohn Christoph die Öffentlichkeit wissen ließ.

Kritisches, trotzdem gläubiges Gewissen der Nation

Worte von Luise Rinser: Viele Leute haben gar nicht das Bedürfnis, sich selber zu erkennen. Sie leben halt so dahin. ◆ Christentum bedeutet für mich das absolute Engagement für den Menschen. ◆ Gott ist kein Supermann, er ist kein Mensch, er ist der ganz andere, der dennoch unser Partner sein kann, wenn wir wollen (und der sogar unser Partner ist, wenn wir ihn ablehnen!). ◆ Oder versuchte er im Geist des Franz zu leben, ohne seinen Beruf aufzugeben, und scheiterte er an der sogenannten politisch-gesellschaftlichen Wirklichkeit? Vieles ist denkbar. ◆ Wenn wir den Islam ein wenig begreifen wollen, so müssen wir unbedingt auch diese Mystik betrachten. Wer da so leichthin vom Islam redet als einer blutrünstigen Pseudo-Religion, der versteht ihn nicht.
Luise Rinser über sich: Ich liebe den Menschen als Geschöpf. Er ist etwas ungeheuer Wichtiges im Weltenplan ◆ Ich bin wandelmutig – nicht wankelmütig. ◆ Ich habe mich für alles interessiert, in der Politik vor allem. ◆ Ich bin für den echten Sozialismus, der eine religiöse Ausrichtung hat. ◆ Ich hatte einmal in meinem Leben eine Zeit, in der ich meinte, meinen Glauben verloren zu haben. ◆ Ich mochte die DDR-Deutschen, ihre Einfachheit, ihr Nichtauftrumpfen. ◆ Ich bin viel zu kritisch, als daß ich meine Bücher selber bewundern würde. ◆ Ich suche hier keinen Frieden, ich lasse nicht die Welt außen vor der Tür, um drinnen, allein auf spirituelle Weise glücklich zu sein; ich nehme vielmehr entschlossen die Unruhe der Welt mit hinein. ◆ Ich habe keine dieser Fragen übergangen, aber auch keine erschöpfend behandelt. ◆ Mein Vater, Joseph, liebte mich. ◆ Man hält mich für ein frommes und sanftes Wesen, das ich nicht bin und auch im Alter nicht sein werde. ◆ Und da bin ich manchmal verzweifelt, weil alles nur ums Geld geht. ◆ Die Relativität der Zeit ist mir existentielle Erfahrung. ◆ Meine Erfahrung im Gefängnis hat mein Leben bestimmt.
Andere über Luise Rinser: LUISE RINSER, immer aktiv, wenn es in der Küche der Weltgeschichte brodelt, wird von der Neugierde der engagierten

Schriftstellerin gepackt. *(R.-S.-Schulz-Klappentext, 1979)* ◆ Luise Rinser erzählt – unerschöpflich die Fülle, neu die Weise ihres Fabulierens, klar und konsequent, doch zugleich magisch der Gang der Handlung, und es ist in der Tat ein Gang, ein Weg. *(S.-Fischer-Klappentext, 1987)* ◆ Liest man z. B. inständig, ja andachtsvoll und möglichst ohne Schwindel-Blackout-Gefühle ihren 1953er Roman »Daniela« tage- und wochenlang vor sich hin, dann schlägt und schwappt einem zwar eine schlechterdings undurchdringliche Dreckswolke an Prosa-Geschmeiß entgegen, ein Gegurgele an Schleimflut; aber es ist das Buch auch ein in all seiner hirnfurzfestesten Unbedarftheit studierenswert raffiniertes, nämlich sehr kalkuliertes und spekulierendes, die noch blöderen und/oder hoffärtigeren Seelen des Landes auf eine »grundböse und unanständige« (Linser) Weise gängelndes und narrendes zugleich (Auflage 1986: 200 000) – bei hornissenhaft invarianter Saudummheit bis ins letzte Komma hinein. *(Eckhard Henscheid, 1987)* ◆ Ihre Protagonisten finden jedoch immer einen Mittelweg zwischen demütiger Haltung der Kirche und einer selbstgewählten altruistischen Lebensaufgabe. *(Nymphenburger Lexikon der deutschen Gegenwartsliteratur, 1997)* ◆ Nach der Trennung 1959 zog sie nach Rom, kam aber auch immer wieder nach Deutschland zurück. *(Harenbergs Buch der 1000 Frauen, 2004)*

Michael J. Roads, Farmer, Cowboy, Adept, Initiant, Naturkommunikator, Phantasiereisender, Ekstatiker, Visionär, Eingeweihter, Workshopper, Esoteriker, Guru (geb. 1937): Geboren in Trumpington (Cambridge), Jahrgangsgenosse des → Dalai Lama Nr. 14. Von frühauf liebte er die Stille der Natur und rebellierte gegen jegliche Form von Autorität. 1964 wanderte er mit Frau Treenie nach Tasmanien aus, wurde Bewirtschafter, biodynamischer Mulcher, der das Buch »The Natural Magic of Mulch« schrieb. Von Kuhweiden aus sah er auf den Ozean. Als er Buschland rodete und Aaskrähen abschoß, weil sie die Augen seiner sterbenden Kühe aushackten, und Buschkänguruhs, und einmal mit angelegter Knarre Face to Face einem Bennett's Wallaby (Riesenkänguruh) gegenüberstand, das ihn minutenlang großäugig anschaute, dann seelenruhig weiteräste, suchte ihn das archetypische Hubertus/Eustachius-Erlebnis heim, bzw. kalt neuzeitlich gesprochen: Konrad-Lorenzsche Töthemmung. Nachbarfarmer knallten 6000 Känguruhs ab, ab da wurde alles noch radikaler abgegrast als zuvor. Roads aber bat in einer Open-air-Rede die und Filander (kaninchengroße Känguruhs), einen

20-m-Streifen nicht abzugrasen, und siehe, ab da grasten sie 40 m nicht mehr ab. Da ergriff ihn, mitten in Finanzproblemen und Schufterei, eine innere Wandlung. Er verkaufte seine Farm und fuhr mit Family, Combiwagen, Wohnanhänger durch Australia. Sinnfragen setzten ihm zu: Wer bin ich? Was ist das Leben? Wo ist mein Platz? Was tu ich auf dieser Erde? Mit 20 Leuten rief er die »Homeland Foundation Community« ins Leben, 14000 Hektar, nach dem Modell Findhorn. »2 Doofe, 1 Gedanke« interpretierte er, wie alle Erwachenden, als Telepathie. Inside Peace kam über ihn, der nun dem universellen Gesetz der »nature« vertraute. Er akzeptierte sein Leben. Er überwand alte Gedankenmuster. Ulmen gewahrte er als Wesenheiten, nicht bloß als Bäume. Auf einer alten Brückenbohle, wo er sich »der Mystik der Natur« nah fühlte, spürte er eine Energie, die ihn erwartete, und bekam vom Fluß wörtlich mitgeteilt: »Du horchst auf das stille Lied meiner Stimme. Ich hab vom Anfang aller Zeiten an zu den Menschen gesprochen, aber nur selten wird mir Gehör geschenkt.« Michael aber bekam verkündet, der Verstand sei ständig mit Vergleichen beschäftigt, und daß der Mensch kreative Möglichkeiten habe, und einiges über die Polarität der Gegensätze. Und: »In der Knospe der Unschuld wartet die Blüte der Wahrheit.« Michael staunte Bauklötzer ob solchen Knowledges und konnte emotional und spirituell aufgewühlt nur Bruchteile weiterer Offenbarungsgeschenke mitschreiben, die jenseits seines Begriffsvermögens lagen, zunächst. Sein Herz klopfte wie ein Vorschlaghammer. Ein fallendes Blatt, speaking words of wisdom, teilte ihm mit, der Tod sei nur ein Augenblick in einer Unendlichkeit. All dies machte ihn nachdenklich. Er aber lauschte immer tiefer hinein in die kongenial sich verbalisierende, terminologisch geschulte Natur. Eine verkrüppelte Jade-Pflanze, die er fragte, ob er aus ihr einen Bonsai machen dürfe, sagte »yes« und dozierte: »Zeit ist für deinen Erfahrungsbereich etwas Relatives.« Da wählte Roads die Metapher, ein Schleier hätte sich ihm gehoben. Für weitere Einweihung suchte er »Orte der Stille« auf, wo er »Momente der Stille« genoß. Der Fels sagte ihm: »Es ist kein Zufall, daß du hier bist«, und daß People aus allen Erfahrungsbereichen hier »the essence of nature« gespürt hätten – und daß Demut die »creative power of the universe« sei, und am Schluß der Lesson: »Gehe in Frieden«. Sein persönlicher Bodhi-tree, eine Morton-Bay-Feige (das Pendant zu → Anselmus' Holunder), sprach ihm über geistigen Ballast, Veränderungen im menschlichen Bewußtsein, und schob die Info rüber, die Zahl der Menschen, die mit Pflanzen kontaktiere, steige z. Z. sehr an. Mit tiefem Dank entfernte der Eingeweihte sich und stolperte prompt über die Baumwurzeln. Auf Weihnachtsbaumsuche für seine Children bekam er von keinem Tree ein Yes, erst von einem mickrigen Bäumchen, das er behutsam ausgrub. Einen australischen Aborigin fühlte er neben sich stehn. Sogar Pan persönlich – mit rätselhaftem Lächeln – trug ihm auf, sich von einengenden Glaubenssystemen zu lösen. Inspiriert von wachsenden Pflanzen, wuchs er spirituell, schneller als Bambus. Daß alle Pflanzen und Mineralien denselben Sprach- und Denkstil draufhatten wie er, kam ihm gelegen. In seinen Büchern »Talking with Nature. Sharing the Energies and Spirits of Trees, Plants, Birds and Earth«, 1987, und »Journey Into Nature. A Spiritual Adventure«, 1990, munkelte auch mal ein Flußstein, er sei ein Leitstein. Urwissen aus Avalon & Akasha schob sich naturbelassen rüber. Mike – in stabiler Partnerschaft verankert – legte nun auch als Seminarleiter los. Ein Buch weiter trieb Roads seine vortastende Spiritualität weiter vorwärts, jetzt äußerst visionär. Seinem inneren Kind erlaubte Mike eine neue Verletzlichkeit. Beim Programmpunkt Levitation, Seelenflug – und das war einfach ganz großartig! – entrang sich ihm, »auf Schwingen der Weisheit«, mitten in seiner »nature«, ein Freuden- oder Panschrei, der etliche Lebewesen erschreckte, aber statt Nymphen – Picknick-Touristen. Prophetenkarikatur in demokratischen Zeiten, oder authentische Transformatio eines Bauerntrampels à la Viehbauer und Urschreiausstoßer → Hayen in einen luziden Sensitiven? Renommiertere Botschaftsempfänger nahmen auch nur entgegen, was so in der Luft lag. Roads nahm Kontakt zur Elfe Ping auf, die ihm mit Glockenspiel-Stimme belehrte, ganz im Sinne von Berkeley, Fichte und den Upanishaden, daß es kein Nicht-Ich gebe. Roads freute sich über die Freude der Fische, wie → Zhuangzi! Gummibäume genügten jetzt nicht mehr, sondern aus der vergänglichen Illusionswelt heraustretend, hinein in nichtphysischen, d. h. transzendenten Hyper-Raum, Energiematrix, Bewußtseinsrhythmus, begegnete ihm eine humanoide Form, ein Alien, nein, ein astralleibartig leuchtender, stets lächelnder Hermes psychopompus, Roads' Guide, Cicerone, Vergil, namens Ceine (sprich: Sain), dem Roads viele Fragen stellte: »Erschaffe ich jetzt meine eigene Realität?« Auf dem Sprachniveau Emersons hätte Roads ein neuer Henri David Thoreau werden können. Im Titel »Journey into Oneness. A Spiritual Odyssey« erlebte Roads unendlich mehr als Aldous Huxley in dessen »Doors of Conception«. → Rilke trat »in den Atem, der dich nicht meint«; Roads fand ausschließlich Atem vor, der speziell ihn meinte. Wind lispelte dem Windeuphoriker → Schmidt auf Kauderwelsch & Gälisch ins Ohr, undecodierbar; Roads' Wind sprach vernehmlich über die Einheit alles Lebendigen, Grenzüberschreitung, Intelligenz & Freedom, in Workshops à la »It's time to wake up«. »Mein Farmer-Ich begann auf das Flüstern des Herzens anstatt auf das Geschrei des Verstandes zu hören« – echte Reminiszenzen an Jesaja, dessen Lord ebenfalls zuerst im Donnersturm kam, dann als verfeinertes Säuseln. → Kafka, Wladimir & Estragon blieben lebenslang schmerzhaft draußen vor verrammelter Tür, oder stürzten ab als Ikarus; Roads aber sauste problemlos durch 7 Himmel. Anderen Neophyten zeigte sich höchste Liebe, Weisheit und Integrität selten oder nie; Fausts Erdgeist erschien bloß 1 x; Satoris, Rudolf Ottos »Gefühl des Überweltlichen« & The Cosmic Consciousness des Richard M. Bucke suchten Buddha, Sokrates, → Jesus, → Plotin, Dante, → Blake, Ramakrishna, Whitman und Edward Carpenter nur gelegentlich heim, oft um den Preis schizophrener Schübe – Roads hingegen schwamm und paddelte unangefochten im Nonstop-Samadhi, jederzeit in auskunftsbereiter Cosmic Power, in grünem Geist, ohne Exerzitien, Risiken, Nebenwirkungen, Nahtod, Prüfungen, psychiatrisch o. B., weit und breit keine romantische Zerrissenheit; null Riß in der Schöpfung, pausenlos C-Dur. Was bei → Empedokles, → Merlin, Taliesin, → Rumi, Ardinghello und Hyperion bloß Wunschdenken blieb, eins zu sein mit allem, was lebt, nahm Roads wörtlich: Er schäumte als Wildbach vorwärts, spürte ein Mädchen in sich hineinwaten und sich als Wasser in ihre Lungen einströmen, und andererseits sich als Mensch umsonst das Mädchen zu beatmen. Roads reiste inhaltlich an der Seite der Jenseitswanderer → Ezechiel, Nimrod, → Bayazid, → 'Attar, Paul → Scheerbart, → Jean Paul, Swedenborg, Comenius, Schuster Pfriem und Herbert H. G. Engel (gleichfalls im Ansata Verlag). Roads lieferte eine Synthese aus Moses, dem ein Dornbusch predigte, und → Franziskus von Assisi, der den Vögeln predigte, wobei Roads sich nicht anmaßte, Creatures mit Frontalunterricht missionarisch zu behelligen, sondern umgekehrt: Er nahm als neuer Jung-Siegfried und blonder Eckbert die Vogelweisheit entgegen: »Achte auf deine Flugbahn.« Pantheist Roads entdeckte Gott in Blume, Stein und Vogel, nicht in Freßwerkzeugen, Oberschlundganglien und Stinkdrüsen. Dauernd war und wurde er mit allem eins. Nach jeder Epiphanie fiel es ihm schwer, wieder »auf dem Boden der Tatsachen« zu landen, falls er, von oben gesehn, seine Bodenhaftung überhaupt aufgegeben hatte. Indem er auch einfach nur »die milde Frühlingssonne genießen« konnte, hatte ihn die Erde jederzeit wieder. Seine »cosmic visions« nahm er oft vom Sessel seines Wintergarten-Eigenheims in Queensland aus entgegen, umhüpft von Duncan, Adrian, Russell & Tracy, von denen er berichtete, sie hätten »wertvolle Eindrücke« bei ihm hinterlassen. Das altdeutsch zinntellersilbern munkelnde Mystikerwort »Verzückung« firmierte in Australia allerdings nur als »ecstasy«. Sein Auftrag, zusammen mit Treenie den Menschen dieser Welt zu zeigen, wie sie ihr volles Erleuchtungspotential aktivieren können, führte den erleuchteten Kahlkopf and his wife nach South Africa, Japan, New Zealand, USA, Europe. In seinen Erfolgsbüchern entragten dem Eso-Murks immerhin so erhebende Vokabeln wie Kookaburra, der Lachende Hans. In summa: Falls Roads' Initiation weniger von Stein, Bach und Wolke vermittelt wurde, sondern von Eso-Lektüre, wie er sie selber verzapfte, und seine letzten Dinge arg nach mediokrer Fantasy & Mogelpackung aus Lesefrüchten dufteten, die alle religions- und geistesgeschichtlichen Himmelfahrten bloß spirituell verwässerten, diente dies trotzdem der gutgemeinten Sache, seinem Kampf gegen Umweltverschmutzung und Trennung von der Intelligenz der Natur. Mit Pferdeflüsterern, Tiertherapeutinnen und Pflanzendeva-Freunden (Wolf-Dieter Storl) am gleichen Seil ziehend, trieben Michael & Treenie Roads die leider Gottes so dringend nötige Wiederverzauberung entseelter Welt voran, geistesgeschichtlich contra Aristoteles, Descartes, okzidentalische Ratio, Utilitarity.

Nie allein im Reigen der Naturgeister, Feen, Elfen und Engel

Worte von Michael J. Roads: Die Großstädte mit ihren erstickenden Menschenmassen bieten weder Raum noch Zeit, um das Selbst zu entdecken, das weitere Realitäten zu erleben vermag. ◆ Der Wandel ist ein offensichtlicher Bestandteil unseres Lebens. ◆ Ich vermute, daß es zur Zeit eine beträchtliche Anzahl von Menschen auf der Erde gibt, die ihren Weg konsequent beschreiten. ◆ Die Stille verbirgt sich hinter dem Schleier der Zweifel, verdeckt durch die dichte Materie der physischen Realität. ◆ Die Zeit des Feenkreises ist gekommen. ◆ Der Feenkreis wächst immerfort! ◆ Der einzige Weg zu einer guten Tasse Tee ist eindeutig der physische.

Michael J. Roads über sich: Ich war überwältigt. – Ich war wie betäubt. ◆ Ich beschloß, sanft mit mir umzugehen, anstatt in mein Inneres zu starren und die dort lauernden Gefühle hervorzuzerren und zu früh ans Licht zu holen. ◆ Ich möchte jedoch deutlich darauf hinweisen, daß die Gestalten, die

in diesem Buch vorkommen, wirklich existieren, zumindest in meiner erweiterten Realität. ◆ Ich brauchte Zeit, um dieses Mysterium zu überdenken, doch ironischerweise war mir bewußt, daß Zeit nicht mehr existierte. ◆ Ich bin ein Brombeerstrauch! Ich wachse und gedeihe bis in alle Unendlichkeit. Durch mich kommen Energien zum Ausdruck, die ich nie zuvor gekannt habe. ◆ Ich hatte Pan schon seit fast einem Monat nicht mehr gesehen. Trotzdem versuchte ich meine Beziehungen zur Natur aufrechtzuerhalten. ◆ Pan ist mein Guru. ◆ Die Frage »Wer bin ich?« schien mit erschreckender Heftigkeit aus meinem Inneren aufzutauchen, doch niemals hätt ich mein zukünftiges Selbst als den Urheber dieser Frage vermutet. ◆ Erst jetzt begreife ich allmählich, daß ich mir den schwierigsten Schritt meines Lebens vorgenommen hatte – mich voller Vertrauen in unbekannte Gewässer vorzuwagen. ◆ Zeitlosigkeit durchdrang diesen Ort und hüllte mich in einen Schleier verhangener Geheimnisse.
Andere über Michael J. Roads: Wer der Natur zutraulich folgt, den drückt sie wie ein Kind an ihr Herz. *(Georg Christoph Tobler, 1783)* ◆ Für den primitiven Menschen kann ein Baum, ein Stein, eine Wolke ein Du sein. Alle Gottheiten sind Du. Im Märchen gibt es nichts, was nicht mit dem Menschen Zwiesprache halten könnte. *(Oswald Spengler, 1922)* ◆ Er schenkt tiefe Einblicke in unser und der Natur innerstes Wesen. *(Richard Bach, ca. 1990)* ◆ Er lernte, die Membran zu durchdringen, die das Materielle (Physische) vom Unfaßbaren (Metaphysischen) trennt. Die Beschreibung dieser Erfahrungen wurde für ihn zu einem kreativen Vorteil. *(Urte Knefeli, Verlagstext 1995)* ◆ Michael J. Roads' eindrucksvolle Schilderungen von wunderbaren Erfahrungen und von großen spirituellen Belehrungen werden den Geist eines jeden Lesers zu grenzenlosen Horizonten ausdehnen. *(Ansata-Klappentext, 1995)*

Robert von Arbrissel, Wanderprediger, Klausner, später Urchrist (um 1045–1116): Herkunft aus einer Priesterfamilie in der Diözese Rennes. Nach jugendlich lockeren Wanderjahren studierte er ab 1078 in Paris Theologie, erhielt die Priesterweihe, versuchte in seiner Heimat den Klerus radikal zu reformieren, was ihm nur Feindschaften eintrug, denen er sich 1093 durch Flucht entzog. Nichts im Sinn, als die Welt hinter sich zu lassen, sich selbst zu verachten und nackt dem nackten Christus am Kreuz nachzufolgen, zog er sich mit seinen Schülern 1095 in einen bretonischen, betont unwegsamen Wald im Kanton Craon zurück, fern aller sonstigen Waldläufer. Johannes dem Täufer nacheifernd, sog und spendete er besonders die Worte des Evangeliums contra Reiche. Priesterrock/Ordensgewand vertauschte er mit einer Tunika aus Ziegenhaaren, ging mit halbnackten Schenkeln, lang herabwallendem Bart, über der Stirn abgeschnittenen Haaren und jederzeit barfuß, wie Bischof Marbod von Rennes berichtete. Robert und die Seinen schufen sich luftige Behausungen oder Nester aus Sträuchern, Ästen, Blattwerk, pflegten Gemüsegärtchen mit Lattich, Lauch, Kerbel, Kresse, Zwiebeln, typische Eremitenkräuter, angenähert ans frugale Paradies. Um zu beweisen, daß er jeder Versuchung standhielt, legte er sich nah zu besonders ausgewählten Frauen. Man funktionierte wie einer jener vielen, Stefan von Muret oder Stefan von Liciac, die 700 Jahre nach den Anachoreten der Thebais im ausgearteten Christentum plötzlich selber wieder urchristlich fühlten und möglichst frühe und ursprüngliche Urchristen wurden und freudig Frau Armut umarmten, bereits 150 Jahre vor → Franziskus von Assisi.

Andere über Robert von Arbrissel: Wer hat heutzutage so viele Ermüdete aufgerichtet, so viele Aussätzige gereinigt und so viele Tote zum Leben erweckt? *(Balderich von Dol)*

LORD ROKEBY (geb. Matthew Robinson), Stadtparlamentarier, Wasserfreund, Naturapostel, Ornamental Hermit (1712–1800): Als Jüngling empfing der Sohn eines Zeremonienmeisters unauslöschliche Eindrücke beim Besuch der Bäderstadt Aix-la-Chapelle, und in Aachen. Nach seinem Jurastudium in Cambridge verbrachte er die ersten 40 Jahre als wohlhabender Landbesitzer in Canterbury, mit höfischen Umgangsformen vertraut. Als unbequemer Politiker litt er unter Parteigeklüngel, kehrte deshalb seinen meist langweiligen, teils korrupten Kollegen den Rücken und teilte seinen enttäuschten Wählern mit, er könne sie nicht länger vertreten. Er zog sich auf sein ansehnliches, mütterlicherseits geerbtes Landgut bei Monks Horton in der Grafschaft Kent zurück. Als eine Art praktisch oder konsequent gewordener Rousseau ließ dessen Jahrgangsgenosse Robinson Haar und Bart ungezügelt und ungekämmt wachsen, bis fast zum Gürtel, und dies in glattrasierter Rokoko-Zeit, die ihn sogleich deswegen verdächtigte, Kannibale zu sein, und die selbst Seneca und Sokrates nicht verzieh, daß sie Bärte getragen hatten, und die selbst Rousseau zum Rasieren nötigte, obwohl er dafür berühmt geworden war, geschrieben zu haben, daß der Mensch seine Bäume nach der Mode des Tages biege. Der liebenswerte Exzentriker Robinson verbog weder seine Pflanzen noch sich und ließ desgleichen seine Ländereien verwildern, allwo seine Herden ad libitum ungehindert grasen durften, selbst in ummauerten Ziergärten – Laissez-faire pur und total. Wer Malerisches liebte, bewunderte ihn; wer Ordnung wichtiger fand, beschwerte sich. Robinson avancierte zum Ziereremiten, als der er viel Gesprächsanlaß bot. Im Staub der Gespanne der Landedelleute ging er pointiert nur noch zu Fuß – und ließ seine Familienkutsche nebenher laufen, um seinen Dienstboten die Fahrt zu erleichtern. Später zerfiel die Kutsche im zerfallenden Wagenschuppen vor sich hin. Täglich legte er zu Fuß 4½ km zurück, zum Strand von Hythe, um alldort Badehütten zu errichten und sich in die Wellen zu stürzen. Im Winter ließ er die Fenster offenstehn. Ärzte und Arzeney lehnte er ab und erreichte also höchstes Greisenalter. Er kurierte sich ausschließlich mit stundenlangen Sitzbädern und frischer Luft, erhielt den Spitz- oder Kosenamen »der amphibische Lord«, mit Wasserspleen. Oft blieb er dermaßen ausgiebig lang im Wasser, daß er anfror und von seinen Dienern vor seiner Panazee, der er übernatürliche Kräfte zutraute, gerettet werden mußte. Um stets vermehrtem Publikum seiner nassen Prozeduren auszuweichen, verlegte er sie nach Hause, stellte seine Riesenwanne in sein Gewächshaus und stieg oft selbst zum Essen nicht aus. Oder ärgerte sich, weil ein Besuch des Prince William of Gloucester anstand und er deswegen sein geliebtes nasses Element kurzfristig verlassen mußte. Auf seinem Speisezettel standen ausschließlich einheimische Naturalien, vor allem Rinderbrühe (Vegetarismus war noch unbekannt); Tee und Kaffee lehnte er als ausländisch ab; er experimentierte mit gebrannten Erbsen und Bohnen als Kaffee-Ersatz. Statt Wein trank er Quellwasser. Zucker ersetzte er (lang bevor Fabrikzucker aufkam) durch Honig. Wer als neugieriger Gast die Ehre erhielt, den komischen Kauz als beliebten Gastgeber erleben zu dürfen, mußte in Kauf nehmen, langweilige Lyrik ziemlich lang vorgelesen zu bekommen. Seine Schwestern, die neben ihm, dem ruhenden Pol, dem »Schmuck der Natur«, noch quirliger wirkten, schämten sich seiner Exzentrizität. Geistliche hielt er für unnütze Hindernisse auf dem Weg zur Religion. Als sein Neffe einmal einen Arzt anschleppen wollte, drohte der Greis, seine letzten Kräfte zu benutzen, den Neffen zu enterben. Pleinair-Malerei, von ihm her gesehen, der am liebsten unter dem blauen Baldachin des Himmels wandelte, hätte bereits 100 Jahre vorher florieren dürfen. 1794 erbte er den Titel eines Lord Rokeby. 1797 verfaßte er eine – wegen ihrer klaren

Gedankenführung gelobten – Abhandlung gegen den Krieg in Frankreich. Viele, die sich über seine gesunde Lebensweise mokierten, überlebte er spielend. Inzwischen reichte sein Bart bis an die Knie. ~ Edith Sitwell nahm den langlebigen Gentleman mit den tugendhaften Sitten 1933 in ihr Buch »The English Excentrics« auf. Im Rückblick enthüllt er sich als ein Pionier vieler späterer Lichtbad-, Abhärtungs- und Gesundheitsapostel von → Kellogg, Sebastian Kneipp, Müller, Fletcher bis zu den Monteveritanern. Indem im 21. Jahrhundert die ärztliche Empfehlung, täglich 2 Liter Wasser zu trinken, sich herumsprach, bekam Lord Rokeby im nachhinein noch mehr recht, als er ohnedies hatte.

Naturversessener als jeder Rousseauist

Worte von Lord Rokeby: Die Altäre der Gottheit stehn auf der Erde, im Meer und im Himmel. • Vom Verzehr exotischer Lebensmittel jeglicher Art rate ich ab, und zwar aus der Überzeugung, daß die Erzeugnisse unserer Insel angemessen sind für den Unterhalt ihrer Bewohner.

Andere über Lord Rokeby: Als ich ihm sagte, ich fände diese gewaltigen Bärte schwer zu zeichnen, reichte er mir den Kopf Johannes des Täufers auf einem Tablett, so als wollte er damit das Grübeln über gräßliche Gesichter ausschließen. *(Mrs. Elizabeth Montagu an die Duchess von Portland)* • Die Häufigkeit seiner Waschungen war erstaunlich. *(Mr. Kirby)* • Er war ein Eremit und ein Schmuck der Natur, Mrs. Montagu und Mrs. Scott waren eine Zierde der Gesellschaft. Lord Rokeby liebte Ruhe und Meditation, Mrs. Zappelphilipp Montagu konnte nie stillsitzen. *(Edith Sitwell, 1933)*

HENRI ROUSSEAU, Zöllner, Kleinbürger, Sonderling, Patriot, Autodidakt, Laie, Einfaltspinsel, Artiste Peintre, Kultfigur (1844–1910): Nach militärischen Verpflichtungen im 51. Infanterieregiment in Angers gab der Klempnerssohn in einem ärmlichen Pariser Viertel Orthographiestunden für Krämer, und einer angehenden Blaskapelle Nachhilfe im Kornettspiel. Nur selten besaß er mehr als 100 Franc. Von seinen 7 Kindern mit einer Schneiderin kam nur eins über das Säuglingsalter hinaus. Mit 41 betrat der Spätzünder als Malkünstler die Gefilde und Bühne der Kunst. Was er malte, stammte leider nicht von einem Fachmann. Ohne Linearperspektive akademisch zu beherrschen, strebte er – 5 Jahre jünger als Paul Cézanne – Raumillusion an und malte jedenfalls jedes Zweiglein und Blättchen mit gutherzig liebevoller Geduld. Bisweilen arbeitete er als ehrenamtlicher Zeichenlehrer und unbesoldeter Armenpfleger. Seine Frau starb 1888 an Tuberkulose (genau wie 4 seiner Kinder). Nach einiger Einsamkeit verliebte er sich in irgendwen; ein Mittelsmann holte ein Jawort bei ihr ein, samt Hochzeitsdatum, was der Bräutigam freudig allen mitteilte, ehe sich alles als Scherz herausstellte und die Braut von nichts wußte. Erneute anderweitige Heirat endete, nachdem er im Schreibzeug-Laden mitgeholfen hatte, in baldiger erneuter Verwitwung. Die Spötter vor seiner »schlafenden Zigeunerin« hielt er zutraulich für Bewunderer. Seine Gemälde, ausgestellt in den »Indépendants«, verkuppelten viele Betrachter, indem sie gemeinsam darüber lauter lachten als in Zirkus und Lustspiel. Sein Geburtsstädtchen Laval, der er das Bild schenken wollte, nahm es nicht an (wie auch die evangelische Stiftskirche in Homberg/Efze Prof. → Rumpfs Lehm-Madonna nicht annahm). Als Pensionär widmete Rousseau sich dann ungeteilt seiner Kunst. Er malte derart hingegeben oder besessen, und das absolut täglich, daß man ihn schlecht Sonntagsmaler, Hobbymaler, Freizeitmaler nennen konnte. Auf Visitenkarten definierte er sich als Kunstmaler. Um Zeit zu sparen, zog er den Anzug zum Schlafen nicht aus. J.-J. Rousseaus »Zurück zur Natur« wurde bei H. Rousseau zu einem »Zurück zur Kindheit«. Die Marionette sah nicht unlebendiger aus als das Kind, das sie hielt, und umgekehrt. Seine Natur sah ein bißchen synthetisch aus. Bäume trugen angeklebte Blätter. Zwischen Wachsblumen, in die Erde gesteckt, womit aber echte Blumen gemeint sein sollten, inspirierte eine stocksteife, taillenlose Muse einen ebenso steifen Dichter im Frack, Öl auf Leinwand, in 2 Fassungen, eine hingestellter als die andere. Er malte eine Charmeuse de Serpents. Heile Welt konnte man ihm schlecht vorwerfen, wenn er blutige Löwenmahlzeiten in seine Dschungel malte. Seine diesbezüglichen Bilder ergriffen ihn derart, daß er mitten im Malen am Fenster Luft schöpfen mußte. Sein Chef d'Œuvre: »Der Traum«. Yadwigha, ein Irokesenprofil mit schwellenden Schenkeln, goß sich nackt auf einem Sofa im Dschungel hin. Die einen bedauerten die außerordentliche Unähnlichkeit seiner Menschenporträts; die anderen nannten ihn das »Gegenteil eines Dilettanten«. Man rühmte an ihm, er sehe die Menschen und Dinge mit anderen Augen als wir. Man deutete in gewisse Unbehülflichkeiten der Darstellungstechnik neue Ausdrucksmittel einer veränderten Weltsicht hinein. Seine Einfalt behängte man mit komplizierten Fremdwörtern à la Naivität, Peintre primitif, innovativ, Montageprinzip, prähistorisch archaischer Flächenstil, und hob ihn in den Rang früher Höhlenmalerei. Spitzwegs Gemälde wirkten neben Rousseaus Malerei geradezu unnaiv. Die kompositionelle Qualität und Balance des rousseauischen Bildaufbaus wurde mit Nicolas Poussin verglichen. Gaugin soll sein Schwarz bewundert haben. Ein Malerkollege zählte 50 verschiedene Grüntöne, also schier mehr als Camille Corots Silbergrautöne. Gelegentlich konnte Rousseau Bilder für 40–50 Franc loswerden. Obwohl vermehrt Journalisten und Kunstkenner bei ihm auftauchten, stieg er im Ansehen seiner Umwelt nicht sehr. Kaum einer kam auf die abwegige Idee, ihn ernst zu nehmen. Trotzdem beschlichen ihn Minderwertigkeitsgefühle nie. Er hielt sich für einen großen Maler, sich und Picasso für die 2 größten seiner Zeit. Er wollte auch im Ausland berühmt werden. Sein Sammelbegriff für jede Art Ausländer: Amerikaner. Als Greis wollte er ein ungeneigtes Mädchen heiraten, bestürmte sie mit ungeheuer teuren Geschenken, ließ sich von keinem Korb zurückschrecken, erfuhr, daß der Brautvater ihn für unintelligent hielt, und besorgte sich reihum bei Freunden schriftliche Zertifikate, daß er vernünftig sei wie alle anderen. 1906 malte er das Dschungelbild »Joyeux farceurs« (Spaßvögel). 1908 organisierte Picasso ein Bankett für ihn. Gäste u. a.: Braque, Apollinaire (der Rousseau »Himmelszöllner« nannte, und »neuen, unschuldigen Fra Angelico«), Gertrude Stein, Wilhelm Uhde. Weil das Essen aus Versehen auf den nächsten Tag bestellt wurde, behalf man sich mit Wein und Ölsardinen aus der Dose. Bei den Tischreden und Toasts auf den Gefeierten schlief er ein. Als er angetrunken selbstkomponierte Geigenstücke vortrug, merkte er nicht, daß ihm Kerzenwachs auf den Kopf tropfte. Zugleich erhielt er die erste Gelegenheit, sich per Einzelausstellung zu präsentieren. Eigenhändig per Handkarren fuhr er seine Werke zur Galerie. Weil aber auf der Einladung die Adresse vergessen wurde, kam keiner. Von Blutvergiftung befallen, konnte er Fliegen nicht mehr vertreiben, aber lallte noch vom Weitermalen. Zwecks Armengrabfinanzierung mußten Bilder verkauft werden. ~ Postum entwickelten sich die Preise. Seine Opera avancierten zu singulären Kunstwerken, zu moderner Kunst. Andere, auch bessere naive Maler – Louis Vivin, André Bauchant, Camille Bombois – hängte er alle ab. Mit seinem Nachruhm vermehrten sich dann sogleich die Fälschungen. Für oberflächliche Blicke war Rousseau verdächtig leicht zu fälschen. Die Fälscher vermehrten sich nicht ganz so schnell wie das Heer pinselnder Baskenmützen, schaffensfreudiger Kulturträger und Lokalmatadore, für deren gutgemeinten Output New York nicht so locker 25 000 Dollar hinlegte wie für Henri Rousseaus »Die schlafende Zigeunerin«. Die 50 Grüntöne erhöhten sich auf angeblich 500 Grüntöne. Mrs. → Jenkins und Prof. Dr. → Rumpf wurden nicht berühmter als Enrico Caruso und → Claudel, aber Vincent van Gogh und Henri Rousseau wurden berühmter als Jean-François Millet und Delaunay, Chaim Soutine und x Matisse-Schüler. Sogar der pentagonhermetische Mona-Lisa-Tempel von Paris, das Musée du Louvre, öffnete seine Tore mit Handkuß für die Gemaltheiten des Zöllners, wie Jesus sein Herz für Fischmörder. Postum wanderte Rousseau, ohne die schlichten Stiefel ausziehn zu müssen, in alle heiligen Hallen ein, wie → Kafka auf rotem Teppich in Kafkas Schloß. In summa: Rousseau legte bereits im 19. Jhdt. den wunderbar plumpen Grundstein für den Babyboom all jener talentfreien Künstlerpersönlichkeiten des 20. und 21. Jhdts., die dann alle (im Gegensatz zu Bäckern und Metzgern, die sich nie erlauben durften, nicht backen und schlachten zu können) zur verblüffenden Erkenntnis kamen, daß der inhumane, undemokratische, elitäre Dilettantismusbegriff ewiglich glorios abzuschaffen und jeder Stümper ein Künstler sei, wovon praktisch absolut sämtliche führenden Galionsfiguren und Jahrhundertgestalten gewaltig profitierten, einschließlich sogar Profis und Könner und die ewig leidige Überdurchschnittlichkeit.

Worte von Henri Rousseau: Wenn ein König Krieg führen will, soll eine Mutter zu ihm gehen und es ihm verbieten.
Henri Rousseau über sich: Ich weiß nicht, ob es Ihnen auch so geht wie mir, aber wenn ich in diesen Treibhäusern bin und die seltsamen Pflanzen aus exotischen Ländern sehe, dann meine ich, daß ich in einen Traum komme. ◆ Mich macht nichts so glücklich, wie die Natur anzusehen und zu malen. ◆ Wenn meine Eltern meine Begabung für Malerei erkannt hätten, dann wär ich heut der größte und reichste Maler Frankreichs. ◆ Bei allen meinen Werken findet man die Aufrichtigkeit bemerkenswert, um die ich mich in Handlungen und Arbeit immer bemüht habe; man wirft mir sogar häufig vor, zu offenherzig zu sein, was mir schaden könnte. ◆ Hätte ich mich

Gaudium für betont unnaive Kunstbetrachter

übrigens anders betätigt, so hätte ich nicht die natürliche Intuition in mir entwickeln können, die sogar meine Eltern übersehen haben.

Andere über Henri Rousseau: Wo sind sie, die über diesen verehrungswürdigen Greis lachen, statt zu bedauern, daß sie ihm nicht gleichen; Kindlichkeit, Wahrhaftigkeit, Leidenschaft und Genie – wer hat je in eine schönere menschliche Landschaft geblickt? *(Wilhelm Uhde, 1947)* ◆ Rousseau ist eine zwiespältige Persönlichkeit, die zugleich gutmütig und infantil, schalkhaft und unerträglich boshaft sein kann, die so verschlossen wirkt, daß man auf ein leidendes Innenleben schließen muß. *(Cornelia Stabenow, 1990)*

Maulana Dschelaluddin Rumi **(geb. Muhammad Dschelaluddin Walad), Grammatiklehrer, Theologe, Sufi-Mystiker, Ekstatiker, Dichter, Drehwirbeltänzer (1207–1273):** Geboren in Balch/Transoxanien, bald in Konya ansässig, der iranisch, persisch-arabisch, griechisch-römisch (daher »rumänisch« und »Rumi«), kappadokisch, byzantinisch, kurdisch, kurz: polykulturell quirlenden Metropole des kleinasiatischen Rum-Seldschukenreichs, unter dem Sultan Ala'uddin Kaikobad. 1225 Heirat mit Dschauhar Khatun. 1230 »habilitierte« der junge Prediger in Religionswissenschaft und stieg nur zögernd in die mystischen Fußstapfen seines Vaters → Baha'uddin Walad. 1244 ließ sich der angesehene Fatwaschreiber und seriöse Korankenner, der in 4 Madresen 400 Schüler lehrte, von einem durchreisenden Fremdling unverhältnismäßig beeindrucken, vom provokativen Qalandar (Wanderderwisch) Schamsuddin al-Täbrizi. Rumi neigte sein Haupt, diskutierte mit dem Fremdling nächtelang, fühlte sich ihm verwandt und unterlegen, ließ sich Schrittfolgen und Drehungen beibringen, atmete befreit auf, tauschte den Gebetsteppich mit dem Tanzboden, trank, lachte, tanzte monatelang, erwählte den Wirbeltänzer zum Leitstern, bekam Abendgebete kaum noch zustande, zerbrach sein Schreibrohr, legte Gelehrtenturban und Juristenärmel ab, kreiste in pubertärer Überhitztheit so zwanghaft um Schams (Sonne) wie → Madschnun um Laila (Nacht) – welch Rückfall aus korrekter Religionsausübung in altiranisch schamanistisches Archaikum! Schams' Schuhe versteckte er, damit der Gast nicht zu früh fortgehe, und flehte die Nacht an, heut nacht möge der Schlüssel zum Tag nicht gefunden werden. Seine Muriden (Schüler) und Verwandten sahen das Treiben kritisch: Ein Eindringling, ein Freak, ein hergelaufener Scharlatan, unsympathisch, gerüchteumwoben, wickelte ihren hochgeachteten Lehrer hypnotisch ein, und umgekehrt: Ihr Familienoberhaupt, ein vorbildlicher Musulmane, vergaß seine Pflichten, tanzte um ein goldenes Kalb, wahnbetört, derangiert, übernächtigt, um Irrlicht und Windbeutel, als Opfer einer einköpfigen Sekte! Rumi aber ließ sich nicht reinreden. Er wollte Allah in jedem schönen Gegenstand verehren. Er feierte seine Sonne als Kerkerschlüssel, als Messias der Seele – und der blasierte Schams ließ sich das gern gefallen. Sehnsuchtsverse brachen hervor: »Der Himmel blickt neidisch auf Schams' schmutzigen Fuß« – und Schams fühlte sich verstanden und spielte mit ihm, und foppte ihn. Schams: »Wie lange glühst du noch?« Rumi: »Bis zur Auferstehung.« Rumi, der werbende Part, ein Kieselstein, sonnig umbeleuchtet zum Rubin, streute sich Asche aufs Haupt, leckte Speichel, pinselte den Bauch des Idols, bot sich als zerschlagbaren Spiegel an. Entzog sich sein Lieblingsdämon über Tage, kamen Entzugs- und Phantomschmerzen. Dann wurde der aufgepeitschte Rumi schier ungläubig; kehrte Schams zurück, wurde Rumi sofort wieder ein Mann der Religion. Plötzlich reiste Schams überstürzt und grußlos ab; rausgeekelt von Rumis Familie, die sich verkalkulierte: Statt einen Lehrer und Vater zurückzubekommen, hatten sie nun einen verrückten Dichter zu ertragen, der der untergegangenen Sonne übermäßig hinterherweinte. Rubin Rumi kam sich ruiniert vor, baute das Trennungsdrama zum Epos aus, ruminierte sein Leid und erlosch ... und steigerte sich hinein in sein Erlöschen. Der unzerschlagene Spiegel erblindete ... entfärbte sich zurück zum Kieselstein, zur Wassermühle an trockenem Flußbett, Muschel ohne Perle, Fisch ohne Wasser im glühenden Sand. Er schrieb Briefe hinterher – keine Antwort. Boten und Detektive sandte er aus, ließ Schams überall suchen. Wenn er nachts vom Mond träumte, rannte er von Tür zu Tür, ob Schams nicht genauere Botschaft gesandt habe als geträumtes Mondlicht. Schams füllte ihn derart aus, daß er im Gedicht fragte: »Was suchst du in meiner Rocktasche, im Turban, im Ärmel?« Eigene Verse signierte er mit

»Schamsuddin«. Rumi – reicher, bunter, tiefer als Schams – machte sich vor einem Kleineren klein, japste einem Mond nach, den er in 36000 Doppelversen »Sonne« nannte, auf 2200 Druckseiten. Jedem Gerücht vom entbehrten »Freund« reiste Rumi hinterher, umsonst. Sein Sohn Baha'uddin trieb den Vermißten tatsächlich in Damaskus auf und lockte ihn zurück. Um ihn enger an sich zu binden, verheiratete Rumi ihn strategisch mit einem Pflegekind des Rumi-Clans. Familiäre Zwistigkeiten flackerten neu auf, und Schams verschwand erneut. Rumi trauerte noch marastischer, zwischen steigerbarer Hoffnung auf nochmalige Rückkehr und Verdachtverdichtung, daß seine Familie Schams ermordet haben könnte. Recherchen liefen maßlos ins Leere. Einem Fremden, der Schams in Damaskus gesichtet haben wollte, schenkte er einen Turban; ab da wurde Schams immer öfter gesichtet. Rumi: »Ich gab ihm den Turban für seine Lüge. Hätt er mir Wahrheit gebracht, ich hätt ihm mein Leben gegeben.« 2 x reiste er nach Damaskus, alles umsonst. Zeitweise faßte er sich an den Kopf und wunderte sich: »Da ich er bin, wen such ich hier?« Rumis Herz schwoll so übervoll, daß er ausrief: »Ich passe nicht mehr in mich!« Dichtend behauptete er, gleichzeitig Wein und Mundschenk zu sein. Bisweilen geriet seine verzückte Versunkenheit so tief, daß im Winter sein tränennasser Bart am Boden festfror. Besuche in Mühlen berauschten ihn; er hörte Mühlsteine »sobbuh! quddus!« rufen und drehte sich mit. Vor Byzantinern, die sich 3 x vor ihm verneigten, verneigte er sich 33 x. Rumi fand Gott in keiner christlichen Kirche, nicht am Kreuz, in keiner Hindu-Pagode, keinem Zarathustriertempel, keinem Berg, nicht einmal in der Ka'ba, und nicht in Ibn Sinas Schriften, nur im eigenen Herzen, das er aber als Bratenkloß verwarf, sein Auge als Wolke, seine Träne als Trugbild, seinen Leib als Bruchwerk. Einen Alchimisten veranlaßte er, nie wieder Gold herzustellen, da es sich ja bloß um diesseitiges Gold, also Kot, handelte. Mongolensturm, Zerstörung von Kalifat und Bagdad – und 1220 von Balch – erwähnte Rumi fast nie, und wenn, dann so: »Menschen fliehen vor Mongolen. Wir dienen dem Schöpfer der Mongolen.« 1256 lagen Rumis Tischgespräche fertig vor: »Fihi ma Fihi« (Was drin ist, ist drin). Meisterschüler Husamuddin bat den Maulana, seine Geschichten in einem Mathnawi niederzulegen. 17 Jahre lang diktierte Rumi weitere 24660 vollsaftige, quicklebendige, improvisatorische, wahnwitzige, obszöne, dämonische, verrückte, nervende Doppelverse, in 6 Büchern, ein Fluß ohne Ufer, ein Meer der Seele, seines Liedes Riesenteppich, Wildwuchs, Kompendium und Sammelbecken, Legenden, Schnurren, Schwänke, Witze, Geschichten, Einsichten, verschachtelt, verschlungen, orientalisch undiszipliniert, redundant, geschwätzig, Gedankenflora, Formulierungsdschungel ineinandergespiegelter Dinge, von der Mücke zum Elefanten, vom Weltbrandstifter Pharao zum Geistentzünder Musa (Moses), von der Fledermaus zur Sonne, vom Stein bis Allah, und zurück zu Elefant und Stein, Facetten, Nuancen, Wahnwitz und Wahrheit. Herzerhebender Panpsychismus – Salomo sprach mit Pflanzen; Erde sprach zum Körper: »Kehr zurück zu mir!« Licht sprach zur Maus: »Hier kommst du nicht rein!« Unbelebte Dinge beteuerten: »Wir können hören, sehen, wir sind glücklich: nur für dich, der du nicht zuhörst, sind wir stumm.« Tag und Nacht befaßten sich mit Wahrheit. Der Hals der Leute war zu eng, Wahrheit zu schlucken; aber das Meer verstand Moses' Worte. Wasser fragte nach seinem Trinker. Ozean multiphon gequirlter Märchenströme: Suleiman (Salomo) forderte die Königin von Saba auf, nicht länger die Sonne anzubeten, so als wäre Rumi nie ähnlich schwach geworden. Sturzbach der Gleichnisse: Spötter bellten als Hunde den Mond an. Kaum begab Rumi sich in Badestuben, sah er Leiber als Kleider. Parabelflut: Isas (Jesu) Worte heilten Blinde, erweckten Tote, versetzten Berge, preßten aus Nichtsein Sein hervor, aber prallten ab – an Dummköpfen, vor denen Jesus, als verfolge ihn ein Löwe, ins Gebirge floh! Leuten, die durch 600 Schleier Gott antworten gehört zu haben glaubten, platzte vor Aufregung die Gallenblase. Rumi sah sich wie jeden Sufi und Menschen als importierten Elefanten, der von Indien träumt, als heimwehverzehrten Papageien in einem Käfig für Torkelnde. Rumi sah Diesseits und Jenseits Tür an Tür wohnen, schwelgte unbeirrbar in zutraulichen Evidenzen, band Engelsfedern an Eselsschwänze, auf daß der Esel aufglänze und zum Engel werde. Rumi sprach als Dichter vom Kuß auf den Todesbecher; von seliger Ankunft hinterm Vorhang. Die Welt – ein Brunnenschacht, und ich darin ein Eimer, der im Tod raufgezogen wird ans Tageslicht. Allah blieb unsichtbar, wie Wind, auch nur ablesbar am herumgewirbelten Dreck. Die 72 Sekten, vom Propheten prognostiziert, tummelten sich bei Rumi als 72 Krankheiten und 72 Verrücktheiten. Den Hadith 384 »Vereinige mich mit dem Duft des Paradieses!« ließ Rumi einen aufsagen, der sich just sein Gesäß wusch. Wer den Käfig sprengte, taumelte nur von Käfig zu Käfig. Aus seinem koranfesten Gotteslob, Anrufungen, pausenloser Waschsucht, Ritualgebet tauchten schön schräge Denkbilder und Formulierrosinen immerhin gelegentlich auf; bisweilen öfter, in Ekstase noch öfter; nur selten nannte er das Glaubensbekenntnis »Schaum vorm Maul eines Kamels«. Zu seiner Gattin sagte er: »Könnt ich in der Hölle deine Locken streicheln, würd ich die Seligen im Himmel bedauern. Ohne dich wär mir das Paradies die Hölle«. Oft vergaß er seine eigene Erkenntnis, daß man bei

Haschischverzehr oder Musik oft mit seinem Feind einverstanden sei und auf einmal dessen Hände und Füße küssen wolle. Dann wieder ließ er geradezu Talibanverse hören: »Tatsächlich ist es gut für ihn, auf den Kopf geschlagen zu werden, damit sein bißchen Seele vom unglücklichen Körper erlöst wird.« (Mathnawi, 4,1433) Neben seinem Epos, nicht ganz zu Ende diktiert, lag Rumi sterbend darnieder, hörte nächtelang Erdbeben rumpeln und rief: »Die Erde ist hungrig. Bald wird sie einen fetten Brocken bekommen und Ruhe geben.« Augenzwinkern? Galgenhumor? Mimikry? Atavismus? Rumi stieg sofort zum Heiligen auf, dank seiner wundersüchtigen Hagiographen: Rumi bändigte, laut Aflaki, einen losgerissenen Ochsen, genau wie → Franziskus, laut Bonaventura, einen Wolf, gemäß neolithischem Dämonenbändiger-Archetyp. Rumi predigte den Hunden, wie Franziskus den Vögeln, und die streunenden Köter klopften mit den Schwänzen den Boden und ächzten leise vor Verzückung, und Rumi rief: »Ich schwöre bei Allah: diese Hunde verstehen meine tiefsten Lehren!« Leute schwammen bloß wie Fische im Wasser; ihm aber als Walfisch kam jeder Ozean zu eng vor. Rumi bog und log → 'Attars traurige in verzücktere Wissenschaft um. Vieles, wofür man dionysische Tänzer à la Rumi und Nietzsche rühmte, stand längst wortwörtlich bei vergrübelten Pessimisten à la Schopenhauer und 'Attar. Als Dichter stieg Rumi auf zu einem der 7 bis 9 persischen Dantes (Dante Alighieri war bei Rumis Tod 8 Jahre alt!). Ketzer fanden bei Rumi mehr Weisheit als im Koran. Türken und Afghanen stritten sich – geographisch verbohrt, statt mystisch erweitert – um Rumis Zugehörigkeit; denn Konya (antik: Ikonium) lag neuerdings in der Türkei und Balch in Afghanistan. Orientalisten nannten Rumi »the greatest pantheistic poet of mankind«. Rumis glitzernd fluide Mystik bewegte sich fern späterer und früherer Schlaumeier- und Schmalspurmystik, denen der Rest der spirituell bedürftigen Welt unerleuchtbar frönte. Der Wüstensohn und mittelalterliche Dichter des von Tigris und Oxus durchströmten, sandsturmdurchwehten Orients der Thamudäer, Oghusen und Ghaznawiden von 1265 hörte sich auf europäisch ab 1818 oft recht brav, unbizarr, christlich, huldvoll an, neben dem taghellen → Hafiz arg dschungelhaft und bodenlos überbordend. Neben Rumi und anderen Dichterfürsten und heiligen Mystikern sahen Gestalten und Strömungen des 21. Jhdts., Sunniten, Schiiten, Schahs, Imame, arg undifferenziert aus, heillos dogmatisch, unsagbar mittelalterlich, irreparabel archaisch. Die italienische Motorradmarke »Rumi« wurde zeitweise bekannter als Rumi.

Bizarre Verzückung zwischen Esel und Engel

Worte von Maulana Dschelaluddin Rumi: Allah raunt ein Zauberwort ins Nichts, das augenlos und ohne Ohren aufschäumt. / Nicht-Ding kommt als Ding ins Sein gepurzelt, unter Seinem Anhauch. / Allah raunt ein Zauberwort ins Sein, da reiten alle Dinge wieder fort ins Nichts. ✦ Werde ein Narr, auf daß dein Herz rein bleibe, kein Narr natürlich, der nur herumblödelt, nein, ein Narr, der außer sich vor Gott ist! ✦ Wie würdest du den Gottesfreund erkennen, o Blinder, sobald er Schleier aus Narrheit trüge? / Sobald du nur das richtig eingestimmte Auge aufschlägst, steckt unter jedem Stein – ein Lehrer. / Sobald dein Auge Meister wird, entdeckst du bald im Faltenwurf fast jeder Derwischkutte – einen Moses. ✦ Wenn dir Allah Eselsohren aufsetzt, würdest du, selbst wenn du 100 Flügel hättest, nur zum Holzstall fliegen. ✦ Auf dem Pfad des Drangs sind Narr und Schlaukopf eins. / Im Liebesspiel sind Onkel und Fremdling eins. / Schenk mir den Wein des Einsseins ein, / dann sind mir Ka'ba und Götzentempel eins. ✦ Gewöhn dich nach und nach ans Tageslicht; sonst bleibst du eine Fledermaus. ✦ Morgens schlich ich in den Garten, heimlich eine Rose pflücken, / voller Angst, erwischt zu werden. / Doch der Gärtner lachte mich nur aus: / »Eine Rose bloß? Ich schenk dir den gesamten Garten!« ✦ Die Propheten sind ein einziges Wesen. Lehnst du einen von ihnen ab, lehnst du alle ab. Wenn du einen deiner Körperteile nicht wäschst, so nützt es wenig, alle übrigen zu waschen. ✦ Diese Welt ist nur Schaum, voll von Abfall, aber durch das Drehen dieser Wellen und das Geschwapp der Wogen erhält der Schaum ein wenig Schönheit. ✦ Hier ist ein Ozean im Stroh versteckt. Gib acht, tritt nicht mit Unbedacht auf Stroh! ✦ Jeder Bissen deines Schlundes sehnt sich Allah zu bewirten und das Jenseits zu erreichen. ✦ So verborgen äußerlich die Fee auch sei, der Mensch ist 100 x verborgner als die Fee. ✦ Alle Kranken hoffen auf Genesung; einzig dieser Kranke seufzt und brüllt: »Mach mich kränker! Denn ich fand kein süßeres Gesöff als dieses Gift. Kein Stoßgebet verzückt so schön wie diese Sünde.« ✦ Geist schert sich wenig um den Bart des

Körpers; doch ohne Geist bleibt ein Leib ein scheußlicher Leichnam. ✦ Äußerlich spricht: »Ich bin dies und weiter nichts.« Innerlich raunt: »Schau nur genauer hin; du wirst mich finden.« Äußerlich spricht: »Innerlich ist Traumschaum.« Innerlich raunt: »Warte nur ab, bis die Wahrheit hervorbricht.«

Maulana Dschelaluddin Rumi über sich: Ich und hundert Iche zerglühen, wenn dein Blick mich streift. ✦ Ich habe mein Mathnawi nicht gedichtet, damit man damit herumläuft und es runterleiert, sondern um dran hochzuklettern und in den Himmel zu steigen. ✦ Ich halte ein Ägypten heimlich in mir wach, das es nicht gibt. ✦ Werd ich zerrüttet, bin ich prompt geheilt. ✦ Jüngst weinte ich, der Himmel weinte mit. ✦ 8 Paradiese, 7 Höllen sind für mich so sichtbar wie der Götze für den Götzendiener. ✦ Falls aus meinem Siebrest Weizen sprießt, knete Brot draus, bis ihr trunken seid! Teig und Bäcker drehn sich unaufhaltsam, und der Ofen summt beschwipste Verse. Falls du an mein Grab gepilgert kommst, tanzt sogar der Dachfirst mit.

Andere über Maulana Dschelaluddin Rumi*:* Paradies ist dort, wo der Maulana aufleuchtet; Hölle dort, wo der Maulana aufschäumt. Wenn ich mit dem Verstand 100 Jahre mich bemühen wollte, würde ich nicht ein Zehntel soviel erreichen wie er. *(Schamsuddin al-Täbrizi)* ✦ Sein ausströmendes Gemüt ist der Absteigeort des unendlichen Lichts. *(Dewletschah, 15. Jhdt.)* ✦ Auf den Flügeln der höchsten religiösen Begeisterung, welche hoch erhaben über alle äußere Formen positiver Religionen, das ewige Wesen in der vollkommensten Abgezogenheit von allem Sinnlichen und Irdischen als den reinsten Quell des irdischen Lichtes anbethet, schwingt sich Mewlana nicht wie andere lyrische Dichter, und selbst Hafis, bloß über Sonnen und Monden, sondern über Zeit und Raum, über die Schöpfung und das Loos, über den Urvertrag der Vorherbestimmung, und über den Spruch des Weltengerichts in die Unendlichkeit hinaus, wo er mit dem ewigen Wesen als ewig Anbethender, und mit der unendlichen Liebe als unendlich Liebender, in Eines verschmilzt, immer, sich selbst vergessend, nur das große All im Auge hat, und statt wie andere Dichter den Schluß jeder Ghasele auf sich selbst zu beziehen, immer seinen mystischen Lehrer und Meister Schems Tebrisi zum Schlußsteine des diamantenen Gewölbes seiner Lichtghaselen macht. *(Joseph von Hammer-Purgstall, 1818)* ✦ Endlich fühlt er sich gedrungen, in die All-Einigkeitslehre zu flüchten, wodurch so viel gewonnen als verloren wird, und zuletzt das so tröstliche als untröstliche Zero übrigbleibt. *(J. W. v. Goethe, 1818)* ✦ Wenn z. B. bei dem vortrefflichen Dschelaleddin Rumi insbesondere die Einheit der Seele mit dem Einen, auch diese Einheit als Liebe hervorgehoben wird, so ist diese geistige Einheit eine Erhebung über das

Endliche und Gemeine, eine Verklärung des Natürlichen und Geistigen, in welcher eben das Aeußerliche, Vergängliche des unmittelbaren Natürlichen wie des empirischen, weltlichen Geistigen, ausgeschieden und absorbiert wird. *(G. W. F. Hegel, 1830)* ◆ Hier und da verlieren sich seine Dichtungen ganz in Sinnlosigkeiten. *(Emil Brögelmann, 1932)* ◆ Wenn es je einen inspirierten Dichter unter den Muslimen gegeben hat, so war es gewißlich Jaladdin. *(Annemarie Schimmel, 1985)* ◆ In Rumi verband sich der Intellekt eines Platon mit der visionären seelischen Kraft eines Buddha oder eines Christus mit der Wortgewalt eines Shakespeare. *(Andrew Harvey, 2001)* ◆ Rumi ist so auch einer der großen Lehrer interkonfessioneller Toleranz, ungeachtet der Tatsache, daß einzelne seiner Aussagen dem leider nicht entsprechen. *(Johann Christoph Bürgel, 2003)* ◆ Wer wie Rumi einige der schönsten homoerotischen Gedichte der Weltliteratur geschrieben hat, dem werden wir gerne verzeihen, daß der Geliebte oft nur als Treppenstufe auf dem Weg zu Gott ausgegeben wurde. *(Stefan Weidner, 2003)*

PROF. DR. EWALD RUMPF, Bildkneter, Lehmfigurenersteller, Kunstwerker, Auftragskünstler, Diplompsychologe, Gruppenleiter, Traum- und Märchendeuter, Casanovaüberbieter, Madonnenverehrer, Katholik (geb. 1943): Ein sanftes liebes evangelisches Knäblein aus Posen, Jahrgangsgenosse von Fritz Teufel, litt unter einem tyrannischen Stiefvater, wuchs bei Großmuttern gottesfürchtig in Nürnberg auf, übte stets freiwillig Geige und empfing Eindrücke in katholischen Gottesdiensten. Beim Rekrutengelöbnis empfand er sakrale Gefühle. Berufsziel des Studenten der Soziologie und Indogermanischen Sprachwissenschaften in Erlangen: Professor. Als Kammermusiker fand er Männer in toto unangenehm, selbst dicke Putzfrauen umgänglicher als netteste Softies. Später stritt er ab, bei der Bundeswehr gedient zu haben. Steif rituelle Umgangsformen paarten sich mit IQ, Beredsamkeit, Hilfs- und Lachbereitschaft. Keinen Tramper ließ er stehn; jeden verköstigte er monatelang als Mitbewohner. Lieblingsphilosoph: Albert Schweitzer. Bach-Mozart hingegen geigte er oft und gern, statt gut, und scheute sich nicht, selbst vor Berufsmusikern auf der Violine zu arbeiten. An Goethe lobte er dessen Demut und Frömmigkeit. Der aussah wie ein Asconese von 1910, ja wie 18. Jhdt. pur, stets mit Hut und Anzug, optisch-atmosphärisch im Assoziationsraum Prager Ghetto unterwegs, Amish-Sekte, Herrnhuter, Quäker, Landpfarrer von Wakefield, gründete 1976 in einer Fachwerkruine, einem

Einödhof bei Remsfeld, eine Landkommune. Verbote: Popmusik, Rauchen, Fliegenklebstreifen. Keinem Insekt tat er je was zuleide. Lediglich beim Thema Stiefvater erging er sich in gelegentlichen Mordphantasien. Der Vegetarier züchtete Hühner, molk Ziegen (»Ihr frrrechen Tiere!«). Pferde, die er ritt, verwilderten schnell. Holzhäuser, die er baute, stürzten bald ein. Tischgebete, die er lateinisch vorbetete, wechselten mit täglichen Autofahrten in großen PKWs, verbeult und ungewaschen. Mitten im mittelalterlichen Stückhof-Ambiente: Zentralheizung. Rumpf fror leicht. Im Sommer lief er im Wintermantel, mit Pelzkragen – und barfuß. Als Zitat aus Grönland stand er in Darmstadts Fußgängerzone vor Ticketautomaten, überzeitlich exterritorial, ein Alien. In bayrischen Kneipen wurde er, dank großer Cyrano-Nase, die ihm nie im Weg stand, als Jude angepöbelt. In exklusiver Schloßbibliothek nach Buchwünschen befragt, antwortete er feierlich: »Ich wollt mich nur mal so beeindrucken lassen.« Der improvisatorisch flüssige Vortragsstil des Hochschulprofessors, Fachbereich Sozialwesen, täuschte über inhaltliche Lücken hinweg. Seine optische Präsenz im Raum ließ rundum alle Gespräche verstummen. Gern schmuggelte er artfremde Themen in seine Seminare ein, graste »Carmen« und »Zauberflöte« nach Symbolen ab (sehr frei nach C. G. Jung). Lieblingsworte: zum Behufe, ästhetisch, philosophisch, wir, uns, numinös, Kunst, Kirche, Seele, ethisch, Dedikator, präferieren, evozieren, Triebbeherrschung. Gemeinsamkeit mit Papst Woytila, der auch dubiöse Gestalten heiligsprach: Rumpf benotete auch ungenügende Diplomarbeiten mit 1 und 2+. Einen stechenden Rasputinblick hatte er drauf. Blicke hefteten sich auf ihn, als hätt er Charisma. Das Mysterium seiner Anziehungskraft blieb mysteriös. In Wochenendseminaren leitete er Selbsterfahrungsgruppen (Schmusekurse). Sein Ruf als Studentinnenvernascher machte ihn stadtbekannter als geigerische und bildgestalterische Ambitionen. In der Uni-Mensa bat er am Fließband stehende Frauen, die den Salat auf die Plastiktabletts legten, hierzu ihre Plastikfolienhandschuhe auszuziehn. Selbst in Schleswig sagte er stets und überall »Grrrüß Gott!«, derart suggestiv, daß eingefleischteste Guten-Tag-Sager mit »Grüß Gott« antworteten. Jeder, der falschen Konjunktiv anwandte, ward von ihm gemaßregelt. Er selber aber schrieb »Barriton« und »Komputer«. Er haßte leichte Muse, bat seine bürgerlichen Gastgeber, die Musik abzudrehn (»Aber warum?« »Sie ist geistlos.«), doch seine Messen, Chorwerke, Ave Maria (von Gounod!) und Requien drehte er laut auf, als wär's Disco-music. Verabredungen vergaß er, sogar Rendezvous, oder kam 2–10 Stunden später. Überlastung und Vergeßlichkeit rannten bei ihm Hand in Hand. Leute, mit denen er tagelang zusammen war, erkannte er wenig später nicht wieder. Verabredet mit Herrn Meyer, ging er strahlend auf fremde Leute zu, die sich irritiert seinem Handschlag entzogen; reichte ihm dann der richtige Herr Meyer die Patsche, guckte Rumpf irritiert und kam nicht drauf, daß dies Herr Meyer sein könne. Rumpf lebte halt in einer anderen Welt. Er lebte ganz seinem figürlichen Kunstschaffen und hangelte sich nebenbei von Termin zu Termin, vom Steuerberater zum Anwalt, vom Großmarkt zum Bronzegießer, von Kindergarten und Lotterbett zum Rathaus. Prof. Rumpf nannte sich Bildhauer, obwohl er, statt in Stein zu schlagen, Lehm knetete. Er »erstellte« Lehmfiguren. Er neigte nicht zur Miniatur. Und umgekehrt: Er tendierte zur Überlebensgröße. Am liebsten modellierte er nackte Frauen, aber auch gern Jungfrau Maria. Schönheit hieß für ihn Aphrodite, zur Not auch Apollo. Titel seiner Werke: »Die Flehende«, »Untergang des apollinischen Zeitalters«, »Familia beata«, »Ein feineres Landmädchen«. Vor liegenden Tigern standen opulente Schilder: »Liegender Tiger«. Verlorene Sorgerechtsprozesse arbeitete er als Künstler auf: »Ein seines Vaters beraubtes Kind«. Rumpfs unerreichbarstes Fernziel: Kitsch. Problemlos nannte Rumpf seine fehlproportioniertesten Figuren »Kunstwerke«. Beanstandete einer Proportionen, bewies Rumpf in engagierten Tiraden die Richtigkeit derselben. Je weniger seine Figuren ihrer angeborenen Steifheit entragten, desto steiler stieg Rumpfs Bedürfnis, damit an die Öffentlichkeit zu treten. In Volksbanken, Brand- und Raiffeisenkassen häuften sich Vernissagen, Finissagen mit angeheuerten Laudatoren, Regionalpresse und überwiegend weiblichem Publikum. In Ansprachen und Vorreden erläuterte er auch gern seine Ästhetik, scheuerte vorher und hinterher J. S. Bach, einerlei, ob er geübt hatte, und berichtete charmant und mit hochgeschlossenem Kragen von seiner »Schaffensfreude«. Auf die Frage »Was ist für Sie das vollkommene irdische Glück?« antwortete Rumpf: »In meiner Kunst anerkannt sein.« Sagte ihm einer, daß »Kulturabend« eine Wortprägung von Joseph Goebbels sei, berührte ihn das zwar unschön, heilte ihn aber nicht, weiterhin speziell »Kulturabende« zu präferieren. Bei ländlicher Bevölkerung fand Rumpfs Kunst vielfach Anklang. Der Prof.-Titel tat Wirkung. Prof. Rumpf bekam viele Aufträge. Korbflechter, Butterfrauen, Buddhas, Nonnen, Dackel, Gänseliesel und Froschkönige entstanden, 50 Stücker pro Jahr. Die HNA-Redaktion des Homberger Lokalteils, die Kulturvereinsvorsitzende Frau Beutelhoff und der Künstlertreff-Organisator Günther Roßmüller fraßen einen Narren an Prof. Rumpf. Weil's im Käsblatt – Ortsteil Schwalm-Eder-Kreis – stand, war's Kunst. Mit Familie und Lehmfiguren fuhr er auf traktorgezogenem Leiterwagen: »Hand in Hand ins Märchenland!« Die ganze Stadt sammelte 25 000.– DM, ließ »Brüderchen und Gretel« in Bronze gießen und auf dem historischen Marktplatz zu Homberg an der Efze als Stadtbrunnen aufstellen, Schwesterlein verhext zur deformierten Kopftuch-Hexe. Einer evangelischen Kirche schenkte der Künstler ein reifes Spätwerk, eine gelähmte Madonnenfigur, und war traurig, daß man das Geschenk nicht annahm. Namen à la Klum, Kerkeling, Lagerfeld, Müntefering, → Donovan, Hitchcock, Depardieu, Zombie, Gysi, Wowereit, Lichtenberg hatte Rumpf nie gehört. Dieser Akademiker las höchstens 1½ Bücher pro Jahr. Er wählte CDU, weil das C auf Christus verwies, oder bei jeder Wahl reihum was anderes, aus Gerechtigkeitssinn. Modernismen wie »safer sex«, Vulgarismen wie »Freßzeug« oder Amerikanismen wie »Star«, »Shop« und »King« verabscheute Rumpf. Termini wie »Scheiße« oder »ficken« waren Folter für ihn. Als ihm jemand eine aufblasbare Fellatio-Latexpuppe aus dem Hause Beate Uhse zeigte, antwortete Rumpf gequälten Blicks: »Ich liebe solche Kunstwerke nicht.« Keines seiner 4–5 Kinder (Emanuel, Raffael, Gabriel etc.) klärte er sexuell auf. Seine unzählbaren Amouren und Beischlafverhältnisse, die er mit dem Decknamen »soziale Verpflichtungen« versah, ließen ihm für Pädagogik wenig Raum und Zeit. Er legte keine Familienalben an. Sein Papierkorb: voller Kinderzeichnungen. Sah er Sammelfotos eigener Söhne wieder, fragte er: »Wer ist das Mädchen?« Raffael Rumpf schenkte er zum 20. Geburtstag ein Jugendbuch ab 12: »Der 13. Krieger«. Während Rumpfs Kinder vernachlässigt, antriebsarm und kontaktscheu in Psychosomatischen Kliniken versumpften und auf Abstellgleisen darbten, drang der Ruf vom Kunstwollen ihres Vaters bis nach Kassel, Finnland, Wales und Norditalien. Wie seine Figuren aussahen, ahnten wenige: Hessische Bevölkerung mutierte in toto zu Schildbürgern und feierte in immer neuen Denkmalsenthüllungen Prof. Ewald Rumpf als Sohn der Stadt. Andere Gemeinden zogen nach: Melsungen, Eiterhagen, Borken, Beiseförth, Rothenburg ob der Fulda. Ulrich Holbein trommelte für Ewald Rumpf in den »Kulturtips hessischer Prominenter« des HR. Rumpfs Chef d'œuvre wurde das monumentale »Weltenschiff«: Ein gipserner Kleiderbügel-Rio-de-Janeiro-Christus dominierte unsensibel andere Völker. Der als Künstler eher Miß → Jenkins, → Kempner oder → Rousseau glich, erwiderte bei Kritik: »Das hat man Auguste Rodin auch vorgeworfen.« Figuren, die nicht in Bronze gegossen wurden, zerbrachen bei Transporten oder Wettereinfluß, oder weil Rumpfs Sohn Nr. 3 die Kunstwerke mit Knüppel traktierte, was der milde Kindsvater ohne Gegenrede geschehen ließ, schnell vergaß und dann abstritt. Kunden wiesen fertiggestellte Aufträge ab, wegen Moosbefall und Materialrissen, die die töpfernde Menschheit bereits in der Steinzeit erfolgreich bekämpfte und seit 30000 Jahren im Griff hatte; Prof. Ewald Rumpf wehrte der Rißbildung seiner Werke Jahr um Jahr vergebens.

Kunstwerke als Kommunikationspartner

Worte von Prof. Dr. Ewald Rumpf: Wir brauchen die Frauen, die wir lieben, nicht zu heiraten, und die Kinder, die wir lieben, nicht zu zeugen. ◆ Natürlich ist es schön, die Ästhetik eines Aktes wiederzugeben, aber auch in einer bestimmten allegorischen Form. ◆ Der Bärenhäuter ist ein Symbol des Widerwärtigen. Pferde sind deutbar als sozial gezähmte sexuelle Triebe. ◆ Pan war ein Gott, dem es Spaß gemacht hat, schöne Mädchen und Feen zu vergewaltigen. Natürlich existiert eine schöne Fee nicht materiell, sondern die Idee, die dahintersteht, ist immaterieller Natur. ◆ Das Positive des Bewußtseins ist, daß wir uns in Regeln einfügen können und daß wir künstlerische Prozesse in Gang setzen. ◆ Nun ist gerade die Kunst das Gebiet, wo Intuition waltet. ◆ Weitere heilvolle Gestalten sind immer wieder in Mythos und Religion figuriert worden. ◆ Es geht um eine Wirklichkeit, eine psychische Wirklichkeit, die in uns vorhanden ist und die entäußert wird in Form einer Darstellung in 2 Figurationen: nach außen hin, wo sie uns als eine Wirklichkeit erscheint, und andererseits als eine psychische Wirklichkeit. ◆ Liebe ist die mit der Persönlichkeit eines Liebespartners verbundene Sexualität und Erotik. Manchmal wird mit Erotik auch die von einer Person ausgehende sexuelle Attraktivität gemeint, soweit sich diese an bestimmte Charakteristika heftet, wie Stimme, Blick, Brust, Rücken. Mit erotisch sexuellen Erfahrungen werden Partnerprobleme meist nicht berührt, weil diese auf psychischen Aspekten sozialer Art beruhen. ◆ Wenn der Haß sehr groß wird, wird er nicht durch Schnee symbolisiert, sondern durch Feuer. Das wäre eine Form der Übertragung von Schnee ins Symbolische. ◆ Venus, ein Sinnbild weiblicher und erotischer Schönheit, durchaus dem griechischen Ideal nachgebildet, aber mit jener Variation, die sich aus dem Abstand der Zeit und der Individualität meines Kunstschaffens ergibt. Die zeitlose Qualität weiblicher

Erotik soll ihr Merkmal sein, das seit der Antike bis zum heutigen Tag unverändert die männliche Seele ergreift.

Prof. Dr. Ewald Rumpf über sich: Ich danke Gott für die Kraft, die er mir für die Erstellung des Kunstwerkes »Christus 2000« gegeben hat. ✦ Ich liebe es, den Betrachter in den Bann zu ziehen, in den die realistische Ausgestaltung dank ihrer Lebensnähe zwingt. ✦ Ich liebe dich mit der Natur deines Körpers und der Natur meiner Sinne. ✦ Meine Kunstwerke gehorchen dem Gesetz der Eindrücklichkeit. ✦ Wenn das Werk geschaffen ist, dann erwarte ich, daß es mir als Kommunikationspartner entgegentritt. ✦ Meine Schaffensfreude wird gerade da entfacht, wo das Detail als zusätzliches Ausdrucksmittel den angelegten Formenschwung unterstützt, intensiviert oder nuanciert. ✦ Was geht in mir als Künstler vor, wenn ich Figuren erstelle? Den toten Eindruck, den dieses Gebilde machte, gestalte ich als den Ausdruck von etwas, was im Innern ist. Wir alle haben Träume, als Künstler aber bin ich in der Lage, diesen Eindruck zu gestalten. So wird jedes Kunstwerk ein Eindruckswerk, bezüglich der Bewegung. ✦ Und deshalb wollte ich Ihnen diese Bemerkungen mitteilen über meine Freude an meinem Schaffen, und andere Dinge, die mit der Kunst zu tun haben. ✦ Kunstwerke kann ich gut. ✦ Vielleicht wagen Sie es heute, sich ganz zu entkleiden, um mir die Möglichkeit zur Verbesserung der Statue einzuräumen? ✦ Auch neige ich nicht zum Zufälligen, Gefundenen oder einer künstlerischen Laune Entsprungenen, sondern verstehe meine Kunst im alten Sinne als Handwerk, das einem definierten Auftrag oder einer selbstgestellten Aufgabe eine ästhetische Form zu geben hat und dabei jene Aussage vermittelt, die dem Auftrage zugrunde liegt. ✦ Um zu erfahren, daß Goethe ein großer Mann ist, brauch ich ihn nicht zu lesen. ✦ Die Modelle dienen nicht meiner Lust, sondern der Funktion meines Berufes. ✦ Räusche und Ekstasen biologischen Ursprungs bei vollem Bewußtsein in paarweiser Konstellation zur Steigerung des Erlebnisses konnte ich mehrmals verbuchen.

Andere über Prof. Dr. Ewald Rumpf: Ein Greis, der verliebt tut, ist ein Geck. *(Immanuel Kant)* ✦ Infolge dieses gewaltigen Bartwuchses waren außer dem so verschwenderisch ausgestatteten Riechwerkzeug von den übrigen Gesichtsteilen nur die zwei kleinen, klugen Äuglein zu bemerken, die mit einer außerordentlichen Beweglichkeit begabt zu sein schienen und mit schalkhafter List auf mir ruhten. Dieser Kopf ruhte auf einem Körper, der bis auf die Knie herab unsichtbar blieb und in einem alten, bocksledernen Jagdrock steckte, der augenscheinlich für eine bedeutend stärkere Person angefertigt worden war und dem kleinen Mann das Aussehen eines Kindes gab, das zum

Vergnügen einmal in den Schlafrock des Großvaters geschlüpft ist. *(Karl May, 1876)* ◆ Seine ganze Gestalt hat etwas imposant Einheitliches, Hieratisches, Steinernes, Gebundenes, sie erinnert in ihrer scharfen und starren Profilierung an eine gotische Bildsäule. *(Egon Friedell)* ◆ Er hat halt schöne Gefühle beim Geigen, und schlußfolgert, daß das mit Bach oder Musik irgendwas zu tun hätte. *(Eberhard Holbein, 1985)* ◆ Der Abstand seines Werkes zum kollektiven Gartenzwerg ist so glücklich gehalten, daß die Differenz nach oben für hinreichenden Achtungsabstand sorgt, die Anbindung nach unten, an das volkshochschulisch Erreichbare, hingegen garantiert, daß die Bäume nicht in den Himmel wachsen, die Kirche im Dorf bleibt. *(Bodo Schmidt, 1996)* ◆ Man könnte über dieses wohl lieb gemeinte Arrangement von Figürchen im Schiff mit dem Jesus aus Rio in seiner Mitte amüsiert und gelangweilt hinwegsehen, wenn es denn tatsächlich nichts anderes wäre als ein weiterer Fall von mißglücktem Gebrauchsdesign zur christlichen Läuterung der menschlichen Seele in einer sinnentleerten Zeit. Aber dies hieße, den Missionarskünstler Rumpf gründlich zu unterschätzen. *(Ernst-D. Lantermann, HNA, 19. 7. 2000)* ◆ Is gut getroffen, gelle? Wirklich sagenhaft! Gelle? Vor allem die Augen, gelle? Uns hat er ja auch gemacht, gelle? Wie da ausem Klumpen Lehm, wie da was entsteht... das is Wahnsinn, gelle? Also wie ma sieht, wie sich das formt – Wahnsinn, gelle. *(Herr Klinkmüller, Schornsteinfeger, 2003)* ◆ Seine tiefe Verbundenheit zu Gott und der enge Kontakt zu Familie und Freunden sorgen für das seelische Gleichgewicht, das er für seine Kreativität benötigt. Mit der Bildhauerei kann der von einem grundsätzlichen Vertrauen in die Menschheit Geprägte immer wieder eine große Freude erleben, wenn er zum Beispiel psychologische Zustände von Menschen darstellen kann. *(Silke Liebig-Braunholz, 2003)*

RYOKAN DAIGU (geb. Eizo), Zen-Buddhist, Bettelmönch, Wanderdichter, Kinderfreund, Einsiedel (1758–1831): Geboren in Izumozaki, lernte das weltfremde Kind Japanisch und Chinesisch. Vor lauter Konfuzi-Lektüre überhörte Eizo, wenn man zum Essen rief. Spitzname: Kerze in der Sonne. Als sein Vater eine Hausangestellte rüffelte, schaute der Knabe entsetzt drein und bekam gesagt: »Guck nicht so, sonst verwandelst du dich in einen Plattfisch«; da lief er weg, wurde aufgeregt gesucht und am Meer wiedergefunden, versunken in plattfischförmiger Trauer. Zu feinfühlig für den väterlichen Schintopriester- und Bürgermeisterposten, wurde der Junior 1777 nach dem Schock, als Dorfschulze die Todesstrafe der angeblich ehebrüchigen Frau eines Rikschafahrers nicht verhindern zu können, Novize im buddhistischen Koshoji-Tempel der Soto-Zen-Schule in Amaze, knapp ernährt mit Gerstenschleim, wo er oft als einziger während der 20stündigen Lehrübungen nicht einschlief, 9 Jahre lang. Nach dem Tod seines verehrten Lehrers und Abtes Kokusen, mit dem er 600 km zu Fuß von Tempel zu Tempel pilgerte und der den ab 1790 als echt erleuchtet zertifizierten Eizo »Ryokan« taufte (großherzig) und Daigu nannte (großer Narr), lebte er 5 Jahre lang als Unsui (fliegende Wolke, fließendes Wasser), d. h. freischweifend als Zen-Vagabund mit Bettelgewand und Eßschale. Ab 1800 zog er sich zurück in die Klause Gogo-an (5-Schalen-Reis) unter Zedern im Otogo-Wald am Kugami-Berg, 330 m hoch, von Efeu und Wistaria überwachsen, wo er sich teils von Farntrieben nährte, teils durch Bettelrunden. Rundum fand man ihn – der auch als Gärtner, Koch oder Krankenpfleger einsprang – sehr nett; gab ihm gern was ab. Hatte er mehr in der Schale, als er aufzehren konnte, teilte er mit Sperlingen und Hunden. Wenn Gipfelriesen im Spätlicht glühten und er mit überfüllter Schale auf winzigem Schlängelpfad vorwärtslief, wußte er dem Übermaß der Überfülle nichts mehr hinzuzufügen. Aber genausooft schleppte er sich mit leerer Schale durch kalten Wind, meilenfern seiner Hütte – immer noch besser, denn katzbuckeln zu müssen, als Stadtmensch eingespannt. Zu Buddhas Erleuchtungstag zum Vollmond im Mai hatte er oft nichts zu opfern im Hause, nur einmal einen Klecks Kartoffelbrei. Erwartete er Gäste, pflückte er vorher Petersilie. Für zu viele Besucher hatte er zuwenig zu essen. Bisweilen fiel dem Leuchtkäfer (so sein Spitzname) nebenbei auf, daß ihm Goldenes Wasser fehlte (Reiswein). Gäste ließ er nur bei Mondlicht heimgehn, damit sie nicht auf Kastanienschalen treten bräuchten. Oft las er, wenn er nicht just Wäscherinnen malte, im »Eihei Koroku« (verfaßt von Meister Dogen), das ihm runterging wie Butter. Als ein bejahrter Gast fragte, warum die Bände so naß seien, redete er sich raus, es habe reingeregnet. Nächtelang weinte er Tränen, aus Sehnsucht nach alten Zeiten, in denen man noch so zu schreiben vermochte. Mit Han-Shan-Gedichten, die ihm noch mehr gaben als alle Sutren, verband ihn die gefühlte Winzigkeit und Einsamkeit in unendlich zerfließender Berglandschaft. Im Kokujoji-Tempel, wo er Vorträge über das Abhidharmakosha von Vasubandhu hielt, bat man ihn, Klostervorsteher zu werden, er aber sagte: »Genug ist genug.« Er nahm auch keine Schüler an. Lieber lebte er allein und arm. Nur selten mußte er woandershin, z. B. zur Trauerfeier für seinen Vater, der in den Freitod ging. Als ihm im Schlaf ein Dieb die Zudecke stahl, schrieb er frierend ein Dank-Haiku: »Der Dieb ließ ihn zurück: / dort im Fenster / den Mond.« Den schaute er stundenlang an (wie 150 Jahre später alle Leute in die Flimmerkiste). Für einen Gast ging er nur mal schnell im Dorf Wein holen, kam stundenlang nicht zurück, da ging ihn der Gast suchen und fand ihn 150 m weiter in den Mond starren, was Ryokan recht peinlich berührte: Vor lauter Mond hatte er Wein und Gast völlig vergessen. Ob seine Vergeßlichkeit auf schlechtem Gedächtnis oder meditativer Abwesenheit beruhte, mochte fifty/fifty friedlich ineinanderfließen. Kaum pflückte er Veilchen am Wegrand, fehlte hinterher sogar seine Eßschale, die aber unterdessen keiner mitgehn ließ. Bei Buschkleebetrachtung vergaß er, daß er eigentlich just Reis erbetteln wollte und bis eben noch Hunger verspürte. Obwohl er als Mönch nichts besaß – zeitweise weder Zudecke noch Unterlage –, ließ er überall, wo er zu Besuch kam, Kleinkram aus Versehen liegen, mal ein Kopfkissen, mal ein Taschentuch, mal Fächer, zudem Münzen, Spielsteine oder auch seine Tasche, oder auch die Liste, auf der er all diese Dinge verzeichnete, um Armschützer, Knotenstock, kurze Robe, Tung-Öl, Strohhut und Gamaschen nicht ständig überall zu verstreuen. Kindern, die sich im Kakibaum verstiegen hatten, half er runter, stieg selber rauf, um ihnen Kakifrüchte runterzureichen, aß Kaki- um Kakifrucht selber, rief pro Kaki: »O wie süß!«, vergaß sowohl seinen Unegoismus wie unten darbende Kinder, bis sie sich meldeten und er ihnen doch noch was pflückte. Normal-Bettler bettelten gezielt bei betuchten Leuten; Ryokan bettelte gerechterweise auch in Slums, bei Fischhändlern, in Bordellen, sogar bei Hachiman-Schreinen, shintoistischen Orten, unaufdringlich wie Mondlicht, das friedvoll über ein Feld wandert. Beim Betteln bekam und aß er mal Fisch; das entsetzte seinen vegetarischen Kompagnon, der nachts wegen Flohbissen schlaflos blieb; Ryokan aber schlief seelenruhig durch: »Daß du keinen Fisch ißt, danken dir die Flöhe nicht; ich, der ich Fisch esse, laß dafür die Flöhe sich auch an mir sättigen.« Bei der Teezeremonie nahm er einen zu großen Schluck, zuungunsten seines Sitznachbarn, der nun leer ausging, besann sich sofort und ließ den Schluck Tee ins weiterzureichende Täßchen zurückfließen, das nun der Nachbar an den Mund setzte, nicht ohne vorher um Buddhas Schutz zu beten. Ryokan versuchte einen Nasenpopel unauffällig rechts abzulegen; der Mitgast zog empört den Ärmel zurück, genau wie daraufhin der linke Gast; da steckte Ryokan den Popel kurzerhand in die Nase zurück. Was ihm einer vorflunkerte, hielt Ryokan – der nie log – für Wahrheit. Einer erklärte ihm, Bunaro (reifender Reis) komme von »brüllen«, da lief Ryokan mit gespitzten Ohren durch Reisfelder. Aus dem Wind hörte er – wie sich's für Mystiker gehört –

10 000 Generationen flüstern. Seine Liebe zu den 10 000 Dingen führte weit: Zupfte er sich aus den Schamhaaren Läuse, setzte er sie behutsam, auf daß sie nicht frieren mußten, in die Abendsonne. Unter seinem Holzbalkon entdeckte er 3 Bambusschößlinge, die jeder ausgerupft hätte; er aber bohrte 3 Löcher ins Holz und sagte den zarten Trieben: »Sobald ihr dann ans Dach stoßt, mach ich euch 3 Löcher ins Dach!« 3 Dinge gab's, die Ryokan nicht so recht mochte: Gekochtes von Köchen, Gemaltes von Malern, Gedichtetes von Dichtern. Seine eigenen Gedichte klangen – statt nach Dichtung – sehr lebendig, sehr erlebt. Naturlyrische Muster der Tang-Dynastie verquickte er mit buddhistischen Termini, à la »mushin«, übersetzbar mit »nomind« (leerer Geist). In Haikus, vorbeihuschende 3zeiler, paßte noch weniger hinein als in Waka, halb so schnell wie Haiku vorbeihuschende 5zeiler. Auf Chinesisch drückte er sich noch unbekümmerter aus als auf Japanisch. Sein künstlerisches Ziel als Kalligraph: selbst noch Striche abgenutzter Pinsel wie Pflaumenblüten duften zu lassen. Oft wußte er nicht, warum er so oft Tintenstein und Pinsel hervorzog, doch wußte er: Buddha wußte den Grund. Hatte er kein Papier greifbar, bepinselte er alles mögliche, auch Papierdrachen. Sein Barbier ließ sich die Entfilzung der wilden Frisur mit Pinselkunst bezahlen. Als sich schwunghafter Kleinhandel entwickelte, ließen gewiefte Zwischenhändler ihn auf alles irgend Bepinselbare pinseln. Bisweilen tauschte er mit Bruder Tachibana Yoshiyuki, dem Bürgermeister von Izumozaki, dessen Familienbesitz wegen veruntreuter Gelder konfisziert wurde, Gedichte aus, über Freudenmädchen und die kommende Welt. Kam Vorsteher Keizan zu Besuch, nippten die lustigen Greise ganztägig Reiswein, prosteten dem Yahiko-Berg zu und lachten sich dämlich. Als Ryokan bei Freund Yamado Toko übernachtete, fühlte er sich von einem gemalten Wandschirm-Tiger angeknurrt, knurrte umgekehrt den Tiger an, umschlich ihn fauchend auf allen vieren, steigerte sich rein und bat dann peinlich berührt die Dame des Hauses, die ihn dabei erwischte, dies bitte nicht weiterzuerzählen, da man ihn sonst für verrückt halten würde. Sie gelobte Stillschweigen, und bald kursierte die Tiger-Geschichte überall und wanderte zentral ein in die Vita Meister Ryokans. Im Ärmel trug er stets einen Wollball bei sich, um mit Kindern, die er vielleicht treffen würde, spielen zu können. Leuten, die kopfschüttelnd mit Fingern auf ihn zeigten, antwortete der Narr mit einer tiefen Verbeugung. In seinem Gärtchen zog er liebevoll Suzukigras, Löwenzahn, Seidensträucher, Bananen, Winden, Wasserdorst, Astern, Taglilien, die alle ein Wind zerzerrte und umwarf. Eine Krüppelkiefer, einsam verdreht, kam ihm im Regen so benachteiligt vor, daß er ihr mitleidvoll seinen Stroh-

hut aufsetzte und Strohmantel umhing. Wenn er nicht versunken dem Regen lauschte, versank er lauschend in hinterherkleckernden Tropfen, die vom Dachvorsprung seiner Hütte tropften. Normalerweise, wenn er weinte, weinte er weniger um seine Mujo (gefühlte Vergänglichkeit) und seine Kokorobososhi (Einsamkeit) als um die Verstricktheit seiner Mitmenschen. Lauschte er lautlosem Blätterfall, meilenfern üblicher weltlicher Verstrikkungen, spürte er Glück, wieso dann aber flossen ihm gleichzeitig Tränen? In seiner Hütte lebte er eine Zeitlang mit einer fetten verschlafenen Katze und einer Maus zu dritt, mit Sympathien eher für die Maus. Daß sie Behälter zerfraß, verzieh er der Maus; denn ein Behälter ließ sich leichter ersetzen als eine Maus. Einer Vase vertrieb er deren Einsamkeit, indem er sie häufig von Staubflocken befreite und so seine eigene Einsamkeit vertrieb. Bei Vollmond las er bei Mondlicht; bei Neumond und Mondfinsternis griff er zur Leuchtkäfer-Lampe. Einerseits liebte Ryokan alle Tiere, andererseits wurden in so eine Lampe, um lesen zu können, 150 Glühwürmchen gesperrt. Einerseits redete er nie schlecht über andere (außer über einen eingebildeten Dorfvorsteher, der sich eine prunkvolle Residenz bauen ließ), andererseits sagte er gelegentlich: »affektiert wie ein Künstler oder Teemeister«, oder ließ Seitenhiebe auf Buddhapriester los, die gewandt von Erleuchtung fachsimpelten. Er nahm sich vor, elegante Ausdrücke zu umgehn, Kinder nie anzuschrein, bei Ärger zu verstummen, nicht ständig große Namen zu zitieren, Menschen, mit denen er redete, nicht zu übersehn, nie herablassend zu lächeln, nie von Thema zu Thema zu springen, nicht zu gestikulieren, weder zu schnell zu reden noch zu viel, Gebete nicht großtuerisch abzuleiern, und hielt sich sogar dran, an diese seine Regeln. Seine Fragen – »Wo wird das Karma geboren?«, »Wo kommt die allererste Ursache her?« – beantwortete ihm keiner befriedigend, da schrieb er die Frage auf einen Reiskeks und gab sie einem jungen Hund, aber selbst der wollte das Rätsel nicht knacken. Wieso er seine Gedanken – im davontröpfelnden Zeitstrom – zeitweise anhalten konnte, darüber wunderte er sich sehr. Abgefallene Kirschblüten kamen alle ein Jahr später wieder; aber Kinder, die an einer Pockenseuche starben, kamen nie wieder. 20 Jahre nach dem Tod eines Schülers träumte er, wie er ihn wiedertraf auf wackliger Brücke unter dunstigem Mond. Dann kam ein solch kalter Winter, er saß alt und müde mittendrin, nippte an Haferschleim, ohne Hoffnung, sich bis zum Frühling noch durchzubeißen, unfähig, weiterhin Reis zu erbetteln; stille Versenkung half auch nicht weiter; trotz klammer Finger gelang es ihm noch, ein paar Gedichte zu pinseln, gewidmet längst verstorbenen Freunden. Er mußte seine Einsiedelei aufgeben, humpelte frierend davon, schlüpfte bei einem Freund unter, lebte doch noch jahrelang, kehrte zu den überwachsenen Stufen seiner Hütte zurück, wo in den zerborstenen Wänden voll Spinnweben jetzt Fuchs und Kaninchen wohnten, getaucht in einsames Grillengezirp. Mit 69 verliebte er sich in die 29jährige Nonne Teishin, und sie in ihn. Man tauschte Briefgedichte, spielte Stoffball miteinander und meditierte gemeinsam. Er führte sie zur Erleuchtung, und sie pflegte ihn während seiner erbärmlichen tödlichen Durchfallerkrankung. Bis zum Schluß stammelte er noch Haikus über Ahornblätter, die vom Licht ins Dunkel flattern. ~ Teishin trug postum Ryokans verstreute Kurzgedichte zusammen, zwischen 1400 und 1800 Stück, bündelte sie in der Sammlung »Hasu no tsuyu« (Tautropfen auf einem Lotosblatt). Liebenswerte Trotteligkeiten wurden aus seinen Anekdoten zum Glück nicht aussortiert, durften mitlaufen und standen seiner Erleuchtung kaum im Weg. Obwohl Ryokan, der Jahrgangsgenosse Friedrich Schillers, der ein Jahr vor Goethe starb, die gesamte, eurozentrisch sog. Goethezeit umspannte, teilte er mit Klassikern und Romantikern des 19. Jhdts. kein zeitgeistbedingtes Detail, höchstens Sehnsucht zurück in vergoldete Vergangenheit. (Goethes Faust: »Könnt ich zum Augenblicke sagen: / Verweile doch, du bist so schön«; Ryokan: »Die Zeit war wunderschön. / Da faßte mich Verlangen, / den Frühlingstag anzuhalten / in seinem schnellen Flug.«) Im überregionalen Rückblick ließ Ryokan die Kindlein zu sich kommen, fernab von Pädagogik und Pädophilie, mit → Neri, Fürst → Myschkin, Janusz Korczak, Sutherland Neill, → Jackson. In summa: Innig wesensverwandt mit → Issa, → Han Shan und → Wagner, entrollte Ryokan Daigu, der Freund der Landleute, Wälder und Blumen – mitten im Zeitalter von Dampfschiffen, Massenpresse, Empire, Preußendrill, Kolonialismus, Kriegsflotten, Austerlitz, Salonkultur, Sozialutopien, Chemie und Gaslicht – ungestört seine Rollbilder im Schein seiner Glühwurmlaterne und hielt seine Bettelschale auf wie ein Urbuddhist 500 v. Chr., windgeschützter als ein Zen-Gärtlein zwischen dröhnenden Hauptverkehrsadern in Kyoto, der alten Hauptstadt. Durch Soma Gyofu († 1950) wurde Ryokan in ganz Japan bekannt; Koji Nakano machte Ryokan in »Philosophy of Honest Poverty« ab 1990 zu einem Kulthelden. Die Gemeinde Izumozaki baute auf dem Familienbesitz Ryokans einen Kinderspielplatz.

Worte von Ryokan Daigu: Überall herrscht heute Verwirrung; / die Leute können einen Felsen / nicht von einem Juwel unterscheiden. ◆ Wie schmerzlich, Menschen zu sehn, völlig verstrickt in sich selber. ◆ Kleb an der Wahrheit, und sie wird falsch.

Vor lauter Mond vergaß er Gast und Wein und Welt

Ryokan Daigu über sich: Ich lebe hier in der Nähe meines Geburtsortes und bin der einzige, der nichts zu tun hat. ◆ Ich liebe die Reinheit und Ehrlichkeit meines Bambus und wünsch ihm, daß er hier immer gut gedeiht. ◆ Ich würde diesen Schatz / jedem kostenlos schenken, / aber kaum jemand / fragt danach. ◆ Ich pflück Persimonen, / während Herbstwind / meine Hoden kühlt. ◆ 10 000 Türen stehn mir offen, und 1000 Tore. ◆ Bitte verwechsel mich nicht mit einem Vogel, wenn ich über deinen Garten herfalle, um Kirschäpfel zu naschen. ◆ Wie ist wohl mein Karma verbunden mit Pinsel und Tintenstein? ◆ Unnötig zu sagen, daß meine Hütte so leer ist, wie sie nur sein kann. Was ich dir jedoch anbieten kann: ein Fenster voll berauschender Luft! ◆ Wenn die Dämmerung zu lächeln beginnt, / wird eine Frau kommen / und meine stinkende Bettwäsche waschen. ◆ Gestern ging ich zum Tempel, heut zum Doktor. ◆ Zu schnell hüpfte die Zeit vorbei, / seit Ehrgeiz mich trieb, / als Anfänger bettelnd durchs Land zu ziehn / im Glauben an große Gelehrte den Himmel zu finden. ◆ O wär nur meine Flickenkutte weit genug, all die leidenden Menschen dieser zerfließenden Welt aufzunehmen! ◆ Eines Tages werd ich ein verwitterter Totenschädel sein, der auf Graspolster ruht und dem 1 oder 2 verirrte Vögel ein Ständchen singen.

Andere über Ryokan Daigu: Weltliche Menschen bezeichnen ihn sehr verschieden: als einen Narren, einen Weisen, einen Idioten, einen Menschen des Weges. Er hat nie den Reichen und Mächtigen geschmeichelt oder die armen und einfachen Leute verachtet. *(Suzuki Bundai, Ryokan-Biograph, 1796–1870)* ◆ Wenn Ryokan kommt, so ist es, als sei der Frühling an einem Wintertag gekommen. Sein Wesen ist rein, und er ist ohne jede Verstellung. So ähnelt Ryokan den Unsterblichen der alten Zeiten aus Dichtung und Religion. *(Ugan, zeitgenössischer Zen-Mönch)* ◆ Wenn wir einen Ryokan verstehen, dann verstehen wir 100 000 Ryokans in japanischen Herzen. *(Daisetz T. Suzuki, 1964)* ◆ Oft saß er am Waldrand und suchte durch Meditation mit der mächtigen Natur eins zu werden. *(Jakob Fischer/Erich Bauer, 1981)* ◆ In seinen Gedichten verwirklicht Ryokan eine Zeile aus Rilkes Stundenbuch: »Nichts ist mir zu klein, und ich lieb es trotzdem.« *(David Steindl-Rast, 1999)* • Sosehr die Possen dieses Mönchs auch unseren Sinn für Romantik ansprechen mögen, ist ihre Relevanz für das Leben in einer Stadt von heute auf den ersten Blick nicht gerade offensichtlich. *(Andrew Juniper, 2003)*

RYONEN, Hofdame, Buddhistin, Zen-Nonne (1797–1863)**:** Die Enkelin des berühmten Kriegers Shingen machte durch sog. »bezaubernde Schönheit« von sich reden und trotzdem auch durch poetische Talente. Bereits 1814 trat sie als Hofdame in die Dienste der geliebten Kaiserin, die aber plötzlich starb. Für das Mädchen brach – schematisch gesagt – eine Welt zusammen. Vergänglichkeit, buddhistisch getönt, wehte sie an. Ihr erwachter Wunsch, Zen zu studieren und also Nonne zu werden, scheiterte an ihrer Familie. Man gelobte ihr, ihr Begehr zu erfüllen, unter der Bedingung, erst müsse sie 3 Kinder gebären. 1822 bekam sie ihr 3. Kind. Gatte und Verwandtschaft konnten sie nicht länger halten; sie rasierte ihr Haupt, nahm den Namen »Ryonen« (reine Verwirklichung) an, nicht zu verwechseln mit Zen-Meister Myozen Ryonen (1184–1225), im Eingedenken an ihn, und begab sich auf Pilgerschaft. In Edo bat sie Meister Tetsugyu, sie als Schülerin anzunehmen; er aber lehnte sie ab. Warum? So wurde sie bei Meister Hakuo vorstellig; er lehnte ihre Aufnahme gleichfalls ab. Warum? Er zögerte und druckste herum; dann begründete er: »Deine Schönheit würde nur Verwirrung stiften«, nämlich die Meditation der Mönche durchlöchern. Andere verstümmelten sich selbst, um nicht in den Krieg zu müssen; Ryonen besorgte sich ein Eisen, erhitzte es und drückte es sich ins Gesicht – in Sekunden verschwand ihre Schönheit für immer. Meister Hakuo nahm sie nun als Zen-Schülerin an. Die folgenden 40 Jahre lebte sie mit unschön vernarbtem Gesicht (Verbrennungen 3. Grades) als Zen-Nonne.

Worte von Ryonen: Im Dienst meiner Kaiserin verbrannte ich Weihrauch, um meine kostbaren Gewänder in Duft zu hüllen. / Jetzt, als heimatlose Bettlerin, verbrenn ich mein Gesicht, um Einlaß im Zen-Tempel zu finden. • 66mal haben diese Augen den Wechsel des Sommers erblickt. / Ich habe genug über das Mondlicht gesagt; fragt nicht nach mehr. / Hört nur auf die Stimmen der Pinien und Zedern, wenn der Wind sich nicht regt.

S

Monsieur de Sainte-Colombe, Gambist, Komponist, Witwer (1630–1701): Zur Zeit des Sonnenkönigs und der Allongeperücken lebte er, ein Meister auf seinem Instrument, äußerst zurückgezogen auf abgelegenem Landsitz. Nie plauderte, erzählte, lachte er, las selten, redete wenig. Immerhin verheiratet, zog er 2 Töchter auf, Françoise und Brigitte. Von ernster herber Natur, ging er nach dem frühen Tod seiner Frau 1660 nicht noch einmal auf Brautschau, sondern schloß sich verstärkt in seiner Musik ein. Er verkaufte sein Pferd, behielt lediglich einige Schweine, Hühner und Puten. 15 Stunden am Tag übte er Gambe, entfernt vom Haupthaus, in einer eigens hierfür erbauten, vogelumzwitscherten, nicht sehr winterfesten Holzkate. Er perfektionierte Sitzhaltung und Bogendruck, fügte dem Instrument eine siebente Saite hinzu, um ihr noch tiefere, melancholischere Töne zu entlocken. Seine einzigen Freunde – seine Erinnerungen. Ab und zu war ihm, als sitze seine verstorbene Allerliebste bei ihm und höre seinem todtraurigen Gambenspiel zu. Sie schien ihn mehr zu lieben als er sie; denn sie kam zu ihm, während er es noch nicht über sich brachte, zu ihr zu kommen. Das Antlitz seiner Gemahlin verblaßte nicht. Ihren Tod vermochte er nicht zu verwinden. Ihrer eingedenk, schrieb er »Tombeau ›les Regrets‹« (Das Schmerzensgrab), für Gambe allein. Kunst galt ihm nicht bloß als Kunst, sondern umfaßte Leben und Tod. Jede verklingende Note spielte er so, als hauche sie ihr Leben aus. Offizielle Musiker am Hofe stümperten und musizierten bloß; er aber weinte und starb seiner Gattin hinterher, indem er Töne sterben ließ, und lebte Jahr um Jahr weiter, nicht ohne die berechtigte Sorge, als Witwer seinen Töchtern nicht genügen zu können. Oft geriet er in Zorn, woran die zarten Seelchen sehr litten. Zwar erhob er nie die Hand gegen sie, sperrte sie aber bei fälliger Züchtigung im Keller ein und – vergaß sie dort. Sainte-Colombe lebte dermaßen innerhalb der Musik, daß er sie auch außerhalb überall vernahm. Wanderte er, um einen befreundeten Maler zu besuchen, quer durch Unwetter dorthin, hörte er, wie im Sturm sich die Aria gegen die Baßstimme absetzte. Selbst dem Geräusch eines pinkelnden Bediensteten lauschte er noch die Auf- und Abstriche der Verzierungen ab. Als Lehrer hätte er so unorthodoxe Hausaufgaben gegeben wie später Gustav Mahler, als er seinen Schülern, statt Kontrapunktstudium, Dostojewskijlektüre empfahl. Mit seiner Tonkunst ahmte er Naturgeräusche vollendet nach, feinste seelische Regungen, jeden Seufzer, jedes Zittern, jeden Lufthauch, aber ein Käferchen, das seine Töchter ihm voll Freude zeigten, zermalmte er mit dem Kerzenständer, zum Schrecken seiner Töchter, die er bestmöglich im Gambenspiel unterrichtete. Er gab mit ihnen Soireen. Hofmusikern entging nicht, daß er kunstreicher musizierte als der renommierteste Violinist des Landes. Wiederholt suchten sie ihn in seiner Zurückgezogenheit heim, um ihn für das königliche Konsortium im Sonnenstaat zu gewinnen. Wie daoistische Eremiten sich stets, sobald ein Ruf an den Hof erfolgte, im Fluß das besudelte Ohr ausspülten, so düpierte Monsieur de Sainte-Colombe die Höflingsgesandtschaft durch gröbliche Abweisung mit Format, beherzt wie 2000 Jahre zuvor → Zhuangzi. Nur zaudernd nahm Sainte-Colombe einen überdurchschnittlich begabten Gambenschüler an, Marin Marais, der bei seinem Meister einiges lernte und hierbei auch noch mit Madeleine zu liebäugeln begann. Der Meister sagte dem Meisterschüler eine glänzende Laufbahn bei Hofe voraus, fügte aber hinzu, daß er bei ihm – statt Musik – nur Fingerübungen höre. Er spiele geschmeidig, aber er sei kein Musiker. Das Knarren seiner Pubertätsstimme sage mehr als sein kunstreiches Gambenspiel. 12 Jahre nach ihrem Tod zeigte sich seine Gemahlin öfter und genauer als in den ersten Jahren. Die zunächst nur schweigend anwesend gewesen war, drehte sich ihm jetzt eine Stufe weiter entgegen und sprach sogar zu ihm. Er fürchtete, den Verstand zu verlieren; sie bedauerte, ihm nie mehr Pfirsichmus anbieten zu können. Er sah sie jetzt auch außerhalb seiner stillen Hütte: sie bewegte sich leise neben ihm, als Geisterbild, in der Kirche, in der Pferdekutsche. Um ihr herauszuhelfen, reichte er ihr die Hand. Sie wollte die ihre hineinlegen, zögerte, zog sie zurück, so als sei es leichter, optisch dazubleiben, als einer taktilen Überprüfung und Gegenprobe standzuhalten. Er fragte sie, ob sie nicht ein Trugbild sei. Zunehmend litt er daran, sie vor sich zu sehen, ohne sie berühren zu dürfen, und hörte sie sagen: »Ihr hättet nichts zu berühren … nicht mehr als den Wind. Doch nicht mehr als ein Windhauch zu sein tut genauso weh.« Beide durchschauten diesen zerbrechlichen Zustand, ein jeder von seiner Seite her. Bei einem Zornausbruch zerbrach Monsieur de Sainte-Colombe die Gambe seines Schülers Marais, ersetzte sie ihm sofort und entließ ihn für immer. Wodurch er als Nebeneffekt seine Tochter und den Schüler zusammentrieb. Sie unterrichtete ihn heimlich weiter, beide lauschten an der Hütte des Meisters, dessen Tochter er beschlief, um sich alsdann nicht binden zu können, und dessen Verzierungen er imitierte und in seine eigenen Compositions einbaute und publizierte, während Sainte-Colombe seine eigenen Werke – unerhörte Meisterwerke – als Improvisationen abtat und grundsätzlich nie veröffentlichte. Verbohrt in seine Musik und seine Gambe, wie Paganini in seine Teufelsgeige und Gaetano Pisani in sein Barbiton um 1770 (in Edward Bulwer-Lyttons »Zanoni«), bot er Vor- und Nachgeschmack auf all die verrückten

Kapellmeister à la Kreisler. ~ Ein gefilterter Abglanz von Sainte-Colombes in den Wind gespielten, für Menschenohren verlorenen Musiken schimmerte durch die weitergespielten Gambenwerke Marin Marais' (1656–1728). Sogar von ihm selbst, obwohl das gegen sein Prinzip verstieß, erhielten sich 67 Concertos, für 2 Gamben, aufbewahrt in Notenschrift, bis heute. Aufgehoben in Sainte-Colombes hermetischer und beträchtlicher Introvertiertheit, blieben fast all seine Lebensumstände unbekannt, selbst simpelste Basisdaten unrekonstruierbar; unbeweisbar, daß er 2 Töchter hatte, oder daß sie Françoise und Brigitte hießen; geschweige denn, daß er eine Geisterehe führte, wie dies aber im Zeitalter der Empfindsamkeit – im stillen Vorhof späterer oder städtischer Reizüberflutung – öfter vorkam, bei Johann Friedrich Oberlin (1740–1826) und Johann Karl Wötzel/Wezel (1747–1819). Selbst sein eigener Vorname, der vielleicht Augustin Dautrecourt lautete, ließ sich nicht verifizieren; Faktum blieb einzig sein Beitrag zur Musikgeschichte, die Weiterentwicklung der Gambe via Hinzufügung einer siebenten Saite, und daß er Jansenist gewesen sei. Seiner versunkenen Vita versuchte man behutsam imaginierend entgegenzukommen, bestenfalls so meisterhaft wie in der kongenial verfilmten Novelle von Pascal Quignard: »Tous les matins du monde«, was auf deutsch zum Glück unkitschiger lautete: »Die siebente Saite«, Spielfilm 1991, Regie: Alain Corneau, 120 Minuten, mit Gérard Depardieu als alter Marin Marais, der unbefriedigt vom musikalischen Firlefanz bei Hof seiner verpaßten Chance hinterhertrauert, bei seinem Meister Sainte-Colombe (dargestellt von Jean-Pierre Marielle) wirklich etwas gelernt zu haben.

Worte von Monsieur de Sainte-Colombe: Der Schimmer der untergehenden Sonne bedeutet mir mehr als das Gold, das Ihr mir bieten könnt! Euer Palast ist nicht halb so groß wie meine Hütte! Und Euer Publikum weniger als ein Mensch!

Paul Scheerbart, Kunstkritiker, Misanthrop, Mythopoet, Religionshumorist, Kosmokomiker, Astralbold, Glasarchitekt (1863–1915): Geboren in Danzig, als Kind Nr. 11 (!), wär er am liebsten seiner Stiefmutter, einer pietistischen Schwärmerin, die beim beflügelbaren Waisenknaben dessen Sinn für Höheres förderte und früh verstarb, in den Himmel nachgeflogen. Der junge Gründer des scheiternden »Verlags deutscher Phantasten« schrieb

Kunstkritiken, als Kuno Küfer. Zum Humor mußte er hierbei erst finden. Seine Mischung aus Ernst und Spaß, und vice versa, die dann doch noch aufschoß, sah der Eigenbrötler als Resultat chronischer Wutüberwindung. Dostojewskij verspottete in den »Dämonen« jene Poesiesorte, worin Frauen- und Seelenchöre, singende Schildkröten, beseelte Mineralien predigen, also zielgenau Scheerbarts alsbaldiges Ressort: Libretti, Brettl-Mysterienspiele, Allegoresen, Scherzi, Tempelphantasien, genährt aus Aristophanes' Wolkenkuckucksheim, Lukians Lügenmärchen, Paradies- und Schlaraffenlandvisionen, aus Jonathan Swift, Goethes Irrlicht-Märchen, Klingsohrs Märchen, Mörikes Orplid. Seine Traumblasen und Luftschlösser, statt zu platzen, vermehrten sich, seltsam kernschattenlos, fast vorexpressionistisch... alles getupft und gehaucht, nie gespachtelt und geklotzt; erlöst von Tiefenschärfe und Fixpunkten, freihändig schwebende Pastelltöne, Wachsmalerei, holde Homöopathie statt Akupunktur und Schocktherapie. Der Luft- und Lichtschiffer warf alle möglichen Sandsäcke ab, bis er sich fast zu Dr. → Steiners leukämischen Astralleibern verdünnte, nein ... vergeistigte. Kondensstreifen, bindestrichversetzt, segelten über Batik-Landschaft... seifenblasig irisierend... Weichbilder – chinesisch-japanische Jahreszeiten. Nur kamen kosmische Entitäten wie 3. Auge, 7. Sinn oder 5. Dimension oft etwas flächig heraus, arg 2dimensional – Hauptsache, den schweren Kopf jenseits aller Wolken. Aber seine Figurinen Ballikara, Kirowatti, Misankollo, Rabando, Rixrax & Klambatsch bürgerten sich nicht so griffig ein wie Nasobem, Gingganz & Lalula jenes Christian Morgenstern, der mit gemäßigten Scheerbartiaden berühmter als Scheerbart wurde. Der hörte sich – 100 Jahre nach Wieland und Jean Paul – kurzatmig an, leichtverdaulich, gekleckert, wenngleich für Normal-Erdenklöße immer noch sehr abgehoben. Wer ihn nicht albern fand, fand ihn hirnrissig. Realisten monierten allen Ernstes mangelnden Realitätssinn – ausgerechnet! Manche meuterten: zuwenig Welt, zuviel Weltall! Moralapostel nannten ihn günstigstenfalls einen philosophischen Hanswurst. Anarchist Erich Mühsam nannte ihn einen »von Bier und Phantasien ewig angesäuselten Don Quijote«, Otto Julius Bierbaum »einen weisen Clown«. Sosehr er die Höhenluft, in der er radelte und schwamm, verdünnte – die Erde hatte ihn jederzeit wieder. Die Fieberkurve seines Dichtertums stieg miauend auf, konterkariert von der Schwächelkurve beruflich hapernder Aufwärtskurve, nach unten hin Richtung Bodenhaftung gut abgepuffert vom Archetypus des Kneipengängers, der sternhagelblau Gaslaternenpfähle umarmte, verbummelt heimtaumelte, wo ihn weit nach Mitternacht witzblattgemäß eine wohlbeleibte Kratzbürste mit Nudelrolle empfing. Denn Scheerbart ehelichte (wie Jean Pauls Siebenkäs seine Lenette) eine stämmig resolute Postmeisterwitwe, deren Erotik er mit der eines Mehlsacks verglich: wandelndes Realitätsprinzip, Alltag, Kleinkram, Küchenkunst und Küchendunst. Unter ihrem Regiment legte der Gatte selber x Pfunde zu, bis beide selbander 240 kg wogen, wie nur noch das Ehepaar Stifter. Zechkumpane in Künstlerkneipen sahen ihn anekdotisch als Saufbold, der abgestützt werden mußte von Carl Einstein und → Mynona, als Gaslaternenpfahlumarmer – weit gefehlt: Wer seine Phantastik aus Armut und Suff herleitete, lag daneben. Meilenweit entfernt von der üblichen Laufkundschaft vorkriegszeitlicher Stammtischler und Profan-Alkoholiker, ja, sternenweit, stieg der Pingpongball zwischen Spießerlust, blauem Narrenwein und Sternenglück (mit Betonung auf beidem) in die ehrwürdige Ahnenkette märchenselig dauerberauschter Metamorphotiker auf: → Altenberg, → Hafiz, den Klabundschen Li Tai Pe, den Hans Bethgeschen Omar Khayyam, Paul Zechs François Villon, Chinas 7 Reiswein-Weise (→ Liu Ling). Fiel Scheerbart nach dem 3. Glas unter den Tisch, schlug er mit der Faust auf den Fußboden, weinte und stöhnte: »Weltgeist, wo bist du!?!« Normaldichter dichteten Dramen, Romane, Erzählungen, Gedichte, Essays; einzig Scheerbart erging sich in ganz anderen Genres: Er verfaßte Nihilisten-Ulks, Garten-Scherzi und Arbeitsspäße, Bewegungsstudien, Winteridyllen, Tempelphantasien, Trauermärsche, Jupiterdramen, palmyrenische Fackeltanz-Noveletten, kosmische Existenz-Komödien, telepathische Capriccios und sensible Waldgeschichten. Der Mehr-als-Dichter betätigte sich zudem als Alchimist und Magier: Seine häusliche Waschküche verwandelte er in ein utopisches Laboratorium. Paracelsus Bombastus bosselte am Homunculus, Scheerbart am Perpetuum mobile. Zwischen Zahnrädern und zersägten Eierkisten stand er dem Putzbesen seiner Gattin im Weg. Fehlschläge beirrten ihn nicht, und keine widerborstige Realität, frei nach Hegel »Um so schlimmer für die Wirklichkeit«, und Galilei »Und es bewegt sich doch!«. Fehlbare, kaum funktionstüchtige Zwischenfassungen reichte der absurde Edison beim Patentamt ein, glaubte auf Milliarden reell rollende Rubel zuzusteuern. Daß die Physik sein Novum nicht anerkannte, so wenig wie Goethes Farbenlehre, sprach eventuell weniger für die Physik als für den Scheinphysiker Scheerbart. Unberauschte Wirklichkeit strebte er umzuarten. Sein Buchtitel »Die Entwicklung des Luftmilitarismus und die Auflösung der europäischen Landheere, Festungen und Seeflotten« entwickelte poesiesprengende Wissenschaft. Nachdem kein Zweifel aufkam an der Todesursache Schlagfluß bzw. Hirnschlag, kam die geschäftstüchtige Anna auf die Idee, daß sich ein Selbstmord besser vermarkten ließe, und schon unkte Walter Mehring, Scheerbart sei an Entkräftung durch Hungerstreik gegen den Weltkrieg verstorben, also an einer brahmanischen Todesart. ~ Wer ihn größer machte, indem er ihn als einzigen deutschen Phantasten ausrief, zählte also Fritz von Herzmanovsky-Orlando, Arno Holz, Paul Gurk, Mombert, → Mynona, Dr. → Steiner nicht mit. Immerhin, am Rand von Literaturgeschichte, durfte er als Kuriosum schweben und mitlaufen. Aber nachgeborene Nobodys sprachen Scheerbart als Dichter, der zwischen Stühlen, Schubladen und Aufklebern disparat schwebte, die Erstrangigkeit Fontanes, Schnitzlers, Hofmannsthals, der Brüder Mann, Hauptmanns und Wedekinds ab, um in deren Schatten Scheerbart immerhin den künstlerischen Rang von Peter Hille, Stanisław Przybyszewski, der Brüder Hart, Johannes Schlaf, Arno Holz, Otto Erich Hartleben, Oskar Panizza, Max Halbe, Michael Georg Conrad, Hermann Bahr, Richard Beer-Hofmann, Gustav Meyrink, Hermann Ungar zuzubilligen. Mondfreund → Schmidt rechnete Scheerbart zu »bunten Projekteuren mit beschränkter Haftung« – zu hohe Ansprüche ans Universum oder Mangel an metaphysischer Ader? Kirchgänger, fade, öde, dröge Dutzendgesichter in kunterbunte und buntgoldene Meßgewänder gesteckt, selige und heilige Dumpfbeutel, garniert mit Tiara und Narrenkappe, Pröpste, Bischöfe, Theologen: Alle klebten pyknisch oder erdenschwer in asbesthaltigen Erdenresten – eigentlich hätte Scheerbart in Religionshistorie hineingehört, die aber noch weniger von ihm merkte als Baugeschichte. Selbst authentische Mystiker kamen immer nur dort an, wo ihre Lesefrüchte sie hinließen; Scheerbart aber warf sich, ohne stur eine Heilslehre durchzuziehn, ungeschützt in relativ unerprobte Spiel- und Welträume, changierte zwischen Mikro und Makro, ließ unstoppbar als indische Götter x Universen und Multiversa als Blasen aufsteigen. Wenn Scheerbart, wie vorher eigentlich nur → Jean Paul, Henry Fielding, Swedenborg, → Bayazid, Henoch und sonst fast keiner, visionär in den Kosmos abzwitscherte, sah er in präpsychedelischer Bewußtseinserweiterung alle Sterne – vor allem auch die kleineren. Beim Aufstieg in höhere Sphären, mit Anima und Dualseele, nein: Seelengefährtin Liwuna, erinnerte Scheerbart sich gar nicht mehr, und dies bei Lebzeiten. daß er sich mal nach einer Frau gesehnt hatte – da sprach echte Erfahrung! Gute alte Normalmystiker ließen bei der Ankunft im geglaubten Himmel nie ihr symbolisches und semantisches Gedächtnis unten, wußten oben immer noch von so irdischen Phänomenen wie Gott und Jesus; einzig ein angeblicher Saufkumpan nachmetaphysischer Zeiten wußte oder ahnte noch viel vorletztere Zusatzmysterien. Oder: Daß wenn alle in den Himmel kämen, da oben gar kein Himmel mehr sei: gegen solch Transzendental-Impetus versackten frühere Himmelsreisen zu geographisch-touristischen Lokalereignissen. So was präludierte bereits Werner Heisenbergs via Beobachterstandort konstituierte Objektivität und postludierte die upanischadisch-schopenhauerische Schaffung der Realität durch das Subjekt. Aber Mystik-Lexika nahmen mystische, bunte, uneinsortierbare Windbeutel und Paradiesvögel nicht mit. Weder bei offiziell graduierten, approbierten, festinstallierten, humorlosen Vorzeigemystikern und halbherzigen Kaumketzern (Eckhart, Tauler, Seuse) noch unterschiedlich talentierten Standardhumoristen (Swift, Busch, Kishon) kam Scheerbart angemessen unter. Seine wahre Domäne – Mystik & Satire – teilte er nur mit → Zhuangzi, → Rumi, Wieland, → Jean Paul, letztem Beethoven, → Kafka, Gustav Mahler und dann praktisch fast überhaupt keinem mehr. Seine Schläfer in »Liwuna« schlummerten Franz Werfels 11 Schläfern im »Stern der Ungeborenen« entgegen. Seine schwerelosen Elefanten gaukelten – schmetterlingsgleich im qualmenden Mumpitz schöner Wunderweltblumen – Disney's Dumbo und Multiplankamera entgegen. Sein Brüllmeyer aus dem phantastischen Königsroman »Na prost« brüllte dem Drachen Brüll-Popel aus Michael Endes »Jim Knopf« entgegen. Seine Sternriesen, die als wachsende Zwerge auf den Schultern von Voltaires Micromégas, Emanuel Swedenborgs Makroanthropos und → Fechners atmendem Erdball standen, eilten → Rhodans Superintelligenzen voraus, und Stanisław Lems »GOLEM«. Sein Morgenland, gespeist aus Ali Baba, Aladin, Kalif Storch, dem Weisen Danischmend und den drey Kalendern, Idris und Zenide, Klelia und Sinibald, Hadschi → Halef Omar, lief – vorbei an Orientalistik, Sufik und Indologie – zielsicher auf den Tiger von Eschnapur und anderes Hollywood-Bagdad zu. Scheerbart schwebte x Münchhausenverfilmungen entgegen, dem Mammutplaneten der Special Effects, Philipp K. Dick, Don Bluth, Tim Burton, Scheibenwelt- und Neuromanceromanenromanen, der Phantastischen Bibliothek im suhrkamp taschenbuch, wo Scheerbart designmäßig dann ausschaute wie Science fiction, Fantasy und neu aufgemöbelten Qualitätsklassikern wie Edward Bulwer-Lytton, H. P. Lovecraft, Herbert Franke, Asimov. 70 Jahre vor Douglas Adams trampte Pilot Scheerbart per Anhalter durch die Galaxis. Er focht wacker gegen die Gesamterkältung, die Einstein & Co. dem guten alten Kosmos zufügten. Ödes Raumzeitkontinuum sah und hörte er weiterhin als Konzerthalle für Sphärenharmonien. Scheerbart sang als Himmelfahrtsklassiker à la König Nimrod – oder als Mondkalb à la Cyrano de Bergerac – eine Gegenmelodie zum Homo faber, der selbst noch auf dem Mond mit Nationalsymbolen herumfuchtelt. Von Mondfahrt zur Mind-Fahrt: Psychonaut Scheerbart produzierte, lange vor Atom- und Hirnbombe (LSD), synästhetischere Farbspiele als x Acid-freaks, die sich zwar alle echt high fühlten, aber Unbeschreibliches kaum zu verbalisieren wußten, anders als Jean Paul & Paul Scheerbart, die ordinäres Hopfenmalz als Halluzinogen zweckentfremdeten, aus weniger mehr machten und tatsächlich ganz woanders ankamen. Phantasienamen à la Momo, Mumin, Muggels, Aspirin, Sidolin, Hanuta, Haribo, Punica schienen immer noch Maß zu nehmen an Scheerbarts Namen Rabando, Rixrax oder Klambatsch.

Gottes Clown aus Danzig trank im Weltall Narrenwein

Worte von Paul Scheerbart: Das Sexualsystem ist und bleibt ein Glücksnotenfälscher. ✦ Und wissen Sie, was man können muß? Pfeifen muß man können – pfeifen können auf Alles! Dann wird man ganz vergnügt leben – auch wenn man nie weiß – wovon! ✦ Sämtliche ästhetischen Regeln müssen vom Dichter ordentlich verulkt werden – das gehört sich nun mal so! ✦ Die Arbeit der Götter ist schwerer als Steineklopfen. Wir haben hier also die Vernichtung des Kapitalismus durch die träumerische Kunst. ✦ Es macht irrsinnig, wenn man alles für tiefsinnig halten möchte. ✦ Das Uniformwesen nahm auf der Erde immer mehr überhand und es war thatsächlich herzlich langweilig, diese wohlbewaffneten Erdvölker, die sich ewig und immer nur an die Gurgel packen wollten, noch länger anzusehen – statt anzuspeien. ✦ Die Grenze im Grenzenlosen ist zweifellos sehr wichtig. Der Grenzbote ist wichtiger als der Post- und Steuerbote.

Paul Scheerbart über sich: Ich habe nie (oder selten) an meinen Missionen gezweifelt. ✦ Ich finde Europa langweilig – zum Sterben. Es ist überall nichts los, überall ertönt die alte Leier des vollendeten Stumpfsinns. Wer da wüßte, wo was los ist, könnte ein Bombengeschäft machen. ✦ Das Erotische ist das Gewöhnliche – und daher das Niedere. Ich aber will das Höhere – und das ist das Antierotische. ✦ Mir stehen die Wesen, die tausend Beine haben, näher, als die mit zweien. ✦ Es war ja stadtbekannt in Berlin, daß ich als ge-

schworener Feind des Kapitalismus selten mehr Geld besaß, als zu einem Omnibusplatz oben langte. ◆ Arthur Schopenhauer hätte meinen Mondroman lesen sollen! Schade, daß der erst jetzt zu lesen ist! Ach ja! ◆ Europa kann sich freuen. Jetzt erfinde ich einen Bacillus, der in acht Tagen die ganze Menschheit ausrotten kann. Also: sei sehr freundlich, wenn Du leben bleiben willst!« ◆ Es stirbt was in mir – immer wieder stirbt was in mir – und das schmerzt so sehr.
Andere über Paul Scheerbart: Er ist ein Hanswurst aus dem Grunde, ein Pickelhäring voller Tiefe, ein wahrhaft ausbündiger Narr um der Weisheit willen. Kein Wunder, daß weder König Mob noch König Snob ihn in seine Dienste nimmt: er wird immer ein freier Narr bleiben. Ach, der Weltgeist! Hätte er nicht Paul Scheerbarten, er hätte schon längst einen Kartoffelpuffer aus dem Kosmos gemacht. *(Martin Möbius – d. i. Otto Julius Bierbaum –, 1900)* ◆ Häufig, sehr häufig sagt er Dinge, die man gerne ernsthaft und mit der großen Gebärde des Begeisterten ausgesprochen hören möchte. Warum tut er das nie? Und warum wird seine Sprache, die sehr schön sein kann, immer wieder so absichtlich salopp und banal? *(Hermann Hesse, 1905)* ◆ Herwarth Waldens kühne Adlernase hielt die letzte Leichenpredigt und Paul Scheerbarts schon weit hinter dem Neptun schwimmende Elektronenseele lachte aus vollem Hals, als er seine Karikaturen und Jenseitszeichnungen durch den Aether wirbelte. *(Johannes Baader, 1920)* ◆ Manchmal ließ er sich von einem Dorfarzt untersuchen. Dabei war er einer der traurigsten Menschen. Es schmerzt ihn, daß die Menschen nicht zu essen verstehen. Er hatte bei Rotmüller in Berlin seinen Stammtisch, den man ironisch »Bruchtisch« nannte. Er hatte graublaue Aeuglein, einen zerborstenen, blonden Bart. Jeden, den er sah, brüllte er an: »Wir kennen uns schon, und wir müssen Brüderschaft trinken!« Er rauchte immer Virginia=Zigarren. Er sah wie ein asiatischer Tempeldiener aus. *(Emil Szittya, 1923)* ◆ Aber Scheerbart tat auch keinen Schritt von der Phantastik zur Phantasie. Und so schrieb er aus einem in der interessanten, aber wüsten Phantastik steckengebliebenen Geist heraus, in dem ganze kosmische Welten als Rahmenerzählungen flimmern, schillern, das Geistgebiet karikieren und ebenso gehaltene Menschenerlebnisse umschliessen. *(Dr. Steiner, 1925)* ◆ Er überschlug sich in grotesken Einfällen, über die er maßlos lachte und die trotzdem niemals ausschließlich als Spaß zu nehmen waren. *(Erich Mühsam, 1927)* ◆ Wohl nie hat jemand sein Narren- und Bettlergewand mit solch vornehmem Anstand und feiner Selbstpersiflage getragen und sich dabei mit soviel geheimer Zauberweisheit umgürtet wie Paul Scheerbart. Wer mit ihm trinken will, seiner Sternen- und

Galgenvogelweisheit auf den Grund blicken, der muß mäcenatenhaft den Säckel ziehen – Scheerbart nimmts nicht übel – er ist weitherzig in diesem Punkt, wie irgend ein antiker Cyniker oder mittelalterlicher Bettelmönch. *(Franz Servaes)* ◆ Er war von ätherischer Robustizität. Der Mensch war ihm nur ein Provinzialismus, er empfand sich als Medium kosmischer Wesen. *(Salomo Friedlaender, 1936)* ◆ Ihm war der Weltraum gerade groß genug, sich darin zu tummeln. *(Peter Scher, 1951)* ◆ Eben in Nachfolge des »Pankosmikers« Paul Scheerbart, der zuerst Glasarchitektur universalisiert hatte, sollte letzthin die ganze Erde zum Kristall umgebaut werden. *(Ernst Bloch, 1959)* ◆ daß es sich bei ihm meist um den bekannten schicken »Einsamen« gehandelt hat, wie sie in D'er Lokalen zu Dutzenden umeinander sitzen, und pausenlos schwatzen, wie Kleinstädter pflegen, jene ziemlich lästigen »liebenswerten Bohemiens«, deren Hauptforce im Biertrinken & Leuteanpumpen besteht, (unter dem, vermutlich schon im Altertum üblichen Vorwand, ganz dicht vor der Vollendung des Perpetuum mobile zu stehen). *(Arno Schmidt, 1963)* ◆ Man ist geneigt, Scheerbarts Misanthropie und Abkapselung gegenüber der Umwelt auf die dauernden beruflichen Schwierigkeiten und den lebenslangen Existenzkampf zurückzuführen, doch befriedigt diese Erklärung nicht restlos, weil die erwähnten Eigenschaften schon beim literarischen Neuling auftreten. *(Mechthild Rausch, 1990)* ◆ Die Zeitgenossen schildern Scheerbart als Bruder Lustig, der »mit fidelem Wankelschritt« von Kneipe zu Kneipe zieht, die Tage im »Café des Westens« und die Nächte im »Schwarzen Ferkel« verbringt, wo er zum Ergötzen der Gäste gegen Freibier seine Geisteskapriolen zum besten gibt. *(Peter Haffner, 1996)*

Abu Bakr Schibli, Emir, Rechtsgelehrter, Kämmerer, Sufimeister, Sunnit, Simulant (859–946): Juristisch befaßt mit kniffligen Fragen, von Korandeutung bis Almosensteuer, nahm er 899 in Bagdad höchste Ehren entgegen und gab alles – anläßlich eines Mit-Emirs, der degradiert wurde, bloß weil er seine Nase am Ehrengewand abgewischt hatte – an den Kalifen zurück mit den Worten: »O König, wenn du nicht duldest, daß eine Amtstracht von dir als Taschentuch verwendet wird, um wieviel weniger wird Allah dulden, daß ich die Robe der Gottesliebe, die Er mir verlieh, im Dienst eines sterblichen Geschöpfs als Rotzfahne mißbrauche?« Nachdem Schibli einen Hund fast verdursten sah, weil der vorm eigenen Spiegelbild im Wasser zurückschreckte, verschenkte er Landgüter und 60 000 Dinare, warf seine Bücher in den Tigris und begab sich zum Obermystiker Dschunaid, der ihm erst mal den Dünkel hoher Geburt austrieb, ihn jahrelang schmachvoll als Schwefelhändler, Bettler, Diener herumlaufen ließ. Schibli kasteite sich, hoffend, daß Allah ihm einen Blick gewähre. Als ihm die Stöcke ausgingen, schlug er seine Hände und Füße an die Wände und wurde bald selber Lehrer. Um beim Beten nicht einzunicken, streute er sich Salz in die Augen, zog die Brauen mit Pinzette hoch oder stand auf dem Dachrand seines Hauses auf einem Bein. Beim Anblick eines Schädels schrie er auf: »Dies muß ein Sufi gewesen sein!« Jungs, die sich prügelten, nahm Schibli die Nuß ab, knackte sie, um sie gerecht zu verteilen – da war die Schale leer: »Euer Streit um eine hohle Nuß... und meine Anmaßung, ein Nichts zu halbieren.« Auf dem Heimweg schenkte er Mitbringsel für seine hungernden Kinder – Ölkuchen – an andere Hungernde fort. Einer weinenden Witwe sagte er: »Du Törin, was auch liebst du einen, der sterben kann?« Seine Mütze, um die ihn ein Mitscheich beneidete, schenkte Schibli ihm nicht, sondern verbrannte sie. Zu einem, der ständig Allah »herrlich« nannte, sagte Schibli: »Allah ist herrlicher, als daß einer wie du ihn verherrlichen könnte.« Überwältigt von Ekstase, wurde er in seinen Predigten derart redselig, daß Dschunaid ihm krummnahm, göttliche Kellergeheimnisse auf dem Marktplatz auszutratschen. Schibli: »Gibt es denn im Diesseits und Jenseits irgendwen, außer mir? Ja, es wurde von göttlichen Geheimnissen gesprochen, sie gingen von Allah zu Allah, ohne daß ein unwichtiges Sprachrohr – namens Schibli – dazwischengestanden hätte.« Umstehende schraken oft zusammen, weil der leicht aufbrausende Schibli plötzlich aufschrie. Seine Tränen blieben selten in seinen Augenwinkeln. Seine Gottesliebe durchströmte sein Herz wie der Saft das Holz. Andere leierten »Allah« nur aus Gewohnheit runter; Schibli aber brauchte nur »Allah« zu murmeln, schon explodierten ihm Diesseits und Jenseits von hinnen. Er flehte – in theopathischer Rede lallend – Allah an, er möge der Erde befehlen, ihn, Schibli, zu verschlingen, wenn er in 2 Monaten auch nur 1 x an Engel Gabriel oder Michael zu denken gewagt hätte, statt pausenlos an Allah. Angesprochen auf seine Körperfülle, antwortete der beleibte Asket bzw. enthaltsame Fettkloß: »Mein Herz liebt Allah, nur hat mein Leib es noch nicht gemerkt.« Bisweilen vergaß er, vor lauter Gottversunkenheit, das Ritualgebet pünktlich auszuführen und scherzte dann, er könne Morgen und Abend nicht unterscheiden. Im Pflichtgebet kam Schibli sich wie ein Teichfrosch vor, der quakend nichts tut, als das Froschmaul abzufüllen; Nichtquaken oder Nichtbeten kam aber auch nicht in Frage, da man ohne Gebet ungläubig wäre. Erloschen seine Hochgefühle, versank er in Depression. Doch statt Allah zu bitten, die religiöse Ratlosigkeit zu verkleinern, betete er: »O Führer der Fassungslosen, vergrößere meine Fassungslosigkeit!« Oder: »Wenn Du mir auch heute übel mitgespielt hast, so hoff ich doch auf Deine Zuneigung morgen.« Als Pilger Schibli in Mekka ankam, konnte er weder glauben, daß dies die Minarette von Mekka seien, noch, daß der Ankommende er selber sei, und versank in einer seiner religiösen Ohnmachten. Als er die Moschee betrat, hörte er Allahs Stimme an seiner Reinheit zweifeln, kaum aber machte Schibli geknickt kehrt, kamen Vorwürfe, daß er sich abkehre; da schrie Schibli auf, was Allah als Schmähung deutete; da verstummte Schibli; Allah aber sprach: »Tu nicht so, als könntest du Unsere Heimsuchung ertragen!« Da schrie Schibli, wie → Halladsch: »Rette mich vor Dir!« Als die tumbe Menge den todgeweihten Halladsch mit Steinen bewarf, warf Schibli eine Rose. Nach dem Tod seines Sohnes Abu l-Hasan schnitt Schibli sich den Bart ab, um es seiner Frau gleichzutun, die sich im Schmerz die Haare abschnitt. Angesichts eines angebratenen Lammes rief Schibli: »Tiere kommen erst ins Feuer, nachdem sie tot sind. Wir aber kommen lebendig hinein.« Sure 20,12: »Lege deine Sandalen ab!« Schibli erweiterte das maßlos nach Sufiart: »Lege alles ab!« Mit Sandalen sei das Ich gemeint. Jemand rumorte an Schiblis Haustür, wo Schibli sei. Der kam ohne Turban und Sandalen runter: »Schibli ist tot – und ungläubig gestorben. Allah möge sich seiner nicht erbarmen!« Aus dem Diesseits machte er einen Bissen, den er einem Köter zuwarf, und aus dem Jenseits einen Happen, den er einem Juden in den Mund legte. Diesseits und Jenseits hatte Schibli bereits hinter sich, Hunde- und Frauenverachtung aber noch lange nicht: Einer Greisin, die in einem seiner Vorträge aufschrie, rief Schibli ungehalten zu: »Stirb, du hinter dem Vorhang!« Als sie tatsächlich starb und dieser Vorfall Aufsehn machte, verließ Schibli ein Jahr lang sein Haus nicht. Er gab bekannt, er sei verächtlicher als Juden und Christen, die er also nicht rehabilitierte. Einmal ließ Schibli sogar den Satz hören: »Es gibt keinen Gott, wenn ich mich besinne, außer mir.« Sofort wollte man ihn festnehmen; er aber blieb sowieso ab und zu unauffindbar. Seine Gefährten fanden ihn zur Halbmondzeit im Muxannatxane, einem Wohnheim für bärtige Frauen und bunt verkleidete Mischlinge (à la → Muzabbid), wo er mit feuchten Augen und trocknen Lippen inmitten dieser Mannweiber, Fehlgeburtstagskinder, Halbidioten, Hermaphroditinnen, siamesischer Zwillinge und halbnackter Vollzwitter saß. Seine Freunde pikierten sich, das sei doch kein Ort für ihn, da erklärte er: »Alle anderen Orte sind kein Ort für mich, außer dieser hier. Denn wenn, von

Allah aus gesehen, Mann und Frau nicht unterscheidbar sind, so bin auch ich nicht Fisch, nicht Fleisch, nicht Gott, nicht Tier ... und Mensch vor allem erst recht nicht ...« Dann saß Schibli in Untersuchungshaft. Besuch kam: »Wir sind deine Freunde!« Er warf Steine: »Ihr lügt! Seit wann rennen Freunde vorm Freund davon?! Wegen ein paar Steinchen!?« Um nicht wie Halladsch zu enden, stellte er sich verrückt, streute Geld in den Tigris, lief mit rotem Sack überm Kopf durch Feste, stellte sich in Gesellschaft pantomimisch als Kerzenständer auf, tanzte nachts um Bäume und schrie »Hu-Hu«. Einem Esel parfümierte er den Schwanz und rief: »Von Allah wißt ihr noch weniger als dieses Tier vom Wohlgeruch!« Straßenkindern, die »Allah!« sagten, steckte er bei »A« Zucker in die Münder, Erwachsenen Geld. Lag er krank, beteuerte er, gesund zu sein, weil er sich schämte, über Leiden zu klagen, die Allah sandte. Um sich abzukühlen, stürzte er sich in offene Flammen, fing aber kein Feuer, begab sich unter Löwen, die aber fortliefen. Er ließ sich von Felsen fallen, blieb unverletzt – er fühlte sich zurückgestoßen von Wasser, Feuer, Löwen und Berg. Im Irrenhaus heizte er die Irren derart auf, daß man ihm Hausverbot erteilte. Später kam er noch mal rein, wurde wegen Harmlosigkeit entlassen, dann wieder eingeliefert, ein ständiges Rein und Raus – 22mal! Das Einheitsbekenntnis »Es gibt keinen Gott außer Gott« sagte er ungern auf, aus Angst, er könnte mitten im Satz sterben... bevor er ans Wort »Gott« komme... dann hätte er gesagt: »Es gibt keinen Gott.« Der Schüler, der wie Schibli zurückschauderte vor diesem ungewollt atheistischen Satzfetzen, erbleichte, zitterte, fiel um – tot. Man zerrte Schibli erneut vor den Kalif – Mordanklage! Schibli sagte vor Gericht: »Mein Schüler wurde verzehrt vom inneren Feuer, in Erwartung göttlichen Feuers, eine Seele, jung, aber angelangt am letzten Punkt irdischer Verkettungen. Ein Blitz aus Allahs Gegenwart und Übermacht sprang über auf die liebende Seele, die als Käfigvogel aus dem Körperkäfig ausbrach und befreit entflog, mit ausgebreitetem Fittich ... während der Meister nur am Rand stand, noch ganz flugunfähig... noch nicht der leuchtenden Majestät Allahs so nahe gekommen ...« Der Kalif, ergriffen von der Rede, erbleichte, zitterte, sank vom Thron, klammerte sich fest und schickte Schibli ungeschoren nach Hause. Eines Tages zeigte Greis Schibli im Getümmel auf irgendwen: »Morgen werd ich mit diesem Mann zu tun haben.« Alle erschraken; der Mann war Leichenwäscher. Schibli zahlte überall Schulden zurück. Daß er den Eigentümer eines halb vergessenen Dirhams nicht finden konnte, quälte ihn noch in der Sterbestunde, in seinem Haus in Bagdad, wo Schibli blind und hektisch im Raum herumtaperte – angstgepeitscht? –, Asche im

Haar, sich weinend in die Hände biß. Besuch kam. Schibli: »Wie wunderbar! Tote sind gekommen, um für einen Lebenden zu beten!« Ein sterbender Selbst-, Quer- und Vordenker unter weiterlebenden Nachbetern, Mitläufern, Langweilern – Geist stirbt; the band plays on. Er entsetzte alle, weil er plötzlich den Christengürtel umband. Seine Freunde forderten ihn 3 x streng auf, das Bekenntnis aufzusagen. Listig sagte Schibli: »Der König der Liebe sagt: ›Ich nehm keine Bestechung an.‹« Der Hochbetagte ließ sich's nicht abringen. Gegen die Runterleierung sträubte er sich stärker als gegens Sterben, hörbar umtobt von Straßenkämpfen zwischen Buyiden bzw. Daylamiten und Hamdaninen (Teuerung, Getreidesanktionen, Hunger, politische Unruhen, bürgerkriegsähnliche Zustände). ~ Was Allah beim Gericht mit ihm getan habe, fragte einer im Traum Schibli, der selbst postum nicht unter sein Niveau ging: »Die Abrechnung war hart, aber als Allah sah, wie sehr ich mein eigener Feind bin, da dauerte ich Ihn.« → 'Attar verlieh Schibli den Ehrentitel »Weltentflammer«. Die Dreierkonstellation Dschunaid–Halladsch–Schibli variierte sich später mehrmals: Eckhart–Seuse–Tauler, bzw. André-Breton–Salvadore-Dalí–Max-Ernst, bzw. Schönberg–Berg–Webern, bzw. Freud–Jung–Adler. Abu Bakr Schiblis Grab liegt auf dem Hayzuranfriedhof in Bagdad, östlich vom Tigris, heute noch besuchbar.

Worte von Abu Bakr Schibli: Wenn der König Glas an der Hand trägt, scheint es ein Juwel zu sein. Wenn ein Gemüsehändler ein Juwel trägt, scheint es Glas zu sein. ◆ Wer denkt, er sei nah, kommt nie an. Wer tut, als habe er gefunden, verlor. ◆ Alles, was du siehst, ist eingebildet, alles, was du weißt, ist ungereimt. ◆ Willst du sehn, was du bist? Dann schau, was aus dir herauskommt, wenn du auf den Abort gehst. ◆ Wer ein Stäubchen vom Wissen des Einheitsbekenntnisses kennengelernt hat, ist zu schwach, um eine Wanze tragen zu können. ◆ Die Geister waren zart. Sie blieben in der Schwebe unter den brennenden Stichen der Wirklichkeit. ◆ Wer Geld zählt, ist geistesverwirrt; wer Leute kennt, ist ausgeschlossen; wer weiß, was er tut, ist abgelenkt; wer Allah kennt, ist angekommen. ◆ Menschhaftigkeit ist eifersüchtig auf Personen; Göttlichkeit ist eifersüchtig auf den Nu, daß er nicht verlorengehe im Nichtgöttlichen. ◆ Sufitum ist abtropfendes Menschentum und aufgehende Gottheit. ◆ Dein Streben sei mit dir, ohne vorauszueilen und ohne hinterherzuhinken. ◆ Wer des Nachts auch nur eine Stunde in religiöser Gleichgültigkeit verschläft, fällt auf dem Weg ins Jenseits um 1000 Jahre zurück. ◆ Dies bißchen Zeit, das du hast, geh gut mit ihr um! Man muß sie nämlich von hier mitnehmen. Drüben gibt man keine Zeit mehr. ◆ Es liebt dich mein Herz, solang ich lebe. Wenn ich sterbe, liebt dich ein morscher Knochen in der Erde. ◆ Kämpf mit dem Ich gegen das Ich, statt mit dem Ich gegen andere zu kämpfen. ◆ Im Paradies verkauft man eine Paradiesjungfrau für 2 Datteln. ◆ Allah hat Knechte, die die Hölle löschen würden, wenn sie darauf spuckten. ◆ Meiner Ansicht nach schmeckt die Höllenhitze, gemessen an der Trennung von Allah, wie Zucker. ◆ Durch Allah haben Geister, Leiber und Tätigkeiten Bestand, nicht etwa durch sich selber. ◆ Wenn Allah euch entgeht, so laßt euch wenigstens Seinen Befehl nicht entgehen. ◆ Einen Lidschlag lang Allah zu vergessen, ist Vielgötterei. ◆ Ein Erkenner ist, wer das Diesseits als Schurz hat und das Jenseits als Mantel und beides auszieht. ◆ Halte dich ans Alleinsein, lösche deinen Namen unter den Leuten aus und kehre dich mit dem Gesicht zur Wand, bis du stirbst.

Abu Bakr Schibli über sich: Ich denke so lange an Allah, bis Er auch mal an mich denkt. ◆ Ich bin dermaßen minderwertig, daß angesichts meiner Nichtswürdigkeit jede andere Nichtigkeit sofort kostbar erscheint, und zugleich bin ich derart kostbar, daß keiner sich seiner Herrlichkeit und Hoheit rühmen kann, ohne an mich und an Allah zu denken. ◆ Ich habe 2 Trunkenheiten, meine Zechbrüder nur eine. ◆ In euren Augen bin ich verrückt und ihr seid vernünftig. Möge Allah meinen Wahnsinn und eure Vernunft jeweils vergrößern! ◆ Ich und Halladsch sind ein und dasselbe. Nur daß meine Verrücktheit mich gerettet und sein Verstand ihn getötet hat. ◆ Ich sage nie »Allah«, ohne dafür um Vergebung zu bitten. ◆ Ich entschloß mich, nur noch Erlaubtes zu essen, zog durch die Einöden, da rief der Feigenbaum, nach dem ich meine Hand ausstreckte, mir zu: »Bleib bei deinem Vorsatz! Iß nicht von mir, denn ich gehöre einem Juden!« ◆ Geh ich durch den Bazar, seh ich auf der Stirn der Leute »selig« und »unselig« geschrieben. ◆ Wär ich doch ein Badheizer, den keiner kennt! ◆ Wenn sie mich erkennen und merken, was ich bin, bin ich eine Perle. Perlen aber raubt man. ◆ O Neumond, du gleichst einem müden Schlitzauge. Wenn du erscheinst, leuchten deine Ränder. Ich weinte über mich seinetwegen. Doch als er sich abwandte, weinte ich seinetwegen über ihn. ◆ Muhammad legte Fürsprache für seine Gemeinde ein; ich aber leg' auch Fürsprache für Nichtmusulmanen ein ... bis keiner mehr in der Hölle bleibt. ◆ Die Schöpfung ist nicht bedeutend genug, um an mein Herz rühren zu können. ◆ Hätt ich pro Tag und jede Nacht 80 Tränenmeere zu vergießen, ich würde sie leeren und dann mit anderen beginnen. ◆ Wenn das Diesseits ein Bissen im Mund eines Säuglings wäre, tät mir dieses Kind leid, denn es würde hungrig bleiben. ✦ Meine Leber findet keine Ruhe, und Du hast kein Erbarmen. ✦ Ein ganzes Leben schon warte ich darauf, einen Atemzug tun zu können, der vor meinem Herzen verborgen bleibt. Ich kann es nicht. ✦ Es gibt zwischen Allah und mir eine Abmachung, daß er mich straft, wenn ich mich von Ihm abwende. Ich schaue jede Stunde in diesen Spiegel, damit ich weiß, ob mein Gesicht schwarz geworden ist oder nicht. ✦ Ihr Leute! Ich gehe bis dahin, wo es kein Dahinter gibt, und sehe dann doch nichts als ein weiteres Dahinter. Und ich komm zurück und seh alles, was ich dort sah, in einem einzigen Härchen meines kleinen Fingers. ✦ Einmal kann ich mit einer einzigen Augenwimper Diesseits und Jenseits von ihrem Platz heben, ein andermal bleibt mir nicht genug Kraft, um ein einziges meiner Haare zu tragen. ✦ Wer verstünde, was ich rede, dem würd ich einen Ungläubigengürtel umbinden. ✦ O Allah, wenn Du den Himmel zum Halseisen für mich machst, und die Erde zur Fußfessel, und wenn Du die ganze Welt nach meinem Blut dürsten läßt, so laß ich doch nicht von Dir ab. ✦ Ein Teil von mir weint über meine Trennung von mir.

Andere über Abu Bakr Schibli: Hütet eure Gedanken vor Schibli. Er ist Gottes Auge mitten unter den Menschen. – Schibli treibt Kindereien. Schibli ist trunken. Falls er je aus seinem Rausch erwachen würde, könnte aus ihm ein nützlicher Lehrer werden. *(Dschunaid)* ✦ Schibli war die Zunge seiner Zeit. *(Sulami)* ✦ Seine Wamudschahatatuhu (geistlichen Kämpfe) kannten anfangs keine Grenze. *(Qushayri, 1046)* ✦ Und dauernd erwog man ihn zu vernichten wie Halladsch, denn einige seiner Aussagen stützten Halladsch. *(Fariduddin 'Attar)* ✦ Junaid nannte ihn »die Krone jener Leute«, während andere wohl zugaben, daß er von einem starken mystischen »Zustand« besessen war, ihn jedoch nicht für einen getreuen Interpreten des »tauhid« hielten. *(Annemarie Schimmel, 1985)* ✦ Sibli war sich nicht nur seines Verrücktseins bewußt, er war auch bewußt verrückt und stand zu seiner Verrücktheit. *(Richard Gramlich, 1995)*

Prof. Dr. Dr. Dr. etc. Annemarie Schimmel, **Islamwissenschaftlerin, Sufilogin, Asienkennerin, Doktormutter, Grand Old Lady, Friedenspreisträgerin (1922–2003):** Beinahe wuchs sie über ihr preußisch liebevolles Milieu in Erfurt, eingesponnen in den »Sinn für alles Schöne« begabter Töchter, kaum hinaus: Ins häusliche Ambiente selbstgestrickter Pullover, des lieben Gottes, Tante Uli, schöner Blumen und »ich liebte Oma zärtlich« schlug 1929 »wie ein Blitz« in die kleine Annemarie das orphische Ur- und Erweckungswort eines persischen Märchenbuchs ein: »Die Menschen schlafen, und wenn sie sterben, erwachen sie«. Zwischen Lebensmittelkarten und Besatzungszonen lernte sie als halbes Kind Arabisch, und ab 1935 Persisch und Türkisch. Bereits mit 19 promovierte sie (über Mamelucken-Kalife und Kadis), versenkte sich in Sufismus, habilitierte, dozierte, publizierte. Weiterer spiritueller Blitzschlag am Wegesrand: → Rumi. Fräulein Schimmel übersetzte, stets im Geiste Friedrich Rückerts, sogar aus dem Urdu, und sprach bald 17 weitere Sprachen: Pasthu, Turkmenisch, Schwedisch, Sindh u.v.a. 1954 ging sie nach Ankara. Grand Old Men à la Wilhelm Gundert, Gershom Scholem, Karl Kerényi, Rudolf Pannwitz neigten sich der jungen Orientalistin, die an Eranos-Tagungen teilnahm, wohlgefällig zu. Renommierte Religionshistoriker und ukrainische Turkologen kreisten mit dänischem Akzent um akkadische Kultur, und die überwältigende Gastfreundschaft tüchtiger Freunde, wie der frühere Vice-Chancellor der University of Sindh, wechselte ab mit Enttäuschungen. Lebensstationen: Harvard, Sydney, Tokyo, alles summa cum laude. Sie sah alle Subkontinente und deren gewaltige Omayyadenmoscheen und Mausoleen. Dschamila (Die Schöne), wie ihre türkischen Freunde sie bald nannten, gastierte exquisit bei Koryphäen, Kapazitäten, »führenden Familien des Landes«, Orientalisten und auch Orientalen, die vielfach selber es zum Kulturattaché, Gouverneur, Senator, Goethe-Institutsleiter brachten, zum promovierten Dichter, zur dichtenden Ministerpräsidentin, zur »hochintelligenten Bengalin«. VIP-Connection-Schwemme, lang bevor das Unwort »name dropping« aufkam, nahm Ausmaße an: Schimmel kommunizierte mit Inayat Khan, Louis Massignon, Cahit Külebi, Halide Nusret Zorlutuna, Königin Juliane, Bundespräsident Herzog. Die Katze ihres Leibarztes wurde bereits von Yehudi Menuhin und dem → Dalai Lama Nr. 14 gestreichelt! Prinz Hassan war ein wunderbarer Mensch und Begum Shayesteh eine der interessantesten Frauen Pakistans. Pausenlose Traumverwirklichung: Dialog der Kulturen und Religionen. Sie staunte über die Begeisterung junger Türken für Martin Luther. Sie vermittelte zwischen evangelischem Frauenbund und Harem, zwischen Beschneidung und Karagöz. Pfauenräder aus Ehrendoktorhüten: Aleppo, Islamabad, Uppsala, Hyderabad. Weil sie, statt sich fachdisziplinär mit Semitistik oder Osmanistik zu begnügen, mehrere Kulturkreise auftat, elektrisiert bis empathisch, wurde die unglaublich Vielseitige – Baukunst, Miniaturmalerei, »meine geliebte Kalligraphie«, islamische Garten- und Kochkunst, Scherenschnitte, Tiermärchen – mit Preisen überhäuft und mit Definitionen à la »wandelnde Islam-Enzyklopädie«, ja: »Universalgelehrte« (NZZ). In der Schweiz sammelte sie tiefe geistige Erfahrungen. Ungezählte »zauberhaft« – ihr Hauptadjektiv, Freunde und Weggefährten zu charakterisieren – mußten Lektorate ihr rausstreichen. Manchmal kam die zuspätromantische Morgenlandfahrt dieser tief hineinriechend eintauchenden Überfliegerin sogar in der Dritten Welt an, spätestens, wenn man ihr im Bazar die Handtasche wegriß. Bei ergötzlichen Unannehmlichkeiten, Jeepproblemen in der Wüste, sanitärem Chaos, verlor sie ihr sonniges Gemüt nie, bei ungenügender Bewirtung schon eher. Blieb sie irgendwo »ungefrühstückt«, wußte sie das noch nach Jahrzehnten. Einen Straßensufi in Elazig alias Harput/Anatolien, der ihr Hellseherei in Aussicht stellte und sie penetrant anflehte, seine Jüngerin zu werden, stieß sie ungläubig zurück. Irgendwo mußte sie eine geländerlose Steiltreppe hoch, und in Kilis bekam sie morgens aufwachend das Problem, daß von außen eine Menschenmenge reinsah und sie sich nun vor aller Augen irgendwie ankleiden mußte. 1988f. hatte sie beim erneuten Besuch von Konya, Tunis, Schiraz, inzwischen zur Autobahnkreuz-Metropole nivelliert, schwer zu schlucken, weil sie das alte, halb mittelalterliche, von Rumiversen durchflutete Konya der 50er Jahre nicht mehr wiederfand: »Es war zum Weinen.« Nicht nur hatte »Istanbul viele Gesichter«: Sie behandelte ihre stille demütige Schülerin Gisela Wendt, sobald diese gleichfalls aus 'Attar und Rumi zu übersetzen wagte, schofel und schwieg sie in ihren akribischen Bibliographien tot. Sie rügte Sufimeister Idries Shah, er würde die strenge mystische Suche der Sufis süßlich verwässern, ohne ihrerseits über vorexpressionistische Poesieauffassung hinauszukommen; Jahrzehnte nach Benn und Brecht litten ihre Übersetzungen an unbewußt eingesickertem Gesangbuchton. Das bodenlose Meer der Seele sandsturmgezausten Orients, unter Schimmels polyglotter Obhut, gebar wider Willen Stilblüten, verdünntes Weihwasser, Hausfrauen- und Marienlyrik, geistliches O-Seele-Aufgebot, Gnade, Güte, Erbarmen, Gottesglanz, Juwelenschmuck, der Liebe Huld und Weh, »– die Perle zu empfah'n«, »o Herr, Dein ew'ges Licht«, »geziemt dem Herzen«, »Herzblut trinken«, »blut'ge Tränen«, »trägt's Veilchen Deines Klosters Ordenskleid«. → Rumi, dessen unsterbliche Seele plotinisch im Papageienkäfig seines ephemeren, einengend vorhandenen Leibes festsaß, von Frau Schimmel zu »geistiger Speise« verharmlost, klang bei ihr evangelisch, konventioneller als Salman Rushdies geistsprühende Weltliteratur, und schon waren Orient und Okzident ökumenisch nicht mehr zu trennen: Ghaselendichter, Wüstensöhne, Mittelalter-Mystiker dichteten durch den Zwischenfilter Schimmel alle wie Paul Gerhardt und Gertrud von le Fort (»Hymnen an die Kirche«, 1924). Obwohl Schimmel auf ihren Reisen – bei aller Pauschaltouristenverachtung – alles herrlich fand, atemberaubend, fühlte sie sich angezogen vom pessimistischen → 'Attar, der im Gegensatz zu ihr Medaillenbehängung und Königswürden verachtete und Schmerz herausschrie. Der Blick, den die Kongreßsekretärin hinter wahlverwandt nachempfundenen Tränenschleiern ins Weltall warf und der alldort vielleicht sogar ankam, verblieb in hochpoetischem Terrain, zumal Rose und Nachtigall tatsächlich sehr zauberhaft sangen und dufteten und der »strahlende Sonnenschein« alles vergoldete. Kraniche schrieben geheimnisvolle Zeichen in den Winterhimmel. Schwärmerei warf man ihr vor, romantizistisches Orientbild, irreale Islamverherrlichung, unkritisches Verhältnis. Hingegeben kreiste sie um Tasawwuf (Sufismus), Tawakkul (Gottvertrauen) und Takalluf: Brutale, inhumane, obszöne, närrische Islamaspekte kehrte sie taktvoll unter den Perserteppich. Andererseits schrieb keiner ein umfangreicheres Standardwerk über »Mystische Dimensionen des Islam«, was ein trocken impotenter Kollege »Konfektions-Sufismus« schalt. In 97% ihrer internationalen Handshakings, Festreden, Festschriftbeiträge, »kostbar gedeckten« Festbanketten, ging der »Duft der Heiligkeit« als einprozentiges Kompott aus tiefreligiösen Gesprächen unter. Doch Rumi und Iqbal, in deutschem Sprachraum langfristig an ihr Engagement für Völkerverständigung gekettet, hatten ihrer Fachkompetenz zeitlebens dankbar zu bleiben. Ihr Publikationstempo gab Ahnungslosen Gelegenheit, vom Ozean indomuslimischer Geisteswelt zu nippen. Die Vermittlerin wurde berühmter als das Vermittelte (wie im Casus Karajan & Reich-Ranicki). Afghanistan, in die Steinzeit zurückgebombt, versuchte den Tschador weinend abzulegen, vergebens; die Bundesverdienstkreuzträgerin und Präsidentin der IAHR legte den Tschador bebrillt lachend an, betont linientreu. Gerüchte, in Asien träte sie als Muslima auf, in den USA als Christin, hingen unentschieden in der Luft. Lahore benannte eine Straße nach ihr. Selbst noch ihre Augen-Laser-OP nannte sie unverwüstlich »eine großartige Sache«. Fachkollegen und Freunden sandte sie Geburtstagspäckchen. In der Türkei sah sie am schönsten Aussichtspunkt – einen Blinden sitzen. Vorträge hielt sie, die allmählich erblindete, mit geschlossenen Augen, frei, verinnerlicht, beeindruckend. Ihre vielkritisierten Audienzen bei Diktatoren wie Bhutto und Zia ul-Haq hatte vorauseilend bereits der Prophet selber gerügt: »Der schlechteste Gelehrte ist der, der Fürsten besucht, und der beste Fürst ist der, der Gelehrte besucht« (wie Helmut Kohl Ernst Jünger). Dann distanzierte sie sich nicht deutlich genug von Ayatollah Khomeinis Fatwa gegen Salman Rushdie bzw. verschreckte im Small talk zivilisierte Gastgeber in Boston mit dem Wortspiel: »Rushdie = die rush! = stirb rasch!«, und der Gebärde: Zeigefinger schnell über die Kehle gezogen, obwohl sie als Sufikennerin eigentlich mit → Halladsch sympathisierte. Die BRD heulte auf, was die Hochdekorierte erst richtig bekannt machte. Im Vorfeld der Verleihung des Friedenspreises des Deutschen Buchhandels protestierten 550 Verlage und Buchhandlungen. Taslima Nasrin, Bassam Tibi, Daniel Cohn-Bendit, Ralph Giordano, Günter Grass, Jürgen Habermas, Erich Loest, Sigrid Löffler, Reinhard Mey, Günter Wallraff, Peter Zadek, Elfriede Jelinek, die vorschlug, den Preis statt dessen Rushdie zu geben, engagierten sich islamkritisch als Sittenwächter, funktionell selber Mullahs, die nun die angebliche Fundamentalistin (die oft Verfolgten geholfen hatte!) zum Hexenjagd-Freiwild machten. Ihre Zunft hielt sich mit Kritik zurück; viele verdankten ihr die Professur. Weder Preisverleiher noch -empfängerin ließen sich die Vergabe nehmen. In knallvoller Paulskirche, wohin sie »wie zur Hinrichtung« schritt, wurde ihr eine »geradezu mystische Erfahrung« zuteil, schienen Engel im Raum zu schweben – Halladsch-Persiflage? Kollektiverregung verebbte; man ging zur Jagd auf andere Sündenböcke über: Kaufhauserpresser, Pleitemilliardäre, Terrorchefs. Trotz aller Vorwürfe, sie brüste sich mit ihrem Diktatoren-Plausch, in Präsidentensuiten neben Folterkellern, bildete die Islamexpertin die beanstandeten Fotos später erneut ab, in ihren Memorien 2002, worin sie u. a. ihre türkische Heirat verschwieg. Dann stürzte sie unglücklich und starb. ~ Magische Namen wie Isfahan, Buchara, Trapezunt, Palmyra, Panjab, Samarkand, Kappadokien, Kobadabad schossen zu einem kufischen Tausendvierundzwanzigeck zusammen und überstrahlten den irdischen Ruhm jeder gereimten und ungereimten Talentprobe Prof. Dr. Schimmels. Die golddurchwirkte Sonne Arabiens, die Schimmel ins vernieselt untergegangene Abendland holte, schimmerte durch Schimmels Abdämpfschleier wie Schimmels angeborene Kassen- und Sonnenbrille durch Schimmels Tschador. 2004 erschien postum ihre Sammlung islamischer Lyrikerinnen »Ein Buch namens Freude«.

Worte von Annemarie Schimmel: Selbst der sonst verachtete Osmane / Schwenkt zum Glückwunsch seine Halbmondfahne. / Ach, der Gratulanten sind so viele! Ihnen schließt sich herzlichst an: Dschamile. ◆ Ein echter Prinz aus Kapan kommt bestimmt, / daß sich nur jeder ordentlich benimmt! ◆ Was braucht ein Swami denn ein Bett? Genügt ihm nicht ein Nagelbrett? ◆ Der

Überm Tschador – Doktorhüte

Eidex sonnt sich still am Bach, der Index läßt mich stöhnen – ach ... / Der Eidex tanzt den Sonnentanz, / der Index hat 'nen langen Schwanz. ◆ Hatte nicht der große persische Mystiker Ruzibihan-i Baqli einst die Vision der Schönheit Gottes in Rosenwolken erfahren? ◆ Der berühmte Mann berichtete jedoch den ganzen Abend höchst dramatisch von den Zahnschmerzen seiner Katze, statt mich in die Tiefen der mystischen Literatur einzuführen. ◆ Die Tage in Khartum waren hochinteressant. ◆ Es war ein Lächeln in der Luft, und zwischen den geborstenen Säulen eines antiken Theaters wuchs roter Mohn. ◆ Denn welcher fromme Muslim hätte nicht Paul Gerhardts »Befiehl du deine Wege« aus vollem Herzen mitsprechen können?

Annemarie Schimmel über sich: Ich hatte im Iran nie Probleme als Frau. ◆ Ich hatte das Gefühl, daß diese einfache Frau mehr von Religion wußte als meine hochgelehrten Kollegen. ◆ Ich habe mich klar genug ausgedrückt, daß ich natürlich wie jeder vernünftige Mensch die Fatwa ablehne, daß ich gegen Todesurteile für Schriftsteller oder für geistig Arbeitende bin, aber ich bin besorgt darüber, daß es uns offenbar sehr schwer fällt, uns mit anderen, fremden Kulturen zu beschäftigen – und zwar unvoreingenommen zu beschäftigen. ◆ So lernte ich Afghanistan kennen und lieben. ◆ Leider habe ich die schlechte Angewohnheit, Ausdrücke wie »den könnte ich umbringen« oder »in den Rhein werfen« und ähnlichen Blödsinn auch zu meinen Freunden zu sagen, obgleich ich (und Sie kennen mich ja etwas) nicht einmal eine Spinne oder Fliege töten könnte und aus Abscheu vor all den Grausamkeiten im Fernsehen noch nie einen Krimi gesehen habe. ◆ Uppsala blieb mir seit jenen Tagen im Gedächtnis als ein Meer von Syringen, die überall ihren Duft verbreiteten. War es der Duft der Heiligkeit? ◆ Die Hauptstadt erreichten wir einigermaßen lebendig. ◆ Soviel ich weiß, brach ich alle Rekorde, indem ich insgesamt vierzig Vorlesungen hielt. ◆ Denn da es zur Zeit meiner Geburt Begriffe wie Cholesterin, Allergie oder gar Jetlag noch nicht gab, leide ich auch nicht unter diesen Übeln.

Andere über Annemarie Schimmel: Sie ist wirklich ganz einzigartig, vielleicht von einem anderen Stern, wo Menschen die Visionen haben, die sie besitzt. *(Prinz Sadruddin Aga Khan)* ◆ Es war die Zeit, als einige sehr angesehene und einflußreiche Professoren ihres Fachs in Deutschland noch glaubten, mit Herablassung von Frau Schimmel reden zu dürfen, die ihnen als verschwärmtes Mädchen erschien. *(Johann Christoph Bürgel, 1992)* ◆ Nie und nimmer dürfte eine Frau mit einem, um es ganz milde auszudrükken, derartigen Doppelgesicht den Friedenspreis erhalten. *(Johannes Mario Simmel, 1995)* ◆ Die Originaltexte der umstrittenen Friedenspreiskandidatin zeigen, daß Schimmels Sympathie-Erklärung für die Rushdie-Killer keineswegs ein »Ausrutscher« war, sondern Teil ihres Universums ist. *(EMMA, 1995)* ◆ Es ist das Schützlings-Syndrom« gegenüber ihrem »Lebensliebling Islam«, die »Pathologie der Umarmung«, die sich in dieser Professorin für Religionsgeschichte an der »islamisch-theologischen Fakultät in Ankara« und »Full Professor of Indo-Muslim Culture« an der Harvard-Universität in Cambridge personifiziert. *(Ralph Giordano, 1995)* ◆ Denn sowohl die Religionsauffassung als auch die tagespolitischen Äußerungen von Frau Schimmel richten sich gegen das freie Wort. *(Herta Müller, 1995)*

ARNO SCHMIDT, Wortmetz, Wortweltenerbauer, Sprachgigant, Mond- und Windmetaphernschmied, Misanthrop, Heidedichter (1914–1979): Herkunft aus Hamburg-Hamm. Schupo-Sohn. Bereits als Kind litt er, daß ein warziger Nachbar »Herr Pfeifer« hieß, aber seine Lieblingspappeln trugen keine Namen. Er selber hieß weniger originell als Arno Holz. 1928 Umzug nach Lauban, Handelsschule in Görlitz. Der kaufmännische Lehrling & graphische Lagerbuchhalter, privat befaßt mit Lyrik und Logarithmentafeln, frischverheiratet mit Alice Murawski, die er auch »Zessilein« nannte und die seine klassische Antiquariatsobsession mitmachte, einberufen zur leichten Artillerie, abkommandiert nach Norwegen, übte und mauserte sich als Verfasser von Elysiumsdialogen & verspäteten Juvenilia. Für 9 Monate britischer Kriegsgefangner. Neustart in Cordingen als Dolmetsch an der Hilfspolizeischule Benefeld, ab 1947 überaus freischaffend, spartanisch, heroisch. Erst in → Jesu Sterbealter strampelte er sich frei aus romantischer Erzählverhaftung und schrieb ab da mit kalter Schnauze, dicht an der Nessel Wirklichkeit, seinen heißen, bunten, wilden, auf 7 m gegen den Wind identifizierbaren Prosastil, deftig, pessimistisch, zynismustriefend, sexistisch, vollplastisch, pausenlos gelächterlösend, programmatisch abhold Formelkram & Wortmatrizen, also erfolglos, von ausbleibenden Lesern als Neutönerei eingestuft, »unverständlich«. Ästhetische Maxime: reichster Inhalt bei geringster Raumbeanspruchung. Strafanzeigen wegen Verletzung religiöser & sonstiger Gefühle ließ man fallen. Lemurisch hantierten seine Einfälle & Gedankenmakis im Dachstübchen. Jahre investierte er in Fouqué-Recherchen. Sobald irgendwo in Monteurshosen Transportarbeiter werkelten, mischte er sich drunter, mit Zollstock in der Brusttasche, und hantierte glaubwürdig in engen Treppenhäusern mit. Seinen strammen Prozentsatz Homeworker-Fähigkeit teilte er nicht grad mit → Novalis. Wetterfahnen à la Hesse mochten Weltkriege vorausfühlen; Vorschlaghammer-Seismograph Schmidt rief bereits beim mittelprächtigen Darmwind: »C'est la guerre!« In »Schwarze Spiegel«, Kurzroman, streifte er postapokalyptisch durchs entvölkerte Europa. Nirgendwo eine Dose, die er nicht aufbekam. Lagerschuppenweise hebelte er Leberkäsebüchsen auf, werkelte und baute fachgerecht Waldhütten. Termini wie Drillbohrer blieben ihm kein Fremdwort. Am Unendlichkeitsfimmel laborierte er wahrlich nicht. Metaphysik rechnete er zu den Allotria. Aber dem Zischen altmodischer Gaslaternen, über deren Zählsystem er sinnierte (auf die Nr. »911« folgte da »1515 a«!), oder dem Zählergesang des Elektrozählers der Golden Fifties lauschte er, als tönten da Engelszungen, oder wenigstens Radio Surabaya. Weitere Stationen: Gau-Bikkelheim, Kastel, Darmstadt, Inselstraße, dann Endstation, ein Kaff in der Heide, Bargfeld bei Celle. Leben definierte er als Auflehnung der Eiweiße gegen Silikate. Keine Reisen, Lesungen, Seitensprünge, Ortswechsel, Buchmesse; ständig nur schwoll uferlos sein Œuvre an. Brotjob: Englischübersetzungen, Radio-Dialoge über seine dauerhaften Hausgötzen Wieland, Cooper, May, Poe, 19. Jhdt. Sein unbändiges, x uralte Speziallexika absorbierendes Wissen verschaffte ihm den Ruf: »gußeisernes Menschheitsgedächtnis«. E. T. A. Hoffmann sah in Türknäufe Physiognomien hinein; Lord → Chandos floß poetisch in biomäßig naheliegende Schwimmkäfer und Ratten hinein; → Rilke in Rosen; Benn in Amöben; Schmidt nannte sogar Schneisen und Bahndämme »Wesen«, spielte die Lebensdauer von Schotterstraßen gegen die Haltbarkeit seiner Leserschaft aus, ließ sich als Atheist und Jesusschmäher von Herrn Windstoß und schlaksigen Windinnen naturmystisch umtuscheln, sprach von behaarten Wäscheleinen und kurzhaarigen Plüschsofas, ließ sich von jeder flatternden Unterhose mythische Fratzen schneiden. Schmidt lauschte (wie Waldweber Jung-Siegfried »der Sprache der Vögel«) dem Gälisch des Windes, der zu ihm ans Fenster kam und feucht ins

Ohr zischelte, und mußte als Nicht-Mysticus zugeben: »Kann's nicht verstehn.« Dechiffrier-Clubs dröselten Schmidts rücksichtslose Hieroglyphen & Arkana auf. → Kafka aktualisierte Schwarzgold-Gnosis; Schmidt ging 1 Schritt weiter – zurück, zu äußerst vorchristlichem Panpsychismus & Dämonismus. Bei seltensten Interviews gab er sich eiskalt-inhuman-monströs; andere Besucher wußten von Freundlichkeit zu berichten. Normale Autoren betrieben bloß Gesellschafts- und Kulturkritik, Schmidt sogar Naturkritik: Schopenhauers Beispiele für das »Leiden der Welt« – Schildkrötenbabys & Nacktschnecken – tauschte Schmidt mit Raben aus, die Kaninchenbabys die Augen aushackten, und Haien, die sich in die Brüste von Walfischen verbissen und sie tagelang zu Tode hetzten, und schickte dann gern ein »Und siehe, es war alles gut« hinterher. Manche seiner erfolgreicheren Kollegen merkten durchaus, daß der Unnahbare sie alle an die Wand schrieb. Nicht nur allerorten vielköpfig unvermeidliche Durchschnittsgenies, auch frühere Expressionisten, von denen er sich kaum noch herleiten ließ, verblaßten unrühmlich neben ihm. Nach Grass, Walser, Böll befragt, zuckte er indolent die Schultern: »We are not amused«. Um den Abstand zu normalsterblichen Autoren und Mitbürgern noch »eindruxsvoller« zu gestalten, erheuchelte er sogar fehlende Vollkommenheiten. Mit Kloß im Hals lobte er die Buchwerke seiner Briefpartner Alfred Andersch & Hans Wollschläger. Seinen unterwürfigen Verleger Ernst Krawehl foppte und knechtete er brieflich. Als er Wieland & Stifter zunehmend im Rücken ließ und sich kalten Köpfen wie Freud & Joyce verschrieb, nahm sein Spätwerk seinen Lauf. Viele kamen noch weniger mit als vorher. Manche beklagten seine Etym-Obsession. Nicht jeder fand es auf Dauer beglückend, sich ständig »Onngl Lutwich« in »Onkel Ludwig« zurückübersetzen zu müssen, und Ro=Mann=Tick in Romantik, und Ärross in Eros. Sein pausenloses »jedenphalls«, das seine verzückten Imitatoren gierig aufgriffen (samt Routine-Osmose von anonym & onanym), begann hier & da zu nerven; ihn weniger. Sein Medikamentenmißbrauch hieß »Zyclopal«, von dem er auch mal 1000 Packungen vorzubestellen suchte (Querbezug zu → Leary, der unsinnige Mengen LSD zu ordern versuchte). Seine eine Katze nannte er, wie Schopenhauer seinen Pudel Atman, »Zureichender Grund«. Bienenfleißig & vital wie Balzac, starb er dennoch früher als eigentlich nötig. ~ Sein »Mä10« (er hätte sich mit einem Mä5 begnügt) J. P. Reemtsma rief die Arno-Schmidt-Stiftung ins Leben und erwirkte, daß Schmidt, statt im Reihengrab zu liegen, auf eigenem Grundstück würdig unter unbehauenem Stein, unbeschriftet, auf dem sich Katzennachwuchs rekelte, landen durfte. Dichtende Nachwuchszombies, die sich vorbeidrückten an Schmidtformulatio à la »Mir wux 1 Stiehl«, bekamen dann doch nur wieder Erektionen. Nobodys rangen sich durch, ihn immer öfter zu »einem der bedeutendsten Nachkriegsautoren« zu küren. Postum wanderte er durch S. Fischer & Haffmans Verlag Zürich, und lief dann in den Heimathafen Suhrkamp ein, wo er 2002 arg artfremd zwischen Adorno & Karl Kraus & wortarmen Nachwuchsentitäten landete. Postum nötigte er nachgeborene Kollegen, weiterhin seiner poetologischen Unterteilung in Dichterpriester (→ Handke, Strauss) und Hordenclowns (→ Henscheid, Rühmkorf, Gernhardt, Ror Wolf) zu gehorchen.

Schmidt als Heidediener, Blattanbeter, Windverehrer!

Worte von Arno Schmidt: Wer ein Buch schreiben will, muß viel zu sagen haben: meistens mehr, als er hat. ◆ Konfetti der Sterne drehte sich steif vorbei: »Na, wars schön?« ◆ Ein Engel warf sofort 1 Stern nach einem Dämon. ◆ Wind schnalzte im Garten und kam mit schlürfenden Wasserschrittchen hinterher. ◆ Die »Wirkliche Welt«? ist, in Wahrheit, nur die Karikatur unsrer Großn Romane! ◆ Jeder Autor hat mehr Incarnationen hinter sich als Wischnu! ◆ Lieber ein Himmel ohne Götter als ein Himmel ohne Wolken! ◆ Wehe dem Manne, der nicht wenigstens 10 Mal in seinem Leben bereut hat, daß er kein Tischler wurde!

Arno Schmidt über sich: Ich bin meiner Zeit nicht voraus; sie ist nur nicht mitgekommen. ◆ Ich bin ungefähr so geschmeidig wie Stonehenge. ◆ Ich würde Gott prinzipiell mit »Sie« anreden; ich duz' mich nicht mit Jedem. ◆ Ich bin wegen meiner Selenomanie weder »hyänenhaft feige«, noch eine »potentielle Verbrechernatur«, wie viele meiner Gegner arg gern möchten – als wenn die Erde nicht groß genug wäre, daß wir Alle darauf Unrecht haben können! Neinein; ich gehöre wirklich nicht ins Irrenhaus; obwohl ich seit meiner Geburt natürlich darin lebe. ◆ Wind coiffierte mir gefällig im Haar (was ich gar nicht schätze !), und wischperte waschhaft und figarös : Laß das! ◆ Ein Gott möchte ich gar nicht sein: viel zu langweilig, so zuerst. N Halbgott, das ja!

◆ Wenn ich tot bin, mir soll mal Einer mit Auferstehung oder so kommen: ich hau ihm Eine rein.

Andere über Arno Schmidt: – den zahlreiche (und nicht die schlechtesten) Literaturkenner für ein Genie halten, der sich selbst als einen Titan sieht, den wohlüberlegte Rezensenten kühlerer Natur und gesetzteren Alters als Narren oder Scharlatan abtun und den das breite Publikum nicht kennt. *(Jean Améry, 1962)* ◆ Er ist, neben Beckett oder Nathalie Sarraute, das wahre Gleichnis und Paradoxon der heutigen literarischen Situation. *(Helmut Heißenbüttel, 1963)* ◆ Denn Schmidts Momentaufnahmen der Natur haben zwar allerlei Vorzüge, sind aber nicht unbedingt originell. *(Marcel Reich-Ranicki, 1967)* ◆ Er nahm die Brille ab, um mich nicht zu sehen. *(Peter Härtling)* ◆ Der Bargfelder Anachoret, dessen literarischer Einmannbetrieb fast 25 Jahre lang auf Hochtouren lief und Romane und Erzählungen, Essays und Übersetzungen ausspuckte, gilt den einen noch immer als närrischer Kauz, der sich in der gegenwärtigen poetischen Landschaft seltsam fremd ausnimmt; andere wieder preisen ihn als »grand old man« der deutschen Literatur oder nennen ihn gar, auf Börnes Rede auf Jean Paul anspielend, das »Auge des Jahrhunderts«. *(Jörg Drews, 1974)* ◆ Sein Eigensinn wirkte nie wie Altersstarrsinn, eher wie jugendlicher Trotz. *(Walter Kempowski, 1979)*

Daniel Paul Schreber, Jurist, Landgerichtsdirektor, Senatspräsident a. D., Nervenkranker, Wahnpatient, Spätzeitgnostiker, Ausnahme-Theologe (1842–1911): Schreber junior, vatergeschädigt vom strengen Schrebergarten-Schöpfer Daniel Gottlieb Moritz Schreber, stieg auf der Karriereleiter ordnungsgemäß auf, als Dr. jur., gehorsam, nervös, hastig, gedächtnisstark, rational, leidenschaftslos, kühl, nüchtern, naturwissenschaftlich nicht uninteressiert – er las Ernst Haeckel, Carl du Prel, Carl G. Carus, Lord Byron –, religiöser Schwärmerei abgeneigt, nicht ohne zeitgeistbedingten Schnurrbart, verheiratet seit 1878 mit Sabine Behr, erlitt 1884 als Kandidat der Nationalliberalen Partei eine Wahlschlappe. Angeschlagen erholte er sich in einer Kur, konsultierte den Geheimen Medizinalrat Prof. Paul Emil Flechsig (1847–1929) zu Leipzig, ließ sich von ihm in dessen Nervenklinik einweisen, wegen Schlafstörungen, schwerer Hypochondrie und Überempfindlichkeit (gegen Eisenbahnpfiffe, Böller, Schritte, Stimmen). Diagnose: Bromkalivergiftung, revidiert in: Hyperästhesie. Schlaflose Nächte, effektlose Schlafmittel wie Chloralhydrat trieben ihn in Verzweiflung; er versuchte sich via Handtuch umzubringen. Nach 6 Monaten – endlich geheilt. Seine dankbare erleichterte Frau stellte ein Foto des Dr. Flechsig bei sich auf. 1886 beruflich versetzt von Chemnitz nach Leipzig; 6 Fehlgeburten. Während des arbeitsintensiven Dienstantritts, 1893, im königlich-sächsischen Oberlandesgericht zu Dresden (höchstmöglicher juristischer Posten im Königreich Sachsen), erlitt er einen Rückfall, erneut in Dr. Flechsigs Irrenanstalt eingewiesen (wie damals Klapse bzw. Psychiatrie schonungslos hießen). Immer, wenn er sein Schachspiel abbrach, erhob sich Wind, daraus zog er metaphysische Schlüsse. Körperliche Integrität, Mannheit und Verstand spürte er angegriffen von »Wunderspuk« und »Wunderspielerei«. Traumgespinste wunderten sich ihm an. Vorm inneren Auge sah er Gewebe, Fadenflug, Verfilzung, nannte nächtliche Altweibersommer und Waldweben für sich »Mondscheinseligkeit«. Ärztlicher Anregung, er solle lesen, kam er nicht nach; Grund: Jedes von ihm gelesene Wort werde in die Welt hinausposaunt. Verfolgungsideen, Symptome, die die visionsarme Mitwelt als »verrückt« einzustufen sich beeilte, schossen stufenweise zu einem tatsächlich recht verrückten Welterklärungs-Panorama zusammen, voller Nervenschmerzen und Strahlenangriffe. Daß Gott das Interesse an seiner Schöpfung verloren habe, unerreichbar weit weg, mochte Atheisten wie Kokolores vorkommen; philosophiehistorisch war derlei so quasiwahr wie die These, daß Gott tot sei, und weniger ausgelutscht. Stimmen, die ihm nahetraten, göttlich oder schizophren, und ihm über die Zwischenstufe Nervenanhang sein Hirn vollquasselten, siezten ihn oft höflich, und teilten ihm mit: »Vergessen Sie nicht, daß Strahlen sprechen müssen.« Sobald er's vergaß, malträtierten sie ihn mit Nachfragen, was er gerade denke. Sobald er Gedanken gebar, à la »Jetzt will ich mich waschen«, oder daß dies ein schönes Klavierstück sei, meuterten die Stimmen – nicht ganz dialektfrei – gegen die Wiederholung: »Hammir schon.« Im Sanatorium Sonnenstein, bei Dresden, ab 1894, blieb seine Idée fixe – Dr. Flechsig – ein treibender Motor seiner Wahnarbeit, der von fern alles infiltrierte und steuerte. Als seine Frau ihn alldort erstmals besuchte, erschrak er zu Tode; er hatte sie, da er ihre Seele in sich einfließen gespürt hatte, nicht mehr unter den Lebenden geglaubt. Auch bei ihren späteren Besuchen erwog er, daß sie ad hoc bloß flüchtig hingemacht sei und sich nach dem Besuch auflöse. Schrebers verdüstertes Leben wurde seitens stimmlich hervortretender Nervenfäden und deren Gelegenheitskomik bisweilen punktuell aufgehellt. Seinen verstorbenen Jugendfreund Ernst spürte er auf seinem Kopf akut spazierengehn. Sein Hirn wirkte als nervöser Magnet für ganze Seelenbündel in Männerchengestalt, die in Getümmeltrauben batzen-, blasen- und knäuelweise auf ihn herabträufelten. Licht ließ sich von Armbewegungen beeinflussen. Zuströmende Strahlen legten Lichtschimmer ihm ums Haupt, der selbst Nimbus und Corona Christi überstrahlte und den eintretenden Assistenzarzt Dr. Quentin förmlich zu überblenden bis fortzuwischen vermochte. Oft verlangte Schreber die Entfernung des Pflegers M. bzw. die Ausräumung des ganzen Hauses, weil all die Leute die Anwesenheit Gottes verhindern würden (Wahn oder sozusagen höhere Wahrheit?). Aber Pfleger M. gab's gar nicht – ein Phantom, das trotz Flüchtigkeit Schreber oft reell zu schaffen machte. Spalier stehendes Stangenholz im planquadratischen Anstaltspark rauschte ihm als dichter Birkenurwald ins Fenster, den seine tratschsüchtigen Nervenwolken nicht zu Unrecht als »heiligen Wald« priesen. Angesichts des Mondes erwog er, ob das nicht der Mars sein könne, auf dessen Trabanten Phobos er sich zeitweise versetzt glaubte. Andere Visionäre bekamen ihre Visionen bzw. Symptome bloß kleckerweise beschert, mit Durststrecken dazwischen; Schreber wuchs in Delirien, Horrortrips, selige Panoramablicke auf Zeit und Raum, Nächte sprudelnder Visionen, die sich ihm psychotisch zu Äonen und »heiligen Zeiten« zerdehnten und an die profane Unterbrechungen kaum noch herankamen, ehe dann die 3 Sonnen, die er zeitweise sah, sich zurückstuften in eine Sonne und das Stimmenchaos sich mäßigte und zurückverdünnte in landesübliche banale Realität und Schreber die Eingebungen, die ihn in Bann oder in der Zange hielten, doch nicht mehr für Wahrheit halten konnte. Mystikfreunde hätten das als Transzendental-Trance begrüßt, aber Ärzte verbuchten das als pathologisch, als »halluzinatorischen Stupor«. In Briefen blieb er einsichtig, wortgewandt, vernünftig, klarer, präziser, logischer, beredter als vermeintlich Gesunde, und differenzierter; mimisch und mündlich produzierte er Lachanfälle, Fratzen, nächtliche Brüllattacken, die er »Brüllwunder« titulierte, und Schimpftiraden, schrie vom Fenster aus die Sonne an, sie sei eine Hure, bis Gaffer sich ansammelten und er in die Isolierzelle verbracht werden mußte. Auf Nahrungsverweigerung erfolgte Zwangsernährung: festhalten, reinstopfen. Seine männliche Ehre wiederherzustellen, geboten ihm Stimmen, sich mit seinen Pflegern zu raufen. Ihm war, als atme er fast ohne Lungen, als lebe er ohne Därme – antizipierte und sakralisierte Anorektik!? –, oder er habe seinen Kehlkopf versehentlich mit aufgegessen; durch göttliche Wunderwirkung wuchsen die defekten oder verschwundenen Organe wieder nach. Während er 30–40 Pfund abzunehmen wähnte, nahm er 2 kg zu, laut Anstaltsbericht. Gern besah er weibliche Aktbilder und dokterte an sich selber herum, ob ihm schon Brüste wüchsen. Kraft Hypersensitivierung glaubte er eine sich in Wollust windende Frau zu werden; 6 Pollutionen in einer Nacht wurden ihm hierbei zuteil. Gottesstrahlen bzw. Flechsigsche Seelenteile, die, sobald er sie belauschte, ihn als »Miß Schreber« verhöhnten, seine Kastration vorbereiteten, sich verwundert fragten: »Ist er denn noch nicht entmannt?« Im visionär übermittelten Heilsplan blieb seine Umformung zum Menschheitserlöser an Geschlechtsumwandlung gebunden. Indem er sich als Durchgangsbahnhof und Instrument übermächtig lebendiger Kräfte erlebte, die seitens Weltordnung und Gott allseits an ihm zerrten und dokterten, steckte er durchaus weiterhin mittelalterlich in der Haut durchbohrter Heiliger wie Sebastian und Antonius, bzw. neuzeitlich als Spielball seiner Motive, DNS, Synapsen, Umwelteinflüsse, Sozialisation, Konstitution. Vom empirischen Dr. Flechsig, der ihm im Sprechzimmer weiterhalf, löste sich dessen Seele ab und agierte in weit entfernten Weltregionen, in Absprache mit Gott, gegen ihn, Schreber. Unwiderleglich bewies er, daß Gott nicht klüger sein könne als die Summe aller je dagewesenen Menschen. Nach Aufzehrung der vorderen Gottesreiche (Entropie?) drängten die hinteren nach vorn. Einige Stimmen jonglierten mit monströsen Zahlenwerten – 14 000 Jahren – (neben Kalpa-Zahlentrauben und Myriaden von Hindu-Göttern bescheidene Werte), bis die überzarten Antennen des Patienten das Weltende als bereits vorbei wahrnahmen, die leere Station als Indiz nachzuckender Scheinrealität wertete, das Tollhaus längst rausgewuchtet, oder auch ganz Leipzig versetzt in weit entfernte, erloschene Sternbilder (»Burn-out-Syndrom« als Terminus lag damals noch nicht vor). Daß er sich als einziger dem Weltuntergang entschlüpfter Mensch empfand, changierte zwischen Endzeitsekten-Level und dem Archetyp des letzten Mohikaners à la Schiller (unter Larven die einzige fühlende Brust). Als die Flechsigsche Seele ihm schmeichelte, er sei »der größte Geisterseher aller Jahrhunderte«, berichtigte dies Schreber in aller Bescheidenheit – von größeren Standpunkten ausgehend –, daß man wenigstens von dem größten Geisterseher aller Jahrtausende sprechen müsse – über- oder untertrieb er da!? Der Skandal, als klardenkender Mensch nun schon seit 9 Jahren einzusitzen und den Rest seines Lebens in der Verwahranstalt vertrauern zu müssen, unter ungebildeten Gestalten, setzte ihm fast genauso schlimm zu wie vorher seine abgeklungenen Wahnideen. Energisch und klug, mit bürokratischer Akribie, mit der er abstruseste Vermutungen durchwirkte, betrieb Präsident Schreber die Aufhebung seiner Vormundschaft. Er gab zu, zeitweise nervenkrank, bestritt aber massiv, je geisteskrank gewesen zu sein. In seiner Urteilsanfechtung und Berufungsbegründung bezeichnete Dr. Schreber das gerichtsärztliche Gutachten des Anstalts- und Bezirksarztes Dr. Weber als »einen Schlag ins Gesicht der Wahrheit«, wie er ärger nicht gedacht werden könne; Schreber & Weber schrieben denselben hochkomplexen preußischen Kanzleistil, klassische Edelprosa, landeten stilistisch und intelligenzmäßig, kraft beiderseits unfreiwilliger Angleichung, in Schreber-Weber-Unio-mystica. Es gelang Schreber, freigelassen zu werden. 1902 kehrte er zu seiner Frau zurück. Man adoptierte eine Tochter, die er mütterlicher umsorgte als eine Mutter. 1903 gab er seine pathographischen Memorien heraus: »Denkwürdigkeiten eines Nervenkranken«, die ihn auf die neurologische Schiene festlegten, im Widerspruch zum Buchinhalt, worin er für den absoluten Wahrheitsgehalt seiner Visionen eintrat. 1907 starben sowohl seine Mutter wie seine Frau. Prompt mußte er erneut eingeliefert werden, diesmal in die Nervenklinik Leipzig-Dösen, wo er noch 3½ Jahre erbärmlich einsaß und dann starb. 13 von 68 Jahren verbrachte er in geschlossener Anstalt. ~ 1911 entdeckte Dr. Sigmund Freud den Generalschlüssel zu Dr. Schrebers Syndromatik: Er schnallte das geistlich dschungelhaft überbrodelnde Welterklärungssystem ins Stangenholz-Prokrusteskorsett bzw. in die Stauchmaschine freudianischer Theorie – wohin sonst? Schreber wurde beklebt mit Freuds Begriffs-Arsenal: Wunschphantasie, Regression, Projektion, Angst, Vaterkomplex, Ödipus. Plötzlich hatte Schreber Homosexualität zu verdrängen und die eigenen mickrigen 4 % Kastrationsfixiertheit den erhöhten Werten Freuds – 40 %!! – anzugleichen. Eine Kapazität beugte sich runter zu einer klinischen Fallgeschichte, oder eher vice versa: Ein origineller, authentischer Religionsphilosoph wurde runtergezogen von einem rationalen, betont amusischen Arzt, der als Ochs und Bürokrat – auch sprachlich schwächer! – in der gnostischen Epiphanie eines ausziselierten Breitwand-Schwarzgold-Universums – kraft blinder Flecken, falscher Meßlatte, refraktärer Kassenbrille, Tunnelblick – nichts anderes zu diagnostizieren vermochte als: Dementia paranoides. Dr. Schreber sprach von Seele und mystischer Seligkeit, Dr. Freud redete von Psyche und infantiler Lustbefriedigung: Beseelte Ausdruckskraft guten alten 19. Jhdts. stieß auf eiskalte Reduktionsmechanik. Erst verging sich Gott an Schreber, wogegen dieser sich bei Lebzeit immerhin wehrte, jetzt vergewaltigte ihn postum sein Interpret. Dünnbrettbohrer, d. h. US-Psychoanalytiker wie William G. Niederland, hängten sich serienweise an Über-Ich, Übervater und Gott (Freud), autoritätsfixiert, freudgeschwängert, glaubten ihm aufs Wort, heterogen begabt, angekettet an Prof. Freud wie vorher Schreber an Prof. Flechsig, und feierten Freuds scheuklappenumwickelte, spirituell impotente Schreberverkennung als »bahnbrechende Analyse«. Pocketformatige Normköpfe contra weltumspannenden Wirrkopf! Ratio contra Hirngespinst, Schmarren, Privatreligion, nicht ohne infantilen Lustgewinn. Jetzt rückbezog man Schrebers »Kopfzusammenschnürungsmaschine« oder »Engbrüstigkeitswunder« findig auf die Turnmaschinen des Vaters, des gestrengen Orthopädikers, Kallipäden, Turnsystem-Reformators, Streckmaschinen- und Pangymnastikon-Erfinders. Man deutete Schreber juniors 2 visionäre Sonnen tiefenpsychologisch als Vater und älteren Bruder. Defizitäre Spezifika offenbarten sich, sehr psychoanalytisch: Schreber mußte nur deshalb stets im November eingeliefert werden, weil sein Vater in einem November gestorben war! So plemplem war selbst Schreber nicht gewesen! Karl Jaspers' »Psychopathologie« zementierte die Diagnose. Selbst Elias Canetti, vergleichsweise von geradezu desolater psychischer Gesundheit, übernahm unbesehn die ungenügende Psychologensicht, behandelte Schreber bloß als Vorzeigeparanoiker, erschöpfte sich in verdünntem Referat, verkleinerte sich selber zum Psychologen – und das als Schriftsteller! –, statt Dichter, Denker, Forscher zu sein. Schrebers Kosmos und Buch, das als Symptomatologie herzuhalten hatte, lastete man »unverständlichen Wortschwall« und »verschnörkelte Sprache« an – von Amerika aus schauten Hegel, Kant, Goethe und alle anderen noch x-mal verschnörkelter aus! Verkehrte Welt: Konstitutionell therapieresistente Wahnsystemkonstrukteure à la → Ezechiel, Basilides, Karpokrates, Valentinus, Dionysos Aeropagita, → Mani, Suhrawardi, Ibn Arabi, Emanuel Swedenborg, Madame → Blawatsky schrieben Religions-, Philosophie-, Ideen-, Geistesgeschichte; Schreber hingegen, obwohl er wahrlich ebenso abgehobene, in sich stimmige Mythologeme/Theoreme der flachen Menschheit hinwarf und seine Erkenntnisse sogar eloquenter in Lettern zu gießen verstand als manch Jahrtausendfigur und Religionsführer, auf verblüffendem Formniveau, schrieb bis dato leider bloß Medizingeschichte, Dämonologie fürs Kuriositätenkabinett. Indien, dessen Denkmonster (→ Mahavira, Nagardschuna, Shankara) voluminöse Maja-, Samsara-, Shunyata-, Karma-, Dharmasysteme produzierten, erntete den Ruf, hekatombenweise Tiefsinn auszuspenden, Weisheit, Teilwahrheit und Wahrheit, genau wie Berkeley, Kant, Fichte, Schopenhauer: Den Denkzwang, den Schrebers Stimmen bei ihm diagnostizierten, lastete offiziellen Philosophen keiner an. Daß Hölderlin Briefe mit »Scardanelli« unterzeichnete, Nietzsche mit »Dionysos«, ward schauder- und trauervoll mit Andacht behängt; daß Schreber einen Brief mit »Paul Höllenfürst« signierte, löste Mitleid und Kopfschütteln aus. Dr. → Steiner, 21

Jahre jünger als Dr. Schreber, ward ehrfürchtig, weil er über Wesensglieder, Seelenabschnürung, Astralleiber faselte (und über Ahriman), zum Menschheitsführer gekürt; Dr. Schreber, weil er über Strahlenverkehr, Hiobsposten, Nervensprache, Seelenmord, Strahlenerneuerungsgesetze redete (und über Ahriman!), wurde degradiert. Keiner erwog, daß der scheinbar durchgeknallte, nach Schema F scheinbar durchschaubare Seher inhaltlich irgendwie gar nicht so schiefliegen könnte. Nicht daß er recht gehabt hätte, aber sicher sah er nicht gehandicapter aus als 1001 Durchschnittspropheten und so unpneumatische Köpfe à la → Ratzinger, → Drewermann, Küng, Bonhoeffer, Tillich, Barth und andere sog. Theologen, die mangels metaphysischer Erfahrung, um nicht zu sagen: dank verdächtiger psychischer Symptomarmut, nie richtig mitreden konnten und trotzdem problemlos für Gottesmänner und Päpste gehalten wurden. Indem Schreber sich gegen die unzumutbare Chimäre Gott auflehnte, als gäb's ihn, gehört er eigentlich in eine Reihe namhafter Haderer, Ketzer, Rebellen und Übermenschen à la Kandu, Abu Brahma, Hiob, König Nimrod, Marcion, → 'Attar. Indem Schrebers höhere Wirklichkeit mit höchstmöglicher Evidenz die daneben verblassende Empirie gebieterisch in den Schatten stieß, erwies er sich als religiöses Ingenium. Buddha & Jesus wären, ohne Anhängervermehrung, als Einmannsekten versandet; Schreber hätte, vor 2000 Jahren geboren, zum Vollblut-Gnostiker und sein ingeniöses Wahnsystem, bei Zulauf und Apostelfindung, zu einer Weltreligion von manichäischer Wucht hochgepusht werden können. Karel Čapek & Franz Werfel betrieben in der »Fabrik des Absoluten« und im »Stern der Ungeborenen« vergnügliche Gedankenspiele auf Kunst-Ebene; Schreber aber meinte es ernst. Olaf Stapledons Bewußtseinswolken, Stanisław Lems intelligente Ozeane, Perry Rhodans Mächtigkeitsballungen fanden sich alle bereits bei Schreber. Philipp K. Dick variierte auch nur wieder Schrebers flüchtig hingemachte Männer. In summa: Neben Daniel Paul Schreber, der tief und subtil – und exterritorial – im Goldgrund und Tiefenstrom ankerte, als glühendes Mittelalterzitat, angeschlossen an religiöse Starkstromkabel, sahen Botschaftsempfänger späterer Eso-Branche arg schablonesk, leukämisch, albinofarben, superflach aus. Bedauerlich, ja: bedenklich allenfalls, aus metaphysischer Sicht, daß Daniel Paul Schreber erst heillos spät, mit 51, Einblick in jene Vorhöfe des Himmels und Bestandteile Gottes erhalten hatte, also eigentlich beinahe Spätzünder geblieben wäre. Zukunftsperspektive: Roberto Calasso, in »L'impuro folle«, 1974, hob Dr. Schreber aus der Zwangsjacke des Tollhauses ein wenig heraus und präludierte damit der Rehabilitierung und weiterführenden Seligsprechung

Schrebers in den heiligen Hallen von Ulrich Holbeins »Narratorium«, allwo er Ehrendoktorhüte als Theologe und Jenseitsphilosoph stapelweise aufgesetzt bekam, auch wenn diese ähnlich effektlos verpufften wie sowieso alles mögliche, unter anderem auch der komplette Kosmos.

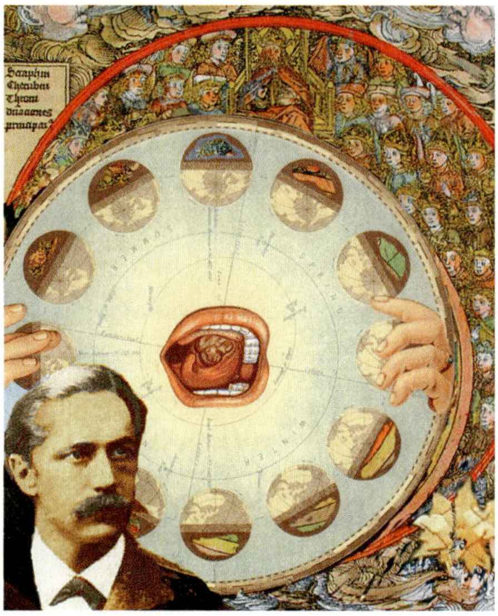

Kosmos-Gnosis in flüchtig hingemachter Nervenklinik

Worte von Daniel Paul Schreber: Dabei trat nun die Erscheinung hervor, daß die am Himmel noch vorhandenen geprüften Seelen und gewisse Reste der früheren Vorhöfe des Himmels, die man aufgespart hatte, um sich gewissermaßen hinter denselben zu verschanzen, im Laufe der Zeit ihre Intelligenz vollständig verloren, also eigene Gedanken überhaupt nicht mehr hatten. ◆ Als der »mittlere Flechsig« die letztere Form der Befestigung zum ersten Male in Anwendung brachte, machte sich zunächst auch in den Gottesreichen die Auffassung geltend, daß ein solches der Weltordnung zuwiderlaufendes Gebaren nicht geduldet werden könne. ◆ Von allen Seiten trafen Hiobsbotschaften ein, daß nunmehr auch dieser oder jener Stern, dieses oder jenes Sternbild habe »aufgegeben« werden müssen; bald hieß es, nunmehr sei auch die Venus »überflutet«, bald, nunmehr müsse das ganze Sonnensystem »abgehängt« werden; bald, die Cassiopeja habe zu einer einzigen Sonne zusammengezogen werden müssen, bald, nur die Plejaden seien vielleicht noch zu retten usw. usw.

Daniel Paul Schreber über sich: Ich kann sagen, daß kaum ein einziges Glied oder Organ meines Körpers vorhanden ist, das nicht vorübergehend durch Wunder geschädigt worden wäre, keine einzige Muskel, an der nicht durch Wunder herumgezerrt würde, um sie je nach der Verschiedenheit des damit verfolgten Zwecks entweder in Bewegung zu setzen oder zu lähmen. ◆ Ich bewahre ferner Erinnerungen in meinem Gedächtnisse, deren Eindruck ich nur im allgemeinen dahin bezeichnen kann, daß es mir so ist, als ob ich selbst eine Zeitlang noch in einer zweiten, geistig minderwertigen Gestalt vorhanden gewesen sei. ◆ Geisterseher minderen Grades mag es wohl schon vor meinem Falle in größerer oder geringerer Zahl gegeben haben. • Das Schlimmste, was mir passieren kann, ist wohl, daß man mich für verrückt halten wird, und das tut man ja schon ohnedies. • Die gegen mich gerichteten Wunder nehmen selbstverständlich unausgesetzt ihren Fortgang. Dabei tritt aus den bereits früher mehrfach erwähnten Gründen je länger je mehr der Charakter eines verhältnismäßig harmlosen Schabernacks in den Vordergrund. • Ferner stellte ich mir als Möglichkeit vor, die Kunde, daß sich auf einmal in der modernen Welt so etwas wie ein Zauberer in der Person des Professors Flechsig aufgetan habe und ich als eine doch immerhin in weiteren Kreisen bekannte Persönlichkeit plötzlich verschwunden sei, habe Furcht und Schrecken unter den Menschen verbreitet, die Grundlagen der Religion zerstört und das Umsichgreifen einer allgemeinen Nervosität und Unsittlichkeit verursacht, in deren Folge dann verheerende Seuchen über die Menschheit hereingebrochen seien. • Man versuchte mir daher das Rükkenmark auszupumpen, was durch sogenannte »kleine Männer«, die man mir in die Füße setzte, geschah. • Bei einer bestimmten Gelegenheit zogen auf einmal 240 Benediktinermönche unter Führung eines Paters, dessen Namen ähnlich wie Starkiewicz lautete, als Seelen in meinen Kopf ein, um darin ihren Untergang zu finden. • Es war nebenbei bemerkt die Zeit, wo ich infolge der gegen mich erfolgten Wunder ein Ding zwischen den Beinen hatte, das einem normal gebildeten männlichen Gliede kaum noch ähnlich sah. • Im Verhältnisse zwischen Gott und mir dagegen ist die Wollust eben »gottesfürchtig« geworden, d. h. als dasjenige Mittel zu betrachten, durch welches der (entgegen der Weltordnung) einmal geschaffene Widerstreit der Interessen noch am ehesten eine befriedigende Lösung finden kann.

Andere über Daniel Paul Schreber: So erscheint zur Zeit Herr Senatspräsident Dr. Schreber abgesehen von den selbst für den flüchtigen Beobachter unmittelbar als krankhaft sich aufdrängenden psychomotorischen Symptomen weder verwirrt, noch psychisch gehemmt, noch in seiner Intelligenz merklich beeinträchtigt, – er ist besonnen, sein Gedächtnis vorzüglich, er verfügt über ein erhebliches Maß von Wissen, nicht nur in juristischen Dingen, sondern auch auf vielen anderen Gebieten, und vermag es in geordnetem Zusammenhang wiederzugeben, er hat Interesse für die Vorgänge in Politik, Wissenschaft, Kunst usw. und beschäftigt sich fortgesetzt mit ihnen (obschon er neuerdings von diesem Interesse wieder mehr abgelenkt erscheint), und wird in den angedeuteten Richtungen den von seinem Gesamtzustande nicht näher unterrichteten Beobachter kaum viel Auffälliges wahrnehmen lassen. *(Dr. Weber, 1899)* • Was der objektiven Beobachtung als

Sinnestäuschung und Wahn-Idee sich darstellt, ist für ihn unumstößliche Gewißheit. Hält er sich auch heute noch unerschütterlich fest an der Überzeugung, daß Gott sich ihm unmittelbar offenbare und unablässig an ihm seine Wunder vollbringe. Die Überzeugung steht ihm, wie er selbst sagt, turmhoch über aller menschlichen Einsicht und Wissenschaft. *(Urteil des Königlichen Oberlandesgerichts Dresden, 1902)* ◆ Bei der Unsumme hypochondrischer Wahnideen, die der Kranke entwickelt, ist vielleicht kein großer Wert darauf zu legen, daß sich einige derselben mit den hypochondrischen Befürchtungen der Onanisten wörtlich decken. – Seine sonst als glücklich geschilderte Ehe brachte ihm nicht den Kindersegen, vor allem nicht den Sohn, der ihn für den Verlust von Vater und Bruder getröstet hätte, auf den die unbefriedigte homosexuelle Zärtlichkeit hätte abströmen können. – Die durch Verdichtung von Sonnenstrahlen, Nervenfasern und Samenfäden komponierten »Gottesstrahlen« Schrebers sind eigentlich nichts anderes als die dinglich dargestellten, nach außen projizierten Libidobesetzungen und verleihen seinem Wahn eine auffällige Übereinstimmung mit unserer Theorie. *(Sigmund Freud, 1911)* ◆ Im Weltall ist er nicht weniger zu Hause als in der Ewigkeit. Manche Sternbilder und einzelne Sterne: Kassiopeia, Wega, Capella, die Plejaden haben es ihm besonders angetan. Er spricht von ihnen, als wären es Autobusstationen gleich um die Ecke. *(Elias Canetti, 1960)* ◆ Wer Rudolf Steiner noch besser verstehen will, als es aufgrund seiner Werke möglich ist, sollte Schreber lesen, und wer sich Hitlers geheimnisvoller Binnenwelt nähern möchte, muß beide Leidensgenossen genau kennen. *(Wolfgang Treher, 1966/1990)* ◆ Er war mütterlicher zu mir als meine Mutter. *(Adoptivtochter, 1972)* ◆ Schreber als das Spektakel Gottes, Weibliches sehend, und noch mehr, als das vollkommene Weib, mit sich koitierend, gesehen zu werden: das ist sein Hauptziel. *(Samuel M. Weber, 1973)* ◆ Der Präsident Schreber wurde mit Ockhams Rasiermesser entmannt, damit er die gnostische Sophia würde. Und alle fanden sich mit einem Mal um ihn versammelt wieder: Jaldabaoth, Jaoth, Bythos, Abraxas, Luchar, Abathur, Ruha, Barbelos und andere und immer mehr. *(Roberto Calasso, 1974)*

Josef Schwejk, Soldat, Infanterist, Hundehändler, Stammbaumfälscher, Patriot, Volksaufwiegler, Hallodri, Blödian, Scheintrottel, »Sancho Pansa von Prag« (1891–1965): Aus einem Außenviertel Prags kam er, blauäugig mit rosa Brille, der Teichwächter und Schweinschneider mit der untersetzten Gestalt und den starken Schenkeln, war auch viel in Budweis zugange. Recht gut konnte er guten starken Grog kochen. Skandal sprach er »Schkandal« aus, und Scouts »Skauts«, und Türken »Derken«. Er konnte sogar lesen. Er las die Tschubitschka. In gottesdienstliche Handlungen nahm er stets die Feldflasche mit. Seine Promenadenmischungen und Stallpinscher machte er verkaufsfertig, indem er sie färbte, die Löffel kupierte und verarztete, die Reißer und Beißer schmirgelte, ihnen genauso fleißig Slibowitz eintrichterte wie sich selbst. Zum Essen tunkte er gern Kommißbrot in süßen Schnaps. Aber Trunksüchtigkeit konnte man ihm nicht nachsagen. Er aß auch Kipfel mit einem Würstl und Powidl Tatschkerl. Er verscherbelte, statt schlechtrassige Scheusäler, ausschließlich reinrassige Hunderl. Aber Leute, die einen Zwergrattler wollten, kamen betüdelt mit einem Jagdhund heim. In eine Frau, die einen Papagei kaufen wollte, aber der er eine blöde blinde Bulldogge andrehn wollte, mußte er von 4–7 hineinreden, bis sie ganz plemplem wurde und er's geschafft hatte. Er wollt sich mal weiterbilden, um nicht zurückzubleiben, begab sich ins Lesezimmer der Gewerbevereinigung in Prag, wo man ihn erst rauswarf, weil man glaubte, er wolle Winterröcke stehlen. Aus der Museumsbibliothek geriet er an ein Buch über Seelenwanderung und konnte sich dann gut erklären, wieso Vorgesetzte ihre Untertanen gern mit Tiernamen beschimpften. Dann kam er zum Kommiß. Im Club der Simulanten, die zwischen Magenspülungen und Klistiers sadistisch von befehlshabenden Greisen hin und her geschoben wurden, kam er zur Musterung auf Krücken, wegen seinem Rheuma, das er tatsächlich hatte und wogegen er »Opodeldok« bekam und nahm. Alsdann sein allerhäufigstes Wort: »Melde gehorsamst!« Vorgesetzte redete er auch an mit »Euer Gnaden«. Die Verbrechervisagen seiner Bestrafer von Mensch zu Mensch überrollte er mit geselliger Gutmütigkeit: »Wünsch einen guten Abend, meine Herren, allen miteinand!« Selbst Aushorcher und abgefeimte Spitzel, die in seinem Fall sehr raffiniert vorgingen, redete er mit »Bruderherz« an. Er wußte sich oft aus allem möglichen rauszureden. Zu einem jeglichen Stichwort fiel dem Schwejk ein Vorfall ein, und ein Histörchen, alles sehr ungesiebt, immer munter drauflos. Von Gerichtsärzten nach Anfällen befragt, berichtete er treuherzig von einem Beinahe-Unfall auf dem Karlsplatz mit Automobil. Recht wohnlich richtete er sich's ein, zwischen Dragonern,

Bosniaken und Gendarmen, »In Ewigkeit, Amen«. Er bejahte sogar die Meinung, daß erst die Armee aus Leuten Menschen mache, ansonsten jeder noch Affe wäre, auf jedem Baum einer. Diagnostiziert wurde auch mal angeblicher Kretinismus bei ihm. Das Irrenhaus rühmte er, dort hätte man schier größere Freiheit als im Sozialismus. Er traf dort auch mit dem heiligen Wenzel zusammen, der in der Isolierzelle hockte. Und andere machten einen auf Cyrill und Methodius, um doppelte Portionen zu bekommen. Ging er zivil durch Prag, dann zwischen Anschlagtafeln: ODOL und Zofin (Tanzlokal). Ohrfeigen, 3 an der Zahl, knallten gern im Sinne der Trinität; aber Briefe aus Australien galten als Teufelswerk, denn da Australien beim Augustinus nicht vorkam, wurde des Kontinents Existenz einfach abgestritten, dafür aber ward die Muttermilch von Jungfrau Maria in einer Flasche heiß verehrt, im Umfeld, wo man pausenlos »Jessesmaria!« rief. Er auch. Den heiligen Serapion wollt man nicht verehren; denn der klingt auf tschechisch an »Scheiße« an. Wegen Hochverrats wanderte er auch mal seelenruhig ins Kriminal. Bei Verhören war er recht froh, nicht auf glühendem Eisen in spanische Stiefel geschnürt und gevierteilt zu werden. Wenn 10 vortreten mußten, zwecks Kollektivbestrafung, war immer auch er einer von den 10. Weil eine habsburgische Adlige im Blättchen gelesen hatte, Schweijk würde sogar für sein Vaterland sterben, brachte sie ihm Würsterl und Pralinen, mit denen sie die ganze Kompanie fütterte wie mit Hostien. Kaisertreue Köterverhökerer waren mindestens so kaisertreu wie Millionen Untertanen namens Diedrich Henßling, nur mit einem klitzekleinen Unterschied: Durch Übererfüllung seiner Pflichten floß fast ein anarchisches Ferment der Wehrkraftzersetzung ein. Er simulierte einen betont echten, also nicht simulierten Idioten. Absurde Unterinformation ließ er los, Verwechslung, auch mal, daß die Türken, die er dann auch mal »heidnische Hunde« nannte, den Schuß von Sarajevo abgegeben hätten. Er konnte auch mal einen magyarischen Lackel vermöbeln. ~ Nebenbei kam raus, daß das Ausgangsmodell für Schwejk, statt Hundezüchter, Tischler war. Erst meuterte er gegen die Verwurstung seiner Person, dann wurde er allmählich stolz auf seine Berühmtheit und seinen Aufstieg zu leibhaft wandelnder Bauernschläue. Schwejk & Lolita wurden berühmter als Hašek & Nabokov. Heinz Rühmann brachte nicht die richtige Knödeldicke mit, um dem braven Soldaten auch leiblich zu ähneln. Schwejk stellte es viel pfiffiger an als Josef K., um durch bürokratische Tükken sich durchzuschlängeln. Don Quijote & Sancho hatten im 20. Jhdt. separat zu reiten: der Ritter von der traurigen Gestalt, der tragische Leptosom, als unerlösbar fragiler → Kafka mit metaphysischem Humor, und der dickliche Ritter Fitz Oblong, das nicht minder ewige gemüthafte Dickerchen, ausschließlich im Roman von Hašek, der brave unverwüstliche Schwejk mit Knüppel- und Knödelhumor, aber beide Rebellen vollrohr quer durch die desolaten Vorzimmer, Instanzen, Labyrinthe und Windmühlen der k. u. k. Monarchie und durchs Marstheater der letzten Tage der Menschheit. Kafka verschwieg den Wohltätigkeitsverein »Dobromil«, und Schwejk merkte davon nix, daß er, als er in die 3. Abteilung zum Verhör schritt, sein Kreuz auf den Golgatha trug, ohne sein Schlamassel »Martyrium« zu nennen. In synoptischer Lesart verschmolz die Zweiklassengesellschaft und Doppelfirma »Kafka & Schwejk« zu einem uneinseitigen Gesamtbild.

Solche Soldaten braucht der Krieg (hier verkörpert von Rudolf Hrušínský)

Worte von Josef Schwejk: Wofür hamm wir eine Polizei, daß sie uns für unsere losen Mäuler bestraft! ◆ Wenn Sie den Spaß hamm möchten, mach ich Ihnen die Freud. ◆ Krieg mit den Türken muß sein. ◆ Das liegt schon so in der menschlichen Natur, daß sich der Mensch bis zu seinem Tod irrt. ◆ Solche Systeme gibts viel. ◆ Mehr Leute haben mehr Verstand. ◆ Ja, Frau Müller, heutzutag geschehn Dinge! ◆ Heutzutage gibts wenig anständige Leute, Frau Müller! ◆ Diese Paraden führen nie zu was Gutem. In Sarajewo war auch so eine Parade. ◆ Wenn jemand auf einmal anfängt, sich ins Philosophieren einzulassen, draus stinkt immer ein Delirium tremens. ◆ Am Bahnhof is immer gestohlen worn und wird weiter gestohlen wern. Anders gehts nicht. ◆ Jesus war auch unschuldig, und was hammse gemacht mit ihm? Gekreuzigt hammse ihn! ◆ Melde gehorsamst, ich hab mal in der Zeitung gelesen, daß ein normaler Mensch durchschnittlich 60 000 bis 70 000 Haare am Kopf hamm soll und daß schwarzes Haar schütterer zu sein pflegt, wie in vielen Fällen zu sehn is.

Josef Schwejk über sich: Ich kenn mich drin aus, ich war mal in einer Nacht in 28 Lokalen. Aber alle Achtung, nirgends hab ich mehr gehabt als höchstens 3 Biere. ◆ Ich hab kein Intresse an einer Zugverspätung, denn ich fahre in den Krieg. ◆ Ich hab, wie man sagt, ein entwickeltes Beobachtungstalent, wenns schon zu spät ist und etwas Unangenehmes geschieht. ◆ Wenns heute zum Krieg kommt, geh ich freiwillig hin und werd unserm Kaiser dienen, bis man mich in Stücke reißt. ◆ Mit den Weibern hats halt seine liebe Not. Ich seh in sie hinein.

Andere über Josef Schwejk: Schwejk sah in diesem prophetischen Augenblick herrlich aus. Sein einfältiges Gesicht, das lächelte wie der Vollmond, glänzte vor Begeisterung. Ihm war alles so klar. *(Jaroslaw Hašek)* ◆ Mit seinem unermüdlichen Diensteifer und Räsonierverstand, der unfehlbar das Falsche trifft, diente dieser brave Schwejk schon lange vor dem Weltkrieg dem Vaterland. – Das Anzengrubersche »Es kann dir nix geschehn« schwebt ungestört über seiner verklärten Beschränktheit, in der er sich doch immer noch den Klugen überlegen zeigt, denn etwas wie tiefe Weisheit der Volksnatur, unerschütterliches Fundament schimmert durch all sein spaßig kleinhorizontiges Gerede. *(Max Brod)* ◆ Der Schwejk: himmlisch-erdige Figur, unbeträchtlich wie der letzte Niemand und bedeutend wie eine Extrakt-Person aus hunderttausenden ihresgleichen, wie der repräsentative Geist, das leibhaftige Wort der Armen im Geiste und im Worte, ein Zwerg, der riesenhafte Schatten wirft, ein Spaßmacher aus dem Unbewußten, aus der Ahnung, daß nichts anderes übrigbleibe, einhergehend als der verkörperte Mutterwitz seines Volkes, ein Repetier-Maul, das immerzu Histörchen abgibt und treuherzige Betrachtungen, gefüllt mit einem Humor, der eine Mischung ist aus Powidl und Ekrasit. *(Alfred Polgar, 1928)* ◆ Sein mit entwaffnender Einfältigkeit und wohlberechneter Naivität geführter Kleinkrieg gegen die Mechanik des Militärapparats, gegen die Stupidität der Bürokratie, gegen die Willkür der staatlichen Direktiven, gegen die scheinbare Zwangsläufigkeit des Kriegsgeschehens ist eine vernichtende Satire auf den Militarismus, nicht nur der Donaumonarchie. *(Kindlers Literaturlexikon 1988)*

Shi Dö, Findling, Küchengehilfe, Feixling, Dao-Narr (ca. 8. Jhdt. n. Chr.): Seine Herkunft war bereits zu seinen (undatierbaren) Lebzeiten geheimnisumwittert, weshalb er »Findling« (Schi Dö, Shih-te, Schide, jap. Jittoku, auch: Jittiku) getauft wurde. Vermutlich zogen ihn Mönche auf, im buddhistischen Kloster Kuo Dsching, im Tien-Tai-Gebirge, 70 Meilen westlich von

Tang Hsing, in der Provinz Zhejiang, wo er sich als Reisstampfer nützlich machte, als Mädchen für alles. Hier kam er ins Gespräch mit einem unweit des Klosters als Einsiedler lebenden Wald- und Bergkauz, → Han Shan, dem er öfters eßbare Übrigbleibsel aus den Näpfen der Mönche zurücklegte, in einem Bambusrohr deponierte und ihm, wenn der Kauz vorbeischneite, stillschweigend zusteckte. Irgendwas muß zum Anfang einer wunderbaren Freundschaft geführt haben. Abends vergnügten sich die beiden öfters mit gemeinsam abgesungenen Liedern. Entweder tolerierte Shi Dö Han Shans Exzentrik, oder sympathisierte mit ihr, oder infizierte sich an ihr, oder war sowieso selber so wie Han Shan, oder trieb es noch bunter als dieser. Ob sie gleich alt waren, oder Shi Dö eher als Schüler oder Han Shan als Mentor fungierte, ob sie sich Diskussionen lieferten wie → Zhuangzi und Hui Shi, ob sie nur andere foppten oder auch sich gegenseitig, also eine Joking Relationship bildeten, eine Foppgemeinschaft, vor allem, was sie sonst noch so trieben, außer zusammen Spaß zu haben, bleibt ewig unrekonstruierbar. Jedenfalls tauchte Shi Dö oft in Han Shans hochgelegenen Zufluchtsorten am Han-Shan-Massiv auf. Präfekt Lü Dschiu Yin, der Näheres über sie herausfinden wollte, war dankbar für die Kurzbegegnung mit ihnen und nannte sie »Männer des Dao«. Sie aber machten sich nur lustig über das Verehrungsbedürfnis des Würdenträgers und sich ab da einen Jux daraus, oder auch vorher schon, die Gerüchteküche anzuheizen mit entsprechenden Pinselgedichten, auf die einsame Wanderer ab und zu stießen und worin sich die Narren als halbwegs überirdische Erscheinungen ausgaben, als jene daoistischen Geister, auf die sie wahrscheinlich tatsächlich hinausliefen. ~ In späteren Tuschzeichnungen installierten Han Shan und Shi Dö sich als durch die Jahrhunderte schreitendes, dauerhaft lachendes Narren-Duo. Einerseits gehörten 2 dazu, andererseits schien Shi Dö stets nur die 2. Mundorgel zu spielen, als Han-Shan-Anhängsel. Von Han Shan erhielten sich 311 Gedichte auf Baum und Feld, von Shi Dö nur 53 Sprüche, an den Wänden eines Erdschreins. Han Shan wurde äußerst postum verdeutscht; von Shi Dös Gedichten nur ein einziges verdeutscht. Was solche weltliterarischen oder religionshistorischen Männerfreundschaften angeht: Zhuangzi, Dschelaluddin → Rumi und Don Quijote wurden weltberühmt; Hui Shi, → Schamsuddin und Sancho Pansa wurden mitgezogen. Gustav Anias Horn, Oberinspektor Derrick, Fred Feuerstein und Harald Schmidt zogen Alfred Tutein, Harry Klein, Barney Geröllheimer und Manuel Andracks mit. Die Bilder, die Shi Dö und Han Schan darstellten, Shi Dö gern mit Kehrbesen, und im Umlauf blieben und Shi Dö und Han Shan, die rasenden Mönche, auf ein sehenswertes Aussehn festlegten, das jahrhundertelang stabil blieb, nämlich bis heute, stammten aus dem 14. Jhdt., also um rund 700 Jahre verspätet. R. H. Blyth nannte die beiden Scherzfreunde »die Marx Brothers des Buddhismus«. Mori Ogai (1862–1922) verfaßte eine Novelle »Hanshan und Shide«, konnte aber auch nur herumspekulieren und fabulieren, wie es wohl vielleicht gewesen sein könnte.

Worte von Shi Dö: Han Shan ist aus sich selbst Han Shan. Shi Dö ist aus sich selbst Shi Dö. Alle die Narren, wie sollten sie das wissen. Feng Ka jedoch hat uns erkannt. Wer uns ansieht, kann uns nicht sehen. Wer nach uns sucht – wo könnte er uns suchen! Was glaubt ihr wohl, woher das kommt? Ich sag euch, das ist die Macht des Wu Wei.
Andere über Shi Dö: Vor dem Herd standen 2 Männer, dem Feuer zugewandt, und lachten schallend. Als ich mich vor ihnen verbeugte, johlten sie los, faßten sich bei den Händen und »Ha, Ha, ha!«, überschlugen sich fast vor Lachen. *(Lü Dschiu Yin, Präfekt von Dai Zhou, im Vorwort zum Han Shan Shi)* ◆ Manche der Shi Te zugeschriebenen Gedichte sind ein teilweise wörtliches Echo der Gedichte von Han Shan und könnten spätere Imitationen sein. *(Stephan Schuhmacher, 1974)*

Shi Huang Di, Kaiser, Bauherr, Kriegsherr, Reformer, Praktiker, Pragmatiker, Administrator, Realpolitiker, Unsterblichkeitsfanatiker (259–210 **v. Chr.):** Den Thron bestieg er 246 und begann sofort mit dem Ausbau seiner letzten Ruhestätte, 15 km Radius, altägyptisch anmutender Grabverewigungskultus in Gigant-Mausoleumsgestalt. Er wies allen Wesen ihren Platz zu und gab ihnen den Namen, auf den sie zu hören hatten. Mit dem Herz eines Tigers fraß er jeden bei lebendigem Leib. Er regierte »hart, aber gerecht«, mit Zuckerbrot und Peitsche (um's mit späteren Worten zu sagen). Seine Maxime: »Vor dem Gesetz sind alle gleich«: 2000 Jahre vor Französischer Revolution, Sowjetblock, Mao, DDR verlor nichtswürdiger Geburtsadel seine Privilegien, in großem Stil rundum und nachhaltig enteignet. Heldentaten, d. h. Feinde töten, führten zu höchsten Ehren. Straff organisierter Verwaltungsapparat; vorbildlich diszipliniertes Heer. Das meiste Geld floß ins Militär, exakt wie später, vorher und jederzeit. Ab 238 besiegte der Erste Kaiser (d. h. der erste nicht-mythische) einen Warlord – seriöser gesagt: Feudalfürsten – nach dem anderen, dann alle. Städte wurden, statt belagert, berannt. Die Römer kämpften nebenan mit bloß 80000 Mann gegen Hannibal; Huang Di mobilisierte 1 Mill. Krieger. 700000 Leibeigene, Sklaven, Untermenschen, Fremdarbeiter produzierten 7000 überlebensgroße Tonfiguren. Invasionen, Annexionen, Konföderationen, Beitrittsstaaten, überfreundliche Übernahmen, Fusionen, Vasallenstaaten, Marionettenregierungen, neue Bundesländer, EU-Erweiterung, fähnchenschwenkende Massen, alles bereits voll präsent, bis ins Detail. Inspektionsreisen in alle Teile des immer riesigeren Riesenreichs. Elitetruppen und Monumentalbauten. Ein Lehmwall mit zunächst hölzernen Wachtürmen wurde zur Vorstufe der nachmals so berühmten Chinesischen Mauer, die sich als versteinert mäandrierender Drachenschwanz durch die Achterbahn der Gebirge zog, viel kinetischer als die klotzig hingestellten Weltwunder der Antike. Die große Stunde vorchristlicher Bürokratie, die sich als Auswuchs austobte, als ewig unabbaubarer Wasserkopf/Beamtenstaat: Täglich arbeitete der Staatschef 60 kg Aktenberge (zeitgemäßerweise aus Bambustäfelchen) durch (Workaholic). Maße und Gewichte (sogar die Wagenspurbreite!) wurden landesweit vereinheitlicht (siehe Euroland). Eine gewaltsam durchgedrückte Rechtschreibreform für zunehmend legasthenische, sozusagen pisageschädigte Lesemassen konnten Gelehrte, die immerhin lauter protestierten als Verlage, Grass & FAZ, genausowenig verhindern. Reformer, Neuordner Huang Di, Umwerter aller Werte, zog eine Kulturrevolution durch. Die landesweite Bücherverbrennung 231 v. Chr. schlug gravierender zu Buche als nutzlose Parallelaktionen in nachgutenbergischen Zeiten; der Gigantverlust jahrhundertealter Kulturwerte nur vergleichbar der brennenden Bibliothek von Alexandria. Seine Sklavenwirtschaft gebar monströse vorchristliche Arbeitslager, KZs. Der Gigantstaat, eine einzige Großbaustelle, wie 2000 n. Chr. und folgende. Ein solch kühler Kopf, eine Generation nach → Zhuangzi, hatte kaum das Zeug, heiliger Narr zu sein; doch eine komische Manie machte ihn dazu, seine manisch-panische Todesangst, geschürt von x Attentaten. Ein Gott, der fieberhaft an seiner Unsterblichkeit arbeitete und zeitweise sich reell unsterblich fühlte, zitterte angstgepeitscht um sein Leben. 60000 waffenstarrende Leibwächter verkleinerten seinen Verfolgungswahn nicht. Jede Nacht schlief er woanders (wie → Dionysios von Syrakus). Sein Reisewagen, ein Panzerwagen, von außen nicht aufzuknakken, fuhr stets mehrfach als Karawane, und keiner wußte, in welchem davon der echte Kaiser saß (gleichwie der Schah von Persien bei seiner Landesflucht mehrere identische Flugzeuge starten ließ). Um – unabhängig von seinen Grabmalsbauten – körperlich unsterblich zu werden, entsandte er eine Flotte ins Ostmeer, wo nach uralten Überlieferungen das Kraut der Unsterblichkeit in einem Inselparadies wachsen sollte. Zahllose Alchimisten arbeiteten vergeblich an geeigneten Prozeduren und Mitteln. Noch auf dem Sterbelager wartete der Kaiser vergeblich auf die Rückkehr dieser Flotte. Sein Tod wurde vergeblich geheimgehalten. Sein Chefeunuch, Dschau Gau, fälschte vergeblich sein Testament. ~ Das anvisierte Tausendjährige Reich des mächtigsten Mannes der gesamten Antike hielt sich immerhin, statt 12 Jahre, knapp 40 Jahre stabil. Die früheste Quelle seines Lebens wurde erst 200 Jahre später aufgezeichnet, vom Herodot Chinas: Sima Qian. Gotische Kathedralen, Gründerzeit, Germania, Manhattan-Skyline, Pentagon, Shanghai, Hongkong, alles geistesverwandter Größenwahn, teils unter-, teils überbietend. Judensterne, am Ärmel zu tragen, gelbe Etiketten, von muhendem Schlachtvieh am Ohr zu tragen, wirkten fast dezent oder quasi-human dagegen, daß die Arbeitsheere des Ersten Kaisers das Kainsmal und Stigmatum ihrer Sträflingsnummer unauslöschbar auf die Stirn gebrannt bekamen. Die Chinesische Mauer hielt jahrtausendelang, spätere Iron Curtains bloß lächerlich kurze Jahrzehnte: Unterbieter à la Ulbricht, Ariel Sharon, G. W. Bush klotzten im Zeitalter der Mauern in den Köpfen (und Lichtschranken) mit Zwergmäuerchen handwerklich uneffektiv weiter. Mao rühmte sich, nicht bloß wie Huang Di 400 konfuzianische Gelehrte ermordet zu haben, sondern 400 000 Intellektuelle. 2200 Jahre später grub man seine 7000köpfige Terrakotta-Armee wieder aus. Sie offenbarte im Rückblick eine fatale Familienähnlichkeit mit Nazistechschritt, Ordnung und Disziplin, moderner Produktionsstätte, von VW-Werk bis Legebatterie: völlig up to date hochindustrialisierte Fließbandproduktion, mit dem eingebauten Gag, daß keine Statue der anderen völlig glich. Die 2000 Jahre zwischen damals und später wurden seltsam nichtig: Entweder war der erste Kaiser von China ein erster Preuße, in Safrangelb, jeder Zoll ein moderner Staatsmann, oder jede spätere Neuzeit dümpelte weiterhin auf dem Stand von 250 v. Chr. herum.

ECKARD SINZIG, Kassenwart, Managing Director, Grandseigneur, Galgenhumorist, Kosmoshasser, Kopfpunktierer, Herztranchierer, Wüstling, Sexual-Snob, Sakralmonster, Terror-Clown, Wort-Rastelli, Racheengel, Hymnendichter, Möchtegern-Amokläufer (geb. 1939): 13 Tage nach dem Einfall Hitlers in Polen tat der Sohn eines Fachmanns für hydraulische Pressen seinen 1. Schrei. Bereits auf Krefelder Klassenfotos zeigte »Ecki« sich als der einzige nicht-lachende Schüler, oder als einer, der mitten im Klassenverband dem Fotografen den Hinterkopf zudrehte. Traumatisiert von bloßer Kogonlektüre über den SS-Staat, nicht ohne Prognathie und seltsame Zahnstellung, die ihm später ausgeschlagen wurde, heiratete der in Freiburg, Paris, Köln studierende Romanistikstudent die erstbeste über den Weg laufende Frau von der Straße weg, Olga, seine Cousine ersten Grades, die Schwester des 9fachen Prostituiertenmörders Dieter Goetze, und sah nach und nach diesen verabscheuten Dieter physiognomisch in seiner Frau durchbrechen, einer urmutterhaft resoluten, 110 kg schweren Gebietsleiterin mit 7 Butiken unter sich, die für ihn zum »Dieter mit Brüsten« mutierte, ausgestattet mit stahlblauen SS-Augen, und mit der er von 1965–1971 in Burton Bradstock der Grafschaft Dorset/Südengland lebte. Sein wahnwitzig unverständlicher Wortspei-Roman »Idyllmalerei auf Monddistanz«, ein Faustschlag in die übliche bläßliche Belletristik-Landschaft, wurde publizistisch gefeiert als »Amoklauf eines monomanen Formulierberserkers«. Lektor: Fritz J. Raddatz. Sinzig mit 25 schrieb eigentümlicher als die folgenden 30 Jahre sämtliche 25jährigen Debütanten, bestens auf der Höhe der wenigen Büchners. Deftige Wortkatarakte: raspelrauh zungenbesuchte Nüstern, Schambärte, Fleischschnörkel, Naturpfunde, Kapselschlüsse, Erbsenformate umbohnerten pöchelnd felsheißes Salamanderfleisch und die Rundhorizonte sonntagskranker Großstädte, alle Blutkörperchen in Verfremdungslicht getaucht: statt Lippen stand »Doppelwulst« auf dem Papier, Roulettkorb statt Mund; statt Brief – Flachpaket. Wenn Sinzig an Bäumen vorbeiging, spürte er, daß die ihn gern erschlagen hätten. Alsbald würgte er ein knallprall phallokratisches Romanmonstrum »Der Jesus von Auschwitz« hervor, 1200 S., das Raddatz und Heinrich Maria Ledig-Rowohlt zu kürzen und umzubenennen verlangten; nach 3 Jahren Kürzungsarbeit kam das Opus als die Horrorburleske »Jungfrauenhatz« im legendären, betont tabulosen Gala-Verlag, woraufhin man einen neuen Marquis de Sade und Rabelais bejubelte. Doch der Buchverkauf wurde vom darin bloßgestellten Vater juristisch gestoppt. Sinzig junior schrieb als Dirk Zaesing weiter: »Die größte Show der Welt«, eine bombenselige Doomsday-Clownerie, was als Playboy-Erotik-Moewig-Taschenbuch Bestseller wurde. Nach seinem 4., noch ausgeflippteren Roman »Bonbons und Erdbälle«, den Lektor Herbert Feuerstein umzubetiteln verlangte in »Die Unterseiten der Oberschenkel«, Meta-Pornographie für Erleuchtungsmonster, bei Bärmeier & Nikel, dessen Verleger per Flugzeug abstürzten, setzte sich im Sprachkotzer Sinzig Kunstverachtung durch. Obwohl er sich halbwegs verwandt fühlte mit Gargantua, Celine, Genet, Benn, Villon, Caravaggio, fand er – wie Marinetti – jegliche Hochkultur in toto total vernichtenswert. Mit 30 stieg er aus der Literatur aus, und aus ehelichen Pflichten, bzw. blieb aber mit Busendieter, den er »Olga KGB« taufte, zusammen, ging sexuell andere Wege, wollte als Wildsau durchs Unterholz des Lebens preschen, verschlang nach eigenen Angaben in einem Jahr 84 Frauen, ohne seinem jugendlichen, alljährlich erneuerten Schwur untreu zu werden, in die verrottete Unternehmung namens Menschheit & Company nicht einen Tropfen Sperma zu investieren! Er wollte gradlinig ins Grab, ohne einen dieser quäkenden, nässenden Brutballen zu hinterlassen, den man Kind nennt! Plötzlich zog er eine Bank- und Bürokaufmannslehre durch, saß 10 Jahre lang als Kassierer grausam deplaziert in einer Kölner Gewerkschaftsbank und sah auch so aus, statt wie jenes tollwütige Monster, als das er sich sah, dem Jekyll/Hyde-Schema frönend, wonach in jedem Beamter ein Massenmörder aufwachen möchte. Romane wie »Genießerleid« und »A wie Anmut«, worin Sinzig die Affäre mit verheirateter Blondine auskostete, blieben als Schubladenmanuskripte liegen. Nach x Scheinschwangerschaften war sie plötzlich tatsächlich schwanger, von ihm – für ihn der größte denkbare Horror. Er verstieß die Schwangere, neutraler gesagt: Er beendete das Verhältnis. Er charakterisierte Ex-Geliebte in fiesen Tabellen. Die Krebsknoten seiner Mutter entsprachen der Kopfzahl der Familie. Sein Weltekel, den er für seine größte Leistung hielt, trieb Blüten, im Wettlauf mit unseligem Weltlauf. Die Welt definierte er als mittelmäßige perverse Erfindung eines senilen metaphysischen Idioten – sich selbst als visionären Kabbalisten, siderisches Urschwein, gottbegnadetes, gottverfluchtes Vieh, Furor teutonicus, Einpeitscher der Nacht, Zeremonienmeister des Wahnsinns, seraphischen Satanisten, messianischen Terminator, Mord-Heiland, Fahnenzerreißer und Götterverschleißer, ballernden Erlöser, als exitus interruptus mit Auferstehungszwang, als Globaltripper mit unbeschränktem Infektionsradius, als orkusverwurzelten Himmelsflagellanten. Mona Lisas pinseln galt ihm als Hohn auf die Weltgreuel. Gebeutelt sah er sich von Millionen Körperzellen, die ihn dazu zwangen, ständig trinken, genießen, kopulieren zu wollen und sich gegen den Untergang aufzubäumen. Auf einer Klippe, bereit runterzustürzen, konnte er sich dann doch den Ruck nicht geben. Hochgeschuftet zum Direktor europäischer Tochterfirmen des multinationalen Kikkoman-Gastronomie-Konzerns, ersparte Sinzig ein Vermögen, das er auf 3 jeweils 6monatigen snobistisch-luxuriösen Weltreisen nur teilweise aufbrauchte, Stippvisiten in 69 Länder. Monatelang lebte er in Maharadschakreisen, angeblich. Zum Ausgleich, daß er mit den Jahren dann doch irgendwann etwas moderater, kommunikativer, sanfter zu werden schien, begann Busendieter, inzwischen 130 kg schwer, seinen Menschen- und Welthaß zu übernehmen, zu steigern, ungnädiger auszuleben, absurd auszubauen. Den schamponierten Corpus jederzeit in Cerruti-Unterwäsche gehüllt, polierte Schuhe, ausgewählteste Krawatten, pochte er auf sein Familienwappen, prozessierte – Rachmaninow hörend – gegen 5-Sterne-Hotels, wegen Service-Mängeln (Weißweine mit falscher Temperatur), und gegen Busendieter, weil die ihm eine reingesemmelt hatte. Der sich als größten Werwolf und Vampir des Jahrtausends sah und lustvoll die ersatzlose Fortwischung der gesamten Menschheit imaginierte, war dann doch unfähig, privat mal eine Ohrfeige zu verabreichen. Blondinen, die an Baustellen Kettenfahrzeuge lenkten, ausfahrbare Rammsporne bedienten, stählerne, öltriefende Stachel, die auf von Eisenstäben durchgrätete Zementblöcke einstachen, vernaschte er angeblich umgehend. Zeitweise brüstete er sich, Schlagersängerin Cher »gevögelt« zu haben oder auf St. Lucia in der Karibik einen »Albino-Nigger«, der in vermutlich krimineller Absicht seinem luxuriösen Leihwagen in die Fahrbahn trat, um ihn zur Vollbremsung zu nötigen, glattweg überrollt zu haben. Seinen Opel Calibra taufte er »Excalibur«. In Shops mit Ritualkelchen und Satanismuszubehör blühte er auf, hatte aber nie den Namen → Crowley gehört. Sobald ihm zwischen Abzugsrohren und Mahnbescheiden seine Ehen, Simultan-Kebsen, Berufe, TÜV- und BfA- und Zahnarzttermine, Mietparteienprozesse, garniert mit dem knotigen Umbau seiner Schilddrüse, über den Kopf wuchsen und er zum Hausarzt ging und diesen abgekämpften, resignierten Leidensmann vor sich sitzen sah, hatte er Mühe, dem Impuls zu widerstehen, das Sprechzimmer abzuschließen, voll Mitleid den Doktor zu umarmen und gemeinsam mit ihm zu weinen. Seltsame Fragen trieben ihn um: Welche Hälfte der Erdkugel halten Sie für entbehrlich? Waren Sie schon mal in ein Gaswerk verliebt? Halten Sie Geist für waschbar? Wie viele zusätzliche Jagdbomber sollten an Ihrem Todestag eingesetzt werden? Sein Ehrgeiz, in jeder Stadt die desolateste Gastwirtschaft herauszufinden, das geschmackloseste Interieur, den mißlaunigsten Wirt, kam auf seine Kosten. Nachts träumte er von trichterförmigen Wunden im Oberschenkel, aus denen ein Samurai mit Schöpfnetz ein Seepferdchen hervorzog, das bei genauerem Hinsehn ein Grünspanhelmlein trug. Sinzig behauptete, aus 33 durchnumerierten Einzelpersönlichkeiten zu bestehen: 1. Asket, 2. Hedonist, der sich im Mondschein auf der Piazza Navona in Rom mit Langusten und Gavi di Gavi mästet, 3. Spießer, 4. Sexflegel, Futtenaufreißer,

5. Dandy, 6. Satanist, Zeremonienmeister des Infernos, 7. lieber Kerl, 8. Radikalinsky, 9. Ekstatiker, Mystiker, Visionär, Pionier an der Frontlinie der Transzendenz, Heiligenschein immer poliert, 10. Gossenschwein, Sauhirt, Prolet, 11. Kosmonaut etc. Eine seiner fiesen Erleuchtungen: daß es sich beim offenen Meer bloß um fettbestrichene Haut handelt, Hauptsache: ein Hotel Maritim in der Nähe, wo man Hummerschwänze im Abendrot lutschen konnte. In seine mordselige, fetischbehexte Tollwutlyrik, die er mit unfreiwillig psychedelischen Bildern auf eigene Rechnung in opulente, kiloschwere Luxusausgaben druckte, altjapanisch bestempelt, um alsdann – diesseits jeden Vertriebssystems – ängstlich bedacht zu sein, deren gestapelte Existenz geheimzuhalten, schlich sich u. a. auch allzumenschlich verjährte Normalpoesie ein: Mondberg und Atemtau, »kalter Novemberregen«, »überwältigt von der Hitze des Sommers«, verblutende Tiere auf goldenem Diwan, plus Pubertätskitsch: »– als wäre die Welt die Ausgeburt eines Teufels«, »Sternpilot pflanzt Haselbüsche / in den Sand vergeßner Sterne«. Auch in diesem Dichterfürsten steckte eine Hausfrauenlyrikerin. Nach 27 Jahren literarischen Schweigens meldete Sinzig sich plötzlich, jenseits seines Karriereknicks, publizierend zurück, mit Zorniger-junger-Mann-Lyrik nun aber eines Endfünfzigers, der die Vehemenz mammutöser Jugendwerke nicht toppen konnte. Romanansätze wie »Die Eva-Kolonie« oder »Die Nullfrau«, worin er die Feigwarzen und Ovarienverknotungen seiner krebskrank fötengeilen Schwester derart ekelhaft zu schildern anhub, um sämtliche Frauen dieser Welt zum Frauenarzt zu scheuchen, zwecks Ovarienamputation, blieben stecken. Noch mit 60 wollte er die Skelette seiner Eltern ausgraben und abwatschen, daß sie ihm die Scheiße seines Lebens einbrockten. Fehlspekulation führte zum Vermögensverlust. Er brach alle Kontakte ab, außer zu Busendieter, deren Leiden er in seine Lyrik packte (Weichteilrheuma, Bluthochdruck, 8 erbsengroße Gallensteine, Hüftarthrose, avocadokerngroßes Nierengewächs), versank in Extrem-Depression, landete in Kliniken und Wachkoma, verstummte sowohl literarisch wie schriftlich, jeder Heilmethode enthoben, selbst gegen Hypnosetherapie resistent, magerte von 95 auf 60 kg ab. Beim Immobilienverkauf und Umzug in eine Seniorenresidenz ging ein Großteil seiner ungedruckten Werke verloren. 2008 starb seine Gattin; der Witwer weinte täglich 2 Std. überm Grab und wollte 104 Jahre alt werden, um 56 weitere Werke fertigzustellen.

Servicemängel zwischen Massenmord und Gruppensex

Worte von Eckard Sinzig: Sülzwürste ohne Anfang und Ende brandeten heran – hätten sie sprechen können, hätten sie ihre Sehnsucht nach soft rock und Kundenberatung verkündet und wären als Menschen identifizierbar gewesen. ◆ Unheimisch sein unter den schweigenden Sternen, Geranien gießen, Karzinome ausbrüten und rastlos neue Giftgase erfinden – wer uns dies Glück raubt, sollte gesteinigt werden! ◆ Was soll man mehr tun in diesem barbarischen, glaubenslosen Steinzeithöhlen-Jahrhundert, als knallige Monsterwitze unter dem gottleeren, eisigen Firmament zu reißen und als Roboterclown mit höhnender Karnevalspritsche auf alles einzudreschen, was sich auf diesem albernen Globus wichtig vorkommt? ◆ Knüppelhaft ragte der Gliedschaft zu der Koppelschnalle der Amtstracht empor, drängte mit machtvoll strotzendem Eichelknauf die dort oben baumelnde Pistolentasche beiseite, umgürtete sich mit fetten Speckfelgen, als hätte er die Rillenstruktur des von der Hüfte hängenden Gummiknüppels imitieren wollen, und sprengte die Überlappleiste des Hosenlatzes auf, so daß die sechs silbernen Metallknöpfe des Schrittverschlusses sichtbar wurden. ◆ Selbst der Gedanke an Vier-Prozent-Klauseln war Wollust. Selbst der Gedanke an Liefertermine und Importlizenzen war Orgie. ◆ Wenn man der Menschheit die Chance nehmen würde, ihr Leben als Weltuntergangstanz zu arrangieren, wäre alle Daseinslust dahin. ◆ Zärtlichkeit gehört auf die Wühltheken. Wer seine Seligkeit nicht in Umlauf bringt, bleibt drauf sitzen. Wer keine Geschenkpackung für die Nachtigall in seiner Brust zu kreieren vermag, hat bald nur noch Vogelaas im Thorax. ◆ Mich ekeln die Kinder der westlichen Welt: Uterusschleim; ungebackene Blondsemmeln; Neurosenschwämme, vollgesogen mit den Neurosen der Eltern; Abreaktionsbündel; traumatisierte, motorisch gestörte Wibbel- und Zappelaffen; käsige Abdomen-Klöße mit eingebautem Plärr- und Quengelmechanismus; sentimental kandierter Vulva-Dreck; Hätschel- und Tätschel-Monster für frustriertes Elternpack; grauenvoll mutilierte Ehekriegsobjekte; strategisches Haß / Rachematerial etc. etc. Ägypten hat mir gezeigt, was Kinder sein können. Meine Führerin durchs Tal der Könige war 6 Jahre alt. Eine Grande Dame. Fließendes Englisch, Französisch, Italienisch. Aristokratische Manieren. Flair der großen Welt. Becircender Charme. ◆ Vor dem Hintergrund Sinzigscher Dämonie, unter dem Flammengezüngel Sinzigscher Flamboyance erscheint die deutsche Gegenwartsliteratur als saftarm, magersüchtig, anämisch, senil, outdated. Ob Alt- oder Jungliterat – in allen Töpfen der gleiche Diabetiker-Quark! Überall dasselbe Elend: mit Valium III angereicherte Senioren-Schonkost; affirmativ-serviles Geschleime; rituelle Selbstbeweihräucherung des organisierten Mittelmaßes. ◆ Eins der abgemähten Häupter bewies ein besonderes Maß von Lebendigkeit. Reflexhaft verbiß es sich in ein Holzbrett voll Merano-Speck. Als er mit dem sperrigen Happen nicht zu Rande kam, streckte es die Zunge vor und leckte kümmerlich an einem Häufchen Verzierungs-Kresse herum. ◆ Es könnten 36 Neutronenbomben an 36 Punkten dieses Globus niedergehen – die Ming-Schale voll Tee in meiner Linken würde nicht zittern; und das leise Lächeln, das die Mundwinkel des Erhabenen umspielt – es würde sich nicht ändern um den Hauch eines Hauchs eines Hauchs!

Eckard Sinzig über sich: Ich werde mitten im Himmel den Grundstein für ein Walzwerk legen. ◆ Ich lehne alles ab, womit mich dieser Planet konfrontiert: die Farbe des Himmels, die Farbe der Bäume, die Härte der Steine, die Mobilität des Wassers, alle Gene, Chromosomen, Axiome, alle Kausalitäten, alle Atombausteine. ◆ Ich fühle nicht; ich setze Gefühle. ◆ Ich habe gewaltige Empfindungsenergien entwickelt. Mein Herz ist ein Apparat, der simultan zwanzig verschiedene Mitleidsgefühle bewältigt. Ich bin ein hochtourig arbeitender Schmerzensmann, der das Leid etlicher Kontinente im Griff hat. Drückt auf irgendeine Stelle meines Körpers, und schon quellen Tränen hervor. Es gibt Tage, da fühle ich mich als globale Trauerinstanz, als der weltweit zum Weinen Erwählte. ◆ Ich habe das Leben und seine läppischen Handreichungen immer derart arrogant von oben herab betrachtet, daß ich mir sagte: »Es gibt überhaupt nichts in dieser Welt, das es wert wäre, daß ich meine beiden kostbaren Hände dafür zum Einsatz bringe.« ◆ Das Leben, das ich führe, ist das eines unterbezahlten, rachsüchtigen Postbeamten, der von Massenmord träumt. ◆ Um alles gründlich durcheinander zu bringen, singe ich Weihnachtslieder im Mai oder besuche winterliche Kamin-Partys in der Badehose. Geburtstagsgeschenke erhält meine Frau immer nur mit sechseinhalbmonatiger Verspätung, und am Sommeranfang feiere ich Silvester und schmeiße mit Knallern und Luftschlangen um mich. Aus

Ärger darüber, daß man nur mit der Nase riechen und nur mit den Ohren hören kann, horche ich an der Suppe, um festzustellen, wie sie riecht, oder rieche an Weckern, um herauszufinden, ob sie ticken. Ich atme falsch. Ich huste falsch. Ich küsse falsch. Ich gähne falsch. Ich uriniere falsch. Ich stehe, gehe, liege, sitze falsch. Ich muß mir dauernd Vorwürfe anhören. »Eckard«, heißt es da zum Beispiel, »warum küßt du immer daneben, wenn du mich auf den Mund küssen sollst?« Oder: »Eckard, ich finde es nicht witzig, daß du Luftgitarre mit deinem Penis spielst, obwohl du genau weißt, wo du meine Vagina zu suchen hast!« ✦ Würde man einen Foetus mit einer Dogge kreuzen / oder den perversen Oscar Wilde mit einer Weißwurst, / müßte was Ähnliches bei rauskommen. / Also, wenn es nach mir ginge, / würde man den Typ vierzehn Tage lang / in die Ohrfeigen-Maschine spannen, / die ich konstruiert habe. / Vielleicht könnte man irgendwas wegwatschen / an dem Kopf: diesen kaulquappigen Zug, / diese aufmüpfige Proleten-Arroganz, / diesen ganzen Horror und Doom, / der an Pathologie und Sarginstitut erinnert. / Vor allem dieser blöde Ausdruck von Vorwurf / und Beleidigtsein muß weggeklatscht werden. / Gleichzeitig patschen wir das weiße Bubi-Krägelchen / und den Schlips beiseite. / Ich glaube, der Arsch trägt tatsächlich / 'ne englische Navy-Krawatte, / nicht Royal Navy – Merchant Navy! / Also sogar der Kehlkopf-Dekor ist zweitklassig.

Andere über Eckard Sinzig: Sinzig ist das bedeutendste Talent unter den jungen deutschen Nachwuchsautoren. *(Süddeutscher Rundfunk, 1965)* ✦ Er hatte – man hört und schmeckt es aus all seinen Sätzen – einen höchst heidenmäßigen Spaß an seiner gargantuesken Parforcetour durch die unterleiblichen Zonen. *(K. H. Kramberg, SZ, 1970)* ✦ Da empfindet einer Sympathie für Amokläufer, bewundert die Schönheit von Einschußstellen, hat das Zeug zum Massenmörder und sitzt brav auf seinem Geranienbalkon. Da ist einer Nihilist und kämpft mit einem bäurisch gesunden Appetit. *(Ulrich Holbein, DIE ZEIT, 1997)* ✦ Kein Klischee erspart uns Sinzig: potent-gewalttätige Afrikaner, dekadent-sadistische Maharadschas, die frustrierte Sekretärin, russische Waffenhändler, Transvestiten, Inzest und Sodomie. Und vor allem ist es Wunsch aller Frauen, vergewaltigt und hingerichtet zu werden. *(Elmar Schenkel, FAZ, 2000)*

PETER SLOTERDIJK, Hochschullehrer, Poetik-Gastdozent, Akademiker, Makrodenker, Zurweltgekommener, Homo fatuus variisque, Schaumwerker, Scheinakrobat (geb. 1947): Ein Philosophiestudent legte Arbeiten über Strukturalismus als poetische Hermeneutik vor, und Kritik linguistischer Gegenstandskonstitution. Dann aber, in vaterloser Gesellschaft, ließ er sich von Postum-Maieutiker Nietzsche und Sexguru Bhagwan (→ Osho) ermuntern, vom Fachbereich minimal abzuweichen, in Optik und auch Sprache. Und schon hub der Strubbelfreak im Schlabberlook, Jahrgangsgenosse von → Kelly, holländisch-bayrische Urkraft, schlipsfrei unvergeistigt und unbebrillt wie Stadtstreicher → Diogenes, Wüstensohn → Jesus und Schuster → Böhme, in akademisch gefönter Ungekämmtheit, mit Typoskripten in der Alditüte, die traurige und trockne Wissenschaft der Schriftgelehrten, Pharisäer und Latein-Magister seiner Zunft mit betont fröhlicher Wissenschaft aufzumischen. Als die fermentativ-katalysatorisch hyperdosierte Nährlösung abtropfte, bekam der frischgebackene Denker seine Tage und Preßwehen und gebar ein Mammut-Ei: 1000 Seiten über Kynik & Zynik, worin der »sterbende Baum der Philosophie« (oder kynisch gesagt: abgetakeltes Räsoniergewächs) auf vorletzte Drücker noch einmal mit »bizarren Gedankenblumen« behängt erschien, mit weißglühenden Metaphysiken, welthistorischen Schwellkörpern, psychoperfektivistischen Endstrebungen, nichtfinalen Höhepunkthaftigkeiten, Weltmeeren der sozialen Entfremdung – endlich »ernste Scherze« im Sinne Goethes! »Bunter Ernst« im Sinne → Blochs! »Tauwind ins Winterland!« im Sinne → Gräsers! Hoffentlich keine überdüngten Notdolden und allzu hyperauthentischen Scheinblüten – jedenfalls atmeten alle Dosenkostesser befreit auf und sahen aus Holz- und Restasche einen Hünen und Quasi-Phoenix flachsblond im Aufwind aufsteigen, der mit genau jenen Worten brillierte, die manch Enzensberger- und Habermasüberwinder selber schon längst mal denken wollte. Internet-Fanclubs, ja Geheimlogen, beugten sich bäuchlings supergläubig über die glitzernde Verlautbarung, als wenn's Gnosis wär. Geistig unterforderte Adeptinnen, die haushoch über »Sofies Welt« standen, ließen sich hinanziehen von der Botschaft, daß beim Zurweltkommen das Entbindungsapriori um ein Dringlichkeitsapriori zu ergänzen sei, oder daß präsenz-magische Konvivialität ihre medienphysiologische Bedingung im neuro-linguistischen und neuro-sensitiven Sphärotop habe – indeed, stimmt eigentlich, wo sonst? Neidhammel meuterten aus Notwehr: »Modephilosoph!« »Feuilletonist!« Denen er nicht genügte, reichten ihm selten das H_2O. Dann aber, bei Hahnenschrei Nr. 3 oder 2, verleugnete und verriet der Theoret als undankbarer Petrus seine kynischen Jugendideale. Heinrich Heine und Walter Serner, die er lobte und stehnließ, bewahrten ihn nicht davor, sich auf die seriöse Gegenseite zu schlagen, zu den Terminusreitern, Wortklaubern, Phrasendreschmaschinen Plato, Heidegger, Derrida & Co. Um ernstgenommen zu werden, statt bloß als Sektenchef und Clown zu rangieren, mußte PS Seele verkaufen: Humor, obwohl er welchen hatte, hielt er klein. Präcox erlahmte die pfiffige Vehemenz von 1983 in immer steiferer Takelage, bei immer aktiverem Verbrennungsmotor. Verkopfte Nachgeburten nahmen Ausmaße an. Der Essaypreisträger bezeichnete Mephisto – statt Löwenpranke oder Pferdefuß zu zeigen – als »eine Zentralfigur der modernen Ästhetik«. Akademismen erwiesen sich als therapieresistent bis unexorzierbar. Auch wenn er in Hörsaal, Audimax und ZDF, auf Podien, Kongressen, Symposien parkettsicher mit Flatulenz zu kämpfen hatte, fühlte er sich in dieser Welt, statt fremd, daheim. Trotz Uni-Einbindung, Heirat mit Dr. Regina Haslinger aus Niederösterreich, die sich für geschädigte Haustiere bei UNITED CREATURES engagierte, und glückvoller Fortpflanzung, sah der Rektor einer Hochschule für Gestaltung (Nachfolger von Heinrich Klotz) sich dauerhaft als Neonietzsche. Mitdozenten, die ihn hofierten, zitierte er oft, so als wären die auch wer. Viertrangige fanden den Drittrangigen erstrangig – und hatten recht! Unter Knäckebrotessern werden Schaumbäcker König. Den Besten seiner Zeit – Gertrud Höhler, Wolfgang Schäuble, Egon Bahr, Oskar Lafontaine (dem er mitteilte, daß die Gesellschaft heute nichts anderes sei als »die Summe ihrer Selbstgespräche«) – tat er genug, also hatte er gelebt für alle Zeiten. Bulimistische Aktions-Makromania, elephantiasische Suada, Hefe, Treibmittel, Shampoo, Spray, Gebläse, Propeller stockten sein Podest auf. Wer bei akosmisch-spekulativer Endokrinologie und postpsychoanalytischem Neo-Autohypnotismus mental ins Eiern kam, konnte sich an vertrauten Vokabeln wie Diskurs, radikal und ontologisch festhalten. Idiosynkrasien gegen Unworte à la »postmodern« oder »Seinsweise« verspürte und gebar der Poetik-Gastdozent nie. Bodenhaftung fehlte seinen Höhenflügen selten. Wenn er abends Pfauenfedern abschminkte, hing er ganz normal beim Hausitaliener »Tartuffo bianco« ab. In »Denken mit Peter Sloterdijk« auf 3SAT ließ er sich beim Shopping, Gurkenschnibbeln und Meditieren filmen. Er grillte auch mal im »Philosophie jetzt!«-T-Shirt Steaks auf seiner Terrasse in Chantemerle. Sich selbst definierte er autokongratulatorisch 1.) als lyrischen Extremisten, 2.) verdammten Schulmeister, 3.) Mystiker, 4.) Conférencier, obwohl er »in Wahrheit« eher eine kentauroide Viererbande darstellte aus 1.) Biedermann, 2.) Prahlhans, 3.) Obelix (mit Hirnschmalz-Implantat) & 4.) Deutobold Mystifizinsky. Gegenguru Dr. → Unwiederholbein erlauschte Defizite an Notenkenntnis, dafür ein Zuviel an Fanfaren, Chorälen, Überinstrumentatio, Oktavverdopplungen, Brillenbässen, Schusterflecken, Doppelkinnen, Hängebrüsten, Getreidesäcken, Niveauschwulst, Etikettenschwindel, und merkte nicht, daß er gegen den Wortschaum des Denkers mit dem Beelzebub noch bunteren Wortschaums kämpfte – falls das jemand merkte. Adorno (vom promovierten Ingenium in seine historische Bedingtheit zurückgestoßen und grandios widerlegt, mit dem alten Kniff »Überwindung durch Unterbietung«) warf Sloterdijk vorbeugend vor, er denke zuwenig und ertrinke in Materialien, Farben und antiquarischen Konservendosen. Kurt Hiller nannte ihn 1907 »irisierendes Quallgehirn«, »geltungsgierige Impotenz«, »virtuosen Blender«, »Tiefedrechsler«, »Europa-Lehrer«. Spengler, dem er relevanzmorphologische Überblicksgebärdik ablernte, warf ihm vor, er produziere alexandrinischen Kunstlärm und »hodlere« mit Zentnergewichten von Pappe. Nietzsche krittelte am »feierlichen Possenreißer«, er rolle Spitzenfächer vor Büffeln aus. Schopenhauer monierte, er wolle vermittels Galimathiasausspendung scheinen, was er nicht sei. Lichtenbergs und Pascals Forderung, sich über die Philosophie lustig zu machen, kam Sloterdijk nicht nach. Titus Petronius Arbiter warf ihm 66 n. Chr. »gedunsenen Wortschwulst und hohles Geklingel der Sentenzen« vor. Diogenes, sobald Sloterdijk über interpersonale bigenitale Operationen, selbstbewirkte Erregungen masturbatorischer Appartement-Sexualität, Selbstpaarung des Selbstfreiers im Erototop, intimsphärisch relevante Berührungen, okkasionell suggestive Intimitätserlebnisse automonogamer und autokongratulatorischer Lebensform zu räsonieren anhub, sagte zu so was einfach nur »wichsen«, brachte also den Schaum auf den Punkt, rüstete und speckte ihn ptolemäisch ab – o Schreck: und saugte aus Versehen die Knochen gleich mit ab. Im Jahr 2000 schenkte eine Sonnenfinsternis Sloterdijk, der sich zur »Reflexionselite« zählte, einen Augenblick »naturphilosophischer Ergriffenheit«. 2001 nahm der Philosoph in Karlsruhe den Christian-Kellerer-Preis entgegen. Den 11. 9. 2001 erklärte er sprachmächtig zu »autohypnotischem Schaumwerk«.

Worte von Peter Sloterdijk: Wir leben heute in der größten Umwälzung, die je auf der alten Erde geschah, in einem Welten-Umbruch, den weder marxistische noch liberale noch christliche Kleinbürger begreifen. ◆ Wir müssen Langzeitstrategien entwickeln zum Abbau von Absurdität. ◆ Wir haben uns unmerklich an einen Punkt herangearbeitet, an dem es möglich wird, das Beste der marxistischen Traditionen aufzugreifen und neu zu durchden-

Tiefenphilosophische Ontokinetik im Sphärotop

ken. ◆ Wir mustern uns aus der Schar der Heiligen aus, untaugliche Kandidaten, die wir sind. ◆ Wir wollen wissen, was es mit dem Wissenwollen auf sich hat. ◆ Als Kinder der Analkultur haben wir alle ein mehr oder weniger gestörtes Verhältnis zur eigenen Scheiße. ◆ Sind wir kulturell wirklich zu alt, um solche Erfahrungen zu wiederholen? ◆ Kühl und hell bereitet jeder Augenblick deinen Raum; du bist von seiner Helle, seiner Kühle, seinem Jubel nicht verschieden. ◆ In dem Augenblick, wo Menschen reif werden für die Wahrheit über sich selbst und ihre sozialen Verhältnisse, haben die Machthaber seit jeher versucht, die Spiegel zu zerschlagen, in denen Menschen erkennen würden, wer sie sind und was mit ihnen geschieht. ◆ Die Offensivwirkung des Sichverweigerns hat sich längst erschöpft. ◆ All dies gilt heute nicht mehr. ◆ Die Herrschenden verlieren ihr wirkliches Selbstbewußtsein an die Narren, die Clowns, die Kyniker; darum läßt die Anekdote Alexander den Großen sagen, er wolle Diogenes sein, wenn er nicht Alexander wäre. ◆ Wer auf Deutsch etwas versprechen will, muß sich über das Was und Wie seines Redens in Zukunft radikalere Gedanken machen als irgendwer irgendwo sonst. ◆ Die Letzten Dinge halten sich bedeckt, die Apokalypse kommt vorerst aufs Regal zur übrigen unschönen Literatur, der schwarze Frack für die Menschheitsbeerdigung bleibt im Schrank, das Eschaton zeigt Geduld. ◆ Vielleicht ist Wahrheit wirklich nur für die Toten. ◆ Das alles sind Überlegungen, von denen ich nicht weiß, ob sie Nietzsche und Spengler gefallen hätten. Ich fürchte, wir werden ohne den Beifall dieser Herren auskommen müssen. ◆ Metaphysiken »stürzen« nicht, sondern vergilben, versickern, stagnieren, werden langweilig, abgedroschen, unwichtig und unwahrscheinlich. ◆ Diese Überlegungen haben Konsequenzen für das Epochenverständnis der Gegenwart. ◆ Das Es ist eigentlich schon ein Ich. Dies ist ein weittragender Befund. ◆ Denn in der Begegnung des Männlichen und des Weiblichen entsteht das Kind, die »Synthese« aus Vater und Mutter, Ei und Same, Liebe und Gesetz etc. ◆ Es müssen viele die Dummen sein, damit wenige die Klugen bleiben. ◆ Geld ist Abstraktion in Aktion.

Peter Sloterdijk über sich: Ich plädiere für eine Fortsetzung des phänomenologischen Weges. ◆ Ich habe beim Schreiben an Leser gedacht, mir Leser gewünscht, die so empfinden; ihnen könnte das Buch, meine ich, etwas zu sagen haben. ◆ Ich bin eine unpolemische Natur, das ändert nichts daran, daß ich in bestimmten Dingen Deutlichkeit erreiche – ich habe den bösen Blick in der Dosierung, die man braucht, um sich im intellektuellen Feld zu orientieren. ◆ Ich meine, daß Marxens Zurückhaltung vor dem Prostitutionsphänomen einen tieferen Grund hat. ◆ Ich meine, daß die spezifischen Bewußtseinsformen der Weimarer Kultur für uns durch das Prisma des zu sich selbst kommenden Zynismus unserer Zeit wieder sichtbar zu werden beginnen. ◆ Ich glaube, daß die geistesgeschichtliche Bedeutung der *bürgerlichen Kunst und Literatur* sich von diesem Punkt her am besten überblicken läßt. ◆ Ich wollte zeigen, wie in den Pantomimen und Wortspielen des Philosophen aus der Tonne die Fröhliche Wissenschaft geboren wurde, die den Ernst des falschen Lebens im falschen Ernst der Philosophie wiederkehren sah. ◆ Ich glaube nicht an den Gott, der die Hasenscharte schuf. ◆ Wir empfinden heute die Ausdrucksweise der letzten überlebenden Bildungsbürger als entsetzlich gekünstelt, und jeder kennt den Impuls, ihnen mal ins Gesicht zu sagen, sie möchten doch nicht so geschwollen daherreden. ◆ Er überschlug sich mit seinen seriösen Ansprüchen und stimmte schwere Priestertöne an, wo eine große philosophische Clownerie gerade recht gewesen wäre. ◆ Ohne akademische Ausbildung kann man heute nicht mal mehr Schwindler werden. ◆ Wie entschuldige ich mich gegenüber dem Vorwurf, ein dickes Buch geschrieben zu haben, in Zeiten, wo schon dünnere Bücher als Zumutung empfunden werden?

Andere über Peter Sloterdijk: Man müßte mal gewissenhafter untersuchen, ob nicht erst die Plagiatoren von Frank über Sloterdijk bis Kamper die reinen Schmarrer sind; sondern schon der Stammvater Benjamin es gleichfalls war. Doch, pfeilgrad müßte man das mal untersuchen. *(Eckhard Henscheid, 1987)* ◆ Wie alle heiteren Menschen ist Peter Sloterdijk ein tiefer Melancholiker, den nichts so in den Bann zieht wie die unheimlichen Schattenwelten der menschlichen Existenz: die Wüsten, der Rausch, die Droge, der Todesappetit, die Weltflucht, die Mystik, das Nirwana, das Dämmerlicht der Eule der Minerva. *(Antje Vollmer, 1993)* ◆ Beherzt, oft kühn, wenn nicht tollkühn, betreibt er die Kreuzung von Journalismus und Metaphysik. *(Ludger Lütkehaus, 1993)* ◆ Sloterdijk läßt das Boot der fatalen Moderne stranden, damit jenseits der zynischen Vernunft die Menschen neu geboren werden. *(Thomas Assheuer, 1995)* ◆ Und beide suchen nach neuen Regeln,

Lafontaine für die Finanzwelt, Sloterdijk für den Einsatz der Gentechnik. *(DIE ZEIT, 1999)* ◆ Er denkt nämlich wie ein großes Kind. *(Dieter Thomä, Philosoph, 1999)* ◆ Mit Sloterdijk schwindlig werden ist eine feine Sache. *(Elke Schmitter, 1998)* ◆ Denn was Hera Lind für die Literatur, Helmut Lotti für die Musik und Boris Becker für die Mode ist, das ist Sloterdijk für die Philosophie: die Veredelung des Banalen durch die Anhäufung von Banalitäten. *(HMB, Google, 2002)* ◆ Sloterdijk datiert sein Denken nach Nietzsche. *(Sjoerd van Tuinen, 2006)*

Alexis Sorbas (ursprüngl. Georgios Sorbas), Wanderarbeiter, Bergmann, Abenteurer, Lebenskünstler, Roman- und Filmheld (ca. 1870–1942): Als eins von 4 Kindern eines Ziegenhirten geboren und vom älteren Bruder großgezogen, verliebte sich der junge Bergmann in Chalkidiki um 1890 in die 15jährige Tochter seines Vorarbeiters, heiratete sie, zeugte 10 Kinder, bis Eleni 1909 an Schwindsucht starb und der Witwer die unmündigen Kinder allein durchbringen mußte. In Kriegswirren und Hungersnot ließ er sie schäbig im Stich, seltsam gleichgültig, betätigte sich als Hausierer, Handwerker, Zitherspieler, Tänzer. Weil ihm als Töpfer ein Stück des Zeigefingers im Weg stand, schnitt er ihn einfach ab. Auf Athos lernte er mit 46 den Homer-, Dante-, Verlaine- und Nietzscheleser Nikos Kazantzakis (33) kennen, der ihn später, als dieser seiner Tintenkleckserei entsagen wollte, auf die Halbinsel Mani holte, um ihn als Vorarbeiter seines gepachteten Braunkohlebergwerks einzustellen. Unternehmensstart April 1916, mit 70 Arbeitern. Man wohnte in Prastova zu Füßen der Taygetos-Berge. Der urwüchsige Sorbas wurde bald zur rechten Hand des verkopften Kazantzakis, der in ihm eine unverbrauchte große Seele sah, die sein belesenes Theoretentum urkräftig aufwirbelte und aufmischte. Urtypen, miteinander anbändelnde, standen sich polar gegenüber, unvereinbare Charaktere, unversöhnbar, aber zunehmend freundschaftlich verbunden. Sie philosophierten nächte- und monatelang, rotweingestützt; und Sorbas verkuppelte ihn mit einer Frau, lehrte ihn tanzen. Sorbas erzählte sein ganzes Leben, hatte auch Kriegsverbrechen begangen, war nie zur Rechenschaft gezogen worden, kam dann zur Ruhe und sah ein, daß das nicht gut gewesen war. Einen labilen Mönch stiftete er skrupellos an, ein Waldkloster niederzubrennen. Ein ergaunertes Waldstück auf Kreta versuchte er in Kahlschlag umzuwandeln, zeigte also, statt ökologisches Bewußtsein, unverbildete Zugreif- und Abholz-Mentalität. Schweine, deren Hoden er gierig und hastig reinschlang und die nebenan noch vor Schmerz quiekten, taten dem Hodenverzehrer nicht leid. Nach der Firmenpleite reisten beide in den Kaukasus, um – im Auftrag der Athener Regierung – an der Heimholung der Rußlandgriechen mitzuwirken. Auf der Rückreise setzte Sorbas sich, einer Liebschaft wegen, ab, ehelichte in rascher Folge 2 Russinnen, Nuscha und Fenja, landete schließlich in Serbien, wo er ein viertes Mal heiratete, Ljuba, und im Magnesitbergbau arbeitete. Sorbas und Kazantzakis blieben briefwechselnd verbunden. Während sich ein neuer Weltkrieg zusammenbraute, schickte Sorbas ein Telegramm an seinen 1000 km entfernten Freund: »Grünen, herrlichen Stein gefunden, komm sofort. Sorbas«. Noch vom Sterbebett in Skopje diktierte Sorbas dem Popen etwas für seinen fernen Freund Kazantzakis, stand dann auf, trat ans Fenster, sah auf die Berge, lachte, wieherte, starb im Stehen, die Hände ans Holz gekrallt. ~ 4 Jahre später erschien ein Roman »Vios ke Politia tou Alexi Zorba«, von Nikos Kazantzakis, worin es hieß, er sei genau in dem Moment fertiggestellt worden, als das Todestelegramm eintraf. Doch in Kazantzakis' »Rechenschaft vor el Greco« hieß es, erst nach der Trauerpost sei in ihm der Drang entstanden, Sorbas auferstehen zu lassen, durch literarische Wiederbeschwörung. Vergangenheiten von 1916 wurden 1946 lebendig wie taufrische Tonbandmitschnitte. Aus Mani wurde Kreta, aus Buzuki – Saturi. Aus Georgios (46) wurde Alexis (65). Ein Denkmal auf die Freundschaft eines ungleichen Paars entstand, voll saftiger Lebens- und Naturwahrheit, locker treulich reproduzierter Reden und Stegreifwitze. Des Sympathikus Sorbas' permanent bärbeißiges Drauflosschwadronieren, sein ständiges Rechthaben gingen bei Kazantzakis schier in Tendenzkunst über. 1957 warf Sorbas' ältester Sohn, Andreas Sorbas, Oberst der griechischen Armee, im Namen der 9 anderen vom Vater vernachlässigten Sorbaskinder, Kazantzakis (74) brieflich vor, kurz vor dessen Ableben, er hätte die Familienehre beleidigt, nämlich ihren Vater als herumziehenden verrückten Fiedler, Vagabunden und Bettler dargestellt. 8 Jahre nach Kazantzakis' und 23 Jahre nach Sorbas' Tod, 1965, wurde das vielübersetzte Buch verfilmt und Alexis Sorbas schlagartig weltberühmt. Sein unbekanntes Aussehen ging fließend in die Dreitagebart-Physiognomie Anthony Quinns über, abgerechnet Sorbas' schwarzer Schnauzer. Statt mit Eseln bewegte man sich mit Oldtimer-Automobil über Kreta. Kazantzakis, der existentiell mit Christus, Buddha und Lenin rang, wurde zum Schüchterling und Fettnäpfchen-Tollpatsch vereinfacht, und Sorbas wurde noch viel sympathischer gezeichnet als im Buch, sein Haudegentum sehr unterbetont. In jedem Proleten, der im Amazonasbecken humorvoll Regenwald abholzte und hierbei Transistorradio laufen ließ, stand Sorbas erneut auf, mehr oder minder ungehobelt. Dem Schwarzweißfilm folgte ein Musical, das den Sorbas-Ruhm weiter ankurbelte. Anthony Quinn, der sich genau wie Sorbas vom Wanderarbeiter zum Weltstar raufgearbeitet hatte und dem der unwirsche Zampanò in »La Strada« weniger lag als Alexis Sorbas, identifizierte sich mit ihm dermaßen, daß er in seinen Memorien durchaus als ein immer noch lebender Alexis Sorbas auftrat, erfüllt von dessen kompletter Lebensphilosophie, äußerlich sowieso genau mit dessen Aussehn im Film versehen. Sobald Anthony losprustete, hörte er in seinem Lachen Alexis mitschwingen. Sobald Quinn spontane Seitensprung-Quickies mit Kapitänsgattinnen genoß, redete er sich ein, daß Sorbas ihn hierzu anstifte. Der Mexikaner wurde zum Griechen. Mit 80 toppte Quinn auch Sorbas' Kinderzahl: Von seinen 16 Kindern war das älteste 58, das jüngste 2½ Jahre alt. Die Personalunion Quinn-Sorbas liebäugelte mit unorthodoxen Sterbephantasien, frei nach → Zhuangzi: im Gebirge unter freiem Himmel sterben und den Leib den Tieren zur Nahrung hingeben. Sodann: Ein Sexguru (→ Osho) nannte seine Restaurantkette nach Alexis Zorbas, sah sich selbst als Synthese zwischen Buddha & Sorbas, erhob die sorbassische Weltanschauung (Be now here, Lebensgenuß, Bücherverachtung, Antiintellektualismus, Weisheit des Körpers, fleißig in der Gegend herumbumsen, kerngesunder Menschenverstand) zur Weltanschauung. Im literaturhistorischen Gesamtüberblick variierten Kazantzakis & Sorbas eine erprobte Zweierkonstellation: In Hermann Hesses »Steppenwolf«, 1927, hieß der dortige Sorbas Pablo, ein Mulatte (statt Mazedonier), der (statt Santuri) Saxophon spielte; und auch dort hatte Bücherwurm Harry Haller, bisher vernagelt am Leben vorbeigegangen, tanzen zu lernen, statt nach Musik von Theodorakis: Foxtrott. Die Witwe hieß dort Maria, und über allem hing dieselbe verkopfte Lehre: Intellektuelles Dasein sei einseitig und das Leben anderswo. Hesse & Kazantzakis hatten Nietzsche gelesen, und schon wandelte Sorbas als Dionysos im Fleische. Bereits viel früher, bei Don Quijote & Sancho Pansa, ließen sich Sorbas & Haller wiedererkennen, mit inzwischen verschobenen ideologischen Gewichten: Bei Cervantes spielte der handfeste Körper (Pansen) nur 2. Geige; Sorbas hingegen nannte seinen Chef, den dürren apollinischen Geist, zwar auch noch »Chef«, hatte aber längst das Ruder übernommen und mußte am Schluß der traurigen Gestalt des Bücherwurms sogar noch sagen, daß ihr eine Portion Wahnsinn fehle – welch Clou: Der Ex-Pansa empfahl dem allzu normalen Ex-Don-Quijote Wahnsinn! In summa: Kazantzakis & Sorbas liefen herum als Personifikationen von Geist & Körper.

Ein unverkopfter Dionysios

Worte von Alexis Sorbas: Wann wird der Mensch endlich Mensch werden? Da tragen wir Hosen, Kragen, Hüte und sind immer noch Maulesel, Wölfe, Füchse und Schweine. ◆ Was ist der Mensch für eine Maschine! Du stopfst Brot, Wein, Fisch und Rettich hinein, und Seufzer, Gelächter und Träume spazieren heraus. Eine Fabrik! Ich glaube, in unserem Kopf steckt ein Apparat wie im Tonfilm, der sprechen kann. ◆ Die Welt ist unter die Fuchtel der Schulmeister geraten. Wer die Mysterien erlebt, hat keine Zeit zu schreiben, und wer die Zeit hat, erlebt die Mysterien nicht. ◆ Was für ein Teufel stößt uns in diese Welt hinein, und was für ein Teufel stößt uns wieder hinaus?

Alexis Sorbas über sich: Ich glaub an nichts, an niemand. Ich glaube nur an Sorbas. Nicht etwa, weil Sorbas vielleicht besser ist als die anderen, davon ist keine Rede. Auch er ist ein Vieh. Ich glaub an Sorbas, denn nur ihn hab ich in meiner Gewalt, nur ihn kenn ich, alle anderen sind für mich Gespenster. Mit seinen Augen seh ich, mit seinen Ohren hör ich, mit seinen Gedärmen verdau ich. Wenn ich sterbe, stirbt alles. Die ganze sorbasische Welt versinkt im Nichts. ◆ Ich bin ein Mann, also bin ich verheiratet. ◆ Ich habe gemordet, gestohlen, Dörfer in Brand gesteckt, Frauen vergewaltigt, ganze Familien ausgerottet… nur weil es Bulgaren und Türken waren. Du gemeiner Halunke, du Mistvieh! schimpfe ich mich oft selber. Heute sag ich: Der ist ein guter, jener ein schlechter Mensch. Ob Bulgare oder Türke, ist nebensächlich. ◆ Wenn ich höre, daß die Griechen Konstantinopel genommen haben, so ist das für mich das gleiche, als hätten die Türken Athen erobert. ◆ Man nennt mich auch Telegraphenmast, um mich zu verulken, weil ich aussehe wie ein baumlanger Mönch und mein Kopf einem Käsekuchen gleicht. Das ist mir aber ganz gleich! Manche nennen mich auch Zakatzuka, weil ich früher mal geröstete Kürbiskerne verkaufte. Außerdem heiß ich auch Peronospora, man behauptet, wohin ich auch gehe, wird alles zu Pulver und Staub. ◆ Alles ist Jacke wie Hose: ob ich eine Frau habe oder keine, ob ich ehrlich oder unehrlich, ob ich Pascha oder Lastträger bin. Wichtig ist nur, ob ich lebe oder ob ich tot bin. Ob mich der Teufel holt oder Gott, ich werde krepieren, als Kadaver daliegen und meine Umgebung verpesten und die Menschen werden sich gezwungen sehen, mich 4 Fuß unter die Erde zu

bringen, um nicht zu ersticken. ✦ Ich hab in meinem Leben einen Haufen Dinge getan und doch nicht genug. Menschen wie ich sollten 1000 Jahre leben. Gute Nacht!
Andere über Alexis Sorbas: Wann werden die Erde, das Wasser, das Feuer, das Schicksal einen Sorbas wieder erschaffen können? *(Nikos Kazantzakis 1942)* ✦ Buddha sieht lebendiger aus als Mahavira, wenn er auch an meine Vorstellung von Lebendigkeit nicht heranreicht. Darum will ich, daß Buddha auch ein Zorbas wird. Falls wir uns einmal im Jenseits begegnen, werden die Fetzen fliegen. Er wird mich anbrüllen: »Du wolltest einen Zorbas aus mir machen!« – Weder kann Zorbas allein existieren – er endet in Hiroshima –, noch kann Buddha allein existieren. In Zukunft können sie unmöglich getrennt existieren. *(Rajneesh, 1981)* ✦ In letzter Zeit betrachtete ich die Welt durch leicht wahnsinnige Augen, und jetzt – inmitten eines gewaltigen Sturms und Vollrausches – war ich mehr Sorbas als Anthony Quinn. *(Anthony Quinn, 1995)*

Friedrich Spee von Langenfeld, Barockdichter, Naturpoet, Moraltheologe, Kasuistikprofessor, Hexenwahnbekämpfer, Prophet (1591–1635): Gegen den Willen seiner kurkölnischen Eltern wurde der Burgvogtsohn und Baccalaureus der Artistenfakultät 1610 Novize im Jesuitenorden zu Trier, von wo er wegen Pest nach Fulda floh. Der Philosophiestudiosus und Jugendseelsorger schwamm im jesuitischen Begeisterungstaumel für Fernost mit, insonderheit Japonia (so hieß Japan damals). Sein Antrag, in Indien zu missionieren, wie sein Schulfreund Johann Adam Schall von Bell in China, wurde abgelehnt. 1623 Priesterweihe, dann Lehrbeauftragter, sprich: Moraltheologiedozent. Als Dichter, in seinen Büchlein »Das güldene Tugendbuch« oder »Trutznachtigall oder geistlich-poetisch Lustwäldlein«, teilte er seine Lieblingswörter »lieblich« und »ergetzen« zährenreich mit anderen Barockdichtern. Den Mond nannte er »Sternenhirt«, hochgeborene Wolken »Luftgewächs«, Bienen »gelbe Kriegerlein«, die mit den lützel Steinlein spielenden Quellen »Töchterlein der hohlen Berg und Steinen« und das mit rein geschliffenen Zünglein in Lüften zierlich je und je trillernde, schwanke Federvieh der Vögel mit ihren Flügelein »Luft- und Wolkensänger«, »gefedert Schwesterlein« und »süße Schwätzerlein« – selbst Hälse und Gurgeln – »Gürgelein«. Wenn er morgens in sein Gärtlein trat, wickelte sich der Himmel auf, und die Englein harften und zimbelten auf ihren Wölklein.

Im grünen Wäldelein saß er im sanft sausenden Windlein, wo ein Bächlein rein auch eben fein von hohlem Felsen schwitzte, und seufzte von Seelengrund (»Seufzerlein« hörten sich aushaltbar an). Seine herzrührende Poeterey traf den rechten Volkston, »freudigs Tutelüren«, ganz auf der Ebene, auf welcher der liebe Gott alle Sternlein zählte, daß ihm auch kein einz'ges fehlte. Ihn rührte so sehr deutschen Volkes schlichte Weise, neuzeitlich nüchtern gesagt: Seine Diminutive setzten auf Pflegeinstinktauslösung, 150 Jahre bevor das Wort Volkslied oder Romantik, 300 Jahre bevor das Wort Kitsch aufkam. Morgenröt reimte er auf blöd, und »Tag« auf »ich lach«. In lieblichen Ecloga bereimte er die »schöne österliche Sommerzeit« (!) und die Urständ Christi: Freundlich verlustierte er sich mit dem Widerschall, der ihm den herausgerufenen Jesus immer wieder zurückspielte. So ward er zum nachahmenden, nachahmbaren Vorbild geistlicher Schäferey in deutschen Landen, in der man gern, von Laurentius von Schnüffis bis → Angelus Silesius, für Virgils Daphnis als Hirtenname »Christus« einsetzte: Sobald sich bei ihm ein Stein erbarmte, kam das, statt durch → Orpheus, durch die Not Christi am Ölberg. Die innigliche Naturschilderung seiner Silvae (Poetischen Wälder), unter Einbezug nicht nur von Sommerwendel, Gamanderlein, Nägelein (Nelklein), gar von Wald- und Wassernymphen, schleuste schier, wenn Spee in die »Harpf und Lauten« griff, heidnische Naturstimmungen ins offizielle Christentum ein: »Ihr Tier, Gewürm und wilde Rott, / Mit keiner Zahl zu greifen, / So weit in Wäldern ohn Verbot / Die grüne Bahn durchstreifen«. Aber sein Sommerwind und Rokoko-Zephyrus mündete gern wieder in »Orgelschrei« und Hauptstimme: »O Gott, ich sing von Herzen mein / Gelobet muß der Schöpfer sein!« Im animistischen Zwiegesang warf der sterbende Jesus seinen Nägeln vor, zum Dank, daß er sie als feines Metall schuf, würden sie undankbar und unbarmherzig die Hände und Füße ihres Schöpfers durchbohren; doch die Nägel schoben die Schuld dem Hammer zu, der wiederum die Schergen als Sündenbock bezichtigte, und dieser die Richter, und dieser schob's auf die Gottesmutter: Wenn sie nicht Jesum geboren hätte, hätte man ihn nicht kreuzigen können, und diese schob's auf die Propheten, nur weil die's geweissagt hatten, etc. Seine Dichtung ließ nicht ahnen, was er als Priester so alles vor Augen bekam. Er hatte 57 zum Tod Verurteilte zum Scheiterhaufen zu begleiten. Bereits in jungen Jahren wurde sein Haar deswegen aschgrau (berichtete später Leibniz). Spees theologische Kollegen ersannen in ihren Studierstuben verschärfte Hexenpestbekämpfung; er aber stieg in Verliese hinab, studierte Akten, recherchierte und durchschaute die Unschuld angeblicher Satanstöchter, focht und argumentierte gegen Ammenmärchen und Aberglauben, verfaßte anonym die »Cautio criminalis seu de processibus contra Sagas Liber«, 1632, und durfte hierbei nicht zugeben, eventuell nicht an Hexen zu glauben, um nicht selbst verdächtigt zu werden. Aber gegen Andersdenkende wurde er selbst zum Umerzieher, Drahtzieher, Scharfmacher und Hardliner; bei gewaltsamen Enteignungen rief er, solche Leute seien einer milderen Hand nicht würdig und auf einen harten Klotz passe ein grober Keil. Nichtkatholische Hauslehrer seien auszuweisen, lutherische Dienstboten zum Konfessionswechsel zu pressen. Er wandte das Rezept »heilsamen Terrors« an und machte in 6 Monaten 26 abgefallene Ortschaften wieder stramm katholisch. Sein Wochengehalt von 6 Reichstalern verteilte er an Habenichtse und Kriegsopfer. 1629 erfolgte ein Pistolenattentat auf Spee zu Pferde in einem Hohlweg; 2 x daneben, dann mit Dolch oder Degen, doch der Priester sprengte verwundet von hinnen, und der Verwundete bekam Erste Hilfe ausgerechnet vom evangelischen Pfarrer Tyle Walckeling. Später infizierte Spee sich als Krankenpfleger pestkranker Soldaten und starb wie sie an der Pest. ~ 1637 erschien sein »Geistliches Psälterlein«. Sein Kirchenlied »O Heiland reiß die Himmel auf« blieb jahrhundertelang berühmt. Romantiker wie Wackernagel und Friedrich Schlegel lobten Spee. Später wurde Spee sowohl als Dichtkunsterneuerer und größter katholischer Dichter des Frühbarocks wie auch als Frühhumanist gefeiert, und als Vernunftprediger mit Schneid, noch später als Vor- und Querdenker, als radikaler Menschen- und Bürgerrechtler mit Zivilcourage, als Vorkämpfer von Amnesty International. Obwohl er 1000 x mehr Gutes tat und bewirkte als 100 Heiliggesprochene, wurde er weder seliggesprochen noch zum Volksheiligen.

Worte von Friedrich Spee von Langenfeld: Die Gottheit überzuckert ist, / Der Zucker du, o Menschheit, bist. ◆ O reicher Schatz in schlechtem Sack / Himmlische War' in diesem Pack. ◆ Er brummlet hin und wider, / Der fliegend Winter-Bott, / Greift an die Gleich- und Glieder / Dem frisch vermenschten Gott. ◆ O Erd, herfür dies Blümlein spring, / O Heiland, aus der Erden spring! ◆ Die Blümlein sich nun melden. / Wie Schlänglein krumb / Gehn lächelnd umb / Die Bächlein kühl in Wälden. ◆ Auch lobet Gott von Erden auf, / Ihr Drachen aus den Kluften, / Ihr Walfisch tief aus salzem Sauf, / Wind, Saus und Braus in Luften. ◆ Das Kind so kalt und bärmlich arm / Ein Ochs und Esel hauchten warm. / Der Atem gab ein solchen Stank, / Das Kind wurd warm, doch halber krank. ◆ Man darf mit Menschenblut nicht spielen, und unsere Köpfe sind keine Bälle, die man nur so hin und her wirft.

Hexen verdankten ihm viel

Friedrich Spee von Langenfeld über sich: O weh der Qual und Peine! / Wo soll mich wenden hin? / Den ganzen Tag ich weine, / Weil stets in Schmerzen bin. ◆ Wo man nur schaut, fast alle Welt / Zun Freuden sich tut rüsten: Zum Scherzen alles ist gestellt / Schwebt alles fast in Lüsten. / Nur ich allein, / ich leide Pein. Weil Jesu dich nit finde; / Drum nur ich wein, / Und heul und grein, / Und Seufzer blas in Winde. ◆ Indien, mein Vater, und jene fernen Länder haben mir das Herz verwundet. ◆ Persönlich kann ich unter Eid bezeugen, daß ich jedenfalls bis jetzt noch keine verurteilte Hexe zum Scheiterhaufen geleitet habe, von der ich unter Berücksichtigung aller Gesichtspunkte aus Überzeugung hätte sagen können, sie sei wirklich schuldig gewesen.

Andere über Friedrich Spee von Langenfeld: Das religiöse ist für ihn das Natürliche, ist die Landschaft, in der er spaziert, und die er immer wieder grüßt und segnet, bei ihrem Erwachen, wie bei ihrem Schlafengehen. Was kein Opitz uns fühlen läßt, kein heiterer weltlicher Sänger wie Hagedorn, kein geistlicher wie Gellert, diese Lieder sind dem Jesuitenpater im Lustwandeln, in einem Klostergarten auf die Lippen gekommen, und er hat an der Hand ein Knäblein geführt, das er Jesulein nannte. *(Arthur Eloesser, 1930)* ◆ Allzu skurril wirkt mittlerweile Spees mehrfach geäußerter Wunsch, in Gottes Liebe »ersaufen« zu dürfen, und auch daß die Gottheit im kleinen Menschenkind Jesus enthalten ist wie das wundersam heilende Mittel in einer Kiste Medizin, erscheint uns nicht besonders gelungen ausgedrückt. Man sollte Spee allerdings schon verzeihen können, daß er ein Mensch des frühen 17. Jahrhunderts war und noch nichts vom kühlen Understatement unserer Tage wußte. *(Christian Feldmann, 1993)*

ERIK SPRAGUE, EIDECHSENMANN, Oneman-Showman, Entertainer (geb. 1972): Bereits mit 3 liebte Erik, wohnhaft im Staat New York, Eidechsen abgöttisch und sehnte sich, ihnen zu ähneln. Eine gewisse steigerbare Echsenbesessenheit entwickelte sich: Statt bloß Echsen zu halten oder mit glasigem Blick kaltblütig in die Gegend zu schauen, ließ er sich mit 18 die Ohren am Läppchen durchbohren, allerlei Body-Piercings und Tattoos freudig über sich ergehen, die Läppchen längerziehen, die Zunge spalten, die Zähne spitzfeilen und Teflon-Implantate schildpattartig in die Stirn einsetzen, wofür er im Lauf der Jahre stufenweise 22000 Dollar ausgab. Paradoxerweise ließ er sich aber nicht, was doch als erstes nahgelegen hätte, die Haare fortscheren, da Reptilien doch nun wirklich noch lang kein Haarkleid entwickelt hatten. Ab 1999 tourte er mit einer Oneman-Show durch die Lande, als Feuer- und Schwertschlucker. Mit Lebensabschnittspartnerin Meghan siedelte er sich in Austin/Texas an und träumte seine Tendenzen weiter, sich als nächstes einen Schwanz implantieren zu lassen. Im Casus von Katzenmensch Dennis Abner kippte bloß ein Säugetier zum Säugetier zurück, nur ein kleiner Schritt für die Menschheit; Erik aber schaffte den überregional übergreifenden Rücksprung vom Zweibeiner zum Kriechtier.

Vom Säugetier zum Kriechtier

RUDOLF STEINER, Goetheaner, Generalsekretär, Geisteswissenschaftler, Ordensgroßmeister, Mysteriendramatiker, Theosoph, Anthroposoph, Spätzeitgnostiker, Religionsstifter (1861–1925): Der Sohn eines sozialschwachen Bahnkassierers wuchs auf zwischen Eisenbahngleisen, Spinnfabrik, Mühle und Nußbäumen, in Pottschach und Neuhöfl, in Ungarn. Mit 10 noch schreibunkundig, blieb nur Realschule übrig. Aber mit Zirkel, Lineal und Dreieck ging er akkurat um. Naturwissenschaftliche Anfänge überwand der junge Wiener Privatlehrer und trat, im Fluidum von Bio-, Pan- und Ariosophie, 1901 in Annie Besants »Theosophical Society« ein. Christentum war ihm zu flach und das wildwuchernde, talmudisch-tibetobuddhistisch-neoplatonische Weltsystem seiner Übermutter Madame → Blawatsky viel zu indisch, unkünstlerisch, »schwachgeistig«. Trotzdem malte er den Stoffkreis,

Inhalt, Usus und Gestus ihres Theorem-Konglomerats in toto hemmungslos ab (inklusive Kopierfehler), kohobierte, destillierte, braute, buk, schuf ein noch bodenhaftungsloser überquellendes Großraumsystem, Schmelztiegel, Mixtum compositum, monströs, minuziös, allumfassend, multiphon, homogen, monochrom, monoton, und entkam dem Bannkreis nie ganz. Obwohl er seine Geheim- und Geisteswissenschaft, die er scheinbar erdnäher »Anthroposophie« taufte, ab 1902 einengte (Buddha kam nur, um Christus vorzubereiten!), also die theosophisch-kosmopolitische Religionssynthese wieder in Gottesstaat überging, behielt er die indische Karmalehre der »Secret Doctrine« voll bei, brütete und dokterte sogar ganz besonders engagiert, bei aller Christusverabsolutierung, an nicht grad christlichen Karma-Zusammenhängen herum, samt Arupa-Devachan, Wurzel- und Unterrassen. In Blawatskys Akasha-Chronik schaute er selber oft hinein. Visionen, die ihm in den Schoß fielen, formten sich deckungsgleich nach dem Bild seiner Lesefrüchte. Nietzsche (dem er vorwarf, er sei nicht zu einem wirklichen Begreifen des Christus gekommen!) war früher mal Franziskaner; Marx – Großgrundbesitzer und Kant – ein Neger! Novalis war Raffaelo, davor: Johannes der Täufer, davor: Elias. Kants Polemik gegen »wilde Hirngespinste« störte den bleichblütig kantlesenden Dr. Ekstaticus nie. Goethes Katholizismus-Operette Faust II., ohne siebten Sinn für deren Ironie, nahm er wörtlich. »Dichterische Literatur«, die er von frühauf gelesen hatte, färbte kaum auf ihn ab. »Welt« reimte er bedenkenlos auf »fehlt«. Wahrspruchworte, abgekupfert beim Erdgeist, wallten und webten dann so: »Webendes Leuchten, / Kraftendes Weben, / Leuchtendes Kraften: / Das ist der Mensch.« Beispiellos hölzern, unbehüflich, mechanisch, kalt, sprach- und seelenlos verströmte er in Buchtiteln wie »Was tut der Engel in unserem Astralleib?« hellbläuliche Geistestatsachen und Zentralbegriffe. Statt geistreich, arg jenseits tellurischen Esprits sprach er, in Buchtiteln wie »Wo und wie findet man den Geist?«, von Geistselbst, Geistesschau, Geistes-Sonne, Geistgeburt, Geistorganen, geistgenährtem Geisterland, Lebensgeist und Feuergeistern. In allegorisch webenden Mysteriendramen hießen Geistesschüler »Friedrich Geist« und »Georg Wahrmund«. Mitten im Zeitalter von Warenfetischismus, Lichtjahren & Lichtreklame sprach er von Verkörperung, Astral- und Bildekräfteleibern, physischem Leib, Seelenleib, Weltenplan, Werdelust, Christus-Impuls. Platos »Der Körper ist der Kerker des Geistes« klang, sobald Steiner ihn zitierte, wundersam anthroposophisch: »Die Weltenseele ist am Weltenleibe gekreuzigt.« Luthers »die da geistlich arm sind« übersetzte sich Steiner in »Bettler um Geist«. Weltall hieß bei ihm »Weltenall«. Fremd-Zutaten rochen derart nach eigener Soße, daß Steiner unter 1001 Standardgenies sich stilistisch eindeutig identifizieren ließ (wie → Bruckner, → Rousseau, → Beuys), positiv gesagt: Steiner hatte eigenen Stil. Riegen und Ränge einweihfähiger innerer Zirkel bauten sich auf, Freimaurerlogen mit Firmensitz Dornach. Der Antiwagnerianer schuf sich ein eigenes Festspielhaus, organische Napfkuchenarchitektur, sein Philanthropinum »Goetheanum«, aus 132 Holzsorten, nach der Brandstiftung aus Beton (→ Plotin hatte seine philosophische Stadt Platonopolis bloß geplant!). Dort führte Steiner den »Hüter der Schwelle« und »Faust« auf, ungekürzt, als wenn's Parsifal wär. Luzifer sagte Tiefsinn auf: »O Mensch, besiege dich, / O Mensch, erlöse mich!« Ahriman: »O Mensch, erkühne dich, / O Mensch, erlebe mich.« Personifizierte Abstracta à la Chorus mysticus boten Eurythmie, gegeben von Dr. Rudolf Steiner. Geist-Inhalte, Wesenheiten und Wesensglieder schnitt der Holzschneider in Ulmenholz. Verdeutlichende Schemazeichnungen auf Schiefertafeln, linienbefreit, flockten aus. Dr. Steiner übte sich lunatischen Blicks in schattenlos verfließender Pastellmal-, Bau-, Dicht-, Ton-, Sprech-, Ausdrucks-, Vortrags-, Garten-, Heil-, Erziehungskunst, plus Ernährungslehre, Landwirtschaftskunde, Waldorfpädagogik, plus Saturnstufen und Mondenkräfte. Alle bewunderten sein vielseitiges künstlerisches Wollen und Treiben, bezahlt mit Talentlosigkeit, die keinem auffiel. Erlöser, Reformprediger, Menschenfischer à la → Diefenbach, → Haeusser, → Muck-Lamberty lösten mehr Spott als Gefolgschaft aus; Dr. Steiner trat gepflegt, seriös, prophetenbartlos in die Arena und benutzte oft »Wissenschaft«. Der neue Religionsstifter verkündete seinen Zuhörerinnen, wie selbst Soldaten in höhere Welten einsteigen, mit hohen Eintrittspreisen; Soldaten blieben a priori vom Geiste ausgeschlossen. Betuchten Adeptinnen, enttäuschten Christen, unausgelasteten Seelen, die Gedächtnisprobleme hatten, riet er: »Essen Sie keine Eier.« Ad gloriam Steineri agierte der »Bund der Magdalenen« unter Sektionsleiterin Gräfin Pauline von Kalckreuth. Gebildete Hysterikerinnen wünschten sich vom Meister, den sie als Materialismusvernichter feierten, Ätherkinder. Werdende Mütter nahmen den Rat entgegen, bei Schwangerschaft keine Neger anzuschauen. Seine Verehrer schluckten auch schwer nachvollziehbare Theoreme: daß die Niere Denktätigkeit entwickele, Juden öfter als andere Völker an Diabetes erkrankten, der Blinddarm vom Tragen kurzer Hosen sich entzünde, Händewaschen zu Engelkontakt führe, und lieblose Taten zu »frierenden Seraphimen« (der »Universaldilettant« sprach von »Cherubimen«, obwohl Sera- und Cherubim selber schon Plural sind). Den Kopf rechnete er zum Unterleib. Dr. Steiners chimärische Prähistorie und wächsernes

Pandämonium quoll über – statt von Neandertalern & Hominiden – von Hyperboräern, Lemuriern & Atlantiern. Fichtes Nicht-Ich stellte Dr. Steiner das Nacht-Ich entgegen. Im Kampf gegen Lenin und Darwin stammte der Affe, statt der Mensch von ihm, von »heruntergekommenen und abgefallenen Menschengestalten« ab. Schmetterlinge stellte Steiner höher als Vögel; Fledermäuse hängte er niedriger als Schmetterlinge. Daß die einschüchternd uferlose, hirnschwurbelig hochverzwirbelte Welterklärung sich nur mühsam nachbeten ließ und keiner – trotz Andeutungen, Hinweisen, Anleitungen, Hindeutungen – in des »Doktors« nebelhaft höhere Welten, auf die man zuschwebte, vorerst doch nicht so recht eintreten durfte, dünnte Verehrerinnenzulauf nicht aus; man befand sich halt erst auf halbem Weg (bestenfalls) und applaudierte mehr oder minder leuchtenden Auges, wenn der Leib des Menschen von dreigegliedertem Hüllensystem dominiert ward (statt von DNS): Ungerechte Gesetze hinterlassen Abschnürungen im Ätherleib, der erst beim Zahnwechsel geboren wird, der Astralleib erst ab Geschlechtsreife. Preßt das Ich den Astralleib zusammen, weint der Mensch; läßt es ihn erschlaffen, lacht der Mensch. Zeitgleich tätige Surrealisten toppte Dr. Steiner: → Dalí glaubte an brennende Giraffen nicht äußerst restlos, doch der Dr. Steiner stellte sich vor eine Schiefertafel und glaubte so eingeweiht wie möglich, Wort für Wort, an brennende Eingeweide, und daran, daß das Ich des Minerals vom Arupa-Mentalplan aus dirigiert wird und das Selbst 7 Selbste aus sich heraussondert. Daß Engel den Kopf in den Wolken, zugleich den einen Arm im Niagara und den andern in einem Wasserbecken haben können, oder der Ameisenhaufen seine Seele auf dem Astralplan habe, oder daß die Erde beim Wurzelausgraben Schmerz fühle, beim Blumenabschneiden Wohlgefühl, wie die Kuh beim Gemolkenwerden durch das Kalb, und Steine beim Zerschlagenwerden Lust: All diese »Ergebnisse jahrzehntelanger geistiger Forschung« legte »der Doktor« in 47 Büchern nieder, 5965 Vorträgen in 303 Bänden. Wer Budenzauber distinguiert von sich wies, ging exklusiver Superstition auf den Leim. Kritiker, die von Personenkult, Kadavergehorsam, Scharlatanerie sprachen, konstatierten am Halbgott geschmacklose Denkabsurditäten, wiesen im »Lebensgang« (worin er seinen Vater, den Stationsvorsteher, zu einem Bahnleiter verbesserte) Retuschen, Lügen, Prahlerei und Fälschungen nach. Frühere Stufen seiner geistigen »Entwickelung« (Haeckel-, Stirner-, Liebknecht-, monistisch-darwinistische Phasen) kaschierte er. Okkulte Tendenzen datierte er bis in frühe Kindheit vor. Einen geistig abnormalen Bruder und seine erste Frau amputierte er aus seiner Vita, die Kapitänswitwe Anna geb. Schultz, zugunsten Marie von Sivers.

Hektisch tourte der Initiationswissenschaftler, bei aller verpönten Neuzeittechnik, per Eisenbahn zwischen Dornach, Stuttgart, Berlin, London, Paris, Den Haag, Kristiana, Koberwitz, Torquay, und erläuterte seiner Zuhörerschaft den Kampf von Luzifer & Ahriman. Steiner verordnete Gottfried Benn als seelische Arznei Anthroposophie, und ohne sie werde Spenglers Untergang des Abendlandes tatsächlich erfolgen. Wer sich sträubte, spirituelle Wahrheiten entgegenzunehmen, tat dies aufgrund der Verwachsung von dessen Ätherkopf mit dem physischen Kopfe. Wahnsinn, Querulantentum, Hysterie führte Steiner stimmig auf Störungen im Astralleib zurück; Wahnideen, Paranoia auf Störungen im Ätherleib; Idiotie & Dementia auf Störungen des physischen Leibs. Der Pessimismus Schopenhauers, den er problemlos »borniertes Genie« nannte, wurde durch eine »gewisse Konstitution seines Ätherleibes bewirkt«. 1917 ließ der Geisteswissenschaftsbetreiber, der gegen Impfung kämpfte, bei Pockenepidemie als einer der ersten sich impfen und dann, auf diesen Widerspruch angesprochen, das prophetische Wort hören, eine Zwangsimpfung werde kommen, jetzt sei die Lymphe noch gut, dann aber werde es nur noch Ersatzlymphe geben. Es kam aber keinerlei Zwangsimpfung. Auch andere Prognosen, wie bei Ezechiel u.v.a., gingen stillschweigend daneben. Als ihm General von Gleich 1921 Hellseherei vorwarf, taufte Steiner sein Hellsehen in »leibfreies Denken« um. Als Ägyptologen ihn baten, bei Hieroglyphenentzifferung zu helfen, ließ Steiner sich auf nichts ein (Angst vor Nachprüfbarkeit?). Weil er auf dem Potsdamer Platz 1923 geäußert hatte, dies alles werde bald in Trümmern liegen, galt er rückwirkend dann doch noch als Prophet. Wenn seine Jünger im Gasthaus ihm zuliebe, statt Fleisch, Gemüse bestellten, schockte er sie, indem er sich, seiner Lehre entgegen, Schnitzel kommen ließ – atypisch augenzwinkernd à la Gurdjieff!? Albert Steffen glorifizierte den verehrten Selbstbeweihräucherer zum »größten und besten Europäer«, zum »Heiligen« und Menschheitsführer. Dr. Kafka nahte zwar untertänig, doch im Audienz-Protokoll weidete er sich, statt vor Dr. Steiners höheren Sphären niederzuknien, an des Hellsehers Nasenschneuz-Methode. Nicht nur Zeitgenossen gingen dem Doktor auf den Leim: Er selber teilte deren Schicksal: Er glaubte seinem affizierten Großhirn alles, was es ihm vorgaukelte: Die Rippen des Thorax sah er als stehengebliebene Verhärtungen strömender Wirbel, feststoffliche Formationen als Ausfluß und Sediment gasförmiger Tätigkeit. Um Samenkörner sah er Lichtwolken, längs des Rückgrats der Tiere Flimmerlicht, um Bäume bläuliche Astralität sprühen, und über Wiesen mit Herbstzeitlosen gehend, spürte er die Gegenwart dämonenartiger Gestalten, känguruhförmig mit Entenfüßen, also dieselben ahrimanischen Wesenheiten, die man trifft, wenn man den Toten folgt, pro Krokus eine Wesenheit. Ohne psychoaktive Substanzen erlebte und schaute er mehr als spätere Psychonauten und Gewohnheitskiffer, ständig on speed, lebenslang high, späterer Terminologie zufolge. Etliche Geister hielten den Geistgebiet-Wanderer für geisteskrank. Maurice Maeterlinck äußerte 1924, Steiner sei am Anfang eines Buches ein abwägender, logischer, vorsichtiger Geist, werde dann aber in späteren Kapiteln wahnsinnig. Steiners Widerlegung: Bei der Vielzahl seiner Bücher müsse er abwechselnd vernünftig und wahnsinnig werden, und dies sei unlogisch. Pathographen schwankten zwischen leichter Paraphrenia expansiva, confabulans und phantastica bzw. schwerer Paranoia mit Dauer-Halluzinose. Anthroposophinnen ließen sich nicht aufhalten. Neben seinem monströs überirdischen Wahnsystem sah seine Handschrift, die lebenslang gleichblieb, arg brav aus, kleinmütig, geziert, weichlich, mitteilsam, leichtverdaulich, Beamtenschönschrift, Musterknabe, unkühn, undramatisch, ungut automatisch, unfrei (trotz »Philosophie der Freiheit«). Alsbald lag der »Reformator der Medizin« todkrank danieder. Alle von Dr. Steiner neugeschaffenen Medicina anthroposophica halfen nicht. Seine Frau und Getreuen hofften noch, daß höhere Kräfte, ja, daß der Doktor selber eingreifen würde. Er aber starb. Obwohl er für christliche Bestattung, d. h. gegen heidnische Kremation votiert hatte, wurde er verbrannt, so daß also sein Ätherleib gewaltsam vom physischen Leib abgeschnitten wurde. ~ Die Todeskrankheit wurde unter Verschluß gehalten. Wenig lichtvolle Wahrheit sickerte trotzdem durch. Er starb, wie 12 Jahre vorher Diefenbach, am Rektalkarzinom, was Steiner seiner Lehre zufolge überhaupt gar nicht hätte bekommen dürfen. Andere Fama munkelte von Prostataleiden. Insider redeten, wie bei Mozart und → Osho, von Mord. 1935–1945 wurde Anthroposophie, trotz gewisser Parallelen, verboten. Viele Steinerianer, statt wie Steiner in der Akasha-Chronik zu lesen, lasen bloß Steiner und sahen auf die uneingeweihte Majorität ihrer Mitbürger hochnäsig herab – und schrieben »Rudolph Steiner«, so als sei »Rudolf« zu profan für ihn. Manche warteten auf seine Reinkarnation. Anhänger entwickelten Steiner weiter: Hermann Poppelmann schuf eine neue Zoologie; Paul Schatz entwarf weiche Maschinen auf Umstülpungskinematik-Basis; Theodor Schwenk untersuchte strömendes Formschaffen in Wasser und Luft. Steiners System sah um nichts unbombastischer aus als die Systeme von Weltenbauern à la Basilides, → Mani, Dionysios Areopagita, Thomas von Aquin, Michael Psellus, Ibn Arabi, Swedenborg, → Blake, Jakob Lorber, Tolkien, Perry-Rhodan-Crew. Steiner-Übersetzung ins Russische nach 1989 ließ sich nicht aufhalten von Gurdjieff, der die Anthroposophie einer Hühnersuppe verglich, über der ein Huhn nur hinwegflog. Kritikerstimmen, die von »imposantem Quatsch« (Günther Anders) sprachen, oder von »vergeistigtem Satanismus« (»Schwarzbuch Anthroposophie«, von Dornach juristisch bekämpft), vereinfachten sehr. 170 Waldorfkindergärten, 80 Waldorfschulen (300 weltweit), mit 37000 Schülern und 2700 Lehrern, plus anthroposophischen Universitäten (Herdecke) und Kliniken (Filderklinik u. a.), zuzüglich Christengemeinschaft, setzten – bei allem allzu pragmatischem Eiswind – den mathematisch überbetonten, gewaltbereiten, amoklaufbedrohten humanistischen Gymnasien der zivilisierten Welt den Schein eines musisch-träumerischen Gegenpols entgegen, der sympathisch sanftäugiger, edelblütiger, zugleich erfolgreicher operierte als andere neognostische Zeitströmungen. Anthroposophie, die als Kirche dubiösem Sektengetümmel würdevoll entragte, gab sich verschnupft, weil sie auf internationalen Buchmessen seit je in übler Sichtweite zu anrüchig hausierenden New-Age-Eso-Verlagen zu residieren hatte. Wenn Steiner tatsächlich genau jenes Format gehabt hätte, das man kollektiv an ihm bewunderte – unausdenkbares Gedankenspiel! 2007 gelangten Steinerbücher, auf ministeriellen Antrag der Bundesprüfstelle, auf die Liste jugendgefährdender Schriften, wegen okkult-rassistischer Inhalte, siehe Steiners Diskriminierung der »passiven Negerseele« (dann müßten auch Kant, Hegel, Schopenhauer und vor allem → Henscheid drauf).

Mit Erdgeist und Astralleib – ohne Esprit

Worte und Wahrspruchworte, gegeben von Rudolf Steiner: Ausgebreitet ist um uns die physische Welt. Diese geht uns zunächst nichts an. ◆ Der Kopf bleibt eigentlich sein ganzes Leben lang im Grunde ein Kindskopf. ◆ Der Mensch muß sich abgewöhnen, einen Körper zu haben. ◆ Ebenso ist das Gefühlselement, das zwischen Schäfer und Schafen spielt, Nahrung für Salamander. ◆ Wenn ein Löwe stirbt, fällt von der Gruppenseele das äußere Physische ab, wie beim Menschen ein Fingernagel. ◆ So wirkte also der Buddha in seinem Nirmanakaya mit dem Ich des Zarathustra in dem Jesus von Nazareth. ◆ Wenn Sie ein Pferd zum Beispiel mit hellseherischem Bewußtsein betrachten, werden Sie sehen, daß weit über den physischen Kopf und in ziemlich anderer Gestalt, als dieser ist, der Ätherkopf hinausragt. ◆ Wenn die Leber die Wirklichkeit sehen würde, so würde sie die Därme brennen sehen. ◆ Das Verhältnis der Sternenwelt zum Menschen und des Menschen zur Sternenwelt ist doch real da, ebenso wie das Verhältnis des Menschen zu dem Ochsen, an dem er vorbeigeht und dessen Fleisch er dann ißt. ◆ Ohne Einsamkeitsgefühl beim Ausatmen kein Gedächtnis. ◆ Wenn hier eine häßliche Physiognomie sich entwickelt, dann stößt der an den Kosmos gewöhnte Kopf diese Physiognomie zurück, nimmt sie nicht auf, und der Mensch bildet in seinem Ätherischen solch einen Leib aus, wie er beim Ahriman gemacht worden ist, wo das Haupt verkümmert ist, verinstinktiviert ist. ◆ Und so haben wir die Erde umgeben mit diesem kontinuierlichen Glimmen der ausströmenden Geistmaterie des Schmetterlings, hineinsprühend dasjenige, was von den sterbenden Vögeln kommt, aber zurückstrahlend nach der Erde die eigentümlichen Einschlüsse der Luft, da wo die Fledermäuse absondern das, was sie vergeistigen. ◆ So wie der Mensch die Produkte seiner Verdauung in seinen Gedärmen herumträgt, so trägt der Kosmos auf dem Umweg durch die Erde die Kröten, Schlangen und Frösche gewissermaßen in dem kosmischen Gedärm herum, das er sich bildet aus dem wässrig-irdischen Element der Erde. ◆ Die Insekten haben nämlich eines Tages gesagt: Wir fühlen uns nicht stark genug, die Astralität richtig zu bearbeiten, die um die Bäume herumsprüht. Wir benutzen daher unsererseits das Baumhaft-sein-Wollen der anderen Pflanzen und umflattern diese, und euch Vögeln überlassen wir in der Hauptsache dasjenige, was an Astralität die Bäume umgibt. ◆ Erstehe, o Lichtesschein, / Erfasse das Werdewesen, / Ergreife das Kräfteweben, / Erstahle dich Sein-erweckend. ◆ Ohne Anthroposophie gehen die Menschen eigentlich verschlafen durch die Welt, glotzen alles nur an, können nicht nachdenken. ◆ Anthroposophie muß durchgesetzt werden – auch wenn Seelen dabei zugrunde gehen.

Rudolf Steiner über sich: Mir kam es damals darauf an, das lebendige Weben der menschlichen Seele in der Form eines strengen Gedankenbildes auszudrücken. ◆ Mein unbegrenztes Interesse an der Kritik der reinen Vernunft wurde aus meinem ganz persönlichen Seelenleben heraus erregt. ◆ Hinter dem Raumrätsel stand in diesem meinem Lebensabschnitt für mich das von der Zeit. ◆ Wenn der Herr Vortragende mit seiner Darstellung über den Pessimismus recht hätte, dann wäre ich lieber der Holzpfosten, auf dem meine Füße stehen, als ein Mensch. ◆ Die Vorlesungen, für die ich an der technischen Hochschule eingeschrieben war, musste ich immer mit den entsprechenden Prüfungen abschliessen. ◆ Für die Form des Geist-Erlebens, die ich damals in mir auf eine sichere Grundlage bringen wollte, wurde das Musikalische von einer krisenhaften Bedeutung. ◆ Mit meiner eigenen Seele lebte ich in einer Welt, die an die Aussenwelt angrenzt; aber ich hatte immer nötig, eine Grenze zu überschreiten, wenn ich mit der Aussenwelt etwas zu tun haben wollte.

Andere über Rudolf Steiner: Beim Vortrag drängen sich die Toten so sehr an ihn. Wißbegierde? Haben sie es aber eigentlich nötig? Offenbar doch. *(Franz Kafka, 1911)* ◆ Daher der nüchterne, trockene Ton, der Steiners Schriften eigen ist. Sie haben nichts von dem Hinreißenden, Packenden, das man von den Propheten einer neuen Weltordnung erwarten würde. *(Friedrich Traub, 1919)* ◆ Er hat Hunderten von Menschen aus hoffnungsloser Dürre zu einem Leben voll vertieften geistigen Inhalts geholfen. *(Gabriele Reuter, 1921)* ◆ Sollten Sie befremdlicherweise, trotzdem weise Meister wie Rudolf Steiner die Gehirne schwängern, doch noch nicht hellseherisch genug geworden sein, so brauchen Sie ja nur weiterlesen, um noch heller zu sehen als die geriebenste Somnambule. *(Mynona, 1922)* ◆ Er trat an den Tisch, schaute sich mit liebevoll segnendem Blick das Publikum an, koste, wie es sich für einen neuen Welterlöser ziemt, die Blumen und sprach wie ein aus einer guten Rhetorikschule gekommener Herr zuerst leise, mystisch, seltsam klingend, bis sich die Stimme zum Priesterdröhnen erhob. Er drohte auf seinen Vorträgen damit, daß, wenn jemand an dem von ihm Verkündeten zweifele, die Lotosblume der Seele zu welken beginnen würde, und die nach Göttlichkeit Strebende werde den Weg in das Nirvana von neuem beginnen müssen. *(Emil Szittya, 1923)* ◆ Ein so geschulter Hellseher, dessen eigene Gedanken und Wünsche zu scheinbaren Wirklichkeiten sich verdichten, ist kein zuverlässiger Wegleiter. *(J. W. Hauer, 1923)* ◆ Wir fühlen ihn unter uns, den wunderbarsten, den herrlichsten Menschen, den Gottesfreund. *(Ita Wegman, 1924)* ◆ Steiner ist philosophisch geschulter, belesener, besserer Systematiker und schlauerer Taktiker als seine Vorbilder, die Damen Blavatsky und Besant, im Stil desto ungenießbarer (lieber einen Tag Blavatsky und Besant-Lektüre als eine Stunde Steiner-Kost) *(Max Kully, 1926)* ◆ Er war der grosse Künder kosmischen Geschehens und des Sinnes der Menschheitsentwickelung; aber kein »Astral-Mythos« knüpft sich an seinen Lebenslauf, sondern seit 20 Jahren tauchen in der Öffentlichkeit immer wieder die gehässigsten Verleumdungen seiner Gegner über sein Leben, oft in törichtster Form, auf. *(Marie Steiner, 1928)* ◆ Dieses leere Gerede, vorgebracht in einem Jammerdeutsch, peinigt und quält; noch nie hat ein Mensch mit geistigem Anspruch so arg in der Mitteilung versagt. Dieser »voraneilende Menschheitsgenius« sprach wie ein unbegabter Dorfschullehrer. *(Max Dessoir, 1931)* ◆ Niemand wieder, der die Geschichte mit größerem Mut der Halbbildung, kühnerer Enzyklopädie der Konfusion durchleuchtet hätte als eben Steiner, der unabgelaufene Boß des Okkultismus. *(Ernst Bloch, 1934)* ◆ In seinen dunklen Augen wohnte eine hypnotische Kraft, und ich hörte ihm besser und kritischer zu, wenn ich nicht auf ihn blickte, denn sein asketisch-hageres, von geistiger Leidenschaft gezeichnetes Antlitz war wohl angetan, nicht nur auf Frauen überzeugend zu wirken. *(Stefan Zweig, 1944)* ◆ Das wirkliche, welt-verhaftete Leben ist in diesem Stadium des schizophrenen Prozesses lange verschollen, zermahlen von der Mühle der Krankheit. Unentwegt sitzt Steiners Ich im Innern seiner Zeitachse und bestaunt die bunten Flitter des Mahlguts. Unter sich läßt er den »Verfall« zurück, die Kümmerformen niedriger Rassen, die »Wilden« und die »ganz Geistlosen«; über ihm öffnet sich Himmel auf Himmel. *(Wolfgang Treher, 1966/1990)* ◆ Nach Steiners Untersuchungen ist das menschliche Blut der Träger des Ichs. *(Adolf Baumann, 1986)* ◆ Steiner ist kein Abgott, für den ihn auch heute noch viele Anthroposophen halten, sondern ein Okkultist, Nationalist und Rassist. *(Guido & Michael Grandt, 1997)* ◆ Kurzzeitig schob auch der junge Rudolf Steiner ein Astralbein in die Tür, während der Restleib noch titanisch mit den Erkenntnisrätseln höherer Welten rang. *(Oliver Maria Schmitt/J. W. Jonas, 1999)* ◆ Steiner stigmatisierte Menschen aus Afrika als triebhafte, nicht zum Denken befähigte Lebewesen, zwar sind sie irgendwie Menschen, »weil ja der Mensch immer ein Mensch ist, selbst wenn er ein Schwarzer ist«, aber ihr Hirn sei minderwertig, »das Hinterhirn besonders ausgebildet«. *(Jutta Ditfurth, 2000)* ◆ Der Begründer der anthroposophischen Bewegung war als Dichter ein stümpernder Epigone, als Mystiker ein Hochstapler, als Philosoph eine Null, als Naturforscher ein Scharlatan und nur als Sektenpriester ein Genie. *(Gerhard Henschel, 2000)* ◆ Er suchte insbesondere die Tatsache zu verschleiern, daß er bis zum 54. Lebensjahr in engstem Kontakt zu prominenten Päderasten und Homosexuellen stand und etwa 16 Jahre lang leitende Funktionen in zwei esoterisch-männerbündischen Geheimorden innehatte. *(Bernd-Ulrich Hergemöller, 2001)*

Ginka Steinwachs, Vers-Sagerin, HerzschriFtmacherin, Originalkopistin, Paraphraseuse, Performerin (geb. 1942): Philosophiestudium, Komparatistik, Religionswissenschaft in München, Berlin, Paris. Schülerin von Roland Barthes am Ecole Pratique des Hautes Etudes, dann Université de Vincennes und Ecole Normale Supérieure. Promotionsthema: »Mythologie des Surrealismus«. Säulenheilige bzw. Lieblingslektüre: Carl Einstein, Brillat-Savarin, Gombrowicz, Sohar, Spinoza, Santiago Rusiñol, Hamann, Gontscharow, Serres, Leiris, Derrida. Im Gaumentheater des Mundes, platal theatre of the mouth, théatre palatal de la boubouche übte sie, seit 1982, Körpersprache des Mundes. Täglich werkte sie an der »kdk« (kathedrale des kopfes), schuf ein monument aus (kleingeschriebenen) momentaufnahmen. Der klassische Mond, der aufgegangen ist, wurde bei ihr zum aufgegangenen Mund, zwischen G-stern & morgenrot, und amalgamierte sich für polyphone Hörer auch mal mit »marmor stein & eisen bricht«. Andere trugen das Herz am rechten Fleck, sie am Fettfleck, dies aber – statt aus anatomischen Gründen – aus phonetischen; denn sie tänzelte und charmierte eher als das Gegenteil eines Sandsacks und einer Wuchtbrumme durch Orte, die gern Biniaraix hießen, aber auch 4th berlin biennial for contemporary art. Andere machten Gedichte oder produzierten Lyrik; sie aber verfertigte »schrift & schwebebilder«, mixed pixels & Ginkalitzchen. Ihre KollegINNEN waren bloß auf dem Sprung und schrieben bisweilen bloß auf kleinstem Raum, sie hingegen »auf keinstem raum«, und zudem stets oder oft auf dem Ei-Sprung! Andere nachkleckernde Spätsurrealisten boten bloß Performances, sie aber spendete Perfo-romanzen. Sie holte sich zig luftschnäpSchen und trat in x Bettnäpfchen. Sehnsucht ergänzte sie durch SehnFLUCHT. Ihr herz sei wie aus glas, durchsichtig, transpa-apparent – Vorsicht Hochspannung, Schwebensgefahr!!! Indem sich ihre Gedichte an ein DU wandten, wurden sie zu geDICHten, und ihre Phantasie zur »phanta-SIE«. Im kleinen oralon des eros definierte sie »lieben« als »gegenseitig geruhen, sich beiderseitig einander haben zu wollen« – und sich selbst als »lebenslängliche abc-schützin, mit der tendenz, das ziel zu übertreffen«. Sie lachte und verwilderte. Sie lachte und bebilderte. Eine Katze taufte sie auf »principessa chichimichi«. Auf Reisen führte sie einen »rosa prosakoffer« bei sich. Andere Mädchen waren bloß Mädchen für alles, sie aber sah sich als Mädchen für das All, nach dem Gesetz der Vergrößerung. Aber das Gesetz der Verkleinerung machte dann aus ihren Siebenmeilenstiefeln Sieben-Zeilenstiefel. Großformatige Pathetica à la Jüngstes Gericht schrumpften innerhalb ihres silbernen Silbenstechens zu ihrem »jüngsten gedicht«. Der ganze Kosmos erst recht, indem er bei ihr, die sich auch mal »johann wolfgang ginka« nannte, vom unkomischen Substantiv zum persönlichen Appell sich transformierte: »kos mich!« Und schon paraphrasierte sie George/Schönbergs »luft von anderem planeten«, spürte dementsprechend »luSt von anderem planeten« und trat als eine Neo-Barbarella namens Barnarella in einen sog. »vagina-dialog«, face to face Ginka und VaGINKA. World und Word koinzidierten bei ihr im »wor(l)d«. Nicht umsonst sah sich die Poetik-Dozentin als metaphysischer Clown und als »dilettantin des wunders«. Aus Orgeln hörte sie regelmäßig »OHR-geln« heraus oder hinein, und aus ecritüre – Türen, und aus ihrem geliebten Sarottmohr – Amor, den sie auf ihren geliebten Floh im Ohr reimte. Geträumte gold & silberfische ließ sie am 3. auge ihres DU-plikums vorüberziehn. Einzig aus dem Zephyr schien sie keinerlei »C4« hervorzubaggern und hervorzulauschen. Sogar französische Kalauer – aus »au revoir« mach »au reve voir« – gelangen ihr problemlos. Auch die transformatio von MONSTER in MONSTERNE brachte nur mit französischem Ohr Gewinn. Ob es auf Dauer viel brachte, daß Emphase und Ekstase bei ihr »mmmmmmmmm-phase & xxxxxxxxxxx-tase« zu heißen hatten, und ob Creationen à la »cha-osmose«, »ele-phanta-SIE« oder »poetikvorleszungen« als höchst ingeniös oder nur halb so erhellend und ewigkeitsträchtig herbeiregneten, ließ die vielfach allzu inexistente Fangemeinde erst mal offen. Gleichwohl verlangte Ginka als eifersüchtelnde Loverin vom Leser, wer es auch sei, nur an eins zu denken, an sie, statt an »haus oder feld oder geld«. Ästhetisches Problem vielleicht, daß sie viele Mitbringsel aus Kalau nicht ganz so en passant einbaute wie Arno Schmidt (der bloß in seiner Spätphase seiner Etym-Theorie auf den Leim ging, und vorher angenehm selten, seinen Mä10 und daß ihm schon ein Mä5 genügen würde), sondern stets sehr pointiert als Clou und Sekundenwitz einer Zeile. Ihre Funde präsentierte sie weniger irgendwelchen Luchsohren, sondern garnierte sie unübersehbar obendrauf, von viTAL bis kreaTIEF, lauter betont unversteckte Ostereier. KritikerInnen rühmten ihre »präzise Leichtigkeit«. Friederike Mayröcker widmete ihr ein Gedicht. 1992 in Klagenfurt kam sie als alles überwölbendes, farbenfröhliches Schlußlicht dran, wurde auch als rahmensprengende Diva gehandelt, dann aber blieb die Grau-in-Grau-Jury bei ihren Leisten und Bügelfalten und kürte & adelte, statt den Dante & Andante radschlagend vor die bläßlichen Säue werfenden Paradiesvogel, viel hausbackenere Hühnchen & Sperlinge. Davon mußte Ginka sich ein Jahrzehnt lang erholen. Die Wissenschaft, sofern sie was mitbekam, mochte sich streiten, ob Ginka Steinwachs – neben → Geerken – den allzu schnell abgeklungenen, in Deutschland kaum gepflegten Surrealismus, inklusive Dada, weiterpflegte bzw. überhaupt erst hochzog, oder ob das wortklingelnde Treiben lediglich ein mühsam effektloser Versuch sei, da irgendwas nachhallen zu lassen und mit aktuellen Worten wie »Bewegungsmelder« & »cyberpoems« & »DVD« aufzupeppen. Von ihrem Tagebuchbaum fielen nach wie vor antiquarische Reminiszenzen an Else Lasker-Schüler, Picasso, Herzgewächse, also Schönbergatmosphäre, bereits von Hans Wollschläger aufwendig modernisiert. Sie entfloh, wie stefan george & Anton Webern, auf leichten Kähnen. Ihre Buchtitel lauteten jederzeit unverkennbar avantgardistisch: »stein, komme wachs! ausrufezeichen«. Neben gut geerdeten, auf der wohlgegründeten festen Erde stehenden, sattelfest volkstümlichen Lyrik-Kollegen wie Robert Gernhardt wirkte die fragile Ginka wie ein Flamingomädchen, das vom Himmel fiel.

Nach jedem Päuschen ein Appläuschen

Worte von Ginka Steinwachs: fassen SIE sich mal bitte / ein herz / und SIE und SIE und SIE / die dame in grün / der herr in blau / es braucht ja nicht ihr / eigenes (HERZ) zu sein – wer hat noch nicht / wer will noch mal / sich ein herz fassen? ◆ wenn die liebe ausbricht, dann ist kein gefängnis sicher. ◆ lieber einen sack flöhe hüten als ... manuskripte. ◆ das goldene spinnrad versetzen, ist etwas anderes als stroh begraben. das goldene spinnrad versetzen, ist etwas anderes als stroh begraben. das goldene spinnrad versetzen, ist etwas anderes als stroh begraben.

Ginka Steinwachs über sich: mein name ist ginka steinwachs. der name sagt alles. ◆ worte sind / meine anzieh- / puppen. / ich ziehe sie an, / sieh an, u n d / sie verpuppen / sich in meinem / m u n d. ◆ schreiben ist für mich seit dem abc-schützenalter die natürlichste art der WortbeWegung. ◆ mein verlangen nach mehr – mehr meer her – schwemmt mich vorwärts und zurück. er floatet driftet zu opus 66 von mendelssohn per vornamen glücklich, 1 einsiedlerkrebs, der seine schnecke verlor & nun eine murex purpurea sucht, in welche er sich wieder einnisten könnte. ◆ gingka lebt ginkognito.

• wenns keineR sonst machen will, den job übernehme ich: busfahrerIN des deutschen bis an seine grenzen: ultra aurora et ganges.

Andere über Ginka Steinwachs: Von Ginka Steinwachs gehen Fäden zu Rabelais, Arcimboldo, Flaubert und Huysmans, Hermanovsky-Orlando, Konrad Bayer und Jandl und Joyce. *(Karl Baratta)* • Ginka Steinwachs' Lesungen sind nicht nur persönliche Übergaben an den Leser, sondern literarische Performances, die das Buch rahmen und ausstellen und daran erinnern, daß Literatur nicht einfach nur Schrift ist. *(Sibylle Cramer, DIE ZEIT, 28. 8. 1992)* • Das Œuvre, das Ginka Steinwachs vorgelegt hat, trägt alle Merkmale eines Œuvres: einer Rede in vielen Zungen. *(Gert Mattenklott, 2003)*

Karlheinz Stockhausen, Elektroniker, Neutöner, Klang-Avantgardist, Lichtgestalt, Mythenverdünner (1928–2007): Der Mödrather Volksschullehrersohn, Sanitäter, Tanzstundenpianist, Oboenschüler, Operettendirigent und Hesseleser stieg auf zum Studioleiter, im WDR Köln, der Donaueschinger und Darmstädter Ferienkursdozent zum Schöpfer elitärer Klangwelten, der als Pionier mit multiformaler Prozeß- und Raummusik, Aleatorik, Sinusschwingungen, Hammond-Orgeln, Ringmodulatoren, Gruppen-Komposition, Kurzwellen, Afrikas Schlitztrommeln experimentierte und exklusiv einwanderte in die Cover-Collage auf Sgt. Pepper's Lonely Hearts Club Band, also in die Musikgeschichte. Der Branchenführer und Gründer des Stockhausen-Verlags avancierte – zwischen Aufführungsmaterial, Studio-Budget, Programmheften, Bühnenvorhängen, Jury-Mitgliedschaft – zum »berühmtesten deutschen Nachkriegskomponisten« (Figaro), der Markenname zum Gütesiegel. Der Innovator ließ selbst seine Kollegen Hans Werner Henze, Luigi Nono, Vinko Globokar – diese bloß kommunistischen Erdenklöße – lichtjahrweit hinter sich. Der radiophone Gesprächspartner Theodor W. Adornos mauserte sich, geritten von spirituellem Zeitgeist, zum arg Eingeweihten, der kraft innerem Auge Purpurfarbspiele sah, blendend weißgoldne Treppen. Der Komponist von KONTAKTE hob überirdisch ab – übers Überpolitische hinaus – und nannte seine Werke dann immer unprofaner MANTRA, STERNKLANG und »Anbetungen für Solisten und Orchester«. Zauberflöte, Parsifal, Dr. → Steiners Mysteriendramen verzwergten musikhistorisch neben dem Gigantzyklus LICHT (1977–2005), worin 6 selbstgezeugte Musikanten mittrompeteten und »engelhafte Knaben« über Haushaltslöchern letzter subventionierter Theaterlandschaft geisterten. Sein Nimbus, kaum noch überflügelt von Relativitätstheorie & Quantenphysik, wuchs und wuchs – nur wuchsen fast alle Ohren nicht mit, und immer inkompetenter standen Beatles- und Heinofans als Ochs vorm Synthesizer. Der Klangmagier flog und eilte den Sternen voraus – und schob weltanschauliche Hilfskonstrukte nach. Die halfen zwar schieben, nur sprach die Musik nicht mehr für sich. Der Mischpult-Maestro, der jede gesunde Menschen-Amusie vergraulte, vergrätzte dann auch noch die dünne Oberschicht verkopfter E-Musikfans. Der Neulandbetreter entschwebte ins Eso-Flatland. Die Hochbegabung begnügte sich mit meditation-trips. Der »Religionsstifter« (FAZ) verstrickte sich auf »teutonischem Ego-Trip« (Sunday Times) in »niederrheinischem Bauernbuddhismus« (ZDF). Der Picasso der Elektronik transformierte sich, nein: mutierte zum Sitarspieler, geistlich dann eher wahlverwandt mit Maharishi-Adept George Harrison oder DDR-Punk-Ikone → Hagen, statt mit Pierre Boulez, György Ligeti, Iannis Xenakis. Der Heilslehrer blies die Neunte auf dem Kamm himmelbeleidigender Sakro-Operetten-Schlichtheit! Statt Stradivari – Keyboard. Stockhausen träumte von Uraufführungen vor Gästen vom Sirius, deren Ufo er auf dem Flughafen Köln/Bonn erwartete. Der neue Sarastro, blütenweiß gewandet wie Mandäer, Moon-Sekten, Päpste, → Uriella, → Osho, riß auf Fotos die Augen auf, fast so telegen wie → Dalí. Der Standardkünder berauschte sich an der Allegorie des heiligen Michael, der naturbeherrscherisch – mitten im Öko-Zeitalter aus Artenschutz, Biodiversität und Vivisektion – an gefährdetem Reptilium, einem selten gewordenen Lindwurm, Tierquälerei verübt. Normal-Esotariern fehlte, wenn sie ihre Worldmusic abtrommelten und runterflöteten, die Fallhöhe; Stockhausen fiel fast so tief wie Luzifer. Schlimm genug, daß 19. Jhdt. (Ring des Nibelungen & Übermensch) im 20. abschwoll (zum Herrn der Ringe & Superman): Passend zum Faktum, daß Metaphysik auf den spirituellen Dackel kam und → Plotinos und Paracelsus' Naturgeister Gartenzwergen & Harry Potter den Platz räumten, segelte der Bundesverdienstkreuzträger diesseits durchschauter Gut-Böse-Schemata, ein Säkulum nach Nietzsches »Jenseits von Gut und Böse«, 30 Jahre nach Konrad Lorenz' sog. Bösen! 20 Jahre nach Zettel's Traum – LUZIFERs TRAUM. Nie ließ ein Astralbombastiker die höheren Welten geistfreier durchhängen. Höchste Erhebungen ebneten sich ein. Je hochtrabender der Vorreiter zum Guru avancierte, desto fettspritzender führte die hosenträgertragende Lichtsäule Bauchlandungen im peinlichsten Fettnapf vor. Der Verkünder bekam, von 607 bewohnten Welten unkend, Kabbala-Aufguß in falscheste Hälse. Statt → H. v. Bingen – E. v. → Däniken. Statt Erdgeist und Makrokosmos –

Pipifax & Vitzliputzli. Statt Transzendenz – Disqualifikation. Arroganz wuchs problemlos mit. Seinen Endlos-Absturz hielt der Musikweltdiktator für weiteren Aufstieg. Denn 100 US-TV-Stationen rissen sich um LICHT. Björkfans fanden den kosmosophischen Composer voll cool. Hätte er aber im Winterschlußverkauf, statt dubiöse Schubfächer (Nostradamos, Urantia, Alfons Rosenberg) als Fünftverwerter zu plündern, Qualitätsmystik vertont (Meister Eckhart), so wär bloß zurechnungsfähiges Kunstgewerbe à la Anton Webern entstanden, viel zu hoch für USA-Bedürfnisse. Ein seriös gebliebener Stockhausen wär bloß Mondpilot geworden, so aber wurde er zum Ikarus im Flugsimulator. Der Mumpitz-Celebrator erlangte Einlaß ins Narratorium unheiliger Narren. Der Kentaur aus Virtuose & Simplex synthetisierte Oben (Orchestersound) & Unten (Söhne der Finsternis, Creator-Engel, Ghostbusters, Black Romantic, Splatter Punk, Gothic-Kult-Ramsch, Gnosis-Schamott). IQ kein Hindernis. Hyperkomplexität paarte sich mit Infantilität. → Bruckners Spagat zwischen Gott & Trottel wollte schon lang mal schön überboten werden. Daß Stockhausen den WTC-Anschlag vom 11. 9. 2001 »Luzifers größtes Kunstwerk« nannte – mit dieser seiner vernunftangehauchtesten Wortmeldung profilierte er sich hochkarätig als Dada-Happening-Artist; aber WDR & BRD jaulten spießig betroffen auf. Boulevard-Presse montierte sein irdisches Face schadenfroh zwischen brennende Twin-Towers. 4 Konzerte – abgesetzt. Scheindemokratie gestand keinerlei Narrenfreiheit zu. In digitale und spirituelle Ewigkeiten trat er dann ein, kraft profaner Atemwegserkankung.

Worte von Karlheinz Stockhausen: Für die Bewohner des Sirius ist die Musik die höchste Form aller Schwingungen. Deshalb ist dort auch die Musik am vollkommensten entwickelt. ◆ Das sogenannte gebildete Publikum hat ja einen unsagbaren Mangel an Humor. Um Humor zu verstehen, muß man selber humorvoll gestimmt sein, muß man eine humorvolle Natur haben. ◆ Satan von *Satania*, einer Provinz in *Nebadon*. Wir leben in *Satania*. Unser Planet ist der experimentellste Planet in *Satania*. ◆ Wenn ich jetzt Michael, den leitenden Geist unseres Universums, zur Hauptfigur meines musikdramatischen Werkes LICHT mache, konfrontiert mit Luzifer, seinem Widersacher, und wenn zwischen den beiden Eva vermittelt, sie sich um die planetarische Bevölkerung, ihre psychische, intellektuelle und physiologische Qualität bemüht – wenn das also meine Hauptfiguren sind, dann schreien alle »Experten«, wirklich alle: »Das ist Humbug. Was redet der da für einen Quatsch!! Wo hat der das her?!«

Höhenflüge im Fettnäpfchen

Karlheinz Stockhausen über sich: Ich bete jeden Tag zu Michael. Aber nicht zu Luzifer. ◆ Ich kann meinen Körper wie ein Automobil betrachten und mit ihm umgehen wie mit einem Automobil. Für mich ist klar, daß ich nicht identisch bin mit meinem Körper. ◆ Also was da geschehen ist, ist natürlich – jetzt müssen Sie alle Ihr Gehirn umstellen – das größte Kunstwerk, was es je gegeben hat. Daß also Geister in einem Akt etwas vollbringen, was wir in der Musik nie träumen könnten. Daß Leute 10 Jahre üben wie verrückt, total fanatisch, für ein Konzert und dann sterben. Und das ist das größte Kunstwerk, was es überhaupt gibt für den ganzen Kosmos. Stellen Sie sich das doch vor, was da passiert ist. Das sind also Leute, die sind so konzentriert auf dieses eine, auf die eine Aufführung, und dann werden 5000 Leute in die Auferstehung gejagt. In einem Moment. Das könnte ich nicht. Dagegen sind wir gar nichts als Komponisten. ◆ Schon 1955–1956 reiste ich nach Lindau, um in einer Kuhglockenfabrik die schwer zu findenden **richtigen** *Almglocken* für meine GRUPPEN *für 3 Orchester* für die Uraufführung auszusuchen. ◆ Auch meine Gebete sind immer etwas Konkretes, also Gedanken, die begreifen, daß ich ein Kollaborateur Gottes bin, ein Pionier, ein ... das Wort Knecht ist zu ... ist etwas zu ... verdreht heute – verstehen Sie? – aber ein ... Assistent, so, das ist das richtige Wort: ein Assistent bin ich, und wir arbeiten in gemeinsamer Sache daran, auf eine virtuose Art eine unglaublich kreative, zum Teil auch waghalsige, zum Teil sogar brüchige Komposition gemeinsam herzustellen.
Andere über Karlheinz Stockhausen: Stockhausens Zeitmaß ist ja das der Götterdämmerung, was mir die Notwendigkeit des musikalischen Pendants zu einer Parkuhr angezeigt scheinen läßt. Diese Idee, darf ich hinzufügen, ist so alt wie Purcells Phantasie über einen Ton. *(Igor Strawinsky 1969)* ◆ Stockhausens selbstgemachten Mythologemen fehlt das Lächeln der schlankarmigen Göttinnen, deren Gesten er mit Ernst beschwört. *(Friedrich Hommel, FAZ, 1970)* ◆ Das Märchen von Stockhausen, dem Stil- und Sprachdiktator, der nur unkritische Gefolgschaft erlaubt, sind was sie sind: falsch –

(Wolfgang Rihm, 1986) ◆ Über mehr als vier Stunden windet sich jedenfalls dieses syllabische und sibyllinische »Licht«-Spiel aus dem Weihrauch von Poona und Oberammergau, aus Bibel, Sage, dem Sprachschatz des Räubers Hotzenplotz und dem mentalen Kaffeesatz des Erich von Däniken auf die philosophische Milchstraße des Karlheinz Stockhausen. *(Klaus Umbach, 1990)* ◆ Seither verkündet er, daß hyperintelligente Wesen vom Sirius die Erde gelegentlich besuchen und daß die gesamte Menschheit womöglich von den Bewohnern des Sirius abstammt. *(WDR, 2001)* ◆ Ich bin der Meinung, daß die Musikwelt diesen Größenwahnsinnigen boykottieren muß. Wenn er diesen niederträchtigen Massenmord als Kunstwerk auffaßt, gehört er in eine psychiatrische Klinik. *(György Ligeti, 2001)*

Christina von Stommeln, **Beginenmystikerin, Christusverlobte, Dämonenopfer, Volksheilige (1242–1312):** Auf wuchs sie in bäuerlichem Dunstkreis am oberen Stommelner Dorfanger. Mit 13 trat sie ohne elterliche Erlaubnis in verpönten Beginenkonvent ein, wo sie aber durch Entrükkungszustände, entzündet am Leiden Christi, die Nonnen derart irritierte, daß »die Kölnische« nach 3 Jahren zurückmußte nach Stommeln. Viel Gerede und Tratsch machte die Stommlerin weit über Stommeln hinaus bekannt. Briefe wechselte sie mit ihrem dominikanischen Seelenführer Petrus von Dacien, ordo fratrum praedicatorum; sie erhielt Besuch aus Böhmen, Reval, Rom, Ungarn, England. Oft verspürte sie glühendes Eisen, wodurch sie bei der Beichte vergaß, was sie beichten wollte. Solang das Eisen nicht abkühlte, blieb sie auch nach dem Verzehr des Leibes des Herrn ohne innerlichen Trost. Die Hitze, selbst eingebildete, erzeugte objektive Brandblasen am Mund. Kaum heilten sie ab, wurden nachts ihre Ohren angesengt, dann Augen und Stirn. Nicht nur im Kämmerlein geschah solches; im Freien wurde ihr die Nase angekokelt, Zeugen: ihre Mitbrüder Wilhelm Bonefat und Gottfried von Werden, und auch Schwester Gertrud, als sie im Bett mitschlief, bekam an der Nase was ab. Der hitzeverströmende Dämon verlangte von ihr Gottesverleugnung, drohte im Weigerungsfalle mit Mord, was er dann nicht einhielt und bloß weitere Brandblasen bescherte. 4 Dämonen erschienen ihr, scheinbar gegen ihren Willen, wie ferngelenkt, weinten, brüllten und antworteten auf ihre Vorwürfe, warum sie sie so verbrannt hätten: »Weil Gott deine Sinne für das Fest reinigen wollte.« ~ Petrus von Dacien schrieb ihre Vita. 1908 wurde sie seliggesprochen, von Weihbischof

Dr. Müller. Mystikexperten einigten sich, die psychosomatischen Mitursachen ihrer Erfahrungen stünden der Anerkennung der Echtheit ihrer dunklen Mystik nicht im Wege; so als könne Schwarze Magie bisweilen als weiße Magie durchgehn.

ELSA VON STRITZKY, Bildhauerin, Ehefrau, Christin, Muse, Engel (1883–1921): Sie stammte aus ostseeprovinziellem Landadelsgeschlecht, inklusive baltisch-schwedischer Junkerbeziehungen, aus Riga (damals russisch). Kind Nr. 10 des Besitzers der 1914 viertgrößten Bierbrauerei im Zarenreich. Man trank Tee von eigenen Plantagen in Übersee. Unbeaufsichtigt stieg das Mädchen am Strand auf einen Turm, um das Meer von oben zu sehen, oder sah vom Fenster aus den Sabbatfeiern in der Altstadt zu, und spielte täglich (wie das kleine → Meretlein mit einer Schlange) an einem Wasserlauf mit einer Wasserratte, die auf Zuruf kam, ehe ihr das verboten wurde. Von früh an mengten ungute Stimmen sich ins Gebet der sehr blauäugigen Elsa. Bei ihrer Konfirmation 1900 fiel sie in Ohnmacht (wie Franz Werfel beim Initial-Anblick des Meeres; wie sensible Derwische beim bloßen Wort »Allah«). Sie kam dann in ein Internat in Neuchâtel, für ein Jahr, um ordentlich Französisch zu lernen. Während der lettischen Revolution 1905 ging sie, als der Stritzky-Clan das sinkende Schiff Riga verließ, zu Verwandten nach Berlin, studierte in Paris, ab 1910 in München Bildhauerei, spielte Klavier, malte. 1911 verlobte sie sich vorübergehend mit dem Chemiker der väterlichen Brauerei, Edgar von Pickardt, der seine Braut nicht gern bildhauern sah, ein Pedant vom Schlage Bendix Grünlichs. Zu Gast auf dem Bauernhof ihrer Schwester in Baierbrunn, trat zwischen auseinanderstiebenden Hühnern ein Mann ein, 2 Jahre jünger, sozialschwach, ein selbstbewußter Systemdenker, der mit Exklusiv-Fremdwörtern rasant um sich schmiß, des Namens Dr. → Bloch, ein Messias auf Brautschau, und sagte: »Hühner sind nicht gerade ein treffendes Abbild des Weibes.« Bevor es zu Annäherung kam, unterstützte sie ihn finanziell, und hinterher sowieso. 1912 in Riga, zum 70. Geburtstag ihres Onkels Christian von Stritzky, übte sie im Rokokokostüm Joseph Haydns Kindersymphonie ein, mit Allongeperücke, Nichten und Neffen mit Triangeln. 1913 Heirat mit Dr. Bloch, nicht in Riga, da man als Jude nicht länger als 3 Tage in Rußland sein durfte, sondern in Garmisch, trotz Elsas bereits schwerer Krankheit und erster Unterleibs-OP; und obwohl die Stritzkys den dubiös anheiratenden, armen Schlucker als

Mann ihrer Tochter ablehnten und ihn bei jeder Wiederbegegnung »noch widerlicher als früher« fanden. Weil Elsa von Heidelberg nach Tübingen, um zum todkranken Onkel zu gelangen, 3 Tage brauchte, kam sie um einen Tag zu spät. Im Lauf folgender Jahre lag Elsa ihrem Ehemann, der hoch zu Roß auffuhr, derart zu Füßen, daß wohl auch in ihm so was wie Gegenliebe erwachte. Der anachronistische Märchenton ihrer Wundergläubigkeit, die von ihrem Mann sog. »Goldluft« ihres angeblich trotzdem völlig uninfantilen Christentums, worin scheue Ehrfurcht, Sternthaler und Engel vorkamen, und ihr Schock als Kind, als Christin keine orientalisch bunte Jüdin zu sein, lieferte schlichte Harmoniestimmen zum ambitionierten megamystisch-parakletisch-devachanischen Transzendentalismus und Utopiegeist des Dr. Bloch, dessen Konfektions-Ergüsse und qualmig hochmögenden Weihgesänge vom aufgedeckten Angesicht, mitten in jener technischen Kälte und regierenden Abwaschbarkeit und Wasserklosetthaftigkeit, die im »Geist der Utopie« auf höchsten Ebenen zutiefst beklagt wird, Elsa sich vorlesen ließ, ungenervt, mitschwingend. Sie schien alles zu verstehen, verstand inniglich, anpassungsfähig bis sympathetisch. Sie nahm die ausgeflippt mystischen Schriften ihres Mannes als drittes Testament. Sie glaubte glühend an diesen komischen Propheten, der zugab, selbst- und herrschsüchtig zu sein, aber der durch ihre Inwendigkeit und fromme Milde sich, bei aller Ungeduld und Cholerik, zu einer selber mehr inwendigen Seele sublimieren ließ. Pudelchen, Bärenmann und Bärlein, wie sie ihre unendlich geliebte Dualseele privat nannte, titulierte umgekehrt sie Helmchen, Sternthaler und Else, statt Elsa. Ab 1914 wohnten sie feudal mit Stilmöbeln, Persern und Wasserklosett im Schloß im Grünen, im Isartal. Man erwog mit heiligen Schauern eine Palästinareise. Abends ging saß man in Gustav Mahlers »Lied der Erde«. In Gesellschaft kam es vor, daß nur die beiden miteinander sprachen und alles um sich herum vergaßen. Nachts sah Else zwischen Traum und Wachen alte weißbärtige und rot beturbante Zwerge sitzen, die sie ansahen und eifrig irgendwas aufschrieben. Wirkten Handwerker ins Haus, reiste Bloch fort, und Else organisierte alles allein. Sie liebte ihn derart selbstlos, daß sie sich jetzt bereits Sorgen machte, wie sie ihm, wenn sie mal zu alt für ihn sei, junge Mädchen verschaffen könne. Dann zerrann der elterliche Geldfluß aus Riga, von einem Tag zum anderen: Brauereipleite dank kriegsbedingten russischen Alkoholverbots, Kriegswirren, Probleme mit Likörfabrik-Aktien. Ihren nicht sehr souverän reagierenden Eltern warf Elsa vor: »Ihr wollt die Ritter von Stritzky sein? Fallierte Bürger seid ihr!« 2 Jahre verbrachte das hohe Paar im Präexil der Schweiz, entbehrungsreich, sie monatelang kränkelnd in enger, unbeheizbarer Mansarde, gestürzt aus Opernball in die Spitzweg-Kammer des armen Poeten. Zur Gesichtsneuralgie kam Bauchhöhlenschwangerschaft. Im Verarmungselend behalf sich das Paar mit abstraktem Unsinn: Unmöglich, daß wir verhungern. Sie lief umsonst in 20 Antiquariaten herum, in München, um chinesische Drachenstickerei zu verscherbeln. Zeitweise sprangen die »Hopfenherren« ein, jüdische Geschäftsfreunde in Nürnberg. Ihre Ideal-Ehe währte im Auf und Ab 7 Jahre, in die sie ein ganzes langes Eheleben hineindestillierten, indem sie manchmal ihr Haar weiß puderte, als Rokoko-Leiche, als 38jährige Baucis ihres 36jährigen Philemon. Angeblich gab es null Ehekrach, laut Bloch. Kaum aber konnte sie nicht genug Haushaltsgeld zusammenkratzen, machte er ihr Szenen. Sanft ertrug sie seine Polemik gegen ihre Brüder, die er »Koofmichs« nannte, und sein Losgepolter, kaum daß ihm ein Kleid von ihr nicht gefiel. Sie bot also durchaus das dubiöse Bild einer stets sanften Dulderin, die so unemanzipiert wie möglich – Hauptsache: leuchtenden Auges – alles schluckt, alles in sich frißt, nie sich wehrt, außer einmal, als sie das kritisierte Kleid sogar zerriß und hierbei einen Lichtschalter demolierte. Was sie sofort demutsvoll bereute. Bei außerordentlicher Hingabe habe sie, laut Bloch, ihre eigene Natur voll bewahrt – zwiespältiges Lob. Elses Weinkrämpfe – 1915 brieflich an Georg Lukács erwähnt – hinterließen keine Spuren im späteren bereinigten Erinnerungsbuch Blochs. Auch Emmy Ball-Hennings verehrte ihre mystische Frömmigkeit, bat sie um ein Bild, schenkte ihr eine Spieldose, schrieb ihr: »Es klingt so armselig, wenn ich sage: ›Ich liebe Sie‹. Spüren Sie die Verzauberung, die hinter diesen drei Worten liegt, und Sie haben einen Schimmer von dem Glanz, den Sie selbst, liebe Frau, in mir verursacht haben.« Ihren voraussehbaren frühen Tod sah sie wie Goethes Mignon als Austausch schlechter Wäsche gegen schönere Gewänder. In aller Schmach klagte sie nie. Ins Krankenhaus ging sie erhobenen Hauptes (wie Mansur al-Halladsch zum Richtplatz), festlich staffiert wie Ophelia, mit Federboahut und Lieblingsblumen: gelbe Mimosen, Rosen und Lilien. Das Klinikpersonal erkannte sie gar nicht als todkranke Patientin, 4 Bücher als Reiselektüre: Losungen der Brüdergemeine, Loyola, Geist der Utopie, Karl May, 5 Tage vor ihrem Tod durch Uteruskrebs. Münchener Ostfriedhof. ~ Postum wurde die Jahrgangsgenossin → Kafkas sprachmächtig stilisiert vom Witwer zur Eurydike, zur Samurai-Frau. Trieb ihn schlechtes Gewissen? Auf die Basis weggelassener türmte er hinzugefügte Details. Nicht erst postum legte er fest, wie sie gewesen war. Bereits 1915 hatte Bloch sie, Lukács gegenüber, »die Lächelnde, Verklärte, Erhabene« genannt. Statt ihre Bildhauerei zu erwähnen, rühmte er ihre Prinzessinnenart, holdselige, lilienhafte Wesenheit, und Lichtgestalt, verglich sie dem Mädchen aus Schuberts »Tod und das Mädchen, der Nonne → Emmerich, Karoline Schelling und Mozarts Konstanze bei Eduard Mörike, schwärmte von »strahlendster Schuldlosigkeit«, von »tiefsinnigster Ausgeglichenheit«, und schon stand Else als luzide Chrysalide da, durch die von hinten her die einhellig sog. »andere Welt« bricht. Eine Künstlerin wurde eine Heilige, weil ein Dandy sich als Ikonenmaler betätigte. Fotos, die mit Hakennase und fliehendem Kinn seinem Pamina-Medaillon widersprachen, hob er nicht auf. Aussagen von Zeitzeugen, die alle wie auf Verabredung dieses schöne Bild stützten, baute er in sein »Gedenkbuch« ein. Blochleser sahen Bloch am Schluß ergriffen in Eydtkuhnen-Wirballen stehn, und in Riga, so als pilgere der erbberechtigte Vermögenseintreiber rein aus Nostalgiegründen in ihre Heimat. Noch als DDR-Prof. in Leipzig nannte Ernst Bloch seine Ehe mit dieser Frau das größte Ereignis seines Daseins und erzählte mit Tränen einzelnen Marxismus-Studentinnen, Else sei ein Engel gewesen und warte im Jenseits auf ihn. Und selbst wenn der Tod nur das Nichts brächte, werde er dann wenigstens ihr gleich. Nur durch religiöse Übertreibung kam der engagierte Laudator, nein: Verherrlicher der unbeschreiblichen Toten nahe. Ob sie in der peinlich privaten, pathetischen, nicht ganz kitschfreien Aufwertung, Wiedergutmachung, apokryphen Apotheose, Verklärung und Himmelfahrt ihres egomanischen Gemahls, dessen Produkt sie bleibt, sich wiedererkennen würde? Andere Berichte, außer die Blochs, blieben aus. Die weitverzweigten Stritzkys strichen den Schandfleck Elsa aus ihrer Familienchronik. Letzte Zeitzeugen starben betagt und unbefragt in den 1980er Jahren. Ein Großneffe recherchierte zu spät und umsonst.

Elsa von Stritzky über sich: Ich will und muß Dich von der leidenden Frau und Geliebten befreien, und wenn ich es mache, indem ich gesund werde, ist das die einfachste Lösung, und Du weißt, daß ich einen starken Willen zum Leben habe. *(an Ernst Bloch, 27. 4. 1920, einen Tag vor ihrer vorletzten Operation)*
Andere über Elsa von Stritzky: Ich bin erstaunt, je mehr ich Else kennenlerne, dieses lustig raffinierte, maßlos gute, intensive und vor allem unerhört intuitive Mädchen (sie hat jede Minute einen anderen braven Gedanken, sehr tüchtig gesinnt und sehr ernsthaft, besonders vor jedem Kriegerdenkmal), wo ich vorher Ohren, Augen, Herz und Sinn gehabt habe. *(Bloch an Lukács, 1913)* ◆ Bei einigen Männern freilich erinnere ich mich, so bei Furtwängler, daß er förmlich zurückprallte vor der Gewalt des süßen Lichts, als

Vom Ehemann zur Ikone erhoben

er Else zum ersten Mal sah. *(Ernst Bloch, 1921)* ◆ Sehr schlank und groß, mit einem jungenhaften Körper, länglich-schmalem Gesicht, hoher Stirn, langen feingliedrigen Fingern bzw. Händen, dunkelblondem Haar. Tante Elsa war immer sehr freundlich zu uns Kindern, verbot eigentlich nie etwas, strafte nie, sondern erklärte einem, was man falsch gemacht hat und warum und wie man es anders machen müßte. Sie hatte immer Zeit für uns und speiste uns nie mit der Redensart ab »Dafür seid ihr noch zu klein!«, wenn man sie etwas fragte. Tante Elsa war musikalisch, spielte Klavier und regte uns Kinder an, kreativ zu sein, so z. B. aus Knetgummi Figuren und Köpfe zu machen, Figuren aus Papier auszuschneiden, Scherenschnitte zu machen. *(Arnold von Stritzky, geboren 1904, ein Neffe von Elsa von Stritzky)* ◆ Sie war ein, wie man damals sagte, »älteres Mädchen«, eine »alte Jungfer«, zudem schwer krank. Daß sie Bloch geliebt haben könnte, ist ebenso unwahrscheinlich wie daß er sie liebte, als Individuum ohnehin nicht, aber auch nicht als Projektionsfläche seiner Liebesgefühle. Es war ein Geschäft zu beiderseitigem Nutzen, spätere gegenseitige Sympathie nicht ausgeschlossen. In Blochs Briefen kommt Elsa kaum vor. Von ihrem Leben und ihren Interessen und Nöten ist nie die Rede. »Geist der Utopie« hatte er mit einem Vermerk auf dem Vorblatt »Else Bloch-v. Stritzky zugeeignet«. Auch die überarbeitete Version von 1923 widmete er seiner – nun verstorbenen – Frau: »Dem immerwährenden Gedenken an Else v. Stritzky, gestorben am 2. 1. 1921«. Nach ihrem Tode machte er sie zur literarischen Figur und beschrieb seine schmerzlich-schönen Gefühle ihr gegenüber. *(Martin Korol, 2002)*

T
Selbst Engel wärmen sich an meinen Versen
Bildschöne Wahrheit, umzingelt von Realität....
derheiten-hutz für rmale!!!
Wer war je so großartig wie ich!?
nschtes ndel!

TENSKWATAWA, Prophet, Wiedergeborener, Gesetzgeber, Eiferer (ca. 1771–1834): Als einer von Drillingen, Kinder des Shawnee-Kriegers Pukkeshinewa und der Methoataske, einer Creek, erblindete Lalawethika (Loud Noise/Lärmmacher), wie der Prahlhans zuvor hieß, auf einem Auge. Im Little Turtle War (1790–1795) in Ohio/Indiana zwischen Generalmajor Wayne und den 100 Häuptlingen der vereinigten Nordwestindianer nahmen auch sein Bruder Tecumseh (der nachmals weltberühmte Kriegshäuptling) und im Vortrupp die Drillinge Sauwauseekau, Kumskaukau und er teil. Nach der militärischen Niederlage begann er, gleichwie viele Schicksalsgenossen, verstärkt Feuerwasser zu konsumieren, sich zugleich in Heilkunde und Sagenkreise einweihen zu lassen, vom Stammesschamanen Change of Feathers, bei dessen baldigem Tod er für ihn einsprang, dies sogar recht überzeugend, indem eine Seuche ungefähr zeitgleich zu seiner Austreibung krankmachender Geister verebbte. 1796 wirkte er in einer Lokalgruppe unter Tecumseh am Great-Miami mit; 1798 in neuem Siedlungsgebiet am White River in Zentralostindiana. Statt beim Maisanbau ordentlich mitzuhelfen, durchstreifte er unverläßlich die Gegend, brachte aber als miserabler Jäger nie erstaunliche Jagdbeute mit. Ein Traum teilte ihm mit, der Große Geist sei mit seiner Lebensweise nicht einverstanden, und schon ließ er – erwachend – tatsächlich vom Branntwein ab, bekam es hin, rührte keinen Fusel mehr an und forderte alle auf, es ihm gleichzutun. 1805 fiel er um, entweder in Trance oder Koma; man glaubte bereits, er fände nicht mehr zurück, versammelte sich, ihn zu beerdigen, da erwachte er im richtigen Augenblick und behauptete plötzlich, aus dem Geisterland zurückzukommen, gestorben zu sein, die Türen von Vergangenheit und Zukunft offen stehn gesehn zu haben, jetzt wiedergeboren, also ab sofort Prophet, wie Neolin, der Prophet der Delaware. Und Lalawethika nannte sich ab sofort Tenskwatawa (Offene Tür). In seine feurigen Ansprachen übernahm er halb instinktiv, halb absichtlich jene charismatypischen Gestikulationen von Shakermissionaren, die er in Greenville, ohne deren englische Predigten zu verstehn, beobachtet hatte. Er predigte, produzierte große Gebärden, votierte mit weiterhin lauter Stimme für größeren Respekt vor Sippenältesten, sozusagen contra Werteverfall, brach mitten in der Ansprache in Tränen aus, überzeugte also sehr, riß mit, redete vom »Herrn des Lebens«. Oft zog er sich in die Wälder zurück, um Manitu zu Rate zu ziehn (wie Moses). Er schwärmte von besseren früheren Zeiten und Überlieferungen, die er zu rekonstruieren versprach, stellte auch die Rückkunft gefallener und gestorbener Freunde und Familienmitglieder in Aussicht. Sogar verschwundene Tiere würde man alsbald wiedersehn dürfen, sobald man seine Gesetze befolge. Als er merkte, wie sehr er rhetorisch in Bann schlagen konnte, brachte er immer gewagtere Inhalte, versprach die Bleichgesichter, die er summarisch als »große Schlange« beschimpfte, hinauszufegen. Sein Ruf sprach sich herum; x benachbarte Stammesvertreter reisten an, um den einäugigen Propheten predigen zu hören. Er regte an, zur Erde zu beten, daß sie fruchtbringend sei, zum Fisch zu beten, daß er zahlreich sei, zu Feuer und Sonne zu beten; er führte Vergnügungstänze ein. Daß er in seinen Offenbarungen, die direkt aus der Geisterwelt kamen, sich in Widersprüche verwickelte, fiel kaum auf: Einerseits plädierte er als Urkommunist contra Besitzgier und pro Gütergemeinschaft, andererseits peilte er als Animist magische Unverwundbarkeit gegenüber den Gewehrkugeln der Weißen an. Er forderte den Zusammenschluß auch verfeindeter Stämme, als Panindianismus-Visionär, und bot zugleich abstruse Kosmogonie, worin die Shawnee primärer, günstiger, rassisch wertvoller dastanden als andere Algonkin (genau wie bei den Black Muslims). Einerseits dürfe man Franzosen, Briten und Spanier als Freunde behandeln, Amerikaner aber keineswegs, andererseits verlangte Tenskwatawa von den Shawnee, also Angehörigen der 5fach zersträhnten und zerstrittenen Algonkin-Sprachgruppe, nie mit Weißen zu verhandeln und übernommene Speisen und Hüte dem erstbesten Bleichgesicht, das man träfe, zurückzugeben. Er focht für Unabhängigkeit von den Weißen, wie → Gandhi, aber im Drohton von Altem Testament oder Koran. Und schon blieben weiße Händler tatsächlich weitgehend auf ihrem Schnaps und sonstiger Krämerware sitzen. Jede Abweichung von seinen Gesetzen, rief er, beleidige den Großen Geist. Wer seine Lehren und Doktrin annahm, schmückte sich fortan mit Tenskwatawas Wampum-Gürtel. Dörfer, die sich ungegürtelt der Stimme des Großen Geistes entzögen, wie sie quer durch Tenskwatawa tönte, würden vom Antlitz der Erde getilgt werden, donnerte es durch alle Lande. Wer nicht für ihn war, war wider ihn. In seinem »Gesetz des Propheten« votierte er gegen die indianische Polygamie (und gegen Mischehen), so als kopiere er nicht nur christliche Charisma-Pantomimen, sondern auch unspendabel monogame Ermahnungen. Tecumseh, trotz offnen Ohrs für die Tiraden seines Bruders, fand diese Entwicklung und die brüderliche Wundersucht denn doch bedenklich und übertrieben. Kaum lösten besonders eifrige Anhänger Tenskwatawas eine Hexenjagd gegen solche Stammesmitglieder aus, die nicht sogleich vollauf mitzogen, wurden erste Abweichler hingerichtet, woraufhin sich sofort die Weißen einmischten und sozusagen auf Einhaltung der Menschenrechte drangen (auf der Basis derselben Doppelmoral, mit der 2005 f. Präsident George W. Bush China an internationale Rechtsverstöße zu erinnern sich erdreistete). Vom Government abgelistete Landabtretungen führten dem listigen Propheten weitere unzufriedene Leute zu. Bei den Kickapoo und den Potawatomi-Kriegern von West-Michigan, Illinois und Wisconsin rannte die offene Tür offene Ohren ein. Buschtrommeln und Lauffeuer erreichten bald auch die Sauk, Winnebagoe, Menominee, Chippewa, Assiniboin, Potawatomi. Weiterer Flächenbrand drohte. Tenskwatawa prophezeite einen apokalyptischen Weltbrand, aus dem einzig die Indianer gerettet werden würden. Im hereinbrechenden Dunkel würde der Meister des Lebens Tenskwatawa und seinen engsten Kreis mit Licht versorgen, nahe bei Greenville (Zeugen Jehovas everywhere & everytime). Gleichwie die Shawnee-Religion immer ausufernderе Jahresringe warf, so zogen immer entferntere Pilgerströme immer engere Kreise um das Zentrum der Verkündigung, zur immer hysterischeren Beunruhigung weißhäutiger Bundesbeamten.

Kein edler Wilder (gemalt von Charles Bird King)

Worte von Tenskwatawa: Der Große Geist hat mir ferner mitgeteilt: Jeder Indianer, der nicht die Finger vom Feuerwasser der Bleichgesichter läßt, wird nach seinem Tod mit Feuer gequält. ◆ Alle Indianer, die sich diesen Regeln widersetzen, sind schlechte Leute und nicht wert zu leben. Sie müssen getötet werden.

Andere über Tenskwatawa: Warum soll der Große Geist einen solchen Scharlatan ausgewählt haben, so eine Botschaft seinen indianischen Kindern zu bringen!? *(Gouverneur William H. Harrison in Vincennes 1806 brieflich an die Delaware)* ◆ Dieser Wabash Prophet ist nur ein vereinzelter Narr, wenn ein Dümmling zu sein nicht die größte aller Narrheiten ist. *(Präsident Jefferson an seinen Amtsvorgänger John Adams, 1806)*

THERESIA VON LISIEUX, Ordensfräulein, Biedermeier-Karmeliterin, Mystikerin (1873–1897): Schon beim Kleinkind, geboren in der Normandie, zeigte sich großer Selbstbezichtigungs- und Beichtdrang. Als sie aus Versehen Tapete abriß, war sie zu Tode betrübt. Ihre geliebten Eltern erschraken, weil sie ihnen den Tod wünschte; sie aber hatte doch ihnen nur den Himmel gewünscht, und um dorthin zu kommen, mußte man vorher sterben. Falls sie nicht artig genug sei und in die Hölle käme, würde sie einfach von der Hölle in den Himmel fliegen und sich im Arm ihrer Mutter verbergen, so daß auch Gott ihr nichts würde anhaben können. Irgendwen betrübt zu haben oder betrüben zu können wurde ihr immer unerträglicher. Oft kränkelnd, wollte das weiche Gemüt und fromme Herz unbedingt Ordensfrau im Karmeliterorden werden. Im Empfang der ersten Kommunion fand die baldige Halbwaise unaussprechlichen Trost. Als Superior und Bischof von Bayeux ihr 1887 den Beitritt ins Kloster verweigerten, wandte sie sich mit dieser Bitte an den Papst und, als dieser sie an den Bischof zurückverwies, direkt an Gott. Schwester Celin, die als einzige Schwester nicht mit ins Kloster ging, betete sie auch noch hinein. Das Martyrium ihrer Pensionatszeit erwies sich als Kinderspiel gegen die seelischen Martern, die dann im Karmel auf sie warteten, dank unverständiger Oberin. Tägliche Vorwürfe, Demütigungen, Kränkungen, und nachts dann zusätzlich ausbleibender Trost im Gebet. Verdammnis und zeitweise Gottesfinsternis fühlte sie stark auf sich lasten. Aber sie redete sich zutraulich ein, daß Jesu, von dem ihr die Blumen am Weg redeten, ihr die Steine aus dem Weg räume und das Gewürm entferne. Ihr Ordensname: Therese vom Kinde Jesus und vom Heiligen Antlitz. Vorformen von Glaubensskrupeln blieben ihr nicht erspart, im Gewand unschuldig naheliegender Fragen, wieso Gott seine Gnade nicht allen Menschen in gleichem Maße zukommen ließ, und wieso in fremden Ländern so viele Heiden sterben müßten, ohne den Namen Gottes gehört zu haben. Doch Jesus selbst weihte sie in das Geheimnis sozialer Unterschiede sein, indem er das Buch der Natur aufschlug und ihr via Vision mitteilte, nicht alle Blumen könnten Rosen sein, und auch schlichte Veilchen und Maßliebchen seien in ihrer Weise schön. Sich selbst sah sie als besonders kleines Blümchen. Trotzdem hielten Neiderinnen sie für stolz und eingebildet, zumal sie, dank Sondererlaubnis, täglich kommunizieren durfte. Sie verfaßte poetische Werke, Theaterstücke, kleine Singspiele. Die Priorin ermunterte sie, ihre Lebensgeschichte niederzulegen und dabei zwanglos aufzuschreiben, was ihr gerade in den Sinn kommen würde. Statt auf Himmelsleiter und Treppe hoffte sie via »Fahrstuhl« zu Gott zu gelangen, die man später in Versuchung kam, sich als Elevator oder Lift vorzustellen, statt – technologiehistorisch – eher als freischwebenden Dachdeckersitz. Zu ihren inneren Leiden gesellte sich 1891 dann noch Tbc, verstärkt durch die ungeheizte Zelle. Fasten und Nachtwachen schwächten ihre Kräfte. Vor ihrem Tod versprach sie, postum Rosen vom Himmel zu streuen. Demut, Gehorsam, Armut, Reinheit, Opfergeist, Herzenseinfalt, Gottinnigkeit. Bei Erstickungsanfällen sangen draußen Rotkehlchen, und beim Sterberöcheln auch. Sie: »Mutter! Ist das noch nicht der Todeskampf? Werde ich nicht sterben?« »Doch, meine arme Kleine, das ist der Todeskampf, aber vielleicht will der liebe Gott ihn einige Stunden verlängern.« ~ Der ursprüngliche Wortlaut ihrer »Geschichte einer Seele«, zunächst von Mitschwestern katholisch bearbeitet und geschönt, wurde später rekonstruiert. In Relation zur großen Theresia von Avila wurde sie zunächst die »kleine Theresia« genannt, zumal sie als arg kindlich beargwöhnt wurde, und dann – ihr Name wuchs rasch an – heiliggesprochen 1925 von Papst Pius XI., ab 1944 Patronin der christlichen Arbeiterjugend, im Angelsächsischen »Little Flower« genannt, und dann, 1997, von Papst Johannes Paul II. zur Kirchenlehrerin erklärt. Die zeitgeistgeschwängerte Zunge des Paters Alfred Läpple nannte sie humorvoll eine »Teenager-Heilige«.

Worte der Theresia von Lisieux: Glichen alle Seelen den Gottesgelehrten, die Leuchten in der Kirche waren, so würde das den Anschein erwecken, als steige Gott nicht tief genug herab, wenn Er sich ihnen nähert.
Theresia von Lisieux über sich: Ich werde im Himmel nicht untätig bleiben. ◆ Ich war verwundert, als ich feststellte, mit welch außergewöhnlichen Gnadenerweisen Er große Sünder, wie den heiligen Paulus, den heiligen Augustinus, die heilige Maria Magdalena und so viele andere, überhäuft hat, wie Er ihnen – wenn ich es so sagen darf – Seine Gnaden gewissermaßen aufdrängte. ◆ Durch ein Gnadengeschenk Gottes wurde mein Verstand schon sehr früh lebendig. ◆ Mein ganzes Leben lang gefiel es dem Herrn, mich mit lieblichster Liebe zu umhegen. ◆ Niemals hätte ich geglaubt, daß es möglich ist, so viel zu leiden. Wie soll ich es mir anders erklären als durch meinen übergroßen Wunsch, Seelen zu retten?
Andere über Theresia von Lisieux: Unser Kleinchen ist ein Schelm sondergleichen. *(Theresias Mutter über sie als Kleinkind)* ◆ Von ihr lernt der luziferische Mensch unserer Tage, den das Wissen und die Beherrschung der Naturkräfte hochmütig gemacht haben, wieder das Kindsein vor Gott, die fröhliche Hingabe seiner selbst bis zum Opfer, das natürliche Christentum ohne Klauseln und Probleme. *(Hans Hümmeler, 1954)*

Georg Trakl, Garnisonsapotheker, Militärmedikamentenakzessist, Dichter, Zyklenschöpfer, Symbolist (1887–1914): Der Eisenhändlersohn, religiös erzogen, absolvierte, eingedenk dessen, daß auch Henrik Ibsen als Arzneimittelhändler wirkte, auf leichteren Zugang zu Reizmitteln hoffend, ein Praktikum in der Apotheke »Zum weißen Engel«, in der Linzergasse zu Salzburg, bei Claus Hinterhuber. Grausam-unzüchtige Bilder bedrängten – gepaart mit qualvoll-ungestillter Lust – unerlöst das feinnervige Herz und gebaren brünstig-fieberndes Gebet, das aus allen Poren troff. Beeinflußt von Lenau, Rimbaud, Paradis artificiels, Verlaine, Mallarmé, stefan george, Loris, veredelten sich simple Sommerblumen unter den Händen des Dichters hochpoetisch zu »Blumen des Sommers«. Schmerz und Plage des steinigen Lebens verwandelte er in einsame, teilweise Ludwig von Ficker gewidmete Gedichte. Gottes Geier zerfleischten ein metallenes Herz. Fahnen von Scharlach stürzten durch des Ahorns Trauer. Hirten sangen in des Hains uralter Trauer. 1912 publizierte Ludwig von Ficker »Vorstadt im Föhn« von Georg Trakl. Schnee sank leise aus purpurner Wolke. Aus des Einsamen knöchernen Händen sank der Purpur seiner verzückten Tage hin. Wenn ein strahlender Helm klirrend von purpurner Stirne sank – schwitzte oder blutete da der Soldat? In ein und demselben Gebilde rollten stille die Augen in purpurnen Höhlen und rankte sich purpurner Wein um Lehmhütten. Dem Dichter wurde alles purpurn, sogar Seuchen, die Augen von Rappen, Nachtwind und Nachttau; und Linnen! Hölderlins »liebliche Bläue« metamorphisierte sich, kraft Trakls dichterischem Wollen, zu »heiliger Bläue«, »beseelter Bläue«, »kühler Bläue« und »verwesender Bläue«. Nietzsches geheimnisvoller Nachen mutierte zum blauen Kahn. Nicht erst Picasso durchlief – so blau wie Schnee, so Paul wie Klee – blaue Perioden: Trakl riß sich vom Blau so wenig los wie Ludwig Kirchner vom Lila. Sein Blaustich – blaues Wild, das unter Bäumen tönte, also im Wald, scheinbar von Franz Marc tingiert – blaute retrospektiv als katholischer Grünspan. Sanfte Flamme! Schwarze Dornen! Dornige Stufen! Dunkle Klage! Dunkle Pfade! Dunkle Zimmer! Reine Helle! Schwarze Verwesung! Bleiche Menschen, weiße Engel! Dunkle Engel! Schwarze Tannen! Nirgendwo eine grinsende Visage, aber allerorten ein blaues Lächeln im bleichen Antlitz. Streng limitierte Bausteine und Memorykarten (Holunder, Glocke, Wunde) verschob er immer minimalinvasiver und auch chaostheoretischer: Mal schlugen Knaben bläulich die Augen auf, mal Verweste; mal vergilbte der Mond, mal das Korn, mal Gestein; Geäst nannte er mal kahl, mal still, mal morsch, mal brechend. Ihm geziemte, im Dunkeln zu wandern und in Zimmer einzutauchen, erfüllt von Akkorden und Sonaten. Als Dichter – wenn schon, denn schon – nannte er seine Schwester Gretl Trakl, dies Karfreitagskind, deren Stirnenbogen nachts von Sternen gesucht ward, auch mal »Jünglingin« (»Fremdlingin« stand bereits vorher bei Hölderlin). Seine »steinerne Greisin« und seine »grüne Blume« klangen origineller als seine »steinernen Stufen« und »blaue Blume«, und sein goldener Herbst nicht so unausgelutscht wie seine lallende Quelle. Nicht immer schwang er sich – weiterhin protegiert von Ludwig von Ficker – zu so unüblichen Adjektiva wie »zerwühlter Stirne« auf, oder zu Metaphern à la »zerbrochene Stirne der Nacht«, sondern begnügte sich oft auch mit ungelüfteten Adjektiven à la »eisiger Wind«, »alte Eiche«, »wildes Tier«, und dies mitten im Gedicht. »Schöne Sterne« kamen fast schon wieder, in ihrer Superschlichtheit, erstaunlich unabgegriffen heraus, wenn nicht sogar einfach nur ganz einfach und schön. Aus wenig machte er, statt viel, mehr als wenig. Bereits von → Isidorus Orientalis u.v.a. – ja: allen anderen – abgegrabschte Vokabeln wie »silbern« verwendete er wie am ersten Tag. Sein »Metall«, auch wenn er damit eine Pistole meinte, klang nach Alchimie oder Eisenzeit. Trakls Adler und Zedern stammten eher aus Altem Testament als aus Brehms Tierleben. Daß der weiße Magier in seinem Grab mit Schlangen spielt, klang so biblisch wie daß Gott mit Walfischen spielt, und zugleich fast schon wie Paul Celan. Noch seltener schlich Komik unfreiwillig sich ein, nämlich wenn am traurigen Abend ein schwarzer Regen in ein Stoppelfeld fällt. Im Rabengedicht verzückte sich in brauner Stille ein Acker, wie ein Weib, das schwere Ahnung berückt, und manchmal kann man sie keifen hören – um ein Aas, also dann doch, statt das Weib, die Raben. Weiße Greise meinten es todernst. Friedlich reiften die Früchte in sonniger Kammer. Wortwahl in puncto »Liebende« teilte Trakl, vom Zeitgeist geritten oder berührt, gar sehr mit Rilke. Verse wie »O wie ernst ist das Antlitz der teueren Toten. / Doch die Seele erfreut gerechtes Anschaun« rochen ungut nach Josef Weinheber. Die vielbeklagte Entzauberung der Welt drückte der Dichter so aus: »Die Nymphen haben die goldenen Wälder verlassen«, so als wären anschließend die Wälder trotzdem noch golden – nicht ganz zu Ende gedacht? Immerhin, der Sohn des Pan erschien ihm in Gestalt eines Erdarbeiters, der den Mittag am glühenden Asphalt verschlief. Wenn der Dichter in den einsamen Stunden des Geistes seine mal leuchtenden, mal versteinerten Schritte übers Kopfsteinpflaster der Vorstadt lenkte, spie ein Kanal feistes Blut vom Schlachthaus in den stillen Fluß hinunter, und langsam kroch die Röte durch die Flut. Wenn er durch »schimmernde Alleen« schritt im Mai, kam er an »rosenfarbenen Moscheen« vorbei. Unterdessen äußerte sich der Magister der Pharmazie, in der Stehbierhalle am Marktgraben, auch mal unaufdringlich über Goethe, Christentum und das Gedichtemachen und arbeitete daran, Fassung Nr. 4 fertigzustellen. Außerhalb seiner Dichtung kannte der Dichter sogar Worte wie »Popo«. Wenn er beinah auf eine Kröte trat oder ein Hauswirt ihn beschuldigte, auf die Stiege gespuckt zu haben, kreischte er kindlich fistelnd auf und baute im Gedicht »Sternenaugen der Kröte« ein. Bei bäuerlichem Glückstopf, wo als Gewinn ein Kalbskopf prangte, entfuhr ihm in einem Anfall heiligen Grauens ein »Unser Herr Jesus!«, was die Dorftölpel und Stiernacken, die er im Gedicht zu Landmännern und Hirten kürte, gegen ihn aufbrachte, weil sie das als Gotteslästerung verstanden. Problemlos titelte er auch mal seinen Output »De profundis«. Als Teilvormund zeichnete er zeitweise verantwortlich für Gretl. »Inzest« klang halbwegs erträglich, »Blutschuld« unverhüllt schrecklich. Im Rückblick seiner späteren Jahre lastete auf dem Knaben der Fluch des entarteten Geschlechts. Privat dünkte er sich partiell widernatürlich; als Dichter wich er arg wenig ab von dem, was als das Amt des Dichters galt: nicht müde zu werden, die Stadt »steinern« zu nennen, und die Saat »grün«. Weder konnte er die Dämonen und höllischen Fratzen stoppen, die er in seinem Blute heulen hörte, wie vormals → Antonius von Ägypten, noch war ihm, wie Kleist, auf Erden zu helfen. Der höfliche, bescheidene Heeresapotheker (mit der leserlichen Handschrift) mußte Schwerverletzte versorgen, nächtelang brüllende, bekam einen Suizid nicht hin und starb in einem Feldlazarett in Krakau/Galizien an überdosiertem Kokain. ~ Papierfirmen, Eisenhandel, alle soliden Kaufmannsdynastien und Firmengründer à la Hermann Kafka, Rudolf Werfel, Jakob Kraus, Tobias Trakl zeugten in den Gründerjahren verdächtig oft jene feinnervigen Psychen, die, statt Papier und Eisen zu verkaufen, Dichterträume und Literaturgeschichte produzierten. Kurz vor Einführung des Traktors in die Landwirtschaft sprach Trakl vom Bauern weiterhin als vom Landmann, im Inflationszeitalter, zwischen Veronal und Novalis, den er »heiligen Fremdling« nannte. Mitten in Salzburg rauschten Eichendorffs Quellen im Grund und verfallene Mauern statt Ruinen. Man einigte sich, Trakl habe in neuromantischer Manier Sehnsuchts- und Todesmotive aufgegriffen. Man rühmte die große Musikalität seiner Verse, sowie das Dichterische an der Dichtung dieses Dichters. Wie weltweit alle Dichter, von Rabindranath Tagore bis Octavio Paz, drückte Trakl sich sehr um Bestimmungsbücher à la »Was fliegt denn da?«; nur selten präzisierten Vögel und Blumen sich zu Amseln und Astern. Null Biodiversität, außer mal allenfalls eine Drossel oder Hyazinthe. Ein Baum stand mal als Ulme herum. Die einen verübelten Trakl getuschtes Ungefähr und morbide Décadence angesichts des drohenden Untergangs; die andern rühmten, er habe stattgefundene Untergänge vorausgeahnt. Sein untiefes Wortgeklingel galt in seinem Rekurs aufs Mythische weiterhin als weitgehend dunkel und ward als Hermeticum verkauft. Postum klang seine »mondene Stimme« arg unmondän, und seine »kotbefleckten Gewänder«, womit der Dichter matschverdreckte Textilien gemeint hatte, viel versauter, trashiger, verschissener denn zuvor zu Lebzeiten. Im Rauschgiftzeitalter stand er als Junkie da, der bilderreich und mythisch vom »Mohn« munkelte. Im Zeitalter der Transistorradios und Walkmans wurde Trakls allerorten vernommener »sanfter Gesang« progredierend obsolet, anachronistisch, unglaubwürdig, jederzeit trauervoll unerreichbar. Retrospektiv hatte bereits Nietzsche, wenn er in Venedig in »brauner Nacht« stand, expressionistisch getrakelt. Psychologen entdeckten bei Trakl – ihr Metier zwang sie dazu – psychologische Standards: »unerklärliche Angst« und »paranoide Ängste«, Schuldgefühle und »unstillbare Sehnsüchte« nach »mütterlicher Zuwendung«, »unbewältigte familiale Konflikte«, die Germanisten fleißig nachbeteten, und verglichen den Symbolisten, vom dunklen Grund her, mit Gustav Mahler und Edvard Munch. Biographen ließen Formulatio los wie »Wie mag sich das Leben in diesem Haus für den jungen Georg abgespielt haben?« »Trakls Lebensbedingungen«, »gefährdetes Dasein«, »bedrückende Isolation«, »menschliche Begegnungen«, und referierten, er habe unter dem Alleinsein gelitten, und daß er sich an → Kraus als moralisch-ethische Instanz wandte, nachdem ihn in seiner Orientierungssuche Hermann Bahr enttäuscht hatte (im Psycho-Jargon suchen sogar Morgenlandfahrer Orientierung). Nicht nur ungeniale Vertoner vertonten – teils hochgenial, teils ziemlich genial, teils kongenial – Trakls vertonbare Fünftfassungen; sogar Adorno, statt ihn »religiöses Kunstgewerbe« zu rüffeln, vertonte ihn. Alle erkannten Trakls tiefe Tragik; keiner sah Trakl als Trottel. Bleiche Literaturwissenschaft fühlte sich, sobald der Dichter von blutendem Wild und bleichen Schatten der Schwester schrieb, ziemlich zuständig, inspiriert, geradezu durchblutet. Neu sich etablierende Linguistik behelligte Trakl interdisziplinär, komparatistisch, medientheoretisch, methodenkritisch mit poststrukturalistischen, konnotativ sekundärsemantischen und intertextualitätsanalytischen Studien und Verfahren, im Kontext rezeptionstheoretischer Modelle und Ansätze, Textur-, Syntax- und nicht zuletzt Formdominanzanalysen, inklusive Kohärenz des Textbegriffs. Man diagnostizierte oxymorischen Manierismus. Promovierte Interpreten, Exegeten, Hermeneutiker munkelten von »enigmatischer Transsubstantiation«, und »Kontrastharmonie von Faszinosum und Tremendum«; Menschen spürten »das Zwiespältige in Trakls Wesen«. Christen, angeregt von Ludwig von Ficker, stellten Trakls Lyrik in einen christlichen Sinnhorizont, erkannten sie als Aufschreie. Trakl-Forschung zählte des Zyklus-Gestalters Werkphasen, 4stufige Entwicklungsstufen, Sechstfassungen, Krisenerfahrungen, fand heraus, daß er in toto 11 Schreibmaschinen benutzte und Grete 60 x in seinem *œuvre* vorkomme. Viele Bewunderer seiner lyrischen Großformen wurmte und juckte es, daß sich nicht ganz definitiv klären ließ, ob wirklich physisch vollzogener Inzest vorlag oder bloß mentaler. Zwischen raffinierten Asphaltgewächsen wie Gottfried Benn stand Trakl wunderbar schlicht und golddunkel tönend, wie → Bruckner, schon allein seiner unangekränkelten Ölbäume und Abendweiher wegen.

Bleicher Priester am schwarzen Altar

Worte von Georg Trakl: Schweigend jagt / Den Himmel mit zerbrochenen Masten die Nacht. ◆ Am Kehricht pfeift verliebt ein Rattenchor. / In Körben trugen Frauen Eingeweide, / Ein ekelhafter Zug von Schmutz und Räude, / Kommen sie aus der Dämmerung hervor. ◆ Ihre Bläue spiegelt den Schlummer der Liebenden. ◆ Seltsam sind die nächtigen Pfade des Menschen.

Georg Trakl über sich: Ich glaube, es müßte furchtbar sein, immer so zu leben, im Vollgefühl all der animalischen Triebe, die das Leben durch die Zeiten wälzen. ◆ Ich werde endlich doch immer ein armer Kaspar Hauser bleiben. ◆ Aber da ich den Felsenpfad hinabstieg, ergriff mich der Wahnsinn und ich schrie laut in der Nacht; und da ich mit silbernen Fingern mich über die schweigenden Wasser bog, sah ich daß mich mein Antlitz verlassen. ◆ Es ist ein so namenloses Unglück, wenn einem die Welt entzweibricht. O mein Gott, welch ein Gericht ist über mich hereingebrochen. Sagen Sie mir, daß ich die Kraft haben muß, noch zu leben und das Wahre zu tun. Sagen Sie mir, daß ich nicht irre bin. Es ist steinernes Dunkel hereingebrochen. O mein Freund, wie klein und unglücklich bin ich geworden.

Andere über Georg Trakl: Es war mir immer unbegreiflich, daß er leben konnte. Sein Irrsinn rang mit göttlichen Dingen. *(Karl Kraus, 1914)* ◆ Trakl glitt, nicht achtend der realen Welt, hölderlinisch in ein unendlich blaues Strömen tödlichen Hinschwindens, das ein Herbstbraun vergeblich zu rahmen trachtete. *(Kurt Pinthus, 1920)* ◆ Die tragische Beziehung Trakls zu seiner Schwester – die Selbstvernichtung gleichsam in der Beziehung zum eigenen Blut – ist aus seinen Dichtungen herauszulesen (bestätigt auch durch eines der Jugendgedichte). *(Ludwig von Ficker, 1934)* ◆ Zwischen Trakl und seiner Schwester Grete hat es niemals so etwas wie eine Blutschuld gegeben, was diesbezüglich in den Gedichten steht, ist lediglich ein Aufrücken von Gedankensünde, die niemals in die Realität herübergegriffen hat. *(Erhard Buschbeck, 1938)* ◆ Trakls kurzes Erdendasein ist an äußeren Ereignissen arm, dafür um so reicher an innerlichen Erlebnissen. *(Otto Basil, 1965)* ◆ Deutlich zeigt sich die zweite Schaffensphase mit dem expressionistischen »Epochenstil« auf dem Wege zum Traklschen »Individualstil« der dritten Werkphase; denn in dem Maße, in dem die Gedichte von 1913 die traditionellen Symbolisierungsformen der Natur- und Erlebnislyrik im Reihungsstil abweisen, bauen sie zugleich ein innerpoetisches – intra- und intertextuelles – autorspezifisches neues Chiffrierungs- und Symbolisierungsverfahren auf, das diesen Gedichten bereits eine eigene ästhetische Komplexität verschafft und die Tendenz zur Autonomisierung der Lexeme, zu ihrer Loslösung von den konventionellen Bedeutungen verstärkt. *(Hans-Georg Kemper, 1999)*

TUKARAM, **Kleinstwarenhändler, Vishnu-Mystiker, Marathi-Dichter (1607–1649):** Herkunft aus Maharashtra/Nordwestindien, genauer: Getreidehändlerfamilie aus Dehu, 14 Meilen nordwestlich von Puna (bestens verwechselbar mit Rajneeshs Poona). In tiefer Demut, zumindest aller Bescheidenheit, versuchte er, das Leben eines dörflichen, möglichst unauffälligen Geschäftsmannes und Familienvaters zu führen. Daß er als Shudra, ganz unten im Kastensystem, noch über den Kastenlosen stand, fand er zuviel der Ehre. Ohne Kastenhochmut gut zu finden, war er vollkommen einverstanden, für immer ganz weit unten zu stehn, um Gott auf ewig ganz besonders weit über sich zu wissen. An seiner Unbedeutendheit, die er mit Bedürfnislosigkeit schmückte, weidete er sich fatalistisch. Seine Nichtigkeit war derart groß bzw. seine Anmaßung derart klein, daß er von Vitthoba (damit meinte er Vishnu) nichts erbat, geschweige denn verlangte, sondern stets beteuerte, auch ohne Erlösung auszukommen. Weder bekam er einen Guru, noch wurde er ein Guru. Auch fürs Lesenlernen reichte es zunächst nicht. Allenfalls betete er behutsam zu Vitthoba, den er auch Vitthal nannte, nicht als Tier wiedergeboren zu werden; denn als Tier könne er nicht mehr Gott darum bitten, als Mensch wiedergeboren zu werden. Vor lauter Gutgläubigkeit und Vertrauensseligkeit fehlten ihm Blick und Sinn für Preiskalkulation, wenigstens für ein Minimum an Gewinnspanne, anders gesagt: Sein Krämergeist, kaum vorhanden, ging in mangelnde Geschäftstüchtigkeit über, dann in Geschäftsunfähigkeit – sein Beruf schrumpfte hinweg in wachsender Bhakti (Gottesliebe). Als Kaufmann wurde er zum liebenswerten Opfer seines übergroßen Sippendenkens, einfacher gesagt: Nicht nur seinen Clan sah er als Verwandtschaft. Auch entfernteren Familienmitgliedern konnte er kein Geld abknöpfen, noch einfacher: Statt zu verkaufen, verschenkte er, erst nur kleine Zugaben, dann immer größere; erst nur an Kinder, dann an alle. Also mußte er bald seinen Laden aufgeben und verließ, vorzeitiger als jeder Brahmane, seine Familie. Wären alle wie er gewesen, hätte die Utopie einer Gesellschaft des Schenkens sich realisieren können. Kein Turbo-Kapitalismus wäre je so richtig in Gang gekommen. Selbst die Kultur humorigen Feilschens hätt's schwer gehabt. Nach unglücklicher zweiter Ehe wandte er sich verstärkt der Religion zu. Tukaram, kurz: Tuka, fernab des einschüchternden Riesenkanons verzwickter und verkopfter Denkprodukte und Schriften, vertiefte sich dann doch noch zutraulich ins Bhagavatapurana des brahmanischen Marathi-Gelehrten Ekanatha (1533–1599) und begann Verse im lockeren Abhanga-Metrum zu singen, die andere aus dem Gedächtnis niederschrieben. Einerseits fand er's schwer, der Welt zu entfliehn, andererseits noch schwerer, zu Vitthal zu gelangen, den er auch Pandurang nannte. Er verglich sich, indem er außerhalb von Gott stand, einem Fisch, der ohne Wasser zappelt, genau wie vorher → Mirabai, → Kabir, → Rumi und fast alle anderen. Er sehnte sich, Gott zu erblicken, wenigstens in einer Vision, aber es kam keine Vision, sondern bloß Dorfgenossen, die ihn auslachten. Es kam, wenn er im Tempel von Dehu betete, oder auf dem Weg dorthin, keine Erleuchtung, sondern bloß Moskitos, die er nicht zu töten, nicht mal zu verscheuchen wagte. Daß hingegen Vögel, obwohl er sie doch sehr liebhatte, vor ihm flohen, machte ihn traurig; denn es bedeutete für ihn, daß alle seine religiöse Bemühung nichts nutzte. Obwohl er keinem was zuleide tat, kam sich der notorische Selbstverkleinerer als großer Sünder vor. Obwohl er als gescheiterter Kaufmann stets die Augen niederschlug und den Kopf neigte, klagte er sich der Ichsucht an, voll Ruhmsucht und Hochmut. Seine alsbald 6000, dann 8000 schlichten Abhangas wandten sich schlicht an schlichte Männer und Frauen. Sein mäßiger Erfolg löste bei den Brahmanen Neid aus, und Haß. Marathenführer Siwadschi lud ihn ehrenvoll ein; Tukaram reimte eine wackere Absage. Siwadschi wohnte heimlich einer von Tukarams gesungenen Predigten bei, ließ ihm eine Schüssel Goldstücke übergeben, die Tuka unter den anwesenden Brahmanen verteilte; auch hier geschäftsuntüchtig. Dann wurde ihm doch noch gewährt, Gott visionär zu schauen, und das Entzücken darüber setzte Tukaram gleich in die laufende Abhanga-Versproduktion um. Dann wieder schlug sein gebeuteltes Selbstbewußtsein in Selbstvergottung um, und plötzlich erklärte er, als Lehrer nicht nur Gott zu sein, sondern sogar höher zu stehen als Gott; denn Gott müsse ständig schaffen; sein Anbeter aber könne sich zurücklehnen, ausruhen und sogar Gott beeinflussen, auf ihn wirken und ihn lenken, also ihn beherrschen: für Tukaram atypische Gedankengänge, die ihn fast hinaufhoben zu → Bayazid al-Bastami, wenn nicht gar hineintrieben in Subjekt/Objekt-Spekulationen à la, daß der Mensch Gott nach seinem Bilde schuf. Zwischendurch ließ er sogar Seitenhiebe und Pfeile auf falsche Propheten und Gottesleugner los. ⁓ Sein Name ging weniger unter als die Namen von 1001 unbekannten Brahmanen. Postum hatte er mehr Glück. Krishna höchstselbst lockte die vielen Moskitos, die Tukaram bei Lebzeit stachen, mit einem Dattelzweig fort und rieb die Stichwunden mit Balsam ein. Daß Tuka einen schlimmen Hund heldenhaft bändigte, gehörte zu den üblichen Taten von Herakles bis Sankt Blasius und → Franziskus. Sympathischer und seinem Kleinformat angemessener erschien ein hübsches Vogelwunder, das kaum erfunden werden mußte, um wahr zu sein: In 2stündiger regloser Ekstase landeten mehrere Vögel zutraulich auf ihm, so daß Tukaram als meditierender Vogelbaum dasaß, neben einem Ajan-Baum, unweit der Stadt Alandi. Trotz seiner insgesamt erfreulich kleinlauten Demut löste er sich, als er am Ufer des Indrayani verzückt just seine Hymnen sang, mystisch in Luft und Licht auf, und kurz danach fuhr er in einem goldenen Wagen zum Himmel – Ende gut, alles gut.

Worte von Tukaram: Es gibt keinen Narren auf dieser Erde, der dem vergleichbar wäre, der sich Gott nennt. • Ein Brahmane, der den Namen Gottes nicht liebt, ist kein Brahmane. Ein Kastenloser, der den Namen Gottes liebt, ist ein Brahmane. • Kastenstolz hat noch nie irgendwen geheilt, aber die Unberührbaren haben den Ozean des Lebens durch Hingabe an Gott

Erleuchtung blieb aus, Moskitos kamen reichlich

überquert. ◆ Wir sollten unseren Körper benutzen, um anderen Gutes zu tun.

Tukaram über sich: Ich sah meinen Tod mit meinen eigenen Augen; er war überaus ruhmvoll. Das ganze Universum erbebte vor Freude. Tod und Geburt gibt es jetzt nicht mehr, und ich bin frei von solchen Nichtigkeiten wie Ich und Mein. ◆ Wenn mein Geist keine Unterschiede mehr macht, wenn er Mensch und Tier als gleich erachtet, weil Gott sie alle durchströmt, warum fliegen dann diese Vögel vor mir fort? ◆ Dieser Körper ist ein Krug, der zu Füßen Krishnas zerschellt liegt.

Andere über Tukaram: Tukarams Schriften sind interessant, weil sie uns die jahrelange Entwicklung eines indischen Gottsuchers zeigen, wie wir sie aus älteren Schriften indischer Philosophen nicht so herauslesen können. *(Walter Ruben, 1954)* ◆ Tukaram war ganz seinen Gedanken an Gott ausgeliefert. *(Martin Kämpchen, 1979)*

U

Uliversum Unwiederholbein (auch: Sufi Uly; geb. Heinz-Ulrich Bohnlich), Versager, Landkommunarde, Wolkenkuckuck, Zuspätromantiker, Müsli-Mysticus, Öko-Dandy, Daologe, Waldbold, Knüll-Idylliker, Metachemiker, Metaromancier, Polysoph (1955–2009): Im Schoß nichtsahnender Ostzonenfamilie entpuppte er sich früh als Fremd-Ei, als verträumt malende Quengelnulpe. Größere Kinder zwickte er a tergo und sah unbeteiligt woandershin. Beim Elefantenmalen mit Wachsstift berührte ihn ein Engel ziemlich metaphysisch an der Hand. Als Kind simulierte er Außerirdische; als Twen prahlte er mit dem Mangel irdischer Bedürfnisse. Manuelle Ungeschicklichkeit, 100%ig simuliert, ließ auch im stillen Kämmerlein nicht nach, genau wie bei Studiosus → Anselmus. Unfähig zu praktischem Beruf, durfte er, mangels Abi, auf keine Uni. Notgedrungen ergriff er einen Sozialberuf nach dem andern. Auf Waldspielplätzen bei Bad Hersfeld zog er sich – in lebensbejahend rausgehängtem Freizeithemd – Schopenhauer rein. Sein Buddha-Erlebnis: Kampf zwischen Mungo und Kobra, im Fernsehn. Um Maschinenlärm auszuweichen, redete er sich Naturliebe ein. Nachts rannte er mit glühenden Segelohren pulloverlos und angstfrei im Wald herum. Schwarze Erleuchtung suchte ihn heim: In pantheistischer Anwandlung umarmte er Nachtgebüsch, als waschechter Vergeblichkeitsmystiker, und faßte tief hinein in Gelegeschleim. Vegetarisch flammende Plädoyers hielt er – genau wie → Drewermann – gegen Hühner-KZs, bis alle am Tisch voll Brechreiz die Wurst nicht mehr anrührten, die plötzlich er ergriff und – aß. Der schlagersingende Tiernarr wurde streichquartettsüchtiger Sozialpädagoge, dann Theologe, dazwischen auch Librettist, Ikonologe, davor, danach und jederzeit Extremnostalgiker: Seit er in griechischer Felslandschaft ins Filmset einer Mittelalterszene hineinlief, sehnte er sich nach schöneren Zeiten, egal wohin, Hauptsache vorbei. Hinter tollpatschigen bis infantilen Clownsmasken zog er boden- und uferlose Weltbilder hoch. Im Kneipengelächter litt er an Immanenz und Dumpfheit; in Meditations-Sit-ins ließ er schnell die schöne spirituelle Atmo platzen. Gebete vorm Essen fand er lächerlich, aber profanes Reinschlingen fand er ekelhaft. Er haßte Hosen, fiel aber in Kleidern zu sehr auf. Er sah sich abwechselnd als Hermaphroditin, als Androgynus und als Vollweib; fand Transis arg einseitig, zerfloß in übergroßer Anima, rasierte aber seine Ziegenbärte nie ab. Seine Frisur steckte er gern hoch, wollt aber auch nicht als Schwuchtel herumlaufen. Kraft Künstlermähne versuchte er wie Hölderlin und → Novalis auszusehn und lief dann doch nur als Freak à la → Pieper, → Hübsch & → Rätsch herum. Aber Popmusic stand ihm nicht genug in fis-Moll – und sein Ich ihm selten zu Gesicht, außer bei Karneval: Für einen Snob sah er zu ungekämmt aus. Für einen Philosophen brachte er zuwenig Homophonie mit, für einen Asketen oder Sexsüchtigen zuwenig Humorlosigkeit, für einen Perversling viel zuviel Normalität und für einen Mystiker viel zuviel IQ und zuviel Wissen um Hirnphysiologie. Ein unvergeßlich weltsprengendes Initiationserlebnis vergaß er dann doch, japste gequält hinterher, strebte es zu reaktivieren, grübelte, bohrte umsonst. Karmisch fühlte er sich, statt mit Böll, → Henscheid, → Steinwachs, wahlverschwägert eher mit → Zhuangzi & → Bayazid al-Bastami (sich mit → Kafka & → Jean Paul verwandt zu fühlen, darin ließ er Martin Walser den Vortritt); für ein Haar von → Rumi gab er 2 Buddhas, 3 → Jesusse, 4 Christusse, 11 (!) Dr. → Steiners und 777 Wolfgang Hohlbeins & Durs Grünbeins. Für 2 Minuten Opus 132 in a-Moll gab er 3 Rumis. Wenn andere schufteten, stellte er sich gern müßig daneben und rezitierte → Trakl. Zwischen Hausgötzen (Dagar Brothers, Zelenka, → Bruckner, Ravel) liefen Haustiere herum (Borsti, Willi, Anubißchen, Scheuling, Theophrast). Aber als Alleszermalmer, der sogar an Humanismus & Antifaschismus kein gutes Haar ließ, widerlegte er selbst sympathische Ismen wie Daoismus und sogar jeden Reinkarnationsglauben. Um aber nicht plötzlich seinen Daddy als Baby windeln zu müssen, betätigte er sich wacker als Fortpflanzungsverweigerer. Überhaupt verliebte er sich sehr schwer, weil sein Luchsauge, gepaart mit prophetischer Intuition, stets sämtliche möglichen Nachteile überdeutlich vorausspürte. Aber auf den schüchternen Edeljesus stürzten sich zentnerweise Frauen, die ihn dringend bemitleiden, belächeln oder bemuttern wollten, und leider auch Männer strebten ihn pausenlos zu vernaschen. Schwarzwaldmädels, die ihm vorwarfen, sie seien für ihn nur Notlösungen, erklärte er, die ganze Welt sei selber nur Übergangslösung – wieso ausgerechnet nicht du? Wer neben ihm lag, blieb von Mücken ungestochen. Wer Zeit mit ihm verbrachte, fühlte sich erhoben – oder genervt; oder verulkt, und bekam erklärt, Ironie sei ein Fernziel, praktisch noch unerreichbarer als Gott. Oft unterließ er's, in den Wunden seiner Umwelt zu bohren. Wer unter ihm litt, bekam vom professionellen Unschuldslamm beteuert, daß er seine irdische Aufgabe darin sehe, Mitbürger hilfreich zu erheitern. Wer Schluß mit ihm machte, kam nicht los von ihm. Jahre verlor der vielseitig interessierte Dr. Exstaticus für eine labil ausgeflippte Zappeltussi, nach deren Ableben er eine Geisterliebschaft mit ihr führte. Details, die den Rahmen dieser Arbeit sprengen würden, packte er in ergreifende Schlüsselromane. Als geborener Erzähler scheiterte er an unabdingbaren Formulierungen wie »Sie sah ihn unverwandt an« oder »Herbert guckte auf die

Uhr«. Beerdigungen überstand er wie zugedröhnt, aber bei Einsiedler- und Herbstlyrik von Du Fu und → Li Bo jaulte er waidwund auf. Serbelten Busenfreunde todgeweiht herum, mailte er ihnen: »Zeig bitte der Natur, wer am längeren Hebel sitzt... vorerst!« Zu Weihnachten wünschte er: »Happy Kadaver!« In seinem Dschungelgarten im Knüllwald hingen im Juli Weihnachtskugeln an der Trauerweide. Bei Wärme bekam er Kopfweh, bei Kälte Blasenweh. Nie bekam er Grippe, dafür Heuschnupfen. Normalos sahen ihn als Spinner, und Spinner als Oberspinner. Dreifachzwittrig salvierte, changierte und lumineszierte er zwischen höchster Hoch- und buntester Subkultur. Um biologischen Zumutungen zu entkommen, liebäugelte er mit Transzendenz u. ä. Scherzen, durchschaute sie aber leider sofort. Um an ein bißchen Wehmut, Lust und Philosophie heranzukommen, nahm er sogar Kleenex, Sex und Hirnmasse in Kauf. Er litt viel, wollt aber im Spiegel keine Leidensmiene erblicken. Gern hätte seine Schokoseite edle Melancholie ausgestrahlt, à la Hamlet, aber es reichte nur zur Grimasse. Er floh in den Humor und stieß auch dort nur auf Kauleisten und Brüllorgien. Bei → Allen, Ephraim Kishon und Gernhardt zuckte er mit keiner Wimper. Kaum las er Hegel, oder »Mit Gott arbeiten«, klappte mitten im oft sardonisch grinsenden Face ein Loch auf, und U. U. legte seinen schwarzen Zahn frei (den er mit Kierkegaard teilte). In die Lachsalven seiner Sekundärkontakte stimmte er oft nicht ein, seit er ein bestimmtes Foto von sich gesehn hatte, das er unsouverän zerriß (und das → Bohnlich immer wieder nachbestellte). 11 Jahre fütterte er sich äußerst naturverbunden à la → Gräser und → Ryokan ohne festen Wohnsitz durch. 5½ Jahre lief er als Barfüßer mit Hut herum und fürbaß, bis er's leid hatte, daß Füße und Hüte von ihm ablenkten. Weil er als Hypersensitivling Stadtlärm und Nachbarn nicht aushielt, wohnte er nur in Einödhöfen und Waldklausen und litt auch dort an akustischen Erbsen und animalischem Andrang. Mal nahm er einen Esel in Pflege, mal gab er ein geliehenes Cello nicht zurück. Er kritzelte, knipste und hirnwichste sich durchs Leben und ging nie auf Kunstmessen, Fotoausstellungen und Vorträge über Kohärenz und Nominalismus. Der Kunststudent trampte nach Muir of Ord und Bommalapalaiyalaiyam, molk als Ökoaktivist → Rumpfs Ziegen u. a. Der Naturkritiker sah sich, statt als Weltverbesserer, als Kosmosverschönerer. Verzweifelte Pensionäre steckten dem Schmarotzer ab und zu 250.– DM zu. Er schrieb ein paar kg Bücher über Homunculus, Odradek, Lärm, Isis, mit links. Allen Kollegen fühlte er sich dringend überlegen, absurderweise sogar → Handke und → Sloterdijk. Flachköpfe hörten nicht auf, den Weltschmerzgebeutelten als Leichtgewicht, Talent, Essayist, Kolumnist abzutun und x Flachwichser bedeutender zu finden. Wer das Œuvre der fiesen Mimose mit Fug als »Kasperletheater der Kleinigkeiten« abtat, bekam übel eins drauf. Zeitweise fand er Arbeit als Geheimsekretär, Ideenlieferant und Ghostwriter von Ulrich Holbein. Wer das verrückte Duo nicht als Dioskuren sah, sah sie zumindest als schwules Pärchen. Goethe und Rembrandt fühlte er sich ontologisch überlegen, aber seinem Hautarzt rhetorisch unterlegen. Seinen Größenwahn nahm er noch weniger ernst als seine Hypochondrie. Sein Zahnarztverschleiß, Verleger- und Therapeutenhopping steigerten sich maßlos. Seinen Lieblingspsychologen in F/M trieb er mit Scheinproblemen in den Wahnsinn. Hinzu traten echte Probleme. Kaum hing er sich zum Hals raus, weil er nicht 22 x dasselbe Buch schreiben wollte, fiel er vom Fahrrad, schlug sich 7 Zähne raus und serbelte monatelang mit Herzmuskelentzündung in einer Herzklinik bei Bielefeld, exakt in dem Moment, als der vorletzte Busenfreund, der sich degradiert sah zum Versuchskaninchen, ihm ein reueloses »Leck mich!« nachschrie. Keine Ehemuse kehrte zu ihm zurück; lediglich sein größter Fan, Hans Osse (85), und Jugendfreund Herbert Müller (61) leckten rührend Unwiederholbeins Wunden. Ausdauernd sprang er dem Tod von wechselnden Schippen. Es war, als wollte sein Galgenhumor ihn überleben. Pro Leihfristverlängerung hagelte es weitere Aphorismen, kaum Spams dazwischen. Er versöhnte sich sogar mit Imageberaterin und Steuerberater. Seine Schwestern, Tanten, Nichten und Cousinen qualmten ihn am Sterbebett voll. Er saß dann doch nicht am längeren Hebel. Osse & Müller bedrängten diverse Printmedien, aber man räumte nicht mal 5 Zeilen oder Sekunden frei, um Unwiederholbeins irrelevantes Ableben mitzuteilen. O welch ein edler Geist war hier zerstört! Kein Hahn krähte nach ihm. Kein Schwein wußte, wie man den chaotischen Nachlaß sortieren oder verwalten könnte. Kettenraucherinnen teilten sich einvernehmlich den Erlös aus der Verscherbelung seiner legendären Knüll-Idylle. Die Zettelmassen nach und nach in den Altpapier-Container zu pressen, dauerte 4 Monate. Einzig Osse & Müller, sobald Alzheimer den Würgegriff lockerte, murmelten gelegentlich: »Uli, wo bist du?« In Google & ZVAB blieb sein Output noch ein Weilchen erhältlich.

Worte von Uliversum Unwiederholbein: Die Rückkehr des Mittelalters macht Fortschritte, aber die Wiederverzauberung der Welt läßt auf sich warten. ◆ Lebewesen hängen an der Luft wie Mumien am Luftabschluß. ◆ Eine Schwalbe genießt ihren Segelflug so wenig, als ein Pinguin am fehlenden Grünzeug leidet. ◆ Von Gott und Tier her gesehen, haben alle Menschen ab-

Erleuchtungsfimmel zwischen Streichelzoo und Opus 131 in cis-Moll

solut dasselbe Gesicht drauf. ◆ Lichtsucher stiegen zu Gottsuchern auf, die zu Sinnsuchern herabsanken. ◆ Atheisten verbrauchen auch nicht viel weniger Lametta und Christstollen. ◆ Werd ich je erfahren, wieso man alle Dinge, sogar Bücher, völlig kostenlos bekommt, bloß durch Entsorgung winziger wertloser Blechscheibchen und ein wenig zerknitterten Altpapiers? ◆ Wer kein Feindbild produziert, um auf sein Aggressionsprogramm reinzufallen, macht keine Weltgeschichte. Wer kein Streichquartett produziert, um sein Gefühlspotential auszuschöpfen, bleibt seelenlos.

Uliversum Unwiederholbein über sich: Ich laufe meilenweit für einen Umweg. ◆ Ich bin anders als alle, die anders als andere sind. ◆ Ich rücke dem Wesentlichen so lange nahe, bis es unwesentlich wird und ich ihm gar nicht nahegerückt bin. ◆ Ich strebe aufwärts wie die Gotik, doch der Dom von Worms ließ mich kalt. ◆ Wie gern wär ich Ekstatiker, wenn ich nicht so ein blödes Gesicht dabei zöge. ◆ Auch ich bin nicht von dieser Welt, doch von einer anderen leider erst recht nicht. ◆ Meist halt ich mich an die Naturgesetze, soweit mir das möglich ist. ◆ Wenn ich zum Himmel aufblick, fällt meine Mütze hinter meinem Steiß in die von mir zertretene Hundekacke. ◆ Mein Kind wird nie erfahren, daß es Autos gibt. ◆ Meine Visage stand mir selten zu Gesichte, schon meiner Identität zuliebe. Mein Hut steht mir gut. ◆ Mein Pazifismus geht so weit, daß ich selbst zum Kaffeekränzchen kein Kuchenmesser mitnehme, und keinen Tortenheber, und null Kaffeekanne. ◆ Statt der Miesepeter zu werden, der ich insgeheim vielleicht bin, mach ich's lieber umgekehrt: Ich werde der, der ich nicht bin und nie sein werde. ◆ Ein Leben lang schwenkte ich Protestfahnen gegen den Industriezweig, der Protestfahnen herstellt. ◆ Wer über mich beiläufig meckert, wird als Ulifan wiedergeboren – gratuliere! –; aber wer mich glühend haßt, noch lang nicht als Uli. ◆ Was nutzt es der gequälten Menschheit, wenn demnächst ausgerechnet so einer wie ich ihr fehlt? ◆ Nach meinem Ableben bin ich endlich von meinem unfreien Aussehn und Sein befreit, und allerlei fragwürdigen Genüssen, aber dann ist keiner mehr da, der diese Freiheit genießen könnte.

◆ Der ich jedesmal, bevor ich unästhetisch fortgewischt wurde, krampfhaft aus meinem Kleckschen Leben, dank frei Haus leihweise mir zugemutetem Nervenkostüm, jene Lustquanten herauspreßte, die mein Organismus, zwischen Kautätigkeit und Epithelabwetzung, kaum variierte. Aber irgendwie hat's Spaß gemacht, momentweise.

Andere über Uliversum Unwiederholbein: Uli ist so schrecklich albern, er spricht gar nichts vernünftig, sondern quatscht nur blödes Zeug. *(Mutti an Margarete Döring, 5. 12. 1959)* ◆ Er ist ein eigenartiger Junge mit einer unerschöpflichen Phantasie. Jede freie Minute sitzt er schreibend und malend, daß uns sein Papierverbrauch schon Sorgen macht. Wenn er sich damit beschäftigen kann, ist er glücklich. Allem anderen gegenüber ist er sehr schwer ansprechbar. *(Vati an Dr. Rudolf Steige, 15. 12. 1962)* ◆ Weder Belohnungen noch Strafen halfen. Die Mutter erfuhr in der Schule, daß er einer der besten Schüler sei, durch seine Albernheiten – er hatte sich zum Klassenkaspar gemacht – den Unterricht aber sehr störe. *(Gundula Reichelt, 1963)* ◆ Gibt es einen, der ihn überflügelt, ihm aufs Haupt sieht? Fand er schon je seinen Meister in lebenden Leibern? Nein!! Wir erkennen ihn in seinen größten Begabungen, als deren erste ich das, oft überaus komplizierte, Springen seines Denkens nennen will. *(Herbert Müller, 1976)* ◆ Er erstickt an aufgeblähtem Wissen, an überdrehter Geschwätzigkeit, an aufdringlichem Als-ob-Gehabe. Mit all dieser Ichbezogenheit, den Nonsense-Dialogen, Fachlexikon-Partikeln, sauber plazierten Werbespots, halbfertigen Sätzen, Kraftausdrücken, mit diesem einzigen akrobatischen Leerlauf würde er dem alltäglichen, allmächtigen Medium Fernsehn alle Ehre machen. (*HNA, 1992)* ◆ Hinter einer übergroßen Freundlichkeit verbirgt er eine übergroße Feindseligkeit. *(Eckard Sinzig, 1999)* ◆ Sein Stil entspricht der schneidenden Sprache eines Mephisto, wie er sich denn auch mit diesem identifiziert. In seinen Schriften habe ich noch keinen Satz gelesen, der in mir ein Beten ausgelöst hätte. *(Ewald Rumpf, 2002)* ◆ Physiognomisch wirkt er wie ein Hybrid aus Rasputin, Gandalf und Catweazle, angetan in weitem schwarzen Mantel, barfuß in Jesus-Latschen. *(Frank Schäfer, 2008)*

JEANNE MARQUISE D'URFÉ (geb. Camus de Pontcarré), Okkultistin, Alchimistin, Geschlechtsumwandlerin, Selbstgebärerin (1704–1770?): In ihrer ererbten, von ihr erweiterten alchimistischen Privatbibliothek, der größten damaliger Welt, ging sie ansprechbar auf und heiratete 1724 Louis-

Christophe de La Rochefoucauld de Lascaris, Marquis d'Urfé et de Langeac, Graf von Sommerive. Vernünftig bis geizig verwaltete sie ihre Wertpapiere, bezog 80 000 Francs Rente aus Grundbesitz und Immobilien in Paris, enterbte auch mal ihre allzu geldgierige Tochter. Täglich hielt sie ein Gastmahl für 12 wechselnde Personen ab, fachsimpelte mit Physikern, Mönchen, Maklern, Börsenspekulanten, Voltairegegnern, Parlamentsräten und Chevaliers über Salpetergeist, Platin, Planetengeister und Kabbala, nicht minder kompetent als über Zinsen, Kaufverträge, Gewinnausschüttungen und Aktien der Ostindien-Kompagnie. Jedem Gast führte sie – immer auf französisch – Rarissima, Spezifika, Exotika vor: den Telliamed, ihren Athanor, den Baum der Diana (der in Novalis'/Klingsohrs Märchen »Wetterbaum« hieß), angeblich seit 20 Jahren köchelndes, gestern erst angezündetes Streupulver, zwecks Goldproduktion. Sie behauptete, weiterhin Briefe des verstorbenen Abbé Le Maserier zu empfangen – auch Raimundus Lullus, Arnauld de Villeneuve, Roger Bacon seien nicht gestorben! – und von Philipp Herzog von Orléans den Ehrennamen Egeria (Gabir ibn Haiyan, europäisiert) erhalten zu haben. Ihr Lieblingsautor: Paracelsus, der ihrer Meinung nach weder Mann noch Weib gewesen sei und sich mit seiner überdosierten Panacea vergiftet hatte. Ihr Wahn: mit Undinen, Sylphen, Gnomen, Salamandern kommunizieren zu wollen. Da Frauen angeblich den Lapis philosophorum nicht finden und mit Elementargeistern nicht verkehren konnten, hieß ihr höchstes Ziel: im nächsten Leben als Mann wiedergeboren zu werden. Betrüger redeten ihr ein, sie wüßten, wie dieses Ziel in Bälde erreichbar sei. Ihre Leichtgläubigkeit kannte hierbei kaum Grenzen. Vom prominenten, dandyesken Abenteurer Comte de Saint-Germain ließ sie sich ein kostbares Wunderwässerchen kredenzen, das zwar nicht verjüngte, aber den Status quo durch 3 Säkuli beibehalten half, wie in seinem süperben Casus, und schon erzählte sie dem Regenten, daß sie jetzt tatsächlich nicht mehr altere. Ein gewisser Chevalier de Seingalt (38), bzw. Galtinarde von Fontainebleau, Decknamen Giacomo Casanovas, witterte einen Coup, schlich sich 1763 in ihr Vertrauen, machte die Begüterte auf Umwegen glauben, auch er sei reich, und kribblig, indem er sie 3 Wochen im Gasthof »Zu den 13 Kantonen« auf ihn warten ließ, setzte ihren durchschaubaren Prahlereien und Taschenkunstgriffen noch viel raffitückischere kryptographische Kunststücke und Quasi-Zaubereien entgegen, wickelte sie um den Finger, verspürte keine Hemmung, die Taten seiner trickreichen Vorgänger weiterzutreiben. Sie, von Casanova schmeichelhaft »Semiramis« getauft, durfte sogar Casanovas Daimonium, oder besser: Genius, des Namens Paralis, befragen. Ihrer überspannten Intuition zufolge mußte dieser Casanova ganz unbedingt den begehrten philosophischen Stein besitzen, dies einzige Ein und Alles aller Alchimisten. Statt ihre – für ihn schmeichelhaften – Wahnideen heilsam aufzulösen, ging er tückisch verständnisvoll auf sie ein und schürte die Hirngespinste ungebührlich. Und schon traute sie ihm zu, die Welt übernatürlich aus den Angeln zu heben, und er war zu schwach oder hintertrieben, um da allzu laut nein zu sagen. Sie erhoffte, erwartete, verlangte von ihm das Geheimrezept, ein Mann zu werden, um wenigstens alsdann mit Elementargeistern verkehren zu können. Sie flehte ihn an, er möge sich ihrer erbarmen, schenkte ihm 500 Louisdor, schrieb ihm nach Holland, ihr Genius habe ihr mitgeteilt, er würde mit einem Knaben nach Paris zurückkehren, der einer philosophischen Paarung entsprungen sei. Ihr Wunsch und Plan: Der Magier Casanova solle ihre Seele in den Leib dieses Knaben hineinpraktizieren (hinüberbeamen!) bzw. auf ein erst noch, seitens Casanovas, im Schoß einer Jungfrau zu zeugendes Kind; 7 Tage später würde Madame d'Urfé dann sterben und 3 Jahre später ihr Bewußtsein in diesem Knaben wiedererlangen – für 20000 Francs pro Jahr. Für ihr Ziel nahm sie sogar ihren vorverlegten irdischen Tod in Kauf und sagte zu Casanova: »– ich glaube nicht, daß es Ihnen aus falsch verstandenem Mitleid mit meinem alten Gerippe am nötigen Mut fehlen könnte.« Ohnedies trug sie einen armierten Magneten um den Hals, auf daß jederzeit ein Blitz hineinführe und sie zur Sonne aufsteigen könne. Das betont außerirdisch fundierte Brimborium, das Verwandlungspriester Casanova um ihre Neugeburt trieb, mit Mondkalendern, magischen Handbüchern und rituellem Sexverzicht (7 Tage lang), imponierte ihr sehr. Mitspieler Passano, den der intrigante Casanova als höchsten Hohepriester der Rosenkreuzer ausgab, namens Querilint, wußte auf ihre hochgestochnen mystischen Fragen kaum angemessen zu antworten, statt dessen gähnte er, stank nach Syphilis-Salbe und ließ es an Tischmanieren fehlen, weshalb sie ihn für geistesabwesend hielt und die Rosenkreuzer für unglücksbedroht – und Casanovas etwas mundfaulen oder auch begriffsstutzigen Bruder für schwachsinnig bzw. für bedürftig, einen Luftgeist eingepflanzt zu bekommen, um etwas göttlicher zu werden (auch Rousseau erschien ihr, nach einem Zusammentreffen, arg ungeschliffen). Nach dieser Operation werde er ihr dann vernünftig entgegentreten, meinte sie. Sie bekam einen Brief vom Mond zugespielt, eine Gebrauchsanweisung: als Weihegabe für die 7 Planeten sollte sie 7 Pakete in einer Kiste bei Marseille ins Meer werfen, voll mit Gold, Juwelen, gebackenen Diamanten (die von Casanova heimlich gegen Bleigewicht ausgetauscht wurden), und sich zu kabbalistisch sinnreicher Mondzeit von Casanova alchimistisch schwängern lassen, hierzu 3 Kopulationen durchführen, von exakt abgemessenen Stundenzahlen, zeitlich festgelegten Sternstunden zugeordnet, durchaus eine Crux für den Galan, der die 59jährige, die er als »schön, aber alt« beschrieb, d. h. deren Alter er – seiner Liebhaberin und Mitbetrügerin Marcolina gegenüber – mit 70 angab. Zur Einstimmung betete man selbander im Mondlicht am Strand zur Mondgottheit Selenis. Ohne rechten Mumm, und auch ahnend, daß diese Séance nicht die attraktivste sein könnte, zog man das Zeremoniell durch. Er konnte seine ausdauernde Potenz nur über 65 vorbestimmte Porno-Minuten aufrechterhalten, optisch angespornt und aufgepeitscht von den Reizen der anwesenden, angeblich stummen (weil sie nicht Französisch konnte), aber nicht tauben Dienerin, des nackten Wassergeistes Undine, d. h. Marcolina, der er zusah und die die beiden Ritualpartner in den Kunstpausen zwischen den Kohabitationen sowie vorher und hinterher liebreich zu waschen hatte, wofür sie von Semiramis ein Kollier bekam. Doch der Lustdämpfer welker Haut und schöngewesener Brüste veranlaßte, daß der Herold ziemlich schuften, schwitzen – wobei ihm Pomade und Puder im Stirnschweiß herabfloß – und die geschlechtliche Lustlösung Nr. 2 und 3 zwecks zeugungsfähiger Vertragserfüllung vortäuschen mußte und sich die ultimative Verausgabung aufhob für die junge, reizvollere Marcolina. Der Madame gefiel die wollüstige Anstrengung ihres mystischen Gemahls, aufglühend trug sie ihm Heirat an und fühlte die anvisierte männliche Seele prompt in sich aufzüngeln, insofern, als sie bereits während der heiligen Rammel-Prozedur sich ins Undinemädchen verliebt hatte. Gerührt betete sie zu Oromasis, genauer mit ihr plaudern und schlafen zu dürfen, fragte sich, ob sie als Wassergeschöpf einen Wassergeist als Liebhaber habe, und wunderte sich, daß sie, trotz ihrer Stummheit, nicht taub sei. Hinterher, als Nachbereitung, gab's dann noch Sühneandachten an Saturn und zwischen Flußufern allerlei magisches Weinausgießen. Und der Chevalier dachte angestrengt drüber nach, wie er die lästige Betrogene, die in der Stunde ihrer Niederkunft und Neueinleibung zu sterben sich bereithielt, nun wieder abwimmeln könne. Sein Bruder warf ihm vor, er würde die Madame durch seine gottlosen Lügen zugrunderichten, er aber verteidigte sich mit stimmiger Argumentatio: Hätte jemand sie aufgeklärt über den Humbug, den sie produzierte und auf den sie hereinfiel, hätt sie sich der Wahrheit gesperrt, um ihre ganze Welt, die dann zusammengebrochen wäre, aufrechtzuerhalten. Und wenn er sie nicht betrogen hätte, hätte sie ein anderer betrogen. Passano ließ Casanovas magisches Spiegelei auffliegen, die Marquise aber las den Enthüllungsbrief nicht, weil sie spürte, daß die fiese Wahrheit aus barbarischen Lügen bestehe. Bei späteren Wiedersehn mit ihrem Betrüger stieß sie Freudenschreie aus und hatte das Wiedersehn jeweils intuitiv exakt vorausgesehn und in verschlossnen Briefchen verblüffend niedergelegt. Zwischendurch kursierte dann auch mal die Fama, sie habe sich mit Paracelsus' überdosierter Panacea vergiftet. Dann lebte sie aber doch noch weiter. Ihre Story schleppte sich stückweise durch mehrere Bände von Casanovas Erinnerungswerk, vielfach unterbrochen von anderen Ereignissen. ~ Im Rückblick handelte es sich bei der Marquise um eine später sog. Esoterikerin, mit Parallelen zu Madame Blawatsky, hormonell-operativen Geschlechtsumwandlerinnen des 21. Jhdts., Neuen Hexen oder Engelsbeterinnen wie Silvia Wallimann.

Worte von Jeanne Marquise d'Urfé: Die Wassergeister haben eine Gebärdensprache, die man lernen kann.
Jeanne Marquise d'Urfé über sich: Dann wird also Querilint meine Wiedergeburt aus mir selbst bewirken. Davon bin ich überzeugt. Mein Genius bestätigte es mir jede Nacht. Fragen Sie Paralis, ob die vorbereiteten Geschenke so angemessen sind, daß Seramis sie einem Oberhaupt der Rosenkreuzer überreichen kann. ◆ Wenn ich im nächsten Februar als Mann wiedergeboren werden soll, wer wird dann für mich sorgen, wenn nicht Sie? Gott weiß, wem ich sonst in die Hände falle.
Andere über Jeanne Marquise d'Urfé: Die genauen Umstände dieses Wiedersehens würden den Leser langweilen, denn er fände die Äußerungen dieser armen Frau, die in die falscheste und unsinnigste aller Ideen verrannt, recht unzusammenhängend und auch in meinen Antworten weder einen Sinn noch eine Wahrheit, nicht einmal eine Wahrscheinlichkeit. – Mehrmals hatte sie mir gesagt, sie sei bereit, mir ihr ganzes Vermögen zu geben, um ein Mann zu werden. – Sie überlegte ganz richtig, ging dabei aber von unsinnigen Voraussetzungen aus und konnte mir nur Mitleid einflößen. – So wie sie beschaffen war, konnte sie nur an Hirngespinsten Freude finden. *(Giacomo Casanova)*

URIELLA **(geb. Erika Bertschinger), Sekretärin, Dolmetscherin, Fern- und Geistheilerin, Naturärztin, Lebensberaterin, Medium, Neuoffenbarerin, Endzeitvisionärin, Spagyrikerin, Prophetin, »Sühnebraut CHRISTI«, Ordensmutter (geb. 1929):** Schon als Baby offenbarte sie eine ausgeprägte Liebe zum Kreuz. Nach einem ordentlichen Leben auf Züricher Primar-, Sekundar- und Handelsschulen, Matura, Diplomen und Berufstätigkeit als Fremdsprachenkorrespondentin und Krankenhelferin in Cambridge, London, Paris, Lateinamerika, Japan wurde Fräulein Bertschinger, nach einem Reitunfall 1973, hellhörig und hellsichtig für die außerbiblischen Botschaften höherer Welten, wie vorher die Schneiderin Bertha Dudde oder das Tieftrancemedium Beatrice Brunner, oder die Neuoffenbarerin Frieda Maria Lämmle (geb. 1907), wie Jakob Lorber oder Emanuel Swedenborg. Ab Weihnachten 1975 genügten Jesus Christus seine derzeit weltweit 33 Sprachrohre nicht mehr, und er gründete in Egg bei Zürich – durch sein letztgültiges, wichtigstes und einziges, von ihm selbst so bezeichnetes Volltrance-Sprachrohr Uriella hindurch – den Orden »Fiat Lux«. Durch Beten, Fasten (102 Tage im Jahr), Rohkost und Verzicht auf weltliche, kulturelle und sportliche Hobbys (Ski) machte Uriella ihren Leib so rein und anspruchslos, daß er ihr bei der geistigen Entfaltung ihrer Aufgabe nicht mehr im Weg stand. Sie löste sich vom Ich und wuchs ins Du und Wir ihres Ordens hinein: Am 12. Januar 1980 um 21 Uhr 11 hatte sie 47 Anhänger, also 35 mehr als Jesus, der in seiner wenig päpstlichen Kunde, die er – abwechselnd mit Jungfrau Maria und Erzengel Uriel – Uriella durchgab, alles Lutherdeutsch abstreifte und in 632 durchnumerierten, lebenspraktisch, astrologisch, apokalyptisch, esoterisch, luminös, synkretistisch und ufologisch ausgerichteten Einzelbotschaften auch Worte einbaute wie Kausalkörper, Aggregatzustände, Transformierung, Sakralchakra, Karma, Geistherz, und Botschaften à la: »Ich warte auf euch, um euch zurückzuführen, in eine wahre Heimat.« – »Mein Herzensdarling, Uriella, ist für euch in allen Belangen ausnahmslos ein Vorbild. Tragt sie im Gebet, denn nach wie vor muss Mein Same gestreut werden.« Die Ordenszeitschrift »Der heiße Draht« ward später umgetauft in »DER REINSTE URQUELL«. Monatlich offenbarte Gott erneut durch Uriella Seinen aktuellen Willen. Er oder sie warnte sehr vor Milupa, TV, Radio, weltlicher Lektüre, Gift in Lebensmitteln und vor Homepages. Computer fand man genauso schlimm wie Computerviren. Okkultismus war ihrer weißen Lichtsehnsucht, bis ins weiße Telefon hinein, viel zu dunkel. Ihre extrem schwarze Frisur konterkarierte ihre extrem weiße Gewandung bis ins höchste Alter. Jahrelang quirlte Uriella mit Silberlöffel und Linksdrall – auf göttliche Anweisung kniend – aus Badewannenwasser Athrumsgischt (Journalistenbehauptung: »Uriella behauptet, mit Heilwasser Krebs und Aids heilen zu können«); die Gesundheitsdirektion Zürich fand Kontaminierung und sprach die Trinkwasserqualität ab. Den Ort Strittmatt wählte

Uriella geomantisch aus, auf Anregung Jesu, weil im Ortsnamen 5 x das »t« vorkam, also das Kreuz. Phasenweise residierte ihr Fiat-Lux-Heiligtum in Schwellbrunn und in Ibach-Lindau. Sie gründete 1994 ein mildtätiges internationales Hilfswerk für notleidende Familien »ADSUM – ICH BIN BEREIT e.V.«, Hilfsgütertransporte von Sachspenden, meist Kleidern, die in 40-t-LKW-Konvois nach Polen, Bosnien, Rumänien, Ukraine, Moldawien gingen. In Deutschlands schönster Rohkost-Eremitage bot sie Milchshakes, Frischgepreßtes, Blattsalate, Körner, Dattelspiralen, Marzipanherzchen, Quarkbällchen, in malerischer Umgebung – vergelt's GOTT! Uriella verkuppelte und verheiratete viele willig weißgewandete Paare, die dann aber allzu irdischen Sex zu vermeiden hatten. Ihre Ehe mit dem katholischen Priester Uriello (geb. Kurt Warter) dauerte bis zu seinem Unfalltod 4 Jahre. Befragt, wieso sie in Volltrance auf die Uhr geguckt habe, konterte sie: »Wieso soll sich Jesus nicht für die Uhrzeit interessieren dürfen?« Bei aller Herzjesu-Nachfolge: Uriella, die sich – im Zeitalter der Markennamen Ikea, Nivea, Milupa und Ariel – nett auf Sanella und Uri Geller reimte, lebte bereits als »Urmutti Eva«, Maria Magdalena und Königin Nofretete auf der Erde – und ihr Gatte Nr. 4, der Diplom-Kaufmann Icordo (alias: Eberhard Bertschinger Eicke), abgeleitet von «Misericordia« (Barmherzigkeit), als Isaak, Josef von Ägypten, Huldrych Zwingli und Johann Strauss. Als ihre Prophezeiungen für den August 1998 – Mord an wichtigem Staatschef, Börsen- und Weltwirtschaftscrash, russische BRD-Invasion, Meteoritensturz in die Nordsee, Tsunami, Vulkanausbrüche, Seebeben, Untergang von Los Angeles und Hollywood im Atlantischen Ozean (!!!), Reduktion von 6 auf 2 Mrd. Menschen – allesamt komplett ausblieben, erklärte sie das als göttlichen Aufschub und sagte dasselbe für 1999 voraus, wo es genauso ausblieb. Das nahe herbeigekommene »Goldene Zeitalter«, angesetzt auf die nächsten 1000 Jahre, ließ aber gleichfalls sehr unverläßlich auf sich warten. Statt dessen stürzten sich Behörden, Justizia und WDR nachdrücklich auf Uriels Megaphon Uriella, wie auf alle Kohlrabi-Apostel, Terrorismus-Sympathisanten und Hanfanbauer, nach der alten Regel: Je höher die Welten, desto schlechter die Presse. Man suchte bei ihr Zollverstöße, Medikamentenschmuggel, Steuerhinterziehung, Verhinderung ärztlicher Hilfe für 3 falsch behandelte, angeblich unnötig verstorbene Fiat-Lux-Anhängerinnen. Krebs, den sie verblüffend oft heilte, diagnostizierte sie vorher verdächtig oft. Fehldiagnosen gab es bei ihr, laut Selbstaussage, nie, genausowenig Fehlvoraussagen. Aber der Verwaltungsgerichtshof Baden-Württemberg entzog ihr, wegen Patientengefährdung, die Erlaubnis, den Heilpraktikerberuf auszuüben. Schlagzeilen blühten; Talk-Show-Auftritte köderten und verschreckten Anhänger; Ausschlüsse und Austritte eilten um die Wette; 700 Mitglieder schrumpften auf 300. Abtrünnige forderten eingebrachte Vermögen juristisch zurück. Jahrelang setzte Uriella Heilmittel gegen Alzheimer ein, ehe BILD dann meldete, Uriella sei an Alzheimer erkrankt – Schicksalsironie oder Zeitungsente?

Gott im Kontakt mit seinem Volltrance-Sprachrohr

Worte von Uriella: Die Welt wird nicht untergehen, sondern lediglich einer Generalreinigung unterzogen, denn dem sündigen, gottlosen, zerstörerischen Handeln der Menschheit muss ein Ende gesetzt werden. ◆ Der Aidsfaktor ist das Resultat der Vivisektion, die von GOTT vollumfänglich abgelehnt wird. ◆ Das Jenseits ist aufgegliedert in die Astral-, Mental-, Kausal-, Intuitions-, Monaden-, Geistes- und Gotteswelt. ◆ Gethsemane muss, als Stufe der Himmelsleiter, genommen werden. ◆ Das Freimaurertum hat zum Ziel, sämtliche Steinkirchen und vor allem die römisch-katholische Kirche zu zerstören. Etliche geistliche Oberhäupter sind Mitglieder der Freimaurerloge. Ich glaube, dass ich sogar sagen darf, sehr viele, vor allem im Vatikan. ◆ Erst dann seid ihr für Gott auf dem richtigen Pfad, wenn ihr von eurer Umgebung als anomal bezeichnet werdet.

Uriella über sich: Aus innerer Berufung heraus habe ich meine sehr interessante, hochdotierte berufliche Tätigkeit als Direktionssekretärin und Handlungsbevollmächtigte Ende 1970 aufgegeben, um mein Leben voll und ganz in den Dienst GOTTES sowie der kranken Menschheit zu stellen. ◆ Unser MESSIAS schenkt mir die Kraft, mein übermenschliches Arbeitspensum, die vielen Verleumdungen, Diffamierungen sowie Verfolgungen seitens der Massenmedien, Behörden etc. zu verkraften und nie aufzugeben. ◆ Es ist eine grosse Freude für mich, gelegentlich als Kanal der GOTTESMUTTER dienen zu dürfen. ◆ In der Oeffentlichkeit sind, in Anwesenheit von ca. 600 Personen, worunter Aerzte, schon viele Spontanheilungen, auch an sogenannten Scheintoten, durch GOTT, via meine Wenigkeit, geschehen.

W

Christian Wagner, Kleinbauer, Blumendichter, Naturevangelist (1835–1918): Der Dorfschreinersohn aus Warmbronn bei Leonberg versuchte Lehrer zu werden, aber seine Eltern brauchten ihn in der Landwirtschaft (7 Morgen Ackerland, 3 Kühe). Jederzeit zog's ihn, statt in Wirtshaus und Kirchenschiff, in Wald und Flur. Schaute er Blumen an, spürte er, wie sie ihn aufforderten, dereinst ihr Dichter zu werden. Daß ein Beuerle (Bäuerlein) die Bläamla (Blümchen) schön fand oder überhaupt sah, kam ansonsten praktisch nie vor. Aber unter »lesen« verstand man in seiner Heimat »Linsen lesen«. Reutlinger Schatzkästlein für gläubige Seelen mundeten ihm so ungesalzen wie Haberbrei und Habersuppe, wovon man, wenn nasse Jahrgänge null Grummbiare (Kartoffeln) und Obscht bescherten, monatelang leben mußte, eingespannt zwischen Futtermangel und Anspanngeschirr, ständig in Not, die notwendigen 4 M zusammenzukratzen: Mehl, Milch, Most, Mark. Der Jungbauer, der als Viehzüchter dem Metzger nicht entgegenarbeiten mochte, ließ sogar Unkraut weiterblühen. Obwohl er gut aussah, schnappten ihm Unschönere die Mädele fort. Beschwipst auf einer Kirchweih versprach er leichtfertig einer erstbesten Unschönheit, der Anna Marie Glatzle, zum Gaudi umsitzender Lümmel, die Heirat und fühlte sich – als der Suff abklang – ans Versprechen gebunden. Nach 5 Jahren Ehe mit ihr starben innerhalb von 4 Jahren sowohl seine Eltern wie seine 3 Kinder, im Kindbett des 4. Kindes auch seine Ehefrau. Da er nicht kochen konnte, verbrachte er den harten Winter, ohne zu heizen, in Stall und Scheune und heiratete nach 3 Monaten noch mal, Christiane Kienle, zeugte noch mal 4 Kinder, bang, ob ihm auch diese genommen würden. Statt schaffe, schaffe, Heisle zu baue, hockte der Sonntags- und Winterdichter abends lieber über Büchern und »Gedichtern«. Statt als Vieh mit dem Vieh zu leben, blieb auch dieser Ackermann nicht bei seinem Leisten und Misthaufen. Der mit festen, markigen Knochen auf der wohlgegründeten dauernden Erde stand, knüpfte in kummerbangen Nächten in stiller Stube an schwäbischen Volkes Weise an. Nicht wie Hornvieh stand er vorm Harfenspiel, zupfte nicht nur den Hinterleib seiner Kühe, molk zudem am Euter des Geistes, griff selber in die Lyra und spielte als Orpheus Ochs und Eselein vor. Mit Macht zog's ihn gar sehr zum Höheren. Der Geist kam über ihn, und der Mann hub aufzuglühn an – lieber Kleindichter als Großbauer. Er las sogar Ludwig Uhland, und obendrein Lord Byron! In Sinnspruch, Kalenderweisheit und Merksprüchle schlich relativ reine Poesie sich ein. Blumen gingen in Blumenengel über. Doch den verstockten Herzen seiner Mitbauern sagten artfremde Höhenflüge und Perlen wenig; Wirtsbuben und Kleinleute, ungnädiger gesagt:

Saububen und Dumpfbacken, bärbeißig kleingeischtig, bestenfalls Eigenbrötler, drangen in den geistlich spinnerten Flachs- und Hopfenbauern: »Guck, Chrischtian, du sottescht di halt bekehre ond da Heiland besenga, ond net die eitle Kreature!« Landjäger und Jagdpächter wollten von seinem Credo und Ansinnen, Tiere zu schonen, nichts wissen, naturgemäß. Wie Emanuel Quint ward der Verseschmied vom Pfarrvikar gemahnt: »Aber wenn jeder Bauer Gedichte machen wollte, was dann?« Wagner nicht unpfiffig: »Keine Sorge, es wird immer mehr Spatzen als Lerchen geben.« Kaum schlug er vor, neben kirchlichen Festen auch Naturfeste und Rosensonntage einzuführen, wollten seine Leut, die vierschrötig Schwäbisch schwätzten, ketzerisches Gedankengut hineinhören. Lieber grübelte er überm Buch der Natur, statt überm Gesangbuch. Lieber barmherziger Heide als unbarmherziger Christ! Nie verglich er den Mond einer Hostie. Nannte er Hyazinthen »fromm«, dann nur aus Reimnot. Wer in der aufgepfropften Lerche den Spatz durchschimmern sehen wollt, mußte nicht lang suchen. Storchlied, Kartoffelgeistlein und »einzig im Gemüte« wehten von Mörike her; »holde Traumgesichte« aus Musenalmanachen für die Damenwelt, Englein aus Wunderhornpoesie, und daß sie die Flügel spreiteten, aus Eichendorffs Posthornromantik. Ihm aber kam's beim Dichten grad so vor, als spräch er ausschließlich aus »Inspiration« (die nannte er auch so). Erst mit 50 hatte er einen Strauß beisammen, den er dann auf eigene Kosten drucken ließ. Täglich hatte die Erde ihn pausenlos wieder: Der Pegasus blieb im Joch, zwischen Knochenschinderei und Ernteausfällen, Tribut, Abtrag und Schuldscheinen, knapp ausbalanciert von Ehrengaben aufhorchender Schiller-Stiftungen oder begeisterbaren Kommerzienräten in entgeisteter Zeit. Wacker griff Wagner, wozu reimende Erdenklöße eigentlich nie neigten, zu reimlosen Formen, antikem Maß sich nähernd. Zwo Jahre brauchte er, um den hehren Hexameter sich gewissenhaft anzueignen, was seine Leute mit »hexhex« verwechselten: Als seine »theure Gattin« bald gelähmt darniederlag, wirr redete, tobsüchtig wurde, schoben's die abergläubischen Trottels auf seinen mäßigen Kirchenbesuch; dabei war's Mittelalter eigentlich seit 300 Jahren um. Schlichtes Labkraut, ein nettes Unkräutlein, dem noch keiner einen Hymnus sang, flammte als brennender Dornbusch ihm auf und offenbarte dem neuen Moses in homerischem Duktus: »Nicht lieb ich / Steinerne Häuser, o Mensch! Auf blühenden Fluren und unter / Grünenden Birken im Hain, und im Hochwaldschatten der Buchen / Ehr inskünftig er mich. – Du, künd es den Sterblichen!« Der Hochdeutschdichter wollte seiner »beengenden Welt« entfliehn, die ihm aber in vielen Versen durchaus restlos genügte. Der

Wurzelsepp als Musensohn hub an, sentimentalisch zu fühlen. Immer undörflicher verstieg er sich in Gott, Weltgeist, Gottgeist, Allmacht. Göttinnen und Götter tanzten in bunter Reihe, nicht ohne Diskrepanz zwischen dem lieben Kirchengott und der klassizistischen Ausweichvokabel »Gottheit«. Obwohl er sich in 3 Vorworten abwandlungslos »armen, ungelehrten Landmann« nannte, sickerten Wörter aus der Fremde ein: Grandezza, Cassiopeia und Chrysalide. Mildernde Umstände schlichten Gemüts, die es als Freibrief vor sich hertrug, dann als Gütesiegel, gingen ins verpönte Unschlichte über, garniert mit pfundweise Bildungsballast, bis hinan zu Erysichthon, Hypocaustum, Quantität; gar Cotoneaster und Pulsatilla. Zeitlos ausgelutschte »Blüte« und »Rose« reimte der Dichter problemlos auf hochgebildete »Mythe« und »Apotheose«, Amazonen auf Großmatronen. Die Tulpe nannte er Kalifenbraut. Im Zeitalter der Janitscharen, Mohren, Osmanen und Sarazenen kam gar das Wort »Islam« bei ihm vor. Traute Halme reimte er auf welsche Palmen. Indien und Schwobenländle reichten sich überregional die Hand. Daß – irgendwo aufgegabelter – Buddhismus alles Lebendige schone, das behagte ihm doch gar sehr und übersetzte er sich so: »Mache gut, was du verbrachst als Schlächter, / Mach es gut als treuer Blumenwächter!« Askese aber behagte ihm nicht. Freudenheim assoziierte er keinesfalls mit Freudenhaus. Auch kleine Dinge konnten ihn entzücken. Bewunderer und Verächter über- und unterschätzten ihn um die Wette: Kraft der einen schwoll er – wie drunten in der Schweiz Ulrich Bräker – zum frischen Wind und Volkslied zwischen Bildungshütern; andere verniedlichten den Warmbronner Pansophen zur Bauernmalerei. Obwohl Verse wie »Gott, wie ich doch in dieser blauen Kühle / Der Blumenwolke ich mich wohlig fühle« förmlich vom schlesischen Schwan → Kempner stammten, hob der sonst so strenge → Kraus sie in höchste Ränge. Auch die Berliner Asphaltpflanze Kurt Tucholsky rühmte den Landmann. Zeppeline des SPD-Zeitalters ließen sich nicht draußenhalten: Seinen Ochsenkarren nannte der Dichter »Fahrstuhl«. Des Impfgegners »großes Sterben im Wald, Feldflut, Heide und Talgrund« durfte noch, knapp diesseits von Flurbereinigung, Vierfelderwirtschaft und Waldsterben, in aller Unschuld an zeitlosen Herbst gemahnen. Das Hutzelmännlein mit Backenbart begnügte sich nicht nur mit dichterischem Wollen; zusehends zum Künder wuchs er heran, zur seltenen Spielart des bescheidenen Propheten. In seinem Naturevangelium nannte er den Wald »heilig« und focht gegen Waldverwüster und Tiermörder. Knaben, die Disteln köpften, herrschte er an: »Kind, du mordest Leben!« Er trat dafür ein, eine Birkengruppe zu erhalten – der Gemeinderat lehnte ab. Mit Versen wie »O sündig

Los, daß hinter Erlen, Felben / Und Paradiesesblumen stets dieselben / Haarscharfen Sensen lauern, sie zu tilgen!« fiel er seinem eigenen Stand und Gewerbe in den Rücken. All jenen, die geringe »naschende Ausdinger« wie Feldhühner, Waldvögel, Sperlinge, Mäuse, Maulwürfe, Maikäfer mit Gift, Feuerrohr und Schlinge fingen, gab er zu bedenken, daß sie ihrem Schöpfer nicht so gering erscheinen würden wie ihren Nachstellern. Kälber ließ er bei den Müttern. Kam er von außen ins Dorf, scharte sich 100fach Geflügel um ihn. Saß er im Haus, klopfte von außen auch mal ein Huhn, um von ihm für ein Viertelstündchen gestreichelt zu werden. Gefiederten Sängern bot er offenen Tisch, und legte auch im Testament Wert darauf, daß nach seinem Tod bei Schneefall die Vögel weitergefüttert würden. Hatte er Brustweh, legten sich Katzen drauf, um ihn magnetisch zu wärmen. Andere Landleute warfen überschüssige Kätzchen in die Güllegrube; er machte sein Haus zur Katzenherberge. Verregnete Festtage deutete er im Bratengeruch als Rache der Gemordeten. Wie Richard Wagner focht er gegen Vivisektion und für Tierschutz, ohne daß Christian Wagner hierzu von Schopenhauer angestupst werden mußte. Mutige Leserbriefe und Aufsätze hießen: »Eindruck des entsetzlichen Weltkriegs auf friedliche Menschen«. Auf einem Waldweg sah er ein bezopftes Mädele vor sich herlaufen, das Reisig trug, erstaunt über die Ähnlichkeit von hinten mit seiner Braut vor 30–40 Jahren, die längst starb, er inzwischen uralt, sie so unverändert jung wie damals, und knüpfte sofort Überlegungen dran, ob ihre »weggelegten Mosaiksteinchen« sich jetzt schon wieder zu ihr zusammengesetzt haben könnten. Seine Todesursache: Altersschwäche. ⁓ Wimmelnden Leben am Wegesrand stand er so franziskanisch und dschainistisch gegenüber wie → Franziskus, Yudhishthira, → Dhammarui, → Aschoka, Jesaja, Eustachius, → Issa und andere tiernärrische Vorgänger. Graf Tolstoi und andere Bauerndichter, die stets zunächst als Pfarrer, Landärzte, Groß- und Kleinstädter wirkten, spürten heitere Gefühle bei der Ankunft auf dem Lande erwachen und machten dann rustikal auf Bauer; ganz anders der aus Warmbronn: der fuhr Dung, fütterte Hühner, rackerte sich ab, brauchte nicht weltstädtisch zu naturtümeln. Die ihn als dichtenden Bauern sahen, staunten sein Dichten und Trachten an wie die Intelligenzleistungen von Schimpansen und schachspielenden Robotern. Die ihn als ländlich lebenden Dichter sahen, einigten sich, daß der Autodidakt 1000 dilettantische Verse und 12 erstrangige Gedichte geschrieben habe. Vereinnahmt wurde er dann von Schulterklopfern, Naturlyrikern, Vegetariern und Ethikern, die ihn gern mit Albert Schweitzers Ehrfurcht vor dem Leben traktierten. Seine 3 Gänse, die er 1876 einem Gastwirt abhandelte und dann

30 Jahre lang fütterte, sprachen sich weniger herum als Konrad Lorenz' Gänse. Marcel Prousts Weißdornhecke wurde berühmter als Christian Wagners Weißdornhecke. Heiden von Kummerow, Gottlieb Grambauer, der Herr Kortüm, traten in Wagners Fußspuren, holzten in ewig singenden Wäldern herum, fütterten Wildsäue, fingen oder schonten Lachse, kämpften gegen Sägemühlen, ehe man sich dann einigte, urwüchsige Originale seien leider ausgestorben. Goethe starb 4 Jahre bevor er hätte photographiert werden können; Wagner starb 4 Jahre bevor die ersten Traktoren losdröhnten. Späterer Zeitgeist und Öko-Jargon erkannte Christian Wagner, während sein Dörflein zwischen 1970 und 1980 zubetoniert wurde, retrospektiv als vorauseilenden Grünwähler und Natur- und Umweltschützer; denn getragen von ökologischem Bewußtsein, hatte er vor der apokalyptischen Zerstörung der Ressourcen gewarnt, zugunsten globaler Ganzheitlichkeit. EsoterikerInnen verpaßten aus lauter Unbildung, daß sie in Sachen Einswerdung mit Tier, Mensch, Pflanze, Stein und Stern im weisen Greisen aus Warmbronn einen Eidhelfer und Urvater haben könnten. Der löbliche »Verein zur Rettung des Unkrauts«, gegründet von Waldgong Rübelbauer, hätte sich auf ihn berufen können. Sein Allerweltsname wurde angewärmt, genius-loci-mäßig sonnig überstahlt vom Zauberwort Warmbronn, ein geomantischer Ort wie Maulbronn, Weinsberg, Blaubeuren, Blautopf, Cleversulzbach, Wurmlinger Kapelle, Knittlingen. Die Wagner-Gesellschaft umfaßte 100 Jahre nach ihm 300 Mitglieder. Besucher reisten an, um die kargen grüngestrichnen Originalstuben zu sehn, geöffnet sonntags von 11 bis 13 Uhr, und auf telefonische Vereinbarung.

Worte von Christian Wagner: Auch die Tierwelt wartet auf ihren Erlöser, ja selbst die Pflanzenwelt und die ganze Natur. Sehnsuchtsvoll und zitternd harren sie schon seit Jahrtausenden auf ihren Erlöser. ◆ Denn nebenan dem heilgen Sommer bleichen / Der abgesägten Pappeln schlanke Leichen. ◆ Nicht unsere Kultur, welche meist nur ein glänzender Lack über die innere Roheit der Seele ist, kann den Aberglauben d. h. die Dämonenfurcht beseitigen, sondern allein die Kultur, die in dem Grundsatze gipfelt, nie und nirgends Qual zu schaffen; denn ohne Qual giebt es keinen Unhold. ◆ Im Wald, im Forst, bei Eichen, Birken, Buchen, / Des Deutschen Gottheit einzig ist zu suchen. ◆ In jedem Täublein, das du verspeist / Ist in dich gefahren ein böser Geist: / Die Rachegedanken im Taubenbraten, / Sie haben zu diesem Streich geraten. – Tritt die Schnecke nicht, geh links ab weiter, / Dass nicht kommt zu dir der Schimmelreiter. ◆ Und die Bröcklein und Stäublein bilden

Pegasus im Joch, zwischen Landwirtschaft und Tierschutz

im Lauf der Jahrmillionen wieder andere Welten, und das Werden und Vergehen beginnt von neuem, oder ist schon da. ◆ Und sei ferner froh, daß auch deine Krankenstube, genannt Erde, einmal gründlich desinfiziert wird. Wie viel Krankheitskeime haben im Lauf der Zeit sich nur allein hinter der alten Tapete – genannt Civilisation – angehäuft? ◆ Den entsetzlichen Eindrücken dieses ungeheuerlichen Weltkriegs, den schrecklichen Mordwaffen der Granaten, Mörser – und wie sie alle heißen –, den satanischen Maschinengewehren gegenüber fordert der Rechtssinn des idealen Menschen eine überlegene, triumphierende Macht, um den blödsinnigen Wutausbrüchen unseres modernen Dämons Nitroglyzerin einen wirksamen Wall entgegenstellen zu können. ◆ Wohl lehrt uns die Wissenschaft sowie der Augenschein eine Wiederverkörperung der Atome; allein wir werden anders, bekommen nicht mehr den früheren Leib, haben keine Erinnerung mehr an einstige Zustände, und somit – da unsere Individualität geschwunden – sind wir nimmer die Alten.

Christian Wagner über sich: Ich beklage, daß es in Deutschland keine Wälder mehr gibt, wie im Mittelalter, zur Zeit der Eremiten, in die hinein ich mich verkriechen könnte, um dort nur noch mit frommen Tieren zu leben. ◆ Ich habe stets tiefstes Mitleid mit der armen, zertretenen Tierwelt gehabt und hielt es für meine heilige Pflicht, mein Talent dem Evangelium der Tierschonung dienstbar zu machen. ◆ Doch etwas ist zu schätzen an dem Blöden: / Mit Geistern und mit Blumen kann er reden. ◆ Wann Gans und Hühner mir entgegenkommen, / Zähl' ich mich schon zu den wahrhaftig Frommen; / Wann Rind und Kuh mir fromm die Hand belecken, / Will mein Bewußtsein sich noch höher strecken; / Wann Katz und Hund das Köpfchen an mir reiben, / Das macht mich stolzer als ein Kaiserschreiben. ◆ Wär ein Größerer ich, ein Höherbegnadigter, stimmt ich / Jetzo die Harfe mir rein zum Preise der göttlichen, schönen / Frauengestalten, die mich umwalleten, Wonne der Augen. ◆ Ja nach Indien! Das war der stille Wunsch meiner Seele jahrelang auch gewesen? Doch wurde auch mir ein still bescheiden Teil: Italien. ◆ O könnte, o dürfte auch ich meines matten Seins abgegriffene und verblaßte Münze umtauschen wieder und bald – und ich darf es einmal – umtauschen wieder gegen eine andere von neuem und blankem Gepräge!

Andere über Christian Wagner: Vor seiner Hütte ruhig im Schatten sitzt / Der Pflüger; dem Genügsamen raucht sein Herd. *(Hölderlin)* ◆ Nachdem ich mich dann durch diese Sonntagsbetrachtungen, Visionen und Blumenevangelien durchgearbeitet hatte, mußte ich mir sagen, entweder ist dieser Prophet, Seher und Apostel ein Halbverrückter, oder mir selbst ist die Fähigkeit abhanden gekommen, vollkommensten Unsinn von ächter Poesie, verrannte Doktrin von philosophischem Tiefsinn zu unterscheiden. *(Gutachten der Weimarer Schillerstiftung, 1892)* ◆ die Augen blicken gescheidt in die Welt; einen – ich weiß nicht, soll ich sagen: schalkhaften oder pfiffigen Zug – wird man erst nach längerer oder schärferer Beobachtung gewahr. *(Allgemeine Zeitung, 1893)* ◆ Er hat mit Wald und Feld, mit Gras und Blumen, mit Tieren und Gestein gelebt als mit Brüdern, während er unter den Menschen ein wenig verstandener Fremdling und Sonderling war. *(Hermann Hesse, 1915)* ◆ Die Katzen steigen an ihm auf und ab wie die Engel an der Jakobsleiter; von Zeit zu Zeit zwitschert er geheimnisvoll vor sich hin und spielt mit bunten halbmetaphysischen Seidenflocken. *(Dr. Owlglass, 1916)* ◆ Der denkwürdige Gesandte des Geistes sehnte sich hinaus aus seiner morschen Leibeshütte. *(Jürgen Schweier, 1980)* ◆ Die Lebensbeschreibungen – wie viele Male muß er da mit seinen Gänsen durch Warmbronn ziehen, die Katze auf den Schoß nehmen, sich über Blumen im Gärtchen beugen, sich für ein Gruppenfoto zwischen Wallfahrer oder die Familie setzen – stützen sich zwar dann und wann auf Zitate, doch sie verkümmern in solchen Zusammenhängen zu bizarrem Zierat. *(Peter Härtling, 1983)* ◆ Wo kam er her, der fromme Pantheist, der Naturpriester, der berauschte Autodidakt, das inspirierte schwäbische Bäuerle, das in Prosa wie in Gedichten nicht nur Blumen hingerissen besang, sondern die Natur in einem Maße in ihr Recht einsetzte – ihre Zerstörbarkeit ahnend –, daß man ihn sogar einen ersten Grünen unter den Dichtern nennen könnte? *(Jörg Drews, SZ, 1996)* ◆ Auch wenn der Status des Unterprivilegierten inzwischen ebenso belanglos geworden ist wie die »gönnerhafte Herablassung«, die ihm zu Lebzeiten zuteil wurde, hängt ihm doch immer noch und immer wieder an, ein wunderlicher Heiliger und sonderbarer Schwärmer gewesen zu sein, was leicht zu der Annahme verleitet, man muß diesen Eigenbrötler nicht ganz ernst nehmen. *(Wulf Kirsten, 2003)*

JÜRGEN VON DER WENSE, Privatgelehrter, Komponist, Afrikanist, Sinologe, Enzyklopädist, Übersetzer, Universalpoet, Weltraumkontrolleur, Weltforscher, Weltenbauer, Fragmenteschmied, Geognost (1894–1966): Zum Klavierüben mußte der Sprößling verarmten niedersächsischen Landadels nicht genötigt werden. Von frühauf schrieb er Worte wie »Reykjavik« auf jedes Löschblatt. Wurde er gerufen und wollte erst noch eine Mauer fertigbauen, hieß es: »Aber nur noch 5 Minuten!« Vor Zwangskameraden in der Erziehanstalt zu Doberan floh der junge Halbwaise und Törleß weinend aufs Klo zum Beten. Daß er zu Großem berufen sei, spürte er bald. Daß Menschen, die Gott schuf, dann aber nur als Bürger herumliefen, verübelte ihnen Wense. Als Buchhändler schwatzte er Kunden, die patriotische Hetzschriften suchten, Franz Werfel auf. Frauen warfen sich ihm an den Hals, er aber griff nicht zu. Im Konzert johlte er im Publikum und schrie derart »wie am Spieß des Heiligen Geistes«, daß umsitzende Kulturdamen ihn plumperweise »krank« fanden. Kanonen des Weltkriegs hörte er als Baßtuben, MGs als Xylophone, Handgranaten als Pauken – Mahlers Sechste als reelles Inferno. Mahlers Zweite nannte er die Nationale Hymne der Erde – Musik »das einzig Überirdische«. Als Opus 1 der abendländischen Geschichte rechnete er Perotins Quadruplum. Der genialisch erhitzbare Maschinenbaustudent, angehende Jurist und Nationalökonom, der sich auf dem Kammermusikfest in Donaueschingen 1922 am Klavier die Finger blutig spielte, schien Expressionist und Avantgarde-Neutöner zu werden, vertonte als »Komponichts« Ungaretti, Yeats, Jean Paul, ehe er plötzlich Chinesisch lernte. Unfähig zu Broterwerb, Ehe, Steuerzahlen, von Mäzenin Hedwig Woermann ernährt – 222,22 Mark Leibrente im Monat, 40 Jahre lang! –, lernte der Mahler-, Berlioz-, Stendhalexperte Arabisch, Dänisch, Ägyptisch, Altirisch, Syrisch, Kymrisch-Walisisch, tauchte in Kagaba-Mythen und sumerische Dichtung ein, übertrug Gedichte des Königs Mirambo von Unjamwesi und des Suahelifürsten Liongo, nicht zuletzt Heraklit; und lernte Sanskrit. Lautschriften entwerfend, befaßt mit Tolteken, Zapoteken, Pipilen und Totonaken, bearbeitete er tscherkessische, tschuwassische, baschkirische Lieder. Mit Béla Bartók erforschte er ossetische Volkslieder. Im »Tal der 1000 Wasserfälle« in Kärnten schrieb der Seismo- und Astrologe seine »Gesänge der Südsee«. Seine Hymnen der mexikanischen Kora auf Sterne, Wolken, Edelsteine gingen im Weltkrieg verloren. In einer »Geschichte der Weltliteratur« gedachte er im Anhang auch Europa zu streifen. Den Fürsten Wizlaw von Rügen, Herrand von Wildonie, Kristan von Hamle, Indianer, Eskimos, Uitotoverse, → Zhuangzi und Titurel stellte er über Benn, Dante und den »viertrangigen

Unterhaltungsschriftsteller« Thomas Mann, Puccinis Schwalbe über Bachs Weihnachtsoratorium. Weit über Musil und Kafka hob er Giacomo Leopardis »Zimbaldone«. Sobald seine Bewunderer auch mal Bergengruen zu loben wagten, wurde Wense giftig. Lorca-Dramen warf er an die Wand. Eine neue Gesamtschau aller Dinge, Künste, Wissenschaften, Sphären und Undinge, ein Gigantprojekt, weltumspannend, ein »All-Buch«, schwoll geduldig an, worin Wense Nachgedichtetes aus 100 Sprachen versammelte. Nachts um 3 gierte er dem Klingelwecker um 6 entgegen. Mit jeder Minute geizte er, 14 Stunden pro Tag. Verstrickt in Recherchen, rastlos in potenziertem »Ziczac« denkend, sah er ratlos jedes seiner Hauptthemata und Teilstücke unter der Hand überarbeitungsbedürftige Metastasen kalben, Kurzessays über Schachtelhalm und Diminutiv, Christus als Gärtner, Spatenformen, Kant-Laplace, schwamm im Strom und Stau disparat zueinandergebogener, fleißig auseinanderdriftender Materialien, versank in deren Eigendynamik, uferte ausdauernd aus und tauchte praktisch nie mehr auf. Falls er sich nicht in den x Sparten, Fakultäten, Künsten seiner verquickten Heterogenia in toto überselig und hyperkompetent verströmte, verkrümelte er sich en detail in fast plemplemförmiger Totalverquirlung von allem mit jedem – als Megadadaist? Gern zog er Dinge a tergo auf, daher sein Hang zur Grammatik Chinas; auf Friedhöfen wurde er heiter, in Komödien traurig. Sobald er an einem Zipfel nicht weiterkam und ihm die Hydra seiner Hobbys, Ausblühungen, Jahresringe, Klebbücher über sämtliche Hemisphären wuchs, pfropfte der entflammbare Linguist und Geologe, statt einiges zurückzufahren, auf den Hochbau oder Wildwuchs seiner Bruchstücke weitere Filialen, Vertiefungsgebiete und Seitenzweige: Afrikanistik, Aviatik, Paläontologie, Wasserbauwirtschaft. Er kreiste um Schafzuchtprobleme, Muschelkalk, Klosterkultur, Sippengeschichte, Obligationsrecht, Forstwesen. Seine Pläne, alles alphabetisch zu gruppieren, warf er um; gemeinsame Nenner zerfleddernder Massa confusa ließen sich immer schlechter festlegen. Ordnungssysteme gebaren Paradoxa. Lückenfüllsel zerflockten: Er bewies, daß Heinrich von Morungen 7 Jahre in Indien weilte; er fand heraus, daß dialektischer Materialismus aus dem Buddhismus, Fußballspiel aus Sonnenkultspielen der Maya stamme. Steinzeit müßte eigentlich Opalzeit heißen. Novalis' »Astralis« deutete er zenbuddhistisch. Das unvergleichliche Mammut-Opus schritt voran. Aber Verleger nannten seine Projekte »nicht aktuell«. Für Geld zu schreiben lähmte ihn. Kaum winkte Teilpublikation, zuckte er zurück, bang, in Buchform im Schrank strammzustehn, »gebunden« zu sein. Publizierte Normalgenies, die er denkfeige schalt, überflügelte er lichtjahrweit – dauerhaft ungedruckt. »Vielseitig Interessierte« blieben neben ihm keinseitig. Eine Biographie über Phosphorforscher Kunckel von Löwenstern brach er ab. Kaum schrieb er seine Werke in den Wind, kam seiner fernöstlichen Weisheit doch wieder okzidentales Leistungsdenken quer, Streß und Werkbegriff: Seinen Arbeitsfleiß zelebrierte er brieflich. Ans Radio, weil es fehlinterpretierte Werke, »wahre Zerrbilder der Musik«, auswarf, schrieb er Drohbriefe. Behördenbriefe, die er nicht verstand, erwiderte er mit Gedichten. Turbanindern, die ihm in Prag von der Knorrbremse vorschwärmten, erläuterte er die Dämonie der Technik. Einen Mediävisten, der mit ihm über Minnesang disputieren wollte, schüttete er statt dessen überdisziplinär mit Kaninchenseuchen, Thermodynamik stationärer Gletscher, Sockelprofilen an Florenzer Triumphbögen, Hans Pfitzner und Homosexualität zu. Zwischen Intelligenzpöbel, die für Indien, Autos, Antinatur schwärmten, oder auf Gelagen und Konzerten seines opulenten Gönners, des weltberühmten Dirigenten Hermann Scherchen, von dem er sich nicht zum Handlanger machen ließ, verstummte oder stammelte er, erntete Ironie und Mitleid. Versuchte der polygelahrte Sonderling, Tausendsassa, Kuriositätenjäger sich zu erklären, verhedderte er sich im Gegenteil von dem, was er sagen wollte, stürzte ins Freie, atmete auf, lief lieber allein durch die Natur, die ihm darin recht gab. Bei Landschaft, in die er floh, entschuldigte er sich, daß er ihr mit Kunst untreu geworden war. Im Wald vergrub er Flaschenbotschaften. Mal zog er in Städte um, um in Lesesälen recherchieren zu können, mal ganz weit weg, nach Warnemünde, um noch einsamer zu leben. Im »Schrei des Sturms« schrie er mit und nannte so was »Anbetung«. Einzig von geschlechtlicher Liebe – und von Geld – verstünde er nichts, notierte er. Mit 6–7 mitwandernden Epheben bzw. Schützlingen bzw. Quasisöhnen namens Eckart, Heinrich, Herbert, Dieter, Ortwin, Hartwig, die er förderte, überforderte, mitriß, genialisierte, atmete er Fernblicke und Gebirgsluft, durchdrang sich mit ihnen wie Strahlen, sammelte mit ihnen Silure, Quarzite, Kulmkieselschiefer; fern kruder Homophilie und Fleischlichkeit. Landschaftsphotograph Wense, keuscher als selbst Gustav von Aschenbach, trieb im Pensionsalter einen Kult um den Jüngling Olaf, als wenn er Tadzio hieße. Aber kaum las Wense Witiko, brannte er nach »lasciver schlüpfriger Lektüre«. Ein Schimpanse, der in feiner Damengesellschaft randalierte und onanierte, riß ihn hin. Bei gewissen Akkorden bekam er Erektionen. Viele hielten ihn für einsam; er aber gab sich allen Sternen hin, trug Billiarden Lichtnebel und Feuerkugeln im Herzen. Seine Naturobsession ließ übliche Naturverbundenheit weit hinter sich. Als Denker argumentierte er gegen

Pantheismus, aber als Wanderer überbot er alle Pantheisten mit steigerbarem – Pantheismus. Ab 1936 amplifizierte sich der Stubengelehrte und Lehnstuhlphilosoph, anläßlich einer Initiation angesichts des Desenbergs, zum Feldforscher hessischer Mittelgebirge – und peripatetischen Gelegenheitsmystiker, über ihm Meteore, unter ihm Minerale. Humboldt vermaß den Kosmos in Südamerika; Wense genügten Fritzlar und Dörfer bei Höxter, oder das märchenhaft weltferne Blomberg; kein Käseberg war ihm zu klein, um ihn keiner Besteigung zu würdigen; für unspektakuläres Oberhessen gab er den Harz, für flache Hügel bei Brilon ganze Alpen und Himalayas, für Fernblicke unweit von Paderborn schmiß er sich selber fort, vergaß sein Ziel und fiel sich selber wieder ein. Atemlos wandernd versank er in Struktur, Skulptur, Kontrapunktik und Agogik von Kaufunger Wald, Eder- und Lahnquellengebiet, Eichsfeld, Westerwald, Sauerland, Rhön, Harz, Knüll. Ein weiteres buchsprengendes Überformat und Pilotprojekt schwebte ihm rauschhaft vor und schwoll an, das »Wander-Buch«, flächendeckende General-Inventarisierung der von ihm erwanderten Landstriche zwischen Lippe und Main. Der Weltbürger, der sich zum Heimatkundler zusammenzog, dehnte Wetterkunde zur Weltweisheit aus. Die einzige weltliche Macht, die er über sich duldete: das Wetter. Wolken nannte er – 1945 – seine Lehrer und Heiligen! Gegen den Wind zu gehn, fühlte er fast als Unrecht, sehr daoistisch. Einen Blockwart, der ihn tumb aushorchen wollte, wickelte er, wie Soldat → Schwejk, in überfreundliche Ausweichmanöver ein. Kraft Wohnsitzmangel entging er dem Erfassungsnetz der Nazis. Auswanderung umging er herumwandernd. 1941 prognostizierte er Hitlers Suizid astrologisch für 43/44 voraus. Im brennenden Kassel grübelte er (wie Goethe im Kanonendonner von Verdun über Farbenlehre) über Hangwasserscheide, Kemper, Mutscharung, Retikulat, Inkrustation, Triforium, Spandrille. Verdunklung und Ausgehverbot im Krieg sah er positiv: Mitten in der Stadt leuchte wieder der Sternhimmel. Das bombardierte Göttingen nahm er gelassen; das sei alles nur Materie. Er entschuldigte sich bei der Erde, daß er sie mit Füßen trete, wie ein Dschaina-Mönch; andererseits aß er wiederholt Leber. Seine Handschrift schwebte gleichsam entmaterialisiert wie er selbst so für sich hin, seismographisch, labil, zart. Feminine Empathie synthetisierte er mit Systemhirn, also Contemplatio und Tiefsinn mit Natur- und Geisteswissenschaft, ohne humorlos zu sein! Als Transformator des flutenden Kraftstroms einer deliranten Weltphantasie taumelte er durchflutet – quer durch. Mystisch absorbiert vom Ineinander seiner Themata, schwamm er im Aggregatzustand seiner hellen und noch helleren Augenblicke, ohne sich seine

Dauer-Euphorie, die in selige Erleuchtungen hineingipfelte, von einem Hund, der ihn hierbei ins Bein biß, perforieren zu lassen. Dann – plötzlich! Sternstunde mit der rumänischen Mathematiklehrerin Pia, Hermann Scherchens 9. Frau, die er ab sofort als seine 1. Frau zählte, und dies 1950! Bei der Beerdigung seiner Mutter 1951 ging ihm auf, daß die Bamberger Urkunden Heinrich des Zweiten, statt von Rüdiger, von Wiprecht geschrieben sein mußten. 1952 schrieb er: »Plötzlich begann ich mein Lebenswerk zu schreiben!!!« 1954 verfaßte er einen Essay über Staub. 1955: Besuch der documenta Kassel. In Tabellen analysierte er Erdbeben. Die Vermessung der Welt ging bei ihm so weit, daß er die Länge der 7 Kuchen maß, die ihm gute Seelen Weihnachten 1958 sandten. 1959 wühlte Wense, ein Jahr jünger als Yogananda und ein Jahr älter als Krishnamurti, sich hinein in altindische Mathematik. 1961 übertrug er – durch Solling, Korbach, Upland, Waldeck wandernd – Verse des Westgotenkönigs Sisebut, zuzüglich Ibsen. Halbmuße, Doppelstreß, Lebenstrunkenheit, Schaffensseligkeit, Lebensüberschwang liefen um die Wette. Seine situative Tagebuchnotiz »in schlechtem Bett gut geschlafen« klang nach Lebensfazit und Weltformel. Statt Transzendenz lobte der Kleinstforschung Treibende sich Transvolanz. Seine Epidot-Denkextrakte, hoch- und tiefschürfend, hochambitioniert überanstrengt, aphoristisch, hehr, ethisch, integer, hochfahrend, steril, pathetisch, homophon, monochrom, fand er wichtiger als das polyphon entspannte, spontaneitätsdurchpulste, heiterkeitsdurchsäuselte Parlando seiner redseligen, scheinbar mit links ungezwungen und unterhaltsam hingeträllerten Privatbriefe, die ihn von den Gigantwerken, die er in ihnen ankündigte, ausdauernd ablenkten und in denen er hochberedt, spritzig, facetten- und variationsreich die Verzögerungen erläuterte; auf Postkarten kündete er weitere Briefe über Werke an; zeitgleich mit Blechtrommel-Ära, Wirtschaftswunder und Vietnamkrieg! Der einsame Denker, Flaneur und SPIEGEL-Leser Wense, der Literaten »Ratten des Geistes« und Nachkriegsliteratur »Schweinerei, indiskutabel, Ramsch« schalt, Buchkritiken in der ZEIT »primanerhaft« (lieber kehrte er ab und zu zu Novalis zurück), sogar Worte wie DDR oder Gruppe 47 kannte, sprach weiter von »Knaben«, »flüchtigen Augenblicken«, von »in stillem Lichte versilberten« Wolkenhügeln, und daß er ein Mensch werden wolle, »rein wie Sternenlicht«. Der sich in seiner übertonalen Musik jenseits von Tonali- und Atonalität zu bewegen wähnte, schrieb 1962 tonal gedachte, vortonal romantische Klavierstücke, mit zahm eingesprengten Atonalitäten, auf dem Level von vor 1908. Trotz Luigi Nono blieb er ein unsteter Wandergesell aus Spätromantik und Winterreise. 28 x den Wohnsitz wechselnd, wanderte er 24000 km runter, preußische Gangart, pragmatischer Meckischnitt. Grauhaarig geworden, hatte er immer noch kein einziges seiner Bücher publiziert oder beendet, um so mehr geplant. »Es ist später, als du denkst«, der Spruch einer französischen Sonnenuhr, eilte zunehmend verspätet hinter und vor ihm her. Schlußstriche kamen immer mal wieder in Sicht. In seiner Häusergeschichte Kassels kam er weit. Um Hirn und Kragen schuftete er sich, aber nachdem er Jahr um Jahr nichts abgerundet hatte, wurde Jahrzehnt um Jahrzehnt erst recht (fast) nichts fertig. Sein Fluß ohne Ufer rundete sich nicht. Seine Opera, weniger eindämmbar denn je, schwollen noch unlösbarer an. Lebenswerkvollendung foppte als Fata Morgana mit immer höher gehängten Horizonten. Die Talente seiner Palette, sosehr sie sich potenzierten, blockierten sich. »Die Wildnisse meiner Schöpfung«, »meine figura mundi«, »mein barockes Unicum«, »schönster Sternenwurf des Geistes«, »aller Triumph meines Lebens« setzte ihm oft derart zu, daß er sich 3 Tage hinlegen mußte. Sein Gesamtkunstwerk, Work in infinital progress, Märchenbuch der Jahrtausende, das nach Überarbeitung schrie, kam ihm selber oft unverständlich vor und er sich – zerzaust und fahrig. Der Weltrekordler resultatloser Verausgabung, der in Zwischenstufen erstickte, ahnte dann doch genauer, daß er die Generalschlüssel aller Kreaturen innerhalb seines Bombasto-Triptychons (Epidot, All-Buch, Wanderbuch) nicht mehr würde finden können. Daß er zwischenein seine Arbeit über die Wogulen (fast) definitiv abschloß, fiel im Geröll nicht weiter auf. Nimmermüd verstiegen und verrannt, dokterte er sich vorwärts. Seine 9 Sinfonien mündeten in eine grenzenlose Gesamtsymphonie. Die ganze Welt stopfte er in seine unvollendete Nullte Symphonie. Weil er zu sehr Alles wollte, wurde aus Allem zunächst nichts. Herr über 1001 Fragmente, ging er dann doch in ihnen unter. Der Greis, streng auf sein Debüt hinarbeitend, knüpfte an liegengebliebene Viertfassungen umgemodelter Jugendsünden an. 2 Mäzene starben wie auf Verabredung am selben Tag. Von akuter Wohnungsnot gebeutelt, griff er noch mal seine Personalgeschichte des Reichskammergerichts zu Wetzlar auf. Dann hagelten Gallenkoliken und Darmblutungen. Der auf stramme DNS-Codierung in Kindern und Büchern verzichtete, schwelgte in der nie- oder selten verliehenen Göttergabe, sich daoistisch im Weltganzen zu verströmen – und zu verkrümeln. Vom Hohen Meißner, der für ihn in d-Moll stand, kam er zurück wie Moses vom Sinai. Er weilte in allen Himmeln, aber hinterher stand sein Babelturm als Großbaustelle herum. 1965: Bronchitis, Migräne, Schwäche, Blase, Darmkrebs. Nur noch 5 Minuten an der Mauer bauen, und schon war das Leben um. Im Krankenhaus sang der Patient Götterdämmerung, 2. Akt, Ton für Ton, und alle Sphären sangen mit. ~ Der seine Werke Sternen, Wolken, Winden, Gott und abzählbaren Brieffreunden geschenkt hatte, hinterließ 40 Tagebücher, 258 Meßtischblätter, 40 Kompositionen, 3000 Fotos, 6000 Briefe. Nachlaßpfleger Prof. Dieter Heim suchte 20 Jahre einen Verlag. Zwischen 1987 und 2006 erschienen 4000 Seiten, in 5 Bänden. Wense – beinahe untergegangen, bevor er auftauchte – sprach sich zäh herum. Wensefans suchten die magischen Namen seiner Wanderrouten auf, all die überselig von ihm gerühmten Dörfer, Berge und Sibeliussymphonien, und standen mit und ohne hinreichende Euphorie bei schlechtem Wetter vor Autobahnzubringern.

Die ganze Welt hineingestopft in seine Nullte Symphonie

Worte von Jürgen von der Wense: Die Welt ist ein Rätsel, dessen Lösung der Schöpfer vergessen hat. ◆ Solange es Schnellzüge gibt, gibt es keine Grenzenlosigkeit. ◆ Chesterton und Chagall sind die einzigen Menschen auf der Erde, denen ich es verzeihe, Künstler zu sein. ◆ Darum sollte man sich kastrieren – wie macht Ihr Frauen so was: von hinten? ◆ Der Himmel ist eine Phrase, die Prügelei geht weiter. ◆ Der Pfau ist ein Huhn, das blüht. ◆ Es ist die Aufgabe der Politik, Schweigen zu schaffen in der Welt, damit Gott reden kann. ◆ Es war wundervoll, heute nacht nicht schlafen zu können; ich wusste; ich sah: die Sonne ist unten, ist unter uns – sie rollt, sie rollt, und alles ist Rad. ◆ Was ist denn ein Bikini gegen den Anblick einer gestirnten Nacht oder des Ringvulkans Bullialdus im mare nubium (den Dieter eben mit seinem Fernrohr beobachtet), gegen das Finale der sechsten Sinfonie von Mahler oder meinetwegen gegen das höchst schwächliche Nibelungenlied, von dem diese ach so klugen Burschen auch nicht eine einzige kleinste Zeile zustande brächten; warum? ◆ Man sollte zu Staatsoberhäuptern lieber schöne Hirsche oder gewaltige Nashörner ernennen statt würdige Töffel. ◆ zwischen Irland und Indien sprechen alle Völker sozusagen thüringisch. ◆ Gott ist tot und die Kunst ist verstorben. Einige erinnern sich noch an sie. ◆ Könnte der Schmetterling singen, so würde er im Käfig leben. ◆ Keine Welt- oder Weltraumreise ersetzt eine Stunde auf dem Dörnberg.

Jürgen von der Wense über sich: Ich rede mich häufig an und dann wundere ich mich, wie viele Parteien ich bin. Ich halte Ansprachen an meine eigene Masse. ◆ Ich schreibe Namen in den Sand, auf den ich meine Erinnerungen baue. ◆ Ich bin nur eine Vision von mir. ◆ Ich liege, selig mit Schmerzen, Urbild des Menschen, allein mitten im Universum. ◆ Ich rase auf meinem Stern drei Meilen in der Sekunde. Ich war morgen, wo ich gestern bin. ◆ Ich brauche keine Mythen, ich bete die Sonne an. Aus ihr lebe ich, aus ihr allein; alles andre ist Wahn – und mein Herz, wenn es stirbt, geht heim ins Feuer, aus dem es stammt. ◆ Wahrscheinlich bin ich verrückt, aber ich danke den Göttern, daß ich es bin. ◆ Ich könnte jahrelang auf den Kerguelen im Ozean oder in den Schluchten des Jangtse leben unter den Nebelbergen von Setschuan, bedarf nicht, hab ich nur Blumen, Felsen und Wolken, der Menschen und ihrer selbstgefälligen Wirrnis. ◆ Eine Zeitung, die die Wahrheit berichtet, bestelle ich sofort ab. ◆ Solange ich Soldat bin, hasse ich die Natur. Der Gedanke, einen Feldwebel grüßen zu müssen, wenn die Sonne untergeht, wäre zu fatal. ◆ O daß mich alles anschreit, jeder Stein, jedes Tintenfaß im Fortissimo seiner unabänderlichen Qual! Die Erde ist meine Schranke. Ich kann nicht hinüber, ihr Sterne, ich kann euch nicht entgegenstürzen, daß ihr mich zermalmt!! – Dann werde ich König von Island, werde einen Stammsitz in der Kirche haben mit Blechmarke »EW.RAT«, einen Religionskrieg führen gegen Lippe-Detmold, meine Biographie um ein Druckfehlerverzeichnis versehentlichen und mich zum Ruhm meiner Ahnen sechsmal nach rechts übergeben. ◆ Meine Mutter braucht Schuhe, und das ist wichtiger, als daß ich berühmt werde. ◆ Ein Eichkätzchen versöhnte mich mit der Welt. ◆ Wenn ich heiraten könnte, nur ein Tier, eine Giraffin! ◆ Es überflutet mich – ach, ich bin eine Wolke und sehr getrieben. ◆ Das Meer ist groß, wenn ich es bin. ◆ Oft verstecke ich mich unter dem Klavier vor meiner eigenen Begeisterung. ◆ Mein Leben, eins der stillsten, reichsten und geheimnisvollsten, das je ein Mensch geführt hat, ist völlig Legende. ◆ Mein ganzes Leben ist ein Rasen und Verzehren. In der Metagnose liegt meine Kraft. ◆ Viele Toten halten mich für weise, aber meine Weisheit ist nichts als eine vergeistigte Tollheit, ein Seelenwirbel der Weltphantasie – Von Weisheit und Altersmilde keine Spur, ich werde nur immer toller, anarchischer und schneidhärter. ◆ Meine Fragmente – darf ich wohl ohne Anmaßung sagen – sind wohl das rück- und vorsichtsloseste Buch, das je auf Erden geschrieben wurde. ◆ So muß denn die Welt auf diese kleine Kerze verzichten, die ich ihr anzünden wollte in dieser sich immer noch mehrenden Nacht.

Andere über Jürgen von der Wense: – aber einen solchen Weg auch nur einzuschlagen ist mehr wert als jeden anderen zu endigen – *(Friedrich Schiller, 1794)* ◆ Seine Aversion gegen »moderne« Musik, gegen Gedruckt- und Aufgeführtwerden, sein Pendeln zwischen Mönchskutte und Smoking, seine ganze abrupte, unstete Art des komprimierten Lebens stempelt ihn zum Sonderling. Wense ist Asket und Orgiast zugleich. *(Hans Heinz Stuckenschmidt, 1922)* ◆ Die Unterlippe faltete er oft wie eine Dreieckstüte. Das gab ihm dann ein spöttisch-skeptisches Aussehen. Ob die Haare im Bürstenschnitt dunkelblond oder grau waren, machte keinen Unterschied. Er hatte immer dieselben Knickerbocker an. Ließ er sie je reinigen? Sie wirkten immer sauber. Auf dem Kopf trug er eine »Batschkapp«, und diese so, als würde er mit ihr an einer hohen, geheimen, Energie spendenden elastischen Schiene laufen. *(Uta Schliephake)* ◆ In allem, was er machte, zeigte sich eindeutig ein Anflug von echtem Wahnsinn, so daß er ein Musterbeispiel für den Allgemeinplatz war, daß die Grenze zwischen dem Genie und dem Narren unscharf ist. *(Ernst Krenek, 1998)* ◆ Geradezu täglich können die Säulenheiligen wechseln: mal sieht Wense sich als Wiederverkörperung von Wilhelm Heinse, mal als neuen Rimbaud, mal ist Novalis sein Heiliger, mal Jean Paul der Einzige, mal George, mal Thoreau, Whitman, Yeats oder Ezra Pound, verwandt fühlt er sich mit Kleist und Raabe, mit Klopstock und Bolingbroke, mit Montaigne und Alfred de Vigny, mit Flaubert und Ungaretti, mit den arabischen Mystikern Ali ibn Hazm, mit Abu al-ibn-Anaf und mit Dschellaleddin Rumi, mit Duns Scotus oder dem Cusaner, mit den Malern Jean Fouquet, Valdés Leal, Anthoni Moro und Schmidt-Rotluff, mit Musikern wie Ildebrando Pizzetti und Luigi Nono. *(Reiner Niehoff, 2005)*

OSCAR WILDE, **Charmeur, Flaneur, Causeur, Dekorateur, Décadent, Götterliebling, Komödiant, Esprit-Sprayer, Stilist, Repräsentant, Ästhetizist, Pfau, Meta-Dandy, Aphoristiker, Kunstfigur** (1854–1900): Der Augen- und Ohrenarztsohn besuchte so edle Institute wie die Portora Royal School, das Trinity College zu Dublin, das Magdalen College zu Oxford. Was immer der Bachelor of Arts sagte oder tat, wirkte erstaunlich. Statt mit radikalen Ansichten aufzutrumpfen, spielte er elegant mit Ideen. Die punktgenaue, sofort immer druckreife Schneidkraft seiner aparten Stegreif-Seitenhiebe, gebärdenreich vorgetragen, nicht ohne behandschuhte Hände, teils spontan, teils mit inszenierter Spontaneität vorbereitet und ausgespielt, milderte er im gesellschaftlichen Small talk mit spürbarer Gutmütigkeit und samtweicher Violoncello-Stimme. Menschen teilte er, statt in gut und bös, in amüsant und langweilig ein. Dem »man of fashion« flogen viele bis alle Türen auf; leichtfüßige Komödien rollten dem baldigen Millionär, Frauenliebling und Freund des Prinzen von Wales Teppiche in höchste Kreise aus, aber viele Lachende vergaßen die Sottisen nicht. Über seinen jeweiligen Aufenthalt berichtete die Presse, als wär er selber jener Dichterkönig, den er, statt ihn nur zu spielen, auch ausfüllte. Statt Glück lobte er sich »intensity«. Dem Atlantik warf er vor, daß er nicht so majestätisch sei, wie er sein sollte. Den Niagara hielt er für überschätzt. Natur sagte ihm in toto wenig; dergleichen fand er unbequem. Nie hätt er sich ins Gras gesetzt; das fand er »hart, knubbelig, naß und voll von scheußlichen schwarzen Insekten« (siehe Beau → Brummells Spinnennetz im Pißpott). Er präferierte Clubsessel von Morris. Seine grüne Nelke im Knopfloch sah er als einzigen Brückenschlag zwischen Kunst und Natur. Sein Faible fürs Künstliche wurde dazumal weniger mit »synthetic« als mit »artificial« übersetzt. Seine Welt konnte es nicht fassen, daß er weder Sport noch Outdoor-Games sich hingab. Einer seiner Sekretäre signierte für ihn; ein anderer hatte lockige Wilde-Reliquien sich selber abzuschneiden. Realitäten, die in seine Kunst- und Scheinwelt reell hereinrülpsten, ließ er in Bonmots, Repliken, Sentenzen durchaus durchschimmern: Auch High-Society lag in der Gosse, nur sahen einige draus hervor mit Blick auf Sterne, also doch Natur. In der Ugliness widerwärtiger Großstadt-Außenviertel, voll überarbeiteter, ungebildeter, faktenversessener Zeitgenossen, hielt der Salonlöwe das Banner punktuell eingestreuter Quasi-Schönheit aufrecht, »art for art's sake« (l'art pour l'art), Muße, Kontemplation. Er wurde zum nicht sehr idealen Husband einer ernsten, schlanken, veilchenäugigen, präraffaelitisch blumengleichen, pianospielenden Artemis, die Kinder namens Vyvyan und Cyril gebar. Kaum wuchs ihm das tägliche einstündige Hairstyling zeitfressend über den Kopf und ging er entsprechend unaufgeschäumt und ungelockt, fielen seine Fettpölsterchen um so blickfängerischer ins Auge und beflügelten die gierige Klatschpresse. Karikaturen seines Pomadenhengst-Aufputzes nahm er wohlgefällig als Public Relations. Als Autor ließ er Snob und Dandy – man stritt, was davon er weniger sei – weit hinter sich; als verfettender Lebemann, umlobhudelt von ausgehaltenem Kometenschweif, lümmelte der Lord of Life immer öfter bis 15 Uhr im wattierten Sündenpfuhl. Durch allerlei Untiefen, die hinter scheinbarem Hingeträller von Aperçus und Farbtupfern gähnten, mochten Abgründe durchs Knopfloch gucken, in toto deutlich mehr Metaphysik als nebenan bei den Impressionisten. Rückschläge hagelten: Seinen Bühnenfiguren warf man vor, nur Schallverstärker seiner Pointensucht zu bleiben. Auf das Zensurverbot seiner preziösen Jugendstil-»Salomé« reagierte der »overloved artist« als verhätscheltes Kind, das mit Auswanderung nach Frankreich drohte. Der Larve eines jüngeren, goldhaarigen, verschwendungssüchtigen Varieté- und Casino-Schönlings, in die er sich unsouverän naschsüchtig verguckte, Lord Alfred Douglas (Bosie), gab er Seelenfrieden, Zeit, Muße für weitere Werke, Vermögen etc. hin und bekam wenig Genuß, aber Riesenquanten blasierter Complicationen, Extravaganzen, Vorwürfe, Erniedrigung und Trouble zurück, bis hin zur gentlemanlike auf der Visitenkarte des Vaters seines Günstlings, des Marquess of Queensberry, überreichten, falschgeschriebenen »posing as somdomite«-Anschuldigung, und ließ sich verleiten, Verleumdungsklage einzureichen. Lebenslange Erfolgsgewohnheit verwechselte der Schöngeist mit Unverwundbarkeit. Seine Würde konnte er sich, im Lauf der Strafprozesse, etwas länger bewahren als seine Anmut. Schlagfertig lief der als Perversling angeprangerte Hedonist – zum Gaudium der Galerie – zu eloquenter Höchstform auf. Aber Wind und Spieß drehten sich um. Unter Bauchgepinsel und Standing ovations hechelte bei dieser Gelegenheit sofort Häme, Spott und Distanzierung hervor, so als stünden reformbedürftige, ephemere Gesetze über dem unsterblichen Oscar Wilde. Zeitungen bildeten sogar »sensational details« ab: Verhaftung im Cadogan Hotel, und wie die Künstlermähne einer Knaststutzrasur weichen mußte. Zwecks Schuldentilgung wurde sein Haushalt aufgelöst, 2000 Bücher verkloppt, oft Widmungsexemplare. Der Ikarus stürzte vom Podest zum Pranger hinunter: Statt Ariel, Rosetti, schwerer Duft der Syringen, honigfarbene Goldregenblüten, Dinner, Souper, Teezeit, Droschken, Café Royal, Calais, Monte Carlo, Sealpelzmantel, Sonnenblume, Fingerringe – nun Caliban, Knastkluft, Pritsche, ekle Kost, schroffe Weisungen, Einsamkeit, angstfiebernd täglich durchweinte Nächte, Jonas im Walbauch, Joseph schrie aus der Grube. Gnadengesuche, die C.3.3. (seine Gefangenennummer) schrieb, wurden abgelehnt. Zwangsarbeit: olle Säcke flicken, Stricke zu Werg zerpflücken. Hafterleichterung: Er durfte Schreibutensilien und Bücher in die Zelle bekommen, alle 3 Monate einen Brief schreiben und erhalten. Im Monumentalbrief an seinen unwürdigen Gespielen Lord Alfred Douglas nannte er die Insassen und sich »Witzfiguren des Leids«, »Clowns mit gebrochenem Herzen« und wusch elegante Schmutzwäsche, in tiefster Schmach von oben herab. Gewohnter Selbststilisierung fuhr Selbsterkenntnis in die Parade. Seine sterbende Mutter durfte den Inhaftierten nicht noch mal wiedersehn. Der Posaune von Jericho gegenüber nahm er sich vor, im porphyrnen Grab so zu tun, als hätt er nichts gehört. Pläne zum Neustart einer geläuterten Vita nuova – ohne Gelage – versandeten. 3 Jahre nach seiner Entlassung aus dem Zuchthaus und 3 Monate nach Nietzsche (beide am 15. 10. geboren) starb er ausgerechnet an einer Mittelohrvereiterung, die sein verstorbener Vater hätte heilen können. ☙ Das 20. Jhdt. diskutierte weiter, ob Wildes »zerstörerische Leidenschaft« christlich zu betrachten, also »lasterhaft« zu nennen sei oder ob er im knöchern zugeknöpften Viktorianismus und eiskalten Puritanismus seines Säkulums antikische Knabenliebe als Lichtblick aufblühen ließ. Ohne Absturz aus dem Genußparadiso in Kerkerpurgatorio und Knastmorast hätte er x-mal mehr Werke verfaßt, aber seine Vita wäre nur halb so imposant und x-mal weniger verfilmbar gewesen. Thomas Mann dekretierte unschönerweise, Nietzsche würde Wilde sympathisch gefunden haben, beide seien im Namen der Schönheit Revoltierende, nur daß Nietzsche ungeheuer viel tiefer gegangen sei. Daß die Schwulenbewegung Oscar Wilde als Vorzeige-Eidhelfer und einen der Ihren auf Poster zwischen die üblichen Aidsfaces setzte, verbuchten wilde-kompatible Sensorien als Fettnapf-Blasphemie gegen – Wilde. Spätere Modezaren konnten bloß dran arbeiten, ihre stammelnden, lispelnden, auf Espritdefizit basierenden Platitüden und Allüren mit verstärkten optischen Mätzchen zu überschminken. Spätere Vergleichs-Abstürzler (Rex Gildo, Bill Clinton, → Jackson, Michel Friedman, Kai Pflaume) bekamen, mangels Fallhöhe, nur viel unimposantere Sturzkurven hin.

Worte von Oscar Wilde: Wären die Armen nur nicht so häßlich, wäre die soziale Frage leicht gelöst. ◆ Das einzige, was einen im Leben aufrechterhält, ist das Bewußtsein von der ungeheuren Inferiorität der anderen. ◆ Der Gatte einer sehr schönen Frau ist kriminell. ◆ Um wahr zu werden, muß alles Religion werden. ◆ Wenn man die Wahrheit sagt, kommt es sicherlich früher oder später an den Tag. ◆ Zuviel Schminke und zuwenig Kleider an, das ist bei einer Frau immer ein Zeichen von Verzweifeltheit. ◆Der Selbstmord ist ein Kompliment, das man der Gesellschaft nicht machen sollte. ◆ Jeder ist paradox – das macht die Gesellschaft so durchschaubar.
Oscar Wilde über sich: Ich bin durchaus nicht zynisch, ich habe nur Erfahrung – und das ist so ziemlich dasselbe. ◆ Ich wähle meine Freunde nach ihrem hübschen Gesicht, meine Bekannten nach ihrem guten Charakter, meine Feinde nach ihrer starken Intelligenz. ◆ Ich dachte, ich hätte kein Herz. Nun finde ich, ich habe eines, aber es steht mir nicht. Es geht irgendwie nicht mit unserer modernen Kleidung zusammen. Man sieht alt damit

Besser schön sein als gut, besser gut sein als häßlich

aus, und es ruiniert einem in kritischen Momenten die Karriere. ◆ Ich würde für eine neue Erfahrung alles geben und weiß doch, daß es so etwas wie eine neue Erfahrung nicht gibt. ◆ Ich bedauere, Ihnen mitteilen zu müssen, daß ich wegen einer später getroffenen Verabredung nicht an Ihrer Gesellschaft teilnehmen kann. ◆ Ich habe mein Genie auf mein Leben verwendet und auf meine Werke nur mein Talent. ◆ Der Erlös meiner Bücher reicht für Kaviar und Champagner. Aber wovon soll ich Miete und Essen bezahlen? ◆ Allem kann ich widerstehn, nur der Versuchung nicht. ◆ Ich ließ mir nicht träumen, daß ein Paria mich eines Tages zum Paria machen sollte. ◆ Ich sterbe, wie ich gelebt habe – über meine Verhältnisse.

Andere über Oscar Wilde: Über seine Witze lacht man zornig wie ein Kind, das dazu gebracht wird, vergnügt zu sein, wo es eben im Begriffe steht, ein Geschrei voll Wut und Schmerz zu erheben. *(G. B. Shaw, 1895)* ◆ Und er hat aus alldem die Erkenntnis destilliert, daß es nicht darauf ankommt, sich auszukennen – was ja weder möglich noch nötig ist –, sondern darauf, die verzwickte Illusion des Daseins sich so schön, so stilvoll und allen Sinnen so wohltuend wie möglich auszugestalten. *(Alfred Polgar, 1905)* ◆ Er betrog sich selbst in dem Glauben, einem versklavten Volk die frohe Kunde des Neopaganismus zu bringen. *(James Joyce, 1909)* ◆ Er gefiel sich in einer nicht zu ertragenden Weise. *(Aubrey Beardsley)* ◆ Oscar Wilde wird nie etwas Dauerndes hervorbringen; denn er nimmt nichts ernst. *(Francis Thompson)* ◆ Oder er fuhr mit ein paar Freunden oder noch lieber ganz allein in einem eigens zu diesem Zweck gekauften schlechten Anzug nach Whitechapel oder zu den Docks am Horizont der Riesenstadt hinaus und trieb sich bis zur Erschlaffung in den Opiumhöhlen herum und genoß das Laster mit geschlossenen Augen, wie ein Kind Süßigkeiten herunterlutscht. *(Herbert Eulenberg, 1933)* ◆ Er gab dem Jahrhundert, was das Jahrhundert verlangte – *comédies larmoyantes* für die vielen und Wortarabesken für die wenigen –, und er tat diese unterschiedlichen Dinge mit einer Art lässigen

Glücks. *(Jorge Luis Borges, 1946)* ◆ Der Typus des Dandy erlebte in Baudelaire, spiritualisiert, seine französische, in Stefan George, voll Herbheit, seine deutsche und in Oscar Wilde, dem jungenhaften Witzbold, seine irische Abwandlung. *(Gisbert Kranz, 1963)* ◆ Robert Ross, ein lebhafter, gebildeter junger Mann, rühmte sich, Oscars »erster Knabe« gewesen zu sein, als er 17 und Wilde 32 Jahre alt war. *(Rowohlts indiskrete Liste,1981)*

X
SONY
VAIO

Xerxes der Erste (pers. Khashayar Shah), Perserkönig, Zoroastrier, Unhold, Animist (ca. 520–465 v. Chr.): Als Sohn und Nachfolger des Dareios setzte er dessen Politik gegen die Griechen fort, ab 486. 5 Jahre nach Amtsantritt 485 v. Chr. zog er bestens vorbereitet los. Zur Überschreitung des Hellespontus, von Asien nach Europa hinüber, ließ Xerxes Brücken bauen und brauste gewaltig auf, als ein Sturm die Brücken zertrümmerte. Er ließ daraufhin dem Meer 300 Geißelhiebe verabreichen, Ketten ins Meer versenken, die Brückenbauer köpfen und – bevor er neue Brücken konstruieren ließ – gar dem Meer eine Strafpredigt halten, des Wortlauts: »O du bitteres Wasser, der Herr legt dir diese Strafe auf, weil du ihn beleidigt hast, obwohl er dir doch nichts zuleide getan hat. König Xerxes wird dich überqueren, du magst wollen oder nicht! Von Rechts wegen aber opfert dir kein Mensch, denn du bist ein trüglicher und salziger Strom!« Also ein umgepoltes Urmodell für des heiligen Franziskus' Vogelpredigt – eine Strafpredigt ans Element. Blinde Naturgewalt als Ansprechpartner auf Augenhöhe, was in der mittelalterlichen Justiz dann ausdünnte, sobald man Elemente nicht mehr anklagen konnte, sondern allenfalls mal einen Hahn verbrennen, nachdem er die teuflische Straftat begangen hatte, ein Ei zu legen (aufgeklärte Zeiten liquidierten den Kampfhund, der ein Kind biß, zwar nach wie vor immer noch, dies aber inhumanerweise ohne dazwischengeschalteten Gerichtsprozeß). Am Fluß Strymon opferte Xerxes dem unterirdischen Kakodaimon Arimanus Deus 2 x 7 Knaben, wie dies seine Gemahlin Amestris auch mal tat. Im zwielichtigen Startloch seines Eroberungszuges gegen Europa opferte Xerxes dem Meer eine goldene Schale, einen goldenen Becher und ein persisches Schwert, was möglicherweise, laut Herodot, als Reue, das Meer gepeitscht zu haben, geschah. Warnungen seines zögernden Onkels davor, ganz Europa bis in seine äußersten, unbekannten Länder hinein erobern zu wollen, schlug Xerxes genauso in den Wind wie üble Vorzeichen: daß ein Pferd einen Hasen gebar, und daß ein Maultier ein Maultier gebar, das sowohl Schamglied wie Scheide hatte, oder daß ein schwarzer Fluß bei Kardia und Agora, nach persischer Überschreitung, versiegte. Mit dem Meer-Auspeitschen war er der erste nicht. Bereits sein Großvater Cyrus hatte sich am Fluß Gyades, weil sein Pferd darin ertrunken war, gewaltig gerächt, indem er 180 Kanäle ausheben ließ und so den bösen Fluß aufspaltete, schwächte und also besiegte. Seltsame Ambivalenzen suchten Xerxes heim. Bei einer Heeresschau pries er sich stolzgeschwellt selig ob seiner vieltausendköpfigen Macht und Stärke, fing aber urplötzlich an zu weinen, weil ihm einfiel, daß nach 100 Jahren keiner mehr aus diesem Gewimmel leben würde. 480, im Krieg gegen Griechenland, verlor er die Seeschlacht bei Salamis. Bei Kallatebos, östlich von Sardes in Lydien, sah er eine Platane, die er mit Goldschmuck behängte und für die er einen Pfleger oder Wächter einsetzte, ein winziger sympathischer Moment, der mit seinen sonstigen militärischen Untaten und Taten fast schon wieder versöhnte, oder auch nicht: Denn daß Xerxes dem alten Lyder Pythios, als dieser seinen König um die Befreiung eines seiner 5 in den Krieg ziehenden Söhne bat, eben diesen 5. Sohn sofort hinrichten, halbieren und sein startendes Heer zwischen den 2 Hälften der Leiche hindurchreiten ließ, blieb ewig unverzeihlich. Adlige, die sich gegen ihn verschworen, ermordeten Xerxes. ~ Xerxes, eine jener seltenen Gestalten, die zwei x im Namen haben (wie Axel Rex), wurde biblisch 2 x erwähnt und hieß dort – im Buch Esther und in Esra 4,6 – Ahasveros. Aelian, 200 n. Chr., schmückte in seinen »Bunten Geschichten« die Baumschmuck-Episode, über die Herodot nur einen Satz beiläufig notiert hatte, angenehm aus: Großkönig Xerxes begrüßte die lydische Platane wie ein Sklave seinen Herrn, lagerte ganztägig unter dem Baum, behängte ihn wie eine Geliebte mit Kleidern, Ketten und Armbändern, was Aelian als barbarische Prunksucht kritisierte. 1738 sang der Perserkönig in Händels Oratorium »Serse«, Dramma per musica (Libretto von Minato), anstelle seiner abwesenden Dame eine stolze Platane an. 1968 schrieb Sexologe Ernest Borneman in seinem Sexuallexikon unterm Stichwort »Dendrophilie«, Xerxes habe eine Platane in Lydien – in Parallele zu indischen Baumhochzeiten – mit großem Zeremoniell geheiratet, also befallen von sexueller Triebfixierung auf Bäume.

Keiner peitschte je das Meer, außer er

Worte von Xerxes dem Ersten: Jetzt sollst du wissen, daß des Menschen Geist in den Ohren wohnt; wenn er etwas Gutes hört, so erfüllt er den Leib mit Wohlgefallen, hört er aber das Gegenteil, so braust er auf. *(mündlich zum Lyder Pythios)* ◆ Ja, es jammerte mich, als ich bedachte, wie kurz das ganze Menschenleben ist; denn von allen diesen Leuten wird nach 100 Jahren keiner mehr am Leben sein. *(mündlich zu seinem Onkel Artaban)*

Andere über Xerxes den Ersten: Diesen Weg nahm Xerxes, und da fand er einen Platanenbaum, den er seiner Schönheit wegen mit einem goldenen Schmuck beschenkte, und setzte einen eigenen Wächter darüber auf ewige Zeiten, und am anderen Tage kam er nach der Stadt der Lyder. *(Herodot)* • Xerxes war ein König, der / peitschte einst aus Zorn das Meer. *(Otfried Preußler, 1961)*

Z

ZHUANGZI (alias: Tschuangtse & Dschuang Dsi, geb. Zhuang Dschou), Dao-Dichter, Dao-Denker, Dao-Mystiker, Dao-Dandy, Wortjongleur (369–286 v. Chr.): Er stammte aus Meng, im Osten der Provinz Henan. Ungeplagt von Berufspflichten, allenfalls zeitweise als Aufseher einer Lackbaum-Plantage tätig, unbegütert, aber unabhängig – arm, aber frei –, lebte Meister Zhuang belesen – und verheiratet – nur seinen abgelegenen, weltfremden Allotria. Bemühungen anderer ließ er selten gelten: Konfuzianer und Staatsreformer verachtete er als oberflächlich; asketische Eremiten und Weltverächter verulkte er als kahle Strünke am Abhang; Gesundheitsapostel und Atemtechniker verglich er faulen Bären. Normalbürger sah er als flatternde Sumpfspatzen und sich selber als gewaltig drüber hinwegfliegenden Riesenvogel. Seine Rhetorik übte er in Wortgefechten mit dem gewitzten Sophisten Huizi, aus dessen Logik er gern ausbrach. Lehrströmungen und Geistesrichtungen seiner Zeit – Mohismus, Agrarkommunismus, Legalismus – relativierte er geistreich und stellte ihnen in einem Sprachwerk eine eigene, synthetisch überwölbende Weltbild-Variante entgegen. Als Mystiker munkelte er vom Dao; als Humorist geißelte er alle, die vom Dao nichts ahnten. Sein Dao handhabte er als omnipräsente, unkonkrete Entität, atavistisches Zauberwort, Universalmarke, Kurz- und Weltformel. Neuzeitliche Denkschärfe und Wortmacht paarte sich seltsam mit den Gebärden illustrer Wundermänner und Schamanen – und schier snobistischen Allüren. Aber er lief, im Gegensatz zum antiken Dandy Alkibiades, recht abgerissen herum, mit lädierten Latschen, im Schlabberlook-Outfit, also phänotypisch eher verschwägert mit 8000 km entfernten Kynikern. Lieber schleppte er mühsam Eimer, als mit Ziehbrunnen sich die Arbeit zu erleichtern, also betätigte sich Zhuangzi als Fortschrittskritiker, Maschinenfeind, vorauseilender Früh-Rousseauist. Sein Ziel: Als nutzloser Baum herumstehn in umtriebiger, lärmiger, pragmatischer Korruptionswelt. In seinen Allegorien, wo Schatten und Halbschatten sich Schlagabtausch liefern, oder auch Abstrakta wie Lükkenbeißer, Selbstbeißer, oder Wang I (Keimwalter) und Hü Yu (Freigeber), wird Guang Yau (Lichtglanz) beschämt und besiegt von Wu Yu (Nichtsein), bzw. ziehen erdnahe Dialogpartner wie Doktor Absichtsvoll stets den kürzeren Schafgarbenstengel; hingegen behalten die unkonkretesten Wesen, namens »Absichtslos«, stets am rechtesten, oder »Selbstvergessen«, so als sei Alzheimer Mnemosyne überlegen. Zwischen Eck- und Extrempunkte, dumpfe Baß- oder Mineralreich-Instanz und hochschwebend luzide Diskantstimme, schaltete Zhuangzi eine mittlere Wesenheit wie den Flußkönig. Zwischen Pöbel und Geist, den kein Feuer sengt und kein Wasser netzt, setzte als Dazwischenstehenden Zhuangzi sich selbst ein, komische Alter egos, erkennbar versteckt, namens »Wahn-Wirbel« oder »verrückter Stammler«, der mit umschlungenen Beinen wie ein Spatz herumhüpfte und Lautmalerei ausspie: »Bah!« Im Dialog zwischen Wolkenfürst bzw. Wolkengeneral feixte Zhuangzi als Hung Mong (Urnebel). Im Round-table-Pingpong zwischen Tausendfüßler, Einbein, Schlange und Wind – zum Thema Beinlosigkeit! – wurde als letzter Trumpf und Clou ein Dao-Synonym aus der Hintertasche gezogen, jener Wind, der über die am Boden haftenden, kreuchenden, vor lauter verhedderten Beinchen nicht vorwärtskommenden, besserenfalls einbeinig hüpfenden, oder auch beinlos sich vorwärtspeitschenden Gestalten frei und leicht hinwegsaust, nicht nur beinlos, wunderbar körperlos, Auge und Herz entgegen. In Zhuangzis angenehm hinkenden Gleichnissen wimmelten amorphe Wesenheiten, die einander Löcher bohrten, guckende und hörende, und sofort deshalb – starben. Krüppel humpelten als Vehikel unantastbaren Geistes herum. Daß Zhuang, als seine Frau starb, musizierte, statt zu trauern, ließ spätere Köpfe vermuten, Zhuangzi könne eine Xanthippe gehabt haben. Doch den Tod von Meister Hui – und seinen eigenen – nahm er genauso gelassen. Als Plato mit 80 starb, war Zhuangzi 22: Dialogisch angelegte Denk- und Sprachkünstler jagten »aus den Grenzen des Staubes«, um entbunden im Reich der Ideen zu schweben, z. B. der Dao-Idee. Höhlengleichnis versus Schmetterlingstraum: Platon saß in seiner Fernsehhöhle, das Sein im Rücken, unerfreut abgespeist von flimmerndem Schein; Zhuangzi verkehrte zwischen Schein und Nichtsein und träumte von einem Schmetterling, der symmetrischerweise von Zhuangzi träumt. Zhuangzi & Plato funktionierten also viel ähnlicher als Aristoteles & Plato, respektive das Dao-Duo → Laozi & Zhuangzi. Als → Diogenes 78 wurde, wurde Zhuangzi 59. Bald hieß es, über Zhuangzis Leben sei wenig bekannt. Doch daß es ihn deshalb, wie Laozi, nie gegeben habe, blieb unwahrscheinlich. Solche wie ihn gab's ab und zu mal irgendwo, also auch ihn. Aristophanes & Zhuangzi schrieben wahrlich nicht so holzig und humorfrei wie sonstige vorchristliche Autoren. Jahrhunderte vergingen. Rollbildmaler ordneten Laozi den Büffel, Zhuangzi den Schmetterling zu. Nachträgliche Bildnisse zeigten ihn mal als knubblig-knorzlig zerfalteten Kropfträger mit Knotenstock, mal als glatt- und weißbärtig gottähnlichen Weltweisen mit stromlinienhaft fliehender Stirn. Ob er konstitutionell als dürres Männlein umging oder als Pykniker, blieb unerschließbar. 742 n. Chr. verlieh ihm ein Tang-Kaiser den Ehrentitel: »Wahrer Mensch vom südlichen Blütenland«. Tang-Dichter (→ Han Shan, → Li Bo) griffen sein Nein zur Beamtenkarriere auf und zogen sich in Bergeremitagen zurück, wie Leukippos in sein Tusculum. Buddhistisch angehauchte Hausmärchen malten seine 3 (unverbürgten) Heiraten aus, ließen seinen Schmetterlingstraum von Laozi deuten, ihn die Kunst der Doppelgängerei ausüben, ihn Zauberer werden und seine ungetreue Ehefrau Nr. 3 mit Auferstehungsschabernack in den Suizid treiben. Denktypen kreisten eher um den später sog. »philosophischen Taoismus«. Jahrtausende vergingen. Viele gruben ihn aus. Andere knüpften an ihm an. Im überregionalen Überblick bog er Archaikum & Neuzeit ineinander, Schamanismus & Satire, Mystik und trotzdem – Humor. Im Zeitalter karthagischer Feldherren (Hamilkar), waffenklirrender Epen (Mahabharata), orphischer Urworte (Laozi) und alttestamentarischer Starrkrämpfe (Habakuk) brillierte Zhuangzi als quirlig-quecksilbriger Flattergeist, Chamäleon, Wendehals, Brausekopf, also als Präcox-Feuilletonist, Dekadent, Zivilisationsliterat, bunt, glänzend, moussierend. Seine Seelenverwandten lebten alle außerhalb Chinas (Lukianos, Ovid, → Rumi, Wieland, → Jean Paul, → Scheerbart). In seiner lautmalerischen Barockprosa vom Mundorgelbrausen des Himmels irrlichterierte er exklamatorischer herum als manch Expressionismus, ein vorchristlicher Daoist dada- und surrealistischer als so dröge Bürohengste wie André Breton & Hugo Ball. Konfuzianischen wie kommunistischen Fortschrittssperlingen flog Riesenvogel Zhuangzi naturgemäß von Grund auf viel zu hoch. Alle, außer Esoteriker und Künstler, hatten was gegen ihn: Pragmatiker und Sozialethiker fanden ihn suspekt, konservativ, reformfeindlich, reaktionär, unseriös, verspielt, unwissenschaftlich, esoterisch. Machiavellisten und Fährmänner von Hanfeizi bis Mao Zedong, vom Philosophen-Lexikon der DDR bis zu den 1,3 Mrd. Wirtschaftswachstums- und Power- und Dollar-Standardmandarin-Chinesen des 21. Jhdts., stampften hochgerüstet über ihn hinweg. Die stille hieroglyphische Dao-Idylle lag so weltenfern wie bundesdeutschen Pisa-Studien-Opfern und Karrieretypen althochdeutscher Wurmsegen, Parsifal und Frühgotisch. Die wenigen, die noch um ihn wußten, Sinologen, analysierten Zhuangzis Denkansatz, seine apophatischen Postulierungen, seinen elaborierten Sprachcode mit hermeneutikgeschädigtem Jargon, konstatierten bei ihm auf der Ebene des Diskurses und der Konzeptualisierung einen heterodoxen, ambivalenten, dialektischen Relativismus, Komplexismus, Intellektualismus. In einer Eindeutschung von 1998 benutzte Zhuangzi Polit-Jargon (Rahmenbedingungen, Profit, Transformation, Evolution, Verhaltenskodex, instabil), als würde Apuleius von Madaura von Vorstandssprechern oder Bischöfen synchronübersetzt.

Wahn-Wirbel zwischen Riesenvogel und Sumpfhuhn

Worte von Zhuangzi: Du weißt, daß es möglich ist, mit Flügeln zu fliegen. Aber du weißt nicht, wie man ohne Flügel fliegt. ◆ Mit Hilfe eines Fingers nachweisen zu wollen, daß ein Finger kein Finger ist, ist nicht so gut wie mit Hilfe des Nicht-Fingers nachzuweisen, daß ein Finger kein Finger ist. ◆ Die Welt als Welt behandeln, aber nicht von der Welt sich zur Welt herabziehen lassen: so ist man aller Verwicklung enthoben. ◆ Vergiß die Zeit! Vergiß die Meinungen! Und erhebe dich ins Grenzenlose! Und wohn im Grenzenlosen. ◆ Wenn dein Geist stirbt, heulst du auf. Wenn dein Leib stirbt, zuck mit der Schulter.

Zhuangzi über sich: Ich vergnüg mich lieber in einer stinkenden Suhle, als mich vom Herrscher eines Königreichs am Strick führen zu lassen. Kein Amt werd ich annehmen, um leben zu können, wie es mir gefällt. ◆ In 9 von 10 meiner Reden schimmern durch äußere Bilder meine inneren Gedanken. Wer wie ich denkt, stimmt mir zu; wer von mir abweicht, wird mich widerlegen. ◆ Wenn der Leib sich auflöst, bleibt auch die Seele nicht ungeschoren – ist das nicht lauthals zu beklagen? Tasten alle Menschen so durch Finsternis oder nur ich allein? Und gibt es andere, die nicht im Dunkeln sind? ◆ Wahrhaftig, der dicke Klumpen hat mir meine Gestalt aufgehalst und mir mein Leben aufgebuckelt, und macht das aber immerhin damit wett, daß ich bald davon ausruhen kann. Nichts gegen mein Leben, aber mein Abgang mundet mir fast noch mehr.

Andere über Zhuangzi: Zhuangzi ist voreingenommen zugunsten der Natur und kennt den Menschen nicht. *(Meister Xunzi)* ◆ Ausschweifende, tiefgründige, großartige und überwältigende Worte sind nutzlos, darum sind Männer wie Wei Mo, Xang Luzi, Zhan He, Xen Bing und Zhuangzi genauso wie Maler von Geistern und Dämonen. *(Hanfeizi, 250 v. Chr.)* ◆ Mit widersinnigen Formulierungen, närrischen Worten und ungezügelten Sätzen überließ er sich oft seinen Launen, doch er war nie voreingenommen und betrachtete die Dinge nicht nur von einem einzigen Blickwinkel. *(Anonyme Zhuangzi-Bearbeiter, 200 v. Chr.)* ◆ Selbst die größten Gelehrten seiner Zeit konnten sich seiner nicht erwehren. Zu seinem eigenen Vergnügen sprudelten seine Worte ungebremst hervor. *(Sima Qian, 104 v. Chr.)* ◆ Statt eingeklemmt zum Oberbonzen aufzuschwellen / hielt er sich raus aus allen Staatsgeschäften. / Sein Halbtagsjob rieb ihn nicht auf. / Er hatte nur beim Schlendern auf und ab die Lackbaumstämme durchzuzählen. *(Wang Wei, 699–759 n. Chr.)* ◆ Er ist Ursprung einer Bewegung, und nur der hat ihn verstanden, der vom Wortlaut loskommt und die Bewegung in sich zu erzeugen vermag, die von seinen Worten ausgeht. *(Richard Wilhelm, 1912)* ◆ In vielem erinnert seine religiöse, aber dabei streng auf die Wirklichkeit gestellte Naturphilosophie an die der Stoiker und Spinozas. *(Albert Schweitzer)* ◆ Dschuang Dsi (ich schreibe Djuang Dsü) ist kein Philosoph, sondern eine Art Franz Blei, hochkultivierter Literat, nicht ernstzunehmen, Globetrotter und Snob, aber sprachlich u. ästhetisch das verfeinertste, was es überhaupt gibt. *(Jürgen von der Wense, 1942)* ◆ Leben und Sterben kommt für seine Weltanschauung nicht in Frage, er steht darüber. *(Nagasawa Kiyuka, 1959)* ◆ Probleme, mit denen er gerungen hat – Seele und Unsterblichkeit, das Wesen des Seins, das Wesen des Wissens – haben andere nicht einmal gestreift. *(Lin Yutang, 1961)* ◆ Zhuangzi sagt: »Wenn du den Fisch gefangen hast, vergiß das Netz.« Alan Watts übertrug dies in unsere Zeit: »Wenn du die Botschaft verstanden hast, leg den Hörer auf.« *(Huang Al Chungliang, 1987)* ◆ Mit dem Schmetterlingstraum mag sich der Autor gegen eine naive Mystik gewehrt haben, welche die Einheit aller Dinge behauptet. *(Kindlers Neues Literaturlexikon, 1988)*

ZIPRUANNA, Asket, Shivaverehrer, Unratberührer (20. Jhdt.): In seinem Dorf Nisrabad nannten sie Zipruanna einfach nur kurz »Anna«. Er saß bevorzugt in verfallenen Häusern und auf Abfallhaufen, mit der (auch aus Sufitum u. ä. bekannten) Begründung, der Mensch sei nur ein Schlauch aus Unrat und der innere Müll sei größer als dieser hier. Öffentlich und schamfrei verrichtete er Notdurft, rieb sich mit Kot ein, dies auch dann, wenn neue Schüler zu ihm kamen. Angeblich roch er hierbei, statt übel, sogar gut, wie Ashtagandha, duftender Baumsamen. Swami Muktananda kam als wollustgeplagter Schüler zu ihm, suchte diesen Guru auf, der erst mal seinen Darm entleerte und dann den Adepten beriet. Dieser klagte, er bekomme beim Meditieren stets ein steifes Glied, das sich ihm sogar in den Nabel bohre. Zipruanna sah das gar nicht so negativ, erklärte das als Zeichen für Erwähltheit und prophezeite, Muktanandas Wollust werde bald erlöschen und sich in reine Liebe wandeln. Zipruannas hartes Asketentum bescherte ihm keine Berührungsängste mit anderen Leibern. Im Gespräch mit Freunden, Bewunderern und irgendwem faßte er alle Leute ganz gern an, ging über Bussibussi weit hinaus, ja leckte manchen Menschen sogar den Kopf, also gegebenenfalls auch die Glatze, was ihm möglicherweise größere, tiefere, geilere Lustquanten scherte als den üblichen Gierschlünden deren flache Orgasmen in dürftiger Koital-Routine. Das Glatzelecken und Darmentleeren warf den Heiligen schier auf Säugetierebene zurück, nein, schleuderte ihn hinauf auf mentale Ebenen, in denen Tier und Gott sich nicht so traurig auseinanderlebten wie in dekadenten Spätzeiten. Zipruanna verehrte Shiva als Gott aller Yogis.

Müll und Welt – kein Unterschied (Zipruanna hier rechts im Bild)

Worte von Zipruanna: Unterschätze dein Organ nicht. Es schafft alle Wesen und bestimmt, ob du Mann oder Frau bist. Ohne dein Glied bist du nur nutzloser Eunuch.

Chronologie aller 255 heiligen und unheiligen Narratoriumsbewohner

Archilochos von Paros Abenteurer, Jambendichter, Haßspötter
(um 680–640 v. Chr.)

Ezechiel Prophet, Visionär, Drohpriester, Strafprediger
(um 620 bis ca. 575 v. Chr.)

Orpheus Sänger, Barde, Dichter, Kulturbringer, Sagengestalt
(6. Jhdt. v. Chr.)

Laozi Tempelschreiber, Archivar, Dao-Denker
(6. Jhdt. v. Chr.)

Mahavira Extrem-Asket, Buddha-Rivale, Religionsstifter
(557–485 v. Chr.)

Mankhaliputta Goschala Fatalist, Kauz, Samana-Guru
(um 550–501 v. Chr.)

Empedokles von Akragas Naturphilosoph, Priester, Selbstvergotter
(495–435 v. Chr.)

Xerxes Perserkönig, Zoroastrier, Unhold, Animist
(um 520–465 v. Chr.)

Demokritos Naturforscher, Kausaldenker, Atomtheoretiker, Kosmologe
(um 460–370 v. Chr.)

Antisthenes Sokratiker, Stammvater der Kyniker
(455 bis ca. 368 v. Chr.)

Dionysios von Syrakus Feldherr, Tyrann, Blutsäufer
(um 432–367 v. Chr.)

Diogenes von Sinope Kyniker, Provokateur, Parasi
(414–323 v. Chr.)

Zhuangzi Dao-Dichter, Dao-Denker, Dao-Mystiker
(369–286 v. Chr.)

Hipparchia von Maroneia Kynikerin, Philosophin, Emanze
(um 300 v. Chr.)

Metrokles von Maroneia Philosoph, Schriftenverbrenner
(um 300 v. Chr.)

Aschoka Feldherr, Mönchskaiser, Buddhist, Friedensengel
(um 272 bis ca. 231 v. Chr.)

Shi Huang Di Kaiser, Kriegsherr, Reformer, Realpolitiker
(259–210 v. Chr.)

Dositheos Samaritaner, Gnosis-Guru, Messias
(um 100 v. Chr.)

Jesus von Nazaret Wander- und Bergprediger, Erlöser
(um 7 v. Chr. bis ca. 33 n. Chr.)

Peregrinus Proteus Christianer, Selbstverbrenner
(um 100–165 n. Chr.)

Origines Gelehrter, Textkritiker, Pneumatiker, Pilot-Exeget, Kirchenlehrer
(185–253 n. Chr.)

Plotinos von Lykopolis Philosophielehrer, Seelenforscher, Denk-Mystiker
(204–270 n. Chr.)

Liu Ling Daoist, Reisweintrinker
(um 220 bis ca. 280 n. Chr.)

Mani Theosoph, Systemdenker, Synthetiker, Eklektizist, Endzeitdenker
(216–276 n. Chr.)

Antonius von Ägypten Christianer, Gottesknecht, Eremit, Ratgeber
(251–356 n. Chr.)

Dhammarui Mönch, Bettler, Ameisenretter, Tier-Märtyrer
(um 400 n. Chr.)

Amlethus Simulant, Teilzeit-Narr, Racheengel, Hamlet-Vorläufer
(5. Jhdt n. Chr.)

Babion Frühreifling, Milchkind, Wunderkind, Neuplatoniker
(5. Jhdt. n. Chr.)

Merlin Demeterkönig, Seher, Druide, Barde, Weisheitsgreis
(6. Jhdt. n. Chr.)

Abu Dschahl Koreischitenfürst, Widersacher, Frevler, Erzschurke
(gest. 624 n. Chr.)

Han Shan Wildnis-Dichter, Gebirgs-Einsiedel, Dao-Buddhist
(um 650 n. Chr.)

Madschnun Liebeswahnsinniger, Verzweiflungsdichter, Wüstensohn
(um 670 n. Chr.)

Ata as-Salimi Derwisch, Gottesknecht, Weiner, Stöhner
(um 690 bis ca. 757 n. Chr.)

Adham Gottesdiener, Rechtsperson, Apfelesser, Scheich, Bräutigam
(7. Jhdt. n. Chr.)

Li Bo Fechter, Einsiedel, Dichter, Reisweintrinker
(701–762)

Rabia al-Adawiyya Sklavin, Mystikerin, Vegetarierin
(717–801)

Buhlul Tagedieb, weiser Idiot, Stadtnarr, Quasiverrückter
(um 740–805)

Bayazid al-Bastami Scheich, Himmelsfahrer, »Sultan der Verzückten«
(794–877)

Mansur al-Halladsch Wanderderwisch, Extrem-Mystiker, Märtyrer
(858–922)

Abu Bakr Schibli Emir, Kämmerer, Sufimeister, Sunnit, Simulant
(859–946)

Gutei Dharma-Hüter, Ein-Finger-Zenmeister, Verstümmler
(9. Jhdt.)

Andreas Notar, Gassenheiliger, Narr Christi
(881–947)

Bu Dai Wandermönch, Dickmops, Sonderling, Hanfsackträger
(gest. 917)

Atischa Dipamkara Buddhist, Erleuchtungsgeist-Erzeuger, Hunde-Erlöser
(982–1055)

Luqman as-Sarahsi Verzichter, Derwisch
(11. Jhdt.)

Kukkuripa Hunde-Asket, Yogi, Giftsee-Insulaner
(11. Jhdt.)

Lama Marpa Indienfahrer, Yogi, Extrem-Guru
(1012–1098)

Milarepa Wetterzauberer, Dichter-Yogi, Eremit, Dämonenzähmer
(1040–1123)

Hildegard von Bingen Nonne, Äbtissin, Visionärin, Naturforscherin
(1098–1179)

Fariduddin 'Attar von Nischapur Drogist, Vergeblichkeitsmystiker
(um 1145 bis ca. 1220)

Baha'uddin Walad Theologe, Wollustdenker, Mystiker, Atomanbeter
(1150–1231)

Franziskus von Assisi Minderbruder, Ordensstifter, Vogelprediger
(1182–1226)

Dschamaluddin as-Sawi Bartträger, Qalandar-Ordensgründer
(12./13. Jhdt.)

Antonius von Padua Wandermönch, Redner, Theologe, Fischprediger
(1195–1231)

Maulana Dschelaluddin Rumi Theologe, Sufi-Mystiker, Ekstatiker
(1207–1273)

Mechthild von Magdeburg Nonne, Gottesbraut, Mystikerin, Visionärin
(1210–1285)

Nasruddin Hodscha Erzschelm, Eseltreiber, Querulant, Blasphemiker
(13. Jhdt.)

Agnes Blannbekin Begine, Heilandsminnerin, Lammgeküßte
(gest. 1315)

Hafiz Weinliedsänger, Liebessüchtiger, Lebensgenießer
(um 1319–1389)

Bassui Tokusho Grübel-Buddhist, Zazen-Rebell, Satori-Lehrer
(1327–1387)

Till Eulenspiegel Handwerker, Landfahrer, Possenreißer, Erzschelm
(14. Jhdt.)

Muzabbid Narr, Zwitter, Spottvogel, Schwuchtel
(Mittelalter)

Francesca Romana Mystikerin, Höllen-Visionärin, Klostervorsteherin
(1384–1440)

Ikkyu Sojun Zen-Meister, Wandermönch, Einsiedel
(1394–1481)

Niklaus von Flüe Bauer, Ratsherr, Weltflüchter, Waldbruder, Volksheiliger
(1417–1487)

Kabir Weber, Lieddichter, Kastensystemkritiker, Versöhner
(1440–1518)

Drugpa Künleg Wanderheiliger, Tantra-Scherzbold, Sexmolch
(1455–1570)

Mirabai von Dschodhpur Prinzessin, Krishna-Gemahlin, Wanderbettlerin
(um 1498–1546)

Filippo Neri Apostel Roms, Seelenführer, Büßer, Spaßmacher
(1515–1595)

Jakob Böhme Schuhmacher, Quellgrundmystiker, Drauflostheosoph
(1575–1624)

Philipp Lord Chandos Herzogssohn, Übersensibelchen, Naturmystiker
(1577 bis ca. 1603)

Friedrich Spee Barockdichter, Moraltheologe, Hexenwahnbekämpfer
(1591–1635)

Guiseppe da Copertino Einfaltspinsel, Verzückungstrottel, Flugheiliger
(1603–1663)

Tukaram Kleinstwarenhändler, Vishnu-Mystiker, Marathi-Dichter
(1607–1649)

Bankei Eitaku Zazen-Eremit, Satori-Erzwinger, Buddhageist-Lehrer
(1622–1695)

Angelus Silesius Mystiker, Spruchreimer, Jesusminner, Polemikus
(1624–1677)

Monsieur de Sainte-Colombe Gambist, Komponist, Witwer
(1630–1701)

Hemme Hayen Bauer, Gottesknecht, Verzückungsmystiker
(1633 bis ca. 1689)

Bashô Haiku-Dichter, Hüttenbewohner, Wabisabi-Verfeinerer
(1644–1694)

Abraham a Sancta Clara Donnerwortprediger, Narrengeißler
(1644–1709)

Quirinus Kuhlmannus Dichterfürst, Chiliast, Gottesnarr, Selbstvergötterer
(1651–1689)

Eva von Buttlar Sektiererin, Urmutter, heilige Hure
(1670–1721)

Jacob Paul von Gundling Hofrat, Oberzeremonienmeister, Zwangshofnarr
(1673–1731)

Apemantus Kyniker, Hofdenker, Misanthropos, Fiesling
(17. Jhdt.)

Dalai Lama Nr. 6 Gottkönig, Dirnenprinz, Orgiast, Tantriker
(1683–1706)

Baalschem Lehmstecher, Lehrer, Chassidismusstifer, Wundertäter
(um 1698–1760)

Marquise d'Urfé Okkultistin, Alchimistin, Casanova-Opfer
(1704–1770?)

Meretlein Zöglingin, Naturkind, Hexenmädchen
(1706–1713)

Lord Rokeby Stadtparlamentarier, Wasserfreund, Naturapostel
(1712–1800)

Johann Heinrich Pestalozzi Wohltäter, Volkserzieher, Schulgründer
(1746–1827)

Herschel von Ostropol Possenreißer, Schnorrer, Trunkenbold
(um 1750)

Jakob Michael Reinhold Lenz Stürmer, Dränger, Genius, Wahnumflorter
(1751–1792)

Christoph Kaufmann Kraftgenie, Apostel, Gottesspürhund
(1753–1795)

William Blake Mystiker, Buchillustrator, Visionär, Poet, Prophet
(1757–1827)

Ryokan Daigu Zen-Buddhist, Bettelmönch, Wanderdichter, Kinderfreund
(1758–1831)

Papageno Naturbursche, Faun, Opernfigur, Volksheld
(um 1760 bis ca. 1820)

Jean Paul Formatsprenger, Kosmosträumer, Dichter, Denker, Geist
(1763–1825)

Issa Bauer, Tierfreund, Haiku-Dichter
(1763–1827)

Finessensepperl Liebesbote, Stadtnarr, Lokalheiliger
(1763–1829)

Anselmus Studiosus, Tollpatsch, Pechvogel, Aushilfskopist, Phantast
(18./19. Jhdt.)

Tenskwatawa Prophet, Wiedergeborener, Eiferer
(um 1771–1834)

Novalis Beamter, Ideenschöpfer, Universalpoet, Frühromantiker
(1772–1801)

Anna Katharina Emmerich Näherin, Dulderin, Leidensbraut
(1774–1824)

Johnny Appleseed Waldkenner, Apfelbaumgärtner, Pionier
(1774–1845)

George Beau Brummell Ehrenkavalier, Dandy, Krawattenfetischist
(1778–1840)

Friedrich Ludwig Jahn Turnvater, Kraftmeier, Agitator, Volkstümler
(1778–1852)

Isidorus Orientalis Totalromantiker, Megaschwärmer
(1786–1825)

Justinus Kerner Oberamtsarzt, Dichter, Geisterseher, Maultrommler
(1786–1862)

Joseph Kyselak Kanzelist, Gebirgswanderer, Selbstverewiger
(1795–1831)

Jean-Baptiste Gaspard Deburau Pierrot, Gebärdenspieler, Mondnarr
(1796–1846)

Georg Friedrich Daumer Philanthrop, Homöopath, Ziehvater
(1800–1875)

Gustav Theodor Fechner Pflanzennarr, Naturphilosoph, Jenseitsdenker
(1801–1887)

Lew Nikolajewitsch Myschkin Weltfremdling, Lichtgestalt, Eselfreund
(19. Jhdt.)

Johannes Elias Alder Dorfdepp, Balgtreter, Orgelgenie
(1803–1825)

Adrian Ludwig Richter Holzschneider, Malerpoet, Zuspätromantiker
(1803–1884)

Hans Christian Andersen Kunstmärchendichter, Hagestolz, Nervensäge
(1805–1875)

Kaspar Hauser Findelkind, Sensitivling, Simplex
(1812–1833)

Sir Francis Galton Patent-Genius, Erfinder, Statistiker
(1822–1911)

Anton Bruckner Orgelspieler, Tonsetzer, Christ, Gottesfreund
(1824–1896)

Friederike Kempner Dichterin, Philanthropin
(1828–1904)

General William Booth Prediger, Methodist, Heilsarmeegründer
(1829–1912)

Julius Bahnsen Pechvogel, Oberlehrer, Pantragiker, Nihilist, Miserabilist
(1830–1881)

Helena Petrowna Blawatsky Okkultistin, Theosophin, Weltlehrerin
(1831–1891)

Christian Wagner Kleinbauer, Blumendichter, Naturevangelist
(1835–1918)

Daniel Paul Schreber Senatspräsident, Wahnpatient, Spätzeitgnostiker
(1842–1911)

Sarah Bernhardt Kameliendame, Diva, Exzentrikerin, Theaterleiterin
(1844–1923)

Henri Rousseau Zöllner, Kleinbürger, Laie, Einfaltspinsel Kultfigur
(1844–1910)

Ludwig II. von Bayern Märchenprinz, Mäzen, Lustschloßarchitekt
(1845–1886)

Carry Nation Anti-Prohibitions-Aktivistin, Temperenzreformerin
(1846–1911)

Hadschi Halef Omar Diener, Prahlhans, Weggefährte, Scheich
(1849–1897)

Karl Wilhelm Diefenbach Lebensreformer, Naturprophet, Kunstmaler
(1851–1913)

John Harvey Kellogg Arzt, Gesundheitsapostel, Nußfreund, Erfinder
(1852–1943)

Johannes Friedrich Guttzeit Gesundheitsdenker, Naturprediger, Publizist
(1853–1935)

Oscar Wilde Charmeur, Flaneur, Komödiant, Stilist, Ästhetizist
(1854–1900)

Dschagadis Tschandra Bose Erfinder, Mimosenforscher
(1858–1937)

Elzéard Bouffier Bauer, Schäfer, Baumpflanzer, Ödlandverwandler
(1858–1947)

Peter Altenberg Kaffeehausliterat, Lebenskünstler, Frauenfreund
(1859–1919)

Rudolf Steiner Geisteswissenschaftler, Ordensgroßmeister, Anthroposoph
(1861–1925)

Fitzcarraldo Caruso-Enthusiast, Kulturbringer, Dschungelfahrer
(1862–1897)

Paul Scheerbart Mythopoet, Religionshumorist, Astralbold, Glasarchitekt
(1863–1915)

Anatoli Durow Zirkusartist, Stegreifclown, Spottzunge, Tiernarr
(1864–1916)

Camille Claudel Rodinschülerin, Bildhauerin, Zwangsinternierte
(1864–1943)

Grigori Jefimowitsch Rasputin Bauernmönch, Zarenberater, Einflüsterer
(1865–1916)

Fidus Jugendstilist, Tempelträumer, Lichtbeter, Leibverherrlicher
(1868–1948)

Florence Foster Jenkins Heulboje, Künstlerin, Konzert-Opernsängerin
(1869–1944)

Mahatma Gandhi Jurist, Ahimsa-Asket, Freiheitsheld
(1869–1948)

Else Lasker-Schüler Morgenlandfahrerin, Artistin, Legendendichterin
(1869–1945)

Alexis Sorbas Wanderarbeiter, Abenteurer, Roman- und Filmheld
(um 1870–1942)

Mynona Freigeist, Groteskenschreiber, Humorist, Vulgivagiker
(1871–1946)

Mr. Natural Pocket-Guru, Subkultur-Idol, Comicfigur
(um 1871 bis ca. 1992)

Theodor Lessing Anti-Rüpel, Tiernarr, Kulturverneiner, Denker
(1872–1933)

Karl Kraus Kampfclown, Weltenrichter, Racheengel
(1874–1936)

Gustaf Nagel Naturmensch, Tempelwächter, Querulant
(1874–1952)

Rainer Maria Rilke Elfenbeinbewohner, Dichter
(1875–1926)

Aleister Crowley Kult-Magier, Okkultist, Mystagoge, Ritualkünstler
(1875–1947)

Johannes Baader Kosmos-Architekt, Oberdada, Erdball-Präsident
(1875–1955)

Lotte Hattemer Aussteigerin, Schwärmerin, Blumenmädchen
(1876–1906)

Isabelle Eberhardt Abenteurerin, Freiheitssucherin, Muslima
(1877–1904)

August Engelhardt Sonnenanbeter, Kokosnußprediger, Welterlöser
(1877–1919)

Max Duffek Artist, Fratzenschneider, Welt-Original
(1877–1949)

Fritz Haarmann Hilfsarbeiter, Werwolf, Triebtäter, Totmacher
(1879–1925)

Gusto Gräser Wanderapostel, TAO-Dichter, Waldbold
(1879–1958)

Grock Clown
(1880–1959)

Louis Haeusser Sektfabrikant, Wahrheitsmensch, Geistesmonarch
(1881–1927)

Elsa von Stritzky Bildhauerin, Christin, Ehefrau, Muse
(1883–1921)

Franz Kafka Büromensch, Hungerkünstler, Himmelsstürmer, Longseller
(1883–1924)

Ernst Bloch Wortschaum-Prophet, Dichterphilosoph, Quasi-Marxist
(1885–1977)

Georg Trakl Apotheker, Dichter, Zyklenschöpfer, Symbolist
(1887–1914)

Fernando Pessoa Trauerkünstler, Selbsterforscher, Desillusionär
(1888–1935)

Adolf Hitler Reichskanzler, Rassist, Machtpimpf, Völkermörder
(1889–1945)

Charlie Chaplin Stummfilmheld, Quasi-Tramp, Filmlegende
(1889–1977)

Josef Schwejk Infanterist, Hundehändler, Stammbaumfälscher, Patriot
(1891–1965)

Friedrich Muck-Lamberty Aufmucker, Inflationsheiliger, Rattenfänger
(1891–1984)

Jürgen von der Wense Naturmystiker, Privatforscher, Geognost
(1894–1966)

Jiddu Krishnamurti Quasimessias, Weltlehrer, Vortragsdenker, Edelguru
(1895–1986)

Baal Lyriker, Bürgerschreck, Wüstling, Berserker
(um 1898 bis ca. 1920)

Nadja Luftwesen, Labilium, Surrealismus-Muse, Psychiatriepatientin
(um 1900–1941)

Günther Anders Technikkritiker, Diskrepanzdenker, Atomkraftgegner
(1902–1992)

Willy Sophus Ackermann Vagabund, Wendepunkt-Prophet, Waldbauer
(1904–1985)

Salvador Dalí Genie, Mal-Clown, Surrealisten-Joker, Extremexzentriker
(1904–1989)

Josephine Baker Revuegöttin, Nackttänzerin, Chansonette, Weltstar
(1906–1975)

Blanche DuBois Lehrerin, Dame, Seele, Kultur-Sensibelchen
(um 1910 – ?)

Emile M. Cioran Schwarzdenker, Aphoristiker, Verzweiflungsspezialist
(1911–1995)

Ulla Pia von Bernus Satanspriesterin, Ferntöterin, Gedankenlyrikerin
(1913–1999)

Howard Beale TV-Moderator, Quotenkönig, Zornprophet
(um 1913 bis ca. 1974)

Arno Schmidt Wortmetz, Sprachgigant, Misanthrop, Heidedichter
(1914–1979)

Billy Graham US-Evangelikaler, Massenmagnet, Weltprediger
(geb. 1918)

Timothy Leary Psychonaut, LSD-Papst, Staatsfeind
(1920–1996)

Johannes Paul II. Medienoberhirte, Vatikanchef, Jahrtausendpapst
(1920–2005)

Joseph Beuys Avantgardist, Inszenator, Filzkünstler, Baumförderer
(1921–1986)

Annemarie Schimmel Islamwissenschaftlerin, Sufilogin, Asienexpertin
(1922–2003)

Wolfgang Neuss Nachkriegssatiriker, Polit-Clown, Sponti, Kiffer
(1923–1989)

Holly Golightly Lebenskünstlerin, Magazin-Schönheit, Flittchen, Muse
(geb. 1924)

Oskar Matzerath Blechtrommler, Zwerg, Romanheld
(geb. 1924)

Lenny Bruce Stand-up-Comedian, Provokateur, Skandal-Entertainer
(1925–1966)

Elisabeth Kübler-Ross Fachärztin, Seelsorgerin, Sterbeforscherin
(1926–2004)

Klaus Kinski Schauspiellegende, Macho, Ekel, Sexmaniac
(1926–1991)

Dieter Hildebrandt Improvisationsgenie, Redekünstler, Kabarettist
(geb. 1927)

Benedikt XVI. Oberhirte, Pontifex, Menschenfischer
(geb. 1927)

Idi Amin Berufsmilitär, Blutsäufer, Massenschlächter
(1928–2003)

Karlheinz Stockhausen Avantgardist, Esoterikverdünner, Lichtgestalt
(1928–2007)

Heinz-Otto Bohnlich Vollbluttechniker, Ingenieur, Heimwerker
(geb. 1928)

Zaza Napoli Chansonette, Faszinosum, Diva, Transvestitin, Schwuchtel
(geb. um 1928)

Uriella Geistheilerin, Prophetin, Sektenchefin, Lebensberaterin
(geb. 1929)

Betty Dodson Bodysexworkerin, Masturbationspäpstin
(geb. 1930)

Osho Provokateur, Sexguru, Holy Mad Man, Erleuchtungsbuddha
(1931–1990)

Glenn Gould Kultpianist, Bach-Interpret, Exzentriker
(1932–1982)

Pippi Langstrumpf Vollwaisin, Wunderkind, Frechdachs, Göre, Lausbübin
(geb. um 1933)

Woody Allen Filmemacher, Szenarist, Regisseur, Komiker
(geb. 1935)

Erich von Däniken Hobbyforscher, Ufofan, Thesenpaketmissionar
(geb. 1935)

Dalai Lama Nr. 14 Gottkönig, Religionsführer, Hoffnungsträger
(geb. 1935)

Perry Rhodan Astronaut, Großadministrator, Hansesprecher
(geb. 1936)

Michael J. Roads Cowboy, Adept, Workshopper, Esoteriker, Guru
(geb. 1937)

Herbert Achternbusch Filmer, Slangautor, Bayer, Tibetneger
(geb. 1938)

Hartmut Geerken Autor, Filmer, Mykologe, Freejazzer, Radiokünstler
(geb. 1939)

Franklin Albert Jones Yogalehrer, Schocktherapeut, Awatar, Guru
(geb. 1939)

Eckard Sinzig Kosmoshasser, Sexual-Snob, Terror-Clown, Hymnendichter
(geb. 1939)

Eugen Drewermann Ex-Priester, Seelsorger, Kirchenrebell, Gegenpapst
(geb. 1940)

Eckhard Henscheid Satiriker, Romancier, Opernkenner
(geb. 1941)

Mo Parteimitglied, Propagandist, Informationsminister
(geb. 1941)

Mohammed Ali Weltmeister, Star-Boxer, Sportlegende
(geb. 1942)

Muammar al-Gaddafi Revolutionsführer, Staatschef, Exzentriker
(geb. 1942)

Ginka Steinwachs Vers-Sagerin, HerzschriFtmacherin, Performerin
(geb. 1942)

Gerhard Polt Stegreifschnauze, Wurstmax, Urbayer, Scheindepp
(geb. 1942)

Peter Handke Elfenbeinturmbewohner, Zufußgeher, Weltrandreisender
(geb. 1942)

Rüdiger Nehberg Risiko-Abenteurer, Survivor, Übersee-Aktionist
(geb. 1942)

Prof. Dr. Ewald Rumpf Bildkneter, Kunstwerker, Madonnenverehrer
(geb. 1943)

Janis Joplin Bluessängerin, Rock-Queen, Hippie-Ikone
(1943–1970)

Barry Champlain Radiomoderator, Nighttalker, Quasselvirtuose
(um 1944–1984)

Pater Anselm Grün Mönch, Seelsorger, Zölibatär, Aktienspekulant
(geb. 1945)

Zipruanna Asket, Shivaverehrer, Unratberührer
(20. Jhdt.)

Donovan Poppoet, Folkballadensänger, Rockbarde, Pastellträumer
(geb. 1946)

Hadayatullah Hübsch Ex-Hippie, Dichter, Muslim
(geb. 1946)

Petra Kelly Friedensaktivistin, Umweltschützerin, Nervenbündel
(1947–1992)

Peter Sloterdijk Hochschullehrer, Makrodenker, Ontokinetiker
(geb. 1947)

Prinz Charles Thronfolger, Monarch, Sohn, Prince of Wales
(geb. 1948)

Werner Pieper Dealer, Medienexperimentator, Graswurzel-Hippie
(geb. 1948)

Luisa Francia Geisterfühlerin, Weisheitshexe, Esotainerin
(geb. 1949)

Gelsomina Di Constanzo Schaustellerin, Bubikopf, Unschuldslamm
(geb. um 1950)

Forrest Gump Dummbeutel, Riesenbaby, Sportsman
(geb. 1950)

Micky Remann Globaltrottel, Liquidsound-Erfinder, Medienkünstler
(geb. 1951)

Julius Benedict Unschuldslamm, Naivling, Muskelmann
(geb. 1953)

Dieter Bohlen Musik- & Kohlemacher, Erfolgskanone, Pop-Titan
(geb. 1954)

Eva & Adele Kunstpärchen, Wandel-Exponate, Lächelfeen
(Oberweite: Eva 101, Adele 86)

Nina Hagen DDR-Punk-Ikone, Rocklady, Rebellin, Ulknudel, Eso-Type
(geb. 1955)

Uliversum Unwiederholbein Öko-Dandy, Knüll-Idylliker, Polysoph
(1955–2009)

Andy Goldsworthy Landart-Künstler, Naturskulpteur, Steinarbeiter
(geb. 1956)

Jasmuheen Kosmostelepathin, Lichtarbeiterin, Metaphysikberaterin
(geb. 1957)

Osama bin Laden Dschihadist, Stratege, Networker, Topterrorist
(geb. 1957)

Christian Rätsch Feldforscher, Botaniker, Psychonaut, Schamane
(geb. 1957)

Dennis Abner PC-Experte, Katzenmensch, Dschungelmann
(geb. 1957)

Michael Jackson Moonwalker, Superstar, King of Pop
(geb. 1958)

Chris Korda Internet-Reverent, Fortpflanzungsgegner, Veganer
(geb. 1962)

Nell Kellty Wild Woman, Naturkind, Mondmädchen, Einsiedlerin
(geb. 1966)

Mickey & Mallory Nox Traumpärchen, Natural born killers, Popstars
(geb. um 1973)

Julia Butterfly Hill Sinnsucherin, Umweltaktivistin, Baumfrau
(geb. 1974)

Danksagung

Hirn- und herzlicher Dank geht relativ unsortiert an: Hermann Müller, Deutsches Monte-Verità-Archiv, Freudenstein (für viele Lob-, Mecker- und Jubelbriefe, Kommentare, Dokumente, Bilder-CDs, Materialien von und über G. Gräser, K.W. Diefenbach, J. Guttzeit, G. Nagel, Ascona, Hinweise auf Chr. Kaufmann, L. Hattemer, für die Fotokopierung des seltenen Lotte-Romans von Bruno Goetz »Das göttliche Gesicht«, A. A. Grohmann, Afrikan Spir, J. Klein, A. Engelhardt, Sir Galahad, E. Bloch u.v.a., für Gräserporträt-Verbesserungen, für konstruktive Reaktionen auf Porträts über Han Shan, Schibli, Rumi, J. Appleseed u. a.) ~ Wolfgang Bauer, IPSA-Institut, Frankfurt (für therapeutischen Beistand und Hinweise auf Tenskwatawa, Informationen über J. Wagner, A. Crowley, W. Blake, Oberlin, Zeitungsartikel über A. Grün, Bücher, Buchhinweise und kopierte Interviews von und mit herman de vries, Material über den Pflanzenkünstler Wolfgang Wagner) ~ Hartmut Geerken & Sigi Hauff, Wartaweil/Herrsching (für Hinweise auf, Dinge, Kommentare, Druckschriften und Fotokopien über Mynona, Sun Ra, Afghanistan, H. Achternbusch, S. Wegner, hermann de vries, K. Krenn, Mo, H. Geerken, Kenyeleng, afrikanische Närrinnen, Kommentare zu muslimischen Narren, Muhammad, arabische Sprache, Cecil Taylor, für Kopien aus französischen Islam-Enzyklopädien, Stockhausen-Zeitungsartikelstapel, Geerkenfotos) ~ Regina Berlinghof, Yinyang-Media Verlag, Kelkheim (für die Hafiz-, Omar-Khayyam-, Hans-Bethge-Bücher ihres Verlags, für Reaktionen und Kommentare zu Sufis, für Erläuterungen zur arabischen Sprache, für die Fotokopie des Riesen-Sufiwerks von Sarradsch, für Material und Buch über und von Mirabai, für Umschriftfragen Radjastani/Deutsch) ~ Dieter Steinmann, Pirmasens (für Material, Fotokopien, Bücher über und Hinweise auf das heilige Anderle, Prof. Grzimek, Friedrich Jahn, Mutter Weimar, Mussolini, Panamarenko, L. Riefenstahl, G. Polt, John Cowper Powys, Hans Söllner, Misia Sert, Dr. Sauerbruch, Friedrich Schröder-Sonnenstern, »Konsul« Weyer, Adolf Wölfi, H. Wehner, A. Warhol, Dr. Kellogg) ~ Dr. Thomas Knoefel, Freiburg (für CDs mit den Originalstimmen von A. Crowley, Hanussen und Psychiatriepatienten, für Bücher von und über Gendün Chöpel, P. Sloterdijk sowie für die äußerst aufwendige Geisterehe-Buch-Recherche – Wötzel über Geisterehe – im Institut für Grenzwissenschaften ~ Edzard Klapp (für angenehm ausschweifende, hyper-ausführliche Reaktionen auf Inhalte, für die Überlassung von Dateien über T. Leary, J. Lorber, Bildmaterial zum lachenden Buddha, Aufmerksammachung auf Q. Kuhlmann) ~ Dr. Detlef Thiel, Wiesbaden (für Kopien und Zeitungsartikel über K. Stockhausen, G. Benn, S. Kierkegaard, S. Dalí, J.-P. Sartre, G. Nagel, P. Sloterdijk, U. Holbein u. a.) ~ Clemens Zerling (für Hinweise auf Klauert, Dalai Lama, J. Wagner) ~ Werner Pieper, Löhrbach (für die Übersendung von 3–4 Büchern von Luisa Francia, ein Narren-Themenheft, Wolfgang Neuss, Artikel aus The Economist, James I., Monte Verità, Goldenes Kalb, M. Remann, Drogen, Hippies) ~ Roland Zirkler, Schriesheim (für Auskünfte über den Heiligen Serapion bei Hoffmann und Bücher über Kalifen und chinesische Literaturgeschichte) ~ Prof. Dr. Johann Christoph Bürgel, Muri/Schweiz (für detaillierte Kommentierung und Korrektur in Sachen Hafiz, Rumi, Schamsuddin, Musulmanen, für die Kopie seiner Rezension von A. Bausanis Buch über »Pazzo Sacro nell' Islam«) ~ Dr. Gudrun Schubert, Islamwissenschaften Basel (für Auskünfte über Rumi, Baha'uddin Walad, Schamsuddin, Fritz Meiers Nachlaß, Aflaki, Buchtips, wertvolle Bücher und Sonderdrucke zu Sufithemata) ~

KD Wolff, Frankfurt (weiterführende Auskunft zu G. Kellers Meretlein) ~ Dr. Walter Morgenthaler, Basel (für eine Auskunft über G. Kellers Meretlein) ~ Dr. Reiner Niehoff (für Auskünfte, unbekannte Infos, Index-CD und Texte über und von J. v. d. Wense, sein Jahnn-Buch) ~ Prof. Dr. Dieter Heim (für Auskünfte über und Musiknoten von J. v. d. Wense) ~ Prof. Dr. Annemarie Schimmel (†), Bonn (für Kommentierung einer Vorfassung des Schamsuddin-von-Täbriz-Porträts plus Aflaki-Hinweis) ~ Prof. Dr. William Chittik, Teheran (zum Thema Schamsuddin) ~ Usahma Darrah, Heidelberg (Fotokopien der Heidelberger Orientalistik über Rumi, Narren bei Naisaburi, spezielle Zitate von Abu Ma'arri) ~ Robert Gernhardt (†), Frankfurt (für Hinweise auf F. Kempner, J. Beuys, närrische Maler) ~ Dr. Stephan Schumacher, Frankreich (für Auskünfte über chinesische Narren, Han Shan, Zen, weiterführende Auskunftgeber) ~ Micky Remann, Bad Sulza (für einen Abzug seiner unpublizierten Magisterarbeit über P. Scheerbart, Hinweis auf die Wasserheiltherapeutin Nirvano Schulz, die dann Aufnahmeprüfung und Sprung ins Narratorium doch nicht schaffte) ~ Willy Meyer, Kaiserslautern (für Hinweise auf P. Altenberg, Grabbe) ~ Dr. Jochen Meyer, Marbach (für Fotokopien Meretlein, Chr. Kaufmann, Narren bei Wilhelm Raabe, A. Döblin-, K. Kraus- und A. Schmidtkataloge) ~ Wolfgang Hörner, Eichborn Berlin (für Aufmerksammachung und Material über J. Kyselak) ~ Rudi Palla, Wien (für Austausch über J. Kyselak, V. Lustig und Stalins Hofnarren) ~ Prof. Dr. Ewald Rumpf, Remsfeld (für eine Neri-Buchbesorgung) ~ Al Imfeld, Afrikanologe aus Zürich (für Informationen über dann leider doch recht unrecherchierbare afrikanische Narren und für persönliche Erfahrungsberichte mit Idi Amin) ~ Dr. Martin Kämpchen, Shantinikitan bei Calcutta (für Bücher, Fotokopien über indische Heilige, Hinweise und allergische Reaktionen auf papstkritische Darstellungen) ~ Prof. Dr. Ulrich Marzolph, Enzyklopädie des Märchens, Göttingen (für Fragenbeantwortung zu Nasruddin Hodscha, Buhlul, Habbaqanna, Disimus, Muzabbid, Hinweis und Fotokopie der »Encyclopedia of Clowns and Tricksters«, Fotokopien über Herschel v. Ostropol) ~ Dr. Ulrich Nolte, C. H. Beck Verlag, München (für verlegerisches Interesse, Osho-Infos, ein Buch über Pythagoras) ~ Dr. Michael Günther, München (verlegerische Überlegungen, für die Zusendung des vergriffenen Madramuda-Buchs) ~ Arnulf und Franziska Meifert, Trivialeum, Pentling (für den Hinweis auf ein Exzentrikerbuch) ~ Ute Wermer (für ihr Fidusbuch, für Auskünfte und Fotokopien über Diefenbach, Fidus, Wilhelm Bölsche, Gertrud Prellwitz, P. Scheerbart, J. Guttzeit) ~ Prof. Dr. Ulrich Linse, München (für Hinweise auf Gertrud von Prellwitz, Gertrud Bolm, fachliches Lob und Absegnung des Diefenbachporträts) ~ Dr. Harald Szeemann († 2005) (für Monte-Verità-Auskünfte und Lob für das Gustaf-Nagel-Porträt) ~ Hadayatullah Hübsch (Fariduddin 'Attar, Sufismus, Muhammad) ~ Dr. Karlheinz Weigand, Ernst-Bloch-Archiv, Mannheim (für Auskünfte über E. Bloch und E. v. Stritzky) ~ Dr. Martin Korol, Bremen (CD seines Buchs »Dada, Präexil und freie Zeitung« und Überlassung von unbekannten Laserkopien E. v. Stritzkys) ~ Christoph von Stritzky, Urenkel von E. v. Stritzky (für telefonische Auskünfte über seine Urgroßtante) ~ Prof. Dr. Ruth Römer, Gütersloh (für telefonische Auskünfte zu E. v. Stritzky und leihweise Übersendung unbekannter Fotos von E. Bloch und Langfassung ihrer Erinnerungen an ihn) ~ Prof. Dr. Hanna Gekle, Hessen (für telefonische Auskünfte über E. v. Stritzky) ~ Viktor Trimondi, München (für Kommentare zum Themenfeld Hofnarren, Buchtip zu Dalai Lama und Tibet, Zuleitung seines Buchs »Buddha, Hitler, Krishna«) ~ Sven Uftring, Bad Nauheim (für Hinweis auf Oshos Buch »Tanz der Mystiker« im Kamphausen Verlag) ~ Dr. Thomas Lautwein, Fürth (für profunde Auskünfte über Buddhismus, A. Crowley, Chr. M. Wieland, Gandara-Kunst, diverse Dalai Lamas, buddhistische Synonyme für Ketzer, Absegnung von Milarepa, Krishnamurti u. a.) ~ Albert Sellner, Frankfurt (für Hinweise auf Alexius, Lidwina von Schiedam, Aloysius, Gandolf, Remigius, Goar, Rosa von Lima, Marina, Johannes von Gott, Benedikt Labre, Catarina von Siena) ~ Dr. Stefan Weidner, Köln (Sufis, Muselmanen, Ma'arri, Muhammad, Sufis) ~ Dr. Navid Kermani, Köln (für sein Buch »Gott ist schön«, Beratung zu den Themen Fariduddin 'Attar, Sufis, persische und arabische Umschriftsysteme, Islam) ⁓ Bernhard Meyer, Köln (für eine Rumi-Mathnawi-CD, persische Antworten) ⁓ Donat Verlag, Bremen (für Bücher und ein Telefonat über Hans Paasche und Th. Lessing) ⁓ Dorina Mikschy, München (für engagierte und wohlformulierte Kommentare und Hinweise auf Laure, Sissi, Hijikata, Isadora Duncan, Eleonore Duse, Baroness Elsa von Freytag-Loringhoven, Claude Cahun, Charlotta Ikeda, Emily Dickinson, Clarice Lispector, Tsultrim Allione, Ayu Khandro, Starhawk, Zusanna Budapest, Francesca de Grandis, Pipilotta Rist, Unica Zürn, Hannah Hoech u. a.) ⁓ Dr. Mechthild Rausch, Berlin (für Übersendung von Graf v. Zinzendorf-Lyrik, Informationen über Mystikerinnen, Hinweise auf Margaretha Ebner aus Medingen, Christina Ebner, Adelheid Langmann, Elsbeth Stagel, Anna von Munzingens Klosterchronik. Herbe Kritik an Vorfassungen von P. Scheerbart-, Steinwachs-, M. v. Magdeburg-, Angelus Silesius-Porträts) ⁓ Gudrun Köhl, Valentin Museum, München (für Hinweise zum Finessensepperl) ⁓ Dr. Dirk Heißerer, München (für Fotokopien aus abgelegenen Quellen zum Finessensepperl und über bayrische Originale) ⁓ Prof. Dr. Georg Schmid (für sein schenkweise überlassenes Standardwerk über Sekten und Ufologen) ⁓ Axel Matthes (für kostenfreie Übersendung von Laure und Fr. Kempner in Buchform sowie Wensebücher, für einen unbekannten französischen Artikel über André Bretons »Nadja«, Hinweise auf Hans Rott, J. v. d. Wense und A. Artaud) ⁓ Peter Will, Hofgeismar (für Details zu Franziskus) ⁓ Dr. Katja Föllmer, Göttingen (für Geduld beim Orientalistik-Lesesaal-Benutzen, den Hinweis auf die Bayazid-Doktorandin Roghaye Rasuli und iranistische Auskünfte) ⁓ Prof. Dr. Jürgen Wasim Frembgen, Völkerkundemuseum/München und Pakistan (für Derwisch-Auskünfte, ein seltenes Derwischfoto, englische Texte über Derwische, Aufmunterung, Lob, Korrekturen mehrerer Derwischporträts) ⁓ Prof. Georg Luck, Bern/Baltimore, Prof. für klassische Philologie (für äußerst engagierte Auskünfte zum extrem unbekannten, letzten Kyniker Salloustios) ⁓ Jürgen Schweier für Chr.-Wagner-Bücher und -Informationen ⁓ Bärbel Papst, Berlin (Bayazid al-Bistami) ⁓ Andrea Synjawa (für einen Artikel über Vissarion/Sergei Torop) ⁓ Dr. Christian Rätsch (für den Hinweis auf den Ritualclown Heyoka) ⁓ Dr. Helmut Jendreiek (†), Hirschhorn (für die Überlassung von Originalbriefen und Jugendfoto von E. Sinzig) ⁓ Marit Hofmann (für Bücher über Fritz Teufel, Peter Hacks über Romantik, von Jutta Dithfurth über Biozentrismus, für Vorabdrucke von Vorfassungen in konkret, betreffs K. Kinski, E. v. Stritzky, Osho, A. Bruckner, P. Scheerbart, Fr. Kempner) ⁓ Prof. Dr. Adelheid Mette, München (für Auskünfte über Dhammarui, Dschainismus, Fingerzeige zur Schreibweise von Naataputta) ⁓ Max Klimburg, irankundiger Reiseführer, Wien (für Auskünfte über iranische Geographika: wie weit Bastam und Hamdan auseinanderliegen, und wie weit Kharakan und Bastam auseinanderliegen) ⁓ Viera Janárčeková (für Abu-Yazid-Übersetzungen aus dem Französischen, Exzerpte aus Rasputin, A. V. Thelen) ⁓ Dr. Winfried Riesterer, Iranistik München (für akribische Gramlich-Recherchen vor allem nach einem Buch von Ab dur Rass über Bayazid, das keine einzige Bibliothek Europas besitzt) ⁓ Christoph Burgauner, München (für gnadenlose Detailkritik an Texten über Reich-Ranicki, Fotokopien zu Nietzsches Empedokles) ⁓ Das Archiv des Hagenbeck-Zoos in Hamburg (für – leider resultatlose – Recherchen, ob der Briefwechsel zwischen Hagenbeck und Diefenbach erhalten sei) ⁓ Silke Zängerle, Berlin (für Ausleihung des Videos »Dämonen« von Frank Castorf) ⁓ Imran Schröter, Freiburg (für Hinweise auf Sufiexperten) ⁓ Prof. Dr. Florian Sobieroj, Jena (für die leihweise Überlasssung seiner unpublizierten, 760seitigen Habilitationsschrift über Schibli) ⁓ Prof. Dr. Gerhard Bowering, Department of Religious Studies, New Haven (für eingehende Beantwortung von 16 speziellen Bayazidfragen, Übersendung seines Bayazidartikels in der Encyklopädia Iranica) ⁓ Prof. Dr. Hermann Landolt (für leihweise Zurverfügungstellung eines Bayazid-Rarums) ⁓ Prof. Dr. Phillip Kreyenbroek, Iranistik Göttingen (für telefonische Auskünfte über Sufis und Zoroastrier) ⁓ Dr. Ingeborg Szöllösi, München/Berlin (für Besorgung ihres Storl- und Drewermanninterviews, Auskünfte zu Luisa Francia) ⁓ Markus Uwe Berger, Beiseförth (für unbekanntere Jean-Paul-Bilder, Hinweise auf

Bön-Literatur und Bildverbesserungsberatung) ~ Antje Holbein, Kassel (für Besorgung von G. Trakl- und J. Frame-Büchern) ~ Hans Holbein, Kassel (für Wense-Radiomitschnitt u. a.) ~ Rudi Kienzle, Marbach (für Recherche nach Serapion-Illustrationen in E.T.A. Hoffmanns damaligen Werkausgaben) ~ Roland Steckel (für seine J. Böhme- und Novalis-Hörspiel-CDs) ~ W. M. Ohlhäuser (für Post aus Thailand, Fotos und Materialien über sich selbst) ~ Dr. Claudia Müller-Ebeling, Hamburg (Kommentierung zu Antonius von Ägypten, Auskünfte über W. M. Ohlhäuser) ~ Dr. Bernd Radtke, General-Editor für Sufismusprojekte, Utrecht (für bissige Auskünfte zu Bayazid, persische Ketzer, und Zusendung von Aufsätzen sowie für die Klassifizierung meiner Texte als bullshit, Gesülze und Intellektuellenweichbirnigkeit) ~ Prof. Dr. Richard Gramlich, Schweiz (für die Briefantwort, daß er wegen Altersbeschwerden meine Bayazid-Fragen nicht mehr beantworten könne) ~ Ginka Steinwachs, Mallorca (für Materialien über sich selbst) ~ Mea B. Heintze, Cölbe (für die Leihgabe von 9 Büchern über Naturgeister, Yogananda, Michael J. Roads, Penelope Smith) ~ Mathias Bröckers (für Gegenlesen v. M. Remann, W. Neuss) ~ Theodor Pellen, Berlin (für Hinweis auf Carry Nation und Miguel Delibes) ~ Prof. Helwig Schmidt-Glintzer, Wolfenbüttel (für seinen Zhuangzi-Text) ~ Volker Michels und Ursula Michels-Wenz, Offenbach (für Dr. Steiner-Stellen bei Hermann Hesse, Berichte über Günther Anders, Materialien über Amorbach, Tessin. Kommentare zum Jean-Paul-Porträt) ~ Frank Milautzcki (für sein Druckwerk mit Gedichten von G. Gräser, für seltene Gräser-Quellen, Hinweise zu Monte-Verità-Themata, auf Afra, Amma Sarrha, Anna Mae Aquash, Anna Truttin Xenia, Emma Kunz, Hypatia, Marie Métrailler, Mary Jemison, Mina Hofstetter, Séraphine Louis, Ursley Kempe, Vally Wygodzinski, V. Woolf) ~ Herbert Müller (für Filmdienst-Artikel über »Fitzcarraldo«, »Nell« u. a. sowie Auskünfte zu Jeanne Marquise d'Urfé) ~ Dr. Martin Reuter (für Aflaki/Schamsuddin-Übersetzungen aus dem Englischen, Buchausleihe und Kommentare über Ludwig II., Hinweis auf Waluliso und Walter Seitter, Auskünfte über Hadschi Halef Omar, Geduld bei Lieferfristüberschreitung) ~ Christoph Kühn, Schweiz (für kostenfreie Übersendung seines 3sat-Films über G. Gräser) ~ Frau Roghaye Rasuli, Bayazid-Doktorandin in Berlin/Göttingen (für ein aktuelles Foto von Bayazid al-Bistamis Grabstätte in Bistam) ~ Frank Hilberg (für Hinweise auf K. Stockhausens Onanielyrik u. a. Stockhausiana) ~ Dr. Hans Wollschläger † (für »Sterne und Schnuppen«, 2 Bände) ~ Dr. Gabriele Sander (für Auskünfte zu A. Döblin und ihr dickes Reclamheft zu Döblin) ~ Gerd Haffmans, Zürich (für kostenfreie Überlassung von Büchern über die Brüder Goncourt, W. Busch, Gegenlesung seiner Fachgebiete O. Wilde, E. Henscheid, G. Polt, M. Reich-Ranicki) ~ Gerhard Uecker und Hans Osse, Hamburg (für 150 Seiten kopiertes Material über Philip K. Dick u. a.) ~ Dr. Konrad Herrmann, Berlin (für Hilfeleistungen bei Vereinheitlichung chinesischer Transkriptionen) ~ Ludwig Habighorst (für seine Schrift über Moghulminiaturen und Überlasssung von Sufi-Bildnissen) ~ Dr. Karl Riha (für die Schrift von J. Baader: »Das Epos und der Mythos der Weltwende«) ~ Eberhard Schmidt, Jean-Paul-Museum, Joditz (für Auskünfte über Jean Paul) ~ Oliver Brauer (für Fotokopien mittelalterlicher Narren) ~ Karl Kollmann, Warmbronn (für unpublizierte Fotografien von Chr. Wagner) ~ Frau Prof. Dr. Hildegard Hummel-Hammerschmidt (für Apemantus-Illustrationsbeschaffung) ~ Manfred Enderle (für das Heraussuchen unbekannter Handke-Fotos) ~ Claudia Emma Hammer-Wagner, Starnberg (für 5 Fotos von K. W. Diefenbachs) ~ Johannes Heimrath (für Ghostwriterei im Casus Krishnamurti) ~ Georg Dehn, Leipzig (für die Ausleihung des Nachlasses von Willy Ackermann) ~ Egon Ammann, Marie-Luise Flammersfeld, Stephanie von Harrach, Beate Becker, Gaby Michel, Tarek Münch und sehr vielen anderen.

Bildnachweis

Autor und Verlag danken herzlich allen Bildrechtinhabern, die das weitläufige Bild- und Fotomaterial meist selbstlos zur Verfügung stellten und freundlich bis äußerst freundlich den Abdruck genehmigten und beförderten. ❧ Derwisch beim Buchstaben A (Foto: Jürgen Wasim Frembgen: The Friends of God. Sufi Saints in Islam, Oxford University Press, 2006) ❧ Ackermann (aus dessen Nachlaß, freundlich zur Verfügung gestellt von Georg Dehn) ❧ Alder (kombiniert aus 2 Fotos des Buchs: »Joseph Vilsmaier: Schlafes Bruder«, Kiepenheuer, 1995) ❧ Apemantus (kombiniert aus 2 historischen Shakespeare-Illustrationen, freundlich erbeten und gefunden von Frau Prof. Dr. Hildegard Hummel-Hammerschmidt) ❧ Benedikt (basiert auf einer Montage aus »konkret«) ❧ Beuys & Rumpf (Foto: Heinz-Otto Bohnlich) ❧ Bohlen (Ausschnitt aus einem TV-Movie-Foto, 2008) ❧ Buhlul (Buchcover einer arabischen Publikation, aus dem Besitz von Prof. Dr. Ulrich Marzolph) ❧ Foto zum Buchstaben C (Foto: Ulrich Holbein) ❧ Charles (Ausriß aus einer Frauenzeitschrift in einem nordhessischen Zahnarztwartezimmer) ❧ Beim Buchstaben D handelt es sich um Alexandra David-Néels (1868–1969) ❧ Eva & Adele (aus einem Bildband der Dr. Cantzschen Druckerei, 1997) ❧ Ezechiel (aus einer Bibel von 1850, Linienstich vom Romantiker Peter Cornelius) ❧ Francia (Foto: Inea Gukema) ❧ Nonnen beim Buchstaben G (Privatfoto eines USA-Gastes auf dem LSD-Kongreß in Basel 2006) ❧ Geerken (Fotos by Hartmut Geerken) ❧ Goldsworthy (Bauelemente aus 2 Zweitausendeins-Bildbänden) ❧ Gräser (Hermann Müller, Monte-Verità-Archiv, Freudenstein bei Karlsruhe) ❧ Buchstabe H (Privatfoto) ❧ Hagen (Bauelement entnommen dem Hagen-Standardwerk bei Schwartzkopf) ❧ Henscheid (Buchmessenfoto, ca. 1998, von Pia Klümpen) ❧ Hübsch (Teilelement aus dem Buch »Literatur in Frankfurt«, athenäum, 1987, SW-Foto von Andreas Pohlmann) ❧ Joplin (aus Michael G. Symolka, »Hippie-Lexikon«, Lexikon Imprint Verlag, 1999) ❧ Kellty (TV-Movie) ❧ Krishnamurti (aus Evelyn Blau, »100 Jahre Krishnamurti«, Aquamarin Verlag, 1995) ❧ Buchstabe L (Spitzweggemälde) ❧ Mynona (Nachlaßverwaltung Wartawail in Herrsching) ❧ Nagel (»nagel-archif« bzw. Frau Christine Meyer in Arendsee) ❧ Mr. Natural (Harry Rowohlt) ❧ Nehberg (Piper Verlag) ❧ Buchstabe O (bei den 4 Männern handelt es sich von links nach rechts um Ulrich Holbein, Wolfgang Bauer, Sergius Golowin und Christian Rätsch, in Berlin fotografiert von Frau Claudia Müller-Ebeling, Hamburg) ❧ Osho (STERN/Picture Press) ❧ Pessoa (Ammann Verlag) ❧ Polt (Foto: Viera Janárčeková, 2007) ❧ Rätsch (Fotomontageanteil von dpa- und HNA-Belieferer Markus Martin Uwe Berger) ❧ Remann (Wolfgang Becker, 2001) ❧ Rhodan (Moewig Verlag) ❧ Rinser (Coverzeichnung von Hans Traxler fürs Henscheidbuch »Erledigte Fälle« ❧ Roads (Ansata Verlag) ❧ Rumpf (Fotos: Ulrich Holbein) ❧ Schmidt (Schmidt-Stiftung, Bargfeld) ❧ Sinzig (Foto: Ulrich Holbein) ❧ Sprague (Hoffmann & Campe) ❧ Steinwachs (Foto: Ginka Steinwachs, Mallorca) ❧ Uriella (Stiftung Bethanien, Uriella und Eberhard Bertschinger-Eicke) ❧ Wagner (Karl Kollmann, Christian-Wagner-Gesellschaft, Warmbronn) ❧ Wense (Nachlaßverwaltung Prof. Dr. Dieter Heim, Löffingen bei Freiburg) ❧ Buchstabe Z (Foto: Viera Janárčeková) ❧ Autor und Verlag haben sich mit vereinten Kräften bemüht, die weltweit verstreuten Bildrechtsinhaber akribisch ausfindig zu machen, was sich bisweilen als kompliziert bis unrecherchierbar erwies. Wir bitten Bildkünstler, die nicht gefunden werden konnten, gegebenenfalls um freundliche Mitteilung.

Im Blog www.narratorium.net, einer multifunktionalen Meldestelle für Fehlerberichtigung, Ergänzungs- und Zukunftswünsche, finden sich zudem ein ABC-Gesamtüberblick, Narren-Paßfotos, Automobil-Gurus, Bilder von göttlichen Greisen, eine reichhaltige Zeittafel närrischer Ereignisse vom Urknall bis 2008 n. Chr., ein uferloses Literaturverzeichnis, ein »Närrischer Grundwortschatz – Minimal-Glossarium«, Ergänzungen zum Bildnachweis etc.